AF233201

RÉPERTOIRE GÉNÉRAL ALPHABÉTIQUE

DU

DROIT FRANÇAIS

SUPPLÉMENT

X bis

LISTE

DES PRINCIPAUX COLLABORATEURS QUI ONT PRIS PART
A LA RÉDACTION DU PRÉSENT VOLUME

MM.

ANDRIEUX, Administrateur principal de l'Inscription maritime.

BLAEVOET, Chef de Bureau au Ministère des Travaux publics.

BLET, Procureur de la République, à Vienne.

DE COURCY †, Colonel, Docteur en droit, Ancien Commissaire du Gouvernement près le Conseil de guerre de Paris.

DELPECH (J.), Professeur à la Faculté de droit de Strasbourg.

DENOUAL, Avocat à la Cour d'appel de Paris.

DUNAN, Chef de Bureau au Ministère du Commerce.

GODEFROY, Avocat et Professeur honoraire à l'Institut catholique de Paris.

MM.

JOUANETON, Chef du Contentieux à la Préfecture de police.

LEPARGNEUR, Professeur à la Faculté de droit de Caen.

Mme LE MARDELÉ, Avocat à la Cour d'appel de Paris.

ETIENNE PERREAU, Professeur à la Faculté de droit de Toulouse.

PUJADE, Inspecteur principal honoraire de l'Enregistrement.

REY, Secrétaire général de la Commission Européenne Supérieure du Danube.

RIGAUD, Professeur à l'Institut catholique de Paris.

RIVET, Avocat à la Cour d'appel de Lyon.

RONDOT (Lieutenant), Attaché au Haut Commissariat en Syrie.

RECUEIL SIREY

RÉPERTOIRE GÉNÉRAL ALPHABÉTIQUE

DU

DROIT FRANÇAIS

FONDÉ PAR

Ed. FUZIER-HERMAN

SUPPLÉMENT

TOME DIX *bis*

Publié par MM.

CH. CÉZAR-BRU O✳ ❂ ✦
DOYEN HONORAIRE DE LA FACULTÉ DE DROIT DE L'UNIVERSITÉ DE TOULOUSE

<table>
<tr><td>

Eugène GODEFROY O ✳ ✠
AVOCAT HONORAIRE A LA COUR D'APPEL DE PARIS
PROFESSEUR HONORAIRE
A LA FACULTÉ DE DROIT DE L'INSTITUT CATHOLIQUE

</td><td>

Jean PLASSARD ✳ ✠ ❂
PROFESSEUR A LA FACULTÉ DE DROIT DE L'UNIVERSITÉ DE TOULOUSE
AVOCAT A LA COUR D'APPEL

</td></tr>
</table>

Et avec la collaboration des
RÉDACTEURS DU RECUEIL SIREY

PENSION ALIMENTAIRE - POSSESSION

LIBRAIRIE

DU

RECUEIL SIREY

(SOCIÉTÉ ANONYME)

22, rue Soufflot, PARIS, 5e

1936

SUPPLÉMENT

AU

RÉPERTOIRE GÉNÉRAL

DU

DROIT FRANÇAIS

PENSION. ALIMENTAIRE. — V. ALIMENTS. — COMPÉTENCE. — DIVORCE. — SÉPARATION DE CORPS. — JUGE DE PAIX. — MARIAGE. — SAISIE-ARRÊT DE DROIT COMMUN. — SAISIE-ARRÊT DES SALAIRES ET TRAITEMENTS.

PENSIONS ET RETRAITES CIVILES ET MILITAIRES.

LÉGISLATION.

Cf. *infrà*, n. 15-17, p. 757.

I. Loi du 31 mars 1919.

Décr. 29 mai 1919 (*règles et barèmes pour la classification des infirmités*), mod. 17 octobre 1919, 8 août 1924, 16 juin 1925, 7 septembre 1928, 22 février 1929, 27 juin et 5 juillet 1930, 23 avril 1921; — Décr. 2 septembre 1919 (*tribunaux de pensions*), mod. 21 septembre 1926, 26 juin 1929, Décr.-L. 5 juin 1934; — Décr. 25 octobre 1922 (*soins médicaux, chirurgicaux et pharmaceutiques*), mod. 14 octobre 1926, 5 mars et 22 avril 1927, 27 septembre 1928, 26 janvier 1929, 16 avril et 3 juin 1930, 13 novembre 1931, 24 mai 1933, 28 juin 1934; — L. fin. 13 juillet 1925, art. 194, 195 (*supplément spécial temporaire*, relevé par L. fin. 30 décembre 1928, art. 80, 82, et par L. 23 mars 1929); — L. fin. 19 décembre 1926, art. 102 (*commissions de contrôle*); — L. 26 mars 1927 (*délai pour faire valoir les droits à pension*); — L. 22 juin 1927 (*réoption en faveur du régime militaire*); — L. 9 décembre 1927, art. 53 (*pension des ascendants*); — L. fin. 11 mars 1928, art. 41 (*congés successifs jusqu'à rétablissement ou mise à la retraite*); 47 (*cessation de la présomption d'origine*); — L. 23 mars 1928 (*pension des veuves*); — L. et Décr. 14 avril 1928 (*rééducation professionnelle*); — L. 10 janvier 1929 (*cour régionale de Paris*); — L. fin. 30 décembre 1928, art. 81 (*allocation spéciale aux grands mutilés*); 78 (*pensions des veuves et orphelins*); — L. 27 février 1929 (*procédure au tribunal des pensions*); — L. fin. 16 avril 1930, art. 115 (*pourcentage des pensions de veuves*); — L. fin. 31 mars 1931, art. 72 (*généralisation des dispositions spéciales à la guerre de 1914-1918*); — L. 25 juin 1931, art. 2, 30 (*majorations pour enfants; pensions d'orphelins, d'ascendants*); — L. 5 avril 1932 (*prorogation de délai pour faire valoir les droits à pension*); — L. fin. 28 février 1933, art. 87 (*pensions temporaires*); — L. fin. 28 février 1934, art. 38 (*retraite du combattant*); — Décr.-L. 4 avril 1934 (*interdiction de cumul d'avantages pécuniaires, carte et retraite du combattant*); — DD.-LL. 14 avril 1934 (*retenue de 3 % sur les pensions et retraites et suppléments; choix du médecin, chirurgien, pharmacien*); — L. 26 décembre 1934 (*mobilisés titulaires de la carte du combattant*); — Décr.-L. 30 juin 1934 (*majorations pour enfants; cumul avec pension de retraite*); — L. 22 mars 1935 (*statut des grands mutilés*); — Décr.-L. 4 juillet 1935 (*révision des pensions abusives*); — Décr. 8 août 1935 (*commission spéciale de cassation au Conseil d'Etat*).

II. Loi du 14 avril 1924.

Les multiples dispositions législatives ou réglementaires de portée spéciale sont indiquées dans le texte des numéros.

L. 14 avril 1924 (*nouveau régime des pensions civiles et militaires*); — L. 30 avril et DD. 21 mai, 19 août, 7 septembre 1924 (*allocations aux grands invalides*); — L. 10 mars et DD. 31 juillet, 13 novembre 1925; Instr. 24 janvier 1926 (*fonctionnaires; conditions d'admission au régime des pensions*); — L. fin. 13 juillet 1925, art. 173, 193-204, 223 (*suppléments, majorations, indemnités compensatrices; mandat législatif; retenues*); — L. 6 mars 1926 (*modif. art. 68, § 1, de la loi du 14 avril 1924*); — L. fin. 19 décembre 1926, art. 96-102 et Décr. 28 juin 1927 (*allocations et majorations aux grands invalides; création de l'Office national des combattants*); — LL. fin. 16 juillet et (art. 64-69) 27 décembre 1927 (*relèvement des pensions*); — L. fin. 19 mars 1928, art. 32-45 (*pensions, bonifications et allocations aux militaires et à leurs veuves; droit d'option entre différents régimes*); — LL. 23 mars et Arr. 26 avril 1928; D. 28 février 1934 (*rééducation professionnelle; veuves de guerre*); — L. fin. 30 décembre 1928, art. 76-85 (*allocations supplémentaires; veuves et orphelins; supplément spécial; prolongation des délais d'instance*); — L. fin. 30 mars 1929, art. 38-51 (*bonifications; pensions et allocations de femmes employées et de veuves; indemnités pour charges de famille; fonctionnaires civils bénéficiant de pensions militaires; cumuls*); — L. fin. 16 avril 1930, art. 111-118, 196-202 (*péréquation des retraites; rappels d'arrérages; pensions de veuves; allocation aux invalides; titulaires de la carte de combattant*); DD. 16 et 21 juin 1931 (*fonctionnaires civils; limite d'âge*); — L. 24 juin 1931 (*Office national du combattant*); — L. fin. 16 mars 1932, art. 72-76, 96-105, 121, 144, 145; Instr. 22 avril 1932 (*retraite d'office; classification des emplois; cumul et révision des pensions; carte et allocation de combattant; grands invalides*); — LL. 5 avril 1932 et 11 mai 1933; Décr. 19 avril 1934 (*Office national des mutilés; Office national du combattant*); — L. 28 février 1933, art. 72-87 (*présomption d'origine; révision des pensions; cumul des traitements et retraites; tardiveté de demande et rappel d'arrérages; pension temporaire*); — L. fin. 31 mai 1933, art. 119, 123-136, 145-151 (*péréquation des pensions; cumul; bénéfices de campagne; mise à la retraite des officiers*); — D. 4 avril et Instr. 22 novembre 1934 (*mise à la retraite anticipée*); — DD. 10 mai 1934 (*fonctionnaires en surnombre; cessation d'activité*); — DD. 30 juin 1934 (*retraite du combattant; veuves; agents en service détaché; réglementation du cumul*); — L. fin. 24 décembre 1934, art. 26, 30 (*retraites d'office; création et suppression d'emplois*); — L. 26 décembre 1934 (*prorogation du délai de mise en instance*); — L. 22 mars 1935 (*grands mutilés de guerre*); — DD. 16 juillet 1935 (*cumul: pensions d'ancienneté et de réversion; indemnités pour charges de famille et majorations pour enfants; pensionnés titulaires d'un emploi d'activité*); — D. 6 octobre 1935 (*révision des pensions abusives*); — D.-L. 30 octobre 1925 (*bénéfice d'études préliminaires; liquidation par les ministères militaires; retraités civils et militaires; emplois réservés; fonctionnaires en service détaché; tuberculeux pensionnés à 100 %; régime d'invalidité en temps de paix; mise en instance de pension...*).

BIBLIOGRAPHIE.

Albert (Fr.), *Les pensions coloniales*, 1933. — Boche (P.), *Révision des pensions d'invalidité et de la carte du combattant*, 1934. — Cézar-Bru (Ch.), *La législation des pensions des armées de terre et de mer et des victimes civiles de la guerre* (LL. 31 mars et 24 juin 1919), 1919. — Canal (G.), *Manuel des pensions civiles*, 1934; *Modificatif au Manuel*, 1935. — Clauss (E.), *Les pensions locales d'Alsace et de Lorraine*, av. préface J. Delpech, 1929. — Dupuy (A.-F.), *Les pensions d'invalidité*, 1932. — Flutet (C.), *Manuel pratique sur les pensions militaires*, 1932. *Pensions militaires d'ancienneté et proportionnelles. Pensions de veuves et d'orphelins de la loi de 1924*, 1931. — L. de Fouchier, *Guide pratique des mutilés, des réformés, des veuves de guerre*. De la collect. « Les cahiers administratifs » (A. Mestre, Sirey), 1934. — Heilbronner (A.) et Doublet (J.), *Manuel du pensionné*, 1935. — Lardy (P.), *Les droits des pensionnés d'après les modifications successivement apportées à la loi du 14 avril 1924*, 1934. — Lugol (G.), Lehmann et Valentino, *La nouvelle loi des pensions militaires*, 1919. — Moutier (J.) et Vilain (Ch.), *L'office, la carte, la retraite du combattant*, 1921. — Muret (R.), *La limite d'âge dans la mise à la retraite des fonctionnaires civils*, 1924. — Rabany (C.), *Les pensions militaires. Commentaire des lois des 31 mars 1919, 14 mars 1915 et 24 juin 1919*, 3e éd., 1920. — Souquet (J.), *Code des anciens combattants et des victimes de la guerre* (préf. A. Maginot), 2e éd., 1932. — C. Valentino, *Les pensions militaires de la loi du 31 mars 1919*, 1921; *La loi des pensions militaires: Les allocations aux ascendants des militaires tués ou disparus*, 1923. *Le droit à réparation: La présomption d'origine*, 1924. — Vincent (G.), *Guide pratique sur les pensions d'invalidité*, 14e éd., 1923.

II. — LOI DU 14 AVRIL 1924.

[Pensions civiles (ancienneté et invalidité) et militaires (ancienneté et proportionnelles).]

DIVISION.

1. — Des devoirs pécuniaires des gouvernements envers les fonctionnaires, le service du traitement constitue l'un, la concession d'une retraite, l'autre, la reconnaissance d'une pension aux veuves et aux orphelins le dernier (Cf. A. Kammerer, *La fonction publique en Allemagne*, 1899, p. 363); ils ne sont point, d'ailleurs, allés d'un pas égal : la question des pensions n'a, en effet, attiré l'attention des législateurs qu'à une date peu ancienne; elle est même demeurée en certains pays, les Etats-Unis ou la Suisse par exemple, inconnue ou peu disputée; là où elle a été résolue au profit des anciens fonctionnaires ou au bénéfice de leurs ayants droit, elle comporte, entre les régimes allemand et anglais, d'une part, et le type français, d'autre part, des différences et des variantes, soit quant aux combinaisons financières par lesquelles les Etats assurent le service des pensions, soit quant au caractère de la charge qui incombe au Trésor public (Cf. G. Jèze, *Cours de finances publiques, Théories générales...*, 1931, p. 140 sv.). Toujours est-il que les particularités du système français, au cours ou par le progrès d'une évolution historique compliquée et peut-être non encore achevée, se peuvent ramener, l'une, à ce trait que la pension allouée sous certaines conditions aux fonctionnaires et à leur famille constitue, non une faveur de l'Etat, mais un droit pour le pensionnaire; et l'autre, à ce fait que, par une combinaison de retenues et de subventions, la charge de la pension est partagée entre l'Etat et les fonctionnaires. D'autre part, le double mouvement des idées en matière d'assistance sociale et des lois touchant la constitution de la famille y a retenti sur la notion et la mesure de l'invalidité, de même que sur la qualité et le nombre des ayants droit à pension... D'où, une abondance et une complexité, extrême aussi, des textes législatifs et réglementaires.

TITRE 1

NOTIONS GÉNÉRALES ET HISTORIQUES

2. — **I.** *Avant la Révolution.* — L'ancien régime, quant aux pensions concédées par les rois à leurs anciens serviteurs « attendu les grands bons et loyaux services qu'ils nous ont faits et font continuellement en leurs dits offices et les petits gages qu'ils ont à cause d'iceux » (Cf. Ordonn. 19 mars 1341, 3 févr. 1405, 13 déc. 1408...; R. Dareste, *La justice admin. en Fr.*, 2ᵉ éd., p. 390), ne suivit aucune règle uniforme, quant à la nature et à la durée des services qui les faisaient acquérir, ni à la quotité des sommes auxquelles elles étaient fixées. Et il advint, à intervalles périodiques, en général au moment de la réduction des rentes sur l'Hôtel de Ville ou de la suspension du remboursement des inscriptions et des billets de ferme, que le préambule d'un édit, rappelant l'excès des bontés du roi et l'impérieuse nécessité d'économies, concluait à la réduction des arrérages (Cf. R. Stourm, *Les finances de l'anc. rég. et de la Révol.*, t. 2, p. 125). Après plus d'un siècle de pareilles faillites périodiques, l'œuvre et le mérite de Necker furent de déterminer une série d'édits et de déclarations : Ordonnance du 22 déc. 1776; Lettres patentes du 8 nov. 1778; Ordonnance du 7 janv. 1779, ...relativement à la demande et au paiement régulier, aux déchéances et à l'insaisissabilité des pensions, ...dont le principe se perpétua. Un arrêté du 17 mai 1755 et un arrêt du Conseil, le 17 octobre 1787, sous l'administration de Calonne et de Loménie de Brienne, y ajoutèrent une prudente règle de resserrement des nouvelles concessions dans la limite des extinctions et de réduction du total des grâces pécuniaires au chiffre de 15 millions. De son côté, la *Ferme générale* ayant institué au profit de ses nombreux employés une caisse de retraite, c'est son règlement de 1778 (Cf. dans l'*Encyclopéd. method.*, *Dictionn. des finances*, vᵒ *Retraite*) qui, beaucoup plus réellement que la loi révolutionnaire de 1790, est, en la matière, le véritable précédent. Cependant, pour les anciens militaires, au profit desquels Louis XIV avait en 1672 créé l'Hôtel des Invalides, des règlements, dont le dernier était daté du 25 mars 1776, tout en laissant, de principe, la concession des pensions à la discrétion du pouvoir royal, avaient posé des conditions dont la pratique ne s'écarta point. — Cf. des renseignements sommaires sur l'historique des pensions avant 1790, dans le Rapp. H. Bérenger, 29 nov. 1923, *J. off.*, Doc. parl., nᵒ 763, p. 1 sv.).

3. — L'évaluation à 35 ou 36 millions des pensions payées pour les services tant civils que militaires ayant été présentée (31 déc. 1789) et jugée excessive à l'Assemblée constituante (Cf. Stourm, *op. cit.*, p. 134 sv.), celle-ci décida la publication du *Livre rouge*, c'est-à-dire des autorisations royales de paiement de pensions, gratifications et autres objets et des ordonnances de comptant tenues par les contrôleurs, et, comme suite au Livre rouge, d'un état nominatif des pensions; enfin, sur le compte ainsi rendu, elle vota la loi des 3-22 août 1790 (Cf. son texte, Duvergier, t. I, p. 265). Ce fut de celle-ci le principe étroit de récompenser les seuls services au corps social méritant par leur importance et leur durée ce témoignage de reconnaissance, et l'effet d'être limitée aux employés dépourvus des moyens nécessaires d'existence; il s'ensuivit — malgré de temporaires élargissements au profit de certaines personnalités (Cf. L. 11 sept. 1807), lesquels donnèrent lieu à abus et, partant, à révision (Cf L. fin. 29 janv. 1831, art. 16), — ce résultat d'en restreindre à l'excès le bénéfice (à 3.841 agents civils en 1853). Néanmoins, sauf la modification de certains détails, notamment par la loi du 15 germinal an XI et le décret du 13 décembre 1806, elle demeura, un demi-siècle, la base pour les pensions civiles; de même, sauf aussi quelques changements et compléments par les lois des 14 décembre 1790, 6 germinal et 14 fructidor an VI, 28 fructidor an VII et 16 frimaire an XIV, elle constitua la législation fondamentale, jusqu'en 1831, pour les pensions militaires.

4. — II. *Les lois de 1831 et de 1853.* — Toutefois, à raison de l'étroitesse même du principe légal, plusieurs caisses, dès 1797, se fondèrent suivant les traditions des anciennes fermes générales, alimentées par des retenues sur les traitements des agents, gérées sous la surveillance du gouvernement. La Convention, sans doute, ouvrit la perspective de pensions constituées à l'aide d'un « fonds de retenue » (Décr. 4 brum. an IV), et en 1811 un avis du Conseil d'Etat (5 mars 1811) en posa la règle générale; mais ce furent mesures sans suite, et le système des caisses persista malgré, d'une part, leur défaut d'uniformité réglementaire, du double point de vue du droit à pension et du chiffre de la pension, et, d'autre part, leur recours aux subventions de l'Etat, à la suite notamment des événements de 1814. D'où, la succession, de 1834 à 1851, de sept projets de loi, tous semblables par leur but. Un rapport de M. Godin, député d'Indre-et-Loire, le définissait ainsi, en 1835 : « libérer le Trésor de la manière la plus absolue de toutes chances de nouvelles subventions; constituer aux fonctionnaires et employés le meilleur sort possible avec le seul secours de la retenue dont leur traitement d'activité peut être passible; assurer à l'administration sur les fonctionnaires et employés toute l'action dont elle a besoin pour les biens du service ». Celui de M Félix Réal, député de l'Isère, sur le projet Lacave-Laplagne (1842), fut l'un des documents les plus complets sur la question. C'est seulement la loi du 9 juin 1853 qui, sans remplacer absolument la loi de 1790 pour les fonctionnaires soumis à ses dispositions (Cf. Bavelier, *Tr. des pens. civ. et milit.*, t. I, p. 7), supprima les caisses spéciales successivement établies (Cf. leur désignation par départements ministériels, avec textes y relatifs, au *Rép.*, vᵒ *Pensions civiles*, nᵒ 41, t. XXX, p. 391) et attribua leur actif à l'Etat.

5. — A. S'agissant des *pensions militaires*, l'exclusivité de leur attribution aux officiers et à l'ancienneté de services avait déterminé assez vite, dès une loi du 27 mai 1792, et ensuite sous l'Empire, pour l'équitable rémunération des services rendus dans les guerres permanentes d'alors, un élargissement de leur bénéfice et aussi un relèvement momentané (L. 7 juin 1793 et 7 germ. an III) de leurs tarifs (Cf. le retour à celui du 28 fruct. an VII); en fin de compte, sous la Restauration, à la suite du licenciement ou de la mise en réforme et demi-solde des militaires du régime précédent, une série d'ordonnances (31 mai et 27 août 1814, 1ᵉʳ août 1815) porta la charge du Trésor à 66 millions à la fin de 1817. Alors les deux lois du 11 et du 18 avril 1831 codifièrent les règles propres aux retraites, ici pour l'armée de terre, là pour l'armée de mer. Moyennant des retouches, des changements ou des interprétations aux fins, soit d'augmenter les tarifs ou instituer un minimum (Cf. les lois, d'avant et d'après celle du 18 août 1881, relative à la Caisse des offrandes nationales, citées *Rép.*, vᵒ *Pensions et retr. milit.*, nᵒ 11, p. 524), soit d'améliorer les conditions mêmes de la pension [*ibid.*, nᵒˢ 12, 13], soit, par exception, d'en faire quelque

réduction dans un but strict d'intérêt général ou quelque application de détail [*ibid.*, nᵒˢ 14, 25, p. 525], elles sont — avec leur principe : droit subjectif à pension, comme conséquence de la propriété du grade, absolu dès l'accomplissement des conditions relatives à la durée du service, — et dans leur variété : pensions proportionnelles à l'ancienneté de services, pensions pour blessures et infirmités, pensions et soldes de réforme — demeurées en vigueur durant près d'un siècle.

6. — Ce principe convenait, sans doute, au temps d'une armée exclusivement professionnelle, et cette variété cadrait aussi avec le concept d'un « contrat » entre l'Etat et le militaire : aptitude au service et retraite calculée d'après le grade y avaient paru et étaient traitées comme les deux facteurs déterminants des pensions, celles pour infirmité étant elles-mêmes considérées en fonction des pensions d'ancienneté et comme une simple anticipation, un dédit forfaitaire, à raison de circonstances imputables au service; aussi bien, en cas de mort sur le champ de bataille ou des suites des blessures ou d'une maladie contagieuse ou endémique contractée au service, une réversion anticipée s'opérait-elle au profit de la veuve et de la famille directe, et la pension était-elle traitée, en sa quotité, du 1/3 au taux normal et 1/2 au taux exceptionnel, pour les veuves d'officiers, comme une retraite et, en sa dévolution, comme un héritage alloué et se transmettant, d'ailleurs sans égard aux charges de famille, au nombre des enfants du défunt. Il était fatal qu'à la suite de transformations profondes de l'armée, « les considérations relatives au « métier militaire » (dussent), chaque fois que possible, céder le pas aux considérations « de droit commun » pour la rédaction des lois nouvelles sur les pensions » (Rapp. Pierre Masse, Ch. dép., 21 juill. 1916. *J. off.*, Doc. parl., 1917, p. 1939); elles n'y arrivèrent qu'à grand'peine, après un long temps.

7. — B. Aux *pensions civiles* demeura donc spéciale la loi du 9 juin 1853, dont l'exécution fut aménagée dans le détail par le décret du 9 novembre 1853 (*Duvergier*, p. 496), et dont le système se compliqua, se hérissa, avec les années, de textes, lois et décrets réglementaires :

Quant à l'ouverture du droit à pension et aux bases de liquidation, L. 8 déc. 1905 (S., *Lois ann.*, 1906, p. 180);

En matière de tarifs : LL. 22 juin 1878 [*ibid.*, 1879, p. 410]; — 18 août 1879 [*ibid.*, 1880, p. 565]; — 13 juill. 1911 [*ibid.*, 1912, p. 202]; — 9 avr. 1914 [*ibid.*, 1915, p. 861];

Pour les gratifications de réforme, DD. 13 févr. 1906, mod. 24 mars 1915 [*ibid.*, p. 839]; —29 déc. 1917 [*ibid.*, 1918, p. 698];

Etant, d'ailleurs, observé que, quelque graves que fussent les critiques dirigées notamment contre la rigueur des conditions donnant ouverture à pension d'ancienneté ou naissance au droit des veuves... (Cf. Fr. Perroux. *Les traitements des fonctionnaires en France*, 1933, p. 26), la modification du régime ne fut, avant la guerre, discutée que du point de vue financier.

8. — Le trait essentiel du système était de considérer et faire sortir effet la pension, non comme une rente viagère issue d'un capital amassé par le fonctionnaire avec la participation de l'Etat, mais comme un traitement d'inactivité acquis sous certaines conditions d'âge et de durée de services. Sans doute des retenues étaient perçues sur les fonctionnaires, destinées, en principe, à former au profit de ceux-ci l'émolument viager; mais elles n'étaient que portées en recettes parmi les produits budgétaires; la couverture de l'intégralité des pensions, la différence entre l'ensemble des crédits et le total des retenues, était demandée à un crédit inscrit au budget du ministère des finances; et, en définitive, aucune corrélation n'existait entre les dépenses assumées par l'Etat et les produits prélevés pour lui pour y faire face. D'où, une dette assez insoupçonnée et fort grave pour le budget; des emprunts successifs au moment où cette charge exactement connue apparaissait inévitable; et donc des critiques, et des propositions tendant à une réforme complète de la législation, à compter de celle (de la Monneraye, Ass. Nat., 24 mars 1873) qui, renvoyée au Conseil d'Etat, y fournit matière à un texte reproduit, quant à ses principales dispositions, dans deux projets, l'un présenté au Sénat, le 18 décembre 1879, par M. Léon Say, l'autre déposé à la Chambre des députés, le 27 juin 1891, par M. Rouvier (Cf. leur étude complète dans E. Penancier, *Des défauts et des périls de la législ. actuelle sur les pens. de retr. civiles et les projets de réforme...*, Paris, 1897).

9. — La loi de 1853 fit, en effet, contrairement aux prévisions de ses auteurs, rapidement croître les charges de l'Etat. — Non peut-être, à tous coups, pour cette raison que, le paiement des pensions étant assuré et assigné sur les fonds de l'Etat, il n'existait plus intérêt direct pour quiconque à s'opposer à des mises à la retraite prématurées de fonctionnaires encore capables de rendre des services suffisants à l'administration : sauf quelques abus ou errements réprimés ou interdits par des dispositions spéciales (Cpr. LL. fin., 31 mars 1903, art. 18; 30 déc. 1913, art. 11), l'âge moyen d'admission à la retraite a eu plutôt tendance à augmenter. — Mais, plutôt, par l'effet concurrent de causes diverses : développement général des services, particulièrement de l'instruction publique, des postes et télégraphes, de l'assistance ; ... relèvement des traitements, retentissant sur les pensions parce que calculées sur l'émolument moyen des dernières années d'activité ; ... amélioration législative des retraites de certaines catégories de fonctionnaires ou employés (Cf. *Rép.*, v° *Pensions et retr. civ.*, n° 65, p. 394) ; ...tradition parlementaire consistant, en matière de création de dépenses et particulièrement de retraites, à dénier toute initiative aux commissions du budget (Rapp. Burdeau, Ch. dép., 8 juill. 1889, *J. off.*, Doc. parl., annexe n° 3913, p. 1360) et, par contre, à accorder au ministre des finances les crédits supplémentaires par lui demandés sans s'assurer soi-même si les fonds ainsi votés seraient suffisants ou inférieurs aux besoins (Cf. Exp. mot. Caillaux, Ch. dép., 17 juin 1901, *J. off.*, Doc. parl., annexe n° 2442, p. 543).

10. — En vérité, — motifs pris, soit des difficultés d'un changement total de législation, soit de l'aléa des charges d'une période transitoire, — a été accidentellement soutenue, et admise au Parlement en 1891 (Cf. prop. Cousset, Ch. dép., 4 nov. 1890), l'idée d'édicter une suppression complète des pensions. La mesure n'aurait que l'effet, non douteux et peu encourageant, sans diminuer les charges antérieures, de supprimer les retenues à l'époque même des liquidations les plus importantes. Le maintien du *statu quo* figura, au contraire, en 1901, à la base du projet Caillaux. D'ailleurs, aux fins d'amortir la dette viagère, déjà grosse en ce temps de 80 millions, il y était assorti d'une combinaison, consistant, d'une part, à faire mettre en réserve et verser à la Caisse des dépôts et consignations, au lieu de les incorporer au budget, les retenues sur les traitements et, d'autre part, à les compléter par une subvention de l'Etat suffisante pour constituer par le jeu des intérêts composés les capitaux nécessaires au service des pensions maintenues à leur taux. Système nouveau, du moins différent des projets Léon Say et Rouvier, soit par l'abandon du procédé, susceptible d'amener selon les cas à des résultats inversement excessifs, du livret individuel au profit de chaque fonctionnaire, soit par la conservation du caractère de tontine, propre à la loi de 1853, et de la constitution d'une réserve pour l'ensemble des pensions. Le régime de la capitalisation, au lieu d'être organisé pour chacun des intéressés, était ainsi institué pour l'ensemble des fonctionnaires, comme, par la suite, il le fut effectivement dans la loi du 21 juillet 1909 pour le personnel des chemins de fer d'intérêt général.

11. — III. *La critique et les projets de réforme du régime.* — Le problème était donc posé, dès avant la guerre, d'une rénovation juridique et financière des pensions de retraite, tout comme des traitements. Cette refonte manquait en 1914 d'avoir été faite ; et ce furent seulement des mesures de circonstance qui, tout d'abord, intervinrent dans l'un et l'autre domaine : ici, pour remédier aux insuffisances des lois des 11 et 18 avril 1831, même du 3 mars 1906, n'ouvrant qu'une perspective de gratification, donc de bénéfice à titre gracieux, au cas d'infirmité grave qui, sans être incurable, fût reconnue génératrice d'une invalidité supérieure à 60 % ; là, pour ajuster l'augmentation de la retraite au mouvement des prix, à l'élévation de la majorité des traitements réalisée après juillet 1919 et à l'abaissement constaté du pouvoir d'achat de la monnaie, et aussi, comme à une autre donnée de fait, au bénéfice, durant plus ou moins de temps, des traitements majorés. Il en faut marquer les conditions extérieures et la ligne générale.

12. — A. L'application des lois de 1831 avait, quant aux pensions militaires, établi une tradition :

a) Sur le principe qu'exclu le cas de faute personnelle de la victime, toute infirmité advenue du fait ou à l'occasion du service donnait lieu à indemnité (Cf. *Rép.*, v° *Pensions et retr.*

milit., n°s 193 sv., p. 538 sv.). Toutefois le formalisme, quant à l'établissement de l'invalidité, laissait, à défaut d'une présomption d'origine, bien des infirmités hors le bénéfice de cette jurisprudence ;

b) Pour l'extension à ces pensions d'infirmités imputables au service de la base même des pensions d'ancienneté (Cpr. Cons. d'Et., 23 août 1836, Caille-Desmares, P. adm. chr., p. 431 ; 8 août 1896, Guyard, Leb. chr., p. 670 ; S. 98.3.115 ; D. 98.3.8). Ce qui était dans l'ordre des choses au regard d'une armée professionnelle et justifie la qualification donnée (Rapp. Masse, n. 2383, Ch dép., 21 juill. 1916, p. 28) aux pensions d'infirmité de « retraites d'ancienneté par anticipation » ;

c) Et, en dernière analyse, par l'application aux infirmités d'un double système de pension ou de gratification, selon qu'elles avaient, ou non, place dans l'énumération de la loi du 11 avril (art. 13, 14) ou l'échelle de gravité établie (en dernier lieu : 23 juill. 1887) par le ministère de la Guerre, et donc qu'elles échappaient, ou non, à une prise en considération du pourcentage d'incapacité de travail, tel que la loi du 9 avril 1898, sur les accidents du travail, en donnait l'exemple et que pratiquement l'imposait la convenance des choses, le besoin quant à des infirmités déterminées d'une concordance entre gratification et pension (Cf. Instr. 31 mars 1906, 10 avr. 1915 ; D. 24 mars 1915). Par quoi, d'ailleurs, était entraîné parfois ce résultat paradoxal que l'incurabilité, au lieu d'avoir effet seulement quant au caractère temporaire ou définitif de l'indemnité, en déterminait, sur le même pied que la gravité, le taux même (Cf. Masse, *loc. cit.*, p. 88 ; Valentino, *Le droit à réparation, la présomption d'origine...*, 1924, n°s 16, 33-35, p. 6, 11-13).

13. — B. Une commission extraparlementaire (dite commission Ribot), du 28 mai au 22 octobre 1915, en étudia la valeur ; le projet, issu de ses travaux, déposé à la Chambre le 4 novembre 1915 (Doc parl., n° 1410, p. 1140), y vint en discussion à la fin novembre 1917, conjointement à des propositions parlementaires (Mirman, Doc. parl., n° 2305, 6 mars 1905 ; Vaillant, n° 563, 13 janv. 1915 ; Goude, n° 894, 6 mai 1915, Doc. parl., p. 385 ; Lémery-Léon Bérard, n° 3626, 4 oct. 1917, Doc. parl., p. 1344). — V. leur exposé, Valentino, *op. cit*, n°s 37-53, p. 14-23 ; leur plus complète nomenclature et analyse, S. *Lois ann.*, 1920, note 1 (IV-B), p. 1163.

L'indemnisation des infirmités y procède de tendances nouvelles :

Dans les premières propositions, dessein, ici (Mirman) d'appliquer aux accidents du service militaire les conséquences et les procédés du système civil de la loi de 1898 ; là (Vaillant) d'instituer pour toutes victimes, militaires ou civiles, d'hostilités une assurance nationale, sur la base uniforme d'une valeur sociale moyenne, avec le correctif éventuel de la valeur personnelle, et sauf (Goude) introduction pour les civils de bonifications d'âge destinées à compenser, dans une certaine mesure, les indemnités bénéficiant aux militaires de carrière ;

Dans le projet du gouvernement, sous l'influence de l'application continue de la législation de 1831 depuis le début de la guerre et de la nécessité de respecter les droits acquis du fait de cette application, objectif limité à la mise au point du droit antérieur et au maintien aux victimes des hostilités, quel que dût être le droit nouveau, des avantages et des chefs plus favorables du droit ancien ; — et, sous la poussée des expériences et des concepts législatifs, unification et calcul des pensions et des gratifications d'après la méthode des pourcentages, et considération des charges de famille sous la forme de majorations d'enfants. La commission des finances (Rapp. Masse, précité) y ajouta la capitale innovation, quant aux blessures et aux maladies, d'une présomption d'origine, et une clause limitative arrêtant au grade de chef de bataillon les majorations, à l'effet de réduire, au regard et au préjudice des hauts grades, les différences d'indemnisation ;

Dans la dernière proposition (Lémery-Léon Bérard), reconnaissance aux militaires non professionnels d'une créance privilégiée à des indemnités fixées sans considération de grade, calculées forfaitairement, par pourcentage selon les prescriptions de la loi sur les accidents du travail, 1/2 ou 2/3 de la perte du revenu pour les invalidités partielles ou totales respectivement, sauf, au cas de preuve de perte réelle supérieure, attribution d'indemnités supplémentaires décroissantes, inverses des taux ascensionnels de l'impôt sur le revenu.

14. — Le projet de la commission Ribot (M. le conseiller d'Etat Romieu en était le rapporteur), renvoyé à la commission des pensions civiles et militaires, fut discuté à la Chambre (M. P. Masse, devenu entre temps sous-secrétaire d'Etat, fut remplacé comme rapporteur par M. Lugol), du 22 novembre 1917 au 5 février 1918. Transmis au Sénat, modifié assez largement, tour à tour, par une commission spéciale (Cf. Rapp. Chéron, n° 234, 31 mai 1918, Doc. parl., p. 418) et en séance plénière, il fit retour à la Chambre, y fut discuté à nouveau du 11 décembre 1918 au 6 mars 1919 (Rapp. Lugol, n° 5819, 11 mars, p. 938), puis voté en deuxième lecture le 14 et communiqué au Sénat (Cf. Rapp. Chéron, n° 95, 18 mars, Doc. parl., p. 111), enfin adopté, le 28, par le Sénat sans modification, tel que l'avait arrêté la Chambre en dernier lieu et qu'il fut promulgué au *Journal officiel* du 2 avril 1919.

Plusieurs décrets au cours de l'année 1919 eurent pour objet son application : Décr. 29 mai : nouveau guide-barème des indemnités; — 18 juin (av. Instr.) et 28 août, [S. *Lois ann.*, 1922.5.574] : pensions d'invalidité, avances et renvoi des militaires; — 8 juillet (av. Instr. 10 juillet), [S. *ibid.*] : avances, marins renvoyés dans leurs foyers (mod. 8 nov. 1920, [*ibid.*, S. 78]); — 1er août (av. Instr. 2 août), [S. 1920.5.1225]; — 2 septembre, [S. 1920.5.1225] : introduction des demandes, voies de recours, application générale de la loi (mod. 29 janv. 1921, [S. 1922.5.750]); — 26 septembre, [S. 1920.5.1029], [Rpr. Décr. 25 oct. 1922], sur l'art. 64 : soins aux mutilés;— 2 octobre : application aux colonies; — 20 octobre (av. Instr.), [S. 1922.5. 575] : avances, veuves, orphelins et ascendants; — 7 novembre : attribution d'avances sur pensions (mod. 23 mars 1921).

15. — *C.* Durant les années qui suivirent, plusieurs lois furent votées en étroite connexion avec celle du 31 mars 1919 :

LL. 5 septembre *1919* : comptabilité, paiement des arrérages, déclarations [Rpr. Arr. 7 oct. 1920];

25 mars *1920* : majorations aux titulaires de pensions civiles ou militaires d'ancienneté; — 16 avril : modifications de la législation des pensions par rapport aux militaires et marins de carrière et aux militaires indigènes de l'Afrique du Nord; — 17 avril [S. 1922.5.472] : transport d'attributions au ministre des pensions pour les actes d'administration et de procédure prévus par la loi de 1919; — 27 avril [S. *ibid.*] : formalités de révision et de concession des pensions militaires; — 30 avril : modifications [Rpr. Instr. 15 janvier, 1er mars 1921; Décr. 25 août 1921]; — 8 juin [S. 1922.5.602] : point initial des délais établis par la loi; — 31 décembre (art. 64) : frais médicaux et de voyage;

31 décembre *1921*, art. 82 sv., 95, 138 : allocations et pensions des grands invalides [Rpr. Décr. 10 févr. 1922];

29 mars *1922* : ratification du Décr. 3 sept. 1920 pour l'Alsace et la Lorraine; — 12 avril : indemnité temporaire de cherté de vie; — 15 juillet : taux des majorations pour enfants accordées aux veuves de guerre; — 18 juillet (et 26 juillet 1923) : extension des pensions de la loi de 1919 et de ses art. 58 à 60 aux anciens militaires et marins réformés pour blessures antérieures au 2 août 1914, et à leurs ayants droit [Rpr. Décr. 17 et Instr. 19 oct. 1922; Instr. 14 nov. 1923];

17 avril *1923* : concession du bénéfice des lois françaises sur les pensions d'invalidité aux militaires et ayants droit des militaires ayant acquis dans l'armée allemande, de 1914 à 1918, droit à pension et devenus français par application du traité de Versailles [Rpr. Décr. 11 juillet. — Nouvelle extension, L. 23 mars 1928]; — 13 juillet : résidence de pensionnés à l'étranger sans autorisation. — Majoration de pensions : bénéfice et retrait [Rpr. Instr. 30 janv. 1924]; — 25 juillet : demandes des victimes civiles de la guerre; — 28 décembre : recours au tribunal départemental; prorogation de délai, et forclusion;

22 mars *1924*, art. 91-102 : création et règles organiques de la Caisse des pensions de guerre (supprimée par L. fin. 29 avr. 1926, art. 119); — 15 août : ratification du Décr. 18 avr. 1923, pour l'Alsace et la Lorraine;

13 juillet *1925*, art. 194-200, 204 : rajustement du taux des pensions;

9 janvier *1926* : allongement du délai pour la demande de pension d'ancienneté [extension de ce bénéfice: L. 26 mars 1927];

16 juillet *1927*, art. 3-5 : réforme et relèvement des traitements et pensions des personnels civils et militaires de l'Etat;

23 mars *1928* : bénéficiaires de pensions allemandes d'invalidité (1871-1914) devenus français. — Droits à pension des veuves de guerre. Bénéfice de la loi sur la rééducation professionnelle; — 30 décembre, art. 80-85 : rajustement du taux des pensions. Majorations pour enfants. Délai de mise en instance de pension (mod. L. 10 juill. 1931, 5 avr. 1932);

23 mars *1929* : relèvement des suppléments temporaires; 16 avril *1930*, art. 115 : augmentation des pensions de veuves; — 19 juillet : ascendants. Bénéfice de la loi du 2 janvier 1918; 28 février *1933* : suppression de la présomption d'origine et attribution des pensions définitives.

16. — Plusieurs articles de la loi elle-même ont été modifiés ou complétés en leur teneur :

Les art. 5 : LL. 1er avr. 1923, art. 47; 31 mars 1928, art. 47;

13 : L. 25 juin 1931;

15 : L. 28 juill. 1921, mod. et compl. par L. 9 déc. 1927, art. 53, 54;

19 et 20 : LL. 15 juill. 1922; 30 déc. 1928, art. 78, 79; 25 juin 1931;

22 : L. 15 mars 1923, [S. 1923.5.913];

28 à 34 : L. 28 juill. 1921, [S. 1922.5.695];

30 : L. 13 avr. 1923, [S. 1925.5.914], mod. 31 mars 1931, art. 70;

32 § 1er : L. fin. 31 mars 1931, art. 70;

36 : L. 27 mai 1926;

37 : L. 10 janv. 1929;

38 § 1er : L. 28 déc. 1923, mod. 27 févr. 1929;

49 : L. 22 juin 1927;

55 : L. 19 déc. 1926, art. 97, mod. 16 avr. 1930, art. 118;

58-60 : LL. fin. 30 juin 1923, art. 117; 20 juill. 1923; 10 mars 1925, art. 44; 19 déc. 1926, art. 100; 31 mars 1932, art. 100;

64 : LL. 31 déc. 1920, 21 juill. 1922, 30 mars 1923 [Rpr. Arr. 10 août 1920; 28 mai 1921; Décr. 9 mars et 18 juill. 1921, [S. 1921.5.194] (av. Instr. 18 juillet); 25 oct. 1922; Arr. 12 janv. 1923]; L. 1er août 1924; L. 19 déc. 1926, art. 102;

65 : L. 23 déc. 1919 [S. 1920.5.1231];

67 : L. 28 juill. 1921;

71 : L. 27 déc. 1927, mod. 13 juill. 1923.

17. — Enfin, nombre de ses dispositions, comme des lois votées à sa suite, donnèrent ouverture et cours à des décrets réglementaires et autonomes, notamment :

1920. — 5 mars [S. 1922.5.576] : avances, militaires renvoyés dans leurs foyers; — 23 mars (av. Instr. 1er août) [S. 1922.5.173] : veuves et orphelins, avances mensuelles; — 10 avril (av. Instr. 3 juin) : arrérages, paiement sans ordonnancement; — 12 mai [S. 1922.5.578] : marins, allocations provisoires; — 10 juillet [S. 1922.5.575] : militaires décédés, allocations provisoires; — 14 juillet [S. 1921.5] : tribunaux, frais de justice; — 15 octobre : organismes consultatifs médicaux : compétence [Rpr. Décr. 15 et 16 avr. 1924 : commission consultative médicale]; — 9 novembre : marine, pension d'ancienneté, avances;

1921. — 29 janvier [S. 1922.5.790]; 9 mars (av. Instr. 4 mai) : soins médicaux et pharmaceutiques; — 12 juillet : tribunaux et cours régionales des pensions, frais de justice; — 28 octobre [S. 1921.4.310] : pensions militaires allemandes; — 17 décembre : suppression des sections régionales; — 27 décembre : avances aux bénéficiaires, durée des services;

1922. — 18 mai : marins, corps indigènes; — 21 octobre : victimes civiles de la guerre, grands invalides, majorations;

1923. — 23 août : attribution et cumul de majorations et d'indemnité de vie chère.

18. — *D.* Il était fatal que cette mise en application et, d'une manière générale, celle de toutes les lois votées en faveur des anciens combattants et des victimes de la guerre suscitât la création d'organismes. Le ministère des Pensions en est né, par transformation, après la démobilisation, du sous-secrétariat d'Etat des pensions, primes et allocations : bien loin qu'elle fût exclusivement « de guerre », la loi du 31 mars 1919 prévoyait les liquidations « à l'avenir » (art. 2) des pensions et des gratifications de réforme, et, conjointement à toutes les lois de reclassement social ou de rééducation professionnelle, elle impliquait la distribution de soins médicaux et pharmaceutiques, la mise en œuvre de services d'appareillage (prothèse et orthopédie). La loi de finances du 16 avril 1930, art. 197-202, ayant ajouté à ces tâches et à celle déjà ordonnée de l'entretien des sépultures militaires (Rpr., sur son mode d'exécution, art. 225, 226 traité de Versailles; Décisions de la Commiss. nation. des sépultures militaires, 15 juin 1926; Décr. 25 sept.

1920 et 7 janv. 1927, av. Instr. 4 mars 1927, mod. 12 nov. 1930 (quant à l'annexe 4 à l'art. 3 de la précédente) la liquidation des titres « d'allocations aux anciens combattants », le progrès, bien plus que le ralentissement du ministère, de même que des crédits, au fur et à mesure des années successives à la fin de la guerre, était prévisible (Cf. Rapp. Taurines, sur le budget [Pensions] de l'exercice 1931-1932, Ch. des dép., 11 juill. 1930, *J. off.*, Doc. parl., n° 3878, p. 2223); l'annonce d'une réorganisation à bref délai fut même annoncée (Champetier de Ribes, 10 févr. 1931, Déb. parl, p. 520). En fait, il ne se trouve plus dans les derniers rapports de la commission des finances que des statistiques sur la situation des services (demandes reçues, y compris celles de renouvellement de pensions temporaires et de révision pour aggravation d'infirmités; liquidations et concessions effectuées, rejets prononcés, rappels d'arrérages opérés depuis le 1er janv. 1929) et des moyennes ou prévisions touchant les « résultats par année »; elles y sont assorties, d'ailleurs (Cf. Rapp. J.-L. Breton, Ch. dép., 8 déc. 1932, *J. off.*, 1932, Doc. parl., n° 1025, p. 753), d'une réserve, imposée peut-être par la discordance des données de l'administration des finances et de celle des pensions, du moins bien inspirée, qui balance expressément les « raisons » de croire la courbe des pensions de guerre à son point culminant et le caractère d' « hypothèses » inhérent aux affirmations sur le moment exact et le régime de sa future décroissance. — Cependant, deux points y ont été mis en question (Cf. Rapp. Taurines... pour l'exercice 1932, Ch. dép., 4 déc. 1931, Doc. parl., n° 5841, p. 1294), qui sont autrement importants que la création d'un fichier central de position (*i. e.* permettant de connaître à tout instant, par la seule consultation d'une fiche centrale, l'étape administrative atteinte réellement par le dossier) ou le renforcement des cadres, parce qu'ils touchent davantage au fonds juridique des choses et à la distribution des compétences : *a)* la substitution à la ci-devant inspection générale des services extérieurs d'un contrôle, à la fois administratif et technique, rattaché à celui de l'exécution du budget organisé dans tous les ministères par l'art. 150 de la loi de finances du 13 juillet 1911, spécialement en celui des pensions selon le règlement d'administration publique du 28 septembre 1928, d'une part; et *b).* d'autre part, la définition des pouvoirs de la Commission consultative médicale relevant jadis du ministre de la guerre avant d'être placée sous l'autorité immédiate de celui des pensions (Rpr. Instr. 31 mai 1920, art. 77), la subordination à ses directives des centres et des commissions de réforme, le cantonnement de son rôle et de son caractère à celui d'un organisme chargé de fournir au département les conseils techniques nécessaires. — Deux retouches seulement ont été apportées à cette législation : *a)* l'une, de principe, dans l'art. 126 de la loi du 31 mai 1933, par la prévision, dans un délai de trois ans à compter de la promulgation de la loi, d'une révision des pensions concédées, soit par application de l'art. 5 de la loi du 31 mars 1919, donc sous le bénéfice de la présomption d'origine ou d'aggravation, soit du chef d'accidents ou de blessures hors le service et indépendamment de faits de guerre. Prévision justifiée et mesure nécessaire au regard des pensionnés non titulaires de la carte du combattant, qui comptent pour une proportion de 30 % dans la masse des pensions; —*b)* l'autre, d'immédiate application, par le 10e des décrets-lois du 4 avril 1934 (*J. off.*, 5 avr., p. 3505), comme suite de la prohibition générale des cumuls, sous forme d'obligation pour les fonctionnaires ou les militaires titulaires d'une pension d'invalidité, qui étaient jusqu'ici qualifiés à toucher à la fois une majoration, progressive d'après le degré d'invalidité, par enfant de moins de dix-huit ans et les indemnités pour charges de famille des lois des 18 octobre 1919 et 30 mars 1929, d'opter dorénavant « pour celui des avantages qui leur apparaîtra le plus favorable ». Mesure pratique, fort judicieuse aussi, et qui exclut, du moins retarde la considération de telles autres possibilités d'économies, la refonte du statut des petites pensions de 10 à 20 % motivées seulement par des états cicatriciels, n'atteignant ni l'activité ni la longévité de leur bénéficiaire, et, pour cette raison sans doute, exclues en certains pays (Allemagne, Italie) où les pensionnés ne touchent d'allocation qu'à partir de 25 % d'invalidité, ...ou, mieux, la réévaluation, sinon la dissociation d'autres pensions pour aggravation de maladies souvent bien antérieures à la guerre, mais aboutissant par le jeu successif des examens et expertises à des taux d'invalidité de grands mutilés... (Cf. Dr Meurisse, dans le *Journ. des Débats*,

5 avr. 1934), ...bref la remise en cause d'une série de dispositions et de faveurs en voie de perdre de légitimes défenseurs.

19. — **IV.** *Le régime légal nouveau et ses sources.* — Cependant se faisait sentir la nécessité d'une réforme d'ensemble de la législation des pensions, de leur régime technique financier dans l'intérêt de l'État, de relèvements et d'élargissements au profit de leurs bénéficiaires. Des allocations temporaires avaient été décidées pour les ci-devant retraités : LL. 18 oct. 1917, [S. *Lois ann.*, 1917, p. 600]; — 30 avr. 1918, [*ibid.*, 1920, p. 1292]; — 23 févr. 1919, [*ibid.*, 1923], et une augmentation de traitements opérée pour la plus grande partie des fonctionnaires : L. 6 oct. 1919, [S. *Lois ann.*, 1922, p. 440], laquelle avait admis une augmentation corrélative des pensions pour ceux demeurés en fonctions durant six années après sa promulgation... Réformes provisoires et limitées, au total, de telle manière que, par un décret du 5 août 1919 (*J. off.*, 6 août), une commission extraparlementaire fut instituée aux fins d'établir les bases d'une révision générale, pour la raison ainsi indiquée dans l'exposé des motifs du ministre des finances Klotz : « Plusieurs propositions de loi et de résolutions inspirées par une préoccupation chaque jour plus grande ont signalé la nécessité d'une réforme destinée à sauvegarder, à la fois, les intérêts du Trésor et ceux des pensionnaires. Les militaires de carrière se plaignent, comme les fonctionnaires civils, de l'insuffisance du taux de leurs retraites; et l'on ne peut nier qu'ils demeurent soumis, pour les pensions d'ancienneté, au régime d'une loi datant de 1831, moins susceptible encore que celle de 1853 de s'adapter aux conditions de la vie moderne et tout à fait étrangère aux méthodes actuellement pratiquées dans les opérations viagères ». Entre temps, la Fédération des fonctionnaires, prenant position, demandait que le calcul de la pension des intéressés fût opéré uniquement sur la base des nouveaux traitements, abstraction faite de la date à laquelle, entre le 1er juillet 1919 et le 1er juillet 1926, ils auraient pris leur retraite. Deux lois sortirent des travaux de la commission.

20. — **A.** La première, en date du 25 mars 1920 (S. *Lois ann.*, 1923, p. 1084), ne fut encore que provisoire et d'attente, bornée à l'octroi de majorations aux titulaires des pensions civiles ou militaires d'ancienneté liquidées ou à liquider : pour les fonctionnaires déjà retraités, elle décidait l'incorporation à la pension revisée de l'allocation déjà accordée par la loi du 23 février 1919; au profit de ceux ayant pris leur retraite depuis le 1er juillet 1919 ou appelés à la prendre avant le 1er juillet 1925, elle prévoyait, pour valoir « jusqu'à la promulgation d'une loi nouvelle sur le régime des pensions », la liquidation sur la base des anciens traitements, une majoration proportionnelle à la pension initiale et calculée d'après un barème dégressif, enfin le complément, selon la date de la cessation des fonctions avant le 1er juin 1921, du 1er juillet 1921 au 30 juin 1923 ou après cette époque, de 1/3, des 2/3 ou de la totalité de la différence existant entre la pension majorée et celle qui serait obtenue sur la base des nouveaux traitements. Au demeurant, les maxima prévus par la loi du 9 juin 1853 modifiée par celle du 30 décembre 1913 n'avaient pas été supprimés. D'où, en de nombreux cas, un échec aux effets de la loi de 1920, étant donné que, des trois éléments susceptibles d'après celle-ci de composer la pension, le mode de calcul ne pouvait être le même, à raison de leur caractère différent, pour la majoration et le complément éventuel de pension, — la majoration consistant en une somme déterminée à ajouter d'une manière ferme au montant, quel qu'il fût, de toutes les pensions inscrites ou à inscrire au Trésor public, et susceptible, dès lors, de dépasser, dans la limite de cette majoration, les maxima établis par les lois de 1853 et 1913; — le complément éventuel, au contraire, uniquement destiné à tenir compte des nouveaux traitements perçus par les fonctionnaires depuis le 1er juillet 1919, et seulement dans le cas où la pension, calculée fictivement d'après ces nouveaux traitements selon les règles de la législation existante telle que définie par les lois susvisées, et sans dépasser les maxima édictés, serait supérieure à la pension calculée d'après les traitements anciens et augmentée de la majoration accordée par l'art. 2 de la loi du 25 mars 1920.

21. — Ce résultat est très net, dégagé de l'art. 6 de la loi en une série d'arrêts concordants à décider que, si la majoration constitue une somme déterminée à ajouter d'une manière ferme au montant de toutes les pensions et susceptible, dès lors, de dépasser les maxima établis par la loi du 9 juin 1853, modifiée par celle du 30 décembre 1913, ces maxima devaient jouer pour la liquidation du principal de pension et de la pension fictive, basée sur les nouveaux traitements et servant à déterminer le complément de pension. D'où, la conséquence que celui-ci ne pouvait être accordé que dans le cas et la mesure où le chiffre de la pension fictive, ramenée au maximum de la loi de 1853, était supérieur à la pension principale, elle-même calculée d'après les règles anciennes et augmentée de la majoration accordée par l'art. 2 de la loi du 25 mars 1920 : 18 janv. 1922, Lecœuche, Boitel, Delage (3 arrêts), Leb. chr., p. 41 ; S. 1925.3.19 ; 8 févr., Roubaudi, p. 117 ; 29 mars, Drouelle, Breton, Wencker, Vinson, p. 291 ; 26 juill., Vincent, p. 655 ; 3 août, de Nathan, p. 703 ; 6 déc., Lemiège, p. 902 ; — 2 mai 1923, Cadiat, p. 378 ; 2 nov., Trarbach, p. 707 ; — 9 nov. 1925, Siméon, p. 880... — Et la formule revient dans plusieurs de ces décisions, comme pour les défendre par la lettre et la contexture des textes législatifs, « tant qu'il n'en aura pas été autrement ordonné par la loi qui doit, aux termes de l'art. 6, reviser la législation des pensions civiles ». En fait, la loi du 4 avril 1924 mit fin, par ses art. 92 et sv., à ce régime de 1920, et il ne reste plus à cette jurisprudence qu'un intérêt rétrospectif.

22. — Toujours est-il que les majorations de la loi de 1920 n'avaient pas tardé à paraître insuffisantes pour les petits retraités et pensionnés dont les pensions même majorées étaient loin d'atteindre lesdits maxima. Aussi une loi du 12 avril 1922 (*J. off.*, 21 avril, p. 4118) leur concéda-t-elle une nouvelle indemnité de cherté de vie (720 francs par an). — Cf. Perroux, *op. cit.*, p. 52.

23. — *B.* La deuxième, en date du 14 avril 1924 (S. *Lois ann.*, 1925, p. 1947 sv. ; D. 1925.4.1), est issue, comme loi définitive des pensions, d'oppositions et de longues discussions.

24. — La commission extraparlementaire, le gouvernement (projet Doumer, min. fin., 8 juill. 1921, Doc. parl., novembre, p. 2258) et la commission des finances de la Chambre (Rapp. Lugol, 1er avr. 1922, Doc. parl., juillet, p. 753) furent d'accord :

a) sur le champ d'application de la future loi, quant au maintien des dispositions antérieures ;

b) sur le régime financier, quant à la substitution au principe ancien de la répartition d'un système de capitalisation collective ;

c) sur le bénéfice et les conditions des pensions, quant à une unification entendue au seul sens d'un calcul des pensions, des militaires comme des civiles, d'après le traitement moyen ou la solde moyenne, à l'exclusion dorénavant de tarifs variables selon le grade ; — et sur l augmentation des pensions. La commission des pensions militaires défendit contre ces vues l'identité complète des pensions civiles et militaires et la distinction de l'ancienneté et de l'invalidité. Au cours des dix-huit séances, échelonnées du 15 mars au 15 juin 1923, — le gouvernement représenté par M. de Lasteyrie et la commission des finances par son rapporteur, — 286 amendements écrits furent déposés, indépendamment de ceux improvisés en séance ; trois rapports supplémentaires présentés par M. Lugol, les 11 mai, 5 et 8 juin (Doc. parl., juin, p. 812 ; août, p. 357, 360), et les résistances gouvernementales dirigées contre l'extension demandée de la loi aux ouvriers et, du point de vue financier, contre l'application immédiate de la capitalisation collective par une caisse des pensions. Le renvoi de l'étude d'une réforme des retraites municipales et départementales à une commission extraparlementaire fut défendu, selon les vœux du gouvernement, par la commission des finances du Sénat. Celui-ci, au contraire, se déclara favorable à l'extension du bénéfice de la loi à tous les ouvriers appartenant aux cadres permanents des administrations de l'État et à l'insertion dans la loi du projet spécial aux fonctionnaires anciens combattants : Cf. Rapp. H. Bérenger, 29 nov. 1923, Doc. parl., décembre, n° 820. Les débats au Sénat commencèrent le 7 et prirent fin le 14 : Cf. Rapp. supplém. 13 décembre, *ibid.*, mars 1924, p. 215.

25. — Les conséquences financières des modifications apportées au projet primitif du gouvernement, spécialement les aggravations de dépenses inhérentes aux propositions du Sénat, furent, au moment du vote final de celles-ci, signalées par le ministre des finances : « A la Chambre, dit M. de Lasteyrie, après différents amendements, et notamment avec la péréquation [ceci est à entendre de la révision des pensions à partir des nouvelles échelles de traitements, — au lieu d'une liquidation fictive opérée à nouveau sur la base des traitements majorés], la dépense résultant de l'adoption du projet de loi était passée à 263 millions pour la première année et à 658 millions en période normale. Aujourd'hui, après le vote des textes présentés au Sénat, la dépense s'élève à 293 millions pour la première année et à 800 millions environ pour la période pleine... A ces dépenses il conviendra d'ajouter celles qui résulteront indirectement pour le Trésor de l'application de dispositions analogues aux cheminots. Il y aura là vraisemblablement une augmentation de dépenses qui a été chiffrée à 10 millions pour la première année et à 150 millions environ en période pleine. Si l'on tient compte des différents chefs de dépense qui peuvent résulter notamment du départ prématuré de certains fonctionnaires et, par conséquent, de la nécessité où l'on se trouvera de les remplacer, on peut dire... que la loi va coûter 300 millions pour la première année, et qu'en période pleine elle coûtera bien près d'un milliard ». Une proposition (Dominique Delahaye) de retrait de l'urgence fut repoussée : 14 décembre, [*J. off.*, Déb. parl., p. 1911]. L'accentuation de la crise du change et les difficultés financières ayant déterminé ou fait présumer « la décision prise par le gouvernement d'ajourner la discussion et le vote du projet de loi sur les pensions », une interpellation (Bouyssou) fut annoncée, mais ajournée par la Chambre : 17 janv. 1924, [*J. off.*, Déb. parl., p. 127], sur la déclaration faite et moyennant la condition exprimée par le président du Conseil que le plus expédient était de maintenir pour base des études de la commission des finances le projet revenu du Sénat, et que celui-ci serait équilibré, autant que de besoin, par des ressources spéciales et nouvelles. Cette exigence apparut inutile ou satisfaite (Cf. Rapp. Lugol, 29 févr. 1924, Doc. parl., p. 433), à la suite de cette perspective que le vote du projet « du double décime » (Rapp. Bokanowski, n° 6980) laisserait « une disponibilité de 171 millions (susceptible, dans l'esprit de la commission, de) compenser la charge en 1924 du projet de loi sur les pensions ».

26. — La discussion générale engagée les 25 et 26 mars (*J. off.*, Déb. parl., p. 1585, 1606) s'acheva par une proposition (Bouyssou et Orsola) de renvoi du projet à la commission, aux fins de sa mise en concordance avec les dispositions votées par le Sénat, sur laquelle le ministre des finances posa la question de confiance (*ibid.*, p. 1615). Le nouveau gouvernement se déclara prêt à les accepter toutes, à l'exception de celles concernant les ouvriers. Les propositions modifiées de la commission des finances (Rapp. Lugol, 4 avr. 1924, Doc. parl., juin, p. 735), quant aux tantièmes des annuités d'accroissement, au profit des veuves sans pension et des fonctionnaires combattants, et pour la péréquation intégrale des anciennes retraites, furent acceptées, et le projet en son entier adopté, par la Chambre les 4 et 5 avril 1924 (Déb. parl., p. 1795, 1831), et par le Sénat les 11 et 12 avril (p. 762, 790).

27. — Nombre d'articles de cette loi aussi ont été, depuis sa promulgation, modifiés ou complétés ou remplacés (Cf. Delpech, *Code administratif*, p. 1003 sv.) :

Les art. 2, §§ 2, 4, 6 : L. 27 déc. 1927, a. 63 ; L. 31 mars 1932, a. 96, 97 ;

8, 11 à partir de l'al. 2 : L. 31 mars 1932, a. 74, 72, 73 ;

30, § 3 : L. 23 déc. 1927 ;

31, al. 2 : *ibid.*, a. 67 ;

34, *ibid.*, a. 65 ;

41, al. 1er, 2 : L. fin. 19 mars 1928, a. 38 ;

44, compl. *in fine* : L. 22 juin 1931 ;

48, *in fine* : L. 27 déc. 1927, a. 64 ; L. 31 mars 1932, art. 98-1° ;

59 et compl. : L. 28 févr. 1933, a. 81 ;

62, dernier alinéa : L. 9 déc. 1927, art. 27 ;

68, al. 1er, compl. *in fine* : L. fin. 19 mars 1928, a. 36 ;

80, compl. : L. 31 mars 1932, a. 97 ;

85 : L. 27 déc. 1927, a. 70 ; L. 30 déc. 1932, a. 12.

28. — *A.* Deux traits sont essentiellement caractéristiques de son œuvre :

a) L'un, quant au régime financier destiné au support de la nouvelle législation. L'ancienne était basée sur la double pratique d'une *répartition*, par le Conseil d'État, entre les différents ministères, des crédits annuels pour pensions votés en bloc par le Parlement et, jusqu'en 1908, de l'affectation a ce service de la dette publique d'une partie des amendes fiscales ; d'où, contre elle, le double grief de ne donner au fonctionnaire ni le sens ni le profit de la prévoyance et de l'accroissement, par le seul jeu de l'intégration des intérêts au capital, d'une somme périodiquement épargnée et grossie, et, d'autre part, d'imposer à l'Etat toute la charge de la dette viagère, au lieu de la réduire, selon un mécanisme semblable à celui de la Caisse nationale des retraites ou des retraites ouvrières et paysannes, à des subventions d'employeur. A la répartition ainsi entendue, plusieurs fois, en 1873 (Léon Say), 1891 (Rouvier), 1901 (Caillaux), le gouvernement, par souci d'équilibrer les engagements pris par l'Etat et ses moyens pour y faire face, eu égard surtout aux augmentations croissantes du taux des traitements et du nombre des fonctionnaires, avait proposé de substituer le procédé de la *capitalisation*, soit individuelle, avec livret ouvert à chaque agent civil ou militaire, soit collective, par utilisation d'une caisse autonome faisant fructifier, sans spécialisation des comptes individuels fatalement disparates selon l'âge des assurés et la durée des fonctions, en un seul tout les retenues sur les traitements et les subventions de l'Etat : Cf. Rapp. H. Bérenger, Sén., 29 nov. 1923.

29. — Des deux procédés de capitalisation, l'un était très précis, ne faisant considération que de l'âge, mais aboutissait par là-même à traiter inégalement, à versements égaux et à durée égale de capitalisation, deux fonctionnaires entrés en service à des époques différentes, et rendait difficile la question de réversibilité des pensions; l'autre était plus incertain, parce que soumis à toute une série de risques particuliers, mortalité, loyer de l'argent, variabilité des éléments statistiques (traitements, avancements, durée du service, loi de nuptialité...), et donc impliquait pour toute insuffisance de ressources contribution supplémentaire de l'Etat. La nouvelle législation de 1924, conformément aux conclusions de la commission extraparlementaire de 1897, et pour éviter une transformation trop radicale, a préféré le second, en posant en principe « qu'il ne serait tenu compte, pour la détermination du taux de la retraite d'ancienneté, que de deux éléments : le nombre d'années de services, d'une part, le traitement moyen, d'autre part; et qu'il serait créé pour l'ensemble des fonctionnaires et des militaires une « caisse des pensions » qui capitaliserait le fonds destinés à assurer le service des retraites : retenues, d'une part, et subventions, d'autre part » (Exp. motifs projet Doumer, 8 juill. 1921). — Il est vrai, à la suite d'observations (Bonnet de Paillerets, Ch. dép., 16 mai 1923, *J. off.*, Déb. parl., p. 1911) et d'une déclaration du ministre des finances (de Lasteyrie, 17 mai, *ibid.*, p. 1913), devait être ajournée la réalisation du principe admis (L. fin. 22 mars 1924, art. 91-102) de la création de la caisse des pensions. — Cf. L. fin. 29 avr. 1926, art. 119.

30. — *b)* L'autre, touchant l'unification du système juridique des pensions : unification de principe, laquelle, hors quelques mesures d'ordre, doit s'entendre des règles servant de base à la fixation de la quotité de pension et laisse, d'évidence, hors son cadre toutes les différences, résultant de leur nature propre, entre fonctions civiles et militaires. Ce que des auteurs (Perroux, *op. cit.*, p. 97) traduisent : la distinction essentielle des pensions civiles et des pensions militaires subsiste ; la vérité est plus approchée en constatant qu'un même texte contient les principales règles relatives aux unes et aux autres.

31. — *B.* Sous cette réserve le bénéfice de la loi est demeuré, comme ci-devant, à tous les fonctionnaires civils et employés de l'Etat, militaires et marins des armées de terre et de mer, — y compris *a priori* tous ceux qui étaient régis par les lois antérieures de 1853 et de 1831 (Rapp. H. Bérenger, Sénat, 29 nov. 1923; Décl. min. fin. François-Marsal, 11 avr. 1924, Déb. parl., p. 766) et dont la situation a fait l'objet de l'art. 84 et d'une jurisprudence heureusement appliquée à délimiter l'abrogation de style des « dispositions des lois antérieures en ce qu'elles ont de contraire à la présente loi ». Il n'est pas, d'ailleurs, que ces lois générales, mais aussi les spéciales, comme celles du 25 mars 1920 (majoration de pensions) et du 12 avril 1922 (indemnités : 720 francs aux petits retraités), qui fussent maintenues et devaient entrer en considération ; aussi le mieux est-il de dire (Rapp. H. Bérenger), s'agissant d'abrogation, qu'une énumération des textes partiels abrogés étant, par définition, limitative et dangereuse, le législateur a préféré « une formule... peu susceptible de soulever des difficultés d'interprétation ».

32. — *a)* Pour une situation, celle des retraités des chemins de fer, des explications furent demandées au Sénat (Boivin-Champeaux) et fournies par le ministre des travaux publics (Le Trocquer), sur l'effet au regard des cheminots de la promulgation de la loi du 12 avril 1922, accordant aux petits retraités une indemnité de 720 francs, après l'art. 132 de la loi de finances du 31 décembre 1921, qui avait augmenté, des 2/3 jusqu'à la mise en œuvre des dispositions législatives nouvelles, les bonifications accordées aux fonctionnaires retraités par la loi du 25 mars 1920 et déclarées par les grands réseaux, en une décision approuvée le 13 septembre, applicables à leurs agents. Après avoir d'abord soutenu que la loi de 1922 était, quant à eux, celle visée par la loi de finances, le comité de direction des grands réseaux, contredits par le ministre, convint, par lettre lue au Parlement : « Les propositions des réseaux avaient été établies en s'inspirant de la loi du 25 mars 1920 sur les majorations de pension des anciens fonctionnaires de l'Etat. Si ces dernières majorations viennent à être modifiées pour les fonctionnaires par le Parlement, nous acceptons de modifier d'une manière analogue les majorations et compléments de pensions alloués à nos retraités ». L'engagement ainsi pris par les compagnies ne pouvait exister et n'a valu que pour les chemins de fer d'intérêt général (Sénat, 12 déc. 1923, *J. off.*, Déb. parl., p. 1858). Pareille solution était dans la ligne de cette politique des pouvoirs publics et, par suite, des grands réseaux, tant dans la période d'avant-guerre que dans la suivante, de faire bénéficier les agents des compagnies de la plupart des avantages consentis aux fonctionnaires; mais elle avait, comme pour les salaires, une répercussion fâcheuse sur la situation financière, en raison de l'incorporation dans les dépenses d'exploitation des dotations normales des réseaux (15 % de la rémunération) aux caisses des retraites; le décret du 14 avril 1934 a tâché d'enrayer l'annuelle et progressive augmentation.

33. — *b)* Le maintien aux agents admis, sur leur demande ou d'office, à la retraite avant la promulgation de la loi du 14 avril 1924 du droit au bénéfice de dispositions antérieures; dès lors qu'elles leur sont plus favorables, a été visé par l'art. 77 lui-même de la loi : toutefois il faut observer :

Que ces dispositions sont exclusivement celles relatives au chiffre des pensions (Cons. d'Et., 27 juill. 1928, Rolland, Leb. chr., p. 972);

Que leur caractère « plus favorable » doit être envisagé en lui-même, c'est-à-dire du point de vue des conditions d'âge et de services exigées pour l'ouverture du droit à pension, ou du mode de décompte des services en vue d'un bénéfice déterminé (bénéfice de campagne) (Cons. d'Et., 25 févr. 1927, Fays, Leb. chr., p. 261), — abstraction faite du coefficient et de la majoration susceptibles d'advenir, par application de l'art. 93 de la loi de 1924, à la pension d'ancienneté non encore concédée à cette date (Cons. d'Et., 2 févr. 1927, Leclerc, Leb. chr., p. 144; 4 mars 1927, Veuve de Bellissen-Benac, Leb. chr., p. 289 ; *D. hebd.*, 1927.243);

Et, *a fortiori*, que les dispositions réglant diversement dans les législations successives de 1853 et de 1924 des avantages accordés à certains fonctionnaires (notamment à ceux ayant servi hors d'Europe) ne sauraient être combinées, jointes et, attendu qu'elles ont dans chacune de ces législations un caractère de connexité, permettre, par exemple, à raison des mêmes services, le bénéfice cumulé de la limite d'âge calculée conformément à la loi de 1924 et du taux de majoration prévu par la loi de 1853 (Cons. d'Et., 27 juill. 1928, Wolff, Leb. chr., p. 973).

34. — *c)* Par contre, là où ces « dispositions plus favorables » n'existent pas ou ne peuvent sortir effet, son autorité revient au principe que la pension de retraite des fonctionnaires est liquidée d'après la législation en vigueur au moment où s'ouvre le droit à pension et où le fonctionnaire est dûment admis à faire valoir ses droits à la retraite (Cons. d'Et., 10 avr. 1930, Mas; 23 mai, Perriot; 4 déc., Rouillé, Leb. chr., p. 432, 557, 1024).

35. — C'en est le développement pratique, impliqué par les travaux préparatoires et les dispositions de la loi du 14 avril 1924 et les termes mêmes de l'art. 1er du règlement d'administration publique du 2 septembre suivant, et sanctionné au Conseil d'Etat, que le nouveau régime des pensions d'ancienneté institué par la loi de 1924 est, en ce qui concerne les règles relatives à la liquidation, applicable à tous les fonctionnaires et ayants cause des fonctionnaires dont la pension n'était pas concédée au jour de la promulgation de la loi, sans que cette application soit restreinte, pour les bénéficiaires de la disposition de l'art. 1er du décret du 2 septembre 1924, à la période postérieure à la promulgation de la loi du 14 avril (17 déc. 1926, Guy [Leb. chr., p. 1127]; 2 févr. 1927, Leclerc, précité; 6 juill. 1927, Guillot, [Leb. chr., p. 753]; 3 août 1927, Carré, [Leb. chr., p. 924]; 24 févr. 1928, Laforge, [Leb. chr., p. 290]; 5 juin 1929, Lorriot, [Leb. chr., p. 549]). En conséquence, le recours a été déclaré recevable d'agents qui, n'étant encore à la date du 17 avril 1924, titulaires d'aucune pension, et se trouvant ainsi dans la situation prévue par la loi du 14 avril, attaquaient les liquidations n'ayant fait application des règles nouvelles que pour la période postérieure à la promulgation de la loi et demandaient qu'il fût, au contraire, tenu compte de celle-ci depuis la date à laquelle s'était ouvert leur droit à pension : 30 juill. 1927, Albessard, Dachary, [Leb. chr., p. 878]; — 6 août 1928, Maré-Desportes, Rouch, [Leb. chr., p. 1079]; — 5 juin 1929, Lorriot, précité.

Au demeurant, en une clause expresse et de faveur, l'art. 76, alin. 2, de la loi de 1924 a admis (Cf. Amend. Goude, et Déclarat. Le Sayec, comm. du gouv., Ch. dép., 5 avr. 1924, *J. off.*, Déb. parl., p. 1846) les fonctionnaires ou employés civils soumis au régime des pensions militaires, et admis à la retraite à titre d'infirmités et avec pension d'invalidité antérieurement à la promulgation de la loi, à réclamer et obtenir le bénéfice des pensions d'ancienneté instituées par la loi nouvelle, à la condition (Cf. art. 12 et 52 du règl. d'adm. publ. 2 sept. 1924) qu'il fût réclamé par les intéressés dans le délai d'un an à compter de ce règlement (Cf. Cons. d'Et., 25 juill. 1929, Portejoie, et 6 novembre, Labruquère, [Leb. chr., p. 864, 952]). Le fait d'avoir, avant cet an, formellement basé une demande de pension sur la durée des services n'a, du reste, pas été admis comme cause de dispense pour les fonctionnaires en cause ou leurs ayants droit de demander, dans ledit délai, le bénéfice de l'option nouvelle prévue par l'art. 76 : Cons. d'Et., 26 juill. 1930, Lestret, [Leb. chr., p. 836]

36. — C'en est, d'autre part, l'*a contrario* logique, par un effet strict de la règle de non-rétroactivité des lois, que d'écarter du bénéfice de la loi tel agent n'ayant pas acquis de droit à pension sous l'empire de la loi de 1853 et ayant cessé ses fonctions avant le 14 avril 1924 : Cons. d'Et., 10 déc. 1930, de Courte, [Leb. chr., p. 1048]. Rpr. 4 août 1927, Auzas, [Leb. chr., p. 956; — et aussi l'agent sorti définitivement des cadres sans droit à pension avant la promulgation de la loi et ayant demandé ou obtenu d'y être réintégré, sous le couvert d'une remise en activité purement fictive, à seule fin d'y trouver le bénéfice de la législation nouvelle : 5 janv. 1929, Bidault [Leb. chr., p. 18. Cf. par *a contrario*, 26 juill. 1930, Fontan, [Leb. chr., p. 836]. — Ici et là fut déterminante la circonstance, et aussi la raison, qu'à défaut de mention contraire le décret d'admission d'un fonctionnaire à faire valoir ses droits à la retraite doit recevoir son application sans délai, et l'administration des finances s'abstenir d'aucun engagement relatif à la date de cessation des fonctions : 20 juill. 1927, Trouilloud, [Leb. chr., p. 814]. Rpr. 23 mars 1927, Cabarès, [Leb. chr., p. 378]

37. — *d*) L'incorporation des ouvriers au régime de la loi nouvelle (par innovation sur les solutions ci-devant acquises : Cf. Cons. d'Et., 20 févr. 1868, Lasnier, [Leb. chr., p. 204; D. 69.3.11]) n'a pas été écartée sans multiples reprises ni amendements contraires dans les deux Chambres. En réalité, comme les discussions commençaient, quatre variantes ou catégories existaient (Cf. Rapp. H. Bérenger) :

1° La législation des pensions militaires, au regard des ouvriers immatriculés des manufactures d'armes (L. fin. 13 avr. 1900, art. 16) et des arsenaux de la guerre et de la marine (Décr. 12 janv. 1892, art. 26);

2° Le statut de leur caisse de retraite spéciale, au profit des ouvriers de l'Imprimerie nationale (Ord. 20 août 1824, mod. DD. 24 janv. 1860, 21 mars 1873, 7 déc. 1878, 18 juin 1895. — V. *Rép.*, v° *Imprimerie nation.*, n. 123 sv.);

3° L'affiliation à la Caisse nationale des retraites pour la vieillesse, c'est-à-dire au régime de la retraite dès l'âge de cinquante-cinq ans, sans condition de durée de services, et par anticipation au cas d'incapacité absolue de travail par suite de blessures ou d'infirmités, pour les ouvriers : *a*) des ministères (électriciens, menuisiers, etc...); *b*) des écoles nationales professionnelles et nationales d'arts et métiers; *c*) des palais nationaux ; *d*) des hôpitaux et écoles militaires (Décr. 26 févr. 1897); *e*) pour les cantonniers de l'Etat (L. fin. 16 avr. 1895, art. 66; Décr. 22 févr. 1896);

4° La garantie de la loi du 21 oct. 1919 (S. *Lois ann.*, 1921, p. 158), c'est-à-dire d'une pension sans maximum, et donc, le cas échéant, plus élevée que le salaire de fin de carrière et, à tout le moins, d'un minimum déterminé par certaines conditions d'âge et de services et, en cas d'invalidité, sans condition d'âge, après une durée de services réduite.

38. — Bien des critiques s'y appliquèrent au cours des débats, dès les premiers amendements (Ch., 20 et 26 mars 1923) et leur renvoi (29 mars) à la commission des finances, aux fins de substituer à cette variété l'uniformité de régime et, de la sorte, l'admission au bénéfice de la loi nouvelle. Les formules sur la condition juridique des ouvriers de l'Etat, à plusieurs reprises, manquèrent d'unité et non moins d'exactitude doctrinale; la « force des préjugés » et la « convenance d'une hostilité moins dogmatique » furent davantage invoquées (Cf. L. Pasquet, Rapp. comm. fin. Sénat, 11 avr. 1924, *J. off.*, Déb. parl., p. 767). En fin de compte, pour rester dans le cadre des dépenses imposé, la mesure cessa d'être réclamée sur la promesse renouvelée du gouvernement de proposer, pour certaines catégories d'ouvriers, un statut encore inexistant ou, pour le plus grand nombre, une amélioration des résultats pratiques de la loi de 1919 : Cpr. Disc. de Lasteyrie, Sénat, 8 déc. 1923, Déb. parl., p. 1780 sv.; François-Marsal, Ch. dép., 4 avr. 1924, p. 1800, et Sénat, 11 avril, p. 763.

39. — Un règlement d'administration publique fut, en effet, prescrit (art. 69) pour, dans les six mois de la promulgation de la loi, déterminer, « dans chaque ministère... les catégories de personnel dont les emplois, quelle que (fût) leur dénomination présente, répondent à des besoins permanents et seraient susceptibles de bénéficier des dispositions de la loi ». La rédaction, d'après un premier vote de la Chambre, en devait être l'œuvre d'une commission interministérielle où, à côté de directeurs du ministère des finances, de représentants des autres ministères et de conseillers d'Etat, figuraient, en outre de sénateurs et de députés, « les huit délégués du personnel » prévus à l'actuel art. 86; pour qu'elle aboutît à une liste précise, complète, indiscutée, fut demandée (Goude, 12 juin 1923, *J. off.*, Déb. parl., p. 2475) la représentation de tous les personnels intéressés : c'était aller à l'impossible, du moins à l'encontre de la donnée même du règlement d'administration publique, lequel, par nature, remet à son auteur le soin de déterminer, avec autonomie, les conditions, les catégories et les mesures de l'application de la loi et laisse, après coup, ouvert contre ses dispositions le jeu de l'initiative parlementaire, sous la forme notamment (Cf. sous-secrét. d'Et. fin. d'Aubigny, *ibid.*) d'une « disposition interprétative des décisions antérieures ». Il paraît bien, en tout cas, que, les règlements prévus ayant été élaborés et publiés, la matière ne soit plus contentieuse : Cpr. Cons. d'Et., 25 mai 1928, Sellier, [Leb. chr., p. 687].

40. — Le même dessein fut marqué, et la même tactique observée, à propos :

41. — *a*) Des agents des administrations départementales et communales exclus de son cadre par le projet gouvernemental, comme ils l'étaient, sauf exception (Cf. art. 9 L. 9 juin 1853, *Rép.*, n°s 276 sv., et arg. par *a contrario* à propos des chefs de cabinet ou secrétaires particuliers des préfets, Cons. d'Et., 7 avr. 1911, Turgot, [Leb. chr., p. 451; S. 1913.3.149]), sous le droit antérieur. Ils ont été, en dépit d'amendements basés sur des raisons de prétendue justice (Lamy, Ch., 26 mars 1923, *J. off.*, Déb. parl., p. 1567), tenus hors la loi nouvelle, à raison des dissimilitudes existant dans l'importance des fonctions selon les communes et des usages des départements et des communes quant à la retraite de leurs employés, et par crainte aussi de porter en la matière une atteinte sérieuse à l'autonomie financière (Cf. art. 46 L. 10 août 1871) de ces collectivités administratives (Rapp. H. Bérenger, Sénat, 29 nov. 1923). Cependant l'idée de prélever sur les ressources du fonds commun mises par l'Etat à la disposition des communes la somme nécessaire pour constituer une caisse nationale des retraites départementales et communales ou pour améliorer et faire fonctionner, suivant des règles déterminées, les caisses locales déjà fondées avait trouvé faveur à la commission des finances de la Chambre (20 mars 1923, *J. off.*, Déb. parl., p. 1383). Pour en éviter la réalisation hâtive, le renvoi de la question à une commission extraparlementaire fut décidé, mais presque aussitôt (Amend. Israël, Niveaux et Gavini, Ch.,

29 mars, *ibid.*, p. 1692) compliqué, sinon déformé, par la proposition et la résolution (12 et 14 juin 1923, *ibid.*, p. 2476, 2491) de demander, d'abord à la commission avis sur la mise au point de l'extension décidée par la Chambre et la participation financière des collectivités locales, puis à des règlements d'administration publique la solution par décret de la matière; de même portée formelle et irrégularité foncière était la suggestion (Amend. Taurines, Ch., 16 mai 1923, *ibid.*, p. 1904; Mauger et Louis Martin, Sénat, 14 déc. 1923, Déb. parl., p. 1901) à la commission extraparlementaire de s'inspirer des principes de la loi et des dispositions prévues à l'art. 70 actuel. Proposition et suggestion, parce qu'impératives, furent finalement rejetées : Cpr. Rapp. H. Bérenger, Sénat, 13 déc. 1923 ; Lugol, Ch., 29 févr. 1924. Et la position légale a été bien définie dans l'arrêt du Conseil d'Etat, 2 juill. 1930, Pierteville, [Leb. chr., p. 683], déclarant, en particulier, l'art. 63 de la loi du 27 déc. 1927, c'est-à-dire le maximum fixé à la pension des retraites des fonctionnaires et agents de l'Etat, inapplicable aux employés communaux, dont les pensions ne peuvent être liquidées que par application des dispositions des règlements municipaux de retraite régulièrement approuvés par l'autorité supérieure.

42. — *b*) Et aussi des fonctionnaires coloniaux (Cf. Amend. Candace et G. Barthélemy, Ch., 26 mars 1923, [*J. off.*, Déb. parl., p. 1571]) recevant des pouvoirs locaux leur investiture et les traitements d'activité ou des retraites, telles même que beaucoup des statuts de ces caisses locales faisaient à leurs bénéficiaires statut plus avantageux que le régime métropolitain. C'est cette disparité même des règles suivies dans les diverses colonies — expression de l'autonomie des administrations locales quant à la fixation du droit à pension de leurs agents et à l'imposition des charges de ce chef aux budgets particuliers — qui, lors de la reprise de la question à la Chambre, y fit adopter la même solution que pour les employés départementaux et municipaux. L'idée d'une caisse centrale ou centralisatrice pour l'attribution de pensions aux agents passant d'une colonie dans une autre, chacune y participant proportionnellement, fut énoncée, et écartée, faute d'une mise au point en soi difficile. Une distinction entre fonctionnaires des départements et des communes, d'une part, de l'Algérie et des colonies, de l'autre (Morinaud, Ch., 14 juin 1923, Déb. parl., p. 2495), n'a pas trouvé place dans l'art. (79 *quater*, devenu) 70 actuel. Il parut, en fin de compte (Rapp. suppl. Lugol, 11 mai 1923) n'y avoir « pas d'autre solution que de renvoyer l'étude de la question à un règlement d'administration publique dont les auteurs auront toute latitude pour dire s'il convient de généraliser l'institution des caisses locales ou de fondre ces caisses en une caisse coloniale unique, étant seulement entendu que les règles de retraite applicables aux agents coloniaux devront être calquées, autant que possible et avec les modalités nécessaires, sur celles à adopter pour la métropole ». Un règlement d'administration publique, au surplus, devait être bridé par l'art. 127 de la loi de finances du 13 juill. 1911, qui empêche l'inscription d'aucune dépense aux budgets coloniaux sans l'intervention d'un texte législatif.

43. — *E.* Il reste que, dans le domaine qui était le sien par nature ou qui lui fut assigné, la loi de 1924 a entendu instituer un nouveau statut des pensions et régler le problème de leur revalorisation. Le premier dessein a été servi par l'attribution d'avantages, réduction des conditions mises au droit à retraite, faveurs quant au mode de calcul, augment de la pension par des bonifications de divers ordres... Le deuxième objectif, parce que dominé par les contingences et le mouvement des prix, a dû être repris ou continué et a donné lieu à des mesures successives : sous forme d'indemnité supplémentaire et temporaire, et à taux dégressif, celle de la loi du 3 août 1926, que doubla la loi du 16 juillet 1927, tandis qu'elle y ajoutait la garantie d'un minimum de relèvement (1/4) des pensions ; — ou par voie d'une révision proprement dite, organisée par la loi du 27 déc. 1927 sur la base des traitements en vigueur au 1er janvier suivant, et parachevée par celle du 30 mars 1929 portant de 70 à 100 % le relèvement attribué à partir du 1er août 1928 aux intéressés d'après la liquidation fictive, c'est-à-dire la différence entre la pension de la loi de 1924 et la pension aux taux nouveaux. — Le mouvement légal arrêté à ce point, les perspectives continuèrent d'être ouvertes par les projets : la fixation d'échelles des traitements opérée en 1928 devait, par la logique des choses et des mesures organiques, faire rebondir

la revalorisation des retraites. L'art. 111 de la loi du 16 avril 1930 la prescrivit dans la mesure des économies à provenir du recul des limites d'âge et de la répartition revisée des fonctionnaires entre les services actifs et sédentaires; et elle donna lieu, tour à tour, 1° à une mesure d'ordre réglementaire, en la forme de la circulaire min. fin. Germain-Martin, du 22 juill. 1930 : circulaire judicieuse et limitée au premier ordre des économies susvisées (Cf. les explications de son auteur mis en cause au cours des débats, Ch., 17 mars 1932, [*J. off.*, Déb. parl., p. 1563]), et 2° pour son application intégrale, au projet de loi, n. 4780, 12 mars 1931, dans lequel la détermination (Tit. I) des règles d'économies prescrites par la loi de 1930 et l'avalisation (Disc. Flandin, *ibid.*, p. 1566) de la circulaire subséquente par la refonte (Tit. II) des conditions de classement au service actif précédaient une révision (Tit. III) « sur la base des traitements et soldes en vigueur au 1er octobre 1931 », au profit de tous les pensionnés d'au moins soixante-cinq ans, sauf échelonnement de paiement du relèvement d'après un pourcentage à fixer annuellement par la loi de finances : projet coordonné en ses parties, de prudence dans la faveur, à résultats immédiats et à longue échéance. Le démembrement du projet par rejet des règles du tit. 1er et des réserves du tit. III, et donc le déséquilibre par le fait d'une plus large dépense sans aucune économie, fut réclamé par la Fédération des fonctionnaires (Rpr. Disc. Buissou, Ch. dép., 17 mars). En vérité (Cf. les déclarations du min. fin. Flandin, *ibid.*, et le tableau dressé d'après elles, Perroux, *op. cit.*, p. 58), du point de vue financier, l'utilité était manifeste de subordonner les dépenses résultant de l'effort résolu en faveur des retraités à des économies de nature à en former la contre-partie; et, du point de vue juridique, la confirmation par un texte législatif de la circulaire gouvernementale ne portait point atteinte aux droits acquis, si elle risquait en quelques cas de retarder l'avancement et eût, par le reclassement des services actifs, remédié à de réelles anomalies. Pourtant la disjonction du tit. 1er fut votée, par 313 contre 235 voix (*ibid.*, p. 1577), et, du point de vue légal, nul changement ne fut apporté au droit existant.

44. — Au demeurant, les programmes et les efforts pour augmenter les crédits de traitements et de pensions au gré de divers groupements professionnels et de la Fédération nationale des fonctionnaires affiliés à la C. G. T. contredisaient aux sévérités de la crise générale et du redressement financier nécessaire, telles que les mirent en forme plusieurs projets : plan Germain-Martin-Palmade, juin 1932; projet de budget de 1933, n'éludant pas, au sujet des fonctionnaires, les indications et les abattements (d'environ 773 millions), déclarés « la partie la plus délicate et la plus pénible de l'œuvre de redressement » (Cf. l'exposé des motifs, *Le Temps*, 16 nov. 1832) ; projet Chéron, 1933 (Ch. dép., Doc. parl., n° 1261), lequel, faute de demander tout aux économies, et ayant proposé réduction sur la dette viagère de 2.032 millions (à concurrence de 840 et 492 respectivement sur les pensions civiles et militaires d'ancienneté et d'invalidité, et de 700 moyennant recul de l'âge dans la retraite du combattant), souleva, avant même d'avoir été publié, spécialement le 12 janv. 1933, entre le ministre des finances et les délégués de la Fédération des fonctionnaires, un tel antagonisme et conflit de forces (Cf. *Tribune des fonctionnaires*, n° 31 déc. 1932 et 14, 21 janv. 1933) qu'ayant, dès le début de la discussion à la Chambre, le 28 janvier, présenté les projets financiers comme un ensemble indivisible aux votes, le cabinet Paul-Boncour fut renversé par 390 contre 193 voix... Seul un projet Lamoureux-Bonnet, 1933 (Doc. parl., n° 1367), très proche des vues et volontés de la commission des finances, limité quant à l'étendue de l'effort fiscal et au total des économies à réaliser, et devenu après de multiples remaniements la loi du 28 février 1933, supprima (art. 72 de la loi de 1924) la présomption d'origine en matière de pensions d'invalidité, reprit (art. 81) les règles et limites du cumul d'une pension avec un traitement, décida la révision des bénéfices de campagnes... — Le 7e des décrets-lois du 4 avril 1934 a porté plus avant et, sur cette observation justifiée (*Duv.*, p. 120) [il est des proportions de 67, 75, 82, 100 % entre la pension concédée et le traitement ayant servi à la liquider] que les lois de 1924 et autres « si onéreuses », n'ont même pas l'excuse d'être justes, puisqu'elles aboutissent, dans de nombreux cas, à allouer des pensions tout à fait excessives », il a décidé en règle, et opéré sauf quelques correctifs d'équité, le retour « à une conception plus exacte et plus simple de la retraite pour services publics, conception que le législateur de 1924 a quelque peu déformée ». Il n'empêche que dans son ensemble la loi de 1924 demeure, et que c'est du droit qu'elle a établi que l'étude importe principalement.

45. — Au total, le droit des pensions a une histoire fort développée où la succession des sources qu'il faut suivre et la courbe qu'il faudrait découvrir des influences réciproques sont accidentées, les diverses réglementations s'étant fait, l'une à l'autre, une multitude d'emprunts ou de prêts, chacune semblant exploiter pour son compte un domaine resté sous certains rapports commun ou indivis; d'où, en réalité, une difficulté de bien connaître et comprendre les unes si les autres ne sont pas également isolées et scrutées. Ainsi la nécessité est très manifeste de traiter séparément les deux ordres de pensions, militaires et civiles, et, en outre, dans chaque ordre, de les distinguer par leurs diverses causes, ancienneté et invalidité, sans préjudice d'autres divisions, telles que pensions proportionnelles, soldes de réforme, etc... Au demeurant — pour se borner aux lois capitales et à leur but ou domaine respectif — il ne fait point difficulté que celle du 31 mars 1919 est absolument étrangère aux pensions civiles et ne concerne que des pensions de militaires ou marins, et uniquement celles pour invalidité, au lieu que celle du 14 avril 1924 a plusieurs objets, se rapporte à toutes les pensions (ancienneté et invalidité) des fonctionnaires et employés civils et, pour les militaires et marins, aux pensions d'ancienneté et proportionnelles, ainsi qu'aux soldes de réforme et ne touche aux pensions d'invalidité que par deux ou trois dispositions (tel l'art. 47 § 2) de minime importance, réserve faite du point de savoir s'il n'est pas, et quels sont en son titre III, quelques articles applicables à cette dernière variété. Le texte fondamental est donc ici et là différent : loi de 1919, avec ses modifications ultérieures, pour les pensions d'invalidité des militaires et marins; loi de 1924, sauf ses redressements ou compléments, pour les pensions civiles et les pensions militaires d'ancienneté ou proportionnelles et les soldes de réforme. Les fondre en un seul exposé serait de difficile exposition et mauvaise méthode; les tables du *Recueil des arrêts du Conseil d'Etat* l'impliquent bien, par leur habitude de faire précéder leur rubrique pour la loi de 1924 d'une division spéciale aux pensions de la loi de 1919 dont il ne connaît, du reste, sauf en un cas, que par la voie du recours d'excès de pouvoir, de vice de forme ou de violation de la loi contre les décisions des tribunaux départementaux et des cours régionales de pensions (Cf. Cons. d'Et., 4 juill. 1923, Maurel, [Leb. chr., 1923, Table, p. 1132].

TITRE II

LES PENSIONS D'INVALIDITÉ DE LA LOI DU 31 MARS 1919

CHAPITRE I

LES BÉNÉFICIAIRES DE LA LOI.

I. — *Le principe de réparation.*

46. — *A.* « Blessures... infirmités », blessures et infirmités ayant avec le service un lien certain d'origine, sont les expressions accoutumées aux textes fondamentaux ou conditionnels des pensions d'invalidité. Elles sont, en réalité, imparfaites, parce que la blessure ne donne droit par elle-même à aucune indemnisation, et que, seule, l'infirmité résultant de la blessure ouvre des droits; du moins sont-elles réductibles à une opposition, entre infirmités par blessure et infirmités procédant d'autres causes (telle la maladie), qui, du point de vue de l'histoire législative, remonte au décret des 18-22 août 1790, à l'assimilation alors faite aux blessures des maladies causées par l'exercice de la fonction; mais encore est-il qu'elles impliquent, quant aux conditions d'origine, des différences entre blessures et infirmités.

47. — La loi du 11 avril 1831, art. 12, subordonnait l'indemnisation des blessures à leur relation, soit avec des événements de guerre, soit avec un accident souffert en service commandé.

Au sujet de l'événement de guerre, la jurisprudence — passée d'une interprétation étroite le liant ou subordonnant à la présence de l'ennemi (Cf. Avis Cons. d'Et., sect. fin., 20 nov. 1871; Circ. min., 26 juillet et 12 déc. 1916, *Bull. off.*, p. 659, 1331) à une vue plus large tenant dès lors pour suffisante la participation effective à une opération de guerre (Cf. Avis Cons. d'Et., 9 mars et 3 mai 1916; Circ. min. 630, Ci/7, C. C. M. 15 déc. 1917) — acceptait comme suffisant à la condition légale toute circonstance qui, « ne s'étant point forcément produite sur le champ de bataille, [se rattachait] à une opération de guerre, action directe ou indirecte de l'ennemi... ou contre l'ennemi... concomitante ou simplement préparatoire au combat » (Cf. Léon Prieur, *Des sources du droit des veuves*, 1927, p. 25; Valentino, *Le droit à réparation, la présomption d'origine, les bénéficiaires*, 1924, n. 103, p. 68). — Elle exigeait, d'autre part, le même caractère de concomitance, de préliminaire ou de suite pour l'accident intervenant aux fins ou au cours de l'exécution d'un service et d'un ordre, la soudaineté de l'événement et l'instantanéité de ses effets étant le trait distinctif de l'accident par rapport à la maladie : Cf. Cons. d'Et., 24 juill. 1896, Jolinon, [Leb. chr., p. 596]; 7 juill. 1905, Orsoni, Psalmon, Roty (3 arrêts), p. 624; Valentino, *op. cit.*, nᵒˢ 104-106, p. 68. — Au surplus, sous ces réserves et conditions, elle calculait les pensions d'infirmité sur le taux de celles d'ancienneté auxquelles, comme à récompense de services rendus, aurait pu, toutes choses demeurant égales, prétendre, d'après ses grades aussi, l'armée de métier en vue de laquelle la loi était faite. Longue tradition, dont n'a pu entièrement se départir la législation de 1919, malgré qu'elle ait cherché à réaliser un amalgame des deux notions de récompense et de réparation.

48. — Des trois caractères que peut, en effet, revêtir la législation des pensions, — récompense nationale, correspondant à service rendu; mesure d'assistance, impliquant dommage éventuel et besoins subséquents, sinon indigence; œuvre de réparation, s'attachant à l'accident ou à la maladie, sans considération de sa réalité ou tout au moins de la situation personnelle des ayants droit (Cf. Léon Bérard, Ch. dép., 12 déc. 1918, *J. off.*, Déb. parl., p. 3346; Rapp. Fuster, annexé au projet Ribot, nᵒ 1410, 4 nov. 1915, Doc. parl., p. 1140), — il a été souvent question, de manière assez surabondante ou verbeuse, avec quelque confusion ou équivoque quant au mot « droit », comme s'il en était un quelconque qui ne soit pas soumis et subordonné à certaines conditions d'existence; et les travaux préparatoires recèlent une préoccupation mal dissimulée, tout ensemble, de ne point heurter l'opinion publique par un apparent sacrifice des intérêts et facultés des mutilés et de ne point engager l'Etat ou les possibilités financières par une affirmation expresse ou implicite de responsabilité. Une conception enveloppante et imprécise du risque social obtenait faveur (Cf. Rapp. P. Masse, Ch. dép., nᵒ 2383, 21 juill. 1916, *J. off.*, Doc. parl., 1917, p. 1934), conciliant ou agglutinant les autres. Le manque de sens ou de réalité de l'expression fréquemment employée « impôt du sang » fut affirmé dans une contre-proposition (Lémery-Léon Bérard), avec cette raison que la dette envers la collectivité est, non du sang ou de la santé, mais du service, et à cette fin qu'au cas de préjudice exceptionnel et supplémentaire ceux qui ne l'ont pas souffert en fassent réparation (Cf. Valentino, *op. cit.*, nᵒ 70, p. 39; *L'indemnisation des infirmités de guerre, le droit de l'infirme*, 1917, p. 142). De fait, à Paris, en novembre 1917, le premier Congrès national des mutilés et réformés adopta et formula la thèse du droit à réparation : des services militaires, comme des réquisitions, les conséquences dommageables donnent lieu à compensation des pertes effectivement subies.

49. — Après avoir d'abord résisté au contenu et aux conséquences de l'idée, le Parlement ne marqua plus d'hésitation que sur la formule, la définition et la détermination des « droits représentatifs et compensateurs des dommages » (Cf. déclarat. du s.-secrét. d'Et. guerre, et disc. Louis Martin, Sén., 19ᵉ sept. 1918, *J. off.*, p. 625, 632), les uns critiquant les autres de paraître, en conditionnant le droit du mutilé, lui assignant des limites et imprimant une valeur forfaitaire, dénier l'absolu de cette réparation (Cf. déclarat. Klotz, min. fin., et observ. P. Ramel, Ch., 26 déc. 1918, p. 3594). L'accord se fit sur les expressions : « La République, reconnaissante envers ceux qui ont assuré le salut de la patrie, proclame et détermine conformément aux dispositions de la loi... » (art. 1ᵉʳ), ayant été entendu que la détermination des modalités, seule, et non la proclamation du principe, est touchée par cette réserve; ce pourquoi la loi fut, en dernière analyse, présentée (Rapp. Lugol, Ch. dép., 13 févr. 1919, p. 608) comme « une loi de réparation, non d'assistance ». C'étaient là discussions quelque peu byzantines, à moins que le but ou l'effet n'en ait été de faire saillir, pour les bénéficiaires de la loi, la qualité, non de solliciteurs ou de tributaires, mais de réquisitionnés, de créanciers ayant pouvoir de discuter et de contrôler la consistance des réparations, la procédure de leur fixation, les modalités de leur exécution. Au surplus, ce résultat même a été discuté (Cf. Valentino, Préface à André Gellé, *Le droit à pension des invalides de la guerre de 1914-1918*, Paris, 1923), comme mettant le droit français en infériorité par rapport aux législations allemande et anglo-saxonne qui, dépassant le point de vue physiologique de l'infirmité et du pourcentage de l'invalidité, s'appliquent à déterminer le champ de l'activité demeurant à l'invalide, la limite du manque à gagner non compensé par la pension, et donc les raisons et l'importance, conformément aux données économiques, de la révision réclamée par l'intéressé; et le grief lui a été fait précisément, alors qu'il proclame le droit à réparation, d'aboutir à « des pensions trop souvent sans rapport avec le dommage réellement subi ».

50. — B. Quoi qu'il en soit de ce point de fait, la loi du 31 mars 1919 a été, à un autre point de vue, définie « une loi de réparation individuelle, et non sociale » (Valentino, *Les pensions d'invalidité*, 1927, n° 81, p. 51). Par quoi il faut entendre que, dans la même mesure, ses principes régissent tous les cas individuels de blessures ayant entraîné mort ou infirmités, et que son ensemble est, à l'inverse, étranger aux désordres collectifs et à la réparation des conséquences, telles les fatigues et risques morbides de la vie des tranchées, les rencontres et aspirations de gaz toxiques, les suites d'une mobilisation prolongée et de l'état de guerre : ces aspects d'un même cataclysme sont sujets de dispositions spéciales, qui ne rentrent dans le cadre ni l'esprit de la loi des pensions et ont motivé, en particulier :

a) Des décrets postérieurs à la loi, relatifs, celui du 8 août 1924 (*J. off.*, 10 août, p. 7435) aux *tuberculeux* pulmonaires présentant à l'examen médical ou bactériologique, de façon cumulée ou indépendante, signes cliniques et bacilles de Koch; ceux des 16 juin 1925 (*ibid.*, 19 juin, p. 5617) et 17 juill. 1931 (*ibid*, 19 juillet, p. 7797) aux conditions d'indemnisation de la tuberculose osseuse ou articulaire, et à l'attribution du taux de 100 % à toutes les tuberculoses viscérales autres que la pulmonaire;

b) La loi du 24 juin 1919, mod. 28 juill. 1921, et le décret du 20 mai 1922, qui admirent, l'une les *victimes civiles de la guerre*, l'autre les victimes des départements recouvrés non bénéficiaires en règle de la loi du 31 mars, à des pensions au taux (ou, s'agissant d'infirmes mineurs de dix-huit ans, à la moitié du taux) de soldat, — nul taux « de réversion » n'étant d'ailleurs admis, quel que fût le degré d'invalidité de la victime décédée pour une cause non imputable aux faits de guerre, — sous la double condition de nationalité française dûment acquise antérieurement à la demande de pension ou d'allocation (Cons. d'Et., 24 avr. 1931, Willequat, [Leb. chr., p. 439]), d'une part, et, d'autre part, de blessures ou de maladies ayant entraîné infirmités, à la suite d'un fait de guerre dû à la proximité ou aux violences et coercitions de l'ennemi, subi en captivité ou en pays envahi, s'échelonnant entre le 2 août 1914 et la fin de l'année consécutive au décret de cessation des hostilités... Successivement l'avantage accessoire leur fut reconnu des majorations pour enfants et de la rééducation professionnelle, du supplément spécial temporaire ou rajustement, des allocations aux grands invalides [405 au 1ᵉʳ oct. 1932 : Rapp. André J.-L. Breton, Budg. pensions 1933, annexe n° 1025, Ch. dép., 8 déc. 1932, p. 753 sv.] et, éventuellement, de l'indemnité de soins aux tuberculeux, carte de priorité, emplois réservés...

51. — La loi du 24 juin 1919 fut en tout cas toute de faveur; son interprétation devait donc être et a été stricte :

Soit du point de vue des causes d'indemnisation recevables : de l'ensemble des dispositions de la loi du 24 juin 1919 (mod. 28 juill. 1921) il résulte très manifestement que l'art. 2, al. 3, n'a envisagé l'allocation de pensions qu'aux victimes reconnues par la cour régionale (Cons. d'Et., 1ᵉʳ mai 1929, Fath,

[Leb. chr., p. 444]) fondées à exciper de mauvais traitements subis dans les forteresses ou les camps de concentration de l'ennemi, et donc a exclu toutes suites, privations ou affections résultant du régime d'internement par l'autorité française (Cf. Cons. d'Et., 4 janv. 1928, Walch; 7 mars, Büchel; 5 mai, Richert, [Leb. chr., p. 23, 331, 580]; 9 janv. 1929, Poiré, [Leb. chr., p. 38]; 9 juill. 1930, Madenspacher, [Leb. chr., p. 705]), comme aussi toutes blessures reçues au cours de travaux effectués sur réquisition de l'autorité militaire française (Cons. d'Et., 29 févr. 1928, Pfauwadel, [Leb. chr., p. 295]), ainsi que la simple aggravation, par suite d'un fait de guerre, d'une maladie préexistante (Cons. d'Et., 9 juill. 1930, Madenspacher, précité; 24 déc. 1930, Lutz, [Leb. chr., p. 1108]);

Soit par rapport à la qualification des événements comme faits de guerre au sens de l'art. 2 : elle ne pouvait qu'être refusée notamment à un accident causé après l'armistice, loin de l'ancienne zone de combat, par une automobile de l'armée américaine (Cons. d'Et., 2 août 1928, Roger, [Leb. chr., p. 1034]), ...à la mort causée par une épidémie de grippe qui avait sévi dans tous les pays à la fin de 1918 (Cons. d'Et., 16 juill. 1930, Dulieu, [Leb. chr., p. 741]);

Soit quant aux effets et bénéfices de la loi : celle-ci ne joue pas de plein droit; elle ne donne aucun lieu à la présomption légale d'origine, impose aux intéressés l'obligation de rapporter devant les juridictions compétentes la preuve que leurs infirmités dérivent de la captivité, des contraintes ou des violences subies à l'ennemi (Cons. d'Et., 5 nov. 1931, Schiminski, [Leb. chr., p. 951]) et tient pour appréciations de fait souveraines celles des cours de pensions saisies de la demande (Cf. Cons. d'Et., 19 mars 1924, Véron, [Leb. chr., p. 318]; 13 juin 1928, Debruyne, et 1ᵉʳ décembre, Rondelez, p. 752, 1254; 1ᵉʳ mai 1929, Fath, p. 444; 19 nov. 1930, Legargassen, p. 952; 6 janv. 1932, Moser, p. 9); elle ne légitime non plus aucune prétention de ses bénéficiaires à se réclamer de l'art. 65 de la loi du 31 mars 1919, pour obtenir, lorsqu'il leur est plus favorable, tel ou tel taux d'invalidité prévu par la législation antérieure : la raison péremptoire en est qu'avant la loi du 24 juin, ils n'avaient aucun droit à pension (Cons. d'Et., 13 juin 1928, Debruyne, précité; 23 juill. 1929, Vincent, [Leb. chr., p. 737]); *a fortiori* elle n'ouvre enfin aucun droit (art. 1ᵉʳ, § 2) aux ayants droit de la victime âgée, lors de son décès, de moins de douze ans révolus (Cons. d'Et., 23 juill. 1930, Boreni, [Leb. chr., p. 775]).

52. — Cependant toute leur autorité reste aux principes de droit commun, — en particulier à celui qui fait tenir pour détachable du fait de guerre et n'ouvrant donc aucun droit à pension l'accident causé par une faute inexcusable de la victime en recherchant ou manipulant sans droit des engins (Cons. d'Et., 23 mai 1924, Odiot, [Leb. chr., p. 502]; 20 nov. 1925, Gauthier, p. 316; 25 juill. 1929, Quignon, p. 862; 9 janv. 1930, Chemin, et 13 novembre, Drumel, p. 22, 330); ou à cet autre que la jouissance d'un bénéfice extraordinaire comme celui de la loi du 24 juin 1919 ne saurait être accordée pour une époque et à raison d'une invalidité antérieures à la promulgation de cette loi (Cons. d'Et., 12 mars 1930, Dutel, [Leb. chr., p. 280]).

53. Le droit à réparation affirmé et le bénéfice assuré d'une pension ont, d'ailleurs, laissé ouverte la question du recours, sinon contre l'Etat (l'art. 1ᵉʳ limite à son encontre les facultés aux « dispositions de la présente loi », donc aux réparations résultant d'elles), du moins contre les tiers ayant eu part ou responsabilité dans le dommage. La question est analogue à telle autre née de l'art. 7 de la loi du 9 avril 1898 qui conserve intacts quant au fond et harmonise avec la législation du régime professionnel les droits et actions contre les tiers; la perspective est celle d'un cumul d'actions et d'une réparation supérieure au préjudice éprouvé. En une affaire, 14 mai 1923, Chemins de fer du Midi, [D. 1923.1.127, avec note G. Ripert], où il s'agissait d'un accident causé par la faute d'un tiers dans des conditions de nature à ouvrir pour la victime ou ses héritiers droit à pension, la Cour de cassation refusa le cumul de l'indemnité due par un transporteur et de la pension à payer par l'Etat; le motif qu'elle en donna est que les deux obligations, si elles avaient cause distincte, tendaient au même objet, la réparation du préjudice ouffert, de telle sorte que le paiement, fait à titre de réparation, éteignait la double créance de la victime; l'identité d'objet n'est rien moins que certaine, et la question reste entière.

II. — *Le caractère général et rétroactif du droit nouveau.*

54. — *A.* Envisagés en soi, l'objet et le champ d'application de la loi du 31 mars 1919 ressortent, très nets, de textes explicites, formels, — d'abord des déclarations du projet gouvernemental : sous cet aspect négatif qu'il avait dessein surtout, non d'une refonte complète et de longue haleine, mais de « mesures immédiates » s'imposant, sauf le respect des droits acquis (*J. off.*, Doc. parl., juillet 1918, p. 118); — puis du programme aux termes plus compréhensibles de la commission de pensions d'élaborer une loi applicable « aux blessés et aux infirmes même de l'avenir, mais assortie d' « effets rétroactifs » sur les pensions de la guerre », et par là appelée à se prolonger « après la paix » (Rapp. Lugol, Ch. dép., 22 nov. 1918, *J. off.*, Déb. parl., p. 3000); d'où, les clauses des art. 2 et 66 sur les modifications restreintes, mais définitives des lois et décrets ci-devant en vigueur et le caractère permanent du droit nouveau, le caractère général et rétroactif de ce droit et le jeu en résultant des rappels d'arrérages.

55. — Limitées aux pensions pour infirmité, et brisant pour la conjoncture de la guerre le lien traditionnel les unissant à celles d'ancienneté, mais sans considérer les réformes possibles d'aménagement militaire, les modifications décidées le furent avec un souci déclaré des « droits acquis », la résolution de ne point priver les invalides d'avant le vote de la loi nouvelle de quelques éventuels bénéfices de l'ancienne, et ce résultat de leur assurer en tous cas les dispositions les plus avantageuses de l'une ou l'autre. Le caractère permanent de la loi du 31 mars 1919, pour autant, en découle. La rédaction de l'alin. 1er de son art. 2 fut déterminée et est expliquée (Cf. Rapp. Masse, n° 2383, Ch. dép., 21 juill. 1916, *J. off.*, Doc. parl. 1917, p. 1942) par le but, en devançant les préoccupations vraisemblables d'après guerre, de consolider d'abord les améliorations acquises, de ne point limiter la durée de leur application, bref de rejeter toute limitation de la réforme quant aux bénéficiaires de ses clauses et au recul dans le temps de son application.

56. — Du premier point de vue, cet objectif saillit indiscutablement du rejet d'un amendement (Arist. Jobert, 5 déc. 1917, *J. off.*, Déb. parl., p. 3149) qui tendait à exclure, parce que prétendûment couverts par la loi de 1831 qu'ils avaient « acceptée », les officiers de carrière et les soldats ou sous-officiers rengagés, et dans la réalité des choses, sous couleur de taux, de répercussions financières et de possibilités budgétaires, touchant au principe, à l'*universalité* de la loi affirmée par le projet et le rapport. — Du deuxième, il s'impose à l'attention au travers des étapes et des rédactions des alin. 2 et 3 : le projet du gouvernement, par là même qu'il subordonnait le droit à un rappel d'arrérages, à l'élévation du taux de la pension ou de la gratification, était opposé à la *rétroactivité*, au préjudice de ceux n'ayant point eu, de par la législation antérieure, droit à une pension ou une gratification; la commission de la Chambre, moins stricte, admit le rappel pour la totalité des arrérages, dans tous les cas où seraient créés des droits nouveaux; au Sénat le terme de « gratifications » fut critiqué comme évoquant trop le concept de « concession gracieuse », et celui d'allocation renouvelable proposé en sa place comme prêtant à confusion avec celle assurée aux ascendants (19 sept. 1918, *J. off.*, Déb. parl., p. 632); finalement, l'alin. 2 de l'art. 7 ne vise plus que les « pensions définitives ou temporaires et les allocations de toute nature », seules réparations concédées par la loi nouvelle, et à l'alin. 3 sont demeurées les expressions « pension, gratification ou allocation déjà concédée », parce que, de ces bénéfices divers, les lois antérieures faisaient prévision, de telle manière que la loi nouvelle était bornée à en faire la bonification. La rétroactivité a, de la sorte, joué d'une façon totale, pour tous les droits nés postérieurement à la mobilisation générale du 2 août 1914, s'agissant même des dispositions particulières écrites dans la loi du 31 mars 1919 au sujet des assimilés, ouvriers, marins...; et ce jeu se produit indépendamment de toute demande de liquidation ou de rappel à adresser aux ministres par les intéressés, le point de départ de la pension étant (art. 3) le jour de la décision prise par la commission de réforme.

57. — Pratiquement, le rappel d'arrérages susceptible de s'ensuivre est réglé à l'art. 66 de la loi, apparu au cours de la deuxième délibération (Cf. 4e Rapp. suppl., n° 5736, Lugol,

21 févr. 1919, *J. off.*, Doc. parl., p. 857) et admis sans discussion (Ch. dép., 4 mars; Sén., 18 mars 1919) : au-delà de 300 francs, le paiement en a lieu en espèces, pour un quart de la somme due, et remise, pour le surplus, de bons du Trésor remboursables dans le délai d'un an, celui-ci compté, non évidemment du point de départ de la pension, mais de l'acquit du rappel. La mesure, déterminée tout à la fois par l'intérêt de la Trésorerie à ne point être débordée et des intéressés à garder d'une manière productive le pécule disponible, était pareille à celle adoptée pour le pécule dû aux veuves, enfants et ascendants des combattants, à cela près qu'en l'espèce application n'en était point faite aux ascendants, qualifiés ainsi à réclamer paiement intégral en espèces du rappel à eux dû.

58. — Touchant les *invalides d'avant-guerre*, les préoccupations législatives ont pris cours et sorti effet, d'abord dans les lois du 18 juillet 1922 et du 26 juillet 1923, avant d'aboutir, avec celle du 22 juin 1927 (S. *Lois ann.*, 1928, p. 1650), au bénéfice intégral de la loi du 31 mars 1919 et des lois complémentaires. — Le but de la première, issue de diverses propositions [Bouilloux-Lafont (n° 1079, 16 juin 1920); Ernest Lamy (n° 1695, 25 novembre); Henri Paté (n° 1719, 30 novembre); Goude (n° 3240, 21 oct. 1921)], adoptée sur rapports Eymond (Ch., n° 3540, 28 déc. 1921) et Mauger (Sén., n° 264, 30 mars 1922), modifiée par l'art. 124 de la loi de finances du 29 avril 1926, fut de substituer un nouveau titre plus élevé à ceux déjà concédés aux militaires et marins et agents civils pensionnés sous le régime des lois de 1831 et aux gratifiés d'avant-guerre dont, quelques semaines après la loi, le règlement d'administration publique du 17 octobre définit les droits. L'application automatique des nouveaux taux en précisait et la manière, laquelle ne comportait aucunement droit pour l'intéressé de demander la révision des bases originellement retenues de pension, et la limite, laquelle englobait le bénéfice des taux des tableaux annexés à la loi du 31 mars 1919, l'assistance d'une tierce personne, les majorations d'enfants (art. 10, 13 de ladite loi) et les allocations spéciales et majorations supplémentaires aux grands invalides (D. 5 août 1920, et art. 138 L. fin. 31 déc. 1921). Enfin l'évaluation des infirmités, pour la transition du régime d'avant-guerre à celui de 1919, était sujette des équivalences fixées à la loi du 23 déc. 1919. — L'objet de la deuxième, déterminée par deux propositions Lamy et Taurines (Ch. dép., 12 oct. 1922, n°s 4864, 4893), rapportée par M. Ricolfi (n° 5760, 9 mars 1923) et expliquée par l'Instr. 099 Ad. 14 novembre, mod. 21 déc. 1923 (Valentino, *op. cit.*, p. 504-514), avait été de rendre, à dater du 1er juillet 1923, applicable aux militaires et marins bénéficiaires de la première, même à ceux n'ayant pas repris du service pour la Grande Guerre, les art. 58-60 de la loi de 1919, relatif au cumul et aux pensions mixtes.

III. — *Le bénéfice de la loi et ses extensions.*

59. — Des bénéficiaires de la loi de 1919, que celle-ci a pris soin de spécifier elle-même, art. 49, en faisant la ventilation des dispositions applicables à tous ou réservées à certains (Cf. le tableau synoptique, Valentino, *Les pensions d'invalidité*, 1927, n° 86, p. 53) « les *militaires et marins* » — dûment mobilisés et incorporés, — non maintenus en sursis d'appel (Cf. Cons. d'Et., 7 déc. 1927, Damont, [Leb. chr., p. 1169]) ou dans la position de non-disponibilité (Cf. Cons. d'Et., 10 mars 1926, Fritsch-Schmitt, [Leb. chr., p. 266]; 19 déc. 1929, Fournié, p. 1133; 23 janv. 1930, Girard, p. 94), — constituent la vaste catégorie avec des particularités touchant, les unes à la nationalité, les autres au statut dans les formations de la guerre et de la marine.

60. — Ce ne sont point des particularités notables à ce titre, mais simplement des dispositions du droit commun à rappeler que les suivantes :

61. — *a)* Les règles touchant la constatation et les modalités de la perte d'aptitude au service militaire. Telles que fixées pour les militaires par l'Instr. 20 déc. 1916 (*B. O. Min. Guerre*, t. 68², 1925) et les marins par l'Instr. 18 avr. 1915, mod. 22 janv. 1916 (*B. O. Min. Mar.*) et Circ. (*J. off.*, 10 mai 1925), les conditions d'aptitude ont été, au cours de la guerre, déclarées impératives par *a contrario* (Cons. d'Et., 22 juin 1917, Amadieu, [Leb. chr., p. 487]). et l'inaptitude à faire campagne soumise à vérification (Loi Dalbiez, 17 août 1915, S. *Lois ann.*, 1915, p. 996). Toutes les modifications d'état, depuis les changements d'armes (Instr. 24 janv. 1910) jusqu'à la réforme temporaire (L. 1er avr. 1898) ou définitive (L. 1er avr. 1923, art. 59, et Circ. 44,

E. M./P., Min. Guerre et Pensions, 15 nov. 1923), avaient été déjà réglementées sur cette base qu'il n'est pour ouvrir aux hommes de troupe de droit à pension que la réforme définitive n° 1, pour cause d'infirmités imputables au service ayant entraîné une invalidité d'au moins 10 % (Cf. par *a contrario*, Cons. d'Et., 19 mai 1926, Brossard (2ᵉ consid.) [Leb. chr., p. 521]), et, à l'égard des sous-officiers ou marins rengagés, commissionnés ou réadmis, que la formalité de la mise à la retraite prononcée, non par une commission de réforme, mais par le ministre de la guerre ou de la marine, après avis de la commission spéciale instituée par le décret du 26 août 1921 en exécution de l'art. 1ᵉʳ de la loi du 30 avril 1920 ;

62. — *b*) A tout le moins les dispositions relatives à la mise à la retraite pour infirmités (L. 11 avr. 1831 et 30 avr. 1920) (Cf. sur leur ensemble. Valentino, *op. cit.*, n°ˢ 40-74, p. 33-48) des officiers de complément et assimilés aussi bien que de l'active. Il va sans difficulté dans cet ordre d'idées qu'un officier mis par le ministre en réforme, parce que reconnu par un conseil d'enquête atteint d'infirmités temporaires excluant la possibilité d'un rappel à l'activité (L. 19 mai 1834, art. 12, 13), garde le droit, soit de demander une pension d'invalidité par application des lois de 1919 et de 1920, soit, après constatation obtenue de l'incurabilité des infirmités et de leur lien avec le service, de réclamer une pension de retraite selon les lois des 11 et 18 avr. 1831 (Cf. Avis du Cons. d'Et., sect. fin., 12 juin 1923). Or, s'agissant de « retraite pour infirmités incurables », celle-ci, au lieu d'être, comme sous l'empire de la loi du 11 avr. 1831, art. 12-14, la suite fatale de l'impossibilité de rester ou de rentrer ultérieurement au service, dépend, selon l'art. 1ᵉʳ L. 30 avr. 1920, d'une décision ministérielle sur avis de la commission spécialement instituée pour apprécier en chaque cas l'inaptitude. La section des finances du Cons. d'Et., sur question du ministre de la guerre, émit, quant à ce, le 29 nov. 1921, l'avis que la retraite, d'office ou sur demande, n'était possible, en l'état de la législation, que pour les « militaires atteints d'infirmités incurables représentant une invalidité d'au moins 60 % », celle-là même que la loi du 23 déc. 1929 a reprise aux barèmes et décisions ministérielles établies (Cf. *infrà*, et Cons. d'Et., 20 nov. 1925, Rivemale, [Leb. chr., p. 924]) en exécution de la loi de 1831 et exigeant ce taux pour l'invalidité résultant des blessures ou infirmités de la dernière classe. C'est mettre face à face, combiner et maintenir la « réparation » accordée par l'art. 1ᵉʳ de la loi du 31 mars 1919 et l'autorité de la loi de 1831, abrogée, de principe, par celles de 1919 et 1920 ; l'explication semble donnée dans l'avis lui-même, là où, *in fine*, il rappelle l'art. 65 de la loi de 1919, le droit pour les militaires de se réclamer de la législation antérieure dans le cas où celle-ci leur serait « plus favorable » ; ce qui peut être au cas où résulte du barème annexé à la loi de 1919 une évaluation inférieure à celle de l'époque antérieure, à celle de 60 %, et, par là-même, une possibilité d'échapper à la mise à la retraite.

A. *La condition de nationalité.*

63. — Elle a fléchi dans la loi de 1919. Impérative sous l'empire des ordonnances des 5 juin 1810 et 29 octobre 1817, elle ne l'était guère moins, soit au temps de la loi du 11 avril 1831 (art. 26), laquelle suspendait le droit ou la jouissance de pension en cas de perte et durant la privation de la qualité de Français, soit après la loi du 31 mars 1919, sous le régime de laquelle le calcul de la pension d'un indigène engagé selon le décret du 12 déc. 1915 pour la durée de la guerre et incorporé au bataillon sénégalais de Madagascar, mais naturalisé seulement après la fin des hostilités, fut fait, non d'après le tarif prévu par la loi pour les troupes métropolitaines, mais, conformément à l'art. 74 de celle-ci, d'après celui fixé au décret du 2 septembre 1920 (Cons. d'Et., 29 juill. 1925, Dougsiek-Nour, [Leb. chr., p. 760]). Cependant la question était surgie de l'extension de cette disposition, relative aux seuls Français de naissance ou par naturalisation, aux étrangers, pratiquement aux militaires servant dans la Légion étrangère et n'ayant jamais acquis la nationalité française : admise par plusieurs avis successifs du Conseil d'Etat, 5 mai et 10 juin 1891, 29 juin 1892, elle a été depuis lors rejetée. Cet argument de texte y servit que l'art. 26, suspendant le droit « du Français ou naturalisé français », par cette formule terminale même autorisait implicitement la concession de pensions à des étrangers ; cette raison positive a été surtout donnée que les avantages relatifs

aux pensions attachées par la loi aux services militaires constituent une partie de rémunération (Av. sect. fin., 15 mai 1900, 11 mai 1915). L'art. 58 de l'Instruction du 23 mars 1897 refusant pension aux militaires d'origine étrangère « à moins de se mettre en instance pour obtenir la nationalité française » devint ainsi, et justement, lettre morte. Au demeurant et déjà, la loi du 13 mars 1875 avait expressément classé la Légion parmi les corps composant l'armée française.

64. — Ce n'est donc point quant aux militaires de la Légion -- fût-ce même sa partie incorporée, comme la *Légion russe*, par mesure générale à la façon du décret du 11 avr. 1918 (*J. off.*, 15 avril) — qu'une difficulté était concevable. Les choses se présentaient sous un jour plus douteux ou différent, sinon pour les officiers de la marine russe admis par le décret du 23 juin 1918 dans la marine de guerre française, du moins pour « les militaires des *armées polonaise et tchécoslovaque* créées en France », comme il est dit à l'al. 2 de l'art. 75 de la loi de 1919. Le point litigieux, en tout cas le trait essentiel de leur statut, résidait en ce que ces corps furent organisés en France et leurs bataillons non incorporés dans l'armée française. De fait, la Légion polonaise, constituée le 1ᵉʳ juill. 1917 sous les ordres du général Haller, fut, par échelons successifs, dirigée sur la Pologne, le dernier départ de France ayant eu lieu le 1ᵉʳ juill. 1919 ; or, conformément à un accord, du 26 janv. 1919, entre le ministère des affaires étrangères et le Comité national polonais, les sommes affectées par la France, à compter du 1ᵉʳ juill. 1917 et par la suite, aux dépenses de l'armée polonaise ont nature d'avances remboursables (Cf. Circ. 059 Ad, 31 janv. 1923, citée par Valentino, *op. cit.*, n° 266, p. 209) ; d'où suit le droit des seuls militaires polonais ayant acquis droit à pension antérieurement au 1ᵉʳ juill. 1919 à prétendre jusqu'à cette date à paiement par le gouvernement français d'arrérages de pension ou d'avances sur pension, remboursables à celui-ci par la Pologne. — Les armées tchécoslovaques furent, pour leur part, constituées à des dates échelonnées depuis le 20 décembre, et, par la suite, dissoutes, celle d'Italie en 1918, de France en janvier 1919, de Russie de fin décembre 1919 à décembre 1920. — Une disposition législative particulière était nécessaire ; elle est à l'art. 75 précité, lequel fut, au cours de la deuxième délibération, complété (Prop. Lefas, Ch. dép., 6 mars 1919, *J. off.*, Déb. parl., p. 1046) par les mots qui en fixaient la durée d'application, « tant que ces militaires seront au compte du Trésor français ».

65. — La *Légion d'Orient*, formée en novembre 1916, dédoublée plus tard en arménienne et syrienne, ne constitua jamais qu'une troupe auxiliaire composée de volontaires arméniens, syriens ou arabes d'origine. Une Instruction, Troupes françaises du Levant, Annexe n° 8 (Valentino, *op. cit.*, p. 325), a décidé et conditionné le régime de secours auxdits militaires et à leurs familles :

a) A raison de blessures ou maladies contractées au service, allocations de deux ans, avec faculté de renouvellement illimité, pour infirmités temporaires ; ou usufruit d'un titre de rente de 5 %, incessible, immatriculé pour la nue propriété au nom de l'Etat français, — avec, pour les unes et l'autre, les maxima fixés au décret du 24 mai 1915 :

	DIMINUTION DES FACULTÉS DE TRAVAIL.							
	100 %	80 %	60 %	50 %	40 %	30 %	20 %	10 %
Sous-officier.	971	747	697	497	398	200	200	180
Caporal.	849	653	528	440	352	264	176	88
Soldat.	715	550	450	375	300	225	150	75

b) Pour mort à l'ennemi ou des suites des blessures ou maladies, secours individuels fixés par le ministre, exclusifs de toute autre allocation, payables par les soins des autorités militaires, diplomatiques ou consulaires françaises (Cf. Décr. 20 déc. 1890, art. 212, 213, et Instr. 10 mai, art. 214, 217), avec ces maxima :

Veuves [à partager entre les épouses des légionnaires musulmans] ;

Ascendants directs : $\dfrac{\text{père et mère}}{500\ \text{fr.}}$; $\dfrac{\text{père seul vivant}}{400\ \text{fr.}}$; $\dfrac{\text{mère seule}}{200\ \text{fr.}}$

Enfants au-dessous de seize ans : $\dfrac{\text{garçons}}{150\ \text{fr.}}$; $\dfrac{\text{filles (non mariées)}}{100\ \text{fr.}}$

66. — Aux anciens *militaires d'origine alsacienne-lorraine*, atteints d'une infirmité contractée ou aggravée par le fait ou à l'occasion du service dans l'armée allemande, ainsi qu'à leurs ascendants, veuves et orphelins, la loi du 17 avr. 1923 (Cf. le projet n° 1743, 2 déc. 1920, et les rapports Pfleger, n° 4472, 15 juin 1922, et colonel Stuhl, n° 259, 26 mars 1923) a étendu le bénéfice de la loi du 31 mars 1919, et en premier lieu celui de la présomption légale, moyennant (Cf. Instr. intermin. 083 Ad, 12 juill. 1933) : *a*) qu'ils soient devenus Français selon les §§ 1er à 3 de l'annexe à l'art. 79 du traité de Versailles, donc au titre de réintégrés de plein droit à dater du 11 nov. 1918, ou de déclarés nationaux français au jour du jugement intervenant sur la demande par eux faite dans l'année ayant suivi la mise en vigueur du traité de paix, ou de naturalisés en tant qu'Allemands nés ou, domiciliés en Alsace-Lorraine ; — et *b*) qu'ils aient établi leur résidence en France ou obtenu du gouvernement français (Ord. 24 févr. 1832) autorisation de résider à l'étranger. — Rpr. pour l'application de ce régime, Décr. 11 juill. 1923, Instr. interm. 083, et Circ. 084 Ad, 17 juill. 1923.

67. — L'extension des avantages accordés par la loi de 1919 est, de droit, limitée : évidemment, à ceux qui, ayant été incorporés dans les rangs de l'armée allemande pendant la durée des hostilités, avaient acquis des droits à pension au cours de cette incorporation (Cons. d'Et., 27 nov. 1929, Poiré, [Leb. chr., p. 1029]), — et, tout naturellement, par la condition stipulée en l'art. 5, en matière de reconnaissance des titres à pension ou de concession et de liquidation des pensions, de l'abrogation de toutes les prescriptions contraires à la loi du 17 avril 1923, quels que fussent les droits reconnus à certains attributaires en vertu de la législation en vigueur en Alsace-Lorraine ; il s'en est, à très juste titre, suivi le rejet par le Conseil d'Etat du recours formé par un intéressé contre la décision de la cour régionale des pensions (Colmar) qui avait repoussé sa demande en pension, malgré que ses droits eussent ci-devant été formellement reconnus par un tribunal des pensions allemand (Anhalt) (Cons. d'Et., 24 mars 1928, Dalstein, [Leb. chr., p. 362]).

B. *Du statut des diverses formations.*

68. — 1° Nulle distinction n'a été faite entre *armées de terre et de mer* : le texte est le même ; les solutions se ressemblent en ce détail même (Cf. Valentino, *op. cit.*, n°s 267, 269, p. 210) que, s'agissant des étrangers en service dans les armées françaises, les ascendants ne sont pas compris dans la liste des bénéficiaires de la loi de 1919, et que leurs allocations sont sous le régime de dispositions spéciales à l'art. 28, al. 2, et à la loi du 28 juill. 1921. L'assimilation de la marine marchande à la marine de guerre, loin d'être elle-même discutée, fut, en tant que de besoin, faite par la loi du 3 avr. 1918, sauf le droit d'option conféré par l'art. 62 de la loi générale de 1919 : V. *infrà* ; ainsi à la preuve de l'événement de guerre subi en mer est subordonné le bénéfice de la loi de 1919, notamment celui de la présomption d'origine ; aucun désaccord ne s'est produit sur le droit au bénéfice de la loi de 1918 ; l'application subséquente de la loi de 1919, et donc l'ouverture du pourvoi au tribunal départemental des pensions, a tout au plus donné lieu à quelque difficulté. — Un point devait, par contre, faire l'objet d'une utile précision : touchant les étrangers admis durant les hostilités à servir dans la marine marchande française, faisant ainsi partie de l'équipage ou du personnel de service des navires de commerce français. A l'exclusion des étrangers du bénéfice de la loi précitée du 3 avril 1918, sur les pensions des marins de commerce atteints par des événements de guerre, et de celle du 24 juin 1919, sur les victimes civiles des hostilités, un tempérament d'équité fut annoncé par le dernier alinéa de l'art. 75, au profit des marins qui ressortissaient à des Etats accordant la réciprocité aux nationaux français embarqués sur leurs navires.

69. — Au total, le statut militaire, du point de vue de la vocation à la loi des pensions, ne pouvait prêter à contestation qu'en quelques cas :

a) Que cette vocation n'appartînt pas aux *exclus* de l'armée

(L. 31 mars 1928, art. 4), il était certain : mis, de par la loi du 22 mars 1905, en vigueur lors de la promulgation de celle du 31 mars 1919, à la disposition des départements de la guerre et de la marine, ils ne pouvaient être regardés comme des militaires et marins susceptibles d'avoir ou d'ouvrir à leurs veuves droit à pension (Cons. d'Et., 29 janv. 1926, Darrigade, [Leb. chr., p. 107]). Toutefois une situation de fait, celle d'exclus versés dans une unité combattante, et y étant atteints d'infirmités imputables au service, valait d'y faire admettre une dérogation : le droit au bénéfice des pensions militaires est accepté. Cf. Note 2047 3/5, 30 janv. 1918, du Service général des pensions.

70. — *b*) Que, pour une raison de même genre, et faute d'une disposition quelconque ayant dans la loi de 1919 modifié les dispositions générales des lois antérieures, tel l'art. 192 du Code de justice militaire du 9 juin 1857, concernant la suspension ou la déchéance du droit à pension, les *officiers destitués* ne pussent validement obtenir par la suite d'une cour régionale une pension au titre de la loi de 1919, il ne pouvait faire difficulté : Cons. d'Et., 25 juill. 1930, Marulier, [Leb. chr., p. 817].

71. — Que pour les élèves des six écoles militaires préparatoires, c'est-à-dire aux *enfants de troupe* élevés dans les écoles d'infanterie (Rambouillet, Montreuil-sur-mer, Saint-Hippolyte-du Fort, Les Andelys), de cavalerie (Autun) et d'artillerie (Billom), créées par la loi du 19 juillet 1884, une condition particulière la remplace, ayant été régulièrement établie (Cons. d'Et., 19 févr. 1897, Michel, [Leb. chr., p. 148]), c'est aussi une réalité : les blessures ou infirmités contractées en exécutant les ordres des chefs sont la cause de secours éventuels ou permanents : Décis. minist. 19 janv. 1887.

72. — En fait, le droit à une pension au titre militaire fut déclaré :

a) Par deux circulaires du 26 décembre 1915 et du 5 mai 1916, au profit des *engagés spéciaux*, c'est-à-dire des exemptés ou réformés et des hommes libres par leur âge de toute obligation militaire, admis par l'art. 4 de la loi (Dalbiez) du 17 août 1915 à contracter, après vérification d'aptitude aux services de l'armée, dans la mesure des besoins, pour la durée de la guerre, un engagement spécial pour un emploi à leur choix ;

b) Selon réponse min. guerre à question écrite n° 1.859 (Louis Deshayes, 1er avr. 1915, *J. off.*, 22 avril, p. 2478), en faveur des *mineurs* de dix-sept ans ayant fait campagne avec les régiments aux armées et blessés à l'ennemi sans avoir fait l'objet, en raison de leur âge, d'une incorporation régulière.

73. — Les *aumôniers militaires*, selon leur origine, c'est-à-dire les conditions où ils furent attachés aux armées, ont été traités de façon opposée. Ceux qui furent pourvus d'une commission du ministre de la guerre selon le décret du 5 mai 1913 ont eu, le cas échéant, pension concédée sur le grade de capitaine 2e échelon. A l'encontre de ceux qui furent admis sur leur demande au début des hostilités, en surnombre, pour suppléer à l'insuffisance du nombre des aumôniers titulaires, moyennant qu'ils étaient libres de toute obligation militaire, et sous la condition (Dépêche minist. 14.336 C/2, 12 nov. 1914) de ne percevoir, au lieu de solde, qu'une indemnité journalière et des prestations en nature, pareil avantage a été discuté, et nié (Cf. Trib. civ. Seine, 15 févr. 1923, L..., *in* Valentino, n. 276, p. 212) ; des faits et des circonstances, telles les hospitalisations ou les distinctions, tels les congés de convalescence et égards reçus du commandement à l'instar des officiers, n'ont passé que pour égards dus à la nature de la mission remplie et des services rendus par eux, donc exclusifs de toute sorte de droit acquis au titre d'aumônier militaire ; et la décision ministérielle n° 17.140 C/7, 5 déc. 1914, les dispensant de la visite imposée aux réformés d'avant-guerre et les assimilant aux engagés spéciaux, a été tenue sans portée dans le litige, que le jugement précité ramenait à une simple discussion sur le grade, tandis que la qualité de militaire était réclamée par l'ecclésiastique en cause.

74. — 2° D'autre part, la loi ne porte plus dans son texte les mots «*assimilés...*, assimilés militaires» (médecins, intendants...) par lesquels la commission qui l'élabora énonçait impliquait la parité de grade, la possession du statut militaire et, *de plano*, la pension correspondant à leur échelon dans l'armée : la raison en est sans doute que l'assimilation, bien qu'elle ne fût pas inscrite dans les lois de 1831 ou les lois subséquentes, ne fit jamais difficulté. Ce qui, en tout cas, demeure sûr (Cf. Rapp. Masse, n° 2383, 21 juill. 1916, *J. off.*, Doc. parl., 1917, p. 1934), c'est que dans toutes ses parties elle s'applique à tous les personnels militaires de la guerre et de la marine : Cf. la nomenclature (y compris pour la marine, le corps des *baharia*, c'est-à-dire des marins indigènes affectés [Cf. 18 juill. 1903 : Algérie et Tunisie; DD. 28 mars 1895 : Sénégal; 26 mai 1895 : Tonkin] aux services maritimes et coloniaux, et plus spécialement aux bâtiments de la marine nationale employés à la défense de l'Afrique du Nord), Valentino, *op. cit.*, n°s 283-285, p. 220-221. — En la matière aussi, un seul point nécessitait une détermination législative, au regard des *marins* mis à la disposition de la Guerre en suite de la loi du 29 mars 1916 et versés dans l'armée de terre, selon dépêches du 23 oct. 1914 et du 10 oct. 1915, quant au grade de l'une ou de l'autre armée devant servir de base à la liquidation de leur accidentelle pension : ce fut dans l'économie de la loi de 1919 la raison de l'art. 53, issu, sauf modification et addition par les commissions du Sénat et de la Chambre respectivement, de l'art. 32 du projet gouvernemental.

75. — Le maintien aux marins, après leur versement dans les formations de la Guerre, du droit à pension allait de soi, en tant qu'application naturelle du principe posé par la loi du 29 mars 1916 (Déclarat. du commiss. du gouvern. Desforges, Ch. dép., 29 janv. 1918, *J. off.*, Déb. parl., p. 236). Au contraire, l'accession à un nouveau grade, du fait de la lenteur commune de l'avancement et de la surélévation des pensions dans la marine par comparaison ou contraste, à grade correspondant, avec l'armée de terre, posait une question : celle du calcul de la pension d'invalidité, ou bien d'après le nouveau grade dans l'armée de terre, ou bien suivant l'équivalent de l'armée de mer; concrètement, celle de savoir si, par exemple, un second-maître versé dans l'armée de mer comme sergent, puis promu sergent-major et adjudant, aurait pension, ou du grade d'adjudant dont il est devenu titulaire, ou de premier maître dans la marine. La politique de faveur, d'aménagements d'option pour les dispositions les plus favorables, qui, à plusieurs reprises, traversa la loi, trouvait en la matière une nouvelle occasion : en cours de discussion l'application automatique des tarifs afférents aux grades de l'armée de terre fut proposée (Ernest Lamy et G. Le Bail, Ch. dép., 29 janv. 1918, *J. off.*, Déb. parl., p. 236), mais combattue (*ibid.*, Desforges, Louis Tissier) par l'argument de la détermination, en règle, du taux de la pension d'après le grade réellement occupé au moment où se fixe le droit à pension; elle fut finalement repoussée (*ibid.*, p. 237) au profit d'un système d'option pour le tarif, celui de l'ancien grade dans l'armée de mer ou celui de la guerre, qui apparaît le plus avantageux : art. 53, alin. 2 (Rapp. Masse, Ch. dép., 21 juill. 1916, *J. off.*, Doc. parl., 1917, p. 1973), les ayants cause, du marin étant traités suivant les mêmes principes que lui.

76. — Pour les *militaires indigènes des colonies*, le bénéfice de la loi de 1919 est conditionné par une distinction basée sur leur origine. Les indigènes des colonies ou pays de protectorat dans lesquels la conscription est le mode de recrutement ont vocation au bénéfice de la loi de 1919. Ce sont ceux de l'Algérie, du protectorat de Tunisie, des vieilles colonies de la Martinique, de la Guadeloupe, de la Guyane et de la Réunion, de Tahiti, de l'Inde [ou, de manière plus précise, des Hindous ayant renoncé à leur statut personnel), des quatre communes de plein exercice (Saint-Louis, Dakar, Gorée, Rufisque) du Sénégal. Les lois du 31 mars 1919, art. 74, pour les musulmans polygames d'Algérie, de Tunisie et du Maroc, et du 30 avr. 1920, art. 19, pour ceux des quatre communes sénégalaises de plein exercice, ont pris des dispositions particulières touchant l'attribution des pensions. Les militaires indigènes des autres colonies sont au régime de lois spéciales : V. *infrà.* Rpr. Valentino, *Les pensions aux indigènes des colonies et à leurs ayants cause*, 1925.

77. — 3° L'existence d'un *personnel civil* dans les ministères de la guerre et de la marine — ici et là des *ouvriers et ouvriers immatriculés* des manufactures d'armes, des agents civils; ici des troupes coloniales et du corps des poudres, et là des services administratifs et des directions des travaux de la marine (commis principaux, commis, agents techniques : Cf. tableaux V et XII annexés à la loi); des administrateurs et officiers d'administration de l'inscription maritime, relevant du ministère des travaux publics (sous-secrétariat de la marine mar-

chande, et à correspondance de grade établie par l'Instr. 27 oct. 1920, *J. off.*, 3 novembre, p. 17230; Valentino, *op. cit.*, p. 231); et aussi, au ministère des colonies, des surveillants militaires des établissements pénitentiaires — nécessita une addition au projet du gouvernement (Cf. Rapp. Masse, *loc. cit.*, p. 1371), sous forme, art. 49, d'une assimilation aux militaires. L'assimilation n'a été qu'imparfaite, restreinte ou conditionnée, — ainsi qu'il ressort de la numération des articles applicables à ces catégories, — que la concrétisent, entre autres clauses, la non-admission de la présomption légale des art. 4 et 5, et l'exigence allongée de dix années de services à l'Etat pour le profit des art. 3 et 14 relatifs à l'aggravation des maladies ou infirmités (Cf. Cour région. Rennes, 22 juillet et 23 déc. 1921, Valentino, *op. cit.*, n° 307, p. 236), ou encore l'impossible attribution des pensions mixtes prévues aux art. 59 et 60 (Cf. Avis sect. fin. Cons. d'Et., 27 oct. 1921), — que l'impliquent en règle la forme énumérative et le caractère limitatif de l'énumération de l'art. 49 : Cf. tableau synoptique et tripartite des dispositions de la loi du 31 mars 1919 s'appliquant sans restriction, sous condition ou point du tout, Valentino, p. 233. Il n'y a pour mettre en échec l'interprétation nécessairement étroite de cette disposition que la force du principe d'option, au cas où il adviendrait à la simple pension d'ancienneté d'être plus avantageuse, ou bien aussi l'autorité d'une prescription générale, comme celle de l'art. 67, modifié par la loi du 28 juill. 1921, touchant la révision, pour cause d'erreur, des pensions.

78. — L'application des dispositions de la loi, par assimilation, à égalité de grade, aux officiers et soldats de l'armée de terre, fut admise, sans discussion (Ch. dép., 29 janv. 1918, *J. off.*, Déb. parl., p. 264. — Cf. art. 48 I. 1919), pour les *sapeurs-pompiers des places fortes* mis avec leur matériel à la disposition de l'autorité militaire « dans les conditions prévues par la loi du 21 mars 1905 (art. 8) et par l'art. 147 du décret du 7 oct. 1907 [il convient de lire : 1909] sur le service de place », sous l'autorité directe du gouverneur. — Par règlement d'administration publique du 2 sept. 1919, art. 50, les dispositions de la loi ont été étendues aux sapeurs-pompiers des places fortes de Belfort, Calais, Dunkerque, Epinal, Le Havre, Lille, Longwy, Maubeuge, Toul et Verdun.

79. — 4° Des *mobilisés* des « *établissements, usines, mines et exploitations* travaillant pour la défense nationale », le statut fut essayé, du début des hostilités à la loi de 1919, par voie de distinctions. La circulaire ministérielle de la Guerre, du 25 juin 1915, tout d'abord, ramena à la loi du 3 avril 1898, sur les accidents du travail, les ouvriers en sursis d'appel ou renvoyés dans leurs foyers; elle ne traitait au titre militaire que les mobilisés détachés temporairement des dépôts ou des formations dans les établissements de guerre ou les usines privées, qu'elle mettait au régime de la loi militaire de 1831, sauf la possibilité de bénéficier des indemnités de la loi civile de 1898, au cas où le taux en serait plus avantageux, et moyennant, au cas de travail en une usine privée, le paiement par le partage des indemnités, demi-salaires ou rentes lui incombant du chef commun. L'art. 6 de la loi Dalbiez, du 17 août 1915, ayant autorisé l'affectation aux établissements travaillant pour la défense nationale des hommes appartenant aux classes mobilisées ou mobilisables et satisfaisant à certaines conditions techniques, il s'ensuivit, pour ces ouvriers travaillant au salaire normal de leur profession, mais soumis à une certaine discipline militaire, la perte du taux le plus avantageux éventuellement réservé par la circulaire de 1915 et, partant, des perspectives restreintes aux seules indemnités de la loi de 1898. La solution était avantageuse, pour ces hommes touchant des hauts salaires, et pour l'Etat dispensé du service direct de pensions; cependant elle était insuffisante, parce que bornée au risque-accidents, à l'exclusion de celui de décès ou d'infirmité par suite de maladie, et elle poussait trop loin l'assimilation de l'homme en sursis d'appel ou détaché avec les ouvriers civils, faute de faire assez état de la situation du détaché en service commandé dans l'usine où il était affecté. D'où (Amend., 27 mai 1916, lieutenant-colonel Girod, adopté par la commission Ch. dép., Rapp. P. Masse, 21 juill. 1916, *J. off.*, Doc. parl., 1917, p. 1971) l'idée « de toute justice d'assimiler, en principe, les ouvriers détachés et en sursis d'appel aux militaires incorporés, quant aux infirmités par maladie ou aggravation de maladie et quant aux décès pour les mêmes causes ».

80. — *A.* L'art. 50 de la loi de 1919 reprit, de ce chef, les termes mêmes de la loi Dalbiez : « établissements, usines et exploitations travaillant pour la défense nationale, ...chefs d'industrie, ingénieurs, chefs de fabrication, contremaîtres, ouvriers, ...qui justifieraient avoir, pendant un an au moins [délai réduit à six mois pour les exploitations houillières], exercé leur profession, soit dans lesdits établissements, usines et exploitations, soit dans les établissements, usines et exploitations similaires ». Cette précision les faisait limitatifs, exclusifs de catégories ou d'espèces, comme celles des non-affectés ou des ouvriers en sursis ou des maintenus en usine par application, soit de l'art. 42 de la loi de recrutement du 21 mars 1905, alors en vigueur, tabl. A, B, C, soit de l'art. 1er de la loi Dalbiez. Il était fatal que cette rigueur fût contestée, motif pris, selon les cas, soit de cette inscription inscrite au certificat de non-affectation « qu'aussitôt le décret de mobilisation [les ouvriers auxiliaires classés non affectés à leur unité] devront se considérer comme mobilisés et complètement soumis aux lois militaires » (Cour région. pensions Aix, 21 juin 1921, S...), soit de la décision favorable aux non-affectés émise à la première heure par deux circul. min. Mar., 1er mai 1919 et 9 juill. 1920 : Cf. Valentino, *op. cit.*, n° 319, p. 243. Il l'était aussi que fût reconnue la volonté du législateur (Cf. P. Masse, Ch. dép., 4 mars 1919, *J. off.*, Déb. parl., p. 972) de ne point faire cette assimilation (Rennes, 22 juill. 1921, M..., *ib.*), et que prévalût l'interprétation ministérielle seconde (Circ. 19 févr. 1921), plus conforme à cette volonté, de ne point étendre le champ d'application de l'art. 50 : par là même que celui-ci visait uniquement les mobilisés affectés dans les conditions de l'art. 6 de la loi du 17 août 1915 il excluait — *Qui dicit de uno negat de altero* — les hommes travaillant dans lesdits établissements en une autre condition. Une formule compréhensive « les mobilisés détachés ou affectés », proposée au cours des travaux préparatoires (Mauger, Ch. dép., 4 mars 1919, *loc. cit.*), fut, du reste, expressément rejetée pour « le trouble et l'incertitude » qu'elle eût engendré dans une disposition faite pour les seuls mobilisés au compte de l'art. 6 de la loi Dalbiez. Le Conseil d'État, saisi de pourvois, notamment contre l'arrêt de la cour régionale des pensions d'Aix, a déclaré inexacte toute autre interprétation et application de la loi : 22 mars 1922, Min. des Pensions, des Primes et Allocations de guerre, [Leb. chr., p. 251].

81. — Le doute, quant aux sujets du texte, avait été ainsi dissipé ; la loi s'était elle-même expliquée, art. 50, alin. dern., dans le même ordre, sur un autre point où il eût pu surgir : celui des mobilisés détachés en leurs propres usines, établissements ou exploitations. Le Sénat (Rapp. Chéron, 31 mai 1918, *J. off.*, Doc. parl., p. 431 ; 26 sept. 1918, Déb. parl., p. 681), sous prétexte de leurs « bénéfices [de guerre] incompatibles » avec la faveur de l'art. 50, les avait sans réserve exclus de celui-ci ; l'hypothèse contraire n'étant pas imprévisible, la Chambre, tout en maintenant l'exception, affirma (Rapp. Lugol, 31 oct. 1918, *ibid.*, p. 1898) « que le § 4, inséré par le Sénat, ne peut pas priver les hommes qui s'y trouvent visés, non plus que leurs ayants cause, du bénéfice des art. 3 et 14 de la présente loi, qui sont d'ordre général, et s'appliquent à tous les hommes qui ont été mobilisés pendant la guerre ». Le Conseil d'État n'a pas manqué, dans une interprétation stricte et juste du dernier paragraphe de l'art. 50, de déclarer souveraines et légales les appréciations des arrêts et les mentions faites par les cours régionales de pensions pour rejeter les demandes émanant de mobilisés qui, lors de l'accident les ayant atteints, travaillaient en leurs établissements et usines pour leur propre compte (Cons. d'Et., 10 nov. 1926, Bessières, [Leb. chr., p. 954]).

82. — Toujours est-il en règle : *a)* qu'écrite au sujet de toutes les infirmités, que la cause en fût, d'ailleurs, une blessure ou une maladie (Cons. d'Et., 20 févr. 1929, Dombret, [Leb. chr., p. 214]), pour tous les mobilisés et ayants cause des mobilisés affectés dans les conditions de l'art. 6 de la loi de 1915, la disposition de l'art. 50 ne devait sortir effet que pour eux (Cf. par *a contrario*, réformé n° 2, embauché temporairement, en qualité de manœuvre, en un atelier de construction d'artillerie, Cons. d'Et., 7 févr. 1925, Hérété, [Leb. chr., p. 140]). — Et, comme elle n'énonce aucune distinction entre ceux ayant accompli un service effectif avant l'affectation en cause et ceux affectés immédiatement dès la mobilisation, il n'a pu suffire à une cour régionale, pour dénier à une veuve tout droit à pen-

sion, de se fonder uniquement sur la non-incorporation du mari, déclaré à ces fins non mobilisé, mais simplement mobilisable (Cons. d'Et., 1er mai 1925, Bastien, [Leb. chr., p. 421] ; 23 févr. 1927, Bézert, et 12 juillet, Vilmin, p. 237, 783 ; 29 févr. 1928, Teyssier, et 14 mars, Escot, p. 286, 363. Cpr. 11 févr. 1927, Plasse, p. 192). Aussi bien le détachement dans une exploitation ou un établissement travaillant pour la défense nationale — fût-ce un navire de commerce, affecté aux transports de troupes : Cons. d'Et., 21 déc. 1928, Pradat, [Leb. chr., p. 1342] — constituait-il précisément, sauf le cas de maintien dans l'emploi du temps de paix, quelle que fût la qualification donnée à la situation du détaché, l'affectation précisée en l'art. 6, et pour chaque espèce la cour régionale avait-elle le devoir d'examiner les conditions du détachement en tant que susceptibles d'ouvrir droit au bénéfice de l'art. 50 (Cons. d'Et., 1er mai 1925, Bastien ; 12 juill. 1927. Vilmin, précités) ;

83. — ...*b)* Et, par *a contrario* (Cf. art. 1er), qu'elle ne devait pas bénéficier aux mobilisables placés en vertu de l'art. 42 de la loi du 21 mars 1905, alors en vigueur, dans la position de non-affectation (Cons. d'Et., 16 déc. 1925, Moreau, [Leb. chr., p. 1030] ; 27 janv. 1926, Madeleine, p. 94 ; 30 juin, Ollive, p. 670 ; 7 juillet, Pheulpin, p. 699), ou d'affectation spéciale (Cons. d'Et., 26 janv. 1927, Brigodiot, [Leb. chr., p. 111]) :

Ouvriers auxiliaires de la marine dans les ports : 22 mars 1922, Bérenguier, 13 décembre, Venel, [Leb. chr., p. 251, 933] ; 21 févr. 1923, Rivet ; 26 mars, Brillon, p. 172, 319 ; 2 déc. 1925, Salaun, p. 965 ;

Patrons-mariniers : 20 janv. 1926, Guillaume, [Leb. chr., p. 64] ;

Ouvriers du service technique des P. T. T. en position de non-affectation : 9 avr. 1927, Leygue, [Leb. chr., p. 488] ;

Ouvriers placés et maintenus en sursis d'appel : 3 mars 1926, Avila, [Leb. chr., p. 238] ; 14 mars 1928, Escot, précité.

Auquel cas le Conseil d'État, redressant la manière de cours régionales, a fort utilement précisé les différences existantes entre le mobilisé à l'usine réellement affecté, et pour lequel il y a eu lieu de rechercher, outre la preuve de cette affectation, celle des autres conditions du droit à pension, et le mobilisable à l'usine, dans la position de non-affectation selon l'art. 42 susdit, et dont la veuve n'a aucun droit au bénéfice de l'art. 50 : 23 févr. 1927, Bézert ; 15 mars, Boulon, [Leb. chr., p. 237, 344].

84. — *B.* Il n'était donc plus que de définir le genre et la limite des perspectives ouvertes aux mobilisés en usine aux cas de maladie, d'incapacité permanente ou de mort les atteignant dans le travail public et l'établissement auxquels ils furent affectés, à l'exclusion, il va de soi (Cf. Cass., 7 mai 1923), de tout travail rémunératoire assumé et accompli en dehors du temps de service. Ces perspectives sont différentes, suivant que la loi de 1898 doit être, ou non, déclarée applicable : dans le cas de la négative, c'est-à-dire en cas de maladies causées ou aggravées par les fatigues, dangers ou accidents du service, les pensions définitives ou temporaires, les allocations et majorations, calculées au taux prévu par la loi de 1919 pour le simple soldat (al. 1 et 2) ; dans le cas de l'affirmative, en cas de mort ou d'incapacité permanente couverte par la loi de 1898, une pension par l'Etat égale à la différence entre la rente due à raison de l'accident et la pension militaire, si celle-ci est supérieure à la rente (al. 3).

85. — Un terme est dans les dispositions légales (art. 50, al. 2), celui de « soldat », qu'il faut relever, en faisant saillir la pensée très explicite (Cf. Lugol, v. Amend. Mauger, Ch. dép., 4 mars 1919, *J. off.*, Déb. parl., p. 373) du Parlement d'accorder aux détachés une pension, non de leur grade occasionnel, mais uniformément du grade de soldat ; aussi bien y a-t-il lieu de retenir qu'en fait les officiers détachés le furent, en général, dans leurs propres usines. Celui de « pension » doit l'être aussi, et il le faut interpréter (Cf. Valentino, *op. cit.*, n° 332, p. 261) comme comprenant, selon la loi et suivant les cas, outre le principal, soit les majorations pour enfants (art. 13) et les majorations supplémentaires temporaires (L. 31 juill. 1920), soit le complément de pension (art. 10) et les majorations aux grands invalides (LL. 31 juill. 1920 et 31 déc. 1921).

86. — Sur le fond même de la question les idées se sont mal et lentement fixées. A l'origine de l'art. 50 fut la pensée d'assurer aux mobilisés en usine la protection au cas de maladies contractées ou aggravées par suite des dangers ou accidents du service qu'ils n'auraient point trouvée, de droit commun, dans la loi du 9 avril 1898. Puis dans l'élaboration du texte se fit jour celle d'y apporter, en contre-partie, « quelques garanties », sous la forme d'une obligation de faire constater par le service de santé l'origine de la maladie : contestée par certains (Betoulle, Ch. dép., 4 décembre 1917, *J. off.*, Déb. parl., p. 3128; Prop. Chassaing, 29 janv. 1918, *ibid.*, p. 229), cette clause fut défendue par le gouvernement (Abrami, s.-secrét. d'Et., *ibid.*, p. 226), et le débat ramené ainsi à une question d'enquête et de preuve. Après hésitations, la commission et le gouvernement en acceptèrent la suppression, fâcheusement : bien loin qu'elle eût été une gêne, la constatation suivant le mode particulier prévu aurait constitué une garantie, déclenché la présomption d'origine. En l'état des choses, et dans le silence du texte, la présomption d'origine ne joue que dans la mesure où le mobilisé en usine invoque sur l'origine de sa maladie certaines constatations et les fait reconnaître probantes (Cf. Valentino, *op. cit.*, n° 326, p. 253). Le cas des « maladies contractées ou aggravées par suite des fatigues, dangers ou accidents du service et non protégées par la loi du 9 avr. 1898 » fut, de la sorte (art. 50, al. 1), mis au régime de la loi militaire.

87. — Par contre, l'application à la mort et à l'incapacité permanente de la législation des accidents du travail, en traitant, quant à ceux-ci, le mobilisé dans une usine comme un ouvrier, faisait contraste avec le régime admis pour le cas de maladie de le considérer comme militaire; elle avait, en outre, cet effet de faire varier la rente d'après le salaire, donc d'instituer des inégalités, au préjudice notamment des vieux réservistes territoriaux et des pères de famille nombreuse qui, n'appartenant en règle à aucune unité combattante et employés dans les usines, n'y avaient que maigres salaires. Un amendement (Queuille, Ch. dép., 29 janv. 1918, *J. off.*, Déb. parl., p. 230) fut adopté, malgré le gouvernement et la commission; son but et son caractère étaient, par une combinaison de rentes d'accidents du travail et de pension militaire, de « décharger en quelque sorte l'État d'une part de la pension, en laissant à la compagnie d'assurances la portion de l'indemnité considérée comme afférente aux risques de la profession, et [de ne demander] à l'État de payer que le supplément de ce qu'il doit à l'homme qu'il continue de considérer comme militaire ». Toujours est-il que, par une dérogation au principe, écrit à l'art. 2 de la loi de 1898, de non-cumul par les accidentés « d'aucunes dispositions autres que celles de la présente loi », l'alin. 3 de l'art. 50 de la loi de 1919 fait jouer, en effet, les deux lois de 1898 et de 1919 dans la double hypothèse susvisée de mort ou d'incapacité permanente. Ce qui exclurait très formellement le cas d'incapacité temporaire, étant donné que l'art. 50 de la loi de 1919, en matière d'accidents, est simplement complétif, le cas échéant, de la rente allouée par la loi de 1898, et parce que celle-ci n'alloue pas de rente à l'incapacité partielle; il est vrai, le ministère des pensions a une interprétation autre, bienveillante, moins conforme au texte. — Cf. Valentino, *op. cit.*, n° 330, p. 257.

88. — Les choses sont, en principe, ainsi disposées à l'art. 50 : « Si la rente qui est attribuée aux accidentés ou à leurs ayants droit est inférieure à la pension militaire à laquelle ils peuvent prétendre, ...ou si cette rente vient à cesser d'être servie pour l'une quelconque des dispositions de la loi du 9 avr. 1898, les intéressés ou leurs ayants cause recevront de l'État, à titre de pension, soit la différence entre la rente d'accidents du travail et la pension militaire, soit la totalité de la pension militaire ». Des deux éventualités ainsi énoncées, la seconde seule, celle de la cessation appelle des sous-distinctions et éclaircissements, selon que le bénéficiaire de la rente était la veuve et les descendants ou l'accidenté lui-même :

a) Par application de l'art. 3 de la loi de 1898, et selon l'art. 52 du décret du 2 sept. 1919, le remariage de la veuve titulaire d'une pension de la loi de 1919 et d'une rente-accident lui fait attribuer d'office, à titre d'indemnité totale, le triple de la rente à imputer, en trois années, soit sur le capital représentatif de la pension militaire, soit, si elle a opté pour sa conversion, sur les arrérages de cette pension.

b) Au regard des orphelins, il y a cessation de la rente de la loi de 1898 dès l'expiration de leurs seize ans, et service de la pension de la loi de 1919 jusqu'à leurs vingt et un ans, la pension remplaçant ainsi la rente de seize à vingt et un ans.

c) La rente de l'accidenté est susceptible, — soit, en cas d'amélioration suffisante de celui-ci, de révision, durant trois années, à la requête du patron, en suite de visite médicale trimestrielle (L. 1898, art. 19), — soit de suspension et remplacement, moyennant, ou bien le paiement d'un capital, si elle ne dépasse pas 100 francs (*ibid.*, art. 21), ou bien un autre mode de répartition convenu entre les parties. Sur ce dernier cas, un avis de la sect. fin. du Conseil d'État, 11 déc. 1923, intervenu à la requête du ministre des finances, a estimé que, pareil accord n'affectant point le principe même, mais comportant simplement une modalité dans le paiement de la réparation calculée suivant les règles de l'art. 3 de la loi de 1898 et définitivement établie selon la procédure de l'art. 16, les intéressés n'avaient droit à une pension militaire et l'État obligation de compléter la réparation que dans la mesure du dépassement par la pension du montant de la rente fixée antérieurement audit accord.

89. — Sous un aspect de procédure, cette concurrence, à raison de l'infirmité résultant d'un même accident, d'une pension d'invalidité et d'une rente ou indemnité non cumulable avec une pension, a aussi ses conséquences : le droit est reconnu par l'art. 51 du décret du 2 sept. 1919 et expliqué dans l'Instr. 30 juin 1920 (Cf. Valentino, *op. cit.*, n° 333, p. 261) à l'administration des finances d'être avertie et de faire contrôle de la procédure à engager, dans l'année de l'accident ou de la clôture de l'enquête ou de la cessation de paiement de l'indemnité temporaire (L. 9 avr. 1898, art. 18, mod. 22 mars 1920), pour l'obtention de la rente ou de l'indemnité et, au besoin, de s'y substituer, étant, en cette hypothèse, spécifié que si, à l'issue de cette procédure, une rente est accordée, les arrérages dus au jour de la décision seront reversés au Trésor, qui aura provisoirement payé la totalité de la pension militaire.

90. — *C.* Un parallélisme des solutions, principe et réserve, a déterminé, après quelques incidents de rédaction, à l'art. 51, l'assimilation complète à ceux des usines des *mobilisés détachés dans les exploitations agricoles.* Un avis du Conseil d'État, du 20 juill. 1916, a précisé les conditions et les suites de ces détachements : la mise à la disposition des communes ou des particuliers pour l'exécution de travaux agricoles fait réputer survenus en service les accidents soufferts du fait ou à l'occasion de ces travaux; ce qui n'est point, tout au contraire, le cas de ceux subis au cours d'une autorisation donnée à des militaires d'exécuter des travaux agricoles pour leur compte et dans des conditions choisies par eux; ce qui pourtant réserve le cas des militaires employés, lors de l'accident, chez d'autres particuliers, d'office, sur réquisition du maire de leur commune, selon la circulaire du ministre de la guerre du 5 juin 1915. — Les accidentés et mutilés de la guerre, au sens de la loi sur les pensions, sont ceux des exploitations agricoles et forestières auxquelles les lois du 30 juin 1899 et du 15 juill. 1914 ont étendu le régime de celle du 19 avr. 1898.

91. — La ligne ainsi marquée par les lois, circulaires et avis fut strictement confirmée par les solutions jurisprudentielles très fermes, en leur formule presque unique, soit à refuser le droit de se prévaloir de l'art. 51 aux mobilisés détachés dans leur propre exploitation agricole ou exploitant en fait pour leur propre compte l'entreprise où ils étaient détachés (Cons. d'Et., 19 nov. 1927, Barrio, [Leb. chr., p. 1086]); — soit, d'après ledit principe, à annuler telle décision d'un tribunal départemental qui aurait manqué à rechercher d'après les circonstances de l'affaire si l'accidenté sur un domaine pris à ferme par sa mère devait, ou non, être regardé comme exploitant en fait, en commun avec sa mère, l'entreprise agricole (Cons. d'Et., 30 nov. 1927, Boudinhon [Leb. chr., p. 1140]); — soit, par un développement de la règle des art. 50 et 51, à écarter du bénéfice des pensions militaires, et à due concurrence de temps, les militaires envoyés en sursis agricole comme propriétaires exploitants (Cons. d'Et., 28 juill. 1926, Chiaroni [Leb. chr., p. 804]).

92. — 5° Le statut du *personnel des chemins de fer* ne pouvait guère, à raison de la variété de ce personnel et de la complexité de ce statut, aller sans réglementation. Là même où l'affectation spéciale, sans conteste, maintenait ou imprimait le caractère militaire et, pour autant, ouvrait droit à l'application de la législation générale sur les pensions militaires, la liquidation des pensions ou gratifications eût été difficile, faute de texte légal ou réglementaire ayant déterminé, relativement aux tarifs de la loi du 11 avril 1831, une correspondance de grades entre la hiérarchie de l'armée et celle du corps distinct des sections de chemins de fer de campagne. Celte correspondance établie, le concours des droits était à organiser, de ceux ouverts par le régime des pensions avec ceux résultant de la législation sur les accidents du travail et les règlements particuliers, tel l'accord du 19 avr. 1917 entre les compagnies de chemins de fer et l'Etat; quelque disposition symétrique à celle adoptée pour les mobilisés affectés aux usines de guerre était donc utile, au regard aussi des agents victimes d'un fait de guerre, encore que non soumis à obligation militaire… De ces préoccupations naquit un texte élaboré par les deux ministères de la guerre et des finances, agréé par la commission du Sénat (Cf. Rapp. Chéron, Sén., 17 sept. 1918, *J. off.*, Doc. parl., p. 533) : quelque peu modifié à la Chambre, pour faire apparaître surtout l'ampleur du texte et ne laisser hors de son emprise que les employés ayant dépassé l'âge de la mobilisation ou réformés comme impropres au service militaire (Observ. Barabant, Ch. dép., 4 mars 1919, *J. off*, Déb. parl., p. 376), il fut adopté enfin comme art. 52 de la loi.

93. — De ce personnel la qualité et le statut ont, de fait et de droit, grande variété :

Une partie est essentiellement militaire pour être employée dans la zone des opérations de guerre et a droit aux pensions militaires : celle des agents des sections actives des chemins de fer de campagne (Décr. 5 déc. 1909, art. 2). — Une autre est celle représentée par les agents des subdivisions complémentaires territoriales, lesquels sont (Décr. 16 juill. 1910, art. 3) considérés comme appelés sous les drapeaux dès la publication du décret de mobilisation, accomplissent dans l'affectation spéciale les services militaires dus en vertu de la loi de recrutement, et ont droit à obtenir une pension militaire du chef des accidents subis en service commandé. Cependant (Cf. Avis Cons. d'Et., sect fin., 25 juill. 1917), cette affectation même et la continuation, sous les ordres des commissions des réseaux, de l'emploi habituel avec le traitement y attaché, seraient de nature à leur faire maintenir le droit, du temps de paix, aux indemnités déterminées par la loi du 9 avr. 1898. Une certaine incertitude régnait, par là-même, sur leur statut. — Aux agents mobilisables, sans affectation spéciale, (considérés comme en sursis d'appel au début de la guerre, une circulaire, Etat-major 27 mai 1918, attribua la qualité de mobilisés et tous les droits y afférents, tandis qu'une autre circulaire, sous-secrétariat du service de santé 1931 2/7, ordonna aux réseaux de leur appliquer la loi de 1898 en cas d'accident : statut composite, assez semblable à celui des sections complémentaires. — Une dernière, enfin, celle des agents réformés ou d'âge non mobilisable, est au régime de la réquisition des chemins de fer, sans droit à pension militaire, avec aptitude seulement à une rente d'accident.

94. — C'est moyennant des assimilations que la situation a été ordonnée et unifiée :

1° Par la concession, à l'art. 52, comme aux mobilisés agricoles et des usines, d'un bénéfice n'appartenant pas à ceux du front, d'un droit à pension et rente « sous le régime de la mobilisation, et jusqu'au décret fixant la date de cessation des hostilités », pour 1° les agents des subdivisions complémentaires territoriales des chemins de fer de campagne; 2° les militaires mis à la disposition des réseaux; 3° les agents des sections actives… ou bien détachés momentanément dans une compagnie de chemins de fer et en recevant un salaire, ou bien des chemins de fer de l'Etat autorisés à toucher leur salaire durant la guerre dans les conditions du § 1er du décret du 30 août 1914;

2° Par la détermination, au tableau XV annexé à la loi, d'une correspondance des tarifs des pensions avec les grades de la hiérarchie militaire (*V. ci-après le tableau*).

95. — L'art. 52, au total, rappelle, reproduit l'art. 50, spécialement quant à la concurrence et à la combinaison des lois de 1898 et de 1919, de la rente-accident et de la pension militaire, du cumul et de la différence des indemnisations. De même en est-il quant à l'imputation des frais de la rente, en exécution de l'art. 51 du décret du 2 sept. 1919, et, conformément à la convention passée le 19 avr. 1917 entre l'Etat et les grandes compagnies, suivant avis des sect. guerre et trav. publ., Cons. d'Et., 29 avr. 1915 (V. son texte, Valentino, *op. cit.*, p. 273, note 2) : limitée aux indemnités pour blessures et dommages (le

EMPLOI DES AGENTS des sections	GRADE CORRESPONDANT de la hiérarchie militaire
Agents supérieurs :	
Commandant de la section.	Lieutenant-colonel.
Chef de service.	Commandant.
Sous-chefs de service.	Capitaine.
Employés principaux de 1re classe.	Lieutenant.
Employés principaux de 2e classe.	Sous-lieutenant.
Agents secondaires :	
Employés et chefs ouvriers.	Sergent-major.
Sous-chefs ouvriers.	Sergent.
Maîtres-ouvriers.	Caporal.
Ouvriers de 1re et 2e classe.	Soldat.

cas de maladie, étranger à la loi de 1898, l'est *a fortiori* à toute concurrence de législation militaire et de législation industrielle), celte convention met à la charge :

a) de l'Etat, toutes les indemnités d'accidents imputables à la guerre dans tous les cas, et d'accidents causés par d'autres faits que de guerre aux agents faisant partie des sections actives de campagne;

b) de la compagnie, sauf remboursement éventuel par l'Etat de la différence entre la pension de la loi du 9 avr. 1898 et la pension militaire, les indemnités payables aux agents mobilisés dans les autres formations, outre, bien entendu, celles réclamées par les agents non mobilisés.

96. — 6° Le *service de santé*, à raison de sa composition, nécessitait aussi quelques dispositions. Celles-ci, tout d'abord réclamées pour le seul personnel féminin des formations sanitaires temporaires ou auxiliaires (Amend. Jobert, Ch. dép., 29 janv. 1918, *J. off.*, Déb. parl., p. 237), discutées ensuite dans leur principe même et comme ne relevant que de la loi sur les réparations civiles de la guerre, furent admises dans les termes les plus compréhensifs et énoncées à l'art. 57 pour l'avantage de tout le personnel victime de blessures de guerre ou de maladies contractées en service, hormis toute présomption légale (Rapp. Chéron, Sén., 31 mai 1918, *J. off.*, Doc. parl., p. 432; Sén., 26 sept. 1918, *ibid.*, Déb parl., p. 681; Ch. dép., 4 mars 1919, *ibid.*, p. 377). — Personnel civil (le militaire étant déjà protégé par l'ensemble de la loi), masculin aussi bien que féminin, alors, d'ailleurs, que la commission de la Chambre reçut du gouvernement l'assurance de la non-existence dans les formations sanitaires d'un personnel masculin non mobilisé (Cpr. prop. Lefas; Rapp. Lugol, 31 oct. 1918, *J. off.*, Doc. parl., p. 1886). — Avantages, pensions définitives ou temporaires, allocations et majorations réversibles (Amend. Abel Lefèvre, Ch. dép., 4 mars 1919, *J. off.*, Déb. parl., p. 977), soit aux veuves, orphelins et ascendants de ce personnel masculin et, ce qui allait sans dire, aussi aux orphelins et ascendants du personnel féminin. Ce qui, tout naturellement et justement, exclut du droit à pension le mari et les enfants dont le père survit, tant que celui-ci existe : « orphelins » a dans la loi de 1919 (art. 16, 57) la même signification d'orphelins de père et de mère que dans le droit antérieur de 1831 (L. 11 avril, art. 20) ou de 1861 (L. 25 juin, art. 6). — Le taux d'allocation est identique, quel que soit le grade : celui prévu pour le simple soldat ou ses ayants cause.

97. — Sur ces bases le Conseil d'Etat, faisant sortir effet le caractère compréhensif de l'art. 57, à l'égard de toutes les personnes appelées, bien que n'appartenant pas à l'armée, à participer au fonctionnement du service de santé, sans nulle distinction entre elles, soit d'après le caractère bénévole ou conventionnel, gratuit ou rémunéré, de leur concours, soit suivant les emplois hiérarchiques ou subalternes remplis dans les formations, a annulé, comme entachées de violation de la loi, des décisions ministérielles ou de cours régionales ayant refusé droit à pension : l'une, à un médecin civil, démobilisé et ayant, par accord avec l'administration, continué les fonctions de médecin-chef d'un hôpital militaire, victime d'une piqûre septique et, par ce fait, d'une infirmité imputable à un accident survenu dans le service : Cons. d'Et., 13 juin 1928, Min. des Pens., [Leb. chr., p. 739];

98. — …les autres, à des infirmières militaires, qu'il a déclarées en droit d'invoquer le bénéfice des art. 3 et 5, de l'aggravation

des infirmités et de la présomption légale d'origine : Cons. d'Et., 21 janv. 1927, Min. Pens., et Villetelle (2 arrêts), [Leb. chr., p. 93]; 18 mai 1928, Bonino ; 2 août, Galais: 31 octobre, Font-Robert; Foucher (2 arrêts); 14 novembre, Pétré, p. 652, 1017, 1108, 1167; 9 janv. 1930, Fressinier, p. 31 ; Table, p. 1395).
— Il est indiscutable, tant d'après les travaux préparatoires de la loi que par les circonstances où fut introduit l'art. 57, qu'y est seul visé, soit le personnel des formations du service de santé appelé « à recevoir ou à traiter des blessés ou des malades », donc à l'exclusion de telle personne ayant eu, par exemple, office de secrétaire comptable à la direction d'un service de santé régional : Cons. d'Et., 23 nov. 1928, Jouvencel, [Leb. chr., p. 1222]; — soit le personnel du service français, à l'exclusion, par exemple, de ceux ou celles ayant servi pendant la guerre dans des formations sanitaires roumaines ou russes : Cons. d'Et., 14 déc. 1928, Poubelle, [Leb. chr., p. 1315].

CHAPITRE II

L'IMPUTABILITÉ AU SERVICE. — LA PRÉSOMPTION D'ORIGINE.

I. — *La notion de blessures, accidents et dangers du service.*

99. — C'est la condition primordiale et traditionnelle de l'ouverture du droit à pension que la blessure de guerre reçue ou le traumatisme subi, l'infirmité contractée ou aggravée par les fatigues ou les dangers du service, l'accident éprouvé par le fait ou à l'occasion du service. Dès lors, tout l'effort pratique et jurisprudentiel a, un siècle durant, consisté à fournir et préciser des définitions :
a) De la blessure de guerre. Entendue au sens d'une lésion occasionnée par une action extérieure, vulnérante, au cours d'événements de guerre et en présence de l'ennemi (Cf. *Rép.*, v° *Pensions et retraites militaires*, n° 193 sv. — Rpr. Circ. min. 26 juillet et 12 déc. 1916, *Bull. off. min. Guerre*, p. 659 et 1331), l'acception en est, en dernier lieu, devenue si compréhensive que l'administration a accepté d'en appliquer la qualification, pourvu qu'ils fussent survenus en présence de l'ennemi, à des faits et phénomènes, tels que gelure profonde avec mortification des tissus advenue dans les tranchées, traumatismes causés par les engins ou les armes de guerre, lésions ou affections, otites, asthénie, aliénation mentale post-commotionnelle... causées par liquides enflammés, gaz ou éclatement de projectiles... — Cf. Circ. 392 C 1/7, 1ᵉʳ janv. 1917. — Rpr. Rép. à quest. écrite n° 12.463, *J. off.*, n° 29 nov. 1916, p. 3537, et n° 18.666, 15 déc. 1917, *J. off.*, p. 3310.
100. — *b)* Des accidents. La notion normale englobe sous ce vocable tous les faits survenus sur le lieu et pendant la période où la victime était sous la surveillance de l'autorité militaire et soumise à son autorité pour accomplir les ordres reçus. Cependant elle était quelque peu étroite; aussi elle a été élargie dans la juste considération d'accidents ayant leur cause, non plus, en vérité, dans l'exécution du service, mais en un fait fortuit ou de force majeure, ou même en une faute du militaire ou d'un tiers, dès lors qu'était possible la preuve de la relation entre le service et l'action les ayant amenés, le service ayant réellement exposé le militaire à cette action dommageable; par suite ces accidents, dès longtemps et continûment, sont réputés « éprouvés à l'occasion du service ».
101. — D'autre part, la loi du 18 avr. 1831, art. 12, déjà (V. *Rép.*, v° *Pensions militaires*, nᵒˢ 219 sv.) avait fait état, comme causes d'indemnisation, des « fatigues ou accidents du service » dès lors que les faits allégués, nombre d'années de service, présence en une armée combattante et campagnes, travaux extraordinaires exécutés par ordre, suites de captivité même, apparaissaient avoir été des éléments sérieux de fatigues anormales ou d'usure exceptionnelle. — Cf. Cons. d'Et., 15 mars 1895, Viteau, et par *a contrario* Enon, [Leb. chr., p. 251]. — Rpr. 22 mai 1896, Corre, Tanguy (2 arrêts), [Leb. chr., p. 417]. Guide-barème des invalidités, 1915, p. 62 ; 4ᵉ et 9ᵉ Circ., juin et novembre 1917; Av. Cons d'Et., sect. fin., 4 juill. 1916; Circ. min. 286 Ci/7 C. C. M., 15 oct. 1916.
102. — Cependant une différenciation s'était accréditée quant aux infirmités, selon leur origine, — directe, comme au cas d'une blessure, — ou par aggravation lorsqu'une circonstance de service paraissait vraiment avoir donné cours, sous

l'influence des conditions spéciales à la vie militaire, à une prédisposition constitutionnelle. Réservé d'abord au premier cas (Instr. 6 nov. 1875 et 10 août 1886), le droit à indemnité fut, par la suite, admis au deuxième (Av. Cons. d'Et., sect. réun. fin. et législ., 23 févr. 1887: par *a contrario*, Cons. d'Et., 25 janv. 1895, Redon, [Leb. chr., p. 85]; 29 janv. 1913; Instr. 21 janv. 1910, art. 13), sous la condition très expresse que cette aggravation, fût mise formellement en lumière, nul détail n'étant superflu, et ne fût point simplement envisagée ou tenue comme une hypothèse ou une possibilité : exigence toute normale (Cf. notamment à propos de la tuberculose, Instr. 23 mars 1897, art. 33, 42, *B. O.*; Valentino, *op. cit.*, p. 72, note 2), certes, mais d'observation difficile en temps de guerre.
103. — *c)* En outre, la tradition s'établit d'admettre au titre de « dangers du service » certains accidents ou certaines maladies, endémiques ou épidémiques, à cela près que :
α) Pour les accidents, la jurisprudence, sous l'influence plus ou moins consciente des notions introduites par la législation des accidents du travail, a relâché ses exigences, ne requiert plus l'état de service commandé et se contente de la présence sous les drapeaux au moment de l'accident souffert. — Cf. Av. Cons. d'Et., sect. fin., 20 janv. 1904, 7 févr. 1905. — Cpr. Cons. d'Et., 30 juin 1899, Le Pen, [Leb. chr., p. 483];
Et β) que, pour les maladies (Cf. la définition des termes endémique et épidémique, Béquet, *cod.* v°, nᵒˢ 220 sv.), elles aient été, soit contractées hors de France (Av. Cons. d'Et., sect. fin., 8 mai 1888, 11 février et 26 nov. 1890, 23 mars 1892), soit limitées au quartier, à la ville, à la région ou à la zone militaire, la pension étant, par suite, refusée au cas d'une épidémie diffuse sur l'ensemble du territoire et funeste sans différence aux militaires et aux civils : Av. Cons. d'Et., sect. fin., 25 avr. 1882, 4 et 11 et 26 nov. 1890; Cons. d'Et., 31 mai 1895, Leclerc, [Leb.chr., p. 477].

II. — *La présomption d'origine.*

104. — A. A cet état de droit la loi de 1919 en ses art. 6 à 8 a ajouté une disposition de faveur : l'imputabilité au service y fut admise de toute infirmité causée ou aggravée par le fait ou à l'occasion du service, moyennant qu'elle soit constatée avant le renvoi du militaire dans ses foyers ou dans les six mois subséquents; la mesure consistait, de la sorte, en une dispense, pour le militaire ou marin blessé, de la preuve parfois difficile de l'origine des blessures, de celles surtout provenant d'un accident en service (Cf. Rapp. Chéron, Sén., 31 mai 1918, *J. off.*, Doc. parl., p. 423). — Ce n'était point absolument une innovation. Dans la loi du recrutement de 1905 deux « réformes temporaires » étaient traitées, l'une, dite de première catégorie, à l'art. 19. prononcée avant ou après incorporation, pour maladie ou infirmité antérieure à l'entrée au service; l'autre, dite de deuxième catégorie, à l'art. 38, prononcée après un certain temps passé sous les drapeaux, pour maladie contractée au service; leur dénomination changea, elle fut inversée, dans la Circ. minist. 576 Ci/7 C. C. M., du 25 août 1907 (*B. O.*). pour être en harmonie avec les réformes définitives dites n° 1 ou n° 2 selon qu'il y a ou non. dans leurs causes imputabilité au service. L'art. 43 Instr. Min. Guerre, 21 janv. 1910 (*B. O., P. R.*, p. 419), spécifia, par la suite, pour le cas de *maladie* ayant provoqué la réforme temporaire : « Il y a présomption qu'elle est imputable, soit aux obligations du service en général, soit à un fait du service. Si les médecins experts ne peuvent émettre un avis ferme à ce sujet, l'intéressé doit bénéficier du doute et être classé, par conséquent, dans la deuxième catégorie ». Suivant la loi du 9 décembre 1916, enfin, la concession d'allocations mensuelles aux réformés n° 2 définitifs ou temporaires, après et moyennant incorporation de soixante jours pendant les hostilités, allait une nouvelle présomption d'imputabilité de l'aggravation de l'infirmité aux fatigues du service, sauf preuve contraire par l'autorité compétente.
105. — Entendue comme elle l'était dans l'Instruction de 1910 et la loi de 1916, la présomption d'origine offrait, ici et là, certaines singularités (Cf. Valentino, *op. cit.*, p. 107, notes 3 et 5) : dans l'Instruction de 1910, celles de ne pas s'appliquer aux blessures et d'aboutir, d'autre part, à cette incohérence de subordonner à la preuve d'origine la réforme définitive, d'admettre sans cette preuve la présomption pour la réforme temporaire n° 1 et, au cas d'aggravation de la maladie justifiant la transformation de cette réforme temporaire en définitive,

sans que l'origine puisse être prouvée, de changer la temporaire n° 1 en définitive n° 2 ; — dans la loi de 1916, et tandis que l'aggravation y est pour le réformé n° 2 condition de l'allocation mensuelle, celle d'admettre cette aggravation sans preuve, par simple présomption, étant donné qu'il n'y avait réforme n° 2 que faute de réforme n° 1 ou pension, c'est-à-dire à défaut de preuve de l'aggravation. — Elle prit corps pourtant dans l'histoire législative des pensions, où ne l'avait pas prévue le gouvernement, sous forme d'un amendement Moutet (Ch. dép., 23 sept. 1916), lequel, accepté par la commission, fut justifié (Cpr. Rapp. Masse, Ch. dép., 21 juill. 1916, Doc. parl., 1917, p. 1934 ; Lugol, 6 déc. 1917, p. 3174) par une prétendue convenance d'égaliser les droits et surtout les moyens de défense des parties, et par une apparente logique à présumer l'intégrité physiologique, lors de son incorporation, de tout individu retenu « bon pour le service armé » par le conseil de révision et à l'arrivée au corps. Une distinction l'y assortissait des infirmités par suite de blessures et du fait de maladies.

106. — La relation des infirmités avec les faits, les dangers ou les accidents du service était dans la tradition jurisprudentielle (Cf. *suprà*, n. 102) ; il n'était donc guère d'autre possibilité pour la loi que de la consacrer explicitement (Rapp. Masse). Cependant une première question était de savoir si l'absence de discrimination entre ce qui fut imputable et ce qui était antérieur au service serait conservée comme l'avait comprise le Conseil d'Etat (*ibid.*, n° 103) ou si, au contraire, serait établie une distinction entre l'origine et l'aggravation, telle que l'avait instituée la loi du 25 novembre 1916 au regard des mutilés de guerre victimes d'accidents du travail ou que la concrétiserait une limitation de l'indemnité entière ou son attribution au cas d'aggravation ayant entraîné mort ou invalidité partielle de plus de 50 % (Prop. Lémery-Léon Bérard, 4 oct. 1917, *J. off.*, Doc. parl., p. 1344). Dans les deux cas droit et taux de pension ont été admis systématiquement, objectivement, sur même pied. Mais cela n'implique point la couverture égale et uniforme de toutes aggravations, le renoncement à toute enquête sur les prédispositions, l'abandon de tout pourcentage : « la générosité incluse dans la loi commande au juge une certaine rigueur dans l'appréciation des faits » (Trib. départ. Côtes-du-Nord, D*, cité par Valentino, n° 120, p. 78), n'en fallût-il juger que par analogie ou d'après l'esprit d'ensemble de la législation qui, en matière de révision, tient compte seulement des aggravations d'au moins 10 %.

107. — Une autre difficulté était d'arrêter la formule d'imputabilité, soit de maintenir la ci-devant condition de blessures reçues au cours d'événements de guerre ou en service commandé et d'infirmités causées ou aggravées par dangers ou fatigues, soit, au contraire et par imitation de la loi du 9 avril 1898, de faire sourdre seulement celle d'infirmités survenues durant les périodes obligatoires de service ou d'instruction, « du fait ou à l'occasion du service ». Des discussions et des amendements (Ch. dép., 5 et 6 déc. 1917, *J. off.*, Déb. parl., p. 3151, 3163 sv.) résultait, en vérité, l'impression de quelque logomachie ; du moins s'en dégageait le dessein de consacrer la solution la plus large, de ne s'attacher qu'à la contemporanéité des blessures ou infirmités et à la durée de la mobilisation ou du temps du service militaire ; la commission du budget réclama que fussent prises en considération les possibilités financières (*ibid.*, p. 3169) ; finalement l'art. 3 ouvrit le droit à pension pour les blessures constatées et les infirmités causées ou aggravées du fait ou à l'occasion du service, lorsque, pour les unes, la preuve de la non-imputabilité au service ne serait pas formellement administrée par l'Etat, et que, pour les autres, le rattachement chronologique et matériel au temps et au lieu du service serait établi par l'intéressé. Par quoi, le texte avait « la vertu d'une véritable présomption » (Valentino, *op. cit.*, n° 126, p. 83), rejoignit et reproduit le système de la loi de 1898 (Cf. Sachet, *Tr. théor. et prat. de la législ. des accid. du trav.*, 8e éd., 1934, n° 240) refusant indemnité seulement au cas où il n'est pas établi que l'événement a eu lieu pendant que la victime n'était pas en service.

108. — B. Le travail jurisprudentiel, considérable et délicat, a, par suite, consisté à ventiler les espèces, à définir ou restreindre selon les cas le caractère compréhensif du rattachement des « fatigues, dangers ou accidents » au temps et au lieu du « service ». Les dispositions de faveur de la loi du 31 mars 1919 n'avaient point de raison d'être admises au profit d'individus ou d'ayants cause d'individus décédés d'accident ou de maladie tandis qu'ils étaient :

En cours de détention préventive : Cons. d'Et., 6 nov. 1929, Laboret, [Leb. chr., p. 930], — ou d'exécution de peine, arrêts de rigueur, travaux publics : 26 juin 1926, Monge, [Leb. chr., p. 551] ; 2 févr. 1927, Guérin ; 11 mai, Martin ; 24 mai, Abad, p. 140, 530, 605 ; 14 mars 1928, Chabert ; 16 mai, Pietri, p. 364, 629 ; 22 oct. 1930, Le Goff, p. 508, 848, — la condamnation eût-elle été effacée par une loi d'amnistie : 15 mai 1930, Voisseaux, [Leb. chr., p. 508] : le temps pendant lequel les militaires subissent une peine ne constitue pas l'accomplissement d'un service susceptible d'ouvrir droit à pension ; l'amnistie, encore qu'elle efface les conséquences juridiques de la condamnation, est impuissante à supprimer les faits matériels qui, à la suite de cette condamnation, ont interrompu l'accomplissement du service. Cette position solide a, du reste, été abandonnée, au moins de principe, au sujet de peines de prison subies par des Alsaciens-Lorrains incorporés dans l'armée allemande et auxquelles ceux-ci ou leurs ayants droit donnaient pour raison leurs sentiments anti-allemands et leurs tentatives d'évasion pour rejoindre les lignes alliées : 6 févr. 1930, *in fine*, Schaffer, p. 137 ;

109. — En état de désertion ou d'absence irrégulière au moment où se produisit l'accident, d'ailleurs dû à leur imprudence (Instr. 21 mars 1906, art. 2 ; Cons. d'Et., 8 juin 1928, Lagier ; 5 décembre, Petroli, [Leb. chr., p. 727, 1264] ; 9 janv. 1929, Guittet ; 6 février, Colomb, p. 32, 151), — étant également certains le défaut de qualité pour une cour régionale, avant ou hors un jugement de condamnation, de déclarer le militaire coupable de désertion, et son droit à constater, comme un fait matériel, l'absence non autorisée du corps pour en déduire les conséquences de droit au point de vue de la décision qu'il lui appartenait de prendre sur la demande, à elle soumise, de pension ou d'allocation d'ascendant : Cons. d'Et., 26 janv. 1929, Lejong, [Leb. chr., p. 106] ;

110. — En l'une de ces positions ou fonctions qui laissent l'homme sans qualité de mobilisé ou de militaire : détachement dans sa propre exploitation : Cons. d'Et., 28 mars 1928, Ollagnier, [Leb. chr., p. 470] ; — mise en sursis d'appel lors de la mobilisation et à la disposition de la flotte commerciale : 4 janv. 1928, Galetta, p. 15 ; — défaut d'appel et d'affectation, soit comme inscrit maritime, soit dans les troupes de l'armée de terre : 28 juill. 1926, Fayot, p. 804, de telle manière que la victime du prétendu accident ne s'embarqua comme marin du commerce que de sa propre initiative et que ses ayants cause ne peuvent présenter son décès, dans les conditions où il survint, comme dû à un accident de guerre sur mer ; — service de préposé des douanes, dûment repris après la mobilisation, et dont il était inexact de qualifier les services accomplis en temps de paix autrement que comme services civils : 6 juill. 1928, *in fine*, Descamps, p. 869. Rpr., à propos d'un gardien de la paix maintenu en son emploi pendant les hostilités : 4 janv. 1928, Mahéas, [Leb., Table, p. 1572] ;

111. — En repos dans un cantonnement (Cons. d'Et., 23 nov. 1927, Scholler, [Leb. chr., p. 1103]) ; — en congé ou permission de convalescence ou de détente. Touchant cette deuxième hypothèse les décisions des tribunaux départementaux et des cours régionales et du Conseil d'Etat ont été multiples. Cf. Cons. d'Et., 6 août 1924, Orset, [Leb. chr., p. 809] ; 11 mars 1925, Borie ; 15 juillet, Simon ; 29 juillet, Jaudon, p. 257, 685, 757 ; 13 févr. 1929, Caubel, p. 181. Elles se réfèrent, pour la grande majorité, à des accidents et des blessures par maniement et éclatement de grenades, fusées d'obus ou d'étoupilles irrégulièrement et clandestinement ramenées du front. Leurs termes n'énoncent pas formellement (Cf. Cons. d'Et., 21 juill. 1926, Besse ; 4 août 1926, Gros, [Leb. chr., p. 769, 855] ; 2 févr. 1927, Jonquières ; 4 juin, Lavayssière, p. 141, 665 ; 25 janv. 1928, Bauffon ; 25 février, Huguet, p. 115, 274), mais ils impliquent très certainement cette idée que, du fait de la permission régulière, la victime avait échappé à la surveillance et au contrôle de l'autorité militaire : Cf. Trib. départ. Côte-d'Or, 26 juill. 1923, N..., [Valentino, *op. cit.*, n° 133, p. 88]. Cpr. Cons. d'Et., 27 juill. 1927, Allari, [Leb. chr., p. 841]. — Rpr. les termes contraires, excessifs et erronés, de la cour régionale de Chambéry, 14 nov. 1922, O..., et Trib. dép. Charente-Inférieure, 12 janv. 1923, P..., [*ibid.*, p. 99, note 1]. — L'idée de faute, de faute inexcusable, de recherche d'une « satisfaction personnelle »

(Cons. d'Et., 23 juill. 1929, Niquet, [Leb. chr., p. 793]) se dégage d'elles ; et il y a, au contraire, complaisance peu justifiable à introduire en la matière cette vue que le bénéfice de la permission pouvait être réellement et validement subordonné à quelque condition, comme de l'employer à apprendre ou développer l'usage de la bicyclette, au point que, le cas échéant, l'Etat cût à supporter les conséquences de l'accident : Cf. Cour région. Limoges, 15 nov. 1922, D..., [Valentino, *ibid*]. Bien loin qu'elle doive être, à tous coups, acceptée comme incluse dans l'exécution du service, la faute du militaire est, en certaines circonstances, tenue pour lourde, constitutive d'une faute d'intention, exclusive du bénéfice de la loi à raison de circonstances qui demeurent à l'appréciation des autorités (Cf. déclarat. Valentino, commiss. du gouv., et Lugol, rapp., Ch. dép., 8 juill. 1920, *J. off.*, Déb. parl., p. 2896).

112. — De fait les décisions sont nombreuses aussi qui ont refusé la mise en œuvre de la présomption, particulièrement en des cas de traversée de voies ferrées non nécessitée par service : Cons. d'Et., 16 déc. 1925, Labrosse, [Leb. chr., p. 1020] ; accident éprouvé après la fin ou hors les obligations du travail : 23 mars 1929, Rochias ; 24 avril, Sardin ; 1er mai, Delhaye, p. 384, 414, 442 ; 22 oct. 1930, Roiné, p. 848 ; — par *a contrario*, 9 mai 1928, Pierson, p. 593, — ou du fait d'une tentative de monter dans un train ou véhicule en marche : 3 août 1927, Pétoin, p. 922 ; 6 juin 1928, Cheval ; 2 août, Boulhal ; 31 octobre, Delacelle, p. 698, 1023, 1109 ; 10 avr. 1930, Pichon, [Leb., Table, p. 1312] ; — en réalité, d'imprudence : 30 janv. 1929, Cochet, [Leb. chr., p. 124], ou de faute caractérisée : 21 déc. 1927, Marchand, [Leb., Table, p. 1551], et *a fortiori* de désobéissance grave, soit aux règles communes de discipline, comme la prohibition des rixes (Cpr. 22 juin 1927, Lesage, p. 693 ; 31 oct. 1928, Lalmi-Mahfoud, p. 1112 ; 12 juin 1929, Delpech ; 13 novembre, Mourette, p. 576, 983 ; 12 avr. 1930, Minereau, p. 471), soit à un ordre particulier, tel celui de conduire un cheval par la bride, avec interdiction de le monter : 1er févr. 1928, Vidal, p. 148 ; la défense de se baigner en telle eau déterminée : 26 juin 1930, Gwinner, [Leb., Table, p. 1312], de sortir du cantonnement : 20 déc. 1922, Costaille, p. 958, de pénétrer hors la présence de gradés en tel ou tel local : 27 juill. 1927, Allari, p. 841...;

113. — Et, de même, en cas de suicide, lequel, en tant qu'acte volontaire, exclut *a priori* la présomption d'origine. Ce qui ramène, le cas échéant, à la question de savoir s'il n'a pas été déterminé par un état maladif se rattachant aux circonstances de service énumérées par les art. 3 et 14 de la loi, et, partant, à une mise à la charge de la veuve ou de l'ascendant de la preuve de ces circonstances et de cet état, faute de laquelle est dénié tout droit à pension : 24 mai 1927, Laens [Leb. chr., p. 604] ; 15 févr. 1928, Gély ; 5 mai, Poussin, p. 239, 570 ; 21 avr. 1929, Barège, p. 415 ; 23 juillet, Dupont, p. 793 ; 14 mai 1930, Bié, [Leb., Table, p. 1311].

114. — En vérité, le Conseil d'Etat — dès lors qu'une circonstance pouvait passer pour indicative ou favorable — a toujours laissé cours à la présomption d'origine, même dans des hypothèses de mutilations, dans celles tout au moins où ne se retrouvaient ni enquête immédiatement ordonnée à fin de répression, ni présomptions graves sur leur nature suspecte. Cf. Avis Cons. d'Et., sect. fin., 15 juin 1921, R...; Trib. départ. Nice, 17 avr. 1923, R..., dans Valentino, *op. cit.*, n° 150, p. 106 ; il a accueilli l'imputabilité au service : ici, parce que l'affection ayant motivé la demande de pension paraissait se reporter au cours et au fait d'un examen médical motivé par l'instruction : 17 févr. 1928, Deberle, [Leb. chr., p. 259] ; là, parce qu'aucune circonstance n'avait semblé « de nature à engager la responsabilité du soldat » : 9 mai 1928, Pierson, p. 593 ; et, de ce chef, son équité est sévère aux cours régionales : ainsi du fait grief à l'une d'elles, au cas d'un hospitalisé blessé en assistant au déchargement d'une voiture pour lequel il n'était pas en service commandé, de n'avoir point constaté que les conditions de l'accident étaient « étrangères, soit à sa présence dans l'hôpital où il se trouvait en traitement, soit aux opérations effectuées pour le compte de cette formation sanitaire » : 28 déc. 1927, Boynaud. p. 1287.

115. — C'est du même esprit que ressort la solution administrativement formulée pour les cas, sinon des permissions accordées à des militaires sur leur demande aux fins d'exécuter des travaux agricoles pour leur compte et à leur gré, du moins de la mise d'office de militaires à la disposition de communes ou de particuliers pour participer, sous la direction des unes ou des autres, à l'exécution de travaux agricoles. L'Avis du Cons. d'Et., sect. fin., 20 juill. 1916, l'avait formulée avec une parfaite précision : au deuxième cas, service commandé ; au premier, limitation de l'état en service à la durée des parcours effectués pour se rendre à la localité désignée sur le titre de permission ou, à son expiration, pour rejoindre le corps, et de la garantie des accidents à ceux ne résultant pas d'une faute ou d'une infraction aux règlements de nature à engager la responsabilité personnelle des militaires (Cf. Décl. s.-secrét. d'Et. admin. Guerre, Ch. dép., 7 déc. 1917, *J. off.*, Déb. parl., p. 3163 ; — Trib. départ. Lille, 20 juin 1922, B. ; Gers, 21 juill. 1922, L. ; Lozère, 9 févr. 1923, B., dans Valentino, *op. cit.*, n° 135, p. 92-94), — étant, d'ailleurs, entendu (Av. Cons. d'Et., 31 mai 1921) que le permissionnaire blessé comme il se rendait, dans les délais prescrits par l'autorité militaire, à la gendarmerie pour y faire viser son titre est fondé, comme d'un accident à l'occasion du service, à prétendre à pension.

116. — *C*. C'est dans ces conditions et sous ces réserves que la loi de 1919 ouvrit le plus large domaine à la présomption d'origine :

Au profit de quiconque faisant partie des armées ou de l'une des formations militaires, y compris le personnel du service de santé, selon la disposition de l'art. 57, et spécialement les infirmières militaires mêmes, selon une jurisprudence tôt établie (Cf. 21 janv. 1927, Velluet et Villetelle, précités ; 9 janv. 1929, Freissinier, [Leb. chr., p. 31]) ; — mais à l'exclusion des non affectés par l'autorité militaire (V. *supra*, n° 83 ; 28 juill. 1926, Faget, précité), ou des condamnés par le conseil de guerre aux travaux publics, leur infirmité eût-elle été contractée durant l'exécution de la peine (Cf. *supra*, n° 108 ; 2 juin 1926, Monge, [Leb. chr., p. 551] ; 15 mai 1930, Voisseaux, p. 508) ;

A raison de toute aggravation de l'invalidité du requérant, survenue durant son incorporation, et par lui ou ses ayants cause invoquée dans les termes de la loi, ceux-ci ayant une telle ampleur et autorité qu'ils eussent et ont été méconnus par les décisions de tribunaux départementaux et de cours régionales rejetant cette aggravation par le seul motif de l'inexistence au dossier d'une pièce susceptible d'en montrer la cause dans les fatigues du service : Cpr. Cons. d'Et., 19 juin 1929, Dane, [Leb., Table, p. 1397] ;

117. — Avec un champ et pour une discussion très libres de toute mesure ou procédure qui prétendrait le limiter ou la lier ; tel, un titre d'allocation provisoire d'attente (Cons. d'Et., 22 janv. 1930, Blin, et 5 novembre, Keramballec, [Leb. Table, p. 1312]) ; telle, l'opinion exprimée par une commission de réforme (2 juill. 1930, Benaiche, [*ibid.*, p. 1313]) . l'un, très manifestement impuissant à créer un droit à pension, ne pouvait l'être moins à établir l'imputabilité au service ; les règles générales de la fonction administrative s'opposent à ce que l'autre liât les tribunaux de pensions :

Quelle que soit l'autorité appelée à l'aborder : ainsi le Conseil d'Etat, très strict en la matière quant à la règle de la décision ministérielle préalable (Cf. 8 mars 1929, Aubagnac, et 23 mars, Soubiran, p. 274, 385), a, s'agissant de prononcer, à la requête d'une veuve, sur l'imputabilité au service et de la rejeter à son préjudice, déclaré le ministre non lié par la décision antérieure, favorable au droit à pension du mari (2 avr. 1930, Jouanade, [Leb. chr., p. 372]. Cpr. 7 nov. 1929, Janvier, p. 965.

118. La présomption d'imputabilité aux faits ou fatigues du service ne fut point, d'ailleurs, et malgré ce qu'il en eut dit d'aventure et par erreur grave (Abrami, s.-secrét. d'Et. Guerre, Ch., 3 févr. 1919, *J. off.*, Déb. parl., p. 391), instituée comme moyen *juris et de jure*, péremptoire et irréfragable, mais, tout au contraire, sous réserve de preuve contraire. Les travaux préparatoires de la loi (Cpr. Rapp. Chéron, Sén., 18 mars 1919, *J. off.*, Doc. parl., p. 213 ; Masse, Ch. dép., 21 juill. 1916, *ibid.*, Doc. parl., p. 1950) avaient indiqué cette nature : « En possession du dossier médical de chaque soldat et de tous les moyens d'informations dont il dispose, il appartient à l'Etat de démontrer, le cas échéant, que la maladie n'a pas de rapport de causalité avec le service, par exemple, qu'il s'agit du développement d'une tare héréditaire ou d'une maladie préexistante, que l'invalidité dont excipe le soldat libéré existait à un degré équivalent avant l'incorporation, ...a fait, dès l'origine, classer l'homme dans le service auxiliaire. Toutes questions de fait, où l'État a la position de demandeur et doit, par conséquent, succomber s'il n'apporte pas une preuve absolue ». La loi l'implique, dans la mesure où elle se réfère à la présomption établie par l'art. 3 pour les blessures et par l'art. 5 pour les infirmités. Certaine doctrine tâcha d'abord à prévaloir comme doctrine officielle et prit forme dans l'*Étude médico-légale de la condition et de la présomption d'origine*, 1919, de M. Léon Prieur (lequel avait été officier d'administration et conseil juridique à la commission consultative médicale) : elle tendait à organiser la recherche systématique de la preuve contraire, par enquête préalable, constitution de dossiers médico-légaux de réforme, informations prémonitoires par les médecins traitants ou les experts des centres de réforme (*op. cit.*, p. 41. Cpr. le projet de règl. d'admin. publ. du 2 sept. 1919); c'était dépasser l'esprit et le sens de la loi nouvelle : le service de santé n'est obligé à rien d'autre qu'à constater et évaluer l'invalidité; d'où, parce qu'il les repousse, le silence du règlement d'administration publique au sujet de l'instruction préalable et de la confirmation de la présomption (Cf. Circ. Mounier, 1er août 1919; Maginot, décembre 1920). — Et de celle-ci la jurisprudence a bien donné toute la figure en délimitant les facultés et les obligations des tribunaux en la matière :

119. — *a)* Pouvoir d'appréciation souverain, pour l'admettre ou y contredire, d'après les éléments mis en cause ou les pièces du dossier, de telle sorte que les résultats, en tant que se rapportant uniquement à une question de fait, n'en sauraient être, par la suite, discutés devant le Conseil d'État au contentieux (Cons. d'Et., 13 déc. 1922, Cloarec [Leb. chr., p. 932]; 14 nov. 1923, Armand, Mathy (2 arrêts), p. 727, 728; 22 févr. 1924, Labreuille, et 13 novembre, Escourrou, p. 216, 885; 30 janv. 1925, Gensollen; 4 mars, Bouché, Debord; 10 juin, Simeoni, Boyer; 16 décembre, Labrosse, p. 99, 237, 238, 553, 554, 1029, Table, p. 1314; 20 janv. 1926, Omnès, et 10 février, Gamonet; 17 février, Blandin, Janin, Cassagne (3 arrêts), 27 mars, Ciognier; 7 juillet, Appenzeller, p. 64, 151, 189, 380, 706 et Table, p. 1446; 19 janv. 1927, Marie; 9 avril, Lambert; 11 mai, Delpoux; 4 juin, Ugo; 27 juillet, Castelli; 21 décembre, Couard, p. 66, 490, 526, 667, 842, 1246; 31 oct. 1928, de la Celle de Château-Clos; 14 novembre, Tharour, p. 1109, 1168; 16 janv. 1930, Roques, Table, p. 1312; etc...), — la raison de rejeter la demande de pension fût-elle tirée d'une circonstance qualifiée par le tribunal ou la cour des pensions de « faute inexcusable » : 29 juill. 1925, Jaudon, p. 757. Cpr. 11 mars, Borie, et 15 juill. Simon, p. 257, 686;

120. — *b)* Obligation d'examiner le prétendu bénéfice de la présomption et, à peine d'annulation, d'y répondre après et d'après un examen des faits, y compris ceux de mobilisation et, le cas échéant, de détachement en usine (Cons. d'Et., 17 févr. 1926, Grosvallet, [Leb. chr., p. 188]; 31 mars 1928, Camus; 23 juin, de Benoît; 26 octobre, Cuilhé, p. 509, 795, 1092; 16 mars 1929, Kaddour ben Mohammed, p. 335), — étant bien spécifié par une série d'arrêts que, pour l'écarter, il ne suffit, ni d'une affirmation que la preuve n'a pas été rapportée de l'affection contractée ou à tout le moins aggravée par le fait ou à l'occasion du service, les fatigues ou les dangers des opérations (Cons. d'Et., 25 févr. 1928, Lasreg-Ala-ben-Salah, 14 mars, Fisc; 23 juin, de Benoît; 4 juillet, Saunier, p. 274, 363, 795, 849), ni d'une simple référence aux constatations d'une expertise, hormis toute recherche et décision du point de savoir si l'État apportait, ou non, des faits de nature à constituer la preuve contraire prévue par la loi (11 juill. 1928, Laus, p. 887; 16 mars 1929, Kaddour ben Mohammed, p. 335), ni de l'allégation pour refuser une enquête que, dût-elle aboutir à la constatation d'une maladie, elle n'établirait pas, pour autant, l'origine ou l'imputabilité de celle-ci au service (24 mai 1927, Oliver, p. 604. Cpr. 30 janv. 1929, Hocdé; 1er février, Martini, p. 124, 140).

121. — Une telle rigueur, d'équité autant que d'exégèse, a même, dans cet ordre d'idées, amené le Conseil d'État à tenir pour erreur de droit et fausse interprétation des art. 5 et 6 de la loi de 1919 des errements de cours régionales, tels celui de négliger une constatation et l'évaluation officielle d'une affection dans un billet d'hôpital (Cons. d'Et., 24 mars 1928, Sebbau, [Leb. chr., p. 437]; 30 janv. 1929, Hocdé, p. 124) ou celui, plus commun, sans examiner en fait si l'affection alléguée du requérant était antérieure à la guerre et n'avait pu être aggra-

vée par le service, de se fonder uniquement sur ce que l'intéressé avait accompli seulement quelques jours à peine de services effectifs ou bien passé très peu de temps au dépôt de son corps avant son hospitalisation et, dans une formation, à peine celui nécessaire à sa mise en observation et réforme : semblable fait, à lui seul, ne saurait constituer la preuve contraire exigée par l'art. 6 de la loi du 31 mars 1919 pour détruire la présomption d'origine accordée par l'art. 5; dès lors, et en chaque occasion, renvoi fut fait devant une autre cour pour y être statué ce qu'il appartenait : 27 mai 1925, Brossard, [Leb. chr., p. 525]; 18 déc. 1926, Ceccaldi, p. 1108; 24 mai 1927, Dejean; 19 novembre, Sorba, p. 604, 1086. Cpr. 9 mars 1927, Lopez-Blanco; 9 avril, Chanel, p. 306, 489; 23 juin 1928, Baguet, p. 795; 20 janv. 1930, Suzzoni; 21 novembre, Benoit, p. 118, 579...).

122. — *D.* Au bénéfice de la présomption, le législateur, soit, dès l'abord, dans la loi de 1919, soit, par la suite et sous l'empire de convenances ou nécessités pratiques, en des lois complémentaires, mit, du reste, des réserves ou assigna des conditions, qui, logiquement, s'imposaient :

123. — *a)* Celle du rattachement des blessures et infirmités à des « événements de guerre ou accidents éprouvés par le fait ou à l'occasion du service » (art. 3, alin. 1er-1°) et de leur constatation par une autorité compétente.

Pour les blessures, la chose n'offrait guère de difficulté. Une instruction 8. Em/r., 31 mai 1920, a détaillé les prescriptions remises à la diligence du chef de corps, de détachement, de service ou d'établissement : libellé, indications d'ordre général, mention sommaire des circonstances ou faits commémoratifs, art. 3; relation ou reproduction sur un registre dit « des constatations », destiné à être conservé dans les archives du corps, établissement ou service durant dix années jusqu'à versement à la direction régionale du service de santé, art. 4; délivrance aux intéressés et, au cas d'instance de pension, insertion au dossier d'extraits conformes à un modèle annexé à l'instruction, art. 5 (Valentino, *op. cit.*, p. 323). — Au cas d'inexistence de ces pièces, de perte d'archives du corps ou de captivité, a été prévu, soit l'emploi de la preuve testimoniale, selon le principe de l'art. 1348 du Code civil (Cf. Trib. départ. Loire, 24 juin 1923, B..., dans Valentino, *op. cit.*, n° 187, p. 131); soit, par l'Instr. 8 juin 1911, art. 48, et la Circ. min. 630 Ci/7, 15 déc. 1917, le témoignage sur l'honneur de deux témoins, bien famés, militaires ou civils, ayant assisté à l'affaire, soigné le blessé ou ayant été soignés avec lui.

Pour les infirmités résultant de maladies, la considération de l'origine ou de l'aggravation obviait au risque apparent d'une excessive indemnisation des maladies aggravées, donc commencées, comme de celles préparées par les fatigues du service. Aussi bien la commission avait-elle proposé de restreindre la présomption au temps de guerre, à raison de la difficulté, sinon de l'impossibilité, d'établir la preuve de la maladie et de ses conséquences (Cf. Rapp. Lugol, Ch., 6 déc. 1917, *J. off.*, Déb. parl., p. 3174); ces propositions furent combattues (Goude, Valière, Marin, Moutet, *ibid.*, p. 3173-3176) et finalement abandonnées. D'où la règle, demeurée en vigueur jusqu'à sa suppression par l'art. 73 de la loi du 28 févr. 1933 : — celle de la présomption formelle d'origine pour toutes maladies provenant du service, sauf leur due constatation, et moyennant la preuve dûment rapportée de la relation de cause à effet entre l'incorporation et la maladie contractée ou aggravée au service (Cf. Cons. d'Et., 5 mars 1930, Sync; 26 mars, Noël, [Leb., p. 250, 343]). D'où son rejet naturel aux cas notamment de réforme antérieure à la mobilisation : 5 mai 1928, Benoist, [Leb., p. 570]; d'infirmité préexistante et non aggravée au service : 9 avr. 1927, Chanel, p. 489; par *a contr.* 23 juin 1928, Benoit, p. 795; 5 déc. 1928, Paladini, Table, p. 1570; 20 févr. 1929, Favier, Table, p. 1396; de maladie différente de celle constatée au cours de l'incorporation : 2 mars 1927 et 2 août 1928, Blanc (2 arrêts), p. 272, 1023...;

124. — *b)* Celle de la constatation de l'infirmité, selon les prescriptions de l'art. 5, alin. 2, de la loi, postérieurement au 1er août 1914, durant la période de l'incorporation, ou dans un délai de six mois compté de la démobilisation et, pour les militaires déjà renvoyés dans leurs foyers, de la promulgation de la loi. La constatation était de la plus évidente nécessité (Cf. Cons. d'Et., 28 avr. 1926, Leca, [Leb. chr., p. 417]; 16 mars 1927, Comby; 9 avril, Bruleaux; 28 décembre, Maronneau, p. 344, 489, 1245). Il n'y a ainsi eu rien que de logique et de juste à ne point faire découler le bénéfice de la présomption légale d'origine d'une attestation quelconque, par exemple d'un ex-médecin chef d'hôpital auxiliaire ayant soigné le militaire au cours d'une permission, et à maintenir, au contraire, la règle d'une constatation contemporaine ou faite dans les délais légaux : 27 nov. 1929, Ladiré, [Leb., p. 1030]. — De même, le cantonnement du délai constituait la plus opportune précaution : l'imputabilité au service est invraisemblable ou suspecte d'une maladie qui ne fit l'objet d'aucune constatation officielle pendant la présence sous les drapeaux ou d'aucune instance de pension par l'intéressé dans les délais fixés par la loi; alors les recherches à mener auprès de l'autorité militaire pour trouver trace des soins médicaux prétendus risquent d'être incertaines, sinon infructueuses (Cf. Cons. d'Et., 25 mars 1925, Agache; 25 novembre, Carpentier, [Leb., p. 308, 935]; 22 janv. 1930, Menec, p. 87).

125. — L'art. 5, alin. 3, de la loi établit donc, et l'art. 7 de l'Instr. 8 EM/P., 31 mai 1920, précitée conditionna l'obligation pour l'intéressé, à l'effet de faire jouer à son avantage la présomption, d'avoir, dans les six mois, — du renvoi dans les foyers (alin. 1er) ou du 2 septembre 1919, — adressé au directeur du service de santé de sa région « par lettre recommandée » une demande de constatation de sa maladie ou de son infirmité. Sur quoi le médecin-chef du centre de réforme le plus proche peut, soit sur la demande des intéressés autorisés à lui faire remettre tous certificats et même à se faire assister d'un médecin de leur choix, soit d'office, faire procéder à une contre-expertise, celle-ci étant obligatoire aux deux cas de divergences entre médecin-assistant et médecin-expert et de négation par le médecin-expert de toute maladie ou infirmité. Il n'est, en tout cas, de constatation légale et de pièce authentique que celle émanant d'un médecin désigné pour faire l'une et délivrer l'autre : Cour rég. Grenoble, 2 juin et 23 juin 1923, M..., P..., dans Valentino, op. cit., n° 177, p. 121.

126. — C'est, au surplus, touchant la computation et l'allongement des délais que quelques difficultés surgirent, ont entraîné des précisions législatives ou fournirent matière à de concordantes décisions juridictionnelles. — Dès la première délibération de la loi, le cas et le nombre furent signalés (Amend. Pressemane, 5 déc. 1917, J. off., Déb. parl., p. 3155) des hommes versés par les commissions de réforme dans les services auxiliaires, et libérés parce qu'appartenant à des classes auxiliaires non appelées, ou bien réformés n° 2 sans pension ni gratification; la commission de la Chambre y fit faveur, en admettant au bénéfice de la loi tout militaire renvoyé dans ses foyers antérieurement au 2 avril 1919, date de promulgation de la loi; mais, strictement, rien n'apparut en celle-ci quant aux hommes libérés entre le 2 avril et le 2 septembre, date de la publication du règlement d'administration publique pour l'application de la loi; pourtant un traitement différentiel selon la date de libération antérieure ou postérieure au 2 avril était, selon toute apparence, contraire à l'esprit du texte (Cf. Crétin, *La loi du 31 mars 1919*, p. 20) refusant, par affirmation plus qu'avec argument, la prorogation du délai de présomption. D'où, la loi du 8 juin 1920, le recul par elle au 2 septembre 1919 du point initial du délai des constatations. Par contre, dans ces limites, celui-ci a été reconnu rigide, définitif (Cf. Cons. d'Et., 4 août 1928, Bernard, p. 1059). Aussi bien cet effet a-t-il été refusé à la loi du 28 décembre 1923, relative au délai de recours devant le tribunal départemental des pensions (*infrà*), d'accorder un nouveau délai, qui permît de bénéficier selon l'art. 5 de la loi fondamentale de la présomption légale d'origine : Cons. d'Et., 18 mars 1925, Mercier, [Leb., Table, p. 1313]; et, de même, à celle du 3 janv. 1926, qui, ouvrant un délai supplémentaire pour la présentation de demandes de pension d'invalidité, supprimait pour ses bénéficiaires l'application de la présomption telle qu'elle était instituée à l'art. 5 de celle de 1919 : Cons. d'Et., 7 mars 1928, Girod; 23 juin, Moulinet, [Leb., p. 323, 796]; 26 juin 1929, Garcia; 23 juillet, Kreder; 24 juillet, Desforges, [Leb., p. 626, Table, p. 1396, 828]; 17 juill. 1931, Colleu, Grange (2 arrêts), [Leb., p. 796, 797]. Rpr. 12 nov. 1930 (*in fine*), Le Goff, p. 927.

127. — Passé le délai, les juridictions de pensions recouvrent la plénitude de leur pouvoir d'appréciation des circonstances et sont appelées ainsi à émettre sur l'origine de l'invalidité et la question de l'imputabilité des décisions à caractère définitif (Cons. d'Et., 19 mars 1930, Dupin, [Leb., p. 316]); elles ont, pour autant, le droit d'ordonner tout supplément d'instruction qu'elles jugent nécessaire, mais n'ont

aucune obligation de prescrire les enquêtes qui leur sont demandées par les intéressés : Cons. d'Et., 13 nov. 1924, Laborde-Barraillot [Leb. chr., p. 886]; 21 janv. 1925, Moissette; 4 avril, Favez; 6 mai, Barbet, Labrune (2 arrêts), p. 63; Table, p. 1313, et p. 434; 3 févr. 1926, Pezennec; 10 février, Flochon, p. 121, 151; 12 févr. 1927 (sur le 3e moyen), Vesperini; 16 mars, Tambour; 18 mai, Mialot; 24 juin (sur le 2e moyen), Paris; 27 juillet, Chechillot, Castelli (2 arrêts); 21 décembre, Grondin, p. 213, 345, 558, 841, 842, 715, et Table, p. 1549; 27 juin 1928, Meriot; 4 août, Revel, p. 822, 1060; 9 janv. 1929, Juventy et les arrêts cités à la Table, p. 1396; 9 janv. 1930, Kadda; 26 février, Duhamel, p. 20, 215; 20 mars 1930, Durut, Table, p. 1312, — les dispositions de l'art. 7 de la loi du 31 mars 1919 n'étant applicables qu'aux titulaires de pensions temporaires : 6 mai 1925, Novat, p. 433;

Cependant que les intéressés sont tenus à faire la preuve par des moyens précis, et autrement que par la durée des services militaires accomplis durant les hostilités, de la relation entre l'affection ou l'aggravation de l'affection dont ils excipent et le service militaire : Cons. d'Et., 6 mai 1925, 1er juill. Caffin, précités; 24 déc. 1926, Terrisse, p. 1161; 15 févr. 1928, Duvivier; 7 mars, Girod; 9 mai, Delfau; 4 juillet, Gallot; 4 août, Revel, p. 237, 323, 591, 851, 1060; 24 juill. 1929, Desforges, précité; 12 nov. 1930, *in fine*, Legoff, p. 926, — spécialement au cas où, la présomption d'origine leur ayant été refusée sur une demande de pension faite en 1919, pour une affection déterminée (obésité et usure), ils formeraient une autre instance pour une infirmité nouvelle (bronchite emphysémateuse), constatée pour la première fois en 1921 : 24 juin 1927, [Paris, p. 715].

128. — Au demeurant, deux traits sont à relever, à savoir :

Le premier, que, là même où défaille la présomption légale, la situation de demandeur en pension restait préférable à ce qu'elle fut sous la législation ancienne la preuve à sa charge étant, non d'un fait précis de service, mais seulement de la relation, quant au lieu et au temps, de cette invalidité avec le fait ou les accidents de service. Pratiquement, un procès-verbal d'enquête, demandée au chef du corps, de l'établissement ou du service du requérant, sur les faits autorisant ou empêchant l'imputation au service de l'infirmité prétendue ou les motifs n'ayant éventuellement point permis les constatations en temps voulu, figure à l'appui de la demande (Instr. 31 mai 1920, art. 9; Circ. 22 janv. 1921). En tout cas, telle que nécessaire, la preuve est double : du fait matériel de fatigue, de danger ou d'accident, ce qui est plutôt simple; et du « fait étiologique », de la relation causale de ces fatigues avec l'invalidité ou son aggravation, ce qui manifestement devient complexe quand la continuité manque entre les unes et l'autre. — Cpr. Trib. départ. Gers, 16 nov. 1922, M..., dans Valentino, op. cit., n° 251, p. 189;

129. — Le deuxième, que législation et jurisprudence sont accordées à ouvrir largement les moyens de preuve, à ne point refuser même la preuve par témoins ou simples indices, encore qu'à raison de sa force plus ténue elle soit à la discrétion et relève pleinement de la prudence et décision des magistrats (Cf. Cour région. Seine, 16 juin 1923, J..., dans Valentino, op. cit., n° 222, p. 168). Cependant une affirmation médicale, une opinion de juge, qui eût été ci-devant admise pour ouvrir le droit à pension, n'y suffit plus, quoi qu'il en ait été dit (Prieur, op. cit., p. 39) : ce n'est ni d'expérience clinique, ni de « synthèse appliquée à la science médicale » (Cf. Instr. 831, Ci/7, 10 juill. 1919), ni de présomptions au sens de l'art. 1353 C. civ., que la loi se satisfait, mais de preuve positive par « faits et documents » comme dit son art. 6 : preuve variable, comme les faits eux-mêmes, d'espèce à espèce, au gré du juge (Cpr. Cass. req., 19 oct. 1897, Martin-Descarpentras [S. 98.1.168, D. 97.1.572]), se laissant donc à peine ramener dans leur ensemble à une formule générale. En tout cas aucune disposition législative n'astreint à des conditions de forme particulières les documents à produire par les intéressés à l'appui de leur demande de pension, lorsque, ne bénéficiant pas de la présomption d'origine, ils doivent établir l'imputabilité au service de leur infirmité. D'autre part, plusieurs arrêts ont conjugué et fait sortir effet la faculté des intéressés de faire état de tous certificats et documents de nature à établir cette imputabilité, et l'impossibilité pour une cour régionale, dans l'exercice de son pouvoir d'appréciation, d'écarter les pièces produites par le requérant par le seul motif qu'elles ne constituaient « pas les constatations officielles prévues par la loi du 31 mars 1919 et le décret du 2 septembre 1919 », sans avoir déterminé en fait leur valeur au regard de la preuve à faire : Cons. d'Et., 7 mars 1928, Girod; 4 août, Revel, Leb. chr., p. 324, 1060. — Rpr. 23 juin, Moulinet, p. 796.

130. — Vis-à-vis des Alsaciens-Lorrains la question a pu paraître compliquée, du fait de la difficulté prétendue de représenter un document officiel établi pendant la période d'incorporation dans l'armée allemande ou dans le temps prévu à la loi du 17 avril et à l'art. 5 du règlement d'administration publique du 11 juillet 1923 pour la remise d'une demande d'indemnité à une autorité française ou allemande. Le Conseil d'Etat, parce qu'il n'y avait là qu'apparence, a maintenu la règle, subordonné le bénéfice de la présomption légale d'origine à ladite remise dans les délais et, à défaut, rappelé, quant au demandeur, l'obligation de rapporter et, pour les juridictions compétentes, la faculté d'apprécier souverainement la preuve du lien entre l'affection contractée ou aggravée et les dangers ou accidents du service allemand : 1er déc. 1928, Schohn, Leb. chr., p. 1247; 4 avr. 1930, Lutz; 10 décembre, Didier-Laurent, p. 395, 1046. — Rpr. 4 janv. 1930, Hannsler, et 5 novembre, Meyer, p. 5, 897.

131. — c) Celle d'un minimum d'incorporation. Cette condition fut, tour à tour, attaquée lors de la première délibération à la Chambre (Amend. Puech, Bonnevay, 6 déc. 1917, J. off., Déb. parl., p. 3176 sv.); défendue, aux fins de la faire entourer de garanties (Rapp. Lugol, 11 décembre, p. 3213); disputée à nouveau lors du retour de la proposition du Sénat à la Chambre, à raison d'un lien prétendu entre incorporation des hommes et responsabilité de l'Etat (Amend. Mauger, 20 déc. 1918, ibid., p. 3479); finalement maintenue. Contre les applications mécaniques et aveugles du texte et de la présomption, précaution avait été prise au Sénat : « A moins de dire que la seule présence sous les drapeaux pendant quelques heures est un titre suffisant à pension, on est bien obligé d'admettre que les circonstances qui ont précédé la réforme, la nature de la maladie constatée, la courte durée du séjour dans l'armée, etc., sont des faits assez probants par eux-mêmes pour justifier une décision de rejet, qu'il appartiendra du reste à l'intéressé, en cas de rigueur excessive, de déférer aux juridictions instituées par la présente loi pour la faire reviser, s'il y a lieu.... Le danger réside moins dans la forme nouvelle donnée au texte de l'art. 5 que dans l'interprétation abusive que ce texte pourrait recevoir. Les indications ci-dessus, si elles sont approuvées par le Sénat, suffiront à prémunir l'administration et les tribunaux contre des décisions déraisonnables et injustifiées, et dont l'effet dans le pays serait déplorable » (Rapp. Chéron, J. off., Doc. parl., 6 mars 1919, p. 213). En ce point, les lois d'incorporation des classes 1920 et suivantes reprirent les choses, subordonnèrent la garantie de la présomption à l'expiration d'un certain temps de service après l'incorporation, substituèrent au droit réservé à l'Etat de faire preuve contre la présomption l'obligation pour le mobilisé atteint d'infirmités de prouver son droit à pension; ce qui les a fait accuser (Valentino, op. cit., p. 126, note 4) d'avoir, à l'encontre d'un « bon esprit démocratique », sapé la présomption en tant que « garantie fondamentale et nécessaire d'une bonne révision et d'une juste incorporation ». Toujours est-il que les classes 1920 à 1923 ne bénéficièrent de la présomption d'origine instituée par les art. 3 (blessures) et 5 (infirmités) de la loi de 1919 qu'après et moyennant un « temps d'incorporation... de soixante jours » (LL. 3 mars 1920, art. 3; 17 déc. 1921, art. 7; 23 déc. 1922, art. 4 alin. 5). L'art. 47 de la loi sur le recrutement du 1er avril 1923 ne fit, pour sa part, mention que de l'art. 5 de celle de 1919; pour autant, elle laissait les blessures sous le régime de la présomption d'origine immédiate dès l'incorporation; par contre, quant aux maladies, elle en retardait le jeu au jour de la visite d'incorporation à intervenir, au plus tard, pour chaque homme, dans les trois mois de son arrivée au corps, étant considérés, à cet égard, comme nouvellement incorporés « les militaires ou marins, de tous grades et de toutes provenances, (ayant) eu une interruption de service supérieure à trois mois par suite d'absence irrégulière, de congé, de mise en non-activité ou en disponibilité, de radiation des contrôles de l'armée active ».

132. — Finalement une interprétation utile, plus logique

peut-être que libérale, des textes (Cf. Valentino, op. cit., n° 185, p. 130) aboutit à ce résultat d'ajouter au double fait de la visite d'incorporation (L. 1923, art. 47) et de la maladie dans les six mois du renvoi dans les foyers (L. 1919, art. 5) celui de l'aptitude déclarée au service ou, à défaut de la visite, et sauf preuve contraire par l'Etat, celui de la conservation durant trois mois au service : il semble bien résulter d'arrêts validant le refus de la présomption légale d'origine au cas de tuberculose pulmonaire constatée avant toute visite d'incorporation et avant l'expiration d'un délai de trois mois compté de l'arrivée au corps : Cons. d'Et., 12 avr. 1930, Fazilleau, Leb. chr., p. 471.

133. — E. Tel avait été le régime de droit construit par la loi de 1919. De fait, la présomption d'aggravation surtout, s'agissant de maladies, était destinée à jouer à contretemps, pour cette raison que l'aggravation, même réelle, n'est parfois, sinon souvent, qu'une forme de l'évolution naturelle de la maladie ou un aspect non moins fatal du vieillissement de l'intéressé (Cf. Marcel Lehmann, Y a-t-il un scandale des pensions? p. 11), et, en outre, par suite du manque d'évaluation du pourcentage d'invalidité antérieurement à l'incorporation (Cf. Maginot, Ch. dép., 28 avr. 1921, J. off., p. 2174). Des critiques étaient fatales; elles furent formulées assez dru (Cf. Discuss. à la Soc. de médic. légale de France, 14 mars 1921, dans le Bull. de la Soc., XVIII, 1921; Broca, Les maladies chirurgicales, tuberculoses en particulier, devant la loi des pensions, dans La presse médicale, n° 18 mai 1921. Cpr. Interpellat. Jadé, Ch. dép., 25 avr. 1921, J. off., p. 1964); la proposition de ne laisser cours à la présomption que pour le temps de guerre en fut la suite naturelle, motif pris de ce que pour celui de paix la possibilité existe, ou doit être aménagée, d'observer la relation causale des infirmités avec le service et, en cas de litige, de faire décider le cas par un comité technique ayant prérogatives d'un véritable tribunal des pensions. Ainsi considérée et débattue, la question dérivait assez sensiblement de la présomption d'origine aux méthodes d'incorporation, de l'utilité de la présomption à l'œuvre et au fonctionnement des conseils de révision et de réforme (Cf. Broca, loc cit., et les conclusions Rist, dans la Presse médicale, n° 18 mai 1921; Fabry et Maginot, Ch. dép., 28 avr. 1921, J. off., p. 2159, 2174); et la sévérité des critiques attaquait plus l'absence dans la loi de 1919 de la différence formelle et substantielle, telle que lui avait donné corps la proposition Lemery-Léon Bérard, entre infirmité contractée et infirmité aggravée au service que le jeu même de la présomption (Cf. Valentino, op. cit., n° 196, p. 142; Jude et Mazel, L'indemnisation du dommage dans les lois civiles et militaires, dans Journ. de médec. de Lyon, n° 20 nov. 1922).

134. — Cependant les abus et les dangers du principe admis et de son application dans les limites mêmes, et seulement à compter de la visite d'incorporation, que lui avait imposée la loi du 1er avril 1923, ne tardèrent pas à être réels, patents, expressément reconnus dans la discussion de la loi dernière, sur le recrutement, du 31 mars 1928 : exploitation à fond de la situation de « bon absent »; simulations de maladies; réformes n° 1 avec pension, postérieures à l'incorporation médicale, pour affection dissimulée lors de la visite... (Cf. Rapp. Messimy, Sén., 8 févr. 1928, Doc. parl., septembre, p. 55). Sans doute la présomption ne jouait guère plus pour les combattants et militaires de la Grande Guerre, attendu que la loi du 9 janvier 1926, en même temps qu'elle allongeait en leur faveur les délais de demande de pension, avait mis à leur charge la preuve entière de l'imputabilité. Néanmoins elle persistait au profit des militaires de carrière consolidés expressément par l'art. 47 de la loi du 14 avril 1924 dans la législation nouvelle des pensions d'invalidité, et des recrues appelées à en bénéficier dans les conditions et délais des lois de recrutement. L'art. 47 de celle de 1928, malgré plusieurs amendements contraires (Renaudel, Ch. dép., 17 janv. 1928, J. off., Déb. parl., p. 72; Mauger, Voilin, Tissier, Sén., 9 mars, ibid., p. 640), maintint, en effet, pour le bénéfice de la présomption la condition de temps et la fixa à trois mois effectifs de service, le commissaire du gouvernement, directeur du service de santé, ayant fait, en outre, ressortir la convenance de laisser aux médecins le temps nécessaire à des examens particulièrement minutieux et parfois difficiles (Sén., 9 mars 1928, ibid., p. 643). Le mal n'était point tari en ses sources; d'où, finalement, l'art. 72 de la loi de finances du 28 février 1933, supprimant, à dater de sa promulgation, le bénéfice de la présomption d'origine, sauf pour les infirmités invoquées au titre d'expéditions déclarées campagnes de guerre par l'autorité compétente, au regard des militaires de carrière, engagés et appelés, et donc, pour l'avenir, subordonnant l'obtention d'une pension d'invalidité à la preuve dûment faite par tous moyens de l'imputabilité au service. Dès la première année de son application une économie de 40 millions était attendue (Rapp. Jacquier, Ch. dép., 9 févr. 1933, *J. off.*, Doc. parl., ann. n° 1375, p. 87) de la réforme, prudente et juste plus qu'irréprochable en sa forme ou certaine quant à ses effets.

135. — Un erratum au *Journal officiel* du 17 mars 1933 supprima dans le texte publié le 28 février la virgule qui y séparait les mots « militaires engagés ou appelés » et « après la promulgation de la présente loi ». Sur quoi surgit, et fut aussitôt décidée au Conseil d'État, la question de savoir à partir de quand et pour qui cessait le bénéfice de la présomption d'origine (Cf. Cons. d'Et., 31 mars 1933, Lacaisse et Manna (2 arrêts), S. 1933.3.61, D. 1933.4.266). Malgré que la loi porte « à quelque date que remontent leurs infirmités », c'eût été imprimer à l'art. 72 un effet rétroactif outré que de le tenir pour applicable au cas d'infirmités déjà constatées par une commission de réforme et de pensions non encore concédées à la date de sa promulgation, alors surtout que l'art. 3 *in fine* de la loi de 1919 reporte le départ de la pension au jour de la décision de la commission. Au lieu que le commissaire du gouvernement Andrieux proposait de ne déclarer pour quiconque, militaires de carrière et militaires engagés ou appelés, la suppression de la présomption légale d'origine qu'au cas de décision de la commission de réforme postérieure à la promulgation de la loi (3 mars 1933), la section du contentieux a jugé que cette solution est à appliquer « aux militaires engagés ou appelés » après cette promulgation : c'est faire strictement sortir effet l'erratum et la disparition de la virgule, et accuser dans la lecture de la troisième phrase de l'article une liaison entre la constitution y prévue d'un dossier médical pour chaque recrue lors de l'examen par le conseil de révision et l'abrogation de la présomption. Il s'ensuit (note S. 1933.3. 61, col. 2 *in fine*), entre les militaires actuellement sous les drapeaux une différenciation, que ne fondent certainement ni dans le texte le verbe « cesseront » commun aux catégories, ni l'objectif légal d'économies immédiates, et qui aboutirait à ce résultat, à tout le moins un peu singulier, de maintenir la présomption, de même qu'aux militaires de carrière, aux sous-officiers engagés avant la promulgation de la loi et de la leur supprimer à raison et au jour de leur passage dans le corps des sous-officiers de carrière.

CHAPITRE III

LA DÉTERMINATION DU DEGRÉ D'INVALIDITÉ.

I. — *Règles communes.*

136. — *A.* Les régimes de pension ont eu chacun, quant à la détermination du degré d'invalidité, leurs règles propres, lesquelles, pour s'assouplir, se sont différenciées et compliquées.

a) Sous l'empire de la loi de 1831, et selon sa ligne générale, qui était de pensionner les individus devenus impropres au service actif ou incapables de pourvoir à leur subsistance, des barèmes, tableaux de classification des infirmités, furent dressés : le premier, dès la mise en œuvre de la loi, le 30 septembre 1831 ; le dernier, après maintes modifications des comités de santé réunis de la guerre et de la marine, porte la date du 23 juillet 1887 (*Répert.*, v° *Pensions militaires*, n° 186. Rpr. les décisions des 2 févr. 1905 et 1er mars 1907) : sinon toutes « les maladies constituant le cadre nosologique », du moins « les altérations organiques ou fonctionnelles susceptibles d'être observées », comme il est dit à l'art. 37 Instr. 23 mars 1897, y sont énumérées et regroupées en six classes :

1re classe........	Cécité ou perte totale et irrémédiable de la vue.
2e —	Amputation de deux membres.
3e —	Amputation d'un membre (pied ou main).
4e —	Perte absolue de l'usage de deux membres et infirmités équivalentes.
5e —	Perte absolue de l'usage d'un membre et infirmités équivalentes.
6e —	Infirmités moins graves.

A cela près que le Conseil d'État, pour maintenir un parallélisme strict du tableau et des art. 15 et 16 de la loi, repoussa constamment (Cf. Avis 17 avr. 1888 et 14 novembre) les « équivalences » introduites (Cf. Circ. min. guerre, 20 sept. 1831, dans *Manuel des pensions de l'armée de terre...*, s. tit. II, sect. III), la pratique l'accueillit, et le Conseil d'État l'entendit avec faveur, en ce sens que furent, à bien des reprises, admis le droit à pension et opérée « sans numéro » l'évaluation pour des maladies ne figurant pas à l'échelle de gravité : Cf. 2e Circ. mens. C. C. M., avril 1917 ; Cons. d'Et., 5 juin 1891, Merci, Leb. chr., p. 414.

137. — En un autre sens ce furent, au contraire, des divergences. Le principe de la loi, qui aux seules conditions d'origine et d'imputabilité de la blessure ou de l'infirmité attachait le droit immédiat à pension et reçut application incontestée dans les cas relevant des cinq premières classes du tableau (Cf. Cons. d'Et., 18 mars 1858), était, quant à la sixième, entendu différemment par la Commission consultative médicale et le Conseil d'État. Celui-ci, faisant de l'art. 14 de la loi une interprétation serrée, subordonnait, pour les hommes de troupe, le bénéfice d'une pension de 6e classe à la preuve d'une impossibilité de subvenir à leur existence : Cons. d'Et., sect. fin., 1er févr. 1881..., 7 nov. 1916. — Rpr. les décisions au contentieux : 20 juill. 1894, Auque, Viteau (2 arrêts), Leb. chr., p. 493 ; — 28 juill. 1915, Brels, p. 254 ; — 7 avr. 1916, Bourdeau, Jousserond, p. 150. Celle-là contestait ces avis et ces arrêts et (Cf. 12e Circ. mens., févr. 1918) passait outre, rappelant « de la façon la plus expresse que, suivant les instructions ministérielles depuis plus de trente ans, ...les conclusions des commissions interministérielle [Ribot] et parlementaire de préparation à la loi sur les pensions..., les dispositions édictées par l'échelle de gravité du 23 juillet 1887 constitu[aient] des droits acquis pour les invalides de g[ue]rre..., à l'exclusion de toute autre estimation ou solution... » (Valentino, *op. cit.*, p. 63, note 2) ; ce qui la constituait en apparente contradiction avec elle-même, quand elle admettait (Cf. le numéro précédent) la pension de 6e classe sans numéro, et abstraction faite de l'impossibilité susdite. Il s'ensuivit, au temps de la guerre, des anomalies, des disparités (évaluation à 60 % de la perte d'un pouce, comparativement à celle à 80 % d'une cuisse), et donc des abus auxquels un amendement (Lefas, Puech, Queuille, Ch. dép., 5 mars 1919, *J. off.*, Déb. parl., p. 1040), lors de la discussion de la loi de 1919, prétendit justement, mais n'eût pas sans doute réussi, à mettre le terme nécessaire.

138. — En tout cas le système aboutissait dans son application à de l'arbitraire, de même que par son principe il créait de l'inégalité. — Arbitraire, en ce sens que l'appréciation du défaut de moyens de subsistance, de l'impossibilité pour le requérant de se livrer à une occupation quelconque (Cf. Cons. d'Et., 8 juill. 1887, Tricaud, Leb. chr., p. 564 ; — 10 mars 1899, Bassez, Cessenac, Ponge (3 arrêts), p. 201. — Cpr. 14 mai 1897, Gérard, p. 373), était question d'espèce, énoncée en une affirmation, décidée d'après les éléments du dossier et des circonstances de fait qui expliquent, en définitive, les embarras et discordances apparentes de la jurisprudence. — Inégalité, en ce point que la cause de pension était l'impossibilité pour l'officier de demeurer ou de rentrer au service, et pour l'homme de troupe de pourvoir à son existence ; réduite d'ailleurs, au même temps qu'accusée, par l'institution (Ord. 27 août 1814) de gratifications de réforme au profit des réformés sans pension pour blessures ou infirmités contractées au service. Or, ces gratifications, élargies plus tard (Instr. 6 nov. 1875 et 10 août 1880) aux invalidités aggravées au service, étaient d'un taux unique suivant le grade et furent, tour à tour, payées une fois pour toutes, renouvelables à titre exceptionnel (Circ. 3 août 1853), ou de même durée que « la difficulté de se livrer au travail » (Décis. impér., 3 janv. 1857), ou permanentes en cas d'infirmité incurable (Circ., 12 mars 1885).

139. — Aussi bien l'allocation de ces gratifications avait-elle, du point de vue de l'appréciation de l'invalidité, fait surgir un nouveau procédé, celui du pourcentage, de la prise en considération « des professions individuelles et du degré d'obstacle que leur exercice pourrait rencontrer dans l'état physique des intéressés » (Circ. 26 janv. 1857) ; et ce fut l'effet de la législation établie en matière d'accidents du travail que d'en généraliser l'usage et d'avoir déterminé finalement en des décrets successifs un échelonnement des gratifications d'après le degré d'incapacité de travail : Décr. 13 févr. 1906 (de 10 à 30 %) ; 24 mars 1915 (de 40 à 100 %), et finalement Décr. 9 juill. 1918 :

CATÉGORIES	1re				2e				3e	4e	5e	6e	7e	8e
Echelons,......	1	2	3	4	1	2	3	4						
Capacité de tra- vail %........	100	95	90	85	80	75	70	65	60	50	40	30	20	10

D'où il ressort que l'infirmité inférieure à 10 % n'ouvrait aucun droit, — et que chaque degré d'invalidité était à apprécier dorénavant, contrairement à la donnée de la circulaire de 1857, *in abstracto*, indépendamment du métier ou de la profession de l'intéressé. Un *Guide-barème des invalidités* (Lavauzelle, 1915) fut entre temps publié par l'autorité militaire, non sans doute avec le dessein d'en imposer les taux (quoi qu'ait tenté plus tard la Commission consultative médicale : Cf. Valentino, *op. cit.*, p. 69, note 1), mais dans la pensée (Cf. p. 4) de rassurer des inexpériences et suppléer le défaut de documentation bibliographique. De fait le pourcentage ainsi déterminé avait l'avantage d'aider des comparaisons et d'éviter des tâtonnements.

140. — *b)* Le cas des infirmités fondant gratification laissait cependant ouverte une autre question, celle de l'appréciation nécessaire de l'impossibilité de pourvoir à la subsistance. Une décision ministérielle prétendit y donner une solution (Instr. 31 mars 1906, art. 1er) par un *a contrario* : aux « blessures ou infirmités relatées dans la classification du 23 juillet 1887 comme susceptibles d'ouvrir le droit à pension de 6e classe », elle attache la présomption d'une « diminution de faculté de travail égale à 60 % ». A la suite du décret susrappelé du 24 mars 1915, créant des gratifications jusqu'à 100 %, pour l'hypothèse d'une infirmité devenant définitive et donc entraînant le droit mutation de la gratification en pension, une instruction du 10 avril 1915 reproduisit le chiffre ; et malencontreusement, alors que, dans le système consécutif aux lois de 1831, pour les infirmités donnant droit à pension, il n'y avait lieu qu'à retrouver ou non la mention de l'infirmité alléguée dans l'échelle de gravité de 1887, elle parle du « droit à pension... comme par le passé ». Une formule de concordance entre les classes de pension et le degré d'invalidité du travail en devait être la suite :

PENSIONS (Classes)	1re et 2e	3e et 4e	5e et 6e
Incapacité de travail..	100 %	80 %	60 %

de même que, plus tard, pour l'application du décret du 29 décembre 1917, au cas d'infirmités multiples donnant matière tout à la fois à pension et gratification (*infrà*, n° 168), celle de la Circ. min. 723 Ci/7 CCM. du 14 mai 1981 :

PENSIONS (Classes)	1re et 2e	3e et 4e	5e	6e
Incapacité de travail..	100 %	80 à 90 %	60 à 75 %	60 %

Rpr. Circ. min., 5 mai 1919, à propos des engagés spéciaux, *J. off.*, 10 mai. — Le résultat en fut surtout d'avoir brouillé les idées et de ramener au cours des travaux préparatoires de la loi de 1919 (Cf. Lugol, 23 nov. et 19 déc. 1917 ; Lefas, 30 nov. et 20 déc. 1917, *J. off.*. Déb. parl., p. 3019, col. 2, et 3355, col. 2 ; p. 3105, col. 1, et 3351, col. 1) l'affirmation tenace, et contraire à la vérité, de l'existence d'un pourcentage dans la loi de 1831.

141. — *B.* A cet état de droit, et eu égard à ces errements, la loi du 31 mars 1919, art. 4, 9, 65 (complété par L. 23 déc. 1919), a :

1° Substitué le principe d'un mode unique d'évaluation des infirmités, qu'il s'agisse de pensions ou de gratifications, celles-ci étant devenues, par la terminologie du Sénat, « pen-

sions temporaires » : aux forfaits en nombre de cas inexacts, aux classes et aux assimilations de la loi de 1831, a été préférée l'appréciation directe de l'invalidité réelle et de l'incapacité de travail : Cf. Rapp. Masse, n° 2383. Le « degré d'invalidité » (art. 4) est dorénavant entendu au sens d'incapacité fonctionnelle physiologique, à l'exclusion de toute considération d'ordre professionnel, d'aptitude du requérant à telle profession déterminée, sauf deux restrictions ou dérogations à la règle :

a) l'une, pour la défiguration. Tandis que, s'agissant d'accidents du travail, elle ne donne pas droit à indemnité, hormis le cas où elle gêne, soit l'embauchage, soit le travail en atelier, elle a été retenue, par le décret du 19 et l'instruction du 29 mai 1925, comme dommage fonctionnel au titre de la loi de 1919 et susceptible d'un pourcentage de 10 à 60 %, — le décret n'ayant point, au surplus, en l'absence d'une disposition spéciale et expresse, d'effet rétroactif : Cons. d'Et., 26 janv. 1929, Bajou ; 20 févr., Chanfray, Szumlanski (2 arrêts) ; 23 mars, Maréchal ; 26 juin, Rouzier ; 16 juill., Gaunet ; 6 nov., Lapointe, Leb. chr., p. 103, 213, 384, 627, 950, 734 ; — 30 janv. 1930, Chatelard ; 6 mars, Chamblas, Table, p. 1314, 1317 ;

b) l'autre, pour le cas de tuberculose. Le « droit au repos », réclamé en des articles de presse par M. Valentino (*Le Pays*, 22 juill., 29 sept., 3 oct. 1919) et au Parlement par Pierre Rameil, a pris corps aux décrets du 17 octobre 1919 et du 8 août 1924, autorisant, sans rétroactivité (Cons. d'Et., 16 juill. 1930, Courtois, p. 742), l'évaluation à 100 % de l'invalidité par tuberculose pulmonaire, quels qu'en soient le stade et l'effet sur la capacité de travail (10 juill. 1931, Pinlet, p. 760) ; et, de même, la convenance de « ménagements » a, quant aux tuberculoses osseuses ou articulaires en activité, dans le décret du 16 juin 1925, fait adjoindre à ladite évaluation une majoration éventuelle de 10, 15 ou 20 %, suivant la nature de l'affection.

142. — De ces dispositions de faveur une série d'arrêts s'est appliquée à définir, circonscrire et combiner la vertu :

a) La remise aux tribunaux départementaux et aux cours régionales de l'appréciation souveraine, définitive, non susceptible de recours devant le Conseil d'Etat, des espèces et de leurs éléments de fait : 29 juill. 1925, Helbecque, Leb. chr., p. 757 ; — 17 mars 1926, Serreau, p. 291 ; — 14 janv. 1928, Labourdais ; 26 déc., Mittre, p. 55, 1352 ; — 25 janv. 1929, Laspargeas ; 26 janv., Cazals ; 27 nov., Brigliozzi, p. 91, 102, Table, p. 1400 ; — 6 juill. 1932, Jestin, p. 674 ; — qu'il s'agisse des conditions de gravité exigées par le décret de 1919 ou des raisons de la surpension ou du point de départ de la pension de 100 %, le requérant eût-il été auparavant examiné par des médecins, les constatations de ceux-ci ne pouvant équivaloir, aux termes de l'art. 3 de la loi du 31 mars 1919, à celles d'une commission de réforme : 2 juill. 1930, Blanc, p. 681 ;

b) L'effet de l'art. 1er du décret de 1919, la constatation nécessaire de la nature des lésions et de la gravité de leur évaluation, et le caractère strict, pour l'octroi du taux de 100 %, de la constatation par l'examen médical ou bactériologique de signes cliniques de tuberculose pulmonaire et de bacilles de Koch, l'absence de l'une des conditions empêchant l'application du décret : 12 mai 1926, Dufour, p. 484 ; — 7 janv. 1927, Cousinié ; 4 août, Venture, p. 40, 949 ; — 18 janv. 1928, Barde ; 5 mai, Dussart ; 23 juin, Bohnon ; 1er déc., Prigent, p. 78, 571, 796, 1247 ; — 26 janv. 1929, Cazals, précité ; 13 févr., Burillier, p. 183 ; — 26 mars 1931, Ravaud ; 23 juill., Azaïs, p. 371, 828. — Rpr., en matière de défiguration, 28 juill. 1932, Dieu, p. 814 ;

c) L'autorité du décret de 1924, à dater seulement du 1er octobre 1924 (Cons. d'Et., 10 mars 1932, Romestant, p. 291), de telle sorte que, pour une époque antérieure, il n'y a lieu à réclamer ni obtenir la surexpertise prévue à l'avant-dernier alinéa de l'art. 1er, alors surtout qu'elle n'apporterait aucun élément d'information utile : 7 janv. 1927, Cousinié ; 9 avril, Etchart ; (par *a contr.*) 22 juin, Mouron ; 3 août, Berrehare ; 4 août, Venture ; 30 nov., Chaudet, p. 40, 490, 696, 923, 949, 1141 ; — 15 févr. 1928, Lamure, p. 238 ; — (par *a contr.*) 7 déc. 1932, Pech, p. 1043.

d) La force propre, et d'ailleurs non rétroactive, du décret de 1925, à l'encontre de cours régionales portées à calculer la pension sans tenir compte de la majoration prévue par lui, et en se déterminant uniquement d'après l'invalidité réelle : 1er déc. 1926, Saint-Paul, p. 1037 ; — 23 juin 1928, Bohnon ; 21 nov., Bertrand, p. 796, 1201 ;

e) L'échelonnement chronologique et l'agencement éventuel des diverses dispositions, au point qu'il ne suffirait pas d'une évaluation à 100 % à raison du caractère tuberculeux des lésions, sur la seule base du décret de 1919, et sans place faite au décret de 1925 : 23 juin 1928, Bohnon, p. 736;

143. — 2° Gardé la limite de 10 % pour l'invalidité minima ouvrant droit à pension. Là même, dans la loi de 1898 sur les accidents du travail, où n'existe aucune limitation, la pratique a accoutumé de n'accorder aucune indemnité à raison d'une infirmité ou, pour mieux dire, d'une gêne inférieure à 5 % : Cf. Forgue et Jeanbrau, *Guide du médecin dans les accidents du travail*, 1914, p. 528. En 1917, la suppression du texte qui est devenu l'alin. 2 de l'art. 4 dans la loi de 1919 (Amend. Puech et Betoulle, Ch. dép., 6 déc. 1917, *J. off.*, Déb. parl., p. 3170; Ern. Lafont, 17 déc. 1918, *ibid.*, p. 3405) fut repoussée, de même que la proposition (Jobert, 6 déc. 1917, *ibid.*, p. 3173) de liquider les invalidités de moins de 10 % par paiement du capital représentatif de la rente allouée : l'argument tiré de l'absence de tout minimum quant à la réparation des dommages de guerre, non plus que celui de la généralité du principe et de l'art. 1ᵉʳ de la loi, n'a tenu contre les observations du sous-secrétaire d'Etat (Abrami, 6 déc. 1917) sur l'impossibilité « de faire de tous les mobilisés... un peuple immense de six millions de pensionnés... [et] les difficultés d'ordre administratif que soulèveraient l'établissement et la délivrance de cette multiplicité infinie, de cette poussière de titres ». — Réserve faite de la défiguration par blessures (Cf. Lugol, 20 déc. 1919, *J. off.*, Déb. parl., p. 3487), d'une part, et du cumul d'infirmités dépassant 10 % au total (Cf. Circ. 14 mai 1918), d'autre part, il n'y a d'indemnisation pour incapacité de travail qu'à partir d'un certain degré d'invalidité (10 % : art. 4 de la loi) : Cons. d'Et., 6 août 1924, Bonzoms, p. 810; — 25 mars 1925, Dehaud; 10 juin, Simeoni, p. 310, 552; — 13 janv. 1926, Sauvedal; 5 mai, Janvier; 9 juin, Rumeau, p. 38, 450, 575; Table, p. 1451; — 21 déc. 1927, Bonnet; 23 déc., Mougey, p. 1268; Table, p. 1553; — 7 mars 1928, Bigard; 11 mai, Arribat, p. 323, 611; — 13 févr. 1929, Barillier, p. 183; — 2 avr. 1930, Vidal, Table, p. 1318; 9 avr. 1930, Matteaccioli, p. 409; — 10 et 29 janv. 1931, Dutel, Poissenot; 8 juill., Benoil, p. 31, 109, 746. — Rpr. 27 nov. 1929, Doncarli, p. 1030; — que le droit à pension procède d'invalidité consécutive à des infirmités causées uniquement par les fatigues. dangers ou accidents du service, ou d'aggravations dues au service d'infirmités n'ayant pas cette origine : 26 nov. 1930, Gavric, p. 978.

144. — A plusieurs reprises une objection au droit pour le tribunal des pensions de fixer à moins de 10 % l'infirmité ou la première infirmité fut tirée du classement du requérant dans le service auxiliaire. Elle a été régulièrement écartée : loin qu'il puisse par soi-même équivaloir à la constitution d'une invalidité d'au moins 10 %, ce classement, au même titre que les décisions des commissions de réforme déterminant un taux d'invalidité, n'a valeur que d'un élément d'appréciation pour les juges du fait : 2 févr. 1928, Dellapina (1ᵉʳ cons.); 18 juill., Vassal, p. 142, 910; — 20 mars 1929, Bacciochi; 24 avr., Jamet; 9 juill., Champollion, p. 346, 416, 699; — 15 janv. 1930, Legeay, p. 56; — 15 juill. 1931, Charluet, p. 769; — 15 déc. 1932, Soual, p. 1086;

145. — 3° Intronisé une règle d'appréciation du degré d'invalidité « de 5 en 5 jusqu'à 100 % » (art. 9, al. 2). C'est l'une des faces, la plus simple, de la question, qui fut abondamment discutée, de la valeur du centième d'invalidité : elle est apparue dans la discussion générale de la loi, après que les deux catégories de 70 et 90 % avaient été jointes aux huit ci-devant en usage, sous couleur de donner de la souplesse à l'évaluation, et en forme d'une proposition (Goude, 27 nov. 1917, *J. off.*, Déb. parl., p. 3043) tendant à faire décompte de 1 % en 1 %, du moins (Commiss. de la Chambre, *ibid.*, p. 3170) de 5 en 5 % jusqu'à 90 %, et de 1 en 1 % au-delà; la transaction s'établit, d'après le précédent et avec un élargissement de la graduation admise de 65 à 100 % par le décret du 9 juillet 1918, sur une fixation, dans chaque grade, par référence au degré d'invalidité apprécié, tout au long de 19 catégories, de 5 en 5 %. Selon l'alin. 3, l'invalidité intermédiaire entre deux échelons, donc à un chiffre non multiple de 5, est comptée à l'échelon supérieur, au multiple suivant immédiatement : Cf. Cons. d'Et., 8 août 1924, Rodella (1ᵉʳ cons.), p. 827; — 18 mars 1925, Sylvert; 4 avr., Grange; 22 juill., Daniel, p. 281, 404, 715; — 17 mars 1926, Carrajat, p. 293;

146. — 4° Conservé le fait et conditionné l'autorité d'un barème pour la classification des infirmités d'après leur gravité :

l'art. 4 de la loi, al. 4, annonçait pour son application « un décret contresigné par les ministres de la guerre, de la marine ou des colonies ». A l'échelle de gravité de 1887 le grief avait été fait de comprendre, dans les 66 numéros de ses trois dernières classes, comparés aux données moyennes de la jurisprudence née de la loi de 1898, 16 chefs, soit 1/4, sous-évalués, et 41, soit 2/3, surélevés; d'où, la réclamation (Rpr. Masse, *J.off.*, Doc. parl., févr. 1917, p. 1978) d'un barème tenant « compte des résultats de la science médico-légale moderne et de la jurisprudence sur les accidents du travail ».

Une commission fut instituée, aux fins de l'établir, par arrêté du 20 avril 1916; le résultat des travaux n'en ayant pas été communiqué par le gouvernement, qui affirma sa compétence exclusive pour l'élaboration du barème (11 déc. 1917, *J. off.*, Déb. parl., p. 3321), la Chambre réclama, en faisant glisser la question de la détermination du taux d'invalidité, et donc du règlement médical, à celle du taux de la pension, et donc de l'attribution législative, et en affirmant l'influence finale du barème sur le chiffre de la pension (*ibid.*, p. 3329. — Rpr. 29 janv. 1918, p. 221); d'où, plus tard, l'amendement (Jobert, 27 déc. 1918, *ibid.*, p. 3614) tendant à l'annexion des barèmes à la loi. Le texte fut voté en cet état des choses, sans barème annexé, comme si le Parlement eût craint par cette annexion de faire du barème une partie intégrante de la loi et non modifiable en dehors d'elle (Cf. Lugol, 27 déc. 1918, p. 3616); mais, les associations de mutilés étant alertées (Cf. Valentino, *op. cit.*, n°ˢ 123, 133, p. 88, 92), connaissance fut donnée aux Chambres du barème dont la sévérité y fut prise à partie (Cf. Lugol, Rapp. n° 5736, 31 oct. 1918, et Ch., 6 mars 1919, Déb. parl., p 1032), cependant qu'à quelques légères retouches près (Cf. interpell. Lugol, 20 juin 1919, *ibid.*, p. 2831) il était rendu exécutoire par décret du 29 mai 1919, et publié au *Journal officiel* du 13 juin (V. son texte, avec l'Instr. n° 831 Ci/7, 10 juill. 1919, dans le livre du commandant C. Flutet, *Manuel prat. sur les pensions militaires des victimes de la Grande Guerre...*, Paris, 11ᵉ éd., 1933, p. 267 sv.).

Des commissions, d'autorités médicales, de représentants des mutilés et de l'administration, ont été, par la suite, chargées d'y apporter, chacune dans sa spécialité, les modifications utiles, conformes aux acquisitions scientifiques : effectivement les dispositions du guide-barème des invalidités ont été supprimées et remplacées en matière d'oto-rhino-laryngologie et de stomatologie par le décret du 7 septembre 1928 (*ibid.*, p. 364 sv.); et en ce qui concerne la neuro-psychiâtrie par celui du 22 février 1929 (*ibid.*, p. 399 sv.).

147. — L'application (de même que celle des lois et règlements antérieurs sur l'évaluation à opérer des invalidités) en est de droit au regard des Alsaciens et Lorrains, quels que fussent ou pussent être les droits résultant de la législation antérieurement en vigueur dans les départements recouvrés. — Cons. d'Et., 24 juill. 1930, Hoch, Leb. chr., p. 791.

148. — a) Sa vertu — impérative ou simplement indicative (Cf., au titre pratique, Cons. d'Et., 18 juin 1931, Gairaud, Table, p. 1892) — suscita d'immédiates controverses et de successives modifications des textes. La question, posée dans le premier rapport à la Chambre des députés (Masse, 21 juill. 1916, *J. off.*, Doc. parl., févr. 1917, p. 1978) n'avait point reçu de solution; l'introduction par le Sénat (19 sept. 1918, Déb. parl., p. 634) d'un paragraphe sur la « valeur indicative (des barèmes), l'examen des ayants droit devant demeurer individuel et direct » était bien quelque peu, pour sa deuxième partie, un truisme ou une superfluité et, pour la première, un forcement des réalités. Il était vrai, commode aussi, de réduire le guide-barème, à raison même de son appellation, à « un guide auquel les médecins se référeront » (Abrami, sous-secrétaire d'Etat, Ch. dép., 27 déc. 1918, *ibid.*, p. 3615, 3619; 27 juin 1919, p. 3037); il n'est pas moins sûr, en dépit des qualificatifs et des affirmations, que, selon une « réserve » du rapporteur lui-même (Lugol, 27 déc. 1918, p. 3619), dans certains cas la valeur indicative des barèmes est dépassée, « ...s'il s'agit d'une blessure qui a un pourcentage fixé dans le barème, ... ainsi d'une amputation dont le pourcentage est fixé à 60 % » : alors le pourcentage est plutôt impératif, en tant qu'il ne tolère point de sous-évaluation, mais il n'admet point davantage de surévaluation; quelque inconvénient qui en puisse, à l'occasion, advenir pour le mutilé, en définitive, la liberté d'appréciation du médecin n'existe, et le barème n'a valeur, n'est matière de renseignement, qu'au cas d'une infirmité donnant lieu à une certaine marge, entre 20 et 40 % par exemple (Cf. Lugol, 14 mars 1919, p. 1204).

149. — *b*) Sa « valeur scientifique », sa concordance avec le principe même de la loi, — *i. e.* l'exclusive mise en œuvre de pourcentages d'invalidité physiologique et non professionnelle, — est très discutée : Cf. Valentino, *op. cit.*, n⁰ˢ 146 et s., p. 107 et s. Son évaluation des blessures procède des pourcentages jurisprudentiels en matière d'accidents du travail, d'après la diminution des salaires d'avant et d'après l'incapacité éprouvée de travail, variable de métier à métier et aussi suivant les individus : catégorisation commode sans doute, mais éloignée, pour autant, de la règle d'évaluation physiologique des infirmités. Celle des maladies, que la loi du 9 avril 1898 ignore, procède par approximation, dans les limites des pourcentages arbitrés par les médecins spécialistes et retenus au guide-barème : méthode accusée d'avoir fait prévaloir la médecine, le diagnostic et les causes de l'infirmité sur la morphologie ou la physiologie, la mesure et la gêne des troubles fonctionnels, et donc de faire mettre en œuvre des chiffres arbitraires, imprécis et discordants. Au total, le grief lui est fait (*ibid.*, n⁰ 154, p. 112) de « ne répond(re) ni dans son esprit, ni dans ses modalités, au but que voulait atteindre le législateur et de ne donne(r) pas du tout les appréciations scientifiques ambitionnées par le projet du gouvernement et par le rapport Masse ».

150. — S'il a prévalu, c'est pour des raisons, du reste avouées, de politique et « d'engagements pris » (Cf. Lugol, 27 déc. 1918, *J. off.*, Déb. parl., p. 367; 6 mars 1919, *ibid.*, p. 1040; 5ᵉ Rapp. suppl., 11 mars 1919, Doc. parl., p. 938 sv.) plus que de logique et de rigueur financière. Un amendement, très concrétisé pour faire saillir de quelles protestations de mutilés il risquait d'être la source (Lefas, Ch. dép., 5 mars 1919, *J. off.*, Déb. parl., p. 1010), obtint, en suite d'un revirement d'opinion, l'appui du sous-secrétaire d'État, à raison du changement foncier advenu quant à la perte d'un membre ou de partie d'un membre (pouce) dans les conceptions législatives de 1831 et de 1919, les unes déterminées pour une armée de métier par la considération de l'utilité militaire de ce membre, les autres inclinant aux évaluations devenues usuelles depuis la loi sur les accidents du travail (Abrami, 6 mars 1919); en fin de compte, il ne sortit point effet. — Les conséquences en sont parfois choquantes : telle, notamment (Cf. Valentino, *op. cit.*, n⁰ 139, p. 100), la computation, pour des mobilisés de 1914-1918, de l'amputation, quel qu'en soit le niveau, du membre inférieur à 80 %, par application de l'échelle de gravité de 1887, la plus favorable, alors que le barème de 1919 a échelonné l'évaluation, selon ledit niveau, de 50 à 80 %; là aussi des propositions de résolution ou de loi en sont issues (Balanant, n⁰ 3487, 7 févr. 1922; Pattureau-Mirand, n⁰ 6560, 15 nov. 1923) pour les écarter. Elles n'étaient, dans la réalité des choses, qu'un effet inaperçu, fâcheux, mais logique, du principe légal qui avait ouvert le jeu à la clause la plus favorable.

151. — *c*) Sa coexistence avec « l'échelle de gravité » du 23 juillet 1887 et le « guide-barème » de mars 1915 devait fatalement faire surgir des différences de cotation très sensibles; il était prévisible que le dernier des barèmes fût le moins favorable pour une majorité importante d'infirmités; la question s'ensuivait de son pouvoir de concurrencer les évaluations antérieures. Dès lors que le chiffre d'une pension dépend, d'une part, du pourcentage d'invalidité fixé au barème pour l'infirmité en cause et, d'autre part, de la somme attribuée par le tableau des pensions annexé à la loi, changer le deuxième élément est moyen d'élever la pension, tandis qu'avoir diminué le premier aboutit à la réduire ou tout au plus à en maintenir le chiffre; le problème consistait donc à décider si la loi de 1831, ou aussi bien celle de 1919, allait, ou non, être tenue comme formant, l'une avec l'échelle de gravité et ses taux de pension, l'autre avec le guide-barème et les taux annexés au corps de la loi, un bloc se suffisant ou s'imposant tout entier, ou bien, au contraire, s'il serait possible de combiner le classement arbitraire de l'une avec le taux renouvelé de l'autre. Or, con tinûment (Rpr. Lugol, Ch. dép., 23 nov. et 11 déc. 1917, *J. off.*, Déb. parl., p. 3018, 3221; Abrami, 11, 19 et 26 déc., p. 3221, 3354, 3604; Chéron et Abrami, Sén., 26 sept. 1918, p. 684), l'idée a été affirmée de promouvoir et appliquer le barème le plus favorable « par mesure transitoire pour les invalidités résultant de la guerre actuelle », le nouveau, selon

qu'il servirait ou préjudicierait aux intéressés, leur bénéficiant ou ne portant pas atteinte à leurs droits. « Lorsque l'évaluation donnée pour une infirmité par le barème prévu à l'art. 9 sera inférieure à celle dont bénéficiait cette même infirmité d'après les lois et règlements antérieurs, l'estimation résultant de ces lois et règlements sera appliquée et servira de base à la fixation de la pension », est-il impérativement écrit à l'art. 65, alin. 1ᵉʳ, de la loi du 31 mars 1919 (Cf. Cons. d'Et., 14 févr. 1925, Diomard; 9 nov., Cadenaule, p. 163, 882; — 29 janv. 1931 [2ᵉ moyen], Alfonsi, Leb. chr., p. 109) et, pour accuser les facultés des intéressés, celle du 23 décembre suivant a ajouté : « Les militaires appelés à bénéficier de la disposition ci-dessus conservent, d'ailleurs, le droit de se réclamer de la législation antérieure, y compris les tarifs, dans les cas où cette législation leur serait plus favorable ». La possibilité est là affirmée de faire mélange des deux législations, de conserver l'ancienne base d'estimation, fût-elle erronée, et d'y faire appliquer les tarifs nouveaux, sans prêter nulle attention aux atteintes susceptibles d'en résulter à l'équité et à l'égalité des droits entre invalides.

152. — D'évidence, certaines limites existaient *a priori* à ce jeu, à cette évaluation d'infirmités d'après des barèmes antérieurs à la loi du 31 mars :

Selon son texte même : l'art. 65 ne l'admit « qu'à titre provisoire et pour la durée de la guerre actuelle »; d'où, la loi du 23 octobre ayant fixé la date de la cessation des hostilités au jour de sa promulgation au *Journal officiel* (24 octobre 1919). Nul décret de prorogation n'étant intervenu selon son art. 2, les personnels relevant des armées de terre ou de mer en opération hors de France n'ont point eu droit de demander l'application à des infirmités provenant de blessures reçues au cours de l'année 1920 ou 1921 en Cilicie ou en Syrie de l'un des barèmes prévus par les lois et règlements antérieurs à la loi de 1919 : Cons. d'Et., 17 mars 1926, Godet, p. 292; — 12 févr. 1927, Bouvier; 27 juill., Savoret, p. 214, 843; — 19 juin 1930, Azreng, p. 627... Cpr. 18 mai 1928 (*in f.*), Lambert, p. 653;

A raison des faits constatés lors de la liquidation de la pension antérieurement concédée : les taux d'invalidité de la loi du 31 mars 1919, celui de 80 % notamment, n'étaient point accessibles à tels ci-devant retraités pour blessure reçue au service, n'ayant pas repris de service à compter d'août 1914, qui avaient bénéficié d'une pension correspondant à une infirmité de 5ᵉ classe, et auxquels la loi du 18 juillet 1922, art. 1 et 3 (V. *infrà*), accorda des majorations par « équivalence des infirmités... établie conformément aux dispositions de la loi du 23 déc. 1919 ». Le but et le mécanisme de ces majorations ne consistèrent certainement qu'à remplacer les allocations temporaires attribuées aux anciens pensionnés par les lois des 23 février et 21 octobre 1919 et à s'ajouter à celles-ci sans nouvel examen de l'état d'invalidité des intéressés; ils étaient surabondants, par là-même, à exclure toute demande de révision de pension ou de relèvement du taux d'invalidité par application de la loi du 31 mars : Cons. d'Et., 2 juill. 1929, Sagard, p. 670. — Cpr. 9 déc. 1931, Fournier, Table, p. 1392.

153. — *d*) Son application, du point de vue de la lettre des art. 9 et 65 de la loi, ne laissait guère de place au doute et à la discussion en nombre de cas, — tels celui où les troubles et infirmités ne correspondent qu'à aucune des énumérations des guides-barèmes du 29 mai 1919 ou des lois antérieures, — et aussi celui où l'évaluation de l'infirmité décrite aux guides-barèmes antérieurs à celui de 1919 est comprise entre un maximum et un minimum, l'un et l'autre supérieurs à celle dudit barème et d'autre part : le droit est alors incontestable du tribunal ou de la cour des pensions de déterminer soi-même le taux d'invalidité dans une pleine liberté d'appréciation (Cons. d'Et., 24 mars 1926, Mullot; 12 mai, Dufour; 4 août, Razouls, p. 332, 484, 856; — 11 mai 1927, Lagny; 2 août, Karcher; 28 déc., Marco, p. 528, 904, 1288; — 14 janv. 1928, Lovichi; 13 juin, Bouchand; 27 juin, Peyrot; 2 août, Maurel, p. 54, 740, 819, 1018; — 25 janv. 1929, Lasfargeas; 26 janv., Gairaud et Escoffier; 20 mars, Bacciochi; 9 juill., Champollion; 24 juill., Azaïs, p. 92, 103, 104, 346, 699, 829; — 16 janv. 1930, Barbé; 9 avril (*in f.*), Matteaccioli; 2 juill. (*in f.*), Blanc; 18 juill., Célérier; 21 nov., Morant, p. 409, 681, 768, 968 et Table, p. 1316; — 10 janv. 1931, Arribal; 4 et 26 févr., Couot et Combès (2 arrêts); 18 mars, Quilichini; 8 juill., Benoît, p. 32, 129 et 222, 304, 746); — et non moins d'adopter le chiffre d'invalidité minimum du barème de 1915 alors que, tel, il demeure supérieur à celui de 1919 (Cons. d'Et., 25 nov.

1925 (2ᵉ cons.), Rivemale, p. 925 ; — 11 mai 1928, Arribat ; 25 juill., Chapon, p. 611, 942 ; — 2 juill. 1929, Jeveau, p. 667 ; — 26 févr. 1930, Godard, p. 216. — Rpr., par *a contr.*, 24 févr. 1926, Julien et 10 mars, Susini, p. 213, 267 ; — 27 mars 1930, Rigal ; 17 déc., Farinacci, p. 357, 1074.

154. — *e*) Sa mise en œuvre, sa réalisation pratique, n'a rien non plus que de simple au cas où l'évaluation la plus favorable se déduit d'un rapprochement des deux barèmes, 1915 et 1919 notamment, construits l'un et l'autre sur des pourcentages arithmétiquement comparables. Dans l'hypothèse d'une infirmité comprise dans la 5ᵉ classe de l'échelle de gravité et assurée par la loi du 23 décembre 1919 d'une pension d'au moins 65 %, ce fut, de la part d'une cour régionale, — alors du moins qu'elle ne contestait pas la réalité et la dénomination de l'affection selon le numéro de l'échelle de gravité : 5 juin 1930, Moreau, p. 598, — méconnaître et violer le sens et la portée de l'art. 65 de la loi du 31 mars que de ramener, sur la foi des constatations de fait de l'expert, l'invalidité et la pension à 45 (Cons. d'Et., 3 déc. 1924, Biccheraï, p. 976 ; — 3 févr. 1926, Iliou, p. 121 ; — 11 févr. 1927, Derode, p. 193 ; 18 mai, Molinier, p. 559 ; — 26 juin 1929, Augeras, p. 627 ; — 15 janv. 1930, Pagès, p. 57 ; — 29 oct. 1931, Quilichini, p. 921). Au cas plus simple ou plus expressif encore d'une affection assortie d'un pourcentage de 5 à 20 % au barème de 1919 et de 30 à celui de 1915, les facultés de la cour pouvaient aller jusqu'à considérer l'infirmité reconnue par elle comme une aggravation de celle figurant au barème et y trouver une cause de majoration du taux d'invalidité écrit audit barème : Cf. 19 juin 1930, Perreault, p. 627 ; à l'inverse, le droit ne lui appartenait aucunement de maintenir un taux inférieur à celui attaché à l'affection par le guide-barème de 1915, le plus favorable au requérant : 10 avr. 1930, Bertrand, p. 430. — Rpr. 1ᵉʳ août 1928, Marchand, p. 995 ; — 15 janv. 1930 (*in f.*), Pagès, précité. — Rpr. 21 déc. 1927, Conol, p. 1247.

155. — C'est, au contraire, l'absence de pareils pourcentages à l'échelle de gravité de 1887 qui fit naître les difficultés. Le Parlement votant l'art. 65 avait, sans conteste, tenu pour acquises les équivalences à 100, 80 et 60 % des infirmités réparties dans les six classes de l'échelle de gravité (Interpell. Lugol, 20 juin 1919, *J. off.*, Déb. parl., p. 2831). Pourtant l'exposé des motifs du décret du 28 mai 1919 portait que « la valeur obligatoire des anciens barèmes et la traduction de leurs échelles de gravité en pourcentage d'invalidité [avaient] été soumises au Conseil d'Etat » (Flutet, *op. cit.*, p. 262). Or celui-ci rappela, Avis sect. fin. 27 mai 1919 (Valentino, *op. cit.*, p. 163), « que si, à la vérité, il a été postérieurement [aux lois des 11 et 18 avril 1831] admis pour des raisons pratiques que chacune de ces classes [d'infirmités envisagées d'après leur nature] pouvait être assimilée à une évaluation en centièmes du degré de la gêne fonctionnelle, cette assimilation a toujours été rejetée par le Conseil d'Etat saisi de propositions relatives à la liquidation de pensions militaires, notamment depuis le 2 août 1914, pour le motif qu'elle lui paraissait dépourvue de toute base légale ;... que ladite assimilation ne saurait être retenue pour l'application du régime qu'institue la nouvelle législation ». De fait, toutes les fois qu'une infirmité manquait d'avoir été comprise dans la 5ᵉ ou 6ᵉ classe de l'échelle de gravité du 23 juillet 1887, il a tenu la juridiction des pensions pour fondée à attribuer à l'invalidité du requérant un taux inférieur à 65 ou 60 % : Cf. 12 févr. 1927, Vesperini, p. 213 ; — 23 mai 1928, Sampieri, p. 666 ; — 26 janv. 1929, Escoffier ; 9 juill., Loubet, p. 103, 700. — Rpr. 15 juill. 1925, Porterie, p. 686 ; — 29 févr. 1928 (*in fine*), Dessessaire ; 13 juin (*in fine*), Casabianca ; 5 déc., Jeveau, p. 287, 740, 1264. C'était, en conséquence, sa double conclusion, d'une part, de faire jouer le barème établi en vertu de l'art. 9 de la loi nouvelle, sauf aux cas d'infériorité du taux de la pension ou de la gratification résultant de son application à celui découlant des tableaux annexés aux lois de 1831 ou du barème annexé aux décrets des 13 février 1906 et 24 mars 1915, et, d'autre part, « en présence d'infirmités graves et incurables, ou si l'une ou plusieurs des infirmités seulement étaient de nature à ouvrir les droits à pension alors que les autres ne relevaient que du domaine de la gratification », de ne permettre le bénéfice des lois de 1831 qu'autant que le taux susceptible de naître de cette application faite d'après les règles prescrites par lesdites lois serait plus avantageux que celui résultant de calculs établis en conformité des art. 11 et 12 de la loi du 31 mars 1919,

156. — Il suffit pour déclencher le projet (nº 6372, 24 juin 1919) et le vote sans discussion (Ch. dép., 30 sept. ; Sén., 18 déc.) de la loi du 23 décembre 1919, qui fut intercalée à l'art. 65 de celle du 31 mars et a attribué, en vue du bénéfice éventuellement le plus favorable des évaluations faites d'après les lois et règlements antérieurs, aux « infirmités comprises dans les classes établies pour l'application des lois des 11 et 18 avril 1831 par la décision ministérielle du 23 juillet 1887 » les degrés ci-après d'invalidité :

1ʳᵉ et 2ᵉ classes	3ᵉ et 4ᵉ cl.	5ᵉ cl.	6ᵉ cl.
100	80	65	60

le 65 % de la 5ᵉ classe, jusqu'alors inconnu, étant d'initiative gouvernementale : Cf. Av. Cons. d'Et., *in prᵗᵒ* ; Rpr. Lugol, 29 juill. 1919, Doc. parl., janv. 1920, nº 6590, *J. off*, p. 2268, et comme correspondance :

	GUERRE	MARINE
	Echelle de 1887	*Echelle de 1908*
100 %	1ʳᵉ et 2ᵉ classes.	1ʳᵉ classe.
80 —	3ᵉ et 4ᵉ —	2ᵉ —
65 —	5ᵉ classe.	3ᵉ —
60 —	6ᵉ —	4ᵉ —

Pour aider à la comparaison et à l'application de la plus favorable des trois évaluations de 1887, 1915 et 1919, le service de santé militaire (Décl. Mourier, Ch., 27 juin 1919, *J. off.*, p. 3037) a fait dresser un tableau synoptique (Instr. 831 Ci-7, 10 juill. 1919, *in* Valentino, *Expertises médico-légales et barème d'invalidité*, 1922 ; Flutet, *op. cit.*, p. 263 sv.) où le barème le plus avantageux est, pour chaque infirmité, inscrit en chiffres gras.

II. — *Les infirmités multiples.*

157. — Le principe ou le procédé différent des lois, — décidant, en 1831, d'après l'impossibilité de rester en activité ou de subvenir à l'existence, et, par la suite, proportionnant l'indemnisation au degré réel d'invalidité selon des pourcentages, — devait, au cas d'infirmités multiples, *i. e.* d'infirmités siégeant en des points différents du corps et entraînant chacune un état d'invalidité minima (*Stc* Circ. 14 mai 1918), se répercuter en résultats dissemblables. Etant donné que pension et gratification au temps de leur dualité ne se cumulaient pas, le cas des infirmités multiples ouvrant respectivement pensions et gratifications se réglait au plus simple, par attribution de la pension de retraite à l'infirmité qui y donnait droit, les autres étant évaluées d'une façon tout indicative, à toutes éventualités, pour réserver l'avenir. Celui d'infirmités multiples engendrant, chacune prise à part, ou bien gratifications de réforme ou bien pension de retraite, avait donné naissance à la pratique, ici d'une totalisation sauf resserrement des évaluations dans les limites du maximum infrangible de 100 % (Cf. 3ᵉ Circ. mens. C. C. M., mai 1917), là d'une computation — contraire à la loi de 1831 et, pour ce motif, disqualifiée par le Conseil d'Etat — fâcheusement dénommée « cumul de chacune d'elles dans l'appréciation de l'impotence fonctionnelle » (Instr. 23 mars 1897, art. 40), de façon à aboutir à une « élévation de classe » ; il est vrai, l'association des plus basses aux fins de proposition à une classe supérieure ne sortait point effet à tous coups, étant donné l'identité du taux de pension pour la 1ʳᵉ et la 2ᵉ, la 3ᵉ et la 4ᵉ classes.

158. — *A.* Quel que fût le système adopté ou la pratique suivie, il était réservé à sa mise en œuvre de susciter des hésitations et des difficultés quant à la notion même d'infirmités multiples. Les travaux préparatoires de la loi de 1831 ne l'avaient guère éclairée, précisée expressément (Cf. Valentino, *op. cit.*, nᵒˢ 158 sv., p. 114 sv.) ; des règles pratiques s'y sont, dès lors, appliquées, sur la base d'une différenciation d'après leur cause même, étant nécessaire et certaine la prise en considération de tous les éléments concernant la nature, l'origine et le degré de gravité des infirmités ou affections invoquées par le requérant en pension d'invalidité (Cf. Cons. d'Et., 28 juill. 1926, Lajoie, Leb. chr., p. 805; — 14 déc. 1927, Benchimol, p. 1210) : procèdent-elles :

a) de blessures? Considération dans son ensemble du membre atteint, de telle sorte que, si les blessures multiples en ont rendu l'usage impossible, l'indemnité due est celle fixée pour la perte d'un membre : Cf. Lugol, Ch. dép., 4 févr. 1919, *J. off.*, Déb. parl., p. 395; au demeurant, l'addition des taux d'invalidité correspondant à des blessures multiples siégeant à un même membre ne saurait aboutir jamais à plus que le taux correspondant à la perte de ce membre : Cons. d'Et., 6 juill. 1928, Lebourg, Leb. chr., p. 869; — 24 juin 1931, Martinet, p. 679; — 1er juin 1932, Maurette, p. 532. — Rpr. 23 nov. 1927, Monayron, p. 1104;

b) de blessures et de maladies, telle la tuberculose? Détermination distincte de chacune : Cf. Cons. d'Et., 14 févr. 1925 (par *a contr.*), Jordi; 17 juin, Poli, Leb. chr., p. 161, 585, s'il y a vraiment lieu : 13 juin 1928, Casabianca, p. 740; 24 avr. 1929, Nicoli, p. 415;

c) de maladies? Fixation d'après la seule diminution de la capacité fonctionnelle, les deux notions de blessure et de validité étant distinctes en soi et devant le demeurer quant à l'application de la loi des pensions, dont le principe d'invalidité, d'incapacité de travail, et non le nombre des blessures, est le seul fondement (Cf. Abrami, Ch. dép., 4 févr. 1919, *ibid.*, p. 389); exclusion de toute recherche du point de savoir si cette diminution est, ou non, suite ou progrès d'une blessure ou maladie.

159. — Au demeurant le pouvoir d'appréciation des tribunaux de pensions est entier et absolu, s'agissant d'affirmer le caractère distinct des infirmités ou d'évaluer le taux de l'invalidité totale (Cons. d'Et., 13 févr. 1924, Gaimoz, Leb. chr., p. 175; — 14 févr. 1925, Jordi; 17 juin, Poli, p. 161, 585; — 29 déc. 1926, Langlois, Table, p. 1452; — 21 et 28 déc. 1927, Couot et Marco, p. 1247, 1288; — 4 janv. 1928, Fournier, p. 13; 2 août, Caillot, p. 1020; — 24 avr. 1929, Nicoli, p. 415; — 19 mars 1930, Castellani, p. 316; — 28 mars 1931, Dal; 6 mai, Barthélemy, p. 451, 482), dans le cadre de l'art. 4 de la loi de 1919, hormis toute distinction selon que les infirmités donnant lieu à pension ont été causées ou seulement aggravées par un fait de service : Cons. d'Et., 16 déc. 1927, Crespin, p. 1227; — 14 janv. 1928, Sarret, p. 55; — 30 janv. 1929, Bardi; 7 novembre, Galy; 19 décembre, Lheureux, p. 124, 965, 1133; — 10 avr. 1930, Bardinot, p. 430; — 28 mars 1931, Mourre, p. 419.

Ainsi l'appréciation des affections compliquant une maladie, spécialement le refus de les regarder comme des infirmités distinctes, constitue une question de fait et matière décisive souveraine (Cons. d'Et., 27 juin 1928, Mattei, Caussel, p. 818, 820), si, du moins, cette décision est suffisamment motivée et fait preuve par ses termes d'une évaluation de l'infirmité d'après les faits cliniques et selon les barèmes et dispositions légales : 4 août 1927, Varenne, p. 950; — 5 mai 1928, Brun; 23 mai, Auzat; 29 juin, Lafargue, p. 571, 667, 839; — 12 et 27 mars 1930, Guitard, Rigal, p. 279, 357. — Rpr. 16 juill. 1930, Salles, p. 742.

160. — *B.* Leur évaluation a été, par contre, réglée par la loi de 1919, art. 11, alin. 1 et 2, sur la base de ce principe :

a) Qu'au cas d'infirmités multiples n'ayant point entraîné l'invalidité absolue, le degré d'invalidité [le texte emploie l'expression « taux » assez incorrecte ou inadéquate : Cf. Abrami, Ch. dép., 11 déc. 1917, *J. off.*, Déb. parl., p. 3227] est « considéré intégralement pour l'infirmité la plus grave et, pour chacune des infirmités supplémentaires, proportionnellement à la validité restante », sauf majoration de chacune d'elles, si l'invalidité entraînée par la principale est d'au moins de 20 %, « d'une, de deux ou de trois catégories, soit de 5, 10, 15 %, et ainsi de suite, suivant qu'elles occupent les 2e, 3e, 4e rangs dans la série décroissante de leur gravité » : Cf. Cons. d'Et., 26 juill. 1930, Puech; 27 nov., Bonnel, Leb. chr., p. 833, 988; — 18 mars 1931, Quilichini, p. 305. — Rpr. 2 mars 1932, Duteil, p. 247. Une addition n'est donc point faite des invalidités envisagées séparément; toutefois le système s'en rapproche moyennant l'accroissement croissant du taux avec le nombre des infirmités, i. e. l'augmentation de l'invalidité totale dans la proportion où chaque nouvelle infirmité atteint la validité fonctionnelle subsistante chez l'individu en cause. Pratiquement la condition minime de 20 % d'invalidité était nécessaire à peine d'aboutir à des chiffres dépassant la mesure de l'incapacité réelle (Rapp. Chéron, Sénat, 31 mai 1918, Doc. parl., juillet, p. 423).

161. — La règle est simple, et non moins stricte la condition d'une invalidité principale d'au moins 20 % pour le relèvement de catégorie des infirmités supplémentaires; elle est énoncée dans la loi avec une rigueur que le Conseil d'Etat a précisée. Aussi bien, au regard d'un ancien militaire reconnu atteint d'une invalidité principale de plus de 10 et de moins de 20 % et invoquant une deuxième infirmité de 10 %, le complément est à fixer sur la base, non de $10 + 5$ %, mais de $\dfrac{10 \times 90}{100} = 9$ % : l'alin. 3 de l'art. 2 de la loi n'a point de place en l'espèce, et il n'est de décompte exact du degré total d'invalidité ouvrant droit à pension à raison des deux infirmités que sur le pied de 20 et non de 25 % : 27 juill. 1927, Traverseri, Leb. chr., p. 844;

162. — *b)* Qu'au cas d'infirmités multiples ayant, du fait de l'une d'elles, entraîné l'incapacité absolue, l'infirmité supplémentaire, s'il n'en est qu'une, ne donne matière à aucune majoration ni référence à la validité restante. C'était la conséquence logique du système, préconisé par le gouvernement [Projet, n° 1410] et consacré par la loi, de règlement à l'avenir des pensions d'après le degré d'invalidité et d'arrêt à 100 % des droits des invalides et des obligations de l'Etat, suivant cet exemple donné par la loi de 1898 de ne point majorer les rentes-accidents au cas de lésions multiples dont une ou plusieurs suffisent à établir l'invalidité absolue. Pourtant l'équité poussa à y apporter une atténuation : le ministre des Finances (Ribot, lettre du 4 nov. 1916. Cf. Rapp. Masse, 24 juill. 1917) avait admis l'idée d'une bonification, dans les limites d'un maximum de 300 francs, pour une invalidité non considérée dans la liquidation de la pension, d'au moins 30 %, au cas d'insuffisance justifiée de ressources, et la commission des pensions, pour sa part, proposa « une surpension ou surgratification variant de 30 à 300 francs par multiple de 30 » jusqu'au grade de chef de bataillon inclus (Ch. dép., 24 juill. et 12 déc. 1917, *J. off.*, Déb. parl., p. 3242); l'article 12 finalement introduisit le régime, sans limitation de grade, d'un « complément de pension variant de 100 à 1.000 francs, par multiple de 100 francs, pour tenir compte de l'infirmité ou des infirmités supplémentaires évaluées suivant une échelle de 1 à 10 » (Ch. dép., 4 févr. 1919, *ibid.*, p. 396). L'art. 12, à la différence de l'art. 9 al. 3, ne prévoit pas d'échelons intermédiaires; or, l'échelle de 1 à 10 étant de moitié moindre que celle établie à l'art. 9, la différence de taux risque d'être davantage brusque et considérable; cet accident a été négligé aux travaux préparatoires (Rapp. Chéron, Sén., 18 mars 1919, Doc. parl., mai, p. 115) sur cette affirmation que « personne, considérant l'état où sont ces mutilés, ne saurait s'en plaindre ».

163. Toujours est-il que les infirmités supplémentaires, si elles sont deux ou plus, sont considérées avec esprit de faveur dans l'art. 12 al. 2, dont l'expression « blessures », employée par scrupule littéraire pour ne point écrire une troisième fois « infirmité », n'a rien de propre ni restrictif (Cf. Valentino, *op. cit.*, n° 183, p. 140) : chacune des infirmités ou blessures, en sus de la principale, est comptée pour sa valeur, avec la « majoration » croissante indiquée « à l'article précédent ».

La référence ainsi faite vise la règle (al. 3) de majoration pour les infirmités multiples; elle retentit en conséquences pratiques : les majorations de 5, 10, 15, 20 %... jouent dès et sur la première infirmité, cependant que l'infirmité globale se calcule par addition des pourcentages d'invalidité correspondant à chacune des invalidités; leur jeu, tel que décrit au Sénat (Rapp. Chéron), ne commençait qu'à partir de la deuxième infirmité supplémentaire; il fut redressé et présenté autrement à la Chambre, de telle sorte que l'exposé le plus net du dessein ou du mécanisme a, quant à ce, précédé le vote du texte : « Si, au contraire, nous attribuons une majoration à la première infirmité supplémentaire, comme cela est prescrit dans l'art. 11, qui dit expressément qu'il faut accorder « à chacune des blessures supplémentaires » la majoration indiquée à l'art. 10, nous obtiendrons un chiffre beaucoup plus avantageux... Infirmité principale (cécité) = 100 %; 1re infirmité supplémentaire = 30 % + majoration, 5 % = 35 %; 2e infirmité supplémentaire = 20 % + majoration, 10 % = 30 %; 3e infirmité supplémentaire = 10 % + majoration, 15 % = 25 %; total : 90 %. Soit un complément de pension de 90 % ou de 900 francs par an. Il était utile de mettre ce point en lumière pour assurer à nos grands blessés tout le bénéfice de la mesure que nous vous demandons ». Dans ces conditions il est intéressant de comparer les systèmes tour à tour envisagés : Système de la validité restante : pension principale, 1.600 francs; complément de pension, 60 %, 600 francs : [100 % + 1re infirmité suppl. 30 %, soit validité restante 70 %; 2e infirm. 20 % + major. 5 % = $\frac{25}{100}$ de 70 = 17,5 %, soit validité restante 52,50 %; 3e infirm. 10 % + major. 10 % = 20 % = $\frac{20}{100}$ de 52,50 = 10,5 %, soit complément de pension, 58 %, en chiffre arrondi 60 % = 600 francs]. — Système du Sénat : 1.600 fr. + complément de pension 750 = 2.350; — de la Chambre : 1.600 + complément 900 = 2.500 francs (Rapp. Lugol, Ch. dép., 31 oct. 1918, Doc. parl., p. 1873). — Elle n'a, par contre, aucunement touché à la règle de la validité restante, de la fixation du taux d'invalidité pour la seconde infirmité, au cas où la première est supérieure à 20 %, d'après la validité restante. — Cons. d'Et., 27 nov. 1930, Bonnet, Leb. chr., p. 988; — 28 mars 1931, Chabanneau; 3 juin, Col, p. 420, Table, p. 1392. — Rpr. a contr. 7 déc. 1927, Mossotti, p. 1170.

164. — C. De cette computation des infirmités supplémentaires et du calcul de ces majorations surgit une autre question, celle de savoir si le chiffre éventuellement fractionnaire (par ex. 70,25) de leur évaluation devrait servir, en tant que tel, au calcul des infirmités suivantes ou être élevé au multiple de 5 immédiatement supérieur : la première manière eût nécessité des tables d'une longueur excessive ou des calculs assez minutieux pour les commissions et les centres de réforme; la seconde eût alourdi anormalement les charges de trésorerie. Le désaccord tôt apparu ce sujet entre les départements des Finances et des Pensions fut soumis, par application de la loi du 27 avril 1920, au Conseil d'Etat. Un avis du 9 mars 1926 (Valentino, op. cit., n° 177, p. 136) a déclaré l'art. 9 de la loi spécial au taux de la pension, et sans effet sur la computation du degré d'invalidité exclusivement sujette de l'art. 11 : les calculs doivent être repris du nombre fractionnaire (70,25 en l'espèce). La circulaire du 5 janvier 1925, moins stricte, avait admis l'arrondissement de celui-ci à l'unité (71) immédiatement supérieure. La double critique a été adressée à l'avis d'imposer pour chaque cas des calculs parfois compliqués de centièmes ou cent-millièmes et d'influer seulement sur le taux de pension, majoré à l'échelon supérieur, tandis que le degré d'invalidité demeure à son évaluation intermédiaire (Valentino, op. cit., n° 178, p. 138); elle est, en vérité, là où elle est faite, accompagnée et, pour autant, minimisée par cet aveu que l'interprétation légale du Conseil d'Etat est de nature, en bien des cas, à jouer comme palliatif ou redressement de l'application pratique — inexacte du point de vue du degré réel d'invalidité, dès lors qu'il est « arrondi » — faite de certaines mesures, telles que les allocations de grand mutilé (L. fin. 31 déc. 1921, art. 128), l'admission aux emplois réservés (L. 30 janv. 1923), la réduction de tarifs de chemins de fer au profit des invalides (L. 20 oct. 1921, art. 9)...

165. — En fait, les relèvements institués à raison du nombre des infirmités supplémentaires entraînent à des calculs qui n'eussent sans doute offert guère de complication, mais dont « le barème Quiquet », du nom de son auteur, vice-président de la Société des actuaires de France, tâcha à assurer l'instantanéité : Rpr. la 2e des notes remises à la Commission consultative médicale, 7 oct. et 18 nov. 1917; Circ. 723 Ci/7, 14 mai 1918, pour l'application du décret du 29 déc. 1917, dans Valentino, op. cit., n°s 170-173, p. 122 sv. La somme en est dans la figure : In = 1-Vn : Invalidité finale = Capacité de travail avant toute invalidité-Validité finale; la détermination de cette validité résiduelle est écrite dans le théorème : En cas d'invalidités multiples au nombre de n, la validité finale Vn est le produit des taux de n validités simples, dans le « système proportionnel » d'indemnisation, et le mode d'utilisation en est expliqué dans la circulaire susdite. Le barème établissait et la circulaire acceptait le calcul de l'invalidité locale légèrement par défaut, i. e., au cas d'invalidité intermédiaire entre deux échelons (par ex. l'une des infirmités étant de 65 %, l'autre de 15 %, soit $\frac{15}{100}$ de l'invalidité résiduelle de 35 % = 0,0525; le total des deux : (0,65 + 0,0525) 70,25 dix-millièmes), le refoulement de l'invalidité totale à 70 % au lieu d'un arrondissement au multiple de 5 immédiatement supérieur (art. 5 L. 1919) : leur motif

était que, le barème ayant été établi avant la discussion de la loi du 31 mars 1919 et ses données implicitement ratifiées par la loi, l'existence clinique et la prise en considération comptable de millièmes ou dix-millièmes d'incapacité étaient inconcevables, étant donné surtout la limitation expresse (art. 4 al. 2, 7 al. 2, 9 al. 2, 11 al. 3) à 1/100e près de l'évaluation de l'invalidité (Cf. Cour région. Lyon, 3 juin 1924, G , et Paris, 26 nov. 1921, R., in Valentino, op. cit., n° 175, p. 129).

166. — En fin de compte cette méthode d'approximation par défaut n'a pas trouvé crédit au Conseil d'Etat statuant au contentieux (8 août 1924, Rodella, Leb. chr., p. 826) : lorsque le supplément de quelques dix-millièmes résulte de la combinaison arithmétique prévue à l'art. 11 de la loi, il y a lieu d'en tenir compte pour la détermination du taux de la pension, et celui-ci doit, en conséquence, et par application des alin. 2 et 3 de l'art. 9 de la loi, être fixé par référence à un degré d'invalidité apprécié de 5 en 5 jusqu'à 100 %, au taux afférent à l'échelon supérieur (Rpr. 18 mars 1925, Sylvert; 4 avr., Grange, p. 403; 22 juill., Daniel, p. 281, 403, 715; — 17 mars 1926, Larrajat, p. 292; — 26 juill. 1930, Puech; 27 nov., Min. Pensions, p. 833, 988... Rpr. 24 juill. 1930, Derode, p. 791). L'établissement d'une table-barème pour remplacer sur cette base la table Quiquet s'en est suivi (Cf. Circ. 5 janv. 1925) : le chiffre fractionnaire auquel y correspond l'invalidité finale est arrondi au multiple de 5 immédiatement supérieur (V. son texte dans le *Manuel pratique sur les pensions militaires* du commandant C. Flutet, 11e éd., 1933, p. 473 sv.). Cette solution n'est en rien contredite par cette autre suivant laquelle, au cas d'une infirmité intermédiaire entre deux échelons, l'intéressé n'a pas droit à obtenir le taux afférent à l'infirmité la plus grave (Cons. d'Et., 27 juill. 1927, Vergniaud, p. 843) : le champ des hypothèses et des règles est essentiellement différent ici et là.

III. — Les pensions temporaires et définitives.

167. — A. Au nombre des innovations de la loi de 1919 sur l'état antérieur se détache le double abandon du régime d'indemnisation pour pension ou gratification selon le caractère d'incurabilité ou de gravité de l'infirmité, d'une part, et, d'autre part, de la réserve aux hommes de troupe des gratifications. Il n'est plus que des pensions, lesquelles sont définitives ou temporaires, selon le caractère incurable ou non de l'infirmité à compenser (Cf. Cons. d'Et., 24 juin 1927, Paris, [Leb. chr., p. 715]); la condition d'une mutilation irrémédiable ou d'une perte d'organe, à laquelle le projet du gouvernement avait subordonné la concession directe et immédiate d'une pension, fut repoussée comme excessive, susceptible d'obliger à trop de visites réitérées les infirmes fonctionnels (Cf. Rapp. Masse, n° 2383). Quiconque dorénavant y a droit, spécialement l'officier de complément qui jusqu'alors n'y pouvait prétendre ou l'officier d'active dont l'infirmité n'était suffisante qu'à valoir solde de non-activité ou de réforme, dès lors, bien entendu, qu'il justifie d'une invalidité d'au moins 10 %.

168. — Entre temps une complication avait surgi au sujet des invalidités résultant de blessures multiples et d'infirmités différentes telles que les engins présents de la guerre risquent de les causer (Cf. Rapp. Masse, 21 juill. 1916, *J. off.*, Doc. parl., 1917, p. 1953), par ex. l'énucléation d'un œil et une lésion non incurable de l'autre. La loi du 11 avril 1831, muette sur ce cas, n'autorisait peut-être qu'une indemnisation pour l'infirmité de la classe la plus élevée. Le souci d'accorder à l'intéressé la réparation de l'invalidité totale prit corps dans le décret du 29 déc. 1917 (*J. off.* 1er janv. 1918) : celui-ci faisait distinction et règlement de l'infirmité incurable génératrice de pension définitive et du surplus d'invalidité donnant matière à gratification; par là il satisfaisait sans doute à la lettre de la loi de 1831 touchant l'ouverture et la liquidation du droit à pension, et il réservait, en cas de décès de l'infirme avant l'attribution de la pension, le droit de réversion de la veuve; ce pourquoi sa solution valait mieux que celles des circulaires (356 Ci/7, C. C. M., 19 déc. 1916; 525 Ci/7, 31 mai 1917) qui avaient prescrit de procéder par gratification de 100 % correspondant à l'ensemble des invalidités curable et non curable; cependant, quoi qu'en eût l'exposé des motifs, le décret violait les dispositions prohibitives du cumul, même pour des infirmités différentes, de pension et gratification. Une nouvelle instruction, 723 Ci/7, 14 mai 1918, pour les faire sortir effet, revint malencontreusement au sursis à l'octroi de la pension et à l'attribution immédiate et provisoire d'une gratification pour l'ensemble des infirmités. En déclarant « en cas de pluralité de lésions, dont l'une n'est pas incurable, le militaire ou marin admis à pension temporaire », l'alin. 3 de l'art. 4 de la loi de 1919 a enfin remis les choses au point, d'autant mieux (Valentino, *op. cit.*, n° 366, p. 286) que le régime de la pension temporaire est dorénavant accessible aux officiers comme aux hommes de troupe, assorti de réversion pour la veuve (art. 14 § 3) et automatiquement (après quatre années), au cas de persistance de l'infirmité (art. 7 § 4), changé en celui de pension définitive.

169. — *B*. La pension temporaire — de même que la gratification à laquelle elle a législativement succédé (Rpr. l'Instr. 31 mars 1906) — est basée sur l'estimation à deux ans de la durée de l'invalidité, accordée et renouvelée pour pareille période (Cf. Cons. d'Et., 25 juill. 1929, Cestrières, Leb. chr., p. 860). L'art. 7, alin. 3, de la loi de 1919, qui pose la règle, n'y contredit point, quoi qu'en laisserait *a priori* supposer sa rédaction imparfaite, quant aux réformés temporaires, dont il dit qu'ils « n'y ont droit que pendant le temps où ils sont en position de réforme » : ces expressions n'ont d'autre sens ou portée que de modeler la jouissance et le renouvellement annal de la pension temporaire du réformé temporaire sur la durée de cette réforme. Hors cette particularité, l'identité de régime est complète pour tous les anciens militaires et marins ayant obtenu des gratifications renouvelables ou des pensions temporaires : V., par *a contr.*, Cons. d'Et., 22 juill. 1925, Dayes, p. 714. Ce régime est, d'ailleurs, simplifié par rapport à celui (Instr. 31 mars 1906, a. 35) (Décr. 24 mars 1915, a. 2) des gratifications de l'époque antérieure qui se tranformaient, soit en gratifications permanentes, soit en pension, selon que, l'incurabilité apparaissant, l'invalidité demeurait inférieure ou devenait supérieure à 60 % ; l'hypothèse a disparu. Il a même, dans la réalité des choses, un certain automatisme : tandis que réglementairement (Décr. 2 sept. 1919, a. 14) une demande est imposée à celui qui désire obtenir une pension définitive (V. *infrà*, Ch. V ; Cons. d'Et., 26 mars 1931, Saudax, Leb. chr., p. 371), le département des pensions a accoutumé (Cf. Circ. 10 janv. 1922) de faire, dans les six mois précédant l'expiration de la pension temporaire biennale, convoquer le bénéficiaire de celle-ci devant la commission de réforme aux fins, ou bien de renouvellement éventuel de cette pension, ou bien de sa conversion en pension définitive, ou bien de sa suppression au cas d'abaissement de l'invalidité à moins de 10 %. — Cons. d'Et., 8 mai 1925, de Vaux, p. 450. Rpr. Circ. 25 E. M. P., 5 mai 1922.

170. — Dorénavant les perspectives (Cf Cons. d'Et., 10 déc. 1924, Monteillet, Leb. chr., p. 1000) ouvertes par la loi de 1919 sont diverses : elles vont de la suppression à la conversion ou au renouvellement à un taux supérieur, égal ou inférieur au taux primitif. L'art. 7 n'implique aucunement la conversion fatale après quatre ans écoulés de la pension temporaire en définitive, ni la fixation nécessaire de celle-ci, au cas où elle est allouée, au même taux que la première ; pour cette fixation il impose, tout au contraire : *a*) à l'administration et, en cas de litige, aux juges du fait, quelle que soit la date de leur décision (Cons. d'Et., 11 juin 1926, Pulet, p. 599 ; 12 juill. 1927, Delforge, p. 766), des examens médicaux (Cons. d'Et., 7 juill. 1926, Prégent, p. 701) et la discussion de l'état de santé de l'intéressé à l'expiration du délai maximum de quatre années au terme duquel la situation doit être réglée : Cons. d'Et., 8 mai 1925, de Vaux, p. 450 ; — 25 avr. 1925, Renaud ; 30 juin, Abadie ; 30 nov., Almeras, Delbruyère (2 arrêts), p. 418, 670, 954, 955 ; — 16 mars 1927, Bourvyn ; 23 mars, Pivot ; 3 juin, Pansart, p. 345, 375, 617 ; — 8 févr. 1928, Boucharen ; 24 mars, Deliry ; 28 mars, Chollet ; 2 août, Joseph Gracis ; 24 nov., Carlie ; 1er déc., Faure, Maron, p. 185, 398, 468, 1022, 1202, 1248 ; — 25 juill. 1929, Cestrières, précité ; 19 déc., Morel, p. 1134 ; — 9 avr. 1930, Matteaccioli, p. 410 ; — 26 mars 1931, Saudax, p. 371 ; — 3 févr. 1932, Versini ; 19 mars, Romiguière, p. 137, 371, — un retard à réunir la commission de réforme eût-il même empêché, en droit, de faire état de ces constatations : 19 déc. 1929, Morel, p. 1134. — Rpr. 28 juill. 1926, Lajoie, p. 805 ; — 30 mars 1927, Brévière, Table, p. 1553 ; — et donc *b*) au requérant devant les juridictions compétentes, dans les délais de droit (1er mai 1929, Fabre, p. 443), et peut-être à peine de déchance de son droit à pension (Cpr. Cons. d'Et., 20 janv.

1926, Jourdeuil, p. 63), la preuve de l'origine ou de l'aggravation de son infirmité par suite des fatigues, dangers ou accidents du service : 12 mars 1924, Guérin, p. 293 ; — 7 janv. 1927, Tricau, p. 39 ; — 13 juin 1928, Girod-Roux, p. 741 ; par *a contr.*, 18 juillet, Fabre, p. 911 ; et celle des barèmes applicables : 4 juin 1927, Tournaire, p. 667. Comme de droit, la règle de la décision administrative préalable joue au plein, de telle sorte que l'omission de statuer sur une infirmité invoquée pour la première fois par-devant une cour régionale alors que le ministre n'aurait pas été saisi d'une demande et nulle commission de réforme appelée à statuer, ne vicierait pas l'arrêt de la cour : 26 juin 1930, Decercle, p. 656.

171. — Elles dépendent d'appréciations de fait touchant le taux d'invalidité, le point de départ de la pension temporaire…, qui, elles aussi, et par application continue de l'art. 43 de la loi de 1919, ne sont susceptibles d'être déférées au Conseil d'Etat que pour violation de la loi et par la voie du recours pour excès de pouvoir : Cons. d'Et., 5 janv. 1924, Bionne ; 12 mars, Guérin et Chambaut (2 arrêts) ; 4 juin, Bournier, p. 24, 293, 552 ; Table, p. 1346 ; — 18 mars 1925, Vincent, Table, p. 1316 ; — 17 mars 1926, Carrajat, p. 292 ; — 2 févr. 1927, Dellapina ; 24 juin, Paris ; 12 juill., Richard, p. 142, 715, 785 ; — 29 févr. 1928, Dessessaire ; 23 mai, Auzel ; 13 juin, Girod-Roux ; 27 juin, Peyrot ; 2 août, Vayssettes, Bodin (2 arrêts) ; 31 octobre, Giraudo, p. 287, 667, 741, 818, 1020, 1025, 1110.

Quelque imparfaite qu'elle soit d'apparence ou réellement, la formule les sauvegarde, ou du moins ne les rétrécit pas au préjudice du requérant, qui, d'occasion, a déclaré l'Etat « entièrement libéré envers l'intéressé par l'allocation d'une pension temporaire d'invalidité de x % » : Cons. d'Et., 10 déc. 1924, Monteillet, p. 1000.

172. — *C*. Le principe de conversion en pension définitive de la pension temporaire était d'équité et de logique au cas d'incurabilité apparue des infirmités. En ce cas seul : l'art. 87 L. fin. 28 févr. 1933 (S. L. ann. 1933, p. 923, note 102 ; Rpr. Rapp. Henri Roy, Sén., 14 févr. 1933, Doc. parl., p. 60) l'a bien spécifié, en déclarant la conversion impossible hors ce cas et, s'agissant de maladies, avant l'expiration d'un délai minimum de dix ans ou de l'une des périodes biennales ultérieures (Cf. Instr. 16 août). Pour sa mise en œuvre seule était certaine et fut indiscutée la convenance ou la volonté d'abréger le plus possible la période d'anté-consolidation définitive de la situation de l'intéressé. Sur deux points les tâtonnements se produisirent, touchant :

a) D'une part, la durée du délai : la réduction à deux des cinq périodes biennales proposées, au début, par la commission de la Chambre des députés fut admise selon les vœux répétés des associations des mutilés (Amend. Maginot, Ch. dép., 20 déc. 1918, *J. off.*, p. 3485). Une combinaison a été écartée, qui consistait à maintenir une pluralité des visites biennales, parce que correspondant à l'évolution possible d'une maladie, et à réserver à l'intéressé, durant cinq années consécutives à l'attribution de la pension définitive, le droit (Cf. art. 69) de demander la révision en cas d'aggravation de son invalidité. En vérité, la révision ne joue que pour une aggravation égale ou supérieure à 10 % (Cf. Cons. d'Et., 19 mars 1931, Silvestrini, p. 314), donc du double de celle motivant à la visite biennale un accroissement de la pension (Cf. 13 juin 1928, *in f.*, Girod-Roux, p. 741) et moyennant la preuve de l'imputabilité de cette aggravation à la blessure ou maladie ayant donné lieu à la pension définitive ; selon toute vraisemblance, la multiplicité des visites fut écartée parce que susceptible de fournir raison à une diminution des pensions.

173. — Pourtant, à la règle de la concession et du maintien de la quotité durant deux années de la pension temporaire une atténuation s'imposait, au cas de complication nouvelle ou d'aggravation en cours de la période biennale de l'infirmité y ayant donné lieu. Sous le régime de l'art. 25 Instr. 31 mars 1906, toute demande entre temps était refusée, sauf un ordre particulier du ministre, et à moins de six mois depuis la visite bisannuelle. L'exemple de pays étrangers, où des comités locaux sont admis à apporter une aide immédiate, même pécuniaire, aux mutilés, fut proposé (Amend. Lefas, Ch. dép., 26 déc. 1918), et l'investiture demandée à pareilles fins de l'Office national des mutilés et réformés, mais contestée aussitôt (Abrami, s.-secr. d'Etat) à raison du défaut de crédits, des risques de multiplication des demandes et des actions politiques néfastes

(*J. off.*, Déb. parl., p. 3570 sv.). La loi, art. 7 alin. 3, ne l'a donc pas suivi ; mais elle a ouvert la double voie d'une demande au ministre, accompagnée de certificat médical et, en cas de refus du ministre, d'une instance en révision au tribunal des pensions. La partie du texte ordonnant qu'il y soit « statué dans les deux mois qui suivront la demande » est impérative ; et il n'a pas fait difficulté (Cf. Trib. départ. Pyrénées-Orientales, 26 mai, et Cour région. pens. Montpellier, 7 avr. 1924, Valentino, *op. cit.*, n° 378, p. 294) qu'au cas de circonstances de fait et de retards non imputables à la négligence de l'intéressé, la jouissance de la pension nouvelle remontât à l'expiration dudit délai ;

174. — *b*) D'autre part, son point de départ : au lieu de s'attacher aux périodes biennales et, par là, de se référer aux décisions concédant une pension temporaire à l'intéressé, la loi, art. 7 alin. 4, fait état d'un « délai maximum de quatre ans à dater du point de départ légal fixé dans les conditions indiquées dans l'art. 2 » (Cf. Cons. d'Et., 21 nov. 1928, Menu, Leb. chr., p. 1202). Délai continu, il va sans dire, de telle sorte qu'il ne serait pas accompli et que la disposition légale ne jouerait pas au cas de pension temporaire tour à tour admise, supprimée à raison d'une infériorité à 10 % de l'invalidité, et ultérieurement rétablie après révision pour aggravation par une commission de réforme. En réalité, au souci d'abrègement des délais a été sacrifiée l'unité d'effets par le législateur pourtant prévenu des résultats de la formule (Cf. Rapp. Chéron, Sén., 18 mars 1919, Doc. parl., p. 114), laquelle aboutit, — tantôt à un ralentissement : un soldat proposé le 1er mars 1917 pour la réforme n° 1, avec gratification de 8e catégorie, et admis à gratification le 25 juin avec effet du 1er janvier 1917,... a dû demeurer en observation jusqu'au 1er mars 1921, au lieu qu'avec le système des deux périodes biennales sa situation eût été irrévocablement fixée le 1er janvier 1921 ; — tantôt à un rétrécissement : un soldat réformé n° 2 le 20 décembre 1916, admis avec le bénéfice de la présomption de l'art. 5 à pension temporaire le 15 juillet 1919, a atteint le terme extrême de celle-ci le 20 décembre 1920, au point de n'en jouir que dix-sept mois ; — tantôt même un anéantissement : un soldat réformé n° 2 le 3 janvier 1915 n'a pu être admis à pension temporaire, les quatre ans à compter du point de départ légal de la pension étant déjà écoulés au moment de la promulgation de la loi. Aussi bien l'attribution d'emblée d'une pension définitive, admise par la pratique, fut-elle, à juste titre, condamnée par le Conseil d'Etat (22 juill. 1925, Dayes, Leb. chr., p. 714. Cpr. 12 avr. 1930, Beyssou, p. 472), la présomption d'invalidité et l'attribution qui s'ensuit de pension définitive étant réservées par la loi aux individus ayant déjà obtenu gratification renouvelable ou pension temporaire.

175. — Bref, la loi de 1919 a instauré une sorte de présomption d'incurabilité des infirmités après quatre ans écoulés depuis l'attribution de la pension temporaire, et la règle de conversion en pension définitive moyennant une visite dûment passée en temps opportun, en principe dans les six derniers mois de la période quadriennale : Cf. Circ. 2050 Ad, 12 oct. 1920 : — Trib. départ. Lot, 11 avr. 1922, R., Valentino, *op. cit.*, n° 387, p. 301 ; — Cons. d'Et., 9 mars 1928, Naudet, p. 347. Rpr. 25 juill. 1929, Cestrières, précité. Les termes de son art. 7 sont formels au point de ne point souffrir d'exception dans le cas de majoration advenant à une pension définitive après l'expiration dudit délai de quatre ans : Cons. d'Et., 13 juill. 1932, Hanesse, p. 726, et d'avoir rendu les intéressés recevables en pareille circonstance à contester le caractère temporaire attribué par un arrêt de cour régionale à leur pension majorée, alors que le point de départ de la pension initiale était antérieur de plus de quatre années à cet arrêt : Cons. d'Et., 2, 9 et 24 juill. 1929, Petitjean, Loubet, Azaïs, p. 668, 700, 829.

176. — Son jeu, comme il était fatal, a néanmoins été mis en question et, comme il convenait, défini par le Conseil d'Etat en ses avis et arrêts. L'automatisme de la conversion a été affirmé, mais écarté, quelle qu'ait été la situation faite aux intéressés lors de l'attribution et du renouvellement après visite de la pension temporaire : Avis Cons. d'Et., sect. fin. 26 juill. 1921 ; Circ. 29 oct. 1921 ; Décl. min. Pensions, Ch. dép., 1er déc. 1921. *J. off.*, p. 4470 : il n'est point d'obligation sans cause, et une loi de réparation comme est celle de 1919 ne saurait jouer sans dommage, sans pourcentage d'invalidité dûment mesuré. L'impossibilité a été prétendue aussi de prescrire la visite, passé

strictement le délai de quatre années (Cf. Lugol, Ch. dép., 31 janv. 1922, *J. off.*, p. 218 ; Prop. n° 4210, 31 mars 1923) : la prétention heurtait cette idée de droit qu'à moins d'un texte précis et indiscutable la simple expiration d'un délai ne saurait fixer un état de choses non contrôlé (Cour région. Paris, 21 juill. 1923, T. ; Cons. d'Et., 13 janv. 1926, Herlem ; 24 févr., Penchenat ; 30 avr., Ben Mokter Mohamed ; 9 juin, Hazan ; 7 juill., Prégent ; 10 nov., Almeras, Delbruyère (2 arrêts précités) ; 15 déc., Lefebvre, Leb. chr., p. 37, 214, 577, 704, 1109 ; — 13 juin 1928, Richelmy ; 21 nov., Carlie ; 6 déc., Ricour, p. 741, 1202, 1264 ; — 9 juill. 1929, Dorlain, p. 700) ; au demeurant la légalité et l'équité sont incluses dans cette directive de la haute juridiction que l'invalidité à expertiser est celle existante à l'époque d'expiration de la pension temporaire originairement concédée, et non du moment de la visite effectivement subie : Cons. d'Et., 8 mai 1925, de Vaux, p. 450 ; 13 janv. 1926, Sauvadet ; 20 janv., Gras, p. 38, 62.

CHAPITRE IV

LE TAUX DES PENSIONS D'INVALIDITÉ.

I. — *Le principal et les éléments du pourcentage.*

A. *Les précédents législatifs.*

177. — Au travers des systèmes législatifs une donnée est demeurée, celle d'un rapport quant à leur liquidation entre pensions d'invalidité et d'infirmité, celles-ci ayant figure d'une retraite d'ancienneté par anticipation (Rapp. Masse, 21 juill. 1916, Doc. parl., févr. 1917, p. 1934 sv.), — ayant pour cause toute blessure reçue aussi bien en service commandé (L. 11 avr. 1831, art. 12) que « du fer ou du feu de l'ennemi » comme disait avec exclusivité l'ordonnance du 27 août 1814, art. 2, 3, — ayant enfin comme caractéristiques favorables d'être calculée d'après le grade tenu au jour de l'admission à la retraite (L. 1831, art. 18), de ne point faire condition d'un temps de service dans le grade, et de tenir dans le calcul des services compte, soit des campagnes, soit des services civils sans exigence d'un minimum de services effectifs (Instr. 23 mars 1897, art. 30). La gravité de l'infirmité, par contre, dès la loi de 1831, avait sailli, génératrice, suivant sa classe, d'une différenciation des pensions variables et fixes (Cf. les deux tableaux, Valentino, *op. cit.*, p. 149, 151), — les premières, afférentes à la 5e et 6e classes, lesquelles donnaient occasion, l'une et l'autre, au minimum de la pension d'ancienneté et à une majoration au titre de services et campagnes, allouée pour la 6e classe à partir de 30 annuités pour les officiers ou 25 pour les hommes de troupe ou immédiatement pour la 5e (L. 1831, art. 16, 17) ; les secondes, indépendantes de l'élément services et campagnes, ayant modelé toujours la pension sur celle du grade, mais ajouté à ce minimum, pour les 1re et 2e classes, tour à tour, une majoration de 20 % pour les officiers ou 30 % pour les hommes de troupe (L. 25 juin 1861, art. 5) et à la pension ainsi liquidée, pour les invalides ayant besoin de l'assistance d'une tierce personne, une somme de 225 francs jusqu'au grade de chef de bataillon inclus (L. 13 juill. 1917, disjointe de la loi des pensions ; Cf. Rapp. Masse, n° 3491, 28 juill. 1917, Déb. parl., octobre, p. 1301).

178. — Et ce rapport avait dominé aussi les gratifications, renouvelables ou permanentes, allouées à l'homme de troupe devenu infirme et demeuré sans droit à pension, dès lors que leur quotité, échappant au pouvoir discrétionnaire originel, (Ordonn. 27 août 1814) et établie sans égard à la solde, fut déterminée d'après le degré d'invalidité, en correspondance avec le minimum de la pension d'ancienneté ; puis l'ordonnance du 3 août 1853, qui les traitait encore comme secours, leur donna — d'où leur surnom « demi-pension » — pour mesure la 1/2 du minimum de la pension d'ancienneté afférente au grade ; le décret du 13 février 1906, mettant au jour et en œuvre le concept d'indemnisation, établit, en sus de ce minimum réputé équivalent à 60 %, d'autres taux correspondant à invalidités de 10 % et 20 % ; dans la même ligne, celui du 24 mars 1915 (Rpr. Instr. 10 avril ; Rapp. Masse, 21 juill. 1916 et Lugol, 14 déc. 1917) le compléta par l'attribution d'autres valeurs d'indemnité et taux de pension ; la loi du 13 juillet 1917, le décret du 29 décembre 1917 et celui du 9 juillet 1918, enfin, instituèrent le procédé des majorations et élargirent le bénéfice de gratifications intercalaires (Cf. Valentino, *op. cit.*, n°s 199, 200, p. 154 sv.), de telle sorte que surgit et s'appliquait cette correspondance :

INVALIDITÉ %	10	20	30	40	50	60	65	70	75	80	85	90	95	100
Quantum de la pension d'ancienneté.....	1/6	1/3	1/2	2/3	5/6	Minimum				Maxim.		Maximum		
Différence entre le minimum et le maximum de ladite pension et l'indemnisation de 100 %.....	»	»	»	»	»	»	+1/4	1/2	3/4	»	%1/4	1,2	3/4	+30% +225 fr.

179. — Les pensions d'invalidité et les gratifications de réforme n'avaient donc point, en thèse, de rapport avec la solde; mais, étant fonction des pensions d'ancienneté, elles variaient en fait, croissant ou s'abaissant selon la solde élevée ou faible d'après le grade, suivaient ainsi un mouvement tout naturel pour une armée de métier et opéraient pour celle-ci « une réparation du dommage subi du fait de la guerre » (Léon Bérard, Ch. dép., 27 nov. 1917, *J. off.*, Déb. parl., p. 3045; Rpr. Valentino, *op. cit.*, n° 201, p. 157 et *L'indemnisation des infirmités de guerre*, p. 180). L'universalité de l'obligation militaire devait avoir pour éventuelle conséquence l'élargissement du devoir public de réparation, du droit pour tout militaire d'exciper du dommage lui advenant à la guerre pour l'exercice de sa profession civile. L'idée d'un « 1898 militaire », d'une extension des principes de la loi sur les accidents du travail, la proposition de faire de la pension, non la compensation d'un degré évalué d'infirmité, mais la représentation, sinon totale (Prop. Ghesquière, 23 mars 1907; Ghesquière-Delory, 16 mars 1911) ou équivalente au salaire minimum de l'ouvrier non qualifié (Prop. Vaillant-Bracke, 19 janv. 1915; 5 déc. 1917, *J. off.*, p. 3145), au moins forfaitaire, 2/3 ou 1/2 de la différence des salaires d'avant et d'après l'infirmité (Cf. *supra*, n° 139; Prop. Mirman, Ch. dép., 6 mars 1905), perdit faveur; aussitôt le renvoi fait à la commission des pensions du projet déposé le 4 novembre 1915, ceux qui l'avaient mise en avant jugèrent difficile de la soutenir encore et « d'essayer de faire un tout harmonieux » dès l'instant que des droits étaient réputés « acquis », encore que souvent ils fussent ou dussent être en contradiction avec les principes mêmes de la loi de 1898 (Doizy, Ch. dép., 30 nov. 1917, Déb. parl., p. 3110).

180. — Cependant la proposition (Lémery-Léon Bérard, V. *supra*, n° 13), fondée sur une notion de dommage professionnel, d'adaptation de l'indemnité à la diminution du revenu civil, admise assez communément et sous des formes diverses par les législations étrangères (Cf. André Gellé, *Le droit à pension des invalides de la guerre 1914-1918*. 1923, p. 169 sv.), posait en règles, d'une part, la liquidation de l'indemnité en tous cas, même en celui où manquerait une perte de gain, par application du degré d'invalidité à un revenu fixe présumé (de 2.400 francs) et, d'autre part, l'attribution d'une indemnité complémentaire suivant taux dégressifs avec l'élévation des revenus considérés. Non plus qu'aucun système elle n'était, certes, capable d'aboutir, et d'ailleurs elle n'y prétendait point finalement, à une réparation intégrale de l'éventuel préjudice; mais, plus que d'autres, soucieuse des possibilités financières et avertie des limitations nécessaires, elle tâchait à accommoder par une sorte de concordat législatif le droit de l'infirme à réparation intégrale. De ce double point de vue (Cf. Léon Bérard, Ch., 27 nov. 1917, *J. off.*, Déb. parl., p. 3046) elle eût valu d'échapper aux objections outrées et au verbalisme patent qui lui reprochaient, soit de violer la déclaration des droits et l'égalité des citoyens devant la loi (Bonnevay, Masse, Abrami, Ch. dép., 4, 18 déc. 1917, p. 3121, 3125, 3317. — Rpr. Marcel Lehmann, *Le droit des mutilés*, 1918, p 45) et de n'établir point de rapport entre le dommage réel subi et la réparation eu égard au revenu professionnel d'avant la mobilisation (Etienne Nouveau, *Le risque social*, 1918, p. 138); soit de « cristalliser les infériorités » pour les professions à main-d'œuvre abondante (Pressemane, Ch., 18 déc. 1917, p. 3323); soit de risquer de « transformer le pays en un immense

prétoire » par la discussion de la valeur sociale représentée par la masse des mutilés, infirmes et malades et de leurs ayants cause (Masse-Abrami, Ch. dép., 4, 18 déc. 1917, *loc. cit.*) ou de la diminution exacte du revenu imputable à l'infirmité (Lugol, Ch. dép., 23 nov. 1917, *ibid.*, p. 3023. — Rpr. M. Lehmann, *op. cit.*, p. 17, 48) : il est aisé pourtant de voir que l'égalité matérielle échappe aux doctrines socialistes mêmes; que le défaut de rapport allégué est peu vérifié quant aux réservistes et territoriaux, la majorité de l'armée ayant dans la pré-guerre obtenu le plus souvent l'entier rendement de la profession, enfin qu'il appartient à la loi d'établir et de gouverner l'ordre des recours et la charge des preuves... La part du forfait et la justice par approximation sont des fatalités en tout régime de pensions militaires.

181. — Ses auteurs l'ayant retirée (5 déc. 1917, *J. off.*, Déb. parl., p. 3149) y substituèrent (19 déc., *ibid.*, p. 3345) une transaction, qui avait pour dessein pratique de corriger, dans la mesure du possible, au profit des officiers subalternes, sous-officiers et soldats, à salaires ou gains professionnels d'ouvriers, d'artisans et de petits commerçants, les inégalités résultant en matière de pensions de la différence des grades, et consistait à cette fin à ajouter à la pension liquidée selon les vues de la Chambre deux catégories d'indemnités complémentaires, de 10 ou de 5 %, pour la perte de revenu compris entre la pension allouée et 3.000 francs ou entre 3.000 et 6.000 francs, en l'un et l'autre cas, dans les limites d'un revenu ou de la portion du revenu apparemment et légitimement imputable au travail personnel... Compliquée sans doute par sa façon, pour servir l'égalité, de ne compenser que jusqu'au taux maximum de 6.000 francs le perte du revenu civil, — la complexité est, en vérité, préférable à l'arbitraire, — elle n'a obtenu qu'après avoir été écartée par la commission, le gouvernement et la Chambre cette justice du rapporteur (Lugol, 5 et 12 déc. 1918, *ibid.*, p. 311, 3353) et du sous-secrétaire d'Etat à l'administration de la guerre (Abrami, 20 déc. 1918, *ibid.*, p. 3488) que, prêtant considération à la valeur professionnelle du mort ou de l'invalide, au manque effectif à gagner, elle eût mis en forme « peut-être un mode de correction qui aurait permis de faire quelque chose de meilleur et de plus juste » que l'appréciation, en règle, de l'invalidité d'après ses seuls caractères anatomiques et morphologiques (Cpr., à propos de l'exception introduite à l'art. 65, Pressemane, 31 janv. 1918, *ibid.*, p. 263; Ernest Lafont, 4 févr. 1919., *ibid.*, p. 390).

B. Le système actuel.

182. — Effectivement les délibérations s'engagèrent et les votes se produisirent sur un autre plan, celui de pourcentages et de tableaux des degrés d'invalidité. « Le taux des pensions d'invalidité est réglé suivant les tableaux annexés à la présente loi »; ces mots, par lesquels débute l'art. 3, y sont l'incontestable témoignage du dessein (Rapp. Lugol, 14 déc. 1917, *J. off.*, Doc. parl., 1918, p. 2018) et de la méthode qui consistèrent à instituer, comme éléments de la pension, le taux de base, *i. e.* la pension allouée pour une infirmité de 100 % au grade inférieur, la valeur du centième d'invalidité et la majoration de la pension suivant le grade du pensionné. Eléments, sinon tout nouveaux, du moins fort élargis dans la loi de 1919 par rapport à ceux que mettaient en œuvre celles de 1831 et de 1861 : l'indemnisation des infirmités ne garde plus que lien de tradition, du moins assez lâche, par et pour des points de repère avec le chiffre des pensions d'indemnité; la proportionnalité de degrés entre cette indemnisation et ces infirmités est règle commune; sur cette double donnée le projet gouvernemental et celui de la commission furent assez vite accordés.

1. Le taux de base.

183. — Il les avait pourtant opposés tout d'abord, et ce fut le jeu des débats que de l'élever successivement du chiffre de 975 (projet du gouvernement) à ceux de 1.200 (1re proposition de la commission de la Chambre, 23 nov. 1917, *J. off.*, p. 3019); 1.500 (1re délibération de la Chambre, 18 déc. 1917, p. 3331); 1.600 (1re délibération du Sénat, 19 sept. 1918, p. 634); 1.800 (2e proposition de la commission de la Chambre, 31 oct. 1918), enfin, d'après le vote de la Chambre en 2e délibération (26 déc. 1918, p. 3600) et avec la ratification définitive du Sénat, 2.400 francs. Le chiffre de 1.200 francs, qualifié d'« insignifiant et dérisoire » (Puech, Ern. Lafont, 27 nov. 1917,

p. 3040, 3047), défendu (Lugol) avec la double raison du caractère simplement complémentaire de la pension dans les ressources ou expectatives de l'invalide et de la capacité et sauvegarde financière du Trésor (Lugol, *loc. cit.*, p. 3019, 3024. Rapp. Masse, 4 décembre, p. 3124; Lefas, 30. novembre, p. 3109), fut, en effet, l'objet quasi-immédiat de propositions de relèvement (Amend. Jobert et Jean Bon, 11 décembre, p. 3219, 3322...; Pressemane, Goude, 18 décembre, p. 3324, 3326). L'une des raisons avancées pour le justifier, la possibilité et la convenance d'un certain travail pour beaucoup d'invalides, était quelque peu suspecte, faisait confusion des deux données de la pension et du travail étrangères ou devant demeurer étrangères l'une à l'autre dès lors qu'est et avait été repoussée la considération du revenu professionnel civil. L'un des arguments employés pour l'écarter, le devoir et le droit d'en légiférer en toute justice sans souci du sacrifice budgétaire (Bracke, 18 décembre 1917, p. 3330), était tout d'imprudence et d'imprévision. Il fut emporté par la discussion.

184. — L'unanimité à le fixer au chiffre de 2.400 francs ne s'étendit point, tout au contraire, à le régler (Amend. Pierre Rameil, 26 déc. 1918, *J. off*, p. 3600. — Cpr. Goude, 27 nov. 1917, p. 3043; de Chappedelaine, 12 déc. 1918, p. 3348; M. Lehmann, *op. cit.*, p. 7; Valentino, *op. cit.*, p 189, note 3) d'après le « coût de la vie ». Il est assez juste de penser que la fixation d'autorité et nécessairement assez basse du taux de l'invalidité totale est quelque peu arbitraire (Cf. Léon Bérard, Ch., 12 déc. 1918, p. 3347); et il était, pour l'écarter, assez indiqué de rappeler (Cf. Albert Thomas, 17 décembre, p. 3399) l'histoire durant la guerre des salaires, la révision des articles du bordereau des salaires, la coutume introduite d'un salaire normal eu égard aux prix quotidiens de l'existence. Il ne l'était pas moins de découvrir à l'objection et à l'argument — alors même qu'il ne se serait agi que d'un coût moyen de la vie, négligeant approximations et variations de régions ou d'agglomérations — ce tort de créer de la précarité par la porte ouverte aux révisions : l'opposition conjointe, fondée sur la raison de « la sécurité du lendemain », du ministre des Finances (Klotz) et du président de la commission du budget (Raoul Péret) décida (*ibid.*, p. 3606) du vote du « chiffre ferme » pour l'indemnisation, au grade inférieur, de l'invalidité totale (100 %).

2. *La valeur du centième d'invalidité.*

185. — Elle était problème connexe, successif à celui de la répartition en classes des infirmités et donnait lieu, pour autant, à une option entre systèmes dégressif, proportionnel ou progressif d'indemnisation. Seule une formule, négative, celle de l'indemnisation non dégressive, de la valeur non décroissante du degré d'invalidité, détermina un accord rapide : peut-être au-delà d'un certain chiffre les indemnisations élevées, celles attachées aux hauts grades, offrent-elles, du point de vue de l'utilité-limite, une moindre nécessité; à juste titre l'abaissement de la valeur du centième au fur et à mesure de l'aggravation de l'infirmité apparut « une inégalité d'autant plus choquante qu'elle se manifestait au détriment des grands blessés » (Rapp. Lugol, 31 oct. 1918, Doc. parl., p. 1870). Le choix était restreint, dès lors, entre les gradations progressive, de majoration du centième à partir d'un certain palier eu égard à l'importance relative accrue du degré d'invalidité, ou arithmétique, d'application aux divers degrés d'invalidité d'un centième de valeur constante. Des circonstances extérieures l'ont influencé : d'une part, l'élévation sensible des tarifs des pensions des grands blessés obtenue du gouvernement par la commission de la Chambre des députés et ayant entraîné une modification de l'échelle de valeur du centième; d'autre part, la réclamation de la stricte proportionnalité de la pension au pourcentage d'invalidité formulée par les associations de mutilés (Cf. Rapp. M. Lehmann au Congrès de Lyon, févr. 1918, *Journ. des mutilés et réformés*, n° 9 mars).

186. — L'indemnisation proportionnelle réclamée par voie d'amendement (Pressemane, Betoulle. p. 3325, 3327) aux projets et aux conclusions de la commission échoua tout d'abord (18 déc. 1917, p. 3325, 3331). Le caractère progressif du tarif fut admis plus tard (Rapp. Lugol, 31 oct. 1918, p. 1870), sur la double constatation de fait du nombre des mutilés inférieur à celui imaginé et de la gravité assez commune des infirmités évaluées à moins de 50 %, et en considération de la difficulté de se replacer dans des conditions équivalentes à celles de l'avant-

guerre pour celui dont l'invalidité se rapproche du degré maximum. Il s'ensuivit un système d'indemnisation hybride, proportionnelle pour les petites et moyennes infirmités, progressive pour les grosses mutilations : Cf. dans Valentino, *op. cit.*, n°ˢ 255, 257, p. 204-206, les degrés et écarts proposés par la commission, selon le chiffre successivement admis, 1.600, 1.800, 2.400 fr., pour l'indemnisation d'invalidité totale du soldat ou marin. En dernier lieu, contre l'ultime proposition de la commission (26 déc. 1918, *J. off.*, p. 3595), un amendement (Rameil), combattu notamment par la commission et le ministre des Finances (Cpr. Bouffandeau, Klotz..., p. 3605), suggéra et enleva la substitution à la progressive d'une graduation simplement arithmétique, comme plus, rationnelle et moins arbitraire, écartant récriminations et risques de chercher « pourquoi un mutilé qui a 50 % d'incapacité ne touche(rait) que 900 francs, alors que, logiquement, il devrait en avoir 1.200, soit la moitié du montant de l'incapacité absolue » (Louis Puech, 26 déc. 1918, p. 3604). La proportionnalité au degré d'invalidité gouverne le taux des pensions et saillit aux tableaux annexés à la loi.

187. — L'économie de ces tableaux est d'une simplicité comme d'une raison très apparente quant aux hommes de troupe : elle opère un léger relèvement pour chaque grade, tel que le dépassement du taux (100 %) d'invalidité totale ne soit pas de plus de 200 francs, et que la pension n'aille pas au-delà de 2.600 francs pour l'adjudant-chef, par comparaison avec celle (2.400) du simple soldat, l'augmentation étant communément de 30 francs pour chacun des grades intermédiaires : un tarif unique n'eût pu être consacré sans porter atteinte aux droits établis, étant donné que la commission elle-même, avant le vote de la loi du 26 décembre 1918, avait proposé seulement 2.400 francs pour l'adjudant-chef. — Elle est moins nette quant aux pensions d'officiers : simple arrondissement des chiffres antérieurs pour les grades inférieurs; relèvement plus sensible à partir du grade de capitaine; et, sauf pour le général de division (maintenu à 12.600 francs), rebondissement au profit des officiers supérieurs d'autant plus notable que la pensée première de la Chambre avait été de réserver à la troupe et aux officiers subalternes ou aux moindres l'effort et le changement financier et d'arrêter les avantages aux chefs de bataillon inclus. — L'armée de mer et les officiers des équipages de la flotte sont traités à des tarifs correspondants; et, du point de vue du principe, de la différence de grade comme cause de relèvement, il n'y a lieu que d'observer sa signification, sa portée plus accusée, étant donné que pour les officiers-mariniers, quartiers-maîtres et matelots l'accession de chaque grade suppose une plus longue durée de services. Cf. Rapp. Chéron, Sén., 18 mars 1919, Doc. parl., p. 114. (*V. le tableau de la page suivante.*)

189. — A compter du 1ᵉʳ janvier 1929, tous ces tableaux et leurs taux sont à majorer, en exécution de la loi du 23 mars 1929, d'un supplément annuel égal à 140 % de la pension allouée par celle de 1919 à un soldat atteint de la même invalidité. C'est la troisième mesure de ce genre; la première avait pris, au 1ᵉʳ janvier 1925, forme d'une augmentation, de même base, de 80 %; la deuxième, à l'art. 80 de la loi de finances du 30 décembre 1928, d'un supplément égal à 132 %. Pour en calculer l'effet et obtenir le total actuel de la pension et de sa majoration, il faut, quel que soit le grade en cause, ajouter au taux de 1919, selon le degré d'invalidité, le supplément accordé à un simple soldat, — par exemple, pour un lieutenant du 2ᵉ échelon à 50 % d'invalidité (L. 1919, tabl. I) : 1925 + supplément calculé sur pension de soldat ayant même degré d'invalidité (L. 1919, tabl. III : 1.200 + L. 1928, 140 %) 1.680 francs = 3.605 fr. et, à tous coups, pareillement.

3. *La majoration de la pension suivant le grade.*

190. — Elle était dans la tradition légale. Contestée par les associations de mutilés (Congrès Paris, nov. 1917, et Lyon, févr. 1918), sur ce thème ou du moins en cette position de repli (Lehmann, *Journ. des mutilés et réformés*, n° 9 mars 1918) que la place des avantages au grade est plus indiquée dans une loi de récompense nationale que dans le statut organique des pensions, elle a sorti effet, comme une conséquence de la constitution même de l'armée et un reflet de la hiérarchie militaire, hormis toute distinction entre officiers de carrière et de complément. Des objections furent élevées au nom de l'idée de réparation et de son incompatibilité au sein d'une armée de métier

TAUX D'INVALIDITÉ

TABLEAU I. — Armées de terre et de mer. — *Officiers.*

Francs.

GRADES	10 %	15 %	20 %	25 %	30 %	35 %	40 %	45 %	50 %	55 %	60 %	65 %	70 %	75 %	80 %	85 %	90 %	95 %	100 %
Général de division / Vice-amiral	1 260	1.890	2.520	3.150	3.780	4.410	5.040	5.670	6.300	6.930	7.650	8.190	8.820	9.450	10.080	10.710	11.340	11.970	12.600
Général de brigade / Contre-Amiral	1.020	1.530	2.040	2.550	3.060	3.570	4.080	4.590	5.100	5.610	6.120	6.630	7.140	7.650	8.160	8.670	9.180	9.690	10.209
Colonel / Capitaine de vaisseau	840	1.260	1.680	2.100	2.250	2.940	3.360	3.780	4.200	4.620	5.040	5.460	5.880	6.300	6.720	7.140	7.560	7.980	8.400
Lieutenant-colonel / Capitaine de frégate	680	1.020	1.360	1.700	2.040	2.380	2.720	3.060	3.400	3.740	4.080	4.420	4.760	5.100	5.440	5.780	6.120	6.460	6.800
Chef de bataillon / Capitaine de corvette — 2e échelon	625	938	1.250	1.563	1.875	2.188	2.500	2.813	3.125	3.438	3.750	4.063	4.375	3.688	5.000	5.313	5.625	5 938	6.250
Chef de bataillon / Capitaine de corvette — 1er	575	863	1 150	1.438	1.725	2 013	2.300	2.588	2.875	3.163	3.450	3.738	4.025	4.313	4.600	4.888	5.175	5.463	5.750
Capitaine / Lieutenant de vaisseau — 4e	515	773	1.030	1.288	1.545	1.803	2.060	2.318	2.575	2.833	3.090	3.348	3.605	3.863	4.120	4.378	4.635	4.893	5.150
Capitaine / Lieutenant de vaisseau — 3e	490	735	980	1.225	1.470	1.715	1.960	2.205	2.450	2.695	2.940	3.185	3.430	3.675	3.920	4.165	4.410	4.655	4.900
Capitaine / Lieutenant de vaisseau — 2e	465	698	930	1.163	1.395	1.628	1.860	2.093	2.325	2.558	2.790	3.023	3.255	3.488	3.720	3.953	4.185	4.418	4.650
Capitaine / Lieutenant de vaisseau — 1er	440	660	880	1.100	1.320	1.540	1.760	1.980	2.200	2.420	2.640	2.860	3.080	3.300	3.520	3.740	3.960	4.180	4.400
Lieutenant / Enseigne de vaisseau de 1re classe — 4e	420	630	840	1.050	1.260	1.470	1.680	1.890	2.100	2.310	2.520	2.730	2.940	3.150	3.360	3.570	3.780	3.990	4.200
Lieutenant / Enseigne de vaisseau de 1re classe — 3e	400	600	800	1.000	1.200	1.400	1.600	1.800	2.000	2.200	2.400	2.600	2.800	3.000	3.200	3.400	3.600	3.800	4.200
Lieutenant / Enseigne de vaisseau de 1re classe — 2e	385	578	770	963	1.155	1.348	1.540	1.733	1.925	2.110	2.310	2.503	2.695	2.888	3.080	3.273	3.465	3.658	3.850
Lieutenant / Enseigne de vaisseau de 1re classe — 1er	365	548	730	913	1.095	1.278	1.460	1.643	1.825	2.008	2.190	2.373	2.555	2.758	2.920	3.103	3.285	3.468	3.650
Sous-lieutenant / Enseigne de vaisseau de 2e classe — 2e	360	540	720	900	1.080	1.260	1.440	1.620	1.800	1.980	2.160	2.340	2.520	2.700	2.880	3.060	3.240	3.420	3.600
Sous-lieutenant / Enseigne de vaisseau de 2e classe — 1er	300	450	600	750	900	1.050	1.200	1.350	1.500	1.650	1.800	1.950	2.100	2.250	2.400	2.550	2.700	2.850	3.000
Aspirant de marine	280	420	560	700	840	980	1.120	1.260	1.400	1.540	1.680	1.820	1.960	2.100	2.240	2.380	2.520	2.660	2.800

TABLEAU II. — Officiers des équipages de la flotte.

GRADES	10 %	15 %	20 %	25 %	30 %	35 %	40 %	45 %	50 %	55 %	60 %	65 %	70 %	75 %	80 %	85 %	90 %	95 %	100 %
Officier principal — 2e échelon	625	938	1.250	1.563	1.875	2.188	2.500	2.813	3.125	3.438	3.750	4.063	4.375	4.688	5.000	5.313	5 625	5.938	6.250
Officier principal — 1er	575	863	1.150	1.488	1.725	2.013	2.300	2.588	2.875	3.163	3.450	3.738	4.025	4.313	4 600	4.488	5.175	5.463	5.750
Officier de 1re classe	490	735	980	1.225	1.470	1.715	1.960	2.205	2.450	2.695	2.940	3.185	3.430	3.675	3.920	4.165	4.410	4.655	4.900
Officier de 2e	465	698	930	1.163	1.395	1.628	1.860	2.093	2.325	2.558	2.790	3.023	3.255	3.488	3.720	3.953	4.185	4.418	4.650
Officier de 3e	420	630	840	1 050	1.260	1.470	1.680	1.890	2.100	2.310	2.520	2.730	2.940	3.150	3.360	3.570	3.780	3.990	4.200
Officier de 4e	360	540	720	900	1.080	1.260	1.440	1.620	1.800	1.980	2.160	2.340	3.520	2.700	2.880	3.060	3.240	3.420	3.600

TABLEAU III. — Armée de terre. — *Sous-officiers et soldats.*

GRADES	10 %	15 %	20 %	25 %	30 %	35 %	40 %	45 %	50 %	55 %	60 %	65 %	70 %	75 %	80 %	85 %	90 %	95 %	100 %
Adjudant-chef	260	390	520	650	780	910	1.040	1.170	1.300	1.430	1.560	1.690	1.820	1.950	2.080	2.210	2.340	2.470	2 600
Adjudant	255	383	510	638	765	893	1.020	1.148	1.275	1.403	1.530	1.658	1.785	1.913	2.040	2.168	2.295	2.423	2.550
Aspirant	252	378	504	630	756	882	1.008	1.134	1.260	1.386	1.512	1.638	1.764	1.890	2.016	2.142	2.268	2.394	2 520
Sergent-major	249	374	498	623	747	872	996	1.121	1.245	1.370	1.494	1.619	1.743	1.868	1.992	2.117	2.241	2.366	2.490
Sergent	246	369	492	615	738	861	984	1.107	1.230	1.353	1.476	1.599	1.722	1.845	1.968	2.091	2.214	2.337	2.460
Caporal	243	365	486	608	729	851	972	1.094	1.215	1.337	1.458	1.580	1.701	1.823	1.944	2.066	2.187	2.309	2.430
Soldat	240	360	480	600	720	840	960	1.080	1.200	1.320	1.440	1.560	1.680	1.800	1.920	2.040	2.160	2.280	2.400

TABLEAU IV. — Armée de mer. — Officiers mariniers, quartiers-maîtres et marins.

GRADES	10 %	15 %	20 %	25 %	30 %	35 %	40 %	45 %	50 %	55 %	60 %	65 %	70 %	75 %	80 %	85 %	90 %	95 %	100 %
Maître principal	348	521	695	869	1.043	1.216	1.390	1.564	1.738	1.911	2.085	2.259	2.433	2 606	2.780	2.954	3.128	3.301	3.475
Premier maître	289	434	578	723	867	1.012	1.156	1.301	1.445	1.590	1.734	1.879	2.023	2.160	2.312	2.457	2.691	2 746	2.890
Maître	276	414	552	690	828	966	1.104	1.242	1.380	1.518	1.656	1.794	1.932	2.070	2.208	2.346	2.484	2.622	2 760
Second maître	260	390	520	650	780	910	1.040	1.170	1.300	1.430	1.560	1.690	1.820	1.950	2.080	2.210	2.340	2 470	2.600
Quartier-maître	243	365	486	608	729	851	972	1.094	1.215	1.337	1.458	1.580	1.701	1.823	1.944	2.066	2.187	2.309	2.430
Matelot	240	360	480	600	720	840	960	1.080	1.200	1.320	1.440	1.560	1.680	1.800	1.920	2.040	2.160	2.280	2.400

TABLEAU V. — Agents civils des services administratifs et des directions de travaux de la marine.

GRADES	10 %	15 %	20 %	25 %	30 %	35 %	40 %	45 %	50 %	55 %	60 %	65 %	70 %	75 %	80 %	85 %	90 %	95 %	100 %
Commis principal de 1re classe et agent technique principal de 1re classe	371	556	741	926	1.112	1.297	1.482	1.667	1.853	2.038	2.223	2.408	2.594	2.779	2.964	3.149	3.335	3.520	3.705
— 2e classe	347	520	693	866	1.040	1 213	1.386	1.559	1.733	1.906	2.079	2.252	2.426	2.599	2.772	2.945	3 119	3.292	3.465
— 3e classe	323	484	645	806	968	1.129	1.290	1.451	1.613	1.774	1.935	2.096	2.258	2.419	2.580	2.741	2.903	3.064	3.225
Commis de 1re classe et agent technique de 1re classe	281	422	562	703	843	984	1.124	1 265	1.405	1.546	1.686	1.827	1.967	2.108	2.248	2.389	2.529	2.670	2.810
Commis de 2e, 3e et 4e classe et agent technique de 2e et 3e classe	276	414	552	690	828	966	1.104	1.242	1.380	1.518	1.656	1.794	1.932	2.070	2.208	2 346	2.484	2.622	2.760

TABLEAU VI. — Gardes-consignes, pompiers de la marine et surveillants des prisons maritimes.

GRADES	10 %	15 %	20 %	25 %	30 %	35 %	40 %	45 %	50 %	55 %	60 %	65 %	70 %	75 %	80 %	85 %	90 %	95 %	100 %
Gardes-consignes majors chefs / Premiers maîtres-pompiers / Surveillants principaux des prisons maritimes	281	422	562	703	843	984	1.124	1.265	1.405	1.546	1.686	1.827	1.967	2.108	2.248	2.389	2.529	2.670	2.810
Gardes-consignes majors / Maîtres-pompiers / Surveillants chefs des prisons maritimes	268	402	536	670	804	938	1.072	1.206	1.340	1.474	1.608	1.742	1.876	2.010	2.144	2.278	2.412	2.546	2.680
Gardes-consignes / Seconds maîtres-pompiers / Surveillants des prisons maritimes	249	374	498	623	747	872	996	1.121	1.245	1.370	1.494	1.619	1.743	1.868	1.992	2.117	2.241	2.366	2.490

TABLEAU VII. — Personnel militaire des établissements pénitentiaires coloniaux.

GRADES	10 %	15 %	20 %	25 %	30 %	35 %	40 %	45 %	50 %	55 %	60 %	65 %	70 %	75 %	80 %	85 %	90 %	95 %	100 %
Surveillant principal	341	511	681	851	1.022	1.192	1.362	1.532	1.703	1.873	2.043	2.213	2.384	2.554	2.724	2 894	3.065	3.235	3.405
Surveillant chef	284	426	568	710	851	993	1.135	1.277	1.410	1.561	1.703	1.845	1.987	2.129	2.270	2.412	2.554	2.696	2 838
Surveillant de 1re classe	270	404	539	674	809	943	1.078	1.213	1.348	1.482	1.617	1.752	1.887	2.021	2.156	2.291	2.426	2.560	2.695
— de 2e classe	247	371	495	619	742	866	990	1.113	1.288	1.361	1.484	1.608	1.732	1.856	1.979	2.103	2.227	2.350	2.474
— de 3e classe	243	365	486	608	729	851	972	1.094	1.215	1.337	1.458	1.580	1.701	1.823	1.944	2.066	2.187	2.309	2.430

avec la différence de grade (Cf. Léon Bérard, Ch., 27 nov. 1917, p. 3045); la tolérance fut tout à la fois acceptée et regrettée des « droits acquis » (Masse, 4 décembre; Jean Bon, 12 déc. 1917; Arist. Jobert, 18 décembre, p. 3123, 3249, 3321); le Parlement fut décidé par d'autres raisons ; « L'égalité des situations ne peut exister dans un organisme... où l'importance du commandement exercé doit relever de la capacité des personnes, de leurs mérites et des services rendus... Les officiers de complément ont conquis leurs grades, soit en s'imposant, en temps de paix, des périodes d'instruction dont d'autres se sont dispensés, soit en faisant preuve, depuis la guerre, de qualités exceptionnelles qui les ont désignés au choix du ministre » (Rapp. Chéron, Sen., 31 mai 1918, *J. off.*, Doc. parl., p. 420). — L'indemnisation s'élève avec le grade corrélatif à l'importance des services; les majorations bénéficient aux officiers comme aux hommes de troupe sur toute l'échelle des grades, celle-ci étant, d'ailleurs, à interpréter au plus strict : le Conseil d'Etat en a donné l'exemple et rappelé la règle, en décidant, quoi qu'il en pût sembler d'après la présentation purement typographique du tableau annexé à l'art. 1er (effectif des officiers interprètes) de la loi du 11 mars 1918, que, d'après l'ensemble de la législation applicable aux interprètes militaires du cadre, les interprètes stagiaires de celui-ci (Cf. Décr. 28 janv. 1903, 21 mai 1910, 20 juin 1923) n'ont, pas plus que ceux du cadre constitutif, le rang d'officiers et doivent être traités comme des adjudants : 4 déc. 1930, Michaut, p. 1022.

191. — L'échelonnement a été soumis par la loi, art. 9 alin. 2, à une base uniforme, générale, par le rejet successif d'amendements qui énonçaient ou impliquaient la majoration exclusivement ou surtout en vue des simples soldats et caporaux (18 déc. 1917, Arist. Jobert, p. 3321; Pressemane, p. 3323; Goude, p. 3325) ou bien (19 décembre, Goude, p. 3346), faisant de l'âge un élément de la valeur sociale plus grande et de la réadaptation moins aisée de l'individu, proposaient en règle un pourcentage d'augmentation des tarifs par année au-delà d'un certain âge. « Le taux de la pension définitive ou temporaire est fixé, dans chaque grade, par référence au degré d'invalidité apprécié de 5 en 5 jusqu'à 100 % ». Appréciation arrondie au cas d'invalidité intermédiaire entre deux échelons comme d'usage (V. *supra*, n° 145) au multiple de 5 immédiatement supérieur (alin. 3). — Que le grade soit temporaire ou définitif : la loi du 18 avril 1831, art. 18, eût prêté peut-être à quelque difficulté par le visa fait seulement du « grade dont le militaire est titulaire » au moment où prennent fin les services susceptibles d'ouvrir droit à une pension militaire d'invalidité; or plusieurs décrets (25 août, modif. 2 oct. et 16 nov. 1914; 2 janv. 1915) avaient prévu, pour le cours de la Grande Guerre, des nominations de sous-officiers et d'officiers à titre temporaire, de même qu'existait déjà (Cf. L. 2 mai 1899; Décr. 6 déc. 1890. — Rpr. Décr. 19 janv. 1916, 30 nov. 1917) pour la marine la prévision de nomination d'officiers à titre auxiliaire; il était de toute équité de faire compter pareilles nominations pour l'application du tarif et la liquidation de la pension, dès lors que la proposition en avait été dûment faite et à condition que la ratification par le ministre en eût lieu (Cpr. Ch. dép., 31 janv. 1918, *J. off.*, Déb., p. 253). — Sous une autre face, il n'était pas moins indiqué et juste, au cas de services ayant duré au-delà de la date de démobilisation ou de grade acquis postérieurement à la réforme (24 mai 1927, Dupont, Leb. chr., p. 606) ou de promotion après renvoi dans les foyers par mise en congé illimité et avant constatation des infirmités par la commission de réforme (24 mai 1927, Séguéla, p. 605; par a *contr.* 26 janv. 1929, Nardon, p. 105), — de fixer la pension, non d'après le grade de l'intéressé à cette date, mais d'après sa situation au moment où prirent fin les services susceptibles de lui donner lieu à pension d'après les dispositions combinées de la loi propre à son statut militaire (Ex. : poste aux armées : L. 27 juill. 1895; 18 févr. 1931, Morin, p. 188; emploi dans les chemins de fer comportant une assimilation de grade) et de celle du 31 mars 1919 : Cons. d'Et., 18 juill. 1930, Estrade, Leb. chr., p. 767; — 15 juin 1932, Courteaud, p. 584. — Rpr., au regard d'un officier rétrogradé dans le grade de sergent, et déclaré mal fondé à réclamer le calcul de sa pension d'infirmité sur le grade d'officier dont il était titulaire au moment de l'aggravation de son infirmité : 2 févr. 1927, Rouard, p. 141.

192. — A considérer les choses d'un point de vue strict, cette majoration d'après le grade est la seule hypothèse où la législation nouvelle des pensions d'invalidité, dont le régime a cessé de se référer à celui des pensions d'ancienneté, laisse, en fait, sans l'énoncer, place et influence à la durée des services. Aussi bien le plan de ces choses doit-il être défini; il n'intéresse, au surplus, que les militaires de carrière réformés pour infirmités de service, sans titre à retraite d'ancienneté ou proportionnelle, mais ayant droit au bénéfice de campagnes. Sous l'empire de la loi de 1831, les 6e et 5e classes accroissaient les services au taux minimum de la pension de retraite; la décision réglementaire du 15 juillet 1919 en faisait un état plus ou moins grand dans le calcul de la gratification temporaire des gendarmes (Cf. Valentino, *Réformes, gratifications et pensions,* 1918, p. 61 sv.); ils n'étaient d'aucun effet en matière de gratification renouvelable ou permanente. Au projet du gouvernement (art. 5, Doc. parl., novembre 1915, p. 1140) figurait une majoration du minimum de la pension d'ancienneté pour les classes 3-8, sous la condition de vingt ou de quinze ans de services pour les officiers ou les hommes de troupe respectivement, en réalité pour les militaires de carrière; ce qui suffit à motiver la disjonction de la disposition et son renvoi au projet annoncé (Cf. *J. off.*, Doc. parl., octobre 1917, p. 1370) sur les militaires de carrière. Et il n'est plus resté dans la loi de 1919 que l'art. 59 (mod. L. 30 juin 1923, art. 117) favorable aux militaires des grades inférieurs, leur ouvrant option entre la pension d'invalidité et une pension autrement calculée (V. *infra*, Ch. V).

193. — Le degré des indemnités, le taux de pension est, en règle, — règle inverse de celle existante en matière d'accidents du travail — indépendant de la prothèse; l'amélioration fonctionnelle apportée par un appareil n'est, par exception, prise en considération que s'agissant de prothèse dentaire et à la condition qu'il n'existe, en outre, aucune lésion au niveau des maxillaires (Cf. Circ. 538, C. C. M., 1er sept. 1916; Instr. n° 831 Ci/7, 10 juill. 1919; Circ. 1er oct. 1919, p. 68; Décr. 7 sept. 1928, Face g, *in* Flutet, *op. cit.*, p. 370). L'emploi généralisé de l'appareillage depuis 1887 et le temps de l'échelle de gravité a permis la réduction des taux du guide-barème : Cour région. Toulouse, 25 nov. 1922, D., Valentino, *op. cit.*, p. 225. — Le service de Santé a ajouté à ce cas dérogatoire à la règle celui de prothèse faciale, exception faite pour l'œil (Instr. n° 831, Flutet, p. 321; Valentino, *op. cit.*, n° 280, p. 227).

194. — A la question inverse des suites du défaut d'appareillage, d'une prothèse inutilisable ou mal tolérée, de mutilation égale, mais inégalement améliorée (Amend. Even, Ch., 12 déc. 1917, *J. off.*, p. 3242), le gouvernement répondit par la promesse d' « application du degré supérieur au barème » : mesure de révision du barème, à vrai dire, plus que de relèvement du pourcentage. La Circ. 37 E. M. 6 avril 1923 expliqua et régla pour le cas des désarticulés de la hanche ou de l'épaule la cotation automatique de 80 à 85 %, par le motif tiré de « l'utilité pratique à peu près nulle » des appareils pour désarticulation, et donc d'une intervention des commissions d'appareillage; cette recommandation y est donnée à la commission consultative médicale de porter en pareils cas « d'office » à 85 % le degré d'invalidité (Valentino, n° 281, p. 228). Les chiffres du guide-barème ont changé au décret du 28 avril 1931 (Flutet, *op. cit.*, p. 272) : leur surélévation même est la preuve du maintien du principe, de la majoration admise du chef des appareillages mal tolérés, mutilations, amputations très hautes et désarticulations inappareillables par insuffisance de moignon. — Il n'en reste pas moins que la circulaire n'a pas d'effet rétroactif, et que, l'art. 3 de la loi du 31 mars 1913 gardant toute son autorité, le point de départ de la majoration est le jour de la constatation faite par la commission de réforme, postérieurement à la mise en vigueur de la circulaire, de l'impossible utilisation d'un appareil de prothèse : Cons. d'Et., 25 juin 1930, Valcyc, Leb. chr., p. 654 ; — 26 mars 1931, Delalande; 30 avr., Dubourdy ; 13 mai, Boivin, p. 372, 458, Table, p. 1393; — 16 nov. 1932, Kuentz, p. 960.

II. — Les majorations et suppléments de pension.

A. La surpension pour invalidité.

195. — Le même objectif de faire du taux de l'invalidité totale (100 %) le plafond des droits des parties et des obligations de l'Etat, et de ne point fermer au détriment des mutilés le domaine de l'allocation gracieuse, à condition de n'en fixer à l'avance par voie législative ni réglementaire les modalités ni les taux, soutenait dans une lettre (4 nov. 1916) du ministre des Finances (Ribot) la suggestion d'un secours à maximum prédéterminé (300 fr.), réservé aux sous-officiers et soldats, moyennant justification de leur insuffisance de ressources et d'une invalidité minima (30 %) par lésions non considérées dans la liquidation de la pension. Il fut dépassé, sinon déformé par l'admission (3° Circ. C. C. M., mai 1917; Lugol, Ch. dép., 23 nov. 1917, *J. off.*, p. 3018) d'une surpension pour surinvalidité, arrêtée au grade de chef de bataillon par la Chambre (11 déc. 1917, p. 3227), étendue à tous officiers par le Sénat (Rapp. Chéron, 31 mai 1918, Doc. parl., p. 446), afin d'éviter « le caractère disgracieux » de cette limitation qui ne se fût traduite, au surplus, que par « une économie budgétaire médiocre ». D'où — toute distinction de grade abandonnée, et étant écartée aussi toute allocation préfixe d'indemnité supplémentaire (Amend. Jean Bon, 1.500 francs pour cécité complète avec amputation ou perte absolue des membres supérieurs) — l'art. 12, alin. 1, de la loi, accordant « dans le cas d'infirmités multiples dont l'une entraîne l'invalidité absolue…, en sus de la pension maxima, un complément de pension variant de 100 à 1.000 francs, pour tenir compte de l'infirmité ou des infirmités supplémentaires évaluées suivant une échelle de 1 à 10 » : l'infirmité supplémentaire — à la condition formelle qu'elle entraîne l'invalidité absolue et que, prise isolément, elle soit reconnue par la cour régionale présenter ce caractère de gravité : Cons. d'Et., 22 oct. 1930, Lochet, Leb. chr., p. 847 — est, en conséquence, cotée pour sa valeur intégrale d'invalidité, sans aucune référence au système de la validité restante, et non plus sans majoration.

196. — L'échelle de cette surpension détaillée à l'Instr. 831 Ci/7, 10 juill. 1919 (Valentino, n° 288, p. 231; Flutet, p. 467) peut être ainsi figurée :

DEGRÉS	1	2	3	4	5	6	7	8	9	10
Invalidité %	1 à 10	11 à 20	21 à 30	31 à 40	41 à 50	51 à 60	61 à 70	71 à 80	81 à 90	91 à 100
Complément de pension fr.	100	200	300	400	500	600	700	800	900	1.000

Les échelons dans l'Instruction, comme le principe lui-même dans la loi, sont de 10 et de multiples de 10. Il a suffi pour que fût posée la question (Cf. Rapp. Lugol, 31 oct. 1918), au cas d'infirmité supplémentaire évaluée a un chiffre intermédiaire entre deux multiples de 10, de l'extension du bénéfice écrit ailleurs (art. 9, alin. 3) du « taux immédiatement supérieur ». Cette computation a bien quelque chose de singulier, la graduation de l'art. 12 étant moindre de moitié, les taux doubles, de ce que sont celle et ceux de l'art. 9. La solution la moins indiquée par la contexture des textes a été, sinon recommandée, du moins acceptée, aux travaux préparatoires, « considérant l'état où sont ces mutilés » (Rapp. Chéron, Sén., 18 mars 1919, Doc. parl., p. 115).

B. *L'indemnité de soins aux mutilés, infirmes et invalides.*

197. — L'art. 10 énonciatif des avantages aux grands mutilés ne procède pas d'un esprit moins favorable. Les dispositions du projet (art. 5), assignant à la majoration proposée de pension (225 fr.) un caractère temporaire et renouvelable durant dix années, au terme desquels seulement elle devenait définitive, furent emportées par la tendance inverse à l'attribuer comme « dû à tous les grands invalides », en dehors de barème, de liquidation et de concession propres (Cf. Rapp. Masse, 21 juill. 1916, Doc. parl., 1917, p. 1977) : l'indemnisation même portée à 2.400 francs apparut « dans bien des cas, comme insuffisante, [pour des] invalides… réduits à une impuissance absolue et… obligés de recourir à tout instant à l'assistance d'une tierce personne » (Rapp. Lugol, 19 déc. 1918, Doc. parl., 1919, p. 11); l'institution d'une classe exceptionnelle (Amend. Jobert, Pressemane, 11 et 18 déc. 1917, p. 3219) fut écartée (*ibid.*, p. 3325); mais finalement l'idée fut retenue pour être écrite dans la loi, — au profit de ces mutilés, quel que fût leur grade, — soit de les aider à subvenir aux besoins de la personne leur donnant des soins, soit de les admettre, à leur gré, à une hospitalisation en rapport avec les ressources provenant de leur pension relativement importante (Ch. dép., 6 mars 1919, Déb. parl., p. 1050);

une option leur appartient, qui semble bien n'avoir rien de définitif, l'hospitalisation pouvant être demandée en place de la majoration d'abord choisie, et inversement (Valentino, *op. cit.*, n° 303, p. 245). Il allait de soi en tout cas, et la pratique s'est fixée en ce sens, que le bénéfice de l'art. 10 est modelé sur celui de la pension même, *i. e.* concédé pour un ou deux ans ou à vie selon que la pension est définitive ou temporaire; ce qui peut entraîner cette conséquence extraordinaire, et par là même cet abus un peu hypothétique, qu'une pension définitive, ou devenue automatiquement telle après quatre années par l'effet de l'art. 7 de la loi du 31 mars 1919 (V. *infrà*), demeure, et avec elle le bénéfice de l'art. 10, à un mutilé, invalide ou infirme dont la situation viendrait ultérieurement à ne plus remplir les conditions de ce texte.

198. — Le texte semble n'énoncer sa disposition que pour les « mutilés » que leurs infirmités rendent incapables de se mouvoir, de se conduire ou d'accomplir les actes essentiels à la vie sans le concours, s'ils vivent chez eux, d'une tierce personne. Son esprit, éclairé d'ailleurs par les travaux préparatoires (l'art. 4 du projet n'apportait aucune limitation à l'allocation des 225 francs prévus en l'espèce), interdit aussi bien toute interprétation restrictive du terme « mutilés » que souple quant à la mesure de l'impotence.

199. — *a*) Le terme « mutilé » englobe, en fait, blessés, malades et infirmes. Discuté par-devant le Conseil d'État, il y fut, à plusieurs reprises, en des motifs concordants en leur netteté, tenu pour applicable, avec exclusivité, aux anciens militaires atteints d'une invalidité résultant d'une blessure ou d'un fait, tel qu'un traumatisme, assimilable à une blessure et ayant, dans les deux espèces, accompagné ou déterminé l'aliénation mentale : 5 janv. 1929, Bannes, Leb. chr., p. 15; 4 avr. et 9 juill. 1930, Dupuy (2 arrêts), p. 396, 702. Nonobstant cette définition, pour l'élargir plus que pour la contredire, dans un esprit de sollicitude, le ministère des Finances a décidé ou consenti le maintien du bénéfice de l'art. 10 aux militaires pensionnés pour maladies contractées ou aggravées au cours, soit de la guerre 1914-1918, soit d'expéditions déclarées campagnes de guerre par l'autorité compétente : Circ. min. Pensions, 13 nov. 1931, Flutet, *op. cit.*, p. 71. Il s'ensuivait, à l'extrême, l'admission du droit à l'art. 10, malgré qu'ils ne soient pas des pensionnés pour maladies, mais parce que la maladie est à l'origine de leur infirmité, des pensionnés pour invalidité déterminée par une mutilation (double amputation, par ex.) procédant elle-même d'une maladie (artérite) imputable au service. Au surplus, en l'absence de toute contestation soulevée par le ministre sur cette qualité et appellation, il n'y a point pour le tribunal départemental ou la cour régionale obligation de l'examiner d'office, non plus que de droit pour le ministre de la mettre en discussion pour la première fois devant le Conseil d'État : 4 avr. 1930, précité.

200. — *b*) L'impotence requise ne peut être que l'impotence la plus grave, celle évaluée à 100 % : Instr. 8 E. M. P., 31 mai 1920, art. 43, celle visée au plus haut degré de l'échelle des invalidités pour l'octroi des allocations temporaires spéciales par la loi du 30 déc. 1921, art. 138 : une gêne même assez grande n'y suffit point (Trib. départ. Seine, 31 mars 1922, B.; Creuse, 28 mai 1923, U.); par contre, une incapacité absolue de mouvement n'en est point la condition stricte (Trib. départ. Marseille, 8 juill. 1922, A., Valentino, *op. cit.*, n° 296, p. 236). L'intention du législateur a été seulement d'exiger, pour le jeu de sa disposition libérale et humanitaire, la présence nécessaire ou fréquente d'un tiers auprès du malade ou de l'infirme. Il est, à cet égard, certaines situations-types : cécité, amputation de deux membres ou perte absolue de leur usage; d'autres sont à l'appréciation des tribunaux.

201. — La loi demeure assez claire quant aux deux termes de l'option. — La majoration de pension s'entend, outre le quart de la pension principale (2.400 fr.), de la surpension éventuelle pour invalidité supérieure à 100 % (Lugol, 4 févr. 1919, *J. off.*, p. 394); la pension maxima et la surpension se cumulant dans le calcul du tiers en sus, de telle sorte que la pension risque d'osciller de 3.125 à 4.250 francs. Elle n'est payable, d'évidence, qu'aux mutilés vivant chez eux, et pour le temps où ils ne sont pas hospitalisés (Circ. min. Fin., 12 juin 1926, mod. 7 mai 1927, Flutet, *op. cit.*, p. 71) dans un asile public ou dans un asile privé faisant fonction d'asile public. Dans les cas où elle l'est, rien ne s'oppose à ce qu'elle le soit, en d'autres termes à ce que les dispositions de l'art. 10 soient, de préférence à celles de l'art. 55, appliquées, sur leur demande, aux anciens militaires et marins qualifiés à s'en couvrir au titre de mutilés dans le sens dudit article : Rpr. Cons. d'Et., 1er févr. 1928, Chaput; 4 avr. 1930, Dupuy, précités. — L'hospitalisation s'entend de celle-là seule (« hospitalisation-hospice ») qui est à l'usage des grands invalides incurables. Celle qui a pour cause les soins nécessités par les infirmités (« hospitalisation-hôpital ») est au compte de l'art. 64, et donc de l'Etat (Valentino, *op. cit.*, n° 299-A, p. 242). Elle est, au surplus, à titre onéreux (Lugol, 6 mars 1919, p. 1050), de telle sorte que l'hospitalisé, au titre de l'art. 10, ne touche plus la majoration pour assistance d'une tierce personne et subit sur sa pension le prélèvement de cette hospitalisation.

202. — Elle n'est imprécise, sinon obscure, que relativement aux conditions de l'allocation spéciale. L'alin. 3 de l'art. 10 remet à la commission de réforme l'office, au moment où elle statue sur le degré d'invalidité du mutilé (Cons. d'Et., 1er févr. 1928, Chaput, Leb. chr., p. 150), de constater le droit de celui-ci à l'hospitalisation ou à la majoration ; cette commission est, normalement, celle de subdivision, qui a qualité pour présenter les propositions définitives de retraite ou de réforme n° 1. Son œuvre est ainsi immédiate; mais il peut advenir que le bénéfice de l'art. 10 soit requis à la suite d'une aggravation d'état ou en forme de réclamation contre la décision de la commission ou du ministre. La circulaire n° 2 E M/P, 20 février 1920, prescrit, au premier cas, aux centres de réforme de saisir à nouveau la commission de réforme, — laquelle procèdera au regard de la pension temporaire ou définitive déjà acquise au requérant suivant les règles ordinaires en matière d'aggravation, — et, au deuxième, aux médecins-experts, dans leurs certificats n° 3, de n'apprécier, à l'ordinaire, que le droit à l'art. 10, — sur lequel la commission de réforme prononcera dans les conditions usuelles. En tout cas, si tant est que les mutilés, aux termes de l'art. 10, doivent faire la demande de la majoration, il n'est aucune disposition de cet article qui les oblige à en faire une seconde à l'occasion des renouvellements ou de la conversion en définitive de la pension temporaire dont ils sont titulaires : Cons. d'Et., 4 avr. 1930, Dupuy, précité.

C. *Les avantages complémentaires aux tuberculeux.*

203. — L'art. 198 de la loi de finances du 13 juillet 1925 (mod. 19 décembre 1926 et 31 mars 1931) a ajouté aux dispositions extraordinaires.

La loi de 1919 à peine votée, l'indemnisation particulière des tuberculeux avait donné lieu à des mesures spéciales : V. *supra*. n° 50 *a*; Décr. 17 oct. 1919, faisant de droit le taux de 100 %, quel que fût le degré d'invalidité réel, pour la tuberculose confirmée par des signes cliniques certains et la présence du bacille tuberculeux (Cf. Cons. d'Et., 18 janv. 1928, Barde; 5 mai, Dussart, Leb. chr., p. 178, 571); — Décr. 8 août 1924, mod. 16 juin 1925, décidant la majoration du pourcentage, à raison de la nature particulière de l'affection, eu égard à la nécessité plus ou moins grande de ménagements pour l'intéressé (Cf. Cons. d'Et., 21 nov. 1928, Bertrand; 1er déc., Prigent, p. 1201, 1247). Dispositions de faveur, dont l'objectif et l'importance expliqueraient surabondamment les tentatives et les instances aux fins de les faire déclarer rétroactives et, pour autant, éviter les surexpertises que le deuxième des décrets prévoit (art. 1er, avant-dernier alinéa) en cas de contestation sur les nouvelles conditions fixées en ce texte au taux de 100 % (Cf. Cons. d'Et., 15 févr. 1928, Lamure, p. 238) : demandes contraires aux principes non moins qu'au texte lui-même desdites dispositions, et donc toujours mises à néant par le Conseil d'Etat : 7 janv. 1927, Cousinié; 9 avr., Etchart; 3 août, Berrehare, p. 40, 490, 923; — 16 juill. 1930, Courtois, p. 742; — 26 juill. 1932, Hudgédé. p. 782. Rpr: 30 nov. 1927, Chaudet, p. 1141; 26 déc. 1928, Liron, p. 1354.

Cependant un avantage plus grand encore que ceux déjà admis fut décidé. Deux propositions (Causeret, 15 mars et Aubry, 8 mai 1923) d'invalidité avaient eu en vue les tuberculeux et pour objet la fixation d'un pourcentage et d'une « allocation suffisante leur permettant de se soigner et de guérir »; ce faisant leur défaut était, en vérité, de faire établir sur disposition législative préfixe ce qui est de la compétence médicale et technique; d'où, leur rejet, au profit d'une attri-

bution d'indemnité temporaire, à tout pensionné à 100 %, pour tuberculose, non hospitalisé dans un sanatorium ou un hôpital, ayant titre de pension ou d'allocation provisoire, « pour lui permettre de se soigner sous la surveillance des organismes antituberculeux, et à la condition qu'il cesse tout travail ». Nonobstant les critiques qui furent nettement faites (Rapp. Henry Bérenger, Sén., 17 mars 1925) du taux fixé et de la cessation de travail ordonnée, le texte et les conditions passèrent au vote (Ch., 12 févr. 1925, Déb. parl., p. 823; Rapp. Lamoureux, Ch., 19 juin 1925) et firent l'objet d'un décret du 25 août 1925 (Flutet, *op. cit.*, p. 57) et d'une Instr. min. Travail, Pensions, Finances du 18 mai 1926 (*J. off.* 20 mai, p. 5670).

204. — L'indemnité de soins a été élevée de 5.000 à 7.000 fr. à dater du 1er août 1926 (L. fin. 19 déc. 1926 ; L. 16 juill. 1927) et finalement (L. fin. 31 mars 1931, art. 71), à dater du 1er avril 1931, au taux de 10.000 francs, lequel doit parachever une indemnité différentielle si le traitement ou salaire demeurant sur fonds d'Etat ou de collectivité administrative ou d'établissement public au militaire non rayé des contrôles n'atteint pas cette somme. — La ligne générale des conditions précisées par le décret du 13 avril 1927 n'a changé :

Ni quant au degré d'invalidité (100 %) déterminé par la tuberculose : en cas d'infirmités multiples donnant droit à un pourcentage global égal ou supérieur à 100 %, la tuberculose, si elle est comprise dans les affections indemnisées, doit pour elle-même atteindre ce chiffre;

Ni quant à l'abstention de travail, *i. e.* d'exercice rémunéré du métier ou de la profession, et à l'hospitalisation en un sanatorium ou hôpital au compte de l'Etat : l'indemnité cesse d'être due pour toute période, quelque courte qu'elle puisse être, où le pensionné n'est pas soigné chez lui ou à ses frais dans un établissement public ou privé;

Ni quant à la surveillance du pensionné par les organismes anti-tuberculeux, *i. e.* dispensaires d'hygiène constitués selon la loi du 15 avril 1915, dont un arrêté préfectoral détermine la circonscription après avis du conseil départemental d'hygiène, ou, à leur défaut, médecins, dont la désignation et la zone d'action procèdent aussi d'un arrêté : la règle de consolidation automatique des pensions au bout de quatre ans eût entraîné sans cette précaution et un contrôle de la curabilité des affections le maintien abusif de pensions définitives à des tuberculeux n'ayant plus besoin de soins. La suppression de l'indemnité au pensionné guéri ou se refusant aux visites (une environ tous les trois mois) est prononcée par le préfet après interpellation de l'intéressé, lequel a quinze jours, à dater de la notification préfectorale de la mesure, pour former un recours d'appel suspensif devant le ministre du Travail et de l'Hygiène (Instr. intermin. 16 mai 1926). — Cf. sur les modalités d'application du décret du 25 août 1925, la Circ. 6 janv. 1926.

205. — Payable mensuellement et à terme échu à partir de l'ouverture des droits à pension de 100 %, moyennant demande faite par l'intéressé dans le délai d'un mois compté de la délivrance du titre d'allocation d'attente et, si cette délivrance n'a pas eu lieu, de la remise du titre de pension ou de la notification de la concession de pension, elle est servie sans limitation de durée tant que les conditions réglementaires des soins se trouvent remplies (Décr. 1925, a. 5). Elle est exclusive de l'allocation n° 5 *bis* aux grands invalides bénéficiaires de l'art. 10; elle peut, au contraire, être cumulée avec l'allocation n° 5 aux bénéficiaires de l'art. 12, ou n° 4 aux pensionnés à 100 %. Les majorations pour enfants, s'il y a lieu, s'y ajoutent. Il va de soi que si le tuberculeux se soigne à domicile il conserve, au titre de l'art. 64 de la loi du 31 mars 1919 (V. *infra*), la gratuité des soins médicaux, chirurgicaux et pharmaceutiques : Cf. Valentino, *op. cit.*, n° 355, p. 280.

D. *Les allocations temporaires spéciales à certaines catégories.*

206. — L'ensemble de dispositions qui vient d'être résumé n'enserre plus, en vérité, dans ses termes toutes les perspectives et tous les avantages. Par deux fois (1er janv. 1925 et 1929) les taux de la loi du 31 mars 1919 furent, tous, majorés d'une somme égale à 80 % d'abord, à 140 % ensuite, de la pension allouée à un soldat atteint de l'invalidité considérée. — D'autre part, la politique des allocations spéciales et des majorations supplémentaires pour enfants, les unes et les autres dénommées temporaires, devait, d'évidence, profiter aux grands invalides. La loi de finances du 31 juillet 1920 l'inaugura, par une combinaison applicable à tous les grades, faisant, au profit de l'invalide de 100 % bénéficiant, soit de l'art. 10 (incapacité de se mouvoir ou conduire), soit de l'art. 12 (infirmités multiples dont l'une entraîne l'invalidité totale), bloc de la pension, du complément de pension selon l'art. 10 ou l'art. 12, des majorations pour enfants et de l'allocation temporaire (dite *n° 4*) afférente à 100 %, et, au cas où l'ensemble resterait inférieur à 6.000 francs, augmentant ladite allocation d'une autre (*n° 5*) à concurrence de cette somme. Les lois de finances ultérieures, successivement, la développèrent : par augmentation du taux des allocations, tour à tour à compter du 1er août 1926 (L. fin., 19 déc. 1926) et du 1er janvier 1928 (L. fin., 27 déc. 1927), — addition d'une allocation (*n° 6*) par degré prévue à l'art. 12, avec forfait (12.500 fr.) en cas d'infirmités multiples dont deux au moins auraient, chacune prise isolément, assuré le bénéfice de l'art. 10 (L. fin., 30 déc. 1928, art. 81), — surhaussement de l'une d'elles (*n° 5 bis*) à compter du 19 avril 1930 (L. fin., 16 avr. 1930, art. 96) et du 1er janvier 1932 (L. fin., 31 mars 1932, art. 146), — ou création de nouvelles allocations pour de nouvelles combinaisons ou catégories : allocation *n° 6* (L. fin., 30 déc. 1928) pour pensionnés cumulant le bénéfice des art. 10 et 12 ; *n° 4 bis* (L. fin., 31 mars 1932, art. 145) pour invalides de 100 et 95 % n'ayant droit ni à l'un ni à l'autre des deux articles, atteints de plusieurs infirmités, dont une au moins de 85 %, tandis que la somme arithmétique des pourcentages égale, abstraction faite des majorations de l'art. 11, dern. al., au moins 105 % d'invalidité ; *n° 7* (*ibid.*, a. 147) pour amputés d'un membre ayant allocation de taux variable selon l'amplitude de l'amputation.

207. — Ces mouvements enchevêtrés et les taux en résultant seraient figurés dans les tableaux de la page suivante (794).

La distribution à laquelle ils donnent lieu est ainsi indiquée au Rapp. Breton, n° 1026, précité, p. 115 :

NATURE DES ALLOCATIONS	NOMBRE DES BÉNÉFICIAIRES				
	au 1er janvier 1929	au 1er avril 1930	au 1er avril 1931	au 1er avril 1932	au 1er janvier 1933
Allocation n° 1. — Invalides à 85 %..	11.314	12.102	12.661	15.054	14.582
— n° 2. — — à 90 %.	6.648	6.874	7.650	16.315	20.103
— n° 3. — — à 95 % .	3.295	3.461	3.907	6.973	8.775
— n° 4. — — à 100 %..	28.318	29.795	30.824	36.695	39.381
— n° 5. — Bénéficiaires de l'article 12..........................	6.129	7.187	7.960	9.979	10.724 (1)
Allocation n° 5 bis. — Bénéficiaires de l'article 10..........................	8.697	8.833	9.314	10.048	10.362
Allocation n° 6 (art. 81 de la loi de finances du 30 déc. 1928). — Bénéficiaires des articles 10 et 12 :					
Taux maximum 12.500 francs........	»	109	128	135	146
Taux variant de 500 à 5.000 francs.	»	1.079	2.613	2.733	2.739
Total des bénéficiaires d'allocations spéciales aux grands invalides....	64.401	68.202	72.376 (2)	95.064 (2)	103.897
Indemnités de soins aux tuberculeux...	17.400	18.950	20.784	24.050	25.185

(1) Dont 4.066 à 16.000 (art. 146 de la loi de finances du 31 mars 1932).

(2) L'importance de la différence entre ces deux chiffres est due à la mise en application du décret du 23 avril 1931 qui a modifié le barème des invalidités pour amputation d'un membre.

Nota. — Dans ces effectifs sont compris 2.502 bénéficiaires de l'allocation n° 4 bis (art. 145 de la loi de finances du 31 mars 1932) qui sont également titulaires de l'allocation n° 3 ou de l'allocation n° 4, et 27.725 titulaires de l'allocation n° 7 (art. 147 de la loi de finances du 31 mars 1932) qui sont également titulaires, en règle générale, de l'une des allocations n°s 1 à 5 bis.

208. — Au jeu de ces allocations spéciales et majorations supplémentaires, — à compter, soit de la loi ou de la date fixée par la loi qui les instituait, soit de la décision de la commission de réforme (Cf. Décr. et Instr. 5 août 1920, 10 févr. 1922...), — une condition devait être envisagée, celle de leur cumul, indépendamment ou par application des règles posées dès le principe par l'art. 58 de la loi du 31 mars 1919. La question fut l'une de celles traitées, à l'occasion des art. 145-147 de la loi de finances

du 31 mars 1932, sur l'art. 81 de la loi de finances du 30 décembre 1928 pour l'allocation 6 par l'Instr. 5 août 1920, mod. 10 février 1922, et pour les allocations 4 *bis*, 5 *bis*, 7 par l'Instr. n° 0514 Ad, 1771, E. M. P., 22 avril 1932 (*Duvergier*, p. 204; Flutet, p. 30).

a) L'allocation 4 *bis* prenant effet du 1er juillet 1932, au minimum de 1120 (n° 3) + 500 francs (n° 4 *bis*), variable avec la somme des pourcentages arithmétiques d'invalidité, mais toujours supérieure au montant de l'allocation n° 4 et inférieure à celui de l'allocation n° 5, peut être cumulée avec les allocations 3 et 4 et en reste distincte; elle ne l'est, au contraire, ni avec l'allocation 7 pour laquelle l'invalide est en droit d'opter, ni avec l'indemnité de soins afférente, soit à une pension de 100 % pour tuberculose, soit à une pension de l'art. 12 au cas d'infirmité en sus de la tuberculose.

b) L'allocation 5 *bis*, de même point de départ pour le relèvement, moyennant la seule condition imposée à l'invalide d'être pour l'une des trois infirmités visées à l'art. 146 de la loi de finances de 1928 bénéficiaire de la règle de l'art. 10 de celle du 31 mars 1919, ne peut, quel que soit son taux, se cumuler qu'avec l'allocation n° 6.

c) L'allocation 6 peut (L. 30 déc. 1928, art. 81. — Flutet, *op. cit.*, p. 28, donne encore les taux de 1928) être cumulée avec l'allocation n° 5 *bis*, mais, pas plus que celle-ci, avec l'indemnité de soins. Il s'ensuivrait, son bénéfice n'étant acquis qu'aux titulaires de l'allocation n° 5 *bis*, l'obligation pour les pensionnés à 100 % du chef de tuberculose, bénéficiaires des art. 10 et 12, d'opter pour le cumul des allocations 6 et 5 *bis* ou de l'allocation 5 et de l'indemnité de soins; en réalité, la faculté d'option est lettre morte, parce que son premier terme est continûment plus avantageux que le second.

d) L'allocation 7, réservée aux amputés d'un membre au titre de la loi de 1919, — donc inapplicable aux bénéficiaires de l'art. 10 ou de l'allocation n° 6 au taux de 12.500 francs, — mais exigible pour toute amputation en sus d'infirmités ayant ouvert droit à l'art. 10 (cécité, paraplégie, perte de trois membres), et, en outre, à raison de la généralité des termes de l'art. 147 de la loi de finances, par des amputés d'invalidité inférieure à 85 % (à partir de ce degré, L. fin. 31 déc. 1921, art. 138, les pensionnés sont tenus pour « grands invalides ») non admis par la loi de 1919 au bénéfice de son art. 65, telles les victimes civiles amputées à la suite d'un événement étranger au cours des opérations de guerre, postérieur au 23 octobre 1919, — peut être cumulée avec l'une quelconque des allocations aux grands invalides, à l'exception du n° 4 *bis*; et pareillement avec l'indemnité de soins. Aux amputés susceptibles de prétendre simultanément auxdites allocations n°s 4 *bis* et 7 la plus avantageuse est attribuée d'office, sauf option contraire de leur part.

E. *Les majorations pour enfants.*

209. — Elles constituent l'une des importantes innovations de la loi de 1919 ; elles avaient un précédent dans celle du 14 juillet 1908, sur les pensions aux invalides de la marine ; le projet (art. 6) les proposa ; le Parlement les a votées (Ch. dép., 19 déc. 1917, *J. off.*, p. 3347 ; Sén., 19 sept. 1918, p. 634), s'agissant aussi bien de gratifications que de pensions, de pension temporaire que de pension définitive (art. 13, alin. 1er; 65, alin. 2). L'idée a été de donner issue à « l'esprit de solidarité et de piété envers les mutilés », de faire faveur au mariage et à la famille (Cf. Rapp. Masse, Ch., 21 juill. 1916, Doc. parl., févr. 1917, p. 1958 ; Chéron, Sén., 18 mars 1919, Déb. parl., p. 115); elle s'est réalisée à l'absolu, pour autant que le bénéfice de la majoration a été, selon le projet et par la volonté du Sénat (*Contra* Ch., 19 déc. 1917, p. 3347; Rapp. Masse, 21 juill. 1916, Doc. parl., 1917, p. 1963), accordé sans exclusion de grade; peut-être même l'a-t-il été avec excès, étant donné qu'il ne fait plus (Cf. Amend. Jobert, 13 févr. 1919, p. 605) dépendre le chiffre de la majoration du nombre des enfants; il l'est à coup sûr très largement, attendu qu'est étendue en l'espèce (art. 65) la règle des dispositions les plus avantageuses de la législation; qu'a été reculé (art. 13, alin. 3; Amend. Maginot, P.-E. Flandin..., Chappedelaine, 4 févr. 1919, p. 401) à dix huit ans (les filles fussent-elles déjà mariées : Cf. Lugol, Ch., 13 févr. 1919, p. 605) l'âge jusqu'auquel la majoration pour enfants (fussent-ils nés postérieurement à l'acquisition de la pension, « à naître », comme dit l'article [Lugol, 4 février, p. 396]) est acquise au père; que fut admis enfin (art. 13, alin. 2) ce droit du chef même des enfants naturels, l'unique et juste résistance opposée.

A. — *Ensemble des allocations.*

NUMÉRO de l'allocation spéciale temporaire	CATÉGORIE DE BÉNÉFICIAIRES	MONTANT [à diviser par trimestre]	
		Ancien	Nouveau
1	Invalides de 85 %.	L. fin. 31 juill. 1920, a. 96 : 500 fr.	L. fin. 19 déc. 1926, a. 96 : 700 fr.
2	— 90 —	— 600	— 840.
8	— 95 —	— 800	— 1.120.
4	— 100 —	— 1.000	— 1.400.
4 bis	— 95 et 100 %, sans bénéfice des art. 10 et 12 L. 31 mars 1919.	....	L. fin. 31 mars 1932, a. 145 : De 800 à 1.000. [V. tableau B.
5	— bénéficiaires de l'art. 12.	....	L. fin. 27 déc. 1927 : 5.900. [V. tableau C.
5 bis	— — 10.	....	L. fin. 16 avril 1930, a. 96 : 15.000.
	— aveugles, amputés de deux ou plus de deux membres, paraplégiques.	....	L. fin. 31 mars 1932, a. 146 : 16.000. [V. tableau D.
6	— bénéficiaires des art. 10 et 12.	....	L. fin. 30 déc. 1928, n. 81. [V. tableau E.
7	— ayant subi l'amputation à taux variable d'un membre.	....	L. fin. 31 déc. 1932, a. 147.

B. — *Allocation n° 4 bis.*

	0/0 sans art. 10 ni 12	
	100 %	95 %
Pension du taux de soldat	2.400 fr.	2.280 fr.
Allocation de grand invalide	1.400	1.120
Supplément de pension	3 360	3.192
Total	7.160	6.592

C. — *Allocation n° 5.*

100 %	+ *Bénéfice de l'art. 12*									
	DEGRÉS									
	10	9	8	7	6	5	4	3	2	1
	Fr.1.000	900	800	700	600	500	400	300	200	100
Pension du taux de soldat	2.400	2.400	2.400	2.400	2.400	2.400	2.400	2.400	2 400	2.400
Allocation de grand invalide	5.900	5 900	5.900	5.900	5.900	5 900	5.900	5.900	5.900	5.900
Supplément de pension	4.760	4.620	4.480	4.340	4.200	4 060	3.920	3.780	3.640	3.500
Total	14.060	13.820	13.580	13.340	13.100	12.860	12.620	12.380	12.140	11.900

D. — *Allocation n° 5 bis.*

	100 %	+ Bénéfice de l'art. 10
Pension du taux de soldat	2.400 fr.	600
Allocation de grand invalide	15.000	
Supplément de pension	4.200	
Total	22.000 fr.	

E. — *Allocation n° 6.*

100 %	+ *Bénéfice des art. 10 et 12*									
	DEGRÉS									
	10	9	8	7	6	5	4	3	2	1
	Fr. 850	825	800	775	750	725	700	675	650	625
	1.000	900	800	700	600	500	400	300	200	100
Pension du taux de soldat	2.400	2.400	2.400	2.400	2.400	2.400	2.400	2.400	2.400	2.400
Allocation de grand invalide	17.500	17.000	16.500	16.000	15.500	15.000	14.500	14.000	13.500	13.000
Supplément de pension	5.950	5.775	5.600	5.425	5.250	5.075	4.900	4.725	4.550	4.375
Total	27.700	26.900	26.100	25.800	24.500	23.700	22.900	22.100	21.300	20.500

aux pressions contraires (Ernest Lafont, Betoulle, Ch., 4 févr. 1919, p. 395) ayant consisté à maintenir les conditions de l'art. 26 et, de la sorte, à ne faire entrer en compte les enfants naturels que sous les conditions de conception et de reconnaissance fixées en cet article.

210. — Le tarif en a été dans ces conditions, à plusieurs reprises, depuis l'abandon (Cf. Amend. Jobert précité) de la clause du projet qui le faisait varier suivant le nombre des enfants et le degré gradué de 5 en 5 % d'invalidité du pensionné, remanié et accru par des dispositions successives de lois de finances :

INVALI-DITÉ	PRINCIPAL de la majoration — (L. 31 mars 1919, a. 12)	SUPPLÉ-MENT — (L. fin. 13 juillet 1925, p.195)	MAJORA-TION supplé-mentaire temporaire — (L. 19 déc. 1926, a. 96)	L. fin. 13 mars 1929. a. 2.	TOTAL — A partir du 1er janvier 1929
100......	300 fr.	240	·250	*A dater du 1er janv. 1929. le supplément spécial temporaire (L. fin. 1925, a. 195) est porté à 140 % du taux initial.*	1.028 fr
95......	285	228	266		978
90......	270	216	252		928
85......	255	204	238		878
80....	240	192			576
75......	225	180			540
70......	210	168			504
65.....	195	156			468
60......	180	144			432
55......	165	132			396
50......	150	120			360
45......	135	108			324
40......	120	96			288
35.....	105	84			252
30......	90	72			216
25......	75	60			180
20......	60	48			144
15......	45	36			108
10......	30	24			72

211. — La condition en est annale, adaptée à la pension et à son sort, incessible et insaisissable. — Annale (Ch. dép., 19 déc. 1917, *J. off.*, p. 3347) jusqu'aux dix-huit ans révolus de l'enfant qui y donne droit, de telle sorte que, cet âge atteint ou le décès de l'enfant survenant, la majoration est supprimée à l'expiration d'une année de jouissance, mais, et par contre (art. 13. dern. al.), est jusqu'à cet âge d'an à an renouvelée et payée à chaque enfant sous réserve de l'application des art. 19 et 20 (*infra*). — Adaptée à la pension, en ce sens que la révision en a lieu aussi à chaque visite bisannuelle, et que le chiffre n'en peut être modifié qu'au même temps que celui de la pension temporaire lors de la visite bisannuelle, ou de la visite annuelle à subir par l'infirme en réforme temporaire, ou de la visite exceptionnelle ordonnée (art. 7, alin. 3) au cas de complication ou d'aggravation de l'infirmité. — Incessible et insaisissable (art. 71) pour la totalité, en raison de son caractère strictement alimentaire (Rapp. Masse, 24 juill. 1916, Doc. parl., 1917, p. 1987), de telle sorte que la privation de la garde ou la déchéance de la puissance paternelle en entraîne la radiation au nom du père et le paiement à celui qui a les enfants ou au tuteur. La règle ainsi posée par l'art. 71, alin. 2, de la loi du 31 mars 1919 a été développée, étendue par celle du 13 juillet 1923 au profit des enfants admis ou confiés à l'Assistance publique (LL. 24 juill. 1889, 19 avr. 1898, 15 nov. 1921) et des pupilles de la Nation confiés à l'Office départemental (L. 27 juill. 1917, mod. 26 oct. 1922, art. 21, 22) : à l'encontre des titulaires indignes le retrait des majorations peut être prononcé par décision du tribunal civil du lieu, à la requête du procureur de la République ou de toute personne ayant pris ou comptant prendre la charge des enfants; sauf au dernier de ces cas, laissé en tant que question de fait à l'appréciation de justice, le transfert des majorations est automatique.

III. — *Les bénéfices connexes à la pension.*

A. *La prestation des soins chirurgicaux ou médicaux et produits pharmaceutiques.*

212. — Le souci « d'assurer le sort des mutilés... déjà réformés..., se trouvant, à raison de leur blessure ou de leur infirmité, dans la nécessité de recourir à de nouveaux soins chirurgicaux ou médicaux » (Rapp. Lugol, 19 déc. 1918, Déb. parl., mars 1929, p. 13) a pris dans la loi de 1919 une importance et affecté des modalités qui l'y différencient des errements antérieurs : le décret du 25 novembre 1889 portant règlement du Service de santé, art. 199, leur assurait l'accès des hôpitaux militaires, mais à charge de remboursement, sans que, d'ailleurs, celui-ci pût excéder le montant de la pension d'invalidité; l'art. 64 de la loi est d'un principe inverse : les soins gratuits sont, quant aux infirmités ayant fait l'objet de semblable pension, un droit, illimité dans le temps, pour tous les agents, à l'exception (Cf. Rapp. André Breton, sur le budget (Pensions) 1933, Ch. dép., n° 1025, 8 déc. 1932, p. 69) des sapeurs-pompiers (sauf ceux de Paris), des agents ou fonctionnaires civils de la Guerre et de la Marine, des mobilisés en usine et à la terre, et des personnels non militaires du service de santé. Un règlement d'administration publique du 26 septembre 1919 eut pour but d'en assurer l'application (Rpr. pour les colonies, D. 15 juin 1926, *J. off.*, p. 3731). Une loi du 24 juillet 1922 n'y a rien changé, et fut bornée à des règles de compétence quant aux contestations nées postérieurement à sa publication : Cons. d'Ét., 9 mars 1927, Rocheray, Leb. chr., p. 306.

213. — Des conditions y ont été mises, qui en cantonnent et régularisent l'usage : Cf. Décr. 25 oct. 1922, mod. 8 août 1924, 27 sept. 1928, 16 avr. 1930, Flutet, *op. cit.*, p. 217 sv., et 28 juin 1934 (*Duvergier*, p. 238), en particulier :

a) La nécessité d'une demande et d'une inscription sur des listes, essentiellement distinctes — encore qu'elles ne les excluent pas — de celles de l'assistance médicale gratuite traitée à la loi du 15 juillet 1893 : Cf. Cons. d'Ét., 11 mai 1927, Dantin, Leb. chr., p. 529; 1er déc. 1928, Peytou, p. 1250. — La demande d'inscription doit être faite à la mairie du lieu de résidence du pensionné. Il la faut appuyer, soit du certificat modèle 10 délivré par le centre de réforme (Instr. 31 mai 1920, art. 61, Flutet, *op. cit.*, p. 760), soit de la notification de pension. Que si la notification ne portait pas, comme le requiert l'art. 3 du décret de 1922, l'énumération de l'ensemble des blessures et maladies ayant donné lieu à pension, l'intéressé devrait en saisir, non le Conseil d'État directement, mais la commission de surveillance et de contrôle des soins médicaux (Cons. d'Ét., 9 juill. 1929, Chabreyrie, p. 702). Indication y doit être donnée des soins éventuellement reçus (art. 64, al. 8) par l'intermédiaire d'une société de secours mutuels. — La date de l'inscription est celle même du droit aux soins; pour son attestation un carnet à souche est remis à l'intéressé, établi à son nom, utilisable sur tout le territoire français, dans les colonies et les pays de protectorat, *i. e.* permettant à tout blessé de guerre, malade durant un voyage ou un séjour hors de son département, de se faire soigner dans les conditions de la loi, là où il est, moyennant son carnet de bons de visite n° 1 : Circ. 11 déc. 1922; Rép. à quest. écrite n° 16.822, *J. off.*, 26 juin 1923. — La tenue des listes et la délivrance des carnets que la loi de 1919 avait confiées aux mairies a fait, à la suite d'abus prévisibles et graves, l'objet d'une centralisation à la préfecture, où les demandes doivent être transmises par les mairies et vérifiées à fin d'émission et avant renvoi aux maires des carnets de soins dûment revêtus du numéro d'inscription de l'intéressé sur les listes : D. 27 sept. 1928;

214. — *b)* La production au médecin des billets de visite. — L'obligation était déjà établie et réglementée aux art. 13 et 19 du décret du 26 septembre 1919 (Cf. Cons. d'Ét., 18 oct. 1929, Marcou, Leb. chr., p. 913); elle est très certaine et définie au Ch. 2, art. 14-19 du décret de 1922, pour tous les cas de non-hospitalisation. Elle ne va, d'ailleurs, en rien à l'encontre du principe de libre choix du médecin, du chirurgien ou du pharmacien;

215. — *c)* L'admission à l'hospitalisation. — La mesure, aussitôt que reconnue nécessaire, a lieu, au choix des intéressés, dans les établissements publics, salles militaires ou civiles des hôpitaux de leur ressort et, au besoin, sanatoria, ou dans les établissements privés agréés par la commission tripartite départementale (ainsi dénommée parce que constituée de représentants de l'administration, des mutilés et des parties prenantes, médecins, pharmaciens, hôpitaux et cliniques). Décidée par la commission de contrôle, elle peut, au cas où elle a été refusée, faire, dans les vingt jours de la décision (art. 34 Décr. de 1922), l'objet, par lettre recommandée, d'un recours à la commission supérieure de surveillance et de contrôle au ministère des Pensions, à l'exclusion d'une instance directe devant le Conseil d'État, juge seulement du recours pour excès de pouvoir : Cons. d'Ét.,

25 nov. 1925, Daoût, p. 940, et limité, en l'espèce, au regard d'une décision de la cour régionale des pensions, à tenir le rôle de juge de cassation : 5 août 1927, Morin, p. 965.

La règle capitale en cette matière est, en effet, celle de la compétence de la commission de contrôle : par dérogation à l'art. 35 de la loi, toutes les contestations nées de l'application de l'art. 64 sont jugées, en premier ressort, par la commission de contrôle du domicile de l'intéressé (Cons. d'Et., 26 mars 1931, Péchoux, Leb. chr., p. 372) et, en appel, par la commission supérieure légalement habilitée (Cf. L. fin. 19 déc. 1926, art. 102), soit à imputer à l'une des parties en cause, isolément ou conjointement, les sommes indûment réclamées à l'Etat, soit à prononcer, en cas d'abus caractérisé, et dans des délais mieux calculés (Décr. 26 janv. 1929) l'exclusion à temps ou définitive des soins ou produits. Elle apparaît ainsi précise et dans la loi précitée du 21 juillet 1922 et dans les arrêts de la haute juridiction administrative qui la maintient très stricte : 9 mars 1927, Rocheray ; 20 juill., Prieur ; 19 nov., Parmentier, p. 306, 813, 1087, et l'a admise au cas même de contestation sur des frais exposés avant que les commissions eussent été instituées, dès lors que le litige n'était pas tranché à cette date : 7 août 1925, Minet, p. 828 ;

216. — d) Le contrôle et la ventilation des frais remboursables aux médecins et pharmaciens ou établissements hospitaliers sur l'action directe qu'ils sont seuls autorisés et obligés à exercer contre l'Etat : Cf. Cons. d'Et., 27 nov. 1925, Charbonneau, Leb. chr., p. 955 ; — 6 mars 1929, Delamotte ; 13 novembre, Thiburge, p. 294, 988 ; — 14 janv. 1931, Andréan, p. 46. — Rpr., sur les indemnités de soins et mesures de contrôle quant aux pensionnés à 100 % (tuberculeux), Circ. minist. Santé publ., 2 février 1932.

Les dispositions législatives ne se réfèrent pas indistinctement à toute nature ni à toute somme de soins. Elles prévoient seulement le traitement dans les hôpitaux relevant de la Faculté de médecine dans le ressort de laquelle l'intéressé a son domicile ; d'autre part, l'art. 20 du décret du 25 octobre 1922 a pu légalement maintenir des règles de celui du 25 novembre 1889, exclusives de tout droit au traitement thermal, subordonnant l'admission dans les stations hydrominérales à une décision ministérielle sur propositions de la commission de réforme : Cons. d'Et., 7 août 1925, Azoulay, Leb. chr., p. 827 ; — 26 mars 1931, Péchoux, précité.

Elles ont donné naissance à des prescriptions et formalités réglementaires, inscription sur des listes spéciales, production de billets de visite et déclaration du praticien, admission dans un hôpital public..., de telle sorte qu'a été fait à bon droit par les commissions de contrôle le rejet de demandes d'honoraires à raison des soins donnés ou à une époque antérieure à cette inscription ou pour une maladie autre que celle ayant motivé la réforme ou sans ces productions et déclarations ou dans un établissement privé... : Cons. d'Et., 7 août 1925, Minat ; 9 mars 1927, Rocheray, précités ; 11 mai 1927, Danlin ; 3 août 1927, Thomasi, p. 929. — Le décret de 1922 a, de fait, un titre III détaillé, spécial aux tarifs (consultations et visites ; déplacements des médecins ; frais pharmaceutiques et d'hospitalisation ; interventions médico-chirurgicales), de même qu'un IV, relatif aux voyages et transports. Sa minutie ne l'a, du reste, point préservé de tous abus : la dépense croît annuellement et dépasse 100 millions par le fait, sans doute, de l'augmentation du nombre des inscrits et de la hausse continue de la vie (qui a donné lieu à des majorations successives du prix des visites et consultations : Décr. 22 avr. 1927, 16 avr. 1930), à raison aussi d'abus (abattements insuffisants sur les fournitures (Cf. Décr. 22 août 1927) et paiement des produits pharmaceutiques à des prix exagérés, supérieurs à ceux exigés du public ; emploi contestable des ressources ; disparité selon les départements de la proportion et de la moyenne des inscriptions et des soins et des prix médicaux (Cf. Rapp. Taurines, sur le budget Pensions, exerc. 1931-1932, n° 3878, 11 juill. 1930, p. 56-70) : abus trop réels qu'il appartient aux commissions tripartites en « un rôle d'arbitrage » de constater et de réduire, au vu des procès-verbaux, lesquels furent succincts et bornés d'abord à la liste et au montant des mémoires, et pour lesquels le Service des soins gratuits a, depuis lors, suggéré un modèle faisant ressortir en face de chaque mémoire le nombre des pensionnés soignés et le prix moyen du traitement et des ordonnances.

217. — Le rôle de la commission supérieure de surveillance et de contrôle est tout à la fois gravement important et nettement circonscrit. Essentiel, parce qu'il n'est remboursement de sommes payées en compensation des soins reçus (Cons. d'Et., 14 janv. 1931, Andrean, p. 46), refus d'honoraires (5 nov. 1931, Didier, p. 951), rejet de mémoires concernant des fournitures de médicaments (25 juill. 1931, Gastinel, Tranchier, Goutal, p. 873) qui puisse ne point procéder d'elle (Cf. 23 oct. 1931, Guigard, p. 906) et, si l'intéressé n'a pas été mis en cause devant elle, être déféré directement, hors la voie de la tierce-opposition, au Conseil d'Etat (26 mars 1931, Péchoux ; 20 novembre, Franc ; 9 décembre, Cellier, p. 372, 1017, 1094). — Limité, en ce sens qu'il ne peut déborder de la question de justification d'après les données de l'instruction des fournitures régulièrement livrées et des mémoires dûment à payer : la commission excéderait ses pouvoirs si elle motivait son refus ou une modification des chiffres fixés en un jugement passé en force de chose jugée par une disqualification des agissements des praticiens ayant rendu impossible le contrôle des soins ou l'immoralité du paiement (24 juill. 1931, Magalon, p. 858) à des inculpés correctionnellement d'escroqueries (25 juill. 1931, Tranchier, Goutal, précité).

218. — S'agissant aussi du remboursement des frais, du libre choix du médecin, de la fourniture des soins, et généralement de sa mise en œuvre, l'art. 64 de la loi de 1919 a été complété (Rapp. Chéron, Sén., 31 mars 1918, J. off., Déb. parl., p. 2457 ; Amend. Honnorat, Lefas, Lairolle, Ch dép., 9 mars 1919, p. 1006, 1008) de dispositions et d'alinéas (alin. 8, 10) propres aux sociétés de secours mutuels de la loi du 1er avril 1898 ou d'ouvriers mineurs ou de syndicats professionnels, dont les frais d'administration ont été augmentés par le fait de son application. Le règlement d'administration publique prévu a été pris à la date du 26 septembre 1919, publié au J. off. 16 octobre 1919 et suivi d'une circulaire minist., 16 octobre 1919.

B. La fourniture des appareils prothétiques.

219. — L'appareillage des mutilés, comme une suite du droit à réparation écrit à l'art. 1er de la loi de 1919, pour toute infirmité ayant donné matière à pension et paraissant susceptible d'amélioration grâce à un instrument de prothèse ou d'orthopédie, est assuré sous le contrôle de l'Etat. La proposition (Guichard, Ch. dép., 5 mars 1919, Déb. parl., p. 1009) d'attribution au mutilé d'une somme équivalente au prix de l'appareil fourni par l'Etat, pour l'acquérir soi-même, fut abandonnée sur l'observation (Mourier, s.-secr. d'Et. du Service de santé, ibid.) qu'il n'y avait lieu, ni d'augmenter les charges financières de l'Etat, ni de surajouter aux garanties ou faveurs faites au mutilé de choisir son futur appareil avec les conseils du chirurgien parmi les types agréés par l'administration et d'obtenir satisfaction en cas de désaccord avec le technicien. — L'instruction fondamentale à son sujet est l'Instr. min. Pensions, 22 mai 1924, J. off. 31 mai, p. 4881 ; Rpr. le cahier des charges, 12 nov. 1926.

220. — Il est l'œuvre, à l'administration centrale, d'un service dit de l'appareillage et d'une commission consultative de prothèse et d'orthopédie (Cf. sur sa constitution, Arr. 2 mai 1921) et, dans les départements, de 14 centres d'appareillage et 46 sous centres [Le nom du centre est en italiques] :

Gouvernement militaire de Paris : *Paris*, 139, rue de Bercy ; Rouen, Caen, Le Havre, Laroche-Migennes.

1re Région. —	*Lille* ; Amiens, Mézières-Charleville.
9e —	*Tours* ; Le Mans, Angers, Bourges.
10e —	*Rennes* ; Brest, Nantes.
13e —	*Clermond-Ferrand* ; Montluçon, Tulle.
14e —	*Lyon* ; Annecy, Besançon, Gap, Grenoble, Dijon, Valence, Saint-Etienne.
15e —	*Marseille* ; Nice, Bastia, Ajaccio, Hanoï, Tananarive.
16e —	*Montpellier* ; Perpignan, Rodez, Nîmes.
17e —	*Toulouse* ; Carcassonne, Pau.
18e —	*Bordeaux* ; Bayonne, Limoges, Périgueux, Saintes, Casablanca, Dakar, Fort-de-France.
19e —	*Alger* ; Constantine, Oran.
20e —	*Nancy*, *Strasbourg* ; Châlons-sur-Marne, Troyes, Sarreguemines, Metz, Colmar, Mulhouse.

Des ateliers sont dans chacun des centres (hors ceux de Nancy et de Marseille) chargés des réparations et, dans certains, de la fabrication des appareils neufs, à cela près que ceux du centre de Tours sont devenus les ateliers généraux de production industrielle pour approvisionner les autres en appareils ou pièces détachées standardisées. — Cf. Taurines, Rapp. précité, p. 54, 55.

221. — Cette œuvre est en progrès sensible, explicable, entre autres causes extérieures, par le fait de la réouverture des délais de demande de pension et l'assimilation décidée par la loi du 22 juin 1927 des pensionnés d'avant-guerre à ceux de 1914-1918. Pratiquement, les nouveaux bénéficiaires sont surtout (Cf. Rapp. Taurines, p. 50) des hernieux, rhumatisants et malades des troubles circulatoires ayant besoin de bandages, chaussures spéciales, bas élastiques...; et ceux relevant de prothèses fonctionnelle, oculaire ou acoustique, maxillo-faciale. — La première mise est, en règle, sauf pour les non-amputés atteints de lésions évolutives, accordée en double. Sont d'office réputés « inappareillables » : les désarticulés d'un membre (hanche ou épaule) qui, à raison de l'utilité fort incertaine des appareils, reçoivent un pourcentage supplémentaire compensateur, dénommé allocation n° 7, variable de 2.000 à 4.000 francs suivant la nature de l'amputation ; et, sur avis de la commission d'appareillage et du centre de réforme, les amputés à moignon très court, auxquels un seul appareil est fourni à titre de mise unique et non renouvelable, et qui, mutilés de cuisse ou désarticulés de hanche. peuvent (Circ. 5 nov. 1927) opter pour une voiturette et des béquilles ou deux pilons articulés renouvelables après usure. — Des prescriptions existent pour la délivrance et le nombre et les réparations des chaussures orthopédiques (Circ. 15 mai 1929); les premières établies l'ont été pour l'acceptation, quant au certificat de convenance et sur le retour au centre des appareils fournis ou réparés aux frais de l'Etat.

C. La rééducation professionnelle.

222. — Considérée comme « un devoir social de premier ordre, aussi bien au profit des intéressés que dans l'intérêt général » (Rapp. Chéron, Sén., 31 mai 1918, Doc. parl., p. 434), la rééducation au travail des mutilés et des infirmes de la guerre, qui avait déjà pris place dans le statut législatif (Cf. L. 2 janv. 1918), fut énoncée, dans l'art. 76 alin. 1er de la loi du 31 mars 1919 au titre d'un « droit à l'aide de l'Etat », même pour les « femmes pensionnées de la guerre » (alin. 6), dès lors que l'impossibilité de continuer le ci-devant métier est le résultat des mutilations ou infirmités ayant ouvert le droit à pension. Le texte est large, général, au lieu que celui de 1918 stipulait de la « guerre actuelle »; sa pensée en ce point, comme à tous égards presque, a été d'encourager et étendre la rééducation sans que son profit portât aucune atteinte aux pensions ou gratifications. Un décret du 13 avril 1923 a déclaré la loi de 1918 et l'art. 76 de la loi de 1919, et les dispositions réglementaires aux fins de son exécution, applicables en Alsace et Lorraine.

223. — Son organe est l'Office national des mutilés et réformés de guerre, institué (L. 1918, art. 2; L. 1919, art. 76 alin. 2) comme établissement public, ramené en cette qualité (L. 5 août 1920) du ministère du Travail au département des Pensions, ayant ramifications obligatoires par les comités départementaux et facultatives dans les comités locaux établis dans les communes : Cf. sur son fonctionnement administratif et financier, D. 26 févr. 1918, mod. 24 sept. 1918, 18 mars et 7 oct. 1919, 4 mars, 12 oct. et 27 déc. 1920, 10 janv. et 10 juill. 1922. La loi du 11 mai 1933 (J. off., 13 mai), a fusionné avec lui l'Office national du combattant, lui donnant dorénavant pour nom « Office national des mutilés, combattants et victimes de la guerre », et coupant son chapitre spécial au budget du ministère des Pensions en deux articles dont le premier reste constitué des sommes affectées aux pensionnés de guerre. Déterminée par ses résultats, la loi du 14 mai 1930 avait déjà remis à ses écoles la rééducation professionnelle des mutilés du travail. Chargée (L. fin. 29 juin 1918, art. 57: DD. 2 juillet et 8 août 1930) de la gestion de tous les crédits budgétaires, autres que ceux des pensions et gratifications, ouverts au profit des mutilés et réformés, — et de leurs ascendants : L. 19 juillet 1930, — il est autorisé à poursuivre, soit directement, soit par l'intermédiaire des comités interdépartementaux (L. 30 janv. 1923, art. 5), toutes œuvres d'assistance aux victimes de la guerre. Il lui appartient expres-

sément (art. 76, alin. 2) de désigner les collectivités et de fixer les conditions générales par les soins de qui ou selon lesquelles sera aménagée et opérée la rééducation, comme aussi de régler (alin. 5) les modalités et les cas d'attribution ou de suppression des allocations servies à l'apprentissage.

224. — Ses procédés varient, sous le contrôle de l'Office, de la rééducation en école aux bourses et secours d'études et à la rééducation par apprentissage. — Des écoles fournissent aux mutilés et aux aveugles l'orientation professionnelle (Cf. leur liste et leur spécialité, Rapp. Taurines, p. 21 ; Flutet, op. cit., p. 235); du point de vue financier (Arr. 11 août et Circ. 24 oct. 1919), les unes sont dites « rattachées », ce terme évoquant l'obligation pour l'Office de leur renouveler ses subventions dans toute la mesure des besoins de la rééducation; les autres sont organisées par des œuvres privées et reçoivent mutilés et aveugles de l'Office moyennant un prix de journée arrêté de concert. Les bourses et secours d'études, de somme variable jusqu'à 3 000 francs par an, « accordées directement par l'Office, représentent la combinaison adoptée en faveur des étudiants blessés, contraints de modifier leur orientation ou incapables de demander leurs ressources utiles à un travail complémentaire ». — L'apprentissage (Cf. Arr. 11 août 1919 pour les invalides; 1er juin 1920 pour les veuves de guerre), tantôt sans contrat, tantôt avec contrat, comporte, en un cas, une allocation variable suivant les situations particulières, prestée par les comités de patronage départementaux et locaux avec l'aide des subventions de l'Office; dans l'autre, l'attribution à l'intéressé, pensionné ou réformé (art. 76 L. 31 mars 1919; Arr. min. Trav. 26 juillet, art. 3; Valentino, op. cit., p. 488), d'une « allocation » : l'idée du Sénat d'imprimer à la rééducation un caractère administratif, de ne donner l'aide de l'Etat qu'aux apprentissages organisés par des œuvres ou collectivités agréées par l'Office et aux contrats passés sous son contrôle, a paru « excellente » (Rapp. Lugol, Ch., 31 oct. 1918, Doc. parl., p. 1889. — Cf. un modèle, Valentino, p. 491); néanmoins (art. 76, alin. 3) la liberté a été laissée au mutilé de passer de son initiative un contrat avec un patron particulier; l'exécution de tous contrats est soumise au contrôle de l'inspecteur départemental du travail, membre de droit du comité des mutilés.

225. — Sa voie pécuniaire est, de l'Etat au militaire ou marin infirme ou invalide de guerre, cette « allocation quotidienne » durant l'apprentissage du nouveau métier, dont les limites furent écrites à l'alin. 4 de l'art. 76, « égale au 1/5e du salaire... (et) quand il n'y aura pas de salaire, ... au minimum de 1 franc et au maximum de 2 francs », mais ont été contredites ou débordées, en une légalité plutôt douteuse, par l'art. 9 de l'arrêté du ministre du Travail du 26 juillet 1919 la déclarant alors « de plein droit de 2 francs ». La durée, qui en fut proposée indéfinie (Pressemane, Ch. dép., 5 févr. 1918, Déb. parl., p. 304) ou au maximum quinquennale (Sén., 26 sept. 1918, p. 684), n'en pouvait être, à tous points de vue, que relativement courte : l'alin. 5 de l'art. 76 en remit la détermination à l'Office national, l'arrêté susdit, modifié les 22 mai et 13 janvier 1922, l'a fixée aussi dans les limites de deux ans à six mois (art. 3), à la suite de l'admission prononcée par le préfet, président du Comité départemental du domicile du bénéficiaire (Cf. dans Valentino, op. cit., p. 497, les formules de demande), et sauf retrait par décision du conseil d'administration de l'Office national après avis de l'inspecteur du travail et avis conforme du préfet (art. 11). — D'une façon temporaire jusqu'au 1er janvier 1923, des primes au travail, variables de taux et de conditions, s'y ajoutaient : lourde charge pour le budget des écoles; source d'inégalités entre les rééduqués des sections manuelles et des sections d'enseignement général et, au sein même des sections manuelles, sans la distinction équitable de la situation de famille; elles furent remplacées par le paiement, en nature ou en espèces, à la fin de la rééducation, d'une somme maxima de 200 francs. — A titre extraordinaire, d'accord avec le but de reclassement social qui est celui de la rééducation professionnelle, un régime de prêts d'honneur a été organisé par délibérations, 4 juillet 1919, mod. 6 février et 4 mars 1920, 8 décembre 1921 (Valentino, op. cit., p. 484), du comité d'administration de l'Office. — Une opinion s'est affirmée assez défavorable à l'orientation de beaucoup de démobilisés vers les écoles de rééducation et à leur fixation dans des centres ruraux où ils font concurrence aux artisans véritables : V. notamment *Les documents du travail*, n° avril-juin 1934, p. 40.

CHAPITRE V

LA CONCESSION ET LA JOUISSANCE DES PENSIONS.

I. — *La demande, l'instance et la concession.*

226. — *A.* Une demande de pension en est la condition première, traditionnelle (L. 17 avr. 1833, art. 6); le délai de cinq
ans fixé à sa recevabilité (L. 31 mars 1919, art. 3, 5; D. 2 sept.
1919, art. 3), l'application, soit de la règle classique (L. 29 janv.
1831, art. 9 § 1) sur la poursuite des créances contre l'Etat, soit
de celle posée à l'art. 6 de la loi du 17 avril 1833 qui, non abrogée,
reste applicable aux demandes de pension formées au titre de
la loi de 1919 sous réserve des prorogations de délai prévues par
des lois particulières (Cons. d'Et., 28 oct. 1932, Lorber, Leb. chr.,
p. 890. — Rpr. 20 mars 1929, Freynet, p. 347); la computation
de ce temps à partir de telle ou telle date, enfin, une méthode
variée par les Instructions : — jour de la blessure reçue ou de la
maladie constatée par une commission de réforme (Cons. d'Et.,
26 déc. 1928, Mittre, p. 1352; 26 mars 1930, Noel, p. 343), soit
antérieurement à la libération, soit, à tout le moins, du dernier
jour de service effectif (Cf. Avis sect. fin. Cons. d'Et., 26 juill.
1921); — passé ce délai, au défaut d'une décision ministérielle sur
une demande de pension remise en temps utile à l'autorité compétente, justification, quant à l'invalidité, antérieurement à l'expiration du délai, du degré de gravité requis pour le droit à pension : Instr. 23 mars 1897, art. 10, *B. O.*, E. M., 66; et, au cas d'une
décision rejetée par le ministre ou par justice pour défaut d'imputabilité au service, production, à l'appui d'un fait nouveau,
de pièces ou de documents, tels des billets d'hôpitaux ou des
certificats médicaux, contemporains du fait allégué et susceptibles de faire preuve de ladite imputabilité et titre à pension :
Circ. 85, E. M./P., 25 mai 1926 ; — au profit des militaires disparus, bénéfice d'une année complémentaire à dater du retour
en France, à la double condition de faire, dans les deux mois
de ce retour, constater le fait et l'origine (la présomption
n'existant plus) de l'infirmité : art. 70 L. 1919 (Rapp. Chéron,
Sén., 31 mai 1918, Doc. parl., p. 433).

227. — Au regard des invalides de la Grande Guerre, la prolongation des délais pour la demande de pension a été préférée
à la suppression d'abord proposée par le gouvernement (Projet
n° 551, 4 nov. 1924. — Cf. Rapp. Stuhl, Sén., 6 mars 1925). La
loi du 9 janvier 1926, à quelque date qu'eût expiré le délai quinquennal de droit commun, — et alors même qu'une première
demande n'aurait point été formée ou aurait été rejetée faute
de degré indemnisable (Chéron, Sén., 29 déc. 1925, Déb. parl.,
p. 1842), — ouvrit (art. 1 al. 1) « un délai supplémentaire
[ultérieurement prolongé jusqu'au 31 décembre 1928] pour la
présentation, au titre de la loi du 31 mars 1919, des demandes
de pensions d'invalidité, [pour] infirmités imputables au service
accompli pendant la guerre 1914-1918, à charge pour les intéressés de faire, par tous moyens, la preuve de cette imputabilité ». Ainsi rédigée, la disposition, délibérément (Cf. Rapp.
Tranchant, Ch., 11 déc. 1924, Doc. parl., n° 864; Stuhl, Sén.,
6 mars 1925) était bornée à proroger le délai des demandes de
pension ou de révision, et donc attachée aux principes de la loi
du 31 mars 1919; elle ne changeait rien aux délais de présomption et les laissait enserrés par la règle (L. 1919, art. 3, 5; *suprà*,
n⁰ˢ 124 sv.) du temps de présence sous les drapeaux ou des six
mois subséquents au renvoi dans les foyers; dans ces limites
mêmes, elle était encore de faveur, parce que, obligeant à la
preuve de l'imputabilité des infirmités au service, elle admettait
cette preuve par tous moyens au lieu d'exiger la représentation
difficile ou impossible de pièces d'origine. Le jeu, concurremment
accepté ou institué de la sorte, de la présomption d'origine de la
loi de 1919 et de la preuve de l'imputabilité au service selon la loi
de 1926, demandait une explication technique, outre cette raison
de fait qu'il importait d'éviter à l'Etat la charge de pensions à
raison du seul vieillissement de tares ou d'affections; la Circ. 77
EM/P., 22 janvier 1926 (Valentino, *op. cit.*, n° 403, p. 319) l'a très
judicieusement présentée : le demandeur en pension, à la double
condition que des constatations eussent été faites dans les délais
prescrits aux art. 3 et 5 de la loi de 1919, et que ses infirmités

pussent par leur nature se rattacher à la blessure ou à la
maladie constatée, était, par la loi de 1926, admis à bénéficier
de la présomption, sauf preuve contraire à la charge de l'Etat,
mais aussi tenu à prouver, tous moyens étant à sa disposition, la
relation de cause à effet entre la blessure ou maladie constatée et
les infirmités invoquées. Un avis du Conseil d'Etat, 17 janv. 1928,
est plus strict; il a tenu pour non douteuse l'intention du législateur de supprimer la présomption d'origine pour tous les bénéficiaires, quels qu'ils fussent, du délai supplémentaire ouvert
par la loi de 1926. Son opinion est, à tous titres, préférable.

228. — Un fléchissement dans le nombre des demandes
semble s'être produit dans les dernières années; toutefois il est
d'une durée et d'une importance trop faibles pour autoriser
quelques conclusions certaines : s'il n'est pas interdit d'imaginer
la courbe des pensions de guerre à son point culminant, il n'est
pas moins juste de prêter attention au volume des pensions
réversibles et plus encore à l'augmentation progressive des
demandes de révision pour aggravation des infirmités. Au
rapport J.-L. Breton, sur le budget Pensions de l'exercice 1933,
n° 1025, Ch., 8 déc. 1932, figure ce tableau :

NATURE des demandes.	1925	1926	1927	1928	1929	1930	1931	1932
Premières instan- ces............	2.690	7.558	5.640	11.337	8.740	8.758	9.023	6.260
Aggravations, sous- estimations et enquêtes......	4.849	5.797	6.864	9.428	9.905	10.017	11 452	9.579
Renouvellements..	9.719	8.157	6.737	7.504	7.142	7.949	7.460	7.605
Ascendants.......	4.278	3 957	3.964	4.610	3.398	2 937	2.481	2.089
Veuves et orphe- lins............	2.190	1.900	1.870	1.928	2.079	2.044	1.920	1.846
Totaux...	23.726	27 369	25.095	34 807	31.264	31.700	32.336	27 349

Demandes de pensions reçues en 1931............... 388.079
      —   en 1932............... 328 192
Nombre de dossiers en instance au 1ᵉʳ janvier 1931.. 257.970
      —   au 1ᵉʳ janvier 1932.. 230.473
      —   au 1ᵉʳ janvier 1933.. 184 373

229. — *B.* Formée par le bénéficiaire éventuel de la pension
ou son représentant légal (Arr. n° 4 Fin., 7 oct. 1920), la
demande doit être adressée, soit au directeur du service de santé
de la région où il réside, si l'intéressé est de l'armée de terre
(Instr. 31 mai 1920, art. 13), soit à celui du port d'attache ou
du chef-lieu de l'arrondissement d'immatriculation selon qu'il
est, ou non, officier de marine (Cf. *ibid.*, art. 86; Circ. 26
E. M./P., 29 mai 1922). Il la faut accompagner d'une déclaration
modèle n° 1 (Valentino, p. 637; Flutet, p. 627), et, si l'ancien
militaire est intransportable, d'un certificat de médecin (Décr.
2 sept. 1919, art. 9) et d'une demande sommairement expliquée
d'examen au centre de réforme ou lors des tournées cantonales
(Instr., art. 13) : aussi bien s'agit-il à ce stade, non d'une demande
proprement dite de pension (Cf. son modèle n° 5, Valentino, p. 648;
Flutet, p. 637), mais d'une demande aux fins de déterminer
l'expertise médico-légale, à laquelle concourent les centres de
réforme et les commissions de réforme, d'une part, et la commission consultative, d'autre part, relevant du ministère des
Pensions, les premières de la direction du contentieux et des services médicaux, la dernière du cabinet même.

230. — 1° *Les centres spéciaux de réforme* sont les organismes chargés de recevoir et d'instruire les demandes de
pension, de soumettre à la délibération des commissions de
réforme l'aptitude physique et le droit à indemnisation des
militaires ou anciens militaires et d'acheminer dossiers et décisions vers l'administration centrale par l'intermédiaire de la
section départementale des pensions et de la commission consultative médicale. La Circ. min. 199 Ci/7, 20 août 1916, désigne
à cet effet les ci-devant hôpitaux dépôts de convalescents; les
« services médicaux de réforme et indemnisation » qui, en
outre, fonctionnèrent durant la guerre, dans la zone des armées,
furent transformés aussi en centres spéciaux par la Circ. 814
Ci/7, 11 février 1919. Leur nombre, progressivement réduit, est
passé de 72 en 1921 à 35 en 1927. Actuellement leur liste et leur
siège sont depuis la réorganisation des régions en juillet 1934 :

a) Gouvernement militaire de Paris.

RÉGIONS								
1	2	3	4	5	6	7	8	9
Lille.	Amiens.	Rouen.	Le Mans.	Orléans.	Metz.	Besançon.	Dijon.	Tours.
13	14	15	16	17	18	19	20	
Clermont-Ferrand.	Lyon.	Marseille, Bastia, Fréjus.	Montpellier.	Toulouse.	Bordeaux.	Alger, Oran, Constantine.	Nancy, Strasbourg.	

b) Division d'occupation :

de Tunisie.	*Maroc.*	*Armée du Levant.*
Tunis.	Casablanca.	Beyrouth.

c) Pour l'armée de mer, des centres sont annexés aux hôpitaux maritimes des ports de Cherbourg, Brest, Lorient, Rochefort, Toulon, Bizerte.

d) Pour les colonies :

Antilles.	*Afrique orientale.*	*Afrique occidentale.*	*Afrique équatoriale.*	*Indochine.*	*Nouvelle-Calédonie.*
Djibouti. Diégo-Suarez Tananarive. Saint - Denis (Réunion).	Saint-Claude. Fort-de-France.	Dakar. Bamako.	Brazzaville.	Hanoï. Saïgon.	Nouméa.

231. — Leur tâche est double, divisée, consistant : d'une part, à constituer en son entier le dossier administratif et médical, destiné à être transmis du centre à la section départementale, et nécessaire à la liquidation et concession éventuelle de la pension et de ses compléments : besogne des bureaux, pour laquelle les lenteurs et les désaccords doivent être évités et le sont, d'apparence ou d'ordinaire, par des prescriptions (Instr. 31 mai 1920, art. 28) et la présence d'un employé de la section auprès d'un médecin-chef du centre de réforme (Instr. 3 juin 1920); — d'autre part, à rechercher si l'infirmité prétendue remplit les conditions d'origine requises, est et à quel degré au-dessus du minimum non indemnisable, est ou non incurable et, à ce titre, source de pension définitive ou temporaire : œuvre d'expertise, incombant aux médecins du centre.

232. — Pour la mise à effet de la loi de 1919 et du décret du 2 septembre (Flutet, p. 697), et au lendemain de la succession (1920) du ministère des Pensions au sous-secrétariat du Service de santé, l'œuvre des centres était prévisible sur le triple plan décroissant jusqu'en 1925, d'instruction des demandes de pension formulées durant les cinq années 1919 à 1924; jusqu'en 1929, de consolidation des pensions temporaires annuelles ou biennales accordées de 1919 à 1924; jusqu'en 1933, de révision pour aggravation des pensions accordées de 1919 à 1928. — En fait, le nombre des affaires, au lieu de diminuer continûment, marqua une recrudescence peu importante en 1926 et 1927, soudaine et grave à partir de 1928 : deux causes l'expliquaient, la suppression (L. 9 janv. 1926) de tout délai pour la demande, en cas d'aggravation, de révision des pensions définitives, et la prorogation (L. 30 déc. 1928) de la possibilité de première demande d'une pension. Il a paru alors que l'issue était de compenser le travail des centres, dont le nombre et le personnel avaient été réduits, par certains allègements qui ont consisté, l'un (Circ. 14 févr. 1929) à soumettre, dès la demande de pension, son auteur à l'expertise et l'affaire telle quelle, si l'infirmité est déclarée inférieure à 10 %, donc ne donnant point matière à pension, à la commission de réforme; l'autre (Circ. 5 févr. 1929) à ne point compléter de pièces d'état civil les dossiers quand la demande de pension a été rejetée, pour défaut d'origine, par la commission de réforme.

233. — *a)* Le dossier administratif est constitué par des pièces d'état civil ou émanant d'autorités civiles, à fournir, en règle, par les intéressés eux-mêmes, leurs rectifications étant à la diligence des intendants (Instr. 30 juin 1920, art. 8. Ce sont (Cf. Valentino, *op. cit.*, nᵒˢ 420-432, p. 326-332) :

Pour les militaires en activité et anciens militaires : la demande de pension nᵒ 5 ; — l'acte de naissance (Cf. Circ. min., 1ᵉʳ sept. 1916, *B. O.*, P. S-P., p. 706 ; 33ᵉ Circ. min. S. S., nov. 1919, p. 413) ou, à son défaut, un duplicatum des indications du livret matricule corroboré par un acte de notoriété (Circ. min. 28 avr. 1915, *J. off.* 11 mai) dressé conformément à la loi du 20 juin 1920; — l'état général des services et campagnes (Circ. 1ᵉʳ août 1916, *B. O.*, P. S-P., p. 704; 1ᵉʳ févr. 1917, *B. O.*, p. 312), établi par déclaration modèle, ou bien nᵒ 1 (Cf. Circ. 26.567 B 9/7, 9 juill. 1919) dûment complétée (1ᵉʳ Circ. mens. Pensions, févr. 1920) en toutes ses déclarations, ou bien nᵒ 7 pour les non-libérés, les militaires de carrière visés aux art. 59 et 60 de la loi du 31 mars 1919 et les aliénés internés, et appuyé, s'il est discordant en quelque point essentiel avec l'acte de naissance, d'un acte d'individualité; — le certificat de position militaire (modèle nᵒ 1 *bis*, s. Instr. 31 mai 1920) et le duplicatum de l'avis de mutation (modèle nᵒ 6 *bis*, s. Instr. 20 juin 1910 ; Flutet, p. 629); — les pièces d'origine, différentes (Cf. Instr. 31 mai 1920, art. 5 et 6, 9 et 28), selon qu'existe ou manque la présomption d'origine, et suppléées exceptionnellement par des déclarations pour les rapatriés d'Allemagne (Av. Cons. d'Et., 4 juill. et 18 oct. 1916; Circ. min., 630 Ci/7 C. C. M., 15 déc. 1917; — les attestations ou certificats utiles aux fins d'attribution éventuelle des majorations d'enfants (Instr. 31 mai 1920; Instr. 1291 Ad. 31 mars 1921).

234. — *b)* Le dossier médical comprend (Cf. Valentino, *op. cit.*, nᵒˢ 433-438, p. 333) : les billets d'hôpital authentifiés, établis d'après l'art. 265 du Règlement du service de santé et les prescriptions du 27 mai 1907 (*B. O.*, E. M., t. 38, p. 280) : leur utilité, en tant que résumé succinct des opérations cliniques (Circ. min. 7-11 sept. 1915) et constatation durant l'incorporation d'une blessure ou maladie, est, à l'ordinaire, de donner corps à la présomption d'origine; — les feuilles d'observations, d'hôpital à hôpital (Circ. min. 28 mai 1915): leur valeur est celle même de la relation consignée de l'origine et des symptômes de la maladie ou de la blessure (Circ. min. 607 Ci/7, 20 oct. 1917), de l'aide fournie par l'ensemble de leurs renseignements anatomiques ou cliniques à l'avis des médecins-experts et à la décision des commissions de réforme sur les effets légaux des infirmités en cause; — les rapports, évaluations et conclusions (Instr. 31 mai 1920, art. 32) des spécialistes ou contre-experts (2ᵉ Circ. mens. C. C. M., avril 1917); — s'il y a lieu, le procès-verbal du refus par l'intéressé de l'intervention ou du traitement jugé indispensable à son amélioration ou à sa guérison (Circ. min. 5 avr. 1915, *B. O.*, p. 219).

235. — L'expertise médico-légale est faite :

En règle, au centre de réforme, par des médecins militaires, et des médecins civils d'une compétence présumée par leurs titres ou leur activité, agréés par le ministre (Instr. nᵒ 8 E. M. P., 31 mai 1920, [Flutet, p. 721 sv.], art. 18). Dûment convoqué à l'avance (*ibid.*, art. 28), l'intéressé est indemnisé de ses frais de déplacement et, s'il est libéré du service, du transport (*ibid.*, art. 24-25; Circ. min. 27 avr. 1918, *B. O.*, p. 1250), et, s'il demeure plusieurs jours au centre, hébergé gratuitement et assuré tant pour lui que pour sa femme et ses enfants d'une indemnité journalière (Décr. 2 sept. 1919, art. 44);

Extraordinairement et par voie de priorité, pour les intransportables (malades en traitement, aliénés, tuberculeux en sanatoria...), à leur domicile, par des médecins dûment désignés du centre ou d'une place voisine ou de la formation (Instr. 31 mai 1920, art. 50, 51);

Sur demande formée par ceux qui, non sujets d'un examen de spécialiste ou d'une instrumentation particulière, entendent ne pas se rendre au centre, par subdivision et par canton, au canton ou dans une localité voisine et plus accessible, par un médecin du centre et des médecins vacateurs pris sur une liste donnée par le service de santé (*ibid.*, art. 51 sv.). Cf. sur les indemnités payées, *ibid.*, art. 57, 58; Circ. 11.738 B 9/7, 13 mars 1919; 32ᵉ Circ. mens. S. S., octobre 1919, p. 402.

Les examens radioscopiques, bactériologiques... sont, généralement, effectués dans les laboratoires des hôpitaux militaires, remboursables, suivant un tarif préétabli, au ministère de la Guerre par celui des Pensions; et, extraordinairement, dans les hôpitaux civils ou des laboratoires privés agréés par le ministère des Pensions, dans les villes dépourvues de laboratoires militaires.

236. — L'avis de spécialistes (Instr. 31 mai 1920, art. 32, Flutet, p. 741) — obligé, au cas de certaines lésions (yeux, oreilles, larynx, voies urinaires; troubles nerveux ou psychiques, Circ. 133 Ci/7, 10 sept. 1915; cardiopathie ou albuminurie, Circ. 240 Ci/7, 15 sept. 1916) et pour certaines maladies (maladies exotiques, Décr. 18 mars 1926, J. off., 30 mars; tuberculose, Instr. min. 14 août 1924, Flutet, p. 485, et 834 Ci/7, 21 oct. 1919) — peut aboutir à une mise en observation de brève durée (V. quant à la tuberculose pulmonaire et au rôle du surexpert, Instr. 14 août 1924), laquelle ne peut, d'ailleurs, avoir lieu sans le consentement de l'intéressé (Cf. Instr. 31 mai 1920, art. 34). C'est sur les rapports des uns et d'après les résultats de l'autre que deux experts du centre, procédant à part ou ensemble à la visite de l'intéressé, objectivement, c'est-à-dire sans s'arrêter à de prétendues prédispositions constitutionnelles ou de particulières aptitudes professionnelles, évaluent le degré de son invalidité et apprécient son aptitude au service. A ces opérations d'expertise, comme aux mesures d'instruction, la loi a entendu réserver un caractère contradictoire, sous cette impulsion que « la garantie du Conseil d'Etat lui apparai(ssant) lointaine et lente, le blessé jugerait l'examen médical plus sérieux et plus équitable... [moyennant] la présence d'un médecin civil l'assistant ou simplement la production de certificats médicaux qui devront être analysés et discutés au procès-verbal » (Rapp. Masse, 21 juill. 1916, J. off., Doc. parl., 1917, p. 1951. — Rpr. Instr. 31 mai 1920, art. 33, et, sur les conditions de l'assistance du blessé ou du malade par un médecin civil, Décr. 2 sept. 1919, art. 8-11); ce qui n'implique point, au surplus, d'autre force contraignante pour les observations présentées ou la production faite que l'obligation pour les experts de les entendre, recevoir et joindre au dossier (Instr. 1920, art. 33 précité, Flutet, p. 742).

237. — Le certificat d'expertise (modèle n° 3, Valentino, p. 645; Flutet, p. 633) contient spécialement un libellé des infirmités (Instr. 31 mai 1920, art. 45, 46; Valentino, op. cit., n° 458, p. 344), savoir une description et un diagnostic de la blessure ou de la maladie cause de l'instance; la mention, d'après les données scientifiques, de son origine imputable ou non au service; l'appréciation de son incurabilité, d'une part, et, d'autre part, des conclusions, touchant, l'une l'évaluation du degré d'invalidité, l'autre la situation militaire de l'intéressé, énoncées suivant des formules et avec des perspectives réglementaires. Une évaluation diminuée peut être écrite dans le cas sus-indiqué des refus d'intervention (Circ. min. 5 avr. 1915, B. O., p. 219). — Il est communiqué à l'intéressé qui en fait la demande et peut en prendre copie (Instr. 31 mai 1920, art. 48) : faculté limitée, au surplus, aux certificats d'expertise établis en vue de la constitution des dossiers de pension pour infirmités ou indemnisation (Circ. min. n° 905 Ci/7, 14 août 1920).

238. — 2° Les commissions de réforme — établies, en principe, par région, composées comme il est fixé à l'art. 60 de la loi du 1er avril 1923, placées sous l'autorité du général commandant la région (Rectificatif n° 8, 17 juin 1919, à l'Instr. 21 janv. 1910), assistées de l'un des médecins ayant procédé à l'expertise (Cf. Circ. min. n° 832 Ci/7, 2 août 1919; 34e Circ. mens. S. S., décembre 1919) — ont pour office de délibérer avec compétence générale sur les demandes introduites par les 35 centres de réforme. Le nombre des demandes s'étant fortement accru les 111 commissions de réforme étaient appelées à une activité du même volume; le Service des expertises médicales à l'administration centrale a incliné à une augmentation du nombre de leurs séances; le procédé n'a guère abouti à plus d'affaires traitées et à moins d'affaires ajournées (Cf. Rapp. Taurines, p. 78).

239. — Leur fonctionnement est symétrique à celui des centres de réforme, quant à la convocation et comparution, à l'assistance de l'intéressé par un médecin de son choix; à la décision sur pièces et en l'état du dossier (Instr. 31 mai 1920, art. 68) aux cas du postulant intransportable ou réputé tel, visité à l'étranger, ayant demandé à ne pas comparaître (Cf. formule n° 8 et 35e Circ. mens. S. S., janvier 1920; Valentino, p. 351, 652; Flutet, p. 639) ou faisant défaut à la commission; à l'ordre d'un supplément exceptionnel d'hospitalisation dans

les cas de nécessité... — Il n'y a lieu, dès lors, qu'à spécifier le caractère de tribunal et de juges (V. infrà, Ch. VII) qui est celui de la commission et de ses membres, y compris les deux médecins, de telle sorte (Cf. Circ. min. Guerre, 12 juin 1922, Valentino, p. 352, note) que ceux-ci n'ont à prendre aucune part à l'expertise, et que celle-là, en cas de doute sur la justesse des évaluations proposées par les experts, doit se borner à mentionner ses motifs, prescrire un nouvel examen ou une mise en observation de l'intéressé. Incessamment le Service de santé et le ministère des Pensions tour à tour recommandèrent pour ce rôle un esprit non restrictif, tout de bienveillance : Rpr. Instr. 831 Ci/7, 10 juill. 1919 (Mourier); 31 mai 1920, art. 35 (Maginot); 7e, 11e Circ. mens.; Circ. 24 mars et 29 oct. 1921, 1er mai 1925, 5 mai 1922 : « ...Que les invalides de guerre se voient accorder le plein de leurs droits, et que les expertises soient conduites de façon à ce que les intéressés aient, non seulement la conviction qu'ils ne sont pas sous estimés, mais que tous les efforts sont faits pour que leurs droits soient intégralement garantis ».

240. — Leur intervention est une règle essentielle, sinon formulée à titre distinct par la loi, du moins découlant très certainement de dispositions comme l'art. 3 fixant le point de départ des pensions au jour de la décision d'une commission de réforme. Elle implique, en tout cas, cette conséquence que ne saurait être assimilé à la décision d'une telle commission l'examen médical d'un major de quelque hôpital, non plus que d'une commission médicale d'expertise ou (Cour région. Rennes, 4 juin 1924, G⁴) de médecins ou de commission n'ayant à faire que des propositions pour un congé de convalescence (Cons. d'Et., 22 juin 1927, Vuargnoz, p. 694; 10 févr. 1928, Rimbaud, p. 228), — ou celle autre qu'il appartiendrait à l'administration et, en cas de litige, au juge du fait d'écarter les décisions ou propositions d'une commission chargée sous l'empire de la législation antérieure à la loi de 1919 (Cf. D. 31 août 1878, art. 5, mod. art. 3 D. 5 avr. 1915; Cons. d'Et., 23 nov. 1927, Guillaud, in f., p. 1104. — Rpr. 9 juin 1926, Sauret, p. 576; 17 déc. 1930, Monnier, p. 1074) d'examiner l'aptitude physique des militaires, dès lors qu'elles ne leur apparaîtraient pas motivées par la constatation chez les intéressés d'infirmités causées ou aggravées par le service, génératrices d'une invalidité d'au moins 10 % et ainsi ouvrant droit à pension : 14 mars 1928, Blanc, p. 363.

241. — Leurs délibérations, dans la ligne double de leur compétence (l'éventuelle constatation du droit à hospitalisation ou à majoration de pension pour assistance d'une tierce personne ne soulève aucune difficulté d'aucune sorte), ont nature différente selon leur objet : s'agissant de la détermination de la nature, du taux et de la durée de la pension, elles n'ont valeur que de propositions sur lesquelles la décision appartient au ministre; s'agissant de la question d'ordre militaire, de l'aptitude militaire de l'homme ou de l'officier, elles ont vertu exécutoire, sauf contrôle du ministre de la Guerre, lequel (Circ. 42 2/1, 3 janv. 1925) peut être saisi de celles paraissant ou prétendues contraires aux lois et en prononcer l'annulation avec renvoi des dossiers aux commissions en vue de nouvel examen. Ce deuxième ordre relève, au surplus, autant de l'organisation de l'armée que du régime des pensions; il ne prête donc ici qu'à un rappel et à une sommaire mention des différences existantes quant aux causes et aux suites de l'inaptitude à faire campagne, telle que les énuméraient les deux Instructions, 18 avr. 1915, mod. 22 janv. 1916 (B. O. Marine, 1er févr. 1916), et 20 déc. 1916, modifiées à plusieurs reprises (Cf. la dern. édit. vol. 68², 30 janv. 1925, Min. Guerre), auxquelles ne fut prêtée, lors de leur mise en vigueur, qu'une valeur purement indicative, mais fut assigné un caractère impératif par les lois de récupération des exemptés et des réformés, du 20 février 1917, et de révision des classes nouvelles, des 2 janvier et 2 août 1918 : Cons. d'Et., 22 juin 1917, Amadieu, Leb. chr., p. 487 :

242. — A l'égard des hommes de troupe, hormis les changements d'arme (Instr. 21 janv. 1910, et Rectific. n° 8, 17 juin 1919) ou le versement dans le service auxiliaire (L. 1er avr. 1923, art. 20, 59) :

a) réforme temporaire ou définitive : l'une, instituée par la loi du 1er avril 1898, dénommée, en une terminologie heureusement renouvelée (Cf. L. 21 mars 1905, art. 19, 38; Circ. 576 Ci/7 C. C. M., 25 août 1917), n° 1 ou n° 2 suivant l'imputabilité ou la non-imputabilité au service des blessures ou infirmités (L. 1er avril 1923, art. 59; Circ. 44 E. M. P. min. Guerre et Pensions, 15 nov. 1923), et à suite de laquelle l'intéressé peut demander rappel à l'activité ou réforme définitive, au plus deux fois, trois mois au moins après la mise en réforme temporaire ou quatre mois au moins après le premier examen facultatif (Instr. 21 janv. 1910, art. 56); — l'autre, restaurée (L. 1923, *ibid.*) en son double type n° 1 ou n° 2, sur la même base et susceptible aussi, au cas d'imputabilité admise à suite d'origine prouvée ou par présomption d'origine et d'invalidité au moins égale à 10 %, de donner lieu à pension;

b) mise à la retraite, si l'infirmité entraîne l'impossibilité de rester au service, prononcée, pour les caporaux et soldats par les commissions de réforme elles-mêmes, pour les sous-officiers rengagés ou commissionnés et les marins rengagés ou réadmis par le ministre après avis de la commission instituée par le décret du 26 août 1921.

Deux situations spéciales doivent être confrontées et accommodées à ces règles : — celle des gendarmes (art. 28 et 29 D. 20 mai 1903), d'une part : leur réforme est impossible tant qu'ils sont susceptibles de rendre des services à l'armée, et leur reversement à leur arme d'origine ordonné quand ils appartiennent à des classes mobilisables : Circ. min. 29 mai 1907 et 18 déc. 1916, B. O., E. M., p. 43; — celle des sous-officiers ayant servi cinq ans au-delà de la durée légale et n'ayant pas droit (L. 11 juill. 1899) à la pension proportionnelle avant quinze ans de services effectifs, d'autre part : une solde de réforme, équivalente à cette pension d'après le grade, leur est accordée durant un temps égal à la moitié des services (L. 1er avr. 1923, art. 78) et, si leur infirmité le permet, leur versement dans un service auxiliaire et leur maintien dans un emploi sédentaire jusqu'à quinze ans révolus de services (Circ. min. 1359¹/¹, 24 janvier et 4450²/¹, 14 avr. 1916).

243. — A l'égard des officiers, si les infirmités impulables au service enlèvent, parce que graves et incurables, possibilité de demeurer immédiatement et de rentrer ultérieurement au service :

a) ou bien une proposition, conformément aux dispositions de la loi du 19 mai 1924 sur l'état des officiers, en vue d'un décret de mise à la retraite pour infirmité : « position » fatale d'après les art. 12-14 de la loi de 1831, subordonnée par l'art. 1er alin. 2 de celle du 30 avr. 1920 à une décision ministérielle sur avis d'une commission spéciale (D. 25 août 1921). — La mise à la retraite d'office par le ministre ou, inversement, sur demande des officiers eux-mêmes, au cas (LL. 23 juill. 1887 et 23 déc. 1919) d'invalidité égale à 60 %, a été mise en discussion et déclarée possible par Av. Cons. d'Et., sect. fin., guerre, colonies, 29 novembre 1921 (Valentino, p. 35, note) et les lois des 31 mars et 23 décembre 1919 et 30 avril 1920 analysées comme ayant eu pour but « d'améliorer la situation des militaires », la deuxième complétant l'art. 65 de la première. Elle existerait, en tout cas, à l'encontre de l'officier des troupes coloniales excipant d'infirmités pour éviter retour de départ : Circ. 3550¹/⁸, 22 sept. 1921;

b) ou bien la non-activité sans emploi et hors cadres (L. 19 mai 1834, art. 4) avec solde de même nom et indemnité temporaire du décret du 26 août 1919. — Et, si l'impossibilité apparaît tout à la fois du rappel à l'activité après trois ans (Instr. 10 janv. 1912, art. 13) et (Cf. *suprà*, n° 242 *a*, et Circ. min. 27 juin 1872) de la mise à la retraite pour ancienneté de services, proposition de mise en réforme, après avis conforme d'un conseil d'enquête et sans constatation nécessaire de l'incurabilité des infirmités (Av. Cons. d'Et., sect. fin., 12 juin 1923, Valentino, *op. cit.*, p. 41, note 1).

244. — Les officiers de complément mis par leurs infirmités hors d'état de servir sont, dès la décision de la commission de réforme sur leur droit à pension, selon les art. 2 et 5 du décret du 31 août 1878 mod. 12 oct. 1918, — ou bien mis hors cadres, après examens médicaux, par périodes de six mois et pour trois ans au plus, de telle sorte que, durant ce temps, rendus à la vie civile, ils ont situation correspondante à la réforme temporaire des hommes de troupe (Circ. min. 32997²/¹, 28 déc. 1917), — ou bien radiés des cadres, par décret, après avis du Comité consultatif de santé, d'emblée, eu égard à l'incurabilité de l'infirmité (Circ. min. 207 Ci/7, 25 août 1916), ou après trois ans de mise hors cadres. — Ceux atteints, au cours de leur mobilisation, de blessures ou infirmités donnant lieu, selon la loi de 1831, à mise à la retraite ont vocation aux

mêmes droits et avantages que les officiers de l'active (L. 1er juin 1878, art. 2).

245. — La section départementale des pensions, instituée par décret du 20 avril 1920, tenue statutairement à être en liaison constante avec le centre de réforme, reçoit de celui-ci, après la séance de la commission de réforme, le dossier dûment complété, afin d'en vérifier et classer les pièces (Cf. Valentino, n°s 493, 494, p. 361) et faire transmission (Instr. 3 juin 1920, art. 3). La double opération de mise au point du dossier et de la liquidation de la pension qui fut, un temps, assurée par les sections régionales a été partagée, lors de leur suppression (Cf. Circ. 4384, 17 sept. 1921), entre la section départementale et l'administration centrale.

246. — 3° La *Commission consultative médicale*, en cet état des choses, reçoit le dossier, pour faire l'œuvre attribuée jadis (L. 16 mars 1882, art. 40) au Comité technique de santé, avant que la Grande Guerre ne le dispersa. Créée et composée par décret du 5 mars 1916 (*J. off.*, 11 mars), — puis réorganisée après un travail de longue haleine en 1929, — elle est un organisme spécial, extérieur à l'administration centrale, autonome, libérée (D. 15 oct. 1920) de l'autorité et de la surveillance technique du médecin général président du Comité consultatif, s'administrant, ordonnançant et gérant ses crédits par ses propres moyens d'après les mêmes principes et suivant le même mode que la section technique du Service de santé (Instr. 6 mars 1916, mod. 10 nov. 1917, B. O., 26 novembre), mais rattachée depuis 1924 au cabinet du ministre des Pensions. Ce rattachement, en particulier, a été critiqué (Rapp. Taurines, p. 86) pour cette raison que « les cabinets de ministre n'ont pas une stabilité qui leur permette de prendre la direction effective des services d'exécution » et avec cette vue qu' « il n'est pas admissible que la responsabilité de l'instruction médico-légale... n'incombe pas tout entière à une direction qualifiée ». La raison est meilleure d'apparence qu'en réalité : l'action envisagée est moins du cabinet que des bureaux; la vue hostile semble méconnaître aussi ce trait du décret du 27 janvier 1920, créateur du ministère des Pensions, d'avoir précisément réuni les services d'expertise médicale qui dépendaient primitivement du sous-secrétariat du Service de santé, relevant lui-même du ministère de la Guerre, et du service général des pensions institué par la loi du 18 février 1916 et rattaché au sous-secrétariat de la Guerre. Indépendamment de celle relative à l'unité de l'organe pour absorber sans augmentation bien réelle du nombre des médecins vacateurs la masse des dossiers issus des 35 centres de réforme et des 111 commissions de réforme. d'autres remarques sont plus concevables et fondées, sinon sur sa compétence, du moins sur sa procédure.

247. — Les attributions. — d'ordre purement technique et consultatif (Instr. 8 E. M. P. 31 mai 1920, art. 78), — consistent, au sujet des pensions d'invalidité fournies à l'ayant droit lui-même ou par réversibilité, à vérifier l'imputabilité au service et l'évaluation d'après les barèmes des infirmités, la nature temporaire ou définitive de la pension y afférente, et l'opportunité de l'allocation (art. 10) de tierce personne, et, au besoin, à faire soi-même (l'Instr. 22 nov. 1924 lui ayant restitué [Cpr. Instr. 1920, art. 78] ce droit) procéder aux nouvelles enquêtes et expertises reconnues nécessaires, étant entendu, pour le redressement d'interprétations ou d'habitudes fâcheuses (Cf. Circ. 24 mars 1921, Valentino, *op. cit.*, n° 499, p. 365), que ces demandes n'entravent en rien la liberté d'appréciation des experts et ont pour seul effet « d'appeler l'attention des experts sur des évaluations » non apparemment d'accord avec les descriptions des certificats et nécessitant diagnostic exact plus précis. Il peut s'ensuivre une proposition d'augmentation de pourcentage; il faut à une proposition inverse d'abaissement le préalable (Circ. 12 E. M. P. 2 déc. 1921) d'un nouvel examen et du renvoi devant une nouvelle commission de réforme.

Sa manière est, en tout cas, de procéder sur pièces. De ce point de vue, une simplification légitime, naturelle, avait été décidée par décret du 15 avril 1924 et a été fâcheusement, sans motifs manifestes ni explicites, presque aussitôt reprise par celui du 31 octobre. Jusqu'en mars 1916 les dossiers de proposition n'étaient soumis pour avis au Comité consultatif de santé qu'au cas de désaccord entre les médecins visiteurs et vérificateurs : errement défectueux en un temps où les médecins experts manquaient d'expérience et la jurisprudence d'unité et justifiant surabondamment un envoi systématique de tous les dossiers à la Commission consultative médicale; le décret du 15 avril 1924 était bien inspiré à y renoncer, dès lors que les barèmes furent plus spécialisés, mieux connus et interprétés moins subjectivement, en même temps qu'il aidait à une liquidation moins ralentie des pensions et à une dépense plus réduite. Il resterait toujours aux départements ministériels intéressés la ressource de réclamer à celui des Pensions la soumission à la Commission consultative médicale des dossiers pour lesquels son avis leur paraîtrait utile.

248. — Aux médecins militaires de l'armée active (14) et aux médecins vacateurs civils annuellement agréés par le ministre des Pensions (53), les premiers chargés surtout des questions intéressant les militaires de carrière ou exigeant une présence continue à la commission, les autres occupés de l'examen au 1er degré ou de la vérification de dossiers de pensions (D. 25 févr. 1930) sont adjointes, au titre de membres externes, pour un concours bénévole dans des cas particulièrement litigieux, quelques sommités médicales. Ainsi, organe médicolégal de vérification et de contrôle des propositions de pensions d'invalidité, appliquée à constituer une unité de doctrine, elle est, près les deux départements des Pensions et de la Guerre, un conseil technique pour toutes les questions (expertises, barèmes...) relevant de sa compétence. Dépositaire de toutes les archives du Service de santé en campagne, aidée de son propre fichier nominatif créé et organisé à la fin de 1927, elle est en mesure de déterminer à tout instant la situation médico-légale d'une affaire et de suivre aussi par ses propres moyens les cas très fréquents de nouvel examen. Sa production moyenne annuelle est considérable.

249. — *C.* Depuis la loi du 27 avril 1920, c'est par arrêté ministériel, et non plus comme ci-devant par décret, que la pension est concédée. Il s'ensuit que n'a plus lieu la publicité de la concession, telle qu'elle fut prescrite pour les décrets du même objet par les art. 40 de la loi du 16 avril 1895 et 73 de la loi du 13 juillet 1911. — L'arrêté est pris par le ministre des Pensions, contresigné par celui des Finances, de qui (Direction de la dette inscrite, Sous-direction de la dette viagère) ressortit l'inscription au Grand-Livre de la dette publique, l'établissement du titre et la préparation des pièces destinées aux trésoreries générales et à la comptabilité des pensions. — Au cas de désaccord entre l'un et l'autre, soit sur le droit lui-même, soit sur le taux, le ministre des Finances fait retour du dossier avec ses observations, et celui des Pensions saisit le Conseil d'Etat (Sect. fin., guerre, marine et colonies... : L. 27 avr. 1920); l'avis du Conseil, au lieu d'être comme ci-devant aussi toujours obligatoire, ne l'est plus que dans les deux cas de désaccord entre le ministre liquidateur et celui des Pensions et de renvoi demandé par l'un des ministres intéressés. — Il est transmis par le ministre des Pensions, lequel n'est pas tenu d'y reproduire les termes exacts de la commission de réforme (Trib. départ. Seine, 13 juin 1923, V...). au sous-intendant départemental, et par celui-ci notifié à l'intéressé en pli postal recommandé et avec accusé de réception (Circ. 2309 Ad, 29 oct. 1919, Valentino, *op. cit.*, p. 368, note 2), et au préfet en vue du contrôle à exercer éventuellement sur l'attribution des soins gratuits (D. 26 sept. 1919, art. 12).

250. — Le défaut de signature ministérielle a été tenu pour une cause d'irrégularité de l'arrêté de concession, tant que le décret du 29 juin 1926 n'eut point dérogé au principe interdisant aux ministres, hors les cas prévus par loi ou décret, de déléguer aucune partie de leurs pouvoirs de décision à un fonctionnaire placé sous leurs ordres : Cons. d'Et., 6 janv. 1928, Grainelier; 8 février, James-Latapie, p. 28, 187; par *a contr.*, 13 févr. 1929, Monnet; 19 juin, Mohamed ben Miloud; 18 décembre, André, p. 183, 603. 1127. La signature est dorénavant valide du directeur de la liquidation : 30 juill. 1927, Fouilloux; 2 novembre, Lainé, p. 877, 1004; — 23 juill. 1929, Béral, Table, p. 1407. — Au demeurant, il ne s'agissait que de l'arrêté de concession, et point du tout de la lettre le notifiant : 14 janv. 1928, Nicolet; 26 décembre, Mittre, p. 53. 1352; — 16 janv. 1929, Linçontang; 16 mars, Gazay, p. 57, 336.

II. — Le point de départ de la pension.

251. — Il ne pouvait, à raison du temps nécessairement long de leur concession, demeurer tel (date de la radiation des contrôles de l'activité ou de la libération...) que l'avait établi, pour l'ordinaire des cas, la décision présidentielle du 27 décembre 1880 mod. 6 avril 1897 : une date uniforme s'imposait. Un décret du 23 juin 1916 (*Duvergier*) fixa celle de la radiation des contrôles (Cf. Cons. d'Et., 9 nov. 1925, Cadenaule, Leb. chr., p. 882); l'idée de faire remonter le départ de la pension au jour de la première décision prise par la commission de réforme (Maginot, Armand Desplas, Ch. dép., 17 déc. 1918, *J. off.*, Déb. parl., p. 3400) a été consacrée à l'art. 3 al. 4 de la loi du 31 mars 1919.

252. — Solution simple, mais qui au dessein de faire remonter la pension à la date la plus reculée possible défaille en plusieurs hypothèses, celles notamment des demandes de pension formées après la libération ou le rapatriement (Cons. d'Et., 10 mars 1926, Susini, *in f.*, p. 267) pour des infirmités non constatées durant le service (Cons. d'Et., 23 juin 1926, Bassaget, p. 638; par *a contr.*, 30 avril, Ben Moktar Mohamed, p. 441) ou le temps de captivité..., et donc ayant déterminé un passage tardif, et pour autant préjudiciable, devant la commission de réforme. A celle des prisonniers de guerre, il est vrai, la loi de finances du 13 juillet 1925, art. 201-204 (Cf. prop. Ch. dép., 19 mai 1921, n° 2647, et Rapp. Balanant, 1er déc. 1922; Sén., n° 485, 18 juin 1924, Rapp. Stuhl, 5 févr. 1925 et Rapp. gén. budget Viollette, Doc. parl., n° 537), a entendu apporter un remède par l'allocation d'une indemnité compensatrice, indépendante du degré d'invalidité, — calculée en règle, pour le manque à percevoir au titre de la pension, sur le taux de celle allouée par la première commission de réforme et forfaitairement comptée jour pour jour sur cette base à compter du quatrième mois ayant suivi la sortie des formations sanitaires ennemies (Cf. sur sa base, Cons. d'Et., 4 févr. 1931, Melet, p. 130); — mais échelonnée, eu égard à la dépense budgétaire entrevue (près de 23 millions), en cinq annuités, depuis le 1er juillet 1925. La condition formelle en était une demande antérieure au 4 mars 1920, conforme aux indications de la Circ. 0460 Ad, 22 juill. 1925 (Flutel, p. 52 sv.) et, bien entendu, suivie d'effet par la concession d'une pension. Doutes et contestations relevaient de la compétence d'une commission particulière nommée (art. 102) par le ministre des Pensions.

Celle des Alsaciens-Lorrains ayant servi dans l'armée allemande n'a pu, par contre, être fixée à une date antérieure au 1er juin 1919 : Cons. d'Et., 30 janv. 1930, Schurra, p. 124.

253. — Règle ferme contre laquelle la rétroactivité n'a été admise d'aucune autre, — qu'il s'agit du décret du 17 octobre 1919 ayant porté à 100 % le taux du guide-barème du 29 mai au cas de tuberculose confirmée (Cons. d'Et., 7 juill. 1926, Girard, Podeur, [2 arrêts], Leb. chr., p. 700; — 30 nov. 1927, Le Bras, p. 1142), — de ceux des 28 février et 19 mai 1925 ayant introduit au guide-barème de 1919 la rubrique de la défiguration (Cons. d'Et., 30 janv. 1930, Chatelard, Table, p. 1314; — 12 mars 1931, Ducamp, Table, p. 1391), — ou de l'art. 1er de la loi du 22 juin 1927 ayant admis les pensionnés d'avant le 2 août 1914 pour blessures reçues ou infirmités et maladies contractées en service à réclamer, quelle que fût la date de leur mise en réforme et eussent-ils même repris du service, le bénéfice intégral de la loi du 31 mars 1919 et des lois supplémentaires : celui-ci a été ramené, au plus favorable (Cons. d'Et., 14 févr. 1930, Saint-Yves, p. 190), au jour de la promulgation de la loi de 1927, alors que la décision ministérielle leur accordant pension faisait référence aux propositions d'une commission de réforme ayant statué avant cette date.

254. — Principe mis en question à plusieurs reprises, mais rappelé et maintenu dans sa netteté et son ampleur logique par le Conseil d'Etat :

Ecarté, il va sans dire, au cas de point de départ basé à tort sur un fait matériellement inexact : Cons. d'Et., 26 janv. 1927, Maurel; 12 juillet, Ranty, Leb. chr., p. 112, 784; ou une infirmité ou une cause sans rapport avec celle ayant fourni matière à la demande de pension : Cf. Trib. départ. Puy-de-Dôme, 24 juin 1922, D., *in* Valentino, *op. cit.*, n° 531, p. 377; Cons. d'Et., 25 mars 1925, Masset; 29 juillet, Deliencourt, p. 309, 759; Table. p. 1315;

Mais assuré d'effet à l'ordinaire des choses, à l'encontre des cours régionales ayant par excès de pouvoir fixé ce point à une date antérieure à celle de la constatation par la commission de réforme de l'infirmité susceptible d'entraîner taux de pension : — Avis Cons. d'Et., 4 janv. 1922, Valentino, *op. cit.*, n° 533, p. 382. — Cons. d'Et., 29 déc. 1926, Doucet, p. 1188; — 7 janv. 1927, Tricau; 3 juin, Pansart, *in f.*, p. 40, 647; — 21 mars 1928, Gizard, Rougale (2 arrêts); 2 août, Ruckebusch; 26 décembre, Mittre, p. 396, 397, 1018, 1352; — 23 juill. 1929, Vaubleny;

21 novembre, Lasternas, p. 1010 ; Table, p. 1397. Rpr. 6 févr. 1930, Salvan ; 26 mars, Noël ; 9 mai, Colonna, p. 138, 343, 489 ; — 19 mars 1931, Pietrucci, p. 314 ; 25 novembre, Piffre, Table, p. 1391 ; — ou à la date de la première commission dans le cas de décisions successives sur une infirmité n'ayant atteint qu'ultérieurement à la première le taux suffisant : 22 juin 1927, Laborde, p. 694 ; — 1er févr. 1928, Bouché ; 19 décembre, Paviot, p. 149, 1322 ; — 8 mai 1931, Rozereuil, p. 513. Rpr. 26 déc. 1928, Legros, p. 1353 ; 5 juin 1929, Lafront, p. 545 ;

255. — Déclaré d'une portée générale, et donc appliqué aussi bien dans le cas de l'aggravation d'une affection ayant motivé concession d une pension que dans celui d'une affection de même effet constatée pour la première fois par la commission de réforme : les dispositions de l'art. 3 n'ont pas trait au taux d'invalidité (art. 7 alin. 2) ; elles visent exclusivement la décision initiale de la commission de réforme et, partant, laissent entière la liberté d'appréciation des juridictions de pensions quant à la fixation du point de départ de la pension correspondant au nouveau taux d'invalidité constaté par l'expert qu'elles ont pu désigner (Cons. d'Et., 2 juin 1926, Falguère ; 29 décembre, Huberdeau, Table, p. 1450 ; — 12 juill. 1927, Ranly ; 6 août, Desseigne, p. 784, 981 ; — 1er févr. 1928, Bouché ; 11 mai, Arribal, p. 149, 611 ; — 13 févr. 1929, Cotte ; 23 juillet, Charres ; 21 novembre, Lasternas, et 27 novembre, Doncarli ; 23 décembre, Colomb ; Table, p. 1397 ; p. 794, 1010, 1030 et 1173 ; — 27 nov. 1930, Bautès, p. 988 ; — 10 janv. 1931, Fournet ; 15 janvier, Robcis ; 25 février, Joguin ; 8 mai, Rozereuil ; 25 juin, Schulz, p. 31, 53, 217, 513, 686. — Rpr. 25 juill. 1930, Baron, p. 818). La donnée jurisprudentielle et juridique est à cet égard si sûre qu'en un cas d'aggravation d'invalidité postérieure à la date où le ministre s'était placé pour prendre sa décision quant au taux d'invalidité, mais ayant motivé reconnaissance de droit à pension par la cour régionale, le requérant n'a pas été, en l'absence d'un recours du ministre, reçu à soutenir que la cour aurait dû fixer le point de départ de la pension à une date antérieure au jour de l'expertise médicale ordonnée par le tribunal départemental : Cons. d'Et., 20 mars 1931, Marin, p. 341.

III. — *La prohibition de cumul, le droit d'option, les cas de révision.*

A. *La prohibition de cumul.*

256. — Une préoccupation est traditionnelle, et des plus indiquées, en matière de pensions, majorations et allocations : celle du cumul. Elle fut rappelée dans les travaux préparatoires de la loi de 1919 : « La pension militaire sert à indemniser le militaire en cas d'infirmité, et ses ayants cause en cas de décès ; elle a, à leur égard, un caractère alimentaire. Il sera désormais, dans son calcul, tenu compte des charges de famille. Or, d'autres législations parallèles tendent à des fins identiques ou analogues, soit qu'elles aient pour but d'atténuer, dans un esprit de solidarité, les risques pécuniaires en cas de mort ou d'infirmité, soit qu'elles se proposent de porter secours aux vieillards ou de leur assurer une retraite, soit qu'elles gratifient les familles nombreuses. Il n'y a évidemment pas lieu, pour l'Etat, de payer deux fois, au titre de deux lois différentes, pour l'échéance d'un même risque ou l'accomplissement d'un même devoir d'assistance ou de solidarité, sauf, bien entendu, à offrir aux intéressés l'option de la loi la plus favorable » (Rapp. Masse, Ch. dép., 21 juill. 1916, Doc. parl., février 1917, p. 1974). Elle a pris dans l'art. 58 la forme d'un renvoi aux « règles... édictées pour les pensions militaires par les lois et règlements en vigueur » et ainsi aux sanctions de ces règles telles que déjà les énonçait la loi du 15 mai 1818. Elle s'applique comme aux pensions, et de même que les règles de déchéance ou les recours, aux « gratifications » depuis que celles-ci, ayant acquis au cours des travaux préparatoires la dénomination et la qualité de « pensions temporaires », ont perdu la nature d'allocations gracieuses et atteint le caractère de véritables pensions. Elle intéresse toute une série d'hypothèses de pension coexistant :

257. — *a)* Avec une solde militaire d'activité, de disponibilité ou de non-activité. Interdit en règle par la loi du 28 fructidor an VII (Cons. d'Et., 24 janv. 1890, Leb. chr.), le cumul avait été dès avant 1914 admis pour plusieurs catégories de militaires (réserve ou territoriale pendant les stages ou périodes d'exercices : L. 1er juin 1878) ou de fonctions (officiers des services de recrutement et d'habillement : L. 25 juill. 1893, art. 11, 8 ; rapporteurs et commissaires du gouvernement aux conseils de guerre : D. 26 août 1854) et, par une plus large brèche à l'interdiction de principe, dès le début de la Grande Guerre, au profit des militaires à solde mensuelle ou journalière : D. 12 août 1914, et des fonctionnaires mobilisés ; D. 27 août. Cf. Cons. d'Et., 22 mars 1929, Routhe, p. 373, à concurrence tout au moins des sommes touchées durant la guerre et dans la vie civile. Il fut régularisé par la loi du 30 avril 1920 ; au regard de « tout militaire ou marin atteint d'une invalidité ouvrant droit à pension et... néanmoins admis à rester au service. », le cumul est autorisé de la solde d'activité et d' « une pension uniforme pour tous les grades », i. e. du taux de simple soldat. Cf., à propos d'une solde de réserve, Cons. d'Et., 7 juill. 1926, Bougourd, p. 696. — Les arrérages de l'indemnité compensatrice allouée aux prisonniers de guerre par l'art. 102 de la loi du 13 juillet 1925 (*supra*, n° 252), à la condition d'une demande établie avant le 4 mars 1920, ont été déclarées cumulables aussi avec la solde d'activité touchée entre la sortie des formations sanitaires ennemies et la date d'entrée en jouissance de la pension mixte dûment liquidée : Cons. d'Et., 8 juillet 1931, Goarnisson, p. 745.

258. — *b)* Avec un traitement civil de l'Etat, de collectivité administrative ou d'établissement public.

L'art. 37 de la loi de finances du 30 décembre 1913 l'avait limité à 6.000 francs ou à pareille somme de la dernière solde d'activité et, par dérogation, admis au plein des traitements viagers reçus en leur qualité par les retraités membres de l'Institut ou du Bureau des longitudes, de l'Ordre national de la Légion d'honneur et des médaillés militaires, d'une part, et les pensionnés militaires pour blessures ou infirmités (5e classe de la loi de 1831) équivalant au moins à la perte de l'usage d'un membre (Cf. Cons. d'Et., 23 déc. 1927, Savary, p. 1268), d'autre part. L'art. 58 de la loi du 31 mars 1919 supprima expressément le taux-limite de la faculté de cumul, motif pris de ce que l'emploi civil réservé aux mutilés et anciens militaires par maintes dispositions légales ou réglementaires n'a été « bien souvent considéré que comme le complément de la pension ou de la gratification », et aussi de ce qu'a de « non équitable » la différence, reproduite de l'art. 31 de la loi du 26 décembre 1890 par l'art. 27 de la loi de finances de 1913, entre les pensionnés militaires suivant l'importance de la pension et donc des blessures (Rapp. Masse, 21 juill. 1916, *loc. cit.*, p. 1974, 1985). Cf., à propos d'un traitement de surveillant militaire des établissements pénitentiaires : Cons. d'Et., 7 nov. 1928, *in f.*, Petit, p. 1142. L'art. 76 de la loi de finances du 31 juillet 1920 restaura la prohibition de principe et remonta de 6 à 10.000 francs la limite autorisée du cumul. — La règle a été atténuée ; elle n'est plus entière : l'art. 58 de la loi du 31 mars 1919 a déclaré les règles restrictives du cumul... non applicables aux pensions concédées selon ses dispositions ; elles ne le sont pas tout au moins (Cf. Cons. d'Et., 23 juin 1926, Vicq, p. 637) à la part des pensions mixtes qui n'excède pas la pension d'invalidité du grade. Le 12e des décrets-lois, 4 avril 1934 (*Duvergier*, p. 124), supprimant à l'avenir, parce que « contraire au principe même qui conduit à la concession d'une pension », le cumul d'une pension de retraite et d'une rémunération d'activité, a réservé et excepté (art. 1, al. 2) le cas des « auxiliaires temporaires titulaires d'une pension militaire proportionnelle ».

259. — *c)* Avec une autre pension. — Les art. 40 et 76, respectivement, des lois précitées des 30 décembre 1913 et 31 juillet 1920 avaient accordé la faculté de cumul, sauf assignation d'un maximum (6.000, 10.000 francs) et, à l'inverse, admis dispense de cette limitation pour les pensions accordées du chef de blessures ou infirmités équivalentes au moins à la perte de l'usage d'un membre. L'art 58 alin. 3 de la loi de 1919, visant uniquement les pensions pour blessures ou infirmités qui font l'objet de la loi, abrogea la disposition restrictive, maintint l'exception du plein cumul en la revêtant des termes de la nouvelle classification adoptée des infirmités d'après la diminution de capacité physique, « invalidité supérieure au taux de 60 % » (Rapp. Lugol, Ch. dép., 19 déc. 1918, Doc. parl., mars 1919, p. 12). — La situation appelle, sur un détail, une mise au point et, sur l'ensemble, la remarque d'une imperfection ou inégalité. Le détail est qu'à avoir visé le « taux de 60 % », lequel est, d'après la loi du 23 décembre 1919, celui de la 6e classe et auquel était, sous l'empire de la loi de 1831, censée correspondre la 5e classe, la loi du 31 mars 1919 a promu au bénéfice du cumul sans limitation les infirmes qui n'auraient eu, sous l'empire de celle de 1831, qu'une 6e classe et n'auraient pu, d'après la loi de 1913, cumuler au-delà de 6 000 francs. Le contraste réside dans le maintien en l'alin. 3 d'une limite à la faculté de cumul de pensions, après l'abandon en l'alin. 2 de toute restriction au cumul de pension et de traitement; il aboutit à « flagrante injustice », au préjudice de la catégorie de fonctionnaires, mutilés de guerre, ayant au regard de la loi de 1831 inaptitude à servir et droit à pension, et intérêt actuellement, dès 40 %, à ne point faire reviser leur pension; le Sénat, pourtant averti (Cf. Rapp. Chéron, Sén., 18 mars 1919, Doc. parl., p. 123), ne s'est point détourné d'une ratification pure et simple du projet qui avait été voté sans débat par la Chambre (14 mars, Déb. parl., p. 977).

260. — La portée des dispositions restrictives du cumul a dû être définie à la suite de requêtes d'anciens officiers qui, ayant obtenu un emploi civil depuis leur mise à la retraite, ou de veuves ayant bénéficié de pension mixte au titre de l'art. 60 alin. 2, réclamaient contre la suspension d'une partie des arrérages et prétendaient cumuler l'intégralité de la pension et le traitement attaché à leurs fonctions. La combinaison des textes est nette, identique et définitive, dans les arrêts : les travaux préparatoires éclairent l'intention du législateur d'étendre la faculté de cumuler sans aucune limitation un traitement civil et une pension militaire à tous les anciens militaires titulaires d'une pension pour infirmités, quelle que soit la gravité des infirmités dont ils sont atteints, et alors même qu'elles ne pourraient être regardées comme équivalant à la perte de l'usage d'un membre; il en résulte que, si les ci-devant militaires et les veuves titulaires des pensions mixtes de l'art. 60-2o, lesquelles comprennent une pension d'ancienneté et une pension d'invalidité, peuvent cumuler sans limitation leur traitement civil avec la pension d'invalidité qui leur a été concédée, ils ou elles ont, par contre, à souffrir des dispositions restrictives du cumul édictées par l'art. 37 de la loi du 30 déc. 1913 ou du 22 déc. 1910, et maintenues par l'art. 58 alin. 1er de la loi du 31 mars 1919 en ce qui touche la pension correspondant à leur ancienneté de service ou à celle de leur mari. Sur quoi fut déclarée opérée à juste titre par la Dette inscrite la suspension des arrérages de la pension d'ancienneté concédée en vertu de l'art. 60-2o aux militaires, dès lors que, jointe au traitement civil de l'emploi occupé, elle dépassait le maximum de 6.000 francs pour la période antérieure au 1er août 1920 et de 10 000 francs depuis cette date, ou le montant du dernier traitement ou du traitement d'activité supérieur à ces chiffres: Cons. d'Et., 1er mai 1925, Mallet; 1er juillet, Tallon; 23 décembre, Folliasson (sur le 1er point), Leb. chr , p. 421, 630, 1056.

261. — Semblable technique est d'un emploi légitime et utile au cas de coexistence de pensions d'infirmités de la loi de 1919 et d'ancienneté de la Caisse des invalides de la marine. Des textes se sont succédé en la matière, auxquels ne paraît pas avoir touché la loi du 1er janvier 1930 : la loi du 14 juillet 1908, accordant des pensions d'ancienneté aux inscrits maritimes titulaires de la Caisse des invalides de la marine; l'art. 62 de la loi du 31 mars 1919, en prévision du cas apparemment rare où pareille pension, à raison des fonctions remplies à bord des bâtiments de commerce, serait supérieure à celle résultant du grade occupé dans l'armée de terre ou de mer, spécifiant un droit d'option entre la pension sur la Caisse des invalides et la pension militaire, analogue à celui réservé aux fonctionnaires de l'Etat par la loi du 14 mars 1915 (Cf. Rapp. Masse, 21 juill. 1916, Doc. parl , févr. 1917, p. 1974); — l'art. 14 de la loi du 30 déc. 1920, relevant le taux des pensions de la Caisse et refusant le bénéfice des nouveaux tarifs aux titulaires d'une pension de la loi de 1919 qui n'y renonceraient pas; — la loi du 30 déc. 1925, abrogeant cette interdiction de cumuls. D'où une combinaison nécessaire, qui vaut apparemment d'être établie sur cette base (Valentino, op. cit., no 586, p. 435) : Cumul, au cas où les deux pensions dérivent, non d'une même infirmité, mais l'une (L. 1908, art. 1er) « d'infirmités évidentes mettant dans l'impossibilité de naviguer » et l'autre (L. 1919, art. 58, al. 2, 3) d'une cause imputable au service de guerre; Option dans le cas contraire, celui même indiqué en référence à la loi du 14 mars 1915 par l'art. 62 en question.

Ces solutions valent quant aux pensions de la Caisse nationale de prévoyance.

262. — d) Avec une rente pour accidents du travail. — L'art. 52 alin. 4 en traite pour les mobilisés, agents des chemins de fer et, par extension (V. suprà, nos 92, 94), pour les militaires mis à la disposition des compagnies dans les conditions prévues par le ministre de la Guerre : les uns et les autres, comme d'ailleurs les ouvriers d'usines et mobilisés agricoles, trouvent « dans le bénéfice de la loi du 9 avril 1898 et des règlements particuliers des compagnies » le droit au cumul de la rente-accident avec une pension éventuelle au titre militaire « dans la limite de la somme représentée par la différence entre la plus forte et la plus faible des deux allocations ». Il suit de cette limitation numérique, malgré que l'art. 50 alin. 3 ne le dit point, mais parce que l'art. 52 alin. 4 le présuppose par l'attribution de la « différence », qu'au cas de disparition de la rente la pension militaire jouerait au plein. — S'ils entendent bénéficier de la faculté de cumul, ils n'en doivent pas moins, et a fortiori, présenter leur demande de pension dans les conditions et les délais de la loi de 1919 ou des lois antérieures : Cons. d'Et., 13 févr. 1930, Matinier, Leb. chr., p. 174.

263. — e) Des allocations supplémentaires. — Les hasards et caprices de l'œuvre législative vont parfois à l'encontre des solutions égales et juridiquement assises. La loi de 1919 ne contient aucune indication là où il eût pu s'en rencontrer, par exemple à propos de l'art. 10, de l'allocation spéciale, à défaut de l'hospitalisation, instituée au profit des mutilés incapables de se mouvoir ou d'accomplir les actes essentiels à la vie. Le Conseil d'Etat a jugé que cette allocation ne saurait être attribuée qu'une seule fois : 24 déc. 1931, Galy, Leb. chr., p. 1169. Rpr., à propos des majorations pour enfants de la loi du 14 avril 1924, non cumulables avec celles acquises au titre de la loi du 31 mars 1919 : 3 août 1928 et 23 juill. 1929, de Lambilly, p. 794, 1046. Le 10e décret-loi, du 4 avril 1924 (mod. 30 juin, Duvergier, p. 252), sur le cumul des majorations et allocations au titre d'un même enfant, est péremptoire, l'interdisant, ne laissant subsister que la traditionnelle faculté d'option pour l'avantage jugé le plus favorable. S'agissant des allocations aux familles nombreuses, l'hésitation était suscitée, non par la valeur des raisons restrictives, mais par un détail extérieur : le projet interdisait le bénéfice cumulé de la loi en projet et de celle du 14 juillet 1913; la commission de la Chambre l'eût admis, sous une modalité analogue à celle par laquelle a été expressément traitée l'assistance aux vieillards; mais la Chambre ne s'y était point arrêtée (31 janv. 1918, Déb. parl., p. 258), et cette manière même semblait contredire, s'opposer à une solution stricte, prohibitive. Elle n'a plus de raison d'être ni de possibilité face à l'interdiction de cumul des allocations édictée au 13e décret-loi du 4 avril 1934 (Duvergier, p. 124).

264. — f) Des bonifications comme sont celles de la Caisse nationale des retraites. — L'art. 11 de la loi du 20 juillet 1886 ouvre, en cas de blessure grave ou d'infirmité prématurée entraînant incapacité absolue de travail, la perspective, dans la limite des crédits disponibles (art. 28), d'une bonification de la pension instituée sur la Caisse; la logique pratique excluait, pour autant, son cumul avec une pension de l'Etat compensatrice de l'invalidité; l'art. 61 de la loi du 31 mars 1919 a consacré cette impossibilité; le vocable de « bonification » employé de ce chef comprend, non seulement celle prévue particulièrement par la loi de 1886, mais toute combinaison spécifiée au titre de « minima garantis » par les règlements de retraites comportant application à la Caisse des retraites pour la vieillesse (Lugol, Ch. dép., 31 janv. 1918, Déb. parl., p. 257). — Cette prohibition va de pair et s'accommoderait, tout au contraire, semble-t-il, avec la faculté de transformation partielle ou totale en pension différée, suivant les règles et tarifs de la Caisse des retraites, des pensions des lois de 1919 (art. 98 L. 22 mars 1924) ou des suppléments spéciaux temporaires de pensions ou de majorations (art. 199 alin. 2 L. fin. 13 juill. 1925) : les ordres d'idées sont tout à fait différents; de plus, l'art. 119 alin. 3 et 4 de la loi de finances du 29 avril 1926 paraît avoir maintenu ladite faculté, malgré la suppression prononcée de la Caisse des pensions de guerre.

265. — g) Des retraites : Ou bien retraites ouvrières... — L'art. 1er de la loi du 5 avril 1910 exclut du régime de la loi les salariés « qui ne sont pas placés sous le régime des... pensions militaires »; ses termes mêmes laissaient ouverte la question du cumul des retraites ouvrières et des pensions de la loi de 1919; une disposition du projet et le vote de la Chambre

(31 janv. 1918, Déb. parl., p. 258) s'y étaient opposés; le Sénat a refusé de trouver le cumul injustifié; il a affirmé en une apparente pétition de principe l'impossibilité d'assimiler les deux avantages et de porter « atteinte à l'intégrité de la législation sur les retraites ouvrières dont les engagements doivent être tenus et constituent pour l'Etat une dette imprescriptible » (Strauss, 26 sept. 1918, *ibid.*, p. 682). Le bénéfice des retraites ouvrières ne comporte donc aucune antinomie ni restriction au détriment des pensionnés de la loi de 1919;

266. — ...Ou bien retraites aux vieillards, infirmes ou incurables. — La loi du 14 juillet 1905 a pour matière un service d'assistance des seuls indigents, sans nul concours des intéressés, à la charge indéterminée des budgets locaux. Ce caractère même suffisait à le mettre hors tout cumul ou toute option, à le laisser pleinement indépendant des conséquences, pensions ou gratifications, de la guerre : son bénéfice est logiquement incompatible avec une autre réparation de la même infirmité; toutefois il n'a pas passé pour un abus que les pensionnés militaires, vieillards ou infirmes incurables, tombant dans la misère, réclament, outre leur pension, le secours de la loi d'assistance. L'art. 61 de la loi du 31 mars 1919 donne issue à cette possibilité, sous la condition « qu'ils justifient d'infirmités autres que celles qui ont donné lieu à pension définitive ou temporaire en vertu de la présente loi » (Rapp. Masse, Ch. dép., 21 juill. 1916, Doc. parl., février 1917, p. 1986; Lugol, 31 oct. 1928, *ibid.*, p. 1887); il est rédigé de telle manière que la condition énoncée ne retentit, ni sur les ascendants, que la loi lotit d'allocations et non de pensions, ni sur les veuves et les orphelins, qui ne sont pas proprement titulaires de pension d'infirmité : Valentino, *op. cit.*, n° 582, p. 431.

B. *Le droit d'option.*

267. — Il a avec l'interdiction du cumul un lien d'effet à cause; il la présuppose : le droit de l'invalide étant de deux pensions, l'une militaire et l'autre civile, et l'obligation de l'Etat représentée par une alternative, celle-ci doit, suivant la règle commune de l'art. 1190 C. civ., être fixée par le créancier.

268. — Les fonctionnaires civils atteints en temps de guerre, dans l'accomplissement d'un service militaire, de blessures ou d'infirmités ouvrant des droits à une pension militaire peuvent, en renonçant à cette pension, réclamer le bénéfice de leur régime normal de retraites comme fonctionnaires : en suite de cette option les blessures ou les infirmités sont considérées comme reçues ou contractées dans l'exercice des fonctions civiles; toutefois leur origine et leur gravité demeurent, quant à leur constatation, soumises aux formes de droit pour la liquidation des pensions militaires. La loi du 14 mars 1915 a posé la règle pour les fonctionnaires de l'Etat; celle du 15 janvier 1916 l'a spécifiée pour les agents rétribués sur les budgets généraux ou locaux des colonies et pays de protectorat; celle du 25 avril 1919, art. 2, 3, l'a étendue et adaptée au double cas des employés placés pour la retraite sous des régimes ne comportant pas affiliation à la Caisse nationale ou, à l'inverse, tributaires de la Caisse nationale des retraites pour la vieillesse. — Des délais sont fixés à l'option. L'exercice rétroactif en a été par les lois déclaré impossible au cas de demande de pension militaire effectuée avant la promulgation de la loi l'autorisant. Les bénéficiaires des lois de 1915 et de 1916 ayant opté avant la publication et la mise à effet des lois du 25 mars et du 30 avril 1920 et des avantages nouveaux par elles accordés ont été admis à une deuxième et rétroactive option, leur pension eût-elle déjà été concédée : L. 30 avr. 1920, art. 17; Rpr. L. fin. 30 juin 1923.

269. — Les militaires sont légalement habilités à toute une série d'options :

1° A titre transitoire, par l'art. 65 de la loi du 31 mars 1919, à l'option, pour l'appréciation des invalidités provenant de la Grande Guerre, entre l'évaluation de cette loi et telle autre plus favorable résultant des lois et règlements en vigueur au moment de la guerre (V. *supra*, nᵒˢ 33 sv.) : à celle-ci ils avaient un droit acquis, se prolongeant (Rapp. Lugol, Ch. dép., 19 déc. 1918, Doc. parl., mars 1919, p. 12). — En quelque sens que s'exerce l'option, les majorations d'enfants demeurent et sont liquidées suivant le taux de la pension définitive ou temporaire : Valentino, *op. cit.*, n° 597, p. 443;

270. — 2° Par les art. 59 et 60 de la loi à une option aux termes et effets différentiels selon les situations, tandis que le principe y restait commun de ménager des droits acquis par la durée des services accomplis et des expectatives ouvertes par des infirmités nouvelles (Cf. Cons. d'Et., 22 déc. 1922, Caroff, p. 1122; — 15 janv. 1931, Voulgre, p. 56) :

a) Aux officiers de carrière [Cf. sur le caractère strict de la qualification, Cons. d'Et., 18 févr. 1931, *in f.*, Périn, Leb. chr., p. 188] et militaires ou marins rengagés, rayés des contrôles pour infirmités dues au service avant d'avoir pu accomplir, du fait de ces infirmités, la durée minima de service requise pour pension d'ancienneté. Un projet sur les pensions des militaires de carrière (*J. off.*, Doc. parl., octobre 1917, p. 1379; Rapp. Chéron, Sén., 18 mars 1919, p. 122), pour tenir équitable compte des années de service accomplies en sus de la durée légale, leur ouvrait droit d'opter entre la pension d'infirmités du grade et une pension extraordinairement constituée de deux parts, l'une d'ancienneté proportionnelle, correspondant au nombre d'annuités valables pour la retraite, et l'autre d'invalidité, égale à celle du soldat : combinaison favorable aux soldats et grades inférieurs, en ce qu'elle opérait cumul de la pension d'invalidité normale et des annuités subjectives; à un degré moindre pour les sous-officiers, mais encore réel, étant donné la faible différence des taux afférents aux diverses catégories d'hommes de troupe; moins avantageuse, surtout pour les officiers de moindre grade, que la pension d'invalidité. Une disposition, suivant cette ligne, fut votée par la Chambre (4 mars 1919, *J. off.*, p. 977), à l'avantage exclusif des « réformés pour infirmités attribuables au service qu'ils ont rempli pendant la guerre actuelle ». La restriction a été effacée de l'art. 59, alin. 1ᵉʳ, par l'art. 117 de la loi de finances du 30 juin 1923. Le texte ainsi modifié fait dorénavant état des « infirmités attribuables au service comportant l'octroi du bénéfice des campagnes de guerre » (Cpr. Cons. d'Et., 14 nov. 1928, Yakoubi-Saïd, p. 1169; — 24 avr. 1929, Murat, p. 416; — 9 avr. 1930, Brault, 23 juillet, Ahmed-ben-Madani, p. 409, 830). Réservé à ceux qui ont qualité de militaire (L. 26 juill. 1923; par *a contr.*, Cons. d'Et., 23 janv. 1925, Pérénès, p. 78; — 12 févr. 1926, Péry, p. 175), il continue, en vue de l'option (Cons. d'Et., 18 févr. 1925, Boquet, p. 172), d'une part, à composer (art. 59, alin. 1ᵉʳ) une pension, pour chacune des années de service, suivant l'arme et le grade, d'autant de 1/30 pour les officiers de l'armée de terre ou de 1/25 pour les officiers de la marine et de l'infanterie coloniale et les sous-officiers de toutes armes, du minimum de la pension d'ancienneté du grade, et, en plus, pour les campagnes décomptées, du total des annuités d'accroissement (Cf. Cons. d'Et., 6 janv. 1928, Duhamel; 19 déc., Pétriconne, p. 30, 1323); et, d'autre part (art. 59, alin. 2), à la majorer, pour tous les grades, d'une somme égale à la pension d'invalidité (*i. e.* principal, et majoration pour enfants ou assistance d'une tierce personne) du soldat atteint de la même infirmité.

271. L'option faite dans ces conditions est définitive et retentit sur le régime éventuellement applicable à la veuve et aux orphelins, sauf les deux exceptions formulées, l'une par l'alin. 2 art. 5 de la loi du 16 avril 1920 : l'option antérieure à la loi a pu être renouvelée aux fins des dispositions nouvelles; l'autre par l'alin. 2 art. 60 de la loi du 31 mars 1919 lui-même : le choix fait par le militaire de la pension mixte ne ferme pas l'autre alternative à la veuve et aux orphelins, lesquels, d'ailleurs, n'ont droit à révision que du chef de la pension pour infirmités allouée à titre complémentaire (*infra*, Ch. VI).

272. — A ce régime l'art. 44, alin. 2, de la loi du 10 mars 1925 admit, à partir du 17 avril 1924, les fonctionnaires civils coloniaux soumis au régime des pensions militaires et les surveillants militaires des établissements pénitentiaires coloniaux : leur maintien sous l'empire de la loi du 18 avril 1831 les avait empêchés jusqu'alors de profiter des avantages législatifs accordés depuis 1920 aux anciens agents de l'Etat, spécialement de la péréquation instituée par la loi du 14 avril 1924; encore a-t-il fallu qu'ils fussent, à la date de la promulgation de ladite loi de 1925, titulaires d'une pension d'invalidité; ce qui n'était et ne fut point le cas de celui ayant demandé et obtenu, par application de l'art. 76 alin. 2 de la loi du 14 avril 1924, substitution à sa pension d'invalidité d'une pension pour ancienneté de service : Cons. d'Et., 15 mars 1929, Seris, Leb. chr., p. 326;

273. — *b)* Aux militaires et marins titulaires de pensions, ayant repris du service et atteints d'infirmités au cours de la guerre. Le projet précité pour la réforme du droit organique des pensions d'ancienneté des militaires et marins de carrière avait proposé une dérogation, en l'espèce, au principe limitant à une pension un militaire retraité malgré qu'il pût se prévaloir à la fois de l'ancienneté de service et de blessures ou d'infirmités subséquentes en service commandé; et il l'avait ainsi justifiée : « Quelle que soit la valeur de ce principe, l'interdiction absolue du cumul à laquelle il conduit est particulièrement rigoureuse, surtout pour les hommes de troupe, et il paraît équitable de prévoir ici des mesures spéciales, sans perdre de vue toutefois les intérêts du Trésor, ni le caractère alimentaire de la pension..., le droit d'opter, soit pour la pension d'infirmités ou la gratification afférente à leur grade, soit pour la pension basée sur la durée des services, pension à laquelle viendrait en ce cas s'ajouter, quel que soit le grade, une majoration égale à la pension (ou gratification) allouée au simple soldat pour des blessures de même nature ou gravité » (Rapp., n° 4911, Le Brecq, 1918; Lugol, Ch. dép., 22 févr. 1919, Doc. parl., novembre 1919, p. 956). De fait, reprirent du service dans l'armée de terre 4.540 officiers retraités et 3.475 sous-officiers, et dans celle de mer 607 officiers et 310 officiers mariniers (Rapp. Le Brecq). La Chambre (4 mars 1919, Déb. parl., p. 978) y donna raison et forme en l'art. 60 de la loi : les retraités d'avant-guerre sont autorisés à opter, soit pour la pension d'ancienneté afférente à leur grade, dont le service comporte suspension de la pension d'ancienneté, proportionnelle ou de réforme, — soit pour cette pension d'ancienneté proportionnelle ou de réforme, moyennant l'attribution à titre définitif ou temporaire, suivant le caractère incurable ou non de l'infirmité, d'une majoration uniforme pour tous les cas et au taux égal à celui des pensions de soldat atteint de la même invalidité. La condition d'infirmités advenues « au cours de la guerre actuelle » a été supprimée par l'art. 2 de la loi du 30 avril 1920; la pension mixte est de droit, sous une condition de durée de services, et au taux d'invalidité du simple soldat.

274. — Pourtant le bénéfice, du fait de certains détails du régime organique de l'armée et des pensions, n'en est point reconnu en certaines situations, celle notamment de l'officier d'active démissionnaire et rayé des contrôles avant la guerre, rappelé sous les drapeaux à la mobilisation générale comme sous-officier de l'armée territoriale, puis réintégré dans son ancien grade en exécution du décret du 2 août 1914 et de la loi du 30 mars 1915, sans cesser selon les dispositions de ce décret d'appartenir à l'armée territoriale : les pensions proportionnelles n'ont été, en effet, instituées en faveur des officiers que par la loi du 14 avril 1924; et ni celle du 16 avril 1920, ni aucune autre, n'a permis aux anciens officiers de l'active remis en possession de leur grade dans la réserve ou l'armée territoriale, ni de faire compter leurs services d'avant-guerre pour la détermination du droit à pension d'ancienneté, ni de réclamer une pension proportionnelle à raison des nouveaux services accomplis pendant la guerre : Cons. d'Et., 6 janv. 1928, Pallu, Leb. chr., p. 29.

275. — c) Aux militaires réformés pour invalidité avant la guerre et ayant repris du service depuis le 2 août 1914. La même option que ci-dessus leur fut ouverte par l'art. 59 alin. 3, sans modification ni discussion au cours des travaux parlementaires. Le bénéfice des tarifs de la loi fut élargi, concédé par la loi du 12 juillet 1922, à dater du 1er janvier de cette année, à tous pensionnés et gratifiés d'avant-guerre. Une note 1226 Ad, 21 avril 1923 (Valentino, p. 453), a exposé la variété des hypothèses et des options corrélatives à cette catégorie; elle peut être reprise et schématisée ainsi :

α) Ni invalidité d'avant-guerre aggravée, ni infirmité nouvelle. — Les réformés sans pension ni gratification demeurent sans droit. — Les gratifiés sont : jusqu'au 31 décembre 1921, réduits au ci-devant bénéfice de la gratification; recevables, au contraire, à prétendre à dater du 1er janvier 1922 au bénéfice de la loi du 18 juillet 1922 dans les conditions fixées au décret du 17 et à l'instruction du 19 octobre 1922, et, à compter du 1er juillet 1923, s'ils étaient militaires de carrière, au bénéfice de l'art. 59;

β) Invalidité d'avant guerre aggravée, sans infirmité nouvelle. — Les gratifiés et réformés sans pension peuvent prétendre au bénéfice de l'art. 59, à cela près que la pension d'invalidité concédée annulera, le cas échéant, la ci-devant gratification et, sous réserve des règles prohibitives du cumul, s'y substitue à dater de la constatation de l'aggravation par la commission de réforme;

γ) Infirmité nouvelle, sans aggravation de l'infirmité d'avant guerre. — Les réformés sans pension ni gratification peuvent prétendre au bénéfice de l'art. 59, à une pension d'invalidité strictement calculée en considération de l'infirmité nouvelle. — Les militaires de carrière pensionnés et gratifiés avant le 2 août 1914 ont pu, jusqu'au 1er janvier 1922, opter entre le cumul de la pension ou de la gratification selon la loi de 1831 pour l'invalidité originelle et de la pension d'invalidité selon le grade et d'après la loi de 1919 pour l'infirmité nouvelle, ou la liquidation d'une pension mixte computant la totalité des services et l'ensemble des infirmités, appliquant à la détermination du taux d'invalidité les règles des art. 11 ou 12 de la loi du 31 mars 1919 et au pourcentage d'invalidité d'avant-guerre celle de l'art. 65 complété par la loi du 23 décembre 1919; après le 1er janvier 1922 (à moins, bien entendu, d'avoir renoncé au bénéfice de la loi de 1922 pour demeurer sous le régime de celle de 1831) et à dater du 1er juillet 1923, ils n'ont pu qu'opter entre la pension d'invalidité du grade selon la loi de 1919 ou la pension mixte de son art. 59;

δ) Infirmité d'avant guerre aggravée et infirmité nouvelle. — A quelque situation qu'ait donné lieu la législation antérieure, bénéfice plein des dispositions nouvelles; calcul de l'invalidité totale comme ci-dessus c β.

A la révision, pour aggravation des infirmités, des pensions concédées s'appliquent les art. 7 et 68 de la loi de 1919; au cas inverse d'une pension temporaire dont l'infirmité génératrice a disparu, le titulaire ne peut plus se réclamer que du régime α défini ci-dessus.

276. — Les veuves y peuvent prétendre, mais celles-là seules qui ont des droits à réversion du chef de chacune des deux pensions composant la pension mixte pour laquelle leur mari avait droit d'option : Cons. d'Et., 28 avr. 1926; Merlet; 24 novembre, Burgard, Leb. chr., p. 419, 1019; — 29 févr. 1928, Bédéraoui; 18 juillet, Perrot; 2 août, Burteaud, p. 289. 912, 1024; — la différenciation étant très nettement établie dès droits dont la veuve est à celle fin titulaire du chef de son mari et des attributions ou allocations annuelles que lui a accordées par exemple l'art. 68 al. 1 de la loi du 14 avril 1924, mod. art. 26 loi 6 mars 1926 : Cons. d'Et., 1er févr. 1929, Collin, p. 140.

277. — Sur la base même de la pension mixte, le seul point susceptible de susciter quelque jurisprudence était relatif à la fraction rémunératrice de la durée des services : elle participe par essence des pensions d'ancienneté et proportionnelles, et non de celles d'infirmités. Cette analyse était tout ensemble nécessaire et suffisante pour écarter en l'occurrence et quant à cet élément les dispositions de la loi imprimant à la pension d'infirmité un caractère temporaire et assigner, au contraire, une valeur définitive à la pension rémunérant la durée des services d'un militaire définitivement libéré par la réforme de toute attache avec l'armée : Cons. d'Et., 14 janv. 1928, Bergé, p. 58; aussi bien la majoration du quart instituée par l'art. 10 ne peut-elle s'appliquer qu'à l'élément dérivant de l'invalidité, et l'intéressé ne serait-il fondé, ni à réclamer le bénéfice des indemnités supplémentaires et temporaires de la loi du 3 août 1926, ou des majorations pour services aériens de l'art. 10 de la loi du 29 mars 1912, ou l'application des barèmes prévus pour la majoration des pensions d'ancienneté : 21 mai 1930, Engler; 26 juin, Cougoulat, p. 535, 657; ni à contester le refus du ministre liquidateur d'étendre cette majoration à l'élément de la pension mixte rémunérateur de la durée des services : 25 févr. 1928, Laffargue; 9 mars, Ferrier; 5 mai, Meyre, p. 275, 348, 573; — 6 févr. 1929, Delafosse; 5 décembre, Vigny, p. 152, 1073.

278. — La donnée première des conditions est simple : le droit à la pension anticipée de l'art. 59 existe par cela seul que les infirmités pour lesquelles l'intéressé a été réformé le mirent dans l'impossibilité de continuer le service et d'atteindre l'ancienneté requise pour une pension de cette nature; du moins faut-il que soit démontrée leur relation avec les services accomplis dans les conditions légales (par exemple art. 117 L. 30 juin 1923) : Cons. d'Et., 26 juin 1929, Bocholier; 11 décembre, Ykdlef Kada Abdel Kader, p. 828, 1094; — 29 oct. 1931, Bel Bachir Ould Mohamed, p. 922. Nulle autre condition n'est requise quant au temps, ni la qualité de rengagé au jour de l'ouverture ou de la cessation effective des hostilités, ni l'antériorité au rengagement de la blessure ou de l'infirmité ou de l'aggravation de l'affection ayant causé la mise en réforme : 9 mars 1928, Frey, p. 348; — 25 janv. 1929, Moreuil, p. 92; — 24 juill. 1930, Lagrabelle, p. 792. — Il va de soit qu'une décision prononçant la réforme pour infirmités imputables au service accompli en opérations de guerre est nécessaire : celui qui, rendu à la vie civile ou ayant démissionné, n'en aurait pas, à cette date, été l'objet ne saurait prétendre à une carrière militaire interrompue du fait de l'invalidité et donc à une pension anticipée : 8 avr. 1927, Bazille, p. 475; 22 juin; Douzieth, Table, p. 1568; — 29 févr. 1928, Luppi; 14 décembre, Coatmeur, p. 288, 1248; par *a contr.*, 11 juill. 1928, Zidi Abdel Kader, p. 888; — 5 janv. 1929, Malejac; 20 février, Kachou Mohamed ben Aïd; 5 juin, Hamdadache, p. 15, 547; Table, p. 1404; — 12 avr. 1930, Mezzal Mahmoud, p. 475; — 10 janv. 1931, Bettout Tahar Ben Amar; 25 juin, Haddaoui Hamed, p. 33, 687; — 7 déc. 1932, Rouidjal, p. 1044.

279. — Il n'appartient donc point aux militaires qui, n'étant plus liés au service à la date du 2 août 1914 et n'étant pas titulaires à ce moment d'une pension proportionnelle ou d'invalidité, n'ont été rappelés à l'activité que par l'effet du décret de mobilisation générale, — et ainsi n'avaient pas, lors de leur réforme, la qualité de « rengagé » au sens de l'art. 59 : Cons. d'Et., 29 juill. 1925, Combe; 9 novembre, Biraud, p. 756, 883; — 11 févr. 1927, Soulier; 11 mai, Mac Kiermann; 4 juin, Vuillaume; 4 août, Colonna; 21 décembre, Zamoun Ahmed ben Aïssa, p. 194, 531, 669, 953, 1248; — 21 mars 1928, Allain; 31 mars, Perchiriu, p. 401, 508; — 2 déc. 1931, Douarinou; 16 décembre, Savignaud, p. 1053, 1119; — 27 oct. 1932, Mohammed Belkebir; 22 décembre, p. 877, 1122; par *a contr.*, 21 mars 1928, Badaoui; 7 novembre, Petit; 5 décembre, Nezreg-Saïd ben Mohamed, p. 402, 1141, 1265.

280. — Le cumul de la pension proportionnelle et d'une pension d'infirmité calculée sur le taux de soldat doit faire l'objet d'une demande, et celle-ci être présentée, soit par les ayants droit, soit par leurs veuves, dans un délai distinct de celui fixé par les lois des 9 janvier 1926 et 26 mars 1927 pour les pensions d'invalidité, et donc ne concernant pas celles fondées sur la durée des services : pour les veuves, cinq ans après la promulgation de la loi de 1920, et de l'option nouvelle autorisée (art. 16), et un an au plus après la promulgation du règlement d'administration publique du 2 septembre 1924 prolongeant (art. 12) l'exercice de l'option prévue à l'art. 75 de la loi du 14 avril; et un an encore selon l'art. 77 alin. 2 de la loi du 30 décembre 1928 : Cons. d'Et., 4 mai 1929, Cumia; 25 juillet, Sayettou; 5 décembre, Ziad, p. 475, 861, 1074; — 28 oct. 1931, Capot-Rey, p. 313; — 3 févr. 1932, Labitte; 17 mars, Moreau, p. 138, 333.

281. — Le succès n'en est point subordonné à une préalable révision de la pension proportionnelle concédée antérieurement au 2 août 1914 : à la loi du 16 avril 1920 serait antinomique une révision imposée malgré soi aux pensionnés; d'autre part, les termes absolus de l'art. 12 de la loi du 14 avril 1924, sur la computation respective des services militaires et civils, ne souffriraient pas davantage une restriction qui ne résulte d'aucune disposition législative expresse : Cons. d'Et., 20 mars 1929, Trioch, Leb. chr., p. 347. Il y faut, au contraire, une décision sur la pension d'invalidité de soldat, laquelle implique des examens médicaux prévus par le décret du 2 septembre 1919 (Cons. d'Et., 24 nov. 1932, Réal, p. 989); l'obligation par celui qui la réclame de s'y soumettre, et pour le tribunal des pensions celle d'y procéder, sans possibilité, à peine de dépasser ou de méconnaître sa propre compétence, de tenir le refus du requérant de se rendre à la convocation comme « entraînant nécessairement » le rejet de la demande ou de se regarder comme lié en droit par une mesure d'instruction prescrite ou un refus opposé par le ministre des Pensions : Cons. d'Et., 7 juill. 1926, Bougourd, p. 696.

282. — 3° Par l'art. 72 de la loi, — dont le but déclaré a été de dissiper ou de prévenir l'imagination d'une abrogation tacite des textes, droits et avantages y énumérés (Rapp. Masse, 21 juill. 1916, Doc. parl., février 1917, p. 1987), — à l'option entre les pensions de la loi et *a*) les soldes de non-activité pour infirmités temporaires (L. 18 mai 1834, a. 16 al. 1 [auxquelles il faut ajouter la moitié de l'indemnité temporaire du décret du 25 août 1919], de réforme de sous-officiers (L. 21 mars 1905, a. 65 [et non 6, comme il est écrit audit art. 72, al. 9]), les unes et les autres susceptibles de retenue (D. 10 janv. 1912, art. 36, 49), les secondes cumulables, soit avec un traitement civil dans les limites fixées par les lois des 26 décembre 1890, art. 31, et 31 décembre 1897, soit avec une pension d'invalidité du taux de soldat acquise au titre de l'art. 2 de la loi du 30 avril 1920 (Instr. 15 janv. 1921, art. 1 al. 2);

b) ...et les gratifications temporaires antérieurement concédées et les avantages résultant de lois ou règlements antérieurs. Gratifications de faveur, discrétionnaires, dont le refus ne peut donner lieu à recours (Cons. d'Et., 2 déc. 1904, Leb. chr.); ayant valeur de solde de réforme et soumises à la réglementation de pareilles soldes (D. 8 juin 1883, art. 617), instituées par la décision présidentielle du 30 octobre 1852 pour les militaires non officiers de la gendarmerie atteints de blessures reçues en service commandé ou d'infirmités contractées aux armées les rendant impropres au service, mais n'ayant pas le degré de gravité suffisant à leur ouvrir droit à pension : Cf. Instr. 23 mars 1897, art. 114; Valentino, *op. cit.*, n° 602, p. 446. — La gratification, non réversible par nature non plus que la solde de réforme (L. 11 avr. 1831, art. 19), servie, sauf réadmission dans l'armée ou admission à la retraite (Instr. 1897, a. 120), pendant un temps égal à la moitié de la durée des services calculée en nombre rond d'annuités et de mensualités, mais à l'exclusion des fractions moindres de quinze jours (Décis. réglem., 15 juill. 1919), est offerte à l'ayant droit en option avec la retraite proportionnelle à laquelle, en justifiant de l'accomplissement de quinze années de services effectifs (L. 13 mars 1875, a. 35, mod. 7 août 1913, a. 65), il pourrait prétendre (Instr. 1897, a. 16).

283. — 4° Au droit d'option des fonctionnaires civils l'art. 62 de la loi du 31 mars 1919 a admis les inscrits maritimes tributaires de la Caisse des invalides de la marine (V. *supra*, n° 261. Rpr., sur les options successives, J. *off.*, 26 mars 1920, p. 4823). — L'art. 100 de la loi de finances du 19 décembre 1926 a admis les grands invalides à l'option pour l'art. 9 ou l'art. 59, et aussi pour le régime des majorations d'enfants et des majorations supplémentaires temporaires (art. 60 L. 31 mars 1919 et 51 L. 14 avr. 1924), aux lieu et place des majorations pour enfants des pensions temporaires d'orphelins ou des indemnités pour charges de famille visées aux art. 2 et 23 de la loi de 1924.

C. *Les cas de révision.*

284. — La révision des pensions d'invalidité est une perspective dont la loi s'est attachée à traiter les causes dans les art. 67-69, dus tous trois à l'initiative des commissions parlementaires. Elle en avait présupposé le principe et réglé la procédure à l'art. 40 al. 6 (Amend. Jobert, 29 janv. 1918, Déb. parl., p. 224), dont la forme et la place imposent ces deux observations : d'une part, que la graphie « dans le cas d'aggravation de blessures ou de maladies surven*ues* après la liquidation de la pension » est une simple erreur grammaticale, n'autorise point à induire que le texte présuppose l'aggravation de blessures et la survenance de maladies, et s'explique fâcheusement, mais vraiment, par un manque à corriger le texte et à écrire surven*ue* après le vote de sa rédaction au Sénat (Sir., L. *ann.*, 1920, p. 1203, col. 1, note 116.4); — d'autre part, que l'insertion de l'alinéa en question dans le texte relatif aux vérifications médicales et aux mesures susceptibles d'être ordonnées par le tribunal des pensions démontre l'intention législative de faire de la révision en matière d'aggravation une matière contentieuse, et donc l'erreur et l'entreprise regrettable de l'art. 14 du règlement d'administration publique du 2 septembre 1919, appliquant à la révision la procédure de la liquidation première (demande au directeur du Service de santé, expertises et propositions de la commission de réforme, décision du ministre) : le moment ne s'aperçoit pas où le tribunal des pensions, dès lors que non saisi de la requête en révision, pourrait faire jouer la procédure d'expertises et de contre-expertises de l'art. 40 (Valentino, *op. cit.*, n° 564, p. 411).

285. — Toujours est-il qu'à défaut de pension non concédée il n'y a pas de procédure en révision possible, et que, le cas échéant, une cour régionale devrait rejeter pareille requête : Cons. d'Et., 5 mars 1931, Bressieux; 17 juin, Brunet Leb. chr., p. 257, 648. Selon l'art. 67 lui-même (mod. L. 28 jui.t. 1921) la révision peut être faite « par voie administrative, si la décision qui avait alloué la pension définitive ou temporaire, la gratification ou l'allocation, n'avait fait l'objet d'aucun recours; dans le cas contraire la demande en révision doit [être] portée devant le tribunal qui avait rendu la décision attaquée »; il s'ensuit, dans la première hypothèse, que le ministre de la Guerre n'y pourrait statuer seul : les pensions allouées au titre de la loi du 31 mars 1919 sont concédées par arrêté interministériel des Pensions et des Finances : Cons. d'Et., 18 déc. 1930, Rouyer, p. 1077; dans la seconde, que l'action à fin de révision doit être introduite, non directement devant la cour régionale, mais devant le tribunal départemental des pensions : 12 juin 1931, Cianfarini, p. 634. — Elle a lieu, en principe, sans condition de délai : le renvoi fait par l'alin. 5 de l'art. 67 aux « formes indiquées au titre IV » ne vise point le délai (six mois) imparti par l'art. 38 de la loi : Cons. d'Et., 20 mars 1929, Roube, p. 347.

286. — Sous certaines conditions, préliminairement à la révision de toutes les pensions, des temporaires aussi bien que des définitives, une vérification a été ordonnée par l'art. 4 du décret : celle de la carte de combattant, opérée au regard de l'art. 101 de la loi du 19 décembre 1926, à compter du 13 janvier 1934, par les agents chargés du paiement des arrérages, justifiée par eux au moyen des déclarations reçues ou des relevés nominatifs établis aux trésoriers-payeurs généraux, tenus eux-mêmes à des transmissions à l'intendant départemental aux fins par celui-ci de constitution de fiches individuelles (modèle n° 3) ou d'envoi de lettres (modèle n° 4) et de leur remise à tel ou tel des bureaux, selon les catégories de pensionnés, du ministère des Pensions. Les prescriptions détaillées à l'Instruction interministérielle, art. 1-4, sont observées, sauf quelques détails extérieurs (art. 5), par les mêmes agents, quant aux anciens militaires de l'armée de mer, et par les autorités désignées à l'art. 18 du décret quant aux pensionnés résidant en Algérie, dans les colonies et pays de protectorat à l'étranger et dans les pays sous mandat.

287. — *1°* Les erreurs matérielles ou énonciations inexactes dans les actes ou pièces retenus en vue du décret de concession en sont la première cause, traitée à l'art. 67, expliquée (Rapp. Masse, Ch. dép., 21 juill. 1916, Doc. parl., févr. 1917, p. 1986) par « le grand nombre de pensions à liquider, l'inexpérience d'un personnel improvisé, les erreurs inévitables d'état civil [du fait de l'invasion d'une partie du territoire et de la désorganisation des archives et secrétariats de mairie], l'incertitude fréquente des renseignements sur le décès ou la disparition des militaires ou sur la situation des prisonniers détenus en Allemagne : tous ces faits d'expérience rend(ai)ent impossible le maintien des règles anciennes sur l'immutabilité des inscriptions de pensions ». Cependant bien des difficultés étaient prévisibles sur la question, qui les tenait toutes en suspens ou en germe, de la qualification et de la notion même d'erreur matérielle de liquidation.

Le Conseil d'Etat s'y est attaché, et dans une rigueur tout harmonieuse avec l'esprit de la loi il a fait cette détermination. Au travers de ses arrêts, l'erreur matérielle de liquidation est réduite à ce qui intéresse la procédure même de concession de la pension initiale (25 mars 1931, Brayat, p. 348; par *a contr.*, 4 déc. 1930, Lecat, p. 1023), à l'exclusion de ce qui se ramène à une erreur de droit ou à un élément n'entrant pas en compte dans la liquidation de la pension ou à une appréciation souveraine de fait : — Erreur de droit, par interprétation inexacte du sens et de la portée de l'art. 59 lui-même : 27 avr. 1928, Raval, p. 538; 19 janv. 1929, Messaoudi, p. 33, ou d'un autre article (11, par ex.) de la loi : 9 juill. 1931, Gourdin, Table, p. 1394; ou du barème le plus favorable : 6 août 1927, Lagnel, p. 981; 6 mai 1931, Gay, p. 483; ou de la qualité de mobilisé et des conditions nécessaires au sens de la loi des pensions (quelles que soient ou qu'aient été les dispositions du Code de justice militaire touchant les condamnations, la perte du grade ou l'effet de la dégradation) : 5 juin 1929, Fages, Table, p. 1402; 19 nov. 1931, Queau, Table, p. 1394; — 3 août 1928, Marcoux, p. 1047; 16 mars 1929, Duband, p. 336; 8 janv. 1931, Bugat-Pujol, p. 4; ou de l'aptitude à obtenir renouvellement d'une pension temporaire à la fin de la première période biennale : 16 mai 1928, Amandy; 25 juillet, Sujol, p. 630, 943; 20 nov. 1930, Bergogne, p. 958; — Élément de durée de services non entré en compte : 12 juin 1931, Charvet, p. 635; — ou Appréciation de fait souveraine, entachée de quelque erreur quant à la réalité et au caractère, à l'origine et au degré de l'infirmité susceptible de donner cours ou mettre obstacle à la concession d'une pension d'invalidité : 16 mai 1928, Amandy; 4 juillet, Fabre, p. 633, 849; — 9 janvier 1929, Demandre; 13 novembre, Bechtold, p. 33, 984; — 17 juillet, Loubet, Table, p. 1402; 26 février 1930, Histrimont; 9 avril, Vallutini; 26 novembre, Monnoyeur, p. 217, 411, 979; — 11 mars 1931, Mattei, Table, p. 1394; 23 juillet, Azaïs, p. 828, etc...

288. — *2°* L'aggravation de l'invalidité ayant donné lieu à pension définitive est la deuxième cause, introduite à l'art. 68, sur l'initiative de la commission sénatoriale (Sén., 26 sept. 1918, Déb. parl., p. 684), comme une nécessité et un complément au profit des pensionnés du système général de la loi, de l'introduction et du régime des pensions temporaires et de leur consolidation ci-devant (*suprà*, n° 171) fatale après deux périodes biennales, alors que des lésions à évolution lente peuvent n'acquérir leur pleine gravité que dans un laps de temps plus long (Cf. Rapp. Masse, Ch. dép., 31 oct. 1918, Doc. parl., p. 1888). Il convenait, de toute justice, d'admettre une demande en révision, et, de toute prudence, d'en conditionner la recevabilité :

a) Par des délais : la règle est d'une demande à former « dans les cinq années qui suivent la concession de la pension définitive » (art. 68-2°), donc, par un pensionné temporaire, dans les neuf années suivant le point de départ légal de la pension. Tout délai a été, par faveur, pour les « infirmités imputables à la guerre 1914-1918 », supprimé par la loi du 9 janvier 1926, art. 1 al. 2. Sous quelque aspect qu'il soit considéré, règle ou abandon de la règle, le système était d'une ligne très nette, limité à la révision d'une pension concédée, donc exclusif de toute prétention à le faire jouer aux fins d'attribution de pension par et pour qui n'en avait pas ou plus, tel le blessé ou le malade de qui, l'invalidité devenue moindre de 10 %, la pension temporaire n'avait pas été renouvelée. L'avis du Conseil d'Etat, sect. fin., 11 mai 1926, l'a affirmée non moins nettement, déduisant d'un rapprochement des art. 7 al. 2 et 68 de la loi de 1919 cette solution que « les anciens pensionnés temporaires se trouvent, au point de vue des demandes nouvelles qu'ils seraient amenés à présenter, dans la situation des militaires n'ayant jamais été titulaires d'une pension », et donc ne sont recevables à formuler une nouvelle demande qu'à condition d'être encore dans le délai fixé par l'art. 3 du décret du 2 septembre 1919.

289. — Dans cet ordre d'idées le Conseil d'Etat statuant au contentieux a maintenu fort stricte la relation entre les deux articles 7 et 68, fait sortir tout son effet la manière de l'art. 7 de fixer définitivement la situation d'un pensionné après le délai maximum de quatre années, et réglé d'après ce principe le cas où une pension définitive, revisée pour aggravation, est majorée en application de l'article 68 : le délai non expiré, la pension, si l'aggravation de la même infirmité n'est pas reconnue incurable, pourra n'être que temporaire; mais, les quatre années étant écoulées depuis le point de départ de la pension servie pour la première infirmité, la pension ne pouvait qu'être définitive : sans doute aucune disposition légale ne le stipule (Cour région. Seine, 5 nov. 1929, N.); toutefois il semble que, si le législateur avait songé à étendre en ce cas les modalités de la procédure édictées par lui à l'article 7 pour les pensions temporaires, il eût marqué de quelque façon que les pensions revisées pour aggravation resteraient temporaires quant à la partie accrue (Trib. départ. Seine, 25 janv. 1926, B.); il y avait plutôt graves raisons pour admettre qu'à défaut d'un texte contraire formel la révision de l'article 68 dût être censée établie suivant les règles communes des droits ayant un caractère fixe et définitif : Cons. d'Et., 6 février 1929, Meslé, Leb. chr., p. 150; Note 0371 Ad, 2 mai 1929, Flutet, p. 169. — V. *infrà*, L. 28 février 1933, art. 85-87.

290. — *b)* Quant au pourcentage il allait de soi d'exiger la relation du supplément d'invalidité avec la blessure ou la maladie génératrice de la pension déjà concédée (Cf. Cons. d'Et., 6 nov. 1929, Piat, Leb. chr., p. 951; — 5 nov. 1931, Pommier; 21 décembre, Piétri, p. 950, 1144) : la condition en est écrite à l'art. 68, lequel n'admet expressément et réellement aucune présomption. Il était, d'autre part, concordant avec les dispositions de la loi de fixer à 10 % au moins l'accroissement du taux de cette invalidité depuis la concession de la pension; la disposition édictée aussi en ce sens a suscité quelques discussions, d'inégale importance et difficulté. A condition d'être approuvée par l'administration centrale une proposition de révision de pension temporaire pour aggravation de 5 % est valide et réputée non modificative des prescriptions de la Circ. 5498 Ad, 17 octobre 1921, n'autorisant délivrance d'un nouveau titre d'allocation d'attente qu'à raison d'une augmentation d'au moins 10 % dans le degré d'invalidité globale (Circ. 092 Ad, 27 août 1923). Autrement complexe, en cas d'infirmités multiples, la question était de savoir si l'élévation minima de 10 % de l'invalidité doit être considérée par rapport à l'invalidité globale ou être admise seulement sur l'une des infirmités; or le premier procédé aboutit, lors du décompte final, à minimiser l'élévation à raison tout à la fois du jeu de la validité restante et de la règle du maximum de 5 % par degré global d'invalidité de pourcentage, à la rendre inférieure à 10 %, et à refuser, au contraire de la logique ou de l'équité, le bénéfice de l'art. 68, précisément aux plus grands invalides; et le second arrive à l'isoler trop, à l'accepter en tous cas, quelque faible que puisse être sa répercussion sur l'invalidité globale. Les ministres des Finances et des Pensions y opposèrent leurs points de vue; le premier qui avait défendu la deuxième thèse (V. sa dépêche et ses trois exemples, Valentino, *op. cit.*, p. 407, note) triompha auprès du Conseil d'Etat.

291. — La section des finances, par avis du 7 août 1923, a posé en thèse qu'en l'art. 68, comme en plusieurs autres de la loi, les expressions « taux d'invalidité » sont à interpréter d'après le pourcentage attribué aux infirmités dans la classification du guide-barème annexé au décret du 29 mai 1919. C'était juste moyen, — faute à ces expressions d'avoir et de pouvoir prendre un autre sens, celui de pension allouée pour infirmité totale au cas d'invalidités multiples, — que de déclarer les intéressés fondés à demander la révision de leur pension, par application de l'art. 68, « lorsqu'une des infirmités dont ils sont atteints » justifie un classement supérieur de 10 % à celui précédemment admis; et pour autant, fut expressément écartée, comme insuffisante à justifier l'interprétation contraire, « la circonstance que la révision, par le jeu des règles établies par la loi pour le calcul des pensions, peut, dans certains cas, ne pas augmenter le taux de la pension ».

292. — *c*) L'invalidité totale, causée par un accident postérieur à la liquidation de la pension et résultant de la perte du second œil ou d'un deuxième membre, fait à l'art. 69 la matière d'un double renoncement à la jurisprudence antérieure (Cf. Cons. d'Et., 30 mai 1884, Thomas, Leb. chr., p. 468. — Rpr., quant aux accidents du travail : Cass. civ., 11 nov. 1903, Leclaire et 25 juillet 1904, Domineseck, S. 1905.1.397; D. 1904.1.73, 553) et à l'art. 67 de la loi de 1919 elle-même (*supra*), excluant du droit à pension les infirmités non imputables au service. Une raison de compassion a suscité la mesure (Amend. Lefas, Ferdinand Morin; Cf. Rapp. Lugol, 14 mars 1919, Doc. parl., p. 644) votée sans discussion, qu'il faut, au surplus, cantonner aux cas et dans le temps énoncés, admettre seulement au défaut d'une indemnisation assurée par une autre voie, dans la mesure du dommage souffert et sous réserve du recours de l'Etat contre les tiers responsables de l'accident. Voie et recours défaillent, au surplus, en bien des cas, pour cette raison générale que, hors la responsabilité de droit commun, la responsabilité forfaitaire de la loi du 9 avril 1898, sur les accidents du travail, n'existe pas pour l'agriculture, hormis les moteurs inanimés (Cf. Cazeneuve, Chéron, Sén., 28 mars 1910, Déb. parl., p. 391). De fait une disposition comme l'art. 69 est, par nature, d'une interprétation assez délicate, nécessairement balancée.

293. — L'intention du législateur fut, sans doute, de ne pas limiter la notion d'accident aux traumatismes occasionnés par un agent extérieur, mais bien plutôt d'y comprendre tous les événements inopinés ayant pour conséquence immédiate la perte totale *du* second œil ou *d'un* deuxième membre : Av. Cons. d'Et., sect. fin., 11 mai 1920 (Valentino, *op. cit.*, n° 564, p. 414); de les traiter et d'y obvier, selon l'art. 69, par une pension « portée au chiffre attribué au militaire pour une infirmité de 100 % » et la prise par l'Etat à son compte de cette pension d'invalidité totale, sans recherche ni considération des circonstances de l'accident. — Sa mise en œuvre a, de façon non moins certaine, donné corps : d'une part, à cette interprétation administrative, très exactement déduite des termes mêmes de l'art. 69 et des errements suivis quant aux tarifs de la loi, que la pension revisée est à liquider au taux de simple soldat, ni égale ni supérieure à celle de 100 % d'un simple soldat, abstraction faite du grade ayant servi éventuellement à la concession de la pension primitive : Av. Cons. d'Et., sect. fin., 11 mai 1926; d'autre part, quant aux suites de l'action récursoire de l'Etat contre le tiers responsable et à l'obligation du tiers responsable de l'accident, à cette détermination législative (L. 25 nov. 1916 [S. L. ann., 1916, p. 279]) de l'obligation pour le tribunal appelé, au cas d'un accident de travail ayant atteint un infirme de guerre, à liquider la rente motivée par la réduction permanente de sa capacité de travail, de rechercher si et en quelle mesure l'infirmité de guerre a influé sur cette réduction. Par une réponse affirmative le chef d'entreprise est « exonéré » de sa responsabilité de droit commun, et cette exonération passe à la charge du fonds spécial de prévoyance, dit « des

blessés de guerre » (Valentino, *op. cit.*, n° 566, p. 417), alimenté par des versements mis annuellement par la loi de finances à la charge des employeurs et des compagnies d'assurances, sous forme, pour les uns, de centimes additionnels au principal de la patente et, pour les autres, de contributions proportionnelles à leurs réserves ou cautionnements.

294. — A l'article 167 de la loi de 1919 les art. 126 à 135 de celle du 31 mai 1933 ont ajouté leurs dispositions, ordonnant la révision de plusieurs catégories de pensions; à leur suite, pour assurer et diriger leur mise en application, sont intervenus le décret du 12 décembre 1933 (J. off., 14, p. 12420), puis l'instruction interministérielle du 26 janvier 1934. — D'une commission spéciale, instituée par l'art. 130 de la loi (Rpr. art. 19-21 du décret), composée et augmentée selon les besoins et dans la proportion prédéterminée de titulaires et de suppléants à la nomination du ministre, dépend un nouvel examen des dossiers et l'opération de révision : examen de chacun des dossiers à la double fin de le retenir ou non, et, s'il est retenu, de spécifier, avec faculté ouverte à l'intéressé de fournir dans le mois tous éléments utiles, l'intention d'apprécier à nouveau les conditions d'origine, l'imputabilité au service des infirmités mises en cause (Instr. intermin., art. 9). De fait, son activité a été constante depuis sa fondation, dans la ligne de la loi, par révision à l'encontre des non-titulaires de la carte du combattant des pensions véritablement abusives, de même qu'à l'inverse par maintien dans leurs droits des veuves non remariées dont l'ayant cause aurait eu lui-même droit à ladite carte. Cependant il semble que soit apparue une nécessité d'apporter certaines retouches aux modes d'indemnisation des grands invalides; à ces fins un projet de statut, de rajustement des pensions et allocations, doit être préparé par une commission tout récemment nommée.

295. — Hors la révision, soit au titre de l'art. 126, soit en vertu de l'art. 128, demeurent :

a) Aux termes mêmes des art. 131 et 135 de la loi et 3 du décret les pensions d'invalidité des titulaires de la carte du combattant et, comme les leurs, celles de leurs veuves non remariées ou remariées et redevenues veuves, et de leurs ascendants et de leurs orphelins;

b) Selon l'esprit des deux art. 126 et 128, les pensions autres que celles allouées pour blessures ou accidents ne provenant ni d'un fait de guerre ni de service, concédées à raison et pour la mise à effet d'un régime légal exigeant la preuve préalable de l'imputabilité au service des infirmités invoquées, telles (Instr. intermin., titre I) les pensions ou gratifications concédées sous le régime des lois des 11 et 18 avril 1831 et par la suite transformées en pensions de la loi du 31 mars 1919, pour l'effet des lois des 16 avril 1920 (art. 5), 18 juillet 1922, 26 juillet 1923 ou 22 juin 1927; — celles concédées, ou bien sous le couvert de la loi du 9 janvier 1926 et des lois subséquentes, ou bien au titre de la loi du 24 juin 1919 (victimes civiles de la guerre), ou en exécution de la loi du 23 mars 1928 (Alsaciens ou Lorrains invalides d'avant-guerre); — celles concédées à des militaires de carrière sous le droit de l'art. 72 de la loi du 28 février 1933.

296. — A la révision, au contraire, sont sujettes :

a) Dans un délai de trois ans (art. 127), — d'après l'art. 126 de la loi et l'art. 1er du décret, les pensions concédées, soit pour une infirmité irréelle lors de la concession, soit au seul bénéfice d'une présomption d'origine effectivement non applicable, soit à raison des accidents étrangers au service; en d'autres termes, et d'une façon générale, par suite d'une mauvaise intelligence de la loi ou d'une erreur de droit manifeste; telles (Instr. interm., *ibid.*) les pensions concédées, ou bien à des mobilisés non titulaires de la carte du combattant à raison de maladies pour la première fois constatées seulement après l'expiration du délai prescrit à l'art. 5 de la loi de 1919, ou bien à des soldats du contingent incorporés après le 23 octobre 1919 pour des infirmités constatées avant l'expiration du temps minimum de service imposé par la loi de recrutement et tenant en suspens la présomption d'origine, ou bien à des militaires non en service (en permission, par exemple) au moment de l'accident souffert;

b) En dehors d'un délai quelconque, — d'après l'art. 128 de la loi et l'art. 2 du décret, les pensions régulièrement concédées par le ministre des Pensions directement ou à la suite d'une décision de justice, sous le bénéfice de la présomption d'origine, mais sans recherche de la preuve contraire.

IV. — *Le régime extraordinaire des secours.*
L'allocation provisoire d'attente. Le paiement des arrérages et les règles de comptabilité.

297. — *A.* Les opérations consécutives à l'avis de la commission spéciale et donc à la décision du ministre des Pensions consistent, d'une part, dans le renvoi à l'intendant des pensions des fiches annotées selon le cas, maintien, abaissement ou annulation de la pension; d'autre part, dans l'une et l'autre des deux éventualités, réduction du taux et mise à néant totale, en notifications à l'intéressé, réclamation des titres anciens, décompte, imputation ou récupération des arrérages perçus de l'ancienne pension et de ses accessoires (Cf. Instr. interm., art. 15), étant observé qu'aux termes de l'art. 134 de la loi, les malades et invalides à pension supprimée gardent le bénéfice de l'art. 64 de la loi du 31 mars 1919. Pour les deux cas inverses de retrait de la carte de combattant après le premier paiement des arrérages de la pension (art. 4), et de son attribution postérieure au rétablissement des droits à une pension ou abaissée ou annulée (art. 10), l'art. 12 du décret remet au ministre l'initiative de toutes les dispositions utiles, ici à une révision selon l'art. 126 ou un nouvel examen selon l'art. 128 de la loi, et là à la remise de la carte et au rappel des arrérages; auquel cas, et en tout état de cause, l'art. 15 *bis* de l'instruction interministérielle déclare applicables les dispositions de l'art. 85 de la loi du 28 février 1933.

298. — *B.* Des instructions fondamentales du 27 août 1886 et du 1er août 1890 (*B. O.*, E. M. 64) ont pour objet l'attribution « en vue de … premières nécessités » d'*allocations d'extrême besoin*, qui semblent ne comporter guère, outre ce caractère commun, de classification bien systématique.

a) L'extrême dénuement, joint à la pensée d' « adoucir le rejet [pour insuffisance de titres] de proposition de secours » (Circ. min., 21 avril 1901, mod. Décis. min., 4 oct. 1919; *B. O.* E. M.), détermine l'attribution, sur les avances à eux faites, par les commandants de corps d'armée, de division et de subdivision, de *menus secours* de 5 à 20 francs, aux anciens militaires, à leurs veuves ou leurs orphelins.

De même que l'urgence d'une aide, durant les hostilités et jusqu'à la loi, sur la fin de la guerre, du 24 octobre 1919 (Cf. Circ. 1er déc. 1919), sur leur demande, et dans les conditions ordinaires de l'Instruction du 27 août 1886, des secours immédiats aux ayants droit des militaires décédés ou disparus, sur les taux de :

Caporaux et soldats.	Sous-officiers.	Sous-lieutenants et lieutenants.	Capitaines.	Commandants.	Lieutenants-colonels et colonels.	Généraux.
150 fr.	200 fr.	300 fr.	400 fr.	500 fr.	600 fr.	800 fr.

Cf. Circ. et Note 17 février 1915; 26 janvier et 7 mars 1916.

299. — *b)* D'un ordre assez semblable de préoccupations plus fermes ou spécialisées ressortit :

La répartition annuelle depuis 1911 d'une somme de 800.000 francs entre les anciens militaires dits « de quatorze ans » ayant accompli ce nombre d'années de services : le nombre diminué des affectataires est allé de pair, l'un permettant l'autre, avec le taux accru des allocations, originellement de 52 francs en 1918 au chiffre de 300 francs, qui semblait être le plafond, porté par une décision ministérielle du 14 juin 1919 à 360 francs, chiffre limité, parce que tout voisin et ne pouvant aller au-delà du minimum de la pension proportionnelle (365 fr.) des militaires ayant accompli quinze ans de services;

L'attribution, annuelle, et en septembre aussi, du secours, variable suivant l'âge et le grade du pétitionnaire, aux militaires « de sept ans ». Le taux en est, d'après une décision du 19 mai 1909, normalement de 100 ou 120 fr. pour les sous-officiers, de 90 ou 100 pour les soldats, et exceptionnellement de 180 pour les uns et les autres. Le premier secours est alloué à la suite de deux enquêtes militaire et administrative; le renouvellement en est effectué sans enquête, sur la simple production d'un certificat municipal de situation inchangée, par les soins de l'administration centrale.

300. — *C.* Il est aussi un régime de secours, les uns permanents, les autres éventuels, dont le but est de « dédommagement pour la perte fortuite de droits presque acquis à la pension » par longs services ou graves infirmités :

a) *Secours permanents,* accordés, après qu'a cessé la solde de réforme, à des officiers mis en cette position, à la condition qu'ils aient dix ans de services effectifs, bonne légende et situation précaire; — à d'anciens militaires dont les blessures ou infirmités n'ont pas été, dans le délai de la loi, jugées assez graves pour constituer droit à pension ou dont la cécité ou l'amputation, quoique survenue durant le séjour au corps, n'a pas cause liée au service militaire; — aux veuves et orphelins d'anciens militaires, de fonctionnaires ou d'agents du département de la guerre ayant quinze années de services. Leur taux, d'après décision du 16 juin 1919 (Valentino, *op. cit.,* n° 669, p. 527), est :

GRADES	MILITAIRES ET ASSIMILÉS	VEUVES ET ORPHELINS
	Fr.	Fr.
Officiers généraux	1.650	1.050 à 1.850
Colonels et lieutenants-colonels	1.500	900 à 1.050
Commandants	1.350	750 à 900
Capitaines	1.200	600 à 750
Lieutenants et sous-lieutenants	750 à 1.050	450 à 600
Sous-officiers et gendarmes	300 à 450	270 à 380
Caporaux et soldats	225 à 300	180 à 270

	SOUS-OFFICIERS	CAPORAUX ET SOLDATS
	Fr.	Fr.
Amputés d'un membre	360	300
— de deux membres	720	600
Aveugles	720	600
— et amputés d'un membre	900	750
— — de deux membres	1.080	900

Cette permanence de secours, payés trimestriellement aux amputés et aveugles et semestriellement aux autres catégories (Instr. 27 août 1886, art. 24), tient si peu du caractère de pension qu'une enquête sur les changements de situation et la persistance des raisons de secours (*ibid.*, art. 225) est faite, chaque année, par l'autorité militaire (Cf. Circ. min., 9 oct. 1912, B. O., P. P., p. 1664).

301. — *b) Secours éventuels,* après double enquête administrative et militaire, accordés aux anciens militaires n'ayant bénéficié de pension ni gratification, après avoir ou servi au-delà des obligations légales, ou pris part à une ou plusieurs campagnes, ou subi réforme pour blessure ou infirmité, à leurs veuves ou orphelins et aux ascendants au 1er degré n'ayant pas obtenu l'allocation de la loi de 1919 (Valentino, *op. cit.,* p. 527, n. 1) des militaires décédés en activité de service. Le renouvellement n'en est pas possible avant l'expiration d'une année au minimum comptée de la dernière concession (Instr. 27 août 1886, art. 10).

Les taux en sont les suivants :

(*V. le tableau page suivante.*)

302. — De même but et affectés du même caractère permanent ou éventuel sont les secours, susceptibles de cumul avec une pension ou la jouissance d'un bureau de tabac, de la Caisse des offrandes nationales en faveur des armées de terre et de mer (D. 8 juin 1860, réorgan. 9 janv. 1873), aux amputés militaires retirés du service dans des conditions dignes d'intérêt, ainsi qu'à leurs femmes, enfants ou ascendants :

Officiers généraux	Colonel	Lieutenant-Colonel	Commandant	Capitaine	Lieutenant	Sous-lieutenant
Fr. 450	400	380	300	230	200	160

Adjudant-chef	Adjudant	Sergent-major	Sergent	Caporal	Soldat
130	120	100	90	80	70

	CAS SPÉCIAUX		CAS ORDINAIRES					
	Veuves et orphelins de militaires morts en activité de service [3 fixat. selon situation]	Veuves et orphelins en instance de pension	Militaires et assimilés			Veuves, orphelins, descendants		
			Avant 70 ans	De 70 à 80 ans	Maximum	Avant 70 ans	De 70 à 80 ans	Maximum
	Fr.							
Officiers généraux (directeurs et sous-directeurs).........	600 à 675	675	300 à 375	450	600	300 à 375	450	600
Colonels et lieutenants-colonels (chefs et sous-chefs).........	450 à 525	525	225 à 270	300	375	225 à 270	300	375
Commandants (rédacteurs principaux).........	375, 450, 525	450	180 à 225	225 à 270	300	180 à 225	225 à 270	300
Capitaines (rédacteurs, commis principaux et expéditionnaires principaux).........	300, 375, 450	375	140 à 150	150	180	140 à 150	150	180
Lieutenants et sous-lieutenants (commis et expéditionnaires)..	180, 225, 300	225	120 à 140	140	180	120 à 140	140	180
Sous-officiers, gendarmes (huissiers).........	120, 150, 180	150	100	120	180	100	120	180
Caporaux, soldats (gardiens de bureau).........	100, 120, 150	120	90	100	180	90	100	180

Plus des majorations de 20 francs par enfants au-delà du deuxième.

303. — *C.* Une *allocation provisoire d'attente* peut (D. et Instr. 18 juin 1919), sans qu'il y faille une demande spéciale, être délivrée à l'invalide ayant sollicité, à bon droit d'après la commission de réforme, le « titre P » provisoire de paiement. Les réserves faites par la commission sur l'origine tandis qu'elle propose la pension n'empêchent pas cette délivrance; la non-proposition y met, au contraire, obstacle et n'entraîne que la transmission du dossier par voie de priorité à la section départementale (4ᵉ Circ. mens. Pensions, mai 1920). V. sur les conditions et vérifications préalables de la remise du titre P, 1ʳᵉ Circ. mens., février 1920, Valentino, *op. cit.*, nº 484, p. 358.
— Le montant de l'allocation est égal au taux de la pension prévue par la loi de 1919, correspondant au degré d'invalidité constaté par la commission de réforme (D., art. 1ᵉʳ), augmenté éventuellement de la majoration de l'art. 10 (Circ. min., S. G. P., déc. 1919), et des majorations d'enfants (D. 5 mars 1920), et diminué, si le bénéficiaire est un mobilisé en usine (L. 31 mars 1919, a. 50), du montant de la rente par lui touchée au titre de la loi de 1898. Le point de départ remonte à la décision ou à deux mois, jour pour jour, avant la décision de la commission de réforme, suivant que le droit à pension remonte à ce jour ou à une date antérieure à la comparution devant la commission (D., art. 1ᵉʳ). Les sommes payées le sont à titre d'avance, donc sous réserve de déduction des arrérages de la pension à venir ; toutefois elles restent acquises à celui qui les a perçues, si sa demande de pension est rejetée (D., art. 4) : en règle, le Trésor ne peut exiger la restitution des sommes perçues indûment que si l'intéressé était de mauvaise foi.

304. — *D.* La matière du paiement n'offre guère de particularités. Ce qui concerne le contentieux fera l'objet d'un chapitre (VII) spécial.

a) Il n'y a lieu ici que d'annoncer ou évoquer le principe de la compétence bipartite des tribunaux départementaux et des cours régionales des pensions instituées par le titre IV de la loi du 31 mars 1919 pour les seuls litiges relatifs à la concession des pensions d'invalidité, allocations ou majorations (Cons. d'Et., 4 mars 1925, Ricouté, Leb. chr., p. 236; 23 juill. 1929, de Lambilly, p. 794; 29 janv. 1932, Janson, p. 128) prévues par la loi; — et du Conseil d'Etat, en premier et dernier ressort, comme juge de droit commun en matière de pensions, quant

aux contestations sur l'existence ou le degré des infirmités et aux litiges relatifs aux conditions, au champ d'application et à la liquidation des pensions d'ancienneté et proportionnelles prévues par les art. 59 et 60 de la loi : 4 juin 1927, Vuillaume, p. 669. Cf. 14 janv. 1928, Bergé; 18 janvier, Paschel; 5 mai, Meyre; 1ᵉʳ décembre, Coatmeur, Leb. chr., p. 58, 78, 573, 1248; — 13 nov. 1929, Ben-Idir, p. 984; — 11 févr. 1931, Paulhiac; 1ᵉʳ juillet, Lambert, Table, p. 1396; p. 712...

305. — *b)* Quelques détails extérieurs ou formalités ont une base législative :

La substitution au mode des échéances communes à l'ensemble des pensions de celui des échéances individuelles : loi du 31 décembre 1915, pour les pensions concédées postérieurement au 4 janvier 1916, sauf l'effet d'une fixation propre à répartir également les paiements sur l'ensemble des territoires; toutefois, parce qu'il eût été matériellement impossible de constituer simultanément les nouveaux certificats, les pensions ne sont soumises à la règle de 1915 qu'au fur et à mesure de l'épuisement des cases réservées à l'estampillage et du renouvellement des certificats d'inscription...

L'exigence, au cas de paiement entre les mains d'un tiers, de la remise par celui-ci, outre le coupon du livret revêtu de la signature de l'ayant droit, d'un certificat (Cf. le modèle Arr. nº 2 Min. fin., 7 oct. 1920), exempté de timbre ou de frais, délivré par un notaire ou par le maire et, si l'impossibilité pour l'ayant droit de signer ou de se déplacer est permanente, valable pour un an, à la condition d'être, avant chaque versement d'arrérages, visé et timbré par le maire : L. 5 septembre 1919, art. 3...

306. — Et aussi pour le paiement des arrérages de pensions, ce sont dispositions de droit et de comptabilité applicables à raison de leur généralité dans l'un ou l'autre ordre:

La règle (*supra*, nº 303) de non-remboursement du trop-perçu, de la dispense pour bonne foi du débiteur. Au demeurant elle ne s'applique que si celui-ci s'en réclame à l'issue d'une procédure de révision de sa pension poursuivie conformément à l'art. 67, dernier alin., de la loi : Cons. d'Et., 9 janvier 1925, Chancellon, Leb. chr., p. 32; 3 août 1928, Graux, p. 1046;

La prescription de l'art. 6, alin. 1ᵉʳ, du décret du 24 octobre 1933, sur l'arrondissement au franc inférieur des sommes dues par l'Etat. Cette précision était utile — la Circ. 2977 Direct. comptab. publ., 31 octobre 1933, l'exprime — que la règle trouvera son application seulement en ce qui concerne les accessoires faisant l'objet d'un titre de paiement distinct de celui de la pension principale, telles les majorations d'enfants de la loi de 1919, au lieu que, par rapport à ceux ne donnant pas lieu à pareille délivrance, telles les majorations supplémentaires des allocations spéciales aux grands invalides, elle s'applique seulement au montant global des sommes dues au pensionné à chaque échéance.

307. — *c)* En vertu d'une modification décidée par l'art. 22 de la loi de finances du 23 décembre 1933 aux art. 43 et 77 des lois codifiées (D. 15 oct. 1926, mod. art. 7 L. 27 déc. 1927) relatives aux impôts cédulaires et à l'impôt général sur le revenu, sont affranchies de l'impôt les pensions de la loi du 31 mars 1919, à l'exclusion de la partie correspondante à la durée des services des pensions mixtes visées à l'art. 60 al. 2; — et n'entrent pas en compte pour la détermination des sommes passibles de l'impôt les pensions exonérées de l'impôt cédulaire.

308. — *d)* A l'insaisissabilité et à l'incessibilité des pensions (Cf. L. 11 avril 1831, art. 28) et à la suspension au moins relative de l'une et de l'autre, la seule nouveauté paraît réduite, en cas de paiement défaillant ou retardé d'annuité par l'acquéreur d'une maison d'habitation à bon marché ou d'une petite propriété rurale (LL. 12 avr. 1906, 10 avr. 1908, 11 févr. 1914), à la possibilité pour la société de crédit immobilier ou agricole de se faire déléguer sur les arrérages de la pension du débiteur « le 1/5 de cette annuité », sans que cette attribution puisse absorber plus de la 1/2 de ces arrérages ni réduire à une somme inférieure à 360 francs la partie intangible de cette pension. — Elle paraît aussi être demeurée sans suite, par l'effet d'une crainte, inverse et égale, des mutilés quant à une saisie de la pension et des sociétés de crédit touchant le caractère ou l'appréciation sommaire de ce geste.

309. — *e)* Un rappel d'arrérages n'est point le résultat de la seule mesure édictée à l'alin. 2 de l'art. 2; il est attaché pareillement par l'alin. 3 à toutes les mesures relatives au taux de quelque « pension, gratification ou allocation concédée en vertu des lois et règlements antérieurs, mais bonifiée par la présente loi » et porte sur « la différence entre les arrérages correspondant à la liquidation nouvelle et ceux correspondant à la liquidation primitive ». Deux circonstances de fait, bien souvent, eurent rendu l'opération incertaine, compliquée : la réforme prononcée tout au long de la guerre, sans évaluation d'invalidité, et, au lendemain de la loi de 1919, le jeu de la présomption d'origine ouvert à ces réformés au point de leur faire obtenir des pensions remontant à la décision de la commission de réforme; or, fréquemment, nulle donnée, nulle comparaison des certificats médicaux, ne permettait ni n'éclairait l'appréciation rétrospective de l'état du demandeur au temps de la première commission; pour aboutir en fait là où n'existaient pas de voies juridiques normales, le Conseil d'État, par l'Avis, sect. fin., 4 janvier 1922 précité, introduit une présomption d'invalidité d'au moins 10 ou de moins 10 % d'invalidité génératrice de pension. Certaines cours (Rennes, 11 juill. 1922, L. R., Valentino, *op. cit.*, p. 393, note 1) y ont résisté comme à un résultat « contraire à la volonté du législateur, qui n'a créé de présomption qu'en faveur du malade ou du blessé ». En tout cas elle n'a eu cours que là où manquait tout élément d'appréciation et où il y fallait de toute nécessité suppléer.

310. — L'interprétation du texte fait bien ainsi ressortir son dessein de rétroactivité, d'avantage ou de réparation par la restitution aux droits reconnus tardivement de toutes leurs conséquences pécuniaires à compter de leur point de départ légal; elle s'est accusée sur le point délicat de l'application et de la conciliation avec lesdits art. 2 et 3 de la loi de 1919 de l'art. 40 de la loi du 16 avril 1895, sur l'impossible rappel de plus de trois années d'arrérages antérieures à la publication au *Journal officiel* du décret de concession. Que cette dernière règle fût simplement l'adaptation d'un principe général (D. 31 mai 1862, a. 142; LL. 17 avril 1833, art. 5, et 9 juin 1853, art. 23); que celle de la publication ait disparu depuis et par la loi du 17 avril 1920; que la rétroactivité de la loi de 1919 ne puisse être disputée aux victimes de la guerre 1914-1919, à quelque date qu'elles se mettent en instance ou que pension leur ait été concédée, c'étaient points certains, et le Conseil d'État n'y a pas fait difficulté en son Avis du 28 juillet 1925; au contraire, il y a laissé cours à l'art. 40 du décret de 1895, motif pris tout à fait judicieusement (p. 385) « de ce que les dispositions des 2e et 3e paragraphes de l'art. 2 de la loi du 31 mars 1919 ...visent spécialement la situation des victimes de guerre 1914-1919 » : lui attribuer une portée générale (Valentino, n° 534, p. 385) est manière inutile, excessive même, dépassant, dès lors que le rétablissement équitable du droit a été opéré, ce qui est de logique et de règle quant aux textes de faveur et aux mesures de prescription.

À fortiori n'y a-t-il lieu — aucune disposition de loi ou de règlement ne l'autorisant ou impliquant — à allocation d'intérêts des arrérages d'une pension, au cas où son titulaire en eût jugé et démontré la liquidation insuffisante : Cons. d'Et., 4 mars 1925, Rolland, p. 237.

311. — La suppression de la pension d'invalidité appelait quelques prévisions au regard des militaires et des marins de carrière (comme de leurs veuves, V. *infra*, Ch. VI) en droit de prétendre à pensions mixtes ou fondées sur la durée des services (art. 59, 60 L. 31 mars 1919): l'art. 13 du décret, glosé à l'art. 16 de l'Instr. interm., reconnaît leur faculté de « faire valoir, s'il y a lieu », ou de réclamer, dans le même « délai d'un an suivant la notification de la suppression de leur pension », le bénéfice des « dispositions légales ».

a) Sans titre à une pension mixte, sans droit à pension ni d'ancienneté ni proportionnelle pour des infirmités ne procédant pas d'opérations de guerre, ils peuvent prétendre, tout au plus, à pension de réforme ou solde de réforme, selon la législation en vigueur lors de la concession de la première pension après leur radiation des contrôles de l'armée. — C'est la condition aussi de ceux ayant obtenu une pension mixte du chef d'infirmités reconnues imputables au service, dès lors que cette imputabilité est rejetée : le maintien de la part de pension mixte rémunérant les services (Cf. Cons. d'Et., 24 juin 1927, Hochard, Leb. chr., p. 716) n'est pas pour eux, mais seulement pour les pensionnés ayant régulièrement obtenu une pension

mixte et perdant, à raison de l'abaissement du taux d'invalidité au-dessous de 10 %, le droit à une pension d'infirmités. La législation à considérer touchant les droits à pension ou solde de reforme est, selon qu'il s'agit de premières concessions effectuées

	Avant le 17 avril 1924	Après le 16 avril 1924
Officiers...	L. 29 mai 1834, a. 18.	L. 14 avril 1924, a. 45.
Sous-officiers	L. 21 mars 1905, a. 65, mod. L. 7 août 1913, a. 33.	Id. + L. (statut des sous-officiers de carrière) 30 mars 1928, a. 14.
Tous militaires non officiers, engagés, rengagés ou commissionnés	L. (recrutement de l'armée) 1er avril 1923, a. 78.	L. (recrutement de l'armée) 31 mars 1928, a. 78.

b) Ayant titre à une pension mixte, privés à suite de sa révision de pension d'ancienneté, ils en gardent, sans nouvelle demande, la part rémunérant leurs services. En pareille hypothèse, par application de l'art. 100 de la loi de finances du 31 mars 1932, la pension majorée avant qu'ils eussent atteint l'âge de soixante-cinq ans doit être ramenée au taux antérieur (taux de soldat) et la nouvelle concession effectuée en même temps que l'annulation de la pension.

312. — A propos de la déchéance ou de la suspension du droit à pension, rien n'est spécial ou extraordinaire dans les dispositions nouvelles ou renouvelées (Cf. L. 5 sept. 1919, art. 5), hormis celle de la loi du 13 juillet 1923, déclarant « les pensionnés militaires français, sans aucune autorisation (libres de) résider à l'étranger sans perdre droit à la jouissance de leur pension » : l'abandon de la règle contraire de l'art. 26 de la loi du 11 avril 1831 s'imposait comme d'un anachronisme et comme une suite de l'autorisation donnée par la loi du 5 septembre 1919 au paiement à l'étranger de toutes les pensions.

CHAPITRE VI

LA RÉVERSIBILITÉ DES PENSIONS.

I. — *Les droits des veuves.*

A. *L'évolution des idées et des formules.*

313. — La législation de 1831 (L. 11 avril, art. 19; 18 avril, art. 19. — Rpr. L. 15 avril 1885, art. 1), en une série de cas, reconnaissait un droit propre et originaire à pension aux veuves des militaires et marins : mort sur le champ de bataille ou en service commandé; mort par suite de blessures ou d'événements de guerre ou de maladies contagieuses et endémiques contractées à l'armée, hors d'Europe, à bord des bâtiments de l'État ou dans les colonies (V. *Répert.*, v° *Pensions et retraites militaires*, n° 281 sv.); hors ces cas aucune pension ne pouvait être concédée. Celle de 1878-1879 (L. 20 juin 1878, art. 1, confirmée par celle du 8 août 1879, art. 7), pour l'armée de mer, avait, quant à la quotité de ce droit, énoncé la règle générale, applicable à défaut de toute disposition spéciale : proportionnalité de ce droit des veuves au maximum de la pension d'ancienneté affecté au grade du mari (*ibid.*, n° 356 sv.). La même idée de récompense, de services rendus, les avait, l'une et l'autre, inspirées; celle de réparation a pris le pas dans la loi du 31 mars 1919 (Cf. Rapp. Chéron, Sén., 19 sept. 1918, *J. off.*, p. 624 sv.), qui affirme l'obligation de « la République reconnaissante envers ceux qui ont assuré le service de la Patrie... 2° aux veuves, aux orphelins et aux ascendants de ceux qui sont morts pour la France » (art. 1er) : l'événement plus que le genre de la mort, le fait ou l'occasion du service plus que les circonstances très déterminées ayant entraîné la mort ou l'infirmité, importe dorénavant; le droit de la veuve suit celui du mari. Cf. Valentino, *Les pensions des veuves et des orphelins*, 1925, n° 6, p. 27.

314. — Cependant une terminologie et une distinction anciennes ont persisté : celle des pensions par droit propre et du droit à pension par réversion. Le premier vocable s'applique aux pensions dont la cause est la mort à suite de blessures, de maladies contractées ou aggravées au service ou par le fait du service. Sous le deuxième la législation de 1831 (L. 11 avril 1831, a. 19) et de 1885 désignait la pension passant automatiquement, sauf certaine condition d'antériorité du mariage de maris morts en jouissance de pension ou en possession de droits à cette pension à leurs veuves; et celle de 1919 (art. 14 et 15, cbn. L. 23 mars 1928), la pension allant aux veuves de maris morts titulaires ou dans l'expectative d'une pension d'invalidité d'au moins 60 % (Cf. Cons. d'Et., 26 mars 1931, Roussel, Leb. chr., Table, p. 1399). Le maintien de la réversion dans le dernier état du droit aurait été décidé (Cf. Rapp. Masse, Ch. dép., 21 juill. 1916, Doc. parl., 1917, p. 1962) « pour des raisons d'humanité fort compréhensibles et aussi par respect des droits acquis ». L'explication est assez fâcheuse, peu concordante avec le principe du droit propre, unique et constant de la veuve à réparation du dommage causé par la mort du mari, quelle qu'en fût la cause, événement de guerre ou longévité après la guerre, mais déterminée, quelque peu à contretemps, « par imitation et application directe de ce qui se fait pour les pensions d'ancienneté, toutes réversibles sur la veuve après la mort du retraité » (*ibid.*) : la législation de 1831 attachait la même vertu de réversion aux pensions, qu'elles fussent d'invalidité ou d'ancienneté; celle de 1919 voulut pour elle cette originalité d'introduire, quant aux blessures ou aux maladies imputables au service, une *présomption* en faveur des militaires à pension de plus de 60 %, un droit direct et un *taux exceptionnel* pour la veuve dans ces cas graves; le mot de « réversion », dès lors, s'il a encore place dans la terminologie, y a une portée nouvelle : la réversion de 1919 n'est en aucune manière le prolongement de celle de 1831; elle a rapport, non avec les « droits acquis », mais avec le système des présomptions instituées et mises en œuvre notamment aux art. 3, 5, 15.

315. — Le chevauchement, sinon la confusion des idées fondamentales fut, en vérité, un accident répété dans l'élaboration du nouveau droit : Cf. Valentino, *op. cit.*, n° 9, p. 30, — qu'il s'agît du projet, lequel prêtait (Proj. n° 1410) à l'automatique pension par réversion valeur de forfait : dans la loi de 1898 en matière d'accidents du travail, le forfait est la suite d'une dispense de preuve d'origine; au contraire, la loi de 1919 allait subordonner le bénéfice de la nouvelle réversion à la preuve de l'imputabilité de la mort à la blessure ou à l'invalidité du mari; — ou qu'il s'agît du taux même de la pension, lequel, comme sous l'empire de la loi de 1831 et au temps de l'armée de métier, restait en principe conçu en relation avec la pension d'ancienneté, déterminé par le « grade » du mari; or, le concept nouveau de « réparation » n'a sorti effet que pour l'ouverture du droit à pension, et, à l'inverse, le calcul du dommage et de la pension d'après le grade occupé par le mari ne cadre guère finalement avec lui, non plus, d'ailleurs, que telle ou telle autre disposition de la loi, comme celle, traditionnelle aussi, du maintien de la pension et de ses arrérages aux veuves remariées.

316. — Le mouvement et la succession des formules, d'ailleurs, n'ont guère cessé depuis les dispositions de la loi de 1919. — Des distinctions, qui étaient de fait et d'usage au regard de certaines catégories de veuves quant aux taux, ont été abandonnées: ce fut la simplification réalisée par l'art. 78 de la loi de finances du 30 décembre 1928. Deux changements, entre plusieurs, se sont justifiés par le but de remplir des lacunes, de dissiper des obscurités inhérentes à l'art. 14 touchant l'antériorité au mariage de la naissance ou de l'aggravation de la maladie dont est mort le militaire : ce fut l'objet de la loi du 23 mars 1928, ou bien aussi, sans heurter le principe de la non-rétroactivité des lois, de remettre sur pied d'égalité les veuves selon que leurs droits s'étaient ouverts antérieurement ou postérieurement à la loi organique des pensions du 14 avril 1924 : ce fut l'œuvre de l'art. 78 de la loi du 30 déc. 1928, etc... Par là-même l'exposé de la matière est, du moins pour partie, affecté d'un caractère narratif et chronologique.

317. — Sensiblement évoluées ainsi quant aux droits et aux catégories des bénéficiaires, les dispositions légales ont, à l'inverse, gardé une fixité très réelle quant à l'ensemble des conditions du droit à pension des veuves, et même à propos du mariage nécessaire, subsistant encore et ayant eu à tout le moins une certaine durée lors du décès du mari mobilisé de la guerre ou de la marine. Toutefois le défaut d'autorisation militaire du mariage est déclaré sans effet sur le droit à pension des ayants cause par l'art. 14, dern. alin., de la loi de 1919; l'autorisation fut supprimée pour les hommes de l'active par l'art. 44 de la loi du 27 juillet 1872 (Rpr. Instr. min. Guerre, 28 déc. 1895, art. 42) et *a fortiori* de la territoriale; l'application des décrets du 16 juin 1808 avait été suspendue à l'égard des officiers et des sous-officiers rengagés ou commissionnés par le décret du 18 novembre 1914; l'utilité de l'art. 14 est donc tout à fait réduite, à moins qu'il ne soit simplement pour signifier la volonté du législateur d'abroger l'art. 19, dernier alin., de la loi du 11 avril 1831, qui avait posé la règle de l'autorisation (Cf. Rapp. Chéron, Sén., 31 mai 1918, Doc. parl., p. 426). Il reste en tout cas que le droit à pension ne disparaît et n'est suspendu, la veuve devenant et demeurant inhabile à le poursuivre et à en jouir, que pour les causes, traditionnelles aussi d'après la loi de 1831 et le droit commun de toutes les pensions : condamnation à une peine afflictive et infamante, perte de la nationalité française, résidence hors de France sans autorisation (*ibid.*, p. 418 sv.); dans la réalité des choses, l'art. 21 de la loi de 1919, prononçant la déchéance aux cas d'action en séparation de corps ou divorce intentée ou annoncée par le mari, et de déchéance de la puissance paternelle, y a ajouté plus de précision formelle que de nouveauté substantielle (Cf. Ch. dép., 4 mars 1919, *ibid.*, p. 968). Les règles, les cas et les modes de révision n'ont rien non plus de spécial : l'art. 67 de la loi du 31 mars 1919, mod. 28 juillet 1921, est tout entier applicable. — Il n'est donc besoin, dans cet ordre de questions, que de rappeler la disposition de l'art. 2, alin. 1er, de la loi, déclarant la loi applicable et « les droits.. ouverts à partir du 2 août 1914 ou qui s'ouvriront à l'avenir », par là-même les refusant pour le temps et les faits antérieurs à la mobilisation générale, et les accordant depuis lors par la vertu d'un texte définitif et non spécial à la Grande Guerre : Cf. Cons. d'Et., 24 juill. 1930, Renter, Leb. chr., p. 792.

318. — Ces dispositions et ces droits sont essentiellement propres aux veuves, face à ceux attribués aux ascendants par les art. 28 sv. de la loi : indépendance susceptible d'effets pratiques, de celui-ci notamment que, malgré qu'une allocation soit accordée aux ascendants d'un militaire ou d'un marin, la cour régionale doit spécialement rechercher, quant à la veuve, si elle satisfait aux conditions fixées par l'art. 14 au droit à pension : Cons. d'Et., 27 nov. 1929, Videau, p. 1031; 21 janv. 1931, Planchon, Table, p. 1399.

B. Les types et caractères des pensions.

319. — Le *droit direct* à pension — en dehors de toute présomption de gravité semblable à celle servant de base à la réversion de plein droit — avait pour condition, sous l'empire de la législation de 1831, la mort du mari par suite d'accidents éprouvés par le fait ou à l'occasion du service ou bien de maladies endémiques ou contagieuses aux influences desquelles les nécessités du service l'avaient soumis. La loi du 15 avril 1885 n'exigea plus le décès à l'armée ou hors d'Europe (art. 1er), et celle du 8 décembre 1905 ne marqua non plus de souci quant au lieu d'origine de la maladie : il fallait et il suffisait que la maladie fût contagieuse et endémique, eût été contractée, et non seulement aggravée au service. Au surplus, toute classification des maladies d'après ces formules surannées avait été négligée ou abandonnée; et une même maladie, telle la fièvre typhoïde, pouvait être, suivant les circonstances, contagieuse, à l'égard d'un infirmier soignant des typhiques, ou endémique, à raison des pays soumis à son effet de façon continue, ou simple dans les autres hypothèses : Cf. *Répert.*, v° *Pensions et retraites militaires*, n°s 294-316; Cons. d'Et., 31 juillet 1908, Rolland, Leb. chr., p. 847; 9 juillet 1909, Hervoué, p. 688; d'autre part, les énumérations de documents divers émis (Circ. 11 oct. 1915; DD. 10 févr. 1903, 14 août 1914, 28 déc. 1916) pour l'application de la loi, sur la santé publique, du 15 février 1902 n'étaient point, en pratique, réputées avoir caractère limitatif; de la sorte, les procédures d'expertises étaient fatales et diverses, non moins que les anomalies et les injustices, les veuves ayant d'autant moins de droits propres et de chances de pension que la maladie du mari avait été plus foudroyante (Cf. Rapp. Masse, Ch. dép., 21 juill. 1916, Doc. parl., 1917, p. 1962).

320. — En vérité (Cf. Valentino, *op. cit.*, p. 54, note 2), l'administration tâchait d'y obvier, dans les cas de maladies non endémiques ou contagieuses contractées ou de maladies constitutionnelles aggravées au service, par la présentation de projets de pensions de veuves aux révisions réglementaires du département des finances et du Conseil d'Etat; mais elle ne pouvait préjuger de leur issue (Cf. Rép. à quest. écrite, n° 2759, *J. off.*, 12 juin 1915, p. 3837). Dans le même but, l'Instruction du 23 mars 1897, art. 79, maintenant la règle de la non-ouverture de droit à pension par le décès ne résultant point d'une « maladie endémique contractée par contagion », mais s'inspirant par faveur d'un Avis du Conseil d'Etat, sect. fin., 29 mai et 20 juillet 1880, avait. au profit de la veuve, assimilé à blessure la « maladie déterminée par une violence extérieure, malgré l'absence d'effusion de sang ».

321. — La loi de 1919 a intronisé une autre méthode : celle de la considération exclusive de la mort et du rattachement des blessures et des maladies aux événements de guerre et à l'exécution du service commandé (Cf. Lugol, Ch. dép., 5 févr. 1919, Déb. parl., p. 413). La symétrie avec le droit à pension du militaire lui-même (art. 3, alin. 1ᵉʳ) l'imposait ; la structure des textes qui la concrétisent, à l'entendre bien, mieux que n'ont fait beaucoup de tribunaux de pensions, implique deux termes, un double rapport de causalité ou d'imputabilité, service et blessure ou maladie, d'une part, blessure ou maladie et mort, d'autre part : c'est une erreur, du moins un raccourci regrettable, que de parler de mort imputable ou non au service. Pour l'un et l'autre, d'ailleurs, la loi de 1919, au lieu de l'obligation de preuve imposée dans tous les cas à l'intéressé par celle de 1831, a institué et fait jouer, en règle, sauf preuve contraire par l'Etat, des présomptions d'imputabilité au service s'il y a eu constatation de la blessure avant le renvoi du militaire dans ses foyers, de la maladie durant son incorporation ou dans les six mois suivant sa démobilisation ; il n'est donc, pour admettre que telle blessure ou maladie ouvre droit à pension de veuve que de savoir si elle eût donné naissance à une pension d'invalidité (Cf. Cons. d'Et., 11 mars 1927, Bouvard, Leb. chr., p. 324) au cas où, au lieu de mort, elle eût simplement entraîné infirmité, et, s'agissant de la mort après blessure ou maladie, que de prêter attention à certaines circonstances et à certains délais. — Cependant il reste, dans la réalité des choses, que les veuves, selon qu'elles y ont intérêt, sont recevables à établir leur droit, non pas seulement à une pension de réversion, mais à une pension de taux normal, par la preuve que l'affection ayant entraîné la mort de leur mari fut causée ou aggravée par les fatigues, dangers ou accidents du service : Cons. d'Et., 16 juillet 1929, Bapt, p. 734 ; peu importe que ce mari n'ait jamais réclamé lui-même de pension pour la maladie qui, par la suite, devait entraîner son décès : 29 janvier 1931, Charles, p. 110.

322. — *1.* Ainsi entendu, — existant dans le cas où la cause du décès n'est pas contestée et où la seule question litigieuse peut être du rattachement au service de l'affection ayant entraîné le décès (Cons. d'Et., 6 juin 1928, Jacques, p. 700), — le droit à pension de la veuve a été admis, largement, là même où l'hésitation eût été naturelle ou concevable, par exemple au cas de pensions temporaires et d'hypothèses où sa disparition eût pu être envisagée, celle notamment de la mort du mari titulaire d'une pension temporaire venant à périr dans un accident de chemin de fer ou des circonstances excluant toute relation entre la mort et la blessure ou la maladie antérieure (Cf. Brager de la Ville-Moysan et Jenouvrier, Sén., 28 mars 1919, J. off., Déb. parl., p. 383). « La Chambre s'est prononcée pour l'assimilation entière des pensions temporaires aux pensions définitives », *i. e.* pour le rattachement, quelque singulier qu'à l'occasion il puisse être, de semblable décès du pensionné temporaire à la cause militaire de cette pension ; et le Sénat a couvert son dessein de ne pas mettre systématiquement obstacle à la réversibilité aux veuves de cette analyse ou spécieuse formule (Courrègelongue, *loc. cit.*) : « La décision était temporaire, mais la pension est définitive ». — Cf. pour application Cons. d'Et., 28 juillet 1926, Dumond ; 1ᵉʳ décembre, Guilbert, Leb. chr., p. 805 ; Table, p. 1458 ; — 9 décembre 1931, Bienvenu, p. 1092.

323. — La loi du 17 avril 1923 (Rpr. D. 11 juillet 1923) admit (art. 1ᵉʳ), sous les conditions communes, les veuves des militaires ayant acquis par leur incorporation dans l'armée allemande des droits à pension d'invalidité au bénéfice de la présomption d'origine « dans les conditions prévues pour les veuves des anciens militaires et marins visés par l'article 1ᵉʳ de la loi du 31 mars 1919 » (Cf. Rapp. Pflüger, n° 4472 ; Flutet, p. 204 ; Delpech, *Code admin.*, p. 654, n. 2). Elle suffit pour ouvrir à la cour régionale des pensions de Colmar compétence à l'effet de décider souverainement de la preuve essayée de l'imputabilité au service du décès du mari : Cons. d'Et., 5 novembre 1930, Meyer, p. 897 ; ...du défaut de lien avec le service et les

troubles ayant valu l'attribution d'une pension de 100 % par les autorités allemandes à l'ancien militaire de son décès à suite d'une affection aiguë de courte incubation : 4 juillet 1930, Kraut, p. 697...

324. — Le bénéfice de l'art. 14 n'est toutefois pas ouvert à toute femme du fait de sa viduité :

a) Réservé exclusivement aux veuves des militaires et marins, il ne peut être invoqué par celles :

Des mobilisables : Cons. d'Et., 5 mars 1924, Guillou, p. 295 ;

Des agents techniques et ouvriers civils de la marine ou de l'inscription maritime décédant d'une affection contractée dans l'accomplissement de leur service civil : 24 juin 1925, Le Goïc, p. 607 ; — 16 décembre 1931, Grandjean, p. 119 ;

Des marins du commerce, par exemple d'un capitaine en second projeté et mort de sa chute pendant la guerre, par suite d'un coup de roulis, sur la plate-forme du canon de tribord dont le navire marchand avait été armé pour sa défense : 6 février 1924, Duhamel, p. 139 ;

Des hommes en sursis d'appel : 20 mars 1926, Cassagne ; 29 décembre, Porte, p. 318, 1189 ;

Des non-affectés pour continuer l'exercice de leur profession dans les mines, usines et exploitations travaillant pour la défense nationale : 16 juillet 1924, Bouteyre, p. 692 ; — 23 janvier 1925, Abbe ; 22 juillet, Courtois ; 5 août, Floch ; 23 décembre, Milleret, p. 77, 716, 805, 1057 ; — 4 août 1926, Delvart, p. 856 ; — 9 mars 1927, Saint-André ; 12 juillet, Cabé, p. 307, 786 ; — 5 janvier 1929, Lardeur, p. 14.

325. — *b)* Le même droit de la veuve est pareillement mis en échec par des circonstances d'un caractère anormal ou extraordinaire, telles l'exécution par les armes ou le suicide du mobilisé.

α) Que l'une fasse obstacle à pension, il y a d'autant moins raison d'en douter qu'un amendement (Arist. Jobert, Ch. dép., 5 févr. 1909, J. off., p. 416) favorable aux veuves a été repoussé. La jurisprudence n'a marqué aucune h'sitation à refuser à la peine de mort prononcée pour abandon de poste en présence de l'ennemi le caractère d'un fait de service : Cons. d'Et., 9 avril 1927, Schwendimann, Leb. chr., p. 492. De là, une question, de solution aisée, pour le cas d'individus passés par les armes, mais ultérieurement réhabilités ; l'affaire des fusillés de Vingré y a fourni matière. La Chambre criminelle de la Cour de cassation, le 29 janvier 1921, par application du droit commun, a dit n'y avoir lieu d'allouer aux veuves des dommages-intérêts sous la forme d'un capital, mais une pension annuelle et viagère réversible sur la tête et au profit de leurs enfants jusqu'à la majorité ou au décès de ceux-ci. La Direction du contentieux des Pensions, sur le droit des veuves à réclamer pension de la loi de 1919, a, du point de vue juridique, pris position contre lui, motifs pris, en fait, de ce que la responsabilité de l'Etat avait été chiffrée, une fois pour toutes, dans la loi de 1898, par les rentes susdites et, en droit, de ce que la pension n'existe pas là où joue un autre mode de réparation ; elle voyait, d'ailleurs, en l'espèce α un problème de gouvernement que l'autorité ministérielle seule (avait) qualité de trancher » et ne manqua point de régler par l'attribution de pensions militaires.

326. — De ce cas, le plus grave, ont été rapprochés et traités par la même solution — rejet d'assimilation de la mort à un accident éprouvé par le fait ou à l'occasion du service, et de la demande de pension formée par la veuve — le cas d'individus mortellement blessés par une sentinelle au moment de leur tentative d'évasion de la colonne de prisonniers dont ils faisaient partie : Cons. d'Et., 26 mars 1924, Faizant, Leb. chr., p. 338 ; — ...décédés en cours d'arrêts de rigueur, de détention et travaux publics : 22 octobre 1930, Le Goff, p. 848 ; — 5 mai 1926, Lotz-Lalot ; 7 août, Nespoux ; 29 décembre, Le Bas, p. 450, 895, 1188.

327. — β) Que l'autre soit affaire plus complexe, c'est l'évidence, n'en fallût-il juger que par les déclarations gouvernementales à la Chambre (Abrami, s.-secr. d'Et., 5 févr. 1919, J. off., Déb. parl., p. 416), à propos des suicides prémédités ou volontaires pour échapper notamment à l'obligation du front ou à la juridiction martiale : « Voilà une des réserves qui font échec au principe en vertu duquel le suicide d'un mobilisé ouvre droit à pension... Principe général, mais ce n'est qu'un principe, parce qu'il comporte un certain nombre de réserves... », — et au Sénat (Abrami, 28 mars 1919, *ibid.*, p. 383) : « Si, au contraire, l'enquête démontre que c'est à la suite d'une maladie ou d'une blessure de guerre que le suicide a eu lieu..., la mort doit être considérée comme survenue du fait ou à l'occasion de la guerre », et donc bénéficier de la présomption d'origine. Il s'en faut, du reste, que, quant aux suicides explicables par un état de dépression ou de morbidité dérivé du service, la jurisprudence des tribunaux de pensions soit uniforme; plusieurs (Marne, 7 févr. 1922, F., confirmé par Paris, 28 oct. 1922; — Var, 31 juill. 1923, D.; — Rennes, 23 juill. 1924, I...) ont décidé que, loin d'avoir a faire la preuve positive du suicide, de son caractère volontaire et de sa cause étrangère au service, le ministre, en établissant le décès par suicide, rapporte pour autant la preuve contraire exigée par la loi et transfère par là-même à la veuve l'obligation de justifier la relation de cause à effet entre la maladie ou l'affection nerveuse et l'acte du mari. Celle du Conseil d'Etat est uniforme, brève, utile : le suicide ne rentre pas par lui-même dans les cas explicitement prévus par la loi pour l'ouverture du droit à pension; la preuve de sa détermination par un acte maladif se rattachant aux circonstances du service est nécessaire pour faire tomber la règle; il exclut l'application de la présomption légale. L'appréciation des juges du fait est, quant à ce, souveraine et non discutable devant le Conseil d'Etat. — Cons. d'Et., 19 mars 1924, Férat; 25 juin, Secouard, p. 336, 599; — 17 juin 1925, Perrault; 29 juillet, Duchaine; 25 novembre, Lavignolle; 2 décembre, Daujat, p. 584, 761, 935, 965; — 24 déc. 1926, Gouache, p. 1162; — 2 mars 1927, Darbo; 30 mars, Limour; 30 juillet, Baratte, p. 272, 875, Table, p. 1562.

328. — La même ligne se retrouve dans les arrêts relatifs à des maladies mentales : les demandes de pension formulées par les veuves en dehors des délais prescrits aux constatations officielles (art. 5) ont été écartées faute d'avoir établi le lien de l'affection en cause avec les fatigues, dangers ou accidents du service; et, une fois encore, l'appréciation des certificats médicaux produits quant à l'origine de la maladie a été déclarée du pouvoir souverain des juridictions de pensions : Cons. d Et., 17 juin 1925, Gorut, p. 583; — 30 nov. 1927, Dehay, p. 1142.

329. — Quelques autres éventualités, pour être plus communes, n'en prêtent pas moins à hésitation :

La mort subite est l'une d'elles. L'application de l'art. 5 est indiquée, le jeu de la présomption aussi, pour pareille mort survenant au cours de l'incorporation (Cf. Rep. à quest. écrite, n° 28.525, J. off., 13 mai 1919), constatée dans les formes et conditions de temps et de lieu convenables, le décès tenant « lieu de constat » (Valentino, op. cit., n° 104, p. 71), puisque aussi bien les circonstances excluent la requête au service de santé visée à l'alin. 3. — La « mort accidentelle » a été réservée par la loi même. Il est vrai, cette expression même est sujette à une détermination fort précise (Cf. Cons. d'Et., 6 août 1925, Pellegrin, p. 820); et la dérogation ne s'étendrait certainement pas à la mort par accident de voiture non imputable au service,... de baignade hors du cantonnement,... de chute ou d'écrasement en dehors de l'accomplissement des devoirs militaires... : 23 déc. 1925, Fourcade, p. 1056; — 27 janv. 1926, Richard; 10 février, Salevieilles, Heude; 17 février, Blandin; 24 mars, Blanc; 5 mai, Lebon; 12 mai, Festas; 19 mai, Hors, p. 92, 153, 189, 333, 451, 485, 518; — 12 févr. 1927, Leroux, p. 212... Mais, là où trouve place l'application du texte et de la présomption, il ne reste à l'Etat que de malaisément découvrir et démontrer devant la juridiction des pensions souveraine pour en décider que l'affection ayant déterminé la mort n'a pas été contractée ou aggravée du fait ou à l'occasion du service : Cpr. Cons. d'Et., 15 janv. 1926, Le Déan; 8 décembre, Py; 29 décembre, Dubois, p. 44, 1085, Table, p. 1457. Cpr. 2 juill. 1929, Marmonnier, p. 668;

330. — ...Et une autre, la mort en certaines périodes de temps, hors l'année comptée du renvoi dans les foyers. Celle-ci est de droit commun, art. 15, al. 2, le champ de la présomption telle qu'elle fut allongée et définie (Cf. Lefas, Ch. dép., 12 déc. 1917, J. off., Déb. parl., p. 3244) au sujet des ayants droit de celui qui, n'ayant pas fait constater sa maladie (et donc ne leur ayant point réservé l'avantage des art. 5 et 15), décède, dans l'année de son retour, l'une cause dont l'origine peut être reportée aux fatigues de la guerre; aussi bien faut-il, mais il suffit, pour le jeu de la présomption, que la veuve établisse le fait de la mort du mari dans l'année de sa libération. La rédaction du texte est d'ailleurs, médiocre (Valentino, op cit., n° 82, p. 62); elle a le défaut formel de laisser hors le bénéfice de l'imputabilité au service les maladies survenues plus de six mois après la libération et ayant entraîné la mort moins d'un an après le renvoi dans les foyers; elle était imparfaite, insuffisante, au regard de certaines circonstances ou situations où n'apparaissait pas a priori ou évidente l'origine ou l'imputabilité au service;

331. — ...Et aussi la mort survenue dans certain laps de temps :

Avant la promulgation de la loi ou dans les trois mois subséquents. Lors du projet, en 1915, il avait paru suffisant, pour faire bénéficier la veuve de la présomption d'origine, de prévoir le décès du mari « dans le délai d'un an à partir du renvoi définitif dans ses foyers »; la durée de la guerre, qui, pour beaucoup, fit remonter la démobilisation à plusieurs années et empêcha l'observation des prescription de l'art. 15 al. 1 de la loi, eût entraîné des injustices et forclusions; pour y obvier l'alin. 3, de l'initiative de la commission de la Chambre des députés (Cf. Rapp. Lugol, 31 oct. 1918, J. off., Doc. parl., p. 1875), étendit à ces cas la présomption d'origine, sauf, bien entendu, la faculté pour l'Etat d'établir, quant à la maladie ayant entraîné la mort, le caractère de maladie accidentelle ou nouvelle, sans lien avec celle existant au moment du service. Le règlement d'administration publique, pour l'application de la loi, fut publié le 2 septembre 1919 ; c est à compter de ce règlement et dans les trois mois subséquents à sa publication que la loi du 9 juin 1920 a reporté et élargi le bénéfice de la présomption d'origine;

Après la promulgation ou plus de trois mois après la promulgation de la loi ou, plus exactement, du règlement d'administration publique. Les dispositions ont changé progressivement, de l'art. 15, alin. 2, emprunté à la loi du 8 décembre 1905, à l'art. 1er de la loi du 28 juillet 1921, le modifiant. Le premier de ces textes avait obligé les titulaires d'un certificat d'origine, se considérant non guéris, pour la sauvegarde des droits éventuels de leur veuve, à faire constater périodiquement, par leurs services médicaux respectifs, dans les conditions à fixer par un décret en Conseil d'Etat, les suites persistantes des événements de guerre ou maladies. Le certificat d'origine fut abandonné, parce que non délivré parfois ou inutile à raison de la présomption de l'art. 15 et de la constatation nécessaire dans les six mois du renvoi dans les foyers; l'alin. 1 fut donc inséré dans l'art. 15 (Cf. Rapp. Lugol, Ch. dép., 14 déc. 1917, J. off., Doc. parl., p. 2019; Chéron, Sén., 31 mai 1918, ibid., p. 426), et renouvelée la condition traditionnelle (Cpr. Ord. 2 juill. 1831, modif. par D. 23 août 1903, art. 21, alin. 4; Instr. minist. 23 mars 1897, art. 78-8°) de visites annuelles. Strictement auraient dû être dispensés de celles-ci, parce qu'infirmes incurables, les titulaires d'une pension définitive; une fâcheuse confusion des deux idées de persistance de l'infirmité (suffisamment établie par l'attribution de la pension définitive) et de son imputabilité (attestée de droit par un certificat de décès) les firent imposer; il eût suffi d'y obliger les titulaires, soit de pensions faibles dont les infirmités ne paraissent pas de nature à avoir déterminé la mort, soit des pensions définitives inférieures à 60 %, devenues telles par la transformation après quatre ans de pensions temporaires, dont l'automatisme a été admis dans un but de simplification, mais laisse ouvertes des chances de guérison qu'il eût pu être opportun de vérifier.

332. — Pour atténuer ces défectuosités, prévenir le maintien onéreux « pendant une période de près d'un demi-siècle » des centres spéciaux de réforme, substituer au certificat de mort (malencontreusement conservé de la législation de 1831) « la seule garantie véritable », la loi de 1921 a imposé — avec effet rétroactif au 2 août 1914 — la production jointe à toute demande de pension, de taux normal ou exceptionnel, par les veuves ou les orphelins « d'un rapport médico-légal », signé du médecin ayant ou bien soigné l'ancien militaire ou marin pendant sa dernière maladie ou, à défaut de pareils soins, constaté le décès, et faisant ressortir « la relation de cause à effet entre le décès et la blessure reçue ou la maladie contractée en service » au sens de ces expressions dans l'art. 14 de la loi de 1919 (Cf. Flutet, op. cit., p. 127, n. 1). Production nécessaire pour toutes les veuves autres que celles venant par réversion (art. 14-3°), titulaires d'une pension pour invalidité égale ou supérieure à 60 %; rapport dont la juridiction de pension a toute liberté d'apprécier la valeur : Cons. d'Et., 27 février 1929, Guillochon, p. 252.

333. — Hors les cas ci-dessus, — et notée aussi l'exception toute passagère des militaires ou marins démobilisés avant la publication du règlement d'administration publique du 2 septembre 1919, — il n'en est aucun où leurs ayants droit, spécialement leurs veuves, soient recevables à invoquer les présomptions légales, celle de l'art. 3 ou de l'art. 5, qu'enclosent des délais rigides, ni celle même de l'art. 15, que conditionne la constatation des blessures ou maladies au cours de la mobilisation : la charge de la preuve par tous moyens leur incombe dans toute sa rigueur. Cpr. Cons. d'Et., 10 décembre 1924, Lorgerot, p. 1001; — 18 mai 1925, Corcellut; 10 juin, Boyer; 22 juillet, Arnaud, p. 496, 554, 715; — 10 février 1926, Gréval; 17 février, Blandin, précité; 29 décembre, Barnay et Rougès, p. 152, Table, p. 1456; —12 février 1927, Leroux, p. 212; — 30 janvier 1929, Kihl, p. 125. Aucune disposition législative, du reste, n'astreint à des conditions de forme particulières les pièces et documents à produire par les veuves, non plus que, d'une manière générale, par leurs ayants cause, à l'appui de la demande de pension lorsque, ne bénéficiant pas de la présomption d'origine, il leur appartient d'établir l'imputabilité au service de l'affection mise en question : 7 mars 1928, Girod, p. 323. — Et c'est, au plein des conséquences et du pouvoir d'appréciation de la juridiction, une question de fait : 14 février 1925, Couaillier; 1er avril, Brochard; 4 avril, Roisin; 15 juillet, Mathé; 5 août, Floch; 25 novembre, Bayle, p. 162, 374, 406, 688, 805, 935; s'agît-il même d'un rejet de la demande de pension basé par le ministre sur l'infériorité à 10 % de l'invalidité : pareille décision ou raison n'implique pas, de la part de son auteur, acceptation de l'imputabilité au service de l'affection : 13 mars 1929, Tassy, p. 303. Les juridictions spéciales ont même été reçues, pour apprécier le droit à pension de la requérante, à s'appuyer, sans violer l'autorité de la chose jugée, sur des décisions de cours d'appel déclarant ses enfants pupilles de la Nation : 18 mai 1925, Corcellut, p. 496.

334. — Encore est-il que, pour être valide, le rejet de la demande de pension doit être basé sur celui des moyens fournis pour rattacher le décès du mari à une affection imputable au service : entacherait donc sa décision d'excès de pouvoir le tribunal ou la cour qui se bornerait, l'instance étant engagée par la veuve sur ses droits propres, à lui opposer la chose jugée résultant de la décision relative à la demande de pension d'invalidité du mari : Cons. d'Et., 4 juillet 1928, Minault, p. 852; — 5 février 1931, Robert, p. 137. Le jugement ou l'arrêt doit prononcer, de façon précise, sur cette question d'imputabilité, sur la relation de la mort avec le fait ou à l'occasion du service : 10 décembre 1924, Lorgerot, p. 1001; — 30 octobre 1925, Nègre, p. 835; — 4 août 1927, Trouilloud; 2 novembre, Jonghlisène; 9 novembre, Pailhès, p. 952, 1004, 1036; 2 novembre, Tardieu, Table, p. 1561;... sur le lien entre l'état suspect constaté durant la mobilisation et la maladie terminale: 2 août 1927, Dubreuil, p. 904; — 1er février 1928, Vaussenat, Lematte, p. 152, 153; et il ne suffirait pas non plus à la veuve d'exciper dans l'instance de la détention postérieurement au décès du mari d'un titre d'allocation provisoire d'attente : pareil titre n'établit pas définitivement les droits à pension, et il n'appartient qu'au ministre de décider de la concession d'une pension : 9 mars 1929, Calafat, p. 292; — 10 janvier 1931, Solignac; 17 juillet, Grange, p. 33, 797.

335. — Le bénéfice de la présomption d'origine a donc été, à bon droit, refusé à des veuves dont le mari était décédé, sans constatation de l'affection pendant la période d'incorporation, ou, plus d'un an après renvoi dans les foyers, sans demande faite dans les délais légaux ou droit reconnu à pension : Cons. d'Et., 7 février 1925, Paissaud; 24 juin, Le Gonidec, p. 141, 604; — 28 juillet 1926, Pinaud, p. 806; — 1er avril 1927, Pruneau; 9 avril, Chapelain; 18 mai, Bourgeois; 30 novembre, Dehey, p. 427, 491, 562, 1142; — 4 juillet 1928, Gallot, p. 851; — 9 janvier 1929, Silvy; 28 juillet, Pinaud, p. 34, 806; — 18 mars 1931, Petit, p. 307... — et a fortiori décédé après quelques jours à peine d'incorporation, sans que fût patente ou prouvée l'imputabilité de la maladie : 10 février 1926, Masson; 19 mai, Salen, p. 152, 518.

336. — 2. Le droit à pension par *réversion* est énoncé, maintenu du passé, mais limité pour l'avenir, dans l'art. 14-3° pour les « veuves des militaires et marins morts en jouissance d'une pension définitive ou temporaire correspondant à une invalidité égale ou supérieure à 60 % ou en possession de droits à cette pension ». Sous réserve de la remarque faite *supra*, n° 314, quant au sens donné à la réversion par le droit nouveau, il reste que la mort du mari ouvre pension à la veuve :

Au premier cas, *ipso facto*, comme d'un « droit acquis » :

Cons. d'Et., 16 juillet 1929, Biancheri, p. 735, hors toute enquête et sans contestation, la cause en fût-elle un accident sans relation de temps ni de lieu avec la maladie ou la blessure génératrice de la pension. L'allégation d'erreur quant à la pension accordée au mari ne peut, en l'absence de recours contentieux introduit dans le délai légal contre l'arrêté de concession ou de révision effectuée en exécution de l'art. 67 de la loi, y faire aucun obstacle : 28 juillet 1926, Dumond; 8 décembre, Bousquet, p. 805, 1084; — 7 novembre 1928, Soyez, p. 1140; 12 décembre, Quilléviré, Table, p. 1580; — 26 mars 1931, Roussel, Table, p. 1399. Cpr. 9 décembre 1931, Bienvenu, p. 1092. — Il va de soi, par contre, que le décès du mari avant décision de la cour régionale sur le recours du ministre contre le jugement reconnaissant ses droits à pension l'empêcherait d'être regardé comme mort en jouissance de pension, ne laisserait aucun jeu à la présomption d'origine et obligerait la veuve à établir ses droits propres : Cons. d'Et., 28 mars 1925, Allamel, p. 355;

Au deuxième, dès les formalités de proposition remplies, la décision du conseil de réforme ne fût-elle pas émise : une solution très favorable, acquise en 1921, par voie de conciliation entre le contentieux des pensions et la veuve d'un aliéné, devant le trib. départ. Alpes-Maritimes (Valentino, *op. cit.*, n° 51, p. 45), a admis que le retard du Service de santé à avoir fait décider la réforme n° 1 et fixer la pension ne pouvait priver l'intéressée de la qualité de veuve de mari décédé en possession de droits à pension.

337. — La condition du minimum de 60 %, limitative au travers d'une législation qui admet des pensions faibles jusqu'à 10 % d'invalidité, est particulière, grave et opportune. Quelques disputes furent engagées à son encontre; elles marquaient surtout une confusion entre les hypothèses (Rf. Cons. d'Et., 28 mars 1925, Allamel, Leb. chr., p. 355) de pension par droit propre, au cas de mort du mari par suite de blessures, quel que soit le taux de sa pension, et des pensions par réversion moindres, au cas de mort du mari déjà nanti d'une pension égale ou supérieure à 60 %. Le minimum fixé, correspondant à une infirmité relativement grave, fut justifié par cette raison « qu'admettre qu'un homme ayant subi un grand traumatisme, une mutilation..., diminué dans sa résistance physique... sera frappé par la mort plus facilement qu'un autre,... est raisonnable jusqu'à concurrence d'une pension de 60 %..., serait excessive au-dessus de cette limite » (Rapp. Lugol, Ch. dép., 5 févr. 1919, *J. off.*, Déb. parl., p. 419). — Il est strict et de stricte application (Cf. Cons. d'Et., 26 janv. 1929, Chabanais, p. 107), tel qu'il fut répondu par la négative (*J. off.*, 15 mars 1922, p. 797) à la question écrite n° 11.591 (P. Rameil) de savoir si, dans le cas d'une pension mixte concédée en vertu de l'art. 59 de la loi de 1919 à un militaire de carrière après dix-huit ans de services interrompus par une blessure et maladie lui ayant infligé invalidité de 50 %, la veuve avait droit à réversion : en vérité, celui-ci ne découle en pareille hypothèse que de la portion de la pension mixte relative à l'infirmité, et ne faisant entrer en compte pour la liquidation que des services militaires (Cons. d'Et., 7 mai 1931, Deboislorey, p. 497); dès lors, l'invalidité étant inférieure au minimum de l'art. 14, alin. 3, la seule faculté ou expectative pour l'intéressée eût été ou serait de prétendre à une pension directe (taux exceptionnel ou taux normal) si le décès du mari était survenu dans les conditions visées aux alin. 1 et 2 du même texte.

338. — En ce cas de pension et de taux de réversion, accessible à la veuve, parce que le décès du mari n'a pas été la conséquence de l'affection pour laquelle il avait été pensionné, et où le droit de la veuve dépend (V. *infrà*) de la preuve qu'à la même époque cette affection n'avait pas une gravité laissant prévoir une issue fatale à brève échéance (Cf. Cons. d'Et., 18 juill. 1930, Cubilié, Leb. chr., p. 768; 10 décembre, Schalk, Table, p. 1323), les dossiers doivent contenir, aux fins de cette preuve, certificat médico-légal du médecin traitant et déclaration du maire sur attestation de témoins : Cf. Instr. 0385 Ad, 22 novembre 1929; Circ. 0428 Rd, 15 septembre 1930, *in* Flutet, *op. cit.*, p. 112.

C. *La condition de mariage et d'antériorité du mariage*
aux blessures et infirmités.

339. — 1. La condition de lien et de persistance de lien matrimonial était dans les traditions : tout à fait stricte dans l'art. 20 de la loi du 11 avril 1831, supprimant (comme plus tard la loi de 1898, sur les accidents du travail) le droit du conjoint survivant au cas de séparation de corps même prononcée à son avantage; abandonnée quelque peu par l'art. 6 de la loi du 25 juin 1861 et la jurisprudence (Cons. d'Et., 26 févr. 1870, Allais, S. 70.2.336; D. 70.3.81), limitant cette suppression au cas de séparation prononcée aux torts de la femme ou, sur demande reconventionnelle du mari, aux torts réciproques (Rpr. 5 juin 1929, Burton, Leb. chr., p. 548), encore que la loi du 9 juin 1853, dont les auteurs de la loi de 1861 avaient souhaité étendre la disposition, n'eût privé la veuve de pension que « dans le cas de séparation de corps prononcée sur la demande de son mari » (Cpr. Cons. d'Et., 14 août 1865, Abrial, S. 66.2.36; D. 65. 5.349). La réconciliation, toujours (Cf. Cons. d'Et., 7 avr. 1841, Marion, S. 41.2.463), a rétabli le droit de la veuve; sa réalité est question de pur fait, remise à l'appréciation du juge, des juridictions de pensions instituées par la loi de 1919, de telle sorte que la veuve n'est pas recevable (Cons. d'Et., 5 juin 1929, précité) à la porter directement devant le juge de l'excès de pouvoir.

340. — Le cas de divorce, *a fortiori*, est traité selon le même principe (Cf. Instr. 23 mars 1897, art. 65), tout au moins dans la loi du 31 mars 1919 : celle du 14 avril 1924 a été, au contraire, poussée au stade de reconnaître à la femme divorcée un droit à pension, éventuellement un droit au partage avec la veuve du ci-devant mari remarié; cependant la disposition de 1919 demeure (Cf. Cons. d'Et., 20 juill. 1927, Orticoni, p. 812) et disqualifie, quant au bénéfice de la réversion (la question se pose et se résout différemment pour les allocations d'ascendants : V. *infrà*. — Cons. d'Et., 14 janvier et 11 mars 1925, Tournier, Burlot, p. 39, 257), soit la femme divorcée dès l'abord, soit même celle dont la séparation de corps fut automatiquement convertie en divorce par l'effet de l'art. 310 nouv. C. civ. La femme divorcée, recevant de son ex-mari une pension alimentaire du taux fixé par jugement ou convention authentique, n'a pas autre condition : un amendement, tendant à lui assurer, à défaut de biens suffisants dans l'hérédité du mari, et à concurrence de ladite pension, celle prévue par l'art. 14 (Ern. Lafont, Ch. dép., 5 févr. 1919, *J. off.*, Déb. parl., p. 424), fut rejeté, tant à raison de l'anomalie des termes (« femme divorcée et devenue veuve ») que par le danger de mettre à la charge de l'Etat, durant toute la vie de la femme, une rente que l'ex-conjoint n'eût peut-être acquittée lui-même que quelques mois.

341. — La règle étant ainsi d'accorder comme de restreindre le droit à pension aux veuves, il s'ensuivait le défaut de qualité à le réclamer des « compagnes » des militaires et marins : les principes et les textes imposent et justifient cette solution. Le congrès tenu à Lyon en 1918 par les associations de mutilés avait demandé leur assimilation aux veuves « en cas de vie maritale notoire »; au Parlement, un amendement, de même fin, fut produit (Louis Martin, Flaissières, Sén., 19 sept. 1918), défendu comme dette du pays envers le combattant, et droit de la famille naturelle; à quoi le gouvernement (Abran i, *ibid.*, p. 636) résista, avec cet argument, d'abord, que la législation de l'heure (L. 16 nov. 1912, facilités données aux femmes pour la preuve de la paternité présumée de leur enfant; LL. 4 avril et 19 août 1915, mariages par procuration et régularisation de situations anciennes) porte intérêt et secours à la famille naturelle là où apparaît l'enfant; ensuite, avec cette observation de fait qu'une « compagne, restée une concubine, qui n'a pas d'enfants et qui n'a pas vu sa situation légitimée par les liens civils du mariage..., n'en était pas digne, ou que celui qui s'était associé avec elle n'avait aucun souci de lier sa vie par les liens du mariage civil... ». Cependant, la circulaire interministérielle du 22 août 1914 (*J. off.*, 23, p. 7580) ayant donné aux concubines accès aux allocations « de soutien indispensable de famille » de la loi du 5 août, promesse fut donnée (Abrami, Ch. dép., 11 févr. 1919, *J. off.*, p. 530) d'examen favorable des cas particuliers et d'attribution de secours par voie gracieuse et pouvoir discrétionnaire du ministre : une circulaire du 22 septembre 1919 (*J. off.*, p. 10455) y mit la condition de preuve, par des enquêtes minutieuses, de vie commune, lors de la mobilisation, depuis au moins trois années, de rupture de la liaison par le décès ou la disparition du mobilisé, de conduite et de moralité à l'abri des critiques et de situation nécessiteuse de la concubine; et elle en a prévu et facilité le renouvellement annuel et automatique, grâce à des listes adressées en temps utile aux généraux commandant les subdivisions à fin d'établissement par leurs soins de certificat de position.

342. — Sur ce plan la jurisprudence s'est établie, irréprochable aussi, ayant débouté de sa demande de pension la mère d'un enfant devenu légitime par rapport à elle comme au regard du père par l'effet de la loi du 7 avril 1917, sur la légitimation par jugement des enfants issus de parents empêchés par la mobilisation et le décès du père de contracter mariage : les termes et les travaux préparatoires de la loi s'opposent à la reconnaissance à ladite mère de la vocation à une pension réservée par la loi du 31 mars 1919 aux veuves des militaires : Cons. d'Et., 16 mai 1923, Maleisset, p. 403; D. 23.3.43. Grâce à une circonstance de fait, la régularisation par mariage d'une union ancienne, l'arrêt du 2 juillet 1930, Flahaut, p. 682, a évité de traiter en la matière des pensions la question du concubinage, auquel, en celle des accidents, il est accoutumé (Cf. 11 mai 1928, Rucheteau, p. 682; S. 28.3.97, av. note M. Hauriou) à refuser toutes conséquences de droit.

343. — 2. L'antériorité du mariage aux blessures et infirmités ayant occasionné la mort n'est pas moins classique. La règle existait à l'art. 19 de la loi de 1831, qu'il s'agît d'acquisition ou de réversion de la pension; la loi du 3 avril 1856, élevant le taux des pensions, n'en dit rien; mais celles du 15 avril 1885 et du 8 décembre 1905 la maintinrent, tandis qu'elles atténuaient la condition de mort hors d'Europe; et la jurisprudence, face à l'art. 41 de la loi de finances du 28 décembre 1895, dont le système eût privé du droit de réversion certaines veuves à raison de leur mariage postérieur aux blessures ou à l'origine des infirmités, s'était prononcé, par faveur, pour une combinaison des conditions des lois de 1831 et de 1895 (Cf. Cons. d'Et., 27 nov. 1896, Labosque, S. 98.3.127). Dans ces conditions, l'art. 14, alin. 4, de la loi de 1919 fut tout de simplification, en formulant la condition d'antériorité, « soit à la blessure, soit à l'origine ou à l'aggravation de la maladie », sans avoir rien retenu, quant à ce, de propositions, l'une (Boussenot) réclamant une antériorité de cinq ans, l'autre (Rameil) admettant, hormis tout délai, réversibilité de la totalité de la pension aux femmes d'aveugles : à une critique de la réversion ce grief fut ajouté et a sorti effet que les lois de pensions réagissent les unes sur les autres (Rapp. Masse, Ch. dép., 21 juill. 1916, *J. off.*, Doc. parl., 1917, p. 1982).

344. — Le principe est simple; son application n'a point été sans soulever des controverses :

a) Les unes, quant au maintien des pensions par réversion aux veuves de la guerre, dont le mariage, sans être antérieur aux blessures ou à l'origine des maladies selon la loi de 1919, se trouverait remplir les conditions de la loi de 1831, ou bien l'antériorité de deux ans à la cessation de l'activité, ou l'antériorité à cette cessation d'un mariage ayant donné naissance à un ou plusieurs enfants. — Problème du droit applicable, d'application de la loi dans le temps. L'art. 2 de la loi de 1919, qui est la règle de tous les droits à pension ayant pris naissance depuis le 2 août 1914, n'a pas privé les veuves de la Grande Guerre de la faculté de réclamer, mais bien au contraire, leur a (art. 65) assuré le bénéfice des lois antérieures, 1831, 1878, 1885, en vigueur lors de l'ouverture de leur droit, droit à pension du taux normal au cas où le décès du mari n'est résulté ni d'un événement de guerre, ni d'une maladie endémique au sens de l'art. 19-1° de la loi du 11 avril 1831 ou de l'article unique de la loi du 15 avril 1885 : question du ressort exclusif du Conseil d'Etat, juge de droit commun en la matière : Cons. d'Et., 9 novembre 1925, Biraud, Leb. chr., p. 883; — 13 mars 1929, Molines, Table, p. 1414. — Un alinéa 2 a été ajouté à l'art. 14 par la loi du 23 mars 1928 pour remédier par une pension de réversion après le décès, imputable au service, de leur mari, à la disparité existante au préjudice de certaines veuves mariées postérieurement à la blessure ou à la maladie ou à son aggravation (Cf. Rapp. Roux-Freissineng, 29 janv. 1925, Doc. parl., mai, p. 134);

345. — *b)* Les autres, touchant la preuve de l'antériorité du mariage, « soit à la blessure, soit à l'origine ou à l'aggravation de la maladie » (art. 14). La preuve formelle de cette antériorité n'a rien de difficile : elle se confond avec celle, s'agissant des blessures proprement dites et des lésions tenues pour blessures par la Circ. 292 Ci/7, 1er janvier 1917, de la date d'origine constatée : Cf. Cons. d'Et., 13 février 1924, Coste, Leb. chr., p. 175; s'agissant de maladie, de la constatation durant le service et, après le renvoi dans les foyers, d'un certificat médical quelconque, attendu que la constatation à la diligence du directeur du Service de santé n'est procédure prescrite (V. *supra*, n° 125) que pour le bénéfice de la présomption d'office. — Le système de la loi, envisagé en soi, est moins compliqué que certains ne l'ont trouvé *a priori*. Il est fondé sur une distinction des hypothèses : décès dû aux suites directes de la blessure? l'antériorité de celle-ci au mariage est nécessaire, al. 4; à une maladie qui, tout en ayant sa cause première dans la blessure, en est détachable parce que révélée seulement par la suite et indirecte conséquence de la blessure? la maladie doit être envisagée en elle-même comme contractée en service, et le mariage être antérieur à son origine ou à son aggravation. Cependant, en ce deuxième cas, la loi a entendu, non pas exclure *a priori* de son bénéfice la veuve du militaire ou du marin mort d'une maladie dont la blessure fut la cause première et dont la gravité n'était point encore apparue lors du mariage, mais simplement refuser le droit à pension à la femme épousée à un moment où la maladie se rattachant au service présentait gravité suffisante à faire considérer dès lors son évolution comme de nature à entrainer une issue fatale. La technique s'ensuit : il y a obligation et pouvoir pour les tribunaux départementaux et les cours régionales de traiter souverainement la double question de savoir en fait si le décès est, ou bien dû aux « suites de blessures » telles que ci-dessus définies, ou bien à une maladie dont la blessure a occasionné l'éclosion, mais qui se détache de la blessure, et, en ce deuxième cas, si, à l'époque du mariage, cette maladie s'était déjà révélée et avait atteint l'état de gravité ci-dessus spécifié : Cons. d'Et., 23 mai 1924, Mariaud, p. 500; — 24 décembre 1926, Macart, p. 1163; Table, p. 1457; — 23 février 1927, Ansellem; 1er avril, Soulié, p. 238, 428; — 1er février 1928, Lematte, p. 153; — 11 mai 1929, Nigay, p. 511; — 19 novembre 1930, Ponchon, Table, p. 1327.

346. — En vérité, la condition d'antériorité au mariage en elle-même n'était guère susceptible d'aucune controverse. Aussi n'est-elle énoncée dans les arrêts que par accident, pour la constatation ou la dénégation, en l'espèce, de l'activité continue du *de cujus* pendant une période d'au moins deux ans depuis l'époque de son mariage : Cons. d'Et., 16 mars 1928, Ansieux, Leb. chr., p. 386; — 14 novembre 1930, Hénos, p. 944. Aussi bien a-t-elle été ramenée à effet de la manière la plus adéquate aux convenances et à la règle juridique dans l'hypothèse originale, sinon extraordinaire, du mariage après divorce avec le premier mari : la seconde union ne fait pas revivre au profit de la veuve les droits précédemment anéantis par le divorce; et une cour régionale n'a pu légalement, pour reconnaître à la veuve droit à pension, se fonder sur la circonstance que l'origine de la maladie du mari remontait au premier mariage de l'intéressé : Cons. d'Et., 4 juillet 1928, Rabal, p. 851. — Tout autrement il en a été de la question de « l'aggravation » visée et requise à l'al. 4, du sens à donner à ce mot. Une interprétation rigide prétendit ne l'entendre que de l'aggravation initiale, de la transition au patent d'une maladie préexistante à l'état latent, de la manifestation grave d'une maladie jusque-là cachée, insoupçonnée ou légère, devenue ainsi ou l'origine de l'évolution mortelle ou le fait qui avait ouvert le droit à pension. Cf. Exp. mot. proposit. Petitfils, Ch. dép., 20 janvier 1925, Doc. parl., mai, p. 21; à plusieurs reprises elle fut mise en discussion, sinon en échec, au Conseil d'Etat statuant au contentieux sur pourvois formés par le ministre des Pensions contre des décisions de cours régionales pour violation de la loi selon l'art. 35 de la loi. Rpr. Rép. à quest. écrites, 27 janvier 1922, n° 12.116 (Delmas), et 14 décembre, n° 15.875 (Escoffier), *J. off.*, 28 avril, p. 1509; — 18 janvier 1923, p. 189.

347. — Des deux premiers arrêts, l'un, 8 nov. 1922, Stambat. Leb. chr., p. 801, S. 25.3.31, n'était guère décisif, au moins d'apparence, ayant décliné la compétence du Conseil, tenu pour « souveraine » l'appréciation de la cour régionale (Riom, 20 juin 1921); en vérité, il y avait au principe de l'affaire une question essentiellement de fait, une opposition entre le requérant et le ministre des Pensions quant à la date d'origine de la maladie. L'autre, 23 mai 1924, Mariaud, p. 501, S. 1925.3.32, D. 24.3.38, procédait purement d'un litige sur la définition de l'aggravation; deux prétentions s'étaient affrontées, celle du ministre (Cf. Valentino, *op. cit.*, n° 137, p. 94-99), refusant droit à la veuve dès lors que la maladie à laquelle succombera le mari existait antérieurement au mariage, et celle de la veuve, prétendant la condition légale d'antériorité satisfaite à condition que fut postérieur au mariage le décès consécutif à une aggravation, quel qu'en ait été le caractère. La clause de l'antériorité nécessaire écrite dans la loi aux cas de maladie comme de blessure eût manqué de recevoir application quant aux premiers, et elle eût été quant à eux privée d'effet parce que toute maladie aboutissant au décès peut passer pour une aggravation; il eût été hasardeux aussi de sacrifier les données résultant de l'élaboration et de la contexture du texte, attendu, d'une part, que l'origine « par aggravation » fut introduite délibérément, et en sus de l'origine directe (Cpr. Instr. 21 janv. 1910, art. 13), partout où il est question (art. 3, 5, 14 alin. 2 L. 1919) d'ouverture du droit à pension, et, d'autre part, que l'alin. 4 ne saurait être détaché ou isolé du reste de l'article et de la loi, à ce point que le mot « aggravation » puisse avoir une autre signification qu'aggravation comptant comme origine. L'arrêt (Rpr. 3 déc. 1924, Sauvan, p. 977) introduisit en la matière une notion subtile et souple, repoussant comme insuffisante une antériorité du mariage qui ne serait que matérielle, dégageant de la formule quelque peu ambiguë et aussi imparfaite de la loi, pour l'y substituer, la considération d'une gravité réelle et d'une évolution de la maladie (Rf. *supra*, n° 345).

348. — Le pronostic fut lancé que cette interprétation n'engendrait que « la jurisprudence la plus disparate », n'aurait « ni physionomie juridique, ni figure médicale » (Valentino, *op. cit.*, n° 139, p. 102). C'était peut être minimiser la notion et la technique du pouvoir des juges du fait; c'est n'avoir pas aperçu toutes les virtualités d'une thèse bien solide, sûre de ses analyses et de ses conséquences, qui a abouti, après d'explicites motifs se répétant (Cons. d'Et., 1er avr. 1925, Poligné; 4 avril, Siguret, Carlier; 10 juin (D. H., p. 473), Justice; 17 juin, Odolant; 24 juin, Nesa; 1er juillet, Poyade; 15 juillet, Nègre; 25 novembre, Rouy; 2 décembre, Rihan, p. 375, 404, 405, 553, 585, 605, 632, 686, 936, 966. — Rpr. 21 janv. 1925, Rifflard; 30 janvier, Nicol; 4 mars, Aulu; 25 mars, Lecomte; 8 mai, Letard (D. H., p. 411); 13 mai, Laberthe; 22 juillet, Courtois, p. 63, 116, 238, 309, 451, 469, 717, et Table, p. 1322; — 13 janv. 1926, Decoisy; 15 janvier, Taillefer; 20 janvier, Martin; 20 mars, Thomas; 24 mars, Viellon; 27 mars, Joanin, Deldalle; 9 juin, Baillès; 16 juin. Larrieu-Baron; 7 juillet, Mathis; 21 juillet, Goarnisson; 31 juillet, Glemarec; 7 août, Caronneau; 1er décembre, Guilbert, p. 39, 45, 65, 317, 332, 381, 577, 609, 703, 770, 835; Table, p. 1458; — 1er avril 1927, Soulié; 6 avril, Travail, p. 428, 453; — 29 févr. 1928, Castello; 31 mars, Estorgues, p. 288, 510; — 30 janv. 1929, Kihl; 23 mars, Jammes; 11 mai, Nigay; 19 juin, Vigne; 17 juillet, Tournier; 25 octobre, Pierrain, p. 125, 385, 511, 603, 933; Table, p. 1410; — 6 févr. 1930, Knockaert; 9 mai, Migeot; 2 juillet, Flahaut. p. 139, 490, 682; — 10 janv. 1931, Seité, Table, p. 1399), à cette formule balancée qu'en cas d'aggravation, tandis qu'à l'égard des veuves de militaires dont la mort a été causée par une affection contractée ou aggravée par suite du service (lesquelles peuvent invoquer un droit propre), il y a lieu de rechercher si, à l'époque du mariage, l'affection causée ou aggravée par le service avait atteint le degré de gravité 60 % fixé à l'art. 14, le droit de celles qui ne peuvent invoquer un droit de réversion, parce que le décès du mari n'a pas été la conséquence de l'affection pour laquelle il avait été pensionné, se trouve subordonné à la condition qu'à la même époque leur mari ne fût pas atteint d'une maladie présentant ledit état de gravité : Cons. d'Et., 11 avr. 1930, Cabelguen; 18 juillet, Cubilié, p. 457, 768. Cpr. 20 mai 1931, Robert, Table, p. 1400.

349. — Des propositions de lois s'entre-croisèrent : — les unes abandonnant la condition d'antériorité et tenant même pour suffisante à écarter l'hypothèse fâcheuse et l'exclusion concevable des mariages *in extremis* le fait « méritant récompense » de soins donnés à l'invalide (Prop. Antériou, 4 nov. 1924, Doc. parl., mars 1925, p. 46); — d'autres admettant la réversion de pension hors toute condition de pourcentage d'invalidité et d'époque de mariage (Prop. Bussat, 19 mars 1925, *ibid.*, p. 452); — telle autre faisant un texte législatif de l'interprétation Conseil d'Etat (Prop. Petitfils, 20 janv. 1925, *ibid.*, mai, p. 21). Finalement la loi du 23 mars 1928, ralliée à celle-ci, la généralisa, l'élargit : l'alin. 4 ajouté à la loi de 1919 admet la pension du taux de réversion pour les veuves dont le mariage est « antérieur, soit à l'origine, soit à l'aggravation de la blessure ou de la maladie, à moins qu'il ne soit établi qu'au moment du mariage l'état du mari pouvait laisser prévoir une issue fatale à brève échéance ». La réserve ainsi stipulée est d'autant plus justifiée que « le mariage contracté postérieurement, soit à la blessure, soit à l'origine de la maladie, soit à l'aggravation, soit à la cessation de l'activité », s'il a duré deux ans, donne toujours, aux termes de l'alin. 6 du même art. 14, droit à pension (Cf. Rapp. Guillois, Sén., 9 février 1928, Doc. parl., septembre, p. 137).

350. — A la règle ainsi jurisprudentiellement et législativement modelée de l'antériorité du mariage, une exception unique a été énoncée par l'art. 14, alin. 3, en faveur des femmes ayant épousé un mutilé de la Grande Guerre atteint d'une invalidité égale ou supérieure à 80 % ; un droit à pension de réversion leur appartient, à la double condition du mariage contracté dans les deux ans de la réforme du mari ou de la cessation des hostilités et ayant duré un an ou cessé par la mort accidentelle de l'époux : Cf. Cons. d'Et., 30 avril 1924, Bermez, p. 427. Le temps minimum d'union avait été fixé d'abord à cinq ans pour « ne point aller jusqu'à favoriser des mariages qui pourraient être faits *in extremis* dans l'espoir de bénéficier de cette pension » (Lugol, Ch. dép., 5 févr. 1919, *J. off.*, Déb. parl., p. 422); en vérité, le principe même en fut discuté (Em. Lafont, *ibid.*); et c'est par voie de transactions que la condition en fut arrêtée telle qu'elle est, procédant de la même sévérité quant aux unions aux perspectives trop cupides, mais s'en départissant, comme il était logique, au cas de mort du mutilé par accident indépendant de ses blessures. Du point de vue de la texte, de la cohésion et de la symétrie de ses parties, dès lors qu'était admis sous le n° 3 de l'alin. 1er le principe de l'attribution d'une pension de réversion aux veuves des invalides de 60 % mariées avant la blessure ou la maladie, il était indiqué d'en étendre le bénéfice, sous certaines conditions, à celles qui avaient épousé après le même événement un invalide de 80 %.

351. — L'exception reste de droit étroit. Tous les termes en doivent être entendus de même :

Le degré de l'invalidité : il doit être d'au moins 80 %, lors du mariage, et non postérieurement : Trib. départ. Lyon, 14 nov. 1922, G.; Indre-et-Loire, 9 avr. 1924, D. — Cons. d'Et., 3 déc. 1924, Chauzy, p. 977; D. H., 25, p. 103;

L'appellation de « mutilé » : le sens où le mot a été employé par l'alin. 5 en limite l'application aux réformés pour une invalidité résultant d'une blessure ou d'un fait, tel qu'un traumatisme, susceptible d'être assimilé à une blessure, à l'exclusion des impotents fonctionnels et des grands malades, pensionnés pour maladies éprouvées par le fait ou à l'occasion du service : Cour région. Rennes, 14 nov. 1922, Bihan; — Cons. d'Et., 27 mars 1925, Dubrac (D. H., p. 314); 17 juin, Odolant; 1er juillet, Poyade; 22 juillet, Courtois; 4 novembre, Rollin; 2 décembre, Bihan, p. 341, 585, 632, 716, 853; — 7 juill. 1926, Maufrange; 21 juillet, Catherine, p. 705, 769; — 11 mai 1927, Gidon, p. 530;

La notion tant médicale que juridique de mort accidentelle : l'opposition est complète à la mort naturelle du décès survenu autrement que par l'effet même des infirmités de guerre : Trib. pens. Loire-Inférieure, 25 juill. 1922, G.; Manche, 29 janv. 1924, D... — Cf. Valentino, *op. cit.*, n°ˢ 148-152, p. 107-110.

352. — L'application en est affectée du même caractère : elle ne saurait, en l'état que la loi du 23 mars 1928 a donné à l'art. 14, empêcher une veuve de cette catégorie de se réclamer, au besoin, des mêmes droits que les autres veuves, i. e., en cas d'aggravation de la blessure du mari, de prétendre, sans condition de durée de mariage, à une pension de taux exceptionnel ou du taux normal en prouvant la relation de la mort avec la blessure ou le fait d'une maladie indépendante : le droit à pension étant dorénavant étendu (alin. 4) aux veuves de blessés ayant, postérieurement à leur mariage, vu s'aggraver leurs infirmités, il est de logique et juste interprétation que la pension de réversion de l'art. 5 ne soit demandée et concédée qu'au cas de bénéfice impossible de l'alin. 4, de mariage contracté à une époque où la blessure avait déjà atteint un degré de gravité de nature à laisser prévoir une issue fatale. Cf. Avis (Gallet) Commiss. fin. Sénat, 2 mars 1928, Doc. parl., octobre, p. 304; Flutet, *op. cit.*, p. 101, n. 1.

353. — Et la modification, réalisée par la loi de 1928, de la condition d'antériorité du mariage a retenti sur la règle (V. *infrà*, n° 375) de la demande de pension. L'Instr. 0328 Ad précitée a posé les prescriptions utiles quant à la demande nouvelle à « formuler ...dans le délai d'un an à partir de la promulgation de la loi » : — Au cas de première demande déjà rejetée ou d'attribution présentement sollicitée d'une pension au taux de réversion, nouvelle demande à l'intendance militaire; si les pièces du dossier financier (imputabilité de la blessure ou maladie; durée biennale du mariage; rappels dus) le per-

mettent, il y aura délivrance d'un titre d'allocation provisoire d'attente, au seul taux de réversion; sinon, envoi par le bureau liquidateur d'un certificat O en vue de cette délivrance; — Au cas de première demande non suivie encore de décision, inutilité de son renouvellement; correspondance exclusive du bureau liquidateur avec les services médicaux et contentieux de l'administration centrale; — Au cas d'absence de première demande, application de la réglementation en vigueur.

354. — De l'ensemble long, enchevêtré, des dispositions originelles de l'art. 14 ou modifiées par la loi du 23 mars 1928, le tableau ci-après (un peu allégé) incorporé à l'Instr. 0328 Ad, 16 mai 1928 (Flutet, *op. cit.*, p. 107), donnerait la figure :

DEGRÉ D'INVALIDITÉ du mari	MARIAGE		CAUSE DU DÉCÈS		
	DATE	DURÉE	Par le fait ou à l'occasion du service		Blessures, accidents ou maladies étrangers au service
			Blessures, accidents ou suites	Maladies contractées ou aggravées	
A. — Invalidité de 10 à 100 % et militaires non pensionnés	Antérieure à l'origine ou à l'aggravation.........	Sans condition.....	Taux exceptionnel.....	Taux normal.....	Taux de réversion à partir de 60 %.
	Postérieure à l'aggravation de la blessure ou de la maladie.......	Moins de deux ans.	Pas droit à pension..	Pas droit à pension.	Pas droit à pension.
		Au moins deux ans.	Taux de réversion..	Taux de réversion..	Pas droit à pension.
B. — 80 % et plus [*Disposition n'excluant pas l'application de A*].......	Mariage postérieur à l'aggravation de la blessure, mais contracté dans les deux ans de la réforme ou la cessation des hostilités.	Au moins un an (sauf mort accidentelle de l'époux).	Taux de réversion..	Pas droit à pension.	Taux de réversion.

355. — *3.* Le remariage de la veuve, s'il lui fait perdre sa nationalité, entraîne toujours (Cf. art. 26 L. 11 avril 1831) sa déchéance du droit à pension qu'elle tenait du premier mari, tant qu'elle ne redevient pas française. Au cas contraire, les solutions législatives ont changé : les discussions qui aboutirent à l'art. 18 répétèrent des arguments tirés de la loi de 1831 : ils insistèrent (Lefas, 12 déc. 1917, *J. off.*, Déb. parl., p. 3246) surtout sur ce trait que cette loi était faite pour une armée de carrière et uniquement d'engagés, justifiée à traiter pareillement la pension d'ancienneté et la pension de viduité en tant que pension d'ancienneté anticipée, et ils tiraient cette conclusion (Drivet, *ibid.*, p. 3848) qu'il était illogique ou inéquitable, dans le cas de femmes épousées avant 1914 par des officiers et se remariant, de refuser à l'une, parce que devenue veuve au cours des hostilités, le droit à pension conservé à l'autre, parce que veuve avant la guerre; ils opposèrent à des raisons empruntées au caractère de « loi de dédommagement » inhérent à celle des retraites (Jean Bon, *ibid.*, p. 3249), ou à l'inaptitude des remariages de veuves à apporter le taux de natalité nécessaire au relèvement du pays (A. Lefas, *ibid.*) ou à leur inconvenance fréquente comme infidélité posthume, des protestations (Bonnevay, 4 et 19 déc. 1917, p. 3121, 335) contre le risque attaché au retrait de la pension de pénaliser le mariage et primer le concubinage, sans assurer beaucoup en contre-partie l'intérêt de jeunes filles ni cadrer du tout avec le régime des pensions civiles ou le maintien (L. 3 avril 1917) à la veuve se remariant, face même aux enfants du premier lit, d'un usufruit légal sur les biens de leur père... En fin de compte fut adopté un régime différent du passé, substitué à la conservation uniforme et intégrale du droit à pension une faculté d'option à exercer avant la fin de l'année du remariage et dans les conditions fixées par le règlement d'administration publique du 2 septembre 1929, art. 20-22 (Flutet, *op. cit.*, p. 704).

356. — Plusieurs textes s'étaient opposés (Cf. Ch. dép., 12 déc. 1917, Déb. parl., p. 3246 sv.) : l'un, n'admettant (art. 13 du projet) la veuve remariée à renoncer, moyennant le versement d'un capital représentatif de trois ci-devant annuités, à la pension qu'en cas d'inexistence d'enfant du premier mariage en âge de bénéficier de la pension ; l'autre (texte de la commission), supprimant en tous cas la pension, pour la remplacer par pareille attribution immédiate en cas d'inexistence d'enfant ou différée jusqu'à la cessation pour le dernier né de son droit à pension. Entre temps, un amendement (Queuille, 19 déc. 1917, *ibid.*, p. 3356) fut tour à tour considéré, adopté, abandonné, qui tendait à lier la conservation de la pension et la continuation par la veuve du devoir d'assistance des ascendants du mari : un droit à allocation devait être admis au profit de l'ascendant en concours avec une veuve (art. 28. — Cf. Rapp. Lugol, Ch. dép., 31 oct. 1918, Doc. parl., déc. 1918, p. 1875). Le second fut voté par la Chambre (11 févr. 1919, Déb. parl., p. 525 sv.) et adopté sans discussion par le Sénat (28 mars, *ibid.*, p. 384), les délais et détails de son application étant, comme davantage de sa compétence (Cf. Bonnevay, Lefas, Ch. dép., 10 déc. 1917, *J. off.*, p. 3352), laissés (art. 18, alin. 1er) au règlement d'administration publique. La veuve est donc admise, en cas de convol, et à condition, bien entendu, qu'aucune raison n'entrave son droit, soit à conserver la pension à laquelle lui avait donné droit le décès du premier mari, soit à y renoncer et à adresser une demande (Cf. Règl. adm. publ., art. 22) au ministère des Finances aux fins de toucher le capital de trois annuités.

357. — Au demeurant, la conservation de la pension se complique d'un prélèvement, s'atténue d'une délégation de moitié de la jouissance au profit des enfants mineurs du premier mari, la Chambre n'ayant prêté crédit, ni aux « grandes difficultés de forme » objectées par le gouvernement, ni au caractère prétendu « illusoire » de la délégation dans tous les cas autres que ceux de déchéance de la mère investie en règle de la jouissance légale des biens de ses enfants (Cf. Rapp. Lugol, 26 déc. 1917, *J. off.*, p. 3569) : l'amendement (Queuille, Ch. dép., 26 déc. 1917, *J. off.*, p. 3570) et la disposition légale (art. 18, alin. 2) ont concordé dans le dessein de créer à la mère l'obligation de s'intéresser davantage aux enfants, au conseil de famille le droit d'en surveiller de plus près l'éducation, à l'Office départemental des pupilles de la Nation un autre moyen d'intervenir contre les défaillances de leurs mères (*ibid.*, p. 3573). « La jouissance de la moitié de la pension (de la veuve) est déléguée à ces enfants jusqu'à la majorité du dernier d'entre eux. La jouissance des majorations leur appartient » : c'est, ici, une délégation de jouissance, donc susceptible de retour à la pension ; là, une attribution en pleine propriété. Comme l'autorisation et les suites administratives de la conversion éventuelle de la pension en capital ressortissent exclusivement à l'office de l'administration des finances, les sous-intendants départementaux des pensions n'y ont aucun rôle à jouer, par là-même aucune qualité pour délivrer des titres d'allocation d'attente au tuteur des orphelins dont la mère a obtenu cette conversion : Cf. Circ. 058 Ad, 17 janvier 1923.

D. *Le taux des pensions. Les majorations pour enfants, suppléments et allocations complémentaires.*

358. — Les distinctions et conditions instituées, restait à établir le quantum de ces pensions de veuves.

1. Certains éléments y sont, à toutes époques, demeurés étrangers : l'âge dont fait état le royal *warrant* anglais du 29 mars 1917, et aussi l'existence d'enfants, qui fut proposée (Jean Bon, Ch. dép., 5 févr. 1919, *J. off.*, p. 420), ou encore le défaut de ressources ou l'état d'invalidité à raison duquel aurait (Prop. Nouhaud, Ch. dép., 19 déc. 1917, *ibid.* p. 3353) pris naissance au plus large chef la réversion. — Par contre, depuis la loi de 1831, deux chiffres furent d'usage : celui du taux exceptionnel et, jusqu'à une date récente (L. 30 déc. 1928, a. 78), celui du taux normal, tous deux en proportion du maximum de la pension d'ancienneté influencée elle-même par le grade. Dès lors que pour les pensions d'invalidité était abandonné tout rapport avec les chiffres des pensions d'ancienneté, le système ancien ne pouvait plus servir quant aux pensions de veuves, et l'élaboration de l'art. 19 de la loi nouvelle fut particulièrement laborieuse. Après une longue discussion se trouvèrent acquises, d'une part, l'élévation au-delà du chiffre de 375 francs qui, au taux normal, était encore dans le projet celui de la pension d'une veuve de simple soldat ou matelot (Cf. Rapp. Masse, [460 francs], Ch. dép., 21 juill. 1916, Doc. parl., février 1917,

p. 1980 ; Rapp. suppl. Lugol, 14 déc. 1917 [563 francs], février 1918, p. 2019 ; Amend. Goude [600 francs], 19 déc. 1917, Déb. parl., p. 3362) ; d'autre part, l'unification (Amend. Puech et Betoulle, 26 déc. 1917, *suprà*, n° 315) des taux exceptionnel et normal pour les pensions de veuve jusqu'au grade de chef de bataillon. L'effort pour amener, abstraction faite de la cause de la mort, la pension de veuve à la parité (Prop. Lémery-Léon Bérard) ou du moins à une relation avec celle d'invalidité absolue du mari (Amend. Drelon, Ch. dép., 11 févr. 1919, p. 534), fut combattu, motif pris des facultés de travail demeurant à la veuve (Paul Morel, sous-secrét. d'Et. aux fin., *ibid.*, p. 354) et pour d'implicites raisons financières. Le rejet d'amendements divers fut suivi de la majoration à 800 francs du taux normal et de l'adoption de tarifs pour les trois taux, normal, exceptionnel et de réversion, avec augmentations croissantes de grade à grade du simple soldat au commandant, selon les tableaux VIII à XIV annexés à la loi.

359. — D'autre part, dans la succession des lois ayant fixé le taux des pensions, depuis l'art. 22 de la loi de 1831, un élément a persisté : la considération du « grade » dont le mari était titulaire ; et une distinction fut constamment maintenue, celle du taux normal — 1/3, 1/3 d'abord et ensuite 1/2, — et de l'exceptionnel, 1/2, 1/2 d'abord et ensuite 3/4, — du maximum de la pension d'ancienneté, respectivement, pour les veuves d'officiers et de sous-officiers (Cf. à propos des ayants cause de gendarme aux droits à pension ouverts avant le décret du 28 août 1925, Cons. d'Et., 9 juill. 1930, Robin, p. 703). Les causes d'attribution du taux exceptionnel varient, au contraire, selon les lois : au lieu que celle du 26 avril 1856, art. 8, faisait état formellement des cas de mort sur le champ de bataille ou à l'armée par événements de guerre ou à suite des blessures reçues ici ou là, celle du 20 juin 1878, art. 2, ne parlait plus du troisième cas et pour le deuxième que de la mort à l'armée ; et il eût semblé que celle du 18 août 1879 ne fît point jouer en ces cas pour les hommes de troupe l'avantage du taux exceptionnel de celles de 1856 et de 1878 ; en fait, la jurisprudence admettait le cumul, l'effet indépendant des trois : Cpr. Cons. d'Et., 14 mai 1886, Chapuis ; 23 juillet, Mason, p. 411, 651, S. 88.3.13, 28, D. 97.3.102. — La loi de 1919 n'abandonna point ces principes de liquidation. Hormis la fixation arbitraire à 18.000 francs par l'art. 48, alin. 2, de la loi du 14 avril 1924 de la pension des veuves des maréchaux de France (Rapp. Henry Bérenger, Sén., 29 nov. 1923, *J. off.*, Doc. parl., déc., p. 1 sv.), les règles sont demeurées les mêmes (art. 19 et tableaux annexés) de la réversion d'après le grade et les circonstances de la mort.

360. — *a*) L'abandon du grade comme élément de calcul, s'agissant des veuves autres que celles des militaires de carrière, motif pris de ce que « l'unité de sacrifice [leur] donnait droit à l'unité de réparation » (Prop. Rognon, 5 déc. 1917, *J. off.*, p. 3144), ne pouvait être décidé, dès lors qu'il était dans les desseins législatifs de tenir compte du grade pour les pensions d'ancienneté. La considération en est donc demeurée déterminante, et tout l'effort a porté sur la détermination du tarif applicable aux deux cas de grades conférés à titre temporaire ou auxiliaire pour la durée de la guerre et de proposition à un grade supérieur privée d'effet par la mort de l'intéressé. — La loi (art. 56, al. 1er) a ajouté au projet (art. 31), sur l'initiative de la commission de la Chambre des députés, la mention des grades à titre « auxiliaire » à fin d'une plus grande précision « et aussi pour tenir compte de certaines situations particulières à la marine » (Rapp. suppl. Masse, 24 juill. 1916, Déb. parl., oct. 1917, p. 1303). V. son but, *suprà*, n° 75. Cf. Réponse minist., n° 8837, *J. off.*, 22 mars 1916. D'évidence il ne s'y agit que de grade réellement conféré, par opposition aux simples fonctions intérimaires, tel le commandement d'une compagnie par un sous-lieutenant (Rapp. Masse, 24 juill. 1916, *ibid.*, févr. 1917, p. 1974). Une circulaire ministérielle du 6 janvier 1915 (*J. off.*, 21 janvier, p. 330) a précisé, d'ailleurs, comme étant condition d'application du texte, le décès du mari après la date de prise de rang indiquée au décret de nomination ou à la décision ministérielle portant promotion.

361. — Elle a, d'autre part (al. 2), sur un amendement (Raoul Anglès, Ch. dép., 31 janv. 1918, Déb. parl., p. 253), joint à ce principe un développement, bien plutôt qu'une exception (Valentino, *op. cit.*, n° 192, p. 134) : contrairement à la ci-devant pratique (L. 1831, art. 22 ; Avis du Cons. d'Et., 28 oct. 1879), la veuve d'un militaire promu, postérieurement à son décès et en vertu d'une proposition antérieure, à un grade supérieur avec indication de rétroactivité, a droit à obtenir la pension de ce grade, malgré que le mari n'en ait point été « titulaire » selon l'expression de l'art. 1er de la loi du 28 avril 1856; aussi bien, la date de la promotion est celle, non de la publication, mais de la signature du décret; et la loi est satisfaite moyennant la « proposition avant le décès et la nomination après » (Rpr. Rapp. Chéron, Sén., 31 mai 1918, Déb. parl., p. 432). — Une espèce, celle de la nomination posthume (Maunoury) à la « dignité » de maréchal de France était en dehors de la règle, du fait même que le maréchalat, d'après la loi du 4 août 1839, art. 1er, n'est pas un grade, ainsi que furent d'accord à l'admettre le service du contentieux des pensions (Note 5 juin 1924) et la section des finances du Conseil d'Etat (Avis 25 févr. 1925).

362. — *b*) Etant donné le principe que les droits des veuves, sauf en ce qui concerne les pensions de réversion, ne dérivent pas uniquement de ceux que leurs maris avaient pu acquérir avant leur décès (Cons. d'Et., 28 juin 1929, Muraour; 11 décembre, Malzac, Leb. chr., p. 651, 1094), le maintien de la dualité des taux, — normal et exceptionnel, — au lieu d'un taux unique égal à la pension d'invalidité qu'eût obtenue le mari (Prop. Lémery-Léon Bérard, art. 5; Vœu du 2e Congrès national des mutilés à Lyon; Prop. Betoulle et Puech [jusqu'au grade de chef de bataillon], Ch. dép., 26 déc. 1917, *J. off.*, Déb. parl., p. 3579 sv.), était la suite logique du système faisant jouer le forfait et la présomption d'origine selon les cas, d'une préférence de la notion de « pension-réparation » à celle d'une « pension... récompense » (Cf. Rapp. Masse, *ibid.*, p. 3582; Valentino, *op. cit.*, p. 137, note 3). L'unification avait été adoptée en fin d'un débat plus verbeux que décisif; la commission de la Chambre, ayant appelé les auteurs de l'amendement à reviser les tableaux de pensions jusqu'au grade de chef de bataillon, arriva à se « convaincre que leur pensée n'avait pas été celle qui avait paru se dégager des débats » (Rapp. Lugol, 29 déc. 1917, *ibid.*, p. 3213); aussi la Chambre adopta, sans discussion, les tableaux mis en annexe de la loi, qui ont opéré divers relèvements de chiffres (spécialement pour les veuves de simples soldats, et suivant la distinction des taux exceptionnel et normal (art. 19, alin. 2 et 3), selon le classement des veuves à l'alin. 1er (décès par blessures reçues ou accidents éprouvés au cours d'événements de guerre, du fait ou à l'occasion du service) ou à l'alin. 2 (maladies contractées ou aggravées par fatigues, dangers du service) de l'art. 14).

363. — Telle que l'énonçait le texte même de la loi, la distinction n'était susceptible d'ouvrir que de rares difficultés d'application. Certaines avaient été agitées dans les débats, particulièrement au sujet des veuves des décédés en captivité : que la présomption de maladie leur dût bénéficier, il est certain, parce qu'elle a été législativement étendue à toute mort survenant, à suite de maladie, au cours ou dans l'année suivant la fin de guerre; que la preuve, au moyen de pièces allemandes (Cf. Cons. d'Et., 14 déc. 1932, Lacaze, p. 1076), de la mort par blessure fût pratiquement moins sûre, il ne fait guère doute; mais il avait été expliqué (Cf. Lefas, Ch. dép., 26 déc. 1917, *J. off.*, p. 3585) que s'appliquerait en l'espèce la disposition (art. 27, alin. 4) relative à la disparition au cours d'événements de guerre, la présomption de mort à suite de blessures ou par le fait de l'ennemi, donc le taux exceptionnel de pension, et que la pension liquidée, sur la foi d'indices, au taux normal pourrait, à la suite de renseignements plus précis, être portée au taux exceptionnel, avec différence d'arrérages, à calculer rétroactivement du lendemain du décès du mari.

364. — Du taux exceptionnel alloué en considération de maladies susceptibles, quoique ayant leur cause première dans la blessure, d'en être détachées comme n'en constituant qu'une conséquence indirecte et révélée après coup (Cons. d'Et., 4 juin 1931, Bayet, Leb. chr., p. 589), la loi a fait aussi (art. 54) la plus compréhensive concession au cas de décès par suite de « maladies endémiques et épidémiques ou contagieuses » — abondance de mots bien inutile, attendu que l'épidémie suppose la contagion (Rapp. Chéron, Sén., 18 mars 1919, *J. off.*, Doc. parl., p. 122) — contractées dans le service, donc au laboratoire aussi bien qu'à l'ambulance ou à l'hôpital (Valentino, *op. cit.*, n° 206, p. 143), par les « médecins, pharmaciens, officiers d'administration ou infirmiers de la guerre » (Cf. Cons. d'Et., 3 mars 1926, Heyraud, p. 239) — énumération quelque peu surabondante, étant donné que, les infirmiers étant des soldats, leurs veuves doivent avoir, en tous cas, la pension ailleurs indiquée, et anormale aussi,

parce qu'aboutissant à constituer une pension de taux exceptionnel à la veuve d'un gestionnaire de l'intérieur, au lieu de la pension du taux normal attribuée seulement à la veuve d'un officier devenu malade au front : le but déclaré des amendements avait été de « ne laisser aucunes victimes en dehors de la loi », de faire entrer dans l'énumération « tout le corps de santé » (Ch. dép., 4 mars 1919, *J. off.*, p. 976).

365. — Sous un aspect particulier figurent à l'alin. 4 de l'art. 19 la considération du grade et la dualité des taux, pour fonder la réversion de la pension définitive ou temporaire pour invalidité égale ou supérieure à 60 %, dont était en jouissance ou en expectative le mari au moment où il décéda de mort naturelle. L'avantage existait dans la loi de 1831; nombre de pensions ayant été d'après cette faveur liquidées depuis 1914, le principe en fut maintenu par respect des « droits acquis » (Ch. dép., 26 déc. 1917, *J. off.*, p. 3588); mais le taux a été modifié : la loi de 1831 avait fixé au même chiffre (375 francs) le taux normal et le taux de réversion; le taux normal étant relevé, celui de réversion le fut, avec les mêmes degrés intermédiaires, et, tel il reste fixé, pour tous les grades autres que celui de général de division (pour lequel il y a égalité), plus faible que le taux normal ou de droit commun pour maladies contractées ou aggravées en service.

366. — *c*) La distinction et la dualité des taux ainsi établies par l'art. 19 de la loi du 31 mars 1919 ont été mises à néant par l'art. 78 de la loi de finances du 30 décembre 1928. En fait, à bien considérer les choses et les distinctions légales, l'opposition des pensions au taux exceptionnel et au taux normal n'existait que pour les veuves de gradés. L'art. 78 de la loi de finances du 30 décembre 1928 y a mis fin : dorénavant, le montant des pensions, sauf pour les veuves des grands invalides ayant eu (art. 10) besoin, durant leur vivant, du secours permanent d'une tierce personne, est uniformisé : « 1° Pour la veuve non remariée, à la moitié de la pension allouée à un invalide de 100 % d'invalidité du même grade ou ayant occupé le même emploi que le mari, lorsque la pension est concédée au titre des alin. 1er et 2 de l'art. 14 de la loi du 31 mars 1919 [i. e. taux exceptionnel et taux normal] et au tiers de la même pension dans les autres cas visés par le même article [taux de réversion]. Toutefois la pension au taux de réversion des veuves d'invalides bénéficiaires de l'art. 10 de la loi sera égale à la moitié de la pension d'un invalide à 100 %. Ces taux seront portés à ceux fixés par les tableaux annexés à la loi du 31 mars 1919 s'ils leur sont inférieurs; 2° Pour la veuve remariée, aux taux fixés par les tableaux annexés à la loi du 31 mars 1919. — Toutefois les taux de pension résultant du § 1°... ne seront appliqués que progressivement dans les conditions fixées chaque année par la loi de finances, l'augmentation pour l'année 1919 étant égale à 50 % de la différence entre les taux nouveaux et les taux figurant aux tableaux annexés à la loi du 31 mars 1919 ». — La majoration est réelle : la pension d'une veuve de soldat (à 100 % = 2.400 francs) sera de 1.200 francs, sauf à ne donner lieu en 1929 qu'à paiement de 1/2 de l'augmentation du nouveau taux sur l'ancien (800), soit 200 francs = 1.000 francs au total. Celle d'un lieutenant, 3e échelon de solde (à 100 % = 4.000) sera de 2.000, et de 1/2 seulement en 1929, de telle sorte que la veuve qui recevait jusqu'à la loi du 30 décembre 1928, au taux exceptionnel, 1.900 francs ou, au taux normal, 1.450,

touchera, pour 1929 $\left(2.000 - 1.900 = \frac{100}{2}\right)$, 1.950 francs ou

$\left(2.000 - 1.450 = \frac{550}{2}\right)$ 1.725 francs et, à compter de 1930,

une pension principale de 2.000 francs. Le taux de réversion n'est plus pour les veuves de soldats ou de gradés que de 1/3; mais l'égalisation des pensions de cet ordre aux taux fixés par la loi de 1919 avantage toutes les veuves de gradés à partir de celles d'adjudant.

367. — Les tableaux annexés à la loi de 1919 ne sont plus ainsi que des éléments d'une information exacte; l'Instr. 0353 Ad, 6 février 1929, portant application des art. 78, 79, 81, 84, 85, 153 de la loi de finances du 30 décembre 1928, les a complétés; une comparaison et aussi une simplification des chiffres et de leur disposition donne (*Voir tableaux page suivante*) :

368. — La même Instruction a une deuxième partie, d'un intérêt figuratif et documentaire certain, sur le coefficient d'augmentation des parts de pension familiale attribuées au titre de l'art. 74 de la loi du 31 mars 1919. Le même procédé

TABLEAU VIII bis. — *Armée de terre et de mer (Officiers).*

PENSIONS DE VEUVES

GRADES (armée)	GRADES (marine)	Échelon	Taux de la pension à 100 % (1)	Article 14 — Au titre de l'al. 1 — Ancien taux exceptionnel (2)	Article 14 — Au titre de l'al. 1 — A partir de 1930 (3)	Article 14 — Au titre de l'al. 2 — Ancien taux normal (4)	Article 14 — Au titre de l'al. 2 — A partir de 1930 (5)	Article 10 — Droit restreint à pension de réversion — Ancien taux (6)	Article 10 — A partir de 1930 (7)	N'ayant droit qu'à pension de réversion [hors l'art. 10] — Ancien taux (8)	A partir de 1930 (9)
Général de division	Vice-amiral	Fr.	12.600	5.250	6.300	3.500	*Comme à la colonne 3*	3.500	*Comme à la colonne 3*	*Comme à la colonne 6*	4.200
Général de brigade	Contre-amiral		10.200	4.400	5.100	3.000		2.850			3.400
Colonel	Capitaine de vaisseau		8.400	3.500	4.200	2.500		2.350			2.800
Lieutenant-colonel	Capitaine de frégate		6.800	3.000	3.400	2.000		1.850			2.267
Chef de bataillon	Capitaine de corvette	2e échelon	6.250	2.700	3.125	1.850		1.650			2.083
		1er —	5.750	2.500	2.875	1.750		1.550			1.917
Capitaine	Lieutenant de vaisseau	4e échelon	5.150	2.400	2.575	1.700		1.425			1.717
		3e —	4.900	2.300	2.450	1.650		1.375			1.683
		2e	4.650	2.200	2.325	1.600		1.325			1.550
		1er —	4.400	2.100	2.200	1.550		1.275			1.467
Lieutenant	Enseigne de vaisseau de 1re classe	4e échelon	4.200	2.000	2.100	1.500		1.250			1.400
		3e —	4.000	1.900	2.000	1.450		1.200			1.333
		2e —	3.850	1.800	1.925	1.400		1.150			1.283
		1er —	3.650	1.700	1.825	1.350		1.100			1.217
Sous-lieutenant	Enseigne de vaisseau de 2e classe	2e échelon	3.600	1.600	1.800	1.250		1.050			1.200
		1er —	3.000	1.500	1.500	1.200		975			1.000
Aspirant de marine			2.800	1.500	1.500	1.200		975			975

GRADES	Taux de la pension à 100 % (1)	Au titre de l'art. 14 — Ancien taux exceptionnel (2)	Au titre de l'art. 14 — Ancien taux normal (3)	Au titre de l'art. 10 — de réversion (4)	A partir de 1930 (5)	Simple pension de réversion — Ancien taux (6)	Simple pension de réversion — A partir de 1930 (7)

TABLEAU IX bis. — *Officiers des équipages de la flotte.*

GRADES	(1)	(2)	(3)	(4)	(5)	(6)	(7)
Officier principal des équipages de la flotte — 1er échelon	6.250	2.700	1.850	1.650	3.125	*Comme à la colonne 4*	2.083
— 2e échelon	5.750	2.500	1.750	1.550	2.875		1.917
Officier de 1re classe des équipages de la flotte	4.900	2.300	1.650	1.375	2.450		1.633
— de 2e — —	4.650	2.200	1.600	1.325	2.325		1.550
— de 3e — —	4.200	2.000	1.500	1.250	2.100		1.400
— de 4e — —	3.600	1.600	1.250	1.050	1.800		1.200

TABLEAU X bis. — *Armée de terre : sous-officiers et soldats.*

GRADES	(1)	(2)	(3)	(4)	(5)	(6)	(7)
Adjudant-chef	2.690	1.400	1.150	950	1.400	*Comme à la colonne 4*	950
Adjudant	2.550	1.300	1.100	900	1.300		900
Aspirant	2.520	1.250	1.075	850	1.260		850
Sergent-major	2.490	1.200	1.050	800	1.245		815
Sergent	2.460	1.100	950	700	1.230		760
Caporal	2.480	900	875	600	1.215		705
Soldat	2.400	800	800	500	1.200		650

TABLEAU XI bis. — *Armée de mer : Officiers-mariniers, quartiers-maîtres et matelots.*

GRADES	(1)	(2)	(3)	(4)	(5)	(6)	(7)
Maître principal	3.475	1.650	1.300	1.075	1.738	*Comme à la colonne 4*	1.158
Premier maître	2.890	1.600	1.250	1.050	1.600		1.050
Maître	2.760	1.500	1.200	975	1.500		975
Second maître	2.600	1.450	1.100	950	1.450		950
Quartier-maître	2.430	900	875	600	1.215		810
Matelot	2.400	800	800	500	1.200		800

TABLEAU XII bis. — *Agents civils des services administratifs et des directions de travaux de la marine.*

GRADES	(1)	(2)	(3)	(4)	(5)	(6)	(7)
Commis principal de 1re classe / Agent technique principal de 1re classe	3.705	1.900	1.300	1.275	1.900		1.275
Commis principal de 2e classe / Agent technique principal de 2e classe	3.265	1.500	1.250	1.200	1.800		1.200
Commis principal de 3e classe / Agent technique principal de 3e classe	3.225	1.650	1.225	1.075	1.650		1.075
Commis de 1re classe / Agent technique de 1re classe	2.810	1.500	1.200	975	1.500		975
Commis de 2e, 3e et 4e classe / Agent technique de 2e et 3e classe	2.760	1.500	1.200	975	1.500		975

TABLEAU XIII bis. — *Gardes-consignes, pompiers de la marine et surveillants des prisons maritimes.*

GRADES	(1)	(2)	(3)	(4)	(5)	(6)	(7)
Gardes-consignes majors chefs / Premiers maîtres-pompiers / Surveillants principaux des prisons maritimes	2.810	1.500	200	975	1.500		975
Garde-consignes majors / Maîtres-pompiers / Surveillants-chefs des prisons maritimes	2.680	1.425	1.075	925	1.425		925
Gardes-consignes / Seconds maîtres-pompiers / Surveillants des prisons maritimes	2.490	1.150	950	775	1.245		830

TABLEAU XIV bis. — *Personnel militaire des établissements pénitentiaires coloniaux.*

GRADES	(1)	(2)	(3)	(4)	(5)	(6)	(7)
Surveillant principal	3.405	1.700	1.350	1.100	1.703		1.135
Surveillant chef	2.838	1.400	1.150	950	1.419		950
Surveillant de 1re classe	2.695	1.300	1.100	900	1.348		900
— 2e —	2.474	1.200	1.050	800	1.237		825
— 3e —	2.430	1.100	950	700	1.215		810

de rassemblement et d'allègement qu'au numéro précédent permet de la présenter ainsi :

GRADE	TAUX PRIMITIF de la pension familiale		A partir de 1920	PÉRÉQUATION INTÉGRALE au taux	
	exceptionnel	normal		exceptionnel	normal
I					
Soldat....................	800	800	1.200	$\frac{1}{2}$	$\frac{1}{2}$
Caporal...................	900	875	1.215	$\frac{7}{20}$	$\frac{68}{175}$
Sergent...................	1.100	950	1.230	$\frac{13}{110}$	$\frac{28}{95}$
Sergent-chef..............	1.200	1.050	1.245	$\frac{3}{80}$	$\frac{39}{210}$
Adjudant	1.300	1.100	1.300	»	$\frac{2}{11}$
Sous-lieutenant 1er échelon..	1.500	1.200	1.500	»	$\frac{1}{4}$
— 2e —	1.600	1.250	1.800	$\frac{1}{5}$	$\frac{11}{25}$
Lieutenant 1er échelon......	1.700	1.350	1.825	$\frac{6}{68}$	$\frac{19}{54}$
— 2e —	1.800	1.400	1.925	$\frac{5}{72}$	$\frac{3}{8}$
— 3e —	1.900	1.450	2.000	$\frac{1}{19}$	$\frac{11}{29}$
— 4e —	2.000	1.500	2.100	$\frac{1}{20}$	$\frac{2}{5}$
Capitaine 1er échelon........	2.100	1.550	2.200	$\frac{1}{21}$	$\frac{13}{31}$
— 2e —	2.200	1.600	2.325	$\frac{5}{68}$	$\frac{29}{64}$
— 3e —	2.300	1.650	2.450	$\frac{3}{46}$	$\frac{16}{33}$
— 4e — ...	2.400	1.700	2.575	$\frac{7}{96}$	$\frac{35}{68}$
II					
Soldat....................	500	1.200	800	$\frac{7}{5}$	$\frac{3}{5}$
Caporal...................	600	1.215	810	$\frac{123}{120}$	$\frac{7}{20}$
Sergent...................	700	1.230	820	$\frac{53}{70}$	$\frac{6}{35}$
Sergent-chef..............	800	1.245	830	$\frac{63}{100}$	$\frac{3}{80}$
Adjudant	900	1.300	900	$\frac{4}{9}$	»
Sous-lieutenant 1er échelon...	975	1.500	1.000	$\frac{7}{13}$	$\frac{1}{39}$
— 2e — ...	1.030	1.800	1.200	$\frac{5}{7}$	$\frac{1}{7}$
Lieutenant 1er échelon......	1.100	1.825	1.217	$\frac{29}{44}$	$\frac{117}{1100}$
— 2e —	1.150	1.925	1.283	$\frac{31}{46}$	$\frac{133}{1150}$
— 3e —	1.200	2.000	1.338	$\frac{2}{3}$	$\frac{133}{1200}$
— 4e —	1.250	2.100	1.400	$\frac{17}{25}$	$\frac{3}{25}$
Capitaine 1er échelon........	1.275	2.200	1.467	$\frac{37}{51}$	$\frac{64}{425}$
— 2e —	1.325	2.325	1.550	$\frac{40}{53}$	$\frac{9}{53}$
— 3e —	1.375	2.450	1.633	$\frac{43}{55}$	$\frac{258}{1375}$
— 4e —	1.425	2.575	1.717	$\frac{46}{57}$	$\frac{292}{1425}$

369. — L'œuvre de réforme s'est dans cette mesure étendue aux pensions de veuves. A vrai dire celles-ci (et *mutatis mutandis* celles des orphelins), comparées du point de vue de leur taux avec celles d'invalidité, furent, dès l'abord, très critiquées (Cf. Rapp. Chéron, Sén., 18 mars 1919, Doc. parl., p. 116) à raison : — soit de leur relèvement uniforme d'un tiers, encore que ce relèvement demeurât moindre pour les veuves d'hommes de troupe morts de maladie : or, « il s'agit, non plus des titulaires de grades eux-mêmes, pour lesquels on comprend... une certaine différence, mais de leurs veuves, dont la situation est en principe la même »; — soit de la modification opérée du taux des pensions de réversion hors la double proportion d'abord annoncée avec les droits acquis et les taux existants : sur ce point aussi apparaissent des différences notables avec les échelons de grade et les relèvements consentis pour les officiers invalides : de 15 francs au taux exceptionnel pour la pension du sous-lieutenant ou du capitaine invalide de 100 % du 1er échelon, 350 pour les veuves; or « il semblerait que l'on dût réserver les augmentations pour les pensions les moins fortes »; — soit du relèvement, d'ailleurs plus modéré pour les dernières, des pensions du taux normal et du taux de réversion : 83 fr. 50 ou 33 francs de plus, selon qu'il s'agit de la veuve du lieutenant-colonel, du colonel ou du général de brigade; or. « insignifiantes pour les intéressés, ces augmentations ne laissent pas que de grever le Trésor ». Quelque réelles que fussent ou soient en leur ensemble ou pour partie ces critiques, la législation n'a rien abandonné de son idée de faire symétrie de ces pensions avec les autres.

370. — 2. C'est précisément cette idée qui a déterminé en outre (art. 19, alin. 5), eu égard aux charges de famille et en faveur des veuves, la *majoration pour enfants* hors d'âge de se suffire à eux-mêmes (Rapp. Masse, Ch. dép., 21 juill. 1916, Doc. parl., févr. 1917, p. 1981). Après plusieurs propositions, qui eussent ramené cette majoration à un minimum de bonifications ou de pensions, l'idée fut accueillie et demeura au travers de tous les votes de la proportionner — à la différence de ce qui fut admis pour la pension elle-même : Cf. Valentino, *op. cit.*, p. 151, note 1 — à la majoration d'invalidité absolue. La limitation au grade de chef de bataillon ayant été supprimée de même que dans l'art. 13, et le chiffre élevé, de même que l'âge des enfants (Amend. Jobert et Maginot, 12 janv. 1919, Déb. parl., p. 569), le texte voté pour l'art. 19 portait majoration, susceptible de remplacer celle de l'art. 13, de 300 francs par enfant mineur de 18 ans. Un relèvement (à 600 francs : Colonel Picot, Ch. dép., 29 juin 1921, Doc. parl., p. 2041) fut voté sur le pied de 500 francs par la loi du 15 juillet 1922 et a pris, en tant que de besoin, la place du texte original de l'alin. 5. L'art. 78 de la loi de finances du 30 décembre 1928 maintint, et la majoration et son chiffre, et l'impossibilité de cumul avec celle de l'art. 13. — Un décret du 30 juin 1934 (*Duvergier*, p. 252), pris sauf ratification, a déclaré l'interdiction du cumul, au titre d'un même enfant, de deux ou plusieurs avantages pécuniaires, qui avait été rappelée ou portée par le décret du 4 avril précédent, inapplicable au cumul des indemnités pour charges de famille avec lesdites majorations pour enfants acquises au titre des art. 13 et 19 de la loi de 1919 par les invalides des pensionnés à 20 % au moins et par leurs veuves. — Cf., sur l'effet de la révision, *infrà*, n° 386.

371. — En soi, les conditions de la majoration, celles d'âge et de naissance tout au moins, n'appellent point de développement : Cf. art. 20, al. 2, Décr. 2 septembre 1919, mod. 15 octobre 1920, *infrà*, n° 406; Flutel, p. 704. — Celle de filiation, étant donné surtout que le texte de la loi, plus exactement du rapport (Masse) sur la loi, mit sur le même pied, quant aux majorations, les mineurs « de militaire décédé ou infirme », n'aurait pas dû faire plus de difficulté. Certaine proposition (Rognon, 6 févr. 1923) n'a point abouti, qui tendait, en sa singulière rédaction, à concéder les majorations à « tous les enfants, légitimes ou non, et dont la mère est veuve ». Seuls doivent entrer en ligne les enfants légitimes issus du mariage du *de cujus* avec la veuve; ceux nés d'un autre mariage ou hors mariage ont, strictement, droit à pension, de par les art. 20 et 25 (*infrà*, n° 410). — Sont hors de cause les enfants propres à la veuve, naturels ou d'un autre lit. L'opinion contraire fut soutenue (Cf. Valentino, *La loi Lugol*, dans la *Rev. interalliée*, p. 375), appuyée sur une différenciation subtile des majorations allouées à l'invalide et à la veuve, celles de l'art. 19 remplaçant « s'il y a lieu », *i. c.* au profit des enfants de la femme, celles attribuées par l'art. 13 aux enfants du mari. Elle a été vidée de toute apparence de vérité par l'interprétation au Conseil d'Etat de l'art. 19 al. 5. Le ministère des Pensions (Cf. Trib. départ. Albi, 14 avr. 1922, Laurens, Vve Melou, *in* Valentino, *op. cit.*, n° 227, p. 756) prétendait démontrer que les textes mis en question avaient chacun leur domaine, l'art. 19 répondant au cas de survivance de la veuve et faisant, parce « qu'il y a lieu », des majorations assurées à la veuve le prolongement de celles servies selon l'art. 13 à l'invalide, et l'art. 17 statuant pour l'hypothèse du décès de la veuve ayant enfants d'un précédent mariage et appelant ceux-ci à la jouissance « des mêmes avantages que les orphelins » ; et la difficulté était mise en avant d'admettre que, du vivant de la veuve, les enfants de son précédent mariage ne puissent compter pour les majorations, alors qu'à sa mort ils compteront pour la pension. Le Conseil d'Etat, en l'espèce, 21 février 1923, Melou, Leb. chr., p. 172, D. 23.3.43, av. note R. M., a rejeté l'argumentation (Cf. l'arbitrage F. Larnaude, dans Valentino, *ibid.*, n° 226, p. 155), réservé « aux enfants mêmes du militaire décédé » les majorations qui lui étaient personnellement allouées par l'art. 13, donné des mots « enfants d'une veuve » la signification simple et spécieuse, la plus proche de l'esprit de la loi comme du sens vulgaire, celle d'enfants du mari par rapport auquel existe cette viduité.

372. — *3*. Indépendamment de la pension que les dispositions diverses attribuent aux veuves, la législation a alloué :

a) Aux veuves d'avant-guerre, un *supplément spécial temporaire* : Rpr. L. 31 mars 1919, art. 58-60 ; L. 18 juillet 1922 ; LL. fin. 13 juillet 1925, art. 194, et 30 décembre 1928, art. 80. L'Instruction du 14 novembre 1923, *J. off.*. 18, p. 10826 sv., en fixa les conditions, au cas d'infériorité, à la ci-devant situation de la pension réversible augmentée d'une pension de veuve de soldat, 800 ou 500 francs, selon que la pension était originellement au titre du décès ou par réversion (Cpr. Instr., 11 oct. 1922, § IV, A), et, le cas échéant, des majorations pour enfants (art. 19, alin. 5 et 6, L. 31 mars 1919), y compris les allocations temporaires régulières (L. 23 février 1919) et l'indemnité temporaire de cherté de vie aux petits retraités (L. 12 avril 1922) : Cons. d'Et., 6 févr. 1925, Assoc. retraités... de Lannion, Leb. chr., p. 130. Elle a spécifié, en outre, les formalités de l'option ouverte entre la pension présente majorée selon la loi de 1922 ou la pension mixte constituée par cette pension majorée de celle de veuve de soldat. Rpr. les modèles de déclaration d'option et de justifications, Circ. n° 1009, Ad, 11 mars 1921. La condition formelle, logique, était pour les veuves d'avoir obtenu en temps utile la pension à elles ouverte par les lois alors en vigueur : Cons. d'Et., 27 mai 1925, Gigant ; 9 novembre, Georges ; 23 décembre, Mavic, Leb. chr., p. 524, 881, 1056. Ce faisant, elle était dans l'esprit de la loi du 31 mars 1919, qui fut de procurer aux pensionnés d'avant-guerre l'égalité de traitement avec les militaires atteints de blessures ou d'infirmités au cours de la guerre de 1914, et aussi dans la ligne de l'art. 3 de la loi du 18 juillet 1922, dont l'objet fut de leur assurer le maintien de la situation existante lors de sa promulgation si elle leur était plus favorable à raison des allocations consenties aux petits retraités ; aussi le supplément a-t-il été, à bon droit, refusé (Cons. d'Et., 22 mars 1929, Bourcier, p. 873) à telle veuve percevant déjà en totalité des allocations supérieures au montant des sommes auxquelles pouvaient prétendre les veuves bénéficiaires des lois de 1919 et de 1925. La loi de finances de 1928, art. 80, alin. 3, éleva le supplément à 132 % et celle du 23 mars 1929 (S. *Lois ann.*, p. 2258) à 140 % de la pension allouée, selon l'art. 56 qu'elle modifiait de la loi de 1919, à une veuve de soldat de la même catégorie ;

b) Aux veuves (comme aux orphelins) titulaires de pensions des lois du 14 mars 1915 ou du 15 janvier 1916 ou du 31 mars 1919, dont les droits s'étaient ouverts le 17 avril 1924 et n'avaient été grossis par aucune rémunération du chef des services, une *allocation complémentaire*, L. fin., 30 déc. 1928, art. 76, « calculée, pour chaque année de service ou de campagne, à raison de 60 % de l'annuité correspondante attribuée aux ayants cause des militaires ou marins de même grade en possession de droits à pension mixte au titre de l'art. 60 de la loi du 31 mars 1919 et calculée d'après les soldes en vigueur au 1er janvier 1928 (S. *Lois ann.*, 1929, p. 2011, note 166). — Ces dispositions ne sont applicables que si le militaire est décédé des suites d'une infirmité imputable au service ou, dans

le cas contraire, s'il comptait au moins quinze ans de services effectifs. — Une faculté d'option nouvelle, dans le délai d'un an à compter du 1er janvier 1929, leur était ouverte aux conditions et aux fins de l'art. 60. — Cette allocation, par son but et ses caractères propres, est tout à fait en dehors des règles posées par la législation générale sur les pensions d'ancienneté, de celle, par exemple, de l'antériorité de deux ans du mariage au décès du mari : Cons. d'Et., 6 juin 1930, Doré, Leb. chr., p. 612 ; S. 30.3.94 ;

c) A toutes les veuves, le cas échéant, à raison du risque pour beaucoup de ne point trouver des ressources suffisantes dans leur pension et les majorations pour enfants (Cf. Amend. Queuille ; Rapp. Lugol, Ch., 31 oct. 1918, Doc. parl., p. 1889) :

La faveur complémentaire d'un *acompte spécial* égal à celui du secours immédiat, sur les bases suivantes (D. 8 décembre 1919), pour les veuves de

Caporaux et soldats.	Sous-officiers.	Sous-lieutenants et lieutenants.	Capitaines.	Chefs de bataillon.	Lieutenants-colonels et colonels.	Officiers généraux.
150 fr.	200 fr.	300 fr.	400 fr.	500 fr.	600 fr.	800 fr.

et, en plus, quel que fût le grade du mari, 50 francs par enfant donnant droit à majoration ;

Et éventuellement le bénéfice de la rééducation professionnelle : L. 31 mars 1919, art. 76, dern. alin. Rf. sur les conditions de la demande et les modalités de l'œuvre : Décr. 21 mai 1919 et Arrêté min. Trav., 1er juin 1920 (Valentino, *op. cit.*, p. 229). Une loi du 23 mars 1928 (*J. off.*, p. 3374 ; *Duvergier*, p. 217) a étendu aux veuves pensionnées au titre de celle du 31 mars 1919 le bénéfice de la loi générale sur la rééducation (2 janv. 1918) et chargé l'Office national des mutilés de leur en assurer l'application.

373. — A titre exceptionnel, temporaire et viager, les deux lois des 29 mars et 14 avril 1929 (S. *Lois ann.*, p. 2287) ont attribué pension, l'une de 100.000 francs, réversible sur la tête de ses petits-enfants jusqu'à leur majorité, à la veuve du maréchal Foch ; l'autre de 30.000 francs ou de 20.000 francs respectivement, avec réversibilité sur la tête de leurs enfants mineurs, aux veuves des maréchaux de France et généraux ayant, soit commandé en chef devant l'ennemi, soit commandé un groupe d'armées ou une armée.

E. L'exercice et la jouissance des droits des veuves.
Les règles de cumul et d'option ; les procédures de révision et de déchéance des pensions.

374. — *1*. Les règles diverses et les formalités communes trouvent en la matière une large occasion, qu'il s'agisse de la demande ou du paiement de la pension.

a) La *demande* doit être faite, à peine de forclusion, dans les cinq ans de l'événement y donnant lieu (L. 17 avril 1833, art. 6), *i. c.* du décès du mari, ou, par extraordinaire (Avis Cons. d'Et. sect. fin., 23 janv. 1894), de la connaissance de cet événement, si celle-ci a été retardée par une faute ou omission de l'officier de l'état civil : Cf. les modèles A, Arrêté min. Fin., 7 octobre 1920. — Rpr. les prescriptions sur la constitution et la transmission du dossier, Instr. 960 Ad, 30 juin 1920, et 1291 Ad, 31 mars 1921, et Circ. 4384 S. E., 17 septembre 1921, et 098 Ad, 24 octobre 1923 ; Valentino, *op. cit.*, p. 341-351. Elle doit l'être même par les veuves résolues, à la suite du décès du mari, à cumuler selon les prévisions de l'art. 52 les pensions de la loi de 1919 et la rente éventuellement fournie par la législation de 1898 sur les accidents du travail : Cons. d'Et., 13 février 1930, Matinier, p. 174.

375. — Pour la présentation des demandes, les lois des 6 janvier 1926 et 28 mars 1927 ont ouvert un délai supplémentaire jusqu'au 31 décembre 1928 (Cf. Instr. min. Pens., 6 févr. 1929, *J. off.*, 12, p. 1786 sv.), duquel ont été exclues les veuves d'invalides de guerre remariées : Cons. d'Et., 14 novembre 1928, Herbet-Dubos, p. 1170. A leur suite, et dans le même esprit, celle du 23 mars 1928, sous la condition d'une demande dans le délai d'un an à compter de sa promulgation, appela au bénéfice de la loi de 1919 les veuves dont celle-ci avait servi à régler les droits « même par des décisions devenues définitives » ; et ce fut la manière du Conseil d'Etat d'en entendre et élargir l'effet, et que de déclarer, dès lors, les tribunaux de pensions mal fondés, sur des recours contre des décisions ministérielles de rejet, à examiner les droits de la veuve au regard de cette loi de 1928 : 9 mai 1930, Varnier; 19 novembre, Bondon, p. 491, 351. Cet effet, d'ailleurs, ne pouvait être rétroactif et, partant, servir aux cours régionales à reporter à une date antérieure à sa promulgation le point de départ d'une pension accordée selon ses dispositions : 14 février 1930, Perrot, p. 191 (D. H., 199); — 9 décembre 1931, Giraudon, p. 1092.

Ce point est : le lendemain du décès de l'ayant cause, pour les veuves [ou enfants] réclamant le taux normal, au cas de mariage antérieur à l'origine ou à l'aggravation de la blessure ou de la maladie ; — le 27 mars 1928 (force exécutoire de la loi du 23) pour les pensions au taux exceptionnel de 1919 dans le même cas et les pensions nouvelles de 1928 au taux de réversion : Cf. Instr. 0328 Ad, 16 mai 1928, sur l'application de la loi, J. off., 20 mai, p. 5666, et Rectific., p. 5715; Flutet, op. cit., p. 107.

375 bis. — b) Le *paiement*, à effectuer normalement à la veuve bénéficiaire, à son représentant légal ou à un tiers (Cf. L. 5 sept. 1919, art. 2, 3), ne prête guère qu'à quelques remarques utiles, touchant :

α) La faculté pour les veuves, selon l'art. 98 de la loi du 22 mars 1924, de différer en tout ou en partie l'entrée en jouissance de la pension, à l'effet d'en accroître le chiffre primitif en fonction de leur âge et du temps de la suspension des arrérages de la pension conformément aux règles et tarifs de la Caisse nationale des retraites pour la vieillesse;

β) La prescription réglementaire, faite aux veuves remariées, de déposer toute une série de pièces officielles et justificatives de leur état (Arr. n° 4 Min. Fin., 7 oct. 1920, Valentino, n° 272, p. 175), et la dispense légale (art. 26 L. fin., 28 déc. 1922, S. *Lois ann.*, 1926, p. 76) édictée à leur profit « par dérogation aux prescriptions de l'art. 217 C. civ... de percevoir directement les arrérages [de leur pension] tant pour la partie principale que pour les accessoires sans être astreintes à la production de l'autorisation maritale »;

γ) La mesure corrélative quant aux majorations d'enfants, au cas d'indignité de la mère (Cf. Rapp. Masse, 21 juill. 1916, Doc. parl., p. 1987), ordonnée par l'art. 71, al. 2, de la loi du 31 mars 1919 et complétée par la loi du 13 juillet 1923, de l'inscription d'office au nom du tuteur des enfants et de paiement de droit, sans procédure de déchéance de la mère, desdites majorations à raison de leur caractère strictement et totalement alimentaire.

376. — 2. Pour des situations spéciales des mesures extraordinaires étaient utiles. L'une de ces situations est celle des veuves [et éventuellement des enfants mineurs] de pensionnés militaires *disparus* de leur domicile depuis plus de trois ans et n'ayant point réclamé les arrérages de leur pension; l'une des mesures y afférentes est la reconnaissance du droit à «obtenir, à titre provisoire, la liquidation des droits de réversion qui leur seraient ouverts par les art. 19-21 des lois des 11 et 18 avril 1831 » (art. 48, alin. 1, L. 25 févr. 1901). La disparition de militaires en activité devenue calamité fréquente de la guerre 1914-1918 (d'après des statistiques arrêtées en fin 1915 : moyenne d'un disparu pour 6 morts), plusieurs instructions et dispositions intervinrent pour sa constatation même : Instr. Min. Guerre, 2 juin 1916 (Valentino, op. cit., n° 336, p. 219); — touchant la déclaration de décès : LL. 3 déc. 1915, dans les conditions des art. 89-92 C. civ., et 25 juin 1919, art. 9, par jugement déclaratif au plus tôt dans les deux ans de la disparition constatée et après six mois comptés du décret (24 oct. 1919) fixant la fin des hostilités ; — quant à la déclaration d'absence et à l'envoi en possession : L. 25 juin 1919, par abrègement des délais du droit commun (C. civ., 115. 135), réduction du délai de l'une à un an à compter de la cessation des hostilités et à six mois depuis l'insertion de la demande au *Journal officiel*, et de l'autre, s'agissant du provisoire ou du définitif, dès l'absence déclarée ou cinq ans après. Cependant ces délais mêmes étaient longs, pénibles, les intéressés, la veuve et les enfants, n'ayant, en dehors du secours immédiat touché et des allocations de la loi du 5 août 1914 ou des délégations de solde, droit à rien et ne pouvant, bien entendu, *de plano* prétendre à pension définitive (Cf. Rapp. Masse, Ch. dép., 21 juill. 1916, Doc. parl., p. 1966). Le projet, qui (art. 19, 20) instituait successivement, avant le décès constaté et la pension définitive jusqu'au jugement de déclaration d'absence ou à compter de sa date, des allocations provisoires et une pension provisoire complétée par majorations pour enfants, était compliqué; la commission de la Chambre des députés y

substitua le régime devenu l'art. 27 de la loi du 31 mars 1919 (*ibid.*, p. 1966).

377. — L'inscription sur les listes officielles des disparus (hormis les déserteurs, insoumis et prisonniers) y est donnée pour titre juridique à la veuve et aux enfants ; — et la date de disparition du militaire considérée, soit pour légitimer, six mois après, demande de pension temporaire (alin. 2), soit pour fonder rétroactivement au lendemain de ce jour droit au paiement trimestriel et à terme échu des arrérages (alin. 3). Le retour du disparu ou la certitude acquise de son existence en entraîne la suppression; le décès établi fait la transformation de la pension temporaire en pension définitive (alin. 4). L'exégèse du texte autorise cette transformation au cas même d' « absence déclarée par jugement passé en force de chose jugée » (alin. 4), et a poussé même à écrire (Cf. Valentino, op. cit., n° 346, p. 227) que la réapparition du disparu ne mettrait pas fin à la pension définitive. — Faute de pouvoir préjuger des faits totalement inconnus et considérer tous les disparus comme tués à l'ennemi, afin d'éviter par l'effet de révisions nécessaires l'application de moindres tarifs, la règle adoptée a été celle du tarif normal, sauf rappel, au profit de la veuve, de la différence, si la preuve est faite de la mort devant l'ennemi; toutefois il a été admis (alin. 4, in f.) que « la disparition... au cours d'événements de guerre » fonde la présomption d'une telle mort à la date de la déclaration d'absence et l'allocation, avec effet rétroactif, du taux exceptionnel.

378. — 3. Les prévisions légales relatives au *cumul* ont, quant aux veuves, trouvé leur raison dans le principe commun que l'État ne doit « pas payer deux fois, au titre de deux lois différentes..., sauf l'option de la loi la plus favorable » (Rapp. Masse, Ch., 21 juill. 1916. Doc. parl., février 1917, p. 1974) et leur siège dans plusieurs articles de la loi :

a) A l'art. 58 : « En aucun cas, et pour quelque cause que ce soit, une veuve ne pourra cumuler deux pensions sur sa tête » au titre de la loi de 1919. Issue d'un amendement (Pacaud, Ch. dép., 31 janv. 1918. J. off., Déb. parl., p. 257) beaucoup plus strict, en tant qu'il se fût appliqué au cumul de deux pensions, qu'elles eussent été civile ou militaire, par réversion ou à titre personnel, le texte a pris, sur intervention de M. Louis Marin, une autre figure et portée :

α) Interdiction de cumul, à un degré quelconque, de pensions au titre de la loi de 1919. Du moins, au titre de veuve, et du fait de la mort de maris successifs; par contre, l'opinion (Valentino, op. cit., n° 297, p. 190) paraît juste à tous les sens du terme qu'une veuve, titulaire d'une pension à ce titre, en pourrait cumuler le bénéfice avec celle qu'elle tiendrait elle-même, du chef d'infirmités, en application de l'art. 57 de la loi par suite d'un service d'infirmière;

β) Possibilité de cumul — dans les limites actuelles de la loi du 14 avril 1924, art. 62 : 18.000 francs (au lieu des maxima antérieurs, 6.000 : L. 30 déc. 1913, art. 40; ou 10.000 : L. fin. 31 juill. 1920, art. 76), réserve faite des autorisations de cumul admises par des lois antérieures, et des pensions militaires pour blessures ou infirmités — de la pension de veuve au titre de la loi de 1919 avec telle autre, pension propre de fonctionnaire, pension civile de veuve de fonctionnaire ou de militaire selon la loi de 1831, pension de victime civile de la guerre conformément à la loi du 24 juin 1919;

γ) Option éventuelle pour la plus favorable des pensions auxquelles une femme pourrait avoir droit à raison de veuvages successifs, étant entendu que, si elle renonce à sa première pension pour toucher la suivante plus avantageuse, elle ne peut se dire « inhabile » à la percevoir et, pour autant, en réclamer l'attribution aux orphelins du premier mari (lesquels sont réduits en l'espèce aux majorations) : l'art 16 de la loi n'appelle les orphelins qu'en représentation de la mère pour un avantage non sorti de son patrimoine, et l'art. 18 est, quant au transfert de la pension sur la tête des enfants, tout à fait exceptionnel (Trib. départ. Calvados, 21 juin 1924, F.; Cf. Cons. d'Et., 11 févr. 1927, Delestan, p. 194 (D. H., 200); — 24 juin 1931. Hoffmann, p. 679).

379. — b) A l'art. 52-8° : la coexistence possible (Cf. Cons. d'Et., 13 févr. 1930. Matinier, p. 174) d'une rente selon la loi du 8 avril 1898 et d'une pension de la loi de 1919 résultant d'un événement de guerre, mobilisation aux usines de guerre (art. 50, alin. 3) ou détachement dans les sections de chemins de fer de campagne, suscitait une double difficulté, détermination des bénéficiaires et concours des droits ouverts par la loi des pensions et les règlements particuliers quant aux accidents entre l'État et les compagnies. Il fut simple de fixer les limites et conditions du cumul : liquidation en tout état de cause de la pension militaire. service de cette pension dans la mesure du dépassement de la rente-accident : Cf., sur l'application de la règle, l'art. 51 du décret du 2 septembre 1919. Le cas l'était moins du remariage de la veuve titulaire d'une pension et d'une rente, à raison, d'une part, de la suppression de la rente et de l'attribution en sa place d'une indemnité triple de sa quotité (art. 3 L. 9 avril 1898) et, d'autre part, de l'option entre la conservation de la pension militaire ou l'acquisition d'un capital égal à trois fois son montant (art. 18 L. 31 mars 1919) : l'art. 52 du même règlement l'a tranché, par la prévision de l'imputation, au cas d'abandon par la veuve de la pension militaire, du capital lui revenant selon la loi de 1919 sur celui de l'indemnité fixée par celle de 1898 et, dans l'hypothèse inverse, de pareille imputation. mais échelonnée sur trois années du capital représentatif de la pension militaire abandonnée sur les arrérages de celle-ci. En cas de décès de la veuve avant l'expiration de ce délai, « le solde non échu » est, par faveur pour les orphelins dont la pension doit être de taux égal à celui de la mère, « payé à ses ayants droit »; les sommes restant à rembourser par la veuve et à retenir par l'État sur les arrérages ne leur sont pas réclamées.

380. — c) A l'art. 58, alin. 2 : la restriction, apparemment plus traditionnelle (LL. 26 déc. 1890. art. 31 ; — 30 déc. 1913, art 37) qu'équitable, du cumul d'une pension militaire et d'un traitement civil semblait aussi n'avoir guère de raison à l'encontre d'une femme fonctionnaire venant à être pensionnée comme veuve de militaire tué ou mort de blessures reçues ou de maladie contractée à l'armée. Justifiée par « des considérations d'ordre financier ». elle fut après l'adoption du maximum (alors 6.000 francs) déclarée (Rapp. Masse, 21 juill. 1916, *loc. cit.*, p. 1985) « assez élevé pour... [être]... sans intérêt appréciable pour le Trésor..., même après la concession de très nombreuses pensions résultant de la guerre... ». D'où, le texte déclarant non applicables aux pensions définitives ou temporaires. majorations ou allocations concédées, les dispositions restrictives soit l'art. 76 de la loi de finances de 1920 élevant la possibilité de cumul à 10.000 francs, soit l'art. 59 de la loi du 14 avril 1924 spécialisant la possibilité de cumul jusqu'à concurrence de 18.000 francs aux pensions civiles et militaires d'ancienneté.

381. — 4. Des prescriptions devaient s'ensuivre touchant l'option. Que le régime de celle-ci fût énoncé et défini à l'art. 60 de loi de 1919 pour le militaire lui-même, il y avait nécessité pour introduire la réversibilité, non admise ci-devant, de la pension proportionnelle ou de réforme et éviter aux ayants cause l'éventuel dommage de l'option exercée par le pensionné. Il n'était pas nécessaire, par contre, de la rappeler expressément quant à la veuve; tout au plus. l'explication, le sens de l'art. 51 de la loi du 14 avril 1924, qui l'applique aux veuves de militaires « venant à décéder par le fait ou à l'occasion du service » (Cf. Rapp. Lugol, Ch., 1er avr. 1922, Doc. parl., p. 753), pouvait l'être, pour montrer que le champ de cette application doit être restreint, est exclusif des cas où la mort ne fut point la conséquence de la blessure ou de la maladie ayant ouvert les droits à la pension d'invalidité (Cf. Valentino. *op. cit.*, n° 313, p. 202). La loi, d'ailleurs, pour faire quelque faveur à ces cas, y augmenter la pension seule existante de la loi de 1919 et tenir compte encore de l'ancienneté relative du militaire de carrière, a assigné (art. 50, alin. 2. Cf. Rapp. H. Bérenger. Sén.. 29 novembre 1923, Doc. parl., décembre, p. 1 sv.) à la pension de réversion d'invalidité le minimum de celle qui serait liquidée sur les bases du 3e alin. de l'art. 47. de telle manière qu'elle égale au moins la pension minima d'ancienneté du grade accrue des bénéfices de campagne.

Pour les cas où elle trouve matière, une série de textes en a formulé le régime au regard des veuves :

a) Des fonctionnaires civils mobilisés de l'État et des colonies ou pays de protectorat : les trois lois des 14 avril 1915, 15 janvier 1916 et 25 avril 1919. pour le cas d'infirmités ou décès imputables à la guerre, admirent et conditionnèrent l'option entre l'un ou l'autre des régimes de pension civile ou militaire, étant, d'une part, prises en compte les majorations instituées par la loi du 25 mars 1920 (Cons. d'Et., 25 mars 1925, Meugnier, Leb. chr., p. 307) et, au profit des agents des cadres indi-

gènes des colonies, celles accordées, à dater du 1er janvier 1921, par le décret du 16 août 1922 (S. *Lois ann.*, 1923, p. 1087) — et, d'autre part, ouverte, durant les six mois ou l'année à dater de leur promulgation, par des articles de lois de finances, 16 L. 25 mars et 17 L. 30 avril 1920, ou 77 L. 30 décembre 1928 (Cons. d'Et., 3 févr. 1932, Labille, p. 138), quant aux avantages nouveaux, une nouvelle option « pour le régime qui leur sera désormais le plus favorable »; auquel cas une deuxième concession de pension a annulé la première;

382. — b) Des militaires déjà titulaires d'une pension d'ancienneté, proportionnelle ou de réforme, auxquels des infirmités advenues au cours ou du fait de la guerre 1914-1918 donnèrent droit à pension ou gratification et ouvrirent une option entre la pension d'invalidité ou la gratification afférente à leur grade et une pension mixte (V. *suprà*, n°s 260, 273 sv.); Cpr. Cons. d'Et., 23 juin 1926, Vicq. Leb. chr., p. 637). Les conséquences de l'option faite posaient un problème au regard de leurs ayants cause, étant donné cette condition, qui est celle des titulaires des pensions mixtes de l'art. 60, alin. 2, de pouvoir cumuler sans limite traitement civil et pension d'invalidité, mais de devoir souffrir quant à la pension d'ancienneté les restrictions mises au cumul par la loi du 30 décembre 1913 et maintenues par l'art. 58 de la loi de 1919. L'art. 60, dernier alinéa, l'a résolu : « L'option... exercée... sera définitive; mais, dans le cas où le militaire ou marin aurait opté pour la deuxième alternative [pension mixte], sa veuve ou ses orphelins pourront néanmoins, s'ils n'ont droit à réversion que du chef de la pension pour infirmités allouée à titre complémentaire, obtenir une pension calculée comme si le mari ou le père avait opté pour la première alternative ». Compte tenu des lois des 25 mars et 16 avril 1920, l'Instruction 957 Ad, 29 juin (Valentino, *op. cit.*, n° 310, p. 199) en a indiqué les modalités avec quelques compléments ou précisions. Dans tous les cas devaient sortir effet les majorations pour enfants (Instr. 29 juin 1920, art. 12) et être réservé le bénéfice de la « nouvelle option » visée à l'art 73, alin. 1er, de la loi du 14 avril 1924.

383. — Cette option comporte des particularités variées selon les catégories de pensions : Quant à la pension d'*ancienneté* : réversion dans chaque grade, suivant les tarifs, sous condition de vingt-cinq ans de services (L. fin. 13 avril 1898, art. 44); donc option de la veuve [ou des orphelins], soit pour la pension selon la loi de 1919 d'un militaire du grade de l'ayant cause, soit pour la pension d'ancienneté augmentée de la pension de simple soldat; — Quant aux *pensions proportionnelles*, réversion, sous les conditions ordinaires de mariage, pour les veuves : a) de ci-devant retraités rappelés ou réadmis au service durant les hostilités (L. 16 avril 1920, art. 7); b) de militaires du cadre actif promus officiers au cours de la guerre et ayant avant sa fin accompli quinze ans de services (*ibid.*, art. 7), devenus titulaires de retraite proportionnelle ou décédés avant le 16 avril 1920; c) d'officiers du cadre latéral; d) de retraités proportionnels, par application. les uns de l'art. 12 de la loi du 22 juillet 1921, les autres de la loi du 14 avril 1923 : réversion, sur le pied, dans les trois premiers cas, de 1/25 par année effective de service, de la pension à laquelle aurait eu droit l'ayant cause pour vingt-cinq ans d'activité, sur la base du dernier grade obtenu au cours de la guerre (LL. 16 avr. 1920, art. 7; — 22 juill. 1921, art 13) et, au dernier (d), de 1/10 de la pension du *de cujus* (L. 1924, art. 49); donc option, dans les mêmes termes et aux mêmes fins que pour la pension d'ancienneté. Dans les cas de réversibilité limitée à la partie pension d'infirmités, l'art. 60 de la loi de 1919 a une disposition spéciale, pour attribuer aux ayants cause même droit que si l'option avait été faite pour la pension d'invalidité du grade; — Quant à la *pension de réforme* d'après la loi de 1924, réversion de 1/2;

384. — c) Aux veuves d'inscrits maritimes tués à l'ennemi ou mourant de blessures de guerre, l'art. 62 de la loi du 31 mars 1919 a spécialement étendu le bénéfice accordé aux marins du commerce (L. 14 mars 1915 ; — Rpr. L. 3 avril 1918; Cons. d'Et., 15 déc. 1932, Daniel, p. 1085) d'option entre le régime des pensions militaires et celui de la loi du 14 juillet 1908, art. 8 alin. 7, mod. art. 17 L. 30 décembre 1920 et art. 73 L. fin. 30 décembre 1928 (élévation à 460 francs du secours aux veuves) de la Caisse des invalides de la marine : en des cas d'ailleurs assez rares, à raison de fonctions remplies à bord de bâtiments de commerce par certains inscrits titulaires de brevets spéciaux, la pension sur cette Caisse est susceptible de dépasser celle résultant du grade militaire occupé dans l'armée de terre ou de mer; le droit d'option devait être affirmé (Cf. Rapp. Masse, Ch. dép., 21 juill. 1916, Doc. parl., 1917, p. 1974);

385. — *d*) Aux veuves des Alsaciens-Lorrains ayant servi dans l'armée allemande (*suprà*, n° 66), usé du droit de revendiquer la qualité de Français et gagné l'expectative d'un droit à pension (Cons. d'Et., 17 févr. 1932, Leidenberger, p. 181), l'art. 3 de la loi du 17 avril 1923 (loi Pfleger) a étendu l'ensemble des dispositions de la loi du 31 mars 1919. Rpr. L. 23 mars 1928; Cons. d'Et., 24 févr. 1932, Stablo, p. 228. Il semble toutefois, nonobstant la controverse, qu'il ne saurait être question, même indirectement, de pension mixte pour les invalides d'avant-guerre de l'armée allemande ou leurs ayants cause (Rpr. art. 59 L. 31 mars 1919 et 3 al. 6 L. 17 avril 1923).

386. — 5. Les pensions de veuves de guerre remariées et non redevenues veuves sont de celles dont la *révision* a été instituée par les art. 126-134 de la loi de finances du 31 mai 1933 (V. *suprà*, n°° 284 sv.), réglementés au D. 12 décembre 1933, art. 14-17 (S. *Lois ann.*, 1934, p. 1112) et à l'Instr. intermin. 26 janvier 1934, art. 6, 10, 17. — Les pensions sujettes aux mesures de vérification ordonnées par le décret procèdent notamment des lois du 31 mars 1919 (guerre et hors guerre), y compris les pensions mixtes de l'art. 60;... du 24 juin 1929 (victimes civiles de la guerre);... du 10 mars 1925 (fonctionnaires civils coloniaux soumis au régime des pensions militaires);... du 22 juin 1927 (invalides d'avant-guerre);... du 23 mars 1928 (veuves d'Alsaciens ou de Lorrains invalides d'avant-guerre). Les trésoriers-payeurs généraux, sur les caisses desquels le paiement en avait été assigné, ont dû les signaler aux intendants départementaux, et ceux-ci inviter chaque veuve de guerre remariée à lui faire parvenir, dans les trois mois, toutes les pièces de nature à établir, s'il y a lieu, son nouveau veuvage (Règl., Ch. II, art. 7, 8); le caissier-payeur central, concurremment avec la direction de la Dette inscrite au ministère des Finances, a été chargé, pour sa part, quant aux veuves remariées à l'étranger, de vérifier, préalablement à la révision, l'existence d'une cause de suspension de leur pension par application de l'art. 28 de la loi du 11 avril 1831. Par ailleurs, il était juste que fût réservée — elle l'a été (art. 17) — la faculté pour les veuves de guerre remariées titulaires, du chef du ci-devant mari militaire de carrière ou fonctionnaire civil, et par application de la loi de 1919, d'une pension du taux du grade supprimée par l'effet de la loi de 1933, d'exercer, à nouveau, si possible, dans un délai de six mois à compter de la notification de la suppression, une option pour une pension ou allocation fondée sur la durée des services. — Par contre, et de règle, elles ne gardent plus ou n'ont le bénéfice ni du supplément spécial temporaire (art. 194 L. fin. 13 juill. 1925,... et en dernier lieu L. 23 mars 1929; *suprà*, n° 372), ni de l'allocation fixée à l'art. 78 de la loi du 30 décembre. 1928 (*suprà*, n° 370).

387. — La réalisation de la suppression de la pension au titre de la loi de 1919 a comporté plusieurs aspects, modalités et solutions, eu égard à la qualité du mari, et à raison de l'avantage pécuniaire de la veuve.

a) Pour les veuves de militaires de carrière, selon qu'elles étaient :

α) titulaires de pension mixte : Annulation de la pension au taux de veuve de soldat; maintien sans nouvelle demande de la pension fondée sur la durée des services; perte, dans la double éventualité du décès du mari après le 1er octobre 1931 et d'âge moindre de soixante-cinq ans de la veuve, du droit au bénéfice de l'art. 100 ou 101 de la loi de finances du 31 mars 1932, selon Avis Cons. d'Et., sect. fin., 11 juillet 1933, *i. e.* ramenée de la pension majorée au taux antérieur d'une nouvelle concession concomitante à l'annulation de la pension d'invalidité;

β) ...d'une pension au taux du grade bonifiée en vertu de l'art. 50 de la loi du 11 avril 1924 : Au cas de décès antérieur au 17 avril 1924, après vingt-cinq ans de services civils et militaires, pension de réversion des services selon les règlements en vigueur à l'époque du décès, sauf inapplicabilité de l'art. 44 de la loi du 13 avril 1898 au cas de décès en activité de service; à moins de vingt-cinq ans de services, pension rémunératrice des services, sans conservation possible de l'allocation prévue à l'art. 76 de la loi de finances du 30 décembre 1928, laquelle suppose droit à une pension de la loi de 1919, ni bénéfice de l'art. 68 de la loi du 14 avril 1924, lequel est applicable seule-

ment (L. fin. 6 mars 1926) aux veuves non remariées, et sauf, le cas échéant, attribution d'un secours éventuel ou permanent dans les conditions de l'Instr. n° 0411 Ad, 17 avril 1930, art. 6 B-2°. — Au cas de décès postérieur au 17 avril 1924, après quinze ans de services, et moyennant la condition d'antériorité de mariage définie à l'art. 23 de la loi du 14 avril 1924, bénéfice de l'art. 49 de ladite loi ; à moins de quinze ans, mais la condition d'antériorité de mariage remplie, droit à la la pension (rente viagère) calculée suivant les règles combinées des art. 23 et 24 de la loi et glosées à l'Instr. n° 0473 Ad, 18 juin 1931;

388. — *b*) Pour les veuves de fonctionnaires :

α) titulaires de deux pensions, l'une rémunératrice des services, l'autre compensatrice du décès du mari : suppression de la seconde, la pension civile étant maintenue sans changement;

β) d'une pension par application de la loi du 31 mars 1919 et d'une allocation complémentaire en vertu de l'art. 42 de la loi du 30 mars 1929 : mêmes solutions selon la date du décès antérieure ou postérieure au 17 avril 1924 qu'au regard des veuves de militaires de carrière, sauf la même condition d'une demande dans les six mois de la notification de la décision annulant la pension détenue en vertu de la loi de 1919.

389. — *6. La déchéance* de ce droit à pension a fait dans la loi l'objet d'un chapitre entier (III, art. 21-24). L'opinion publique avait été choquée par certains scandales; nombre de combattants avaient signifié à l'administration leur volonté d'empêcher leur femme, à raison de son inconduite, de profiter de leur mort (Rapp. Chéron, Sén., 18 mars 1919, *J. off.*, Doc. parl., p. 117). Un amendement en cours de délibération (Mauger, Ch. dép., 5 févr. 1919, *J. off.*, Déb. parl., p. 423) et le projet gouvernemental (4 oct. 1917) attachaient à la volonté du mari la déchéance, qu'il eût engagé la procédure en divorce ou séparation ou décidé de l'intenter; la volonté équitable de ne point dépouiller la veuve d'un droit sur lequel elle croyait pouvoir compter sans lui donner tous les moyens de se défendre a fait organiser, au contraire, un système et une procédure, avec de telles « conditions de gravité... que le tribunal jugera la demande en déchéance comme il aurait jugé la demande en séparation de corps ou en divorce si le mari n'était pas mort » (Rapp. Ingol, Ch. dép., 21 févr. 1919, *J. off.*, Doc. parl., p. 855; Chéron, Sén., 28 mars 1919, Déb. parl., p. 386). Il semble n'y avoir en la matière qu'un arrêt du Conseil d'Etat; il implique qu'il y a droit pour une cour régionale à rejeter la demande en pension de la veuve en faisant purement et simplement état du jugement civil, passé en force de chose jugée, qui l'a déclarée déchue du droit à pension s'étant ouvert pour elle du fait du décès de son mari : 15 févr. 1928, Barget, Leb. chr., p. 239.

390. — Trois causes y sont données (art 21), en outre, il va sans dire, des cas de suspension édictés par les lois des 11 et 18 avril 1831 : la présentation par le mari, ou en son nom, d'une requête en séparation de corps ou de divorce; l'intention du mari manifestée par écrit de présenter cette requête, aussitôt disparues les circonstances tenant à la situation de mobilisé et l'ayant empêché de mettre son projet à exécution; la déchéance prononcée contre la veuve de la puissance paternelle; bref, des causes existant aux torts de la femme et de nature à faire prononcer contre elle, ou bien et au plus aux torts réciproques (Valentino, *op. cit.*, n° 165, p. 118), le divorce ou la séparation (Cf. Civ. cass., 5 mai 1924, Cornu, Vautrin. S. 25.1.100, D. 24. 1.95). La déchéance ainsi motivée et prononcée a pour effet, selon l'alinéa final de l'art. 21, de même que la suspension par application des lois de 1831, de faire passer la pension sur la tête des enfants mineurs.

391. — L'exercice prévu aux travaux préparatoires de l'action en déchéance « à la demande du Trésor public » a disparu, sur cette observation que, pour la défense des intérêts moraux en cause, « il suffisait, soit de l'initiative du procureur de la République agissant d'office pour reprendre la demande en divorce pendante à la requête du mari devant le tribunal ou, à défaut de celle-ci, sur l'intervention d'un parent du mari ou du subrogé tuteur remplaçant la mère du père des enfants » (Armand Cazassus, Ch. dép., 4 mars 1919, *J. off.*, Déb. parl., p. 968), soit de l'action directe des parents du mari ou du tuteur des enfants. La loi (art. 22) ne parle formellement là que de « demande en divorce », et elle vise non moins formellement ici le « tuteur » : rédactions imprécises et rapides, qui autoriseraient à dire (Cf. Valentino, *op. cit.*, n°° 171, p. 120 et

173, p. 122) qu'une demande en séparation de corps ne donne pas matière à l'intervention étrangère d'office du procureur, et, qu'au lieu que le subrogé tuteur peut poursuivre ou faire poursuivre la déchéance, donc agir dans les deux cas, le tuteur n'aurait qualité que d'agir directement. La suppression des mots « à la demande du Trésor public » n'a, sans nul doute, pas entraîné celle du droit du gouvernement à inviter le procureur, qui le représente, à engager la demande (Cf. Andrieu, Ch. dép., 4 mars 1919, *ibid.*, p. 970). En tout cas, il n'est point ou n'est plus de délai dans lequel doive être exercée l'action. L'art. 22, alin. fin., y avait assigné (Amend. Cazassus, précité, *ibid.*, p. 970) l'année de la promulgation de la loi ou l'année du décès « si celui-ci était postérieur à cette promulgation ». Or le temps fut prolongé par l'effet de la loi du 8 juin 1920 reportant au 2 septembre 1919 l'entrée en vigueur du texte (Cpr. Civ. cass., 15 avr. 1924, Orticoni, D. 24.1.109); et tout délai a été supprimé par la loi du 15 mars 1923, en égard (Cf. Rapp. Ruellan, Ch. dép., 24 mars 1922. n° 4144, *J. off.*, Doc. parl., juin, p. 460) à la brièveté et à l'insuffisance des délais, et à raison aussi de la contradiction apparente de la partie finale de l'art. 21 avec l'art. 22 et la possibilité d'une déchéance de la puissance paternelle prononcée contre le père plus d'un an après son veuvage.

392. — Les deux art. 23 et 24 de la loi ont réglé la compétence et la procédure de l'action en déchéance, la forme et la suite de l'opposition contre le jugement. — A l'art. 24 la question des frais et de l'exécution n'a guère de singularités : exemption pour les pièces de procédure et le jugement des droits de timbre et d'enregistrement; mise à la charge du Trésor, au cas de rejet, de l'instance suivie à la requête du procureur de la République; demande autorisée de l'assistance judiciaire par la femme; communication par le parquet d'une expédition du jugement aux ministères des Finances et des Pensions; non-transcription de ce jugement sur les registres de l'état civil. — Selon l'art. 23 la compétence appartient au tribunal civil, qui connaissait ou eût connu de la requête en séparation de corps ou divorce du mari ou prononcera la déchéance de la puissance paternelle. Le seul trait à relever dans la réglementation développée aux alin. 2 à 4 est relatif à l'appréciation ordonnée et à l'importance retenue des griefs, du point de vue de la rupture du lien, selon qu'ils auraient été suffisants pour faire prononcer à sa charge (de la femme) la séparation de corps ou le divorce. Cf. Cass. civ., 5 mai 1924, précité.

393. — Seule, des voies ordinaires de réformation, l'opposition a été concédée par une disposition expresse, art. 23 al. 6 sv. L'appel est exclu, pour autant; il l'était aussi de par l'incompatibilité, soit de la procédure sans frais, en chambre du conseil, après audition personnelle des parties, soit surtout de l'exécution immédiate après transmission aux ministres de l'expédition du jugement, avec l'éventualité et l'emploi d'un appel dont l'effet serait de remettre les choses en état : Cf. Cass. civ., 18 octobre 1922, Binard, S. 22.1.318, D. 22.1.163; 15 avril 1924, D. 24.1.109. — De l'opposition elle-même l'art. 23 *a*, al. 8, a réglé la forme : par requête suivie d'ordonnance du président fixant le jour de la comparution des parties, et abrégé les délais (al. 7), à huitaine à compter de la signification du jugement, pour l'opposition (al. 9); à huitaine franche à compter de la notification au demandeur en déchéance de la requête et de l'ordonnance, pour la décision sur l'opposition. Le texte a spécifié de la « signification du jugement à partie » : ce fut (Lugol, Ch. dép., 4 mars 1919, *J. off.*, Déb. parl., p. 370), sans nécessité bien réelle, pour éviter une confusion avec la procédure de séparation de corps ou de divorce. dont l'extinction par la mort du mari a fait disparaître l'avoué qu'il y avait constitué; les règles de la procédure ordinaire n'avaient et n'ont raison ni application aux fins de l'action spéciale en déchéance.

II. — *Les pensions d'orphelins.*

394. — De tradition, une vocation est attribuée aux orphelins mineurs des militaires morts de blessures ou d'infirmités contractées en service : d'après l'art. 21 des lois du 11 et du 18 avril 1831, après le décès ou en cas de déchéance de la mère, à « un secours annuel » égal à celui que celle-ci aurait été susceptible d'obtenir (Rpr. Instr. 23 mars 1897, art. 80); d'après le projet gouvernemental, au « principal » de sa pension; d'après .'art. 16 de la loi de 1919 voté après discussions et retouches,

aux droits et par représentation de la mère, — sous la condition, ici et là, de filiation bien établie ou reconnue entre l'enfant et le père. Il est vrai, la question fut plus agitée qu'elle n'a été éclaircie de l'origine des droits des enfants : il semble, en effet, que les art. 16 et 26 de la loi aient entendu ne pas donner aux enfants un droit propre à la pension de leur père (Cf. déclar. Abrami, Ch. dép., 13 févr. 1919, p. 598); par contre, il n'est guère douteux que, sous la pression ou le couvert de ce dire (Masse, Ch. dép., 12 déc. 1917, Déb. parl., p. 3246) que la dévolution des pensions obéit, non aux règles du droit civil, mais aux « lois spéciales » de la matière, la commission (Cf. Prop. Ernest Lafont, Ch. dép., 5 févr. 1919, *ibid.*, p. 425) et la Chambre elle-même ont entendu n'en pas priver les enfants, quelle que fût la date du mariage de leur père, fût-il postérieur à ses blessures ou à sa maladie et n'ouvrît-il aucun droit à la veuve (Lugol. Ch. dép., 13 févr. 1919, *loc. cit.*). Il reste toutefois plus vrai, plus conforme aux données traditionnelles et aux « lois spéciales » (en l'occurrence, art. 19 et 21 de la loi des 11 et 18 avril 1831), plus indiqué aussi par le verbe « passent » employé à l'art. 16 de la loi de 1919 comme pour accuser l'identité du droit des enfants et de la mère, de n'admettre les orphelins à pension qu'en représentation de leur mère : Cf. Valentino, *op. cit.*, n° 366, p. 244.

395. — *1. Les conditions d'ouverture du droit.* — *a)* La veuve existante, les enfants n'ont pas de droit, — mis à part le seul cas de sa disparition depuis plus de trois ans, où l'art. 48 al. 2 de la loi de finances du 25 février 1901 les admet à demander la réversion et liquidation provisoire de leur pension. — Face à une veuve « inhabile à recueillir la pension », leur droit d'orphelins surgit et prend date au jour du décès du père; la conséquence en serait (Cf. art. 21 al. 3), dans le cas de réintégration dans la puissance paternelle d'une veuve qui en aurait été d'abord déchue, l'effet strictement limité à l'avenir de pareille mesure. *i. e.* son impuissance à mettre obstacle au droit des enfants mineurs d'obtenir pension identique à celle que leur mère aurait pu réclamer si elle avait été habile à la recueillir : Cons. d'Et., 8 juillet 1927, Roussel, Leb. chr., p. 769. Par inhabile l'art. 16 a entendu, non point (Cf. Trib. pens. Nice, 24 mars 1922, Martino; Montpellier, 28 oct. 1922, Arzailles) toute veuve sans droit à pension ou incapable (à la manière d'une femme aliénée ou interdite; Cf. Rapp. Chéron, Sén., 31 mai 1918, Doc. parl., p. 426) d'en toucher elle-même les arrérages, mais celle au détriment de qui il y a : — soit cause de suspension de la pension par suite de condamnation à une peine afflictive ou infamante, de' perte de la nationalité française, notamment par. remariage avec un étranger (C. civ., art. 19 nouv.; LL. 21 avril 1831, art. 26-2°, et 18 avril 1918, art. 28. — Déclar. Abrami sur quest. Pacaud, Ch. dép., 31 janv. 1918, p. 258), si du moins par ce remariage elle a pris la nationalité du mari étranger, ou de résidence non autorisée hors du territoire (art. 28 L. 28 avril 1831); — soit l'une des déchéances facultatives pour les tribunaux prévues par l'art. 21 de la loi du 31 mars 1919; — soit matière à la sanction, instituée par les lois des 25 mai 1818, art. 15, et 5 septembre 1919, art. 5, des fausses déclarations faites pour usurper plusieurs pensions ou obtenir paiement d'arrérages.

396. — Au cas d'une veuve, ou bien mariée postérieurement à la blessure ou à l'aggravation de la maladie (L. 31 mars 1919, art. 14), non plus ayant seulement réversion d'une pension inférieure à 60 %, ou bien divorcée, et donc « sans droit à pension » en l'un ou l'autre de ces cas, les enfants n'ont pas non plus de droit (Cf. Cons. d'Et., 24 déc. 1926, Martino, Leb. chr., p. 1163). Par contre, d'ancienne date, la règle souffre une dérogation, formulée par l'art. 6 de la loi du 25 juin 1861, répétée à l'art. 65 *in fine* de l'Instruction du 23 mars 1897, au profit des enfants de la veuve séparée de corps à ses torts et donc privée de pension : dérogation plus formelle que réelle, d'ailleurs, étant donné cette volonté ou fiction de la loi de réputer morte cette mère et donc de considérer ses enfants « comme orphelins ». — Par enfants et orphelins la loi a entendu les enfants légitimes, et, ce qui allait aussi de soi, les enfants légitimés. Ce qui, sans une décision ou une pratique n'ayant d'autre fondement que la raison apparente ou bien l'équité du ministère des Pensions, eût exclu brusquement du bénéfice de la pension lui appartenant de par l'art. 25 de la loi (V. *infrà*, n° 398) l'enfant naturel légitimé, soit hors mariage dans les conditions de l'art. 1er, alin. 7, de la loi du 7 avril 1917, soit par mariage postérieur à la blessure ou à l'origine de la maladie, et, partant, incapable de venir en représentation de sa mère pour les droits qu'elle n'avait pas d'après le principe de l'art. 14 de la loi de 1919. Elle n'est, de même, strictement applicable qu'aux enfants, à l'exclusion des petits-enfants légitimes : la représentation indéfinie telle que l'institue l'art. 740 C. civ. a été mise en échec par cette volonté déclarée (Cf. Rapp. Masse) de « laisser cette hypothèse exceptionnelle dans le domaine des décisions gracieuses ». La non-assimilation des enfants adoptifs aux légitimes, très certainement, en l'absence d'une disposition législative expresse, ne pouvait faire question de ce point de vue ni quant au droit de pension de réversion : Cons. d'Et., 15 juillet 1932, Hamonic, p. 727 (D. H., 512).

397. — Une comparaison des droits des enfants, d'après la loi des pensions militaires du 31 mars 1919 et celle des Pupilles de la nation du 27 juillet 1917, n'a pas manqué de faire apparaître (Cf. Valentino, n° 375, p. 250) une singularité, une infériorité de la première à la deuxième : au lieu que celle-ci ne met au droit des enfants d'autre condition, tant pour le légitime que pour le naturel ou celui dont le *de cujus* était le soutien, que la réalité du préjudice, et ouvre ce droit, en cas de besoin, du vivant même de la mère, celle-là conditionne cette vocation à la pension par la filiation avec le père et la représentation de la mère, et elle maintient la relation très étroite (Rpr. art. 16 et 21 L. 1919) entre le droit à pension de la veuve, la représentation de la mère et le bénéfice de réversion pour les orphelins mineurs. Aussi le résultat en est-il (Cour région. Aix, 25 juill. 1922, Faraut, réformant Trib. départ. Alpes-Maritimes, 24 mars) que, là où manque une veuve, et là où l'inhabileté ou une déchéance la prive de pension, il est impossible aux enfants de prétendre à la représentation de droits inexistants.

398. — A cette base les enfants légitimes et légitimés risquent de trouver écueil et désavantage : les premiers, au cas où leur mère manquerait de pension, faute d'antériorité suffisante du mariage à la blessure ou maladie ou d'imputation démontrée de la mort au service ; — les seconds, au cas où, leur légitimation ayant procédé de l'application de la loi du 7 avril 1917, leur mère n'aurait point acquis du jugement qualité de femme légitime, donc droits de veuve, justifiant représentation (Trib. départ. Creuse, 18 août 1923, D.); les uns et les autres n'ayant à rechercher, en pareilles hypothèses (Amend. Maginot, Ch. dép., 4 févr. 1919, Déb. parl., p. 401), pour émolument que les majorations ayant pu accroître la pension d'ancienneté du père et payables (art. 13, dernier alinéa) même après sa mort, sous réserve de l'application des art. 19 et 20.

399. — Des suites d'une autre éventualité, celle du remariage de leur mère, l'art. 78, dernier alin. de la loi de finances du 30 décembre 1928 a entendu les préserver : le refus aux veuves remariées de ses dispositions meilleures (V. *suprà*, n° 355) aurait eu pour résultat de ramener ou maintenir les orphelins à l'ancien taux principal de la pension de leur mère, moindre que n'allait être dorénavant celui des pensions de veuves non remariées; le texte a assigné expressément à leur droit « la moitié de la pension attribuée par l'art. 19 à la veuve remariée » (art. 20, alin. 2) [1.230 fr.]; et, pour le cas d'abandon par leur mère de la pension moyennant l'immédiat versement du capital représentatif de trois annuités (*ibid.*), « les taux fixés par les tableaux [anciens] annexés à la loi du 31 mars 1919 » (art. 19, alin. 4), [1.100 fr.], sauf l'augment éventuel des majorations (1.028 fr.) à partir du deuxième enfant de moins de dix-huit ans (Cf. Flutet, *op. cit.*, p. 118; Cons. d'Et., 13 mars 1929, Bellon, Leb. chr., p. 304). Hormis cette variante, l'idée de transfert à leur profit d'une pension de veuve remariée garde tout son effet; elle explique que lesdits enfants en l'état n'aient pas droit, au sens de l'art. 194 de la loi de finances du 13 juillet 1925, au supplément spécial temporaire, mais elle ne s'oppose pas non plus à cette solution favorable de l'administration centrale (Circ. min. Fin., 1er juill. 1927, Flutet, p. 49) que, le décès de leur mère survenant, ils puissent, à compter de ce décès, « comme si leur droit à pension s'ouvrait effectivement et directement au décès de leur mère », en produisant l'acte de décès, prétendre à l'attribution dudit supplément. — Du point de vue de la comptabilité, l'administration a ordonné les choses simplement pour l'application de l'art. 18 alin. 2 : la division des pensions est observée, le matricule changé et les majorations d'enfants rattachées à la part des orphelins; toutefois la division est négligée, au cas le plus fréquent, du maintien ou de la réintégration de la mère dans la tutelle de ses enfants et donc de sa qualification à obtenir paiement et donner quittance de la totalité des arrérages.

400. — *b*) Au regard des enfants naturels, — la question de représentation de la mère et de réversion de ses droits n'existant pas, — les conditions se concentrent sur le fait de la reconnaissance et l'observation de délais (Cons. d'Et., 27 nov. 1929, Coïc, Leb. chr., p. 1031).

α) Celle de la reconnaissance a été inscrite, maintenue à l'art. 25, sur la foi de cette déclaration gouvernementale (Abrami, Sén., 26 sept. 1918, p. 672 et 28 mars 1919, p. 387; Ch. dép., 13 févr. 1919, p. 571. — Rpr. Rapp. Masse, Ch. dép., 21 juill. 1916, Doc. parl., févr. 1917, p. 1982) que la loi des pensions s'en tenait au sens de la « généralité des lois : reconnaissance volontaire ou reconnaissance judiciaire par le jeu de la loi sur la recherche de la paternité » (L. 16 nov. 1912); donc, reconnaissance conforme aux dispositions des lois françaises ou, selon les dispositions du droit local d'Alsace et de Lorraine, par mention de paternité dans un document public (B. G. B., art. 1718), convention approuvée par le tribunal des tutelles (ibid., art. 1714) ou décision du tribunal sur les obligations vis-à-vis de l'enfant du père ne contestant pas sa paternité : Cons. d'Et., 11 avril 1930, Wagner, Leb. chr., p. 438. Les suggestions et réclamations insistantes (*ibid.*, Flaissières et Ernest Lafont) aux fins de faire tenir pour indication suffisante de filiation la notoriété publique et comme motif de pension la qualité de soutien de famille prêtée au prétendu père ont été écartées. A *fortiori* serait inopérante la reconnaissance d'une filiation adultérine : 25 janvier 1929, Capron, p. 92.

401. — β) Celle de délais, comptés par rapport au temps de la conception et à celui de la reconnaissance, — toute nécessaire qu'elle fût comme « précautions spéciales... contre les reconnaissances frauduleuses », tardives, au détriment du Trésor (Rapp. Masse, *loc. cit.*), — ne fut pas moins contestée, et sa suppression réclamée (Amend. Ernest Lafont, 12 déc. 1917 et 12 févr. 1919) sous couleur d'injustice à exiger quant aux enfants naturels antériorité de leur conception à la reconnaissance, non exigée des légitimes, l'affaire en cause demeurant « pure question de fait », et « aucune raison d'hésiter [n'existant], surtout s'agissant d'enfants dont le père a été tué ou blessé au service de la patrie » (Puech, Ch. dép., 12 févr. 1919, p. 671 sv.). La mesure « d'égalité » réclamée, bien loin de réaliser celle-ci, eût, tout au contraire, abouti à l'anomalie d'attribuer à l'enfant reconnu postérieurement à la blessure génératrice de pension pour la victime un avantage qu'un enfant légitime, ne tenant (art. 16) ses droits que de sa mère, n'aurait pas eu aux mêmes conditions de fait. Le renvoi à la commission, aux fins d'harmoniser les dispositions du projet aux deux catégories d'enfants, ne fut point admis, et l'art. 26 tient sa forme actuelle des additions et modifications apportées en séance. — Touchant la reconnaissance volontaire, le texte exige la conception « avant le fait qui donne ouverture à la pension » et la reconnaissance « dans les deux mois de la naissance »; mais, ayant considéré et réservé « des circonstances... dûment justifiées » (impossibilités matérielles, absence de communications, captivité dans des camps de représailles, campagne outre-mer, continuité d'emploi des opérations actives... : Lugol, Ch. dép., 13 févr. 1919, p. 601; Rapp. Chéron, Sén., 18 mars, Doc. parl., p. 129), il déclara valide « cette reconnaissance dans le délai de six mois qui suivra la promulgation de la loi » : Cf. Rép. à quest. écrite n° 15 336 (Georges Barthélemy), 10 novembre 1922, Flutet, p. 123 ; Cons. d'Et., 15 janvier 1930, Pouliguen, Leb. chr., p. 58. — Rpr. Rép. à quest. écrite n° 881 (Delory), 21 août 1924, *J. off.*, 12 octobre, p. 3243 et 4525, sur le jeu des délais au cas d'action en reconnaissance judiciaire. Une disposition (alin. 2) spéciale aux enfants nés avant le 4 septembre 1915, *i. e.* dans les deux mois ayant précédé le dépôt du projet, destinée à conserver au texte le caractère restrictif que semblait avoir estompé la rédaction finale du 1er alin. et à faire sortir effet la crainte du gouvernement quant à des « reconnaissances qui ne seraient pas l'expression exacte de la vérité » (Cf. Rapp. Lugol, *ibid.*, p. 574), a imparti strictement comme terme du délai la date du « 4 novembre 1915, sauf l'exception » des cas prévus à l'alinéa précédent. — Au cas de reconnaissance judiciaire, par établissement de la filiation, il n'y a de condition maintenue, nonobstant certaine intervention hostile (Jean Bon, Ch. dép., *ibid.*, p. 603), que celle de l'antériorité de la conception, le délai de reconnaissance ayant été abandonné parce que la sincérité de celle-ci est suffisamment assurée par l'appréciation du tribunal.

402. — La double condition de reconnaissance et de conception des enfants naturels dans les délais déterminés à l'art. 26 s'harmonise ainsi avec les dispositions de l'art. 14 quant aux enfants légitimes : elle tend à éviter, en principe, cette anomalie qu'ils ne soient avantagés par rapport à ceux-ci, dont le droit, dérivé de celui de leur mère, est subordonné à l'antériorité du mariage à la blessure ou à la maladie de leur père ; elle a cette conséquence que l'antériorité de la conception, dont dépend le droit des enfants naturels, doit s'entendre en l'art. 26 comme celle du mariage en l'art. 14, être appréciée à la date à partir de laquelle la maladie du père a présenté un caractère de gravité suffisant pour faire craindre de son évolution une issue fatale : Cons. d'Et., 12 juillet 1929, Schmutz, Leb. chr., p. 719 (D. H., 481); — 16 décembre 1931, Paghaire, p. 1118.

403. — *2. La durée, les compléments et les taux de la pension et des majorations.* — *a)* Au jour de la majorité cesse la pension, de même qu'à dix-huit ans accomplis la réversion des majorations assurées à chacun des enfants, fût-ce une fille venant à se marier avant cet âge (*supra*, n° 209; Quest. Pacaud et Rapp. Lugol, Ch. dép., 13 févr. 1919, Déb. parl., p. 605). — A cette règle une dérogation avait été déjà portée par l'art. 20, dern. alin., de la loi de 1919 : « Les orphelins atteints d'une infirmité incurable les mettant dans l'impossibilité de gagner leur vie conservent, même après leur majorité, le bénéfice de leur pension ». Disposition indépendante sans nul doute de celle de la réclamation possible, au cas de manque de ressources, du bénéfice de l'assistance aux infirmes selon la loi du 14 juillet 1905 : les textes ne se recouvrent ni s'éliminent l'un l'autre. Proposée sans commentaire par la commission et votée, de même, sans discussion par la Chambre (12 février 1919, p. 570), elle a, pour autant, et à raison du mot « conservent », prêté à une controverse entre les départements des Finances et des Pensions, l'un soutenant que, s'agissant de conservation de pension, la condition en était la mort de la mère avant la majorité de l'infirme ; l'autre affirmant que, les conséquences du décès de la mère ayant été déjà déterminées par l'art. 26, il ne pouvait s'agir en l'art. 24 que de conservation du droit à pension au-delà de vingt et un ans, sans limite d'âge, à raison d'infirmité incurable, que le service de la pension eût, ou non, en l'espèce, commencé et quelle que fût la date du décès de la mère. Un avis du Conseil d'État, sect. fin., 8 août 1922 (Valentino, n° 381, p. 255), déterminant la combinaison des art. 16 et 20, a dégagé de celui-ci une assimilation à la minorité de la majorité accompagnée d'infirmités incurables, de telle sorte « qu'à la condition que le bénéficiaire ait été atteint de l'infirmité qu'il invoque antérieurement à sa majorité, d'une part, et au décès de son ayant cause, d'autre part, ladite infirmité constitue une cause d'ouverture du droit assimilable à la minorité,... et que le décès [de la mère] doit être envisagé comme une circonstance indépendante de la constitution du droit à pension de l'orphelin, le droit étant né au jour du décès du père survenu dans les conditions prévues par les lois... du 31 mars et... 24 juin 1919 ».

404. — Cet Avis dissipe toutes hésitations, réserve faite peut-être de la condition de l'antériorité du décès du père à l'apparition de l'infirmité de l'orphelin, quelque laps de temps qui ait séparé l'un de l'autre ; par quoi il paraît ajouter à la loi et, si tant est que soit légitime un raisonnement par l'absurde, aboutirait au regard d'un enfant posthume à empêcher le jeu même de l'art. 20. — Touchant la cause d'ouverture du droit, l'incurabilité de l'infirmité existante à la majorité et l'impossibilité en résultant de gagner l'existence, la Circulaire n° 8 EMP, 31 mai 1920, art. 59 (Valentino, *op. cit.*, n° 383, p. 256), a fixé les modalités de la double constatation nécessaire : envoi d'une demande au fonctionnaire de l'intendance chargé des pensions dans le département, visite par des médecins-experts au centre de réforme ou, comme pour les anciens militaires, au cours des visites cantonales ou au domicile même de l'intéressé, assisté en tous cas d'un médecin de son choix (V. *supra*, n° 235). — Quant au temps où doit être envisagée et reconnue cette incurabilité (donc au maintien possible ou impossible de la pension, après la minorité de dix-huit ans, durant une maladie (coxalgie) qui peut n'être pas naturellement incurable), une réponse à quest.

écrite (Antier) n° 15.441, 27 novembre 1922, a précisé que « l'infirmité invoquée doit être incurable et que la disposition ne joue qu'à la majorité de l'orphelin (vingt et un ans) ».

405. — La dérogation énoncée et expliquée ainsi a été complétée et détachée, en forme d'art. 20 *bis*, par une loi du 25 juin 1932 (S. *Lois ann.*, p. 274), maintenant ou attribuant aux orphelins et enfants de veuves, même majeurs, « le bénéfice de la pension dont ils sont titulaires ou de la majoration à laquelle ils ont droit, sauf dans les cas où ils pourraient être hospitalisés aux frais de l'Etat ». L'ancien art. 20, voté sans commentaire ni discussion (S. *Lois ann.*, 1920, p. 1185, note 62), avait été interprété par le Conseil d'Etat comme s'appliquant aux orphelins de père et de mère, de telle sorte que, quelle que fût l'infirmité d'un enfant dont vivait le père mutilé ou la mère pensionnée, la majoration cessait dès l'âge de dix-huit ans atteint ; d'où les propositions Flandin et d'Audigné (Ch. dép., 4 juillet 1928, Doc. parl., p. 1374; — 10 janvier 1929, *ibid.*, p. 3; Mauger, Sén., 31 juill. 1929, *ibid.*, 1930, p. 620), rectifiées ou précisées par la commission des finances de la Chambre en ce sens que le maintien de la majoration après cet âge bénéficie aux enfants des mutilés (art. 13) et des veuves (20 *bis*), étant visés dorénavant et à la fois par le dernier texte les enfants d'une veuve pensionnée vivante et les orphelins de père et de mère.

406. — *b)* A la pension s'ajoutent, quand il y a lieu, le bénéfice double du supplément spécial temporaire et des majorations :
Du supplément spécial, dès lors que le droit à pension des enfants procède d'une autre circonstance que le remariage de leur mère, notamment au cas de son divorce après remariage avant ou après le décès du militaire donnant droit à pension : Circ. min. Fin., 1er juill. 1927;
Des majorations pour enfants naturels aussi bien que légitimes dont le droit se différencie de celui de pension, en ce que, selon une disposition de l'art. 16 maintenue (Cf. Réponse Lugol, Ch. dép., 12 févr. 1919, p. 569) comme alinéa final à l'art. 19, la majoration s'éteint chaque fois que l'un des enfants atteint l'âge de dix-huit ans, et n'existe, au surplus, qu'à partir du deuxième. Le projet avait justifié le retranchement d'une des majorations d'enfants par cette raison que « la mère n'existe plus... et qu'il n'y a plus à pourvoir à sa propre subsistance ». La commission de la Chambre, par faveur aux familles nombreuses, avait proposé de fixer le minimum de part de pension et de majoration à 180 francs (Ch. dép., 29 déc. 1917; Sén., 26 sept. 1918), puis 300 francs (Rapp. Lugol, Ch. dép., 31 oct. 1918, Doc. parl., p. 1876); la proposition fut représentée (Pacaud, Ch. dép., 12 févr. 1919, p. 570) comme inutile; l'art. 20, al. 4, modif. par l'art. 76 de la loi de finances du 30 décembre 1928, a « alloué pour chaque enfant de moins de dix-huit ans une majoration annuelle fixée à 300 francs ». Rpr. sur les allocations complémentaires des orphelins comme des veuves, Cons. d'Et., 6 juin 1930, Doré, Leb. chr., p. 612 (S. 30.3.94; D. H. 417); *supra*, n° 372 *b*.

La disposition concernant les majorations est très précisée ; elle enserre et ne peut dépasser la situation prévue, à savoir la mort du père à la survivance d'enfants mineurs issus d'un mariage antérieur et le partage du principal de la pension entre les deux lits : il s'ensuit (Cons. d'Et., 15 juill. 1927, Perret, p. 796) qu'au cas où le droit à pension venant à faire défaut dans l'une des branches, la part de celle-ci accroît à l'autre et où, par suite, la veuve étant décédée ou inhabile, les orphelins d'un même lit viennent à jouir de la totalité de la pension, seule la règle prévue par l'art. 19 doit être appliquée et la majoration accordée seulement à partir du second enfant de moins de dix-huit ans.

407. — *c)* Le taux de la pension varie pour les orphelins, avec leur titre de vocation comme enfants légitimes ou naturels, d'une part, et, d'autre part, selon le concours où ils peuvent avoir partie entre eux ou avec des enfants d'un premier mariage de leur père.

α) Sauf quelques particularités ou précisions, la matière ne comporte guère qu'un rappel de données ci-dessus rapportées ou définies : la représentation de la veuve par les enfants légitimes, le droit propre des enfants naturels, la conservation des majorations pour les uns et les autres, le jeu dans les mêmes conditions que pour la liquidation des pensions de veuves (tout au moins jusqu'à l'art. 78 L. fin. 30 déc. 1928 qui a supprimé la différenciation) du taux normal exceptionnel ou de réversion.

Le règlement du concours offre plus de complexité ou de variété, par les hypothèses mêmes, et davantage d'intrinsèque nouveauté, encore que la répartition de droits et d'émoluments entre veuve et enfants issus d'autres mariages du militaire décédé, qui avait échappé à la loi de 1831, eût donné lieu, dès 1834, entre les départements de la Guerre et des Finances à une entente rapportée par Circ. min. Guerre, 12 mai 1878, approuvée par le Conseil d'État, Av. sect. fin., 31 oct. 1893, et insérée comme art. 64 à l'Instr. 23 mars 1897.

408. — Ce taux est : Pour les orphelins *légitimes*, égal à celui dégagé par la liquidation des droits de leur mère (*suprà*, n°ˢ 358 sv.) : Au cas de décès de celle-ci, de sa déchéance, de son inhabileté à les exercer, taux de pension d'une veuve non remariée ; — Au cas de son remariage avec conservation des droits à la pension, celui attribué aux veuves remariées par les tableaux annexés à la loi, et jouissance par les enfants mineurs nés de son mariage avec le père décédé (outre les majorations de la moitié de la pension jusqu'à la majorité du dernier d'entre eux) ; — Au cas de décès à la survivance d'enfants d'un précédent mariage dont le militaire décédé avait été le soutien, parité de ces enfants aux orphelins quant à la pension (art. 17), et majoration de celle-ci de 1.028 francs par chaque enfant, à partir du deuxième âgé de moins de dix-huit ans (Cf. Rapp., Ch.; 12 févr. 1919 ; Cons. d'Ét., 15 novembre, Hebert-Curenol) ;

409. — Pour les enfants *naturels*, déterminé par une ventilation des art. 16 et 20 de la loi, d'après une distinction des cas, selon qu'ils viennent ou non en concours avec la veuve ou des enfants légitimes de leur père (art. 25) : il est donc, au cas où il n'y a veuve ni enfants légitimes, celui même fixé pour la veuve ou les enfants mineurs, y compris les majorations annuelles de 1.028 francs pour chacun ; au cas inverse, celui retenu pour les enfants d'un premier lit, d'une demi-pension de veuve, d'ailleurs « allouée en dehors et en surplus », afin de ne porter « aucune atteinte aux droits de la famille légitime » (Cf. Rapp. Masse, 24 juill. 1916, Doc. parl., 1917, p. 1982 ; Ch. dép., 12 déc. 1917, p. 3251). Le souci ainsi mis en avant risque parfois de défaillir, au point que la situation des enfants légitimes peut en ce concours devenir défavorable : l'hypothèse, assez commune, de l'art. 20 est d'enfants de deux lits, entre lesquels il n'y a rien d'anormal de répartir la pension par parts égales, ceux du premier devant atteindre leur majorité avant les demi-frères ou sœurs ; or, la disposition de l'art. 25 peut aboutir à faire absorber par un seul enfant naturel, s'il est plus jeune que des légitimes nombreux, la moitié de la pension ; le défaut du texte, signalé au Sénat lors de la deuxième délibération (Jenouvrier, 28 mars 1919, Déb. parl., p. 387), n'a point été corrigé, sous le fâcheux prétexte (Chéron, *ibid.*) qu'il est contraire aux méthodes parlementaires « de remettre en cause une loi pour un texte... déjà voté ». — A semblable taux, elles sont, le cas échéant, intégralement servies aux uns et aux autres jusqu'à ce que le plus jeune ait atteint sa majorité, la part des majeurs accroissant traditionnellement (Cf. L. 11 avril 1831, art. 21 al. 2) celle des mineurs.

410. — β) Les concours ont fait l'objet de prévisions et de règles aux art. 17, 20, 25 al. 2 de la loi. — Le premier, par dérogation à la prise en considération des seuls enfants du mobilisé tué ou mort de maladie contractée au service (Amend. Mauger, Ch. dép., 6 mars 1919, *J. off.*, p. 1047), admet aux avantages des orphelins les enfants issus d'un précédent lit de sa femme dont il avait été « le soutien » : question de fait, remise à l'appréciation du tribunal civil statuant en chambre du conseil et sans frais : D. 2 septembre 1919, art. 27. — Le deuxième, par opportunité, soit pour assurer à la veuve le minimum de pension et aux orphelins de mariages antérieurs leurs parts, soit pour harmoniser son texte aux règles passées en l'art. 19 sur les majorations (Cpr. Ch. dép., 27 déc. 1917, *J. off.*, p. 3597, et 12 févr. 1919, p. 570), pose en règles le partage égal entre la veuve et les enfants mineurs d'un premier lit ou des mariages antérieurs successifs, ou, à défaut de veuve, entre les mineurs issus de deux mariages ; le relèvement, au besoin, de la part de veuve jusqu'au taux de la pension de veuve d'un soldat, et les majorations pour chacun des enfants de moins de dix-huit ans ; l'accroissement de la part de pension d'une branche à l'autre, au cas de cessation des droits de la première, à la suite notamment du décès de la veuve sans enfants ou de la majorité des enfants du précédent mariage : Cf. Cons. d'Ét., 15 juillet 1927, Perret, Leb. chr., p. 796. Il va sans dire que

ces règles sont spéciales en ce sens que n'y sauraient aucunement venir les enfants nés d'autres lits à la femme ou aux femmes du *de cujus*, lesquels, ne souffrant aucun préjudice naturel de son décès, n'ont aucun titre à la réversion de sa pension. — Le troisième, par faveur et assimilation des « hors famille » aux légitimes, fait calculer leur pension dans l'ensemble comme celle allouée par application de l'art. 20 aux orphelins du premier lit. C'est la conclusion ou l'autre face de ce principe qu'à défaut de veuve et d'enfants légitimes, et au cas de concours limité à des enfants naturels nés de mères différentes, ils sont traités comme orphelins légitimes de plusieurs lits, selon les art. 16 et 20 de la loi.

III. — *Les allocations aux ascendants.*

411. — L'art. 28 de la loi du 31 mars 1919 — c'est l'une de ses innovations principales — a substitué la formule affirmative de leur droit au régime de 1831 borné aux attributions gracieuses, arbitraires de secours immédiats ou éventuels. Le projet avait même envisagé d'introduire et de spécifier une action juridique pour le faire valoir, à raison du « préjudice matériel », d'ordre « exclusivement alimentaire », causé par la mort de l'enfant. La combinaison légale est d'une subrogation conditionnée de l'État dans l'obligation de subsistance, par transposition des dispositions de la loi sur l'assistance aux vieillards, du 14 juillet 1905, à cela près que celle-ci, d'un champ plus large, est subordonnée seulement à la situation de la personne à secourir : Cf. Cour rég. Rennes, 21 mars 1922, Prigent, Le Bras, Le Stum, *in* Valentino, *Les allocations aux ascendants des militaires tués ou disparus*, 1923, n° 9, p. 9.

A. *Le statut juridique d'ascendant et d'orphelin.*

412. — La qualité d' « ascendant » est la condition première du droit à allocation : art. 28, — que l'ascendant soit légitime ou naturel : Av. Cons. d'Ét., sect. fin., 4 novembre 1919. C'est la conséquence du caractère essentiellement réciproque selon l'art. 207 du Code civil de l'obligation alimentaire, étant, d'ailleurs, observé, d'une part, qu'au cas de reconnaissance forcée, cette symétrie cessant, le droit à allocation existe alors qu'est refusé par certaine doctrine le droit aux aliments (Cf. sur la question, Cass. req., 13 juill. 1886, S. 87.1.65, av. note Chavegrin ; D. 87. 1.119) ; d'autre part, qu'entre les auteurs de l'enfant naturel et ses propres descendants, étant donné le caractère strictement personnel des liens au cas de filiation naturelle, l'existence du droit à allocation ne s'impose pas *a priori* ; enfin, que le défaut du droit aux aliments pour les parents adultérins ou incestueux aurait dû, en logique, faire écarter les allocations en compensation de ces aliments. Les solutions strictes sont écartées par le dessein du législateur de 1919 (Cf. Lugol, Ch. dép., 17 janv. 1918, Déb. parl., p. 32) de faire faveur à « tous les ascendants sans exception » ; toutefois reste concevable, et fondée, l'opinion (Av. Cons. d'Ét., précité ; *contra*, Valentino, n° 23, p. 16), la manière qui subordonne le droit de celui ou de ceux des parents ayant élevé et entretenu l'enfant, sans l'avoir reconnu, à l'observation de l'art. 33 de la loi du 31 mars 1919 complété par l'art. 27 du régl. d'adm. publ. du 2 septembre.

413. — Ces vues législatives ont, dans une autre direction, déterminé une solution de même esprit : le concours des ascendants avec la veuve ou les orphelins. Cf. Rép. à quest. écrite (Antier) n° 9204, *J. off.*, 25 juin 1921, p. 2913. Leur exclusion, en vérité, avait été proposée, justifiée (Rapp. Masse, Ch. dép., 24 juill. 1916, Doc. parl., 1917, p. 1907), sous couleur de cette « présomption de fait » qu'un militaire marié et père de famille n'était point le soutien efficace de ses parents, et rejetée seulement au cas de « deux enfants au moins décédés au cours de la guerre dans des conditions qui auraient ouvert droit à pension » ; sa suppression (Amend. Jobert) et celle de la condition, repoussée une première fois (Ch. dép., 27 déc. 1917, Déb. parl., p. 3606), décidée au Sénat (Rapp. Chéron, 31 mai 1918, Doc. parl., p. 421) sans opposition du gouvernement, fut accueillie à la commission des pensions « non appelée à se prononcer sur les crédits à ouvrir pour le service de la loi » (Rapp. Lugol, 31 oct. 1918, Doc. parl., p. 1878). Nulle restriction n'existe donc à cette vocation des ascendants, père et mère, et grands-parents à leur défaut, réserve faite, au surplus, du cas où ces grands-parents seraient fondés à se réclamer, au lieu de cette qualité juridique, de la condition de fait d'avoir, au sens de l'art. 33 de la loi, recueilli, élevé et entretenu l'enfant (Cf. Rép. à quest. écrite n° 14.762 [Antier], 12 oct. 1922, *J. off.*, 8 novembre, p. 2991).

414. — Cette condition de fait est, en effet, sous l'empire des mêmes pensées de réparation du dommage et de créance alimentaire, retenue à l'art. 33, comme source de droit pour « toute personne qui justifie avoir remplacé ses parents auprès de [l'enfant] jusqu'à sa majorité ou son appel sous les drapeaux ». Elargie (Amend. de Lamarzelle, Sén., 26 sept. 1918, Déb. parl., p. 677. — Rpr. de Gailhard-Bancel, Ch., 20 févr. 1919, *ib.*, p. 792) exceptionnellement, au profit de quiconque aurait justifié avoir chez lui et vivant entièrement à sa charge le militaire ou marin lors de son appel au service, elle a été restreinte aux termes sus-reproduits. motif pris de l'impossibilité « de la mise à la charge de l'Etat d'une pareille libéralité » (Rapp. Lugol, 31 oct. 1918, Doc. parl., p. 1880). A raison surtout de la rédaction donnée à l'art. 33 par l'art. 53 de la loi du 9 décembre 1927 (S. *Lois ann.*, 1928, p. 1485, note 44), il n'a plus fait difficulté que ces dispositions combinées avec celles de l'art. 28 de la loi du 31 mars 1919 ont pour effet de faire passer sur la tête des personnes ayant remplacé auprès de l'enfant élevé et entretenu par elles ses parents ou l'un d'eux le droit qui aurait normalement appartenu à l'ascendant direct : Cf. Cons. d'Et., 27 mars 1931, Gouttefarde, Leb. chr., p. 405; S. 31.3.95; D. H., 304. L'effet le plus apparent, sinon le but le moins dissimulé, de ce nouvel article a été de changer l'état de jurisprudence et de fait suivant lequel l'art. 33 en sa première forme dénommait orphelin l'enfant privé de ses deux auteurs, et donc refusait l'allocation au beau-père (parâtre) ou à la belle-mère (marâtre) d'un militaire décédé, malgré qu'il ou qu'elle l'eût élevé par suite de son mariage avec l'ascendant survivant : Cons. d'Et., 24 juin 1925, Liger-Borderon, Leb. chr. p. 606; S. 28.3.37. Les seuls points litigieux n'ont plus consisté, à l'occasion, qu'à déterminer le sens des expressions « enfant abandonné..., recueilli » et les conséquences, quant aux justifications, de l'entretien et de la qualité de l'enfant.

415. — Quant à la qualité et à la dénomination des orphelins : des termes mêmes de l'art. 33 ressort la volonté législative d'en limiter l'application au cas où, à la suite et du fait réellement de la perte de ses père et mère, l'enfant a été *recueilli* dans les mêmes conditions qu'un enfant abandonné : Cons. d'Et., 16 décembre 1925, Caure, p. 1030; — 20 janvier 1926, Pachiaudi; 26 janvier, Paillet; 24 mars, Flattot; 10 novembre, Ferradou, p. 66, 333, 955; Table, p. 1459; — 19 janvier 1927, Messageot, p. 68; — 14 janvier 1928, Louson; 11 juillet, Nabarre; 25 juillet, Hernois, p. 59, 888, 944. Cpr. C. rég. Dijon, 13 janvier 1925, Raquin, Vivier (2 arrêts), D. H. 25.230. Elle exclut par là-même de son bénéfice le cas de deux militaires, l'un tué à l'ennemi avant le décès de son père (Rpr. 18 mai 1927, Delacroix, p. 563), l'autre présent, quoique n'ayant pas encore atteint sa majorité, sous les drapeaux lors de ce décès, alors que l'un et l'autre avaient, depuis leur naissance, vécu avec leur père et en avaient reçu les soins nécessaires; l'application des faits par la cour régionale fut à cet égard souveraine : 6 juillet 1927, Bizouarn, p. 752. — Selon la même interprétation, est à dire *abandonné* l'enfant qui, à la suite de son état d'abandon, a été recueilli dans les mêmes conditions qu'un orphelin de père et de mère : 7 janvier 1927, Lalo, p. 41; — 15 février 1928, Gendron, p. 238. Et il n'est, de ce chef, de décision insuffisamment motivée et annulable que celle dont il n'apparaît pas qu'elle ait entendu se fonder sur un motif de droit, sujet du contrôle du Conseil d'Etat, ou de fait, relevant exclusivement de l'appréciation de la cour régionale : 6 juin 1928, Bellemin; 25 juillet, Harnois, p. 701, 944.

416. — La question d'abandon était assez simple et est très contingente quant aux orphelins confiés à l'Assistance publique; elle a été décidée affirmativement au cas de remise faite de l'enfant après un jugement prononçant la déchéance de la puissance paternelle : 19 décembre 1929, Deffond, p. 1136; négativement, donc par refus de la qualité d'enfant abandonné, au cas (Cf. 11 mars 1931, Donnet, p. 278) de remise faite par l'un ou l'autre des parents à l'administration moyennant salaire : 3 avril 1930, Guibbal; 12 décembre, Gasnier, p. 376, 1068. — Ce n'est là, au demeurant, qu'une application ou un aspect de cette règle ou technique que, si les dispositions combinées et les travaux préparatoires de la loi inclinent à refuser tout droit à allocation à l'ascendant ayant abandonné son enfant et à le faire passer sur la tête des personnes visées à l'art. 33, l'existence

d'une décision accordant une allocation à des bénéficiaires de ce texte ne peut avoir pour résultat d'interdire à l'ascendant de faire valoir ses droits à l'avantage de l'art. 28 en justifiant à cet effet du non-abandon de l'enfant : Cons. d'Et., 6 juin 1930, Greffier, p. 611.

417. — Quant aux prérogatives respectives des tribunaux de pensions et des juridictions civiles : l'art. 27 du décret du 2 septembre 1919 avait remis le droit aux tribunaux civils, en chambre du conseil, donc à l'abri de toute voie d'appel (Cass. civ., 27 avril 1922, *Gaz. Pal.*, 1922.1.735), d'établir le fait d'abandon de l'enfant et du remplacement des parents préalablement à la décision sur le droit à allocation; or, plusieurs tribunaux civils, dépassant cette mission, prononcèrent aussi sur le point réservé et allèrent jusqu'à fixer le point de départ des arrérages, de telle sorte que le ministère des Pensions ne se considéra pas tenu par ces jugements et répondit, le 31 janvier 1923, à la question d'un procureur de la République par l'affirmation du caractère de jugement d'avant dire droit et le défaut de vertu exécutoire du jugement rendu en pareille espèce par le tribunal civil : « La prétention que le jugement déclenche l'attribution de l'allocation n'est pas plus soutenable que la prétention d'un maire qui voudrait que l'allocation fût attribuée sous prétexte qu'il avait délivré l'extrait de l'acte de naissance du demandeur. — L'attribution de l'allocation dépend de multiples autres conditions, ...qualité militaire, circonstances du décès; ...nationalité et résidence, âge ou infirmité... ». Au sujet d'instances engagées par les ascendants de victimes civiles de la guerre, la Cour de cassation, en une décision qui s'adapte tout à fait à l'espèce des enfants recueillis et abandonnés, Cass. req., 26 février 1923, Bernard, Quiot, av. rapport Celice, D. 23. 1.17, prononça qu'à statuer sur le mérite de la demande elle-même de pension ou d'allocation les tribunaux civils empiéteraient sur les attributions de l'autorité administrative. Il ne restait plus dès lors qu'à décider de l'autorité à l'égard des juridictions des pensions du jugement du tribunal civil sur le fait d'entretien durant la minorité d'un militaire mort pour la France : ces juridictions se divisèrent, certaines s'étant tenues pour liées, Trib. départ. Seine, 15 mai 1924, Collin, S. 24.2.22, D. H. 24.503, et C. région. Paris, 20 décembre, D. H. 25.50; et plusieurs déclarées tout à fait libres : Trib. départ. Nièvre, 18 juillet 1924, Masson, Page (2 jugements), S. 1924.2.21, tandis que telle autre avait procédé par une distinction assez ténue, du moins peu énoncée, entre le fait d'avoir recueilli et entretenu l'enfant et la question de la qualité d'orphelin ou d'enfant abandonné : C. région. Aix, 10 février 1925, Daumas, S. 25.2.63.

418. — La formule du Conseil d'Etat, appelé à déterminer le champ d'application des art. 35 et 33 de la loi du 31 mars et de l'art. 27 du règlement d'administration publique du 2 septembre 1919, est très nette :

a) La loi et le règlement y sont analysés comme ayant eu pour but de préciser les justifications à présenter par les intéressés quant à la garde et à l'entretien des enfants, en telle manière que les décisions prises en la matière sur simple requête par les tribunaux civils siégeant en chambre du conseil ont un caractère tout gracieux et ne constituent à aucun degré des actes de juridiction contentieuse revêtus de l'autorité de la chose jugée; que, faute de trancher aucune contestation débattue entre les parties, elles doivent donc se borner à certifier, en vue de la présentation ultérieure d'une demande d'allocation par l'intéressé, qu'il a ou n'a pas, était ou non en âge ou position d'avoir recueilli et élevé l'enfant dans les conditions de la loi et sont au plus susceptibles de lier quant à ce la décision ministérielle, lorsqu'elles se sont maintenues dans les limites de la compétence spéciale attribuée aux tribunaux civils par le règlement d'administration publique : 10 novembre 1926, Ferradou; 29 décembre, Weiten, p. 955, 1191; — 7 janvier 1927, Laloi; 19 janvier, Messageot; 16 mars, Pradelle; 12 juillet, Gonnot, p. 41, 68, 346, 786; — 21 mars 1928, Dagbert (D. H. 291); 31 octobre, Monate, p. 400, 1112; Table, p. 1582; — 9 janvier 1929, Guillaume; 20 février, Vernhes; 24 juillet, Oumnasi Mohamed, p. 34, 215, 830. L'art. 27 du règlement d'administration publique, modif. D. 26 juin 1929 (Flutet, p. 707), désigne à ces fins comme tribunal compétent, pour les Français résidant à l'étranger le tribunal civil du dernier domicile en France des intéressés, et pour ceux n'ayant jamais résidé en France ou n'y ayant plus d'attaches le tribunal civil de la Seine;

419. — *b)* Par contre, il appartient aux tribunaux départementaux et cours régionales des pensions de se prononcer sur la situation d'orphelin de l'enfant recueilli, sous réserve des questions d'état, d'apprécier souverainement la question de savoir si l'enfant déclaré recueilli et abandonné était bien, au sens de l'art. 33, orphelin ou abandonné : 18 mai 1927, Villers; 4 juin, Soulerin, p. 563, 668 ; — 5 mai 1928, Rouzic; 6 juin, Bellemin, p. 572, 701 ; — 13 mars 1929, Verley, p. 304, — sauf la faculté ou l'obligation de provoquer une nouvelle décision du tribunal civil, s'il leur apparaît que, pour procéder à l'appréciation des faits, il ne s'était pas placé à la date où l'enfant était réellement devenu orphelin aux termes de la loi : 12 novembre 1927, Mary, p. 1058 ; — 5 mai 1928, Rouzic ; 26 décembre, Gaudin, p. 572, 1354.

420. — La Cour de cassation n'a pas apporté à la définition et à ses conséquences, notamment quant à l'absence de voies de recours (*suprà*, n° 418), moins de netteté et de précision. A maintes reprises elle a annulé pour excès de pouvoir des jugements ayant statué au fond sur l'attribution de l'allocation, au lieu de se borner à la question, d'un caractère préjudiciel, des conditions de fait requises de l'ascendant pour se prévaloir du droit : Cf. Cass. req., 27 décembre 1922, Lefèvre, S. 1923.1.23, D. 23.1.221 ; — 5 décembre 1923, Violin, S. 1924.1.32, D. 23.1.221 ; — 22 octobre 1924, Peylavy, S. 1925.1.358, D. H. 24, p. 651 ; 3 décembre, Nicolle, Lemaire, S. 1924.1.359; — 5 juillet 1926, Lhenry, S. 1926.1.341, D. H. 26, p. 532; 5 juillet 1926, Heintz-Schrer, S. 1926.1.342, D. H. 26, p. 499; — 23 octobre 1928, Belgalem Harizi ben Belgalem, S. 1929.1.54; — 28 janvier 1930, P. G. Cass., S. 1930.1.302. Ce faisant, elle annulait *parte in qua*. Le renouvellement et le progrès de sa jurisprudence l'ont mise face à des jugements brefs, ne faisant point constatation ni justification des faits, affirmant simplement une « postulante en droit de prétendre aux droits d'ascendante du premier degré » et l'y déclarant « bien fondée » : la formule ordinaire d'annulation eût risqué, en l'espèce, d'impliquer la valeur du jugement quant aux constatations de fait qui étaient de sa compétence et dans la réalité des choses insuffisantes ; avec opportunité, et justement, a été prononcée en ce cas l'annulation pure et simple : 8 janvier 1934, Lopez de Chulia.

B. *Les conditions de l'allocation.*

421. — Pour les ascendants (père, mère, grands-parents) ou les tiers ayant tenu leur office, l'allocation est de droit, moyennant certaines conditions se rapportant, la plupart à eux-mêmes, quelques-unes au temps et aux circonstances du décès de leur ayant cause :

1° Celles-ci sont les plus évidentes. Dès la promulgation de la loi qui les a énoncées, les bénéfices ont pris cours. Le jeu, la portée et l'effet des lois sont, de ce point de vue, hors conteste, qu'il s'agisse de fixer : — soit la portée des dispositions, comme la loi du 8 juin 1920 sur le report du point de départ des délais à la publication des règlements d'administration publique : le but en a été seulement de prolonger le temps des justifications exigées à l'appui des demandes de pension, et point du tout de fixer à la date de cette publication le point de départ des allocations pour les ascendants remplissant à ce jour les conditions prescrites : Cons. d'Et., 16 mars 1928, Maréchal, Leb., p. 385; D. H. 28, p. 259; — soit leur effet : la loi principielle du 31 mars 1919 n'ayant pas été uniquement faite en vue et pour les suites de la Grande Guerre, sont couverts par la loi les ascendants dont les enfants meurent de blessures ou de maladies occasionnées par le service du temps de paix (Valentino, *op. cit.*, n° 46, p. 28). Au demeurant, les textes qui ont modifié ou complété l'art. 33, les lois du 18 juillet 1922 au profit des ascendants d'avant-guerre et du 9 décembre 1927, art. 53, créatrice d'un droit nouveau pour les tiers ayant tenu lieu d'ascendants, notamment, n'ont eu, ne pouvaient avoir qu'un caractère interprétatif, et aucun effet rétroactif : 27 mai 1925, Combeau, p. 523 ; — 16 juillet 1929, Beurrier ; 19 décembre, Granié, Vilnat, p. 736, 1134, 1135 (S. 1930.3.46) ; — 22 janvier 1930, Viala, p. 88 ; — 6 janvier 1932, Gesta, p. 8.

422. — Les *circonstances du décès* les engendrent et qualifient. Les accidents de rédaction de l'alin. 1er de l'art. 28 sont à cet effet assez significatifs : la loi, d'un mouvement égal, augmentait les occasions du droit des veuves et des allocations aux ascendants ; la commission de la Chambre, pour préciser et conditionner le parallélisme des unes et des autres, avait introduit le mot « direct » dans la formule du projet, laquelle appe-

lait à allocation les ascendants au cas de droit à pension ouvert à la veuve; ce qui était manière de refuser l'allocation au cas de pension à réversion, de mort du militaire en jouissance d'une pension définitive ou temporaire basée sur une invalidité égale ou supérieure à 60 % (Cf. Rapp. Lugol, 31 oct. 1918, Doc. parl., p. 1979); au vote (20 févr. 1917, Déb. parl., p. 766), le mot restrictif disparut, et le texte a pris la forme et la généralité que lui avait donnée le Sénat : « décès ou disparition... dans des conditions de nature à ouvrir le droit à pension de veuve ». Un instant, le ministère des pensions (4e Circ. mens., 1er mai 1920) dénia le droit à l'allocation aux cas de pension de réversion ; le ministère des finances prétendit imposer sa suppression, sous couleur de rapprochement et de conciliation des art. 28 et 31 de la loi, aux fins, dans l'hypothèse de mort en un même accident sans rapport avec la guerre de plusieurs fils titulaires de pensions de plus de 60 %, d'écarter la bizarrerie que la mort de l'un ouvrît droit à l'allocation et que celle des autres survenue dans des conditions identiques ne donnât pas droit au complément (Cf. Valentino, n° 50, p. 30). Le Conseil d'Etat, sect. fin., émit, le 25 juillet 1922 (*ibid.* ; Flutet, p. 138), l'avis « qu'à défaut d'une énumération de cas d'ouverture du droit à allocation d'ascendant », il y a lieu de se référer à l'énumération prévue par l'art. 14, « en en faisant une application complète et sans établir des distinctions qui n'ont été consacrées » nulle part. Toutefois ce ne serait point introduire des distinctions ou conditions là où il n'en existe pas, mais bien plutôt suivre le même système de large interprétation, que de tenir le droit à allocation pour ouvert dans tous les cas où il y a droit à pension et d'en admettre le jeu, les conditions relatives à la mort du militaire étant remplies, alors même que la veuve serait déchue ou inhabile : l'art. 28, si tant est qu'argument d'exégèse ait en la condition du travail législatif quelque vertu, parle de conditions « de nature à ouvrir » et non pas « ouvrant » le droit à pension des veuves.

423. — Les arrêts ont régulièrement rappelé et mis en œuvre le principe du droit à allocation des ascendants à suite de la mort de leur fils ou petit-fils par accident survenu à l'occasion du service dans des conditions qui auraient été de nature à ouvrir droit à une pension de veuve en vertu de la législation (art. 19, alin. 2, L. 18 avr. 1831, mod. LL. 15 avr. 1885 et 8 déc. 1905) en vigueur au 2 août 1914 : par *a contr.* 4 nov. 1925, Berlioz; 6 novembre, Wild, p. 854, 866 (S. 28.3.119) ; — 17 mars 1926, Le Roch: 13 juillet, Dany; par *a contr.* 31 juillet, Viricel; 24 novembre, Combe; 24 décembre, Baudiment, p. 293, 740, 1018; Table, p. 1459, p. 1164; — 1er avril 1927, Bailly-Delamagdeleine ; par *a contr.* 2 août, Berger, p. 428, 905 ; — 31 oct. 1928, Montfort; 14 novembre, Guénolé, p. 1113, 1171 ; — 25 juill. 1929, Renard, Table, p. 1411, — la mesure prise à l'égard du défunt eût-elle été qualifiée par le ministre de la guerre de mise en sursis : 4 janv. 1928, Sans, p. 15. Pour autant ils ont refusé l'allocation d'ascendant au cas de soldat suicidé, 28 mars 1925, Lavolé, p. 355; — 21 déc. 1927, Descazeaux, p. 1247; — aux cas de matelots détachés en usine dans les conditions de l'art. 6 L. 17 août 1850 : 18 mai 1927, Vié, p. 562; ou d'ouvriers auxiliaires de port placés, en vertu de l'art. 42 L. 21 mars 1905, dans la position de non-affectation : 13 mai 1931, Cloarec, p. 525; — et dans celui aussi d'un soldat titulaire, lors de son décès, d'une gratification renouvelable de réforme non réversible au profit de la veuve en vertu de la législation antérieure à la loi du 31 mars 1919, et non décédé des suites d'une maladie contagieuse ou endémique aux influences de laquelle l'auraient soumis les obligations de son service : 27 févr. 1929, Bénot, p. 250; — *a fortiori*, dans des espèces qui, eussent-elles été établies, comme le meurtre d'une fille en 1919 par des militaires appartenant aux troupes coloniales françaises cantonnées dans le voisinage, ne constituaient point un fait de guerre ouvrant droit au bénéfice de la loi du 24 juin 1919, mod. 28 juill. 1921 : 25 juill. 1929, Debenath, p. 861.

424. — 2° Les conditions propres aux bénéficiaires éventuels de l'allocation se réfèrent :

a) A leur *nationalité*. — Condition de statut fort naturelle, introduite par la commission du Sénat dans le texte voté en première délibération par la Chambre, mais discutée en celle-ci, eu égard aux « Français par les armes et par le sacrifice » (Ern. Lafont, 13 févr. 1919, Déb. parl., p. 606), étrangers ayant servi en France, sujets de nations alliées ou hommes n'ayant pu rejoindre leur drapeau, et finalement admise sur la foi de la difficulté alléguée (Jean Bon, *ibid.*) à contrôler, comme à l'égard des ascendants français, le défaut d'une fortune déterminée. Cependant la critique de cette solution, par rapport à certaines nationalités et familles, italiennes et espagnoles notamment, (Louis Tissier, 20 février, p. 765), avait entraîné la promesse d'une étude au sous-secrétariat de l'administration de la guerre (Abrami, *ibid.*, p. 766); au défaut d'un projet, toute une série de propositions (1919 : Bergeon, Inghels ; 1920, Ricolfi, Tapponnier) tendit et aboutit à l'attribution, par la loi du 28 juill. 1921 (Rapp. des Rotours, n° 1502, 31 juill. 1920, Doc. parl., p. 2247), des allocations aux ascendants de nationalité étrangère, selon les mêmes modalités et à compter de la même date que s'ils étaient Français (Cons. d'Et., 20 fév. 1925, Vallino, p. 180), à la triple condition d'avoir établi avant le 2 août 1914 leur résidence sur le territoire français, métropole, Algérie ou colonies, de n'être point ressortissants ennemis, et de ne jouir pour aucun enfant d'aucune allocation d'un gouvernement étranger : Cons. d'Et., 23 févr. 1927, Brao, Leb. chr., p. 239 ; — 16 juill. 1930, Philippe, p. 743. *A fortiori* le droit est-il certain de l'ascendant naturalisé français antérieurement à la demande d'allocation : 24 avril 1931, Willequet, p. 439.

425. — Dispense spéciale de cette condition de nationalité existe (art. 28-1°) au profit de la mère résidant en France et ayant perdu la qualité de française par son mariage. Il n'y a point trace dans le texte des restrictions qui y furent proposées, pour réserver le cas du mariage de la mère née française avec un belligérant (Ern. Lafont, Ch. dép., 18 févr. 1919, Déb. parl., p. 677), non plus que de la compréhensivité que lui eût donnée le remplacement du mot belligérant ou étranger par celui de « mari d'une nationalité neutre ou alliée » (de Castelnau, 20 février, *ibid.*, p. 703); les débats ont enregistré la déclaration du gouvernement (Abrami) qu'il engloberait, hors la condition ayant épousé des sujets ennemis, toutes celles des ressortissants de gouvernements avec lesquels la France vécut sur pied d'amitié, qu'elle reconnut et rencontra à la Conférence de la paix. L'antériorité du mariage avec un étranger à la mort du fils est une condition allant de soi.

426. — *b*) A l'insuffisance ou *minimité de fortune, i. e.* à leur *non-inscription*, au jour de la demande d'allocation (Cons. d'Et., 4 déc. 1929, Levêque, Leb. chr., p. 1067), *au rôle de l'impôt général sur le revenu* « tel que fixé par la loi actuellement en vigueur » comme dit l'art. 28-3°. Le projet faisait dépendre l'attribution d'une pension aux ascendants de leur défaut de ressources suffisantes ou d'une décision du tribunal civil; ce qui cadrait avec le caractère alimentaire réservé par l'ensemble des dispositions de son titre III à l'allocation de l'ascendant; le bouleversement du système des pensions par les innovations de la commission sénatoriale, et la crainte de jurisprudences diverses (Cf. Rapp. Chéron, et déclar. Abrami, Sén., 26 sept. 1918, Déb. parl., p. 673 sv.), eurent pour résultat d'y faire substituer comme base la cotisation à l'impôt général sur le revenu : elle était sans rapport avec la question des pensions; d'où, la décision (Cf. Lemarié, Dominique Delahaye, *ibid.*, p. 676, 697) de viser le rôle de l'impôt tel que défini par la loi actuellement en vigueur, qui était celle du 20 déc. 1916, mod. 29 juin 1918, art. 2-4. Votée au Sénat, disputée et rejetée à la Chambre, elle parut « pouvoir permettre à l'immense majorité des descendants de prétendre à cette allocation » (Rapp. Lugol, 31 oct. 1918, Doc. parl., p. 1879); en conséquence fut retiré par son auteur (Queuille) un amendement qui eût ramené à la rédaction sénatoriale (Ch. dép., 13 févr. 1919, Déb. parl., p. 610), et la condition énoncée fut insérée au texte finalement adopté (*ibid.*, 18 février, p. 674 sv.).

427. — En cet état des choses et des lois, la non-inscription au rôle de l'impôt général sur le revenu constitue, en faveur des ascendants en cause, présomption d'une insuffisance de ressources ; mais, au lieu qu'en droit commun (Planiol, *Tr. élém.*, t. I¹¹, n° 676, p. 247; Colin et Capitant, t. I⁷, n° 374, p. 388; Josserand, t. I², n° 1151, p. 597) le défendeur à l'obligation alimentaire est admis à prouver l'irréalité de besoin, l'Etat ne peut, à moins de démontrer et poursuivre la fraude fiscale, s'opposer à la présomption ni recourir utilement, selon l'art. 29, contre les obligés à la dette alimentaire : Cf. Valentino, n° 99, p. 65. — Aussi simple et rigide, la formule légale pouvait aboutir à des inégalités et à un excès, face à un ascendant ayant un revenu supérieur à celui exigé au temps de la loi pour l'inscription au rôle général de l'impôt, mais inférieur au montant de la pension. La convenance d'une « soupape de sûreté », aperçue,

avouée même par la commission et le gouvernement (Cf. Observ. Paul Morel, s.-secrét. fin. ; 18 février, p. 674), ne sortit point effet ; le renvoi demandé du texte à la commission et un amendement (Ern. Lafont et Cazassus, 18 février, p. 679) pour déterminer le jeu des minima et des circonstances furent, l'un et l'autre, repoussés : un ascendant sans charges de famille, inscrit au rôle de l'impôt sur le revenu pour une toute petite somme, n'avait point d'allocation, eût-il perdu plusieurs enfants. La modification de cet état de choses à dater du 1ᵉʳ janvier 1928 fut l'œuvre de l'art. 53 de la loi de finances du 9 décembre 1927.

428. — La rédaction nouvelle donnée ainsi à l'art. 28 de la loi de 1919 met cette condition particulière (3°) à l'allocation des ascendants qu'ils ne soient « ou pas imposables à l'impôt général sur le revenu ou cotisés audit impôt pour un revenu net ne dépassant pas 5.000 francs après application de l'abattement à la base et des déductions pour charges de famille. Lorsque le revenu-limite fixé dans les conditions prévues au paragraphe précédent sera dépassé d'une somme non supérieure au montant de la pension, l'ascendant aura droit à une fraction de pension égale à la différence entre la portion de son revenu excédant le revenu-limite et le montant de sa pension elle-même ». Ses termes reflètent, indiquent ou présupposent le parallélisme imaginé et réalisé dans le titre III entre l'allocation d'ascendant de la loi de 1919 et l'obligation alimentaire du Code civil en ce point aussi qu'aucun délai pour l'une non plus que pour l'autre n'est, selon la précision même de l'art. 28 *bis*, imposé quant à l'exercice du droit. — Ils s'accordent, d'autre part, avec le changement des lois touchant l'impôt général sur le revenu, le relèvement à 10.000 francs du minimum non imposable et donc de l'abattement à la base, demeurant les déductions autorisées sur le revenu annuel de 3.000 francs pour les contribuables mariés, de 3.000 par enfant mineur, de 2.000 par personne à charge : donc, à compter du 1ᵉʳ janvier 1929, les nouvelles dispositions de la loi du 9 décembre 1927 portant effet du 12, — toutes autres conditions remplies, — pension au taux plein pour les ascendants non inscrits ou inscrits pour une somme inférieure ou égale, toutes déductions faites pour charges de famille, à 15.000 francs; pension au taux réduit, de la différence entre le taux plein correspondant à la situation de famille et la portion du revenu imposable au-delà de 15.004 francs.

429. — *c*) A un minimum d'*infirmités* ou d'*âge* : infirmités ou maladie incurable ou âge de soixante ou de cinquante-cinq ans, selon qu'il s'agit d'ascendants du sexe masculin ou féminin, au jour de la demande bien entendu : l'art. 30, et sa disposition sur le point de départ de la jouissance de l'allocation, ne saurait, à aucun titre, faciliter à un ascendant, qui formulerait sa demande antérieurement au jour où il remplit les conditions exigées par l'art. 28, la jouissance d'une allocation avant cette date : Cons. d'Et., 14 mai 1924, Vernet, p. 473; — 19 mai 1926, Labrie, p. 519; — 14 janvier 1928, Gambini; 16 mars, Piaggi, p. 60, 385 (D. H., p. 259); — 23 juillet 1929, Bekredda, p. 795; — 25 juin 1930, Moreau, Table, p. 1327; — 12 mai 1931, Bonnane; 23 juillet, Melchior, p. 515, 828. L'art. 28-2°, tel qu'il a été voté, a manqué d'écrire, ou plutôt de reproduire d'après le texte primitif de la commission, l'exigence de la condition, spécialement celle d'âge, « au moment où le postulant introduit sa demande », où donc, postérieurement au décès du militaire, il atteint lui-même cinquante-cinq ou soixante ans : Cf. Maginot, Ch. dép., 13 févr. 1919, p. 609; Brager de La Ville-Moysan, Sén., 28 mars, p. 388. Néanmoins la rédaction imparfaite du texte ne donne place, quant à ce, à aucun doute, non plus que sur la manière d'entendre (Cf. Rapp. Lugol, 31 oct. 1918, Doc. parl., p. 1880) le cas de père et mère vivant ensemble dont un seul a l'âge fixé ou est infirme : une seule allocation est due, jusqu'à ce que l'autre remplisse pour lui-même la condition légale. C'est sur l'interprétation ou la mise en œuvre de chacun des termes qu'il y a lieu à plus de discussion : non pas, à vrai dire, sur l'âge lui-même et la différence entre hommes et femmes admise par une imitation prétendue « de toutes les lois sociales » (Goude, Ch. dép., 27 déc. 1917, Déb. parl., p. 3607), dont ni celle du 14 juillet 1905, sur l'assistance aux vieillards, ni celle du 5 avril 1910, sur les retraites ouvrières, ne fournit la matière, mais plutôt au sujet de l'appréciation de l'invalidité et de la détermination du vieillissement.

430. — α) Une anomalie a disparu, quant à l'incurabilité, avec la réforme de l'art. 34 (Rf. *infrà*, n° 435), qui, n'assignant plus à l'allocation une durée de deux ans, a coupé court à ce risque qu'un ascendant de moins de soixante ou cinquante-cinq ans n'obtînt pas le renouvellement de son allocation, son infirmité ou maladie ayant disparu au cours des deux années comptées de son octroi. Une difficulté demeure : celle de la qualification même de l'incurabilité et du degré d'infirmité par la juridiction des pensions souveraine à décider et déterminer avec précision ce point de fait : Cons. d'Et., 1er décembre 1928, Jouve, Leb. chr., p. 1249 ; — 26 mars 1930, Brun ; 19 novembre, Lesigne, p. 344, 961 ; — 10 janvier 1931, Tressaud, Table, p. 1401. — L'habitude suivie en matière d'accidents du travail et de demande de rente viagère de ne considérer comme chirurgicalement curables que celles susceptibles de céder à des opérations faciles ou courantes ou communément assurées, et de faire de chaque cas une question d'espèce, a été reçue : Trib. départ. Var, 30 juillet 1921 ; — Cour région. Caen, 27 juillet 1922. La Circ. n° 3242 B. C., 11 janvier 1922 (Valentino, p. 170), a posé une mesure plus générale, comme condition d'allocation, celle d'une invalidité au moins égale au degré fixé, suivant le sexe et l'âge, par un tableau annexé (V. *infrà*, n° 432).

431. — La fixation de ce degré a passé elle même par des étapes. La première manière du sous-secrétariat du Service de santé, 34e Circ. mens., 1er décembre 1919, fut d'interpréter l'art. 28 par l'art. 20 de la loi et de faire intervenir, à l'encontre des ascendants comme au regard des orphelins « atteints d'une infirmité incurable… l'impossibilité de gagner leur vie ». L'opinion était insoutenable (Cf. De'achenal, Ch. dép., 27 décembre 1919, Déb. parl., p. 5355), et certains tribunaux de pensions y ont fait résistance (Cf. Trib. départ. Creuse, 28 décembre 1921) : elle ajoutait à l'art. 28 une clause spécialement stipulée à l'art. 30 ; son maintien n'eût abouti à rien moins qu'à faire rejeter les 9/10es des demandes d'ascendants en instance. Il ne fut donc plus question que de pourcentage d'invalidité aux instructions ultérieures : la Circulaire n° 1321 du 21 juillet 1920, sur la délivrance des titres d'allocation d'attente (Valentino, p. 47, note 1), déclarait l'allocation de droit au cas d'invalidité supérieure ou égale à 60 %, mais sujette au-dessous de cette proportion à examen particulier et décision définitive par le ministre « sur le vu des constatations faites » ; elle revenait, sans le vouloir ou le dire, à l'ancienne solution, attendu que dans les barèmes des pensions militaires l'invalidité de 60 % est celle-là même correspondant à l'impossibilité de pourvoir à la subsistance ; or, s'il est concevable en une loi d'assistance, comme celle du 14 juillet 1905 relative aux vieillards, infirmes et incurables, d'effectuer un décompte des ressources de l'intéressé préalablement à l'attribution de l'allocation et à la détermination de son chiffre par les commissions spéciales ou centrale, le système ne vaut pas pour une loi de réparation ainsi qu'est celle du 31 mars 1919, autonome, apparemment faite dans la perspective d'infirmités éventuellement moins graves que celles visées par la loi de 1905, en tout cas ayant posé comme condition à son application, non l'indigence, mais seulement sa non-inscription au rôle de l'impôt général sur le revenu ; en conséquence, une question était ouverte, énoncée encore avec équivoque par le ministre des pensions (Ch. dép., 26 février 1921, Déb. parl., p. 1042) parlant de l'office de la commission consultative médicale pour « dire si vraiment l'infirmité écarte l'ascendant de la possibilité de travailler » ; mais mieux formulée par les juridictions (Cour région. pens. Rennes, 22 mars 1922, Le Stum ; Trib. départ. Alpes-Maritimes, 5 mai 1922, Augier ; Marne, 9 nov. 1922, Lesage) définissant le « rôle du juge d'apprécier, dans chaque espèce, si la maladie incurable dont l'ascendant est atteint [le] place ou non dans une situation physique inférieure à celle d'un homme valide de soixante ans ».

432. — L'idée d'une gradation, de degrés ou de présomption de vieillissement prématuré, à raison des infirmités s'ensuivait, logiquement, utilement ; elle fut certainement à l'arrière-plan de propositions (Delachenal, Ch. dép., n° 563, 18 mars 1920, Doc. parl., p. 482) ; elle est en forme dans le système du Dr Paloque, chef-adjoint du ministère des pensions, sur la base : C (chiffre décimal) × V (vie probable d'une personne saine = V (vie probable d'une personne invalide de même âge) ; une commission de l'Académie de médecine, présidée par le professeur Chauffard, étudia et mensura C (le coefficient d'invalidité) de 0 à 1 par échelons réguliers qui se trouvèrent pour les infirmités-maladies (les quelques cas d'infirmités-blessures ne valent pas une réglementation) en concordance presque

parfaite (V. Valentino, p. 51) avec les degrés d'invalidité du guide-barème de 1919. La circulaire précitée n° 3242, 11 janvier 1922, l'a adoptée : elle précise qu'en ce qui concerne le droit à allocation ou maladie incurable peut tenir lieu de la condition d'âge, — maintient de l'instruction du 15 septembre 1920 ce point qu'en cas d'invalidité inférieure à 60 % chaque espèce ferait l'objet d'un examen particulier, — et, sur cette donnée retenue des tables de mortalité usuelles aux compagnies d'assurances ou des travaux scientifiques plus récents que le degré d'invalidité fonctionnelle varie de 25 à 55 % suivant que l'ascendant est de 1 ou 10 années au-dessous de l'âge de 60 ou 55 indiqué à la loi, institue pour l'usage des experts des centres de réforme ce tableau (qui, non plus que les barèmes, n'est impératif) :

DEGRÉS d'invalidité.	ASCENDANTS du sexe	
	masculin	féminin
55 %	De 50 à 52 ans.	De 45 à 47 ans.
50 —	— 52 à 54 —	— 47 à 49 —
45 —	— 54 à 56 —	— 49 à 51 —
40 —	— 56 à 57 —	— 51 à 52 —
35 —	— 57 à 58 —	— 52 à 53 —
30 —	— 58 à 59 —	— 53 à 54 —
25 —	— 59 à 60 —	— 54 à 55 —

Les experts font à titre indicatif les évaluations ; les commissions de réforme n'ont pas à intervenir dans les évaluations : Instr. 8 E.M/P, 31 mai 1930, art. 59 b, Flutet, p. 759 ; le ministre statue, et il reste, de droit commun, à ceux qui croient à une sous-estimation de leur invalidité la ressource de demander une nouvelle expertise (Circ. 2 E.M/P, 20 février 1920) et le droit (art. 35 L. 31 mars 1919), après décision du ministre, de former un recours près les juridictions de pensions : Rép. à quest. écrite n° 6519 (Paul Laffont), J. off., 21 janvier 1921, p. 77, — lesquelles restent maîtresses d'estimer, en dépit ou à l'encontre d'une demande de nouvelle expertise, les pièces du dossier emplies d'éléments d'appréciation suffisante : Cons. d'Et., 30 mars 1927, Bossu, Table, p. 1567.

433. — β) Au profit de « la mère veuve, divorcée, séparée de corps ou non mariée », dispense a été demandée et admise (art. 28-2°, alin. 2) de la condition d'âge, « même si elle a moins de cinquante-cinq ans, si elle a à sa charge un ou plusieurs enfants infirmes ou âgés de moins de vingt et un ans ou sous les drapeaux » : Cf. Cons. d'Et., 14 décembre 1927, Le Caer, Leb. chr., p. 1212. — La terminologie est quelque peu singulière qui par « mère non mariée » désigne « celle qui a régulièrement reconnu son enfant » (Rapp. Chéron, Sén., 31 mai 1918, Doc. parl., p. 421). — L'âge de minorité des enfants indiqué au texte a changé : la Chambre, qui avait accepté quant aux enfants des mutilés et des morts l'âge de dix-huit ans comme limite pour les majorations, se refusa (13 février 1919, p. 609) à l'adopter aussi, comme le proposait un amendement (Maginot), pour la dispense dont s'agit ; il fut, au contraire, élevé à celui de la majorité ordinaire dans la rédaction imprimée à l'art. 28-2° alin. 2 par l'art. 53 de la loi de finances du 27 décembre 1927. — Celle-ci a ajouté à l'énumération des bénéficiaires la femme « séparée de corps », dont la loi de 1919 n'avait point fait mention, et qui eût pu être déclarée malhabile (Sic, Valentino, n° 91, p. 58. — Contrà, Cons. d'Et., 22 mai 1931, Caulat, p. 575) à prétendre introduire dans le jeu de l'art. 28 l'assimilation, ultérieurement faite par la loi du 13 avril 1923, s'agissant de l'art. 30 et du chiffre de la pension de l'ascendante séparée de corps, à l'ascendante divorcée. — Au travers de tous les textes il est question « d'enfants à la charge », i. e. des petits-enfants aussi bien que des enfants proprement dits : Circ. 013 Ad., 28 mars 1922, — et d'enfant « infirme », qu'à tout âge son infirmité, son impossibilité absolue de subvenir à ses besoins, met, selon la condition stricte de la loi, à la charge de sa mère : Trib. départ. Nord, 31 mai 1922, Nowe, in Valentino, p. 58, note 1. — « Enfants sous les drapeaux » englobe les appelés et les engagés et fait jouer pour la mère la dispense de la condition d'âge jusqu'à l'époque de leur passage dans la disponibilité telle que fixée à l'art. 2 de la loi du 1er avril 1923, et aussi les ajournés pendant la durée légale de service qu'ils doivent en vertu de l'art. 21 de la loi de recrutement, de telle sorte qu'au cas d'un ajourné reconnu au troisième examen apte au service armé la dispense de la condition d'âge, suspendue à dater des vingt et un ans de l'enfant, peut être invoquée durant l'année où il accomplira l'obligation militaire.

C. *Le taux et le régime des allocations.*

434. — Retenu par la volonté de « ne pas créer au profit des ascendants des pensions identiques, dans leur principe et dans leurs taux, aux pensions de veuves et d'orphelins », le législateur de 1919 affirmait aussi celle « de poser en principe, si l'on ne veut aller à un gaspillage inutile et contraire aux réalités économiques et aux mœurs, qu'il n'est dû de pensions ou de secours qu'aux ascendants dont le militaire était effectivement ou serait devenu le soutien » (Rapp. Masse, Ch. dép., 21 juill. 1916, Doc. parl., 1917, p. 1967). Cette double vue le détourna, en vérité, des propositions qui, fondées sur le préjugé de l'enfant soutien de famille, tendaient à ajouter aux conditions de l'allocation d'ascendant celle que le décédé eût été le seul débiteur d'aliments, ...qu'il n'existât pas, à l'époque de la demande, d'ascendant plus rapproché du défunt... (Jean Bon, 15 janv. 1917, Déb. parl., p. 67; 13 février 1919, p. 610)... Elle l'amena à l'imitation de l'art. 5 de la loi du 14 juillet 1905 ouvrant, au profit de l'Etat et des collectivités administratives, contre les membres de la famille désignés par les art. 205-207 et 212 C. civ., un recours dans les termes et le délai quinquennal de l'art. 208. Utile, ou plutôt inopérante, à en juger par les errements qui se sont établis à propos de l'assistance aux vieillards, infirmes et incurables, l'action récursoire a été néanmoins admise « contre toutes personnes tenues à l'égard de l'ascendant de la dette alimentaire, à la condition qu'elles soient elles-mêmes inscrites au rôle de l'impôt sur le revenu » par l'art. 29 : « l'Etat sera libre d'en user ou de n'en pas user; mais il est du devoir du législateur de la lui réserver » (Lugol, 18 févr. 1919, Déb. parl., p. 677).

435. — *a)* Il était réservé au taux de l'allocation de dépasser presque sans cesse ses limites : le projet du gouvernement (art. 21) la fixait au tiers ou à la moitié de la pension de veuve, selon qu'elle était attribuée au père ou à la mère ou aux deux conjointement; c'était la faire varier, suivant les grades et aussi les circonstances de la mort; le rapport de la commission (Rapp. Masse, 21 juill. 1916, Doc. parl., p. 1983) y substitua, sans distinctions, des chiffres arbitraires, de nul rapport avec les pensions de veuves; la Chambre repoussa (27 déc. 1917, p. 3598) des amendements (Locquin, Goude, Pouzet) qui revenaient, en dernière analyse, à faire état du grade, et elle admit, malgré des critiques (de Castelnau, 15 janv. 1918, p. 70), un relèvement, presque un triplement, de chiffre (600 au lieu de 180 francs) pour la mère veuve non remariée. D'une façon générale les chiffres votés par la Chambre (17 janvier, p. 92) furent, sur la proposition du gouvernement, et en outre de quelques modifications relatives notamment à l'allocation la plus avantageuse pour « la mère veuve, divorcée ou non mariée », relevés par le Sénat (26 sept. 1918, p. 677); des propositions successives, parfois inverses, furent accueillies à la Chambre (18 févr. 1919, p. 681) quant à la veuve et à la grand'mère se remariant (Prop. Jean Bon); à la mère divorcée (Pacaud)...; enfin les taux furent élevés ou établis : père, 300; mère veuve, divorcée ou non mariée, 600; veuve remariée ou ayant contracté mariage depuis le décès du militaire, 300; père et mère conjointement, 600 francs (Rapp. Lugol, 31 oct. 1918, Doc. parl., p. 1880), et adoptés (Amend. Chassaing) en 2ᵉ délibération (14 mars 1919, Déb., p. 1220) malgré l'opposition du gouvernement, de même qu'au Sénat (28 mars, p. 339) après résistance de la commission à des propositions (Flaissière) de nouveau relèvement des chiffres.

436. — Deux points, entre temps, firent difficulté et ont été résolus :

L'un, quant à la mère séparée de corps : le texte premier ne la mentionnait, ni dans l'un ni dans l'autre des groupes à 400 ou à 800 francs : sous couleur que les liens de mariage dissous pour la femme divorcée ne le sont pas pour la femme séparée de corps, et eu égard à la règle d'interprétation étroite des lois spéciales et des avantages extraordinaires, les cours régionales, plus strictes en ce cas que nombre de tribunaux départementaux, rejetaient les demandes d'allocation maxima : Orléans, 20 décembre 1921; Montpellier, 30 octobre 1922; le Conseil d'Etat, saisi de l'une de ces décisions, l'annula, 22 novembre

1922, Berniard, Leb. chr., p. 857 : il s'était prononcé en sens contraire, « dans le silence de la loi », par le motif que la femme séparée de corps ne figurait pas parmi les bénéficiaires de 400 francs seulement; cependant des propositions (Duval-Arnould, n° 404, 2 mars 1922, av. rapp. Roquette, n° 5044, 9 novembre; Vavasseur, n° 4494, 15 juin, av. rapp. Roux-Frayssineng, n° 5020, 7 novembre), constatant l'omission de la nomenclature légale, aboutirent au vote de l'allocation la plus forte de 800 francs par la loi du 13 avril 1923, qui a introduit aux art. 28-2° et 30 de celle de 1919 la mention de la « mère... séparée de corps »;

437. — L'autre, de même ordre, quant à la mère « divorcée... ou non mariée » : l'art. 30 alin. 2 l'appelait à allocation de 800 francs; le Conseil d'Etat, avis sect. fin., 23 février 1920 (Valentino, n° 114, p. 82, note 1), avait incliné à réduire cette vocation, à ne l'admettre que moyennant la preuve du décès du père de l'enfant, donc de l'impossibilité de concourir avec elle pour solliciter l'allocation de 800 francs annoncée par le même texte « pour le père et la mère conjointement »; et le ministère des finances, après lui (Cf. lettre 15 oct. 1920 au min. pensions, *ibid.*), tenait pour « non douteux » le dessein du législateur de « limiter à 800 francs d'une façon générale le total des allocations à concéder aux ascendants d'un militaire, et non (d')instituer un régime de faveur pour le père et la mère divorcés en permettant à ceux-ci d'obtenir 1.200 francs ». L'argument semblait serré; le ministère des pensions et une consultation du doyen Larnaude (*ibid.*, p 83) soutenaient la thèse contraire, d'après le sens grammatical des expressions législatives, eu égard au fait que seule devient et est veuve la femme qui était demeurée ou était dans les liens du mariage au jour du décès du père de l'enfant, enfin par une convenance d'équité à seconder davantage celle qui n'est point aidée dans ses moyens de vivre par un mari ou le père de l'enfant. La deuxième thèse a été législativement mise œuvre par l'art. 70 de la loi de finances du 31 mars 1931.

438. — *b)* L'œuvre capitale, dernière, à ces points de vue et d'une façon générale quant au régime des allocations d'ascendants, a été celle des art. 70 et 71 de la loi de finances du 31 mars 1931 : Rpr. Instr. min. pens., n° 0461/Ad., 10 avril 1931, *J. off.*, 12, *in* Flutet, p. 128; Circ. Direct. dette inscrite et comptab. publiq., 15 juin 1931. — Elle a consisté à égaliser :

D'une part, les taux de pension alloués aux pères et aux mères, quel que soit leur état de gens veufs, divorcés, séparés de corps, non-mariés. La situation faite aux pères vivant isolément avait provoqué de leur part bien des doléances; lors du vote de la loi de finances du 30 juin 1930, le gouvernement avait promis une étude particulière de la question, et il proposait, en 1931, de porter pour eux le taux de base de 400 à 500 francs; la loi de 1931, dépassant cette proposition, a entendu mettre les pères et les mères sur pied d'égalité : au lieu de 400 francs et 800 francs respectivement, pour les uns et les autres le taux est désormais, en règle, uniforme, de 800 francs. Il est celui de la pension unique aux ascendants naturels ayant élevé conjointement leur enfant : Avis Cons. d'El., sect. fin., 4 novembre 1919; 2ᵉ Circ. mens. min. pensions, 1ᵉʳ mars 1920, tit. II, § 7. — Il appartient distinctement, s'il y a lieu, à chacun des ascendants divorcés, séparés de corps ou non mariés, ne vivant pas ensemble, sans qu'il y ait lieu ni raison de rechercher si l'autre ascendant est encore vivant et peut prétendre lui-même à pension : Circ. n° 1035 Ad., 14 mars 1921. Il n'est toutefois que de 400 francs pour ceux qui, postérieurement au décès de leur fils, se remarient (pères et mères veufs ou divorcés) ou se marient (pères et mères non mariés), demeurant acquis qu'au cas de dissolution ultérieure de ce nouveau mariage par décès, divorce ou séparation de corps, ils gardent qualité de remarié ou marié selon le cas et, pour autant, la pension fixée au taux de 400 francs : Avis Cons. d'El., sect. fin., 24 novembre 1925; Circ. 26 janvier 1926; Cons. d'El., 6 février 1929, Masson, 14 juin, Carlier, p. 151, 593. La rupture du remariage ou du mariage contracté avant ledit décès de l'enfant laisse, au contraire, droit au taux de 800 francs : Circ. min. fin., 24 mars 1926;

439. — D'autre part, les pensions des grands-parents et des ascendants du premier degré. Entre les deux art. 30 et 32 de la loi de 1919, un défaut d'harmonie, de concordance des taux s'était glissé, inaperçu peut-être, résultant sans doute de ce fait que l'amendement improvisé en séance à l'avantage des parents n'avait pas été repris quant aux grands-parents : l'art. 32, « à défaut du père et de la mère », accordait « dans chaque ligne 300 francs pour le grand-père ou la grand'mère remariés, 600 francs pour le grand-père et la grand'mère conjointement... et pour la grand'mère veuve ». La différence de statut pécuniaire entre parents et grands-parents ne se justifiait en aucune façon, étant donné que le militaire tué, s'il eût été encore vivant, se fût trouvé, en fait, tenu au regard des uns et des autres à la même obligation alimentaire (Rapp. de Chappedelaine, 24 et 30 juin 1930, Doc. parl., p. 994; Déb. parl., p. 2811). — En vérité, l'idée de n'admettre ce dernier taux que pour la grand'mère dont le « petit-fils aurait été l'unique soutien » (Sén., 28 sept. 1918, Déb. parl., p. 677), concevable alors que, pour obtenir l'allocation, l'ascendant devait être considéré comme ayant été à la charge de son petit-fils, devenait sans raison avec l'extension décidée des faveurs à la plupart des ascendants (Rapp. Lugol, 31 oct. 1918, Doc. parl., p. 1880). — En vertu de la loi de 1921, la pension accordée aux grands-parents, dans les conditions prévues à l'art. 28, est — y compris le supplément de 140 % de la loi de finances du 23 mars 1929 — dans chaque ligne, paternelle ou maternelle, de 1.920 francs pour le grand-père ou la grand'mère veuf, divorcé, séparé de corps ou non marié, et pour le grand-père et la grand'mère conjointement, + 240 francs pour chaque petit-enfant décédé, jusqu'à concurrence de trois, à partir du deuxième inclusivement. Cet augment est le résultat transactionnel d'un amendement plus large (Jules Delahaye et de Kernier, Ch., 20 févr. 1919, Déb. parl., p. 770) qui procédait par 100 francs par chaque petit-enfant décédé : le défaut de limitation eût pu dépasser de beaucoup ce qui était donné aux ascendants du premier degré.

440. — Les nouveaux taux sont comptés, soit du 1er avril 1931 pour ceux qui, en possession d'une pension ou de droits à une pension d'ascendant, remplissaient à cette date les conditions de la nouvelle loi; soit de l'entrée en jouissance de la pension ou de l'accomplissement, s'il est postérieur à cette date, des conditions établies pour les ascendants dont les droits se sont ouverts ou s'ouvriront postérieurement au 31 mars 1931. Ce n'est aussi bien qu'application des règles existantes et sanctionnées, sur l'art. 30 (Rpr. Circ. n° 013 Ad., 28 mars 1922, mod. n° 015 et 018 Ad., 11 et 13 avril) et à propos des dispositions qui, comme la loi du 8 juin 1920, prolongèrent les délais pour la production des justifications exigées à l'appui des demandes de pensions : Cons. d Et., 3 juin 1927, Dervieux, p. 647; — 16 mars 1928, Maréchal, p. 385; — 23 juillet 1929, Bekredda, p. 795; — 3 avril 1930, Talab-Abderrahmane; 5 juin, Giroux; 5 novembre, Mattasoglio, p. 376, 598, 898; — 12 mai 1931, Bounaue; 23 juillet, Melchior, p. 515, 828; — 28 avril 1932, Suvzoni, p. 426.

441. — A l'allocation fournie d'après ces taux s'ajoute, selon l'art. 31, pour les ascendants ayant perdu plusieurs enfants, une majoration de 100 francs pour chacun de ces enfants à partir du second inclusivement : perte imputable, bien entendu, à des blessures reçues ou des maladies contractées ou aggravées au service : Cons. d'Et., 11 avril 1930, Vaugin, p. 457. « Dans les familles nombreuses, dit l'au cur de l'amendement (Bonniard, Ch., 17 janv. 1918, Déb. parl., p. 931), les ascendants... étaient en droit de s'attendre qu'à un moment donné ces enfants pourraient leur venir en aide... Cette assistance, la guerre est venue la leur supprimer. C'est [à la nation] de leur en tenir compte ». Il leur faut, pour obtenir ce supplément, avoir perdu au moins deux enfants; mais, le droit à majoration ouvert, il suffit du décès du premier enfant (Rapp. Chéron, 31 mai 1918, Doc. parl., p. 428. Rpr. des propos contraires, 17 sept. Déb., p. 611). — En cas de décès de deux descendants, les règles de calcul de la majoration sont les mêmes, qu'il s'agisse d'un fils ou d'un petit-fils, l'un et l'autre décédés dans les conditions prévues par l'art. 26 de la loi : 24 juillet 1929, Tabaraut, p. 829. — L'allocation supplémentaire suit évidemment le sort de l'allocation principale, intégralement remise à l'un des ascendants, ou conjointement aux deux, ou partagée entre chacun : Rép. à quest. écrite, n° 6664, J. off., 13 avril 1921.

442. — L'ensemble de ces taux, qui figurait à l'art. 4 de l'Instruction du 25 mars 1929 (Jurispr. admin., 1929.II.74), peut être ainsi complété depuis le 1er avril 1931 (Cf. Flutet, p. 45) et resserré comme voici :

	TAUX (L. 31 mars 1919)	SUP-PLÉ-MENT annuel	MAJO-RA-TIONS (Taux de la loi de 1919)	SUP-PLÉ-MENT annuel des majora-tions	TOTAL Nouveaux taux de pension (art. 70 L. 31 mars 1931)
	Fr.				
Père ou mère. — grand-père ou grand'mère, — marié.. Père ou mère, — grand-père ou grand'mère, — veuf, divorcé ou non marié, — remarié ou marié depuis le décès du fils ou petit-fils..	400	560	100	140	1.920
Père ou mère, — grand-père ou grand'mère, — veuf, divorcé, séparé de corps ou non marié, — ascendants, grands-parents, conjoints..	800	1.120	100	140	960

443. — Aux rubriques et catégories de pensionnés constitutives du tableau ainsi recomposé il faudrait ajouter les « titulaires masculins d'une pension d'ascendant du 1er degré pour avoir élevé et entretenu le militaire décédé, et avoir remplacé ses parents ou l'un d'eux jusqu'à sa majorité ou son appel sous les drapeaux, conformément à l'art. 33 de la loi du 31 mars 1918, mod. art. 53 de la loi du 9 déc. 1927 » (Circ. Direct. compt. publ.). Après l'instruction du ministre des pensions précitée, les intendants, chefs des sections départementales, ne doivent plus faire parvenir aux ascendants titulaires des allocations et majorations que des livrets de pensions établis selon les nouveaux taux; pratiquement, conformément à la Circ. Direct. compt. publ., ibid., les trésoriers-payeurs généraux, sauf quelques cas exceptionnels à traiter comme les pensions en cours de paiement [Cf. au § II de la Circ. les modalités détaillées d'application], n'ont plus l'occasion d'acquitter des pensions d'ascendants à des taux non conformes aux dispositions de l'art. 70 de la loi du 31 mars 1931.

444. — c) Le régime de la demande et de la liquidation, de la concession et du service des allocations n'a rien que de très réglementaire, fort détaillé et peu original : Cf. Instr. 31 mai, mod. 30 juin 1920, dans Valentino, nos 128 sv., p. 35-128. Rpr. sur l'attribution de l'allocation provisoire d'attente : D. et Instr. 20 octobre 1919 [art. 4 mod. D. 10 juillet 1920 et Instr. 1er août]; Circ. 1er juin et 2 septembre 1920; — et quant à l'établissement des feuilles de décompte, Instr. min. pens. et fin., 27 janvier 1923. Toutes les dispositions communes de comptabilité trouvent en la matière leur application, et aussi bien des règles de fond, celles notamment de la révision : au cas, par exemple, d'allocation au profit d'ascendants, l'omission dans les pièces au vu desquelles elle fut liquidée de la déchéance des droits de puissance paternelle prononcée contre eux fut et serait justement tenue pour équivalente à une inexactitude et de nature à ouvrir à l'administration la voie de révision selon l'art. 67 de la loi : Cons. d'Et., 8 mai 1931, Lemoine, p. 513. Il n'y a lieu d'en détacher et y relever que deux traits :

445. — L'un sur le caractère, du point de vue de leur durée, des allocations. Le Sénat, à l'encontre du projet leur attribuant un caractère permanent, n'admit qu'allocations temporaires, accordées pour deux ans, mais renouvelées d'office, pourvu que l'ascendant continuât à remplir les conditions requises, le ministre compétent devant, au cas contraire, saisir le tribunal des pensions (Sén., 26 sept. 1918, Déb., p. 677); le lien, comme en matière d'obligation alimentaire, avec l'état de besoin de celui qui reçoit sortait ainsi effet. Aucune vérification n'avait lieu durant les deux premières années; à leur terme, le tribunal en pouvait prononcer, non point, comme en matière civile, la réduction, mais simplement la suppression, attendu que la loi de 1919 en avait fait le taux fixe; et, dès lors, à l'issue du dernier trimestre de chaque année, les comptables assignataires vérifiaient, d'an à an, l'accomplissement des conditions mises par la loi au bénéfice de l'allocation (Instr. intermin., 5 août 1921, Valentino, p. 159);

446. — L'autre à propos de cumul :
α) Le cumul de deux allocations. Il ne peut se discuter qu'au cas de perte d'un enfant et d'un petit-enfant, de perte d'un enfant recueilli et d'un enfant propre, d'allocation réclamée à la fois au titre de l'art. 33 et comme grand-parent (ce

troisième cas revenant au premier, étant donné l'attribution par l'art. 33 de droits d'ascendant au 1er degré). Il est, en vérité, simple à régler, d'après la règle, écrite en l'alin. 2 de l'art. 32, que chaque grand-parent ou couple de grands-parents ne peut recevoir qu'une allocation : l'ascendant en cause, loin de pouvoir invoquer les circonstances sus-indiquées pour faire cumul d'allocations, n'est admissible qu'à opter en tout état de cause entre les deux auxquelles il a droit : Av. Cons. d'Et., sect. fin., 4 novembre 1919;

β) Le cumul d'une allocation et d'une pension. Celui d'allocation d'ascendant et de pension d'infirmité paraît n'avoir rien que de licite; celui d'allocation d'ascendante et de pension de veuve se heurta à un avis du Cons. d'Et., sect. fin., 4 mai 1920, qui, s'appuyant sur l'art. 58, dern. alin., de la loi et l'interdiction y portée en tous cas et pour quelque cause du cumul de deux pensions, généralisait cette disposition au cumul des pensions et allocations, « moins digne d'intérêt » que les cas mêmes touchés par le texte; néanmoins l'avis n'a pas prévalu : une consultation du doyen Larnaude (Valentino, *op. cit.*, p. 123, note 2) différencie la nature juridique des pensions et allocations du point de vue de leur but et de leur durée opposée sous l'empire de la loi de 1919], sinon même de leur réversibilité, et de la qualité des ayants droit prenant titre de la perte, là d'un mari et ici d'un enfant. Cette opinion a été finalement adoptée par Circ. 1055 Ad., 15 mars 1921;

γ) Le cumul de l'allocation d'ascendant avec l'assistance de la loi du 14 juillet 1905. Il eût été de fait impossible, si le mouvement législatif d'augmentation du taux de la première eût été continuée (Lugol, Ch., 27 déc. 1917, Déb. parl., p. 3062); cette circonstance ne s'étant point réalisée, il apparut « possible »... sans être un droit (Cpr. les déclarat. Paul Morel, 18 et 20 févr. 1919, p. 68, 770); la vérité est qu'il demeure en chaque cas particulier une question d'espèce.

CHAPITRE VII

LA COMPÉTENCE D'ATTRIBUTION, LA PROCÉDURE DES INSTANCES
ET LES VOIES DE RECOURS.

447. — *A*. Aux prémisses de la matière, la gouvernant ou recouvrant toute d'un principe traditionnel, était la règle de la décision préalable : point de contentieux, de liaison de contentieux (Cf. Cons. d'Et., 16 oct. 1929, Roube, Leb. chr., p. 900), de décision juridictionnelle sur les droits prétendus du requérant, sans une décision administrative préliminaire ayant formellement, ou bien rejeté la demande de pension : 9 novembre 1927, Tastet, p. 1038; — 8 mars 1929, Aubagnac, p. 274; ou bien, statuant sur les éléments du droit à pension, déterminé le taux de l'invalidité ou décidé de son aggravation : 23 mars 1929, Soubiran; 6 novembre, Mas, p. 385, 951; Table, p. 416; ou négligé de prononcer sur des affections constatées par une commission de réforme : 4 mai 1929, Brunet, p. 475; ou bien fixé, contre le gré du requérant, une pension temporaire pour une nouvelle période de deux ans : 1er juillet 1925, Santoire, p. 631; — 4 juin 1931, Fulcrand, p. 589. — Rpr., sur le principe, 12 mars 1930, Wild; 19 mars, Lebau; 26 mars, Verrando; 27 mars, Delboum Maamar; 2 avril, Tauzin; 26 mai, Khalfallah; 3 juillet, Séguy; 5 novembre, Chevalier. 18 décembre, Rouyer, p. 280, 316, 344, 358, 373, 568, 688, 1077; Table, p. 1333; — 25 mars 1931, Corneille; 25 juillet, Dischert, p. 348, 869; — 24 février 1932, Letendre, p. 229. Les juridictions de pensions manquent de qualité pour statuer directement sur les droits susceptibles d'advenir aux intéressés des infirmités dont ils sont atteints et pour examiner au fond leurs conclusions; elles ne peuvent, d'après une jurisprudence très stricte du Conseil d'Etat, être saisies que de recours tendant à la réformation des décisions ministérielles relatives auxdites infirmités et aux droits à pension des intéressés, et il ne leur appartient pas de statuer sur des circonstances ou pour des périodes autres (Cf. 3 avril 1930, Redon, Table, p. 1333; 20 juin, Veauté; 3 juillet, Séguy, p. 647, 688; Rpr. 5 mai 1928, Oumier, p. 574) que celles ayant fait l'objet de la décision ministérielle.

448. — Décision exclusivement ministérielle, d'abord, longtemps, par application de cette norme constitutionnelle qu'il n'appartient pas aux ministres de déléguer, hors les cas prévus par une loi ou un décret, une partie de leurs pouvoirs légaux de décision à tel ou tel fonctionnaire placé sous leurs ordres : Cons. d'Et., 4 juin 1926, Drouard, Leb. chr., p. 567; — 16 mai 1928, Pernot, Laroche, Bourseaux, p. 634; Table, p. 1590; — 20 février 1929, Duguet, Legadec, Table, p. 1415; 26 juillet, Chartier, p. 884; — 8 février 1930, Ollier; 9 juillet, Matton, Table, p. 1327, 1330. Présentement, décision du directeur de la liquidation, depuis le décret du 29 juin 1926, qui a autorisé la délégation par le ministre, quant aux décisions portant concession ou refus de pension, de sa signature à un haut fonctionnaire de l'administration centrale : 22 janvier 1930, Flavins, p. 88. En vérité, parce qu'il ne fut pas publié par voie d'inscription au *Journal officiel* et inséré au *Bulletin des lois* avant le n° 420, le décret n'a pas été opposable avant cette date aux auteurs du recours : 14 février 1930, Chesnel; 14 mai, Vinel, p. 191, 501 : accident curieux de publication et de force exécutoire des textes, qui a permis de décider, sans revirement, mais plutôt par précision de jurisprudence (Cpr. 9 juill. 1930, Pelletan, Table, p. 1330) qu'au cas de deux décisions de rejet d'une demande en pension, l'une et l'autre signées par le directeur de la liquidation, « en admettant » que la première fût, à raison de cette circonstance, invalide, cette irrégularité n'entachait pas la seconde intervenue à un moment où, par application dudit décret du 29 juin 1926, le directeur n'était plus une autorité incompétente et avait reçu qualité pour signer le rejet : 26 février 1930, Dubouis, p. 216.

449. — Décision expresse, ou initiale ou confirmative, mais telle, au cas où, à la suite de nouvelles instructions, elle n'aurait eu qu'un caractère purement confirmatif, que, comme la décision précédente, elle est restée pleinement susceptible d'être attaquée devant la juridiction contentieuse : Cons. d'Et., 5 décembre 1929, Poujol; 19 décembre, Larribau, p. 1074, 1136, n'étant pas devenue définitive, soit par l'expiration des délais de recours, soit par le désistement réel, fait ou consenti par l'auteur du premier recours : 20 mai 1931, Rabia, p. 552. Rpr. 14 avril 1930, Bée. p. 945; — 29 janvier 1932, Janson, p. 128 (av. concl. Latournerie, D. 33.3.11).

450. — *B*. Les problèmes nouveaux s'agitèrent quant à la procédure des réclamations contre les décisions ministérielles accordant ou refusant des pensions : elle n'avait fait l'objet d'aucune prévision dans le projet du gouvernement; la règle subordonnant la recevabilité des recours à leur formation dans les deux mois de la notification de la décision à l'intéressé (L. 13 avril 1900, art. 24) par-devant le Conseil d'Etat, juge de droit commun en matière administrative, n'eût abouti qu'à un emboutcillement de la haute juridiction, à une impossibilité de juger des affaires soumises en nombre excessif à sa compétence directe et exclusive; cette perspective décida le Sénat, par modification (2 août 1917, Déb. parl., p. 775 sv.) d'un projet voté l'an d'avant par la Chambre (6 avril 1916, p. 794), à la création de commissions régionales, dans le ressort de chaque cour d'appel, pour constituer une juridiction de 1er degré; la Chambre, saisie au cours de la discussion du projet (11 déc. 1917, p. 3224 sv.) d'un amendement (Patureau-Barronet) tendant à l'institution de tribunaux régionaux de même fin, faute de se rallier aux vues du Sénat, décida d'étudier avec le gouvernement une série d'articles nouveaux (n°s 21 à 25) susceptibles d'être introduits dans la loi des pensions et d'y faire corps avec elle sous forme d'un titre spécial « Voies de recours » (Doc. parl., févr. 1918, p. 2019). Telle est l'origine du titre IV de la loi de 1919, de ses art. 35 à 47. Une juridiction particulière à deux degrés, tribunaux de pensions, du domicile de l'intéressé en première instance, cours régionales des pensions en dernier ressort, a été établie pour juger les contestations, les difficultés contentieuses provoquées par l'application de la loi du 31 mars 1919 (Rapp. Cheron, Sén., 28 mars 1919, Déb. parl., p. 349), le Conseil d'Etat n'intervenant plus que sur les questions de forme et de droit, comme juridiction d'annulation et de renvoi, en cas de détournement de pouvoir, de vice de forme ou de violation de la loi (Rapp. Lugol, Ch. deb., 26 déc. 1918, Déb. parl., p. 3572. — Rpr. *supra*, n° 304 a).

451. — Dans la réalité des choses existe au ministère des pensions un service des tribunaux de pensions, relevant de la direction du contentieux, chargé d'étudier tous les recours introduits et de faire suivre de conclusions toutes les affaires examinées : son rôle, sa manière, se traduit en ce fait que, fin décembre 1930, au regard de 168.079 affaires ayant donné lieu à jugements de première instance, 35.382 (près de 1/5) s'étaient terminées sur conciliations offertes par lui. L'habitude de l'administration est, par ailleurs, d'accepter toute décision de fait, non choquante, relative à l'origine ou au degré d'invalidité et de n'avoir guère fait appel que touchant des questions de principe. A la même date, les appels de l'Etat avaient été au nombre de 9.634, en proportion de 5,73 %, au lieu que ceux des intéressés étaient de 26.011, soit de 15,47 %. De part et d'autre, des conclusions avaient été déposées, pour 97 % des affaires, lesquelles se terminèrent dans la proportion, pour celles introduites par l'Etat, de 712 désistements et de 7.233 arrêts dont 2.612 conformes aux conclusions prises ; par les particuliers, de 528 désistements et de 19.470 arrêts, dont 15.298 en faveur du demandeur. De 7.930 pourvois devant le Conseil d'Etat, 4.620 avaient été formés contre des arrêts de cours régionales ; les 3.310 restants étaient relatifs à des questions de pensions d'ancienneté, d'emplois réservés, etc.; sur les 7.326 ayant donné lieu à conclusions du service, 6.345 avaient été décidés. — Cf. Rapp. Taurines, n° 3898, précité, p. 87-91.

I. — Les degrés et la composition des juridictions.

452. — L'accord tôt établi sur les convenances pratiques à créer les juridictions de pensions et leur degré (Cf. le 5e rapp. supplément. Lugol, Ch. dép., 11 janv. 1918, Doc. parl., avril, p. 19) ne fut guère plus long quant à leur siège et leur composition. Les art. 28-36 du règlement d'administration publique du 2 septembre 1919 reprirent et complétèrent, quant à ce, les deux art. 36 et 37 de la loi.

453. — En règle, le tribunal de pensions existe par département; prévision fut cependant faite à l'art. 47 de la loi de l'institution. non d'une pluralité de tribunaux « qui aurait pu être funeste à l'unité de juridiction » (Rapp. Lugol, 31 oct. 1918, Doc. parl., p. 1885), mais de sections du tribunal départemental dans les chefs-lieux d'arrondissement « où les intéressés pourront se rendre sans trop de difficultés » (Amend. Chassaing, Ch. dép., 4 mars 1919, Déb., p. 971), à déterminer par le règlement d'administration publique : il n'était que d'en assurer la composition. Leur nombre, leur siège et leur ressort ressortent du tableau annexé à l'art. 28 du décret :

Seine : 1re sect. : Paris, 1er, 2e, 8e. 9e, 16e, 17e, 18e arrondissements ; 2e sect. : Paris, 3e, 4e, 10e, 11e, 12e, 19e, 20e ; 3e sect : Paris, 5e, 6e, 7e, 13e, 14e, 15e ; 4e sect. : Paris : arrondissement de Saint-Denis ; 5e sect. : Paris : arrondissement de Sceaux.

Rhône : 1re sect. : Lyon ; 2e sect. : Lyon : autres communes du département.

Bouches-du-Rhône : 1re sect. : Marseille : arrondissements de Marseille et Arles ; 2e sect. : Aix.

Gironde : 1re sect. : Bordeaux : arrondissements de Bordeaux, Bazas, La Réole et Lesparre ; 2e sect. : Libourne : arrondissements de Libourne et Blaye.

Nord : 1re sect. : Lille : arrondissements de Lille, Hazebrouck et Dunkerque ; 2e sect. : Douai : arrondissements de Douai, Valenciennes, Cambrai et Avesnes.

Pas-de-Calais : 1re sect. : Arras : arrondissements d'Arras, Béthune et Saint-Pol ; 2e sect. : Boulogne : arrondissements de Boulogne, Saint-Omer et Montreuil.

Seine-et-Oise : 1re sect. : Versailles : arrondissements de Versailles, Rambouillet, Etampes, Corbeil et cantons de Houdan, Mantes-sur-Seine, Bonnières sur-Seine ; 2e sect. : Pontoise : arrondissement de Pontoise moins le canton d'Houdan ; arrondissement de Mantes, moins les cantons de Mantes et Bonnières-sur-Seine.

Finistère : 1re sect. : Quimper : arrondissements de Quimper, Quimperlé et Châteaulin ; 2e sect. : Brest : arrondissements de Brest et de Morlaix.

Le siège et le ressort des cours régionales furent ainsi indiqués :

Agen	Gers, Lot, Lot-et Garonne.
Aix	Bouches-du-Rhône, Basses-Alpes, Alpes Maritimes, Var.
Alger	Alger, Constantine, Oran.
Amiens	Somme, Oise, Aisne.
Angers	Maine-et-Loire, Mayenne, Sarthe.
Bastia	Corse.
Besançon	Doubs, Jura, Haute-Saône, Territoire de Belfort.
Bordeaux	Charente, Dordogne, Gironde.
Bourges	Cher, Indre, Nièvre.
Caen	Calvados, Manche, Orne.
Chambéry	Savoie, Haute-Savoie.
Colmar	Haut-Rhin, Bas-Rhin, Moselle.
Dijon	Côte-d'Or, Haute Marne, Saône-et-Loire.
Douai	Nord, Pas-de-Calais.
Grenoble	Hautes-Alpes, Drôme, Isère.
Limoges	Haute-Vienne, Corrèze, Creuse.
Lyon	Ain, Loire, Rhône.
Montpellier	Aude, Aveyron, Hérault, Pyrénées-Orientales.
Nancy	Ardennes, Meurthe-et-Moselle, Meuse, Vosges.
Nîmes	Ardèche, Gard, Lozère, Vaucluse.
Orléans	Indre-et-Loire, Loiret, Loir-et-Cher.
Paris	Seine, Seine et-Marne, Seine-et-Oise, Eure-et-Loir, Aube, Marne, Yonne.
Pau	Landes, Basses-Pyrénées, Hautes-Pyrénées.
Poitiers	Charente-Inférieure, Deux-Sèvres, Vendée, Vienne.
Rennes	Côtes-du-Nord, Finistère, Ille-et-Vilaine, Loire-Inférieure, Morbihan.
Riom	Allier, Cantal, Haute-Loire, Puy-de-Dôme.
Rouen	Eure, Seine-Inférieure.
Toulouse	Ariège, Haute-Garonne, Tarn, Tarn-et-Garonne.
Tunis	Tunis (Tribunal supérieur des pensions de la Régence).
Rabat (Maroc)	Le Maroc.

L'application aux colonies d'un semblable régime organique ne pouvait que rencontrer des difficultés, qu'il s'agît des attributions ou surtout de la composition des tribunaux : sur l'assurance fournie par le sous-secrétaire d'Etat à la guerre de la sauvegarde de « toutes les innovations accusées par le nouveau système, présence du médecin, présence du mutilé devant le tribunal... garanties indispensables » (Ch. 26 déc. 1918, Déb. parl., p. 3583), le Parlement s'en remit à l'exécutif, lequel a pourvu à l'œuvre par le règlement d'administration publique du 2 octobre 1919 (J. off. 7 novembre).

454. — La composition du *tribunal des pensions* fait, chaque année, dans la première quinzaine de décembre, et en toutes occasions nécessaires, l'objet de désignations ou de propositions, selon qu'il s'agit de telle ou telle catégorie de ses membres : L., art. 36 ; D., a. 28.

A. La désignation des magistrats de l'ordre judiciaire (le président ou un vice-président et un juge du tribunal civil du chef-lieu du département) ou administratif (le vice-président ou, à son défaut, le membre le plus ancien du conseil de préfecture) relève du premier président de la cour d'appel ; le mélange des deux ordres fut de raison toute pratique, pour assurer à tous coups et en tous lieux utiles « une juridiction appelée à siéger très souvent pendant une période qui pourra dépasser deux ou trois ans » (Rapp. Lugol, Ch., 14 déc. 1917, Doc. parl., février 1918, p. 2019). Tout membre délégué au tribunal des pensions, dès lors qu'il y cesse ses fonctions, y est immédiatement remplacé par la même voie.

B. L'introduction de médecins et de membres pensionnés y est plus inédite et n'a pas été décidée sans discussions ni remaniements : celle du médecin (Abrami, Masse, Amend. Doisy et Durre, 17 et 24 janv. 1918, Déb. parl., p. 95, 141 sv.) fut discutée comme contraire au système commun, qu'a admis spécialement la loi de 1898 en matière d'accidents du travail, touchant la capacité et le rôle du juge à l'égard de tout litige, sauf à prendre avis d'un « homme de l'art » toutes les fois où le caractère technique du débat l'oblige à y recourir ; elle fut présentée et consentie comme un sûr moyen de défense de la décision attaquée, après que celle d'un mutilé déjà pensionné avait passé comme « un élément d'apaisement » ou d'humanité, l'office des autres juges étant, dans ces conditions, « de départager les deux parties qui [leur] auront expliqué l'affaire » (Rapp. Lugol, 24 janv. 1918, Déb. parl., p. 146). Les protestations de l'administration de la guerre et du ministre des finances (Rapp. Chéron, Sén., 31 mai 1918, Doc. parl., p. 429) aboutirent, un temps, à la suppression de ces dispositions, lesquelles furent reprises au Sénat même (Amend. Strauss, Louis Martin, 26 septembre, Déb. parl., p. 679); et la question ne fut plus que des modalités de choix du médecin et du pensionné. Chaque année, dans la seconde quinzaine de novembre, et en toutes occasions nécessaires, le préfet fait parvenir: a) au ministère de la justice, à fin de désignation d'un titulaire et de deux suppléants, — et pour qu'il reste libre selon les circonstances, l'utilité ou la justice, d'exercer son choix sur l'une ou sur l'autre (Maunoury, 26 déc. 1918, p. 3575), — « la liste départementale des médecins experts près les tribunaux du département et la liste de dix membres présentée par les syndicats ou associations de médecins du département »(D., art. 29); et b) au président du tribunal des pensions, « les listes présentées par les associations de mutilés ou de réformés » (Rapp. Lugol, Doc. parl., décembre 1918, p. 1882) à fin de « tirage au sort sur une liste de 20 membres ». Cf., quant aux conditions de cette désignation par les syndicats de médecins et les associations, sociétés de secours mutuels ou associations déclarées de la loi de 1901, des mutilés ou réformés, D., art. 31, 32. — La liste de l'art. 29 doit « contenir autant de noms complémentaires que le tribunal des pensions comporte de sections en plus de la première »; celle de l'art. 30, « un nombre supplémentaire de pensionnés égal au double de celui des sections augmenté de six unités ». Le tirage au sort est fait d'un pensionné suppléant dans les mêmes conditions que celui du titulaire (Amend. de Chappedelaine, 26 déc. 1918, Déb. parl., p. 2577; Rapp. Lugol, 18 mars 1919, ib., p. 1265). — « Si la liste de vingt membres ne peut être établie » ou n'est pas présentée complète par le préfet à la suite des désignations à lui-même faites par les associations de mutilés et de réformés (Cons. d'Et., 26 mai 1930, Herbeil; 12 novembre, Le Goff, Leb. chr., p. 568, 926), le pensionné est désigné par le tribunal (D., art. 32, al. 3); il s'ensuit que ne pourrait être arguée d'irrégularité la composition d'un tribunal des pensions par le seul fait de non-accomplissement du tirage au sort prévu, en règle ou à l'ordinaire des choses, par l'art. 36 de la loi : Cons. d'Et.,28 octobre 1931, Roudant, p. 914.

455. — Aux juridictions ainsi constituées sont attachés :
A) Comme greffiers et commis-greffiers, s'il y a lieu,... ceux du tribunal civil du chef-lieu d'arrondissement (L., art. 36, dern. alin.). Plusieurs détails, sur les registres, le local, les émoluments surtout, proposés par les commissions parlementaires ont été laissés, comme « en meilleure place » au règlement d'administration publique, art. 41-45 (V. *infrà*);
B) Comme « commissaires du gouvernement »,... un fonctionnaire de l'intendance militaire ou maritime, désigné par le ministère de la guerre ou celui de la marine ou des colonies. Le nombre réduit et la charge lourde des magistrats du parquet ont détourné d'eux cet office (Rapp. Lugol, Ch., 14 déc. 1917, *loc. cit.*, p. 2019). L'alternative énoncée par précaution (Cf. les observat. du Direct. de la comptab. générale au minist. de la marine, Desforges, Sén., 26 sept. 1918, Déb. parl., p. 679) ne saurait masquer que, faute d'envoi possible en tous départements de commissaires de la marine, la représentation du gouvernement sera assurée dans la plupart des cas par l'intendant militaire.

456. — La constitution des *cours régionales* — rappelé le dessein de ne réserver dorénavant au Conseil d'Etat « que la connaissance des recours formés pour violation de la loi » — n'a donné lieu à aucun débat au Sénat ni à la Chambre. Chaque année, le ministre de la justice désigne, pour en être le président et les membres, un président de chambre et deux conseillers, et la cour d'appel, dans la première quinzaine de décembre, les trois magistrats suppléants prévus par l'art. 27 alin. 4 de la loi (D., art. 35). En cas d'empêchement temporaire, le président en est remplacé par le plus ancien des conseillers membres titulaires. Hors ce trait, les formules de la loi comme du règlement sont muettes : Brèves, sur la qualité de magistrats en exercice ou honoraires, qui peuvent être désignés par le ministre de la justice; dès lors, le remplacement du président temporairement empêché en application de l'art. 35 du décret et, pour la cour régionale de Paris, de la loi du 10 janvier 1929, n'eut rien d'irrégulier alors qu'il eut

lieu par un conseiller honoraire de la cour d'appel : Cons. d'Et., 10 janvier 1931, Lours; 11 mars, Martin, Leb. chr., p. 34, 279; — 21 janvier 1931, Houvaux; 13 mai, Prévotat ; 25 juin, Goujon, Table, p. 1408; — Muettes même, sur l'ordre dans lequel doivent être appelés, à défaut des titulaires, les membres suppléants de la cour; dès lors, résulterait-il des mentions d'un arrêt attaqué la preuve ou l'indice de la désignation faite de ces membres en commençant par les moins anciens, il n'y aurait pas lieu à annulation dudit arrêt : 11 mai 1929, Rouge, p. 510; — 29 janvier 1930, Coin, p. 120.

457. — C. Ces règles organiques étaient simples, ne prêtaient point à contestation. Il n'a donc été nécessaire, à l'occasion, que d'en rappeler la formule, ainsi de celle qui, faisant désigner les membres le 31 décembre de chaque année, limite leurs pouvoirs à la durée de l'année suivante : Cons. d'Et., 10 février 1926, Fédérat. meusienne des anc. combattants, Leb. chr., p. 154; — et à peine que d'en préciser le jeu, ainsi de celle concernant les suppléances : nulle disposition de la loi ni du règlement n'exigeant la mention des motifs pour lesquels les membres titulaires n'ont pu siéger, le défaut d'une telle indication n'entache pas d'irrégularité la décision rendue : Cons. d'Et., 19 janvier 1927, Marie, p. 65 ; — 16 juillet 1929, Lannuzel, p. 737; — 29 janvier 1930, Coin; 25 juin, Mira Salvador, p. 120, 652; — 26 mars 1931, Laugié. Table, p. 1407; — 14 décembre 1932, Claeys, p. 1077. Au surplus, la haute juridiction a précisé « qu'en admettant même » l'obligation pour une cour de faire connaître le motif d'appel à siéger d'un membre suppléant, cette indication résulterait suffisamment de la combinaison des textes, art. 37 de la loi de 1919 complétée pour la cour régionale de Paris par la loi du 10 janvier 1929, et de la précision que l'un des membres titulaires avait dû tenir la place du président empêché : 26 juillet 1932, Kramer, p. 783.

458. — De même en a-t-il été quant à l'origine ou à la qualité ou au rôle des commissaires du gouvernement : — A leur désignation ministérielle directe : Cons. d'Et., 5 décembre 1930, Marsin. Leb. chr., p. 1042; — 27 février 1931, Garcia ; 21 octobre, Teyssandier, p. 237, 888. L'affectation par décision ministérielle à une section régionale comme chef de cette section n'a pas été tenue pour équivalente à la désignation requise par l'art. 37 de la loi : 27 janvier 1932, Ankaoua, p. 107; — A leur appartenance nécessaire au cadre de l'intendance : Cons. d'Et., 22 février 1929, Nadal; 17 juillet, Capcarrère; 23 juillet, Quéra, Leb. chr., p. 239, 749, Table, p. 1419; — 29 janvier 1930, Eskinazi; 12 février 1930, Dayde; 21 mai, Gervaut; 10 juin, Laurent Seffroi; 3 juillet, Collas, p. 120, Table, p. 1329, 1332; — 21 octobre 1931, Dufour, p. 889; — 3 juin 1932, Girod, p. 548; — Et, pour autant, à l'obligation de la cour régionale d'examiner la recevabilité d'un recours du point de vue de la qualité du substitut signataire de la lettre d'appel : 3 juillet 1930, Pommier, p. 688, sans qu'il y ait, d'ailleurs, devoir d'indiquer dans les visas ladite qualité d'intendant : 18 novembre 1931, Richard, p. 999; — 15 décembre 1932, Liset, p. 1086.

459. — Et la question même de la nature juridictionnelle de ces organismes et de leur œuvre n'était guère non plus susceptible de controverses. Sans doute il est quelques détails qui y pourraient fournir arguments : celui-ci, d'appareil extérieur, que le port de la robe n'existe point pour les membres des juridictions de pensions (Cons. d'Et., 25 juill. 1930, Chigot, p. 819); celui-là, de réalité plus foncière, que n'a pas été étendue aux tribunaux de pensions et aux cours régionales la règle de la prestation du serment préalable à l'exercice des fonctions imposée par le titre VII du décret des 16-24 août 1790 aux magistrats (4 février 1931, Weinberg, p. 131). Il n'en demeure pas moins (Cf. par a *contr.* de ce qui a été écrit et jugé, à bon droit, des commissions cantonales et de la commission centrale, simples autorités administratives, pour l'assistance des vieillards : Cons. d'Et., 30 juin 1911, Direct. de l'Assist. publiq., S. 1913.3.65, av. note Hauriou (*Notes d'arrêts*, t. II, p. 746). — Rpr. Concl. Tardieu, s. 10 avr. 1908, Min. de l'intér., S. 1910.3.98) qu'en la matière l'ensemble de la structure correspond à une organisation de juridiction et de contentieux, et que la volonté comme la terminologie du législateur fait le titre d'autorités juridictionnelles, la preuve d'attributions contentieuses et de recours contentieux. Le caractère véritable de l'institution nouvelle et de son office se déduit donc des textes et du fond du droit : elle est légale par son origine, il est proprement contentieux par son exercice.

II. — L'objet des instances et la compétence d'attribution.

460. — L'essentiel de la réforme et le nœud de toutes les difficultés résident dans la détermination des compétences. Un principe y domina : celui d'admettre au plus large l'œuvre et la décision des juridictions de pensions, l'exclusivité de la compétence selon l'art. 35 de la loi « pour toutes les contestations suscitées par l'application de la loi », hormis celles relatives aux dispositions de l'art. 58. Une formule l'exprima (Cons. d'Et., 29 juin 1927, Michaut, p. 726. Cf. 2 février 1927, Tulipe, p. 143) et se retrouve la même, à plusieurs reprises, dans les arrêts : si les tribunaux départementaux et les cours régionales des pensions, institués par le tit. IV de la loi du 31 mars 1919 modifiant la législation des pensions des armées de terre et de mer, en ce qui concerne les décès survenus, les blessures reçues et les maladies contractées en service, ne peuvent connaître que des litiges relatifs à la concession des pensions d'invalidité dont les droits se sont ouverts postérieurement au 2 août 1914, à l'exclusion des autres espèces de pensions qui continuent à relever du Conseil d'Etat juge de droit commun en cette matière, ces juridictions ont pleine compétence pour statuer sur toutes les conditions d'obtention et de liquidation desdites pensions d'invalidité ; — et aussi, sans aucune condition de délai (11 mai 1932, Lopez, p. 477) de leur révision, dès lors que la décision ayant alloué pension, gratification ou allocation est, conformément à l'art. 67 de la loi, arguée d'erreur matérielle et attaquée par voie de recours : 24 juillet 1930, Le Guillou, p. 793.

461. — A. D'où, leur prérogative et leur rôle touchant à :

L'acceptation ou le rejet de la présomption d'origine, et donc l'exemption ou la nécessité de la preuve contraire : 1er août 1923, Messafleur ; 14 novembre, Arnaud, p. 645, 727 ; — 19 mars 1924, Férat, p. 318 ; — 24 juin 1925. Moret-ès-Jean, p. 604 ; — 21 juillet 1926, Legeay, Perrier, Baudot (3 arrêts) ; 28 juillet, Besnier ; 4 août, Verrieux ; 7 décembre, Bastianesi, Corbel (2 arrêts), p. 489, 772, 806, 858, 1172 ; — 25 janvier 1927, Louche ; 1er avril, Couvat ; 29 juin, Allard ; 2 août, Dubreuil ; 23 novembre, Bonaventure, p. 429, 725, 904, 1106 ; — 13 juin 1928, Girod-Roux, p. 741 ; — 27 février 1929, Flament, p. 252 ; — 26 février 1930, Duhamel ; 22 octobre, Conseil, p. 215, 848 ;

L'origine ou la nature de la maladie susceptible d'ouvrir droit à pension, la date de sa naissance ou de son apparition, telle qu'elle peut être décidée au vu des pièces du dossier : 30 janvier 1925, Mercadiel, p. 115 ; — 12 mai 1926, Dufour ; 28 juillet, Chiaroni, p. 484, 806 ; — 23 mars 1927, Mescam ; 14 décembre, Guillou, p. 376, 1212 ; — 27 février 1929, Flament, p. 252 ; — 26 février 1930, Godard, p. 216 ; — et donc l'affirmation du suicide ou de l'intention du suicide : 9 mars 1927, Moy, p. 307, ou d'une faute inexcusable de la victime : 26 mai 1924, Odiot, p. 501, ou de l'état de santé et de l'évolution de la maladie lors du mariage : 19 janvier 1927, Noual ; 29 juin, Denis, p. 67, 727 ;

La question d'imputabilité ou de non-imputabilité au service de la maladie ou de l'accident ayant déterminé la mort : 3 février 1926, Gay ; 17 février, Cassagne ; 7 août, Estebenet ; 24 décembre, Rinieri, p. 123, 189, 896, 1164 ; — 1er avril 1927, Clément ; 29 juin, Musso ; 2 août, Rival, Besset (2 arrêts) ; 9 novembre, Flochlay, p. 429, 727, 906, 1036 ; — 25 janvier 1928, Colemard ; 15 février, Duvivier ; 27 juin, Berthe, p. 115, 237, 621 ; — 16 mars 1929, Gazay, p. 336 ; — 22 octobre 1930, Roiné, p. 848 ; — 15 juin 1932, Melmoux, p. 583 ;

L'existence des infirmités : 3 mars 1926, Le Grouiec, p. 240 ; — l'évaluation du degré d'invalidité, ou du nombre des infirmités, ou de leur aggravation après l'examen de la commission de réforme, et de leur prise en compte pour la détermination du taux applicable, ou de leur incurabilité : 20 janvier 1926, Leriche ; 17 mars, Carrajat ; 12 mai, Espitallier ; 24 décembre, Desfrennes ; 29 décembre, Doucet, p. 67, 293, 486, 1162, 1188 ; — 2 février 1927, Tulipe ; 9 avril, Bruleaux ; 8 juillet, Plumecoq ; 9 novembre, Cadenaule ; 14 décembre, Benchimol, p. 143, 489, 751, 1210 ; — 8 février 1928, Bernicot ; 13 juin, Luciani ; 27 juin, Caussel ; 2 août, Maurel, Vayssettes, Caillol (3 arrêts) ; 14 novembre, Gonnet ; 26 décembre, Mitre, p. 188, 744, 820, 1018, 1169, 1352 ; — 16 mars 1929, Louchart, p. 336 ; — 27 février 1930, Andoch ; 4 juin, Courtaud ; 27 décembre, Jacob, p. 224, 590, 1125 ; — 10 juillet 1931, Lacavalerie ; 11 décembre, Michaudet, p. 761, 1112 ; — selon les classes

du barème de 1887 ou dans les limites du guide-barème annexé au décret du 29 mai 1919 : 7 juillet 1926, Loubet, p. 706 ; — 18 mai 1927, Raucoules ; 4 juin, Pasers, p. 560, 667 ; — 14 janvier 1928, Lovichi ; 25 janvier, Billy ; 18 mai, Lambert ; 13 juin, Casabianca, Bouchand (2 arrêts) ; 2 août, Vayssettes, Issord (2 arrêts), p. 54, 116, 653, 739, 1019, 1021 ; — 20 mars 1929, Bacciochi, p. 316 ; — ou à l'expiration de la période de quatre ans mise à la concession d'une pension temporaire : 2 août 1928, Gracis, p. 1022 ;

Au cas de pension mixte, s'agissant de la fraction afférente à l'invalidité et ayant nature de pension d'infirmité, donc régie par la loi du 31 mars 1919, l'appréciation de l'existence, de l'origine ou du degré de l'infirmité, le contrôle de la fixation définitive de la situation de pensionné au bout de quatre années, la détermination du minimum de la pension d'invalidité, tandis qu'échappent tout à fait à ces tribunaux départementaux et cours régionales les litiges ayant pour objet l'obtention ou la liquidation de l'autre fraction, rémunératrice de la durée des services et affectée du caractère des pensions d'ancienneté et proportionnelles : 24 juin 1927, Hochard ; 20 juillet, Prieur, p. 716, 813 ; — 14 janvier 1928, Bergé ; 18 mai, Lambert ; 7 novembre, Petit, p. 58, 653, 1141 ; — 9 avril 1930, Mohammed ould Ahmed ben Djilali, p. 408 ; par a contr., 18 juin, Le Cam, Table, p. 1310.

En tout cas, touchant l'évaluation du taux ou la fixation du point de départ de la pension même cumulable avec la solde d'activité par des militaires atteints d'infirmité en soi génératrice de droit à pension et néanmoins admis à demeurer encore au service actif : 23 janvier 1925, Roujon, p. 77 ; — 1er juin 1932, Marsaud, p. 533 ; — l'opportunité ou l'inutilité d'une expertise ou vérification médicale supplémentaire : 6 août 1925, Delègue, p. 820 ; — 3 février 1926, Pérès ; 17 mars, Serreau ; 24 mars, Guesnard ; 7 juillet, Loubet ; 17 décembre, Queyroux, p. 124, 291, 334, 706, 1127 ; Table, p. 1463 ; — 23 mars 1927, Badadant ; 9 avril, Biaud ; 18 mai, Benhimi ; 24 mai, Triaire ; 6 août, Hondemont ; 14 décembre, Benchimol, p. 376, 494, 561, 607, 1210 ; — 4 janvier 1928, Fournier ; 31 octobre, Voinson, p. 13, 1115 ; — 8 janvier 1930, Rosset ; 16 janvier, Barbé, Table, p. 1332 ; — ou de nouvelles mesures d'instruction, enquêtes ou complément d'information : 21 janvier 1925, Moissette ; 30 janvier, Mercadiel ; 18 mai, Corcellut ; 24 juin, Moret-ès-Jean ; 8 juillet, Otou, p. 63, 115, 496, 604, 660 ; Table, p. 1328 ; — 7 août 1926. Estebenet, p. 896 ; — 28 mars 1928, Bricout, Bourliotaud (2 arrêts) ; 7 novembre, Lamotte, p. 469, 470, 1142 ; — 20 février 1929, Castor ; 23 octobre, Ribière, p. 924 ; Table, p. 1421 ; — 13 mai 1931, Dufour ; 18 novembre, Lamolinairie, p. 524, 999. — De leur appréciation relèvent, en règle, la procédure suivie et les conclusions établies devant et par les commissions de réforme : 23 novembre 1927, Pradal ; 7 décembre, Bayol, p. 1105, 1171 ;

La considération du grade devant servir de base à la liquidation de la pension d'ancienneté ou à la computation des droits ouverts par le décès du titulaire : 24 mai 1927, Dupont ; 29 juin, Michaut, p. 606, 726 ; — 8 février 1928, Liénard ; 16 mai, Panzani ; 6 juin, Priant ; 13 juin, Noël ; 3 août, Marcoux, p. 186, 632, 701, 742, 1047 ; — 26 janvier 1929, Nardon ; 2 juillet, Vidal, p. 105, 669 ; — 27 février 1930, Picheral, p. 224. — Ce qui peut et doit amener la juridiction de pension, au cas de pension temporaire et liquidation opérée sur grades ou échelons différents lors de l'allocation et lors du renouvellement de ladite pension après la première période biennale, à contrôler, rechercher ou suivre dans l'état de santé du requérant la cause de la modification des calculs et l'œuvre de la révision selon les formes et pour les cas limitativement indiqués à l'art. 67 (mod. L. 18 juillet 1921) de la loi de 1919 ;

La mise en œuvre des conditions mêmes, soit du droit à pension par droit propre ou de la veuve par réversion : 9 novembre 1925, Terreaux, p. 884 ; — 26 juillet 1930, Tinland, p. 833 ; — 29 octobre 1931, Labonne, p. 922 ; — soit des compléments et accessoires de pension comme furent les allocations de la loi du 3 avril 1918 aux marins du commerce victimes d'événements de guerre sur mer : 9 janvier 1925, Cassaigne, p. 30, et l'indemnité compensatrice aux prisonniers de guerre : 14 déc. 1932, Lacaze, p. 1076, ou comme sont les indemnités temporaires de soins fixées aux tuberculeux par l'art. 198 de la loi du 13 juillet 1925 : 23 mai 1930, Basque (D. H., 417) ; 26 juin, Gaymann ; 22 octobre, Creuzot ; 4 décembre, Hurion ;

17 décembre, Glaziou, p. 557, 655, 849, 1022, 1073 ; — 15 juillet 1931, Robillard, Table p. 1402 ; 18 novembre, Danic, p. 907 ; — 19 mars 1932, Julliot, p. 372 ;

La question et l'éventuelle reconnaissance du bénéfice, — ici du minimum assigné par la législation à certaines pensions d'invalidité au regard notamment des militaires mis à la retraite pour infirmités les rendant définitivement incapables d'accomplir leur service (art. 47, alin. 3, L. 1919) : 18 mai 1928, Lambert ; 4 août, Urvey, p. 653, 1060 ; — 3 juin 1931, Delbos ; 3 décembre, Laurent, p. 585, 1092 ; — 28 juillet 1932, Divol, p. 815 ; — là, en son entier, de la loi de 1919, annoncé par les lois supplémentaires du 13 juillet 1925, art. 194, aux bénéficiaires de pensions ou d'allocations : 30 janvier 1929, Barège, p. 126 ; — 22 octobre 1930, Delavallée, p. 851 ; ou des 18 juillet 1922 et 22 juin 1927 aux anciens militaires et marins pensionnés avant le 2 août 1914 pour blessures, infirmités ou maladies, alors même qu'à la guerre ils n'auraient point repris du service : 18 décembre 1929, Angot, p. 1126 ; — 19 décembre 1930, Glaziou, p. 1073 ; 29 janvier 1930, Montillet ; 8 février, Voirin ; 5 mars, Guéyan, Table, p. 1309 ; — 24 juillet 1931, Toustou, p. 858 ; 28 janvier, Mariolon ; 29 avril, Fougeral ; 10 décembre, Le Quérec, Table, p. 1402. Par leur généralité les termes formels de ces lois créaient une situation juridique nouvelle et firent nécessairement, à dater de leur promulgation, passer aux juridictions spéciales instituées par la loi de 1919 la ci-devant compétence du Conseil d'État pour les réclamations de la nature de celles prévues aux articles desdites lois : 29 novembre 1929, Poggi ; 4 décembre, Marchand ; 18 décembre, Angot, p. 1058, 1068, 1126.

La raison et le jugement, sous réserve des questions d'état (V. *infrà*, n° 453), de toutes les situations de fait, qui sont celles d'orphelin, d'enfant abandonné ou recueilli (art. 33 L. 31 mars 1919) : 10 juillet 1925, Costard ; 26 décembre, Sicard, p. 673, 1070 ; — 9 juillet 1931, Gros, p. 754, et qui fondent les allocations d'ascendant de l'art. 28 : 27 février 1929, Bénol, p. 250 ; — 15 janvier 1931, Calmels, p. 55 ; — et aussi du titre aux majorations pour enfants prévues à l'art. 55 de la loi : 12 décembre 1928, Pernet, p. 1299, limitées aux propres enfants du titulaire d'une pension définitive ou temporaire, hormis celui ou ceux nés à la veuve d'un autre mariage : 14 décembre 1927, Trispal, p. 1211.

461 bis. — De toutes parts, en ces domaines, est souveraine leur appréciation des faits ou du cadre des lois dans lequel ils rentrent ; et nul pourvoi ne saurait utilement la remettre en question : 1er août 1923, Messafleur, précité ; — 7 janvier 1925, Buzenac ; 30 janvier, Mercadiel ; 9 novembre, Cadenaule. Leb. chr., p. 16, 115, 882 et Table, p. 1330 ; — 15 janvier 1926, Bouix ; 17 février, Janin, p. 45, 189 ; — 8 avril 1927, Roux-Feuillet, p. 476 ; — 14 janvier 1928, Vasseur, p. 61 ; — 20 février 1929, Vialleton et Roux (2 arrêts) ; 27 février, Flamant ; 16 mars, Gazay, p. 236, 252 ; Table, p. 1425.

462. — Aussi bien cette juridiction des tribunaux de pensions n'a-t-elle trouvé des limites, par rapport aux tribunaux civils, qu'au cas des questions d'état, spécialement (Cf. *suprà*, n°s 417 sv.), de la qualification des enfants orphelins ou abandonnés : Cons. d'Et., 17 mars 1926, Vernhettes ; 12 novembre, Cambon, Leb. chr., p. 294, 976 ; — de la garde et de l'entretien qui, du chef d'un enfant ainsi recueilli et élevé, donne droit à une allocation d'ascendant : 3 février 1926 ; Benoît, 12 mai, Philippe ; 21 juillet, Rémy ; 4 août, Mindurry ; 5 novembre, Houdin ; 10 novembre Ferradou, p. 122, 483, 771, 856, 940, 955... ; — de la reconnaissance du titre de pupille de la nation : 2 avril 1930, Bonjean, p. 373 ; — de l'interprétation nécessaire par l'autorité judiciaire de la régularité d'un acte de reconnaissance invoqué à l'appui d'une demande de pension par ou pour un enfant adultérin : 25 juin 1930, Mollet, p. 651.

463. — B. Le Conseil d'Etat s'est replié, refusé lui-même, déclarant, en contre-partie de son droit exclusif au sujet des excès de pouvoir et des violations de la loi, son incompétence en premier ressort, sur maints recours l'ayant saisi directement et se rapportant en leur ensemble aux conditions d'application de la loi : 18 avril 1923, Delamotte, Leb. chr., p. 327 ; — 1er mai 1929, Thépaut, p. 443, ou de force exécutoire, définitive à suite de jugement ou d'arrêt des juridictions de pensions, d'arrêtés ministériels, tour à tour annulés et maintenus, ayant fixé, puis remplacé une pension définitive après sa révision administrative au titre de l'article 67 de la loi de 1919 : 17 juin 1931,

Tallet, p. 648 ; — et particulièrement au déni ou à la limitation de droits prétendus à pension en vertu des lois des 3 avril 1918 et 31 mars 1919 : 24 janvier 1923, Rional, p. 58 ; — 14 février 1925, Uguen, p. 160 ; — 24 mars 1926, Caboux, p. 334 ; — 2 août 1927, Mattei, p. 905 ; — 7 novembre 1929, Barazer ; 12 décembre, Colomb, p. 966, 1104 ; — ou à la déchéance prononcée de ce droits : 20 juillet 1927, Orticoni, p. 812, ou à l'origine irrégulière des décisions en la matière : 2 août 1928, Dupont, p. 1024 ; — à l'évaluation des infirmités ou à l'appréciation de leur incurabilité, et aux procédures d'instruction à ordonner : 15 décembre 1926, Quilié, p. 1109 ; — 13 juin 1928, Noël, p. 742 ; — 25 mars 1931, Theillaumas, p. 349, ou aux plaintes en faux dirigées contre elles : 2 juillet 1929, Jouanolou, p. 666 ; — au fondement et au calcul d'une pension de réversion : 25 juillet 1923, Espaillac, p. 608 ; — au remboursement de dépenses avancées pour soins médicaux ou pharmaceutiques, hospitalisation et voyages : 7 juillet 1926, Bougourd, p. 695 ; ou de trop-perçu sur titre d'allocation provisoire d'attente : 26 juillet 1929, Terrail ; 11 décembre, Demare, p. 883, 1095....

464. — La ligne de son autorité se dessine ainsi sur ce thème de droit (Cf. *suprà*, n° 450) qu'en premier et dernier ressort, de lui en tant que juge de droit commun, relèvent, à l'exclusion de toute contestation sur l'existence ou le degré des infirmités prétendues par les intéressés comme suite d'événements de guerre ou d'accidents du service, les litiges relatifs aux conditions d'obtention et à la liquidation des pensions d'ancienneté ou proportionnelles ou mixtes ou de réversion instituées par la législation antérieurement au 31 mars 1919 ou prévues par les art. 59 et 60 de la loi de cette date ou la loi ultérieure du 25 mars 1920 : Cons. d'El., 23 janvier 1925, Pérénès et Pallu ; 29 juillet, Combe ; 9 novembre, Biraud, Terreaux (2 arrêts), Leb. chr., p. 78, 79, 756, 883, 884 ; — 26 novembre 1930, Adiasse, p. 980 ; — par a *contr.*, 13 novembre 1929, Benidir, p. 984.

465. — Elle s'est établie et précisée sur ces positions de droit qu'en ressortissent :

Du point de vue des conditions d'obtention des pensions, toutes difficultés relatives notamment aux droits ouverts avant le 2 août 1914 : Cons. d'El., 31 octobre 1928, Aziza Mouchi, Leb. chr., p. 1114 ; — 13 mars 1929, Molines, Table, p. 1414 ; — à la condition de nationalité imposée par la loi du 17 avril 1923 aux militaires ayant acquis des droits à pension d'invalidité dans l'armée allemande, spécialement à celle d'inscription sur les listes des réintégrations dans la nationalité française dressées en exécution du traité de Versailles : 23 novembre 1932, Dumberger-Thielen, p. 983 ; — aux titres à réversion de pension proportionnelle ou à pension mixte : 15 janvier 1926, Taillefer, p. 45 ; - 26 juin 1929, Bocholier, p. 628 ;

S'agissant des éléments et des modes de la liquidation des pensions, les discussions soulevées, par exemple, quant au remboursement réclamé à l'Etat antérieurement à la modification de l'art. 64 de la loi de 1919 par celle du 22 juillet 1922 des soins médicaux et pharmaceutiques exposés pour le compte d'un fils mutilé de guerre : 7 février 1925, Bradesi, p. 141 ; — ou à propos de la prétendue insuffisance du secours permanent accordé discrétionnairement par le ministre des pensions à un militaire victime d'un accident survenu en dehors du service : 19 décembre 1928, Ruèche, p. 1323.

III. — *Les formes et les délais de procédure.*

466. — Le formalisme caractéristique et nécessaire des procédures quant aux actes qui les composent et au temps où elles doivent se dérouler a, en la matière, incliné le législateur de 1919 à certaines dispositions essentielles, sauf, ici et là, quelque souplesse réservée pour leur adaptation par le juge à des besoins particuliers.

1. *L'ouverture de l'instance.*

467. — A. L'instance est soumise, quant à son ouverture et à sa recevabilité, à la double condition de la *forme écrite* et de la *signification* de la demande. L'une est la règle commune de tous les actes de procédure ; l'autre, en tant qu'elle peut être faite par « lettre recommandée adressée au greffier » (art. 38, al. 2), n'est qu'une nouvelle réalisation de la tendance législative à admettre et à généraliser pour un certain nombre de litiges ce moyen moins coûteux, aussi sûr. Elle s'est réduite au plus simple : la nécessité d'un avis de réception, recommandée par la commission du Sénat (Observat. Dominique Delahaye ; Rapp. Chéron, 17 sept. 1918, Doc. parl., p. 533), fut critiquée et abandonnée à la Chambre, de même que le procédé d'une carte ouverte recommandée : celui-ci n'y a « pas paru présenter d'avantages véritables sur la lettre recommandée » (Rapp. Lugol, 31 oct. 1918, p. 1882); l'autre, heurtant la pensée d'instituer une procédure « extrêmement simple » et de « diminuer autant que possible les formalités » à la charge du demandeur, a été écartée, sur cette observation « cu'une déclaration au greffe, même verbale, si elle est faite et constatée, suffit » (Ch., 26 déc. 1918, Déb. parl., p. 3578); en fin de compte, le texte légal fit état et condition seulement de l'envoi d'une lettre recommandée. Et la jurisprudence s'y est tenue, notamment en des causes d'appel et de tardive présentation de la lettre : Cons. d'Et., 25 mars 1925, Leb. chr., Dù, p. 310. — Cpr. 19 mai 1926, Joubert, p. 519.

468. — Dans les huit jours *communication* en est faite à l'autorité militaire ou maritime « général commandant la région ou ministre de la marine » (art. 38, al. 3), aux fins d'observations par le département ministériel liquidateur des pensions (Rapp. Chéron, Doc. parl., juill. 1918, p. 429). Comme il n'existe de préfet maritime qu'en cinq départements, la transmission au ministre de la marine s'imposait. Une lacune s'aperçoit en l'art. 38, comparativement à l'avant-dernier alinéa des art. 36 et 37 : rien n'y est spécifié par le cas d'une pension militaire du ministère des colonies.

469. — *B.* Suit aussitôt une *tentative de conciliation.* La loi l'ordonne et l'organise (art. 38, alin. 4). Bien vite, dans son élaboration, prit corps la pensée d'appliquer au règlement des difficultés, provoquées notamment par la fixation des degrés d'infirmité, la méthode instituée utilement en 1898 pour celui des indemnités aux victimes d'accidents du travail, et donc de remettre au président du tribunal ou à un juge délégué par lui, réunissant les parties dans son cabinet, la mission de mettre les choses au point et d'éviter sans doute grand nombre de litiges (Rapp. Lugol, Ch., 19 déc. 1918, Doc. parl., mars 1919, p. 11). L'assistance d'un médecin et d'un conseil, avocat ou avoué, y est acceptée ; la représentation de l'invalide empêché par ses infirmités de s'y rendre n'est point prévue par la loi. La jurisprudence a développé et précisé la prévision légale, spécialement au double point de vue de l'obligation de la convocation et de l'effet obligatoire de la conciliation établie entre les parties. Il ne peut, bien évidemment, être question d'accord si des propositions transactionnelles faites par le commissaire du gouvernement et d'abord agréées ont été retirées par le demandeur avant que le tribunal des pensions en eût donné acte : Cf. Cons. d'Et., 26 novembre 1930, Laurent, Leb. chr., p. 980.

470. — Obligation de convoquer le demandeur et le représentant du ministre pour une tentative de conciliation n'existe point pour le président du tribunal des pensions; il ne résulte de la loi qu'une faculté pour le demandeur, au cas de non-acceptation des propositions ministérielles, de réclamer à ladite fin sa convocation dans le cabinet du président du tribunal; l'appel direct de l'administration devant le tribunal est possible, et la procédure ainsi entamée est régulière, et aussi la constatation faite par le tribunal de l'absence de conciliation : Cons. d'Et., 7 décembre 1932, Rouchette, Leb. chr., p. 1044.

471. — L'effet obligatoire de l'accord intervenu entre les parties quant aux droits à pension, à l'ensemble des infirmités ou au taux de la pension du requérant, et entériné par ordonnance du président du tribunal départemental, est réel au point de n'en plus permettre la dénonciation par une seule des parties, à moins que d'arguer contre ses énonciations un vice du consentement ou l'une des causes de nullité prévues à l'art. 38 de la loi : Cons. d'Et., 21 novembre 1928, Guerre, Leb. chr., p. 1203; — 26 juin 1929, Pansin; 23 juillet, Gache, p. 628, 796; — 29 avril 1931, Thibaut; 17 juin, Bloun-ven, p. 453, 649. En ce cas le délai ouvert à l'action en annulation du procès-verbal et à la reprise de la procédure de conciliation serait celui-là même qui est prévu audit article, et les six mois en commenceraient à courir du jour de la signature du procès-verbal entaché ou argué d'irrégularité : des dispositions du genre de la loi du 9 janvier 1926, sur le prolongement des délais pour demande de pension, n'ont aucune place dès lors qu'il s'agit de délais pour se pourvoir devant les juridictions de pensions : 19 juillet 1929, Cantalibre, p. 768. — La cour saisie dans les délais de pareille action doit faire examen des circonstances de l'affaire

et ne pourrait, sans commettre une erreur de droit, écarter les conclusions du requérant par le seul motif de l'autorité de la chose jugée prêtée à l'ordonnance de conciliation : 29 janvier 1930, Colombani, p. 119.

2. La liaison de l'instance et la procédure contradictoire.

472. — Les actes de procédure s'ouvrent alors, assujettis à la série des principes généraux qui imposent la forme écrite, certaines mentions à peine de nullité pour faire preuve par eux-mêmes de leur régularité et la signification dans des formes particulières aux intéressés.

A. Le premier est, au cas de non comparution ou de non-conciliation, la *citation* du demandeur « devant le tribunal des pensions, par lettre recommandée avec accusé de réception, et ce, à la date fixée par le président, en observant au moins un délai de huit jours » (art. 38, al. dern). Le procédé de la lettre recommandée, parce que moins coûteux et plus sûr que la signification par huissier, était dans les tendances des dernières années (Cf. *supra*, n° 467; Morel, *Tr. élém. de procéd. civ.*, 1932, n° 386, p. 425). L'accusé de réception et la computation du délai firent l'objet de plus de discussion : Cf. Rapp. Lugol, 31 octobre 1918, Doc. parl., p. 1883; Amend. Ern. Lafont, et Observ. Abrami, Ch. dép., 26 décembre 1918, Déb. parl., p. 3578 sv.

473. — Les notifications sont formellement indispensables, et il ne suffirait pas, à leur défaut, de la connaissance acquise par la partie intéressée de la décision ministérielle : Cons. d'Et., 29 juin 1932, Vaux, Leb. chr., p. 643. Dûment faites, elles font courir les délais de recours, tels qu'ils sont fixés à l'art. 38 de la loi; et il appartient au tribunal de les déclarer valables; mais il leur incombe aussi, avant de faire droit aux conclusions du ministre des pensions tendant à faire déclarer tardive une instance, de rapprocher, eu égard aux prolongations applicables en vertu de l'art. 41, le point de départ du délai fixé par la loi et le jour de l'introduction de l'instance : Cons. d'Et., 9 mai 1930, Périsse, p. 491. — Les délais légaux expirés, la forclusion est acquise, et ce ne fut point une circonstance de nature à l'écarter que le manque d'une traduction arabe : 27 juin 1930, Ahmed ben Abdelkader, p. 667, ou allemande : 23 juillet 1930, Holl, p 775, jointe à la notification de la décision de rejet, au regard tout particulièrement d'un requérant auquel n'étaient pas applicables les dispositions de la loi du 26 mars 1928 : 20 octobre 1932, Grada, p. 854.

474. — Qu'il s'agisse de la citation ordinaire et initiale de l'instance (art. 38, alin. 7) ou de la citation successive à une opposition des parties intéressées (art. 41, alin. 5), la rédaction de l'acte doit être, selon son but, aménagée avec assez d'indications pour permettre au requérant de comparaître à l'audience; faute de quoi il serait fondé à attaquer la décision comme rendue à la suite d'une procédure irrégulière et à en demander l'annulation : Cons. d'Et., 24 juillet 1929, Daumas, Leb. chr., p. 830. Encore est-il que cette règle de l'avertissement du jour de l'audience doit être entendue avec réserve, d'après les contingences. — La *comparution à l'audience* de l'intéressé et le fait de son conseil d'y avoir présenté des observations orales ont suffi à des cours régionales pour rejeter ses conclusions contre la décision attaquée, sous couleur de violation des dispositions législatives; aussi bien celles-ci (art. 38 et 42 de la loi de 1919) n'ont-elles d'autre but que de garantir les droits des justiciables en leur permettant de se présenter ou faire représenter à l'audience; et ce serait le dépasser que d'y attacher une sanction de nullité, le caractère contradictoire de la décision n'est aucunement subordonné à la comparution personnelle de l'intéressé : 21 mars 1928, Guérin, p. 403; — 13 février 1929, Caubel; 4 mai, Parmentier; 7 novembre, Pasquier; 13 novembre, Basset, p. 181, 477, 966, 985; — 9 janvier 1930, Kadda; 23 janvier, Rambaud; 20 mars, Oberti; 12 avril, Hanoun; 3 décembre, Rouyer, p 20, 95, 325, 473, 1014; — 13 mars 1931, Cauvin, p. 282; — par *a contr.*, 17 février 1932, Chihaudel; 28 avril, Albert, p. 194, 421. — Peu a importé, dès lors, le remplacement de l'avocat primitivement désigné, sans que l'intéressé en eût été avisé : 14 mai 1930, Trémolières, p. 501; — 19 mars 1931, Lafarge, p. 315. De même au regard d'un requérant dûment convoqué à l'audience, mais ne s'y étant point présenté non plus que son avocat, alors que réponse complète a été faite par la décision aux conclusions écrites dont il avait saisi le tribunal ou la cour : 16 décembre 1931, Gayraud, Table, p. 1404.

475. — *B.* La *comparution* et la *représentation* du demandeur sont les fins de la loi, distribuées, au lieu d'être confondues comme elles l'étaient dans le texte du projet (Cf. Ch. dép., 29 janvier 1918, *J. off.*, Déb. parl., p. 223), dans les deux art. 38 et 39, celui-ci relatif à la défense et au droit à l'assistance judiciaire : « Le demandeur pourra comparaître en personne. Il pourra présenter des observations orales ou en faire présenter par un membre de sa famille, parent ou allié au degré successible, par un avocat régulièrement inscrit ou par un avoué exerçant dans le département. Si le requérant est un membre de la famille, il devra être porteur d'un pouvoir sur papier non timbré, dispensé de la formalité de l'enregistrement, avec signature légalisée » (alin. 2, 3); s'agissant d'aliénés internés, c'est l'administrateur des biens, le directeur de l'asile, qui doit, le cas échéant, avoir convocation personnelle et faire connaître son intention de présenter des observations orales : Cons. d'Et., 18 janvier 1928, Bricaud, Leb. chr., p. 79. Disposition en son ensemble toute réglementaire, qui semble n'avoir soulevé qu'une difficulté peu grave, au regard d'une femme mariée et de sa demande de pension de veuve ou d'allocation d'ascendante : l'autorisation expresse à obtenir du mari est de droit commun, et il va de soi que, si cette autorisation n'est pas révoquée, la femme y trouve, au besoin, le droit de défendre à l'appel interjeté contre elle d'un jugement rendu en sa faveur en première instance : 9 novembre 1931, Henry, p. 970.

476. — L'assistance ou la désignation d'un conseil et le respect des droits de la défense font, dans les art. 39 al. 2 et 42 L. 31 mars 1919, et dans les textes qui y font renvoi, comme l'art. 6 L. 24 juin 1919 pour la procédure en matière de réparations aux victimes civiles de la guerre, l'objet d'une explicite condition : Cons. d'Et., 23 mai 1924, Odiol, p. 501, dont le Conseil d'Etat a mesuré la portée. Il était d'une sage opportunité et équitable justice de déclarer sans influence sur la régularité de la décision le fait pour le défendeur commis de ne pas s'être présenté à l'audience : 12 mai 1926, Nabarret, p. 486, alors que l'intéressé avait été lui-même entendu en ses explications : 18 mai 1927, Delacroix, p. 563; de ne point exiger de la juridiction une analyse des moyens présentés verbalement par l'avocat : 6 janvier 1932, Patout, p. 10; et, uniformément, en cause d'appel notamment, d'avoir entendu l'appelant avant l'intimé, le commissaire du gouvernement après l'avocat du requérant, en un cas, d'ailleurs, où le jugement du tribunal départemental avait été frappé d'appel par le ministre : 12 avril 1930, Salles, p. 473: d'admettre le tribunal à statuer par défaut, sans être tenu à statuer en présence d'un avocat ou à relever dans son jugement la désignation d'un avocat d'office et les motifs de sa non-présentation à la barre : 5 novembre 1930, Carayon, p. 898...

477. — L'assistance judiciaire — conformément à cette donnée qu'elle n'est de droit qu'exceptionnellement, pour certaines catégories d'affaires et en vertu de textes exprès, comme les accidents du travail et la loi du 9 avril 1898 — « sera accordée à tout intéressé qui en fera la demande au président du tribunal départemental » (al. 4). Il n'y eut non plus à cet égard (Rapp. Lugol, Ch. dép., 31 oct. 1918, *ibid.*, p. 1883) aucune hésitation : Cf. Rapp. Chéron. Sén., 31 mai 1918, Doc. parl., p. 429, à peine de brèves difficultés au contentieux, quant à la mention de l'assistance obtenue et de l'avocat commis : elle n'a pas besoin d'être mentionnée dans la décision juridictionnelle : Cons. d'Et., 17 juin 1931, Juillaguet, Leb. chr., p. 650; 26 février 1932, Delmas, p. 232; — ou quant à la désignation d'un avocat : ne pas l'avoir requise enlève le droit de prétendre ultérieurement à l'irrégularité de la procédure suivie devant le tribunal : 29 avril 1931, Aribaud, p. 452; — ou quant à l'exonération et au remboursement qui peut s'ensuivre des frais de procédure : selon l'art. 10 de la loi du 29 décembre 1929, la règle est l'exonération; exception y peut être apportée par décision motivée du tribunal départemental ou de la cour régionale des pensions : 26 février 1932, précité.

478. — L'assistance d'un médecin civil, en outre et aux côtés du conseil, a été voulue pour « donner toutes les garanties possibles aux mutilés ou aux réformés, afin que la juridiction d'appel soit saisie le moins possible de pourvois » (Amend. Goude, Ch. dép., 29 janv. 1918, Déb. parl., p. 222). Le Conseil d'Etat l'a considérée comme un « droit. » : 4 avril 1925. Chabert, Leb. chr., p. 403, n'existant, au surplus, que lors de l'expertise : 23 juillet 1930, Chenais, p. 774. L'existence et la limitation de ce droit sont importantes à observer; elles éclairent cette autre

donnée de la jurisprudence, adaptée aux dispositions combinées des art. 39 et 42 de la loi, que, le mandat de présenter des observations orales au nom des intéressés devant les juridictions des pensions étant réservé à certains membres de leur famille et aux avocats régulièrement inscrits ou avoués exerçant dans le département, il n'y a nul excès de pouvoir, de la part d'un tribunal ou d'une cour, à refuser d'entendre le médecin qui a soigné le requérant : 5 mars 1930, Bazol, p. 250.

479. — C. L'instance ainsi liée par la comparution ou moyennant la représentation du demandeur se poursuit est en principe publique : Cf. Cons. d'Et., 12 mai 1926, Nabarret, Leb. chr., p. 486, et contradictoire : 7 janvier 1927, Froumajou, Clabaut, p. 40, 42. Ce qui ne veut pas dire, au surplus, que les juridictions instituées par la loi de 1919 ne soient en droit de statuer que si l'intéressé use de la faculté accordée par les art. 39 et 42 de comparaître en personne. C'est la règle de droit commun que le juge est devenu maître de l'instance, libre de refuser les remises sollicitées sans cause ou juger sur pièces si partie ou avocat ne se présente pas au jour fixé pour le débat oral. — La *procédure* est à la fois écrite et orale, mais avec quelque prédominance de l'oralité. Par exception, le tribunal, sur demande de l'intéressé (auquel la commission du Sénat avait assimilé à cette fin le ministère public), peut ordonner les débats en chambre du conseil (art. 39, alin. 2): le texte bien entendu est, du reste, exclusif d'obligation pour le tribunal ou une cour de faire droit à semblable demande : 9 juillet 1929, Chabreyrie, p 701. — Dans la mesure où elle donne lieu à des mesures d'instruction, telles qu'enquêtes ou interrogatoires sur faits et articles, à la demande de l'intéressé encore, « si des motifs graves s'opposent à sa comparution devant le tribunal, le président pourra déléguer un des membres du tribunal pour entendre le demandeur, dans une autre localité ou à son domicile » (art. 39, alin. 5) : là aussi, il n'y a que faculté pour le juge, question d'opportunité remise à son appréciation, de telle manière que la cour régionale ne commet (26 juin 1929, Bayle, p. 629) aucune violation de la loi en statuant, l'avocat du requérant d'ailleurs entendu, sans que le président ait usé du pouvoir visé à la loi.

3. *L'administration des preuves, les caractères et conditions des vérifications et expertises.*

480. — Le développement, comme l'objet de ces modes de preuve et constatations, est parfois compliqué, difficile, au point que, soit à la demande des parties, soit d'office, les juridictions sont parfois amenées à ordonner certaines mesures destinées à faire droit ou à mesurer le bien ou le mal-fondé des actions; ce sont, dans ces conditions, des formes et des preuves qui sont comme des moyens ou des incidents de l'instance principale et des vérifications, enquêtes ou expertises d'une place considérable et d'une importance essentielle où l'impulsion vient, comme dans la généralité des procédures françaises, des parties, mais où la « neutralité » de principe du juge subit, quant à la solution des litiges et à la recherche des preuves, de graves tempéraments. — L'économie de l'art. 40 était, au cours de son élaboration, apparue trop complexe du point de vue de la série des révisions, sinon fâcheuse aussi quant à l'état d'esprit trop défiant à l'encontre des décisions des médecins militaires les inspirant; il y eût eu successivement : 1° présentation devant le conseil d'administration du corps, assisté de deux médecins (commission d'examen); 2° passage devant la commission de réforme ou la commission de vérification (deux médecins); 3° examen du dossier par la commission consultative médicale et ses délégués régionaux, qui ont la faculté de provoquer un nouvel examen médical; 4° passage du dossier aux révisions réglementaires du ministère des finances et du Conseil d'Etat, avec faculté, pour la haute assemblée, de demander une vérification médicale complémentaire; 5° vérification faite par les experts du tribunal départemental des pensions, contradictoirement avec le médecin de l'intéressé (un ou trois experts); 6° contre-expertise, en cas de contradiction formelle des experts et du médecin du demandeur (trois experts). Donc, six examens possibles, sans parler de vérifications sur pièces... « Peut-être — est-il écrit aux documents parlementaires — la tendance à multiplier les examens s'explique-t-elle par une connaissance incomplète des garanties très sérieuses que renferme, pour les mutilés, la procédure suivie en vue de l'élaboration de la décision concédant ou rejetant la pension. L'attention de la Chambre se concentrant sur une phase unique de l'ensemble de la procédure totale, on a été naturellement porté à accumuler dans cette phase des précautions très légitimes, qui, en fait, se trouvaient déjà réparties sur tout l'ensemble des phases à traverser avant qu'il y ait chose jugée en matière de pensions. On ne peut que souhaiter que le fonctionnement des juridictions instituées par la loi nouvelle ne s'en trouve pas trop embarrassé et ralenti » (Rapp. Chéron, Sén., 18 mars 1919, Doc. parl., p. 120).

481. — *A.* Qu'un dossier incomplet ne puisse servir aux fins de la loi (Cons. d'Et., 19 mars 1930, Médioni, p. 317) et que soit règle stricte l'intégrale *communication du dossier,* c'est une double vérité et réalité dont le Conseil d'Etat a dû, à maintes reprises, rappeler l'existence et sanctionner le respect : l'art. 40 du décret du 2 septembre 1919 présupposait et ordonne la connaissance nécessaire par les bénéficiaires de la loi du 31 mars de toutes les pièces de leur dossier relatives aux faits servant de base au refus de la pension et donc, dans les cas de pièces versées au dossier par l'administration postérieurement à la tentative de conciliation, l'invitation d'office à en prendre connaissance avant la venue de l'affaire à l'audience du tribunal départemental ou de la cour régionale : Cf. (par *a contr.*) 27 février 1925, Couvat; 10 juin, Simeoni, Leb. chr., p. 219, 552; — 28 mars 1931, Zanona; 4 décembre 1931, Pérol, p. 421, 1085. L'allégation du caractère incomplet du dossier, de la rétention d'une pièce importante ou de quelque autre artifice de pareil aloi, doit être dûment établie : 31 mars 1928, Lagier, p. 511; — 28 janvier 1931, Simon, Table, p. 1408; - 20 juillet 1932, Risso, p. 753; et elle ne prévaudrait pas en fait contre la preuve résultant des termes du jugement ou de l'arrêt de la connaissance utile, antérieure ou indépendante, par la juridiction des renseignements de la pièce produite à l'audience : 20 février 1930, Jaffrès, Table, p. 1332. — Cpr. 18 janvier 1928, Chambon, p. 79.

482. — Que doivent ou puissent être écartées des *conclusions sans intérêt,* sans lien avec le litige, discutant de demandes (p. ex., remboursement d'arrérages de pension temporaire) non formulées par l'administration : Cons. d'Et., 9 mai 1928, Navarro, Leb. chr., p. 592, ou devenues indifférentes (vice de forme d'un jugement du tribunal départemental annulé par un arrêt de cour régionale statuant au fond sur le droit à pension) à la chose jugée : 23 juin 1928, Jaines, p. 797; par *a contr.*, 28 mars 1931, Tramoni, p. 418; — et que dans la suite des instances ne soient pas recevables au Conseil d'Etat des moyens nouveaux qui n'auraient pas été soulevés devant les juridictions des pensions : 27 juin 1928, Mattei; 14 novembre, Maunoury, p. 818, 1171, — il n'est là rien que de conforme à la technique élémentaire, suivant laquelle l'office juridictionnel consiste et est limité à faire droit intégralement à toutes, mais aux seules conclusions lui ayant donné ouverture. Cpr. 31 mars 1928, Lagier; 9 mai, Aubert, p. 511, 594.

483. — Qu'en cause d'appel des *demandes tardives,* eu égard à la décision réellement attaquée et, dans la vérité des choses, mettant en cause des décisions à l'encontre desquelles était expiré le délai de cinq ans prévu par l'art. 38 de la loi de 1919 : Cons. d'Et., 18 décembre 1930, Fleischel, Leb. chr., p. 1077; —16 décembre 1931, Ohvana, Table, p. 1407, ou relevée telle ou telle circonstance, comme l'irrégularité de leur signature ou notification, sans effet sur la forclusion encourue par le demandeur : 19 mars 1932, Rolland, p. 372, ne trouvent pas davantage issue; — et que ne soient pas recevables non plus des requêtes dirigées en réalité contre des décisions relatives au taux d'invalidité et devenues définitives, 30 octobre 1931, Lautier, p. 934; par *a contr.*, 25 mars, Theillaumas, p. 349; — la chose s'explique par cette raison, de droit commun, que la déchéance résultant d'expiration du délai pour un recours est comme une disposition d'ordre public à appliquer d'office par le juge saisi d'appel.

484. — *B.* La place de ces conditions ou applications générales étant marquée comme il vient d'être dit, l'instance risque de comporter des vérifications médicales et des expertises, sur lesquelles discussions ou arguties ont été déjà en nombre. — L'intention formelle du législateur a été, au lieu du droit appartenant d'habitude au Conseil d'Etat de prononcer d'après les seuls documents du dossier, d'instituer pour les juges des pensions une faculté de contrôle des déclarations et approbations produites. « Peu importe que le tribunal ait parmi ses membres un médecin qui pourrait le renseigner et l'aider à se prononcer; il faut qu'en cas de contradiction avec l'intéressé, à la vérifica-

tion militaire, administrative, vienne s'ajouter une nouvelle expertise qui doit avoir tous les caractères d'une expertise judiciaire » (Rapp. Lugol, Ch. dép., 31 oct. 1918, Doc. parl., p. 1884). L'art. 40 lui a donné corps et ouvert un double champ :

485. — *a)* *Vérification complémentaire médicale* et, s'il paraît opportun, mise en observation, avec indemnité (*supra*), de l'intéressé. L'art. 40, alin. 8, a pris soin de spécifier en outre, aux cas de mise en observation ou d'hospitalisation et d'invalidité inférieure à un mois, l'interdiction aux employeurs de « s'en prévaloir pour rompre le contrat de travail » : imitation, d'ailleurs élargie, de l'art. 25 du Code du travail, mais ramenée d'une limite indéfinie (Amend. Mauger, Ch. dép., 26 déc. 1918) au terme d'un mois par crainte de répercussions imprévisibles ou fâcheuses au mutilé (Observ. Abrami, Lugol, Déb. parl., p. 3580). — Aucune disposition légale ni réglementaire ne s'opposerait à la désignation par le président du tribunal, d'accord avec les parties, lors de la tentative de conciliation, d'un expert médical aux fins d'avis sur la nature des lésions souffertes et du degré d'invalidité en résultant : Cons. d'Et., 15 janvier 1930, Pagès, Leb. chr., p. 57. L'art. 40, par contre, n'en fait pas obligation aux juridictions; et il appartient pleinement à celles-ci aussi bien de trouver et déclarer dans les pièces du dossier des éléments d'appréciation suffisants sur la nature, l'origine et le degré de gravité des infirmités et affections des requérants : 18 mai 1927, Benhimi, p. 561; — 4 janvier 1928, Fournier; 28 mars, Bricout, Bourliautaud; 9 mai, Aubert; 31 octobre, Voinson, p. 13, 469, 470, 594, 1115; — 15 janvier 1931, Brunel, p. 54, que de donner à l'expert médical une mission limitée à tel point, l'imputabilité au service, à l'exclusion des autres, mesure de l'invalidité fonctionnelle, lien des infirmités multiples... : 15 janvier 1930, Legeay, p. 56. — Quand elle est souhaitée, elle est l'œuvre, là où il est jugé convenable et, s'il y a lieu, au domicile du demandeur, d' « un ou trois experts choisis par le tribunal sur une liste établie par lui au commencement de chaque année judiciaire » (art. 40, al. 3). L'idée d'y faire part à deux médecins militaires fut combattue rudement par la crainte affectée de « perpétuer le mécontentement... le plus souvent laissé [par] le souvenir du passage devant les commissions de réforme... La vérification médicale est la partie essentielle et capitale de toute notre organisation. Il faut qu'elle soit sérieuse et qu'elle donne aux mutilés des garanties telles qu'ils puissent en accepter le résultat avec une entière confiance » (Rapp. Lugol, 31 oct. 1918, Doc. parl., p. 1884).

486. — L'avis du médecin civil et les conclusions des certificats médicaux en sont moyens et éléments, qui doivent faire l'objet d'une discussion sommaire au procès-verbal. C'est, d'évidence (art. 40, alin. 4) au requérant qu'il appartient de faire toute diligence pour obtenir cette assistance du médecin traitant, au point qu'il ne saurait imputer le défaut de celle-ci au médecin-expert et prétendre à l'irrégularité en la forme de l'expertise faite : Cons. d'Et., 10 juin 1931, Blaize, Leb. chr., p. 608. Il va non moins de soi que la juridiction peut ne pas tenir compte des éléments nouveaux de preuve fournis par le requérant, et qu'elle a marqué suffisamment son dessein de les écarter comme non probants en lui allouant une pension d'autre taux : 15 janvier 1931, Malo, p. 54. Les certificats médicaux dont la loi prescrit l'annexion et la discussion sommaire au procès-verbal de l'expertise sont ceux-là seuls que le requérant produit spécialement à cet effet, autres par là-même que les pièces émanant d'autorités médicales militaires et faisant, selon les règlements, partie intégrante du dossier de l'intéressé : 25 février 1931, Spaul, p. 218.

487. — *b)* *Expertise nouvelle,* au cas de contradiction formelle dans les avis des médecins-experts et du médecin de l'intéressé, — pour laquelle le tribunal nommera l'un des trois médecins, tandis que les deux autres seront désignés par le ministre compétent et le demandeur (art. 40, alin. 5). La proposition (Amend. Peyroux, Ch. dép., 29 janv. 1918, Déb. parl., p. 222) avait été faite, sous couleur de donner aux mutilés de la guerre les garanties recherchées par la loi de 1898 pour les accidents du travail, de rendre obligatoire l'expertise complémentaire; celle-ci n'a été admise que sous forme de faculté pour le tribunal, par crainte « de compliquer et de perpétuer la procédure par des dispositions trop absolues » (Rapp. Chéron, Sén., 31 mai 1918, Doc. parl, p. 430. — Rpr. Lugol, 29 janv. 1918, *loc. cit.*). L'art. 40 ne fait en aucun cas une obligation, ni de l'expertise, ni de sa remise à trois médecins. Et les choses ainsi établies ont été confirmées par la jurisprudence, qu'il s'agit de tenir pour valide et de faire sortir effet : soit le refus, au cas de désaccord entre experts et médecins du requérant, d'une nouvelle expertise comme mesure complémentaire d'instruction : Cons. d'Et., 23 juin 1928, Jaimes, Leb. chr., p. 797 ; — 27 février 1929, Flament, p. 252 ; — 15 janvier 1931, Brunel ; 25 février, Spaul, p. 54, 218, étant bien entendu que, s'il appartient aux juridictions de pensions de prescrire toutes enquêtes apparemment utiles, elles ne peuvent se refuser à statuer sur le recours même : 4 août 1926, Pieux, p. 1061 ; — soit l'expertise du seul médecin commis par le tribunal : 26 mars 1926, Trintignac ; 6 août, Barrère, p. 368, 873 ; — Rpr. 15 janvier 1930, Pagès, p. 57. Tout accord intervenu entre le représentant de l'intéressé et le commissaire du gouvernement quant à la nomination du surexpert ou à quelque point de l'accomplissement de sa mission, telle une dispense du serment, produit effet immédiat et définitif : 17 juin 1931, Cabrol, p. 649 ; de même, le défaut de critique contre la désignation des experts avant le jugement d'avant-dire droit les commettant : 4 juin 1931, Janvois, p. 590.

488. — Une exception, l'obligation conditionnée de l'expertise, a été admise, au regard des anciens militaires atteints de tuberculose pulmonaire constatée dans certaines conditions déterminées, par le décret du 17 octobre 1919 mod. 8 août 1924 : en cas de contestation les candidats à pension non proposés pour une pension de 100 % sont en droit de demander surexpertise, et les tribunaux dans l'obligation, quels qu'aient été les résultats de l'examen complémentaire par eux ordonnée en vertu des art. 40 et 42 de la loi du 31 mars 1919, d'ordonner, si elle a été requise (par a contr., 16 juillet 1930, Salles, p. 742), cette surexpertise à peine d'annulation de leur décision : Cons. d'Et., 7 novembre 1928, Cabrol, Leb. chr., p. 1143 ; — 13 mai 1931, Guyader, p. 525 ; — 7 décembre 1932, Pech, p. 1043.

489. — Nulle forme particulière n'est prescrite pour les convocations aux expertises ainsi prescrites ; le défaut de lettre recommandée à cette fin ne saurait donc entacher d'irrégularité la mesure dont il s'agit : Cons. d'Et., 11 mars 1931, Sachier, p. 279. — Nulle particularité n'a été précisée non plus quant à l'invitation d'office à l'intéressé, selon l'art. 40 du décret du 2 septembre 1919, de prendre communication du rapport d'expertise ; celle-ci doit, d'évidence, être donnée, ou après la remise de la note complémentaire de l'expert en chambre du conseil : 21 décembre 1932, Barta, p. 1111, ou avant l'appel de l'affaire à l'audience du tribunal départemental ou de la cour régionale des pensions ; son défaut entacherait d'excès de pouvoir le jugement ou l'arrêt : 9 juillet 1929, Augendre, p. 701.

IV. — *Le débat oral, les formalités et les suites des jugements.*

1. L'audience. Les conclusions du commissaire du gouvernement.

490. — A. Les conclusions prises, l'affaire en l'état, les preuves recherchées et acquises, soit par contrôle des moyens offerts par les parties, soit au moyen de mesures d'instruction ordonnées d'office par le tribunal, le débat oral continue par les plaidoiries qui sont, devant les juridictions des pensions, comme en règle, le monopole des avocats, sauf le droit pour les intéressés d'exposer eux-mêmes leurs prétentions. Le champ en est circonscrit aux conclusions, et celles-ci limitées aux affections constatées par la commission de réforme et prises en compte dans l'évaluation de l'indemnité ; toute décision qui les dépasserait serait viciée d'un excès de pouvoir : Cons. d'Et., 7 décembre 1928, Garrigues, Leb. chr., p. 1279.

491. — Il va de soi — les dispositions des art. 35 et sv. de la loi de 1919 n'y font aucun obstacle — que la cour des pensions peut, en tous cas, confier à l'un de ses membres le soin de faire publiquement le rapport d'une cause à l'audience et que le demandeur serait mal fondé à prétendre de ce chef à un vice de forme dans le jugement ou l'arrêt : Cons. d'Et., 10 juin 1925, Boyer, Leb. chr., p. 554 ; — 4 juin 1931, Galtier, p. 590.

492. — Il ne souffrait guère difficulté — la question a amassé assez de solutions concordantes en droit commun — que les juridictions ne sont jamais dans l'obligation de faire droit à une demande tendant à ce qu'il soit statué en chambre du conseil : Cons. d'Et., 5 juillet 1929, Chabreyrie, Leb. chr., p. 704 ; toutes les raisons valent en la matière, qui ont amené la Cour de cassation à poser en thèse l'incompétence de la chambre du conseil pour statuer en matière contentieuse sur une affaire dont une disposition, comme il en existe quelques-unes, ne lui a pas expressément attribué la connaissance (Cass. req., 3 mai 1909, Godailler, S. 1910.1.257 ; — Cass. civ., 20 février 1924, Verdier, S. 1924.1.104), et à y attacher, au titre de sanction, la nullité — nullité d'ordre public que ne saurait couvrir le silence des parties (Cf. Naquet, note Req., 19 nov. 1912, S. 16.1.9) — pour absence de publicité : Cass. civ., 11 janvier 1916, D. 23.1.324.

493. — B. Les avocats ou les parties entendus, le commissaire du gouvernement est appelé à fournir ses conclusions. Il n'est de particularité en la matière que la communication nécessaire de l'affaire au commissaire du gouvernement, la dispense pour celui-ci de la prestation de serment, requise seulement du ministère public près les tribunaux de l'ordre judiciaire (Cons. d'Et., 3 juill. 1930, Bovadiffa, Leb. chr., p. 689 ; — 4 févr. 1931, Weinberg, p. 131 ; *suprà*, n° 449), et son obligation de conclure, à peine de nullité de la décision. Garde, au contraire, toute sa force, en tant qu'application de la règle commune, l'idée que les conclusions du commissaire du gouvernement, dans les instances engagées devant tribunaux et cours régionales, en suite de décisions ministérielles ayant statué sur la demande de pension, ne lient point ces juridictions, libres et tenues d'y faire droit si et dans la mesure seulement où ces conclusions sont conformes à la loi : 26 mars 1926, Trintignac, p. 368.

494. — Cependant le Conseil d'Etat fut, en 1932, saisi d'une question de quelque nouveauté. C'est règle commune de procédure (D. 30 mars 1808, art. 87 ; Morel, *op. cit.*, n° 458, p. 492) que, le ministère public ayant été entendu, les parties ne sont plus autorisées qu'à remettre au tribunal de simples notes rectificatives ; c'est une autre règle générale que la communication sans déplacement aux parties en faisant la demande de toutes pièces qui ont eu place au cours de la procédure d'une affaire contentieuse. Ce caractère de règles générales s'imposant à toutes les juridictions, en l'absence même de dispositions expresses légales ou réglementaires, a suffi au Conseil d'Etat pour annuler, comme intervenu sur une procédure irrégulière, un arrêt ayant refusé au requérant communication des conclusions écrites du commissaire du gouvernement : le président n'était pas tenu de les communiquer à domicile ; du moins il avait l'obligation d'inviter le requérant, après leur dépôt au greffe de la juridiction, à en prendre connaissance sur place : 10 juin 1932, Ollier, Leb. chr., p. 570.

2. Le délibéré et les motifs de la décision.

495. — A. Les débats clos, un temps se passe, qui va du délibéré au prononcé du jugement. Il appartient à la juridiction saisie de l'affaire de décider la *mise en délibéré* (Cons. d'Et., 27 juin 1928, Caussel, Leb. chr., p. 820), et d'y procéder en un secret au sujet duquel a été évitée toute exagération, par l'arrêt du Conseil d'Etat refusant à tenir pour un motif d'annulation, à soi seule, en dehors de toute autre allégation précise d'atteinte au secret, l'ouverture de la porte de la salle où se tenait l'audience en chambre du conseil (25 juillet 1930, Chigot, p. 819). — La présence du commissaire du gouvernement y constituerait un vice de forme et de violation de la loi : 15 mai 1925, Louchart, p. 476 ; — 9 mars 1927, Rocheray, p. 305. Celle des juges ayant assisté à toutes les audiences de la cause — du moins à dater des conclusions au fond (Cpr. sur le principe, Cass. req., 13 juill. 1926, Lhomme-Gallet, S. 27. 1.298) — est nécessaire à sa validité. Au demeurant, faute de texte portant disposition spéciale ou dérogatoire, s'appliquent les dispositions de droit commun sur l'ordre et les tours de scrutin et le partage des voix.

496. — Le prononcé de la décision en audience publique et en présence de ceux qui l'ont arrêtée fait aussi partie des règles. Sur deux points de détail, le Conseil d'Etat a fourni, dans la ligne non formaliste, mais substantiellement prudente, qui est celle de sa jurisprudence, deux précisions touchant la présence du commissaire du gouvernement : dès lors que les fonctions afférentes à celui-ci ont été dûment tenues dans l'instance par un fonctionnaire de l'intendance régulièrement désigné conformément à l'art. 36 de la loi de 1919, peu importe que la décision soit lue publiquement en son absence : Cons. d'Et., 10 février 1926, Bouzigues, Leb. chr., p. 153. ou en présence d'un autre que celui ayant, à l'audience où l'affaire fut mise en délibéré, présenté des conclusions au nom de l'État : 31 mars 1928, Lagier, p. 54.

497. — *B. Les motifs* en sont l'une des parties essentielles, celle qui a donné lieu tout particulièrement à une jurisprudence fort dense, très utile. — Les jugements sont rares qui ne soient que l'application pure et simple d'une disposition légale, comme celle relative à la condamnation aux dépens (Cons. d'Et., 2 août 1928, Maurel, Leb. chr., p. 1018), et donc n'aient pas besoin d'être motivés. La réalité est, au contraire, pleine de l'obligation des motifs (Cf. 25 juillet 1928, Voné, p. 945) : motifs afférents à tous les chefs de conclusions, fussent-elles subsidiaires ou additionnelles (Cpr. Cons. d'Et., 2 août 1927, Besset, p. 505 ; — 21 mars 1928, Jullien, p. 404 ; — 26 juin 1930, Decerle, p. 656 ; — 18 février 1931, Morin, p. 188, à tout le moins mentionnées dans les qualités (Cass., 9 août 1893, Stéarinerie d'Arras, S. 96.1.15, D. 94.1.213), et les conclusions (Cons. d'Et., 12 mars 1930, Vidal, s. le 1er moyen, p. 279) ; — motifs spéciaux, répondant de manière formelle et suffisante, sinon explicite, à chacun desdits chefs (Cass. civ., 1er juillet 1873, Bessan, D. 73.1.408). — L'absence et l'insuffisance de motifs, — comme les motifs inopérants : V.. au titre d'exemple, 27 juin 1918, Daupary, p. 823, — ont, de la sorte, du point de vue juridique, sur la validité de la décision un effet auquel n'atteignent pas des motifs simplement erronés. Encore est-il que, le cas échéant, elles doivent être spécifiées par le requérant quant aux points des conclusions prétendûment omises par la juridiction de jugement : 17 juin 1931, Cabrol, p. 649. Et il va sans dire qu'elles ne fonderaient aucun grief au cas où les conclusions produites l'auraient été à l'occasion et à l'appui d'une instance ou d'un recours (en révision) irrecevable : 17 juin 1931, Brunet, p. 648.

498. — Le visa des conclusions, tel qu'il est ou peut exister dans les motifs, constitue, dans ces conditions, un repère assez utile. Nombre d'arrêts en tracent la ligne : les uns relevant l'absence de disposition législative ou réglementaire qui oblige les juridictions de pensions à analyser lesdites conclusions : Cons. d'Et., 5 janvier 1929, Marteau, Leb. chr., p. 17 ; — 26 février 1931, Combès, p. 222, non plus que les certificats médicaux versés au dossier ou des constatations de commission de réforme dont elles ne font pas état : 6 févr. 1929, Miret, p. 153 ; — les autres, d'une formule aussi nette, rappelant que le devoir pour les décisions de justice de contenir ou viser les conclusions des parties est des règles s'imposant à toutes les juridictions, même en l'absence d'un texte exprès : 12 avril 1930, Delmas ; 4 décembre, Arnold ; 10 décembre, Lorin, p. 474, 1024, 1047 ; — les uns et les autres se conciliant en cette solution qu'il suffit, les motifs pouvant suppléer les conclusions, que la teneur de ces conclusions résulte clairement de l'ensemble de la décision : 16 juillet 1930, Salles ; 26 juillet, Lavèze ; 19 novembre, Bru ; 26 novembre, Garric ; 27 décembre, Jacob, p. 742, 834, 952, 978, 1125 ; — 10 janvier 1931, Arribat ; 17 juin, Brunet ; 17 juillet, Oustry, p. 32, 650, 798, fût-ce une décision d'avant-dire droit sur la requête et ordonnant un supplément d'instruction ou une expertise médicale quant au degré et au maintien du taux d'invalidité : 4 février 1931, Couot ; 23 juillet, Azaïs, p. 129, 828.

499. — *a) L'omission de statuer* a donc été relevée et, pour cause d'excès de pouvoir du jugement, suivie d'annulation en toute une série d'hypothèses où elle avait porté sur des conclusions basées sur des griefs divers et souples comme :

L'imputabilité au service (Cons. d'Et., 23 novembre 1927, Gaudin, Leb. chr., p. 1107) d'infirmités reconnues par décisions ministérielles et non retenues ou appréciées assez amplement dans la liquidation d'une pension définitive : 9 mars 1929, Dutel ; 9 juillet, Chabreyrie, p. 293, 701 ;

Le bénéfice des dispositions relatives, soit à la présomption légale d'origine : 7 mars 1928, Viala, p. 324, soit aux infirmités multiples : 2 août 1928, Maurel, Caillot, p. 1018, 1020 ; — 20 février 1929, Perrouse, Table, p. 1422 ; — ou du droit à pension pour la période postérieure au classement dans le service auxiliaire : 20 janvier 1932, Péchal, p. 73 ;

La due obtention après quatre années d'une pension définitive ou d'une pension définitive majorée à compter d'une certaine date : 12 mars 1930, Vidal, p. 279 ; — la correspondance de l'évaluation de l'invalidité à l'échelle de gravité et au barème le plus favorable : 13 juin 1928, Noel ; 31 octobre, Rio, p. 742, 1110 ; — 9 janvier 1929, Containt, p. 36 ;

L'instruction de la requête, la tardiveté de la décision ministérielle : 31 octobre 1928, de la Celle du Château du Clos, p. 1109 ; — la régularité de la procédure préliminaire à pareille décision : 5 décembre 1928, Launay, p. 1267 ;

La fixation, conformément à l'appel incident formé, du point de départ de la pension à la date de la commission de réforme accusée d'avoir sous-estimé l'invalidité : 15 janvier 1931, Bex, p. 55 ;...

500. — Demeurant entier le pouvoir souverain que l'art. 35 de la loi du 31 mars 1919 a conféré aux juridictions de pensions, et auquel la loi du 9 janvier 1926 n'a porté aucune atteinte, d'apprécier soi-même le degré d'invalidité des requérants sans ordonner aucune mesure ni accueillir aucune demande d'expertise : Cons. d'Et., 3 février 1926, Gayi ; 17 mars, Serreau ; 24 mars, Guesnard ; 17 décembre, Queyroux, Leb. chr., p. 123, 291, 334, 1128, — et également son droit, sans entacher sa décision d'aucun défaut de motif et sans le fonder sur un fait matériellement inexact, de s'en tenir à l'examen des pièces du dossier et à la teneur des témoignages produits pour la première fois : 21 décembre 1932, Balavoine, p. 1111. — L'obligation lui incombant est uniquement de répondre aux demandes, exceptions ou défenses, effectivement, par des motifs spéciaux ou un motif général, alors même que la décision ministérielle, base de l'instance, n'aurait pas décidé, d'une façon explicite, de l'existence ou de l'importance de l'infirmité alléguée ou des raisons opposées à la présomption d'origine ou de tel autre chef de la requête : 14 mars 1928, Barrelio, p. 365 ; — 25 février 1931, Bayssac, Table, p. 1412.

501. — *b)* Le grief de *décision non motivée* ainsi mis en œuvre ne va pas, d'évidence, sans nuances, adoucissements ni différenciations, dont l'ensemble ou la succession ou les termes semblent de nature à réduire de plus en plus les possibilités et les cas de recours utiles au Conseil d'État, en matière de pensions de la loi du 31 mars 1919. — Il a été écarté et les motifs, tout au contraire, déclarés « suffisants », dès lors que, par une affirmation tranchée, sur les conclusions dont elle a été réellement saisie (14 novembre 1927, Maunoury ; 23 novembre, Estienne, p. 1106, 1171), la juridiction des pensions, — fût-ce dans les termes mêmes des conclusions déposées par le commissaire du gouvernement : 26 février 1930, Godard, p. 216, — a fait discussion des moyens produits par le requérant et application de la loi par des constatations souveraines déduites de l'étude et de la ventilation des pièces soumises : 30 mars 1927, Bossa ; 9 novembre, Perrette, Table, p. 1573, p. 1037 ; — 2 août 1928, Bodin, p. 1025, et 27 juillet 1932, Burioni, p. 735, au vu des procès-verbaux des examens subis par l'intéressé : 27 février 1929, Flament ; 24 avril, Nicoli, p. 252, 415 ; — 17 juin 1931, Poupineau ; 17 juillet, Oustry, p. 651, 798 ; — (*a contr.*) 24 juillet 1930, Derode, p. 791, et des mentions non surabondantes de quelque certificat d'expertise : 2 juillet 1929, Jouanolou, p. 666. Cette perspective ou manière d'entendre les choses, les possibilités ouvertes et la suffisance des motifs, a, de fait, s'agissant de la présomption d'origine et de son rejet, légitimé la façon d'une juridiction de rattacher l'infirmité prétendue à une malformation congénitale ni contractée ni aggravée au service : 31 juillet 1926, Laforgue, p. 837.

502. — Il a été, au contraire, retenu, et plus de fois apparemment la décision fut réputée « insuffisamment motivée », dans des hypothèses où, s'agissant :

Soit de droit à pension, ou bien l'attestation manquait de la qualité à réclamer pension en tant qu'agent selon l'art. 50 : 24 décembre 1931, Moult, Leb. chr., p. 1169 ; — 16 mars 1932, Clément, p. 316, ou l'art. 57 : 27 février 1929, Bans, p. 253 [Cpr., à propos de l'indemnité compensatrice allouée par l'art. 201 L. 13 juillet 1925 aux anciens prisonniers de guerre : 25 juillet 1929, Darrien, p. 862] ; — ou pension de réversion aux conditions extraordinaires de l'art. 14, al. 3 § 1, en tant que veuve de mutilé invalide de plus de 80 % : 2 décembre 1925, Raynier, p. 367, ou pension du taux normal selon celles des deux premiers paragraphes du même article : 23 juillet 1931, Fléchelle, p. 830 ; — ou bien la constatation était demeurée négative, incertaine, bornée à déclarer non démontrée, au cas même de baignade dans des conditions non réglementaires, l'absence d' « une nécessité impérieuse créée par l'accomplissement même du devoir de soldat » : 16 mai 1928, Lespoux, p. 633 ; — ou bien l'énonciation fut omise des raisons de ne point retenir une infirmité existante du requérant : 2 décembre 1931, Boyron, p. 1054 ; ou comme point de départ de la pension la date du premier examen par une commission de réforme : 12 novembre 1931, Ponroy, p. 975; — ou, à tout le moins, la recherche fut incomplète du temps réellement passé dans les services de l'État et conditionnel de l'obtention (art. 49 L. 1919) des pensions d'invalidité : 24 décembre 1930, Rolland, p. 1107; du degré suffisant d'une affection avérée et imputable pour indemnisation : 27 juillet 1932, Gianvili, p. 796; de la détermination ou de l'aggravation de l'affection et de son imputabilité aux fatigues, dangers ou accidents du service : 1er avril 1927, Loginger, p. 430; — 2 juillet 1929, Roux, p 669; — 29 octobre 1931, Sauner; 25 novembre, Sabès, p. 923, 1024; — 22 juin 1932, Gruel, p. 617; ou de la relation d'une seconde infirmité invoquée avec la maladie dûment constatée et bénéficiant de la présomption d'origine : 25 novembre 1931, Hugonnot, p. 1024; ou encore, à l'égard d'un Alsacien-Lorrain, la fixation du degré d'invalidité, seule traitée sans les indications et les raisons exigées (art. 2 L. 17 avril.1923) quant aux causes et au point de départ de la pension : 3 juillet 1930, Kiefer, p. 689; — 25 juillet 1931, Dautruche, p. 870; — Rpr. 20 novembre 1925, Rivemale (sur le premier point); p. 924; et de façon générale, à propos des délais et déchéances (L. 17 avril 1933) pour la demande de pension : 7 juillet 1932, Dalais, p. 686;

Soit du bénéfice de la présomption d'origine, la date de la demande de pension ou de l'incorporation et du décès servit seule à le faire dénier, à l'exclusion de toute recherche et décision apparente touchant : ou bien la constatation officielle de la maladie ou l'imputabilité au service de l'affection invoquée et dûment constatée durant l'incorporation : 20 novembre 1925, Rivemale (sur le 2e point), p. 924; — 28 juillet 1926, Monteil, p. 807; — (a contr.) 16 mars 1927, Comby; 9 avril, Ribot, p. 344, 493; — 1er février 1929, Martini; 19 juin, Walch, p. 140, 604; — 15 janvier 1930, Bègue; 19 mars, Griveau; 19 décembre, Mathieu, p. 50, 318, 1078. Cpr. 8 février 1928, Branswick, p. 188; — ou bien la réalité, au sens de l'art. 6 de la loi du 17 août 1915, de l'affectation, quelque qualification qui lui ait été donnée, de l'intéressé : 23 juin 1932, Geffroy, p. 621; — ou du système réservé (art. 11) aux infirmités multiples : 27 juillet 1932, Perrousse, p. 796.

Soit de l'application réclamée, ici du barème le plus favorable au sens de l'art. 65 de la loi de 1919, la fixation du taux d'invalidité accapara la décision et y prit le pas sur la recherche de la présence dans les barèmes de 1887, 1915 et 1919 de l'affection décrite par la commission de réforme : 16 janvier 1929, Tramion, p. 58; — là du décret du 8 août 1924, le contrôle juridictionnel sur l'évaluation à 100 % de l'affection, à raison de sa nature tuberculeuse, fut gêné ou non patent : 24 avril 1929, Bitou, p. 417; — 24 juillet 1930, Capblanquet. Roux (2 arrêts), p. 794;

Soit d'allocation d'ascendant, la décision l'écarta sans en discuter les moyens tirés de la combinaison des art. 14 et 28 par une mère prétendant son fils titulaire d'une pension correspondant à une invalidité de 60 % : 9 avril 1927, Barbier, p. 493; ou s'abstint, sur la foi d'un jugement civil, de rechercher la réalité de l'abandon d'enfant prétendu à l'encontre de la requérante : 15 janvier 1931, Calmels, p. 54; ou se borna à contester le lien entre une blessure et la maladie du fils de la requérante, sans rechercher en fait pour celle-ci l'existence et la mesure d'une cause d'allocation dans l'une des autres infirmités résultant de la guerre : 31 mars 1928, Comoglio-Borgo, p. 512;

Soit des formes de procédure, la preuve n'était ni administrée, ni du moins contrôlable, de l'observation effective des prescriptions (art. 68, 70 C. proc. civ.) du droit commun : 4 décembre 1930, Endlicher, p. 1024; — ou l'exigence non marquée de pièces justificatives susceptibles de compléter un dossier et d'étayer un arrêté portant concession de pension non signé par le ministre : 17 juillet 1930, Mazières, p. 750;

Et dans des cas assez complexes, où la requête et les conclusions du demandeur relatives à ses droits à pension avaient été ramenées à une contestation ou interprétation, ici d'un premier jugement là d'une première décision ministérielle, sur le taux ou le point de départ de la pension d'invalidité, et donc négligées pour d'autres chefs comme l'annulation de l'arrêté ministériel ayant fixé le point de départ des arrérages de la pension temporaire : 31 mars 1928, Hurion, p. 512; — 17 février 1932, Gonnet, p. 194.

503. — *C.* La *surabondance*, la *contradiction* ou l'*erreur* des motifs, au travers de cette jurisprudence bien pénétrée de l'idée, que le droit et le devoir des juridictions de pensions impliquent appréciations souveraines, considération ample de tous les faits et documents des litiges (Cpr. 2 juin 1926, Carayon, Leb. chr., p. 554; — 24 mars 1928, Roigt, p. 438; — 15 janvier 1931, Brunel, p. 54), application à toutes les irrégularités relevées ou conclusions produites par les requérants (2 novembre 1927, Cassan, p. 1003; — 17 juillet 1931. Oustry, p. 798. — Cpr. 7 décembre 1932, Rouquette, p. 1044), tiennent une place déterminée avec logique et équité par la jurisprudence du Conseil d'Etat.

504. — La *surabondance* des motifs n'est pas de nature à entraîner l'annulation des décisions où elle se rencontre : Cf. 4 janvier 1928, Peythieu; 6 juin, Delescluse; 25 juillet, Monnier, p. 16, 704, 946, — si, par exemple, elle consista à déclarer la loi du 3 avril 1918 non applicable à un marin recevable à former demande de pension seulement en vertu de celle du 9 janvier 1926 : 23 juillet 1931, Nespo, p. 827, ou à décider de l'éventuelle charge de la preuve d'un accident qui, par ailleurs et pour le rejet de la demande de pension, était disqualifié comme fait de guerre : 9 janvier 1930, Chemin, p. 21. Il est, d'un point de vue procédural et pratique, évident, sinon utile, que, là où une constatation de fait, à l'abri de discussion devant le Conseil d'Etat, touchant le degré de gravité insuffisant des infirmités où leur évaluation sans majoration, a pu fonder un rejet de la requête, peu importe, parce que surabondante, l'interprétation juridique de leur admissibilité au bénéfice de la présomption d'origine ou telle raison inexacte sur cette évaluation : 29 janvier 1930, Bartholomé; 21 mars, Oberti, p. 121, 325. Cpr. 22 juillet 1925, Arnaud, p. 715.

505. — La *contradiction* des motifs, tels que seraient deux déclarant y avoir lieu, l'un « de faire droit aux conclusions du demandeur » sur l'imputabilité au service de l'affection aggravée, et l'autre « d'entériner simplement le rapport médical de l'expert », ou telle que la ferait saillir le maintien en une décision du même taux d'indemnité par référence aux propositions de commissions de réforme dont l'une n'avait pas fait état d'une affection imputable au service tandis que l'autre l'avait reconnue, est cause d'annulation de la décision pour vice de forme : Cons. d'Et., 9 mai 1925, Dubazé, p 594; — 20 janvier 1932. Arnaud, p. 72; — (a contr.) 26 février 1930, Godard, p. 216. Peu importerait à cet égard qu'elle existât au sein de décisions ministérielles successives portant rejet d'une demande de pension si la décision juridictionnelle ne décidant qu'au regard et par les moyens de l'une ne reproduisait point pareille divergence : 22 octobre 1930, Conseil, p. 849. La prudence, de règle en la matière, s'oppose à accueillir trop vite le grief de contradiction, soit à l'intérieur des motifs, soit entre les motifs et le dispositif, attendu qu'elle s'éclaircit maintes fois par la découverte de quelque lien ou circonstance : Cf. 22 juin 1927, Bigarreau, p. 696. Par contre, toutes les fois où dans une décision existe une contradiction susceptible de mettre le Conseil d'Etat dans l'impossibilité d'apprécier, comme un requérant l'y invite, l'observation ou la méconnaissance de dispositions légales (par ex., art. 65 L. 31 mars 1919 mod. 23 déc. 1919 et Décis. minist. 23 juillet 1887, sur les infirmités relatives au tube digestif : Cons. d'Et., 26 février 1931, Combès, p. 223), il y a lieu à annulation de la décision.

506. — L'*erreur* dans les motifs est, au titre de l'excès de pouvoir, insignifiante ou grave, selon son objet :

Négligée avec raison et sans dommage celle qui, dans les motifs surabondants d'une décision, s'insinue, toute matérielle, relativement à une date : 3 février 1926, Gay, p. 123; — 18 janvier 1928, Raynaud, p. 80; — 2 décembre 1931, Leportier, p. 1053; ou à l'instrument constatant l'état physiologique d'un requérant : 7 juillet 1926, Appenzeller, p. 706; — 15 janvier 1931, Malo; 16 décembre, Lebreau, p. 54, Table, p. 1414; — 4 mai 1932, Chabassol; 23 juin, Vetter, p. 454, 621; ou à une hospitalisation au lieu d'un envoi en congé de convalescence : 6 février 1929, Miret, p. 153; ou à un versement dans le service auxiliaire : 11 mai 1929, Rouge, p. 510; à une erreur de copie : 7 janvier 1932, Zurich, p. 17; — ou qui prend la forme de ce moyen, pour écarter une demande, que se rendre devant la commission de réforme n'est pas l'accomplissement d'un service militaire effectif : 8 décembre 1926, Py, p. 1085; — ou qui est erreur de droit, prétendue, réelle ou incertaine, tandis que la demande de pension était rejetée pour des raisons substantielles touchant la date du mariage antérieur à l'aggravation de la maladie : 24 février 1926, Bernard ; 7 août, Caronneau, p. 215, 897, ou postérieurement à la démobilisation, 19 janvier 1927, Gouidec, p. 67, ou les conditions de conversion en définitive d'une pension temporaire : 23 mars 1927, Pivot, p. 375, ou les dispositions légales (art. 10) sur le degré d'invalidité : 24 février 1926, Roux, p. 215, l'hospitalisation : 9 mars 1927, Rocheray, p. 305, le bénéfice de la présomption d'origine : 13 juin 1928, Luci, p. 743, l'imputabilité aux fatigues du service : 14 octobre 1932, Bosq, p. 889, l'effet d'un désistement à l'audience sur l'évaluation du taux d'une affection : 13 mai 1931, Meyer, p. 526. ...il n'est rien, en effet, que de simple, d'expéditif, de juste à écarter l'effet de motifs même entachés d'une erreur de droit (Cons. d'Et., 4 janvier 1928, Peythieu, p. 16) s'appliquant à des constatations surabondantes, quand la juridiction de pensions a pu, en retenant un autre motif, décider pour ou contre la décision ministérielle : Cf. 4 janvier 1928, Zeender, p. 14 ; 2 juillet 1929, Jouanolou, Marmonnier, p. 666 ; — 14 octobre 1932, précité, et si, sa décision étant suffisamment appuyée, le motif en cause ou le chef de conclusion omis ne présentait plus qu'un caractère de surabondance : 25 juillet 1928, Monnier, p. 946. Il reste qu'un contrôle s'impose des termes de la décision ministérielle lorsqu'un grief d'erreur matérielle est dirigé contre leurs mentions et omissions, respectivement : 26 mars 1931, Saudax, p. 177... ;

507. — Sanctionnée, au contraire, si elle est dûment prouvée (Cons. d'Et., 21 mars 1928, Depoux, Leb. chr., p. 403) ou résulte des pièces produites aux juridictions (16 octobre 1929, Beladen, Table, p. 417), — la voie d'annulation étant ouverte contre toute décision fondée, dans la réalité des choses, sur un fait matériellement inexact : fait, date ou durée de mobilisation aux armées : 17 juin 1931, Menault, p. 652 ; de classement dans les services auxiliaires : 12 mai 1926, Marquet, p. 486 ; d'incorporation ou de cessation des services : 12 avril 1930, Hanoun, p. 473 ; — 4 mars 1931, Peuron, 248 ; — défaut affirmé dans une décision ministérielle des déterminations de taux d'invalidité ou des propositions de pension ou de surpension de réforme : 17 mars 1926, Carrajat, p. 292 ; — 25 juillet 1928, Chapon, p. 942 ; — 27 décembre 1930, Jarri, p. 1125 ; — 16 et 25 juillet 1931, Praud et Gantner, p. 776, 870 ; ou bien des pièces établissant notamment l'affection ou l'accident de service cause de l'infirmité : 13 février 1930, Rigollet ; 16 juillet, Chaffaut, p. 175, 743 ; 21 mai, Hureau, Table, p. 1336 ; — 17 juin 1931, Simon, p. 651, ou l'imputabilité au service de l'affection ayant causé la mort : 9 mai 1928, Tétreau ; 6 juin, Mangavelle, p. 595, 703 ; — 6 mai 1931, Viossange, p. 483 ; — mention ou omission sur les certificats médicaux produits au dossier de l'infirmité devant entraîner l'élévation du taux de la pension : 12 juillet 1927, Ranty, p. 784 ; — accord entre les parties quant au degré d'invalidité : 27 juin 1928, Métayer, p. 823 ; — homonymie ayant entraîné à tort un ordre de reversement de trop-perçu sur les arrérages de la pension : 29 octobre 1930, Robert, p. 867 ; — au cas d'allocation d'ascendant, attribution de la qualité d'orphelin ou d'abandonné : 2 juin 1926, Gressin, p. 554...

508. — A tous ces points de vue, et en quelques autres de la matière des motifs, du fait de la double instance où ils peuvent prendre origine, une complication provient de la possibilité de leur réédition, de leur emprunt par une juridiction à l'autre, de la confirmation par la cour des motifs du tribunal ; par quoi, au regard de l'art. 41 de la loi et au gré d'une jurisprudence très ferme, il a été « suffisamment et légalement motivé » : Cons. d'Et., 18 novembre 1925, Jacquinot, Leb. chr., p. 914 ; — 21 juillet 1926, Isaac Ammoun, p. 772 ; — 18 mai 1927, Bourgeois, p. 562 ; — 2 août 1928, Maurel, p. 1018 ; — 9 janvier 1929, Baron ; 2 juillet, Jouanolou, p. 36, 666 ; — 15 janvier 1930, Pouliquen ; (a contr.) 19 mars, Griveau, et 21 mai, Girinal ; 22 mai, Mainsat, p. 58, 318, 534, 544 ; — 9 novembre 1931, Thibault, p. 970 ; — (a contr.) 22 juin 1932, Gruel, p. 617. Au demeurant, le droit de la cour régionale, en tant que juge d'appel saisi en fait et en droit de l'ensemble d'une affaire, de modifier à sa guise le jugement qui lui est déféré ou d'adopter purement et simplement les motifs, en écartant ainsi les documents produits en appel comme n'ayant pas plus de force probante que ceux examinés par le tribunal (22 mai 1930, Mainsat, p. 543 ; — 10 janvier 1931, Martinet, p. 33 ; — 27 juillet 1932, Burioni ; 15 décembre, Contant, p. 795, 1087), est entier ; et le moyen tiré par un requérant de

la non-identité des motifs adoptés par le tribunal et de ceux retenus par la cour pour rejeter sa demande, même s'il était établi, ne serait pas de nature à entraîner l'annulation pour excès de pouvoir de la décision attaquée : Cpr. 1er avril 1927, Clément ; 3 juin, Livenais, p. 429, 648 ; — 25 juillet 1931, Pigny, p. 865. De même le fait, en maintenant une décision ministérielle de rejet de pension, de ne pas opérer explicitement l'annulation de la décision contraire du tribunal départemental ne constitue pas davantage d'excès de pouvoir : 24 juin 1927, Moulé, p. 717.

3. Les limites, les frais et les qualités des décisions.

509. — a) Une cour régionale, tenue à statuer sur les conclusions dont elle est saisie (Cons. d'Et., 8 juillet 1931, Bernadac, p. 746), est libre, sauf le respect des décisions devenues définitives au jour d'une requête (26 mars 1931, Demorgny, p. 373), de faire état de tous les éléments de nature à fonder l'admission ou le rejet de cette requête : 16 mai 1928, Cabady, Leb. chr., p. 632 ; — 26 mars 1931, Le Port, p. 373. Elle n'est liée, ni par les moyens du ministre, ni par les motifs retenus par le tribunal des pensions dont, en sa qualité de juge d'appel, elle avait pleins pouvoirs de réformer le jugement : 9 novembre 1927, Soulard, p. 1037, non plus que ne le serait un tribunal départemental, par des conclusions du commissaire du gouvernement, de statuer immédiatement sur des droits à pension au vu des certificats invoqués par le requérant : 7 janvier 1932, Bonnefoy, p. 16. Dans les limites de leur compétence, telle qu'elle a été instituée par le titre 4 de la loi de 1919, sur les litiges touchant la concession des pensions d'invalidité, allocations ou majorations, à l'exclusion de ceux soulevés par les conditions d'obtention et la liquidation des pensions d'ancienneté et proportionnelles et réservés en premier et dernier ressort au Conseil d'Etat (23 janvier 1925, Pallu, p. 731), une seule limitation — celle qui, en droit commun, fournit ouverture à la requête civile ou à la cassation, au cas où le vice se complique d'une violation de la loi, défaut de motifs et violation de la chose jugée : Cf. note Chavegrin s. Req., 16 novembre 1926 et Cass., 29 avril 1927, Armand et Lamouly, S. 27.1.321 — s'impose à ces juridictions : ne prononcer *extra nec ultra petita*, ni sur choses non demandées, ni au-delà du demandé : 7 décembre 1927, Bayol, p. 1171.

510. — *Ultra petita* fut la reconnaissance directe d'un droit à pension par le tribunal départemental pour la période à laquelle se rapportait la décision ministérielle de rejet et où, antérieurement à la comparution devant une nouvelle commission de réforme, l'état de santé du requérant ne s'était point encore aggravé : 6 juin 1928, Cabarès, Leb. chr., p. 702 ; (a contr.) 16 mars 1929, Guibault, p. 336 ; — ou la fixation du taux d'une pension définitive, au lieu de la recherche, seule en cause, du degré d'invalidité à la date d'expiration de la pension temporaire afin d'en accorder ou refuser le renouvellement : 27 novembre 1930, Massel, p. 989 ; — ou aussi la détermination d'une pension primitive et le renvoi à fin de nouvel examen médical devant une commission de réforme, alors que la cour avait été seulement amenée, sur les observations du ministre des pensions, à se prononcer sur le caractère définitif ou temporaire de la pension du requérant : 23 juillet 1929, Sauret, p. 796...

511. — b) La pensée législative ayant été d'ouvrir très largement les instances et les voies de recours, — sauf la réserve, plus verbale qu'effective peut-être, de ne « pas encourager les recours téméraires et sans portée » (Rapp. Chéron, 31 mai 1918, Doc. parl., p. 430), — il s'en est suivi, art. 43 alin. 2 de la loi de 1919, la *dispense de frais*. L'art. 4 de la loi du 17 avril 1906 avait admis à être enregistrés en débet, sans autres frais que les droits de timbre, les recours contre les décisions portant refus de liquidation ou contre les liquidations. Le Conseil d'Etat en maintient très justement l'autorité, y trouve la base de l'exonération des droits d'enregistrement afférents aux requêtes et ne reçoit pas les requérants à prétendre au remboursement des droits de timbre par eux exposés. Il assure, d'autre part, l'effet de l'art. 43 de la loi de 1919, en déclarant impossible comme une violation de la loi la *condamnation* en première instance, en appel ou devant le Conseil d'Etat *aux dépens* : 7 juillet 1926, Bougourd, Leb. chr., p. 697 ; — 2 février 1927, Dellapina, p. 142 ; — 23 juin 1928, Cacard ; 2 août, Vaysselles, p. 797, 1019.

512. — Cette dernière formule apparaît toutefois un peu absolue au travers et au regard de l'ensemble de la jurisprudence. Telle autre, en effet, s'y trouve (18 mars 1931, Mengui, Leb. chr.,

p. 306) qui a confirmé, comme n'étant contraire à « aucune disposition de loi ou de règlement », la mise à charge de la « totalité des dépens », malgré que le requérant n'eût « succombé qu'en partie en ses conclusions »; peut-être — ce qui la justifierait — n'est-elle qu'une transposition de la jurisprudence qui admet la condamnation aux dépens de la partie gagnante au cas d'instance engagée dans son intérêt exclusif (Cf. note L. Hugueney, sous Trib. Seine, 27 juillet 1909, Assist. publ., S. 11.2.145). Beaucoup plus générale, en tout cas, est celle qui limite l'exonération des dépens à la partie de la condamnation pour laquelle droit est fait au recours : 26 janvier 1929, Rouve, p. 104. Une juridiction ne commet, dès lors, aucun excès de pouvoir en condamnant aux dépens, même en l'absence de conclusions du ministre sur ce point (8 février 1930, Pomel-Ronceray, p. 163), celui qui succombe au recours : 16 juillet 1929, Bapt; 16 octobre, Sinault, p. 734, Table, p. 1418; et, de ce chef, dans l'exercice des pouvoirs d'appréciation qui lui appartiennent, elle est réputée trancher souverainement une question de fait : 20 mars 1929, Bacciochi, p. 346; — 10 mars 1931, Silvestrini; 17 juin, Poupineau, p. 314, 651, et n'est pas tenue même à motiver expressément sa décision : 5 juin 1929, Sicard, p. 546.

513. — ...Hormis le cas de l'assistance judiciaire accordée au titre des art. 39 et 42 de la loi du 31 mars 1919, pour lequel l'art. 10, dern. alin., de celle du 29 décembre 1929 porte à la règle (art. 19 L. 10 juillet 1901) de l'exonération de plein droit des frais de justice avancés pour un assisté et non encore récupérés une dérogation expresse « lorsque le tribunal des pensions aura, par décision motivée, condamné le demandeur au remboursement des frais de procédure » : serait donc « insuffisamment motivée », contraire à l'art. 10 de la loi de 1929, annulable, la décision portant condamnation non motivée aux dépens d'un assisté judiciaire : 17 juin 1931, Cabrol; 9 novembre, Thibault; 9 décembre, Guiraud; 10 décembre, Lorme, p. 649, 970, 1093, Table, p. 1405; — 13 janvier 1932, Rannou; 25 février, Delmas; 8 novembre, Rivemale, p. 40, 232, 927.

514. — c) L'esprit général et la contexture de la loi des pensions ont écarté de la matière les complications procédurales et les controverses juridiques, qu'il s'agisse, notamment, de la délibération et de la lecture du jugement, ...du règlement et des irrégularités des *qualités* tenues par d'éminents spécialistes (notes A. Tissier, S. 94.1.137 et 99.1.169) pour des parties de l'expédition des jugements. — Leur délibération en séance publique n'est pas plus obligatoire qu'en règle générale, et la non-assistance du requérant à leur lecture ne constitue pas une irrégularité, dès lors que cette lecture a été faite publiquement : 12 mai 1926, Nabarret, p. 486. — Leur rédaction est l'œuvre des juges, aidés par les conclusions des parties qu'ils doivent viser (sinon analyser : 17 juin 1925, Alamary, p. 586. Cf. quant aux moyens présentés verbalement dans une plaidoirie : 6 janvier 1932, Partout, p. 10) à peine de nullité : 4 juillet 1928, Santal; 26 décembre, Desvaux, p. 853, Table, p. 1587; — 29 avril 1931, Aribaud, p. 452; — étant sans nul doute entendu que, comme en toute décision de justice, il n'est à leur sujet ni formule sacramentelle ni ordre imposé (Cf. Morel, *op. cit.*, n° 565, p. 592), et qu'une mention essentielle omise peut être suppléée par une autre énonciation (Cpr. 11 février 1927, Lefebvre, p. 196). La qualité de mention essentielle est, d'ailleurs, à entendre en un sens plutôt restrictif : elle a été refusée à l'octroi de l'assistance judiciaire et à la venue de l'avocat à l'audience : 8 juillet 1931, Benoît, p. 746; à la profession des parties : 2 mars 1932, Maurel, p. 248; au nom ou à l'origine du commissaire du gouvernement, 20 avril 1932, Lachenal-Pernet, p. 399; — 15 décembre 1932, Lisel, p. 1086...

515. — Or, toutes les mentions d'un jugement (9 novembre 1927, Aubert, p. 1038), plus exactement toutes ses parties relatives aux constatations matérielles effectuées 18 mars 1925, Pellerin, p. 280; — 24 janvier 1930, Brohon-Régnier; 20 mars, Oberti, p. 109, 825), font foi jusqu'à inscription de faux tout ensemble de leur propre authenticité et de l'exactitude des faits relatés. L'inscription de faux est, pour autant, la seule voie ouverte contre la décision juridictionnelle : 18 juin 1931. Vabrel, Table, p. 1415; — 8 novembre 1932, Rivemale, p. 927. Sa recevabilité ne souffrirait aucun doute : 22 juin 1932, Sougey, p. 617, si, les vérifications et constatations de l'acte judiciaire n'ayant été que partielles, une partie seulement de celles-ci était arguée de faux. Du moins faut-il que les choses soient pleinement mises sur le plan juridique de l'inscription de faux,

telle qu'elle est prévue par l'art. 20 du décret du 22 juillet 1806 et les art. 214 sv. C. proc. civ. : 14 décembre 1902, Corlina, p. 1077, et ne suffirait-il pas du tout d'imputer à un jugement d'être entaché d'erreur matérielle et de vice de forme, pour quelque motif comme celui d'avoir omis de reproduire les conclusions écrites du requérant et d'y statuer : 22 décembre 1932, Durand, p. 1122.

4. La notification et l'autorité de la chose jugée.

516. — a) La notification du jugement rendu est la formalité conditionnelle de son effet et de son autorité, et le point de départ des délais des voies de recours (Cons. d'Ét., 27 novembre 1931, Darmon, Leb. chr., p. 1032) : il est de principe général que n'y saurait suppléer l'assistance à son prononcé ni la connaissance de son contenu; il n'y a là qu'un autre aspect du légitime formalisme qui, ailleurs, s'agissant de la décision ministérielle même, n'autoriserait point une juridiction (24 juin 1932, Vaux, p. 643) à se baser sans excès de pouvoir sur la connaissance acquise au lieu de la notification de ladite décision. — Une erreur matérielle dans la notification entacherait la régularité de celle-ci, et non la légalité de la décision elle-même (Cpr. 1er avril 1925, Dumery; 10 juin, Simeoni, p. 375, 552; — 2 août 1927, Berger, p. 905; — 13 mars 1929, Bénonge; 16 juillet, Bapt, p. 303, 734; — 4 mai 1932, Rolland, p. 453), seule de nature à fonder et préciser le droit du requérant : 14 mai 1932, Marty, p. 497, de même qu'à épuiser sur le point où elle statue la compétence de la juridiction dont elle émane : 17 juillet 1931, Rosenthal, p. 797. Le manque d'une ampliation de la décision à avoir reproduit la formule exécutoire ne semble pas non plus avoir été sanctionné par l'annulation de la décision : 25 février 1932, Delmas, p. 232.

517. — Faute d'indication contraire des travaux préparatoires, et à raison d'une interprétation stricte combinée des art. 41 al. 7 et 42 al. 3 de la loi, il suffit à la notification des décisions contradictoires d'être faite à domicile; la notification par exploit d'huissier signifié à la personne n'est exigée formellement que pour les arrêts par défaut. Quelque verbalisme caractérisa les débats sur les raisons de préférer la notification à personne à la notification à domicile (Cpr. observat. Rognon, Lugol, Ch. dép., 26 sept. 1918, Déb., p. 3580-3582); la formule du Conseil d'État est d'une décisive netteté : 19 juin 1930, Combes, p. 629.

518. — A vrai dire, les jugements par défaut — de même que la voie d'opposition pour les faire tomber — ne sont que chose exceptionnelle, à raison de la propension du mutilé ou de l'invalide à comparaître à une instance qu'il a sollicitée et dont il attend avantage, et de celle des juridictions à accorder les remises compatibles avec une prudente administration de la justice (Rapp. Lugol. Ch. dép., 31 oct. 1918, Doc. parl., p. 1884). Là est sans doute la raison, en outre de la notification à domicile, de la prescription de l'art. 41 alin. 4, ordonnant la mention à peine de nullité (10 juillet 1931, Goy, p. 712) du délai de quinze jours imparti à compter de cette signification pour la recevabilité de l'opposition (art. 41 alin. 4); et aussi la règle, procédant du même esprit législatif et ressortant de la combinaison des art. 41 et 42 (15 juin 1932, Delort, p. 583. — Cpr. 26 mars 1931, Combes, Table, p. 1403), touchant le prononcé par défaut de la décision de la cour régionale si la partie qui a interjeté appel ne se présente ou ne se fait pas représenter au jour de l'audience.

519. — b) Aux décisions dûment rendues en matière contentieuse et notifiées appartient l'autorité de la chose jugée, i. e. l'impossibilité de toute demande nouvelle en raison de la même affection (15 février 1928, Hulin, p. 240. — Cpr. 7 juillet 1932, Gayant, p. 686), avec les mêmes moyens (12 avril 1930, Besson, p. 474; — 16 juin 1932, Brunet, p. 591) et au regard des mêmes parties (Cpr. 1er mai 1929, Lartignac, p. 444). Elle est définitive ou provisoire, selon qu'est close ou que demeure recevable contre elles l'une des voies de recours (Cf. 17 novembre 1932, Panissier, p. 964), — réelle en tout cas en ce sens, d'une part, que la partie contre laquelle le jugement a été rendu n'est pas recevable, tant que l'appel n'a pas été formé, à élever en justice une prétention contraire à ce qui a été jugé (Cass. civ., 7 juillet 1890, Pernin, S. 91.1.25; D. 90.1.301. — Cpr. Cons. d'Ét., 26 décembre 1928, Molardos, Leb. chr., p. 1355; — 17 décembre 1931, Barre, Table, p. 1415), et, d'autre part, qu'autant que, et dans la mesure où il n'a pas été rétracté, le jugement conserve l'autorité de la chose jugée (4 juillet 1928, Faille, p. 853 ; — 24 avril 1929, Molinier, p. 417 ; — 9 mai 1930, Colonna, p. 489 ; — 13 juillet 1922, Mozziconacci, p. 727. — Rpr. 2 juillet 1930, Blanc, p. 681). Un arrêt du Conseil d'Etat, 26 décembre 1928, Ben Moktar Mohamed, p. 1355, trace bien la ligne de cette règle : un tribunal ayant, par jugement non contesté sur ce point, fixé à quatre années la durée de la pension temporaire d'un invalide, une cour régionale ne pouvait, sans méconnaître l'autorité de la chose jugée, réduire à moins d'années la durée de celle accordée par son arrêt; par contre, en la même espèce, statuant plus de quatre années après la date fixée à l'art. 7 de la loi de 1919 pour la conversion de plein droit en pension définitive de la temporaire d'abord obtenue, la cour avait liberté et devoir de rechercher, en raison de l'état de santé du requérant à cette date, les raisons de suppression ou de transformation de cette pension : Rpr. 18 mars 1931, Charles, p. 308. — Il va de soi, à raison de la rigidité et de la portée dogmatique du principe, et qu'une simple indication insérée dans la décision ministérielle, par ex. à propos de l'imputabilité au service, ne fait pas obstacle à la discussion contentieuse dans la demande ultérieure de pension : 17 juillet 1931, Grange, p. 797, et qu'un moyen tiré de sa violation ne saurait être produit pour la première fois devant le Conseil d'Etat : 17 juillet 1931, Oustry, p. 798.

520. — En tant que moyen de faire acquérir à la chose jugée cette autorité, *l'acquiescement*, en sa forme implicite et par actes de poursuite, a été traité, à plusieurs reprises, par la jurisprudence d'une manière plutôt restrictive, ainsi qu'il convient à la nature de cet acte tout unilatéral et, dans une certaine mesure, assez voisin de l'ordre public. Aussi bien, tandis qu'à raison des circonstances il en a ici admis le jeu de la part et au regard de l'intéressé (27 novembre 1929, Merlot, p. 1032), ailleurs le Conseil d'Etat ne l'a considéré comme une suite automatique, ni d'une signification du jugement : 6 juillet 1928, Bricard, p. 870, ni du seul fait de se soumettre à un nouvel examen médical ordonné par un jugement : 14 novembre 1930, Béc, p. 945, ni d'une liquidation de pension ordonnée par le ministre après un arrêt en dernier ressort et exécutoire par soi-même d'une cour régionale : 6 juillet 1928, Descamps, p. 869. Et l'idée classique que celui de qui émane la notification garde, nonobstant l'apparent acquiescement, la faculté de l'appel incident, a trouvé, en la matière, sa confirmation : l'exécution par le ministre d'un jugement du tribunal départemental n'est pas de nature à mettre obstacle au droit pour l'Etat de faire un recours incident, lequel peut avoir un objet différent de celui de l'appel principal et n'est pas soumis au délai de celui-ci : 10 novembre 1932, Peytoureau, p. 953.

V. — Les voies de recours.

521. — L'achèvement du système juridictionnel et procédural se trouve dans le régime prévu pour les voies de recours. — Régime traditionnel, s'agissant de l'opposition et de l'appel, aux fins d'ouvrir au défaillant ou au débouté une voie moyennant laquelle sa condamnation ne tiendra que faute d'avoir usé de la possibilité d'être entendu ou d'avoir produit d'autres ou de meilleurs moyens. — Régime novateur, s'agissant, en la matière des excès ou détournements de pouvoir, vices de forme ou violations de la loi, en ce que la compétence du Conseil d'Etat a été réintroduite, préférée quant à ce à celle de la Cour de cassation, par souvenir peut être de son rôle général sous l'empire de la législation de 1831 à l'encontre de toutes les décisions ministérielles relatives aux pensions, et en raison aussi sans doute de la connaissance du fond attribuée sur appel, par la législation de 1919, aux cours régionales.

1. L'opposition.

522. — Les règles formulées pour les quelques cas où elle a chance ou raison de se produire tiennent à la qualité de défaillante de la victime de blessures ou d'infirmités, et sont comme des précautions strictes à proportion même de la crainte d'ignorance du litige par l'intéressé. L'article 41, tel qu'il est issu d'un échange d'observations et d'un amendement (Ern. Lafont) à la Chambre des députés, 26 décembre 1918, Déb. parl., p. 3582, leur est tout entier consacré. Faite la signification (V. *suprà*, n° 517) « à personne », par huissier, sur requête du commissaire du gouvernement, « l'opposition, y est-il dit, alin. 4-9, ne sera valable que dans la quinzaine de la notifica-

tion par huissier. Elle aura lieu par une déclaration au greffe, faite verbalement ou par lettre recommandée. Il en sera délivré récépissé. La signification contiendra mention des prescriptions comprises au présent paragraphe. — En cas d'opposition les parties intéressées seront citées par exploit d'huissier, pour la prochaine audience utile, en observant les délais de l'article précédent. — La décision qui interviendra sera alors réputée contradictoire. — Toute décision contradictoire sera notifiée par exploit d'huissier. — Le commissaire du gouvernement fera élection au greffe du tribunal pour les significations qui lui devront être faites. — Les délais prévus par la présente loi seront comptés et augmentés conformément aux dispositions de l'article 1033 du Code de procédure civile ».

523. — Le principe est là, conformément à la tradition du vieux droit abandonnée en droit commun par les Codes, de ramener le délai de l'opposition au défaut contre partie à un certain laps de temps, au lieu de l'admettre et étendre jusqu'à l'exécution du jugement. L'esprit en est et doit être entendu, comme par la plus récente jurisprudence en droit commun (Req. 1er août 1924, André, S. 24.1.364. Cf. Paul Esmein, noté s. Civ. cass., 21 juillet 1919, Saint frères, S. 22.1.73;. que, nonobstant l'opposition, le jugement n'est anéanti que si et quand il est rétracté. La lettre en est par elle-même obscure sur quelques points, tel l'alin. 5 se référant, pour les délais de citation, à l'art. 40 vide de toute mention à ce sujet : la vérité est que le texte est reproduit textuellement de celui effectivement voté par le Sénat comme « article précédent », mais par la commission de la Chambre des députés porté sans changement ni adaptation de formule à la fin de l'art. 41 lui-même, de telle sorte qu'une lecture avisée et correcte le doit ainsi faire apparaître « en observant les délais-décomptes de délais, avec augmentation à raison des distances et prorogation pour jours fériés prescrits à l'alinéa 9 du présent article », *i. e.* à l'art. 1033 du Code de procédure, mod. LL. 31 mai 1862 et 13 avril 1895 (Cf. Rapp. Chéron, Sén., 31 mai 1918, Doc. parl., p. 430).

2. L'appel.

524. — I. Les règles formelles de l'appel, par l'intéressé ou le ministère public, des décisions rendues par le tribunal départemental tiennent en un article aussi : « L'appel sera introduit par lettre recommandée, adressée au greffier de la cour régionale des pensions dans les deux mois de la signification de la décision. Si l'appelant est le ministère public, il devra notifier, sous la même forme, son appel à l'intimé... Si la décision que le tribunal départemental des pensions ou la cour régionale sont appelés à prendre implique la solution préjudicielle d'une question d'état, ils surseoiront à statuer jusqu'à ce qu'elle ait été résolue par la juridiction compétente » (art. 42, al. 2, 4). — Elles ont fourni matière à quelque jurisprudence, gravitant autour de cette donnée principielle (A. Morel, *op. cit.*, n° 606, p. 630) qu'à la différence de l'opposition, l'appel, s'il est le même litige entre les mêmes parties qu'à la première instance, n'en est pas moins dogmatiquement une instance nouvelle, ayant l'allure et les effets dévolutifs d'une procédure de révision complète au fond et en droit comme en la forme et en fait; ce qui, pratiquement, sur l'alin. 3 déclarant « les règles posées... pour la procédure à suivre devant le tribunal départemental... également applicables devant la cour », pose la question des droits de la cour, notamment à ordonner des vérifications médicales et expertises complémentaires.

525. — Envisagé sous cet angle, il a ses conditions de validité propres, et il vaut d'avoir sa place dogmatiquement et pratiquement située dans l'ensemble des voies de recours, tel que l'art. 42 du décret du 2 septembre 1919, pris en application de la loi du 30 mars, en fait l'agencement subtil : aussi bien ce texte ouvre, soit contre la décision de la cour régionale ayant statué sur appel du jugement d'un tribunal départemental, soit directement, passé du moins le délai d'appel et, dans le cas d'appel formé, avant décision de la cour, contre ce jugement lui-même, le recours pour excès de pouvoir; il institue, en définitive, une option entre les procédures et les juridictions; et c'en est le résultat ou la condition que l'option pour la procédure de l'appel du jugement devant la cour régionale des pensions est exclusive du recours pour excès de pouvoir devant le Conseil d'Etat contre le même jugement : Cons. d'Et., 24 mars 1928, Le Boisselier, Leb. chr., p. 438. Rf. *infrà*, n° 549. Il ne s'agit ci-après que de l'appel, et de ses conditions propres, relatives, les unes aux décisions susceptibles d'appel, les autres à ses modalités.

526. — *A*. Le premier ordre de questions est dominé par la règle de la généralité de l'appel, de sa recevabilité contre tous jugements, ceux mêmes par défaut, du moins à l'expiration du délai d'opposition, étant rappelé ce principe que nulle juridiction de pensions, tribunal ou cour, ne peut se prononcer sur les droits d'un requérant en l'absence d'une décision ministérielle (Cons. d'Et., 27 mars 1930, Lecomte, Delboum Maamar (2 arrêts), Leb. chr., p. 358) attaquée dans le délai légal (13 juin 1928, Pendariès, p. 743; — 18 nov. 1931, Lasserre, p. 998). Sous cette réserve la difficulté n'est plus que de l'existence et du caractère définitif de jugement : il n'y a jugement que là où le principal, l'incident ou la mesure d'instruction doit amener à une décision en premier ressort. Dès lors, il était indiqué de ne reconnaître l'une ni l'autre au procès-verbal de désistement de l'instance dressé par le président d'un tribunal départemental : 27 novembre 1929, Bellal Mohammed, p. 1032; il ne l'était pas moins de les retrouver, au contraire, dans la décision qui, donnant mission à un expert de décrire l'état actuel d'un militaire, n'avait peut-être pas dépassé la ligne des mesures d'instruction, mais, faisant porter l'examen de l'expert sur l'imputabilité au service de l'infirmité en question, avait, pour autant, rejeté les conclusions défavorables et négatives de la décision ministérielle : 16 juillet 1929, Delage, p. 736.

527. — *B*. Le deuxième, celui des modalités, se réfère principalement à la qualité et au temps pour former appel, et présuppose, ici une notion d'intérêt, là des convenances et des garanties de circonspection et de sécurité, quant à un litige dont les voies de recours ne peuvent, d'évidence, modifier l'étendue ni les participants.

528. — *a)* Cette particularité ou nature limite le droit d'appel à celui et aux ayants cause de celui qui a été partie à l'instance et dont *l'intérêt* est d'obtenir une modification de la décision de premier ressort (*a contr.*, Cons. d'Et., 4 août 1928, Cros, Leb. chr., p. 1062), face à l'autre partie qui en recherche ou attend le maintien. Ce serait, à tort, ajouter à cette légitime restriction que de prétendre irrecevable l'appel du ministère public par cette raison que, s'étant borné dans ses conclusions écrites devant le tribunal départemental des pensions à s'en remettre à justice pour la décision à intervenir, il avait, pour autant, renoncé au droit qu'il tient de l'art. 42, alin. 1er, de la loi de 1919 : 29 janvier 1932, Colotte, p. 127 : les conclusions ne sauraient davantage priver le ministre d'une initiative légale, du droit de former appel, non plus que de celui, par exemple, de demander la révision d'une pension d'invalidité aux termes de l'art. 68, alors que le commissaire du gouvernement avait déclaré devant le tribunal accepter le taux d'invalidité tel qu'il serait fixé après expertise : 7 janvier 1932, Laroque, p. 16.

529. — L'art. 42 prévoit donc « l'appel, soit par l'intéressé, soit par le ministère public ». — Il n'y a de particularité spécifiée dans la loi que pour l'appel au nom de l'Etat : l'acte d'appel peut être signé aussi bien par le substitut que par le commissaire du gouvernement près le tribunal : Cons. d'Et., 19 mars 1930, Medioni, Leb. chr., p. 317; la seule condition légitimée ou imposée par l'art. 36 est d'une régulière désignation de ces fonctionnaires ou officiers de l'intendance (V. *suprà*, n° 458) par le ministre compétent pour exercer lesdites fonctions comme titulaires ou suppléants : 10 janvier 1931, Ben Kalifa, p. 34; 4 et 5 février, Raucoulès, Aracil, Table, p. 1407. « Si l'appelant est le ministère public, il devra notifier [par lettre recommandée, au greffier de la cour] son appel à l'intéressé » (alin. 2 *in f.* — Cf. amend Ern. Lafont, Ch. dép., 26 déc. 1918, Déb. parl., p. 3582). — Hors cette condition de forme ou d'origine, la faculté d'appel par le ministre des pensions est absolue : ne l'entraverait pas, sous couleur qu'elle équivaut à acquiescement au jugement définitif sur la détermination d'une infirmité distincte ou globale, l'abstention du commissaire du gouvernement près le tribunal départemental à s'opposer à l'expertise ordonnée par un jugement ratifié ou non d'avant-dire droit : 10 février 1932, Combeau, p. 157.

530. — A l'intéressé l'appel, et particulièrement l'appel incident, est ouvert conformément aux règles générales de procédure : Cons. d'Et., 8 février 1928, Liénard, Leb. chr., p. 186. C'est dire que l'appel incident, du fait même de sa nature, qui est d'une simple réponse à l'appel principal, est exempt des délais de l'appel principal et peut être formé en tout état de cause, le ministre eût-il déjà exécuté le jugement qui est attaqué et accordait au requérant une pension temporaire : 21 mai 1926, Brocas, p. 545; — 24 juin 1927, Paris; 28 décembre, Lagrone, p. 715, 1289. C'est aussi reconnaître, avec le maximum de raison (Cpr. Cass. civ., 30 mars et 1er avril 1925, Calmel-Garnier, S. 1926.1.69, 229), que le désistement éventuel de l'appelant, Etat ou particulier, tant qu'il n'a pas été accepté par l'intimé, ne supprimerait pas l'appel incident et même ne l'empêcherait pas en tout état de cause.

531. — *b)* L'appel doit être formé, en règle, selon l'art. 42 alin. 2, et par imitation de ce qui est en droit commun pour les jugements des tribunaux de première instance (C. proc. civ., art. 443, mod. 3 mai 1862), « dans les deux mois de la signification de la décision » : Cons. d'Et., 27 janvier 1926, Perrin; 7 juillet, Meyzonnier; 21 juillet, Abarnou, Leb. chr., p. 94, 706, 772. Signification nécessaire pour la réserve et l'ouverture du droit d'appel : 27 novembre 1929, Darmon, p. 1032; — 28 mars 1931, Lazauche, p. 421. En vérité, n'a pas été tenue pour équivalente, aux fins de faire courir les délais d'appel, la signification faite par le demandeur en pension du jugement du tribunal départemental au substitut du commissaire du gouvernement : 9 juillet 1930, Parouly, p. 704. Il n'en est pas moins que l'objectif de l'art. 42, de la formalité de signification du recours par la partie demanderesse, est de mettre vite les intéressés en mesure de présenter leurs moyens de défense, et que l'éventuel défendeur, si les pièces du dossier le montrent avisé en temps utile de l'existence de ce recours, n'est pas fondé à en soutenir l'irrecevabilité, faute de signification : 4 janvier 1930, Foulier, p. 6. Nulle disposition législative ni réglementaire, au surplus, n'oblige les cours régionales à mentionner dans leur arrêt la date de l'enregistrement au greffe ni le fait de la signification du recours. Cpr. 27 janvier 1926, Meynier, p. 93.

532. — Signification à domicile ou à la mairie s'entend, dans les conditions de l'art. 68 du Code de procédure civile, en dépit de quelques difficultés soulevées sur la régularité du procédé, mais mises à néant par le Conseil d'Etat, avec le motif littéral que l'alin. 7 de l'art. 41 de la loi de 1919 fait état ou prescription seulement pour les jugements contradictoires de la notification par huissier, et eu égard aussi au défaut de toute indication contraire résultant des travaux préparatoires : 10 mai 1929, Désiré, Leb. chr., p. 496; — 3 décembre 1931, Mougey, p. 1065; — 22 décembre 1932, Delage, p. 1123.

533. — Délai de deux mois, à supputer suivant les règles établies à l'art. 1033, et non 443, du Code de procédure civile, donc sans y comprendre le jour de la signification et celui de l'échéance : Cons. d'Et., 24 février 1926, Thaon, Leb. chr., p. 214. Cpr. 21 mars 1928, Gallichon, p. 402, — et aussi à augmenter des délais de distance prévus par les art. 5 et 73 du Code de procédure civile, soit de trois jours dans les cas où la partie à laquelle doit être faite la signification est domiciliée dans le canton ou un canton limitrophe : 4 août 1926, Boyer, p. 857; — 11 février 1927, Anclair, p. 195; — 3 août 1928, Marcoux, p. 1047; — 10 décembre 1930, Arekiom, p. 1048; — 3 février 1932, Obadia Naklouf, p. 138, — même pour un pensionné habitant l'Algérie : 2 juillet 1930, March, Table, p. 1331. L'art. 41, dern. alin., de la loi de 1919 est, en l'espèce, la disposition, requise par certaine opinion (Ricol, note s. Toulouse, 23 juin 1924, D. 25.2.49) pour l'augmentation des délais à raison de la distance, si tant est que celle-ci n'aille pas de soi, ou du moins ne soit pas usuelle (Cass. civ., 24 avril 1928, Banque commerciale d'Annecy, S. 28.1.321, av. note André Audinet).

534. — En ce délai l'appel doit être introduit par lettre recommandée adressée au greffier de la cour : ce disant, l'alin. 2 de l'art. 42 vise exclusivement l'hypothèse de l'appel formé par celle des parties à qui a été faite, non celle qui a fait signification du jugement; il n'a, en effet, institué la formalité de l'envoi d'une lettre recommandée que dans l'intérêt du requérant : Cons. d'Et., 8 février 1930, Pomel-Ronceray, Leb. chr., p. 163. La base légale faisait ainsi défaut à des arrêts ayant déclaré l'appel irrecevable par la seule considération d'une signification du jugement faite plus de deux mois auparavant par le requérant au ministère public : 2 novembre 1927, Delahaye, p. 1005. Rpr. 9 juillet 1930, précité.

535. — II. L'effet de l'appel ainsi interjeté est tout entier enserré par la formule du droit administratif et dérive de la conception générale du rôle du juge : effet non suspensif et effet dévolutif de la voie de recours. Le premier, à bien considérer les réalités, n'a rien que de normal et d'indiscutable : nulle place ne peut être consentie en la matière à l'art. 457 du Code de procédure civile et à la règle, caractéristique du droit privé, de l'effet suspensif de l'appel des jugements interlocutoires; nulle disposition de la loi du 31 mars 1919 n'a dérogé au principe en vigueur devant les juridictions administratives, auxquelles les règles du Code de procédure civile ne sont pas par elles-mêmes applicables; or, tribunaux départementaux et cours régionales de pensions, à raison tant de la nature de leur compétence que du recours ouvert (art. 35 L. 1919) contre leurs décisions devant le Conseil d'Etat, font partie de ces juridictions : Cons. d'Et., 25 octobre 1929, Thoreau, Leb. chr., p. 932. Cpr. 6 novembre 1929, Mas, p. 951. — Le deuxième est de l'ordre du droit général (Cpr. Cass. civ., 26 déc. 1910 et 19 mars 1913. S. 1912.1.89 et 1913.1.439. — Rpr. Morel, *op. cit.*, nᵒˢ 634 sv., p. 650), en tant qu'il est une conséquence et un aspect du dessaisissement du tribunal départemental (pour tout ce qui n'est pas, jusqu'à l'appel formé, simple rectification des erreurs matérielles) et de la remise en question devant la cour régionale de tous les points de fait et de droit, pour y être statué sans possibilité d'abandon ou de renvoi à une autre juridiction.

536. — La dévolution atteint, dépasse même, les limites extrêmes, en tant que ou lorsque la cour régionale exerce la faculté d'évocation de l'art. 473 du Code de procédure civile, au cas d'infirmation du jugement et de possibilité de fournir au litige suffisamment instruit une décision définitive : Cf. Cons. d'Et., 26 avril 1929, Collin, Leb. chr., p. 428. L'art. 33 de la loi du 31 mars 1919, et non plus aucune disposition législative ou réglementaire, ne met obstacle à l'évocation, conformément aux règles générales de la procédure applicables, même sans texte, à toutes les juridictions d'appel; et donc la cour régionale, en statuant au fond sur une affaire, après avoir annulé expressément pour vice de forme un jugement définitif du tribunal départemental des pensions : 6 mai 1931, Viossange, p. 483, ou implicitement l'interlocutoire, non frappé d'appel, mais servant de base au définitif réformé : 8 décembre 1926, Py, p. 1085, n'excède pas son pouvoir.

537. — Elle ne trouve, à l'inverse, d'empêchement que dans l'interdiction de demandes nouvelles, sans laquelle serait supprimé pour ces demandes le premier degré de juridiction (Cons. d'Et., 15 mars 1929, Prio, Leb. chr., p. 328), — demeurant bien certaine la distinction des demandes nouvelles et des faits ou moyens nouveaux pour le soutien meilleur d'une demande dont ils ne changent ni la cause ni l'objet; aussi bien l'interdiction ne céderait-elle que si la demande nouvelle était défense à l'action principale, nécessitée et légitimée (Cf. Cass. req., 25 mars 1924, Meyzen, S. 24.1.298; — Cass. civ., 16 février 1925, Garan. S. 1925 1.74, D. 1927.1.31) par la convenance et la possibilité de faire modifier la décision de la cour et écarter, pour le tout ou pour partie, la prétention adverse.

538. — Dans ces limites la compétence et les pouvoirs de la cour régionale sont très larges, l'habilitant bien évidemment, soit à redresser une erreur matérielle entachant la notification d'une décision ministérielle prise en conformité des conclusions de la commission de réforme quant à la coexistence et au taux des infirmités : 26 juillet 1929. Terrail, Leb. chr., p. 883, soit à justifier légalement le dispositif d'une disposition attaquée par la substitution d'un motif légal à celui juridiquement erroné qui y figurait : 19 décembre 1929, Vilnat, p. 1135; — et non moins à fonder sa propre décision sur tel motif qui lui agrée, fût-il différent de celui qui avait été retenu par la décision ministérielle de rejet de demande de pension du requérant : 11 janvier 1929, Charbonneau, p. 52; et, s'il est utile, à accueillir tel moyen, même présenté pour la première fois devant elle, s'il est, comme celui de la nécessité de l'autorisation maritale, d'ordre public ou doit être soulevé d'office : 13 décembre 1929, Sourzac, p. 1116. Rpr. sur le principe, 22 janvier 1930, Lassalle, p. 88... Qu'il s'agisse de fixer le point de départ de la pension par rapport aux dates des comparutions d'un requérant devant des commissions médicales successives : 26 décembre 1928, Legros, p. 1353, ou d'allouer à une veuve les arrérages courus de la pension antérieurement et dûment reconnue du mari jusqu'au jour de son décès : 4 mai 1929, Cure, p. 476, ou de déterminer le degré d'invalidité correspondant à l'état de santé du requérant et susceptible de lui faire attribuer pension ou temporaire ou définitive : 19 octobre 1932, Coudère, p. 848..., l'arrêt peut statuer sans encourir ni grief ni risque d'excès de

pouvoir. Il lui est loisible d'entreprendre et interpréter la décision ministérielle frappée de pourvoi, et de trancher à son sujet, souverainement, toute question de fait, sans être tenu même d'indiquer expressément les motifs d'admission en la forme du recours : 26 juillet 1932, Mey, p. 782; par contre, il lui est interdit de la réformer en lui donnant une portée nouvelle : 13 décembre 1929, Chapeyron, p. 1116; — 5 novembre 1930, Chevalier, Table, p. 1333. — Cpr. 11 décembre 1931, Michaudet, p. 1112, de même que de décider sur d'autres moyens que ceux proposés par les parties ou ayant un caractère d'ordre public : 11 janvier 1929, Charbonneau, p. 52.

539. — A ces fins la procédure est plus simple que celle déroulée au tribunal départemental, parce qu'étayée et circonscrite par l'instruction de première instance et les notifications reçues; de la sorte, là où manquerait, par exemple, la notification du décès du pensionné ou du requérant, la cour pourrait statuer sans reprise d'instance ni convocation aux héritiers : Cons. d'Et., 9 juillet 1930, Roch, Leb. chr., p. 704. En règle, un dossier incomplet ne donnerait lieu qu'à une procédure irrégulière et annulation de la décision de la cour : (a contr.) 2 août 1928, Bodin, p. 1025; — 28 mars 1931, Zanone, p. 421, pourvu que l'allégation du caractère incomplet ou du non-dépôt de pièces au greffe fût prouvée : 28 janvier 1931, Simon, et 2 décembre, Couturier, Table, p. 1408. — Rpr. 12 juillet 1927, Convert-Blanc, p. 787, et à condition aussi (le formalisme n'est dans l'esprit ni dans les errements de la justice administrative) que la cour n'ait pas apprécié en fait, l'état du dossier suffisant, malgré la disparition d'un rapport d'expert. à une détermination du degré d'invalidité de l'intéressé . 4 décembre 1931, Pérol, p. 1085. — C'est à propos des rapports d'expertise surtout que se sont affirmées les nécessités et fixées les tolérances : nécessité de leur soumission à la cour et de leur communication donnée ou offerte avant l'audience de la cour à l'intéressé ou (4 mars 1931, Théron, Table, p. 1404) à son avocat : 18 novembre 1931, Coulon, p. 998 : tolérance, soit de dépôt du rapport par l'expert après l'expiration du délai imparti par la cour : 29 avril 1931, Chamoulaud, p. 452, soit du défaut de mention ou d'analyse dans le rapport de l'expert des certificats produits par le requérant avant l'expertise à l'appui de son appel devant la cour régionale : 24 juillet 1930, Boudet, p. 794; — 10 mars 1932, Glever; 24 juillet, Cote; 21 décembre, Balavoine, p. 292, 759, 1111. En nul cas les conclusions de l'expert commis par le tribunal ne lient la cour, en sorte qu'il serait loisible à celle-ci, sans méconnaître les règles de la procédure, de faire état d'une note complémentaire dudit expert transmise au tribunal en chambre du conseil et, bien entendu, communiquée au requérant : 21 décembre 1932, Barta, p. 1111.

540. — Bref, la cour est libre de s'informer dans la mesure où et selon qu'elle le juge utile. Nulle disposition, législative ou réglementaire, ne lui fait devoir de citer à l'audience les témoins entendus à l'enquête : 31 mars 1928, Deschamps, Leb. chr., p. 511, ou accompagnant le requérant : 23 juillet 1929, Racaud, p. 276; elle est libre d'ordonner, à défaut de l'expertise nouvelle sollicitée par le requérant, un simple complément d'information par les experts mêmes qu'avait commis le tribunal départemental : 4 juin 1931, Janvois, p. 590. Tous moyens nouveaux, à l'appui de la même prétention, lui peuvent être présentés : 2 août 1928, Mary, p. 1026. Toutefois elle n'est aucunement tenue à vérifier d'office la possibilité pour un requérant de prétendre à un taux plus élevé de pension, et l'arrêt qui y manque ne serait point, pour autant, entaché de l'erreur de droit susceptible de servir de base au recours pour excès de pouvoir : 14 mars 1928, Tréguer, p. 363. — Cpr. 7 juillet 1932, Dalais, p. 686. Là où elle décide par appréciation de fait, il suffit que celle-ci ait de la certitude, ne soit pas déterminée ou viciée par quelque erreur matérielle et non surabondante, touchant, par exemple, la nature de la décision de la commission de réforme, et existante au rapport de l'expert dont elle adopterait les conclusions : 3 juin 1927, Grandvillemin, p. 648.

541. — Les conclusions du commissaire du gouvernement devant le tribunal départemental, quelque formelles qu'elles aient pu être et favorables à la reconnaissance de l'imputabilité au service de l'affection invoquée par le requérant, ne lient pas la juridiction d'appel : Cons. d'Et., 26 mars 1931, Labouret, Table, p. 1408. non plus que le commissaire près ladite cour : 24 juin 1931, Buhmer, p. 680 : celui-ci serait fondé à demander le renvoi de l'intéressé devant une nouvelle commission de réforme, motif pris, non de la sous-évaluation, mais de l'aggravation des infirmités depuis la décision ministérielle; et une cour, par une autre application aussi certaine du même principe, en une hypothèse plutôt contraire de conclusions écrites du commissaire du gouvernement devant le tribunal départemental et déclarant s'en remettre à l'appréciation des juges quant à l'origine de l'infirmité alléguée, a pu statuer régulièrement au fond sur l'appel formé par ledit commissaire du gouvernement contre le jugement ayant reconnu droit à pension au requérant : 16 juin 1932, Sombardier, p. 590.

542. — Touchant la condamnation aux dépens ou la compensation des dépens, la cour a le même pouvoir d'appréciation que le tribunal, la même faculté de condamner à leur totalité après avoir opéré réduction assez considérable d'une demande fort exagérée : 7 août 1925, Vesperini. Leb. chr., p. 820, — ou de décider « dépens comme de droit » en rejetant intégralement une requête : 22 juin 1927, Bigarreau, p. 696, sans que puisse être demandée l'annulation de l'arrêt pour la prétendue raison de motifs contradictoires. — ou de les maintenir simplement, dès lors surtout que ne lui ont pas été présentées des conclusions d'exonération : 17 juin 1931, Poupineau, p. 651.

3. *Les voies extraordinaires.*

543. — Ce sont pièces de système procédural complet que les deux voies de recours extraordinaires, de rapports souvent étroits, plus par l'identité des causes d'ouverture que par la communauté d'origine, tendant — l'une à obtenir la rétractation d'une décision en dernier ressort pour des causes limitativement énumérées par la loi, de principe non imputables aux juges, spontanées ou provoquées par le fait de l'une des parties; — et l'autre à faire annuler par le tribunal suprême de l'organisation juridictionnelle les jugements ou arrêts rendus en violation de la loi. La législation des pensions a suivi le principe de cette tradition : non, sans doute, par souci ou influence de juridisme (aucune discussion ni référence n'en a été faite ou énoncée au Parlement), mais sous l'empire d'une préoccupation, traduite à la Chambre, quant à l'immutabilité des inscriptions de pensions, à laquelle allaient dorénavant faire obstacle « le grand nombre des pensions à liquider, l'inexpérience d'un personnel improvisé, les erreurs inévitables d'état civil..., l'incertitude fréquente des renseignements sur le décès ou la disparition des militaires... » (Rapp. Masse, Ch. dép., 21 juillet 1916. Doc. parl., 1917, p. 1986). L'article 67 de la loi du 31 mars 1919 a donc ouvert un champ à la révision des pensions « en raison des droits ouverts depuis le 2 août 1914 » pour cause d'erreur matérielle de liquidation ou d'énonciations reconnues inexactes des actes ou des pièces y ayant servi de base; une addition par loi du 28 juillet 1921 (S., *L. ann.* 1922, p. 696) y donne pour autres chefs « à titre exceptionnel » et en suite d'enquête ouverte par le ministre des pensions, les fraudes, substitution ou simulation ayant entraîné allocation, majoration ou complément de pension ou la réapparition de l'ancien militaire dont le prétendu décès avait ouvert droit à pension de veuve ou d'orphelin ou allocation d'ascendant. Dès le principe, la restitution des sommes payées indûment fut spécifiée « seulement si l'intéressé était de mauvaise foi ». D'autre part, l'article 43 a consacré pour le ministre et les demandeurs de pensions la faculté de recourir au Conseil d'État à fin d'obtenir, plutôt que par instance à la cour régionale, l'annulation du jugement rendu par le tribunal départemental et d'en poursuivre aussi celle d'un arrêt de cour régionale.

a) *La révision pour erreur* (art. 67).

544. — Il en est deux cas et deux voies : une erreur matérielle de liquidation, une inexactitude des énonciations (grade, décès, genre de mort; état civil ou statut familial) des pièces ayant servi à l'arrêté de concession ; — initiative du ministre ou des parties, voie administrative quand l'arrêté attributif de pension, définitive ou temporaire, gratification ou allocation n'a été l'objet d'aucun recours (Cf. Instr. 15 avril 1920, art. 3, *B. O.*, n° 22, p. 1773) ou, au cas contraire, requête à la juridiction même ayant rendu la décision attaquée : Cons. d'Et., 4 mai 1929, Permentier, Leb. chr., p. 477. La contestation soulevée, fût-elle tardive et, par suite, irrecevable, a du moins ce résultat d'empêcher la révision de l'arrêté ministériel par voie administrative et d'obliger l'intéressé à porter sa demande en révision devant le tribunal départemental des pensions qui a statué : 5 mai 1920,

Permentier, p. 452; — 11 mai 1932, Lopez, p. 477; (*a contr.*) 24 juillet 1930, Le Guillou, p. 793. L'action tendant à la révision de la pension allouée en justice doit, après enquête, être soumise au tribunal qui a prononcé, et le ministre des pensions ne saurait, sans excès de pouvoir et violation de la procédure instituée par l'art. 67, alin. 3, statuer personnellement sur le droit à pension dont s'agit : 21 février 1927, Delque, p. 260. — Il reste toutefois : *a*) quant aux cas de révision, que le Conseil d'État, loin de les étendre et d'appliquer la multiplicité de ceux fixés à la requête civile par le Code de procédure civile, art. 480, s'en tient très ferme à ceux (pièces fausses, rétention de pièces décisives, inobservation des règles sur la composition du conseil et la publicité des débats) déterminés par l'art. 32 du décret du 22 juillet 1806 et l'art. 23 de la loi du 24 mai 1872 : Concl. Josse, précitées, S. 31.3.36, col. 2; et *b*) du point de vue de la procédure, que les demandes en révision formées directement par les parties ne peuvent être présentées que par avocat : 7 juillet 1926, Cadenaule, p. 707, S. 29.3.133; — 21 novembre 1930, Benoît et Sabatier, p. 969. 970.

545. — *a*) Dès lors, certaine condition ou particularité d'application large du texte était hors dispute, à savoir la possibilité, que la voie adoptée soit l'administrative ou la judiciaire, de la révision, dans les cas prévus, sans délai (11 mai 1932, Lopez, précité) : à aucun titre l'art. 67 ne se réfère et ne saurait être interprété comme se référant au délai de six mois imparti par l'art. 38 de la loi : Cons. d'Et., 20 mars 1929, Roube, Leb. chr., p. 346. En conséquence, le défaut d'appel formé ou l'autorité acquise de chose jugée ne saurait faire obstacle à l'apport au tribunal d'un recours en révision fondé sur une err. ur prétendûment faite par celui-ci dans la liquidation de la pension : 21 novembre 1928, Jamet, p. 1204. L'erreur matérielle retenue par la loi doit s'entendre d'une erreur de fait, flagrante et particulièrement grave (Cf. note P. L. S. 31.3.34, col. 2), contenue dans la décision : 21 novembre 1930, Sabatier, p. 970, autre qu'une erreur d'appréciation, comme serait celle de la détermination, en une espèce du barème le plus favorable au requérant : 6 août 1927, Lagnel, p. 981, ou en une autre de l'origine ou du degré de son infirmité : 13 novembre 1929, Bechtold, p. 984; 17 juillet, Loubet, Table, p. 1402. Sous prétexte d'erreur purement matérielle ne peut être remise en question, de fait ou de droit, la première décision; à peine d'irrecevabilité, la voie de recours extraordinaire mise en œuvre ou créée par la jurisprudence ne doit ni ne peut déborder son cadre : Concl. Josse. s. 21 novembre 1933. Benoît, S. 31.3.37, col. 1.

546. — *b*) A l'inverse, l'énumération des cas eux-mêmes a prêté à controverse et fourni au Conseil d'État la matière d'une application libérale de ces cas, d'un élargissement harmonieux et fécond des recours en rectification d'erreurs matérielles. Les visas, motifs et dispositifs, préparés et expliqués aux rapports et conclusions du commissaire du gouvernement (Concl. Josse, et note P. L. [Pierre Laroque], S. 1931.3.33), des arrêts des 21 novembre 1930, Benoît, Leb., chr., p. 969, et 16 janvier 1931, Lanoe, p. 72, font apparaître la dissemblance formelle et le progrès cohérent de cette jurisprudence par rapport aux règles ou aux traditions de la requête civile, soit quant aux causes mêmes d'ouverture du recours, soit pour les moyens des rectifications; il est vrai, les contingences diffèrent en ce qu'au lieu que la Cour de cassation, décidant seulement en droit, n'est guère exposée à commettre des erreurs de fait, le Conseil d'État statue souverainement en fait et en droit. — L'arrêt Benoît déclara la rectification nécessaire, comme d'une erreur matérielle, de cette indication écrite dans la décision attaquée que n'avait pas été joint à la déclaration de pourvoi contre l'arrêt de la cour régionale un mémoire motivé, alors que celui-ci avait été, en fait, adressé et enregistré au secrétariat du contentieux du Conseil d'État; par quoi était admise et réparée une faute du juge, auquel incombe, dans le système inquisitorial de la justice administrative, l'instruction des affaires. L'arrêt Lanoe admit la révision en un cas où la non-transmission de pareil mémoire par les services des pensions n'avait pour cause ni comme caractère la « rétention », l'intention dolosive que la jurisprudence civile est accoutumée (Cf. Paris, 22 mars 1914. Gubbay, S. 15.2.42; Morel, *op. cit.*, n° 648-2°, p. 665) d'exiger pour le jeu de l'art. 480-10° du Code de procédure civile; par quoi était saisie et réprimée aussi toute omission ou négligence suffisante à engager en contre-partie la responsabilité de l'administration défenderesse dans la plupart des cas et, pour autant, avantagée.

547. — De la sorte, à des cas qui doivent à coup sûr demeurer exceptionnels, de faute du juge ou de la partie ayant obtenu la condamnation de l'adversaire, le Conseil d'Etat a étendu la jurisprudence établie par lui au regard de quelques-unes des juridictions administratives nouvelles et des contentieux nouveaux relevant ou émanant de lui, comme les commissions supérieures des dommages ou bénéfices de guerre (Cf. les arrêts Delesalle, 1927; Babled, 1929 : Ledoux, 1930, rappelés dans les conclusions Josse, S. 31.3.37, col. 1) : il a institué ou mis en œuvre une dualité et la différenciation (Cf. la 2e partie du § 2 de la note P. L., *ib.*, p. 35) des deux voies, de la révision, — susceptible (Cf. l'arrêt Lanoe) d'aboutir à annulation ou réformation de la décision entreprise, à nouvelle chose jugée et à condamnation de l'Etat aux dépens de cette instance, — et de la rectification d'erreurs matérielles, — dispensée du ministère d'avocat (Cf. les arrêts précités, 21 novembre 1930, Benoît et Sabatier), toujours possible (existerait-il d'autres voies) aux fins de redressement de quelque simple « erreur d'expression », mais assortie de plus de conditions, et d'un caractère essentiellement subsidiaire, si elle poursuit une erreur de fond, une faute du juge, l'un des vices de procédure ou la rétention fautive d'une pièce décisive dont l'énumération faite à la loi de 1872 et au décret de 1806 fut et doit demeurer limitative. Rpr. 6 février 1929, Maouadj Ben Boumédine, p. 152.

548. — La condition évidente en est que la décision poursuivie ait donné lieu, précédemment à l'instance engagée devant le tribunal, à un recours contentieux (*a contr.* 24 juillet 1930, Le Guillou. p. 793). L'effet en est, par ex. au cas d'erreur matérielle de liquidation, de contestation par le demandeur en révision du taux d'invalidité, de remettre au tribunal la contestation entière et le droit d'ordonner les mesures d'instruction nécessaires, au lieu qu'il se puisse borner à renvoyer l'intéressé devant le premier juge saisi ou une nouvelle commission de réforme : Cons. d'Et., 5 janvier 1929, Blayac, Leb. chr., p. 16 ; — 6 février 1930, Baffy; 20 novembre, Monnoyeur, p. 139, 979.— Cpr. 9 avril 1930, Vellutini, p. 411. — L'application dans le temps en a été admise au Conseil d'Etat, par une interprétation large et un rapprochement imprévu, mais décisif, des art. 67 et 2 de la loi, en ce sens que les termes du premier de ces textes ont passé pour n'avoir ni le but ni l'effet d'exclure de la possibilité de révision les pensions concédées en violation du second, à raison de faits antérieurs au 2 août 1914 : 26 février 1930, Histrimont, p. 217.

b) *Le pourvoi en cassation au Conseil d'Etat
contre jugements et arrêts* (art. 43).

549. — Aux bénéficiaires et au ministre des pensions pareillement (Cons. d'Et., 6 juillet 1928, Descamps, p. 869), les art. 43 de la loi du 31 mars et 42 du décret du 2 septembre 1919 ont ouvert le droit de se pourvoir pardevant le Conseil d'Etat contre la décision, soit de la cour régionale ayant statué en appel du tribunal départemental. soit de ce tribunal même s'il n'en a pas été appelé, à cela près, en ce deuxième cas, que la recevabilité du recours est subordonnée à sa présentation dans les deux mois suivant l'expiration du délai prévu pour l'appel à la cour régionale : Cf. Cons. d'Et., 18 mai 1927, Mialot, Leb. chr., p. 558; — 19 juin 1930, Combes; 3 décembre, Amouroux, p. 629, 1014. — Les textes sont, au surplus, construits de telle sorte qu'en l'hypothèse l'option pour la procédure d'appel est exclusive du recours pour excès de pouvoir contre le même jugement : qui l'a faite est devenu et déclaré irrecevable à le former : 5 janvier 1929, Prudhomme, p. 17; — 2 juillet 1930, Blanc, p. 681, dès lors que sera établi par l'instruction le maintien décidé du jugement par la cour régionale statuant en appel : 12 novembre 1927, Bussemey, p. 1058; — 5 janvier 1929, Prudhomme. p. 17; — 28 octobre 1931, Roudani, p. 914.

550. — *a)* Du point de vue des *délais* et de la recevabilité des recours, c'est une règle de première importance que le délai de six mois — prévu normalement ou de façon tout exceptionnelle et non extensive (Cons. d'Et., 17 juin 1925, Toinel, Leb. chr., p. 587; — 12 juillet 1927, Aulber; 23 novembre, Rœckelboom, p. 787, 1105) de l'art. 38 de la loi du 31 mars 1919 pour les pourvois devant le tribunal départemental — ne court qu'au regard de décisions ministérielles, ayant expressément statué, initiales, confirmatives ou non d'une précédente et, comme celle-ci, susceptibles d'être attaquées devant la juridiction contentieuse : 26 juin 1930, Floch, p. 655 ; 20 février, Bendimerad Abdelkrim, Table, p. 1328; — 19 février 1931, Davis; 20 mai, Rabia, p. 198, 552. Les décisions implicites de rejet, résultant du silence observé par le ministre, n'ont pas cet effet, et manquent, par suite, d'ouvrir au requérant un nouveau délai de recours qui lui évite la forclusion : 26 juillet 1929, Chartier, p. 884. De même, ne saurait être déférée, en l'état, au Conseil d'Etat statuant au contentieux une décision purement préparatoire, du genre de celle qui a ordonné une expertise sur la cause de l'affection, constatée par une commission de réforme, mais n'a, pour autant, rien préjugé sur le fond, spécialement sur le droit au bénéfice de la présomption instituée par l'art. 5 : 14 janvier 1928, Sagnal, p. 60.

551. — La condition de délai est stricte : toute requête présentée à la suite de la notification de la décision du tribunal départemental et avant l'ouverture du délai de deux mois fixé au recours direct devant le Conseil d'Etat contre cette décision est réputée prématurée et rejetée comme non recevable : Cons. d'Et., 6 avril 1927. Belin, Leb. chr., p. 454; — 24 mars 1928, Fages; 21 novembre, Rigaudis; 1er décembre, Vigné; 26 décembre, Caillard, p. 439, 1206, 1249, 1356; — 16 janvier 1929, Dalbon; 13 février, Fulchrand, p. 57, 184; 23 mars, Caron; 23 et 25 juillet, Soubeyrand et Pallier. Table, p. 1424; — 5 novembre 1930, Durand, Table, p. 1338; — 5 février 1931, Pégurier, Table, p. 1416. -- Rpr 25 juillet 1930, Chigot. p. 819. — Cf. *a contr.* 21 décembre 1927, Schlama-Haï, Table, p. 1575; — 18 mai 1928, Lambert, p. 653; — 6 février 1930, Schaeffer; 4 avril, Dupuy, p. 137, 396. Et un arrêt effectivement rendu par la cour régionale lorsque le Conseil d'Etat est près de statuer ne rendrait pas la recevabilité au recours prématuré introduit contre le jugement : 23 juillet 1929, Blanc, Table, p. 1424. — A l'inverse, serait irrecevable pour tardiveté le pourvoi formé par le ministre des pensions après l'expiration dudit délai : 3 décembre 1930, Amouroux, p. 1014.

552. — Le *dies a quo* en est la notification de la décision, laquelle, faute d'indication contraire ressortissant des travaux préparatoires, peut être signifiée, ou bien à domicile dans les conditions de l'art. 68 C. proc. civ., ou bien faite selon les règles de l'art. 69-8° au cas de manque de domicile ou de résidence inconnue des intéressés. A l'une et à l'autre procédure a été reconnu l'effet de faire courir le délai de deux mois imparti par l'art. 43 : Cons. d'Et., 19 juin 1930, Combes, Leb. chr., p. 629; 25 juin 1931, Florent, p. 687; 27 juillet 1932, Lavarte, p. 796.

553. — Quant au *dies ad quem*, à la computation et l'expiration du délai, il n'est rien de particulier par rapport au droit commun : qu'il s'agisse, quant à la computation, des délais de distance ou du caractère de jour férié afférent au *dies ad quem*; d'où suit leur prolongation selon l'art. 5 C. proc. civ. : Cons. d'Et.. 9 nov. 1925, Bon, Leb. chr., p. 885; 23 juillet 1927, Morel, Table, p. 1424; — ou de son expiration, en particulier du dépassement de six mois comptés de la notification de la décision ministérielle; d'où suit une cause de forclusion si rigide que ne suffit pas à écarter, au temps où elle existait (*supra*, n° 418) : 28 mars 1928, Vanel; 31 octobre, Roques; 21 novembre, Dufour; 5 décembre, Chouleau, p. 470, 1114, 1203, 1266. — Cf. 12 avril 1930, Cabau, p. 472), l'irrégularité de la signature de la décision par le directeur de la liquidation : 19 juin 1929, Louarn, Table, p. 1424; — 28 mars 1931, Mas (*in f.*), p. 421.

554. — *b)* Le pourvoi au Conseil d'Etat doit, « au plus tard dans les deux mois de la signification de la décision » (art. 43), donner lieu à une *déclaration* au greffe du tribunal ou de la cour d'où émane la décision litigieuse (art. 43) : Cons. d'Et., 8 janvier 1930, Goursat, Leb. chr., p. 12; — 17 juillet 1931, Collau, p. 795; — 2 novembre 1932, Pinto, p. 895. L'art. 43 est, quant à ce, d'une telle rigueur formelle que le Conseil, encore qu'ordinairement plus large en pareille matière, mais apparemment lié en l'espèce par les termes légaux, à plusieurs reprises a déclaré « non recevable comme tardive » une requête présentée au secrétariat du contentieux antérieurement à la déclaration de recours effectivement déposée au greffe de la cour régionale après l'expiration dudit délai de deux mois : 7 mai 1931, Lissarrague; 4 novembre, Albaril, p. 498, 945; — par *a contr.* 4 avril 1930, Dupuy, p. 396. A l'inverse, a été jugé prématuré, incapable de suspendre le cours du délai imposé par l'art. 43, et non ultérieurement régularisé par mémoire complémentaire enregistré après l'expiration du délai de recours, le pourvoi au Conseil d'Etat formé avant ce temps : 21 mai 1930, Sabatier ; 23 juillet, Soubeyrand, p. 534, 774. — Rpr. 4 décembre 1930, Lecat, p. 1023.

555. — L'obligation de cette déclaration — pour laquelle n'est nulle part requise la voie de la lettre recommandée et qui est satisfaite par transmission d'une lettre simple : Cons. d'Et., 17 juillet 1931, Colleu, précité, — va, dans l'art. 43, avec la formalité de la signification du recours par la partie demanderesse aux intéressés dans un délai de huitaine à partir de la déclaration : Cf. 19 mars 1931, Pietrucci, p. 313. Le but n'en est, par l'information d'un recours déjà formé, que de provoquer la présentation des moyens de défense ; aussi son non-accomplissement dans le délai indiqué par la loi ne saurait-il entacher le recours d'irrégularité : 28 avril 1926, Renaud, p. 417 ; — 16 mars 1927, Pradelle ; 3 juin, Pansart, p. 345, 647, — ni faire obstacle au droit de l'Etat d'interjeter appel de la décision intervenue : 6 juin 1928, Blot ; 6 juillet, Descamps, p. 699, 869 ; 7 mars, Le Courquin, Table, p. 1591, le ministre eût-il même, antérieurement au recours formé contre cette décision, exécutoire par elle-même nonobstant tout recours, et pour s'y conformer, procédé à la liquidation de la pension : 6 juillet 1928, précité. De même, la transmission du dossier avant l'expiration du délai légal au ministre des pensions ne constituerait pas davantage une nullité substantielle de procédure et à soi seul un motif d'annulation de l'arrêt de la cour régionale : 4 mai 1929, Parmentier, p. 477.

556. — A ce recours s'applique, parce que s'imposant, même en l'absence d'un texte précis, à toutes juridictions et procédures, la règle ou la formalité de l'exposé sommaire des *faits* de la cause et des *moyens* des parties : Cons. d'Et., 4 et 9 novembre 1925, Simon et Bauc, Leb. chr., p. 854, 885 ; — 15 janvier 1926, Lacoste, p. 48 ; 9 juin, Ministre des pensions, Table, p. 1465 ; — 14 janvier 1928, Le Rolland, p. 61 ; — 4 juin 1931, Janvois ; 8 juillet, Bouilland, p. 590, 747. Elle a, tout spécialement, dans ce cas de recours au Conseil d'Etat contre une décision d'un tribunal départemental ou d'une cour régionale, cette signification que l'auteur de la déclaration de pourvoi — fût-ce le ministre : 3 avril 1925, Stuckenroht ; 8 juillet, Meyraneh Ouarsamah, p. 394, 659 ; — 28 avril 1926, Renaud, précité, — doit présenter au Conseil une requête dûment signée et motivée, conformément aux prescriptions du décret du 22 juillet 1806, lorsque la déclaration, faute d'avoir été motivée, n'y satisfait pas elle-même : 11 mai 1927, Marthelat ; 6 juillet, Caltois ; 2 août, Guyon, p. 531, 752, 907 ; — 9 mars 1929, Jestin ; 23 mars, Lett, p. 293 ; Table, p. 1424.

557. — Les moyens doivent dépasser, soit l'allégation générale de violation des lois et des règlements : Cons. d'Et., 12 avril 1930, Cazeneuve, et 21 mai, Defossez, Table, p. 1339, — soit la simple référence à des observations présentées à l'appui d'une autre instance sans connexité avec le recours en cause : Cons. d'Et., 12 avril 1930, Cabau, Leb. chr., p. 472 ; — 26 mars 1931, Martiney, Table, p. 1416. — Les moyens abandonnés à l'audience de la cour régionale ne peuvent être repris devant le Conseil d'Etat : 7 juillet 1926, Podeur, p. 700. — Les moyens non soumis à la cour régionale, ou sur lesquels celle-ci n'avait pas à statuer d'office : 29 décembre 1926, Buquet, p. 1190, ne peuvent être présentés directement devant le Conseil d'Etat : 11 mai 1927, Delpoux ; 9 novembre, Aubert, p. 526, 1038 ; — 13 juin 1928, Casabianca, et Noel (2 arrêts) ; 27 juin, Mattei ; 2 août, Maurel ; 14 novembre, Maunoury, p. 739, 742, 818, 1018, 1171 ; — 5 mars 1930, Sync ; 12 avril, Beysson, Vaissié ; 3 décembre, Le Mignou, p. 250, 472, 474, 1014 ; — 25 mai 1932, Del ; 16 juin, Sombardier ; 20 juillet, Risso, p. 509, 590, 753 — et non plus, pour la même raison de principe, celui qui serait tiré, ou bien d'un cas de force majeure pour contester la forclusion opposée par les juridictions de pensions : 10 avril 1931, Guillemin, p. 431, ou bien de pièces justificatives nouvelles dans le recours contre un arrêt ayant statué sur une question de fait : 5 juin 1931, Gournay, Table, p. 1339.

558. — *c)* Du recours en cassation ainsi formé devant le Conseil d'Etat contre les décisions des juridictions de pensions le caractère et l'effet doivent être marqués. - Sous cet aspect négatif, d'abord, qu'il n'a pas d'effet suspensif ; d'où il suit que sa formation ne saurait mettre obstacle à ce que le tribunal départemental ou la cour régionale statue sur le litige dont il lui a été fait renvoi : Cons. d'Et., 6 novembre 1929, Mas, Leb. chr., p. 952. — Rpr. 28 mars 1931, p. 421.

559. — En semblable procédure devant le juge de cassation, un moyen non fondé sur le contenu ou le refus d'une décision ministérielle (Cons. d'Et., 25 juin 1931, Schulz, Leb. chr., p. 686. — Rpr. 28 mars 1931, Mas, p. 421), et de même un moyen non soulevé déjà devant la cour régionale (4 juin 1927, Tournaire, p. 666), serait-il d'ordre public, ne peut être soulevé pour la première fois si les pièces et documents sur lesquels il repose en fait n'ont pas été produits devant la juridiction d'appel : 27 janvier 1926, Meynier, p. 93. — Rpr. 23 mars 1929, Lota, p. 386 : il n'y a là qu'un aspect de la règle, rappelée notamment à l'art. 40 du décret du 2 septembre 1919, de la communication des pièces et documents aux intéressés qui est conditionnelle de la validité de toute décision de juridiction de pensions : 29 décembre 1926, Tiéblemont, p. 1192 ;

560. — Sous cet aspect positif, ensuite, que les moyens doivent être précisés : constatation de fait matériellement inexacte touchant, par exemple, des examens passés devant une commission médicale : Cons. d'Et., 26 décembre 1925, Brémond, Leb. chr., p. 1070 ; — dispositions législatives (ce qui exclut l'inobservation des circulaires : 26 janvier 1929, Anessant, p. 107) qu'aurait méconnues la cour des pensions ou conclusions sur lesquelles elle aurait négligé de statuer : 7 janvier 1925, Buzenac, p. 16, comme serait, en particulier, l'application d'une forclusion (art. 38 de la loi de 1919), alors que la mise en instance à nouveau devant les tribunaux compétents dans un délai déterminé était autorisée par une disposition extraordinaire, telle la loi du 28 décembre 1923 : 7 janvier 1925, Quétant, p. 15. — Cf. par *a contr.*, 31 octobre 1928, Cadic, p. 1110 ; — ou l'omission de statuer, ou la méprise commise sur les conclusions du requérant et l'objet ou la portée du litige ramené par le tribunal ou la cour à une question de taux ou de date du droit à pension, alors qu'étaient demandées l'attribution d'un taux supérieur à partir d'une certaine date seulement et la mention d'infirmités supplémentaires : 29 juillet 1925, Bausch, p. 761, et 6 juin 1928, Bausch, p. 702, — étant bien entendu que, seules, comptent les conclusions qui étaient afférentes au recours dûment formé contre l'arrêté ministériel dans le délai légal : *a contr.* 24 mars 1928, Julia, p. 439.

561. — *d)* Du fait que les juridictions de pensions sont, du point de vue des excès ou détournements de pouvoir, ou des vices de forme ou violations de la loi qui peuvent entacher leurs arrêts ou jugements, placées sous l'autorité du Conseil d'Etat statuant au contentieux pour l'interprétation du droit, dérive pour elles en la matière l'obligation de faire application de sa décision au jugement de l'affaire à l'occasion de laquelle les questions de droit ont été définitivement tranchées par lui : pareil sens donné à l'art. 43 peut seul assurer la solution des affaires et empêcher des conflits dont la possibilité ne saurait être envisagée. Cf. 4 janvier 1929 et 13 mai 1931, Orset (deux arrêts), Leb. chr., 1929, p. 71 ; 1931, p. 526 ; — 24 avril 1929, Molinier, p. 417.

562. — La cassation détermine, en effet, le renvoi de l'affaire « devant la cour régionale d'un autre ressort » (art. 43, alin. 4) que celui où elle fut mal traitée. Les pouvoirs et les obligations de la cour de renvoi devaient, pour la plupart, assez naturellement, donner lieu à controverses et délimitations jurisprudentielles de compétence :

α) Par un échec pratique et logique, aussi, à la règle du double degré de juridiction : la cour régionale de renvoi a devoir et soin exclusif de prononcer sur le droit à pension : Cf. Cons. d'Et., 19 mars 1932, Hamon, Leb. chr., p. 373, alors même que le juge de première instance n'aurait pas eu, en raison d'une exception d'irrecevabilité, à connaître de l'affaire. Est donc allée contre ses pouvoirs et la loi même celle qui, en pareil cas, prenant prétexte des conclusions limitées par le ministre devant le tribunal à l'irrecevabilité du pourvoi, proposait le retour du litige devant cette juridiction pour y être statué au fond : 23 juillet 1931, Poujol, p. 830..., — et non moins celle qui, manquant de statuer sur le mérite de conclusions renvoyées à son examen, défaillit à rechercher si les conclusions, présentées sous le revêtement d'une demande en révision, tendaient plutôt, en vérité, à remettre en question des décisions ministérielles, devenues définitives : 17 juin 1931, Juilleguet, p. 650. — Il va de soi que la cour de renvoi doit prononcer, réellement de façon expresse, en ne se bornant point à déclarer « adopter les motifs des premiers juges » : son arrêt ne serait ainsi qu' « insuffisamment » motivé : 27 juillet 1932, Perrouse, p. 796;

563. — β) Par des applications corrélatives et également fondées du principe de l'autorité et de la sanction des méconnaissances de la chose jugée : par exemple, là où l'annulation d'une décision n'a porté que sur l'évaluation du taux d'invalidité (Cons. d'Et., 27 juillet 1927, Vergniaud, p. 843), obligation pour la cour de renvoi de tenir pour acquises les appréciations contenues en cette décision quant à la définition même de l'infirmité : 24 juillet 1930, Vergniaud, p. 795; — là où l'annulation a eu pour cause une question d'ordre public, comme le devoir de relever d'office la nullité d'une décision administrative pour cause d'incompétence (26 janvier 1929), obligation pour la cour de renvoi, à peine de méconnaissance de l'autorité de la chose jugée, d'examiner l'origine de ladite décision, la compétence de son auteur : 11 juin 1931, Pascoet, p. 618; — là où l'annulation a été fondée sur l'erreur commise quant à l'imputabilité de l'accident au service, obligation pour la cour de renvoi de ne point refuser droit à pension : 13 mai 1931, Orset, p. 526. — A ce propos, la question ne semble pas pratiquement s'être posée d'une transgression par la cour de renvoi de l'interprétation donnée par le Conseil d'Etat, et donc de la nécessité et de l'examen d'un nouveau pourvoi, alors qu'il n'existe pas, dans la procédure administrative, expédient analogue à celui de la Cour de cassation statuant « toutes chambres réunies »; la note au Lebon suggère la possibilité de faire décider par « l'assemblée publique du Conseil d'Etat au contentieux ».

564. — Sur le plan de la cassation comme de la compétence respective des juridictions de pensions et du Conseil d'Etat, tel qu'il est établi par la loi et organisé par la jurisprudence, les choses n'offrent ni risque ni anormalité. Néanmoins une hypothèse neuve, du moins très particulière, s'est présentée quant à la compétence des juridictions de pensions et à l'incompétence corrélative du Conseil d'Etat, du fait de la loi du 22 juin 1927, telle qu'elle a été interprétée par le Conseil (29 novembre 1929, Poggi, Leb. chr., p. 1058; 24 juillet 1931, Touston, p. 858), remettant aux tribunaux départementaux et cours régionales le soin de statuer sur les demandes de pensions d'invalidité pour faits antérieurs au 2 août 1914. Une requête directe ayant été, à la suite d'une déclaration d'incompétence devenue définitive, faute d'appel, d'un tribunal régional, présentée au Conseil d'Etat, celui-ci, malgré qu'il dût lui-même se reconnaître incompétent, ne pouvait, à peine de déni de justice, sans créer conflit négatif « de compétence » (Conclus. du commiss. du gouvern. Rouchon-Mazerat), ou, pour dire mieux et avec le Conseil vi-même (17 juin 1932, Le Monnier, p. 592), de juridiction, que considérer le jugement comme nul et non avenu, et donc renvoyer, ainsi qu'il l'a fait, au tribunal départemental, pour être statué ce qu'il appartiendrait sur le recours formé contre la décision du ministre des pensions : 15 janvier 1932, Reynès, p. 61; S. 1932.3.83.

○°○

565. — Conçue, élargie, appliquée, comme il a été expliqué tout au long de ce Titre, la loi du 31 mars 1919 est bien, par ses innovations passagères ou persistantes, — la présomption d'origine, l'appréciation analytique des invalidités, l'institution des pensions mixtes, la concession des pensions, majorations ou allocations du chef des veuves, des enfants ou des ascendants, l'indemnisation des victimes civiles de la guerre, etc..., — l'une des causes génératrices, « un des principaux facteurs » de l'ascension des charges financières du budget : Germain-Martin, *Sommes-nous sur la bonne route?* 1934, p. 75. Les statistiques de ce livre chiffrent ainsi les conséquences budgétaires du régime (non comprises les allocations d'attente et celles aux grands invalides, et les indemnités de soins aux tuberculeux servies par le ministère des pensions) :

I. — *Pensions servies.*

1925..............	2.336.138.000 fr.
1926..............	3.759.425.000 —
1927..............	4.291.650.000 —
1928..............	4.461.650.000 —
1929..............	4.686.210.000 — + 1.359.052.500 pour la période complémentaire des trois premiers mois de 1930.
1930-31..........	4.856.570.000 —

II. — *Parties prenantes* : LL. 31 mars 1919, 17 avril 1923, 24 juin 1919.

	INVA-LIDES	VEUVES	ASCEN-DANTS	ENFANTS	
				d'invalides	de veuves
Au 1er janvier 1925.	798.817	570.126	788.069	848.749	552.613
— 1926.	901.113	593.868	816.899	1.064.029	553.222
— 1927.	902.143	614.527	845.858	1.021.643	501.728
— 1928.	894.726	615.603	844.386	1.042.382	457.840
— 1929.	916.069	631 094	850.046	1.083.640	418.642
— 1930.	948 630	635.357	858.387	1.225.755	352.749

Elles y sont (p. 80) assorties, comme il convenait vraiment, de cette observation : « On escompte parfois un abaissement brusque de la charge de ces pensions, à raison de la disparition successive d'une partie des bénéficiaires... L'époque en sera moins prochaine et le rythme moins rapide qu'on ne l'indique en général » : la cadence des pensions nouvelles pour les droits afférents à la Grande Guerre se maintient encore élevée; les expéditions coloniales et les invalidités du temps de paix compensent en partie les extinctions de droits; la perspective de disponibilités est reculée par l'attente de prorogations des délais de forclusion déjà opposables ou près de l'être aux victimes de la guerre.

Statistiques et observation sont, les unes complétées, l'autre serrée dans un article dont le titre accuse la tendance, Dr A. Roume, *La révision des pensions de guerre*, dans *Rev. politiq. et parl.*, n° 10 mars 1935, p. 463 : quelque peu de chance qu'ait d'être consenti l'opération, tant est multiple le nombre des intérêts ou des abus en cause, il semble que tout l'impose, les excès et les erreurs qui ont suivi la gloire et les lendemains imprévisibles d'un cataclysme sans précédent. — Le budget des pensions de guerre en 1934 (L. fin. 1er juin 1933, *J. off.*, 1er juin, p. 5718, 5742), pour 7 millions environ de démobilisés ayant servi sous les drapeaux, dépassait 7 milliards, les pensions d'invalidité inscrites au titre étant de 4 milliards 877.600.000 francs, tandis que les dépenses non inscrites (recours et allocations d'attente, soins médicaux gratuits, indemnités de soins) ci-dessus réservées figuraient pour 1 milliard 077.065.000 francs et que (Cf. l'art. Dr Meurisse, dans le *Journ. des Débats*, 4 avril 1934) 1 milliard 1/4 était affecté au service croissant de la retraite du combattant. Or, de la Réponse écrite à une quest. Raude, n° 3853, *J. off.*, 2 mai 1933, Déb. parl., p. 2377, ressort ce décompte et cette répartition de 3.075.000 pensions réparties, au 1er janvier 1933, entre 1.181.057 pensionnés :

A 100 %	De 95 à 85 %	De 65 à 50 %	A 30 %	A 25 %	A 20 %	A 15 %	A 10 %
60.000	43.410	198.300	98.400	56.380	117 910	100.000	278.010
dont 23.700 tuberculeux, titulaires de l'indemnité de soins de 10.000 fr.						555.920	

La proportion respective des blessés et des malades n'y est pas, parce que l'habitude du ministère est de ne pas catégoriser les pensionnés suivant leur affection pathologique. L'importance dans le chiffre total des plus faibles pourcentages y est l'indice d'une charge fatalement grossissante, à raison du minimum admis d'invalidité (10 % au lieu de 25 % italien ou allemand) et du glissement rapide, à la faveur de l'imputabilité retenue et de l'expertise malaisément arrêtée des aggravations successives, vers un autre degré de l'échelle des pensions pour maladie. — Le retour à la mesure, nécessaire à l'état des finances, n'est que fallacieux, masqué quand il est demandé à des artifices de comptabilité ou de rubriques et consiste, par exemple, à gager et prendre le service de la retraite du combattant sur les bénéfices de la Loterie nationale; il n'offrirait que dangers, suspicions et iniquités, s'il avait pour unique moyen (Cf. proposit. Pradel, Doc. parl., 23 octobre 1934, p. 1080) l'affichage dans les mairies du nom des pensionnés et du chiffre des pensions. Le retrait des pensions abusives, proposé par le décret du 14 avril 1934, paraît jugé par le résultat. 31 propositions d'annulation de droits, avoué dans la réponse écrite Min. pens. à quest. écrite, n° 9248, Raymond Lachal, *J. off.*, Ch., Déb. parl., 16 octobre 1934, p. 2180. La prorogation des délais d'instance, telle que l'a édictée la loi du 26 décembre 1934, fort attaquée, mais non moins utile, parce que « barrage minimum » contre des réclamations incessantes, inattendues et injustifiées, vaut d'être maintenue en pleine force. Combinée avec une économie dûment prescrite des frais de procédure et d'expertise, des examens médicaux et des allocations diverses..., seize ans après la cessation des hostilités, la révision est le procédé patent, « une question de moralité » (Roume, *loc. cit.*, p. 468), au regard et au profit des seuls dommages et des seules invalidités ayant avec le service rapport reconnu non de coexistence, mais de cause à effet. La matière est de celles où la justice sociale et la fortune nationale ne sauraient être altérées, compromises et vaincues par les brumes égoïstes, et les hautes et sages pensées de la loi dégénérer non plus durant de longs espaces de temps.

TITRE III

LES PENSIONS CIVILES (ANCIENNETÉ ET INVALIDITÉ) ET MILITAIRES (ANCIENNETÉ ET PROPORTIONNELLES) DE LA LOI DU 14 AVRIL 1924.

566. — Une partie de la loi est morte : le système construit au titre V, en matière de pensions d'ancienneté, sur le plan de la capitalisation, par une caisse rattachée à la Caisse des dépôts et consignations, des retenues sur les traitements et des versements complémentaires de l'État (Cf. *suprà*, n° 28). De même que pour les pensions de guerre, a échoué le type de caisse emprunteuse installé dans la loi du 22 mars 1924, laquelle en son effort de consolidation pérennisait l'emprunt, l'affectait à la dotation de la caisse : le système prétendait à l'avantage d'apporter un allègement au budget général et d'aménager aux pensionnés une dotation à l'abri des discussions parlementaires et des crises financières; par contre, il avait, pareillement, le double défaut de rejeter sur les générations à venir les charges des présentes et de mettre en un jour inquiétant le crédit même de l'État; à le considérer, en effet, sans illusion ni parti pris, le mécanisme de la capitalisation apparaît, non comme le terme de la dette publique, mais plutôt pour une cause de son renouvellement et sa progression, la fatalité de nouveaux emprunts étant manifeste, ne fût-ce qu'aux fins d'alimentation de la caisse et d'amortissement (Cf. à propos de « La Caisse des pensions de guerre » l'article Edg. Allix, dans *Rev. pol. et parl.*, n° 10 janvier 1933. p. 35 sv., et des « méthodes de capitalisation à rebours ». Léon Blum, « Fausse sagesse », dans *Le Populaire*, n° 24 octobre 1932). La crise en a détourné l'effet ; l'un comme l'autre fut ajourné par la loi elle-même : le service des pensions a été demandé continûment à des crédits budgétaires additionnels, et l'art. 25 de la loi de fin. 24 décembre 1934 de nouveau autorisait le ministre des finances à ajourner la mise en œuvre de la caisse des pensions [jusqu'au 31 décembre 1936]. Il n'y a donc point lieu, en cet inventaire sommaire et cette esquisse toute positive des desseins et des résultats de la loi de faire plus qu'une mention des dispositions énoncées ou annoncées sur le fonctionnement administratif, les dépenses ou la gestion des fonds de la caisse : celle-ci n'eût été qu'un organisme financier, chargé de faire remise et de tenir compte des droits liquidés ou en formation, cependant qu'auraient gardé leur autorité les traditionnelles règles relatives à la liquidation et à la concession, à l'inscription et au paiement des pensions, et que la direction de la dette inscrite eût conservé son office et sa participation ordinaire à la gestion du Grand-Livre de la dette viagère.

CHAPITRE I

LES PRÉLIMINAIRES ET LA TRANSITION AU DROIT NOUVEAU.

I. — *Les avantages spéciaux et les mesures de réparation.*

567. — Une autre partie de la loi, qui y était nécessaire parce que convenable à toute œuvre de rénovation et période de transition, a prêté, ainsi qu'il était prévisible, à des difficultés, dès lors qu'il s'agit de combiner les dispositions de lois se chevauchant, de faire sortir effet le principe de « péréquation » aussi aisé à concevoir que difficile à développer. d'assurer le jeu des majorations dont la réclamation dut, à peine d'irrecevabilité, être adressée au ministre, non des pensions, des finances, en tant que seul chargé de l'application desdites lois et. majorations à des pensions déjà concédées : Cons. d'Ét., 18 janvier 1928, Marcout, Leb. chr., p. 83. Elle est représentée, dans l'ensemble législatif de la matière par une série de dispositions légales. auxquelles l'abrogation de style, énoncée à l'art. 2 de la loi du 14 avril 1924, des dispositions contraires des lois antérieures n'a pas, faute de cette contrariété (Cpr. 1er février 1928, Robin, p. 156), porté dommage, à savoir :

568. — *A.* Quelques mesures de faveur ou de circonstance, pour empêcher les effets qu'eût entraînés le jeu abandonné de l'art. 22 de la loi du 9 juin 1853. la fin de non-recevoir subséquente au défaut de présentation dans un délai de cinq années d'une demande de pension : décret du 10 août 1914; lois du *4 juillet 1915* (art. 1er, 3) et du *23 octobre 1919*. — De fait, celle-ci, au lieu du décret prévu par les textes antérieurs, fixa elle-même la date de cessation des hostilités et, en outre, prolongea de trente jours, à compter de sa promulgation, les délais assignés par ces textes à la suppression et à la reprise de l'échéance normale de la prescription : suspension pure et simple jusqu'à la fin des hostilités, ou prolongation de six mois depuis la date de l'échéance, selon la place de celle-ci avant cette fin ou dans les six mois suivant cette date; reprise et effet de la prescription, à compter de l'un ou de l'autre moment. Par contre, sauf l'addition du bref délai complémentaire; elle n'apportait aucune modification aux règles du décret et de la loi précédente, de telle sorte que, faute aux conditions énoncées d'être remplies, maintes fois la prescription s'est trouvée acquise sans suspension ni prorogation, et que des demandes furent rejetées comme tardivement présentées : Cons. d'Ét., 16 janvier 1924. Julien; 27 février, Guillot-Pinque ; 26 novembre, Agostini, Leb. chr., p. 49, 236, 933.

569. — *B.* La loi du *23 février 1919*, qui institua une allocation temporaire (30 francs par mois du 1er juillet 1918 au 1er janvier suivant, et 60 francs depuis cette date) en faveur des petits pensionnés de l'État et assimilés (L. 18 octobre 1917, mod. 30 avril 1918) : loi créatrice d'un droit et régulatrice de sa mise en œuvre, de telle sorte que la circulaire interministérielle, en date du lendemain, et le ministre des finances furent mal fondés à prétendre priver du rappel des arrérages de l'allocation, pour la période antérieure à leur demande, les intéressés n'ayant pas présenté leur demande avant le 1er mai 1919 : Cons. d'Ét., 4 juillet 1924, Caudmont, Leb. chr., p. 648.

570. — *C.* La plus importante de ces lois successives, celle du *25 mars 1920*, dans la perspective annoncée de la promulgation d'une loi nouvelle sur les pensions militaires. Elle a été déjà mentionnée *suprà*, n°s 20, 21. Aussi n'est-il plus utile peut-être dorénavant que de noter son objet et justifier le champ limité de son application :

571. — *a)* Son objet fut l'attribution d'un complément de pension (art. 2 et 6). égal à 1/3 ou 2/3 de la différence entre la pension qui, selon les lois sur la matière, eût été calculée d'après le grade ou l'échelon de grade et celle qu'aurait comporté la perception des nouveaux traitements pendant une période de trois ou de six ans.

« La pension des tarifs actuels, non majorée, porte l'art. 2, est d'abord affectée du coefficient d'accroissement que comporte la solde attachée au grade ou à l'échelon de base par l'effet des indemnités temporaires de la loi du 12 août 1919 ; du chiffre ainsi obtenu, on déduit le montant de la pension majorée afférente au grade ou à l'échelon de base, et le complément à allouer est égal au 1/3 de la différence, si les services admissibles ont pris fin entre le 1er juillet 1919 et le 30 juin 1921, et aux 2/3 de cette différence, si les services admissibles ont pris fin entre le 1er juillet 1921 et le 30 juin 1923 ». Cf. Cons. d'Ét., 8 juillet 1925, Bodelle, Leb. chr., p. 658. — Ce qui établit, tant pour les bénéficiaires eux-mêmes de la loi que pour leurs ayants droit, veuves et orphelins, une différenciation, d'après leur caractère et pour leur computation, des deux éléments, majoration et complément de pension. La jurisprudence y correspondit, par la formule de son arrêt, 9 novembre 1925, Siméon, p. 767, spécifiant « que pour la majoration... il s'agit d'une somme déterminée à ajouter d'une manière ferme au montant, quel qu'il soit, de toutes les pensions inscrites ou à inscrire au Trésor public et susceptibles, dès lors, de dépasser, dans la limite de cette majoration, les minima établis par la loi du 9 juin 1853 modifiée par celle du 30 décembre 1913 », alors que le complément éventuel était, au contraire, uniquement destiné à tenir compte des nouveaux traitements perçus par les fonctionnaires depuis le 1er juillet 1919, « et seulement dans le cas où la pension calculée fictivement d'après les nouveaux traitements selon les règles de la législation existante, telle qu'elle était définie par les lois susvisées de 1853 et de 1913, et sans dépasser les maxima qu'elle édicte, [serait] supérieure à la pension calculée d'après les traitements anciens et augmentée de la majoration prévue à l'art. 2 de la loi du 25 mars 1920 ». En bref, c'était la limitation du droit au complément de pension, au cas de dépassement de la pension établie d'après les anciennes échelles de traitements et augmentée de la majoration prévue à l'art. 2 par celle calculée fictivement, conformément aux prescriptions de l'art. 2, dans la limite des maxima de 1853 et de 1913 : Cf. 23 février 1928, Teulière. p. 277.

D'autre part, les art. 3 et 4 (Rpr. L. 12 avril 1922) allouaient aux veuves de fonctionnaires morts depuis le 1er juillet 1919, mais ayant cessé avant cette date leurs services admissibles pour la retraite, le bénéfice, soit de la majoration de pension prévue à l'art. 2, à concurrence du montant de l'indemnité (720 francs) de cherté de vie, soit, jusqu'au 1er janvier 1922, d'une allocation trimestrielle suffisante à faire s'équivaloir la majoration et l'allocation : Cf. 26 mars 1924, Guillemain, p. 337.

572. — *b)* Son champ d'application a été, selon les cas, réglé par des interprétations également naturelles, sinon forcées, en raison même des dispositions de la loi :

Dispositions larges, en ce sens que le bénéfice conditionné notamment au dernier alinéa de l'art. 8 n'y est pas limité aux militaires et assimilés, et donc était accessible à des agents que leur statut place sous le régime des pensions militaires, tels les surveillants des établissements pénitentiaires : Cons. d'Et., 25 mars 1925, Villoriani, Leb. chr., p. 305, ou des commis des services administratifs de la marine : 30 mars 1928, Roux (motifs), p. 492...;

Etroites, par contre, à en juger par l'art. 6, au point de répugner et de s'opposer à l'attribution de la totalité du complément aux fonctionnaires obligés par un accident imprévu de service à cesser leurs fonctions avant le 30 juin 1923 : 27 février 1924, Pouillaude, p. 234, et *a fortiori* à ceux ayant déjà obtenu liquidation et reçu notification de leur pension, dont toute révision administrative eût été, dès lors, irrégulière : 27 mars 1926, Vivié, p. 373 ;

Et, d'un point de vue général, limitées par l'art. 5 aux pensions fondées sur la durée des services : 8 mai 1924, Gravier, p. 457; S. 25.3.19 ; — 4 juin 1924, Vignol, p. 551 ; — 11 mai 1927, de Pontchalon. p. 532 ; — 30 mars 1928, Roux, p. 492, — donc à l'exclusion, soit de celles dont la liquidation devait prendre effet d'une date postérieure au 30 juin 1919 et le calcul être encore opéré sur le taux des anciennes échelles de traitements : 4 juin 1924, Vignol, p. 551, soit des pensions d'infirmités liquidées ou revisées en égard aux barèmes de la loi du 11 avril 1831 : 25 mars 1925, Meugnier; 24 juin, Rey, p. 307, 607 ; — 6 janvier 1928, Pallu, p. 29.

573. — *D.* La loi du *16 avril 1920*, concédant ou continuant des avantages de liquidation d'après le dernier grade obtenu (art. 2 al. 2) ou de bénéfice de campagne double (art. 10-1°) pour les militaires envoyés d'Europe (art. 10-4°), dans des limites (art. 10-2°, d'une année à compter de blessure reçue... De semblables mesures de faveur l'interprétation devait être prudente, adaptée à la lettre et ne la dépasser point, pour ne pas faire sans cause le jeu d'hommes de troupe ou d'officiers mariniers ou de marins (seuls visés par la loi : 14 décembre 1932, de Levezou de Vesins. p. 1082) n'ayant pas repris du service au cours de la guerre : Cons. d'Et., 8 décembre 1926, Lafleur, Leb. chr., p. 1078, — ni servi sous les ordres du chef des armées et dans la zone même des armées : 27 février 1928, Rey, p. 276, — ou ayant servi tout uniment hors d'Europe, sans qu'un texte spécial, plus précis de but et d'effet que

le décret du 27 septembre 1914, ait reconnu à leurs services la qualité de services effectués en temps de guerre : Rpr. 22 juillet 1925, Pigot, p. 712; — 4 juin 1927, Muller, p. 672; — ou prétendant, sans se pouvoir couvrir d'une disposition expresse, à une majoration spéciale, sous couleur d'insuffisance de la pension proportionnelle obtenue : 17 mars 1926, Lespoussas, p. 291...

574. — Les méthodes juridiques, les convenances administratives, les raisons financières, se rejoignent, ailleurs comme là, spécialement au sujet de la prohibition (art. 12 al. 3. Rpr. Circ. min. guerre, 20 août 1914) des cumuls et pour assurer l'effet des ordres éventuels de reversement des arrérages de la pension civile, du jour de l'acquisition de droits à la solde militaire jusqu'à celui de la radiation des contrôles, par les fonctionnaires en retraite mobilisés aux armées de terre ou de mer le ou après le 2 août 1914 : ces ordres ont été légitimés à concurrence de la différence entre les sommes perçues au titre de la solde et de la pension dans la limite du cumul autorisé par les textes législatifs, dont les effets, quant au cumul, furent expressément arrêtés au 1er août 1914 par l'art. 12 de la loi du 30 avril 1920 : Cons. d'Et., 26 décembre 1924, de Carbon-Ferrière (2 arrêts), Leb. chr., p. 1077, 1078.

575. — *E.* La loi du *12 avril 1922* (Rpr. Circ. min. fin., 10 mai) allouant, à compter du début de ladite année, une indemnité temporaire de cherté de vie aux « pensionnés de la marine, de la guerre et des administrations de l'Etat, autres que ceux [jouissant] d'une pension de la loi du 31 mars 1919 ». Faveur précise et large, au regard de laquelle étaient sûrement viciées d'excès de pouvoir les décisions du ministre des finances refusant le bénéfice de cette loi, parce que prétendûment privée d'objet par celle du 18 juillet 1922, aux invalides d'avant-guerre et à leurs ayants droit titulaires de pensions d'invalidité concédées antérieurement au 2 août 1914 et n'ayant pas opté pour les taux de la loi de 1919 : Cons. d'Et., 6 février 1925, Association des retraités civils et militaires de l'arrondissement de Lannion (1re esp.), Leb. chr., p. 130 ; — 1er février 1928, Le Lann, p. 155. Rpr., *a contr.*, 13 mai 1927, Seguela, p. 547.

576. — *F.* La loi du *18 juillet 1922*, pour accorder aux titulaires de pensions d'invalidité d'avant-guerre le bénéfice des taux de pension figurant aux tableaux annexés à la loi du 31 mars 1919, cependant que l'équivalence des infirmités était établie selon un pourcentage fixé par la loi du 23 décembre 1919 et correspondant aux circulaires ministérielles (Guerre) 23 juillet et (Marine) 28 novembre 1887 : Cf. Cons. d'Et., 10 février 1926, Kerdreux, p. 150. Son application donna lieu aussi à un travail double d'interprétation :

577. — *a)* Pour en faire valoir le principe : celui de l'équivalence s'opérant de plein droit, selon les faits constatés lors de la liquidation initiale ou de la révision de la pension effectuée dans les conditions déterminées par la loi de 1919, donc hormis toute nouvelle appréciation par le tribunal départemental de l'existence du degré d'invalidité des intéressés, et sans autre prérogative pour le Conseil d'Etat que de statuer sur les conclusions de relèvement. L'état d'invalidité constaté au jour de l'ouverture du droit à pension ou de la révision de la pension fournit, seul, la base à l'octroi du bénéfice susceptible de résulter de la combinaison des art. 10 de la loi du 31 mars 1919 et 1er de la loi du 18 juillet 1922 : Cons. d'Et., 28 juillet 1926, Brun. Leb. chr., p. 807; — 4 février 1927, Graulle (S. 26.3.95); 11 mai, François de Pontchalon, p. 161, 532 ; — 25 juillet 1929, Le Lann, p. 949;

b) Pour en cantonner le profit ou la condition :

Le profit, qui n'admet aucune majoration de la ci-devant loi du 25 mars 1920 : 10 février 1926, Flori, p. 949;

La condition, qui est d'une appréciation stricte du droit de l'invalide au regard des règles en vigueur lors de son décès, en sorte que, si ce droit à pension ne résultait pas du jeu des lois du 18 avril 1831 ou du 15 avril 1885 (mod. 8 décembre 1905), n'eurent droit au bénéfice de la loi de 1922, ni pour sa pension la veuve : 21 juillet 1926, Barbe; 8 décembre, Talgorn, p. 774, 1079; — 3 août 1927. Ceccaldi, p. 927; — 7 mars 1928, Verdier, p. 329; — (*a contr.*) 23 décembre 1925, Mavic, p. 1056; ni pour leur allocation les ascendants : 25 mars 1925, Badet-Robin; 1er avril. Lechand; 6 mai. Geffroy; 27 mai, Gigant; 17 juin, Leborgne; 24 juin, Caillaous-Gourragne; 18 novembre, Portalès; 25 novembre, Thénot et Barazeur, p. 307, 376, 434, 524, 587, 608, 915, 937; — 6 janvier 1926, Quéré; 13 janvier, Cornille; 3 mars,

Albouy ; 21 juillet, Jouanjean ; 29 décembre, Renucci, p. 15, 36, 241, 774, 1193 ; — 4 février 1927, Jacquet ; 23 mars, Nicaud ; 11 mai, Simon, p. 162, 378, Table, p. 1544 ; (*a contr.*) 23 mars 1927. Loussouarn, p. 377 ; — 21 décembre 1932, Soulès, p. 1113.

Cette définition de la loi appartenait, d'évidence, au Conseil d'État. Une incontestable combinaison des art. 2 et 35 de la loi du 31 mars 1919 et 2 de celle du 18 juillet 1922 établit l'incompétence des juridictions de pensions quant aux litiges nés à l'occasion de droits à pension ouverts avant le 2 août 1914, et toute la structure de la loi de 1922 celle des tribunaux départementaux et des cours régionales quant aux difficultés soulevées à son occasion : les uns comme les autres ne pouvaient ressortir que du Conseil d'État, eu tant qu'il est, de principe, le juge de la matière administrative : (*a contr.*) 12 juillet 1927, Léandri, p. 789 ; — 7 mars 1928, Verdier ; 27 avril, Colon ; 23 novembre, Bedu, p. 329, 541, 1221.

578. — *G*. La loi du *26 juillet 1923*, dont le lien avec celle du 18 juillet 1922 (Cf. 30 mars 1928, Roux, p. 492) se manifeste dans l'objet et par l'interprétation. — L'objet en fut de conférer aux bénéficiaires de la première, même n'ayant pas repris de service pendant la durée de la guerre, le droit à l'obtention d'une gratification égale à une pension calculée suivant les dispositions des art. 59 et 60 (pensions mixtes) de la loi du 31 mars 1919. Et l'interprétation du même principe a consisté à tenir pour condition stricte que les bénéficiaires des deux lois devaient se trouver dans les conditions posées en l'article 59 et, pour pouvoir réclamer l'application à leur profit des dispositions de la loi, avoir eu qualité de militaire (ou de rengagé, et non d'engagé) : Cons. d'Ét., 12 mars 1926, Paganel (D. II., 1926. p. 257) ; 28 avril, Besse, Leb. chr., p. 284, 420 ; — 20 juillet 1927, Bernable, p. 813, et avoir. en cette qualité, obtenu pension pour blessures reçues ou infirmités contractées en service antérieurement au 2 août 1914 : 24 juin 1925, Ansquer, p. 609 ; — 9 juillet 1926, Parize, p. 729 ; — 20 juillet 1927, Pierroni, p. 814 : au point de vue de la liquidation de la pension, les lois de 1922 et 1923 répugnaient à toute parité ou assimilation entre pension proportionnelle fondée sur la durée des services et les campagnes : 27 mai 1927, Carbonneau, p. 626 ; 21 décembre, Galamez, p. 1218 ; — 13 juin 1928, Hagnais, p. 738.

579. — *II*. Des lois, comme celles des *30 juin 1923*, art. 116, et *29 décembre 1923*, ayant, comme à titre de mesures de réparation de la réduction des cadres, et de récompense des services rendus pendant la guerre, — applicables pendant l'année 1923 et, par prorogation, jusqu'au 30 juin 1924 : 29 juin 1927, Borne, p. 729 ; — 13 juin 1928, Gauthier, p. 745, — la première, admis certains officiers visés à son *a* à être promus au grade supérieur en vue de leur admission à la retraite avec le bénéfice des taux afférents à leur nouveau grade. — la seconde ordonné, à l'avantage d'officiers mis à la retraite d'office avant d'avoir atteint la limite d'âge entre le 1er janvier 1918 et la fin des hostilités, le décompte pour la pension des services jusqu'à l'âge-limite : Cf. Cons. d'Ét., 7 janvier 1927, Bestagne ; 11 février, Ordioni ; 16 mars, Rentz ; 23 mars, Fix, Millière (2 arrêts) ; 30 mars, Albert. Leb. chr., p. 37, 197, 348. 379, 413 ; — 1er février 1928, Declert, p. 155. L'esprit de la loi en détermina l'interprétation pratique : là. l'irrecevabilité à s'en couvrir de l'officier n'ayant été l'objet d'aucune promotion lors de son admission à la retraite : (*a contr.*) 18 novembre 1927, Guilleminot, p. 1061 ; S. 28.3.4 ; — 25 février 1928, Frachon, p. 276 ; ici, l'ouverture du bénéfice légal à tous les officiers remplissant les conditions de la loi ou, en cas de leur décès survenu avant la promulgation de cette loi, à leurs ayants cause tirant leur droit du sien propre et par là-même appelés à profiter des modifications que la mesure eût apportée à la situation de leur auteur : 5 août 1927, Puech. p. 964, et, à l'inverse, son refus aux mis à la retraite pour quelque cause de discipline ou de santé. l'exclusion n'étant point, en vérité, spécifiée en la loi du 29 décembre, mais résultant tant du titre et des travaux préparatoires de la loi que du parallélisme existant entre ses art. 1, 2 et 4 : 18 novembre 1925, Franc, p. 913.

II. — *La révision des pensions déjà concédées.*

580. — Le dernier titre de la loi « VI. Dispositions concernant les retraites déjà concédées » a pour objet la péréquation et pour principe la mise sur même pied, à services égaux et fonctions égales, des pensionnés anciens ou éventuels.

Le projet avait limité son bénéfice aux agents en activité au jour de la promulgation de la loi. La Chambre avait aussi, malgré certains amendements, écarté la règle pour les retraités anciens ; elle avait néanmoins catégorisé les civils pensionnés, selon qu'ils étaient d'avant ou après le 30 juin 1919, pour faire application d'une échelle de coefficients à la pension initiale des uns, c'est-à-dire à leur pension sans majoration, ni complément, ni indemnité de vie chère. et réaliser quant aux autres, comme pour les militaires sans distinction, une révision suivant les taux de la loi et d'après les nouveaux traitements et nouvelles soldes. De nombreux arguments furent développés à l'appui de cette différenciation, lenteur d'une péréquation intégrale..., perte ou insuffisance des dossiers..., discordance ou disparité des échelles ou fonctions anciennes et nouvelles, « inévitables retards nés de ces difficultés, à raison de l'absence de tout bénéfice pour un grand nombre de retraités » (Rapp. Lugol, Ch. dép., 11 mai 1923) ; ils furent critiqués à la Chambre (Taurines et Ruhl, 12 juin 1923, *J. off.*, Déb. parl., p. 2448, 2465), et la discussion fut reprise d'ensemble par la commission des finances du Sénat, lequel adopta (12 décembre, *ib.*, p. 2893) une série de dispositions organisant le jeu, le contrôle et, le cas échéant, l'opération, par voie d'analogie et de décision du Conseil d'État, de la péréquation, au titre de droit pour tous les intéressés, civils ou militaires, de toutes les pensions, d'ancienneté ou d'invalidité ou d'infirmités. Le gouvernement avait entre temps déclaré s'en tenir au régime des coefficients ; il n'en put faire accepter, ni le chiffre, ni le principe ; finalement furent admis les coefficients de la Chambre et du Sénat, et adoptées les propositions de péréquation intégrale des anciennes retraites (Ch. dép., 5 avril 1924, p. 1854 ; Sén., 11 avril, *ib.*, p. 780).

581. — Le système des art. 93 et 94 de la loi de 1924 fut ainsi, dans la perspective et l'attente d'une révision proprement dite des pensions sur la base des traitements et soldes afférents, au jour de la promulgation de la loi, aux grades et emplois occupés pendant les trois dernières années de la carrière, de faire application immédiate aux pensions initiales d'un coefficient variable selon leur montant même, et remplacement immédiat aussi de la pension affectée du coefficient par la pension revisée que le jeu et le calcul de celui-ci rendraient supérieure : Cf. Cons. d'Ét., 15 juillet 1925, Rossignol, Leb. chr., p. 684.

582. — 1° Ces *coefficients* — hors le compte desquels doivent expressément rester. et l'indemnité temporaire de cherté de vie de la loi du 12 avril 1922. et tous les suppléments, augments ou compléments de pension établis par la loi du 25 mars 1920 — sont fixés par l'art. 93, pour affecter ainsi la pension principale, à 3 jusqu'à 900 francs ; 2 1/2 pour les retraites de 901 à 1.500 francs ; 2 1/4 pour les retraites de 1.501 à 2.500 ; 2 pour les retraites de 2.501 à 6.000, — et pour la 1re tranche de 6.000 des pensions supérieures à 6.000 francs ;

Étant spécifiées en outre : *a*) la majoration éventuelle du chiffre donné par l'application de ce coefficient, « de telle sorte que la pension soit au moins égale à une pension de la catégorie inférieure affectée d'un coefficient plus élevé » ;

b) au cas de plusieurs pensions fixées sur la même tête, la détermination du coefficient par leur somme additionnée.

Par voie de questions, d'explications des rapporteurs et de déclarations du gouvernement (Sén., 12 avril 1924, Déb. parl., p. 795), la mise en œuvre apparut simple : computation des annuités ; constatation des grades et des fonctions dans les trois dernières années d'activité de l'ancien retraité ; confrontation au statut pécuniaire d'un fonctionnaire quittant présentement le service avec les mêmes annuités et services ; début des révisions, dans les administrations respectives, par les dossiers des plus âgés ; rappel du pensionné, quelle que fût la date de révision du dernier dossier, à fin d'attribution et de paiement de la pension revisée à partir de la promulgation de la loi.

583. — 2° Le système consistait surtout, en effet, en une *révision des retraites*, dans les conditions et sous les réserves établies aux articles 94 de la loi du 14 avril et 54 du décret du 2 septembre 1924 :

Opérée d'après le décompte des services établi lors de la liquidation initiale, et sur la base des traitements et soldes qui étaient afférents, au jour de la promulgation de la loi, aux grades et emplois occupés pendant les trois dernières années de la carrière (art. 2, 4, 94 de la loi et 53 du décret), *i. e.* à ceux qu'eût touchés l'intéressé si les trois dernières années de sa carrière avaient été celles précédant la promulgation de la loi : Cons. d'Et., 16 décembre 1925, Pourchet, Leb. chr., p. 1027 ; — 20 mars 1926, Le Faucheur, Table, p. 1469 :

Substituée à la ci-devant pension affectée du coefficient, si elle aboutissait à un chiffre supérieur : les dispositions des art. 93 et 94 se combinent, en sorte qu'au cas où la révision subséquente selon l'art. 94 à l'application à l'ancienne pension du coefficient prévu par la loi aboutirait à pension inférieure à celle perçue en vertu de l'art. 93, était justifié, comme procédant d'une exacte interprétation des dispositions légales, le rejet par le ministre des pensions de toute requête à fin de révision, puisqu'aussi bien il n'y a (art. 93 al. 2) de remplacement par la pension revisée de celle affectée du coefficient qu'au cas où celle-là vient à dépasser celle-ci, et ainsi de détermination des catégories de pensions que d'après leur taux au lieu du grade des titulaires : Cons. d'Et., 19 janvier 1927, Dorson ; 23 février, Lissillour ; 30 juillet, Morize et Houdeau (2 arrêts), p. 71, 242, 879, 880 ; — 18 janvier 1928, Chedli ben Ali Kedair ; 23 mai, Harel, p. 83, 670 ;

Déterminée, au cas de grades ou d'emplois supprimés, par les décrets qui devaient intervenir dans les deux mois de la mise en vigueur de la loi, aux fins d'assimilation de ces grades et emplois à ceux existants, et, au cas de perte ou de reconstitution impossible des états de services des intéressés, selon la fixation « par toutes méthodes appropriées » de la catégorie de la nouvelle retraite par la section des finances du Conseil d'Etat : Cf. à propos de ces tableaux de concordance, 31 mars 1928, Gentil (a contr.) ; 26 mai, Lefebvre, p. 513, 570 ; — 10 juin 1931, Bonnard, p. 608.

584. — A. Sur ce plan législatif et procédural, s'agissant de procéder aux révisions, la compétence du ministre des pensions s'est établie, indiscutable et générale, après surtout que des textes, comme celui de la loi du 27 avril 1920, eurent transféré au ministre des pensions, des primes et des allocations de guerre les pouvoirs qui, pour la liquidation de toutes pensions susceptibles d'être dues aux militaires et aux marins, étaient, d'après les lois jusqu'alors existantes, ceux des ministres de la guerre, de la marine et des colonies : Cons. d'Et., 7 novembre 1929, Bouvier, p. 967. Le champ et les modalités d'application des textes ont donné lieu, par contre, à des prétentions assez excessives et à des situations souvent fort compliquées ; ils saillissent en une parfaite netteté de la jurisprudence du Conseil d'Etat :

585. — a) Application dans le temps : à ceux-là seuls des fonctionnaires et des ayants cause des fonctionnaires titulaires à la date de sa promulgation d'une pension de retraite selon les règles de la loi du 9 juin 1853 et du décret du 29 novembre suivant : Cons. d'Et., 17 décembre 1926, Guy, Leb. chr., p. 1127 (D. H., 1927, p. 87) ; — 20 juillet 1927, Trouilloud, p. 814 ;

Donc à l'exclusion des pensions nouvelles sujettes notamment des art. 2 ou 80 de la loi du 14 avril 1924 : 13 juillet 1926, Cailler, p. 740 ; — 23 mars 1927, Cabanès, p. 378. En la matière, non plus qu'en telle autre voisine, celle du droit à la réversion (Cf. Cons. d'Et., 6 janvier 1926, Babin ; ...2 et 9 juin, Ali-Ahmed ould Salem, et Pradier-Alberge ; 8 décembre, Renoux, p. 14, 555 et 577, 1101 ; — ...13 mars 1929, Saonsale, p. 306), il n'est pas, en l'absence d'indice formel ou apparent, de dérogation concevable au principe de la non-rétroactivité.

586. — Quelques situations étaient susceptibles de susciter des doutes : celle des fonctionnaires mis à la retraite d'office. L'effet de cette mesure étant d'ouvrir droit à une pension basée sur le traitement du grade occupé, il n'était point inutile d'avoir une déclaration formelle et affirmative, touchant la conservation du coefficient au cas de mise à la retraite d'office immédiate ou de peu subséquente à la nomination au nouveau grade : Cf. Rép. rapport. Goude et min. fin. François-Marsal à quest. Savène, Ch. dép., 5 avril 1924, J. off., Déb. parl., p. 1854 ;

587. — Et aussi celle des ministres du culte retraités après la loi du 9 décembre 1905. La péréquation consistant en un ajustement aux nouvelles retraites, la donnée relative aux retraites de prêtres manquait précisément de par la séparation des Eglises et de l'Etat. Pour l'œuvre de justice et l'égalité nécessaire entre tous, il y avait raison à la déclaration provoquée, au Sénat, du ministre des finances par M. de Lasteyrie : « Les prêtres retraités en vertu de la loi de 1905 qui, sous le régime du Concordat, étaient considérés comme des fonctionnaires touchant l'indemnité de 720 francs sont donc comptés

au nombre des petits retraités de l'Etat » (Sén., 8 décembre 1923, J. off., Déb. parl., p. 1780) et, comme ceux-ci, ils ont eu leur sort amélioré par le règlement d'administration publique. Pour autant, les difficultés étaient loin — il s'en faut — d'être résolues. Ainsi une question s'est posée, très précise, au contentieux, sur une requête de prêtres du clergé colonial, titulaires seulement de pensions d'infirmités concédées par application de l'article 16 de la loi du 18 avril 1831, auxquelles n'étaient apparemment point applicables (infrà, n° 592) les articles 92 et 93 de la loi du 14 avril 1924. L'assimilation faite pour la pension par le décret du 21 mai 1880 desdits prêtres aux aides-commissaires de la marine n'avait point survécu à la suppression après la loi de 1905 des emplois du clergé colonial et à la disparition réalisée par celle de 1924 des pensions fondées sur le grade ; par contre, l'initiative du ministre, en exécution de l'art. 44 de la loi du 10 mars 1925, de liquider aux requérants des pensions mixtes à la date du 17 avril 1924 et de prendre pour base de la liquidation le traitement des membres du clergé d'Alsace était dans la ligne de ses pouvoirs et de la légalité, parce que, précisément, des décrets des 11 et 30 décembre 1925, rendus en Conseil d'Etat, avaient, pour l'application du titre VI de la loi de 1924, assimilé les prêtres du clergé colonial : Cons. d'Et., 20 novembre 1929, Vedel, Leb. chr., p. 1004. Au surplus, ici comme là (Cpr. quant au décret du 30 décembre 1925, l'arrêt du 30 juillet 1927, Morize, p. 879), l'opportunité des assimilations établies ne pouvait être discutée par la voie contentieuse (18 mars 1927, Ofholt et Lelong, p. 362 ; D. H., 1927, p. 293).

588. — b) Application quant à l'objet : à toutes les pensions analogues à celles dont la loi de 1924 fixe le régime :

D'évidence aux seules pensions de retraites inscrites au Trésor public, — à l'exclusion donc, et par exemple, de celle constituée (Cpr. art. 53 L. 31 décembre 1907 : agents des ponts et chaussées ; art. 10 L. 18 décembre 1905 : auxiliaires de l'administration P. T. T) par une rente viagère aux arrérages servis par la Caisse nationale des retraites : Cons. d'Et., 5 mai 1926, Pradal, Leb. chr., p. 449 ; — 16 novembre 1928, Fouray, p. 1191 ;

Sûrement aussi aux seules pensions liquidées à raison de la durée des services, — à l'exclusion des pensions proportionnelles d'invalidité : 16 juillet 1924, Taponnot, p. 691 (D. H., 1924, p. 566) ; — 24 mai 1927, Olivier ; 3 juin, Chappelle, p. 607, 649 ; — 18 janvier 1928, Bouchet Rivière-d'Arc ; 21 mars, Prigent ; 13 juin, Hagnais ; 2 août, Le Scaon ; 26 décembre, Andrieu, p. 84, 406, 738, 1027, 1357 ; — 12 mars 1930, Le Bozec, p. 281 ; — 29 avril 1931, Amen, p. 453 ; — 25 mai 1932, Rio, p. 509 ;

589. — c) Application du point de vue des possibilités et conditions de la révision (passé, bien entendu, le délai ouvert au recours contre la concession de la pension primitive) : à celles-là seules des procédures ne mettant en cause, pour disputer du montant de la révision, ni la nature de la pension antérieurement allouée, ni le décompte initial des services : Cf. Cons. d'Et., 2 août 1928, Escassut, p. 1027. C'est une règle et une idée capitale en l'hypothèse de bannir toute confusion, de ne point attacher à la révision possible (art. 68 de la loi du 27 décembre 1927 ; Cons. d'Et., 19 décembre 1930, Gimont, Leb. chr., p. 1094 ; — 10 janvier 1931, Revel, p. 36) de quelque erreur, et spécialement du décompte des services établi avec erreur en l'état de la législation existante au moment de la liquidation initiale, un effet de rehaussement du chiffre de la pension sous couleur d'application de l'art. 94 de la loi du 14 avril 1924 : Cf. 2 et 26 juillet 1929, Le Rouzic, Mirand ; 18 octobre, Boyer, p. 672, 885, 943 ; — 21 mai 1930, Charles ; 19 décembre, Junier, p. 535, 109 ; mais, bien au contraire, de tenir pour intangible et devant servir de base à la révision des retraites déjà concédées, selon les expressions mêmes de l'art. 94, « le décompte des services établi lors de la liquidation initiale », d'après leur durée et leur nature, i. e. hormis tous services n'y ayant pas figuré, et sans élimination de services y ayant été compris : 16 mars 1927, Boisseau ; 18 mai, Bonthoux ; 27 juillet, Moucholte ; 3 août, Cottalorda ; 21 décembre, Marchal, p. 346, 564, 846, 924, 1250 ; — 4 janvier 1928, Borzecki et Destacamp, p. 19 ; 8 février, Bergey, Grouhel et Varangot ; 27 juin, Crémona ; 4 juillet, Magnien, p. 19, 188, 189, 190, 824, 840 ; — 12 juin 1929, Dufoulon, p. 576 ; 28 juin, Lefèvre ; (a contr.) 27 novembre, Priou, p. 576, 653, 1034 ; — 28 février 1930, Bonnieux ; 5 novembre, Beaupoil de Sainte-Aulaire, p. 238, 899 ; — 23 juillet 1931, Marmonget, p. 834 ; — 26 juillet 1932, Chabrand, p. 783.

590. — Ainsi dut être prise pour base et ne put être remise en question cette liquidation initiale, qu'il s'agît :

Soit de la durée des services admis en compte et portés au décret de concession de la pension primitive ou, faute de figurer à ce décret, au bordereau de cette liquidation : Cons. d'Ét., 10 février 1926, Guyot (D. H., 1926, p. 183); 24 février, Parlu; 28 juillet, Denjean; 12 novembre, Dedebant; 24 décembre, Giraud, Leb. chr., p. 149, 211, 801, 976, 1165; — 30 juillet 1927, Morize; 14 décembre, Planel, p. 879, 1215; — 1er février 1928. Coste, p. 155; — Ou de leur nature, c'est-à-dire de la décomposition des services en militaires et civils du cadre actif ou sédentaire : 12 mai 1926, Colin, p. 483; — 23 février 1927, Lheveder (in f.); 8 avril, Morice, p. 243, 476; — 4 décembre 1929, Pomarède, p. 1067; — 30 juillet 1927, Morize; 14 décembre, Planel, p. 879, 1215; — 1er février 1928, Costes. p. 155; — Ou des indemnités complémentaires : 8 février 1928. Mascrès, p. 192, bonifications et bénéfices les assortissant ou non d'après les lois en vigueur lors de la concession primitive : bonifications pour services hors d'Europe : 19 janvier 1927, Mangeot, p. 70, et Table, p. 1578; — 15 février 1928, Haybrad; 7 mars, Vaury, p. 243, 328.... ou bénéfice de la campagne double à raison de services de guerre : 19 janvier 1927, Banah; 23 février, Valet, Table, p. 1578. Cpr. 8 avril, Chaupe, p. 477; 15 février 1918, Debayle et Anel; 28 mars, Ferry; 31 mars, Roussencq; 28 juin, Crémana, p. 241, 242, 472, 513, 824. — D'où, l'impossibilité de poursuivre l'annulation du décret ayant liquidé une pension revisée, sous couleur de services militaires ou de campagnes ou de temps du surnumérariat n'ayant pas figuré, pour une cause quelconque, dans la liquidation initiale : 10 février 1926, Monnet; 9 juin, Gavel; 7 juillet, Duvent. Bergne, p. 148, 578, ou, et *a fortiori*, y ayant figuré pour un chiffre supérieur à celui réclamé : 28 juillet 1926, Denjean, précité; — 15 février 1928, Alessandri; 21 mars, Joly, p. 241; Table, p. 1603;

Soit de la classe ou des échelons divisant une classe, telle la classe exceptionnelle dans le cadre des commissaires de police : art. 2, 3 D. 27 septembre 1923; — Ou de la dénomination inexacte employée dans la décision concédant à l'agent sa retraite : Cons. d'Ét., 22 juillet 1926, Fournol, p. 806. Cpr. 10 novembre 1926, Lemire, p. 952; — Ou du grade atteint et de la qualité acquise de l'intéressé durant les trois dernières années de sa carrière : 26 mars 1926. Mercier; 12 mai, Colin; 4 août, Monet, p. 367, 483, 854; — 2 mars 1927, Reynaud; 16 mars, Presl; 24 mai, Bessenay; 6 juillet, de Beyne; 4 août, Chevallier, p. 274, 438, 607, 754, 955; — 1er février 1928, Coste, p. 155. — D'où, la convenance au regard d'un officier en retrait d'emploi, et parce que le temps passé en retrait d'emploi est compté (L. 19 mai 1834, a. 8) comme service effectif seulement pour la réforme et pour la retraite, et non pour les droits à l'avancement, d'opérer le décompte de la solde moyenne des trois dernières années d'activité servant à la révision sur échelons successifs d'après des périodes fragmentées et inégales : 24 novembre 1926. Notramy, p. 1017.

Au demeurant, l'impossibilité de modification dans le décompte des services originairement retenus, la parité imposée par l'art. 94 quant à leur durée entre la liquidation initiale et la révision de la pension, a eu cet effet plutôt singulier de procurer à des sous-officiers ou anciens militaires l'élévation à six mois des fractions de mois ou à un an des fractions d'année dépassant six mois et quatorze jours. dont ne fait plus état la loi du 14 avril 1924 : 23 décembre 1925, Rivière, p. 1055; — 17 février 1926, Fontaine; 3 mars. Mennessier, p. 187, 241.

591. — *B.* Sur « la base des traitements et soldes afférents, au jour de la promulgation de la loi, aux grades et emplois occupés pendant les trois dernières années » (art. 94, al. 1er, L. 14 avril 1924), *i. e.* établie d'après les émoluments effectivement touchés par un agent de même emploi et même classe [ou de grade assimilé si, par hasard, le grade du requérant a été supprimé : 15 janvier 1931, Galitre. p. 56] pendant la période du 17 avril 1921 au 16 avril 1924 (art. 54 D. 2 septembre 1924) : Cons. d'Ét., 4 janvier 1928, Borzecki; 8 février, Berger; 30 mars, Roux, p. 19, 188, 492; — 26 octobre 1929, Lemmel, Antoni, p. 902, 903. — Bien évidemment, c'est au jour de la promulgation de la loi de 1924, et point du tout, comme il fut accidentellement prétendu, à celui de dispositions, comme celles de la loi du 16 juillet 1927 sur les tarifs de solde, entrées par la suite en vigueur, qu'il faut se référer : 22 octobre 1930, Vantey, p. 850.

592. — Nulle dérogation ne fut apportée ni tolérée à cette règle par la loi et la jurisprudence. Dans la réalité des choses, des dispositions de la loi elle-même ou de lois antérieures semblaient contredire à ce juste et strict calcul de la solde moyenne : tel l'art. 33, donnant pour base à la révision prévue, en son al. 3, au profit des militaires en retraite rappelés à l'activité en temps de guerre, « la solde du grade le plus élevé en tenant compte des nouveaux services »; telle la loi du 16 avril 1920 faisant bénéficier les militaires d'une pension calculée sur leur dernier grade. L'apparence est dissipée sans merci, par le rappel de cette observation (*suprà*, n° 583) que les art. 92 et sv., et spécialement l'art. 94, devaient produire effet à l'égard de toutes pensions tirant leurs origines ou leurs règles de lois antérieures à celles du 14 avril 1924. Etaient donc irrecevables les multiples recours ayant tendu à détourner l'application de ces articles : Cons. d'Ét., 11 juin 1926, Edart, Leb. chr., p. 538 (D. H.. 1926, p. 408). Rpr. 30 juin, Ragot; 6 août, Marini; 7 août, Bonafous; 12 et 17 novembre, Authier et Ludier; 8 décembre; Trichot, et autres arrêts, p. 672, 874, 895, 977, 984, 1082, Table, p. 1473; — 1er décembre 1926, Bouchiat, p. 1038; — 27 juin 1928, Crémona, p. 824. Fut, au contraire, imposé à bon droit le décompte limité à 15 annuités en sus du minimum de 25 pour fixer à une pension le maximum prévu par l'art. 80 : 31 juillet 1926, Maurios; 6 août, Marini; 17 novembre 1926, Fourestier, p. 838, 874, 984. Cpr. 29 juin 1928, Magnien, p. 840.

593. — Statutairement, dans l'art. 84, et administrativement, par son exécution, la loi de 1924 mit en échec définitif toutes les dispositions contraires aux règles par elle établies: seule a été exceptée, par les termes non moins formels des alin. 6 et 7 de l'art. 30, la mise à la retraite d'office avec grade supérieur et jouissance de la pension de ce grade selon l'art. 116 de la loi du 30 juin 1923 (*suprà*, n° 579). La succession et le contenu des textes s'opposaient, de la sorte, à la prétention d'officiers promus durant la guerre, en anticipation, au grade supérieur par application, non dudit art. 116 de la loi du 30 juin, mais de l'art. 2 de celle du 29 décembre 1933 (*ibid.*), de faire liquider leur solde de réserve d'après la deuxième de ces lois; le Conseil d'Etat, pour les en débouter, a joint à un rappel du mouvement législatif cette décisive observation qu'il n'eût appartenu qu'au Parlement, en complétant l'art. 30 de la loi de 1924, d'étendre à titre d'autre réparation aux officiers touchés par la loi de décembre 1923 les avantages maintenus, de façon expresse et exceptionnelle, à ceux visés par l'art. 116 de la loi du 30 juin 1923 : 26 février 1926, Fasquelle, Leb. chr., p. 227; Rpr. 24 novembre, Huret, p. 1016. Faute de semblable stipulation, la ligne de la loi est demeurée nette, assez simple, plutôt réductible à cette formule : Péréquation des tarifs et, partant, des plafonds, d'ailleurs sans aucune concession de droits nouveaux, hors celle faite par l'art. 68 aux veuves de marins morts avant droit à pension.... Péréquation opérant sur les traitements soumis à retenue, non ceux de 1919, mais ceux de l'art. 4 de la loi de 1924, indemnité incorporée comprise : Cf. Rép. min. fin. François-Marsal à quest. Jossot et Jeanneney, Sén , 12 avril 1924, *J. off..* Déb. parl., p. 794. Cependant les difficultés n'ont point manqué de surgir :

594. — *a)* Sur la donnée même du traitement, à raison de situations

α) Ou bien accidentelles, suscitées par les opérations, comme la détermination du grade ou le calcul de la solde, devant servir de base à la révision, au regard notamment de gendarmes, brigadiers de gendarmerie provenant des sous-officiers de l'armée, ou gendarmes admis déjà avant la guerre à la retraite proportionnelle d'office, ensuite versés en raison des hostilités dans un corps d'infanterie, enfin sur leur demande maintenus au corps durant plusieurs années. La liquidation ne dut être, au premier cas que sur la solde afférente au grade occupé pendant les trois dernières années d'activité : Cons. d'Ét., 24 décembre 1926, Magnin, Leb. chr., p. 1165, et n'être, au deuxième cas, que d'une pension revisée de soldat : 24 décembre 1926, Ferrandi, p. 1166. — De toutes les hypothèses compliquées ou douteuses, celle de services accomplis hors de France, avec émoluments supérieurs à ceux de la métropole, durant les trois dernières années de la carrière a donné lieu à la conciliation la plus subtile et décisive des art. 94, 2 et 5 (la révision des soldes et traitements selon les prévisions de celui-ci n'ayant été opérée que par les décrets du 22 janvier 1926), sur ce thème très ferme que l'effet de la disposition de l'art. 5 dérogatoire au principe de l'art. 2, à savoir l'empêchement de la retenue sur les traitements effectifs, ne put être de réduire les émoluments à retenir à une somme inférieure à celle que, compte tenu des allocations visées par la loi, les intéressés (adjudants de l'armée coloniale) auraient personnellement touchée en France si les trois dernières années de leur carrière avaient coïncidé avec celles antérieures au 17 avril 1924 : 11 juin 192», Paulhier; 7 août, Richard; 10 novembre, Patré; 1er, 8 et 29 décembre, Ollivier, Trichot, Rose, p. 529, 894, 952, 1029, 1082, 1196. — Bref, dans toutes les espèces, application de la règle;

595. — β) Ou bien assez communes, provenant de ce que des agents, tels les receveurs d'enregistrement, sont rétribués par des remises ou salaires variables. A raison de cette particularité, et pour la fixation de la quotité sujette à retenue, l'art. 6 de la loi de 1924 annonçait un règlement d'administration publique (Rpr. art. 54, al. 3, D. 2 sept, 1924); le décret du 28 avril 1925, en son art. 14, sans faire distinction entre agents retraités ou non au 17 avril 1924, posa la règle de la révision de leur pension d'après la moyenne des émoluments perçus au cours, non des trois années ayant précédé l'admission à la retraite, mais « de la période du 1er janvier 1921 au 31 décembre 1923 par les agents titulaires des emplois de la même classe que ceux occupés par les anciens agents pendant les trois dernières années de leur carrière », ladite moyenne devant être déterminée pour chaque classe par un arrêté du ministre des finances. C'était, de fait, pour les fonctionnaires soumis à la révision de leur pension, substitution d'un traitement moyen à un traitement effectif : Cf. Cons. d'Et., 14 mars 1928, Olivo; 23 mai, Harel, Leb. chr., p. 369, 670. En vérité, le procédé forfaitaire pour le calcul des pensions est dans la tradition, au point que, sacrifié en règle par l'art. 2 de la loi de 1924, il est repris ou impliqué ailleurs, ne fût-ce qu'à l'art. 54 du décret de septembre (Cf. 17 décembre 1926, Gros, p. 1126). Le deuxième arrêt rendu par le Conseil d'Etat (9 juillet 1928, Chaptal, p. 871), plus explicite que le premier, lequel se borna à repousser le grief d'inexactitude du calcul de la retraite (24 décembre 1926, Giraud, p. 1164), tient l'objet de ce décret pour limité à faciliter la révision, — son dessein comme non attentatoire au principe général de l'assimilation des fonctionnaires retraités et en activité, — et l'arrêté ministériel, comme le décret lui-même, non entaché de violation de la loi. — En définitive, interprétation et maintien rigide du principe.

596. — b) Pour sa détermination, par considération du « traitement » réellement touché ou de parité (Cf. D. 11 août 1921 : Cons. d'Et., 8 décembre 1926, Jore, p. 1077), — y compris tous suppléments ou toutes indemnités subissant retenue et entrant « dans le calcul du traitement moyen pour leur totalité à dater du jour où le premier échelon a été attribué aux agents de même grade et de même classe que le retraité » : 14 mars 1928, Florance, Leb. chr., p. 366. — A la formule légale n'échappent que les « suppléments », tel le supplément colonial (28 juillet 1926, Chaigneau, p. 802) et les « indemnités » ou bonifications (4 août 1926, de la Poussardière, p. 851), afférentes à des services accomplis dans une colonie déterminée ou en Algérie et traitées, à en juger par les travaux préparatoires, comme spéciales ou représentatives au sens de l'art. 4 de la loi. Par son autorité s'explique le refus aux agents de certains cadres (par ex. brigades de gendarmerie, surveillants militaires des établissements pénitentiaires coloniaux) de majorations supplémentaires autres que les maxima exceptionnels (art. 34, 80) des quinze annuités admises en sus du minimum : 31 juillet 1926, Cazelles; 3 novembre, de Corsi; 10 novembre, Cullière; 1er, 8, 29 décembre, Renucci, Robert Emile, Stefani, Bauguil, p. 840, 953, 1194, 1040, 1081, 1197, et donc de l'intégralité des majorations spéciales à la gendarmerie : 30 juin 1926, Pribat; 7 juillet, Juillet, p. 672, 698.

597. — c) Quant à son assujettissement à la règle d'un maximum fixé aussi bien pour les pensions revisées en vertu des art. 92 sv. que pour les nouvelles concédées par application de la loi : 12 février 1930, Carmillet, Leb. chr., p. 170, — et donc à la réduction de la pension liquidée aux 3/4 du dernier traitement d'activité perçu par un agent de même grade à la date de la promulgation de la loi : 30 mars 1928, Nicodémo, p. 491; — 10 avril 1930, Bilhard; 19 décembre, Gimont, p. 432, 1091. — Maximum dont la prévision détermine le jeu pratique : l'objet en est tout à fait étranger aux conditions d'ouverture du droit à pension; dès lors, à l'occasion et dans la procédure de la

révision prescrite par la loi de 1924, le dépassement en était impossible, notamment pour des fonctionnaires coloniaux assimilés à des militaires des armées de terre et de mer, sous couleur de bénéfice d'un maximum exceptionnel institué en quelque autre article de la loi (l'art. 34, par ex., au profit des seuls militaires non officiers) : 30 mars 1928, Roux (in f.); 31 mars, Daugrois, p. 492, 514.

598. — Au total, un agencement des choses et la mise en œuvre d'une péréquation inspirée d'une idée, qui, quelques années après, détermina aussi L. 27 décembre 1927, art. 68) « un relèvement (des) pensions calculé sur la base des traitements et soldes en vigueur au 1er janvier 1928 », afin d'éviter aux nouveaux retraités, parce qu'ils n'auraient pas bénéficié, durant trois ans des nouveaux traitements, le dommage de n'obtenir à titres égaux que des pensions inférieures à celles des anciens retraités : Cf. Cons. d'Et., 6 novembre 1929, Papillon, Leb. chr., p. 953; — 12 février 1930, Cabanié; 19 mars, Pernot, p. 169, 318. Cf. P. Lardy, *Péréquation des pensions fondées sur la durée des services et rajustement des pensions relatives à la détermination des pensions, tableaux-barèmes...*, 3e éd., 1928. Les voies en étaient tracées : Cpr. 1er mai 1929, Marcourt, p. 445; — 5 et 19 mars 1930, Calvelli, Pernot, p. 251, 318; — 24 avril 1931, Guigon; 10 juin, Bonnard, p. 440, 608; — 13 janvier 1932, Jarrit-Lacombe, p. 41.

599. — Les pensions « locales d'Alsace et de Lorraine » auraient pu ajouter au nombre et au champ de ces révisions : l'art. 111 de la loi du 16 avril 1930, adapté à leur régime particulier, les fit participer à celle qu'il prescrivait; le décret du 9 mars 1933 les admit, par application de l'art. 103 de la loi de finances du 31 mars 1932, à une nouvelle révision. En vérité le rapport préliminaire au président de la République (*Bull. off. d'Alsace et de Lorraine*, p. 164) a quelque juridique singularité ou audace : après avoir affirmé (al. 4) le respect et le maintien des principes du régime local des retraites, il prétendait à faire à leurs bénéficiaires l'extension de certaines dispositions, notamment de l'art. 37 de la loi de finances de 1932; or, par décret, ni les droits ni les règles du droit local ne pouvaient être atteints, hormis l'ouverture légale aux intéressés d'une option comme fut celle de l'art. 3, dernier alinéa, de la loi du 22 juillet 1923, après étude préalable des commissions parlementaires et de l'administration et, peut-être, consultation des représentants des intéressés. En bonne logique ou technique, l'art. 103, sûrement introduit dans la loi par esprit de bienveillance à l'égard des fonctionnaires du cadre local, ne saurait leur infliger l'application de dispositions d'où ils ne retireraient pas un avantage. Cf. Daniel Hamm, *Les fonctionnaires d'Etat en Alsace et en Lorraine depuis 1918*, 1934, p. 238.

III. — La sauvegarde de situations acquises et l'ouverture d'options.

600. — Au titre d' « une loi de progrès, d'améliorations, et non... de régression », ainsi que la définit M. Henry Bérenger, la loi du 14 avril 1924 a pris soin de n'aller à l'encontre, ni des situations acquises, ni des options ouvertes par l'effet des « lois antérieures ». La ligne générale de son art. 77 a été indiquée *supra*, nos 33-36; il n'y a plus lieu ici que de préciser quelques positions :

601. — A. Touchant la vertu et la portée d'application de la loi du 14 avril 1924 : par un *a contrario* logique et irrémissible des principes, les travaux préparatoires et de l'ensemble des dispositions de la loi et du règlement d'administration publique, demeurent en dehors du nouveau régime institué pour les pensions d'ancienneté les pensions non concédées au jour de la promulgation de la loi, et sont seuls qualifiés à demander révision de leurs retraites les fonctionnaires et ayants cause des fonctionnaires à cette même date titulaires de pensions : Cons. d'Et., 17 décembre 1926, Guy, Leb. chr., p. 1127; — 4 mars 1927, de Bellissen-Bénac, p. 289 (*a contr.*); — 4 janvier 1928, Malzepaux, p. 21.

D'où il suit tout ensemble : que la loi de 1924, et non plus tel ou tel de ses articles au regard duquel la solution serait ou la plus spécieuse ou la moins concevable (par ex., l'art. 17 sur le remboursement des retenues, ou l'art. 26 sur la pension à la femme divorcée), n'a pas reçu d'effet rétroactif : 24 avril 1929, Lafon; 18 décembre, Dupin; 19 décembre, Darcy, p. 418, 1127; — 17 février 1932, Pêcheur, p. 197; — que, dès lors, sa mise en œuvre, loin d'y contredire, doit se combiner avec des règles, comme celle (L. 9 juin 1853, art. 25) de l'admission à la retraite et de ses conséquences sur la jouissance de la pension, qu'elle présuppose : 23 mai 1930, Perriot; 5 décembre, Rouillé, p. 557, 1024; — et aussi que, s'agissant de pensions ayant leur point de départ antérieur à sa date, son application ne pouvait être à bon droit restreinte à la période postérieure à sa promulgation : 5 juin 1929, Lorriot, p. 549.

602. — B. Du point de vue des prescriptions et péremptions des droits antérieurs : leur suspension durant la grande guerre avait été décidée par le décret du 10 août 1914, accordant (art. 2 al. 2), à partir de la cessation des hostilités, un délai égal à celui restant à courir au premier jour de la mobilisation; elle fut, d'autre part, conditionnée, limitée par la loi du 4 juillet 1915, qui la restreignait (art. 1er) aux prescriptions acquises ou susceptibles de l'être avant le décret ou dans les six mois du décret faisant partir de cette cessation les délais nouveaux ou complémentaires; c'était, en réalité, système de suspension, prolongation ou continuation des délais de la prescription, selon que celle-ci avait ou aurait échéance avant la date fixée à la fin des hostilités ou dans les six mois suivants ou ultérieurement. Cette date fut fixée, au lieu d'un décret, par la loi du 23 octobre 1919, laquelle, par ailleurs, ne fit au régime établi d'autre modification que l'addition aux délais prévus d'un complément bref, de trente jours à compter de sa propre promulgation. D'après ces données fut calculée, selon les hypothèses, la période de cinq années ouverte aux ayants droit pour faire valoir leurs droits à pension ou à réversion de pension au titre des lois du 11 avril 1831 ou du 17 avril 1833 ou en vertu de celle du 16 avril 1920 : Cons. d'Et., 16 janvier 1924, Julien; 27 février, Guillot-Pinque, Leb. chr., p. 49, 236; — 22 juillet 1925, Peter, p. 710; — 19 mai 1926, Poille; 22 juin, Castelloti, p. 521, 636; — 23 février 1927, Hemme; 29 juin, Quilichini, p. 247, 731; — 6 juillet 1932, Amédée Bonnet, Table, p. 1367; — et, en conséquence, que, passé ce temps, a été appliquée la forclusion ou déclarée la tardiveté de toute demande que n'expliquait pas et que ne sauvait pas de déchéance. une faute quelconque de l'administration : 8 décembre 1926, Pierre, p. 1076.

603. — Très certainement, pour statuer sur les litiges relatifs à cette matière, les juridictions, tribunaux et cours de pensions instituées par le titre IV de la loi du 31 mars 1919 n'avaient aucune qualité, non plus que sur tous droits fondés sur des dispositions étrangères à cette loi : Cons. d'Et., 6 juillet 1927, Raymond, Leb. chr., p. 750.

604. — C. Au sujet des facultés d'option [Cpr. le régime des options par la loi de 1919. *suprà*, nos 267 sv.] : elles étaient sans doute une conséquence de l'unification décidée du régime des pensions, de l'abandon pour l'avenir du ci-devant régime militaire de pensions forfaitaires pour des agents « fonctionnaires civils, employés et ouvriers » dont le statut était incontestablement civil (Cf. déclar. Le Sayec, commiss. du gouv., Ch. dép., 14 juin 1923, *J. off.*, Déb. parl., p. 2516); assurément elles dérivèrent du dessein de conserver les situations « acquises » et, dans la mesure où leur période d'application ne serait pas expirée (Cons. d'Et., 13 juin 1928, Gauthier, Leb. chr., p. 745), l'effet des dispositions existantes plus favorables que celles de la loi nouvelle, sans, d'ailleurs, les imposer aux agents en fonctions lors de sa promulgation, ni faire perdre à ceux-ci le bénéfice des autres règles instituées par elle : Cf. 27 juillet 1928, Guérin, p. 374. Un droit d'option entre deux retraites, ou deux régimes de retraite, — d'ancienneté selon les conditions de l'emploi, ou d'invalidité selon la loi du 31 mars 1919, au cas où celle-ci paraîtrait plus avantageuse, pension civile avec services ci-devant accomplis sous le régime des pensions militaires, — fut admis par l'art. 76 de la loi du 14 avril et conditionné par l'art. 12 du décret du 2 septembre 1924 : Cf. Cons. d'Et., 18 janvier 1928, Mohero, p. 82; — 16 janvier 1930, Clésio, p. 62.

Une demande dans le délai d'un an à compter, soit de la publication du décret, soit de l'ouverture postérieure à cette publication du droit d'option, en fut la condition, strictement appliquée par rapport à l'auteur, au temps ou aux termes de la demande. La demande émanée de l'agent est définitive, irrévocable : 10 février 1922, Cossurel, p. 158, et lie la veuve : 6 août 1925, Manent, p. 819, dans les cas où la pension pour laquelle l'option était prévue et fut exercée était, d'après la législation en vigueur lors du décès de l'agent, réversible au profit de sa

veuve : (*a contr.*) 26 octobre 1932, Morin, p. 870. Les délais passés, irrecevable serait l'option : 28 mars 1924, Canet, p. 358; 17 février 1932, Gérard, p. 198. Elle doit être très expresse : 25 juillet 1929, Portejoie, p. 864; aussi bien ne saurait y équivaloir une demande de concession de pension rémunératrice de l'ensemble des services avec suppression de la pension militaire, i. e. de maintien sous le régime des pensions militaires : 6 novembre 1929, Labruquère, p. 952, ni l'implicite pensée d'un fonctionnaire rayé des contrôles de l'activité antérieurement à la promulgation de la loi et n'ayant pas expressément manifesté son option, i. e. réclamé le bénéfice tout nouveau de l'art. 76 : 25 juillet 1929, Pasquini, p. 865.

605. — Une illustration de ce principe ou de cette politique de l'option est fournie par son usage prévu pour l'Alsace et la Lorraine, selon l'art. 83 al. 2 de la loi de 1924, en suite ou au moyen d'un décret spécial sur les modalités de l'option par les retraités du cadre local pour le régime général français des pensions, alors que, déjà la loi du 22 juillet 1923, art. 3 al. 5, avait tenu les services rendus dans le cadre local pour valables en vue de la constitution du droit et de la liquidation de la pension. Ce décret n'est point intervenu, ou bien (ce qui ne paraît point conforme à l'esprit de la loi) faute aux dispositions de celle-ci d'être applicables au cadre local, ou bien (ce qui ressort, quoi qu'elle en ait ou non voulu ou pensé, d'une décision du ministère des finances, 12 mai 1926, toute spéciale à la computation des remises et salaires variables, mais fondée sur le principe de la plus large assimilation, quant au traitement de base, des fonctionnaires des deux cadres) faute de nécessité d'établir des conditions spéciales. La logique et la vraisemblance ne sont pas moins (Cf. Eug. Clauss, *Les pensions locales d'Als. et de Lorr.*, 1929, p. 192) que, de principe, l'ensemble des dispositions de la loi du 24 avril 1924 est applicable au système local, et qu'en tout cas un décret devrait être pris et suffirait pour rendre applicables celles empêchées par leur contrariété à ce système d'être applicables *de plano*.

CHAPITRE II

LE CHAMP D'APPLICATION ET LES MOYENS FINANCIERS DE LA LOI.

606. — La longue expérience des lois de 1831 et de 1853 — et, non moins, la notion même de la pension, de quelque loi qu'elle dérivât, en tant que traitement différé, représentation de la durée des services et moyen d'existence pour le fonctionnaire devenu incapable de travailler ou après lui pour ses ayants droit (Cf. note Hauriou, s. Cons. d'Et., 18 novembre 1904, Fauveaux, S. 1905.3.145; *Notes d'arrêts*, t. 3, p. 192) — étaient, dans la vérité des choses et par leur autorité logique, destinées à influencer et dominer encore l'œuvre de la loi du 14 avril 1924. Sans doute, celle-ci remplace ce qui avait été, plus d'un demi-siècle, le droit commun du personnel militaire ou civil soumis à retenue; toutefois elle ne le remplace qu'en ne l'abrogeant point entièrement, non plus que les lois spéciales (*suprà*, nos 567 sv.; Hauriou, *Précis de dr. admin.*, 1933¹², p. 770), celles du 25 mars 1920 et du 12 avril 1922, par exemple, dont les retraités ont été admis à garder le régime s'ils le jugeaient plus favorable (Cf. Rapp. Henry Bérenger, Sén., 29 novembre 1923). Son originalité a été d'instituer des règles communes aux personnels civil et militaire, et nouvelles quant aux bases et au calcul de la pension. Ce qui y persiste de traditionalisme peut, au titre d'observation générale, être indiqué, touchant quelques positions ou prémisses.

I. — La condition de titre et de cadre.

607. — A. Sont positions traditionnelles, tenues pour logiques, et mises par une interprétation juste et de droit strict à l'abri de toutes renonciations ou dispenses de la part des fonctionnaires ou des ministres (Cons. d'Et., 21 juin 1895, Rouzé, Leb. chr., p. 517; D. 96.3.70) :

La non-exigence de la citoyenneté, là où un texte formel n'impose pas, quant à un service public donné, et pour l'avenir, la qualité de Français : 14 mars 1863, Sauphar, p. 249; S. 62.2. 119; D. 63.3.17; — 12 juillet 1882, Krau, p. 689; D. 83.3.120; — 19 février 1886, Siégel, p. 157; D. 87.3.76...;

L'admission, en principe, des femmes, les mots « fonctionnaires... employés... agents... » étant pris dans les textes en un sens générique et les femmes obligées par la pratique à subir les retenues : Cf. concl. Gomel, s. 3 mars 1882, Rigaud, p. 83 ; — 4 février 1927, Jeanjean, p. 160 ; — 23 juin 1928, Deldon, p. 799 ; — 3 février 1932, Rey, p. 139 ;

Le défaut d'équivoque quant à la situation de l'agent et à son droit d'obtenir une pension au défaut de toute cause réelle de déchéance : Cf. concl. Gomel, s. 27 novembre 1885, Lacombe, S. 87.3.32 ; D. 87.3.33 : autant il serait excessif d'exiger des formes sacramentelles pour telle ou telle mesure, autant il convient de tenir en règle que ne peuvent être privés de droits à pension fonctionnaires ou agents si l'administration n'a pas, dans sa décision exécutoire, indiqué sans équivoque son intention disciplinaire. C'est pourquoi, sous l'empire de l'art. 27 de la loi de 1853, le Conseil d'Etat n'admit point une administration, après qu'elle n'eut pas, comme elle le pouvait, rappelé un de ses membres, et donc qu'elle en eut prolongé tacitement la situation de congé, à arguer de ce défaut de décision expresse pour faire considérer ledit agent comme démissionnaire : la déchéance édictée à l'art. 27 eût reçu une extension que rien ne justifiait, 25 juin 1909, Liaubet, p. 611 ; S. 1912.3.16. La solution n'est pas propre à la loi de 1853 ; et l'arrêt Bouchet, du 12 décembre 1902, p. 755, S. 1905.3.33, n'y contredit aucunement : le fonctionnaire dont s'y agit, mis en congé alors qu'il ne remplissait pas les conditions de services requises pour une pension d'ancienneté, avait, avant l'expiration de ce congé, sollicité, sans l'obtenir, son rappel à l'activité et s'était, depuis lors, abstenu de toute démarche pour régulariser sa situation ; c'étaient circonstances de fait cadrant mal pour le déclarer démissionnaire. Cpr. 9 juin 1926, Brequehais, p. 574.

608. — Est prémisse courante et évidente aussi, comme condition du droit à pension, la régularité nécessaire du titre : Cf. concl. le Vavasseur de Précourt, s. Cons. d'Et., 16 décembre 1881, de Wogan, Leb. chr., p. 1006, S. 83.3.45, D. 83.4.25, quelle que fût la dénomination de la fonction : Av. Cons. d'Et., sect. fin., 3 février 1880 ; *suprà, Rép.*, nᵒˢ 221 sv., 496 ; Cons. d'Et., 28 juin 1912, Laissus, p. 754. Règle générale et de large portée, au total, dont paraît bien s'inspirer encore, en un domaine voisin, l'arrêt 11 février 1927, Guillemin, p. 200.

609. — *B.* A cet état constant des choses et des règles l'art. 1ᵉʳ de la loi a ajouté un élément nouveau, celui d'une très large application « aux fonctionnaires civils et aux employés appartenant au cadre permanent de l'administration ou des établissements de l'Etat, ... aux militaires et aux marins, ... au personnel civil admis au bénéfice de la législation des pensions militaires... ». Formule compréhensive à un triple titre :

a) En tant qu'elle réserve, selon une pensée certaine du gouvernement et des commissions des finances, les régimes de retraites propres et des caisses particulières. L'application en est très nette quant aux pensions coloniales et à la caisse intercoloniale, qui feront l'objet d'une étude spéciale au titre IV ; il suffit, mais il importe d'avoir ici même noté, et principiellement, qu'avant la loi de 1924 le personnel colonial était, ou tributaire du régime des lois des 18 avril 1831, 3 août 1879 et 9 juin 1853, ou affilié à des caisses locales de retraites (Indochine, Madagascar, Afrique-occidentale et Afrique équatoriale française, Guyane, Indes, Nouvelle-Calédonie, Martinique, Guadeloupe, Cameroun, Côte des Somalis), ou dépendant d'organismes d'assistance ou de prévoyance (Saint-Pierre et Miquelon, Réunion, Océanie, Togo) ; — puis qu'ont influencée la loi de 1924 l'augmentation des effectifs, le souci de l'organisation financière et de la carrière administrative du personnel, et la commodité à aménager, nonobstant les décentralisations, une pénétration des fonctionnaires et des cadres similaires de groupe à groupe ou de colonie à colonie ; — enfin que la double volonté du Parlement de pensionner ou transformer certains cadres locaux sans changer le régime des pensions de leurs agents, et de ne point grever le budget métropolitain de charges relatives aux agents blancs des colonies, détermina l'art. 71 de la loi et la création de la caisse intercoloniale des retraites, dont le règlement fut publié seulement à la date du 1ᵉʳ novembre 1928 (Cf. François Albert, *Les pensions coloniales*, 1933, p. 147) et profite, avec exclusivité, au personnel spécifié par décret ou arrêtés des gouverneurs, chefs de colonies, pays de protectorat ou territoires sous mandat (Rpr. Cons. d'Et., 9 juillet 1930, Chot, Leb. chr., p. 705 ; — 29 juillet 1931, Arrighi, p. 836) ;

610. — *b)* En tant aussi qu'elle consacre ou élargit ses dispositions et son effet aux membres du Parlement, déjà visés par la loi du 21 octobre 1919 complétive de l'art. 33 de celle du 30 décembre 1913, et à des fonctionnaires pourvus d'un mandat de maire ou de conseiller général de la Seine, déjà touchés par les art. 223 de la loi du 31 juillet 1925, 120 de la loi du 29 avril 1926 mod. 30 décembre 1928, art. 83. A la condition, d'ailleurs, qu'ils soient, les uns ou les autres, de par leur élection, dans l'obligation de rompre le lien les unissant à l'Etat : Cons. d'Et., 3 mai 1922, Cazeneuve, Leb. chr., p. 377 ; — et avec cette autre limite que le droit admis est borné aux pensions d'ancienneté, et que la mesure de faveur est inextensible aux pensions exceptionnelles prévues par l'art. 41 de la susdite loi de 1913 et accessibles aux membres du Parlement indépendamment de toute condition de durée de services accomplis en cette qualité : 26 mars 1926, Cels-Couybes, p. 366 ;

611. — *c)* En tant enfin qu'elle éclaircit, sinon par un critérium nouveau, du moins par une définition formelle, d'anciennes controverses et incertitudes touchant certaines positions et dénominations de « titulaires » et d'auxiliaires. A la notion de cadre permanent et de services temporaires, la jurisprudence, pour l'application de l'art. 85 de la loi de finances du 8 avril 1910 (Cf. Cons. d'Et., 25 novembre 1912, Assoc. profess. des empl. du serv. hydrogr. de la marine, Leb. chr., p. 1063 ; S. 1917.3.32), avait assigné le sens très juste qu'est emploi d'auxiliaire celui conféré par une administration, de façon temporaire, sans commission, pour une besogne particulière. Cf., au titre d'applications, 21 novembre 1930, Rochat, p. 970 ; 20 janvier 1932, Vizomblin, et 2 mars, Zimmermann, p. 74, 248. Or, pour plusieurs catégories d'employés, — préposés et agents techniques des manufactures de l'Etat, ... agents de maîtrise de l'administration de la guerre... : 21 juin 1910, Vidal, p. 490, S. 1912.3.164 ; — ... 24 janvier 1902, Carrau, p. 49, S. 1904.3.141 ; — ... 21 mai 1915, Ludier, p. 180, — la permanence et la stabilité, caractéristiques du statut, ne sont venues, en fait, qu'à la suite ou sous le couvert d'une appellation quelque peu antinomique d' « auxiliaires permanents » ou de « titulaires à titre auxiliaire ». D'où, cette résolution ou cette manière de la commission des finances de la Chambre (Rapp. Lugol, 11 mai 1923), alors qu'elle acceptait l'élimination du mot « titulaires » par elle-même introduit dans le projet, de faire saillir, à l'occasion d'un amendement (Durafour) et sur une question (Balanant) le sens du qualificatif « permanent : Ce n'est pas la personne de l'ouvrier qui sera envisagée ; c'est son emploi. ...Lorsqu'un ouvrier sera dans un service considéré comme temporaire et devant être supprimé, s'il doit être gardé, on le fera passer dans un cadre d'ouvriers permanents... Il y a des auxiliaires permanents » (12 juin 1923, Déb. parl., p. 2472). — Au demeurant, les difficultés touchant le droit au bénéfice de la loi de 1924 devaient être simplifiées par l'élaboration prévue (art. 69) dans les six mois (le délai ne semble pas avoir été tenu pour strict), de la promulgation de la loi, de règlements d'administration publique, aux fins de déterminer les catégories de personnels, *i.e.* le caractère permanent ou non du cadre duquel, quelle qu'en fût la dénomination, relève un emploi. Les décrets de ce genre (tel, celui du 20 janvier 1927, relatif aux infirmières des hôpitaux militaires) ont été assortis d'une vertu rétroactive à la date de la promulgation de la loi : Cons. d'Et., 23 décembre 1931, de Faget de Casteljau, Leb. chr., p. 1159, D. 1934, p. 89.

612. — Qui donc n'a pas fait l'objet d'une titularisation dans le cadre permanent des services et n'a pas titre public et traitement sur fonds de l'Etat n'aura pas droit à pension de l'Etat, non plus qu'il ne sera recevable à demander au Conseil d'Etat décision sur ses droits et allocation d'une rente viagère de la loi du 9 avril 1898 : Cons. d'Et., 27 novembre 1929, Nicolaï, Leb. chr., p. 1034 ; — 3 mai 1932, Porcher, p. 440. Les deux aspects de cette règle se dégagent bien de la jurisprudence. — Sous l'empire de l'ancienne législation, dans des espèces dont l'intérêt ne semble pas entièrement rétrospectif, au regard, ici, d'un instituteur ayant accepté des fonctions dans l'école privée d'un établissement industriel ou d'un village de Lorraine annexée sans avoir obtenu une autorisation expresse de quitter l'enseignement public, et là d'une institutrice appartenant au tiers ordre d'une congrégation et nommée à son poste dans les conditions extraordinaires fixées aux lois du 15 mars 1850 et du 14 juin 1854, les solutions d'espèce du Conseil d'Etat : 2 mai

1902, Gobin, p. 335, S. 1905.3.32 ; 5 juillet, Schäfer, p. 501, S. 1905.3.60, se retrouvent sur cette position de principe que le droit à pension dépend du triple fait de la nomination régulière, de l'exercice des fonctions et de la perception d'un traitement soumis à retenue. — Sous l'empire de celle mise en vigueur en 1924, à l'encontre des subterfuges du département ministériel des P. T. T. pour y assujettir d'office un personnel qui n'était pas ou n'était plus bénéficiaire d'un régime spécial de retraites à la date du règlement d'administration publique pris en exécution de l'art. 69 de la loi, le ministre, par le renvoi à lui fait d'une requérante, 20 octobre 1929, Cuvelier, p. 934, a été forcé à reconnaître notamment que, les dames employées auxiliaires surveillantes des téléphones remplissant des postes corrélatifs à des emplois permanents, il lui incombait de provoquer leur affiliation au nouveau régime des pensions dans les formes prescrites par ledit article et de faire compléter à cette fin le règlement d'administration publique, en date du 2 avril 1926, de son département.

613. — Ce principe, en soi très net, de l'appartenance à un cadre permanent de services a, sur le terrain pratique, suscité des difficultés d'autant plus réelles et nombreuses que les communications entre les divers organismes sont devenues plus fréquentes et, partant, ont posé la question de la computation pour la pension d'État de services accomplis d'abord dans une administration locale. En vérité, les éliminations étaient indiquées. De commune à commune il n'y a pas, du point de vue en cause, d'interpénétration. S'agissant des départements, la situation se compliquait d'un double fait, l'un, représenté par le paiement d'employés de la préfecture sur les fonds d'abonnement : d'où, la règle de l'art. 9 de la loi du 9 juin 1853, complétée par l'art. 88 de celle du 8 avril 1910, la possibilité des permutations et le droit à pension moyennant certaine durée des services; l'autre, constitué par ce trait particulier aux agents voyers de n'être pas tenus (Cf. Cons. d'Ét., 16 janvier 1903, Colomiès, Leb. chr., p. 19) pour un personnel spécial à chaque administration régionale : d'où, la prise en compte des services accomplis, à la condition que ceux-ci aient été régulièrement soumis à retenues.

614. — Le problème, de la sorte, se rétrécit. La jurisprudence l'entreprit résolument et utilement, assurant l'application de dispositions comme l'art. 37 de la loi du 30 décembre 1913 et l'art. 76 de celle du 21 juillet 1920, motif pris de leur généralité, au regard de toutes les pensions servies par le Trésor public, abstraction faite de la résidence des titulaires de ces pensions ou, au cas de résidence dans une colonie, de la promulgation en celle-ci desdites lois ; ne sortit donc effet aucune distinction entre traitements versés par les communes de la métropole ou servis par les communes des colonies : Cons. d'Ét., 29 juillet 1925, Crespin, Leb. chr., p. 754; a contr. 6 janvier 1926, Senné, p. 14. — La ligne des solutions est ainsi très nette, et la vérité a été atteinte : pour l'établissement du droit et la liquidation des pensions sont admissibles (V. infrà, nos 667 sv.) les services rendus dans les cadres locaux des administrations des colonies; l'art. 72, alin. 1er, de la loi de 1924 n'exclut pas de ses dispositions les fonctionnaires ayant déjà cessé d'appartenir à un cadre local; il leur bénéficia donc, sous les conditions de retenues rétroactives visées à l'art. 8 du règlement d'administration publique du 1er novembre 1928, quelle que fût la date du passage de l'intéressé à un emploi conduisant à pension d'État, pourvu qu'à ce titre il eût été encore en activité lors de la publication dudit règlement : 23 décembre 1932, Malet, p. 1136. La solution vaut pour les services et la pension d'un fonctionnaire provenant d'un protectorat : 3 mai 1932, Jolinon, p. 442.

615. — Au cours de la loi de 1924 un cas fit l'objet d'une question, énoncée (Duquaire, Sén., 8 décembre 1923, Déb. parl., p. 1780) et précisée (Gourju, 11 avril 1924, p. 771), quant aux gardiens de la paix de Lyon et de l'agglomération lyonnaise : celle de savoir si cette police (et celle de Marseille, et celle des villes à police d'État) relèverait dorénavant (Cf. pour le passé, Cons. d'Ét., 8 févr. 1889, Guy, Leb. chr., p. 175; D. 90.5.377), à ce titre, de l'art. 1er au lieu de l'art. 70. Le manque d'uniformité touchant la fixation et le paiement des soldes et des pensions empêchait de ramener ces cas à la décision de la loi, du moins du règlement d'administration publique; la jurisprudence acquise depuis la promulgation de la loi du 19 juin 1851, au sujet des commissaires de police de Lyon (Cf. Avis Cons.

d'Ét., sect. fin., 20 mai 1873 ; — Cons. d'Ét., 15 mai 1869, Lemarchand-Delcassel, Leb. chr., p. 489; — 8 février 1894, Charrel, p. 115) formait préjugé, tout comme l'art. 29 de la loi de finances du 16 avril 1895 quant aux fonctionnaires rétribués sur fonds communaux. La réponse fut donc justement énoncée par le commissaire du gouvernement (Pion) que serait applicable l'art. 69 ou l'art. 70, selon que lesdits agents seraient, abstraction faite de leur dénomination, reconnus ou non, au sens absolu du mot, agents de l'État.

II. — *Le système des retenues.*

616. — Des sources données en 1853 au fonds des pensions, prélèvements sur certaines amendes et confiscations, subventions de l'État, retenues sur les traitements des fonctionnaires, la première, art. 35 de la loi du 9 juin et 24 du décret du 9 novembre 1853, a disparu : l'art. 11 de la loi de finances du 17 juillet 1889, abrogeant les lois, ordonnances, décrets ou règlements contraires à sa teneur (S., L. ann., 1890, p. 785, notes 16, 17), réduisit à 40 % net des amendes et confiscations résultant d'affaires suivies à la requête de l'administration des douanes la part affectée au service des pensions civiles. Celle du 26 décembre 1890 ne fit guère, art. 11 (ib., 1891, p. 178, note 17), que modifier le mode de répartition de ces produits recouvrés (art. 25 de la loi du 29 décembre 1873) par les percepteurs et supprimer un élément quasi nul du fonds (1/3 des amendes pour contravention aux lois sur la pêche du hareng). L'art. 10 L. fin. 31 décembre 1907 abrogea toutes les dispositions antérieures contraires au principe de la non-affectation de recettes à des dépenses spéciales.

617. — La deuxième perdit en 1854 son indétermination : l'impossibilité absolue pour les grands services publics de constituer avec les seules retenues des retraites suffisantes devait imprimer aux subventions de l'État force de nécessité et caractère obligatoire; sans doute reste juridiquement possible le refus des crédits privant le pensionnaire d'un droit; il serait néanmoins une illégalité. De la sorte, leur principe est, à la différence de leur chiffre, hors de discussion : le système admis en 1853 d'inscription des pensions au Grand-Livre de la dette en empêchait toute limitation, en dépit même des textes proclamant la solution contraire; le fait, d'autre part, de baser la subvention, non sur le chiffre du traitement soumis à retenue, mais sur l'écart entre les liquidations opérées et les retenues perçues, ne pouvait manquer d'entraîner une différence, variable autant qu'imprévisible, dont le progrès était, un demi-siècle après la loi, accusé par ces chiffres (Note du min. fin. reproduite dans le rapp. Boudenoot sur le budget de l'exercice 1900, *Bull. de statist. et de législ. comp.*, t. 39, p. 474) :

	Paiement.	Retenues.	Subventions.
1854	23.235.852	9.912.947	13.322.905
1876	35.483.286	16.497.121	18.986.165
1900	76.550.000	47.400.890	29.149.110

D'où, dès les projets de 1873 et de 1891, l'idée de centraliser retenues et subventions, de les inscrire au compte de chaque agent, de les y faire capitaliser à intérêts composés, surtout de proportionner les subventions aux traitements et de rendre patent, à l'occasion de toutes les modifications de personnel ou d'émoluments, le chiffre des engagements pris par le Trésor. Dans la réalité des choses, les retenues ne constituent, à aucune heure, un dépôt individualisé, dont la notion évoquerait celle d'une faculté de reprise semblable à celle du fonctionnaire tenu de cautionnement ou de l'administré en procès avec l'État (sauf la suspension de cette faculté jusqu'à l'apurement des comptes ou au jugement d'attribution des sommes litigieuses : Cpr. L. 19 juillet 1834, a. 16, et 16 avril 1895, a. 43. Cons. d'Ét., 19 mai 1853, Comm. de Monneran, Leb. chr., p. 540; — 9 mars 1854. Comm. d'Essoyes, p. 175; — 5 juillet 1878, de Cinna, p. 642...). Les retenues, dans les écritures publiques, ne demeurent point au nom des divers agents tenus de les subir; sous la rubrique « Recettes d'ordre... en atténuation des dépenses », elles vont purement et simplement au Trésor, et il n'est fait d'elles aucun versement, aux fins de capitalisation, à une caisse spéciale. Aussi, dans les rapports de l'administration et des fonctionnaires, n'ont-elles caractère, ni de primes d'assurance, ni de droit spécial frappant le revenu : il n'y a, d'une part, aucune corrélation entre leur montant et le taux de la pension, celle-ci variant surtout suivant la dernière fonction occupée par l'ayant droit; ce serait, d'autre part, un impôt singulier que celui qui est remboursé dans la majorité des cas, parfois avec un appréciable supplément. La vérité semble plus approchée par une analyse qui joint le traitement et la retenue, fait de l'une une diminution légale de l'autre, et de répétition impossible : Cons. d'Et., 30 novembre 1894, Delabrousse, p. 636; Delpech, Note (pour l'Assoc. des membres des Fac. de droit) relative aux *Retenues exercées sur les traitements...*, 1914, p. 7.

618. – La perception de retenues est la troisième.

A. Elle est condition essentielle et classique du droit à pension, Cf. Cons. d'Et., 19 janvier 1906, Rabotin, Leb. chr., p. 48, D. 1909. 5.26; — 5 juillet 1907, Souffre, p. 635, D. 1909.3.11; — 22 juin 1910, Fréjillière, p. 489, D. 1912.3.45, – de telle sorte que la jurisprudence n'a que continué son œuvre (Cf. *Rép.*, nos 90-93, p. 400) pour consolider davantage encore le principe et assigner leur champ respectif :

a) Au droit de l'Etat d'en poursuivre le recouvrement, si elles n'ont pas été déduites lors des versements du traitement au fonctionnaire : Av. Cons. d'Et., 12 juillet 1892, Larue, *in* Laferrière, *Tr. de la jurid. adm.*, t. II², p. 196, note; Concl. Le Vavasseur de Précourt, s. Cons. d'Et., 23 novembre 1883, Evêque d'Angers, p. 843, S. 85.3.56; — 22 février 1889, Larquier, p. 262; — 8 février 1895, Bochet, p. 130, S. 97.3.38;... — 5 juillet 1902, Schafer, p. 500;... — 24 février 1912, Vignerte, p. 257, S. 1915.3.12, D. 1914.3.37. = Rpr. 24 juillet 1912, Revilloul, p. 856, S. 1916.3.31, D. 1915.3.20. Bien loin qu'il y ait matière pour le fonctionnaire à invoquer la théorie de la possession de bonne foi et l'art. 549 du Code civil, il y a droit pour l'Etat à mettre en œuvre les art. 1376 à 1378 et les règles de la répétition du paiement de l'indu. — Et il n'est place à peine que pour deux réserves : l'une, quant à la prescription quinquennale de l'art. 2277, susceptible de limiter à cinq années pour tous les titulaires de droits à pension la revendication des retenues non effectuées : 24 février 1912, Vignerte, précité; — 16 mars 1917, Revilloul, p. 253, S. 23.3.23; — 10 mai 1918, Gayon, p. 457; l'autre, relative à la fin de non-recevoir opposable à l'action en reversement, au cas où le défaut de déduction des retenues a eu pour cause, non une simple erreur, mais une faute, une faute de service de l'Etat ou de ses agents : 3 mars 1893, Rassaya, p. 193, S. 95.3.7, D. 94.3.59; — 1er juillet 1904, Nivaggioni, p. 536; S. 1904.3.121, av. note Hauriou (*Notes d'arrêts*, t. 3, p. 16);

619. — *b)* Au droit éventuel du fonctionnaire, soit d'en réclamer la perception jusqu'au jour du décret lui accordant définitivement pension : Cons. d'Et., 14 juin 1878, Bellemare, Leb. chr., p. 559; *a contr.* 17 juillet 1908, Battistini, p. 779; S. 1910.3.156; — soit d'offrir et d'obtenir le versement de retenues rétroactives comme moyen pour lui, s'il a cessé d'appartenir à quelque cadre local d'une administration coloniale, de faire valider les services auxiliaires y rendus et dont il peut se prévaloir selon l'art. 8 D. 1er novembre 1928 pour bénéficier de la disposition de l'art. 72 al. 1 de la loi de 1924 : 23 décembre 1932, Malet, p. 1136; — soit d'en obtenir le remboursement, si elles ont été opérées à tort, dans des conditions hors les règlements : 9 mars 1927, Evain, p. 313; — 22 janvier 1932, Sisco, p. 97, D. hebd., p. 152, p. ex. sur une allocation qu'il n'a pas le droit de faire entrer en compte, au titre de traitement ou d'émolument personnel, pour le calcul de sa pension : 21 mai 1895, Marion, p. 181, D. 96.3.70 n. 3. Ce droit allait, suivant la législation de 1853 (9 août 1880, Blondel, p. 780, D. 82.3.4) avec celui de demander, pour les sommes représentatives de ces retenues indues, des intérêts ; la loi de 1924, art. 7, a expressément décidé, à l'inverse, que celles-ci « n'ouvrent aucun droit à pension ». — C'est en tout cas par application ou extension de ce droit qu'a été, conformément à la jurisprudence (22 janvier 1897, Février, p. 45, S. 99.3.40, D. 98.3.40), reconnu, hormis le cas d'invalidité, le droit, sous certaines conditions fixées par la loi de 1924, art. 27, aux fonctionnaires ou militaires quittant le service sans pension de réclamer les retenues encaissées par l'Etat : 14 octobre 1932, Simon, p. 840. Cpr. 14 mars 1928 (*in f.*), Bonnet, p. 369. L'avantage est d'importance, déterminé du point de vue logique par le système de capitalisation qui était dans le dessein de la loi, plus discutable sous le rapport de l'équité et du balancement des charges. Il y faut, en tout cas, une requête très nette de contenu et de

contours; à une demande de remboursement au sens de l'art. 17 et, le cas échéant, à un acte interruptif de la déchéance quinquennale réservée à l'art. 67 de la loi du 14 avril 1924, n'a pas été tenue pour équipollente la lettre missive sollicitant autorisation de verser rétroactivement les retenues afférentes au temps de surnumérariat aux fins d'améliorer la pension de retraite : 25 novembre 1932, Bonerendi, p. 1003.

620. — Ainsi, sous ce double aspect, a pris relief dans la loi une idée maîtresse de la matière, à savoir le caractère obligatoire de la perception des retenues, sans considération, soit des chances du fonctionnaire d'obtenir une pension civile : Avis Cons. d'Et., sect. fin., 12 novembre 1878, soit de son droit déjà acquis au maximum de retraite ou de son admission déjà prononcée à la retraite : Cons. d'Et., 20 juillet 1927, Martin, Leb. chr., p. 187, soit du temps passé par accident dans la position d'inactivité, mais avec retenues opérées au plein sur le dernier traitement d'activité : 26 février 1932, Nebut, p. 238. Déjà, sous l'empire de la loi de 1853, encore qu'il ne fût pas expressément écrit dans son texte, il avait été reçu comme résultant, soit de l'attribution à l'Etat de l'actif des caisses de retenues (art. 1), soit de la fixation du taux des retenues à subir par les fonctionnaires ou employés (art. 3-4), soit de la restriction, à l'égard des ci-devant fonctionnaires, de la liquidation de la pension au nombre des années de retenues subies (art. 18). Sa réalité, non plus que sa consolidation, ne souffre aucune difficulté.

621. — Aussi bien les retenues accidentelles elles-mêmes continuent-elles à être exigibles (Cpr. D. 9 novembre 1853, art. 16-18; L. 28 décembre 1895, art. 40), *i. e*, celles « prélevées pour cause de congé, d'absence ou de mesure disciplinaire » (L. 1924, art. 3 alin. 2). Rien à cet égard n'est nouveau : ni quant au temps maximum du congé ou de l'autorisation d'absence sans retenue spéciale que les fonctionnaires peuvent obtenir; — ni quant aux retenues à verser annuellement par les fonctionnaires en congé, non-activité ou disponibilité, et aux dispositions spéciales à telles ou telles fonctions; — ni quant au contraste (Cf. Cons. d'Et., 13 juin 1860, Lesseure, Leb. chr., p. 462) de la faculté pour l'administration de tenir compte des circonstances et causes de l'interruption des services et du défaut de droit des agents à réclamer par la voie contentieuse un traitement pour des fonctions non remplies. Tout au plus a été ajoutée cette précision, résultant apparemment de l'arrêt Cons. d'Et., 14 mars 1928, Duplan, p. 354, qu'au sens de l'art. 16 § 3 du décret de 1853 année signifie, quel que soit le millésime, période de douze mois consécutifs.

622. — *B.* Les règles de perception des retenues, tour à tour fixées aux décrets du 9 novembre 1853, a. 5-15, et du 28 juillet 1897, complétées par la Circ. Direct. gén. comptabilité publiq. 9 août 1897, furent modifiées par le décret du 31 juillet 1925, *J. off.*, 12 août, p. 7846, *Lois nouv.*, 1925.3.809, D. 1925.4.354, et l'art. 5 du décret de 1853 fut très formellement abrogé. Le système nouveau est dominé et déterminé par le fait de l'ordonnancement à compter du 1er janvier 1926, pour le net des traitements ou allocations des fonctionnaires civils passibles de la retenue, et en bloc, par chapitre et par comptable, en fin d'exercice, au profit du Trésor, du montant de la retenue, pour imputation au compte « Retenues de 6 % pour le service des pensions civiles (art. 1er) ». Les retenues prélevées pour cause de congé, d'absence ou par mesure disciplinaire sont ordonnancées avec le traitement, imputées en dépense pour leur montant intégral, et portées en recettes au compte « Recettes accidentelles à différents titres » (art. 2). — Au total, par l'effet de ce changement de mode de comptabilité et la disparition de particularités, comme celle résultant de la loi du 16 juin 1881 sur la gratuité scolaire, du prélèvement des retenues sur le traitement des instituteurs communaux (Décr. 1853, a. 10; Circ. min. instr. publ., 13 août 1877, Rec. circ. I. P., t. VII, p. 760), il ne reste des prescriptions de la Circ. Direct. gén. comptab. publ. de 1897 (*Bull. min. intér.*, 1897, p. 284) que des mesures de détail (définition de la « mensualité », forcément des fractions de centime...) et les règles de fond (Cf. *Rép.*, nos 204, 205, p. 407) sur les cas et effets des décès, démissions ou révocations avant l'opération de la retenue, et de la cessation temporaire des fonctions pour cause de service militaire ou de maladie. Par extraordinaire, la perception des retenues, quand elles n'ont pas été précomptées sur le traitement ou la solde, s'opère sur les premiers arrérages de la pension : Cons. d'Et., 18 mars 1931, Ganon, Leb. chr., p. 309; une mise en demeure de les verser est usuelle et de droit à l'égard des fonctionnaires ou agents dont le traitement est fictif ou la pension liquidée d'après un traitement surélevé.

623. — L'importance est autre de la double modification apportée par la loi de 1924 au régime des retenues;

Suppression de la retenue du premier douzième des émoluments, lors des nominations, augmentations ou réintégrations [L. 9 juin 1853, art. 3 § 1; Décr. 9 novembre 1853, art. 25 § 3. — Rpr. Avis Cons. d'Et., sect. fin., 4 avril 1878, D. 88.3.4, note 1; Circ. Direct. comptab. publ., 9 août 1897, *Rép.*, nos 99-113, p. 400];

Elévation du taux des retenues à 6 %. Sous le régime antérieur, les diverses retenues aboutissaient à une retenue effective moyenne de 5,50 %; le maintien à ce chiffre (Amend. Ch., Bouyssou; Sén., G. Japy) a été repoussé (Ch., 5 juin 1923, Déb. parl., p. 2343; Sén., 10 décembre, p. 1805), faute de récrimination des intéressés, et par ce motif aussi que l'élévation à 6 %, même avec la bonification d'une somme égale par l'Etat, laisserait encore à celui-ci un tiers de la charge des retraites (Cf. Rapp. Lugol, 1er avril 1922). L'application d'une progressivité même modérée dans le pourcentage des retenues ne semble pas, au contraire, avoir été agitée; elle avait figuré dans le projet (Rouvier) de 1891, sans susciter, d'ailleurs, le reproche d'excès, y ayant été limitée à 7 % et, à ce taux, aux traitements supérieurs à 6.000 francs. Le système actuel demeure, sauf la quotité, celui de la proportionnalité écrit dans la loi de 1853. — Un décret du 30 décembre 1925 (*J. off.*, 8 janvier 1926, p. 364) a conditionné l'application de l'art. 4 au personnel colonial.

624. — Que la réincorporation de ces sommes dans les traitements fût liée au versement rétroactif des retenues sur les suppléments, il n'y avait rien que d'équitable; cependant l'équité parut aussi consister à n'exiger ces retenues rétroactives au taux normal de 6 % que dans la limite de l'entrée en compte de ces suppléments dans le calcul du traitement moyen sans que les retenues aient été versées (Cf. Rapp. Lugol, Ch., 29 février 1924); d'où, l'alinéa final, prescrivant le précompte de ces retenues sur les quartiers de la retraite et en fixant leur maximum au 1/5 de ces arrérages. — Dans ces conditions le calcul de la retraite d'après le traitement moyen des trois dernières années de services fit saillir le côté difficile ou paradoxal de la condition des magistrats et universitaires augmentés par paliers en 1921, 1922 et 1923 et retraités au cours des années 1923, 1924, 1925 (Cf. observ. Tranchant, Ch., 5 avril 1924, Déb. parl., p. 1853; François-Albert, Sén., 12 avril, p. 791) : leur retraite, la péréquation jouant sur le traitement moyen des trois dernières années, était diminuée, inférieure à celle des collègues, de même catégorie, les suivant, sinon les ayant précédés dans la retraite. Le gouvernement (François-Marsal, min. des fin.) invoqua l'impossibilité d'examiner les « répercussions financières », fit état de sa « préoccupation essentielle... de ne laisser apporter dans la loi aucune fissure qui pût créer une augmentation des dépenses résultant du texte accepté par lui qui constituait le maximum de l'effort auquel le Parlement et le gouvernement pouvaient consentir »; néanmoins la perspective avait été ouverte, quelques jours plus tôt, par le président du Conseil (Poincaré), faute de pouvoir agir par décret, de l'introduction d'un texte dans une prochaine loi de finances.

625. — *C*. D'autre part, le genre et la quotité des émoluments sujets à retenue et constitutifs du traitement moyen servant de base à la pension ont donné lieu à quelques précisions :

a) D'abord, dans la loi elle-même. — Durant des années, des qualifications variées « indemnités... remises... traitement éventuel », discordantes, capricieuses, servirent sans doute au dessein de préciser au maximum situations et services, avec le tort de masquer le caractère obligatoire, continu et prédéterminé des traitements susceptibles de retenues (Cf. les considérants des arrêts, 8 juillet 1910, Dimey, Leb. chr., p. 578; — 12 juillet 1912, Moussaud et Botiau, p. 824). Or, sont seuls des traitements, au sens du droit organique des retraites, ceux dont, tout à la fois, la destination est de rétribuer un service réglementaire obligatoire pour le fonctionnaire, la charge incombe à la collectivité maîtresse du service et la quotité figure en un texte émanant de l'autorité compétente : Cpr. Cons. d'Et., 27 mai 1910, Pasqualini, p. 419; — 31 mai 1919, Richard, p. 657;

— Delpech, *op. cit.*, p. 12. A vrai dire, cette notion synthétique n'est pas dans les textes (L. 9 juin 1853, art. 3; Décr. 9 novembre, art. 5, 21, 23); du moins, ceux-ci l'avaient préparée; en tout cas, les rudiments s'en retrouveraient dans un Avis, sect. fin. Cons. d'Et., 27 octobre 1896; la formule en est ample et nette dans l'arrêt, 8 mai 1908, de Colonjon, p 488, S. 1910.3. 17 (Cpr. 25 mai 1906, Morizot, p. 462, S. 1908.3.127;... — 19 mars 1910, Dimier, p. 296), et la portée comme la raison dans les concl. Léon Blum, à l'occasion d'une espèce très délicate d'indemnités départementales aux inspecteurs primaires, s. 23 décembre 1910, Jeannot, p. 1025 *in f.*, S. 1913.3.79 col. 7 : « Du moment que cette rémunération est obligatoire pour la personne publique qui l'acquitte, rien ne fait obstacle, en somme, ... à ce qu'un fonctionnaire de l'Etat jouisse, pour son service d'Etat, d'un supplément de traitement sur [d'autres] fonds ». A cet état de choses s'est appliquée la loi de 1924.

Son art. 3, alin. 1er, voté sur l'action de la commission des finances du Sénat, a entendu, sans préjuger de la réforme en perspective des traitements, incorporer immédiatement, du point de vue des retenues et de la pension, à « tous » les traitements les suppléments, tels ceux accordés par la loi du 30 avril 1921 aux magistrats et aux membres de l'enseignement, par celles du 30 novembre 1922 ou du 30 juin 1923 aux agents supérieurs des administrations centrales et aux assimilés des services provinciaux, etc..., « indemnités de fonction, véritables suppléments de traitement dans l'esprit du législateur »... Seules les indemnités qui n'ont pas un caractère personnel, ou qui sont le fait des difficultés des temps présents ou de situations spéciales, ne doivent pas être soumises à retenue : indemnités de résidence, de cherté de vie... (Rapp. H. Bérenger, Sén., 29 novembre 1923). En vérité, les lois précitées les avaient expressément dispensées de retenues; aussi cette disposition complémentaire fut-elle réclamée (Observ. Jossot, Guillier, Sén., 10 décembre 1923, Déb. parl., p. 1805), et ajoutée sous la forme de l'art. 4 (Cf. Cons. d'Et., 6 août 1928, Mahé-Desportes, Leb. chr., p. 1079), qu'entreraient dorénavant en compte dans le calcul de la pension et, au besoin, seraient assujettis rétroactivement aux retenues « les suppléments de traitements et les indemnités » prévus ou visés par l'art. 57 de la loi du 30 avril 1921 (*Duv.*, p. 174), par l'art. 70 de la même loi, sous réserve des indemnités non soumises à retenue énumérées à l'art. 66 de ladite loi, par la loi du 16 juillet 1921 (*ib.*, p. 376), par l'art. 117 de la loi du 31 décembre 1921 (*ib.*, p. 706), par la loi du 30 novembre 1922 (*J. off.*, p. 11495) et par la loi du 30 juin 1923 (*Duv.*, p. 384). Le D.-L. 30 juin 1934, art. 1er (*Duv.*, p. 280), a arrêté à la nomenclature de l'art. 4 et lui a substitué la prévision de décrets en forme de règlements d'administration publique, pour les indemnités à traiter pareillement « en dehors des suppléments de traitement énumérés ci-dessus ».

626. — De ce chef, comme en l'état de droit antérieur, des difficultés au sujet des remises et salaires variables, par quoi sont rétribués certains fonctionnaires, et de la quotité de ces émoluments soumise à retenue étaient fatales; elles furent, elles aussi, remises par l'art. 6 de la loi à la décision d'un règlement d'administration publique. Celui-ci est intervenu à la date du 28 avril 1925 (*Duv.*, p. 180). — L'interprétation de plusieurs points ou articles en a été, au contentieux, donnée par le Conseil d'Etat, à la requête notamment de receveurs des postes, à propos des *indemnités* dites de gérance et de responsabilité mises (art. 11 L. 28 juin et 2 D. 19 novembre 1918) en place des remises variables jusqu'alors perçues : Cons. d'Et., 2 novembre 1928, Delonlay, Leb. chr., p. 1127. Rpr. 17 juin 1927, Belle, p. 684; 14 juillet 1930, Ayral, Porcher et Ronc, p. 727, ou pour pareille prime allouée (D. 7 septembre 1920) aux caissiers des succursales de la caisse nationale d'épargne : 4 janvier 1929, Blanc, p. 8; — ou des receveurs des contributions indirectes pour la prime d'apurement (D. 12 novembre 1921) partageable entre les agents au prorata du nombre des quittances délivrées par chacun d'eux : 25 mai 1928, Sellier, p. 687; et des contributions diverses en Algérie, notamment quant aux indemnités pour services gérés : 11 juillet 1930, Botla, p. 728.

Cette donnée systématique, capitale, a été, à cette occasion, dégagée, déduite de la généralité des termes de l'art. 6 et des travaux préparatoires de la loi, que les auteurs de celle-ci ont entendu laisser au règlement d'administration publique la liberté, sans être lié par les règles édictées aux art. 3 et 4 al. 1er, de déterminer le régime des retenues applicables à l'ensemble des émoluments, fixes ou variables, touchés par les agents; d'où (arrêt Sellier) l'irrecevabilité desdits receveurs à opposer à l'art. 8 du règlement les art. 3 et 4 de la loi (Rpr. 9 juillet 1928, Chaptal, p. 871); d'où aussi (arrêt Delonlay) l'incompétence du ministre pour suppléer au silence du décret concernant certaines catégories d'agents et, au regard de ceux maintenus sur leur demande sous le régime antérieur, fixer, sous le couvert de quelque arrêté, la quotité des remises soumises à retenues pour pension civile;

627. — *b)* Ensuite, par la jurisprudence du Conseil d'Etat, qui tour à tour déclara :

α) Soumises à retenues, par application de l'art. 43 L. fin. 30 décembre 1913,

L'indemnité de recettes (D. 24 juin 1910, art. 1er) des économes de lycées : Cons. d'Et., 17 décembre 1926, Guillemin, Leb. chr., p. 186;

L'indemnité de gérance dont il était question ci-dessus, — et celle de gestion, créée par le décret du 12 janvier 1922 et remplacée dans celui du 28 avril 1925, art. 1er alin. 2, par l'indemnité forfaitaire de gestion, jusqu'à son abrogation décidée, à partir du 1er janvier 1925, par celui du 8 décembre 1926, pour les percepteurs : Cons. d'Et., 12 juillet 1929, Geofroy, Leb. chr., p. 720; — 11 juillet 1930, Botta, p. 728. — Cpr. 11 mai 1927, Dufour, p. 534; — 2 juillet 1929, Chauvin, p. 671; — *a contr.*, 2 et 12 juillet 1929, Chauvin et Geofroy, p. 670, 720. — A son sujet, l'arrêt Geofroy mit très expressément à néant la disposition incluse dans un arrêté du ministre des finances du 13 juillet 1925 et excluant du bénéfice très généralement énoncé en l'art. 1er al. 2 du décret du 28 avril 1925 les percepteurs qui, en vertu de l'art. 88 de la loi du 13 juillet 1911, étaient titulaires d'un statut personnel comportant le maintien des traitements nets antérieurs au 1er juillet 1912 : l'exclusion était contraire aux dispositions législatives et réglementaires sus-rappelées, le traitement net perçu par les percepteurs dont s'agit étant distinct de l'indemnité de gestion qu'ils avaient également touchée durant leur activité et dont le montant devait, dès lors, être sans influence, au point de vue des droits à pension, sur l'admission de ladite indemnité dans le montant total des émoluments servant de base au calcul de la pension;

628. — β) Affranchies, au contraire, de leur perception :

L'indemnité allouée (D. 8 janvier 1920, art. 4) aux vice-présidents des conseils de préfecture : Cons. d'Et., 12 février 1926, Dorian, Leb. chr., p. 175;

L'indemnité, dite supplément colonial, inhérente aux fonctions exercées dans telle ou telle colonie, et n'ayant pas caractère de supplément de traitement personnel au fonctionnaire : 28 juillet 1926, Chaigneau, p. 802; — 13 décembre 1929, Cléonie, p. 1117; — 11 juillet 1930, Botta, p. 728;

L'indemnité de fonction spéciale à la gendarmerie (D. 23 février 1919) et l'indemnité exceptionnelle de guerre (D. 22 janvier 1919 : 21 décembre 1927, Martin, p. 1252;

L'indemnité de résidence, non plus que les remises sur emprunts ou bons du Trésor, lesquelles ne constituent pas la rémunération d'un service obligatoire, ou les allocations pour bons offices rendus à des collectivités autres que l'Etat : 21 mars 1928, Lonjon, p. 406. Cf. *infrá*, n° 632;

L'indemnité (D. 10 mai 1920) aux agents chargés du contrôle exceptionnel et temporaire des bénéfices de guerre : 26 janvier 1929, Tharasse, p. 108.

629. — Pris en son ensemble, le décret du 28 avril 1925 procède de l'impossibilité reconnue du maintien et de la généralisation de la règle posée au dernier alinéa de l'art. 3 de la loi de 1853, à savoir l'établissement des retenues, comme de la retraite, sur les 3/4 des *remises ou salaires variables* : c'eût été, suivant les catégories, extrême faveur pour les uns (trésoriers-payeurs généraux, conservateurs des hypothèques...) ou désavantage pour les autres (receveurs de l'enregistrement...). Le Parlement s'était borné à indiquer l'esprit des fixations nécessaires et à prendre acte (Quest. Rieu, rép. de Lasteyrie et déclar. Bérenger, Sén., 10 décembre 1923, Déb. parl., p. 1811) qu'en aucun cas échec ne serait fait aux droits acquis des agents en cause et aux dispositions des lois antérieures plus favorables. L'obligation allait de soi; l'art. 13 du décret la précisa pour les agents en fonctions à la promulgation de la loi et pour ceux les ayant cessées avant cette date, mais n'ayant point

encore pension concédée : Cons. d'Et., 6 août 1928, Mahé-Desportes, Rouch, Leb. chr., p. 1079 : versement rétroactif y a été ordonné des retenues sur la partie des émoluments qui n'y était ci-devant point assujettie et qui désormais, selon les art. 4 et 6 de la loi, entre en compte dans le calcul du traitement moyen des trois dernières années : Cf. 14 décembre 1927, Cahuzac, p. 1214; — 13 juillet 1932, Berges, p. 728, — dès lors que les émoluments perçus par ces agents au cours des trois années antérieures à la cessation de l'activité apparaîtraient inférieurs à ceux assignés à leur pension par les art. 5 et 12 du décret. Emoluments afférents, il va sans dire, au poste occupé par l'agent mis en retraite ou à la classe à laquelle ce poste fut dûment assimilé : 19 juin 1931, Charvot, p. 673; et, dans le cas d'attribution retardée de certains émoluments jusqu'à un temps minimum d'occupation du poste, émoluments que de 1921 à 1923 eût touchés le titulaire de ce poste si son ancienneté avait été égale à celle du fonctionnaire à pension revisée pendant les trois années précédant celle de sa mise à la retraite : 16 décembre 1931, Bernhardt, p. 1113.

630. — *D.* Les choses et les règles étant telles, le contentieux s'est concentré sur l'autorisation donnée au gouvernement d'évaluer, eu égard au mode de rémunération particulier de ces agents et sans être lié par la législation antérieure ni les règles édictées aux art. 2, 3 et 4 de la loi de 1924, le traitement à prendre pour base du calcul de pension : Cons. d'Et., 13 février 1929, Bages; 20 mars, Guilloux, Leb. chr., p. 184, 349; et spécialement, quant à la légalité des retenues, sur l'art. 12 du décret faisant entrer en compte, au titre « des remises ou salaires variables sujets à liquidation,... les émoluments perçus pendant les trois années précédant celle au cours de laquelle cessa l'activité », ou aussi sur l'art. 14 déterminant ces émoluments d'après ceux perçus de 1921 à fin 1923 pour des emplois de même classe... — L'une et l'autre devaient être, et ont été comme les termes mêmes de la disposition, largement entendues : il ne pouvait être question de discrimination, ni entre émoluments, selon leur caractère fixe ou variable : Cons. d'Et., 1er décembre 1928, Hocquet, Leb. chr., p. 1250; — 5 janvier 1929, Canal, p. 18; ni entre les agents, selon leur rétribution exclusive en remises ou jumelée de remises variables et de traitement fixe : 26 janvier 1928, Noble, p. 137; ni entre émoluments et agents, selon la perception de leurs émoluments faite par les anciens agents durant leurs trois dernières années d'activité, ou leur assimilation avec des titulaires d'emplois de même classe durant la même période biennale : 14 mars 1928, Bonnet; 6 août, Brivet, p. 368, 1078. Bref, les différenciations répugnent à l'esprit et au jeu de la loi, de telle manière qu'alors même que, présentement, aucune remise n'entrerait plus dans le traitement servant de base à la pension (par ex. quant aux conservateurs des hypothèques), il y avait lieu à calcul de retenues rétroactives et il y eut faute à ne pas tenir compte dans la computation des émoluments des trois dernières années des retenues réellement perçues sur les remises dont les agents bénéficièrent provisoirement : 6 août 1928, Mahé-Desportes, précité. La même raison technique a joué au cas de modifications survenues, entre la cessation de l'activité et l'expiration de la période 1921-1923, dans la consistance d'un poste géré par un receveur de contributions : les dispositions de la loi de 1924 et du décret de 1925 étaient méconnues par tel arrêté des finances ayant manqué d'envisager le poste tel qu'il se comportait durant ce temps tant au point de vue sa compétence territoriale que du nombre et de la nature des services y rattachés : 12 juillet 1929, Arberet, p. 709.

631. — Ce n'est point à dire, d'ailleurs, que la détermination, selon l'art. 6 alin. 1er de la loi, par le règlement d'administration publique de la quotité du traitement à soumettre aux retenues ait pu se montrer tout arbitraire. S'agissant, en particulier, de l'indemnité susvisée (n° 626) de gérance et de responsabilité des chefs de bureaux centraux téléphoniques, l'art. 2 du décret du 19 novembre 1918 lui assigna pour base un barème d'après l'importance globale du trafic; puis l'art. 4 de l'arrêté ministériel du 22 mars 1923 en fixa le taux [7.000 francs pour les bureaux hors classe Paris-Gutenberg et Paris-interurbain et, pour les autres bureaux de Paris, sommes variables de 3.400 à 3.800 francs, selon les statistiques de trafic de 1920]. Le caractère forfaitaire des chiffres y saillit; et l'impossibilité s'ensuit de leur modification sans révision du barème institué par l'arrêté; ce fut raison pour le Conseil d'Etat de refuser à ladite indemnité là nature de salaire variable au sens de l'art. 6 de la loi de 1924 et, partant, de recevoir la requête des chefs de bureaux en cause tendant à être dégagés du nombre des agents à remise ou salaire variable auxquels l'art. 9 du décret de 1925 est applicable : Cons. d'Et., 1er avril 1927, Ayral, Leb. chr., p. 432. Même décision *mutatis mutandis* a été rendue au sujet des art. 2 de l'arrêté et 12 du décret, au regard du receveur principal de la Seine et des receveurs des postes : 3 et 2 août 1927, Cornevin, et Le Matelot, p. 926 et 908; — 15 février 1928, Martinet, p. 244.

632. — Cependant subsistaient plusieurs régimes de fait, impliquant, par leurs termes mêmes, réglementation des pensions et computation des retenues différentes de celles du décret : tel (Cpr. Cons. d'Et., 9 mars 1927, Evain; 14 décembre, Cahuzac, Leb. chr., p. 313, 1214) celui des receveurs d'enregistrement, des domaines et du timbre rémunérés au moyen de remises variables et touchant, en outre, une indemnité de frais de gestion exempte des retenues pour pensions. Le principe nouveau étant de faire porter les retenues sur là totalité des remises proportionnelles touchées dans la limite des maxima réglementaires, il n'y eut en l'art. 4 d'utilité qu'à spécifier l'exemption des retenues sur « les indemnités spéciales ou représentatives de dépenses, et notamment les indemnités allouées par la Ville de Paris et les allocations en matière de gestion des biens ecclésiastiques ou séquestres ». Sa généralité et son autorité ont, pour autant, retenti sur les ci-devant régimes extraordinaires :

633. — a) Des comptables directs du Trésor. « receveurs généraux des finances [devenus, après 1866, les trésoriers-payeurs généraux], receveurs particuliers et percepteurs des contributions directes, ainsi que les agents ressortissant au ministère des finances », à l'égard desquels l'art. 3, dern. al., de la loi du 9 juin 1853 considérait, pour l'exempter de retenue, le dernier quart des émoluments « comme indemnité de loyer et de frais de bureau ». Cette façon procédait d'une confusion dans la masse des remises de toute nature, des émoluments personnels des comptables et des frais de personnel et de matériel à leur charge; elle ne cadrait déjà plus avec le système, institué à partir de 1890, du fonds d'abonnement à forfait pour frais de personnel et de matériel des trésoreries générales (DD. 13 juin 1891 et 7 juin 1910); elle avait été, d'ailleurs, écartée, au regard des receveurs des finances et des percepteurs, à la suite de la loi du 6 octobre 1919 sur le relèvement des traitements de l'Etat. La règle nouvelle devait être celle des retenues :

α) Sur le produit net prévu pour les trésoriers-payeurs généraux, maximum : 40.000 francs (L. 27 février 1912, art. 29); minimum : 20.000 francs (Décr. 14 janvier 1920); et pour les receveurs des finances, maximum : 22.000, 18.000, 14.000; minimum : 18.000, 14.000, 10.000, selon la classe (Décr. 14 janvier 1920). — Restent en dehors de ces chiffres, le cas échéant, pour les uns et les autres, les remises sur les emprunts de l'Etat, du Crédit national, du Crédit foncier, de la Ville de Paris, et sur les placements nets et obligations de la Défense nationale et ses fonds particuliers (Cf. Décr. 28 avril 1925, art. 11-1° à 3°), dans la limite de 6.000 francs pour chaque nature d'opération;

β) Pour les percepteurs sur le traitement fixe, y compris en principe le « 1/10e d'augmentation communale » en huit paliers de 18.000 à 6.500 et 5.000 francs, selon la classe ou l'échelon (Décr. 25 février 1924, a. 3). Cf. Cons. d'Et., 13 novembre 1931, Estheoule, Leb. chr., p. 990. — Restent en dehors toutes les allocations accessoires réglementaires (*ib.*, a. 10. Cf. Cons. d'Et., 21 mars 1928, Lonjon, p. 406) et les frais de gestion fixés, pour chaque comptable, par les soins de commissions spéciales, en considération des nécessités du service. — Pourtant, quel que fût l'intérêt théorique à fixer sur le même pied et dans la loi les droits de tous les fonctionnaires (Amendem. Marcel Regnier, Sén., 10 décembre 1932, Déb. parl., p. 1809), la variété de rémunérations et la complexité des remises imposaient un texte non uniforme et la voie du décret.

634. — De fait, celui-ci a assujetti aux retenues :
Sur le produit net de l'emploi, à l'exclusion des remises restant, de par des règlements formels, en dehors des émoluments normaux : les trésoriers-payeurs généraux et les receveurs particuliers des finances; — les trésoriers-payeurs généraux de l'Algérie, de la Tunisie et du Maroc (pour celui-ci,

exclue notamment l'indemnité de responsabilité), et les payeurs principaux et particuliers de l'Algérie;

Sur le traitement fixe et les 3/4 des autres émoluments (notamment pour services gérés, recouvrement d'amendes et paiement de dépenses publiques) : les receveurs des contributions diverses en Algérie : Rpr. art. 2 al. 2 Règl. adm. publ., 28 avril 1925, et Cons. d'Et., 11 décembre 1931, Bernhardt, p. 1113;

Sur le traitement de grade et les remises, — déduction faite de la part à reverser réglementairement au service local, — et sur les indemnités personnelles allouées en compensation des réductions ou suppressions de remises en cours de gestion — à l'exclusion des indemnités de responsabilité et de zone — : les trésoriers généraux, trésoriers-payeurs et trésoriers particuliers des colonies. Aux trésoriers particuliers de l'Indochine tributaires de la caisse locale de cette colonie a été accordé le droit d'opter, dans les six mois du règlement, pour le maintien du ci-devant régime (art. 3 al. 3);

635. — Et pour là série des agents et comptables :
Directeurs, inspecteurs et contrôleurs-rédacteurs, contrôleurs principaux et ordinaires, des contributions directes en France, en Algérie (Cons. d'Et., 11 juillet 1930, Botta, Leb. chr., p. 728; 3 juin, Saar et 3 juillet 1932, Berges, p. 548, 728) : le traitement fixe et, en outre, l'indemnité de surveillance et de responsabilité allouée (L. 30 décembre 1913) aux uns pour la confection des rôles établis et aux autres pour l'assiette des impôts et taxes assimilées perçus au profit de l'Etat : 20 mars 1929, Guilloux; 28 novembre, Bideau, p. 349, 1047;

Géomètres des services de renouvellement, révision et conservation du cadastre (Cf. 20 février 1868, Lasnier, p. 204; D. 69.3.11) : le traitement fixe et la partie des remises variables représentatives d'un émolument personnel, — ou l'indemnité de responsabilité pour les géomètres en chef du cadastre de la Savoie et de la Haute-Savoie, — ou les 3/4 des émoluments variables pour le géomètre en chef préposé dans le département du Nord aux opérations prévues par la loi du 7 août 1850.

636. — Une disposition spéciale, qu'eût certes suppléée le jeu des règles communes, a été écrite (Décr., art. 10) au sujet des consuls et chanceliers remplissant les fonctions de comptables, lesquelles, éloignant des attributions et des allocations pour services temporaires, auxiliaires ou extraordinaires, traditionnellement (Cf. Av. min. fin., s. Cons. d'Et., 10 janvier 1856, Noirot-Bonnet, Leb. chr., p. 38; D. 9 novembre 1853, art. 21, § 1), à raison même de leur caractère, étaient libres de retenue. Dorénavant la retenue pour pension sera opérée sur le traitement fixe et la totalité des remises correspondant à des recettes annuelles de chancellerie supérieures à 1.000 francs et ne restant point au-delà de ce chiffre acquises au Trésor (art. 1er Décr. 7 mars 1907. Cf., par *a contrario*, 27 janvier 1928, Noble. p. 138);

637. — b) Des conservateurs des hypothèques. Le régime de là loi de 1853 les avait ramenés à des maxima spéciaux, leur pension ne pouvant dépasser 4.000 francs : Rpr. le tableau 3, annexé à l'art. 7, modifié par l'art. 53 L. fin. 30 janvier 1907; les Instr. direct. Enreg., 23 mai 1854 et Rén., n° 614, p. 446, et les concl. du comm. du gouv. Bayard s. Cons. d'Et., 18 mars 1869, Febvre, Leb. chr., p. 271. Des mesures spéciales ayant été déclarées nécessaires par la commission des finances de la Chambre, elles ont consisté (D., art. 5) dans l'assujettissement à retenues pour pensions civiles du montant brut des salaires, sauf la triple déduction des prélèvements du Trésor, en exécution de l'art. 31 de la loi de finances du 27 février 1912 et du troisième décret du 26 octobre 1921 ; du remboursement des traitements des commis titulaires, conformément audit décret de 1921 ; enfin de 30 % du surplus. Encore fallait-il déterminer, à la suite et pour l'application de l'art. 68 de la loi du 27 décembre 1927, les salaires nets, moyens, revenant au 1er janvier 1928 aux conservateurs des hypothèques; à ces fins, un arrêté du ministre des finances, du 23 octobre 1928, s'est inspiré de la procédure instituée par l'art. 14 du décret du 28 avril 1925 et, en l'absence de disposition spéciale, implicitement admise par la loi de 1927; ce faisant, il devait tenir compte, non seulement des classes, mais aussi des échelons des classes alors existantes et fixer un salaire net moyen distinct pour chacun des échelons de classe, attendu que ceux-ci sont, quant aux conditions de nomination et d'avancement, entièrement assimilables à des classes : 22 janvier 1932, Ordioni, p. 98;

638. — *c*) Des receveurs des douanes, — des contributions indirectes, — et des postes, — dont les pensions firent dans le passé l'objet de lois ou de dispositions successives : LL. fin. 26 février 1887, 13 avril 1900 (art. 13) et 30 mai 1899 (art. 27), respectivement. A la ci-devant variété de rémunérations correspond dans le décret de 1925, art. 7 à 9, celle de l'assiette des retenues, lesquelles portent :

Dans les douanes : sur le traitement fixe de la classe dont l'agent occupe les fonctions (Cons. d'Et., 22 juin 1931, Charvot, Leb. chr., p. 673), et sur les remises, à concurrence de la différence entre les traitements antérieur et subséquent à la nomination aux fonctions de comptable;

Dans les contributions indirectes : sur l'intégralité des primes d'apurement (11 mai 1929, Coihlet, p. 512), les 3/4 des indemnités pour paiement des dépenses des manufactures de l'Etat, participation au recouvrement des droits d'octroi de Paris et de banlieue, la 1/2 des remises sur les recettes et dépenses du service des alcools et la vente directe aux consommateurs des tabacs de luxe. Le traitement des préposés à la vente directe des tabacs de luxe à Paris fut soumis à retenue, du décret du 3 août 1918 au 1er août 1926, pour les 3/4 de l'ensemble des remises correspondant à leur bureau; il l'est, désormais, de par l'art. 8 du décret du 28 avril 1925, pour l'ensemble de cette rémunération : le décret du 4 août 1928 n'a touché qu'aux modes de rémunération des préposés et de leur personnel, et ce fut sa seule portée de préciser la règle de la retenue sur la généralité des remises, d'en spécifier l'exécution pour le compte du préposé et de légitimer celui-ci à ne verser au personnel la part qui lui doit être distribuée qu'après répartition des retenues déjà subies sur cette part : 27 janvier 1932, Lecas, p. 108. — En sont, par contre, exemptés les remises sur obligations cautionnées et les allocations à caractère de gratification;

Dans les postes (receveurs des postes, chefs de bureaux centraux télégraphiques, téléphoniques, radiotélégraphiques et de chèques postaux) : sur la totalité du traitement et la 1/2 de l'éventuelle indemnité (*supra*, n° 631) de gérance et de responsabilité.

CHAPITRE III

LES CONDITIONS ADMINISTRATIVES DU DROIT A PENSION
ET LES VARIÉTÉS DE PENSIONS.

I. — *Les conditions d'âge et de services.*

A. *La limite d'âge.*

639. — *A*. La justification par les agents au service public d'un âge déterminé est demeurée dans la loi de 1924, comme ci-devant, une condition du droit à pension. — sinon de l'ouverture même du droit à pension : Cons. d'Et., 24 avril 1929, Lafon, Leb. chr., p. 418; — 25 novembre 1932, Bonerendi, p. 1003, du moins de l'entrée en jouissance : Av. Cons. d'Et., sect. fin., 22 juin 1892, Béral; — 30 mars 1928, Trink van Binh, p. 476; — 23 mars 1934, Bernard; ce qui aboutit à admettre comme possible l'ouverture du droit à pension avant l'accomplissement de la condition d'âge, pour des pensions d'ancienneté, il va sans dire, touchant les pensions proportionnelles : en effet, les textes (art. 29, 44 L. 1924) écartent toute discussion en tant qu'ils font de l'âge une règle et la condition même du droit. — L'idée, soutenue lors de l'élaboration de la loi de 1853 (Cf. de Montalembert, 14 mai 1853) de faire dépendre la retraite, non de l'âge, mais de la santé et des forces, par crainte de « la guerre à la vieillesse, parce qu'elle est la vieillesse », n'a pas été renouvelée; et l'attention s'est portée sur un écueil inverse (Cf. Penancier, *op. cit.*, p. 74, celui des désertions susceptibles de se produire ou s'étant produites, dès les conditions de services et le maximum atteint, de la part de fonctionnaires pressés d'augmenter leur pension par des occupations d'autre nature : la question de la limite d'âge surgit ainsi, avec son caractère balancé, de possibilité ménagée au fonctionnaire de se retirer et de faculté conservée au ministre de décider ce qui vaut le mieux du maintien ou de la retraite d'office d'un agent (Cf. R. Muret, *La limite d'âge dans la mise à la retr. des*

fonctionn. civils, 1934): L'art. 8 al. 3 de la loi de 1924 a, de ce chef, mis les choses en un point nouveau, dont il est nécessaire et simple de marquer le progrès.

640. — En posant la condition de soixante ans d'âge, la loi de 1853 avait tout ensemble aggravé le statut des retraites, attendu que les règlements de beaucoup des caisses alors existantes ne subordonnaient le droit à pension d'ancienneté qu'à l'accomplissement de trente années de services, et garanti les fonctionnaires contre la mise à la retraite avant cet âge (Cf. disc. Stourm, *Monit.*; 16 mai 1853 ; Cons. d'Et., 24 mars 1899, Créput, Leb. chr., p. 263, D. 1900.5.616). Elle ne constituait, pour autant, qu'un droit commun, auquel continuèrent à déroger de nombreux décrets et arrêtés (Cf. *Rép.*, v° *Pensions et retr. civ.*, n°s 292-301), engendrant à leur tour de telles inégalités dans les administrations et un tel arbitraire au préjudice des finances de l'Etat que, pour mettre un terme à l'instabilité des décisions ministérielles, la loi de fin. 30 mars 1888, art. 22 al. 2 (Sir., *L. ann.*, p. 408, note 20) déclara impossible hors une loi, *i. e.* réservé à la loi, tout nouvel abaissement de la limite d'âge fixée pour la mise à la retraite des fonctionnaires civils et militaires : une péréquation des retraites était escomptée du recul de la limite d'âge; n'était touché ni supprimé, d'ailleurs, le pouvoir reconnu constant du chef de l'Etat de mettre d'office à la retraite un fonctionnaire ayant la durée de services requise pour la pension d'ancienneté, mais n'ayant point encore atteint la limite d'âge fixée par les règlements en vigueur : Cons. d'Et., 27 décembre 1895, Bonnet, Leb. chr., p. 876; — 17 janvier 1896, Jullien, p. 27, D. 97.3.13... Rpr. déclarat. Doumer, Ch. dép., 28 décembre 1903, Déb., p. 3408. Néanmoins les mises à la retraite prématurées, dispendieuses, continuèrent de telle sorte que, pour y obvier, la loi du 30 décembre 1903, art. 18, à l'égard des agents de l'Etat, les seuls auxquels elle fût applicable, abrogea tous les règlements, à la seule réserve des « limites d'âge établies pour les magistrats de l'ordre judiciaire et de la Cour des comptes »; et fit consécration du pouvoir discrétionnaire ministériel dans la retraite des agents, *i. e.* dans l'appréciation de l'opportunité de la mesure (Cf. 5 mai 1922, Bonnet, p. 396 ;... 14 avril 1924, Pannes; 7 novembre, Riffant, p. 466; 871...): La disparition des limites d'âge obligatoires fut ainsi, une fois encore, écartée, pour ce grief d'entraîner des pensions obligatoires; cependant les cadres de l'administration furent accusés de retenir des agents vieillis, que des subordonnés devaient doubler effectivement, au préjudice du budget.

641. — La question d'une détermination, ou réglementaire ou légale, des limites d'âge ayant donc été reprise, l'idée fut, un instant introduite et retenue (Sén., Amend. H. Merlin et Penancier, 10 déc. 1923, J. off.; Déb. parl., p. 1812) de faire fixer par « une loi... dans un délai de six mois... l'âge au-delà duquel les fonctionnaires ne pourr(aie)nt plus être maintenus en activité »; et le retour fut finalement opéré au procédé de « règlements d'administration publique évoluant dans le cadre des lois organiques existantes » (Poullé, Sén., 11 avril 1924; *ib.*, p. 771), ainsi défini par le commissaire du gouvernement (Pion, *ib.*, p. 772) : « Comme on a donné aux bénéficiaires de la loi le droit de se retirer à soixante ans, on a pensé qu'il y avait aussi un âge maximum à fixer. Il s'agit donc uniquement ici des catégories qui n'ont pas de statut spécial au point de vue de la limite d'âge ». C'est cette fixation des limites d'âge pour chaque service et chaque catégorie d'emplois par des règlements d'administration publique qui a été l'élément nouveau apporté par l'art. 8 al. 3 de la loi de 1924. A la possibilité persistante pour l'autorité maîtresse du service de prononcer la désinvestiture du fonctionnaire dès les conditions de retraite réalisées était opposée ou jointe l'obligation d'y procéder dès la limite d'âge atteinte : « La mise à la retraite d'office pourra intervenir sans atteindre la limite d'âge. Entre le moment où la mise à la retraite devra être nécessairement prononcée et celle où elle pourra être prononcée, soit à la demande de l'intéressé, soit d'office, il s'écoulera donc une période qui s'étendra depuis le jour où les conditions exigées pour la retraite seront réunies jusqu'au moment de la limite d'âge » (Rapp. Lugol, Ch. dép., 1er avril 1922, Doc., p. 753).

642. — Les règlements d'administration publique furent pris en conséquence de la loi :

L'un, le 21 décembre 1928, pour les agents civils « des services sédentaires des cadres métropolitains » (*J. off.*. 30 décembre, p. 13505; Canal, *Manuel des pensions civiles*, 1931,

p. 421) « sous réserve de l'application des dispositions législatives [fixant] des limites d'âge spéciales [V. les visas du décret : magistrats, Cour des comptes, juges de paix, Conseil d'Etat] et de l'observation des art. 111 L. fin. 30 juin 1923, 79 dern. al. L. 14 avril 1924 et 315 L. fin. 29 avril 1926 [Delpech, *C. adm.*, p. 757, 793, 826], sans préjudice des droits [des] ministres en matière de mise à la retraite des fonctionnaires ayant acquis des droits à une pension ». Rpr., sur l'application du décret, lett. min. fin., 17 octobre 1929, *ib.*, p. 425. Il a été, par la suite, modifié par ceux des 16 juin 1931, *J. off.*, 23 juillet, p. 7932 ; 21 février et 21 juillet 1933, *ib.*, 9 mars, p. 2340 et 5 août, p. 8438 ;

L'autre, le 21 juin 1931 (*J. off.*, 23 juin, p. 6747), à l'égard des agents des services actifs faisant partie des cadres métropolitains. Rpr., pour les limites d'âge des « fonctionnaires et agents coloniaux de l'Algérie soumis à la législation métropolitaine des retraites », D. 17 janvier 1934, *J. off.*, 25 janvier, p. 701. L'art. 122 de la loi de fin. 31 mai 1933 (*Duv.*, p. 177 ; S., *L. ann.*, p. 974, note 160) a modifié la limite d'âge, l'assimilant à celle des membres de la Cour de cassation, pour certains magistrats de la cour d'appel de Paris (premier président et procureur général) et du tribunal civil de la Seine (président du tribunal et procureur de la République).

Leur dualité correspondait à la distinction encore faite en ce temps (Cf. *Rép.*, v° *Pensions*, nos 305 sv. — Rpr. Cons. d'Et., 23 octobre 1931, Vincent, Leb. chr., p. 907) des services sédentaires et actifs, quelque compliquée et lâche qu'elle fût, soit par l'exigence légale de tableaux classant les fonctions du service actif, soit du fait des raisons ayant fait éliminer de celui-ci tels ou tels employés (Cf. Baudenet, dans *Rev. gén. d'adm.*, 1881, t. 3, p. 432 ; Cons. d'Et., 25 novembre 1881, Catier, p. 942 ; D. 83.3.29... ; 7 janvier 1887, Baumgarten, p. 13, S. 88.3.51, D. 88.3.45). Pour les fonctionnaires militaires les limites d'âge résultent de lois.

Voici les tableaux complétés et mis à jour (*V. à la page 873*) :

Toutes les situations ont été ainsi reprises, enchâssées dans les tableaux annexés au décret. Certaines y ont pris figure nouvelle, entre autres celle des professeurs titulaires des Universités : à la loi de 1903, parce que l'art. 18 n'avait abrogé que les règlements concernant l'âge après lequel était impossible le maintien en certaines fonctions, avait survécu l'art. 39 du décret du 28 décembre 1885 relatif à l'âge avant lequel la mise à la retraite était irréalisable, hors le cas d'impossibilité constatée de l'exercice de la fonction (Cons. d'Et., 7 avril 1922, Baumel, Leb. chr., p. 356) ; dorénavant ces professeurs pourraient être désinvestis d'office dès les conditions d'ancienneté remplies, et ils devront l'être à la limite d'âge, sauf prorogation, d'année en année, jusqu'à 72 ans, par décret en Conseil des ministres.

643. — L'art. 75 de la loi de fin. 31 mars 1932, sous la poussée de raisons budgétaires et de préoccupations administratives, a mis à néant cette différenciation des services sédentaires et actifs, établie en 1853 eu égard spécialement au caractère itinérant, contredite et faussée depuis par le progrès des conditions des déplacements, assortie d'anomalies (Décl. Germain-Martin, min. fin., Sén., 31 mars 1932, Déb. parl., p. 780), comportant ce résultat de faire, non allonger, mais raccourcir la durée des services, et ayant en tout cas porté à 111, soit à plus de 1/2 de l'effectif, les 21 catégories originelles de services actifs et déterminé pour elles, par suite de la fixation du minimum à 25 années et de la liquidation des annuités sur le pied de 1/50 du traitement moyen, une surcharge de 70 % (Cf. S., *L. ann.* 1932, p. 512, note 125). Une nomenclature fut prévue des emplois présentant un risque particulier ou des fatigues exceptionnelles, pour constituer une catégorie B donnant lieu aux avantages ci-devant réservés aux services actifs avec limite d'âge fixée, en principe, à 55 ou 60 ans.

644. — Cette nomenclature fut l'œuvre du Règl. 8 novembre 1932 (*J. off.*, 9 novembre, p. 11786, av. rectificatif, p. 11811). Son autorité, selon toute apparence, a rétroagi au jour de la promulgation de la loi : la suppression législative du dualisme des emplois et l'instauration réglementaire de la catégorie B peuvent ou même doivent être considérées comme synchroniques, celle-ci ayant rejoint celle-là pour lui donner un sens et un effet. — Basée sur des différenciations plus éprouvées des conditions ou des peines du service, elle donne corps à l'intention de la loi de faire entrer dans la catégorie A l'ensemble des

fonctionnaires et de les maintenir davantage en activité en les faisant, pour autant, bénéficier d'une limite d'âge beaucoup plus élevée que ci-devant ; elle constitue la catégorie B des emplois conduisant, de fait, à usure prématurée des agents ; et, conforme en ceci encore au dessein parlementaire d'opérer par voie de resserrements les économies indispensables à la dette viagère, elle assigne à cette catégorie caractère d'exception et portée limitative ; aussi n'est-il d'extension des limites d'âge spéciales et d'assimilations d'emplois à cette fin que si l'extension est explicite et les assimilations faites par un texte régulier (art. 4 D. 1928). Catégorie et assimilations furent et restent, selon la théorie constitutionnelle (Cf. Joseph-Barthélemy et Duez, *Tr. de dr. const.*, 1933², p. 623), l'œuvre propre de l'administration, et donc ne sauraient être discutées devant le Conseil d'Etat par la voie du recours pour excès de pouvoir : Cons. d'Et., 30 novembre 1934, Assoc. des off. des eaux et forêts et 4 janvier 1935, Assoc. amic. des ingén. du corps de l'aéronautique, D. hebd., 1935, p. 151, 135.

De cette catégorie B ressortissent (art. 1er) les emplois ci-après, — des règlements étant prévus quant à l'Algérie, les colonies et les affaires étrangères (emplois hors d'Europe) :

JUSTICE.

Personnel de surveillance des services pénitentiaires (gardiens et gardiens-chefs).

INTÉRIEUR.

Commissaires et inspecteurs de police et agents des polices d'Etat.

FINANCES.

Personnel des brigades de surveillance et de recettes-contrôle du service général des contributions indirectes substituées aux recettes ambulantes.
Personnel de surveillance des brigades des douanes : Capitaines, lieutenants ; — brigadiers et sous-brigadiers ; — patrons et sous-patrons ; — préposés et matelots.

TRAVAUX PUBLICS.

Gardiens de phares affectés à des phares en mer et aux phares suivants : Sénétose, la Chiappa, Beauduc, Faraman, la Gacholle, île de Sein.
Barragistes affectés à des barrages comportant des éléments de fermeture de passe que des moyens mécaniques ne permettent pas de manœuvrer sans risque particulier et sans fatigues exceptionnelles, dont la liste sera établie par un arrêté du ministre des travaux publics contresigné par le ministre des finances.
Chefs pontiers et pontiers affectés à des ponts de bateaux du Rhin.

MARINE MARCHANDE.

Gardes maritimes et syndics des gens de mer remplissant accessoirement les fonctions de gardes maritimes.
Personnel de la surveillance des pêches.

POSTES ET TÉLÉGRAPHES.

1° Personnel des services ambulants désignés ci-après : inspecteurs ; — contrôleurs principaux ; — chefs de brigade ; — contrôleurs ; — contrôleurs adjoints ; — commis principaux et commis ; — agents manipulants ; — courriers ambulants ; — courriers convoyeurs ;
2° Agents des lignes y compris les chefs d'équipe et conducteurs ;
3° Facteurs affectés à des emplois comportant un risque particulier ou des fatigues exceptionnelles, dont la liste sera établie par un arrêté du ministre des postes contresigné par le ministre des finances.

AGRICULTURE.

Personnel des eaux et forêts : brigadiers ; — gardes.

GUERRE.

Infirmières des hôpitaux militaires.

En vérité, sa rigueur a été, à l'épreuve, dénoncée, de toutes parts, par les bénéficiaires (près de 200.000) de l'ancien « service actif » non classés dans la catégorie B, et des changements n'y sont pas imprévisibles.

645. — *B.* En tout cas, énoncée au regard de la distinction ancienne des services ou de la nomenclature récente des emplois, la *limite d'âge* (art. 1er. Rpr. Cons. d'Et., 7 février 1925, Delatouche, Leb. chr., p. 136, D. hebd., p. 183 ; Av. Cons. d'Et., 29 janvier 1929).

a) Fut établie, en règle, à soixante-trois ans et, par exception, à l'âge, qui ne peut être supérieur à soixante-douze, fixé privativement selon les services et catégories d'emplois,

Sous réserve : — soit des limites extraordinaires accordées par des lois maintenues en vigueur, notamment aux magistrats de l'ordre judiciaire (Décr. 1er mars 1852 ; — L. 27 juillet 1916 ; — L. fin. 31 mai 1933, art. 118 *bis*), membres de la Cour des comptes (Décr. 19 mars 1852 ; — 21 décembre 1928), ou juges de paix (L. 14 juin 1918, art. 20. — Rpr. Cons. d'Et., 18 mai 1925, Chenu ; 23 décembre, Surein, Leb. chr., p. 493, 1051) ;

TABLEAU A

MINISTÈRES	LIMITE D'AGE 75 ans	LIMITE D'AGE 70 ans	LIMITE D'AGE 67 ans	LIMITE D'AGE 65 ans
Administrations centrales.	»			Directeurs généraux, directeurs, directeurs adjoints et sous-directeurs. Caissier payeur central du Trésor public. Agent judiciaire du Trésor public. (*D. 16 juin 1931*) Chefs de services. Contrôleurs des dépenses engagées. Contrôleur central du Trésor public. Administrateurs des contributions directes, de l'enregistrement, des douanes, des contributions indirectes.
Affaires étrangères.		Ambassadeurs.		Ministres plénipotentiaires.
Agriculture........		Directeurs et professeurs de l'école nationale des eaux et forêts de Nancy. Inspecteur général des écoles nationales vétérinaires. Directeur, professeurs et maîtres de conférences à l'Institut national agronomique.	Inspecteurs généraux des eaux et forêts.	Conservateurs des eaux et forêts. Inspecteur généraux du génie rural. Inspecteurs généraux des haras. Directeurs et professeurs des écoles nationales vétérinaires. Inspecteurs généraux des services sanitaires vétérinaires Inspecteurs généraux du service de la répression des fraudes. Inspecteurs divisionnaires principaux de la répression des fraudes. Inspecteurs généraux des stations et laboratoires. Directeurs des stations et laboratoires. Inspecteurs généraux de l'agriculture. Directeurs, professeurs et maîtres de conférences des écoles nationales d'agriculture, de l'école nationale des industries agricoles de Douai, de l'école nationale d'horticulture de Versailles. Inspecteurs généraux des associations agricoles et des institutions de crédit. (*D. 21 juillet 1933*) Directeur général, contrôleur général, directeurs adjoints et inspecteurs généraux de la Caisse nationale de crédit agricole.
Air.................				(*D. 16 juin 1931*) Directeur de l'Office national météorologique.
Colonies............		(*D. 16 juin 1931*) Directeur et professeurs de l'Institut national d'agronomie coloniale.		
Commerce et postes et télégraphes.				Inspecteur général du crédit. Inspecteurs généraux et inspecteurs généraux adjoints des postes et des télégraphes. Directeurs régionaux des postes et des télégraphes. Ingénieurs en chef des postes et des télégraphes.
Finances............	Procureur général près la Cour des comptes.		Inspecteurs généraux des manufactures de l'Etat.	Inspecteurs généraux des finances. Directeurs départementaux et régionaux des administrations financières et assimilées. Ingénieurs en chef des manufactures de l'Etat. Directeur des monnaies et médailles. Directeur des publications officielles. (*D. 21 juillet 1933*) Receveurs buralistes de 1re classe ayant acquis la qualité de fonctionnaire en exécution du décret du 28 octobre 1925.
Guerre.............		Directeur des études, examinateurs des élèves, professeurs, maître de conférences d'économie politique et sociale à l'Ecole polytechnique.		Chefs des travaux graphiques. Chefs des travaux pratiques, répétiteurs. Maîtres de langues. Maîtres de dessin, administrateur à l'Ecole polytechnique.
Instruction publique et beaux-arts.	Professeurs titulaires du Collège de France. Professeurs titulaires du Muséum d'histoire naturelle.	Inspecteurs généraux de l'instruction publique. Recteurs d'Académie. Directeurs au ministère de l'instruction publique ayant été antérieurement inspecteurs généraux de l'instruction publique ou recteurs d'Académie. Professeurs titulaires et professeurs sans chaire des facultés et instituts des Universités. Professeurs titulaires de l'Ecole des chartes, professeurs titulaires de l'Ecole des langues orientales vivantes. Professeurs titulaires des écoles de médecine et de pharmacie de plein exercice. Professeurs titulaires des écoles préparatoires de médecine et de pharmacie. Maîtres de conférences des facultés ayant été antérieurement professeurs dans une autre faculté. Directeurs d'études de l'Ecole pratique des hautes études. Directeurs et astronomes titulaires des observatoires. Directeur de l'institut de physique du globe. Directeur de l'Ecole française d'Athènes. Directeur de l'Ecole archéologique de Rome. Membre adjoint du bureau des longitudes. (*D. 16 juin 1931*) Directeur de l'Observatoire du Parc Montsouris. Directeur de l'Institut d'archéologie orientale du Caire. Directeur et sous-directeur de l'Ecole normale supérieure. Inspecteurs généraux des bibliothèques et des archives. Administrateur général et conservateurs chefs de département de la Bibliothèque nationale. Administrateurs des bibliothèques de l'Arsenal et de Sainte-Geneviève. Directeur de la bibliothèque et du Musée de la guerre. Conservateur de la bibliothèque de l'Université de Paris. Directeur de l'Office national des recherches scientifiques et		Chargés de cours et maîtres de conférences titulaires des facultés. Agrégés des facultés maintenus jusqu'à la retraite. Chargés de cours du Collège de France. Chargés de cours de l'Ecole des chartes. Chargés de cours de l'Ecole des langues orientales vivantes. Assistants du Muséum. Chefs des travaux des facultés. Directeurs adjoints, sous-directeurs et maîtres de conférences de l'Ecole pratique des hautes études. Directeur du laboratoire d'Antibes. Sous-directeurs de laboratoires au Collège de France. Physiciens, météorologistes, astronomes, physiciens et météorologistes adjoints des observatoires et de l'Institut de physique du globe. Conservateurs adjoints de la Bibliothèque nationale. Conservateurs des bibliothèques de l'Arsenal, Mazarine et Sainte-Geneviève. Conservateurs de la bibliothèque et du Musée de la guerre. Conservateur de la bibliothèque de l'Institut. Bibliothécaires en chef des bibliothèques universitaires. Bibliothécaire en chef de l'Ecole normale supérieure. Bibliothécaire du Muséum d'histoire naturelle. Bibliothécaire de l'Académie de médecine. Bibliothécaire de l'Ecole des langues orientales vivantes. Conservateur du Musée d'ethnographie. Directeur adjoint de l'Office national des recherches scientifiques et des inventions. Conservateurs adjoints et archivistes des Archives nationales. Archivistes départementaux. Proviseurs, censeurs, économes, professeurs agrégés, professeurs titulaires non agrégés, professeurs chargés de cours, professeurs de dessin, professeurs des

MINISTÈRES	LIMITE D'AGE 75 ans	LIMITE D'AGE 70 ans	LIMITE D'AGE 67 ans	LIMITE D'AGE 65 ans
		des inventions. Directeur et conservateurs des Archives nationales. (*D. 16 juin 1931*) Secrétaire général de l'Office national des pupilles de la Nation.		classes élémentaires, professeurs chargés de cours, non licenciés, maîtres élémentaires, préparateurs, aumôniers des lycées de garçons. Principaux, professeurs licenciés. Professeurs bacheliers, professeurs élémentaires, professeurs de dessin des collèges de garçons. Directrice et économe de l'Ecole normale supérieure d'enseignement secondaire de jeunes filles. Directrices. Economes. Professeurs agrégées. Professeurs chargées de cours (certifiées ou licenciées). Professeurs de dessin, maîtresses de chant. Maîtresses de couture. Institutrices des lycées, collèges et cours secondaires de jeunes filles. Inspecteurs d'Académie. (*D. 16 juin 1931*) Inspecteurs et agents comptables de l'Office national des pupilles de la Nation.
Beaux-arts............		Inspecteurs généraux des beaux-arts. Inspecteur général des arts appliqués. Inspecteur général de l'enseignement musical. Inspecteur de l'enseignement du dessin et des musées. Directeur de l'Académie de France à Rome. Directeur de l'Ecole nationale supérieure des beaux-arts. Professeurs de l'Ecole nationale supérieure des beaux-arts. Directeur de l'Ecole nationale des arts décoratifs. Directeur du Conservatoire national de musique et de déclamation. Professeurs du Conservatoire national de musique et de déclamation. Directeur des Musées nationaux. Directeur du musée de Cluny. Conservateurs des musées nationaux et du musée Guimet. Professeurs à l'école du Louvre. Inspecteurs généraux des monuments historiques. Directeurs du Musée de sculpture comparée. Inspecteurs généraux des bâtiments civils et des palais nationaux.		Inspecteurs généraux adjoints des antiquités et objets d'art. Sous-directeur de l'Ecole nationale supérieure des beaux-arts. Conservateur et conservateur adjoint de la bibliothèque de l'Ecole nationale supérieure des beaux-arts. Inspecteur de l'enseignement musical. Professeurs de l'Ecole nationale des arts décoratifs. Archiviste bibliothécaire de l'école nationale supérieure des arts décoratifs. Professeurs des écoles nationales des beaux-arts, d'art décoratif et d'art industriel des départements. Bibliothécaire du Conservatoire national de musique et de déclamation. Administrateur de la manufacture nationale de Sèvres. Ingénieurs, chefs des ateliers de fabrication, chimistes en chefs, chefs des études et travaux de décoration, chefs des laboratoires d'essais de la manufacture nationale de Sèvres. Conservateur du musée céramique de Sèvres. Sous-directeurs, professeurs et chargés de cours de l'école de céramique de Sèvres. Administrateur et administrateur adjoint de la manufacture nationale des Gobelins. Chef du laboratoire et de l'atelier de teinture. Chef de l'atelier de haute lisse de la manufacture nationale des Gobelins. Administrateur de la manufacture nationale de Beauvais. Chef d'atelier de la manufacture nationale de Beauvais. Conservateur du Musée de sculpture comparée. Conservateur adjoint du musée Guimet. Conservateur adjoint des musées nationaux. Conservateur des palais nationaux. Administrateur et administrateurs adjoints du Mobilier national. Chef du service des travaux du mobilier national.
Enseignement technique.		Inspecteurs généraux et inspectrices générales de l'enseignement technique. Directeur et professeurs du Conservatoire national des arts et métiers.	»	Chargés de cours. Directeur du laboratoire d'essais. Chefs de service principaux des essais. Chefs de service des essais. Assistant chef et assistant du laboratoire d'essais. Chefs de travaux des cours pratiques. Inspecteur des services administratifs. Conservateur des collections. Conservateur adjoint des collections. Bibliothécaire au Conservatoire national des arts et métiers. Directeurs. Sous-directeurs. Ingénieurs. Professeurs. Chefs d'atelier et économes des écoles nationales d'arts et métiers et de l'école nationale technique de Strasbourg. Economes et professeurs techniques des écoles nationales professionnelles. Professeurs techniques des écoles pratiques de commerce et d'industrie.
Intérieur............		Membres des conseils de préfecture interdépartementaux et du conseil de préfecture de la Seine.	»	Inspecteurs généraux et inspectrices générales des services administratifs. (*D. 16 juin 1931*) Conseillers-rapporteurs près le conseil du gouvernement de l'Algérie.
Justice............	Magistrats du parquet de la Cour de cassation. (*L. fin. 31 mai 1933, a. 122*) Premier président et procureur général près la cour de Paris; président du tribunal et procureur de la République près le tribunal de la Seine.	Magistrats du parquet des cours d'appel et des tribunaux de première instance.	»	Chef du service du secrétariat général au Conseil d'Etat. Secrétaire du contentieux au Conseil d'Etat. Secrétaires de section au Conseil d'Etat. Commis-greffiers de la Cour de cassation, des cours et tribunaux. (*D. 16 juin 1931*) Chefs et chefs-adjoints du secrétariat des parquets de la cour d'appel de Paris et du tribunal de la Seine; secrétaire de la présidence du tribunal pour enfants.
Marine............				(*D. 21 juillet 1933*) Experts principaux et experts des services techniques de l'intendance maritime.

MINISTÈRES	LIMITE D'AGE 75 ans	LIMITE D'AGE 70 ans	LIMITE D'AGE 67 ans	LIMITE D'AGE 65 ans
Marine marchande ..		Trésorier général des Invalides de la marine.		Trésorier des Invalides de la marine. (*D. 16 juin 1931*) Commissaire du gouvernement près les compagnies de navigation subventionnées; inspecteurs de la navigation maritime.
Office national des mutilés et réformés de la guerre.				(*D. 16 juin 1931*) Secrétaire général, inspecteurs techniques et inspecteur financier.
Pensions...........				(*D. 16 juin 1931*) Inspecteur général des services extérieurs.
Santé publique......				(*D. 26 février 1933*) Inspecteurs, censeurs, professeurs, chefs et sous-chefs d'atelier aux institutions nationales de sourds-muets et d'aveugles. Chef d'horticulture à l'institut national des sourds-muets de Paris. Aides typographes à l'institution nationale des jeunes aveugles de Paris. Maîtresses de couture aux institutions nationales des sourds-muets de Chambéry et des jeunes aveugles de Paris.
Travail...........				Directeur du contrôle des assurances privées. Directeur et statisticiens du service de la statistique générale de la France. (*D. 16 juin 1931*) Commissaires contrôleurs des sociétés d'assurances.
Travaux publics.....		Inspecteurs généraux de 1re classe des ponts et chaussées et des mines.	Inspecteurs généraux de 2e classe des ponts et chaussées et des mines (*D. 21 juillet 1933*) ou dans un établissement d'enseignement dépendant directement du ministère de l'éducation nationale et dont les dépenses sont comprises dans le budget du ministère.	Ingénieurs en chef des ponts et chaussées et des mines de l'exploitation commerciale des chemins de fer. (*D. 26 février 1933*) Contrôleurs généraux et inspecteurs principaux de l'exploitation commerciale des chemins de fer. Inspecteurs de contrôle de l'Etat sur les chemins de fer. Officiers de port du service maritime. Chefs des travaux pratiques et bibliothécaire de l'Ecole nationale supérieure des mines. Bibliothécaire, chefs des dessinateurs et chefs de section de laboratoire de l'Ecole nationale des ponts et chaussées. Chefs des travaux pratiques de l'Ecole nationale supérieure des mines de Saint-Etienne.

Nota. — Pour les membres de l'Institut exerçant une fonction dans un établissement d'enseignement supérieur, de quelque administration qu'il dépende, ou dans les archives ou bibliothèques ou dans les services des beaux-arts (*D. 21 juillet 1933*) ou dans un établissement d'enseignement dépendant directement du ministère de l'éducation nationale et dont les dépenses sont comprises dans le budget du ministère, la limite d'âge est fixée à soixante-quinze ans.

(*Voir tableau B page suivante.*)

— soit des prolongations de services, durant trois ans, consenties, s'ils le désirent, au moment où ils achèvent leur 65e ou 60e année, aux pères d'au moins trois enfants vivants (Cf. Rép. Pion à quest. Blaignan, Sén., 11 avril 1924, *J. off.*, Déb. parl., p. 771) ou aux engagés pour la durée de la guerre dans une unité combattante (Cf. art. 79 *inf.* L. 14 avril 1924) : en pareils cas, la fixation d'une limite extraordinaire a cette signification qu'avant l'âge stipulé les agents ne peuvent être mis à la retraite que sur leur demande;

Sans préjudice aux droits ordinaires des ministres en matière de mise à la retraite des agents ayant acquis des droits à une pension (D. 1928, art. 1er);

Et sauf les « mesures transitoires » édictées (Décr. 21 décembre, art. 6) à fin de maintien provisoire, jusqu'à des dates échelonnées, selon le cas, entre le 1er juin 1929 et le 31 décembre 1930, pour les titulaires d'emploi maintenus par la pratique antérieure au-delà des nouvelles limites. — Une commission siégeant en chaque ministère en devait assurer et régulariser le jeu, par avis et décisions portant, non sur des cas individuels, mais sur les catégories d'emplois envisagées par l'administration comme devant donner lieu dans l'intérêt du service à la conservation en activité de certains titulaires au-delà de l'âge-limite nouveau (Cf. lett. min. fin. 17 octobre 1929);

646. — *b*) Était et demeure nettement définie, au sens (d'ailleurs traditionnel : Cons. d'Et., 5 mai 1922, Bonnet, Leb. chr., p. 396) de la loi du 14 avril 1924, non comme une limite ou une garantie intangible, sauf demande expresse, pour le fonctionnaire, mais comme un terme non susceptible, en principe, d'être différé ou allongé par maintien en fonctions hormis les quelques semaines nécessaires à la remise du livret de pension : maxi-

mum à la disposition des administrations seules, et non transgressible sans mise en jeu de la procédure et des formalités (décret en Conseil des ministres publié au *Journal officiel*) fixées, pour le maintien en activité durant un an ou cinq prolongations d'une année, par l'art. 3 du décret.

647. — Toutefois le gouvernement, indécis sur un tel sens et une telle interprétation du décret, demanda avis au Conseil d'Etat. Celui-ci, dans ses réponses (*Le Temps*, 8 février 1929, cité par Jèze, *Cours de dr. publ.*, 1928-1929 : *Le statut des fonctionn. publ.*, p. 295, note 1) comme en plusieurs arrêts conformes à sa tradition : 21 mai 1909, Quenesville, Leb. chr., p. 528; — 3 mai 1912, Gérard; 6 août, Le Gentil, p. 626, 962; — 22 mars 1923, Diani, p. 301, n'a, au contraire, jamais hésité à affirmer, et la régularité de l'admission d'office du fonctionnaire à la retraite dès qu'il réunit les conditions mises au droit à pension, et la liberté de décision du ministre du moment où le fonctionnaire remplit ces conditions et où il est touché par la limite d'âge : 7 février 1925, Delatouche, p. 136, — les crédits ouverts à la date de l'admission à la retraite fussent-ils insuffisants pour le paiement de la pension : 7 mai 1924, Dagnaud, p. 447.

648. — *C.* Au surplus, et comme il a été noté, *supra*, no 640, les nécessités de continuité et de souple fonctionnement des services publics ont fait consacrer au principe une restriction, au moins en forme de *prolongation d'activité* après la limite d'âge, dans la limite de cinq annuités et en-deçà de l'âge de soixante-douze ans — Il n'est que ce deuxième terme pour avoir donné matière à quelques précisions. Née de la guerre, et d'une pensée d'encouragement à la famille (ce que certains ont relevé comme une assimilation prolongée de la fonction à une

TABLEAU B

Fonctionnaires des cadres coloniaux visés par les articles 74 et 76 de la loi du 14 avril 1924 et par le titre IV du règlement d'administration publique du 2 septembre 1924, et soumis par voie d'option ou directement au régime des pensions civiles.

DÉSIGNATION des SERVICES	LIMITE D'AGE 62 ans	LIMITE D'AGE 60 ans	LIMITE D'AGE 57 ans	LIMITE D'AGE 55 ans	OBSERVATIONS
					Sauf en ce qui concerne les fonctionnaires visés par l'article 29 de la loi du 14 avril 1924 et sous réserve des dispositions particulières réglementant le droit à pension pour invalidité, les limites d'âge de cinquante-sept ans et de cinquante-cinq ans ne sont applicables que si l'intéressé a droit à pension d'ancienneté; dans le cas contraire, il est mis à la retraite dès que ce droit lui est acquis.
Administrateurs des colonies. Administration pénitentiaire (personnel civil).			Administrateur en chef. Administrateur. Directeur. Sous-directeur. Chef de bureau de 1re classe.	Administrateur adjoint. Chef de bureau de 2e ou de 3e classe. Sous-chef de bureau. Commis principal. Rédacteur ou ordinaire. Commis.	
Agriculture............			Ingénieur en chef. Ingénieur. Directeur de laboratoire. Chef de travaux pratiques. Directeur. Inspecteur (ancienne formation).	Ingénieur adjoint. Assistant. Ingénieur stagiaire. Assistant stagiaire. Sous-inspecteur (ancienne formation). Directeur de jardins d'essais et de stations agronomiques (ancienne formation). Tous les emplois.	Pour les agents restés soumis au régime des pensions de l'Etat et ayant opté pour le régime des pensions civiles (décrets des 4 décembre 1908 et 1er août 1921, art. 20).
Cultes................				Tous les emplois.	Pour les colonies où le régime de la séparation des Eglises et de l'Etat n'est pas encore en vigueur (décret du 12 mars 1924).
Garde indigène de l'Indochine.				Tous les emplois.	Pour les agents entrés dans le corps avant le (D. 16 juin 1931) 1er mars 1905 (Décret du 30 juin 1915, art. 6).
Garde indigène de Madagascar.				Tous les emplois.	Pour les agents entrés dans le corps avant le 8 juillet 1906 (loi du 1er octobre 1914, art. 3).
Gouvernement colonial.	Gouverneur général.	Gouverneur résident supérieur.			
Imprimerie du gouvernement.				Tous les emplois.	Pour les agents restés soumis au régime des pensions de l'Etat (décrets des 22 août 1922 pour l'Afrique occidentale française, et du 28 avril 1925 pour l'Afrique équatoriale française).
Imprimerie officielle de Madagascar. Justice................				Tous les emplois. Personnel administratif des parquets : tous les emplois. Tous les emplois.	Pour les agents restés soumis au régime des pensions de l'Etat (décret du 23 mars 1922).
Pilotage................ Secrétariats généraux des colonies (cadre général et cadres locaux).			Chef de bureau hors classe. Chef de bureau de 1re classe.	Chef de bureau de 2e classe. Sous-chef de bureau. Sous-chef de bureau stagiaire.	
Services civils de l'Indochine.			Administrateurs. Administrateur adjoint hors classe. Chef de bureau hors classe ou de 1re classe.	Administrateur adjoint. Chef de bureau de 2e classe. Sous-chef de bureau et rédacteur.	Pour les agents restés soumis au régime des pensions de l'Etat (décret du 16 septembre 1899, art. 31).

« prébende » et une contradiction aux idées justes sur le maintien au service : Jèze, *op. cit.*, p. 303; Muret, *op. cit.*, p. 60), — pratiquement issue de l'art. 111 [une erreur de lecture a fait dans des arrêts et le *Lebon* substituer à 111 le chiffre 3] de la loi du 30 juin 1923. — demeurée indépendante et indemne du règlement du 21 décembre 1918, elle eut pour but et a pour effet de permettre la prolongation en service, durant cinq années, des fonctionnaires atteints par la limite d'âge sous les trois conditions d'une demande, de l'existence de trois enfants [vivants ou morts à la guerre : L. 29 novembre 1931] et de possibilité (sur laquelle doit donner avis un conseil d'enquête) de continuer l'emploi. La jurisprudence du Conseil d'Etat en a donné, selon les cas, l'interprétation, ou stricte ou large, qui convenait à la lettre de la disposition et à l'œuvre de protection assurée par la haute juridiction :

649. — *a*) Stricte quant à son jeu, alors qu'il importait de repousser d'autres conditions ou de réserver les nécessités du service public et de réformes administratives.

La considération de la situation de l'agent au point de vue des droits à une pension de retraite, spécialement d'une pension déjà acquise pour services administratifs antérieurs, à l'effet de relever de ses fonctions un agent immédiatement dès la limite d'âge normal atteinte et de lui refuser, pour autant, le bénéfice de l'art. 111 de la loi de 1923, a paru constituer une aggravation des conditions légales et réaliser un excès de pouvoir : 27 novembre 1925, Chaloin, Leb. chr., p. 355.

D'autre part, et à l'inverse, le licenciement d'un père de trois enfants ne serait pas *a priori* irrégulier si son objet était, non de tourner la loi de 1923, mais de donner issue à celle du 14 avril 1924 et aux suppressions d'emplois pour cause de réforme administrative déjà amorcée; encore est-il — l'arrêt 18 juin 1926, Rodière, p. 623 (Rpr. les concl. Cahen-Salvador, *Rev. du dr. publ.*, 1926, p. 688 sv.), a, de ce point de vue et abstraction faite des « circonstances troublantes » de l'espèce, un intérêt doctrinal très grand — qu'il y a conciliation à chercher et faire saillir entre l'obligation d'accomplir une réforme administrative, même de réduction du personnel des services, d'une part, et les droits des agents, de l'autre : « les réformes ne sont pas des guillotines brutales...; elles doivent être exécutées de façon à respecter, dans la mesure du possible, les droits acquis de chacun » (Hauriou, n. s. l'arrêt S. 27.3.49 col. 2; *Notes d'arrêts*, t. 3. p. 191); aussi est-ce dans la détermination du pouvoir lié des chefs de service en la matière que le Conseil fit, des rigueurs et des excès de l'administration, justice large;

650. — *b*) Large dans le cadre et pour le bénéfice de l'art. 111, alors qu'il s'agissait, à raison de la généralité des termes employés par le texte,

D'en étendre l'effet, indépendamment du sexe de l'agent intéressé : 8 avril 1917, Fatin-Bally, Leb. chr., p. 471; D. hebd., p. 355;

Ou d'en faire profiter, non seulement les agents atteignant l'âge respectivement fixé pour les deux services actif et sédentaire après la publication de la loi du 30 juin 1923, mais ceux aussi qui, ayant à cette date dépassé cet âge, étaient encore en service : la date où doit être considérée et est fixée la situation de famille est celle, non du licenciement du fonctionnaire, mais de l'accomplissement par celui-ci de la 55ᵉ ou 60ᵉ année retenue par la loi de 1923 : 20 février 1925, Albertini, p. 177; — 18 juin 1926, Rodière, précité, à peine de risquer des licenciements anticipés, et donc une violation de la disposition de faveur aux familles nombreuses;

Ou encore d'y faire accéder des personnels civils, soumis antérieurement à la loi du 14 avril 1924 au régime des pensions militaires, n'ayant pas usé de l'option instituée par son art. 76, et donc demeurés sous le régime ancien des conditions d'âge et d'ancienneté de services pour l'ouverture du droit à pension militaire : sans doute, la distinction retenue en l'art. 111 des emplois actifs et sédentaires n'existait pas dans la législation des pensions militaires; le Conseil d'État a sacrifié ce détail à la pensée fondamentale de cet art. 111 d'instituer « en faveur de l'ensemble des fonctionnaires civils, quel que soit leur régime de retraites »; et, ce faisant, il s'est refusé, selon les principes, à apprécier l'opportunité d'une assimilation établie par le chef de l'État (Décr. 23 févr. 1929) pour l'application dudit art. 111 et à défaut de précision des modalités dans ce texte, dans la limite de son pouvoir réglementaire de l'exécution des lois : 17 juillet 1931, Némausat, p. 793; D. hebd., p. 497.

651. — *D.* Ainsi établies et entendues en leur réalité, les notions, du moins leur expression formelle, n'étaient point à leur terme : un souci de « normaliser » le service public et la désinvestiture d'emploi comme de conditionner le pouvoir ministériel de mise à la retraite avait inspiré et étayé la loi de 1924 et les règlements d'administration publique qui s'ensuivirent; un dessein de *péréquation* des pensions et, pour autant, de limitation des dépenses à l'économie acquise par le recul des limites d'âge et la révision des conditions de classement dans les services actifs fut à la base de la loi de fin. 16 avril 1930 en son art. 111, lequel fixait au 1ᵉʳ avril 1931 la date d'accomplissement législatif de la réforme (Cf. un rapp. Lamoureux sur un projet déposé, ledit terme déjà échu, Ch. dép., 23 juin 1931, *J. off.*, Doc. parl., p. 1036) : l'équité au regard des fonctionnaires et les nécessités impérieuses des finances concordaient quant à cette compensation financière de la charge de la péréquation des retraites par les économies à provenir d'une refonte de régime des limites d'âge et d'un remaniement de la distinction capricieuse et dépassée des services sédentaires et actifs; faute de quoi, c'est surenchère manifeste, risque ou arrêt fatal. Le 22 juillet suivant, une circul. min. fin. (Germain-Martin) aux grandes administrations détaillait les modalités de cette révision générale des retraites, le reclassement des fonctionnaires et la modification aux limites d'âge qui en étaient les moyens (Cf. les déclarat. minist. Germain-Martin, Ch. dép., 17 mars 1932, *J. off.*, Déb. parl. — Rpr. Sén., 31 mars 1932, *ib.*. p. 786). C'étaient, sauf décisions individuelles et expressément motivées, la suspension des mises à la retraite d'office; sur leur demande, le maintien en fonction des agents n'ayant pas atteint l'âge-limite réglementaire; enfin, par acte d'autorité, dans la situation du retraité attendant la délivrance de son brevet de pension, celui des retraités d'office avant la limite d'âge non encore remplacés dans leur emploi.

652. — Dans la réalité des choses la circulaire ne changeait rien — faute de le pouvoir — aux conditions d'âge et de services de la retraite, au droit des fonctionnaires de l'obtenir à ces conditions comme aussi d'être, sur certificat de médecin assermenté, dispensés (L. 1924, art. 8 al. 4) de celle d'âge. Elle réduisait l'arbitraire ou le discrétionnaire ministériel quant aux mises à la retraite — simplement *proprio motu*, par voie d'instruction intérieure, impuissante selon la règle (Cf. Cons. d'Et., 20 mars 1925, Boyer, Leb. chr., p. 285) à prévaloir contre la loi, et n'ouvrant aucun droit à l'agent auquel une décision ministérielle eût refusé le maintien en service. Elle suscita des polémiques, dont certaines prétendirent poser ou placer en position de bataille les retraités, les agents, les candidats au service public. L'art. 72 de la loi de fin. 31 mars 1932 l'a légalisée, en faisant pour les administrations une règle de ce qui n'était jusqu'alors qu'une recommandation et une règle générale de ce qui était auparavant le privilège de quelques catégories de fonctionnaires : « l'admission à la retraite d'office ne

peut être prononcée avant la date à laquelle les intéressés atteignent les limites d'âge qui leur sont applicables en vertu du § 3 de l'art. 2 de la loi du 14 avril 1924, sauf s'il est reconnu par le ministre que l'intérêt du service exige la cessation de leurs fonctions ».

653. — Une période transitoire de trois ans fut, en vérité, réservée pour des mises à la retraite par anticipation et d'office : enlevée par les revendications syndicalistes préoccupées principalement de rapidité de l'avancement, elle fut stipulée en l'art. 73 de la loi de finances de 1932 et était destinée à lier peut-être pendant ce temps l'avancement à des retraites prématurées. Il n'est ici que d'en rappeler les termes, lesquels ne faisaient pas partie du projet spécial de péréquation des pensions introduites dans la loi de finances et que la commission des finances (Rapp. Lamoureux, précité) avait rejeté comme « susceptibles de laisser un certain arbitraire dans l'admission à la retraite » : par dérogation au principe posé à l'art. 72 alin. 2, le droit était reconnu au ministre de prononcer l'admission à la retraite d'office, trois ans, deux ans ou un an avant la limite d'âge, selon les cas, des fonctionnaires n'ayant point d'enfant, des pères d'un ou de deux enfants, ou bien encore de ceux occupant, depuis trois ans au moins au moment de l'âge minimum de la retraite, un emploi comportant un total d'émoluments, défini par Instr. min. fin. 4 mai 1932, *J. off.*, 7 mai, p. 4823, égal ou supérieur à 80.000 francs. L'art. 26 L. fin. 24 décembre 1924 a prorogé le délai d'application dudit art. 73 jusqu'au 31 décembre 1936. — Les dispositions transitoires mises à part ou néant, il reste, en règle, pour les fonctionnaires la faculté d'abandonner l'administration sur demande écrite (Cf. Cons. d'Et., 2 décembre 1925, Lacaze, Leb. chr., p. 963) et sauf préavis, et pour l'administration le droit fondamental (Cf. 7 février 1925, Delatouche, p. 136) de mise immédiate des agents à la retraite, à cela près qu'il est limité dorénavant, soit par la règle de la limite d'âge, soit par la substitution à l'avis d'un médecin assermenté de celui d'une commission de réforme, dont il parut bon attendre plus d'effet pour les prescriptions légales et moins de chances aux retraites prématurées. La tendance par où la loi semble ainsi se caractériser est d'un recul, non de la limite d'âge, mais de l'âge même de la retraite; ce qui la rapprocherait du système allemand, si un rapprochement n'était mis en échec par les mœurs, l'attribution d'avantages plus grands attachés à la pension d'invalidité et le défaut de contribution pécuniaire des fonctionnaires à leur retraite dans ce système.

B. *Le temps de services.*

654. — C'est l'autre condition, dont la justification est requise du fonctionnaire au moment de la cessation de ses fonctions (Av. Cons. d'Et., 22 mai 1875 et 8 mai 1877), et à défaut de laquelle failliraient les droits à pension, le temps passé sans emploi ni rétribution ne pouvant servir à leur appréciation (Cons. d'Et., 22 juin 1877, Birat, Leb. chr., p. 619;... 1ᵉʳ février 1901, Contal, p. 124, S. 1903.3.88; ...23 juillet 1931, Teissier, p. 835) : maintes dispositions contraires antérieures à la loi de 1853 ont perdu toute autorité : Cf. 7 août 1856, Lévisse, p. 526, S. 57.2.585, D. 57.3.18.

655. — 1° L'effectivité des services, la computation de leur durée effective, est ainsi la règle (Cf. Cons. d'Et., 3 mai 1922, Jolinon, Leb. chr., p. 443) : la nature rémunératoire de la pension, en tant qu'elle prolonge le traitement et est l'un des avantages de la fonction, l'impliquait; déjà avant la loi de 1924 plusieurs dispositions législatives ou réglementaires l'avaient dégagée, à commencer par l'art. 23 de la loi de 1853, faisant compter les services de la date du premier traitement d'activité : 8 août 1873, Pagès, p. 767, S. 75.2.274; 30 juillet 1875, Crillon de Montigny, p. 750; elle-même l'a reprise, spécifiée aux art. 8, 30, 31 al. 2-5, élargie en son article 10, touchant « les services auxiliaires, temporaires ou d'aide accomplis dans différents établissements ou administrations de l'État ». Cette terminologie très compréhensive se réfère :

656. — *A.* D'une part, au temps de surnumérariat ou de stage. Longtemps, au gré de la loi (art. 23 al. 2 L. 9 juin 1853) et de la jurisprudence l'appliquant, l'indemnité annuelle perçue par le surnuméraire, parce que non soumise à retenue, ne fut pas considérée comme constitutive de traitement d'activité : Cf. Cons. d'Et., 15 novembre 1872, Pluchart, p. 619, S. 74.2.260,

D. 73.3.43, et, quelque effectifs qu'ils eussent été, les services furent écartés à raison de la précarité de l'emploi ne faisant pas partie intégrante de l'administration. L'art. 85 de la loi de fin. 8 avril 1910 fit brèche à cette tradition, en admettant les fonctionnaires civils à faire entrer en compte pour l'obtention et la liquidation de leur retraite les années de stage ou de surnumérariat accompli après l'âge de vingt ans, et ce moyennant un versement, à la suite de la titularisation, égal aux retenues qui auraient affecté durant le même temps le traitement de début d'un agent titulaire du même emploi. Disposition rétroactive durant une année, du moins au profit des agents qui étaient en fonctions lors de sa promulgation et faisaient partie des cadres de l'administration : par là-même elle demeura sans effet quant aux agents du cadre auxiliaire et bénéficiait, au contraire et par exemple, aux élèves-consuls ou attachés d'ambassade qui, entrés après concours dans les cadres du département des affaires étrangères, risquent de demeurer plusieurs années sans traitement (Cf. déclarat. min. fin. Cochery, Ch. dép., 1ᵉʳ mars 1910, J. off., Déb. parl., p. 1283 sv.). — L'application en fut assez vite disputée au regard ou à l'encontre des juges suppléants nommés avant le décret du 13 février 1908 qui institua l'examen professionnel : Cf. l'avis négatif Cons. d'Et., 22 février 1911, et les arrêts Cons. d'Et., 22 mars 1912, Le Campion, Maraval, p. 422, S. 1915.3.33; il s'ensuivit, pour faire cesser une anomalie fondée d'après les textes, une loi du 24 juillet 1914 (S., L. ann. 1915, p. 964) qui transposa la règle et les conditions de l'art. 85 de la loi de 1910, au profit de ces juges lorsque leur adviendrait « la nomination à un poste de magistrat titulaire dans les cours et tribunaux ». Une mesure de même ordre et contexture avait déjà figuré à l'art. 87 L. fin. 13 juillet 1911 pour « le temps passé dans l'administration des P. T. T., après l'âge de vingt ans, jusqu'à leur nomination en qualité d'agents titulaires, par les anciens commis auxiliaires » (S., L. ann. 1912, p. 202). Cf. Cons. d'Et., 27 novembre 1929, Nicolaÿ, p. 1034.

657. — L'art. 10 de la loi de 1924 a confirmé et généralisé ces précédents, les améliorant même en abaissant de 20 (L. 1853, a. 23; L. 1910, a. 85) à dix-huit ans l'âge minimum à partir duquel peuvent être acquis des droits à pension. — Dans la même ligne, l'art. 17 D. 2 novembre 1924, mod. 20 août 1925, a imparti aux intéressés, pour former une demande de validation, un délai, passé lequel n'a pu être invoqué (par un surnuméraire des contributions indirectes) l'art. 10 : Cons. d'Et., 7 mars 1928, Sapène, Leb. chr., p. 328.

658. — Au demeurant, — la qualification éventuelle de l'emploi exercé ne pouvant, en raison et équité, exclure l'application des principes de la loi, — l'effet fut réservé par précaution, à l'encontre ou par redressement de quelques prétentions excessives (Cf. S., L. ann. 1925, p. 1982, note 108), d'un règlement d'administration publique pour déterminer, dit l'art. 69 de la loi, dans les six mois de sa promulgation, en chaque ministère, les catégories de personnels dont les emplois, quelle que fût alors leur dénomination, répondaient à des « besoins permanents » et, en conséquence, bénéficieraient de ses dispositions, en outre des personnels déjà placés sous le régime de 1853. Ainsi fut émis pour les P. T. T. celui du 2 avril 1926, et c'est pour n'y être pas comprises que les aides des postes n'ont pas obtenu droit à pension au titre de la loi du 14 avril 1924 : Cons. d'Et., 15 décembre 1922, Maréchal, Leb. chr., p. 1087;

659. — B. D'autre part, et ainsi que l'établissait la dernière loi citée de 1911, aux années passées dans la position d'auxiliaire. Elles furent exclues de la façon la plus catégorique (Cf. déclar. Cochery, Ch., 1ᵉʳ mars 1910), au cours de la discussion du budget de 1910, alors peut-être qu'au lieu de prêter importance décisive à la qualification d'auxiliaire donnée aux employés, il eût fallu et il convient, dans la recherche d'une différenciation substantielle des auxiliaires et des stagiaires, considérer le fait que les auxiliaires ne font certainement point partie des cadres réguliers et permanents d'une administration publique et peuvent être congédiés dès la fin de la besogne passagère pour laquelle ils furent appelés (Cf. Cons. d'Et., 24 mars 1905, Vauthron, Leb. chr., p. 308; 19 janvier 1906, Rabolin, p. 52; 22 juin 1910, Vidal, p. 490, S. 1912.3.164), tandis que les stagiaires n'ont avec les titulaires que cette différence d'occuper un poste de début et ont, dès le temps d'épreuve, vocation à la titularisation (Cf. Avis Cons. d'Et., sect. législ., 23 février 1911 et a contr. l'arrêt 28 juin 1912, Laissus, p. 754, S. 1915.3.33). Rpr., pour des employés des bureaux du Conseil d'Etat, l'arrêt 28 juillet 1911, Arnoux, p. 928; S. 1913.3.133. L'opposition des termes et des situations est faite très nettement, sous l'empire et pour l'application de l'art. 85 L. 8 avril 1910, au regard des agents du service des eaux et forêts qui, à la sortie de l'école des Barres, tout en conservant le titre d'auxiliaires, sont attachés à un chef de brigade et reçoivent une allocation pour prix de leurs services, et des gardes, dits auxiliaires, qui reçoivent à l'école un enseignement spécial de pratique sylvicole, ne sont admis dans les cadres de l'administration forestière qu'après succès à l'examen de sortie et n'ont été durant leur scolarité que des stagiaires : 17 mars 1911, Mourlot, p. 360, S. 1913.3.133. C'est, à coup sûr, sous le bénéfice de cette distinction que doivent être entendues les expressions de la loi de 1924 : celles-ci ont été, après discussions, et sur amendement (P. Aubriot, Ch. des dép., 23 mai 1923, J. off., Déb. parl., p. 2058), mises en la forme de l'art. 10 al. 1, pour qu'il y eût certitude qu'aucun des services rendus par un fonctionnaire antérieurement à sa titularisation n'échappe au décompte de sa pension (Cf. 21 novembre 1930, Rochat, p. 970), à condition toutefois que ces services aient été effectivement suivis de titularisation (14 octobre 1932, Revol, p. 841). Dès lors ont été admis à validation, parce qu'ils avaient été suivis de l'admission définitive de l'agent intéressé dans les cadres administratifs de l'Etat, les services accomplis à titre auxiliaire et au plein dans un lycée par des surveillants d'internat, alors même que ceux-ci n'étaient pas, selon les dispositions de l'arrêté du 18 août 1926 mod. 26 août 1927, titulaires du baccalauréat : 23 juillet 1930, Pons, p. 776; 20 janvier 1932, Vizomblin, p. 74. Rpr. 2 mars, Zimmermann, p. 248; et aussi ceux d'un professeur délégué dans une école primaire supérieure, parce qu'à raison du nombre d'heures de classe par semaine ils équivalaient à ceux des professeurs titulaires : 21 novembre 1930, Rochat, p. 970. Un arrêt fort nouveau de toutes façons (Cf. contrà, 23 juin 1928, Martinod, p. 799), a même interprété les dispositions de l'art. 10 comme s'appliquant également aux services auxiliaires accomplis par un fonctionnaire dans la position de disponibilité : aussi bien celui-ci avait-il été, à une heure de sa carrière, admis dans les cadres, et ne cessa-t-il point de leur appartenir durant sa disponibilité et avant d'être effectivement réintégré dans son administration : 15 mars 1935, Vallet, D. hebd., p. 353.

660. — Les textes, — l'art. 17 du décret du 2 septembre, non plus que l'art. 10 de la loi — n'ont, d'ailleurs, fait aucune distinction selon que la titularisation a suivi immédiatement les services auxiliaires ou, au contraire, que l'admission définitive dans les cadres n'est intervenue qu'après un certain laps de temps : Cons. d'Et., 1ᵉʳ avril 1927, Carrière, Leb. chr., p. 432. La seule condition, qu'indiquait déjà cet arrêt, mais que d'autres ont davantage énoncée ou précisée, est qu'au moment de la demande de validation des services d'aide rendus antérieurement à la titularisation, le fonctionnaire, dès avant la loi de 1924, n'ait pas été admis à faire valoir ses droits à la retraite et n'ait pas depuis cette date cessé définitivement d'exercer ses fonctions : 6 juillet 1927, Baulande, p. 754. Cela étant, il n'est plus que de vérifier si les services accomplis dans les cadres d'une administration ont été suivis de l'admission définitive du requérant dans le personnel dudit établissement : 27 juin 1928, Crémona, p. 824, et de décider si, dans les conditions où ils furent rendus, tels ou tels services constituaient des services auxiliaires, ceux, par exemple, d'institutrice externe à la prison du fort de Hâ : 23 juin 1928, Deldon, p. 799.

661. — De ce chef, une nomination officielle régulière, la collation explicite d'un titre avec le traitement attaché à l'emploi, est la seule circonstance donnant droit à un fonctionnaire de faire compter comme services les emplois occupés et les périodes accomplies : Cons. d'Et., 27 novembre 1929, Guerrand; 19 décembre 1929, Bayle, Leb. chr., p. 1034, 1138; — 23 juillet 1931, Teissier, p. 835. Rpr. 18 décembre 1929, Cochard, p. 1128. Certain arrêt, faisant état d'un titre nu et passant outre à la nomination, transformant ainsi le fait en droit et tenant l'intéressé qui remplissait des fonctions afférentes à un autre titre comme effectivement nommé à l'emploi, ne fut sans doute qu'une solution d'espèce : 18 février 1898, Payet, p. 139, S. 1900.3.6, D. 99.3.44, s'il n'est, d'un point de vue doctrinal, la preuve que, pour reconnaître la fonction en dehors de la nomination ou d'une nomination régulière, il y a incertitude, difficulté à s'attacher avec exclusivité au caractère de l'emploi ou au traitement touché (Cf. 2 avril 1898, Lejeune, p. 301, S. 1900.3.32, D. 99.3.71). — La nomination, au surplus, ne sort effet, du point de vue du calcul des services, et ceux-ci ne valent pour la constitution des droits à pension, qu'à compter d'un âge déterminé par la loi (*supra*, n° 657) : précédée par les ordonnances du 12 janvier 1825 et du 20 décembre 1832, la loi de 1853 l'avait fixé (art. 23 al. 2) à vingt ans; celle de 1924 (art. 10 al. 1) l'a ramené, en règle, à dix-huit, sans prévoir, d'ailleurs, la validation pour la retraite de services civils accomplis avant cet âge de dix-huit ans : 4 décembre 1931, Wimel, p. 1085, et même à seize pour l'armée de mer : 25 février 1925, Geoffroy, p. 187. Ici et là la règle semble avoir un caractère absolu, et il paraît bien (Cpr. 11 mars 1881, Gorgues, p. 287, D. 82.5.314) que serait inopérante une dispense d'âge ou une perception immédiate de retenues sur la rétribution des services. — La question ou, pour mieux dire. l'origine du traitement, ne prête guère à difficulté : dès lors surtout que la loi admet les détachements (*infra*, n° 676), il suffit que les agents demandant la validation de services auxiliaires et le bénéfice de l'art. 10 aient reçu directement les ordres de l'autorité publique, alors même que, comme il advient à certains embauchés des chefferies du génie à l'effet de contrôler pour le compte de l'administration des travaux exécutés par des entrepreneurs particuliers, ceux-ci les aient rémunérés en place de l'État : 29 octobre 1930, Orsoni, p. 868;

662. — C. Et aussi au temps d'études préliminaires, passé dans des écoles spéciales par les élèves des Ecoles Normale et Polytechnique, des écoles normales et techniques, militaires préparatoires, de génie maritime; vétérinaires et médecins militaires... : Cf. Amend. Ducos, Ch. dép., 23 mai 1923, *J. off.*, Déb. parl., p. 2059. — Ne le point compter eût semblé conséquence logique, forcée à défaut d'une disposition spéciale (Cpr. 13 novembre 1929, Dufils, p. 986; 28 mars 1931, Mattéi, p. 425), telle que furent, pour l'Ecole polytechnique, l'art. 5 L. 11 avril 1831 faisant compte de quatre années de service effectif, à titre d'études préliminaires, aux élèves, et à ceux-là seuls (Cons. d'Et., 19 mars 1897, Tarot, p. 241, S. 99.3.39, D. 98. 3.69 ; — 10 février 1899, Boyeldieu, p. 112, S. 01.3.95, D. 00.3 58; — 21 janvier 1927, Hermann, p. 93, S. 27.3.75, D. hebd., p. 172), des élèves entrant en qualité d'officier dans les armes spéciales, et l'art. 19 L. 27 juillet 1872 considérant les élèves comme présents sous les drapeaux dans l'armée active durant tout leur séjour à l'Ecole. Cependant, dès avant l'art. 32 de la loi de finances du 29 mars 1897, sur les écoles normales (S., *L. ann.* 1897, p. 318, note 40), l'opinion contraire avait triomphé : Cons. d'Et., 22 novembre 1872, Deloche, Leb. chr., p. 640. Rpr. 10 novembre 1893, Ebert, p. 728, S. 95.3.85, D. 94.3.77, et la note s. 11 mars 1898, Kuntzmann, S. 1900.3.16. Rpr. L. 13 avril 1898, a. 48 (écoles normales Sèvres, Fontenay-aux-Roses, Saint-Cloud), S., *L. ann.* 1898, p. 635, notes 78-80, et L. 26 décembre 1908, a. 37 (bourses de licence et d'agrégation), *ib.*, 1909, p. 933, note 74. La commission des finances de la Chambre eut l'idée, comme contre-partie aux multiples améliorations imminentes des retraites, d'en faire suppression par un retour à la règle stricte des services « effectivement rendus »; des difficultés et des inquiétudes furent alléguées contre cette suppression (Cf. les observ. Ducos à la Ch. dép., 23 mai 1923, précitées, et Jossot, au Sén., 10 décembre 1923, p. 1813). Le texte ne dit rien ; pourtant fut réservé, réclamé et convenu le maintien du *statu quo*, du bénéfice ainsi qu'il résulte des dispositions antérieures, telles les lois sur les écoles normales rappelées ci-dessus ou l'ordonnance des 5 août-20 octobre 1840 faisant remonter le temps de service des ingénieurs des ponts et chaussées ou des mines à leur entrée à l'école respective (Cf. sur l'interprétation, favorable peut-être à l'extrême de ce texte, les trois arrêts, 4 août 1864, de Fourcroy, Belliotte et de Geffroy, p. 728, D. 65.3.41). — De même est compté aux officiers, d'ailleurs sans majoration, le temps passé à l'Ecole spéciale militaire : 18 juillet 1928, Marty, p. 905, et aux sous-officiers les années passées avant leur engagement aux écoles militaires préparatoires de Billom ou Montreuil-sur-Mer : 11 février 1927, Lafeuille, et 3 juin, Vuillemet, p. 199, 652. — 5 novembre 1930, Ottavi, p. 899. — La combinaison est en la matière significative aussi des textes sur la computation des services accomplis à l'Ecole d'application du service de santé militaire : D. 23 mars 1852, art. 35 (27 novembre 1929, Jeannin, p. 1035), l'admettant à concurrence de cinq années lors de la nomi-

nation au grade d'aide-major de 2° classe (Cf. 17 juillet 1885, Goureau, p. 682; — 5 août 1898, Boyer, p. 634, S. 01.3.20); D. 30 août 1908, mettant à néant les inégalités résultant des art. 17 et 24 D. 29 octobre 1898 entre les élèves provenant de l'école même et les docteurs en médecine admis à y faire un stage : le forfait de cinq années au titre d'études comprend, le cas échéant, les dix mois du stage destiné, quelle que fût la nature des services effectivement fournis, à préparer l'examen de sortie conditionnel de la nomination ; encore est-il que les dispositions du décret de 1908 manquent absolument de caractère rétroactif : 4 juin 1927, Vincent, p. 671.

663. — La loi de 1924 s'est ainsi trouvée influencée comme malgré soi par une pluralité de textes préexistants; par suite, la seule particularité apparente de son art. 31 al. 2, pour « les grandes écoles militaires et navales, les écoles militaires préparatoires et l'école coloniale », fut, au lieu d'admettre la computation forfaitaire de services spéciale à l'Ecole polytechnique, d'instituer la détermination du droit à pension « du jour de l'entrée à l'école »; toujours est-il qu'ici et là le temps d'études passait pour services effectifs et susceptible, en cette qualité, d'entrer éventuellement en compte d'une pension proportionnelle. Cependant le gouvernement (Cf. Rapp. Chéron, Sén., 13 décembre 1927, S., *L. ann.* 1928, p. 1524, note 111. Rpr. Instr. min., 20 janvier 1928, *J. off.*, p. 1019) mit en avant ce caractère ou cette finalité des bénéfices d'études accordés aux élèves des grandes écoles, « non de faciliter l'exode plus rapide des fonctions publiques, mais de récompenser, par une pension plus élevée, une carrière tout entière consacrée à l'Etat »; l'art. 67 L. fin. 27 décembre 1927, pour l'accuser, supprima du texte de la loi de 1924 le terme « effectif »; et la jurisprudence, pour l'interpréter, de ne plus faire compte de ces services que sous l'angle de la liquidation des pensions d'ancienneté et proportionnelles : Cons. d'Et., 18 juin 1930, Christiani, 3 juillet, Clertant, Leb. chr., p. 618, 690 ; — 17 mars 1932, Kieffer, p. 337. L'idée poursuivie aboutit à l'art. 86 L. fin. 28 février 1933, qui plaça tout net les services non effectifs hors le calcul de la retraite, mais dont la concevable rigueur fut tout aussitôt mise en défaut par la réserve de dérogations « à titre exceptionnel et pour des motifs spéciaux » que déciderait un règlement d'administration publique. Celui-ci intervint, à la date du 31 août 1933. Le rapport qui le précède (*J. off.*, 3 septembre, p. 9391) porte, à propos des bénéfices d'études préliminaires, cette observation double que, réductibles à une « bonification » pour favoriser le recrutement de certains personnels, ils ne rentrent pas dans le champ d'application de l'art. 86 et qu'en tout cas ils ne seraient susceptibles « que d'un examen distinct »; dans le texte du décret, rien ne s'y rapporte, hormis l'admission pour la retraite du temps d'études de quelques « fonctionnaires relevant du ministère de l'éducation nationale (ayant pris) l'engagement de servir pendant un certain nombre d'années dans l'enseignement : près des Facultés avec une bourse de licence ou d'agrégation (L. 26 décembre 1908, a. 37); à l'Ecole normale supérieure (L. 29 mars 1897, a. 32), dans les écoles normales primaires (L. 17 août 1876, art. 2); aux écoles normales supérieures de Sèvres, Fontenay-aux-Roses et Saint-Cloud (L. 13 avril 1898, a. 48); à l'école normale d'enseignement technique (L. 8 avril 1910. a. 91); à l'étranger avec une bourse de séjour (*ib.*) ». L'interprétation technique de ces textes successifs suggère et impose la conclusion d'une perte d'autorité pour l'art. 31 al. 2 de la loi de 1924, d'une impossibilité à l'avenir de prise en compte des services auxquels il se rapportait.

664. — 2° L'effectivité ainsi entendue va, manifestement, de pair avec la continuité des services. La preuve, s'il en était besoin, ressortirait de dispositions écrites dans la loi même, à la façon de l'art. 17 al. 7, admettant les fonctionnaires ayant quitté le service et remis plus tard en activité dans leur administration d'origine ou en une autre administration publique à « bénéficier pour la retraite de la totalité des services par eux rendus à l'Etat », sous la condition de reversement des retenues qui, éventuellement, et par application d'alinéas précédents du même texte, leur auraient été remboursées : disposition neuve, due à un amendement (Sénat, Abel Lefèvre, 10 décembre 1923, *J. off.*, Déb. parl., p. 1819), plus favorable que celle de perte des droits à pension et, au cas de réintégration, de computation des premiers services dégagée sous l'empire de la loi de 1853. — Bien davantage, pour préciser exactement la portée des choses, il convient de faire sourdre cette réalité que les services mis en cause doivent être tels que, pris séparément, s'ils avaient été suffisamment prolongés, ils auraient conduit à l'ouverture d'un droit à pension. Posée sous cet angle, la question a été, à juste titre, tranchée à l'encontre d'un magistrat requérant la validation en vue de la retraite des services accomplis par lui jusqu'en 1903 en qualité de ministre du culte catholique sous le régime concordataire : 8 mars 1929, Piétri, p. 275, S. 1929.3.48, D. hebd., p. 207 : au regard du décret du 28 juin 1853, mod. 27 mars 1860, organique de la caisse générale des retraites ecclésiastiques, les fonctions de cette espèce ne fondaient aucun droit ; l'octroi, comme le refus, d'une pension dépendait uniquement d'une appréciation d'opportunité de l'évêque et n'eût donné matière à aucun recours contentieux ; en fait et au demeurant, l'allocation immédiate d'une pension ne fut, sous certaines conditions d'âge et de durée de de services, prévue par l'art. 11 de la loi du 9 décembre 1905 qu'au profit de ceux-là qui étaient investis, à titre de ministres du culte, de fonctions rentrant, à la date de sa promulgation, dans l'organisation publique des cultes.

665. — Cette règle de continuité a, sous un autre aspect, plus d'applications quant aux services accomplis postérieurement à la date résultant de la limite d'âge fixée par le décret de 1928, mais avant l'admission à la retraite. Elles allaient, presque également, de soi :

L'une, pour faire admettre la computation de ces services : Cons. d'Ét., 8 juin 1932, Bomier, Leb. chr., p. 561, étant bien réservé que le fait d'être, quelque temps encore après cette admission, maintenu en fonctions n'a, de façon générale, qu'un effet transitoire, jusqu'à la remise du livret de pension, et ne saurait donner à cette prolongation de services la valeur d'une remise en activité au sens de l'art. 17, dern. alin., de la loi de 1924 : 20 juillet 1927, Martin ; 14 décembre, Rottier ; 28 décembre, Coirard, p. 817, 1213, 1286 ; — 25 juillet 1928, Cheynier, p. 947 ; — a contr. 28 mars 1928, Debaye, p. 472 ; — 20 octobre 1930, Moisan, p. 869 ; — 4 mars 1931, Mahiddine Ali ben Mohammed Akli ; 10 juin, Bonnard ; 22 juillet, Aubertie, p. 249, 608, 808 ; — 21 janvier 1932, Rivaille, p. 85 ; 6 juillet, Piédoye ; 16 novembre, Robert. Table, p. 1377, — ni donc donner lieu à un supplément de liquidation, les arrérages de la pension ne commençant à courir que de la date de cessation des fonctions : 16 décembre 1931, Cassat, p. 1120 ;

L'autre, à propos de maintien en fonctions dans l'intérêt du service postérieurement à la délivrance du brevet de pension, pour faire écarter l'application de l'art. 47 D. 9 novembre 1853, mod. 27 mai 1917, et, au contraire, faire tenir le fonctionnaire en cause comme ayant été remis en activité au sens des art. 28 L. 9 juin 1853 et 17 alin. 7 L. 14 avril 1924 et donc ayant droit à une nouvelle liquidation de sa pension basée sur la totalité de ses services : 7 décembre 1928, Garnier, p. 1278 ; — 13 janvier 1932, Régnier, p. 40.

666. — 3° Dans la réalité des choses, cette effectivité est sujette à des contretemps et à des accidents, dont la législation des pensions est accoutumée à faire prévision et règlement, à savoir :

667. — A. De la *suppression d'emploi*. L'ancienne législation (L. 1853, art. 11 al. 3 *in f.*) avait attaché à la réduction des cadres la perspective d'un droit exceptionnel à pension, à la double condition d'un dommage direct souffert de cette suppression (Cf. Avis Cons. d'Ét., sect. fin., 9 et 15 janvier 1873) et de l'accomplissement d'un certain âge (50 ou 45 ans) et d'une certaine durée (20 ou 15 ans) de services sédentaires ou actifs. Tandis que l'opportunité de la mesure de suppression relevait de l'autorité administrative (Cons. d'Ét., 4 avril 1879, Houlié, Leb. chr., p. 295), l'appréciation du fait matériel lui même et des suites de la suppression restait du domaine et l'un en plusieurs cas l'œuvre du Conseil d'Etat : 4 avril 1884, Cernesson, p. 278, D. 85.5.358 ; — 17 février 1888, Bonjean, p. 165, D. 89.3.46. Du silence de la loi de 1924 le règlement d'administration publique du 2 septembre 1924 conclut au maintien de cette tradition et réglait (art. 24, la liquidation de la pension pour suppression d'emploi par référence à l'art. 11 de la loi de 1853 : S., *L. ann.* 1925, p. 1995. C'était à tort : Le droit nouveau (L. 1924, art. 17) n'a plus prévu de pension pour suppression d'emploi, mais a organisé un régime spécial de remboursement des retenues en faveur des fonctionnaires venant à quitter le service avant de pouvoir être admis à la retraite : Cf. 26 juillet 1929, Gagnieux, p. 882, D. hebd., p. 544 ; 10 juillet 1930, Mérou, p. 713 ; la crainte

réelle ou alléguée de faire du versement d'un capital une prime imprudente au départ y fit remettre à cinq années après ce départ le remboursement, majoré d'intérêts, à capital aliéné ou réservé, de la somme remise en fait durant ce délai à la Caisse nationale d'assurances en cas de décès : Cf. Rapp. Lugol, Ch. dép., 1er avril 1922 ; une exception à cette règle de paiement différé y fut, d'ailleurs, admise au profit de la femme fonctionnaire ou employée mère de trois enfants vivants, avec cette raison que « ici le départ (étant) la conséquence du souci de se consacrer exclusivement au soin de la famille, il n'y a dès lors aucun danger à autoriser le remboursement immédiat » (*ib.*). — L'hypothèse de la suppression du ci-devant emploi décidée postérieurement à l'admission à la retraite de son titulaire et faisant, pour autant, disparaître l'un des éléments de la révision légalement prévue de la pension concédée fut retenue et réglée à l'art. 94 al. 3 de la loi : un décret du Conseil d'Etat détermine, en vue de cette révision, les assimilations utiles d'emplois et de grades, et il n'appartiendrait pas du tout au ministre des pensions de faire état de quelque assimilation établie par la législation antérieure pour la fixation forfaitaire du taux de la pension de tels ou tels agents : 16 juillet 1930, Moschetti, p. 744.

En règle, il n'est donc plus, pour les fonctionnaires civils, de pension pour suppression d'emploi ; ils n'ont de pension proportionnelle que par exception et parce que, d'aventure, un texte en a ainsi décidé : L. 9 déc. 1927, art. 22, au profit des fonctionnaires en surnombre après les suppressions consécutives à la loi du 3 août 1926, ou D. 10 mai 1934 à la suite des essais de réforme administrative ;

668. — B. Des cessations d'activité, du fait de congés (Cf. Cons. d'Ét., 10 juin 1931, Racine, Leb. chr., p. 612) ou de retenue d'ordre (Cf. D. 22 janvier 1929, art. 33, et Cons. d'Ét., 13 novembre 1931, François, p. 989), ou de disponibilité (Cf. 26 février 1932, Nebut ; 7 décembre, Alessandri, p. 238, 1045). A quoi fut, dans le passé, assimilée celle causée par des événements de force majeure, insurrectionnels, interruptifs des services : 19 décembre 1873, Lemontey, p. 955, — du moins en l'absence de dispositions analogues au décret du 12 septembre 1870 : 30 mars 1877, Violet, p. 152, S. 79.2.277, D. 78.3.26 ;... 17 février 1888, Singuerlet, p. 164, S. 90.3.9, D. 89.3.51 ; et, plus récemment, du fait de la Grande Guerre, la rupture des relations diplomatiques ayant retenu en France un consul général durant les trois dernières années antérieures à sa mise à la retraite et réduit ses émoluments à son seul traitement de grade (à cela près que l'art. 54 D. 2 septembre 1924 lui donna droit comme traitement moyen à celui touché par un agent de même emploi et même classe du 14 avril 1921 au 16 avril 1924) : 18 janvier 1928, Colomiès, p. 81. — L'impossibilité de faire entrer en compte pareil temps n'a toujours été que l'application du principe : Cf. Cons. d'Ét., 30 juillet 1863, Raybaud, p. 604, S. 64.2.119 ; ...20 novembre 1891, Seguin de la Salle, p. 682, S. 93.3.108, D. 93.3.19 ; — ...22 décembre 1899, Ligeret, p. 778 ; — 27 janvier 1928, Noble, p. 137. A *fortiori* existe-t-elle au cas de radiation des cadres, fût-elle suivie de réintégration, le fonctionnaire ayant jusqu'à celle-ci cessé d'appartenir aux cadres de l'administration : 26 novembre 1930, Murzi, p. 984.

669. — Aux *congés* et à la disponibilité s'est appliquée, quant à l'entrée en compte pour la pension du temps passé dans ces dispositions, une législation assez dense et touffue, où le décret du 31 août 1933 tient la culminante.

a) Selon une règle établie d'ancienne date, il n'est, pour entrer en compte, ou pleinement ou dans la limite fixée par la loi, que le temps de congé avec traitement : a *contr.* Cons. d'Ét., 12 décembre 1908, Estheoule, Leb. chr., p. 1300 ; — 17 juin 1932, de Beylié, p. 592. — Cpr. 19 décembre 1929, Bayle, p. 1138, — tel celui des congés administratifs, d'une durée maxima d'un an, avec soldes à caractère de solde d'activité que les art. 35 et sv. D. 2 mars 1910 assurent au personnel des services coloniaux : 5 juin 1929, Daugny, p. 550. Et ce n'est pas le fait d'avoir, durant la période d'inactivité, touché une traitement ici ou là (par exemple, pour un instituteur, sur des fonds municipaux) et versé les retenues correspondantes qui puisse enlever à la règle son autorité : 1er février 1901, Contal, p. 124, S. 03.3.88. — Aussi bien, s'il n'y avait eu une disposition, comme l'art. 18 du décret du 13 octobre 1851, sur le service des ponts et chaussées, expressément confirmé par l'art. 16, dern.

al., D. 9 novembre 1853 [Rpr. D. 24 juin 1910], pour assurer à l'ingénieur en disponibilité, outre la moitié du traitement afférent à son grade, la conservation de ses droits à pension, cet avantage n'eût pas été reconnu : Cpr. 4 mars 1904, Godefroy Cavaignac, p. 195, S. 04.3.65, et 22 avril 1910, Pierre, p. 337, S. 12.3.123 ; au surplus, le Conseil d'Etat n'a pas manqué, à juste titre, de faire interprétation stricte de ce régime, de cantonner l'effet de l'art. 18 au cas de maladie ou d'infirmité temporaire prévu par lui, à l'exclusion de celui de mise en congé et puis de disponibilité pour raison d'aliénation mentale incurable : 22 avril 1910, précité.

Des dispositions rares, de pareil genre et effet, explicables sans doute par les conditions particulières de l'emploi, furent prises tour à tour au profit des agents du service extérieur du département des affaires étrangères : art. 10 alin. 4 L. 9 juin 1853 (Cf. Cons. d'Et., 19 décembre 1884, Veyssière, p. 923; D. 86.3.70; — 20 mars 1891, Baspeyras, p. 237, S. 93.3.40, D. 92.5.475; — 15 juillet 1898, Beaujeu, p. 552, S. 01.3.7, D. 00.3.5) et des préfets et sous-préfets : art. 42 L. 25 février 1901. — Des considérations d'ordre humanitaire et social en augmentèrent, par la suite, le nombre et les catégories : congés de longue durée avec traitement intégral au cas de maladie mentale ou de tuberculose ouverte, accordés aux membres de l'enseignement (art. 71 L. 30 avril 1921) et aux agents des P. T. T. (art. 83 L. 30 juin 1923), art. 109 L. fin. 30 décembre 1928, à ceux du moins qui étaient en activité de service à la date du 31 décembre 1928 : 10 janvier 1931, Terrier, p. 35, étendus enfin à tous les fonctionnaires : art. 51 L. 30 mars 1929 (S., *L. ann.* 1930, p. 2249, note 83); congés d'au moins deux ans aux fonctionnaires réformés de guerre et, en vue de leur accouchement, aux femmes employées : art. 41, 42 L. fin. 19 mars 1928 (S., *L. ann.* 1928, p. 1712, notes 61, 63).

Dans l'ordre des pensions militaires la même règle se dégageait du texte précité de 1853 et du fait que, faute de service effectif, il n'y a traitement ni solde au cas de congés accordés dans l'attente de la liquidation de pension (10 juin 1931, Racine, p. 612), ou pour convenances personnelles (23 décembre 1932, Chaymol, p. 1135), ou provisoirement en vue de la démobilisation (27 janvier 1932, Moreau, p. 109). Cf., à propos du temps de sursis d'appel, 26 décembre 1925, Tanguy, p. 1069, et des périodes de réserve (4 août 1928, de Bordenave d'Abère; 5 décembre, Battisti, p. 1063, 1267)... Cependant les textes successifs y portèrent des dérogations : l'un, art. 85 al. 9 et 10 L. 31 juillet 1920, auquel, le modifiant, s'est incorporé l'art. 103 al. 10 L. 31 décembre 1921, pour donner au temps des congés sans solde valeur à computer de services effectifs à concurrence d'un maximum de deux années dans l'ensemble des congés de cette nature obtenus au cours de la carrière; l'autre, art. 44 L. 26 décembre 1925, allongeant à cinq années le maximum de cette faveur : 31 octobre 1930, Hermant, p. 887; 7 mai 1931, Gigneux, p. 499. Dans ces conditions ils n'ont eu, d'ailleurs, et ne pouvaient avoir d'effet qu'au regard des congés de longue durée sans solde accordés postérieurement à leur promulgation respective : 3 février 1932, Roucomont, et 14 octobre, Revol, p. 139, 841.

670. — Sous ces réserves qui la confirment apparemment, la règle est stricte : Cf. Cons. d'Et., 24 avril 1931, Jouan ; 4 novembre, Boutillier, Leb. chr., p. 440, 947; 4 mars, Pezzarossa, Table, p. 1427. Quelques textes la font apparaître en toute sa rigueur : le décret du 25 janvier 1922, notamment, sur le personnel technique des établissements pénitentiaires, là où il déclare les agents mis en disponibilité privés de traitement et de droits à l'avancement jusqu'à une réintégration subordonnée elle-même à des conditions de vacance, d'aptitude physique et de tour : 26 juillet 1929, Gagnieux, p. 882. En tout cas il ne suffirait pas, pour y faire échec ou en écarter la sévérité, d'un rappel à l'activité qui serait purement fictif : sans doute, la possibilité, en l'absence de toute disposition spéciale, pour le personnel de l'enseignement primaire d'obtenir des congés pour convenance personnelle ne souffrit pas difficulté au regard ou par application de l'art. 16 D. 9 novembre 1853; par contre, il n'en a pas fait non plus que l'attribution de congés exempts de caractère provisoire et temporaire, indéfiniment renouvenables, fut impuissante à maintenir dans les cadres qui en bénéficiait : 23 décembre 1932, Chaymol, précité, p. 1135, D. hebd. 33, p. 121.

671. — *b*) La loi de 1924 n'y a pas mis fin, non plus qu'aux régimes d'exception rappelés *suprà*, n° 665. Toutefois, en maintenant, sans qu'il fût besoin de le dire, « le bénéfice des droits acquis » (Cf. l'amendement Villeneau et Bringer, Ch. dép., 23 mai 1923, Déb. parl., p. 2067), elle a porté à la règle cette atténuation, art. 16 (Rpr. la disposition antérieure, art. 40 L. 28 décembre 1895), d'admettre en compte le temps passé par les fonctionnaires civils dans la position d'inactivité ou de disponibilité, moyennant la condition de subir durant ce temps, sur leur dernier traitement d'activité, les retenues prescrites par la loi de 1853 ou par elle-même : Cons. d'Et., 26 février 1932, Nebut, Leb. chr., p. 238, D. hebd., p. 255. Encore faut-il retenir l'existence et mettre en relief la portée de ses mots « dans la limite maxima de cinq ans... dans les conditions prévues par les lois et décrets en Conseil d'Etat » : les premiers se suffisent à eux-mêmes; les autres ont ce sens qu'à défaut d'une loi ou d'un décret ayant fait prévision spéciale pour le cadre qui demeure, durant le temps de la disponibilité, celui du fonctionnaire, celui-ci ne peut faire entrer ce temps en compte pour sa retraite; et c'est ce défaut de texte qui a été relevé, pour leur refuser l'avantage de l'art. 16, à l'encontre d'agents, tels que ceux des eaux et forêts : 1er avril 1927, Carrière, p. 431; des adjoints techniques des ponts et chaussées : 4 août 1927, Pech, p. 953, ou des établissements pénitentiaires : 26 juillet 1929, Gagnieux, p. 882; de l'administration des contributions indirectes : 21 décembre 1932, Plane, p. 113... — Bref, la faveur légale, la prise en considération de la disponibilité dans le calcul de la retraite, était dépendante d'un texte, limitée à cinq années, assujettie à la perception de retenues sur le traitement d'activité de l'agent.

Dans l'ordre des pensions militaires des dispositions existaient, les unes de date ancienne, les autres postérieures à la loi de 1924, relatives à la computation (avec des maxima dissemblables) du temps de non-activité : art. 7, 8 L. 19 mai 1834, et, pour les sous-officiers, art. 7 al. dern. L. 30 mars 1928; — de disponibilité, art. 3 L. 1834; art. 24, 40 L. 26 décembre 1925; — de congé sans solde : art. 85 L. 31 juillet 1920, 44 L. 26 décembre 1925 (*suprà*, n° 669)...

672. — *c*) Au total, le principe était, sinon détruit, du moins débordé. Pour lui restituer sa vertu et fournir un cadre, la loi du 28 février 1933 et le décret du 31 août se suivirent et doivent être combinés. Le principe de mise à l'écart dans la liquidation de la retraite du temps passé « dans les positions ne comportant pas l'accomplissement de services effectifs » — exception formellement faite de la position régulière d'absence pour cause de maladie ou détachement — fut énoncé ou plutôt reproduit dans l'art. 8 de la loi. Une abrogation des lois ou décrets contraires à cette règle y eût été concevable, utile; si elle s'y trouve réellement, ce n'est tout au plus que sous forme du visa, quant aux positions exceptées, de l'art. 15 de la loi du 14 avril 1924, et parce que cette mention n'a de sens qu'en fonction d'une abrogation résolue de toutes les autres dispositions; en tout cas, la prévision y était faite d'un règlement d'administration publique, pour dissimuler, selon l'opportunité, des dérogations : système usuel que sa répétition ne sauve, du point de vue de la technique et quant à l'ordre des compétences législative et réglementaire, ni de défauts ni de reproche.

673. — En fait le décret du 31 août 1933 a, pour l'avenir, sans rétroactivité, à compter de sa date, énuméré celles des positions de congé, de non-activité, de disponibilité admises à compter aussi pour la pension. L'art. 16 D. 9 novembre 1853, sur les conditions d'attribution et de prise en compte pour la retraite des congés pour affaires, demeure en vigueur. Les congés de maladie accordés pour une durée supérieure à celle prévue par ce texte aux agents extérieurs des affaires étrangères et aux membres de l'enseignement les placent, pour l'application de l'art. 86 de la loi, en position régulière d'absence. Selon l'art. 2 aussi du décret, les congés de maternité sont assimilés aux congés de maladie. — Garde pareillement son effet l'art. 16 L. 14 avril 1924, quant au maximum et aux conditions de durée et de calcul des positions de disponibilité et de non-activité. Voici, au surplus, quasi littéralement reproduits, les bénéfices, énoncés par dérogation à la règle de la loi par l'art. 1er du décret :

Préfets, sous-préfets et secrétaires généraux : disponibilité avec traitement, selon LL. 25 février 1901 et 1er avril 1920.

Fonctionnaires de l'enseignement : congés (art. 10 L. 9 juin 1853) accordés dans le but de poursuivre ou parfaire des études d'intérêt professionnel.

Professeurs titulaires de facultés (art. 35 D. 28 décembre 1885 et 31 juillet 1894 ; art. 21 L. 6 octobre 1919) ; professeurs et chargés de cours du collège de France (art. 15, 18, 19 D. 24 mai 1911) ; professeurs de l'Ecole des langues orientales et de l'Ecole des chartes (art. 29 L. 31 décembre 1907).

Fonctionnaires relevant de l'Education nationale : temps d'études au titre d'élève, avec engagement de servir pendant un certain nombre d'années dans l'enseignement.

Gouverneurs généraux, gouverneurs et résidents supérieurs des colonies, par application D. 2 mars 1910, art. 85, et à concurrence de deux ans au maximum.

MILITAIRES.

[Aux militaires de l'armée de l'air s'appliquent les dérogations admises pour colle de terre ou de mer, selon l'origine de ses membres.]

ARMÉE DE TERRE.	ARMÉE DE MER.
Non-activité pour toute autre raison que retraite ou suspension d'emploi.	
Résidence libre [pour les troupes coloniales] dans la limite de trois mois.	Résidence libre de trois mois.
Disponibilité et position des officiers généraux momentanément sans emploi, dans la limite d'un an ;	
— des officiers supérieurs ou subalternes, dans la limite de dix ans et sous réserve de constatation, lors du renouvellement quinquennal du séjour dans la disponibilité, de la conservation des aptitudes militaires.	Disponibilité 1re catégorie des officiers mariniers.
Congés de fin de campagne, dans la limite de six mois ;	
— pour voyages d'études ou pour études, dans la limite d'un an ;	
— de trois mois au maximum, pour les officiers et marins en instance de retraite.	
Détachement en service ou en mission dans les divers départements ministériels ou organes de l'administration de l'Etat.	
	Congés hors cadres accordés dans l'intérêt de la défense nationale et dans la limite de cinq ans.

674. — L'exercice du mandat législatif a donné lieu, pour sa part, à un mouvement législatif (*supra*, n° 610), duquel il y a lieu de retenir ici, par rapport à la règle de l'effectivité des services, l'admission, par la loi du 21 octobre 1919, mod. par l'art. 223 de celle du 13 juillet 1925, au bénéfice de l'art. 33 L. 30 décembre 1913 des fonctionnaires et agents de l'Etat pourvus d'un mandat législatif et empêchés par cette circonstance de continuer l'exercice de leur emploi : il s'ensuit le droit pour les députés et sénateurs de faire entrer en compte le temps accompli par eux comme membres du Parlement, — étant, d'ailleurs, hors de cause et inapplicable ledit art. 33 quant aux pensions exceptionnelles prévues par l'art. 41 de la loi du 30 décembre 1913 et accessibles à des membres du Parlement indépendamment de toute condition de services accomplis en cette qualité : Cons. d'Et., 26 mars 1926, Cels-Couybes, Leb. chr., p. 356.

675. — 4° Enfin le champ des services considérés pour cette effectivité a, de tradition, déterminé quelques mesures de faveur ou d'équité. — Normalement il est celui des emplois appartenant au cadre permanent de l'administration et des établissements de l'Etat. Et, en ce cas aussi, il y a lieu de penser qu'une nomination en un emploi ne relevant pas de ce cadre, fût-elle faite avec la stipulation expresse de rémunération sous forme d'indemnité, ne saurait, ni conférer la qualité de fonctionnaire au sens de la règle générale, ni ouvrir des droits à pension pour les services accomplis à dater de la nomination, ni fonder une demande en validation des services auxiliaires effectués antérieurement ; et l'admission à verser des retenues rétroactives sur les émoluments perçus, émanât-elle après coup d'une autorité compétente, serait impuissante à modifier la situation au regard des pensions sur le Trésor : Cons. d'Et., 19 mars 1932, Henry, p. 374. De la sorte, le point de vue de l'appartenance nécessaire au cadre permanent de l'administration, au sens de l'art. 10 de la loi du 14 avril 1924, est capital. Il fournit la raison pour laquelle la disposition légale a été déclarée inapplicable à un officier du cadre actif en congé de longue durée sans solde, eût-il été attaché à une administration civile, par exemple comme « délégué de cercle » dans la zone française d'occupation des territoires rhénans : cependant il n'avait pas cessé d'appartenir à l'armée ; le seul avantage des fonctions exercées dans les provinces du Rhin

ful, dans la ligne du droit général et de l'art. 32 de la loi de 1924, de pouvoir les faire considérer et traiter pour l'établissement du droit à pension comme services civils rendus à l'Etat français : 14 octobre 1932, Revol, p. 841. — Il a tenu aussi en échec, dans la mesure où il implique le fait d'une rémunération fournie par une personne morale publique, l'accomplissement et la nature de services auxquels le caractère de services publics a été reconnu, d'autre part, pour l'application des art. 40 L. 26 décembre 1908 et 90 L. 13 juillet 1911 : ainsi les fonctions tenues, avant de faire partie des cadres permanents et réguliers de l'administration, comme secrétaire particulier d'un ministre, chef de cabinet du président du Sénat ou secrétaire général de la présidence de la République, n'ont pas donné titre à s'en prévaloir au sens de la législation des pensions pour la constitution d'un droit à retraite : 29 novembre 1929, Lanes, p. 1059, S. 30.3.110.

676. — Du fait de cet article, et aussi par la persistance du droit établi sous l'empire de l'art. 9 L. 9 juin 1853, les services rendus dans les préfectures et sous-préfectures sont admissibles pour pension sur les fonds du Trésor : façon quelque peu anormale, dissonante avec le principe de la seule considération pour l'établissement du droit à pension des services soumis à retenue au profit du Trésor, mais admise et maintenue par souci de faire faveur au recrutement des employés départementaux en leur permettant d'entrer au service de l'Etat sans perdre le bénéfice des années accomplies dans les administrations préfectorales. La condition en fut toujours (Cf. Cons. d'Et., 7 juin 1878, Mouton, Leb. chr., p. 547) de la rémunération de ces services sur les fonds d'abonnement ; elle a été rappelée, à nouveau déclarée non remplie par le temps passé comme attaché de cabinet de préfet non rétribué sur lesdits fonds : 16 novembre 1929, Galopin, p. 901.

677. — Par suite le détachement des fonctionnaires et employés civils au service d'administrations publiques, de compagnies concessionnaires et même d'entreprises particulières, avec acquisition de droits à pension d'Etat, fut admis par l'art. 33 de la loi du 30 décembre 1913 (S., *L. ann.* 1915, p. 807, note 60 ; Rapp. Lintilhac, Sén., Doc. parl., janvier 1914, p. 97), moyennant, d'ailleurs, des conditions de durée et de calcul des retenues sur le seul traitement de grade. L'art. 15 de la loi de 1924 n'en reproduit pas tous les chefs ; ce n'est certes pas qu'il les ait, pour autant, abrogés ; la vérité est que, ne voulant point enserrer toutes les dispositions en vigueur, il a entendu les confirmer pour ce qu'elles n'avaient pas de contraire aux siennes. La seule difficulté, dès lors, à laquelle pût donner lieu l'application de l'art. 15 aux agents détachés fut celle des conditions de leur nomination ; d'où, telle décision, intervenue au sujet des préposés en chef d'octrois municipaux provenant du cadre des contributions directes, leur refusant la qualité de fonctionnaires détachés dans les conditions de l'art. 33 et les ramenant au statut d'agents de l'Etat hors cadres, ainsi qu'il est, d'ailleurs, spécifié par l'art. 43 du décret du 5 août 1925 : Cons. d'Et., 14 décembre 1928, Salomon, Leb. chr., p. 1315. Il n'y avait, à l'inverse, que confusion, mauvaise lecture ou exploitation excessive de la loi, à prétendre mettre l'effectivité de ces services sur même pied, qu'il s'agisse de la constitution du droit à pension ou de la liquidation de la pension : admissibles pour l'une, ils ne rentrent pas dans l'autre : 25 juillet 1930, Emanuelli, p. 819 ; — 23 octobre 1931, Vincent, 24 décembre, Lanterne, p. 907, 1170.

678. — Une autre faveur, un élargissement ou plutôt une brèche à l'art. 32 de la loi de 1913, a pour objet les services accomplis dans les cadres locaux des administrations des colonies et pays de protectorat (Cf. Cons. d'Et., 3 mai 1932, Jolinon, Leb. chr., p. 443) : au lieu de les maintenir sous la règle commune, de prendre en considération les services dans les cadres locaux seulement pour l'établissement du droit à pension, l'art. 72 de la loi de 1924 admet ceux-là à être pris aussi en compte pour la liquidation de la pension : cf. Rapp. Henry Bérenger, Sén., 29 novembre 1923. Cons. d'Et., 11 juillet 1928, de Gaillande, p. 889, — à la condition, bien entendu, qu'ils n'aient pas déjà donné lieu à la concession d'une pension : 14 mai 1932, Raud, p. 523. Rpr. une disposition touchant le temps passé en mer comme accessoire des services effectifs dans la colonie, 27 janvier 1928, Noble, p. 137. Pareil bénéfice, sans doute, eût été en pratique arbitrairement restreint, en violation de la loi, s'il eût été refusé à des fonctionnaires ayant déjà cessé d'appartenir à un cadre local, mais offrant de faire valider, moyennant l'ordinaire condition de retenues rétroactives, leurs services auxiliaires selon l'art. 8 du règlement d'administration publique du 1er novembre 1928 : en ce cas il était de droit, quelle que fût la date du passage de l'intéressé à un emploi conduisant à une pension de l'État, si cet agent était encore en activité lors de la publication dudit règlement, dont l'art. 112, d'ailleurs, ouvrit un délai de dix mois à la recevabilité des demandes de l'espèce : 23 décembre 1932, Malet, p. 1136. — Par contre, il était légitime d'en faire une application sévère, restrictive, soit quant à la qualité des services rendus : 6 novembre 1929, Bongle., p. 953, soit quant à la date d'organisation des cadres locaux et d'entrée en ces cadres : 14 mai 1930, Lépinard, p. 502.

C. Les actes de dévouement, accidents de service et aggravations d'infirmités.

679. — Ce sont causes et circonstances extraordinaires (Rf. Cons. d'Et., 18 février 1925, Bonnasse-Gahot; 17 juin, Gorut, Leb. chr., p. 171, 583), qui impliquent dérogation aux règles communes, retentissent sur la liquidation ou la nature de la retraite et doivent trouver ici, sous la réserve d'ultérieures explications, une place systématique.

a) « L'acte de dévouement dans un intérêt public » — la vie exposée pour sauver celle d'autrui, la lutte soutenue ou l'attentat subi à l'occasion des fonctions, bref le dépassement du strict devoir professionnel (Avis Cons. d'Et., sect. fin., 26 novembre 1873, 2 décembre 1874, 7 juin 1882. Cpr. Cons. d'Et., 12 juin 1929, Delacroix, p. 577) — a constitué, de tout temps, dans la législation des pensions, la source d'un régime spécial, la matière d'une différenciation d'avec les actes de service proprement dits, — dont, bien entendu, la preuve circonstanciée reste à la charge du fonctionnaire : 30 juin 1899, Bellangel, p. 483. L'art. 19 de la loi de 1924 est, à cet égard, la reproduction de la législation plus ancienne, de son esprit et de ses termes, sinon de son taux (L. 1853, art. 11-1°); seul, l'attentat y a été ajouté « à raison du développement du crime et de la fréquence des drames policiers » (Rapp. Henry Bérenger, Sén., 29 novembre 1923. — En fait, la jurisprudence fut, maintes fois, appliquée dans le passé à varier l'application et fixer la portée des prévisions et des formules légales, de telle sorte qu'à la suite de la loi de 1924 les occasions où elle fut sollicitée ont été plus rares que sur d'autres points; au demeurant, les arrêts paraissent demeurer dans la ligne d'appréciation sévère, soit du rapport de cause à effet entre l'acte de dévouement et l'incapacité de continuer les services : Cpr. 27 mars 1856, Dejean, D. 56.3.49 et 17 février 1857, Guesney, S. 58.2.63, D. 58.3.34...; 15 mai 1903, Martin, p. 354, S. 05.3. 147; — 17 janvier 1908, Pilinsky de Belly, p. 62, S. 10.3.51; — 18 juillet 1923, Nicodemo, p. 585; — 20 juillet 1927, Maurel, p. 812, — soit des circonstances mêmes : Cpr. 10 février 1882, Giacometti, p. 163, S. 84.3.9, D. 83.3.61; 21 décembre 1927, Georges, p. 1251; 12 juin 1929, Delacroix, p. 577.

680. — En vérité l'hypothèse de la lutte dans l'exercice des fonctions, à ne la traiter que d'après la lettre de la loi (art. 11 et 14 de la loi de 1853), eût prêté à controverse : l'assimilation de la lutte ou du combat dans l'exercice des fonctions à l'acte de dévouement inclinerait à cet argument que le législateur en a réservé la vertu à la lutte engagée par le fonctionnaire en vue et dans le but résolu d'accomplir son devoir. L'esprit de la loi incline à une manière moins rigoureuse, d'autant mieux que, l'existence de témoins pour rétablir exactement les faits manquant presque toujours, il est plus équitable d'entendre d'une manière large l'alin. 1 de l'art. 11 : Cpr. Cons. d'Et., 18 novembre 1881, Streissel, Leb. chr., p. 909, S. 83.3.34, D. 83.3. 61; — 5 décembre 1883, Costa, p. 810; — 4 août 1926, Leca, p. 851, ce qui aboutit, au reste, à admettre, au regard d'agents de police et de gardes forestiers ou gardes-pêche, comme une présomption permanente de dévouement, qu'ils aient ou non pu prévoir l'attaque et se mettre en état de défense.

681. — *b)* Sous l'empire de la loi de 1853, les accidents de service et les maladies ou infirmités susceptibles d'être assimilées à pareils accidents donnèrent lieu à nombre de difficultés pour l'œuvre tantôt gracieuse de l'administration, tantôt contentieuse du Conseil d'État. Au total (Cf. *Rép.*, v° *Pensions et retr.*, n°ˢ 359-370), le Conseil accoutuma d'admettre ou de repousser les mêmes faits comme fondement d'un droit exceptionnel de retraite, suivant qu'il reconnaissait entre eux et les infirmités contractées par le fonctionnaire une relation nettement accusée de cause à effet : Cpr. 27 mars 1856, Magdalaine et Déjean, D. 56.3.49;... 22 janvier 1897, Aubry, p. 46, S. 99.3.30; — 25 février 1898, Bernardini, p. 156, D. 99.3.43; — 4 mai 1906, de Gislain, p. 386, S. 08.3.113; — 22 juin 1910, Fallacini, p. 480, S. 12.3.164...; — 26 mars 1923, Auvray, p. 318; — 14 janvier 1925, Hacart, p. 40; — 7 décembre 1927, Wagner; 28 décembre, Honoré, p. 1173, 1285; — 12 juin 1929, Delacroix, p. 577...—Dans cet ordre d'idées, où s'élèvent les questions les plus délicates touchant les conséquences à attacher, par exemple, à des maladies susceptibles de régner, les unes ordinairement, les autres accidentellement avec une fréquence anormale, dans le lieu de la résidence des fonctionnaires antérieurement à leur mort, sa jurisprudence peut être ramenée, semble-t-il (Cf. 23 juin 1882, Arrighi, p. 614, S. 84.3.46, D. 84.3.6; — 23 mai 1884, Treich-Laplène; 28 novembre, Rinesi, p. 488, 851, D. 85.3.82, 61), à une distinction fondée sur celle vue qu'en présence d'une épidémie éclatant furtivement, s'il n'y a pas lieu de faire aux fonctionnaires une condition différente de celle des autres habitants eux aussi retenus par le soin de leurs affaires privées dans leur résidence habituelle, il en faut user différemment à l'égard des fonctionnaires désignés par leurs supérieurs hiérarchiques pour résider dans une localité contaminée par une maladie endémique et exposés ainsi, par le seul fait de l'acceptation du poste, à un péril permanent.

682. — Dans la loi de 1924 c'est sous la poussée des contingences et fatalités de la Grande Guerre qu'a pris place, à l'art. 79-2ᵇ, l'aggravation des infirmités ou maladies contractées dans la zone des armées en 1914-1919, si elle est reconnue génératrice de l'impossibilité de continuer les fonctions. Ce fut la consécration d'un projet, tendant à l'attribution d'avantages de carrière aux mobilisés, adopté par la Chambre des députés le 30 mars 1922. Tour à tour écartée et reprise (Ch. dép., 5 avril 1924, Déb. parl., p. 1848) la disposition fut finalement adoptée, cependant que des explications du commissaire du gouvernement et, comme il advient souvent à raison des insuffisances des textes législatifs, les arrêts de la haute juridiction administrative en devaient préciser et conditionner tout le jeu. — Elle s'applique à tous les « fonctionnaires et employés civils, anciens combattants » (art. 79), quelle qu'ait été la date de leur entrée dans l'administration (Lassudrie-Duchêne, Ch. dép., *loc. cit.*, p. 1849), à la condition qu'ils aient été classés et, en outre, dûment pourvus d'un emploi rétribué (Déclar de Lasteyrie, min. fin., Sén., 13 décembre 1923, Déb. parl., p. 1881). Cependant elle doit être prudemment confrontée à l'art. 21 et peut être toute refusée si l'aggravation des infirmités résultant de la guerre n'apparaît pas imputable aux fonctions civiles : Cons. d'Et., 23 juillet 1929, Lafranchise, Leb. chr., p. 798; 27 novembre 1931, Orluc, p. 1035; *a contr.* 10 mai 1929, Rey, p. 500.

Aux anciens combattants ont été assimilés, pour l'octroi d'un maximum spécial et aux fins d'annuités supplémentaires (L. 1924, art. 2, 14, 79 mod. art. 103 L. fin. 13 juillet 1925; *infrà*), « les fonctionnaires dégagés de toute obligation militaire et ceux qui, par ordre, sont restés à leur poste pendant l'occupation ennemie, ainsi que tous les fonctionnaires qui ont été tenus de résider en permanence ou d'exercer continuellement leurs fonctions dans les localités ayant bénéficié de l'indemnité de bombardement » : 12 novembre 1927, Lecouche; 21 décembre, Marchal, p. 1059, 1250; — 4 et 18 janvier 1928, Bachelu, Blondel; 21 mars, Aubert, p. 17, 80, 405. Aussi bien l'arrêté ministériel d'admission d'un fonctionnaire ancien combattant à faire valoir ses droits à une pension exceptionnelle ne saurait-il être regardé comme lui ayant conféré d'autres droits que ceux qu'il pouvait posséder légalement : 7 décembre 1927, Wagner, p. 1173. Cpr. 12 juin 1929, Delacroix, p. 577.

II. — *Les variétés de pensions.*

683. — Leur différenciation va de pair avec la cause de la désinvestiture (non disciplinaire, il va sans dire : Cf. Cons. d'Et., 7 avril 1911, Turgot, Leb. chr., p. 451; ... 23 mars 1923, Diani, p. 301; — 17 décembre 1924, Rheims, p. 1023) de l'agent, laquelle peut être, ou bien l'ancienneté, les conditions légales ou réglementaires d'âge et de durée de services pour l'allocation d'une pension étant remplies, ou bien l'invalidité par blessures, maladie ou infirmités, telle qu'elle est fixée par la loi et fait présumer l'impossibilité d'exercice continu et régulier de la fonction. La distinction est d'ordre public, en ce sens que tout accord qui interviendrait entre l'administration et les agents pour faire de quelque manière échec à sa base ne serait susceptible d'aucun effet juridique : 29 novembre 1895, Lamercy, p. 767, S. 97.3.149, D. 96.3.92; ...19 novembre 1924, Quilichini, p. 908. Elle comporte, d'ailleurs, selon qu'elle joue au sujet des agents civils ou des militaires, quelques nuances et variantes, dérivant, d'après certains (Jèze, *op. cit.*, p. 273, 276, 326), de ce fait que la fonction militaire est « aussi une charge lourde », à limiter dans le temps et à ne point étendre hors le gré de l'intéressé.

1° Les pensions civiles et militaires d'ancienneté.

684. — L'ancienneté, sous la double face et condition d'âge et de services appréciée au jour de la radiation des cadres (Cons. d'Et., 25 novembre 1932, Bonereadi, Leb. chr., p. 1003) ou du décès (30 juillet 1926, Legrand, p. 820), est de tradition : l'art. 8 de la loi de 1924 n'a, en effet, que repris à cet égard la règle de l'art. 5 de celle de 1853 (Cf. Av. Cons. d'Et., sect. fin., 22 mai 1875; Cons. d'Et., 22 juin 1877, Birat, p. 619, D. 77 3.77). Toutefois, quant à ses deux éléments, elle est entendue, au regard des militaires, d'une manière spéciale, davantage stricte, et usuelle aussi, qui remonte à la série des décisions, telle la décision impériale du 29 juin 1863, et des lois, telle la loi du 13 mars 1875 mod. 16 février 1912, d'après lesquelles l'agent doit être mis à la retraite, et désinvesti d'office, sauf les formalités prescrites (22 décembre 1877, West, p. 1049, S. 79.2.308; — 10 juillet 1891, Hubert Castex, p. 535, S. 93 3.85;... — 24 février 1899, Viaud, p. 153, S. 99.3.105, D. 00 3.63) dès qu'il a atteint la limite d'âge, n'eût-il pas le temps de service requis : 30 juin 1853, Dumas, Leb. chr., S. 54.2.278; — 12 mars 1875, Vimont, p. 232, S. 77. 2.59, D. 75.3 107; — 9 mars 1877, de Labrousse, p. 244, D. 77. 3.57. Les difficultés existent, par contre, et en nombre, quant à la nature des services admissibles : difficultés d'interprétation des textes en continuelle modification, au sujet de quoi il a été dit (Jèze, p. 275, n. 1) qu'il n'y a « pas de principe juridique en jeu »; il importe du moins de ramasser ici quelques recherches et remarques systématiques.

a) Pensions civiles.

685. — 1° Deux règles sont générales pour cette catégorie, les mêmes pour tous les agents, y compris ceux qui, retraités avant la promulgation de la loi du 14 avril 1924 et appartenant à des catégories de personnels admis à en bénéficier pour eux-mêmes ou leurs ayants cause par application de son art. 69, réunissaient, lors de leur admission à la retraite, les conditions requises pour le droit à pension par la loi de 1853 et les lois modificatives (Cons. d'Et., 18 novembre 1931, Manican, Leb. chr., p. 1000) :

a) L'une, touchant le *point initial des années de services* effectifs, la date à partir de laquelle les agents ont droit à en obtenir la computation : 18 ans (art. 10) au lieu de 20, comme il en était d'après l'art. 23 de la loi de 1853. — La disposition nouvelle a eu cet effet d'admettre à sa date les fonctionnaires en exercice, sauf versement rétroactif de retenues, à faire état des services par eux accomplis depuis leur 18ᵉ année. Cf. 25 février 1925, Geofroy, p. 187; — 26 juillet 1930, Le Meur, p. 837; par contre, elle n'a ni prévu ni autorisé la validation pour la retraite des services faits avant cet âge : 4 décembre 1931, Wimel, p. 1085. Son application a donné lieu à une série de mesures : D. 2 septembre 1924, art. 17 (*Duv.*, p. 480), mod. en son alin. 5 par D. 20 août 1925 (*ib.*, p. 388); D. 13 novembre 1925, art. 1-3 (*ib.*, p. 517) et Instr. min. fin. 24 janvier 1926 (*J. off.*, 28 janvier, p. 1177); L. 20 décembre 1928, art. 2 (ouvriers de la marine ayant accompli des services en régie directe, *J. off.* 21 décembre, p. 13254). Rpr. Cons. d'Et., 24 juin 1927, Dorkel, p. 702, et Circ. 18 février 1928, *J. off.* 22 février, p. 2094;

686. — *b*) L'autre, relative à la distinction du *service sédentaire* et du *service actif* : celui-là soumis à la règle générale des 60 ans d'âge et 30 ans de services; celui-ci comportant réduction à « 55 ans d'âge et 25 ans de services, pour les fonctionnaires ou employés qui ont passé 15 ans dans la partie active », *i. c.* dans les emplois, dits de la catégorie B (Cf. *supra*, nᵒˢ 643-644), présentant des risques particuliers ou des fatigues exceptionnelles. — Sur cette donnée le gouvernement et la commission des finances de la Chambre des députés

avaient (art. 8 et 6 du projet) préparé un texte, fort complexe, de réductions d'âge et de bonifications de services, qu'une nomenclature des emplois et des zones devait par des règlements d'administration publique mettre en œuvre : Cf. S., *L. ann.* 1925, p. 1960, col. 3 note 22. Il était plus simple et de même résultat de maintenir le procédé et la terminologie de 1853 : reconnaître le droit à pension à 55 ans d'âge, au lieu de 60, dans les services actifs, revenait à exprimer en termes immédiatement saisissables l'effet demandé par la Chambre à une bonification d'âge de 1/5 en sus de la durée effective pour les services de la catégorie B : Cf. Rapp. Henry Bérenger, Sén., 29 novembre 1923. — Le jeu de cette règle, au cas de services successifs, actifs et sédentaires, est très simple et hors discussion : il suffit de quinze années de services actifs pour ouvrir le droit à pension à 25 ans de services et 55 ans d'âge; au-delà, chaque année accomplie dans la partie active vaut d'être décomptée comme service actif : Cf. rép. Lassudrie-Duchène, commiss. du gouv., à quest. Machet, Sén., 12 avril 1924, Déb. parl., p. 795.

687. — Une complication (pour mieux dire, une extension et une application du système) est traitée dans l'article 9 quant aux *services civils rendus hors d'Europe*, sans distinction, d'agents des affaires étrangères et de toutes administrations, aussi bien dans les colonies françaises que dans les pays étrangers : Cf. Lassudrie-Duchêne, Ch. dép., 18 mai 1923, Déb. parl., p. 1982. Il ne s'y agit, bien entendu, que des services dans un emploi faisant partie du cadre d'une administration, donc à l'exclusion de ceux rendus en qualité d'agent temporaire ou auxiliaire : Cons. d'Et., 24 février 1888, Travers et Martini, Leb. chr., p. 198; —4 décembre 1891, Saint-Preux, p. 723, et *a fortiori* pour l'exécution du service militaire : Cpr. *a contr.* 9 novembre 1931, Jennepin, p. 971. —En cette forme c'est de la « bonification coloniale » qu'il s'agit, instituée (Cf. art. 10 L. 1853; Gabriel Carrière, *Des pensions coloniales*, 1902, p. 23), pour des raisons administratives et pratiques de difficultés plus grandes du service et de compensation des rigueurs climatiques. Dans le passé son régime donna lieu à d'assez longues et graves contestations, à raison d'un certain nombre de circonstances variables et complexes, telles que le lieu de naissance et la résidence du fonctionnaire au moment de sa nomination : Cf. 25 novembre 1892, Ferreire, p. 814, S. 94.3.90, D. 94.3.8; — 27 mai 1898, Raybaud et Leclerc, p. 432, S. 00.3.63, D. 99.3.86; — 9 mars 1900, Turod; 3 août, Jumeau, p. 184 et 531, S. 03.3.12, D. 01.3.71 et 02.3.2; — 15 février 1901, Pinelli, p. 188, S. 02.3.101; 24 mai, Choulet, p. 513, S. 04. 3.40; — 23 novembre 1906, Lesel, p. 828, S. 09.3.44; — 9 novembre 1910, Poittevin de la Frégonnière, p. 752, S. 13. 3.40. La commission sénatoriale des finances en 1923 en a fait simplification, en harmonisant toutes les dispositions par attribution de la bonification à tous les agents de l'Etat servant aux colonies et fixation de cette bonification, pour les services, à un tiers en sus de leur durée réelle et, quant à l'âge, à un an par période triennale de services sédentaires ou biennale de services actifs. Une considération des dangers, des incommodités et des distances faisait, d'autre part (Cf. Ch. dép., 18 mai 1923, Déb. parl., p. 1982), la base d'une différenciation et la raison d'une bonification de moindre importance (1/4 au lieu de 1/3) pour les territoires civils de l'Afrique du Nord, pour lesquels, d'ailleurs, le projet primitif ne spécifiait aucun avantage.

688. — Pour autant, la succession des mesures et la différenciation des avantages au profit des fonctionnaires ayant servi hors d'Europe devait poser, dans la pratique, des questions de cumul de ces avantages et, en droit, celle de connexité de ces mesures. Etant donné, d'une part, l'existence dans les deux lois de 1853 et de 1924 des mêmes distinctions quant aux services, sédentaires ou actifs, en Europe ou hors d'Europe, il était fatal qu'en l'absence d'une disposition législative le prohibant fût réclamé le cumul des avantages respectivement afférents à l'accomplissement justifié de services actifs et de services hors d'Europe : or, les deux classifications étaient et demeurent absolument distinctes; très certainement, une telle interdiction ne pouvait légalement procéder du règlement d'administration publique du 2 septembre 1924, et il est patent que, là où elle a été voulue à l'encontre de certaines catégories d'agents nouvellement classés dans la partie active (V. par ex. L. 13 avril 1898, art. 45), elle a été spécifiée par le législateur lui-même. D'où, plusieurs arrêts ayant reconnu à des agents de contributions directes et à des institutrices notamment, après 25 ans en Algérie dans des emplois classés comme actifs, le droit aux bonifications pour services hors d'Europe et à la liquidation de la pension selon les règles [minimum de la 1/2 des émoluments moyens; maximum des 3/4 à 37 ans 1/2 de services, si les annuités supplémentaires, au taux de 1/50 afférent aux services actifs, atteignent le nombre de 12 1/2] applicables aux agents comptant au moins 15 ans de services dans la partie active : Cons. d'Et., 17 juin 1917, Reynaud ; 20 juillet. Siché ; 3 août, Cristofini; 4 août, Armand et Raynaud, Leb. chr., p. 684, 815, 925, 953, 954.

689. — Etant donné, d'autre part, la réserve énoncée, dans l'art. 77 de la loi de 1924, au profit des agents alors en fonctions, des dispositions antérieures « plus favorables », il était indiqué de grouper ces dispositions et surtout d'apercevoir dans chacune des législations leur caractère de connexité : les mêmes services ne peuvent donner titre à la fois au taux de majoration prévu par la loi de 1853 et à la limite d'âge calculée conformément à celle de 1924. D'où un arrêt, aussi net que ceux rappelés au numéro précédent, qui à un professeur d'enseignement secondaire ayant accompli dans les territoires civils de l'Afrique du Nord moins de 15 années de services sédentaires a fait application, quant à ces services, de l'art. 9 de la loi de 1924 et de l'abaissement de limite d'âge qu'en l'hypothèse il autorisa, mais qui n'en admit la majoration que réduite (à un 1/4 en sus de leur durée réelle) selon la règle nouvelle aussi de ce texte : 24 novembre 1932, Pegorier, p. 989.

690. — Sur un autre terrain la même notion de *services actifs*, face à des services militaires, a perpétué la controverse, encore qu'elle n'eût ni issue ni raison. Au temps de l'art. 9 de la loi de 1853, et parce que celui-ci ne faisait certainement état que de services civils de douze ou dix années soumis à retenue et rémunérés conformément aux dispositions de la loi (Cons. d'Et., 6 mai 1858, Chartrand, Leb. chr., D. 59.3.11 ; — 4 août 1870, Delaunay, p. 943), ce fut prétention malavisée de la part de certains agents de faire réunir au temps de leurs services civils dans une administration préfectorale des services militaires : ceux-ci, encore qu'ils eussent servi à l'Etat, ne pouvaient être comptés que suivant les règles admises pour les pensions militaires, comme complément de services civils dans une administration publique : 18 mars 1858, Vaux, Leb. chr. Sous l'empire des art. 10, 18, 12 et 13 de la loi de 1924, et parce que de ces deux derniers textes l'un ne prévoit, quant à la constitution du droit à pension, aucune assimilation des services militaires à des services civils actifs, et parce que l'autre se rapporte exclusivement à la liquidation, n'a pas été davantage reçu un ouvrier immatriculé d'établissement industriel de l'Etat, ayant opté d'abord pour le régime des pensions militaires prévu par la loi du 21 octobre 1919 et ultérieurement admis au régime des pensions civiles (art. 74 L. 14 avril 1924), à faire regarder ses services militaires comme équivalents à des services civils actifs, susceptibles à ce titre d'entrer en compte dans la computation des 15 années de services dans la partie active génératrice du droit à pension d'ancienneté des fonctionnaires civils à 55 ans d'âge et 25 de services : 17 juillet 1931, Leleu, p. 799, D. hebd., p. 511.

691. — 2° Des dispositions de faveur, par dérogation à la règle générale, sont de coutume ou nouvelles quant à l'effectivité des services, à des concours dans les services civils rendus à l'Etat, à la computation des services concourant à l'établissement du droit à pension...

a) L'une a pour objet les *services militaires* effectifs. Leur décompte en vue de la constitution du droit à pension, par rapport à la durée du service requise pour l'ouverture du droit, avait été, sous l'empire de la loi de 1853, fort disputé et, après quelque incertitude (Cf. Av. Cons. d'Et., sect. fin., 24 décembre 1857, Fine et Larribau ; — 10 juin 1885, Ogé, D. 88.3.45 note 3), repoussé par une stricte application des textes, et pour le motif, fondé en droit et induit de la volonté du législateur, qu'aucune disposition de loi postérieure au 9 juin 1853 n'avait admis l'assimilation des services militaires aux services actifs tels qu'indiqués dans le tableau n° 2 annexé à la loi : Cons. d'Et., 10 juillet 1869, Gury, Leb. chr., p. 678, S. 70.2.277; — 7 janvier 1887, Baumgarten, p. 13, S. 88.3.51, D. 88 3.45. L'art. 2 L. 30 décembre 1913 (S., *L. ann.* 1915, p. 801) admit, au contraire, la fusion en un tout des uns et des autres et améliora le pro-

cédé de la liquidation de la pension pour la partie comprenant les services militaires non rémunérés déjà par une pension (Rpr. 18 janvier 1901, Villebanois, p. 46, S. 03.3 79. — *Contra*, quant à l'allocation temporaire d'une solde de réforme : 11 janvier 1895, Agel, p. 26, S. 97.3.22, D. 96.3.10; — 5 août 1898, Boyer, p. 634, S. 01.3.20) en mettant ceux-ci sur le pied des services civils, si l'intéressé y avait avantage, et à condition qu'ils ne lui valussent pas d'autre bonification que celle prévue à l'art. 10 de la loi de 1853 : Cf. Rapp. Renard, Ch. dép., 18 mars 1913, S., *L. ann.* 1915, p. 802 note 3. Ainsi s'institua une coutume législative, qui a été suivie en l'art. 13 de la loi de 1921 : Cf. Rapp. Henry Bérenger, Sén., 29 novembre 1923, et au regard de laquelle même a été réservé expressément (Quest. Lamy, et rép. Lugol, Ch. dép., 23 mai 1923, Déb. parl., p. 2064) tout « statut plus favorable », s'il en peut exister. En fait, être demeuré en activité de service civil durant la mobilisation n'ayant pas été tenu (13 juin 1928, Solomiac, p. 745) pour exclusif de l'application de l'art. 13, la liquidation des services militaires comme services civils actifs est apparue comme la plus avantageuse : Rpr. 1er avril 1927, Carrière, p. 431 ; — 30 mai 1930, Fossey, p. 586; — 17 juillet 1931, Leleu, p. 799.

692. — En cet état de la législation toute son autorité demeure à la jurisprudence qui s'était dégagée touchant les conditions du concours, et spécialement au point de vue de l'effectivité des services : Concours, à la manière de tous les autres services rétribués par l'Etat, du jour où ils sont valables pour la retraite, d'après les lois en vigueur au moment de leur achèvement et computation, sauf quelque règlement extraordinaire et spécial : Av. Cons. d'Et., sect. fin., 9 octobre 1873, 3 décembre 1879... Effectivité, *i. e.* réalité et régularité d'un service commencé et accompli dans les conditions légales : *a contr.* Cons. d'Et., 16 décembre 1881, de Wogan, Leb. chr., p. 1007. S. 83.3.45, D. 83.3.25, et ayant nature de service susceptible d'ouvrir un droit à une pension militaire : *a contr.* 11 mai 1883, Valette, p. 452, S. 85.3.25; — 7 août 1900, Raby, p. 562, S. 03.3.16; — 12 juillet 1911, Lucas, p. 817, S. 14.3.49. — Il semble aussi que, nonobstant l'échec qui a été infligé à la règle rigoureuse et saine (Cpr. 7 février 1856, Desgranges, Leb. chr., S. 56.2.730; — 15 juin 1894, d'Angelis, p. 410, S. 96.3.87, D. 95.3.67) de la non-rétroactivité par l'un ou l'autre des ci-devant art. 50 L. 28 avril 1893 et 2 L. 30 décembre 1913, ordonnant « la liquidation militaire ...conformément au tarif en vigueur au moment où le fonctionnaire a été admis à la retraite », il y ait lieu de soutenir encore (Cpr. 30 novembre 1894, Dupuy, p. 638, S. 96.3.149, D. 95.3. 67) qu'à l'heure présente comme précédemment (23 avril 1880, Chevalme. p. 399) il y a lieu, pour la fixation de la pension, au cas de concours de services, à deux liquidations, *i. e.* à une liquidation distincte des services militaires à ajouter aux civils.

693. — D'une pensée semblable d'avantage ou de récompense de certains services paraît ressortir la disposition neuve de l'art. 14 alin. 2 de la loi de 1924 (Amend. Hirschauer et de Lubersac, Sén., 13 décembre 1923, Déb. parl., p. 1878) au sujet des *services aériens* exécutés par le personnel civil, de l'ordre de ceux donnant droit, selon l'art. 37, pour le personnel militaire ou marin à des bonifications : chaque période biennale de pareils services emporte « réduction d'une année de l'âge minimum de la retraite ». La disposition ne bénéficie très certainement (Cf. déclar. min. fin. de Lasteyrie, *ib.*) qu'au personnel des services navigants aériens, à l'exclusion de tous services à terre de l'aéronautique; par ailleurs, lorsqu'elle trouve occasion, la bonification ne peut, en aucun cas, par période de douze mois consécutifs, dépasser deux ans (Cf. *infrà* ; Cons. d'Et., 8 novembre 1932, Froussard, Leb. chr., p. 928), ni se cumuler au-delà de ce chiffre avec des bonifications obtenues pour d'autres causes.

694. — *b)* Une autre a pris en considération les services militaires accomplis par les fonctionnaires civils *anciens combattants*. — Tout au plus, dans le passé, avait-il été question d'une assimilation et fait état des services rendus dans la Garde nationale mobilisée aux services de l'armée active, — équivalence et computation limitées, d'ailleurs, et justement, à ceux rendus de la mobilisation à la fin (7 mars 1871) de la guerre : Cons. d'Et., 1er février 1901, Galopin, p. 114, S. 03.3.91. A la suite de la Grande Guerre, une pensée de « justice » et de « compensations » au profit de ceux qui, dans les tranchées ou de leurs postes dangereux, éloignés de leurs fonctions civiles, furent désavantagés dans leur carrière, fit échapper le texte, qui est devenu l'art. 14 de la loi de 1924, aux propositions de disjonction (Sén., 13 décembre 1923, Déb. parl., p. 1878) : les bénéfices de campagne susceptibles, sous forme d'annuités supplémentaires, d'advenir de ces services entrent dans la liquidation de la pension sur le pied rigide de 1/50 du traitement moyen, le système n'ayant point prévalu de la commission de la Chambre des députés qui, avec une complexité sans raisons, faisait varier la quotité suivant la nature du service, actif, sédentaire ou colonial, du mobilisé à la cessation de ses fonctions. Seuls en bénéficient les « anciens combattants », au sens de ce terme dans la loi du 14 avril 1924 elle-même (art. 79 compl. par art. 26 L. fin. 9 décembre 1927 ; *Duv.*, p. 734 et art. 80), et antérieurement de celle du 30 janvier 1923 sur les emplois réservés, et spécialement de l'art. 2 du règl. adm. publ. du 13 juillet suivant : militaires et marins qui, au cours des hostilités, se sont trouvés, soit après, soit avant l'institution de l'indemnité de combat, dans une des situations prévues comme donnant droit à une indemnité par les instructions ministérielles « auxquelles, il faudra en chaque cas se référer » (Cf. Rapp. Lugol, Ch. dép., 29 février 1924). Cette qualification a été maintes fois mise en cause, mais toujours, à bon droit, entendue et appliquée strictement : 1er avril 1927, Carrière, p. 431 ; — 8 février 1928, Varangot ; 7 mars, Chamart ; 28 mars, Genay ; 31 mars, Dangrois ; 13 juin, Solomiac ; 27 juin, Longueteau, p. 190, 326, 471, 514, 745, 823.

695. — *c)* Une troisième se rapporte aux fonctionnaires et employés civils « qui, sans cesser d'appartenir au cadre permanent d'une administration publique et en conservant leurs droits à l'avancement hiérarchique, sont *rétribués en tout ou en partie sur les fonds de collectivités*, départements, communes, colonies, d'établissements publics ou privés, ou de gouvernements étrangers. Position depuis longtemps réservée, à quelques variantes ou compléments de mots près, depuis la loi du 9 juin 1853, art. 4 al. 3 (Cf. sur sa portée Cons. d'Et., 27 mars 1874, Damesme, Leb. chr., p. 296). La raison qui la fonde, et l'autorisation donnée au fonctionnaire d'accepter le poste offert qui la traduit, est l'idée, la présomption d'un service utile, ailleurs que dans le cadre d'origine et des établissements de l'Etat (4 novembre 1931, Troupel, p. 946), des intérêts politiques, administratifs, scientifiques ou commerciaux du pays (30 avril 1867, Poirel, p. 418 ; — 6 février 1874, Ignou, p. 141, D. 74.3.92...). Progressivement élargie (Rpr. et Cpr. des discussions, à propos des commissaires de police, Av. Cons. d'Et., 20 mai 1873, et L. fin. 16 avril 1895, art. 29 ; — Cons. d'Et., 14 décembre 1854, Salvaige de la Cipière, Leb. chr., D. 55. 3.64 ; — 15 mai 1869, Lemarchand-Delcassel et Cazaintre, p. 489, 491 ; — 9 mars 1883, Mallet, p. 257, D. 84.3.110...), elle a pris dans l'art. 15 de la loi de 1924 la forme d'un rappel des règles établies, quant au détachement de l'ensemble des fonctionnaires civils, par l'art. 33 L. 30 décembre 1913 (*Duv.*, 1914, p. 71), — étant observé que, s'ils n'y furent pas tous reproduits, les alinéas de cet article, spécialement les quatre derniers, ont gardé toute leur valeur (Cf. Rapport Lugol, Ch. dép., 1er avril 1922). La prise en considération est dûment posée, en règle, pour le calcul de la pension, de « la moyenne des traitements et émoluments dont le fonctionnaire aurait joui pendant les trois dernières années, s'il eût été rétribué directement par l'Etat ». L'obligation des retenues sur le traitement d'activité afférent au grade et à la classe dans le service d'Etat en est une autre condition : 23 février 1929, Le Vourch, p. 248 ; leur perception accidentelle, et par erreur, sur une autre base, par ex. sur le traitement d'Europe afférent à l'emploi colonial, ne serait d'aucun effet, du point de vue de la retraite, au-delà des droits accordés par ledit art. 33.

696. — Un double complément a été apporté à ce régime par le D.-L. 30 juin 1934, art. 1 (*Duv.*, p. 281) :

D'une part, sous forme d'addition aux retenues d'une contribution aux charges résultant pour l'Etat de la constitution de la pension, dont le taux est fixé à 12 % dudit traitement et le versement au Trésor imposé, soit à la collectivité ou à l'établissement public près de qui l'agent est détaché, et à compter de ce détachement, au cas d'agents rétribués sur les fonds des départements, communes, colonies, territoires à mandat ou établissements publics, soit à l'intéressé lui-même, et à compter du premier jour de la quatrième année suivant ce détachement, si celui-ci est fait auprès d'établissements privés. — Elle n'est pas exigible au regard ou au sujet des agents détachés auprès

de gouvernements étrangers ou envoyés à l'étranger pour y exercer un enseignement ou remplir une mission d'expansion française ;

D'autre part, par la limitation à un maximum de six années, par périodes renouvelables, des détachements susceptibles d'être accordés auprès d'établissements privés, — cette limitation étant déclarée inapplicable aux fonctionnaires ou agents détachés résidant à l'étranger, aux colonies, pays de protectorat ou territoires sous mandat, — et, là où elle joue, assortie, au terme dudit délai, pour le fonctionnaire, soit de l'obligation de reprendre ses fonctions dans l'administration d'origine, soit de la perspective d'être placé dans une position ne lui conférant plus aucun droit à l'avancement ou à la retraite.

697. — 3° Des dérogations expresses aux conditions de droit commun ont été spécifiées :

a) Ici, en forme d'*abandon de la condition d'âge*, au regard de l'agent civil de l'Etat reconnu par le ministre, après avis d'une commission de réforme, hors d'état de continuer ses fonctions (art. 8 dern. al., mod. art. 74 L. fin. 31 mars 1932). — C'est, pour l'essentiel, un prolongement du droit pour le ministre (ou l'administration, par exemple celle des douanes, Ord. 30 janvier 1822, art. 9, à qui délégation en avait été régulièrement faite : Cons. d'Et., 8 août 1896, Graziani, Leb. chr., p. 673, S. 98.3.112, D. 98.3.12) de dispenser de la condition d'âge et de mettre à la retraite d'office les agents comptant la durée de services requise : il fut justifié, comme « nécessaire pour assurer le recrutement de certains emplois et le fonctionnement de certaines administrations, celles des douanes ou des eaux et forêts, par exemple » (Rapp. Lugol, Ch. dép., 1er avril 1922). — C'est, quant à la condition de forme, l'affirmation et l'institution comme règle d'une pratique qui fut longtemps entravée, notamment pour les fonctionnaires de l'ordre judiciaire, et à laquelle avait tendu la section des finances du Conseil d'Etat (Cf. Cons. d'Et., 31 août 1881) pour mettre ordre aux contestations sur l'état d'invalidité physique ou morale du fonctionnaire et aux essais de présenter la mesure comme révocation déguisée : Cf. Cons. d'Et., 11 décembre 1896, Faure, p. 826, S. 98.3.141, D. 98.3.30. La mesure continue à n'être, par elle-même et de sa nature, susceptible d'aucun recours : 27 janvier 1893, Laruelle, p. 72, S. 94.3.118, D. 94.3.22 ; — 30 novembre 1894, Drion, p. 635, S. 96.3.148, D. 95.3.67.

Un avis consultatif précède la décision ministérielle ; c'était, d'après la loi de 1924, celui d'un médecin assermenté *i. e.* attaché à une administration : le gouvernement avait entendu ne pas renoncer à ses prérogatives et la sauvegarde des intérêts des finances avait été réclamée (Ch. dép., 23 mai 1923, 5 avril 1924. Déb. parl., p. 2061, 1833). La préoccupation a persisté, encore que sur le deuxième chef elle semble moins assurée ou compliquée d'autres soucis ; l'art. 74 L. fin. 31 mars 1932 a substitué à l'avis du seul médecin assermenté celui de la commission de réforme prévue à l'art. 20 [Sic, *L. ann.*, p. 512, et Dall. *C. adm.*, II, p. 608, disent, à tort, d'après le *J. off.* : 92] de la loi de 1924, où, à côté du médecin et des agents désignés par le ministre, siègent deux membres même service que l'intéressé élus par leurs collègues. En pareil cas, d'un agent demandant à être dispensé de la condition d'âge et produisant un certificat médical favorable, le préavis de six mois requis à l'art. 11 al. 2 de la loi a été formellement abandonné : Ch. dép., 23 mai 1923, *ib.*, p. 2062 ;

698. — *b)* Là, sous le voile d'une réduction de pension par *suppression de la condition de services* : sur leur demande ou d'office, les fonctionnaires civils ayant atteint 60 ans d'âge peuvent demander à être pensionnés, à condition, en outre, d'avoir accompli 30 ans de services (art. 8) ou, à défaut, d'être entrés au service de l'Etat après leur trentième année (art. 29) ; auxquels cas la date de leur radiation des contrôles est celle même indiquée par eux, sous réserve d'un préavis légal de six mois (art. 11 al. 2), à moins que le ministre, ou bien n'attende pas l'expiration du délai, ou bien prononce à une époque de son choix l'admission à la retraite, ou bien diffère ladite date de six mois au plus comptés du dépôt de la demande. — L'art. 8 n'est qu'une concrétisation de la présomption d'invalidité ou d'incapacité de servir, qui est à la base du régime. L'art. 29 est système nouveau en ce que, d'une part, de celui constitué, soit par l'art. 15 L. 30 avril 1920 pour les réformés de la Grande Guerre, soit par l'art. 31 L. 29 avril 1931 pour tous fonctionnaires, entrés, les uns ou les autres, après leur trentième année et ne réunissant pas les conditions de services exigées pour l'obtention d'une pension d'ancienneté (Cf. Cons. d'Et., 13 juillet 1932, Baquet, Leb. chr., p. 729) au service de l'Etat, il abrogeait la règle de capitalisation, à fin de constitution d'une rente viagère à 60 ans, à la Caisse nationale des retraites, au cas où les intéressés déjà affiliés à la Caisse ne demanderaient pas, dans un délai de six mois, leur maintien sous ce régime, — et que, d'autre part, il lui substituait le calcul de la pension à 60 ans d'âge sur le pied de 1/30 ou 1/25 de la pension minima d'ancienneté pour chaque année de services. Il allait de soi, et il a été, d'ailleurs, reconnu (Déclar. Lassudrie-Duchêne, commiss. du gouv., sur quest. Claude Petit, Ch. dép., 5 avril 1924, *J. off.*, Déb. parl., p. 1836) que cette pension minima est, le cas échéant, grossie de toutes bonifications pour campagnes ou services aux colonies acquises au cours de la carrière.

699. — Plusieurs cas furent signalés, au cours de la discussion, où la lettre strictement appliquée de l'art. 29 déterminerait des injustices : celui notamment d'inspecteurs du travail des chemins de fer obligés par l'Etat à un stage de cinq années dans une administration ferroviaire, — ou aussi des maîtresses des écoles « facultatives », régulièrement nommées par l'inspection académique ou l'administration préfectorale (Cf. Cons. d'Et., 28 juillet 1926, Enaux, Leb. chr., p. 801), rétribuées par les communes et demeurées plusieurs années sans subir de retenues sur le traitement ou effectuer de versements à la caisse des retraites. Etude fut promise et renvoi fait au règlement d'administration publique.

700. — 4° L'augmentation inquiétante des crédits budgétaires au titre des pensions, la traduction des graphiques en milliards (de 3, au lendemain de l'armistice, elle est passée au-delà de 7), a, comme il était forcé, débordé le système législatif ci-dessus regroupé des pensions d'ancienneté et déclenché une réaction, tout au moins des mesures d'arrêt :

La première, administrative, Circ., 13 août 1930 (Canal, *op. cit.*, p. 433), pour suspendre ce qui eût été (*supra*) l'effet naturel de l'art. 111 de la loi de fin. du 16 avril précédent, à savoir les mises à la retraite d'office et le maintien en fonctions sur leur demande des agents n'ayant pas atteint les limites d'âge prévues par le règl. d'adm. publ. 21 décembre 1928. La double prescription fut, d'une part, de ne plus comprendre dans les états prévus par l'Instr. 4 août 1926 les employés civils non atteints de la limite d'âge et n'ayant pas demandé leur mise à la retraite; d'autre part, de maintenir en leurs fonctions, dans les conditions des fonctionnaires attendant la délivrance de leur brevet de pension, les employés mis selon l'art. 111 à la retraite d'office avant la limite d'âge et non encore remplacés dans leur emploi;

701. — La deuxième, légale, art. 72 L. fin. 31 mars 1932 (Duv., p. 149), pour définir les cas et aggraver les conditions de l'admission à la retraite d'office : Hormis les cas d'intérêt du service, point de mise à la retraite avant les limites d'âge, telles qu'elles résultent, pour l'ensemble des fonctionnaires, de l'art. 8 al. 3 de la loi de 1924, ou avant le temps révolu de la prorogation accordée aux affectés sur leur demande dans une arme combattante par l'art. 30 L. fin. 30 juin 1930 (Duv., p. 454); — Nécessité, selon que les incapacités de service résultent « de l'invalidité physique du fonctionnaire... ou d'un état d'invalidité morale inappréciable pour les hommes de l'art », d'un avis de la commission de réforme prévue à l'art. 20 de la loi de 1924 (*supra*, n° 693), ou bien de celle prévue par les décrets pour assurer l'application de l'art. 28 al. 1 L. fin. 31 décembre 1920 (S., *L. ann.* 1925, p. 1786), le fonctionnaire entendu; — Retraite d'office, par mesure disciplinaire, au cas d'exercice insuffisant de l'emploi, après avis du conseil des directeurs complété de deux représentants du personnel.

b) *Pensions militaires.*

702. — Elles ne présentent de singularités que dans la mise en œuvre de la double condition d'âge et de durée des services :

La première, sur cette donnée, tout à fait stricte, d'une part, que la limite d'âge, spéciale à chaque grade, a cet effet d'empêcher le maintien en activité, dès qu'elle est atteinte, même si n'existe pas le temps de services requis, et, d'autre part, que l'accomplissement de ce temps suffit à constituer l'ancienneté permettant la mise à la retraite d'office, même si la limite d'âge n'est pas atteinte. C'est constater, pour autant (Cf. Jèze, *op. cit.*, p. 276), la possibilité ou l'éventualité de la mise à la retraite, d'office ou sur demande, du militaire dès le temps de service rempli, abstraction faite de son âge, et l'obligation de cette mise à la retraite d'office, dès la limite d'âge atteinte, sans plus de considération de la durée des services. La seule exigence, en l'espèce, est d'un décret, une simple décision ministérielle n'y pouvant suffire : solution toute traditionnelle (Cons. d'Et., 30 juin 1853, Dumas, Leb. chr., p. 656, S. 54. 2.278; — 12 mars 1875, Vimont, p. 232, S. 77.2.59, D. 75.3.107), apparaissant au travers de certains arrêts comme de droit public et intolérante de toute dérogation : 29 novembre 1895, Lamercy, p. 767, S. 97.3.149, D. 96.3.92;

703. — La deuxième, sur une distinction plus stable que celle des services sédentaires et actifs (*supra*, n° 686) entre officiers et non-officiers :

A. Des officiers des armées de terre et de mer le temps exigé pour constituer droit à pension d'ancienneté, au terme duquel naît comme une présomption d'incapacité à exercer la fonction, est, en règle, de trente ans de services effectifs, compte tenu, le cas échéant, des dispositions des art. 31 (point de départ de ces années) et 32 (entrée en compte des services civils) de la loi du 14 avril 1924.

704. — La règle est dorénavant générale. Les art. 7 L. 4 août 1839, 8 L. 17 juin 1841 (armée de terre) et 7 alin. 1 et 2 (armée de mer) avaient conféré aux officiers généraux le privilège de ne pouvoir être mis à la retraite d'office que sur leur demande et par démission : Cons. d'Et., 6 mars 1856, Lebreton, Leb. chr., p. 175, S. 57.2.69, D. 56.3.68, ou à raison de mesures disciplinaires prévues par la loi du 19 mai 1834 sur l'état des officiers : 28 décembre 1877, West, p. 1049, S. 79.2.308 ; — 10 juillet 1891, Hubert Castex, p. 535, S. 93.3.85... Le seul moyen ouvert au gouvernement à l'encontre de ceux qui ne sollicitaient pas, de leur plein gré, l'admission à la retraite et qu'il n'affectait pas à des comités d'armes jusqu'à l'achèvement de leur carrière ou ne mettait pas dans la position de disponibilité jusqu'à l'âge fixé pour leur entrée dans la section de réserve, était de les désinvestir de leur emploi en les faisant passer au cadre de réserve (2ᵉ section); toutefois leur remplacement dans le grade demeurait impossible; de là, des inconvénients en temps de paix comme pour la mobilisation, justement dénoncés. Un projet d'abrogation de la loi de 1839 introduit en 1910 et le vote de la loi du 16 février 1912 (S., *L. ann.*, p. 287), tout en augmentant les garanties de procédure pour les officiers généraux admis à la retraite d'office (Cf. Rapp. Messimy, Ch. dép., 30 janvier 1911, Doc. parl., p. 107), les ramena au droit commun et, en outre, par modification de l'art. 8 L. 13 mars 1875, sur la constitution des cadres et des effectifs, a permis leur classement par anticipation dans la section de réserve, auparavant impossible hors une raison de santé dûment constatée. La parité avec les autres officiers fut ainsi établie quant à la possibilité de mise à la retraite et au temps de cette ancienneté requise pour l'ouverture du droit à pension. La seule différence persistante est (art. 2 L. 1912) que, s'agissant des officiers généraux et des fonctionnaires militaires de grades correspondants, la mesure exige un rapport motivé du ministre de la guerre et, selon qu'elle est déterminée par des raisons de santé ou toute autre cause, soit l'avis conforme d'un conseil de santé composé de trois médecins inspecteurs généraux ou médecins inspecteurs, soit la consultation au scrutin secret du conseil supérieur de la guerre;

705. — Par faveur, ce temps est de 25 ans (art. 30, alin. 1, 2) :

a) Pour tous officiers de toutes armes ou de tous corps ou services justifiant de 6 ans de services hors d'Europe ou en navigation, quel que fut le lieu de leur naissance, et quelle qu'ait été la date de ces services, et sans qu'existe, en ce cas, la condition exigée par l'art. 36-C 1° (bénéfice de campagnes) d'avoir été « envoyés d'Europe »;

b) Pour ceux qui ne satisfont pas à cette condition des 6 ans pour avoir été placés en non-activité à raison d'infirmités temporaires et reconnus par un conseil d'enquête non susceptibles de rappel à l'activité : Cf. les prescriptions relatives aux officiers en disponibilité : Instr. n° 0225/Ad. 4 juin 1926, av. additif n° 0257, 13 janvier 1927. A défaut de 25 ans de services et après trois ans de non-activité, les officiers de cette catégorie ne peuvent qu'être mis en réforme : Avis Cons. d'Et., sect. fin., 12 juin 1928, *Rec. min. Pens.*, IV, p. 403;

Enfin *c*) par assimilation au service en navigation (art. 30, alin. 4), aux officiers des armées de terre et de mer faisant partie des personnels volants ou navigants de l'aéronautique (Cf. *supra*, n° 693), moyennant la preuve de quatre années de pareils services aériens exécutés dans les conditions de l'art. 37 et des décrets d'exécution (Cf. Rapp. et D. 26 juin 1925, *Bull. off. min. Guerre*, 1925, n° 28, p. 1665).

706. — Aux officiers des troupes coloniales un régime a été spécialement fait pour le temps passé entre le 2 août 1914 et le 11 novembre 1918 dans des formations ouvrant droit au bénéfice de la campagne double, sur l'un quelconque des théâtres d'opérations autres que les colonies ou pays de protectorat ou en mission auprès des commandants des troupes des Etats alliés, — demeurant bien entendu toujours (Cf. *a contr.* Cons. d'Et., 6 janvier 1853, Gallice, Leb. chr., p. 40, D. 53. 3.33) qu'il ne peut s'agir que de campagnes faites pour le compte de la France, à l'exclusion de celles strictement propres à la puissance étrangère près de laquelle l'officier était en mission. L'art. 10 de la loi du 16 avril 1920 les avait admis, du point de vue de la campagne double, à compter ce temps jusqu'à la cessation des hostilités (D. 23 octobre 1919) pour la moitié de sa durée effective comme temps de séjour hors d'Europe; l'art. 30 alin. 3 de la loi du 1924 fait compter ce temps « pour la moitié de sa durée effective comme temps de séjour aux colonies »;

707. — *B.* Des militaires non officiers l'ancienneté de services effectifs requise pour le droit à pension d'ancienneté est, en règle, de 25 ans (art. 30, alin. 1) — étant réservé, selon l'art. 8 L. 30 mars 1928, la possibilité de réforme pour les sous-officiers de carrière après trois ans de non-activité.

708. — L'application des règles d'âge et de services ci-dessus, comme, d'ailleurs, celle des tarifs, pour les officiers, est de droit pour les militaires indigènes recrutés par voie d'engagement ou d'appel individuel : Cf. art. 42 et 52 D. 31 janvier 1929, Flutet, *op. cit.*, annexe VI, p. 174 sv. La loi n'ayant rien dit de ceux qui ne sont pas recrutés suivant ces modes, il semble juste de tenir leurs droits à pension pour sujets de textes réglementaires particuliers, en raison de la délégation conférée au pouvoir exécutif par l'art. 29 L. 7 juillet 1900 : Cf. les décrets interministériels du 31 janvier et l'Instr. n° 0352/Ad., 5 février 1929, dans Flutet, *op. cit.*, Annexe VI, p. 174-207;

709. — Et aussi pour les militaires de nationalité étrangère servant ou ayant servi au titre étranger, — à moins que, postérieurement à leur libération, ils ne viennent à participer à des actes d'hostilité contre la France (art. 43 L. 1924) : Cf. Rapp. Lugol, Ch. dép., 1er avril 1922. Cet avantage retentit dans les conditions fixées par le texte sur le droit à pension des veuves, et aussi sur la réversibilité aux orphelins. — Il va de soi que ceux ayant servi à titre étranger et devenant Français par naturalisation, et leurs ayants droit, quelle que fût leur nationalité ancienne, s'ils obtiennent eux-mêmes la citoyenneté française, sont régis par les mêmes règles que les militaires d'origine française (Cf. 4 décembre 1930, El-Kolli Mohamed, p. 1826). De fait, la loi du 9 mars 1831, qui créa la Légion étrangère, ne fait état de ces pensions; néanmoins celles-ci ne souffrirent point de difficulté en jurisprudence : un argument tiré du droit du gouvernement d'établir des dispositions sur le recrutement des corps étrangers fut inopérant, et la Légion reconnue comme faisant indiscutablement partie de l'armée française : Cons. d'Et., 20 juill. 1894, Ategier, Leb. chr., p. 494, S. 96.3.111, D. 95. 3.71; — 6 avril 1895, Amann, p. 352, D. 96.3.43. C'est cette jurisprudence qui a été formellement consacrée par l'art. 43, et augmentée des décisions sur l'obligation de faire compte dans le calcul de la pension des services accomplis dans la Légion en suite des engagements régulièrement contractés à partir de l'âge de dix-huit ans : Cf. 4 août 1927, Durand, p. 956; — 17 juillet 1929, Bachasson, p. 750. Rpr. 4 avril 1925, Lafontan, p. 402.

2° *Les pensions militaires proportionnelles.*

710. — *A.* En 1879, le dessein, en améliorant leur sort, de faciliter le recrutement et le rengagement des sous-officiers détermina, pour eux, et eux seuls, un système de pensions proportionnelles au temps de services accomplis : L. 18 août 1879, art. 3, mod. 18 mars 1889, art. 13 et 32, et 15 juillet 1889. art. 63 et 68, pour l'armée de terre; — 5 août 1879, art. 3, et 26 janvier 1897, pour celle de mer, — sous des règles sensiblement les mêmes, sauf cette différence prééminente qu'au lieu que, pour les sous-officiers de l'armée de terre et les

militaires de tout grade de la gendarmerie rengagés et commissionnés, existait un droit véritable à pension, il n'y avait, pour les officiers mariniers, magasiniers de la flotte, seconds-maîtres et quartiers-maîtres armuriers, matelots de toutes spécialités des équipages de la flotte..., que faculté pour le ministre de les récompenser s'il le jugeait convenable. Des difficultés s'étant élevées sur le tarif applicable à la liquidation (Cf. Cons. d'Et., 26 juillet 1895, Gagnard, Leb. chr., p. 619, S. 97.3.130; — 17 janvier 1896, Semeric, p. 56; — 4 mars 1898, Santoni, p. 189, S. 1900.3.13, pour l'armée de terre; 20 mai 1898, Etienne, Leb. chr., S. 1900.3.58, et 5 août, Penigaud, p. 632), une loi du 11 juillet 1899 y mit fin par l'établissement d'une règle générale uniforme de calcul d'après une quote-part de la pension d'ancienneté. Moyennant quoi la ligne générale du système fut de retraite proportionnelle pour les sous-officiers à trente-trois ans d'âge et quinze de services effectifs; elle fut défendue, comme de juste, par le Conseil d'Etat au préjudice des militaires ayant quitté les drapeaux, se faisant ensuite commissionner dans le seul but de rester au service, non cinq années consécutives au commissionnement, mais le seul temps nécessaire à acquérir pension proportionnelle, et démissionnant aussitôt après : 21 décembre 1894. Babad, p. 711, S. 97.3.8, D. 96.3.5. — Cpr., sous l'empire des lois du 13 mars et du 15 décembre 1875, 22 décembre 1882, Simon, p. 1077...; — 12 avril 1889, Leclercq, p. 524, D. 90.5.381 : ces décisions, rigoureuses sans doute, dans la mesure où elles aboutissaient à faire situation pire aux commissionnés d'après le départ de l'armée, en exigeant d'eux un total de plus de cinq années de services comme commissionnés, étaient dans la ligne et l'esprit de l'art. 68 § 11 de la loi du 15 juillet 1889.

711. — La nouvelle législation des pensions n'apporta obstacle ni changement à l'exercice du droit reconnu par les lois de recrutement aux personnels non officiers des armées de terre et de mer, ainsi qu'en dispose expressément l'art. 32 du décret du 2 septembre 1924 : Cons. d'Et., 8 juillet 1927, Rabeaud, Leb. chr., p. 770; par contre, elle a étendu aux officiers, à titre extraordinaire, ce « régime fort onéreux pour le Trésor..., à raison des conditions particulières prévues pour la jouissance de ces pensions, et parce que la situation actuelle de l'armée paraît justifier cette exception aux principes, propre à favoriser le départ des éléments en excédent » (Rapp. Lugol, Ch. dép., 1er avril 1922). D'où, le défaut certain de toute rétroactivité : 18 janvier 1928, Marcout; 18 juillet, Renaut, p. 83, 913; — l'inapplicabilité de l'art. 44 aux pensions déjà concédées : 6 février 1931, Frossais; 20 mai, Jacquet, p. 153, 554; — et surtout ses conditions voulues et maintenues strictes : une disposition (Stuhl, Sén., 12 décembre 1923, *J. off.*, Déb. parl., p. 1840) tendant à accorder pension proportionnelle aux officiers de toute origine justifiant de quinze années de services, tant de guerre qu'accomplis antérieurement, et, de la sorte, à faire réapparaître semblable disposition adoptée par la Chambre dans la discussion de la loi du 16 avril 1920, mais non transmise au Sénat et omise au *Journal officiel*, se heurta à des réserves et à la crainte (Décl. min. fin. de Lasteyrie, *ib.*) de réclamation de pareils avantages par « toutes les associations de fonctionnaires civils ». L'art. 2 du premier des décrets-lois du 30 juin 1934 (*Duv.*, p. 280), pour accuser tout à fait l'esprit de l'art. 44 L. 1924, affirmer l'exclusivité du droit à la pension proportionnelle des militaires ayant consacré au service de l'armée un minimum de quinze années de leur existence et aménager au texte une application conforme à son objet propre, a bien détaché, dans la forme nouvelle qu'il donne à l'alin. 1er du texte, la condition de « services militaires effectifs ».

712. — Outre cette condition, celles établies, dès le principe, au bénéfice de la pension proportionnelle — et à défaut desquelles il n'y a, à dater de la loi de 1924, que perspective non rétroactive (Cons. d'Et., 13 juillet 1926, Decoudier, Leb. chr., p. 741) de remboursement des retenues effectuées sur la solde en vue de la retraite — sont de 15 années de services militaires et de 33 ans d'âge. Celle-ci, d'ailleurs, a été supprimée par la loi du 22 juin 1931 (*Duv.*, p. 234) quant aux militaires et marins ayant contracté un « engagement volontaire avant l'âge de 18 ans entre le 1er août 1914 et le 11 novembre 1918 »; la disposition fut présentée comme n'engageant « aucun supplément de dépense » et susceptible même de « réaliser » une économie pour le Trésor, du fait notamment de la réduction du nombre des annuités entrant en compte pour la liquidation et donc du paiement de la pension à un taux moindre, la vie durant de l'intéressé (Rapp. Gardey, Sén., Doc. parl., novembre, p. 888 ; S., *L. ann.* 1931, p. 262, note 10). Le texte même qui établit cette dispense la refusa aux « élèves des écoles professionnelles de la marine », même engagés pendant la guerre, mais ne les ayant quittées que postérieurement au 11 novembre 1918. Ce n'est là, au demeurant, qu'une autre face de la règle suivant laquelle (Cf. Cons. d'Et., 17 mars 1932, Kieffer, Leb. chr., p. 337) les années d'études accomplies dans les écoles militaires préparatoires comptent comme services à partir de l'âge de seize ans, mais ne sauraient être regardées comme services effectifs au sens de l'art. 44 (Cf. *supra*).

713. — Le jeu du régime, enfin, est restreint (art. 44 alin. 4) :

Subordonné, d'une part, à la détermination annuelle du nombre des retraites proportionnelles par la loi de finances, dans la limite des besoins du service. L'idée contraire, ayant tendu à empêcher cette fixation de préjudicier en quoi que ce fût au principe du droit (Sén., Stuhl, Bourgeois, Hirschauer), affirmait pour les officiers un droit absolu dont la négation était, au contraire, dans les desseins et la contexture de la loi (Rapp. Lugol, Ch. dép., 29 février 1924) ; la vérité pratique est que les pensions proportionnelles ne peuvent être accordées aux officiers, même quand le maximum déterminé annuellement par la loi de finances n'est pas atteint, que dans la limite des besoins du service qu'il appartient au ministre d'apprécier : Cons. d'Et., 8 juillet 1927, Rabeaud, Leb. chr., p. 870 ; — 18 juillet 1928, Barois, p. 912 ;

Différé, d'autre part, moyennant la combinaison consistant à retarder la jouissance de cette pension « jusqu'au jour où l'ayant cause aurait eu droit à une pension d'ancienneté ou aurait été atteint par la limite d'âge, s'il était resté au service » : 20 mai 1931, Giraudeau, p. 554. Procédé de nature, en vérité, à entraver le désencombrement recherché des cadres inférieurs (Hervey, Sén., 12 décembre 1923, Déb. parl., p. 1840), si les dispositions annoncées du projet de la loi des cadres n'y avaient obvié : entre autres, l'art. 2 L. 26 décembre 1925 a admis les officiers des armes et services présentant des excédents à faire, — au cours des deux années suivant sa promulgation, et à condition, soit (art. 2) de réunir au moins quinze années de services effectifs : 26 juillet 1930, Guitard, p. 837, soit (art. 10 alin. 1) d'obtenir un congé de longue durée destiné à parfaire ce maximum de quinze années : 10 juillet 1931, Choppin, p. 764, — une demande d'admission à la retraite avec jouissance immédiate d'une pension proportionnelle ; de même l'art. 2 alin. 2 du décret du 13 novembre 1926, a accordé, pendant le même délai, aux lieutenants à titre définitif, — à condition d'avoir servi en situation d'activité pendant au moins douze années et d'en compter au moins huit dans le grade définitif ou à titre temporaire de lieutenant, — d'être admis, comme capitaines, à la retraite avec jouissance immédiate d'une pension proportionnelle : 2 mars 1932, Trabaud, p. 249. Ensemble complexe, au total, de dispositions, qu'il convient d'entendre en ce sens que la pension des officiers n'atteignant pas quinze ans de services devait être calculée comme s'ils les eussent effectivement accomplis, et que la pension de ceux ayant ces quinze années ou plus le devait être selon les règles de l'art. 44 de la loi du 14 avril 1924, en tenant compte de la durée réelle de ces services.

714. — *B.* Un autre cas de pension proportionnelle, voisin de celui réglé à l'art. 44, parallèle à celui traité à l'art. 29 relativement aux fonctionnaires entrés au service de l'Etat après trente ans, a donné lieu dans l'art. 46 à un renvoi à l'art. 44 et à ses règles d'attribution et de liquidation au profit des officiers et assimilés admis avec leur grade dans les cadres actifs selon la loi du 21 décembre 1916, mais hors d'état d'avoir, au moment de la limite d'âge, du fait de leurs services, droit à une pension d'ancienneté : leur affiliation, décidée par l'art. 7 L. 30 avril 1920 (S., *L. ann.* 1923, p. 1097, note 10), à la Caisse nationale des retraites, toute conforme qu'elle fût à une règle générale, s'adaptait mal à la situation, attendu que le régime de la capitalisation individuelle, pour produire un avantage, implique un long temps d'activité ; de là, l'abandon de la mesure et le retour au système de pension proportionnelle calculée dans les conditions de l'art. 44, mais payée (Cf. observ. J. Fabry, Ch. dép., 31 mai 1923, Déb. parl., p. 2257) immédiatement. — Tel qu'il est ainsi issu des débats parlementaires, l'art. 46 n'a trait formellement qu'aux officiers et assimilés venus de la réserve et ultérieurement admis dans l'armée active :

dès lors qu'il n'y a plus d'armée de réserve ni d'armée territoriale, c'était là la seule rédaction correcte ; proposée et non adoptée au Sénat, elle a été définitivement introduite sur la demande du gouvernement, d'accord avec la commission des finances.

715. — La position dite « en réserve spéciale », sorte de position de retraite anticipée dont le temps ne constitue pas un service effectif et ne peut être admis en liquidation (Cons. d'Et., 12 avril 1930, de Ziemkiewicz ; 14 mai, Gaillard de Saint-Germain ; 31 octobre, Hermant, Leb. chr., p. 476, 503, 887 ; — 10 juin 1931, Le Masne ; 16 juillet, Jacquot. p. 612, 777), — créée par la loi du 11 avril 1911 pour les officiers ayant au moins douze ans de services effectifs, alors que pour eux n'existait pas la retraite proportionnelle (Rpr. art. 41 L. 26 décembre 1925, et Cons. d'Et., 7 mai 1931, Gignoux, p. 499), — semblait n'avoir plus d'intérêt après que, celle-ci instituée, les officiers pouvaient l'avoir d'office, eu égard à la durée des services effectivement accomplis avant leur mise en réserve spéciale. Sa suppression demandée en cet état des choses (Rapp. Henry Bérenger, Sén., 29 novembre 1923) a été refusée (Amend. Le Brecq, Ch. dép., 5 avril 1924, Déb. parl., p. 1840) pour cette raison que l'offre aux officiers d'une retraite proportionnelle, mais différée, n'était pas avantage suffisant à les incliner à quitter l'armée.

3° *Les pensions d'invalidité.*

716. — Elles intéressent, d'évidence, le militaire aussi bien que le civil ; toutefois, du point de vue législatif, cette particularité existe entre les deux ordres qu'au lieu qu'elle fixa tout le régime des retraites civiles, la loi du 14 avril 1924 se borna pour les militaires, touchant les droits à pension fondés sur l'invalidité ou le décès, à un renvoi à celle du 31 mars 1919 et, partant, pour les recours éventuels en la matière (Cf. Cons. d'Et., 3 juin 1931, Delbos ; *a contr.* 1er juillet, Lambert, p. 585, 718), à la compétence des juridictions spéciales, tribunaux départementaux et cours régionales de pensions, instituées par la loi de 1919 : « Cette loi, fut-il dit (Cf. Rapp. Lugol, Ch. dép., 1er avril 1922), est considérée à juste titre par les victimes de la guerre comme une charte à laquelle il ne doit être apporté de dérogation qu'après mûres réflexions. Le règlement des droits fondés sur la durée des services est déjà suffisamment complexe : le domaine de l'invalidité doit rester nettement distinct ». La référence était, du reste, plus aisée à énoncer qu'à mettre en œuvre ; l'art. 47 de la loi de 1924 en porte la trace avec la retouche jugée utile et décidée à l'art. 59 de 1919, *i. e.* à l'ouverture pour les infirmités résultant des services accomplis « pendant la guerre actuelle » d'une option entre la pension d'invalidité pure et simple et la majoration d'une pension proportionnelle à la durée des services par une pension d'invalidité de soldat atteint de la même infirmité ; par bienveillance, mais, d'ailleurs au seul profit des militaires de carrière, la disposition a été étendue « à tous les cas où l'infirmité est attribuable à un service accompli en opérations de guerre ».

717. — *A.* S'agissant donc des pensions civiles d'invalidité, deux séries de textes les prévirent et les conditionnent sur la base, d'une part (art. 19), d'une distinction fort classique (art. 31 L. 9 juin 1853), mais délicate à faire passer en pratique, entre accidents de service et actes réfléchis et spontanés de dévouement, et par la considération, d'autre part (art. 20, 21), de l'impossibilité absolue de continuer le service par suite de blessures, maladie ou infirmité grave dûment établie. — La première est « exceptionnelle », donc sujette à une interprétation stricte tant du point de vue de la non-rétroactivité de la disposition : 25 juillet 1928, Gaby, Leb. chr., p. 947 ; — 5 janvier 1929, Deloncle ; 2 juillet, Boillon, p. 19, 671, que de l'appréciation des circonstances : *supra*, n° 697 ; 14 janvier 1931, Hacart, p. 40 ; — 10 janvier 1931, Perrier ; 23 juillet, Castets, p. 35, 836 ; — 25 janvier 1933, Taillandier, D. hebd., p. 201. Cette appréciation, faite en raison et équité, au surplus, a déterminé et légitimé l'admission selon l'art. 19 au bénéfice d'une pension d'ancienneté, alors qu'au moment où il y faisait valoir ses droits l'intéressé se trouvait déjà, par suite de l'évolution de son infirmité, dans l'impossibilité de continuer son service : 4 juillet 1928, Moysan ; 14 novembre, Maroni, p. 853, 1172. — La deuxième correspond, au contraire, à la normale. Dans la même mesure que, par grande réforme et nouveauté, la loi attache à l'invalidité, quelle qu'en soit l'origine, et donc à l'obstacle à la continuation du service, le droit à pension, elle y met pour contre-partie le droit pour l'administration de mettre d'office le fonctionnaire à la retraite, motif pris de la même cause; le principe et les modalités viennent apparemment de la réglementation libérale (L. 21 juillet 1909, S., *L. ann.* 1910, p. 978) des conditions de retraite du personnel des grands réseaux de chemins de fer d'intérêt général : « c'est seulement en cas d'infirmités dues aux fonctions qu'il y a lieu à pension, selon des règles précises et variées, selon la nature de l'invalidité, l'âge et la durée des services » (Rapp. H. Bérenger, Sén., 29 novembre 1923).

718. — C'est, quant aux formes, par transposition de cette réglementation qu'a été (Cf. Amend. Bouyssou, Rognon, Ch. dép., 23 mai 1923, *J. off.*, Déb. parl., p. 2071), en vue de la constatation de l'invalidité, instituée une commission de réforme. Au surplus, l'institution moins que la composition de cette commission fit difficulté : la commission des finances la laissait discrétionnaire de la part du gouvernement; les auteurs de l'amendement la voulaient déterminée dans le texte; finalement l'accord s'établit en élevant de deux à trois, pour leur assurer éventuellement la majorité, le nombre des représentants du ministre. Un médecin et cinq membres de l'administration la constituent; son rôle est de décider quant à l'existence, l'origine et la gravité de l'invalidité. Consultation nécessaire, et sans doute contradictoire, pour autant que la commission semble n'être pas juge de l'opportunité de l'audition de l'intéressé et que le tout de la procédure ne se borne pas à la prise de connaissance du dossier, à la désignation éventuelle par l'intéressé d'un médecin de son choix et à l'envoi d'observations écrites : *contra* Cons. d'Et., 7 décembre 1927, Wagner, Leb. chr., p. 1173, S. 1928 3.101, D. hebd., 1928, p. 73. Rôle purement consultatif, qui ne lie ni l'autorité compétente pour concéder la pension : 14 janvier 1928, Callu, p. 64; — 24 avril 1929, Rols, p. 418; — 16 juillet 1931, Lemoine, et 16 octobre, Albertini, p. 777, 878, — ni le Conseil d'Etat saisi au contentieux, et qui ne crée aucun droit au profit ou à l'encontre des intéressés : 16 juillet 1931, Lemoine, p. 777; — 12 juin 1929, Delacroix, p. 577. L'irrégularité de la composition ou de la procédure contribuerait à l'annulation de la décision émise et au renvoi de l'intéressé devant l'autorité dûment constituée pour statuer : 21 juin 1933, Colombel, p. 664.

719. — Au fond, c'est, au contraire, par des distinctions et dispositions nouvelles qu'ici encore, sans dérogation au principe de la non-rétroactivité des lois (Cons. d'Et., 5 janvier 1929, Bidault, Leb. chr., p. 18), la matière est traitée aux art. 21 et 22, selon que l'invalidité résulte, ou non, de l'exercice des fonctions : *a contr.* 30 avril 1931, Albertin; 12 mai, Marcangeli, Table, p. 1431.

a) Au premier cas, il n'est plus question de la ci-devant opposition, souvent arbitraire, toujours difficile, de l'accident de service et de l'infirmité résultant de l'exercice des fonctions : l'invalidité seule est envisagée, quelle que soit sa forme (Cf. Rapp. Henry Bérenger, Sén., 29 novembre 1923), et le rapport de causalité entre le service et l'invalidité tenu pour très essentiel (Cf. 23 mai 1930, Brissot: 3 juillet, Bona; 12 novembre, Martin, p. 558, 690, 927), à l'effet de donner lieu, le cas échéant, hors toute condition d'âge et aussi de durée des services, au montant prédéterminé d'une pension (Amend. Pasquet, Sén., 12 décembre 1923. *J. off.*, Déb. parl., p. 1826. — V. *infrà*), quelque peu surélevée, en raison du risque colonial, pour les « fonctionnaires coloniaux retraités pour blessures ou infirmités en service » (art. 21 al. 2) aux colonies, se trouveraient-ils, lors de leur admission à la retraite, en fonctions dans la métropole : 2 novembre 1928, Veyssel, p. 1128; — 28 mars 1931, Hurvois, p. 423. — La caractéristique de cette pension exceptionnelle d'invalidité dans les cas énumérés par l'art. 19 est d'être forfaitaire : elle était fixée uniformément pour tous les bénéficiaires aux 3/4 de leur dernier traitement d'activité, quelle qu'ait été la durée de leurs services; ce qui, à défaut de toute disposition légale contraire, exclut la majoration d'annuités supplémentaires, par ex. au titre de bénéfices de campagne : 20 mai 1931, Maurel, p. 553.

720. — S'agissant des employés, une question, posée au Sénat principalement au sujet des ouvriers immatriculés (Cf. Mauger, 12 décembre 1923, *loc. cit.*), tout ensemble, les intéressait au même titre et devait se résoudre par la négation d'un parallélisme entre les lois de 1898 et de 1924, le refus d'une possibilité de cumul des avantages des deux régimes, la concession tout au plus d'une option entre l'une ou l'autre des

législations : Cons. d'Et., 18 janvier 1928, Mahévo, Leb. chr., p. 82. Aussi bien la question du cumul des rentes accordées par la loi de 1898 comme indemnité des accidents du travail avec les pensions dues, sinon à raison d'accidents de la fonction (le but étant ici et là le même, une option s'impose de par la loi même, art. 11 ou 14 L. 1853), du moins à titre d'ancienneté de services a été fort disputée. La disposition du projet voté en 1893 par la Chambre des députés, qui déclarait la future loi inapplicable aux fonctionnaires agents ou employés soumis au régime des pensions civiles ou tributaires d'une caisse communale ou d'établissement public admettant le droit à pension en cas d'accident (*J. off.*, Ch. dép., Doc. parl., 1893, p. 1681) a disparu sans explication (*ib.*, Sén., Rapp. Poirrier, p. 277). Le Conseil d'Etat, par avis du 20 février-25 mars 1902, s'opposa au cumul, motif pris d'une identité dite absolue, quant à la cause, l'objet et la nature, de l'indemnité et de la pension, mais l'admit au contentieux, 18 novembre 1904, Fauveaux, S. 05.3.145, avec note Hauriou. En vérité, il n'est d'identité que d'objet, celui d'assurer des moyens d'existence à l'agent devenu impropre au service ou à ses ayants cause. Or, la cause de cette inaptitude importe peu et ne saurait apparemment entrer en compte dans l'appréciation du dommage : entre la rente et la pension il y a la différence d'une indemnité découlant du risque professionnel et d'un supplément de salaire dans le temps d'inactivité, ayant même caractère que le traitement de la fonction ou le salaire de l'emploi, différence capitale pour ceux-là qui admettaient ou ont défendu encore la situation contractuelle des agents au service public. Aussi bien, sur ce dernier plan, fort attaqué à juste titre, motif pris des nécessités et de la nature du commerce juridique entre employeurs et ouvriers (Cf. Laferrière, *Tr. de la jurid. adm.*, t. 2, p. 195; Duguit, *L'Etat*, t. 2 : Les gouvernants et les agents, p. 564 sv.; Hauriou, note S. 05.3 145), la thèse du *cumul par les ouvriers de l'Etat des pensions de retraite et des rentes accordées par la loi de 1898 en cas d'accidents du travail* fut-elle soutenue (Joseph-Barthélemy, dans *Rev. de sc. et de législ. fin.*, IV, 1906, p. 24-49, encore qu'elle offre « une certaine inélégance juridique », mais parce qu'en l'état actuel des textes le législateur, qui seul l'eût pu, a manqué de fixer au montant du salaire le maximum de ce que, du fait de ce cumul, peut recevoir l'ouvrier de l'Etat. Une ventilation serait, selon toute apparence, l'expression, difficile à atteindre, mais convenable, de la « justice absolue » (Hauriou, note précitée, S. 05.3.146, col. 1); cette circonstance l'eût pu aider que le Conseil d'Etat, après avoir à plusieurs reprises (Cf. 17 février 1893, Dumaine, p. 145; 3 février 1899, Beaudoin, p. 91) réservé la question du caractère forfaitaire des pensions d'invalidité de la vieille loi de 1831, a fait brèche à cette opinion, au cas de pension militaire, dans l'arrêt 17 février 1905, Auxerre, S. 05.3.113, av. note Hauriou (I, col. 3). Néanmoins c'est la thèse de l'Avis de 1902, l'option entre les deux droits, qui paraît l'emporter.

721. — *b*) Au deuxième cas, une disposition spéciale, neuve par rapport au droit antérieur qui énonçait seulement la dispense par le ministre de la condition d'âge (Cpr. l'actuel art. 8 al. 3. — Rpr. Cons. d'Et., 1er avril 1925, Malenfant, Leb. chr., p. 272), affirme l'existence et mesure le quantum du droit à pension pour les fonctionnaires ayant plus ou moins de quinze ans de services. — L'impossibilité absolue de continuer le service en est une condition; l'obligation d'un sévère contrôle a été recommandée (Cf. Rapp. Lugol, Ch. dép., 1er avril 1922) à l'administration aux fins d'éviter l'abandon de leur emploi par des fonctionnaires, pour convenances personnelles, mais sous couleur d'invalidité, alors que leur droit est, en pareille hypothèse, réduit (art. 17) au remboursement des retenues. Cpr. Cons. d'Et., 23 juillet 1931, Petitclerc, Leb. chr., p. 835. — La justification d'au moins quinze années de services en est une autre; la mention faite à l'art. 22 des bonifications coloniales et du bénéfice des campagnes n'en comporte pas diminution : la disposition de l'article faisant renvoi au précédent concerne seulement la liquidation de la pension, et point les conditions à remplir pour y avoir droit : 6 décembre 1929, Lledo, p. 1092, D. hebd., p. 72.

722. — *B*. De l'art. 21 (nonobstant le terme « exceptionnelle » employé par négligence ou erreur de rédaction) il y a lieu de rapprocher l'art. 79 al. 2 de la loi de 1924, au sujet des « fonctionnaires et employés civils, anciens combattants ». Disposition anormale, certes, sinon déplacée dans une loi générale de réforme des retraites, mais finalement admise (5 avril 1924, *J. off.*, Déb. parl., p. 1848) par la commission des finances de la Chambre des députés qui en avait d'abord proposé la disjonction (Rapp. Lugol, Ch. dép., 29 février 1924) : « Si, par suite de l'exercice de leurs fonctions, les infirmités ou maladies contractées dans la zone des armées pendant la guerre 1914-1919 par les bénéficiaires de la présente loi viennent à s'aggraver au point de les mettre dans l'impossibilité de continuer leurs fonctions, ils pourront, par extension des dispositions de l'art. 21, obtenir une pension exceptionnelle, quels que soient leur âge et la durée de leur activité ». — L'invalidité résultant de l'aggravation des infirmités ou maladies de guerre y est assimilée à celle résultant du service et ayant imposé l'abandon des fonctions civiles : Cons. d'Et., 7 décembre 1927, Wagner, Leb. chr., p. 1173, S. 1928.3.101, D. hebd., 1928, p. 73 ; — 10 février 1932, Blanc, p. 161. Aux ayants droit des mobilisés décédés avant la promulgation de la loi pareil bénéfice a été étendu, moyennant, ou bien la révision des pensions déjà liquidées, ou bien l'ouverture de droits dûment établis à une liquidation de pension (Rapp. Henry Bérenger, Sén. 29 novembre 1923).

723. — Il y faut la justification de la qualité d'ancien combattant et du fait d'infirmités ou de maladies contractées dans la zone des armées pendant la guerre 1914-1918 et aggravées par suite de l'exercice des fonctions civiles : Cons. d'Et., 1er février 1929, Bernard ; 10 mai, Rey; *a contr.* 23 juillet, Lafranchise. Leb. chr., p. 141, 499, 798 ; — 18 mars 1932, Leriche, p. 363. — Elle y suffit et est de telle réalité que ne met aucune entrave au droit d'obtenir par le jeu de l'art. 79 la pension exceptionnelle de l'art. 21 quelque circonstance comme était le bénéfice acquis d'une pension d'invalidité de la loi de 1919, même revisée à la suite de l'aggravation de l'infirmité : 4 août 1928, Bocquet, p. 1063, ou celui d'un congé de longue durée avec plein traitement obtenu par application de l'art. 41 de la loi du 19 mars 1928 : 10 février 1932, Blanc, p. 161.

724. — Des anciens combattants l'art. 79, en son avant-dernier alinéa, a rapproché, pour les appeler aux mêmes avantages, les fonctionnaires dégagés de toute obligation militaire et tous ceux, ou bien restés par ordre à leur poste pendant l'occupation ennemie, ou bien tenus de résider en permanence ou d'exercer continuellement leurs fonctions dans les localités ayant bénéficié de l'indemnité de bombardement, Cpr. Cons. d'Et., 4 février 1927, Domart, Leb. chr., p. 159. D'observations échangées dans les travaux préparatoires (Sén., 13 décembre 1923, *J. off.*, Déb. parl., p. 1880 ; — Ch. dép., 5 avril 1924, p. 1850) il résulte que la base d'appréciation pour l'application aux cas d'espèces de cette disposition terminale de l'al. 10 serait l'attribution de cette indemnité spéciale qui n'eut guère lieu qu'entre le 1er janvier et le 1er décembre 1918, et au sujet de laquelle fut envisagée et décidée (sur observat. Albert Lebrun, Sén. 12 avril 1924, *ib.*, p. 792), non une extension (impossible sans modification du texte) du délai fixé à son application, mais une collection des indemnités, à vocables divers, correspondant à l'idée et aux fins de son institution.

CHAPITRE IV

LES ÉLÉMENTS DE CALCUL ET L'AMÉNAGEMENT DES PENSIONS.

I. — *L'effectivité des services.*

725. — Si le nombre des éléments est varié, et leur schéma assez subtil, une partie est traditionnelle, celle de la computation, en règle, des seuls services effectifs à due concurrence de leur durée (*suprà*), — à cela près que la loi du 14 avril 1924 l'a assortie ou assouplie d'un régime, soit de bonifications, les unes anciennes, à raison de la nature des services, et d'autres en harmonie avec la notion fiscale plus moderne des charges de famille; soit, à raison et à suite de la Grande Guerre, de réduction des conditions ordinaires d'âge et de services, d'abord (art. 79 al. 1) au profit des fonctionnaires civils anciens combattants, par bénéfice de campagne double, sous forme d'une bonification de temps égal à la moitié des annuités supplémentaires acquises au titre de bénéfices de campagne durant les années 1914-1918, puis (L. 30 juin 1930, art. 20, S., *L. ann.* 1931, p. 134, note 7), pour éviter une disparité et un désavantage aux mutilés de guerre renvoyés du front dès le début des hostilités, au profit des réformés

de guerre hors d'état de continuer l'exercice de leurs fonctions civiles, moyennant une réduction de six mois par 10 % d'invalidité (V. *infrà*, n° 752).

II. — *La moyenne des traitements et soldes.*

726. — Une autre ne l'est pas moins, celle de l'établissement du chiffre de la pension en fonction du traitement ou de la solde, sauf une modification au jeu de la règle : calcul de ladite moyenne sur une durée de temps réduite de six à trois années; une réduction plus considérable aurait eu comme moindre inconvénient celui de précipiter des abus, de donner prétexte à des avancements accordés en fin de carrière à des agents à seule fin de les incliner par une amélioration de leur situation à une demande avancée de retraite. Ainsi déterminée la règle fut généralisée par la loi de 1924, art. 2 al. 1, réalisant une réforme importante à l'égard des militaires : au lieu que les lois de 1831 basaient la pension militaire sur le grade, en faisaient varier le chiffre forfaitaire avec le grade ou l'échelon de solde, mais sans relation avec la solde même touchée par les intéressés, le régime nouveau fait retentir sur la retraite toute amélioration de solde ou d'émoluments soumis à retenue accordée aux personnels militaires : Cf. Cons. d'Et., 28 décembre 1927, Lecerf. Leb. chr., p. 1290. Pour les militaires, comme pour les civils, la pension est donc, dorénavant, basée sur la moyenne des perceptions des trois dernières années. Une proposition (Flandin, Le Brecq), tendant à ne faire prendre en considération que la solde perçue au moment de la retraite, relevait l'exigence de deux années de grade écrite dans la loi de 1831 en cas du militaire quittant l'armée de son plein gré (Cf. L. 11 avril 1831, a. 10; 21 mars 1905, a. 65. — Cons. d'Et., 2 juillet 1886, Guilbaut, Leb. chr., p. 558. D. 87.5.336), et concluait qu'avec la règle près de passer dans la loi « le nombre des années servant de base pour la pension des fonctionnaires serait réduit de moitié, alors qu'il serait augmenté d'un an pour les militaires » : l'argument, bâti sur un cas spécial, mêlait les notions de grade et de solde et oubliait que, de droit commun, la pension repose sur le grade d'après un barème forfaitaire ; la commission des finances l'écarta. Une autre (Masson) a été aussi négligée (Ch. dép., 17 mai 1923, Déb. parl., p. 1944), qui proposait d'instaurer en règle générale le calcul de la retraite d'après « les deux années d'activité les mieux rémunérées », qui a cours pour les membres de l'enseignement primaire, les fonctionnaires de la ville de Paris, le cadre local d'Alsace et de Lorraine, etc... : sa mise en œuvre eût créé une complication aux services chargés de la liquidation, une prime anormale pour des fonctionnaires rétrogradés, une incitation à l'abandon en fin de carrière d'emplois pénibles pour des postes de repos même moins payés...

727. — *A.* La « moyenne des traitements... pendant les trois dernières années d'activité » n'est, d'ailleurs,

Ni sans dérogations, du fait d'une série de dispositions législatives concernant les militaires et faisant écho ou rappel de leur ci-devant droit organique :

a) Dans la loi même de 1924, les al. 6 et 7 de l'art. 30 : l'un maintenant en vigueur l'art. 116 L. fin. 30 juin 1923, selon lequel les officiers ayant, au cours des hostilités, dans les grades de général de brigade, colonel ou sous-colonel, exercé, durant six mois, un emploi du grade immédiatement supérieur, pourraient être promus à ce grade supérieur, mis à la retraite et en jouissance jusqu'à nouvel ordre de la pension afférente à ce grade, bref obtenir une pension correspondant à un traitement non perçu ; — l'autre appelant au même avantage les officiers de la pareille catégorie mis à la retraite entre le 1er janvier et le 30 juin 1923, *i. e.* dans l'intervalle du vote de la loi par la Chambre à son adoption par le Sénat : *a contr.* Cons. d'Et., 25 février 1928, Frachon; 13 juin, Gauthier, Leb. chr., p. 276, 748; — l'un et l'autre défendus (Henri Merlin, Sén., 12 décembre 1923, Déb. parl., p. 1831) par cette raison qu'il ne s'y agissait pas de rétroactivité, de mise à néant de droits antérieurs, mais de « confirm(ation), au mois de décembre 1923, des droits créés en réalité à partir du 1er janvier 1923 »;

Ou l'art. 33, donnant aux retraités militaires rappelés, du fait de la guerre, à l'activité avec solde le droit à la révision de leur pension « sur la solde du grade le plus élevé, en tenant compte des nouveaux services », *i. e.* du grade le plus élevé acquis en conséquence même de ces nouveaux services (Cf. Rép. intendant général Rimbert, commiss. du gouvern., *ib.*, p. 1833);

b) Dans la loi de l'aménagement nouveau des cadres, du 26 décembre 1925, l'art. 8 décidant l'attribution aux officiers frappés d'au moins 40 % d'invalidité et ayant demandé leur admission à la retraite d'une pension fondée sur le grade détenu depuis un certain nombre d'années : Cf. Cons. d'Et., 10 décembre 1930, Dupuy, Leb. chr., p. 1049. Alors que, sous l'empire du droit antérieur, il résultait d'un tarif fixé dans la loi même, le minimum de la pension est dorénavant d'un pourcentage de la solde, laquelle, analysée par contraste ou comparaison au régime général, ne fait plus figure que de solde moyenne fictive;

c) Dans le règl. d'adm. publ. du 2 septembre 1924, au tit. III, l'art. 26 (S., *L. ann.* 1925, p. 1996), établissant une règle de « moyenne des pensions séparées, ...proportionnelle au temps passé dans chaque situation » pour les militaires ayant été, au cours de leurs trois dernières années d'activité, caporal ou soldat : calcul séparé est fait de la pension qu'eût obtenue le militaire s'il avait passé l'intégralité des trois années considérées dans l'une ou l'autre de ces situations; la moyenne de ces pensions établit le chiffre de la retraite. Il faut, pour ne pas contester la légalité de ce texte, garder quelque foi aux idées de délégation législative; le Conseil d'Etat, 10 juin 1932, Berthet, Leb. chr., p. 571, ne s'arrête pas à l'objection. — Il reste, en tout cas, que cet art. 26, selon la précision même de son al. 2, s'applique, par exclusivité, aux militaires placés dans des positions où ils n'ont pas perçu l'intégralité de la solde afférente aux grades détenus par eux; au cas contraire, il n'y a droit, ni pour eux ni pour leurs ayants cause, de prétendre la pension insuffisante : 9 mars 1928, Claquin, p. 350;

728. — Ni sans complexité, du fait des circonstances et des espèces ayant pu ou prétendu mettre en échec la règle de prise en compte, comme base, des emplois effectivement occupés et des émoluments réellement touchés durant les trois dernières années de la carrière : Cf. Cons. d'Et., 2 février 1927. Pagès; 12 février, Grosjean; 25 mars, Agostini; 29 juin, Le Senéchal, Leb. chr., p. 148, 213, 1581, 828; — 20 mars 1929, Maury, p. 350 :

a) Modifications apportées à la hiérarchie, au nombre des classes afférentes à l'emploi ou aux emplois occupés. Il y a lieu de rechercher la ou les classes correspondant dans la nouvelle échelle de traitements à celle de l'intéressé pendant la période triennale indiquée : V. pour des préposés aux douanes, vérificateurs des poids et mesures, brigadiers sédentaires des eaux et forêts... 19 janvier 1927, Tissier; 23 février, Lheveder, Maire, Dumortier (3 arrêts), p. 72, 244; — 11 décembre 1929, André, p. 1093...

b) Parités d'offices, traitements de parité à retenir pour la liquidation ou révision de certaines pensions (*v. g.* des magistrats coloniaux). Il y a lieu de suivre les textes spéciaux, qui, en vue de l'exécution des art. 10 D. 9 juin et 22 D. 9 novembre 1853 toujours en vigueur, non abrogés par l'art. 84 de la loi de 1924 faute d'être contraires à ses dispositions, ont fixé (*v. g.* DD. 19 mai 1919, 11 août 1921, 14 mars 1925... pour l'Indochine ou la Guyane) les parités, pour chaque grade, d'après le traitement de l'emploi correspondant ou assimilé de la métropole : 28 mars 1931, Hurvois, p. 423; or, lesdits traitements ne peuvent être accordés qu'à compter de la date prescrite pour leur point de départ, ni modifiés que par d'autres textes spéciaux émanant du législateur ou du chef de l'Etat, 24 mai 1927, Fruteau; 9 novembre, Nesty, p. 609, 1039; — 18 octobre 1929, Raffroy; 13 décembre, Cleonie, p. 1432, 1117;

c) Détachement dans un service local des colonies, achevé, lors de la mise à la retraite, pour la réintégration dans le cadre d'origine. Il y a lieu de s'en tenir au traitement afférent au grade et à l'emploi du service d'origine, sauf remboursement des retenues versées en excès dans la colonie : 21 décembre 1932, Orsini, p. 1110. Cf. 23 février 1927, Le Vourch, p. 248;

d) Suppression des grades et emplois auxquels assimilation avait été faite pour le fonctionnaire admis à la jouissance d'une pension d'ancienneté : Cf. D. 26 février 1925, relatif à l'application de l'art. 94 L. 14 avril 1924; D. 28 avril 1925. Cf. Cons. d'Et., 3 juin 1927, Massebœuf; 7 décembre, Borderon, p. 652, 1174. Il y a lieu de se baser sur les émoluments moyens sujets à retenue qu'il eût perçus pendant les trois dernières années de sa carrière si celles-ci avaient coïncidé avec les trois antérieures à la promulgation de la loi : 27 avril 1928, Larivière,

p. 540. Cpr., quant à la révision (*infrà*), 15 février 1928, Jeannin 7 mars, Chamart, Bougon, p. 243, 326; — 20 mars 1929, Carlini, p. 350;

c) Augmentations rétroactives de traitement soumises à retenue : Cf. L. fin. 13 juillet 1925, art. 185; D. 29 janvier 1926, art. 3. Cons. d'Et., 12 novembre 1931, Pernot, p. 975. Il y a lieu, au regard ou au sujet des fonctionnaires ayant, pour avoir servi hors de France pendant les trois dernières années de leur carrière, joui d'émoluments supérieurs à ceux de France, de faire rapprochement des émoluments, d'entendre les art. 5 et 2 de la loi et la dérogation apportée par le premier à l'autre en ce sens que, tout à la fois, les émoluments effectifs ne peuvent être retenus et doivent servir de base au calcul de la pension : 2 février 1927, Chas.-Laviniole, p. 144, à concurrence, non des prestations ou deniers visés par la loi pour un membre de l'armée métropolitaine ayant même ancienneté, mais de la somme que, compte tenu des mêmes éléments, ces fonctionnaires eussent touchée en France si les trois dernières années de leur carrière avaient coïncidé avec les trois antérieures au 14 avril 1924 : 23 mai 1928, Cathelain, p. 672. — Cpr., à propos du D. 30 janvier 1929, relatif aux ingénieurs des travaux publics : 10 juillet 1931, Buffard, p. 762.

729. — *B.* Certains points, du moins, étaient, dès l'abord, hors de doute :

a) Le caractère général de la règle : l'art. 2 de la loi du 14 avril 1924 ne souffre pas d'exception pour le cas de fonctionnaires ayant passé en disponibilité ou non activité, dans les conditions prévues par l'art. 16, tout ou partie des trois dernières années précédant leur mise à la retraite; selon l'art. 20 al. 2 du Règl. adm. publ. 2 septembre 1924, la période triennale à considérer en vue du calcul des émoluments moyens est celle des années de la position d'activité, toutes autres demeurant exclues de ce décompte : Cons. d'Et., 4 novembre 1931, Boutillier, Leb. chr., p. 945;

Sa portée expressément dégagée : l'art. 84 de la loi a abrogé toutes les dispositions contraires des lois antérieures; il s'en est suivi le refus de toute dérogation en faveur des sous-officiers passés dans la gendarmerie qu'une Ordonn. 20 janvier 1841 traitait pour la retraite comme restés titulaires de leur ancien grade : 24 mai 1927, Bessenay, p. 609;

Et son autorité rigide : elle s'oppose, à coup sûr, à toute liquidation de pension sur la base des traitements autres que ceux perçus au cours des trois dernières années antérieures à l'arrêté d'admission à faire valoir les droits à la retraite; la continuation autorisée des fonctions à titre provisoire ne saurait, à cet égard, prétendre à un effet quelconque : 19 mars 1932, Lefranc, p. 373. Rpr. 16 décembre 1931, Brunet, p. 1120. A l'inverse, elle impose l'entrée en compte dans le calcul de la pension, dès lors que la retenue de 6 % y fut ou doit être appliquée, de suppléments comme est celui du 1/10 alloué aux receveurs des contributions diverses en Algérie : 16 décembre 1931, Bernhardt, p. 1113; — 6 juillet 1932, Fechter, p. 675, ou de hautes payes spéciales, du genre de celle accordée aux ingénieurs mécaniciens principaux du service central des constructions des manufactures de l'Etat, dont le taux a été réglementairement fixé à une somme annuelle invariable et qui constituent la rémunération d'un service normal : 26 mars 1931, Jamet, p. 374;

730. — *b*) L'effet des nouvelles échelles de traitement prévues : en règle, la liquidation du principal de la pension n'est sujette que des textes en vigueur lors de la concession de ladite pension : Cons. d'Et., 9 mars 1927, Evain, Leb. chr., p. 313. Rpr. 19 novembre 1930, Bruguière, p. 953; - 17 février 1932, Héraït, p. 198; en fait, des dispositions légales ayant (LL. 27 décembre 1927, art. 69; 30 mars 1927) affecté les pensions non concédées au jour de leur promulgation ne comportant pas prise en compte de services antérieurs à une date déterminée (1er janvier 1928) d'une majoration à pourcentage annuellement déterminé par la loi de finances, la question (à partir du 1er août 1929) est née de la détermination des droits des fonctionnaires et militaires admis à la retraite dans l'intervalle des deux dates : il y eut lieu, en réalité, à deux liquidations, l'une d'après les traitements et soldes effectivement perçus, l'autre d'après ceux en vigueur à cette date (1er janvier 1928); or, sur la seconde le bénéfice d'une majoration nouvelle de traitement à compter d'une date postérieure (au 1er janvier 1928) devait demeurer sans effet, et la première ne pouvait, quoi qu'il eût été payé aux intéressés (postérieurement au 1er janvier 1928) comprendre, pour la période antérieure (au 1er août 1929) plus que l'effectivement perçu, majoré, si la liquidation opérée d'après les échelles alors (1er janvier 1928) en vigueur apparaissait supérieure (Cf. 30 mai 1930, Fossey, p. 586), d'une somme égale à 70 % de la différence et, pour la période postérieure, la pension déterminée d'après le calcul le plus favorable : 25 novembre 1931, Raybaud, p. 1025. Cela revient dans et pour l'application de l'art. 69 L. fin. 1927 à laisser retenir les échelles de traitements applicables le 1er janvier 1928 si du traitement correspondant saillit un chiffre plus avantageux que la moyenne des traitements effectivement perçus au cours des trois dernières années, et, par contre, à empêcher de retenir à la fois des échelles existantes au 1er janvier 1928 pour les services antérieurs à cette date et les traitements effectifs pour la période postérieure : 8 juin 1932, Desvergnes ; 2 novembre, Maumus, p. 560, 896.

731. — c) Le point de départ des trois années : le cycle ne correspond pas fatalement à des années « civiles », mais à trois périodes à due concurrence de jours et de mois. Selon une solution (L. 9 juin 1853, a. 19, 25) non modifiée en 1924, il ne peut, ni remonter à une date antérieure à celle où le fonctionnaire a été admis à faire valoir ses droits à la retraite, eût-il été auparavant en une situation, mise en disponibilité sans traitement, congé de maladie, ne lui permettant pas de recevoir un traitement : Cons. d'Et., 4 mai 1929, Jaulin ; 9 juillet, Ducreux, Leb. chr., p. 478, 703 ; — 7 décembre 1932, Alessandri, p. 1045 ; ni, à l'inverse, être retardé par quelque circonstance, comme l'exercice prolongé des fonctions : 19 mars 1932, Lefranc, p. 373, ou la perception continûment subie des retenues : 16 décembre 1931, Cassal, p. 1120 ; — 19 mars 1932, Lefranc, p. 373, ou l'attribution acceptée d'un salaire journalier, à titre d'auxiliaire, égal à l'ancien traitement : 23 juillet 1931, Moulin, p. 831.

732. — C'est l'amalgame et l'aboutissement de ces données que représentent les arrêts rendus, en matière de liquidation ou de révision des pensions, et spécialement d'application de l'art. 94 de la loi de 1924, sur des requêtes de soldats ou de sous-officiers des troupes coloniales ayant, soit accompli de nouveaux services, soit passé les trois dernières années de leur carrière dans l'armée métropolitaine. Il n'y eut de pension bien calculée que d'après la solde personnellement touchée dans l'armée métropolitaine : Cons. d'Et., 11 mai 1927, Thomas, Leb. chr., p. 534 ; d'après les seules prestations en deniers auxquelles aurait eu droit dans cette armée un militaire de même grade et ancienneté que le requérant : 26 janvier 1927, Marenchi ; 12 février, Maldamé, p. 114, 216, si les trois dernières années de services avaient pris fin le 17 avril 1924 : 19 janvier 1927, Vaysse ; 12 février, Bouchon ; 9 avril, Vidal, Marchal, p. 74, 216, 496, 497, Table, p. 1593. Cpr., à l'occasion de la révision de retraites concédées sur le grade ou le dernier grade occupé au cours du service à des gendarmes selon l'Ordonn. du 20 janvier 1841 : 1er avril 1927, Lacour, p. 435 ; a contr. 21 décembre, Besson, p. 1249, ou à des bénéficiaires des lois des 16 avril et 22 juillet 1921 : 16 mars 1927, Presl, p. 248. Il n'y eut ainsi de pension régulièrement calculée et revisée que d'après un décompte mathématique des annuités à rémunérer et une détermination de l'échelon occupé dans le grade au cours des trois dernières années d'activité : 16 octobre 1929, Lemmel, p. 902.

733. — C. La notion de traitement elle-même a été peu à peu fixée par la jurisprudence, et il n'y a guère lieu ici que de compléter certaines notations sur la jouissance et la prise en compte de traitements moyens fictifs (supra, n° 727) ou de faire apparaître leur lien avec la règle du traitement effectif.

Traitements fictifs, ceux des magistrats coloniaux et autres fonctionnaires de l'ordre judiciaire attachés au service des colonies : L. 18 avril 1831, art. 24 ; Cons. d'Et., 13 décembre 1929, Cleonie, Leb. chr., p. 1117 ; celui du fonctionnaire en la position de détachement : Cons. d'Et., 10 juin 1931, Laroche ; 4 novembre, Boutiller, p. 609, 945, laquelle n'est pas définie par la loi elle-même comme l'a été celle de disponibilité : art. 20 al. 2 D. 2 septembre 1924 ; — 10 juin 1931, Laroche, p. 609, mais a donné lieu quant à la détermination du traitement moyen à des règles favorables, art. 15 L. 14 avril 1924, — i. e. « pension calculée sur la moyenne des traitements et émoluments dont le fonctionnaire aurait joui pendant les trois dernières années, s'il eût été rétribué directement par l'Etat », — auxquelles le Conseil d'Etat a prêté l'interprétation la plus avan-

tageuse : les fonctionnaires en cause ont été reçus à réclamer, pendant leur détachement, soit l'exercice sur leurs traitements de retenues égales à celles qui auraient été effectuées sur les indemnités qu'ils auraient perçues : 17 février 1926, Guillemin, p. 186, soit le bénéfice des avancements de classe (à l'ancienneté tout au moins) et des suppléments de traitements qui leur seraient advenus : 28 décembre 1927, Lapassade, p. 1277, s'ils fussent demeurés dans leurs anciennes fonctions.

734. — Traitement effectif, celui que les définitions et énumérations des art. 2 et 4 al. 1 de la loi de 1924 composaient des traitements ou soldes, des accessoires et émoluments de toute nature faisant corps avec le traitement ou la solde et soumis à la retenue de 6 %, « et, de façon générale, (des) indemnités constituant des suppléments de traitement, à l'exclusion des indemnités spéciales ou représentatives de dépenses » selon l'art. 14 du décret du 2 septembre. Ces suppléments et ces indemnités devaient faire l'objet « pour chaque administration (d')un décret contresigné du ministre intéressé et du ministre des finances », sujet, comme de droit (sol. impl., 24 février 1933, Jean, p. 245), du contrôle du Conseil d'Etat. Une différenciation s'était ainsi établie, selon les directives ou au gré de la jurisprudence (Cf. A. Heilbronner et J. Doublet, Manuel du pensionné, 1935, n° 128, p. 96), de suppléments proprement dits (indemnités de direction ou de brevet ou d'enseignement dans les écoles, collèges ou cours complémentaires : Cons. d'Et., 9 mars 1928, Brun ; 27 avril, Canavaggio, Leb. chr., p. 349, 539 ; — 2 décembre 1931, Houillon, p. 1054) ; d'indemnités de recettes ou hautes payes spéciales : 17 février 1926, Guillemin, p. 186 ; — 26 mars 1931, Jamet, p. 374 ; dixième communal des percepteurs : 13 novembre 1931, Estheoule, p. 990, — et d'indemnités temporaires spéciales ou représentatives de dépenses, celles-ci exclues du traitement moyen (indemnité des gendarmes : 7 et 21 décembre 1927, Kibleur, Martin, p. 1175, 1252 ; indemnités pour charges de famille : 13 décembre 1929, Cléonie, p. 1117 ; indemnités de responsabilité des receveurs des postes : a contr. 11 juillet 1930, Ayral, Porcher et Rone, p. 727). Cf. la mise en œuvre de la distinction, 24 février 1933, Jean, précité. — Le gouvernement ayant réclamé pour les administrations, à l'avenir, « et en tant que de besoin, le soin de décider par des décrets rendus en Conseil d'Etat [en la forme de règlements d'administration publique et contresignés par le ministre des finances] si les indemnités qu'elles allouent à leurs agents présentent le caractère d'un traitement et doivent être soumises à retenues pour pensions civiles » (Rapp. au Président de la République), l'art. 1er D.-L. 30 juin 1934 (Duv., p. 280) a dans la nomenclature qu'il maintient de l'art. 4 de la loi de 1924 supprimé les mots « et de façon générale... » qui l'achevaient : un criterium précis, sans doute parce qu'il l'était trop et ouvrait un champ au contrôle juridictionnel, a disparu et enlève aux arrêts, sinon certes leur autorité dogmatique, du moins une base exégétique et formelle.

735. — Les avantages de l'Etat à ses agents [ceux de l'Etat seul sont, sauf exception énoncée par un texte (art. 6 L. 1924), retenus pour la détermination du traitement moyen : Cons. d'Et., 20 novembre 1929, Bideau, Leb. chr., p. 1047 ; — 10 juin 1931, Arnaud, p. 610] ne sont pas tous, d'ailleurs, sous espèces monnayées. — Le logement en nature en représente un autre type fort usité ; très expressément l'art. 186, dern. alin., de la loi du 13 juillet 1925 (S., L. ann. 1926, p. 406, note 160) le mit hors du compte du calcul du traitement servant de base à la pension ; sur quoi, la jurisprudence affirma et maintint le caractère général de la disposition, au regard de tous les personnels soumis au régime des retraites institué par la loi du 14 avril 1924 : 24 février 1933, Jean, p. 246, sous réserve de quelques dérogations limitatives et ne concernant pas l'entrée en compte du logement dans tel ou tel décret (D. 4 septembre 1929, relatif aux agents des établissements nationaux de bienfaisance ; Cons. d'Et., 22 janvier 1932, Sisco, p. 97, D. hebd., p. 132 : l'assujettissement aux retenues de la valeur locative du logement, tel que continué en fait jusqu'au jour tout au moins où il fut spécifié et ordonné à l'art. 71 L. 31 mars 1932 (S., L. ann. 1932, p. 511, note 120), n'était que de nature à ouvrir un droit à restitution. — L'évaluation forfaitaire à 400 francs de 1925, a été abrogée par l'art. 84 L. 28 février 1933 au regard des agents, et des seuls agents de l'Etat et de ses établissements publics, admis dans les cadres postérieurement à la promulgation de la loi : 26 mars 1931, Orsatti, p. 353.

III. — *Le minimum de pension d'ancienneté et les annuités supplémentaires.*

736. — *A.* Une troisième l'est aussi, du moins quant à son existence : celle de la fixation d'un minimum pour les pensions d'ancienneté. Un tableau annexé à l'art. 7 de la loi de 1853 indiquait, en section III, comme « maximum de pensions », pour les fonctionnaires et employés, agents et préposés de toutes classes des administrations centrales et du service intérieur des différents ministères ayant traitement égal à 1.000 ou inférieur à 2.400 francs, « 750 francs : 2/3 du traitement moyen sans pouvoir descendre au-dessous de 750 francs »; cela revenait à énoncer « le minimum du maximum » (Concl. L'Hôpital, s. Cons. d'Et., 12 février 1863, Martin, Leb. chr., p. 115), impliquait la possibilité de liquidation d'une pension de retraite d'après le traitement moyen du fonctionnaire à un chiffre inférieur à 750 francs, justifiait et préjugeait celles des dispositions de 1853 ou des lois postérieures qui assignèrent un maximum à certaines pensions (enseignement primaire, service actif des douanes, agents et préposés forestiers domaniaux... Cf. *Rép.*, nos 621-624, p. 446). L'art. 2 al. 2 de la loi de 1924 a, dans cette ligne, tenu pour « équitable et raisonnable » une détermination, après trente ans de services, à la moitié du traitement moyen ou de la solde moyenne : 2/3, au lieu de 1/2, auraient décalé les charges financières, mis une disproportion entre ce minimum $\left(\frac{2}{3} = \frac{40}{60}\right)$ et le maximum légal $\left(\frac{3}{4} = \frac{45}{60}\right)$, rendu insuffisante la rémunération des services accomplis au-delà de la durée requise des services (Rapp. Lugol, Ch. dép., 1er avril 1922.

737. — La règle et la quotité ainsi fixées devaient, tout aussitôt, subir une dérogation, faire l'objet d'un forcement : la faveur, limitée dans le projet (art. 32) aux sous-officiers, fut, sur réclamation des fonctionnaires, étendue à tous les agents, militaires ou civils, ne recevant pas 8.000 francs comme traitement ou solde, et le minimum « élevé » aux trois cinquièmes sans pouvoir excéder 4.000 francs, selon les proportions votées et rétablies par la Chambre (5 avril 1924, Déb. parl., p. 1832), à l'encontre du Sénat incliné (Amend. Hirschauer) à porter la proportion à 1/2 et le palier à 4.800 francs, donc pour tous les agents et traitements entre 8.000 et 9.600 francs. Il était réservé aux deux chiffres de subir encore des rehaussements, tour à tour, des art. 63 L. fin. 27 décembre 1927 (à 12.000 et 6.000, respectivement) et 96 L. fin. 31 mars 1932, avec effet du 1er octobre 1931 (à 14.000 et 7 000 francs) et 4° D.-L. 28 octobre 1934 (*Duv.*, p. 552), selon lequel « dans la limite d'un maximum de 6.000 francs, la pension d'ancienneté ne pourra, sauf dépassement de cette quotité au profit de certaines catégories, « être inférieure à 60 % du traitement moyen ou de la solde moyenne » des trois dernières années d'activité, ni non plus « à celle qui résulterait de l'application des règles générales de liquidation » fixées par le décret.

738. — Entre temps, au surplus, les dispositions de la loi du 14 avril 1924, spécialement de son art. 2, relatives aux règles de la liquidation des pensions civiles et militaires, avaient été virtuellement modifiées par un D.-L. 4 avril 1934 (*Duv.*, p. 121), modifié et compl. 10 mai suivant (*ib.*, p. 184) avant de l'être par celui du 28 octobre qui les devait, les unes et les autres, aménager dans un sens plus favorable aux retraités; en outre, et nonobstant les dispositions contraires de ceux du 4 avril et du 10 mai, un D.-L. spécial, du 25 juin (*J. off.*, 30 juin, p. 6498, rectif. 4 juillet, p. 6707), avait, au regard des officiers ayant quitté les cadres par anticipation sur leur demande en exécution des art. 145-148 L. 31 mai 1933, déclaré que leur pension ne pourrait, en aucun cas, être « inférieure de plus de 10 % » au taux de celle qu'ils auraient pu obtenir sur les mêmes bases en vertu des dispositions de la loi de 1924 mod. par les art. 96 et 97 de celle du 31 mars 1932.

D'autre part, l'existence de personnels militaires (caporaux et soldats, — à la différence des quartiers-maîtres et rengagés de la marine : Déclar. Le Sayec, commiss. du gouv., Ch. dép., 31 mai 1923, *J. off.*, Déb. parl., p. 2249) sans solde mensuelle, et donc l'impossibilité de baser le taux de leur pension sur la solde journalière minima, avait, dans la loi même de 1924, déter-

miné, par voie de dérogation à l'ensemble du régime, la prévision forfaitaire d'un minimum (2.120 fr. pour les caporaux, 1.920 pour les soldats); l'art. 65 L. 27 décembre 1927 l'a retouchée, simplifiée, égalisée au minimum « à 65 % pour les caporaux, 50 % pour les soldats, de la pension qui serait obtenue par un sergent comptant le même nombre d'années de services et de campagnes ». La loi du 10 avril 1935, en ses art. 1 et 3 (*J. off.* 12 avril), a étendu ces dispositions aux caporaux-chefs admis à la retraite ou antérieurement réformés.

739. — *B.* Cependant au travers et au-dessus des taux oscillants est demeurée stable une donnée de la détermination des pensions d'ancienneté : celle de l'annuité, correspondant à l'année de services, s'entend des services entrant en compte et accomplis en sus du temps minimum rémunéré forfaitairement (1/2 ou extraordinairement 60 % du traitement moyen). Il en faut assortir ici les deux termes d'explications substantielles complémentaires d'autres ou adaptées aux changements réglementaires, — demeurant entendu que, suivant une tradition remontant à l'art. 23 L. 9 juin 1853 et restée en vigueur en vertu de l'art. 84 de la loi de 1924, au regard des fonctionnaires civils, la liquidation des services néglige sur le résultat final du décompte les fractions de mois et de francs : Cons. d'Et., 1er avril 1927, Carrière; 14 décembre, Delfour, Leb. chr., p. 431, 1214; — 27 janvier 1928, Noble; 2 août, Escassut, p. 138, 1027; — 3 décembre 1930, de Saint-Acheul, p. 1015; — 28 mars 1931, Hurvois, p. 423; l'art. 39 n'a abrogé l'usage et la règle et ne décompte les fractions de mois pour douzième entier d'annuités (comme l'art. 39, al. 1 : nombre impair de jours de services pour les bénéfices de campagne) qu'en ce qui concerne les militaires et les marins : 10 juin 1931, Bonnard, p. 608.

740. — *a)* Le *concours des services* militaires avec les civils dans la détermination du droit à pension et l'admissibilité des civils dans la pension militaire ont donné lieu à deux dispositions, l'une très détaillée, l'autre tranchante, dans les art. 12, 13 et 32 de la loi de 1924, celle-ci n'étant, du reste, que la réciproque des autres, — toutes ayant été toujours tenues hors les combinaisons et abandons de l'intéressé irrecevable, quel que puisse être son éventuel intérêt, à renoncer à la prise en compte d'une partie de ses services : Cf. Cons. d'Et., 13 février 1892, Bernès, Leb. chr., p. 177, S. 94.3.11, D. 99.3.63. La loi, en vérité, n'a pas défini les services civils à retenir; il ne fait toutefois aucune difficulté que les règles à appliquer en l'occurrence sont celles tracées quant à eux par l'art. 10 : 14 mars 1928, Lenne, p. 351.

741. — Il s'en faut, d'ailleurs, que les services de l'une ou de l'autre espèce entrent uniformément dans le calcul de la pension. La chose est d'évidence, au cas de liquidations distinctes, en présence d'un texte qui les implique, comme est l'art. 7 du règlement d'administration publique, 7 juin 1902, pour l'exécution de la loi du 19 décembre 1900, auquel l'art. 32 de la loi de 1924 n'a point dérogé, qui compte aux agents coloniaux entrés en fonctions depuis le 1er janvier 1901 et devenus fonctionnaires ou agents de la colonie les services accomplis dans le cadre colonial, mais isole ceux-ci dans le calcul de la liquidation, parce que leur rémunération a été mise et laissée à la charge de l'Algérie : 10 juin 1931, Casalta; 24 décembre; Lanterne, p. 611, 1170. — C'est, d'autre part, une règle (*non bis in idem*) que, s'ils servent à tous coups à constituer le droit à pension (art. 2 L. 30 décembre 1913; 12 L. 14 avril 1924. — Cf. Rapp. Henry Bérenger, Sén., 29 novembre 1913; Cons. d'Et. 17 juillet 1931, Leleu, p. 800), les services ne comptent plus pour la liquidation (art. 13), dès lors qu'ils ont déjà été rémunérés, soit par une pension sur fonds d'État ou, par extraordinaire, de quelqu'une des collectivités visées à l'art. 72 : 20 avril 1932, Goudeau; 27 mai, Raud; 23 juin, Bonnafoux, Leb. chr., p. 399, 523, 622; *a contr.* 27 juillet 1928, Wolff, p. 973, et 6 novembre 1929, Bonglet, p. 953, soit par une pension ou une solde de réforme. Ainsi l'ont pareillement établi l'art. 8 de la loi du 9 juin 1853 et l'art. 2, qui l'a remplacé, de celle du 30 décembre 1913; encore est-il certain que la prise en considération des services militaires pour la seule ouverture du droit et leur rejet du calcul de la liquidation ne se réfère qu'au cas de pension militaire fondée en principe sur la durée des services, à l'exclusion de celles de la loi du 31 mars 1919 pour blessures et infirmités : 5 mars 1924, Beudant, p. 263. La règle énoncée seulement par rapport aux services militaires par l'art. 13 alin. 1er de la loi de 1924 vaut *mutatis mutandis* pour les services civils du titulaire d'une pension militaire proportionnelle : 20 avril 1932, Goudeau, p. 399.

742. — Sous le bénéfice de ces réserves le principe sort son effet sur un double plan : — Celui de l'art. 12, d'abord, du concours, dans la mesure de leur durée effective, pour l'ouverture du droit à pension des services militaires et civils, hormis toute assimilation des services militaires à des services « civils actifs » aux fins de constituer la période de quinze années à raison de laquelle le droit à pension d'ancienneté est acquis à cinquante-cinq ans d'âge et vingt-cinq de services : Cons. d'Et., 9 mars 1929, Ottavy, Leb. chr., p. 311 ; *a contr.* 22 mars 1929, David, p. 374 ; — 17 juillet 1931, Leleu, p. 799. — Cpr. 26 janvier 1927, Le Trouit, p. 115. S'il n'a et ne peut avoir d'effet rétroactif quant aux droits ouverts avant sa promulgation, l'art. 32 n'apporte aucune restriction analogue à celle établie jadis par la loi de 1831 à la prise en considération des services civils pour l'établissement du droit à pension militaire : 30 novembre 1927, Marenco, p. 1147 ; — 3, 4 décembre 1930, Pergaud, Dupuis, p. 1016 ; 1025 ;

Celui de l'art. 13, d'autre part, de la liquidation admise des services militaires accomplis par un fonctionnaire ayant droit à pension civile, suivant que l'une ou l'autre computation lui est plus favorable, soit comme services civils actifs, soit comme services militaires (Cf. à propos du service de la trésorerie et des postes : 15 février 1929, Merceris, p. 202 ; — 25 novembre 1931, Bailly, p. 1027), sur la base des tarifs de solde en vigueur au moment de leur cessation, afin d'empêcher le retentissement, au terme des services civils ultérieurs, d'une augmentation ou d'une diminution de tarifs qui serait restée sans influence sur la pension si elle eût été liquidée lors de l'achèvement des services militaires : 30 mai 1930, Fossey, p. 586 ; — 25 novembre 1931, Bailly, précité.

743. — L'art. 13, au demeurant, a moins innové que retouché le droit antérieur en faisant bénéficier les retraités militaires proportionnels terminant leur carrière dans un emploi civil (administrateur de commune mixte en Algérie : Cons. d'Et., 5 mars 1924, Beudant, p. 263, S. 1925.3.32) d'une nouvelle liquidation civile de leur temps de service militaire obligatoire : la rémunération de celui-ci par la pension proportionnelle serait sans doute demeurée pour le titulaire de cette pension inférieure à celle de fonctionnaires ayant accompli avant leur entrée dans l'administration ce service militaire et reçus, lors de leur retraite, à le faire compter comme annuités civiles sur la base de leur traitement moyen en fin de carrière ; la disposition votée (Amend. de Moro-Giafferri, Ch. dép., 23 mars 1923 ; Rapp. H. Bérenger, Sén., 29 novembre 1923) a eu pour but de rétablir l'équilibre en assurant au retraité militaire proportionnel, lors de la concession de la pension civile, la différence entre les deux liquidations civile et militaire de son temps de service obligatoire.

744. — *b)* Déterminé le minimum forfaitaire (1/2 en principe et par extraordinaire 3/5es du traitement moyen ou de la solde moyenne) qui est la notion fondamentale de la législation de 1924, il y a lieu le plus souvent à calcul d'*annuités d'accroissement*, soit pour une carrière ou militaire ou civile homogène, soit pour une carrière mixte comprenant services rémunérés différemment pour les deux ordres. La deuxième hypothèse prêtait seule à difficulté. — Selon les dispositions originelles de l'art. 2 de 1924, devaient être ajoutées au minimum autant de 1/50e que d'annuités de services civils dans la partie active ou de la catégorie B ou de services aux armées, ou de 1/60e que dans la partie sédentaire ou de la catégorie B, sans considération en tous cas de l'époque d'accomplissement de ces services. Au cas du retraité militaire devenu fonctionnaire civil, la combinaison des art. 13 al. 2 de la loi et 13 du décret du 2 septembre conduisait à écarter du calcul de la liquidation les services militaires et à faire des services civils une liquidation proportionnelle : dans l'intérêt des fonctionnaires, le règlement d'administration publique du 2 septembre 1924 (Canal, *Manuel des pensions civ.*, 1931, p. 117) portait, en effet, art. 1er *in f.* : « Pour les agents à carrière mixte, lorsque le droit à pension s'ouvre à vingt-cinq ans de services, quinze années de services actifs sont d'abord incluses dans le minimum; les années comportant la rémunération la moins favorable sont ensuite imputées sur les dix années à compter pour parfaire le minimum de vingt-cinq années ». L'exemple VI donné à l'Instr. min. fin. 12 octobre, *ib.*, p. 139, en faisait ainsi l'application :

Pour quinze ans de services militaires déjà rémunérés par une pension proportionnelle (dont 3 ans de service obligatoire) comme adjudant-chef + 18 ans de services sédentaires :

	Pension militaire	Pension civile
Solde de base. — Traitement moyen minimum.......	5.904 fr.	10.000 fr.
	$5.904 \times 3/5^{es} = 3.542,40$, dont le $1/25^e = 141,70$.	5.000, dont le $1/30^e = 166,66$, et le $1/25^e = 200$
Liquidation.....	$141,70 \times 15 = 2.125$ fr.	$18/30^{es} = 166,66 \times 18 = 3.000$ fr.
		+ la différence entre 3 annuités de services civils actifs et 3 annuités de service militaire (art. 83 *in f.*) $(200 \times 3) - (141,70 \times 3 = 600 - 425,10 = 174,90$.
		Total $= 3.174$ fr.

745. — A deux reprises les décrets-lois de 1934 ont modifié la liquidation, telle que ci-dessus expliquée à 1/50e et 1/60e des annuités : — Celui du 4 avril (art. 3), en substituant, d'une part, à la notion de la pension minimum celle, plus simple, d'une pension liquidée, pour les années nécessaires à l'ouverture du droit à pension à 25 ou 30 ans de services, par des 1/60es ou 1/70es du traitement moyen ou de la solde moyenne, et en uniformisant, d'autre part, le taux de rémunération pour les années supplémentaires, y compris celles afférentes aux bénéfices de campagne (*i. e.*, d'une manière exclusive, des opérations militaires du 2 août 1914 au 23 octobre 1919 : art. 18 et 19 D. 2 septembre 1924 ; Cons. d'Et., 1er avril 1927, Carrière, *in pr*io, Leb. chr., p. 431 ; — 17 juillet 1931, *in f.*, Leleu, p. 799) à des 1/70es des émoluments moyens, sauf le système nouvellement institué de réduction, d'abattement par tranches (*infra*) ; — Celui du 28 octobre (art. 3), par une suprême simplification, en unifiant le coefficient des annuités supplémentaires quelconques acquises au-delà de la durée légale minima de services à 1/70e.

Le rapport Mazé (Ch. dép., 15 février 1935, n° 4719), présenté au nom de la commission des pensions civiles et militaires, a attaqué ces décrets-lois du chef des réductions opérées et des répercussions produites, par trois exemples : d'un fonctionnaire, service actif, catégorie B (à 11.500 + 400), à 30 ans de services (soit pour 25 ans, minimum, et 5 annuités calculées à 1/70e au lieu de 1/50e) = diminution $(8.190 — 6.800)$ 1.390 fr.; taux de réduction de $\dfrac{1.390 \times 100}{8.190} = 16,97$ % ; — d'un fonctionnaire, service sédentaire, catégorie A (à 11.500 + 400), à 35 ans de services (pour 5 annuités, à 1/70e au lieu de 1/60e) = diminution $(7.991 — 6.800)$, 1.191 fr.; taux de réduction $\dfrac{1.191 \times 100}{7.991} = 14,90$ % ; — d'un militaire ou civil, catégorie B, à 21.000 francs, à 32 ans de services, pour 25 ans + 7 = diminution $(13.440 — 12.600) = 840$ fr., taux de réduction $\dfrac{840 \times 100}{13.440} = 6,25$ %.

746. — *C.* Un élargissement du système et des procédés de minimum et de liquidation la plus avantageuse tel que la loi de 1924 les a institués et mis en œuvre pour les pensions d'ancienneté (et aussi en matière d'allocation : Cf. 8 juillet 1931, Lellig, p. 750) a été spécifié :

Par l'art. 34 L. 14 avril 1924, mod. art. 65 L. fin. 27 décembre 1927, noté *supra* n° 738. — La portée en serait concrétisée, au cas d'un sous-officier ayant été, au cours des trois dernières années d'activité, sergent durant deux ans et caporal pendant l'autre, par la formule $\dfrac{2\,P.\ sergent + 0,65\,P.\ sergent}{3}$, la pension de sergent étant calculée comme si l'intéressé avait été d'après le total de ses services sergent durant trois années ; et la liquidation faite dans le cas d'un sous-officier tour à tour soldat durant six mois, caporal pendant un an et sergent pour le reste des trois dernières années d'activité, la pension d'un sergent étant présupposée de 5.000 francs pour un certain nombre d'annuités, sur la base $\dfrac{6}{12}$ de 50 % + $\dfrac{12}{12}$ de 65 % + $\dfrac{18}{12}$ de 5.000 $= \dfrac{1.260 + 3.250 + 7.500}{3} = 4.067$ fr. (Flutet, *Pens. milit. d'ancienn. et proport.*, 1931, p. 37);

Et aussi par l'art. 35 L. 19 mars 1928 (S., *L. ann.* 1928,

p. 1710, note 45), pour les sous-officiers promus officiers et leurs ayants cause : leur pension au titre de la durée des services ne peut être inférieure à celle (afférente, p. ex., au grade de sergent-major) qu'ils auraient obtenue s'ils avaient été promus à un grade supérieur (dans l'espèce, d'officier d'administration de 3° classe) : Cons. d'Et., 12 mars 1930, Delaloy, Leb. chr., p. 283 ; ce pourquoi deux liquidations doivent être faites, sur la base, l'une, des soldes effectivement perçues au cours des trois dernières années et, l'autre, des soldes que le sous-officier eût perçues s'il n'avait pas été promu : 10 janvier 1934, Graignic.

IV. — *Les augments éventuels de la liquidation.*

1° *Bonifications d'âge et de services.*

747. — Ce fut l'esprit de la loi de 1924 de faire dans la détermination des pensions se rejoindre les combinaisons et balancer les données : — telle, dans l'art. 2 alin. 4, la fixation d'un minimum de principe et la prévision de son dépassement face à tels traitements ou telles soldes dont l'effet était, non d'ouvrir en tous cas le droit à la pension minima, mais plutôt et seulement d'interdire en certains la liquidation au-dessus de ce chiffre du minimum de la pension susceptible d'être réclamée sur la base d'un pourcentage [3/5 présentement, art. 3 ; 1/2, D.-L. 28 octobre 1934), du traitement moyen ou de la solde moyenne : Cons. d'Et., 20 janvier 1932, Delattre, Leb. chr., p. 75 : politique juridique de restriction ; — tel le jeu ordonné pour les pensions d'invalidité des « bonifications », bonifications de services et, à l'occasion, d'âge, destinées, par la facilité ménagée aux fonctionnaires de faire pour l'ouverture de leurs droits de retraite compter certains services ou leur âge au-dessus de leur durée réelle ou de l'âge minimum, à faire davantage rechercher la fonction, fournir certains cadres ou sourdre certaines vues sociales : système administratif de faveur.

748. — La terminologie légale n'a pas échappé, en la matière, à des accidents et des confusions, alors que celle des travaux et des rapports parlementaires avait été correcte : l'art. 37, à propos des services aériens, qualifie « bonifications » ce qui est dans la vérité des choses (Rpr. Rapp. H. Bérenger, Sén., 29 novembre 1923) bénéfice de campagne. Il n'empêche que la notion est claire et englobe :

A. Une série de bonifications très spéciales :

·Bonifications de séjour dans les régions atteintes par la guerre et les localités réputées sous le feu de l'ennemi : art. 79 av.-dern. al. L. 11 avril 1924 ; 193 L. 13 juillet 1925 et Arr. min. 6 février 1926 : Cf. *suprà*, n° 724 ; — Cons. d'Et., 26 janvier 1929, Tharasse, Leb. chr., p. 108. Rpr. *a contr.* 4 février 1927, Domart, p. 159 ;

Bonifications d'ancienneté visées à l'art. 23 L. 9 décembre 1927 (S., *L. ann.* 1928, p. 1482, notes 12, 13) et dont les termes mêmes de ce texte limitent le bénéfice aux avancements de classe postérieurs au 1er juillet de ladite année : 17 mars 1932, Paoli, p. 335 ;

Bonification d'âge, de six ou de trois mois par rapport à l'âge requis pour l'ouverture du droit à pension, accordée, à compter de sa promulgation, et sans effet rétroactif, par la loi du 22 mars 1928, mod. art. 30 L. 30 juin 1930, aux fonctionnaires réformés de guerre bénéficiaires de la loi du 31 mars 1919, atteints d'une invalidité d'au moins 25 % ou de 10 %, selon qu'ils appartiennent aux services sédentaires ou actifs : 28 mars 1931, Hurvois, p. 423 ;

Bonification de temps, décidée par l'art. 3 L. 17 avril 1924 et 25 L. 9 décembre 1927, au profit des militaires, soit réformés n° 1, soit classés service auxiliaire ou déclarés inaptes à faire campagne pour blessures ou maladies contractées dans une unité combattante, de l'intervalle entre la cessation de leur service militaire et le premier jour de la période fixée au renvoi dans les foyers de l'échelon de démobilisation dont ils auraient normalement fait partie. Seuls y ont droit les agents entrés dans les administrations publiques à la suite d'examens ou de concours consécutifs à leur démobilisation, à l'exclusion de ceux qui étaient déjà fonctionnaires lors de la mobilisation : 28 mars 1931, Hurvois, p. 423 ;

L'allocation de vivres prévue par l'art. 5 L. 14 avril 1924 et la loi du 8 août 1929 en faveur des officiers mariniers du corps des équipages de la flotte, à l'exclusion du personnel des corps sédentaires (Explic. Le Sayec, commiss. du gouv., Ch. dép., 14 juin 1923, *J. off.*, Déb. parl., p. 2527).

749. — *B.* La *bonification coloniale* surtout, dont la nature (*suprà*, n° 687) est d'une indemnité spéciale, au sens de l'art. 4 L. 14 avril 1924, inhérente aux fonctions exercées dans une colonie ou en Algérie, et non d'un supplément du traitement personnel du fonctionnaire : Cons. d'Et., 11 juillet 1930, Botta, Leb. chr., p. 728. L'art. 10 alin. 1 L. 9 juin 1853 l'accordait aux agents ayant exercé des fonctions sédentaires dans les territoires civils de l'Afrique du Nord et lui attachait le double avantage d'un abaissement de l'âge de la retraite au-delà de quinze années de services et d'une surestimation de ces services dans la liquidation de la pension pour moitié en sus de leur durée effective, étant précisé que la bonification ne pourrait en aucun cas réduire de plus de 1/5ᵉ la durée de services exigée pour le droit à pension. Par quoi elle y était plus importante que celles prévues par l'art. 9 al. 2 L. 14 avril 1924 pour pareils services, susceptibles de bénéficier, en vertu de l'art. 77, à des services faits antérieurement à la promulgation de la loi : 16 janvier 1929, Boulogne, p. 59, et, selon l'art. 21 al. 2, à des fonctionnaires ayant encouru le risque colonial et contracté en service aux colonies l'infirmité ou l'affection motivant leur mise à la retraite, alors même que, lors de leur admission à la retraite, ils se trouveraient en fonctions dans la métropole : 28 mars 1931, Hurvois, p. 423 : la loi nouvelle, si elle fait état de services sédentaires moindres de quinze années et supprime la clause limitative au 1/5ᵉ du bénéfice total de la bonification, n'admet, au contraire, leur prise en compte que pour un quart en sus de leur durée réelle. D'où une confrontation nécessaire des avantages ainsi accordés aux fonctionnaires ayant servi hors d'Europe par l'une et l'autre de ces lois, la connexité à faire saillir et sortir effet de ces dispositions, et cette conséquence à en déduire que ces fonctionnaires, à raison des mêmes services, ne pouvaient bénéficier à la fois de la limite d'âge calculée conformément à la loi de 1924 et du taux de majoration prévu par celle de 1853 : le décret qui refusa l'application dudit taux à une pension d'ancienneté admise dès ladite limite n'avait pas fait fausse interprétation de l'art. 77 sus-rappelé : 27 juillet 1928, Wolff, p. 973.

750. — En cet état des choses le jeu de la bonification susceptible d'être réclamée par le fonctionnaire mis prématurément à la retraite en raison d'une invalidité même ne résultant pas de l'exercice de ses fonctions est des plus certains, quant à son champ, ses sources, sa mise en œuvre. — De même que les bénéfices de campagne, elle intéresse uniquement la liquidation de la pension, indépendamment des conditions à remplir pour y avoir droit ; c'est dire qu'elle ne peut entrer en compte dans le minimum de quinze années de services nécessaire pour l'obtention de la pension proportionnelle prévue par l'art. 22 al. 1 de la loi nouvelle : Cons. d'Et., 6 décembre 1929, Lledo, Leb. chr., p. 1092 ; — 14 mai 1930, Tochen ; 27 novembre, Goutès, p. 502, 989.

751. — La loi en est la condition et la mesure, qu'il s'agisse d'y retrouver ou la dualité de classification traditionnelle des services sédentaires ou actifs, d'une part, et rendus en Europe ou hors d'Europe, d'autre part ; — et aussi la faculté de cumul des avantages, d'ailleurs différents, attachés à l'accomplissement des services actifs et hors d'Europe (Cons. d'Et., 11 juillet 1928, de Gallande, Leb. chr., p. 889). De ce chef, quelques difficultés sont nées : — Les unes, les moindres, sur les mots « fonctionnaires envoyés hors d'Europe » au sens de l'art. 10 de la loi de 1853 : rien n'autorise à trouver au travers de l'art. 9 al. 1er un dessein ni une raison de revenir sur une jurisprudence ayant refusé la bonification à qui accomplit tous ses services d'administrateur de colonies dans celle où il résidait dès avant son entrée dans les cadres : 26 juin 1930, Ratinaud, Charrier (*in f.*), p. 657, 658, ou, au contraire, l'ayant accordée à qui entra, dès sa libération militaire, au service d'une administration métropolitaine dans la colonie où son régiment était stationné : 9 novembre 1931, Jennepin, p. 971 ; — Les autres, plus juridiques, sur l'interprétation de la loi et les virtualités du décret, touchant les prohibitions du cumul admis en principe : pour l'interdire à certaines catégories d'agents nouvellement classés dans la partie active, l'art. 95 L. 13 avril 1898 est intervenu ; c'était preuve, et bonne, qu'en l'absence de toute disposition législative de cette portée dans la loi de 1924 une telle interdiction ne pouvait légalement résulter, ni du règlement d'administration publique (art. 16 al. 3) du 2 décembre 1924 : Cf. Lettre min. fin. 31 juillet et

Circ. n° 7273, 23 août 1928, sur l'application de l'art. 21 L. 30 juin 1928, Canal, *op. cit.*, p. 438. — V. Cons. d'Et., 17 juin 1927, Reynaud; 4 août, Armand, Leb. chr., p. 684, 954; — 6 juin 1928, Mattéï-Vincenti, p. 704, ni d'une délibération de conseil général algérien l'étendant aux fonctionnaires du département : 26 juin 1930, Charrier, p. 658. La hiérarchie des sources de droit impose la solution; au surplus, l'art. 84 de la loi de 1924 n'a de sens que si sa formule abrogative a saisi et mis à néant les dispositions exceptionnelles, tel l'art. 45 L. 13 avril 1898 (pour les répartiteurs des contributions directes en Algérie), contraires à la règle générale et antérieure de l'autorisation du cumul : 28 juin 1929, Mathey; 11 décembre, Darsonville, p. 652, 1096. — C'est sous le bénéfice de ce redressement jurisprudentiel de l'errement administratif, touchant la prétendue impossibilité (art. 13 du règlement) du cumul pour la constitution du droit à pension et la liquidation de la bonification coloniale du 1/3 avec celle du 1/5e résultant du classement des services dans la partie active, qu'il faut lire le schéma (Instr. min. fin. 12 octobre 1924, sur l'art. 9, Canal, *op. cit.*, p. 147) ramenant l'acquisition (normale à trente ans de services) de la pension d'ancienneté au cas de services hors d'Europe à 22 ans

$$6 \text{ mois} \left(+ \frac{22 \text{ ans } 6 \text{ mois}}{3} = 30 \right) \text{ et limitant l'annuité d'ac-}$$

croissement pour services hors d'Europe à $1/60^e + \dfrac{1/60}{3} = 1/45$.

L'Instruction admettant, au contraire, l'addition de la bonification d'âge de l'al. 2 et de celle résultant du classement dans la partie active, tenait le fonctionnaire ayant accompli ces 22 ans 6 mois à obtenir la pension à (55 - 11) 44 ans.

752. — Un trouble, sinon un changement, a été apporté à ce régime d'ensemble (art. 9, 14, 18 dans la loi de 1924) par l'art. 21 L. fin. 30 juin 1930 (*Duv.*, p. 454; S., *L. ann.* 1931, p. 134, notes 8 et 9; Cpr. art. 232, al. 2, L. 16 avril 1930), lequel a expressément accusé ainsi son « caractère interprétatif » fâcheux : « Les bonifications d'âge et de services... au titre des services rendus hors d'Europe ne peuvent être imposées d'office aux ayants droit en dehors des garanties inscrites à l'art. 8 du même texte pour les dispenses de la condition d'âge ». La nouvelle formule a besoin elle-même d'explication : en soi elle paraît signifier (Cf. Instr. min. fin. 16 juin 1930. Canal, p. 316) au regard des bénéficiaires de ces bonifications l'impossibilité de la mise à la retraite d'office avant la date à laquelle ils auraient normalement, abstraction faite des articles de la loi de 1924, droit à pension; cependant, par la référence à l'art. 8, elle semble impliquer la persistance du droit pour le ministre, en les dispensant de la condition d'âge, et sauf la déclaration, après avis du médecin assermenté, de leur incapacité de continuer leurs fonctions, de les mettre à la retraite dès lors que, comptant des bonifications, ils remplissent la condition de durée de services exigée pour l'ouverture du droit à pension. Le texte, en tout cas, concerne exclusivement la mise à la retraite d'office et laisse certainement entière la faculté des fonctionnaires en cause de se réclamer des bonifications légales pour solliciter cette admission anticipée avant la date normale.

753. — *C.* La bonification d'âge et de services d'une année, assurée par l'art. 18 L. 14 avril 1924 aux *femmes fonctionnaires ou employées* « pour chacun des enfants qu'elles auront eus ». C'est la réduction, le reliquat justifié d'un amendement aventureux (Miellet, Ch. dép., 11 juin 1924, *J. off.*, Déb. parl., p. 2329) qui tendait à abaisser pour le personnel féminin à 50 ans d'âge et 25 de services les conditions du droit à la pension d'ancienneté. Telle qu'elle a été écrite dans la loi, la disposition est générale, applicable à « tous les cas » : Cons. d'Et., 4 février 1927, Jeanjean. Leb. chr., p. 160; — 19 février 1932, Grésillon, p. 219 : l'expression produite et renouvelée ainsi, très compréhensive, paraît impliquer abandon d'une opinion plus stricte, apparemment appuyée par l'insertion de l'art. 18 dans le corps du chapitre 1er et par les travaux préparatoires de la loi (Cf. la définition du l'espèce traitée par les commissions des finances, Ch. dép., 11 juin 1923, *loc. cit.*; Sén., 10 décembre, *ib.*, p. 1820), sur les raisons et la manière d'y faire rentrer « exclusivement les pensions d'ancienneté » : 3 février 1932, Rey, p. 139. Elle se combine avec celle des art. 8 et 2 al. 3, de telle manière que, satisfaite la condition de quinze années passées dans la partie active, une femme fonctionnaire ayant eu trois enfants a obtenu pension d'ancienneté à 52 ans d'âge et 22 de services

et la prise en compte pour la liquidation de cette pension, dans la limite des maxima, de tous les services rendus au-delà des 22 ans de services nécessaires à la reconnaissance du droit au minimum de la pension d'ancienneté : 3 juin 1927, Gilles, p. 650; pour une mère de huit enfants, les mêmes bases ont produit pension à 47 ans d'âge et 17 de services et déterminé la computation des services rendus au-delà de ces 17 années : 3 juin 1927, Garry, p. 651.

2e *Bénéfices de campagne.*

754. — *A.* Des principes de la matière et de telle disposition extraordinaire, celle de l'art. 2 al. 3 et 5 de la loi de 1924 faisant accroître de 1/50e des émoluments moyens le minimum de la retraite au-delà de la durée des services exigée pour la constitution du droit à pension, se dégage cette réalité qu'en règle, dans une liquidation civile des services conduisant à une pension militaire ou à une pension coloniale à forme militaire, les services civils ne peuvent et ne devraient être comptés que pour leur durée effective. Pourtant l'idée de faire compter en vue de la liquidation des pensions militaires les années de campagne comme périodes fictives, à concurrence d'un pourcentage variable, était déjà dans la loi de 1831 (art. 7); celle de 1924 n'est, de ce chef, en ses art. 36 et 37, qu'une mise au point des dispositions établies par la loi du 16 avril 1920 (S., *L. ann.* 1923, p. 1093, notes 18 à 24), quant au mode de décompte des services accomplis au cours (art. 10, 12) ou postérieurement à la fin (art. 9, 11) de la Grande Guerre, et une coordination des règles applicables dans l'armée et la marine. L'effet en a été, au surplus, étendu, soit par l'art. 14 aux fonctionnaires civils mobilisés : Cf. Rapp. H. Bérenger, Sén., 13 décembre 1923, hormis, d'ailleurs, tout rapport entre le bénéfice de la campagne et la fonction civile telle qu'elle se comporte à la cessation de l'activité, l'annuité militaire étant en pareil cas décomptée dans la liquidation uniformément à 1/50e du traitement moyen : Cons. d'Et., 10 mai 1929, Guyon; 11 décembre, Darsonville, Leb. chr., p. 499, 1097; — soit par l'art. 21 aux fonctionnaires civils et coloniaux ayant opté pour le régime des pensions civiles, retraités pour invalidité résultant du service : 16 mai 1928, Fabre-Géraud, p. 635; 26 avril 1929, Balsère, p. 429.

755. — Cinq catégories sont en l'art. 36 instituées et détaillées pour les bénéfices de campagne :

« A. Double en sus de la durée effective pour le service accompli en opérations de guerre : 1° soit dans les opérations des armées françaises et des armées alliées; 2° soit à bord des bâtiments de guerre de l'Etat, des bâtiments de commerce au compte de l'Etat ou des mêmes bâtiments des puissances alliées ». — Double en sus, *i. e.* chaque année donne droit à trois annuités, le bénéfice de la double pension ne prenant « fin. pour tout blessé de guerre, [qu'] à l'expiration d'une année complète à partir du jour où il a reçu sa blessure » : Cf. Cons. d'Et., 10 mai 1929, Rey, Leb. chr., p. 499; — 24 juillet 1930, de Coste, p. 795; — 27 février 1931, Bousseyrol, p. 238; mais cette majoration est la seule prévue en la loi, de telle sorte que celui auquel il en a été tenu compte est irrecevable à contester comme insuffisante la pension proportionnelle à lui allouée : 17 mars 1926, Laspoussas, p. 291. Ainsi ont pris autorité permanente les dispositions transitoires des art. 10 et 12 L. 16 avril 1920 sur les services rendus par les combattants en opérations de guerre;

« B. Totalité en sus de la durée effective : 1° pour le service accompli sur le pied de guerre pour tous les militaires et marins autres que ceux placés dans les positions définies au § 4; 2° pour le service accompli en voyage de découverte ou d'exploration sur l'ordre du gouvernement; 3° pour le temps passé en captivité pour les militaires et marins prisonniers de guerre [Cf. Cons. d'Et., 10 mai 1929, Guyon, p. 498]; 4° pour le service accompli en Corse et dans l'Afrique du Nord par la gendarmerie ». — Campagne simple, *i. e.* simple en sus, un an pour un an = 2 annuités. — Cf. 8 avril 1933, Monroziès, p. 469;

« C. Totalité en sus, ou moitié en sus de la durée effective, selon le degré d'insalubrité ou les conditions d'insécurité du territoire envisagé, lesquels seront déterminés par un règlement d'administration publique, le service accompli, soit à terre, soit à bord des bâtiments de l'Etat ou des bâtiments de commerce au compte de l'Etat : 1° en Algérie, dans les colonies, pays de protectorat ou territoires à mandat, pour les militaires et marins envoyés de la métropole, d'Algérie ou d'une autre colonie ou pays de protectorat. Sont considérés à cet égard comme envoyés d'Europe les militaires et marins français originaires d'Europe ou nés dans une colonie, pays de protectorat ou territoire à mandat, de père et mère tous deux Européens, de passage dans ces régions et n'y étant pas définitivement fixés [V. sur le but et la portée de cet al. 2, les observat. Le Brecq, Ch. dép., 5 avril 1924, *J. off.*, Déb. parl., p. 1838. — Rpr. Cons. d'Et., 24 juillet 1931, Lebreton, p. 859] ; 2° dans un pays étranger, pour les troupes d'occupation de terre et de mer [Cf. 16 juillet 1930, Cotton, p. 745] et pour les catégories de personnel désignées par décret contresigné par le ou les ministres intéressés et par le ministre des finances ». — Campagne simple ou demi-campagne, *i. e.* un an pour un an = 2 annuités, ou 6 mois pour un an = 1 annuité 1/2 : Cf. sur l'application de ce paragraphe, D. 26 mars 1926, Flutet, *op. cit.*, annexe VII, p. 215, et pour le complément de cette réglementation et le jeu des annuités quant aux campagnes depuis le 24 octobre 1919 au profit des militaires envoyés de la métropole, d'une colonie, d'un territoire à mandat ou pays de protectorat, les tableaux Circ. minist. 12 septembre 1927, *ib.*, p 217-223 ;

« D. Moitié en sus de la durée effective : 1° pour le service accompli sur le pied de paix à bord des bâtiments de l'Etat armés et dans les conditions fixées par un décret ; 2° pour le temps passé à bord des mêmes bâtiments ou de bâtiments de commerce en temps de paix, entre la métropole et un territoire colonial ou à mandat, de protectorat ou étranger, en cas d'embarquement pour rejoindre ou quitter son poste ». — Moitié en sus, *i. e.* 6 mois pour un an = 1 annuité 1/2 ; — 8 avril 1933, précité ;

« E. Moitié de la durée effective, et à titre de bonification seulement, la navigation accomplie, en temps de guerre seulement, à bord des bâtiments ordinaires de commerce. Les bonifications ainsi acquises ne pourront jamais entrer pour plus d'un tiers dans l'évaluation totale des services admis en liquidation ». — Prévision toute spéciale aux marins ayant des services antérieurs au commerce, attendu que les services à bord des bâtiments de commerce au compte de l'Etat relèvent de la catégorie A ou B, selon qu'ils ont été rendus en opérations ou seulement en temps de guerre : Cf. Rapp. Lugol, 1er avril 1922.

756. — Ces nomenclatures, classifications et hypothèses ont fait l'objet de quelques compléments et interprétations :

a) Quant aux services aériens. En vérité, s'y rapportaient déjà l'art. 10 L. 29 mars 1912 (S., *L. ann.* 1912, p. 301), sur l'aéronautique militaire et le D. 30 octobre 1913 (*Duv.*), déclarant applicable ledit art. 10 aux services exécutés en temps de paix ; de fait, les alin. 2 et 3 de l'art. 37 de la loi de 1924 ne sont que reproduction de l'art. 10 de celle de 1912, et la seule nouveauté du texte est d'avoir, en l'alin. 1er, fixé aux décrets appelés par l'alin. 2 à régler la quotité et les conditions du bénéfice de campagne une limite maxima du double en sus de la durée effective des services. Cf. sur les majorations pour services aériens, D. et Arr. 28 juillet 1920 ; DD. 26 juin 1925, *B. O.*, p. 1665 ; 29 juillet 1925, *ib.*, p. 2338 ; Arr. 1er février 1926, *ib.*, p. 434 ; Circ. 1er février 1926, *ib.*, p. 239. Il n'est, dès lors, rien d'autre à noter en cet ordre que les décisions jurisprudentielles ayant fait application, ici, Cons. d'Et., 21 mai 1930, Engler, Leb. chr., p. 534, des majorations de l'art. 10 de la loi de 1912 et des bénéfices de campagne aux services aériens accomplis au cours de la guerre ; là, 19 novembre 1930, Bruguière, p. 953, de la bonification de douze mois attachée par l'art. 4 du décret de 1913 à la possession du brevet d'aérostier militaire à l'ensemble des services aériens rendus antérieurement à l'obtention de ce brevet ;

b) Relativement aux services faits au Maroc. Des services de septembre 1922 à juillet 1923 n'ont pu prétendre à fonder qu'une majoration, non du double, mais d'une fois et demie de leur durée effective : 20 mars 1930, Adam, p. 326. Un décret du 23 juin 1925, un arrêté du 21 août 1925 et une circulaire minist. 4686/K, 30 avril 1926 ont spécifié très nettement les temps et les territoires et les conditions du décompte des campagnes au Maroc (Flutet, *op. cit.*, p. 214) : du 22 juin 1922 au 16 avril 1925, campagne simple ou campagne et demie, dans les territoires civils ou militaires respectivement ; à partir du 27 avril 1924, en dehors de la zone et de la période des opérations, 1/2 campagne ou une campagne ; dans la zone (à partir du 15 avril 1925) et pour toute la période, double campagne. — Cf. *a contr.* 5 juillet 1933, Aïssa Larbi Ould Mohamed, p. 737.

757. — *B.* Par leur nature et leur objet ces dispositions étaient et sont destinées à comporter une interprétation serrée qu'il s'agît, quant au bénéfice de campagne double :

a) De leur autorité dans le temps et de leur champ matériel d'application. Il résulte, d'une part, de l'art. 40 de la loi de 1924 - tant au regard des fonctionnaires civils anciens militaires que des militaires mêmes : Observ. Ed. Dessein et Décl. Le Sayec, commiss. du gouv., Ch. dép., 5 avril 1934, *J. off.* Déb. parl., p. 1839 — que, pour les services accomplis antérieurement à la promulgation de la loi, les règles antérieurement en vigueur (art. 7 L. 1831, 10 L. 16 avril 1920 ; D. 30 octobre 1913) restèrent en vigueur (Instr. min. fin. 12 octobre 1924, Canal, *op. cit.*, p. 175 ; Cons. d'Et., 23 mai 1928, Autard p. 671). — Il se dégage, d'autre part, de l'esprit et de la contexture des textes cette manière d'avoir subordonné l'acquisition des bénéfices de campagne à la qualité apparente et à la reconnaissance formelle de services effectués en temps de guerre ou hors d'Europe, pendant certaines périodes de la mobilisation ; aussi bien, de ce point de vue, le D. 27 septembre 1914, borné à fixer d'une manière générale la date du 2 août 1914 comme celle à partir de laquelle les militaires seraient admis au bénéfice de campagne de guerre contre l'Allemagne n'eut-il pour but ni effet d'attacher à tous les services rendus hors d'Europe le droit au double bénéfice de campagne ; c'est pourquoi celui-ci a été refusé aux services accomplis, dès cette date, en Algérie : 4 juin 1927, Muller, p. 672 ; — 23 mai 1928, Autard, précité, et aux individus domiciliés en Algérie (ou au Maroc) et incorporés dans les troupes sahariennes ou indigènes : 24 juin 1927, Riehl, p. 718 ; — 6 mai 1931, Cartier p. 487. Rpr. 24 juillet 1931, Lebreton (*in f.*), p. 860. Au surplus, là où il peut être supputé, le bénéfice de campagne ne cesse pas du fait et dans la mesure des congés que diverses circulaires de la Guerre prévoient pour les militaires d'après la durée de leur séjour sur certains territoires : 27 février 1931 Rousseyrol, p. 238 ; encore est-il que ces circulaires n'y créent pas de droit et donc que ces militaires ne sauraient s'en prévaloir pour discuter des conditions dans lesquelles ledit bénéfice a été pris en compte dans la liquidation de la pension ;

758. — *b)* De leurs effets réservés à ceux-là seuls qui, tout au long ou à une époque de leur mobilisation (25 novembre 1930, Rosset, p. 958), furent dans une situation de nature à leur ouvrir droit au bénéfice de campagne double. Ainsi s'est trouvée engagée et est définie la question de participation aux opérations des armées, la qualité d'« ancien combattant » : Cons. d'Et. 13 juin 1928, Solomiac, Leb. chr., p. 745 ; — 13 février 1929, Camescasse ; 10 mai, Guyon, p. 185, 498 ; — 5 décembre 1930, Coytier p. 1042 ; — 8 juillet 1931, Grosjean ; 17 juillet, Leleu, p. 747, 799. Pour résoudre l'une et affirmer l'autre, l'art. 10 de la loi de 1920 offrait un criterium à laquelle la loi de 1924 s'est vraisemblablement référée, et dont les arrêts multiples du Conseil d'Etat (Rpr. Avis sect. fin. guerre, marine et col. 18 février 1925, Canal, *op. cit.*, p. 321) ont mesuré l'effet : l'appartenance à une unité ou force (telle la prévôté ou la trésorerie aux armées) placée sous les ordres du général commandant en chef les armées : 20 juillet 1927, Constans ; *a contr.* 30 novembre, Blanc, p. 817. 1143 ; — 29 février 1928, Bernard ; *a contr.* (sapeurs-pompiers de la Ville de Paris) 7 mars, Chennavelle, et (officier d'administration de la marine marchande) 14 mars, Lenne, p. 291, 324, 351 ; — *a contr.* 16 janvier 1929, Lavitz ; 16 octobre, Galopin ; *a contr.* (troupes du gouvernement militaire de Paris), 2 juillet, Auriol, p. 60, 679, 901 ; — 6 mars 1930, Gratia (travailleurs kabyles) ; 26 juillet, Chaulet (atelier de fabrication de Vincennes) ; 29 octobre, Blot (Centre-Ecole des dirigeables de Saint-Cyr) ; 25 novembre, Bailly, p. 154, 250, 256, 619, 747, 748, 777, 1027 ; *a contr.* 27 mars, Sabatier (intendance de région) ; 14 mai, Cordillet (bâtiments séjournant en rade) ; 18 juin, Soyris ; *a contr.* (brigades de gendarmerie ne dépendant pas de la prévôté aux armées : art. 187 D. 2 décembre 1913) ; — 3 décembre, Pucheu, p. 1016 ; — 6 février 1931, Véraghe, et 4 mars, Lefebvre ; 11 juin, Arhuéro ; 8 juillet, Grosjean ; *a contr.* (formations aériennes de Chartres et Villacoublay), 8 juillet, Houssais ; 16 juillet, Jacquot, p. 256, 346, 503, 617, 838, 870 ; — 8 novembre 1932, Warlier, p. 929 ; — 17 mai 1933, Merle, p. 535. L'un d'eux en a rapproché et y a assimilé le maintien, sous les ordres du sous-préfet, dans une ville (Commercy) classée parmi les localités tenues sous le feu de l'ennemi de septembre 1914 à 1918 : 15 mai 1930, Degou, p. 509 ;

759. — *c)* De l'allongement ménagé « selon la disposition reproduite de l'art. 10 de la loi de 1920 (*supra*, n. 755 A) jusqu'à l'expiration d'une année complète » à dater de la blessure aux blessés de guerre. Seuls (Cons. d'Et., 19 mars 1931, Regis, Leb. chr., p. 317) ont cette qualification les blessés dans la zone des armées : 24 juillet 1930, Boudot, p. 796, évacués sur les hôpitaux : 22 mai 1931, Rouvière, p. 575; — 20 janvier 1932, Delattre, p. 75; — 8 avril 1933, Liberge, p. 467. L'avantage ne va pas, du reste, jusqu'à autoriser la réclamation et le décompte d'une annuité supplémentaire : 5 février 1931, Guibert, p. 137.

760. — Il allait de soi que fût traitée par la même méthode la mise en œuvre du bénéfice de demi campagne ou de campagne simple, ici pour dissocier le service à bord d'un bâtiment de l'Etat, y donnant droit à partir de la mise en rade du bâtiment (art. 7 L. 1831), du temps passé sur un stationnaire annexe : Cons. d'Et., 7 novembre 1928, Le Guernic, Leb. chr., p. 1143; là, quant aux services faits en temps de guerre : 1er février 1928, Declert, p. 155, ou dans un corps d'armée occupant un territoire étranger : 9 novembre 1931, Casanova, p. 972, ou pour le temps passé en captivité : 10 mai 1929, Guyon, p. 498, ou sous les drapeaux à l'intérieur : 28 mars 1931, Hurvois, p. 424, pour décompter les services effectifs ainsi qu'il convient, non de la mise à retraite, mais du jour de la limite d'âge atteinte ou du grade conféré ultérieurement à la mise à la retraite dans les conditions de la loi du 29 décembre 1923.

761. — *C.* De la quotité fixée, de l'admissibilité décidée et de la variété ordonnée des bénéfices de campagne est née, enfin, une préoccupation, celle de leur limite; trois dispositions y ont donné issue :

Celle de l'art. 36, al. dern., fixant aux bonifications dans l'évaluation totale des services susceptibles d'entrer en compte pour la liquidation le maximum d'un tiers;

Celle des art. 37 al. 3 et 38, réglant les conditions et proportions des bonifications (Cf. Rapp. Bérenger, Sén., 29 novembre 1923) : aux décrets prévus quant aux services aériens exécutés en dehors des opérations de guerre, il a été fixé par la loi de ne dépasser, en aucun cas, par période de douze mois consécutifs, une bonification de deux ans et de n'en admettre au-delà de ce chiffre le cumul avec quelque autre; d'autre part, tandis que le total du cumul eût pu être considérable, pour des « services effectifs, de nature à donner à la fois des droits à plusieurs des bonifications », par exemple du chef de l'occupation par les armées françaises de pays étranger (double en sus pour opérations = 2 ans pour 1 an + 1/2 pour occupation de pays salubre et assez sûr = 6 mois pour 1 an, total 3 annuités 1/2) ou de service de gendarmerie en Corse sur le pied de guerre (2 totalités en sus de 1 an pour 1 an = 2 ans pour 1 an = 3 annuités), la loi, admettant que « les bonifications ainsi allouées s'additionnent », en a ramené le chiffre au « double de la durée effective » du service rémunéré par elles;

Eventuellement, enfin, celle de l'art. 13 al. 2, prévoyant au cas du retraité militaire terminant sa carrière dans un emploi civil (*supra*, n. 691) la majoration de la pension civile, de chiffre supérieur, « de la différence entre la liquidation civile et la liquidation militaire » : la mesure implique une comparaison du produit obtenu par la liquidation civile du temps de service obligatoire à la part correspondant à ce même service dans la pension militaire allouée à l'intéressé, y compris en ce dernier chiffre, s'il y a lieu, les bénéfices de campagne acquis au cours de la période envisagée; or, cette opération peut, du fait de la rémunération de ces annuités supplémentaires, renverser la prévision de l'art. 13, produire pour la liquidation militaire du temps de service militaire accompli un chiffre supérieur à la liquidation civile des mêmes services et, par le jeu d'un maximum non expressément indiqué, mais incontestable, aboutir au refus de tout supplément de pension : 24 mars 1928, Julia, p. 441.

3° Liquidation supplémentaire et majorations spéciales.

762. — Elles représentent aux principes et aux maxima fixés en plusieurs endroits de la loi une contradiction dont l'équité a trouvé forme en d'autres articles.

A. Au principe, traditionnel (DD. 9 novembre 1853, art. 47; 27 mai 1897) et fort justifiable que la prolongation des services, par application des art. 28 L. 31 décembre 1920 et 115 L. 29 avril 1926, après l'admission d'un fonctionnaire civil à la retraite et jusqu'à la remise d'un livret de pension ne lui fait pas acquérir de nouveaux droits, ne peut entrer en compte pour le calcul de la pension : Cons. d'Et., 4 mars 1931, Mahiddine ali ben Mohammed Akli, Leb. chr., p. 249 et ne donne lieu qu'à avance sur pension, — le *maintien en activité*, au sens des art. 28 L. 9 juin 1853 et 17 al. 7 L. 14 avril 1924, dans l'intérêt ou pour les nécessités du service, postérieurement à la délivrance du brevet de pension, d'une façon non momentanée (*a contr.* 21 janvier 1932, Rivaille, p. 86; — 18 janvier 1933, Flajollet, p. 72), pour une période de temps plutôt indéterminée (29 octobre 1930, Moisan, p. 869), et autrement qu'en vue de la simple transmission des services, motive une liquidation supplémentaire, compte tenu des nouveaux services du fonctionnaire depuis sa mise à la retraite : 7 décembre 1928, Garnier, p. 1278. En vérité et d'apparence, l'art. 17 précité traite moins cette hypothèse que celle introduite sur amendement (Abel Lefèvre, Sén., 10 décembre 1923, *J. off.*, Déb. parl., p. 1819) de la rentrée après une certaine interruption de services dans l'administration d'origine ou une autre administration publique et de la remise en activité d'un fonctionnaire civil démissionnaire [Les militaires de la réserve sont, de fait, hors l'hypothèse, pour cette raison que les services nouveaux susceptibles d'être faits par eux en leur « position d'activité » ne leur ouvrent pas, à moins de réinscription ultérieure sur les rôles de l'armée active, droit à révision de leur pension : A. Heilbronner et Doublet, *op. cit.*, n. 116, p. 88]; l'esprit dont il témoigne, sa manière nouvelle de revivifier et compter tous les services, a sans conteste servi d'argument en l'espèce.

763. — Cependant, dans le concours peut-être imprévu et la combinaison nécessaire des textes, une question surgit, face aux possibilités de l'art. 17 L. 14 avril 1924, celle des obligations imposées aux pensionnaires civils touchant le cumul de de leur pension avec traitement nouveau par l'art. 37 al. 1er L. 30 décembre 1913. Que celui-ci, dont la contradiction n'apparaît avec aucune disposition de la loi de 1924 dût être regardé comme toujours en vigueur en vertu de l'art. 84 de cette loi, qui n'a abrogé des dispositions antérieures que celles inconciliables avec les siennes propres, il ne faisait aucun doute; dès lors, ses prescriptions s'imposent au titulaire d'une pension civile remis en activité ou reprenant du service : obligation, dans le délai prévu, de faire et notifier renonciation expresse à la faculté de cumul en vue de l'acquisition des nouveaux droits à pension dont s'agit. Ainsi en a décidé le Conseil d'Etat, 15 juillet 1932, Lochert, Leb. chr., p. 737, en une sorte de décision de principe, sans rechercher du tout, en l'espèce, si l'intéressé aurait, au bénéfice du cumul, pu prétendre à l'application de l'art. 29 de la loi de 1924.

764. — *B.* Aux militaires non officiers de la *gendarmerie* exclusivement (Cons. d'Et., 22 juin 1927, Brunet, Leb. chr., p. 698), l'art. 85 L. fin. 13 juillet 1911 (Cf. le tarif y annexé, S., L. ann. 1912, p. 234. — Rpr. art. 10 L. 18 août 1879) attribuait, après vingt-cinq ans de services effectifs, une majoration spéciale de pension pour chaque année accomplie au-delà de la quinzième dans l'arme : Cf. 20 janvier 1926, Blain, p. 61; l'art. 41 L. 14 avril 1924 a conservé la condition minima de la majoration : 9 mars 1927, Lamberti, p. 308, augmenté les quotités et institué pour le droit à ces annuités des discriminations selon le grade [pour le gendarme et le chef de brigade II. G. ou de l'une des classes existantes], enfin fixé à trente ans de services le maximum de la majoration; au demeurant, cette majoration n'allait et ne pouvait aller, faute d'une disposition légale, au-delà du maximum fixé par l'art. 80 de la loi de 1924 : 2 février 1927, Defreyannes; 9 avril, Marty, p. 145, 498. D'autre part, il a alloué (al. 4. — Cpr. art. 12 L. 1879) la majoration, même avant vingt-cinq ans de services : 9 mars 1927, Audurier; 7 décembre, Delabrousse, p. 309, 1174; *a contr.* 24 décembre 1930, Sausseau, p. 1108, « pour le nombre d'années de présence dans la gendarmerie », au cas d'admission à la retraite pour blessures ou infirmités imputables au service, *i. e.* de pension en vertu, exécution ou conformité, soit des dispositions générales, soit de l'art. 60 (pension mixte) : 4 mars 1925, Ricouté, p. 236, soit de l'art. 47, dern. al., de la loi du 31 mars 1919. Enfin, faisant échec à la donnée nouvelle favorable admise quant aux fonctionnaires civils (*supra*, n° 762), et donc consolidation du droit antérieur, il cantonne (al. 3), au regard du militaire réadmis dans la gendarmerie après en être sorti pour une cause quelconque, le profit de la majoration au « temps accompli dans cette arme depuis sa réadmission » : 23 juillet 1929, Paoli, p. 798. — L'art. 38 L. fin. 19 mars 1928 y a admis tous les militaires non officiers de la gendarmerie « actuellement en retraite ».

765. — Le taux de cette majoration (laquelle n'a rien de commun avec l'indemnité de fonctions créée pour l'arme par le décret du 23 février 1919, exempte du caractère d'émolument personnel faisant, au sens de l'art. 3 de la loi de 1924, corps avec la solde : 7 décembre 1927, Kibleur; 21 décembre, Martin, p. 1175, 1252) a subi des oscillations. Porté, à la suite des art. 38 L. fin. 19 mars 1928, 84 L. fin. 30 décembre 1928 et 95 L. fin. 31 mars 1932, même pour les gendarmes en position de retraite, à 70 francs pour les gendarmes, 113 pour le maréchal des logis-chef, 178 pour l'adjudant-chef et l'adjudant, il a été ramené, en tous cas, et du point de vue du maximum, par l'art. 4 dern. al. D.-L. 28 octobre 1934, à ne pouvoir, « en s'ajoutant, porter celle-ci aux 3/4 de la solde moyenne » pour les gendarmes en activité de service ou retraités à la date d'application du décret. — Il reste entendu, dans la perspective de la révision des pensions déjà acquises, que cette compression ne devra point réduire de plus de 15 % la pension actuellement perçue.

766. — *C.* Avant que la loi du 14 avril 1924 n'eut substitué pour les pensions nouvelles aux modes de liquidation en vigueur de nouvelles règles de calcul et ordonné pour celles dès ce temps concédées une révision d'après le décompte des services établi lors de la liquidation initiale et sur la base des traitements et soldes afférents, au jour de sa promulgation, aux grades et emplois des trois dernières années de la carrière, des dispositions éparses avaient prévu maximum et majoration pour certains, par ex. :

Art. 46 L. 13 avril 1898 : majoration aux agents de l'administration des forêts ayant accompli la durée des services donnant droit au maximum de la pension tel que fixé par la loi du 4 mai 1892 (3/4 du traitement afférent au grade obtenu depuis deux ans au moins) et ne pouvant dépasser la pension maxima calculée d'après les tarifs militaires de la gendarmerie : Cons. d'Et., 4 novembre 1925, Bergel, Leb. chr., p. 853 ;

Art. 7 L. 1er avril 1923 : majoration susceptible de donner lieu à un rappel de traitement et d'influer sur les émoluments effectivement perçus au cours des [six ou trois] dernières années d'exercice et destinés, en vertu aussi de la loi de 1853 ou de celle de 1924, à servir seule de base au calcul de la pension : 30 novembre 1927, Marenco, p. 1147. La loi de 1924 votée, se devait poser la question du sort de ces dispositions, en l'absence d'une clause les maintenant, face aux règles nouvelles de liquidation ; agitée à propos des officiers-mariniers, quartiers-maîtres et assimilés ayant accompli douze ans d'activité dans leur grade, et de la majoration du 1/5e en sus de la pension de grade prévue par l'art. 11 L. 18 avril 1831 mod. art. 5 L. 5 août 1879, elle a été résolue dans le sens d'une abrogation par la loi nouvelle : 6 avril 1927, Mingui, p. 455. — Il n'est donc plus que de faire état de quelques majorations réapparues après ou dans la loi même de 1924 :

Art. 13 al. 2 : majoration aux militaires finissant dans un emploi civil du chef des services militaires déjà rémunérés par une pension proportionnelle ou solde de réforme, — sous la condition du caractère strictement obligatoire de ces services : 16 juillet 1929, Chiappini, p. 737;

Art. 53 : majoration aux surveillants militaires des établissements militaires coloniaux (8 avril 1933, Tomasi, p. 463), parce qu'assimilés anciennement (D. 20 novembre 1867) aux militaires non officiers, selon l'art. 54 al. 2, d'au plus quinze annuités supplémentaires au-delà du minimum exigé pour le droit à pension : 2 février 1927, Blanc; 12 février, Grosjean; 16 mars, Chancelade, p. 133, 215, 347 ; — 14 janvier 1928, Chambon, p. 62.

767. Au surplus, les textes sont tout emmêlés de différenciations et de nuances, où il faut n'avancer qu'avec prudence. L'art. 30 de la loi, entre autres, en fournirait une preuve : alors que, par dérogation au principe (al. 1er) de la pension d'ancienneté à trente ans de services effectifs, il attribue (al. 3) le même droit aux officiers mis après vingt cinq ans seulement en non-activité pour infirmités temporaires et impossibilité reconnue par conseil d'enquête de rappel à l'activité, il n'aboutit pas, à bien considérer cette liquidation anticipée toute différente de celle prévue ailleurs (al. 2), à faire concéder aux intéressés une pension semblable et égale à celle attachée à trente années de services et, pour autant, à leur ménager un accroissement éventuel des années de services au-delà de la

vingt-cinquième; en réalité, l'hypothèse n'est pas celle d'une majoration; l'art. 28 D. 2 septembre 1924 (S., *L. ann.* 1925, p. 1996), aussi bien, loin d'avoir violé la loi, l'a-t-il simplement et bien appliquée en limitant le calcul de l'accroissement aux années de campagne et par là-même excluant toute majoration pour les années de services effectifs : Cons. d'Et., 24 juillet 1930, Bâlon, Leb. chr., p. 796.

4° Indemnités pour charges de famille
et majorations pour enfants.

768. — Elles sont communes et plus réelles que celles dont il était question au § ci-dessus. Le dualisme de dénomination correspond à une différence de nature et d'objet : Cf. la note (II) P. L. sous Cons. d'Et., 24 octobre 1930, Chanticlaire, S. 30.3. 121. L'art. 2 al. 7 de la loi de 1924, dès l'abord, ne fit, du moins n'énonça pas la distinction de ce qu'il maintenait en représentation d'une dépense, les indemnités pour charges de famille nombreuse, et de ce qu'il créait, au titre de récompense ou par une politique de faveur à la natalité, les majorations de la pension d'ancienneté à ceux qui auraient élevé au moins trois enfants jusqu'à l'âge de seize ans; elle est plus formelle et apparente dans les dispositions réglementaires et législatives qui, tour à tour, en ont élargi et conditionné le régime, l'attribution et la quotité : l'art. 2 de la loi de 1924 n'avait visé que les fonctionnaires mis à la retraite après sa promulgation, et nulle autre disposition étendu son bénéfice aux anciens fonctionnaires mis antérieurement à la retraite : Cons. d'Et., 23 février 1927, Dumortier (*in f.*); 2 août, Colin; 29 juin, Villéger; 12 juillet, Antoni, Leb. chr., p. 246, 909, 728, 790 : l'art. 187 L. fin. 13 juillet 1925 n'augmenta, en effet, le taux des indemnités que pour les agents en activité au 1er janvier 1925; en conséquence, ne purent s'en réclamer ceux et les veuves de ceux mêmes qui, mis à la retraite avant le 17 avril 1924, n'avaient pas avant cette date obtenu concession ou révision de leur pension : 17 mars 1932, Kerjean, p. 334; c'est l'art. 7 L. 16 juillet 1927 pour les uns à partir du 1er août 1926, et pour les autres l'art. 68 L. 27 décembre 1927, qui étendirent le bénéfice de la majoration; la mesure, de la sorte, devint générale. Dans la suite, des dispositions et prescriptions particulières s'appliquèrent à fixer le taux des indemnités, les modalités du cumul des indemnités et des majorations, le champ d'application et la mise en œuvre des éléments du système.

769. — *A.* Très expressément l'art. 2 al. 5 de la loi de 1924 garantit la continuation du paiement des *indemnités* aux titulaires de pensions d'invalidité « de la présente loi » (y compris les militaires indigènes naturalisés, mais servant à titre indigène : 16 novembre 1933, Salah, p. 1050); par ailleurs, l'art. 47 laissait toutes les infirmités contractées ou aggravées par le fait ou à l'occasion du service sous l'autorité de « la législation spéciale sur les pensions pour invalidité », laquelle (art. 3 D. 2 septembre 1924), comportant un régime d'allocations et de majorations pour enfants, ne pouvait conférer au titulaire de semblable pension le bénéfice des indemnités prévues à l'art. 2 : 13 mai 1933, Leca, p. 522; aussi, lors même qu'un militaire radié d'office des contrôles, à suite de sa réforme définitive pour infirmité imputable au service, obtenait, en sus de la pension proportionnelle liquidée selon les prescriptions de l'art. 44 al. 3 L. 1924, par application de l'art. 2 L. 30 avril 1920, une pension d'invalidité d'un taux égal à celui de la pension allouée aux simples soldats atteints de la même infirmité, il demeurait irrecevable à prétendre au bénéfice d'une pension d'invalidité au sens de l'art. 2 L. 14 avril 1924 : 23 mai 1928, Durand, p. 668. Cf., à l'égard d'une femme fonctionnaire titulaire d'une pension d'invalidité, Cons. d'Et., 3 février 1932, Rey, Leb. chr., p. 139; de la sorte, la situation restait des plus nettes : ou la pension d'invalidité de l'art. 2, et pas de majoration des indemnités pour charges de famille perçues avant sa mise à la retraite; ou le droit de l'art. 47. La volonté vraisemblable, sûre même, du législateur a été de n'allouer les indemnités pour charges de famille qu'aux titulaires civils ou militaires de pensions d'invalidité, à l'exclusion notamment des bénéficiaires de pensions proportionnelles à la durée des services de l'art. 29 : 21 janvier 1927, Hermann; 7 décembre, Delabrousse, p. 93, 1174; — 4 juillet 1928, Moysan; 4 août, de Bordenave d'Abère, p. 853, 1063; — 4 décembre 1930, El-Kolli-Mohamed, p. 1026, et des femmes fonctionnaires réclamant la pension différée de l'art. 17 al. 5...

assimilation avec le personnel officier : 20 juin 1930, Carli, p. 642. Elle a tout particulièrement mis en question, à propos de l'art. 74 al. 3 et de l'assimilation y écrite des ouvriers immatriculés de la guerre et de la marine à certains sous-officiers, soldats ou marins, le statut, avantages et droits afférents, des autres catégories de fonctionnaires civils admis sous la précédente législation au bénéfice de pensions militaires; mais elle n'a donné lieu à hésitation ni fléchissement : plusieurs arrêts en écartent la possibilité par ce motif, aux termes identiques, que du régime antérieur l'art. 74 a seulement conservé aux fonctionnaires civils nommés avant son vote le bénéfice des conditions d'âge et de services pour l'ouverture du droit à pension d'ancienneté et le mode de décompte des services comportant les bonifications pour campagne; ce qui est moyen de dénier aux personnels en cause la faculté, sous le couvert de l'assimilation dont ils purent dans le passé se couvrir, de réclamer, à l'occasion de la révision prescrite par la loi du 14 avril 1924 ou d'une concession de pension après sa promulgation, le bénéfice du maximum exceptionnel institué par l'art. 34 : 23 février 1927, Lissilour, p. 242; — 24 mai 1928, Termes [il faut lire, à la 5ᵉ ligne, non officiers, au lieu d'officiers]; 30 mars, Roux (*in f.*); 5 mai, Dufond, p. 440, 494, 575; — 21 juillet 1932, Morati, p. 760.

779. — Il était de quinze annuités supplémentaires au-delà du minimum d'années de services exigé pour l'obtention d'une pension. Le D.-L. 28 octobre 1934, par là-même (art. 4 al. 3) qu'il instituait le maximum de 70 % pour « la pension des militaires et marins non officiers de toutes armes et services, compte tenu des majorations visées au [4ᵉ] paragraphe » de l'art. 2 de la loi de 1924 n'eût pas retenti, puisque ne la modifiant pas, sur cette disposition; cependant il l'influence, dans la mesure où il fait compter ce 70 % comme montant possible de la pension, il y fait compter les majorations pour charges de famille, au lieu qu'elles n'ont pas place dans le calcul du 60 % du traitement moyen.

780. — *B.* A l'art. 80, pour les fonctionnaires civils et les militaires (9 mars 1927, Panthu, p. 310) en droit de compter dans leur pension ou nouvelle ou revisée (Cons. d'Et., 19 janvier 1927, Dorson ; 16 mars, Rentz et Morel; 9 avril, Brunet, Leb. chr., p. 71, 348, 497; — 1ᵉʳ février 1928, Quiquandon; 7 novembre, Lamborot, p. 154, 1144), « nonobstant les maxima prévus aux art. 2 et 34 les annuités supplémentaires acquises au titre des *bénéfices de campagne* pendant la guerre 1914-1919 ». — La catégorie était par là visée et englobée des anciens combattants. des bénéficiaires militaires de la loi ayant cette qualité, des fonctionnaires civils gratifiés par les art. 14 et 79 d'annuités supplémentaires au titre des bénéfices de campagne et autorisés à les faire liquider exceptionnellement au titre d'une pension civile : 19 janvier 1927, Pentel; 2 février, Ferrol; 9 mars, Panthu; 16 mars, Laurent, p. 73, 146, 310, 350; — 7 mars 1928, Chamart; 16 mai, Fabre-Géraud, p. 326, 635; — 13 novembre 1929, Dupuy, p. 985. — Rpr., quant aux fonctionnaires y assimilés (art. 79) restés par ordre à leur poste pendant l'occupation ennemie : 12 novembre 1927, Lecœuche; 21 décembre, Marchal, p. 1059, 1250. Ceux-là, par contre, qui ne possèderaient, au titre de la Grande Guerre (2 mars 1927, Lafontan, p. 274), que des annuités de campagne simple ne sauraient être regardés comme anciens combattants au sens de l'art. 80 ni fondés à contester la réduction de leur pension au maximum prévu par l'art. 2 (ou 34) de la loi : 2 février 1927, Oriol, p. 146, et autres arrêts, Table, p. 1595; 2 mars, Arrighi et Béchon; 23 mars, Cabanès; 8 avril, Chaupe, p. 273, 274, 378, 477; — 4 janvier 1928, Micheler; 8 février, Varangeol; 31 mars, Dangrois; 27 juin, Longuelcau, p. 17, 190, 514, 823; — 10 mai 1929, Fournier; *a contr.* 26 juin, Barberet et 16 octobre, Lemmel; 13 novembre, Dupuy, p. 497, 630, 902, 985; — *a contr.* 8 février 1930, Bertho; 26 mai, Martin, p. 164, 569. Le Conseil d'Etat a ainsi, avec précision et prudence, établi la jurisprudence, après que, tout d'abord, en des espèces où l'état des dossiers ne lui permettait pas d'apprécier si et en quelle mesure les requérants remplissaient la condition ainsi spécifiée, il eut, tout ensemble, annulé les décisions leur déniant droit d'obtenir en tous les cas une solde de réserve supérieure au maximum alors légal (de 18 000 francs) et prononcé leur renvoi (ou celui de leurs ayants cause : 31 juillet 1926, Pesch, p. 840) devant le ministre des pensions aux fins d'examen de la situation particulière de chacun d'eux : 7 août 1925, Boone; 16 décembre, d'Auvin, Plouhinec, Thierry d'Ar-

genlieu, p. 826, 1028; — 17 février 1926, Estienne, Durand; 3 novembre, Lauret, p. 187, 928.

781. — Sous ces conditions il autorisa l'addition au minimum de la valeur de quinze annuités supplémentaires, compte tenu de tous les éléments entrant en compte dans le calcul de la pension : Cons. d'Et., 19 janvier 1927, Dorson, précité; 26 janvier, Marenchi, p. 114, et plusieurs arrêts semblables, Table, p. 1595. Cpr. 24 avril 1931, Jeanrot, p. 441, donc et au maximum la rémunération de quarante-cinq annuités : 8 février 1928, Arzal, p. 190. Relèvement équivalent, en définitive, à un super-maximum autorisant le dépassement possible des maxima des 3/4 du traitement ou de la solde moyenne et des 18.000 francs prévus par les art. 2 et 34 de la loi; comportant, selon Av. Cons. d'Et., sect. fin., 18 février 1925 et, sur une série de requêtes, l'arrêt 7 août 1925, Boone, Vouillemin, etc..., p. 826, pour les bénéficiaires militaires de l'art. 80 les mêmes avantages que ceux attribués en forme d'annuités supplémentaires et au titre des bénéfices de campagne par les art. 14 et 79 aux fonctionnaires civils. Cf. des exemples de décompte [sous l'empire de cette réglementation], Flutet, *op. cit.*, n° 83, p. 41. — L'art. 97 L. fin. 31 mars 1932, sous couleur de le compléter, modifia cet art. 80 en deux points, touchant les conditions de calcul du dépassement : le dépassement des maxima normaux, d'une part, est limité dorénavant au 1/3 du produit de la liquidation des services et campagnes (toutes campagnes) et ramené, le cas échéant, au maximum normal (3/4 ou maximum avec et après abattement par tranches); les campagnes admises pour ce dépassement, d'autre part, sont restreintes expressément aux campagnes doubles acquises en qualité de combattant entre le 2 août 1914 et (art. 125 L. fin. 31 mai 1933) le 11 novembre 1918, sous réserve toutefois de leur attribution aux blessés de guerre (art. 10, 12 al. 4 L. 16 avril 1920) pendant une année à compter de la blessure. — Le D.-L. 28 octobre 1934 se réfère à l'un et à l'autre desdits articles 80 et 97 et les a maintenus, cependant qu'il ramenait à 1/70ᵉ du traitement moyen ou de la solde moyenne le coefficient de calcul des annuités pour le minimum de la pension d'ancienneté.

782. — Leur champ d'application est clair : les limitations apportées par la loi de 1932 au bénéfice ouvert en 1924 ne jouent, pratiquement, celle qu'à l'encontre des hauts traitements et grosses soldes, l'une et l'autre que dans la mesure du dépassement des maxima normaux : en deçà, les campagnes de guerre pourraient, le cas échéant, être encore prises en compte jusqu'à la cessation juridique (23 octobre 1919) des hostilités. — Leur mise en œuvre est moins évidente et assez compliquée : Cpr. [sous réserve de modifications, eu égard au décret du 28 octobre 1934] Flutet, *Additif au Manuel pratique sur les pensions militaires*, 1932, p. 6, et Canal, *Modificatif au Manuel des pensions civiles*, 1935, p. 14; Instr. min. fin., 14 novembre 1934, Canal, *loc. cit.*, p. 54, *Lois nouvelles*, 1935. 1.67; Heilbronner et Doublet, *op. cit.*, n° 146, p. 108. La possibilité de dépassement, en raison des bénéfices de campagne double, à concurrence de quinze annuités au plus en sus du minimum, dans la limite du tiers du produit de la liquida-

$$\text{tion et, en tous les cas, de } \left(45.000 + \frac{45.000}{3}\right) \; 60.000 \text{ francs,}$$

oblige, pour toute espèce, à la comparaison de trois données et à la série ramassée des opérations suivantes : *a*) liquidation des services et (toutes) campagnes ramenée, s'il y a lieu, au maximum normal de 60 % fixé éventuellement avec abattements par tranches et compte tenu des annuités de campagnes doubles susceptibles d'être prises en compte pour l'application de l'art. 80 et suivant les règles de l'art. 2 ou de l'art. 44 L. 14 avril 1924; — *b*) détermination du minimum calculé, le cas échéant, compte tenu des abattements par tranches. et compte fait aussi de 45 annuités calculées en 1/70ᵉ; — *c*) réduction de la liquidation totale des services et campagnes au maximum normal (*a*), et augmentation de 1/3 du chiffre ainsi obtenu; bref. une somme de liquidations, une comparaison de cette somme avec d'autres calculs, et un taux arrêté au plus petit des trois produits susvisés.

783. — Pour justifier ou rétablir les résultats d'opérations et de calculs de nature ici ou là à déconcerter qui ne les suivrait ou ne les redresse pas au travers ou en considération de la législation mouvante des minima et maxima, il convient peut-être de prendre quelque exemple et de suivre l'effet des Instructions données aux services liquidateurs par le ministère des pensions : 4 mai 1932 (pour l'application des art. 72 à 105

L. fin. 31 mars), *J. off.*, 7 mai, p. 4823, et rectificatif, 12 mai, p. 4981; — 7 mai 1932 (pour l'application des art. 95 à 102), *J. off.*, 10 mai, p. 4933, et rectificatif, 12 mai, p. 4989; — 14 novembre 1934 (pour l'application du D. 4 avril 1934, complété par D. 10 mai et aménagé D. 28 octobre), *J. off.*, 18 novembre, p. 11425, et rectificatif, 23 novembre, p. 11547; — 22 novembre 1934 (aux mêmes fins), *J. off.*, 24 novembre, p. 11591, et rectificatif, 27 novembre, p. 11683.

a) Des dix énoncés Flutet, *loc. cit.* (où l'opération *a* ci-dessus est subdivisée en trois), l'un pourrait être rappelé ici, parce que propre et suffisant de toutes manières à concrétiser le travail de liquidation et à faire preuve des modifications nécessaires : celui d'un commandant, à solde moyenne de 45.000 francs et 46 annuités dont 4 valables pour l'art. 80.

L'opération était schématisée sur la base de 42 annuités 1/2 rémunérables [30 + 12 1/2, cette dernière quotité résultant de ce que le minimum de la pension d'après l'art. 34 L. 1924 étant des 3/5 ou de la 1/2 de la solde moyenne et le maximum en principe des 3/4, la marge entre l'un et l'autre était de $\frac{7\ 1/2}{50}$ ou de $\frac{12\ 1/2}{50}$, selon que le minimum était de 3/5 ou de 1/2; ce qui, mathématiquement, aboutissait au regard des officiers à déclarer le maximum atteint à 42 annuités 1/2 ou à 37 1/2, selon que leur droit à pension s'ouvrait à 30 ou à 25 ans de services effectifs]. En l'espèce, les annuités rémunérables étant de 42 1/2, le minimum de pension $\frac{45.000}{2}$ = 22.500 francs, et le 1/50e de 900 francs, la liquidation donnait, dès le principe : 22.500 + (12 1/2 × 900) 11.250 = 33.750, et, après abattement (de 1/2 pour la tranche (3.750) entre 30 et 40.000 = 1.875) 31.875 francs pour liquidation ramenée au maximum normal. La liquidation des 46 annuités basée sur 42 1/2 était arrêtée (*ib.*, p. 9, note. Il semble que telle elle aille avec 42, et non 42 1/2 annuités. Le chiffre est pourtant gardé par M. F. pour les calculs subséquents, abattement de tranche et maximum normal) à 33.000 francs et, après abattement de 1/2, à 31.650 francs, cependant que les 4 annuités au titre de l'art. 80 étaient appelées à compter 3.600 francs. — *b)* Le minimum de la pension (majoré par bénéfice de l'art. 80 de quinze annuités supplémentaires (au lieu des 12 1/2 ci-dessus expliquées) devenait ainsi (22.500 + (900 × 15) 13.500) 36.000 francs. — *c)* L'augmentation au 1/3 du maximum de la liquidation normale $\left(\frac{31.875}{3}\right.$ = 10.625 $\left.\right)$ faisait, dès lors, apparaître un nouveau chiffre de 42.500 francs. Et, finalement, des trois ainsi tour à tour dégagés, 42.500, 36.000, celui de 31.650 (maximum normal) + (4 annuités de campagne double) 3.600 = 35.250, le plus faible était indiqué comme devant être celui de la pension (et, éventuellement, la base de la majoration pour enfants mineurs, qui, jointe à la pension, n'eût pu excéder la dernière solde d'activité).

En termes autres et peut-être plus simples, il serait convenable de dire : Dans la limite de 42 annuités 1/2 (correspondant au maximum des 3/4 de la solde moyenne, art. 97 L. 31 mars 1932), le minimum légal, 1/2 de la solde moyenne pour 30 annuités = 22.500 francs; le décompte de chaque annuité complémentaire, sur le pied de 1/50e de cette solde = 900 francs pour 46 — 4 campagnes = 42, dont le minimum 30 est à déduire = 12 × 900 = 10.800 francs, soit, au total, 33.300, et, après réduction de 1/2 de la tranche comprise entre 30 et 40.000 = $\frac{3.300}{2}$ = 1.650, le maximum normal apparaît = 31.650.

d) A la suite du D.-L. 28 octobre 1934 et de ses prescriptions ultimes quant au dépassement du maximum de la pension, les comparaisons sont certainement plus simples et rapides : α) de la rémunération totale des annuités régies par le maximum normal de 60 % [toutes campagnes, art. 4 al. 5 D. 28 octobre 1934, et non pas seulement celles visées par l'art. 80 L. 14 avril 1924, mod. 97 L. 31 mars 1932] = solde moyenne, 45.000 francs; les annuités supplémentaires sur le pied de 1/70e de cette solde étant de 642,85 l'une; — β) du minimum de la pension d'ancienneté correspondante (30 annuités) = $\frac{45.000}{2}$ = 22.500 [compte ici inutile des abattements par tranches] + 12 annuités calculées en 1/70es (642,85 × 12 = 7.714,20), soit 30.214 fr. 20; — γ) du produit de la liquidation totale des services ramené au maximum de 60 % de la solde moyenne (27.000 fr.) + 4 campagnes (642,85 × 4 = 2.571,40) = 29.571,40. De ces chiffres, ressort une pension définitivement fixée à 29.571,40.

784. — *C.* A l'art. 84 L. 30 décembre 1928, pour les militaires et même anciens militaires, non officiers de la *gendarmerie*. Au lieu d'être bornée, comme elle le fut d'abord, au maximum ordinaire : Cons. d'Et., 31 juillet 1926, Cazelles, Leb. chr., p. 840, leur pension depuis les lois du 19 mars 1928, art. 38, et 30 décembre 1928, art. 84, y compris la part rémunérant les bénéfices de campagne et la majoration spéciale, *ib.* (art. 84. — Cons. d'Et., 25 mars 1931, Péclier, Leb. chr., p. 349) rétroactivement accordée de la gendarmerie, ne peut, en aucun cas, excéder le montant de la solde moyenne des trois dernières années ayant servi de base à la liquidation : 4 mars 1931, Sannac; 16 décembre, Brunet, p. 250, 1120. — Les décrets-lois de 1934 ont ramené ce maximum à 3/4 de la solde moyenne, et, s'il était, contre toute vraisemblance, une pension dépassant 30.000 francs, ils lui feraient appliquer les retranchements par paliers.

785. — *D.* A l'art. 4 D. 28 octobre 1934, pour les ayants droit à bonification de *services aériens* ou *hors d'Europe*, ou à *bénéfices de campagne*. Ces bonifications et ces bénéfices étant tenus pour utiles ou indispensables au recrutement de certains cadres et à l'accomplissement de certains services, cet avantage leur a été attaché de pouvoir échapper aux retranchements de l'art. 3 D. 28 septembre 1924 et excéder le maximum de 60 % normal et même celui de 70 % des militaires non officiers. Cependant cette limite — d'un double maximum — y fut portée dès le premier D.-L. 10 mai 1934, art. 1 al. 5, et a été renouvelée par celui du 28 octobre, que le chiffre de la pension susceptible d'être accru de vingt annuités en sus du minimum d'années de services exigé pour l'ouverture du droit, ne pourrait « excéder le plus élevé (40.000 francs) des maxima prévus par le § 3 de l'art. 3 [du décret du 4 avril] augmenté du tiers (13.333 francs) ». — Les liquidation de services, détermination des minimum et maximum, computation des annuités bonifiées et augmentation du tiers, fixation définitive de la pension au produit le moindre, s'opèrent comme il a été indiqué, *suprá*, n° 782, à propos de l'art. 80 L. 1924 compl. art. 97 L. 31 mars 1932.

786. — *3°* La question complexe et le jeu multiforme des maxima intéressent surtout les pensions d'ancienneté et, en une certaine mesure, se ramènent à elles. Il convient toutefois de ne point négliger ce qui, du même point de vue, dans le droit nouveau, se rapporte à celles allouées à un autre titre que celui de la durée des services, pensions d'invalidité ou pensions proportionnelles, aux fonctionnaires entrés dans l'administration après leur trentième année (L. 1924, art. 29) ou devenus en surnombre à la suite des compressions et suppressions administratives d'emplois : art. 22 L. 9 décembre 1927; Cons. d'Et., 27 janvier 1932, Moreau, Leb. chr., p. 109; 2e D.-L. 10 mai 1934... Quant à elles aussi, il y a lieu de relever l'existence de maxima. La réglementation est double et reflète les conditions d'usage ou neuves au travers desquelles elle a été dégagée.

787. — *A.* L'hypothèse de l'*invalidité* décomposée, selon que cette invalidité procède d'un acte de dévouement ou d'une lutte dans l'intérêt public, résulte des fonctions ou est étrangère à leur exercice, est classique (Cf. *suprá*, n° 717). Pour le premier cas, la loi du 14 avril 1924, moins excessive que certaines propositions (Bouyssou, Morin, Ch. dép., 23 mai 1923, *J. off.*, Déb. parl., p. 2070) de parité de la pension et du dernier émolument ou salaire d'activité, s'était arrêtée, art. 19, au taux transactionnel des 3/4 de ce traitement — taux forfaitaire : Cons. d'Et., 20 mai 1931, Maurel, Leb. chr., p. 553, semblable pour tous les bénéficiaires et ne comportant en règle aucune majoration d'annuités supplémentaires au titre de bénéfices de campagne; pour le deuxième, mettant fin à des distinctions anciennes, subtiles ou arbitraires, elle avait adopté, art. 21, une proportion du 1/3, avec la réserve d'un minimum au moins égal à 1.500 francs ou tenu en une certaine proportion de la pension d'ancienneté; pour le troisième, par innovation, elle passait (art. 22), de plus à moins de quinze ans de services, d'une pension par 1/60 ou 1/50 de service moyen à une rente viagère constituée à la Caisse nationale des retraites et augmentée d'une subvention de l'Etat. Les décrets de 1934 ont abaissé ces tarifications : celui du 4 avril (art. 5 al. 2-5) les ramenait respectivement à la 1/2 du traitement ou au 1/4 de celui-ci, sauf égalité nécessaire à tout le moins à la pension calculée, d'après la durée des services, à raison de 1/60ᵉ ou 1/70ᵉ du traitement moyen pour chacune de ces années et avec augment éventuel de la bonification coloniale et des bénéfices de campagne, ou à 1/60ᵉ ou 1/70ᵉ de traitement moyen; — celui du 28 octobre (art. 5), étendant sur cet objet aussi son système de réduction des pensions et de changement des pourcentages de calcul, a établi et limité la pension civile exceptionnelle prévue par l'art. 19 de la loi du 14 avril 1924 à 60 % du dernier traitement d'activité; celle de l'art. 21 au 1/4 de ce traitement (ou au 1/3, en raison du risque colonial) et à tout le moins à égalité à la pension calculée à raison de 1/30ᵉ ou 1/25ᵉ de la pension minima prévue pour chaque catégorie de services rendus dans l'une ou l'autre des parties sédentaire ou active ou des catégories A ou B ou de services militaires; celle enfin accordée à un autre titre, à 1/30ᵉ ou 1/25ᵉ de la pension minima par année de services; enfin, instituant ou exprimant ce qui ne l'était ou semblait ne l'être pas (Cons. d'Et., 25 janvier 1935, Taillandier) il y a mis pour maximum « la pension minimum d'ancienneté augmentée, s'il y a lieu, des bénéfices de campagne ».

788. — Au sujet des militaires et des pensions d'invalidité, plusieurs textes de la loi de 1924 doivent, en outre, sortir effet :

L'art. 47, dont l'al. 1ᵉʳ fut borné à un renvoi pur et simple à la « législation spéciale », i. e. à la loi du 31 mars 1919, spécialement art. 60 (suprà, nᵒˢ 182 sv.), en quelque manière pour la consolider, par souci d'abandonner de plus en plus les errements de 1831 et par crainte d'apporter trop tôt des changements à une charte récente : la seule modification, en effet, qui y fut faite est celle figurée à l'al. 3, pour fixer à la pension du militaire mis en retraite pour infirmité le rendant « définitivement incapable d'accomplir son service » [ces mots entendus au sens d'incurable : Cf. Fabry, Ch. dép., 5 juin 1923, J. off., Déb. parl., p. 2339. Rép. à quest. écrite (20 décembre 1929, Mistral). — Cpr. Cons. d'Et., 3 mars 1926, Marcangali, p. 240; — 18 mars 1932, Leriche, Leb. chr., p. 363], ce minimum ne ne pouvoir être « inférieure à la pension minimum d'ancienneté du grade, augmentée des annuités pour campagnes acquises par l'intéressé ». Par là, le montant de la pension d'invalidité, sans doute, est modifié; incontestablement le caractère n'en est pas altéré, et la pension reste d'invalidité, alors même que le chiffre résultant de l'application de la loi de 1919 est élevé à celui de la pension minimum d'ancienneté du grade. Cf. Flutet, op. cit., p. 20, note 1 ;

D'autre part, l'art. 45, selon lequel tout officier placé « en position de réforme pour infirmités incurables » non imputables au service ou par mesure disciplinaire doit, selon que ses services effectifs à l'Etat n'atteignent pas ou égalent s'ils ne les dépassent quinze années, recevoir, ou bien une solde de réforme égale aux 2/3 ou à la 1/2 (sans majoration pour bénéfice de campagne) de la pension qu'il eût touchée au cas d'admission à la retraite pour ancienneté de services, ou bien, calculée sur les bases de l'art. 44, une pension proportionnelle à jouissance immédiate. — L'alinéa final de cet article, au regard du sous-officier ou de l'officier marinier réformé définitivement après avoir servi cinq ans au-delà de la durée légale, mais sans avoir acquis des droits à une pension proportionnelle, admet, à défaut de pension d'invalidité du fait de l'infirmité ayant déterminé la réforme (Cf. art. 32 al. 4 D. 2 septembre; art. 45 dern. al. Instr. fin. 12 octobre 1924), le droit à une solde de réforme, et il y assigne, pour un temps égal à la durée des services effectifs, la proportion minima de la pension proportionnelle afférente au grade de l'intéressé. Le droit à cette solde n'est et ne serait exclu que par la concession d'une pension d'invalidité au titre de la même infirmité;

Enfin, l'art. 35, qui, pour accuser (Cf. L. 14 janvier 1890, art. 1ᵉʳ; S., L. ann. 1890, p. 7351) le lien provisoire persistant avec l'armée des « officiers généraux placés dans la 2ᵉ section de l'état-major général avant d'avoir atteint la limite d'âge déterminée par la loi (Cf. Rapp. Bérenger, Sén., 29 novembre 1923), leur alloue (Rpr. art. 67 L. 31 mars 1903) « solde » égale au taux de la pension à laquelle ils auraient droit s'ils étaient retraités à la date même de leur classement dans la réserve, et non plus tard : Cons. d'Et., 14 février 1930, Kaiser, Leb. chr., p. 191.

789. — B. Le cas de pension proportionnelle est, dans l'ordre civil, extraordinaire, à dénombrer brièvement (suprà, nᵒ 713), et comme si anormal qu'à défaut d'une prévision législative, spéciale au cadre auquel appartint le fonctionnaire durant le temps de sa disponibilité, le bénéfice de cette pension est réputé ne pas exister : Cpr. Cons. d'Et., 26 juillet 1929, Gagnieux, Leb. chr., p. 882, D. hebd., p. 544; — 22 mai 1931, de Jouvencel, p. 576. Le D.-L. 28 octobre 1934, en tout cas, s'est occupé, art. 5 al. 4, à en fixer le maximum et spécifier qu'en aucune circonstance elle « ne pourra excéder la pension minimum d'ancienneté augmentée, s'il y a lieu [i. e. pour les anciens combattants de la Grande Guerre], des bénéfices de campagne »; pour autant, la nature, du moins certaine réalité de pension d'ancienneté lui est imprimée, ne fût ce que du fait du dépassement éventuel du minimum (art. 3 al. 2) de 50 % du traitement moyen et de celui, par contre-coup, de l'assujettissement au maximum (art. 4) de 60 % ou 70 % de ce même traitement (les majorations, à l'exception de celles pour charges de famille, lui devenant applicables : Heilbronner et Doublet, op. cit., nᵒ 155, p. 112).

790. — Il est, au contraire, commun quant aux militaires et marins de tous corps et grades (art. 44 L. 1924), — que leur mise à la retraite soit prononcée, sur leur demande, après quinze ans de services effectifs et à 33 ans d'âge (s'ils ne sont dispensés de cette condition en tant qu'engagés volontaires avant l'âge de 18 ans entre le 1ᵉʳ août 1914 et le 11 novembre 1918 : L. 22 juin 1931), — ou, pour les militaires non officiers, d'office ou par suite de la limite d'âge, dans les conditions des art. 82 L. 31 mars 1928 (recrutement de l'armée) et 10 L. 30 mars 1929 (statut des sous-officiers de carrière). Il comporte pension proportionnelle, en règle, à jouissance différée jusqu'au jour où ils auraient eu droit à une pension d'ancienneté, s'ils étaient demeurés au service, ou seront atteints par la limite d'âge, si l'échéance de celle-ci précède l'ouverture de ce droit; — par exception, à paiement immédiat : pour les officiers et assimilés admis trop tard dans les cadres de l'activité pour s'y constituer avant la limite d'âge droit à pension d'ancienneté (art. 46 L. 1924. — Rapp. Lugol, Ch. dép., 1ᵉʳ avril 1922); pour les officiers à titre temporaire (« cadre latéral » de l'active) mis à la retraite par application des art. 12 et 73 L. 22 juillet 1921; pour les officiers de l'aéronautique militaire admis d'office à la retraite après bénéfice d'un congé d'un an (art. 7 L. 30 mars 1928, S., L. ann. 1929, p. 1909, note 20), et aussi (avec point de départ fixé au 29 décembre 1925) pour les officiers en réserve spéciale (dont la position a été supprimée par la loi sur le dégagement des cadres du 26 décembre 1925) si, justifiant de quinze ans au moins de services effectifs et de 33 ans d'âge, ils ont opté pour la retraite ou y ont été admis d'office (Instr. nᵒ 0225/Ad, 4 juin 1926, B. O., 1926, nᵒ 25. Cf. suprà, nᵒ 715).

Quelle qu'en soit la variété ou l'occasion, la liquidation en est sous le régime de l'art. 44 de la loi de 1924, et le maximum, comme ci-dessus, et en raison des rapports de nature entre les pensions proportionnelles et d'ancienneté, sous celui de l'art. 2 D.-L. 28 octobre 1934 : liquidation, selon que le total des services effectifs et des bénéfices de campagne n'atteint pas ou dépasse 30 ans (ou 25, pour les militaires et marins non officiers et les officiers ayant six années servi hors d'Europe ou navigué pour l'Etat), par 1/30ᵉ ou 1/25ᵉ de la pension d'ancienneté qui reviendrait à l'ayant cause. — Maximum de 60 %, de la solde moyenne, et au-delà, s'il y a lieu à telle cause de majoration autre que celle des charges de famille ou de la gendarmerie.

CHAPITRE V

LA CONCESSION, LA JOUISSANCE ET LA RÉVISION DES PENSIONS.

791. — Beaucoup de points en cette matière ont surtout caractère d'usage et nature réglementaire (Cf. Rép., nᵒˢ 697-879) dont il faut, l'existence rappelée, faire ici saillir surtout l'aspect juridique : des termes aux raisons d'une disposition il y a, de coutume, telle relation que les unes donnent la mesure du sens et de l'interprétation des autres. La chose est d'évidence, tout d'abord, quant à la concession et à la liquidation de la pension, subordonnées à l'admission préalable du fonctionnaire à la retraite et à la demande faite par celui-ci d'une espèce de pension ou de telle autre, d'ancienneté ou pour invalidité : Cpr. Cons. d'Et. 14 mars 1879, Prahy, Leb. chr., p. 221;... — 3 février 1932, Rey; 24 décembre, Orsini, p. 139, 1110. De la sorte, des questions de date, d'objet et de procédure émergent et tirent leur importance de ce fait et de cette règle (art. 19 L. 9 juin 1853) que le point de départ d'une pension de quelque espèce qu'elle soit (invalidité : 4 juillet 1928, Moysan, p. 853; — 3 décembre 1931, Dubeau, p. 1059) remonte à la date, et ne pourrait, sans violer le principe de la non-rétroactivité des décisions administratives, remonter au-delà de la date où le fonctionnaire a été admis (27 février 1931, Mercuzol; 23 juillet. Manse, p. 832) ou provoqué (23 mai 1930, Perriot, p. 557) à faire valoir ses droits, même s'il se trouvait avant cette date en une situation ne lui permettant pas de recevoir un traitement : 9 mars 1933, Fontan, p. 297 : s'il est et demeure vrai (art. 25 L. 9 juin 1853; Cons. d'Et., 23 juillet 1931, Moulin, p. 831) que la pension commence au jour de la cessation du traitement, il n'est pas moins certain (art. 19 de la même loi) qu'il n'y a aucune pension hors une préalable admission du fonctionnaire à la retraite: les vieilles règles ne sont en rien contraires à celles de la loi de 1924 et sont demeurées en vigueur : 22 juillet 1932. Bonhoure, p. 774.

792. — Il n'y a, quant à ce, report de date et d'effet autorisé et réel que celui résultant de l'application de Circ. min. fin. 23 décembre 1929 (Rpr. Cons. d'Et., 10 décembre 1855, Corneille, S. 56.2.315, D. 56.3.31), d'un maintien en service des fonctionnaires postérieurement à la date marquée par la limite d'âge; encore est-il strictement que l'effet de semblable mesure ne saurait, ni aller à l'encontre du droit des agents d'obtenir une liquidation de leur pension basée sur la totalité des services jusqu'à la date de leur admission à la retraite, ni équivaloir, alors que la limite d'âge fixée par les décrets du cadre serait dépassée, une remise en activité au sens (*suprà*, n° 665) de l'art. 17 al. 7 L. 1924 : Cons. d'Et., 18 janvier 1933, Flajollet; 24 mars, Leral, p. 72, 360. Les situations sont, en effet, bien distinctes : le maintien en fonctions jusqu'à la délivrance du livret de pension a été prévu, spécialement à l'art. 115 L. fin. 29 avril 1926 (S., *L. ann.* 1927, p. 1023, note 169), comme une faculté pour l'administration. celle-ci pouvant, sous certaines conditions de forme (art. 8 L. 14 avril 1924 mod. 74 L. 31 mars 1932; 28 L. 31 décembre 1920), en faire refus, motifs pris de l'intérêt du service ou de l'impossibilité de la continuation des fonctions par les intéressés, et ceux-ci pouvant également s'y refuser en requérant la cessation de tout service dès avant la concession de la pension. — Sauf cette réserve, la règle demeure rigide, infrangible, s'agirait-il même de celui qu'un congé de maladie (9 juillet 1929, Ducreux, p. 703) ou illimité (10 juin 1931, Racine. p. 612). la position de disponibilité (4 décembre 1930, Rouillé, p. 1024) ou de réforme temporaire (9 juillet 1931, Arnault, p. 755) ou une situation d'absence irrégulière (8 janvier 1930, Riboulet, p. 13) privait de traitement.

I. — *Les demandes et propositions de pension.*

793. — A. Elles sont la condition formelle du bénéfice de la loi des pensions : Cf. Cons. d'Et., 16 juillet 1926, Vergé. Leb. chr., p. 761. Il n'est aucune disposition de loi ou de règlement qui en dispense ou relève de la forclusion attachée à leur défaut; l'allocation du secours permanent, dont l'art. 68 fait la prévision pour les veuves n'y suppléerait pas, d'autant plus qu'attribution et suppression de ce secours par le ministre ne sont pas de nature à être déférées au Conseil d'Etat statuant au contentieux : Cf. 6 juin 1928. Brisson, p. 705.

794. — Pour les militaires, une Instr. min. pensions 16 février 1929 (*B. O. Pens.*, 1929, n° 8) s'y rapporte. Cf. Flutet, *op. cit.*, p. 58. A la suite de toute demande de pension ou admission d'office à la retraite un mémoire de proposition est établi par une autorité, spéciale selon la position de l'intéressé; les officiers généraux ou assimilés adressent leur demande au cabinet du ministre par la voie hiérarchique, s'ils sont en activité, ou directement s'ils se trouvent en une autre position; la solde de réserve des officiers généraux (art. 35 L. 1924; *suprà*, n° 788 *in f.*) est liquidée d'office sans proposition. — L'instruction en est remise à une autorité, différente aussi. conseil d'administration d'un corps, commandant de compagnie ou de section, chef de service détenteur du dossier personnel du militaire. selon que le militaire appartient ou non à un corps de troupe ou à un établissement. Une vérification de la demande et des pièces à l'appui est faite par l'intendant des pensions de la circonscription où se trouve stationnée l'autorité chargée de l'instruction. — Le dossier doit être transmis au ministère trois mois avant la radiation des contrôles, si cette date est connue d'avance (limite d'âge; ouverture du droit à pension d'ancienneté pour l'officier en disponibilité, art. 93 L. fin. 26 mars 1927; expiration du congé, art. 6 ou 7 L. 30 mars 1928, dans l'aéronautique militaire; ou du rengagement ou d'une commission en cours...) ou, au cas contraire (proposition d'admission d'office à la retraite; demande de pension avant la limite d'âge), dans le plus bref délai dès cette date connue.

795. — Pour les fonctionnaires civils, les instances et procédures, plus simples dans la mesure même de la hiérarchie civile, se sont trouvées compliquées dès lors qu'après la loi de 1924 diverses catégories de personnels civils des établissements et services militaires furent placées, soit par des décrets spéciaux pris en application de son art. 69 (D. 11 mai 1907, agents de maîtrise, infirmières militaires...), soit en vertu de leur statut (agents militaires, commis et aide-commis de rédaction et de comptabilité) sous le régime de retraites par elle institué; aussi bien l'accroissement qui s'ensuivit du nombre d'agents à retraiter chaque an a-t-il déterminé l'institution d'un service spécial à l'administration centrale pour coordonner et accomplir le travail d'application de la loi qui incombait ci-devant aux directions et services administrant du personnel civil; c'est, — réserve faite de l'exécution de la loi du 16 mars 1928, pour laquelle il n'a été apporté aucune modification à la procédure actuelle, — le Secrétariat général, service des personnels civils extérieurs, Pensions: les directions et services de l'administration centrale n'interviennent plus que pour le remplacement numérique de fonctionnaires ayant définitivement quitté leur service. Cf. Circ. 2 mai et Instr. 16 décembre 1930, Canal, *op. cit.*, p. 349, 383.

796. — Cependant, et parce que l'admission à pension civile des agents de toute catégorie des établissements et services militaires tributaires de la loi de 1924 implique nécessairement une décision du ministre de la guerre, fixant la date à laquelle sont arrêtés les services de l'agent à retraiter, des façons inspirées ou proches de celles ci-dessus rappelées ont cours, différentes suivant que le fonctionnaire demande lui-même sa mise à la retraite ou y est admis d'office : au premier cas il est tenu à un préavis de six mois, à la suite duquel un dossier provisoire est constitué par les directeurs d'établissement et les chefs de service et doit être adressé à l'administration centrale dans un délai aussi réduit que possible; au deuxième, selon que la limite d'âge (D. 21 décembre 1928) atteint ou non l'agent, les chefs d'administration, *i. e.* les directeurs d'établissements ou de services, doivent mettre assez tôt, par l'envoi ou bien d'appréciations sur les aptitudes physiques et intellectuelles de l'agent et les besoins du service ou bien des dossiers provisoires, l'administration centrale en état dans un délai de six mois d'accomplir les formalités de la mise à la retraite et la radiation des contrôles au plus tard à l'échéance de la limite d'âge. — Les dossiers adressés à l'administration doivent comprendre un certain nombre de pièces [actes de naissance; relevé des services civils; état des services militaires; actes, certificats et bulletins relatifs à la situation de famille; indications éventuelles de rente viagère et de reversement de ses arrérages...] énumérées aux bordereaux et conformes aux Annexes de l'Instr. 16 décembre 1930, Canal, *op. cit.*, p. 349 sv.

797. — B. En tout cas, ici et là, la division des tâches et des compétences est certaine :

D'une part, dans le travail administratif de bureaux, de collection et de proposition et d'enquête, celle de l'autorité chargée d'instruire la demande de pension ou de révision, de vérifier tout d'abord si les choses sont dans les délais réglementaires d'instance, les cinq ans à compter, ou bien de la cessation de l'activité, pour les demandes en liquidation de pensions fondées sur la durée des services et en révision de pension pour nouveaux services (art. 67 L. 14 avril 1924. — Cpr. Cons. d'Et., 26 mars 1931, Meyer, Leb. chr., p. 375), ou bien de la concession de la pension définitive. s'agissant (art. 68 L. 31 mars 1919) des demandes en révision de pension d'invalidité pour aggravation d'infirmités, hormis les pensions d'invalidité attribuées au titre de la Grande Guerre dont la révision est exempte de condition de délai : L. 9 janvier 1926, *suprà*, n° 288. ou sujette de moratorium : 19 mai 1926. Poille, p. 521;

D'autre part, la qualité exclusive du ministre (Cf. Concl. Romieu, s. 2 décembre 1892, Mogambury, S. 94.3.97 av. note Hauriou, D. 97.3.1) pour décider de ou s'opposer à la concession d'une pension selon que les conditions nécessaires sont ou non remplies et, le cas échéant, en arrêter le chiffre, sauf le recours de l'intéressé : 17 mai 1929, de la Roche-Dumas, Leb. chr., p. 530; — 23 décembre 1932, Chaymol, p. 1135.

798. — *C.* Durant cette instance, du jour de leur radiation des contrôles à celui de la remise de leur livret de pension, les intéressés, spécialement les fonctionnaires en instance de pension d'ancienneté non maintenus en fonctions (art. 115 L. 29 avril 1920) n'ont plus droit à traitement et ne sauraient plus prétendre qu'à des *avances* sur leur éventuelle pension (Instr. 5 juillet 1927, *B. O.*, p. 1342, et 10 août 1929, p. 3738). Avances susceptibles d'être égales aux 4/5es de la liquidation vraisemblable de la pension, payées par trimestre à dates fixes et aux échéances prévues par les dispositions des art. 1er D. 21 juin 1924 et 118 L. 29 avril 1926; comportant, le cas échéant, des intérêts moratoires correspondant à des dommages-intérêts pour retard dans le paiement : 6 août 1928, Mahé-Desportes et Minon (*in f.*), p. 1079 : solution contrastant, mais tout à fait conciliable avec celle qui, en l'absence de disposition législative ou réglementaire fixant délai ou conditions, repousse toute demande d'intérêts pour retard ou refus injustifié dans la liquidation des pensions, où l'administration doit garder une certaine latitude à raison des nécessités du service : 10 juillet 1930, Leandri, p. 712.

799. — Sur les pensions civiles en cours de liquidation semblables avances peuvent être attribuées. Les art. 115-118 L. fin. 29 avril 1926 ont, quant à ce, remplacé l'art. 28 L. 31 déc. 1920, devenu discordant, sans harmonie avec le nouveau régime des pensions : ils ont, d'une part, étendu le bénéfice des avances aux fonctionnaires mis à la retraite par application de l'art. 8 al. 4 L. 14 avril 1924, avec dispense de la condition d'âge et, d'autre part, innové par l'autorisation aux administrations de faire compte des majorations d'enfants ou des indemnités pour charges de famille prévues aux al. 6 et 7 de l'art. 2 et acquises à la date d'entrée en jouissance de la pension, sauf aux services ordonnateurs à faire dorénavant disparaître sur les mandats les sommes attribuées à titre d'avances sur ces indemnités (de même que sur les pensions temporaires d'orphelins) et à y mentionner expressément les nom et prénoms de chacun des enfants donnant droit à ces attributions : Circ. min. fin. 24 juin 1926, Canal. *op. cit.*, p. 331. La Circ. 8 février 1929, *ib.*, p. 333. pour en améliorer le service, a prescrit, préalablement à toute mise à la retraite, la constitution complète du dossier de pension, à fin de satisfaction expéditive aux éventuelles demandes d'avances et, conjointement à la notification de mise à la retraite, des avertissements sur les démarches à accomplir en vue de ces avantages. — Les mesures relatives au paiement des avances aux fonctionnaires (art. 8 et 29 de la loi) et aussi à leurs veuves (art. 23) et orphelins (art. 23 al. 5; 26 al. 1er) ont été détaillées dans les Instr. 17 décembre 1930, *ib.*, p. 334. Rpr. Instr. min. fin. 12 octobre 1924, art. 2 C. *ib.*, p. 140, mod. Instr. 20 janvier 1928, 23 mai 1929, *ib.*, p. 220. Leur montant est, pour les fonctionnaires, égal aux 4/5es de la somme évaluative indiquée par une liquidation sommaire et augmentée des majorations et indemnités susdites, et de la totalité à compter du début du 13e mois si à ce moment n'est point intervenue la concession de la pension. Leur ordonnancement trimestriel est effectué par le directeur de l'intendance militaire régionale sur la production de l'autorisation de paiement et d'une déclaration de l'intéressé (modèle n° 4, *ib.*, p. 348). Un extrait de la décision ministérielle accordant les avances trimestrielles doit appuyer le premier paiement, et le premier mandat ou ordre de paiement consécutif à quelque modification des droits à avances ou changement dans la situation des enfants être, au besoin, établi sur deux taux et, en tout cas comporter toutes indications sur ces événements. Les mandats ou ordres, qui ne peuvent être émis au-delà du 31 décembre sur les crédits de l'exercice en cours à cette date, sont payés par les comptables directs du Trésor, sur production de l'autorisation provisoire de paiement. — Le remboursement des avances s'opère, lors du premier paiement trimestriel de la pension liquidée, par précompte sur le rappel d'arrérages dus depuis le point de départ de cette pension, en exécution d'un état-modèle n° 3 *ib.*, p. 347, lequel doit être annexé au livret et aux fiches mobiles à remettre à l'intéressé par l'intermédiaire du maire de sa résidence. L'art. 9 D.-L. 4 avril 1934, aménagé par celui du 28 octobre, y fera appliquer la règle que

le reversement, par voie de retenues, des sommes dont le pensionné peut être redevable devra, au besoin, être échelonné et ne dépassera, en aucun cas, le « dixième des sommes dues au pensionné à chaque échéance ». — Au regard d'ayants droit résidant à l'étranger, les autorisations et les mandats d'avances passent, par le directeur de l'intendance du gouvernement militaire de Paris, à la Caisse centrale du Trésor chargée d'en faire effectuer le paiement par les agents consulaires à l'étranger dans les conditions fixées par le ministre des finances.

800. — *D.* L'existence en a été consolidée, et le bénéfice élargi dans l'art. 111 al. 4 et 5 L. 16 avril 1930, par l'attribution de principe et la détermination des limites extrêmes et infrangibles (Cf. Cons. d'Et., 3 décembre 1931, Gellis, Leb. chr., p. 1066) pour les retraités inscrits au Trésor et leurs ayants cause au-delà de 65 ans d'une *allocation d'attente* « égale à 5 % de leur pension actuelle, avec minimum du coefficient 5, pour les pensions [inférieures], à temps de service égal, [de cinq fois à ce qu'elles eussent été] au 1er juillet 1914 avec la législation en vigueur à cette époque, dans la limite des maxima légaux » : 14 décembre 1932, Regaud, p. 1078, — la pension augmentée de l'allocation ne pouvant, en tout cas, jamais dépasser celle à liquider au 1er avril 1930 à un fonctionnaire de même grade et ancienneté. Abstraction doit, quant à ce, être faite de la majoration pour enfants à laquelle l'intéressé peut avoir droit, dont au surplus la liquidation doit faire état, mais qui, faute d'avoir été prévue par la législation antérieure au 1er juillet 1914, ne saurait entrer dans la comparaison de la pension actuelle avec celle qui eût été alors obtenue, affectée du coefficient 5, et la pension calculée au 1er avril 1930 : 17 juin 1932, Josse; 14 décembre, Morel, p. 606, 1077.

Sous couleur d'interpréter la loi du 14 avril 1924, l'Instr. 17 décembre 1930 l'a manifestement dépassée et doit demeurer inopérante là où elle admet au bénéfice des avances les fonctionnaires mis à la retraite au titre de l'art. 29 de 1924, *i. e.* entrés après leur 30e année dans les administrations de l'Etat et donc incapables de prétendre à l'âge de soixante ans « à la pension d'ancienneté »; aussi bien, l'art. 111 est-il formel, exclusif, limité aux pensions basées sur la durée des services; la jurisprudence l'a affirmé par un *a contrario* net et juste, à propos d'officiers de troupes métropolitaines auxquels, à la date du 1er juillet 1914, aucune disposition législative n'accordait à moins de trente années de service effectif une pension d'ancienneté : 23 novembre 1932, Cary, p. 984.

II. — La liquidation et le contentieux de la concession.

801. — *A.* Elle a pour cause et origine immédiate la concession décidée au terme des opérations de liquidation ci-dessus étudiées du point de vue de leur substance et manière :

Pour les pensions d'ancienneté, première liquidation comportant détermination des services entrant en compte, du traitement moyen, du minimum de la pension, du pourcentage (1/50e, 1/60e, 1/70e, suivant les textes applicables) des traitements réellement perçus; — pour les pensions non concédées au 1er janvier 1928, donnant lieu à calcul de services antérieurs au 1er août 1929, et donc comportant majoration selon l'art. 69 L. fin. 29 décembre 1927, deuxième liquidation, sur la base des traitements en vigueur au 1er janvier 1928, et à fin de fixation de la pension au chiffre le plus favorable dans la limite des [3/4, art. 2 L. 14 avril 1924 et dorénavant D.-L. 28 octobre 1934]; 60 % du traitement moyen ou de la solde moyenne; — s'il y a lieu, détermination des indemnités pour charges de famille, allouées sans considération de maximum; des bénéfices de campagne, décomptés dans la limite du maximum pour la campagne simple et, en sus de ce maximum, pour la campagne double, dans la limite de quinze annuités supplémentaires en sus du minimum; des majorations pour famille nombreuse, dans la limite finalement fixée (D.-L. 4 avril, mod. 10 mai 1934, art. 1er al. 1) de 60 % du traitement moyen ou de la solde moyenne; — enfin, au cas de l'art. 13 al. 2 (retraités militaires terminant leur carrière dans un emploi civil), double liquidation, si la liquidation civile, en sus du minimum des services militaires légaux est plus favorable que la liquidation militaire déjà effectuée, majorée, le cas échéant, des bénéfices de campagne acquis au cours du service militaire légal;

Pour les pensions proportionnelles, liquidation par année de service militaire ou civil, dans la limite du minimum forfaitaire de l'art. 29, hormis toute considération ou computation de majoration pour famille nombreuse ou indemnité pour charges de famille ;

Pour les pensions d'invalidité, application de l'art. 19, exceptionnellement, où il n'est que de calculer le pourcentage légal du traitement hormis toutes majorations et, plus communément, de l'art. 19 de la loi de 1924 : détermination du traitement moyen ; décompte des services ; liquidation de 1/30e ou 1/25e du minimum forfaitaire de la pension d'ancienneté, si l'invalidité résulte du service, et, sinon, par 1/60e ou 1/50e du traitement moyen pour chaque année de services, si ceux-ci égalent ou dépassent quinze annuités, ou, au cas contraire, par capitalisation des retenues (art. 3, 10, 69 L., 14 avril 1924) augmentées des intérêts simples calculés au jour du départ du fonctionnaire (art. 17. — Règl. 2 septembre 1924, art. 10. — Cf. l'état-modèle G, Canal, *op. cit.*, p. 376), et subvention égale à la somme ainsi produite, ordonnancée par le ministre des finances et versée à la Caisse des retraites pour la vieillesse, laquelle est tenue du paiement de la rente viagère, après que, sur la communication reçue, pour accord, du relevé des retenues et des intérêts, le fonctionnaire a fait connaître son option pour la réserve ou l'aliénation dudit capital.

802. — Seules d'entre toutes les liquidations, celles faites à des militaires de carrière de pensions d'invalidité pour cause étrangère à un service accompli en opération de guerre et entraînant la radiation des contrôles de l'activité sont obligatoirement soumises à la section des finances, de la guerre et de la marine du Conseil d'État. La concession des autres procède simplement d'arrêtés ministériels signés du ministre des pensions et de celui des finances. A l'encontre de tels arrêtés, comme de ceux portant rejet de la demande de pension, — et d'eux seuls, à la différence de ceux étrangers ou extérieurs à la liquidation ou concession, relatifs, par exemple, à une validation de services ou à une mise à la retraite d'office, lesquels restent sujets au délai ordinaire de deux mois (art. 24 L. 13 avril 1900) ou de quatre mois au cas de l'art. 3 L. 17 juillet 1900. — l'art. 66 L. 14 avril 1924 a admis un recours dans les trois mois de leur notification à l'intéressé : Cons. d'Et., 17 mai 1929, de la Roche-Dumas, Leb. chr., p. 530; — 27 février 1931. Mercuzot; 24 juin, Loubignac, p. 239, 680; — 1er décembre 1932, Charton, p. 1021; — 24 mars 1933. Lerat; 13 mai. Perrier; 30 juin, Guerini, p. 360, 521, 703, ou de la remise du livret de pension, équivalant à une notification. mais n'ayant pas à tous coups l'effet d'enlever à l'intéressé le droit de contester les bases de la liquidation initiale ou revisée, ni celui de faire par elle-même automatiquement courir le délai : 27 novembre 1929. Priou, n. 1035. Il est applicable, en vertu de la loi du 11 juin 1852, aux justiciables demeurant en Algérie, donc exclusif des délais supplémentaires du C. pr. civ., art. 73 : 24 juin 1931, Loubignac, précité. La péremption résultant de la non-utilisation de ce délai est d'application rigoureuse : le fait pour le requérant de n'avoir connu que tardivement l'interprétation prétendue par l'administration de certaines dispositions de la loi : *a contr.* 21 juin 1933, Colombet, p. 664, et d'avoir adressé à diverses reprises des protestations ou même un recours gracieux : 4 mars 1931, Ragonneau. n. 248 et Table, p. 1425; — 1er juin 1932, Brocquevieille, Table, p. 1372; — 13 mai 1933. précité, au ministre des finances ne serait pas de nature à le relever de la déchéance encourue : Cpr. 2 août 1928, Escassut, p. 1027; — 22 juillet 1931, Saix, p. 810; d'autre part, aucune exception n'y pourrait être accordée par voie gracieuse. Lorsqu'elle est encourue, l'autorité militaire ne rejette pas la demande, mais seulement la transmet sans instruction sur le fond au ministre, auquel seul il appartient de statuer, d'émettre la décision préalable nécessaire à la liaison du contentieux.

803. — B. Le plus expéditif, substantiel et sûr tout ensemble à dire de ces pourvois, de leur recevabilité et de leur procédure (Rf. *Rép.*, nos 752 sv.) — étant rappelé et réservé le fait de la compétence des juridictions de pensions quant à la fixation du montant des pensions d'invalidité de la loi de 1919 : art. 47 al. 3 L. 14 avril 1924: Cons. d'Et., 7 juillet 1926. Bougourd, p. 695;... — 3 juin 1931, Delbos ; 1er juillet. Lambert, p. 586, 711 ; — 17 février 1932. Parpacuer, Leb. chr., n. 198, ou de l'autorité judiciaire pour les contestations relatives aux pensions servies selon la loi du 21 juillet 1886 par la Caisse des retraites pour la vieillesse : 3 mai 1932, Le Bihan, p. 443, — est qu'ils suivent la loi souple, avisée et bienfaisante du Conseil :

a) Pour leur recevabilité, de la jurisprudence suivant laquelle peut — sauf ou jusqu'à désistement : 15 janvier 1932, Rambaud, p. 61 — être attaquée toute décision, tout acte ayant influence sur la liquidation de la pension et sa régularité et faisant grief précis, non éventuel, immédiat au fonctionnaire ou ne lui apportant pas une satisfaction immédiate : 16 mars 1927. Chancelade, p. 347; Cf. Laferrière, *Jur. adm.*, t. 2, p. 210. Ce qui a mis hors le champ du recours, soit les formes déviées, anormales, d'une réponse ministérielle à un membre du Parlement ayant attiré l'attention de l'administration sur un électeur : pareille lettre n'a pas nature de décision susceptible d'être attaquée devant le Conseil d'Etat statuant au contentieux : 6 août 1881, Sicre. p. 820, S. 83.3.28; — 7 novembre 1928, Muller, p. 1146 : soit, des décisions, celles fondées sur des circonstances de fait, relevant, du point de vue de l'opportunité ou par leur nature de mesures gracieuses, de l'appréciation de l'administration exempte. quant à ce, de contrôle juridictionnel : affirmation de l'origine de l'infirmité dans la décision ministérielle de mise à la retraite d'office d'un fonctionnaire : 3 novembre 1933, Ganot, Leb. chr., p. 1004; — assimilations faites ou omises par décrets en Conseil d'Etat pour les diverses administrations (art. 69) de certains grades et emplois ou catégories supprimés antérieurement à l'entrée en vigueur de la loi de 1924 avec les existants : 18 mars 1927, Ofholz et Lelong, p. 362, D. hebd., p. 293. ou donnant droit au nouveau régime de retraites : 25 octobre 1929. Cuvellier, p. 934...; — attribution décidée, puis retirée, du secours permanent de l'art. 68. d'une gratification temporaire ou d'allocations de même nature : 6 juin 1928, Brisson, p. 705. — Cpr. 27 octobre 1933, Saboulard, p. 959; — 15 janvier 1932. Rambaud, précité : ce pourquoi le Conseil, en tels de ses arrêts (Ofholz et Lelong, précité, et, du même jour, Assoc. amic. des petits retraités, Castel et Epinide), a décidé sans s'attarder à la recevabilité des requêtes en tant que présentées par une confédération (l'action syndicale demeurant, à coup sûr, écartée). — Toutes erreurs purement matérielles de rédaction ou d'écriture, de libellé, de copie ou de notification de l'arrêté de liquidation, à condition de ne vicier ni n'entacher le calcul de la pension ou la régularité de la concession et la validité du décret, sont insignifiantes et sans portée au contentieux : 23 février 1927, Rio, p. 211 ; — 21 mars 1928. Lonjon. p. 406 ; — 10 mai 1929. Guyon, p. 498; — 21 mai 1930, Engler, *in f.*, p. 531; — 23 juin 1932. Langlade; 8 novembre, Froussard; 23 novembre, Marchal, p. 619. 928, 984 : — 8 avril 1933. Gille, p. 470:...

804. — *b)* Pour leur procédure, de tout le système net, favorable, sans surprises ni incidents, des recours devant la haute juridiction. — Ce qui est essentiel comme formalité est exigé : tout pourvoi doit contenir l'exposé sommaire, mais précisé davantage et autrement que par l'affirmation, par exemple, de « mode de liquidation erroné »; Cons. d'Et.. 23 juillet 1931. Arnaud, Leb. chr., p. 835 : *a contr.* 25 novembre. Bailly, n. 1026, des faits et des moyens. les conclusions et l'énonciation des pièces retenues et produites, être accompagné de la notification ministérielle des bases de la liquidation ou du rejet de la demande de pension, enfin porter la signature et mentionner le domicile du requérant s'il agit sans ministère d'avocat. La requête doit être établie sur timbre; les pièces qui l'accompagnent ne sont pas assujetties à cette obligation. — Elle peut être présentée directement ou par l'intermédiaire d'un avocat au Conseil, en tant du moins qu'elle attaque uniquement les données de la liquidation ou le fait de la concession de la pension : dès lors, au contraire, que, jointes à pareil recours, elles tendraient à solliciter une modification des bases et du type de pension : 2 août 1928, Escassut. p. 1027. ou l'annulation d'actes administratifs accusés d'avoir préjudicié à la carrière, et, partant, une indemnité : 7 mars 1928, Sapène. p. 328 : — 27 février 1930, Trémège, p. 225. les conclusions. si elles étaient présentées sans le ministère d'un avocat au Conseil, seraient irrecevables. — Ce qui est moyen de donner issue à la voie contentieuse est toléré : la requête unique formée par plusieurs pour la défense d'intérêts distincts contre des décisions en matière de liquidation ou de rejet de pension n'est, selon l'usage du Conseil, examinée qu'en ce qui concerne la personne dénommée la première : 24 décembre 1863, Magnier, n. 876 :... — 5 mars 1930. Calvelli ; 26 juillet, de Regard de Villeneuve, p. 251, 834. La décision rendue anormalement par un chef de bureau sans délégation est tenue pour entachée d'incompétence : 18 janvier 1934, Bourcheix, p. 89.

805. — En conformité de l'art. 4 L. 17 juillet 1906 « sont enregistrés en débet sans autres frais que les droits de timbre, [ces] recours contre les décisions portant refus de liquidation ou contre les liquidations de pension ». Cela signifie : au cas d'annulation de la décision attaquée ou de non-lieu à statuer à raison du retrait de la décision opéré postérieurement à l'introduction du recours (L. 17 avril 1906, art. 4), ou de recours formé à raison d'erreurs matérielles dans la notification de la pension et devenu inutile par une nouvelle notification conforme à la liquidation réellement effectuée : Cons. d'Et., 27 novembre 1929, Laporte, Leb. chr., p. 1033; — 18 novembre 1931, Abgrall, p. 1000, la chute en non-valeur des droits d'enregistrement du recours, et l'enregistrement gratis de l'arrêt, le timbre seul de la décision étant réclamé à la partie; — par contre, l'obligation du requérant aux droits d'enregistrement et du recours au cas de rejet total ou partiel de la requête, et aussi de désistement, à moins que celui-ci n'intervienne qu'après le retrait de l'acte rendant le recours sans objet : Cons. d'Et., 20 février 1914, Hospices civils de Saint-Etienne, p. 240. Par application des nouveaux tarifs, D.-L. 27 décembre 1934, ces droits sont : pour l'enregistrement du recours : 187 fr. 50 (art. 337-2°); de l'arrêt, 281 fr. 50 (art. 339-2°), et pour le timbre de la décision : un tarif de dimension, généralement 12 francs. — L'exonération éventuelle des droits d'enregistrement afférents à la requête trouve en soi sa limite et n'autorise pas le requérant à demander, en outre, une condamnation de l'Etat aux dépens : 6 mai 1931, Jeannelot, p. 485.

III. — *La jouissance de la pension.*

806. — Liquidée d'après les règles posées par la législation en vigueur au moment où s'ouvre le droit à pension, concédée pour valoir au jour de la cessation des fonctions, la pension constitue un avantage patrimonial sujet, en règle, du droit commun. De fait, son exercice ou sa jouissance, à quelques particularités ou détails près, n'offre en soi rien d'original ou de nouveau, depuis la remise des titres de notification jusqu'aux modes de paiement et à la quotité saisissable des arrérages, à la suspension ou à la déchéance du droit à pension; s'agissant même de ce qui en constitue la partie la plus complexe et la moins stable, le cumul avec une autre pension, un traitement, une solde ou quelque indemnité de fonction, les textes ne sont guère que reproduction, mise au point ou retouche de ceux qui préexistaient. — Le décret de concession en marque le point initial et doit remonter à la cessation de l'activité, du fait de l'administration et sous sa responsabilité : l'art. 40 L. 16 avril 1895 est loin de contredire à cette réalité, alors qu'il prohibe en tous cas le rappel de plus de trois années d'arrérages avant la publication du décret de concession; il n'est écrit (*jura vigilantibus*) qu'au sujet et à l'encontre des fonctionnaires ayant laissé s'écouler plus de trois années sans réclamer la liquidation de leur pension ni justifier de leurs titres : Cons. d'Et., 16 juillet 1926, Vergé, Leb. chr., p. 761; — 15 décembre 1933, Laurent, p. 1194.

A. *Les modalités de paiement des arrérages.*

807. — Les lettres de notification portant décompte des pensions ayant été reçues et agréées par l'intéressé, le carnet de pensions établi en conformité de la loi du 5 septembre 1919 est transmis à l'autorité municipale (Cf. Arr. min. fin. 10 décembre 1927, Flutet, *op. cit.*, p. 106) et par celle-ci au pensionnaire, pour lui servir de titre au paiement (Cons. d'Et., 16 mai 1928, Sabatié, p. 637), par trimestre et à terme échu, à une caisse du Trésor, s'il n'en a demandé (L. 5 septembre 1919) l'assignation sur celle du receveur ou du facteur receveur des postes de sa localité. Le mandataire chargé de recevoir les arrérages doit rapporter un certificat de vie-procuration délivré par le maire de la commune du pensionné mandant. Au cas d'incapacité du pensionnaire à signer ou se déplacer, le tiers porteur du livret de pension, délégué par le pensionné ou son représentant à encaisser les coupons, doit produire un certificat, exempt de timbre, délivré sans frais par le maire de la commune de la résidence du mandant et attestant cette impossibilité de signature ou de déplacement et la volonté de donner procuration; si l'impossibilité est permanente, le certificat vaut pour une année, à condition d'être visé et timbré par la mairie avant chaque paiement d'arrérages et, au plus tôt, la veille de l'échéance

du trimestre à toucher. Au cas où n'existe pas pareille incapacité, le paiement est effectué aux mains du porteur du coupon, sur présentation d'un certificat de vie délivré à chaque échéance par un notaire : Circ. comptab. publ. 9 novembre 1920. — Selon Arr. min. fin. n° 3, 7 octobre 1920, le paiement par virement de compte en banque ou de chèques postaux est possible, après assignation de la pension, à la requête du titulaire, sur la caisse centrale du Trésor ou celle du trésorier-payeur général du département de sa résidence, moyennant l'envoi, au plus tôt la veille de l'échéance, du coupon à payer et d'un certificat de vie délivré par le maire ou par notaire. — Les demandes de changement d'assignation doivent être faites au comptable près duquel le pensionné perçoit les arrérages.

B. *Les prêts sur pensions.*

808. — Des avances sont prévues et autorisées sur les arrérages courus du trimestre, à concurrence d'une ou de deux, égales chacune sans fraction de franc à un mois entier. Peuvent les faire les bureaux de poste agissant pour le compte de la Caisse nationale d'épargne, les caisses d'épargne ordinaires ou les caisses de crédit municipal (monts-de-piété) du département de la Seine ou de l'arrondissement dans lequel est payable la pension et, dans les mêmes conditions que ces caisses, l'établissement des Invalides de la marine (L. 26 juillet et D. 15 novembre 1917). Doit en faire la demande préalable, représenter son titre de pension et, au besoin, justifier de son identité le pensionnaire qui entend en recevoir et toucher, soit au cours de chaque trimestre, soit seulement sur les arrérages du trimestre en cours. Une commission uniforme de 1 %, quelle que soit la durée de l'avance, est prélevée sur le montant de chacune. — Flutet, *op. cit.*, p. 103.

C. *L'incessibilité et l'insaisissabilité des pensions.*

809. — L'art. 54 est, dans le corps de la loi de 1924, l'une des dispositions dont l'objectif et l'effet furent de confirmer l'ensemble des pratiques existantes et de les harmoniser aux principes de la législation nouvelle : la règle est maintenue de l'incessibilité et insaisissabilité; toutefois elle fléchit au cas de débet envers l'Etat, face aux créances privilégiées des art. 2101 C. civ. (frais de justice, funéraires et de dernière maladie, salaires des gens de service, fourniture de subsistances, créances des victimes d'accident) et dans les circonstances prévues aux art. 203, 205-207, 214 C. civ. (obligation alimentaire des parents, des enfants, du mari; obligations réciproques). La quotité saisissable durant la vie du pensionné est de 1/5e dans la première hypothèse : Cons. d'Et., 28 juin 1933, Boullet, Leb. chr., p. 695, de 1/3 dans les deux autres : le relèvement des traitements et des pensions a paru légitimer pleinement ces proportions et même le cumul des retenues du 1/5e et du 1/3, étant donné

qu'il demeurera, au pire, $\left(\dfrac{1}{5} + \dfrac{1}{3} = \dfrac{8}{15} \right)$ au pensionnaire 7/15es,

soit presque la moitié. Cf. Rapp. Lugol, Ch. dép., 1er avril 1922. — Les oppositions sont, au cas de débet envers l'Etat, effectuées par voie administrative et satisfaites par les trésoriers-payeurs généraux et, dans les cas du droit privé, formées par autorisation du juge ou en vertu d'un titre authentique ou privé ou d'un jugement constatant ou prouvant la nature privilégiée de la créance, à peine de nullité, entre les mains, à Paris, du conservateur des oppositions et, ailleurs, sur les caisses susceptibles de délivrer, selon les cas, des ordonnances ou des mandats. Des mainlevées d'opposition ou des jugements sont nécessaires pour obtenir ou faire opérer le dessaisissement des payeurs ou le versement des retenues à la Caisse des dépôts et consignations.

810. — Un point seulement en la matière a prêté à difficulté ou détermination : la notion de débet, moins, d'ailleurs, quant à son élargissement que pour sa définition. L'art. 36 L. 30 décembre 1913 (S., L. ann. 1915, p. 807) avait formé précédent pour faire admettre les services locaux des colonies et pays de protectorat au bénéfice des règles applicables à l'Etat; la loi de 1924 n'y a ajouté que la prévision d'un débet simultané envers l'Etat et ces budgets locaux et, en pareil cas, la primauté des retenues au profit de l'Etat. Les lois du 11 avril 1831 et du 9 juin 1853, ainsi que les dispositions constamment appliquées en matière de remise de débet, avaient accoutumé d'entendre l'expression « débet envers l'Etat » en un sens très compréhensif et de l'appliquer, non seulement aux trop-perçus (sans possibilité, pour qui les a faits de bonne foi et affectés à ses besoins courants, de demander une indemnité : 28 juin 1933, Boullet, p. 695; Cpr. 27 octobre, Bonifacj, p. 973), mais non moins à toutes sommes ressortant ou d'arrêtés formels de débet ou d'états exécutoires régulièrement pris par les ministres en application de la loi du 13 avril 1848; la jurisprudence a affirmé et consolidé cette tradition : Cons. d'Et., 4 mars 1932, Fleury, Leb. chr., p. 273, S. 1932.3.103, D. hebd., p. 203.

D. *Les limites du cumul.*

811. — Quelles qu'aient été dans le détail et leur succession les règles de la matière, une raison ou une préoccupation y apparaît, celle des intérêts du Trésor, celle d'éviter une prime à l'exode des fonctionnaires pressés de solliciter leur admission à la retraite pour reprendre du service et percevoir ainsi plus que ceux demeurant en activité : Cf. Rapp. Lugol, Ch. dép., 1er avril 1922. Le cumul, antinomique au principe et à la finalité de la pension, ne peut donc être qu'une exception sur laquelle, seule, la loi, à l'exclusion du règlement d'administration publique, a vertu de prononcer, pour l'admettre ou interdire : Cf. *a contr.* (cumul des avantages attachés aux services actifs et de la bonification pour services hors d'Europe) Cons. d'Et., 17 juin 1927, Raynaud; 20 juillet, Siché; 3 août, Cristofoni; 4 août, Burlet, Armand, Leb. chr., p. 684, 815, 925, 953; — 28 juin 1929, Mathey, p. 652. C'est bien le sens et le caractère qui se dégagent des quatre articles 59-62 de la loi de 1924, consacrés, le premier au cumul d'un traitement civil avec une pension civile ou militaire d'ancienneté; les deux suivants, au cumul durant les périodes d'exercice ou l'exercice de fonctions militaires d'une pension militaire et de la solde; le dernier, de plusieurs pensions; chacun et tous faisant, respectivement, mise au jour des textes en vigueur, art. 37 L. 30 décembre 1913 mod. 76 L. fin. 31 juillet 1920 et 4 L. 5 septembre 1919 (S., *L. ann.* 1915, p. 801; 1924, p. 1701, note 115), renouvellement des art. 1er et 2 L. 1er juin 1878 (*ib.*, 1879, p. 410, notes 1-3), reproduction quasi littérale de l'art. 38 L. 30 décembre 1913 (*ib.*, 1915, p. 807, note 64), reprise et maintien de l'art. 58 al. dern. et 3 L. 31 mars 1919 (*suprà*). La loi du 28 février 1933 et les décrets-lois, 4 avril et 30 juin 1934 y ont ajouté prescriptions et précisions : Cf. Instr. 17 août 1935, § V, *J. off.*, p. 9166. [Les règles portées au regard des pensions de réversion seront exposées au chapitre ci-après, situées dans l'ensemble des droits des veuves et orphelins].

1. *Le cumul d'un traitement civil et d'une pension civile ou militaire d'ancienneté.*

812. — Il est interdit, de tradition, au-delà d'une certaine somme. Dès les travaux préparatoires de la loi de 1924 les difficultés et les variations, par contre, se sont fait jour, sur la double donnée :

A. Du traitement. — L'interdiction de l'art. 59 porte expressément sur la rémunération des emplois civils fournie par l'Etat, les départements, colonies ou pays de protectorat, [D. 1er novembre 1925, a. 35 : la caisse intercoloniale de retraites], communes et établissements publics et, avec cette généralité, sans qu'il y ait lieu de distinguer comme cause ou source une nomination de droit public ou un engagement par contrat : Cons. d'Et., 25 mai 1934, Gacon, Leb. chr. — L'un des objectifs du texte a été, en effet, d'établir, sauf quelques dérogations cantonnées dans certaines limites, un régime général et uniforme, sans distinction suivant la collectivité prestant le traitement : Cons. d'Et., 29 juillet 1925, Crespin, Leb. chr., p. 754, ou la date de la mise à la retraite du fonctionnaire en cause : 16 octobre 1931, Lafay, p. 877. Ce fut pour y correspondre par l'exégèse la plus rigide qu'à propos de retenues prescrites selon les règles du cumul de l'art. 59, celui-ci a été déclaré inapplicable aux traitements payés à des fonctionnaires chérifiens sur le budget de l'Etat chérifien par le trésorier général du Maroc comptable de l'Etat chérifien : 16 décembre 1932, Grange et Le Glay, p. 1090, S. 33.3.89 av. note Rivière, D. hebd., p. 151 [Rpr., au sujet de fonctionnaires et de cadres relevant du ministère des colonies, dont les emplois n'ouvrent pas droit à pension sur le Trésor : 15 octobre 1931, Dufresne, p. 879, — et des pensions sur la Caisse intercoloniale des colonies : 16 octobre 1931, Brayer, p. 880.; — et que l'occupation continuée au moment de la mise à la retraite d'un emploi, la nomination antérieure à l'admission à la retraite à un emploi autre que celui motivant la pension a été tenue pour indiffé-

rente, insuffisante à faire écarter les dispositions de l'art. 59 : 16 octobre 1931, Lefay, p. 877. — Cf. Circ. n° 3637 1/9, 11 septembre 1926, Canal, *op. cit.*, p. 436.

813. — *a)* Entendu ainsi quant à son origine, le traitement et les éléments du traitement à considérer du point de vue du cumul avec une pension et de la limite jusqu'à laquelle ce cumul serait autorisé ont été, à plusieurs reprises, définis dans les textes.

Traitement, l'expression se réfère au dernier traitement ou a la dernière solde d'activité, calculé brut, *i. e.* sans tenir compte du montant des retenues pour pension le ou la frappant : Circ. min. guerre, n° 6944 4/9, 29 septembre 1927, Canal, *op. cit.*, p. 437; — traitement afférent à l'emploi à raison duquel l'intéressé a obtenu sa pension : 16 octobre 1931, Lafay, p. 877; — effectivement perçu par le militaire au jour de la cessation de ses services : Circ. n° 3637 1/9, 11 septembre 1926, Canal, *op. cit.*, p. 436; — pris en considération selon l'art. 2 pour le calcul du traitement moyen destiné à servir de base à la liquidation ou à la révision de la pension : 25 juillet 1931, Cordier, p. 871; art. 99 L. 31 mars 1932. Elle était, dans l'esprit et la terminologie de la loi de 1924, à prendre strictement : si tant était, selon l'affirmation de l'art. 9 al. 10 du règlement du 2 septembre, que fussent maintenus certains textes antérieurs, tel l'art. 37 al. 2 L. 30 décembre 1913, et donc l'inclusion sous le vocable « traitement » des services au mois ou à l'année, il en allait autrement, sans conteste, de ceux rémunérés au moyen d'un salaire journalier : 10 mai 1933, Huet, p. 500, ou complément journalier de la rémunération mensuelle, 11 juillet 1933, Lacroix, p. 774; aussi, pour que cette interprétation justifiée cédât, a-t-il fallu l'entrée en vigueur de l'art. 81 L. fin. 28 février 1933 qualifiant « traitement [toutes] les sommes allouées sous quelque dénomination que ce soit, à raison de services rémunérés à la journée, au mois ou à l'année ou forfaitairement sous forme d'une indemnité ou d'une allocation quelconque »;

Eléments du traitement : contrastant avec la législation antérieure, l'art. 59 de la loi, au moins *a contrario* (Rpr. art. 5 al. 2 L. 14 avril 1924), prenait pour accessoires du traitement tous suppléments et toutes indemnités assujettis à retenue par l'art. 4 : Cf. quant à l'imputation de cette retenue sur le traitement restant après déduction de la part excédant la limite de cumul : 25 juillet 1931, Raybaud, p. 870, — et comme ceux de la solde les indemnités temporaires de solde et pour charges militaires au taux le plus réduit dans chaque grade; explicitement l'art. 9 D. 2 septembre ordonne de faire état « des accessoires de traitement ou de solde dont il est tenu compte pour l'établissement de la pension ». Cf. *suprà*, n° 733 sv.; Instr. 6944 4/9, 29 septembre 1927, Canal, *op. cit.*, p. 437. Rpr. l'énumération des avantages pécuniaires rattachés à traitement ou pension et ayant caractère d'allocations familiales, au § V-II de l'Instr. 17 août 1935, *J. off.*, 18 août, p. 9166.

814. — Aussi bien de ces précisions et interprétations ce reliquat demeure-t-il que sont en dehors d'elles et donc échappent à la prohibition du cumul :

Les indemnités et les sommes réservées par la loi elle-même, indemnités afférentes au traitement ayant caractère temporaire, représentatives de dépenses personnelles occasionnées par la résidence,... sommes attribuées à titre de supplément colonial, à fin de remboursement de dépenses ou comme allocations non personnelles imposées par la fonction : L. 4 avril 1924, art. 59 al. 3; Lett. min. fin. 31 juillet 1928, Canal, *op. cit.*, p. 438;

Les indemnités pour charges de famille éventuellement perçues par le fonctionnaire ou le militaire retraité dans l'emploi civil, et l'indemnité de résidence au retraité pour ancienneté de services repris en qualité d'auxiliaire temporaire dans une administration de l'Etat : Circ. n° 1327 1/9, 15 avril 1925, Canal, *op. cit.*, p. 435;

Les jetons ou traitements viagers des membres de l'Institut et du Bureau des longitudes (DD. 22 mai 1928, 6 juillet 1930, Delpech, *Statut de l'enseign. supér.*, 2e éd., p. 535, 583), de l'ordre national de la Légion d'honneur et des médaillés militaires : *ib.*, art. 59 al. 4;

Les traitements des retraités exerçant des fonctions d'enseignement dans les grandes écoles ou les établissements d'enseignement supérieur en vertu d'un statut qui détermine leur mode de recrutement, et ceux des professeurs et examinateurs nommés à l'élection par les conseils des établissements où ils exercent : Addit. à l'art. 81 L. fin. 28 février 1933, par art. 124 al. 2 L. 31 mai 1933, *J. off.*, p. 5712; Delpech, *op. cit.*, p. 631.

815. — *b)* Restait, d'autre part, à déterminer le domaine d'application de ces textes et de ces solutions dans le temps et quant à leur matière.

α) Dans le temps : serrer les réalités est moyen d'apercevoir l'existence réelle et la séparation nécessaire de deux régimes bien distincts, d'avant et d'après la date du 17 avril 1924, de telle sorte que la comparaison à établir le fût, pour l'un, des sommes perçues et des maxima anciens et, pour l'autre, des nouveaux maxima et des sommes à percevoir par l'agent au double titre du traitement et de la pension nouvelle majorée dans les conditions des art. 92 sv. de la loi, — et en même temps la perspective de remboursement aux intéressés de la différence entre les retenues effectivement exercées, selon l'art. 4 L. 5 septembre 1919, sur leur traitement depuis la même date et celles qui auraient dû être opérées en vertu de l'art. 59 : Instr. min. fin. n° 1194, 17 mai 1924;

β) Quant à la matière : à la seule évocation faite par l'art. 37 L. 30 décembre 1913 des « pensions civiles et militaires » l'art. 57 L. 14 avril 1924 a ajouté la singularisation « d'ancienneté »; c'était délibérément (Cf. Rapp. Lugol, Ch. dép., 1er avril 1922) exclure de l'interdiction du cumul plusieurs catégories ou types de pensions proportionnelles d'invalidité acquises au titre de la loi du 31 mars 1919...

816. — C'est pourquoi, dans la ventilation à opérer des cas et des textes, il y a lieu de constater l'exemption de l'art. 59 et des règles prohibitives du cumul impliquée ou formulée :

Pour les pensions militaires proportionnelles : l'art. 59 est issu d'un art. 70 dont le texte visait exclusivement les « titulaires de pensions militaires proportionnelles du personnel non officier » et d'une délibération, qui n'a pas voulu ou pu maintenir son programme de ne point étendre, parce que « non opportun », l'exception aux « cas tout à fait exceptionnels » où les officiers pourront y prétendre; l'unité de régime pour tous les titulaires est la suite juridique de cet incident de vote;

Pour les pensions d'invalidité ou les pensions mixtes (dans la mesure, du moins, où il ne s'agit pas de la partie « services » et où la règle du non-cumul demeure applicable) : l'art. 59 n'a aucunement dérogé aux dispositions par lesquelles l'art. 58 L. 31 mars 1919 autorisait le cumul demeuré sans limitation (Cbn. art. 37 L. 30 décembre 1913 et 76 L. 31 juillet 1920, *supra*, n° 682) d'un traitement civil et d'une pension militaire pour infirmités, abstraction faite de la gravité des blessures, et indépendamment de la possibilité de les regarder comme équivalant à la perte de l'usage d'un membre : Cons. d'Et., 1er juillet 1925, Tallon, Leb. chr., p. 630; — 23 juin 1926, Vicq, p. 637;

Pour les pensions d'ancienneté aux officiers bénéficiaires de l'art. 8 L. 26 décembre 1925, sur le dégagement et l'aménagement des cadres de l'armée : 25 mai 1934, Gacon.

817. — *B.* De la *limite au cumul*. — Le chiffre-limite et la réduction qui s'ensuit ont suivi une courbe. Au départ, en 1924, le chiffre au-dessous duquel le cumul n'était point interdit était 10.000 francs, avec cet avantage qu'au cas de dépassement de ce chiffre par la dernière solde ou le dernier traitement de l'intéressé la limite serait d'autant élevée; il fut haussé à 18.000 francs, demeurant la réserve de faveur, par l'art. 59 de la loi; puis à 30.000 fr. par l'art. 63 L. 27 décembre 1927, qui le déterminait par le montant, soit du dernier traitement ou de la dernière solde d'activité et des accessoires de l'un ou de l'autre, soit du traitement correspondant à l'emploi occupé. L'art. 99 L. fin. 31 mars 1931 substitua à ce chiffre celui de 45.000 francs, à dater du 1er octobre 1931; d'où la nécessité des révisions d'office, à compter de cette date, par la Direction de la dette inscrite, de la situation des tributaires des dispositions limitatives du cumul; cependant, comme l'habitude s'était introduite, à l'occasion des révisions générales des retraites, par bienveillance aux pensionnés, et comme conséquence de la règle de corrélation entre ces révisions et les traitements ou soldes, de donner pour base à la révision le dernier traitement ou la dernière solde ayant servi au calcul du traitement moyen ou de la solde moyenne, il en fit conséquation expresse, d'ailleurs en ne visant expressément que les bénéficiaires éventuels de la révision prescrite à l'art. 100; ce qui n'a point gêné l'Instr. min. fin. 4 mai 1932. Canal, *Modificatif au Manuel...*, p. 16, pour en déclarer l'effet extensible aux anciens fonctionnaires et militaires auxquels, par la suite, application serait faite de l'art. 101 (pensions non concédées au 1er octobre 1931 et liquidées en totalité ou pour partie sur les traitements ou soldes d'avant le 1er octobre 1930). Enfin les art. 81 L. fin. 28 février et 124 L. fin. 31 mai 1933 mirent en l'art. 59 des modifications, des abaissements de chiffres-limites, des compléments de réductions proportionnelles, bref une forme ultime, que le mieux est de reconstituer et citer : la limite du cumul y est indiquée et le jeu conditionné aussi des réductions et retenues pour l'application de cette limite.

818. — Voici, tel donc qu'il le faut lire après plusieurs modifications, cet art. 59 (*L. fin. 28 février 1933, art. 81*): « Les titulaires de pensions civiles et de pensions militaires d'ancienneté nommés à un emploi civil rétribué, soit par l'Etat, soit par les départements, colonies ou pays de protectorat, communes ou établissements publics, exploitations au compte de l'Etat ou services concédés, peuvent cumuler leur pension avec le traitement attaché audit emploi dans les conditions ci-après et sans que, par ailleurs, le total puisse excéder 36.000 francs. — La pension est cumulable : — Pour sa totalité, si elle ne dépasse pas 12.000 francs; — Pour les 3/4, si elle est comprise entre 12.000 et 15.000 francs; — Pour les 2/3, si elle est comprise entre 15.000 et 20.000 francs, sans toutefois qu'elle puisse dans l'un et l'autre cas se trouver réduite à moins de 12.000 francs; — Pour la 1/2, si elle est supérieure à 20.000 francs, sans toutefois qu'elle puisse se trouver réduite à moins de 13.000 francs. — Si la pension et le traitement ainsi cumulés donnent une somme supérieure à 36.000 francs, cette somme ne peut excéder, soit le montant du dernier traitement ou de la dernière solde d'activité augmenté des accessoires de traitement ou de solde, soit le montant du traitement correspondant à l'emploi occupé. — (*L. fin. 31 mai 1933, art. 124.*) La réduction opérée sur le traitement en fonction du seul montant de la pension et conformément au barème ci-dessus ne jouera pas pour la tranche du traitement égale ou inférieure à 8.000 francs. Elle ne jouera pour la tranche de traitement comprise entre 8.000 et 20.000 francs que jusqu'à concurrence de la 1/2 de ladite tranche. — Les retraités exerçant des fonctions d'enseignement dans les grandes écoles ou les établissements d'enseignement supérieur en vertu d'un statut qui détermine leur mode de recrutement et les professeurs et examinateurs nommés à l'élection par les conseils des établissements où ils exercent ne seront pas soumis à la réduction ci-dessus. — (*L. fin. 28 février 1933, art. 81.*) Pour l'application du présent article seront considérées comme traitement les sommes allouées sous quelque dénomination que ce soit, à raison de services rémunérés à la journée, au mois ou à l'année ou forfaitairement sous forme d'une indemnité ou d'une allocation quelconque ». — Cf. sur la mise en pratique de ces dispositions les deux Circ. min. fin. aux diverses administr. 24 avril et 27 juin 1933, *Jurispr. munic. et rurale*, 1933, 2e part., p. 161. Il y faut ajouter et combiner le D.-L. 4 avril 1934 (*Duv.*, p. 124) en tant que faisant confirmation et afflux par l'injonction ou la prévision, sauf décision concertée entre le ministre des finances et le ministre intéressé, du licenciement dans toutes les administrations, services ou établissements publics de l'Etat, des « agents auxiliaires temporaires titulaires d'une pension basée sur la durée des services d'un montant égal ou supérieur à 6.000 francs, autre qu'une pension militaire proportionnelle » : la situation administrative et pécuniaire de ces agents était quelque peu contraire au principe même de la concession des pensions, et l'occupation des emplois par cette reprise de service préjudiciable au renouvellement et à l'accès des cadres.

819. — La figure pratique du système et des retenues ressort de l'obligation qui incombe à toute administration de notifier aux finances, dans la quinzaine, toute nomination qu'elle fait d'un retraité civil ou militaire à un emploi civil (Canal, *op. cit.*, p. 71), — et de cette observation que les retenues, calculées en fonction du montant de la pension et d'après l'échelle graduée établie par l'art. 81 L. fin. 28 février 1933, sont, conformément à l'art. 4 L. 5 septembre 1919 et communément, imputées par 1/12e, non sur la pension, mais sur les traitements attachés de l'emploi, portés pour le brut, i. e. sans tenir compte des retenues de 6 % pour pensions civiles les frappant, — et, d'après la jurisprudence, acquises à l'administration des finances dès lors qu'elles ont été régulièrement calculées et opérées sur le traitement que l'intéressé n'a peut-être point touché intégralement. mais auquel il aurait pu prétendre : Cons. d'Et., 6 février 1935, Galland; Heilbronner et Doublet, *op. cit.*, p. 143. Le mécanisme ainsi innové ou précisé par la loi du 31 mai 1933 aboutit : parfois à exempter l'intéressé des règles restrictives du cumul [Ex. : pension, 18.000 francs, et emploi actif, 7.000 francs; émoluments cumulables (18.000 + 7.000 = 25.000 francs), faute de traitement supérieur à 8.000, et donc assujetti à retenue]; souvent à ne pas atteindre la limite maxima constituée par le traitement antérieur [Ex. : emploi antérieur à la retraite, 44.000 fr.; pension, 28.000; emploi nouveau, 22.000. Réduction de la pension : 1/2 = 14.000; du traitement : tranche au-dessous de 8.000, indemne; de 8 à 20.000, 1/2 = 6.000 francs; de 20 à 22.000, au plein = 2.000 francs. Réduction à opérer : 14.000 à 8.000, à prélever sur le traitement. D'où, émoluments cumulables : 28.000 + (22.000 — 8.000) = 42.000 francs]; — pour le haut enseignement, à l'assujettir, pratiquement, à l'une des trois limites générales du cumul : limite forfaitaire de 36.000 fr., ou limite du dernier traitement ou de la dernière solde d'activité, ou montant du traitement de l'emploi occupé.

820. — Et la portée juridique de la faculté de cumul, — dans la mesure où elle est tolérée par la tradition législative (art. 37 al. 1 L. 30 décembre 1913, demeuré en vigueur, parce que n'allant à l'encontre d'aucune disposition de la loi de 1924, spécialement de son art. 59 et, pour autant, sauvegardé par son art. 84 : Cons. d'Et., 23 décembre 1927, Savary, Leb. chr., p. 1268, S. 28.3. 38, D. hebd., 28, p. 155; — 15 juillet 1932, Lochert, p. 737) — ressort, à son tour, de cette règle établie par le texte même qu'elle emporte affranchissement des retenues et fait obstacle à l'acquisition de nouveaux droits à la retraite : 23 février 1927, Lheveder, Roche, p. 243, 246; — 15 juillet 1932, Lochert, précité : ceux-là seuls en peuvent acquérir qui, dans les huit jours de la notification de leur remise en activité, ont déclaré expressément renoncer à la faculté de cumul et subissent sur l'intégralité du traitement du nouvel emploi la retenue pour pensions civiles : Circ. 6016 4/9, 27 août 1926, Canal, *op. cit.*, p. 258.

2. Le cumul d'une pension militaire et d'une solde ou indemnité pour fonctions militaires.

821. — L'hypothèse est double; les art. 60 et 61 y correspondent : l'un, inspiré de la loi de 1878, l'autre de celle de 1913, prévoient et autorisent le cumul de la pension ou de la solde pendant les périodes d'exercice ou des indemnités allouées à l'occasion des fonctions et, par voie de conséquence, tous deux excluent le temps de l'activité ainsi rémunérée du compte des services militaires donnant droit à pension ou révision des pensions : Cf. art. 60 et 33 L. 14 avril 1924, 52 L. 28 mars 1928; *a contr.* Av. sect. fin. Cons. d'Et., 16 février 1926; *suprà*, n° 661. A leur sujet des questions furent posées, auxquelles la réponse allait comme de soi quant à des services n'ayant pas déjà donné lieu à pension : il est juste de ne point faire état des nouveaux services du militaire dans le calcul du nombre d'années requis pour l'ouverture du droit à pension d'ancienneté, et non moins naturel d'affirmer une autre solution, dans la même hypothèse, mais s'agissant de pensions proportionnelles, quant à la liquidation d'une nouvelle pension aux conditions de l'art. 13 : Déclar. Le Sayec, commiss. du gouv., Ch dép., 7 juin 1923, *J. off.*, Déb. parl., p. 2384. — En fait, la catégorie pour laquelle surtout fut fait l'art. 61 était celle d'officiers de recrutement, d'habillement ou de trésorerie ayant atteint la limite d'âge, maintenus dans leurs fonctions après liquidation de leur pension d'ancienneté, certainement irrecevables à se prévaloir des nouvelles années de service pour un nouveau droit de retraite.

3. Le cumul de plusieurs pensions.

822. — Sa prohibition procède de celle établie quant aux traitements et de l'assignation d'un maximum légal aux pensions d'ancienneté : « Il serait illogique qu'un fonctionnaire, parce qu'il a appartenu successivement à plusieurs administrations différentes, reçût, pour ses services antérieurs, des pensions d'un montant total supérieur à la retraite consentie par l'Etat aux fonctionnaires du rang le plus élevé » (Exp. mot. D. 30 juin 1934). Le principe en avait été posé par l'art. 40 L. 30 décembre 1913; le D.-L. 30 juin 1934 (*Duv.*, p. 281) l'a retenu et suivi, tandis qu'il remplaçait formellement l'art. 27 L. 9 décembre 1927, — qu'était réduit le maximum de la pension susceptible d'être servie par l'Etat, — et que les « dispositions en vigueur », lois spéciales antérieures et dispositions transitoires ayant fait l'objet de l'art. 40 al. 3 L. 30 décembre 1913 (Cpr.

Amend. Taurines, Ch. dép., 7 juin 1923 et rép. Lugol; quest. Saillard et rép. commiss. du gouv. Lassudrie-Duchêne, 14 juin 1923, *J. off.*, Déb. parl., p. 2385, 2520) avaient été assurées en 1924 de garder leur valeur. Dans ces conditions l'art. 62 de la loi de 1924 a été virtuellement modifié par le D.-L. 30 juin 1934.

823. — *A.* Son champ d'application est par lui-même circonscrit : « Sauf dispositions contraires expresses du présent décret (art. 2 § 2), est-il écrit en son art. 6, il n'est apporté aucune modification aux règles autorisant le cumul des pensions d'invalidité des lois des 31 mars 1919, 24 juin 1919 et 17 avril 1923. — Les dispositions du présent décret ne sont pas applicables aux pensions inscrites au Grand-Livre de la dette viagère que des lois antérieures ont affranchies des prohibitions du cumul ». Le décret laisse donc hors ses règles :

Les pensions d'invalidité de la loi de 1919, pour quelque taux qu'elles aient été concédées, — et, dans les pensions mixtes pour aggravation d'infirmité des anciens combattants selon l'art. 79 al. 2 L. 14 avril 1924, à tout le moins ce qui est la part d'invalidité au titre de simple soldat : Cf. Cons. d'Et., 4 août 1928, Bocquet, Leb. chr., p. 1063. Rpr. Av. Cons. d'Et., 2 juillet 1919, Perrodin, et art. 43 L. 30 mars 1929;

la retraite du combattant : L. fin. 16 avril 1930, art. 197.

824. — *B.* Sa substance va de l'interdiction du cumul à un maximum de tolérance. — La règle est de la prohibition du cumul de plusieurs « pensions acquises dans l'exercice d'un même emploi » : un agent des ponts et chaussées détaché comme directeur de la voirie au service d'une ville peut faire compter ce temps pour la pension municipale, non pour celle de l'Etat (Rapp. Henry Bérenger, Sén., 29 novembre 1923). La loi avait par ses expressions désigné, entendu désigner, non des services successifs dans le même emploi, mais des services concomitants en des emplois différents; la jurisprudence l'établit de péremptoire façon en n'admettant pas au compte de la pension des services communaux de surnuméraires, stagiaires, auxiliaires, non validés pour la retraite, qui eussent, au cas contraire, donné lieu à déduire de la pension acquise au titre de la loi de 1924 le montant de la rente viagère prévue aux art. 10 L. 14 avril 1924 et 17 D. 2 septembre : Cons. d'Et., 26 juillet 1930, Teisseire, Leb. chr., p. 835; l'art. 1er D.-L. 30 juin 1934 a expressément dans les termes les plus larges visé cette impossibilité d'acquérir et additionner les pensions « dans deux emplois concomitants, qu'ils soient exercés pour le compte d'une même collectivité (Etat, départements, colonies, pays de protectorat et territoires à mandat, communes) ou d'un établissement public, ou pour le compte de collectivités ou d'établissements publics distincts ». Cf. Instr. 17 août 1935, V-II, B, *J. off.*, p. 9167. — Une option fournit, le cas échéant, l'issue à la difficulté : « l'intéressé conserve le choix de désigner la pension dont il entend conserver le bénéfice » (art. 5 al. 2 D.-L. 30 juin 1934).

825. — Là où cette prohibition n'a pas lieu de sortir effet, la tolérance conditionnée des textes, la procédure du retranchement, trouve son occasion. L'art. 5 al. 1er D.-L. 30 juin 1934 ordonne la retenue de l'excédent des limites du cumul des pensions sur la pension servie par l'Etat ou, à défaut, sur la pension servie par la collectivité ou l'établissement qui alloue la pension la plus ancienne; à ces fins, plusieurs opérations doivent se succéder : d'abord, l'évaluation des pensions en vue de laquelle l'art. 2 d'un autre D.-L., du même jour, ordonne de ne point tenir compte des abattements prescrits par l'art. 97 L. 31 mars 1932 mod. art. 3 du 7e D.-L. 4 avril 1934 et, pour les pensions mixtes, de la portion correspondant à la pension d'invalidité au taux de simple soldat; - puis, aux pensions ainsi totalisées l'application de ces abattements, savoir 1/2 entre 30.000 et 40.000, 3/4 entre 40.000 et 60.000 francs; par là s'aperçoit que le cumul s'arrêtera à 40.000 francs et, de la sorte, au chiffre maximum d'une pension.

E. La déchéance et la suspension du droit à pension.

826. — Ces termes correspondent au double cas de perte du droit et de la jouissance de la pension réglé aux art. 56-58 de la loi de 1924 (Rpr. Instr. min. fin. 12 octobre 1924, Canal, *op. cit.*, p. 176), où il n'est de nouveau que la prévision du premier de ces textes relative à la déchéance de la puissance paternelle. Ce sont les seuls, au reste, dont il convient de faire état, attendu que le décès entraîne l'arrêt automatique de la pension en tant que telle, sauf le paiement des arrérages échus aux héritiers tenus à justifier de leurs droits : D. 31 mai 1862, a. 265 ; — que la perte du livret formant titre ne crée aucune entrave au droit, le titulaire étant toutefois assujetti, pour en garder l'effet et obtenir duplicata, à une déclaration écrite : L. 22 floréal an VII, art. 8 ; — et que la disparition du pensionné, durant plus d'un an, de son domicile, sans réclamation des arrérages, a le seul effet de déclencher la liquidation des droits de réversion de sa femme et de ses enfants mineurs, sous les conditions de l'art. 55 de la loi (Rpr. art. 7 D. 2 septembre et 55 Instr. 12 octobre 1924, *ib.*, p. 120, 176), et son retour celui de faire, si le disparu n'était point encore pensionné, ou tomber automatiquement ou annuler par application de l'art. 65 cette pension de réversion, selon qu'elle était provisoire ou définitive, et, s'il l'était, considérer comme perçus à due concurrence par une sorte de délégation tacite les arrérages lui revenant. L'art. 55 a, de la sorte, coordonné les prescriptions antérieures, telles qu'elles résultaient des art. 45 D. 9 novembre 1853, 38 L. 13 avril 1898, 48 L. 25 février 1901, et continué la voie ouverte par l'art. 27 L. 31 mars 1919 (*suprà*), à cela près (Cf. Rapp. Lugol, Ch. dép., 1er mars 1922) qu'il a, d'une part, réduit de trois à un an, compté de la disparition, le temps requis pour l'ouverture du droit à la pension provisoire et, d'autre part, accordé celle-ci, au cas de disparition du fonctionnaire durant l'activité, après un an, au lieu que la loi de 1898 en faisait dépendre l'attribution d'un jugement de déclaration d'absence.

827. — *A.* La perte du droit à pension, de la pension même liquidée et inscrite, est, au titre de *déchéance*, la suite de déficits pour détournements de deniers ou de « malversations relatives à son service » (11 mai 1928, Ouradou, p. 611, S. 28. 3.83, D. hebd., p. 355 ; — 18 février 1931, Bonnet ; 2 juillet, Breuillard, p. 190, 719 ; — 22 janvier 1932, M., p. 96, S. 32. 3.134, D. hebd., p. 192) établies à la charge du fonctionnaire. L'art. 27 L. 9 juin 1853 avait précédé dans cette voie l'art. 58 L. 14 avril 1924, tant pour ces cas que pour celui, imputable à un fonctionnaire civil ou militaire, « de s'être démis à prix d'argent ou à des conditions équivalant à une rémunération en argent ». Toutefois, il ne faudrait imaginer

Ni que l'art. 58, comme l'art. 56, n'ait que reproduit une formule, suivi un courant ; tout au contraire : ces dispositions constituent règlement à nouveau et dans leur ensemble des causes de déchéance comme de suspension du droit à pension ; elles se sont, en principe, substituées à celles correspondantes de la législation antérieure qu'à très juste titre, s'agissant de la révocation prononcée pour pareil grief (11 mai 1928, Ouradou, précité), le Conseil d'État a écartées, regardé comme abrogées : il semble que le texte ait voulu faire saillir le caractère de dommage à la fonction comme cause de la déchéance, limite et aggravation de la pénalité ; il est indéniable que le Conseil d'État y a puisé pour lui-même (Cf. les arrêts Ouradou, M.), la prérogative et le devoir d'apprécier les faits résultant de l'instruction, de les qualifier et même de les retenir, nonobstant même l'apurement prononcé par arrêt définitif de la Cour des comptes (arrêt M.) ;

Ni que toutes ces dispositions aient été indistinctement mises à néant : la notion de contrariété de textes est à entendre avec plus de réserve et de nuances. Elle n'a aucune part, là où il ne s'agit plus seulement des modalités ou conditions de faits à punir, mais d'une incrimination différente, ayant trouvé et gardé son expression dans un texte particulier, susceptible de conserver sa force et contrôlé par le Conseil d'État du point de vue des circonstances, de la culpabilité positive, des facultés mentales de l'agent frappé, — tel l'art. 15 du D. 15 mai 1818 édictant la déchéance contre le coupable de fausses déclarations ou de quelque manière ayant « usurpé plusieurs pensions ou un traitement avec une pension : 9 décembre 1931, Vignau-Marque, p. 1096. *A fortiori*, là où a précisément statué, s'est substituée à l'ancienne plus sévère, suffit par ellemême et peut être tenue, le cas échéant, comme abrogative *in mitius* de l'art. 56 de la loi de 1924, une codification, — celle du Code de justice militaire ou d'une loi révisant ce Code à propos de la destitution : 25 juillet 1930, Marulier, p. 817, D. hebd., p. 543.

828. — *B.* La perte peut n'être que temporaire et partielle, sous forme de *suspension*, à raison de l'une ou l'autre des circonstances énoncées à l'art. 56, au regard d'un fonctionnaire dont l'art. 57 sauvegarde la femme ou les enfants mineurs. —

Suspension temporaire, déterminée « par la condamnation à la destitution, prononcée par application des articles du Code de justice militaire ou maritime ; par la condamnation à une peine afflictive ou infamante pendant la durée de la peine ; par les circonstances qui font perdre la qualité de Français, durant la privation de cette qualité ; pour les veuves et femmes divorcées, par la déchéance de la puissance paternelle ». — La loi n'en a guère ou du tout spécifié les conditions, s'agissant, soit de la veuve divorcée ou séparée de corps ou déchue de la puissance paternelle, pour affirmer en ce cas, si tant est que l'art. 57 ne le fasse ou n'y suffise, le transfert de la pension sur la tête des enfants mineurs conformément aux lois en vigueur : Cf. observ. Mauger, Sén., 12 décembre 1923, *J. off.*, Déb. parl., p. 1843 ; — soit de la différence d'effets d'un remariage avec un étranger, selon que dans la nouvelle union la femme conserve ou non sa nationalité française : ici et là, sans doute, il y a cause de perte de jouissance de la pension ; du moins celle-ci est-elle, au premier cas, assortie ou atténuée du paiement possible du capital de trois annuités d'arrérages : Instr. min. fin. 2 octobre 1924, Canal, *op. cit.*, p. 177 ; — soit de la portée des mots « peine afflictive et infamante » : s'il ne fait point difficulté qu'au sens du Code pénal rentrent seules dans cette qualification les peines criminelles, il y avait lieu à discuter et préciser (Cons. d'Ét., 28 octobre 1927, Lavigne, Leb. chr., p. 988 ; — 14 mars 1928, De Labrouhe de Laborderie, p. 366), que telle autre, commune aux matières criminelles et correctionnelles, à la façon de l'interdiction de séjour (C. pén., art. 11), devra ou non être considérée comme l'une de celles visées par l'art. 56 selon la peine principale dont elle formera, en chaque espèce, le complément.

829. — La formule de l'art. 56 appelait, de la sorte, quelques éclaircissements ou compléments ; y doivent, en outre, être combinées quelques dispositions ou nouveautés, touchant certaines mesures disciplinaires :

La révocation et le remplacement. L'interprétation de rigueur, suivant laquelle l'énumération des causes de déchéance est, par nature, limitative, de droit commun et spécialement aux art. 56 et 58 de la loi de 1924, devait faire tenir pour une erreur de droit le déni ministériel de tout droit à pension en raison de la peine du remplacement ayant frappé un fonctionnaire : Cons. d'Ét., 28 février 1930, Lefort, Leb. chr., p. 238. L'art. 30 D.-L. 30 juin 1934 a expressément ajouté à l'art. 56 comme cause de suspension du droit à l'obtention ou à la jouissance de pension (V. pour le temps antérieur, 1er juin 1932, Benichon, p. 534) la révocation, — demeurant au révoqué privé de pension selon l'art. 17 de la loi (Cf. Amend. Abel Lefèvre, Sén., 10 décembre 1923, *J. off.*, Déb. parl., p. 1819) le droit d'obtenir le remboursement des retenues ci-devant versées au Trésor et celui, au cas de remise en activité ou de retrait de la révocation, de faire compter ses premiers services, sauf l'obligation de reverser ces retenues remboursées ;

Et aussi la condamnation à la destitution. Ce faisant, le D.-L., pour les officiers de l'armée de terre, a remis les choses au point où elles étaient avant l'art. 56 de la loi de 1924 et d'accord avec le Code de justice militaire promulgué le 9 mars 1928 : la destitution leur fait perdre le droit à pension ; l'abrogation implicite par la loi de 1924 des dispositions anciennes et de pareille rigueur du Code de justice militaire de terre (9 juin 1857), art. 192, et de mer (4 juin 1858) ne demeure, jusqu'à nouvel ordre, valide que pour l'armée de mer.

830. — Au demeurant, la suspension pour les causes et sous les conditions ci-dessus n'est, par équité, que partielle, en ce sens que, si le fonctionnaire a femme ou enfants mineurs, la quotité légalement attribuée à ceux-ci en cas de décès du mari et père leur advient durant la suspension de jouissance qui lui est infligée, et qu'en cas de condamnation encourue par lui les frais de justice restent à sa charge et ne sauraient être précomptés sur la part d'arrérages revenant à ses ayants cause. Cf. Circ. min. fin., 12 octobre 1926, Canal, *op. cit.*, p. 446. Si, à l'heure où se produit la cause de suspension, le fonctionnaire n'est point encore pensionné, il y a lieu pour les ayants cause à demander la liquidation d'une pension temporaire, dont la jouissance cesse à dater du jour où, sans donner motif à aucun rappel d'arrérages pour la période antérieure, la suspension est levée, et à laquelle le décès du fonctionnaire ou du militaire durant cette suspension fait substituer une pension définitive. S'il est, au contraire, déjà titulaire d'une pension, il y a lieu pour eux à requérir et obtenir du ministère des finances un certificat spécial temporaire, autorisant, sur production des justifications ordinaires, le paiement à leur profit des arrérages non suspendus (ou, en quelques cas, comme peut-être celui d'avances, des arrérages partiels courus depuis la dernière échéance « indûment » payée au mari ou au père). Ce certificat est, s'il y a lieu, remplacé ou par la pension rétablie ou par une pension définitive régulière d'égal montant. Les sommes payées reçoivent l'imputation qui eût été donnée aux arrérages de la pension dont la concession ou la jouissance a été suspendue. — Il a été décidé qu'aucun changement d'assignation ne serait reçu durant le temps d'une suspension selon l'art. 56, et que les certificats spéciaux temporaires sont obligatoirement assignés payables à la même caisse que la pension suspendue.

F. Les rappels et la prescription d'arrérages.

831. — Parmi les changements apportés à la législation des pensions par la loi de fin. 28 février 1933, l'une, de la moindre ampleur peut-être, néanmoins d'un manifeste intérêt, fut écrite dans l'art. 85 (Cf. Instr. min. fin. 27 juillet 1933, Canal, Modificatif au Manuel, *op. cit.*, p. 33), lequel a affecté à la fois :

L'art. 116 L. 16 avril 1930 (S., *L. ann.* 1930, p. 2864, note 167) quant à l'attribution des premiers arrérages afférents à la période antérieure à une demande de pension ou de révision formulée après la promulgation de la loi, depuis le 3 mars 1933. La période maximum de rappel y est ramenée de trois ans à un an, et la nouvelle prescription portée à l'encontre de toutes les pensions civiles et militaires, de la loi de 1924 ou de celle de 1919, ou « toutes autres » inscrites et revisées selon l'un des art. 94 L. 14 avril 1924, 68 L. 27 décembre 1927 ou 100 L. 31 mars 1932, — réserve faite en toute justice du cas où la production tardive de la demande de liquidation ou de révision a pour cause, non le fait personnel du pensionné, mais une faute de l'administration ou un cas de force majeure. — Le régime ancien de rappel, ou bien intégral ou bien de trois années des arrérages antérieurs à la demande de pension, suivant que celle-ci n'a pas été ou est déposée au titre des lois de prorogation de délais d'instance, n'a été maintenu que pour les orphelins et veuves de guerre (V. *supra*), pour les ayants droit des victimes civiles de la guerre, dont l'omission à l'art. 85 ne saurait avoir conséquence fâcheuse, et pour les titulaires de retraites concédées avant le 3 mars 1933 et ayant aussi avant la promulgation de la loi fait l'objet de pourvois devant la juridiction des pensions ;

L'art. 30 L. 9 juin 1853, sur le point tout particulier des délais de la prescription des arrérages au préjudice, soit du pensionnaire, soit de ses héritiers ou ayants cause manquant à produire dans le délai la justification de leurs droits, « après trois ans de non-réclamation, sans que leur rétablissement donne lieu à aucun rappel d'arrérages antérieurs à la réclamation ». La même réduction à un an est ordonnée.

IV. — *Les rectifications, relèvements et révisions de pensions.*

832. — L'idée d'aménager aux retraités, quelle que fût l'initiale liquidation, un sort comparable en équité, sinon la péréquation intégrale, du moins une égalisation des pensions fondées sur la durée des services, a été l'une des plus poursuivies, en dépit des difficultés les plus sérieuses tenant en particulier aux variations de cherté de la vie, à la disparité et discordance des échelles de traitements, à la mouvance des emplois ou des grades : l'échec apporté ainsi à l'irrévocabilité des pensions annoncée à l'art. 65 est caractéristique de l'esprit nouveau : sous l'empire de la législation plus ancienne, aucune révision hors les cas prévus par les lois générales ou spéciales des pensions ne pouvait être opérée, soit d'office, soit sur la réclamation des intéressés, qu'il s'agît de l'œuvre grave de changements aux bases de la liquidation ou à la date d'entrée en jouissance : Cons. d'Et., 4 avril 1879, de Soland, Leb. chr., p. 297 ; — 1er avril 1887, Aigle, p. 298, S. 89.3.10, D. 88.3.75, mais même de la rectification d'erreurs matérielles, laquelle ne pouvait être effectuée qu'à la suite d'un recours formé contre le décret de concession dans les délais légaux, et par une décision contentieuse : 7 décembre 1883, Astor, p. 899 ; — 9 mars 1888, Dauriac, p. 241 [En vérité, la section des finances avait moins de rigueur : Cf. Laferrière, t. 2, p. 225, note 2]. Les

aspects, les causes et les moyens de la procédure appellent des éclaircissements.

A. Les rectifications administratives de pensions.

833. — A. La révision proprement administrative va de soi comme une prérogative de la fonction. De droit strict, toute pension, d'ancienneté ou proportionnelle, peut toujours être revisée, si la liquidation ancienne est dommageable pour l'Etat, à la façon d'un dépassement par erreur du maximum légal ou de la majoration prévue : Cons. d'Et., 19 décembre 1930, Giraud, Leb. chr., p. 1097, ou si, inversement, la liquidation nouvelle semble plus avantageuse pour l'intéressé. Il suffit, mais il importe, d'y faire ou réserver l'application des règles établies par la loi ; ainsi il ne serait pas, le cas échéant, régulier, quelque solde qui eût servi de base à la première liquidation, de faire la deuxième autrement que d'après la moyenne des trois dernières années ; tout au plus, au cas de nouveaux services résultant d'un rappel à l'activité en temps de guerre, et alors, bien entendu, qu'il s'agissait pas de la révision générale en exécution de l'art. 94 de la loi de 1924 et des lois subséquentes relatives à la péréquation, eût-il pu être tenu compte, dans la liquidation, de la solde afférente au dernier grade obtenu et au dernier échelon atteint de ce grade. Cf. 7 février 1925, Vannet ; 20 février, Le Saint, p. 140, 179.

834. — B. La *réparation d'erreurs matérielles* trouve dorénavant son titre dans l'art. 65 de la loi de 1924 :

a) Pour toute erreur matérielle de liquidation ou de concession : erreur d'écriture ou d'impression dans le décret de concession publié au *Journal officiel* : Cons. d'Et., 10 mai 1929, Guyon, Leb. chr., p. 498 ; — 1er décembre 1932, Mercier, p. 1020 ; erreur de numération dans l'attribution d'une majoration (d'enfants) justifiée en soi par les pièces du dossier : 11 avril 1930, Ferré, p. 458 ; *a contr.* 14 décembre 1932, Olivie, p. 1080 ; ou erreur de chiffres, telle la fixation d'une solde de réserve au-delà du maximum exceptionnel de l'art. 80, *i. e.* avec rémunération de plus de quinze annuités en sus du minimum : 25 juillet 1928, Bonfait, p. 948. — Ce que ne serait pas une contestation sur la durée ou la qualification inexacte des services : 28 juillet 1926, Denjean ; 24 décembre, Giraud, p. 801, 1165 ; — 17 mai 1929, de la Roche-Dumas, p. 530 ; ou la fausse appréciation des droits du requérant ou de la requérante : 25 octobre 1933, Bezac, p. 949 ; l'application des dispositions légales et réglementaires dans le décompte des services établi lors de la liquidation initiale : 25 janvier 1928, Dumesnil, p. 148, ou en vue de l'attribution d'allocations spéciales : 2 juillet 1929, Le Rouzic, p. 672, ou d'un bénéfice particulier (campagne double) : 15 juillet 1931, Malouvet, p. 774 ; ou la mise en œuvre de tel tarif de solde applicable à telle catégorie d'agents : 3 décembre 1931, Brassier, p. 1066. Toute la différence en ce point est celle qui sépare la simple lecture des pièces du dossier et l'interprétation du droit statutaire au regard des requérants ;

b) De même — les hypothèses étant bien voisines, conjointes ou confondues souvent, — pour le deuxième chef légal d'annulation ou de révision, « énonciations des actes ou des pièces... reconnues inexactes, soit en ce qui concerne la fonction ou le grade, le décès ou le genre de mort, soit en ce qui concerne l'état civil ou la situation de famille » : lui donna éventuellement cours l'attribution du caractère de fonctionnaire civil aux fins injustifiées d'écarter du calcul du traitement l'indemnité pour charges militaires : 4 août 1928, Beaurepaire, p. 1062, ou l'usage d'énonciations erronées dans l'état des services et des campagnes : 6 avril 1933, Clavez ; 24 novembre, Camerlinck, p. 429, 1102 ;

c) Et *a fortiori* quant aux deux autres, l'inexistence d'infirmités lors de la constatation du droit et de la concession de la pension, — et l'existence reconnue de l'ancien fonctionnaire dont le décès avait donné lieu (art. 55) à réversion des droits.

835. — Causes d'ouverture limitatives, déterminant une procédure et des conséquences non moins strictes. — Seules les pensions inscrites au Grand-Livre de la dette peuvent, en l'absence d'une disposition législative expresse comme est l'art. 65, faire l'objet d'une révision administrative : Cons. d'Et., 20 mars 1929, Bouchard, Leb. chr., p. 348 ; — 22 juillet 1931, Saix, p. 840 ; c'est pourquoi n'y donnerait pas matière la révision de la solde de réserve accordée par l'art. 67 L. 31 mars 1903 aux officiers généraux et assimilés placés avant la limite d'âge légale dans la 2e section du cadre de l'état-major de l'armée : 14 février 1930, Kayser, p. 191. — Seul, un décret rendu sur le rapport du ministre des finances, après avis du Conseil d'Etat, peut établir la nouvelle pension : 14 novembre 1928, Cuttoli, p. 1174 ; aussi, à l'encontre d'une pension non annulée et révisée dans ces formes, un arrêté ministériel ne suffirait pas à imposer validement un reversement et serait, tout au contraire, susceptible d'une requête en annulation par l'intéressé : 16 janvier 1929, Levé, p. 60. — Appuyée d'une juste cause, cette révision implique la restitution, au titre de l'indu, de la différence entre les arrérages perçus de la liquidation initiale et les bases de la nouvelle ; il est vrai, ce remboursement n'a lieu qu'au cas de mauvaise foi de l'intéressé (Rapp. Henry Bérenger, Sén., 29 novembre 1923) ; le recouvrement en serait alors à la diligence de l'agent judiciaire du Trésor (art. 65 alin. dern.; Cf. 8 mars 1935, Provandier). Le détail de ce régime financier fait saillir ce trait de l'annulation et de la révision d'être alors dans l'intérêt du Trésor et explique pourquoi l'une et l'autre peuvent avoir lieu, à toute époque, après l'expiration du délai de trois mois imparti par l'art. 66 au recours contentieux : Instr. 12 octobre 1924 : Canal, op. cit., p. 181.

B. Le relèvement des pensions.

836. — A plusieurs reprises, l'augmentation continue des traitements inclina à des mesures compensatoires du coût de la vie pour les fonctionnaires et militaires pensionnés avant ce rehaussement, tout de même qu'en dernier lieu la nécessité d'obvier d'urgence à un déficit budgétaire menaçant à la fois la monnaie et la solvabilité de l'Etat aboutit, d'ordre de la loi et de décrets-lois, à des resserrements et réductions. Oscillations inverses selon les circonstances ; procédés divers sous l'angle juridique, la même où l'objectif était de relèvement.

837. — La loi du 25 mars 1920, art. 8, les avait précédés, dans la perspective d'une loi nouvelle sur les pensions d'ancienneté et proportionnelles. Disposition générale à bien considérer et entendre ses termes, qui ne visent sans doute expressément que les militaires et assimilés, mais apparaissent applicables et destinés à tous les agents admis à la retraite avec effet d'une date postérieure au 30 juin 1919 et englobaient toutes pensions d'ancienneté et proportionnelles, à la seule exclusion des pensions militaires d'invalidité : Cpr. Cons. d'Et., 2 novembre 1923, Trarbach, Leb. chr., p. 707 ; — 25 mars 1925, Vittoriani, p. 305. Majoration ample aussi, portant sur toutes les anciennes échelles de traitements, et susceptible de dépasser dans la limite de cette majoration les minima d'alors, ceux de la loi du 9 juin 1853 mod. 30 décembre 1913 ; par quoi elle se différenciait tout à fait du complément éventuel de pension réalisé à partir du 1er juillet 1919 par les décrets des 21 février et 25 mars 1920 pris en exécution de la loi du 6 octobre 1919 : 31 janvier 1923, Paoli ; 2 mai, Cadiat, p. 107, 378 ; — 18 mai 1925, Garès, p. 495. Mesure de circonstance, au surplus, qui ne put, à juste titre, s'étendre et s'appliquer à une pension révisée par application de l'art. 94 de la loi de 1924 : 13 novembre 1929, Vincenti, p. 986.

1. Le procédé des coefficients variables.

838. — Le procédé de coefficients variables, à appliquer, pour en élever le montant, à la pension principale, dépouillée de toute majoration et comptée sans indemnité ni supplément quelconque, au titre des lois antérieures : Cons. d'Et, 3 juin 1927, Chapelle ; 30 juillet, Houdeau, Leb. chr., p. 649, 880 ; — 30 mars 1928, Nicodémo, p. 491, prit immédiatement place dans l'art. 93 de la loi du 14 avril 1924. Ce fut le prélude à la première péréquation pour les pensions concédées. Régime provisoire, destiné à remplacer la pension ancienne et les suppléments de la loi du 25 mars 1920 et l'indemnité temporaire de cherté de vie allouée par la loi du 12 avril 1922 ; remis pour exécution, au moment de chaque échéance, aux soins des comptables du Trésor : Cf. Circ. min. fin. 3 mai 1924 ; faisant du chiffre accru par le coefficient un chiffre définitif, dès lors qu'il dépassait les perceptions antérieures du pensionné et le produit de la révision réglée à l'art. 94. Il n'y a lieu ici que de rappeler l'avènement de ce système de transition, expliqué *supra*, n°s 580 sv. quant à ses conditions et modalités, et son effet : égaliser tout au moins la pension nouvelle « à une pension de la catégorie inférieure affectée d'un coefficient plus élevé » (art. 93 al. 2), enfin son domaine ;

celui de pensions déterminées par le taux, et non d'après le grade ou l'emploi : 30 juillet 1927, Houdeau, précité.

2. Les mesures et allocations d'attente.

839. — A la décision de principe, reculant et liant la révision générale des pensions fondées sur la durée des services au rajustement en voie de progrès des traitements et soldes, l'art. 111 L. fin. 16 avril 1930 (S., L. ann. 1930, p. 2862, note 155) ajoutait (al. 4 et 5) deux mesures d'attente, l'une relevant la pension des plus âgés, l'autre allouant aux retraités et à leurs ayants droit, tous âgés de 65 ans, à compter du 1er octobre 1930, une allocation d'attente égale à 5 % de leur pension actuelle préalablement majorée, au besoin, de la somme nécessaire pour porter à un chiffre égal à cinq fois celui de la pension que les intéressés auraient obtenue au 1er juillet 1914 avec la législation en vigueur à cette époque dans la limite des maxima légaux : Cons. d'Et., 26 mars 1931, Montet, Leb. chr., p. 375 ; — 16 mars 1932, Thévenot, p. 316 ; — 10 juillet 1933, Bailly, p. 808. — Mesures conditionnelles et temporaires, au point d'avoir mis obstacle de droit à une demande de révision de la pension avant le vote de la loi annoncée à l'al. 2 sur les modalités de la révision prévue au 1er : 10 mars 1932, Thébault, p. 292, et, du point de vue comptable, à la prise en compte de l'allocation d'attente dans le calcul des avances mensuelles effectuées selon l'art. 6 L. 26 juillet 1917.

840. — Moyennant une demande expresse au ministère dont ils relevaient ou, pour les militaires, marins et assimilés, à celui des pensions, pouvaient, dès lors, — sous réserve de la condition d'âge fixée, ou à dater du jour où, postérieurement au 1er octobre 1930, ils la réaliseraient, — demander l'application du coefficient 5 et le bénéfice de l'allocation d'attente les titulaires (ou leurs ayants cause), — soit des pensions (y comprises pour la part « services » les pensions mixtes des art. 59 et 60 L. 31 mars 1919) revisées en exécution de l'art. 94 L. 14 avril 1924 ou 68 L. 27 décembre 1927, — soit des allocations complémentaires instituées par les art. 76 L. 30 décembre 1928 et 42 L. 30 mars 1929, — soit des pensions concédées depuis le 1er janvier 1928 au titre de l'une ou l'autre des lois de 1924 ou 1927. N'y eurent, au contraire, aucun droit les pensionnés de la loi du 31 mars 1919, les victimes civiles de la guerre (L. 24 juin 1919), les invalides hors guerre et ceux d'avant guerre bénéficiaires ou non de la loi du 18 juillet 1922, mod. art. 124 L. 29 avril 1926, ou de celle du 22 juin 1927, et ceux d'Alsace et de Lorraine (L. 17 avril 1923 ; art. 23 et 24 L. 31 mars 1924), les militaires et marins indigènes autres que les officiers ou les naturalisés ayant servi au titre français, les titulaires des pensions et allocations visées à l'art. 5 L. 25 mars 1920 et, d'une manière générale, tous les individus tributaires d'un régime spécial de retraites et titulaires de pensions non inscrites au Grand-Livre de la dette publique : Cf. Circ. min. fin. 2 septembre 1930, Canal, op. cit., p. 230.

841. — Applicable à la pension principale des fonctionnaires ou de leurs veuves (hormis, à raison même de la condition d'âge, celles principales et temporaires d'orphelins), d'une part, et aux majorations pour enfants en formant l'accessoire, d'autre part, — l'allocation d'attente dut être calculée sur la « pension actuelle », i. e. ci-devant liquidée sur les émoluments de toute nature susceptibles d'entrer en compte pour le calcul de la pension au cas où l'agent aurait encore été en activité à la date indiquée par la loi : Cf., à propos d'une allocation spéciale (D. 23 juillet 1929) au profit de certains agents de l'exploitation commerciale des chemins de fer, 12 mai 1933, Campana, p. 518, — mais sans faire état de services postérieurs au 30 septembre 1930 et, par conséquent, des soldes ou traitements nouveaux en vigueur à compter du 1er octobre 1930 : 1er décembre 1933, Bros, p. 1132. Cependant, sur ces bases ou pour le jeu du coefficient 5, — maximum absolu, en ce sens qu'il ne devait pas être dépassé à la pension éventuellement affectée du coefficient 5 : 15 février 1933, Franceschi, p. 200, — le fait que les majorations pour enfants n'existaient pas dans la législation antérieure au 1er juillet 1914 avait cette conséquence de faire porter l'allocation d'attente tout à la fois sur les pensions principales et les majorations pour enfants, et l'application du coefficient 5 seulement sur la pension principale, de telle sorte, au total, que la majoration de pension représentât toujours l'excédent du produit du coefficient 5 sur le montant de la pension actuelle principale en cause : Cons. d'Et., 17 juin 1932, Blanc; 14 décembre, Morel, Leb. chr., p. 606, 1077. Or, en cette pension principale et son calcul d'après « la législation en vigueur » au 1er juillet 1914 ne pouvaient aussi certainement, par application de l'art. 26 L. 30 décembre 1907, entrer des services, même validés en vertu des art. 113 L. 30 juin 1923 et 30 l. 14 avril 1924, s'ils n'avaient pas dûment subi la retenue prescrite par la loi du 9 juin 1933 : 14 décembre 1932, Begaud, p. 1078. — L'allocation n'avait pas lieu, le droit à l'allocation manquait, si, multipliée par le coefficient 5, la pension due à un fonctionnaire ou militaire sous le régime en vigueur le 1er juillet 1914 demeurait au-dessous de la pension actuellement perçue : 26 mai 1932, Dupré; 14 décembre, Begaud, p. 579, 1078. — Là où, par contre, elle a sorti effet, elle n'a pas compté pour l'application des règles sur le cumul ou les maxima légaux de pensions; mais elle n'a pu, selon la prescription de l'al. 5, en aucun cas, dépasser la pension que, compte tenu d'indemnités complémentaires soumises à retenue, aurait obtenue, le 1er avril 1930, « un fonctionnaire... de même grade et de même ancienneté » : 3 décembre 1931, Gellis, p. 1066.

842. — Le paiement de l'allocation d'attente (Cf. Circ. min. fin., 22 octobre 1930, Canal, *op. cit.*, p. 233) détermina, du point de vue matériel, l'addition aux carnets de pensions principales de fascicules de majorations et l'établissement de coupons de rappel et, dans l'ordre comptable, la déduction sur les arrérages dus au titre de la majoration de l'allocation temporaire de 5 % antérieurement perçue par le pensionné de plus de 65 ans dans les conditions de la Circ. 2 septembre 1930; c'est pourquoi, à partir du paiement simultané de deux coupons, l'un de majoration, l'autre de pension principale, aucune somme n'a pu être attribuée, à titre d'allocation d'attente, sur le coupon de pension principale.

3. *Les révisions de pensions.*

1° *L'art. 94 L. 14 avril 1924.*

843. — A. Pour toutes les pensions d'ancienneté, et pour elles seules : *suprà*, n° 837; Cons. d'Et., 21 mars 1928, Prigent, Leb. chr., p. 406; 20 novembre 1929, Vedel, p. 1004, — celles d'invalidité relevant de la législation spéciale à cette catégorie de retraites : Cpr. 24 juin 1925, Rey, p. 607; 13 mai 1931, Subra, p. 527. — la révision fut le but. En suite de la disposition de la loi, art. 94 al. 3, la section des finances du Conseil d'Etat, dans les cas où la suppression de grades ou d'emplois eût compliqué ou empêché les assimilations mises au principe et prévues comme moyen de la mesure administrative, a été appelée à déterminer la catégorie de la nouvelle retraite : 9 mars 1927, Lambert, p. 312; — 8 novembre 1929, Beauséjour, p. 980. Cf. les décrets Marine marchande, 30 janvier 1925, *J. off.*, p. 1555; Guerre, 24 février; Marine, 13 mars, p. 2775; Instruction publique, 28 mai, p. 5167; Postes, 1er août. p. 8173; Colonies, 11 décembre, p. 12583. L'effet en fut d'étendre aux retraites, non les droits nouveaux institués aux titres I à V, mais les taux de la loi du 14 avril et ses maxima, sans dépassement possible du nombre maximum des annuités d'accroissement fixé aux art. 34 et 80 (V. *infrà*, n° 847) : aussi bien la loi poursuivait-elle la péréquation des tarifs, et non celle des droits; la liquidation initiale des services ou des campagnes, quelle qu'elle eût été, à condition d'avoir été notifiée : 13 mars 1929, Aubry; 12 juin, Dufoulon; 28 juin, Lefèvre; 18 octobre, Boyer; 27 novembre, Priou, p. 306, 576, 653, 913, 1034, demeurait-elle intangible, sauf les deux exceptions, plus apparentes que réelles eu égard au système de la loi, énoncées, l'une à l'art. 79-4° pour les retraités ou ayants cause de retraités civils « anciens combattants », l'autre à l'art. 76 pour les « assimilés » admis à la retraite au titre d'infirmités et réunissant, au moment de la radiation des contrôles, des droits à la pension d'ancienneté; et les droits nouveaux étaient-ils réservés aux fonctionnaires et aux ayants cause des fonctionnaires en activité au jour de sa promulgation : 28 juin, Lefèvre, p. 653.

844. — B. La règle — imprégnée d'un caractère législatif, et donc d'une autorité exempte de la voie du recours contentieux : 13 mai 1931, Subra, p. 527, — en était d'opérer la révision, quels qu'eussent été les motifs de la retraite initiale, sur la base des grades et emplois occupés pendant les trois dernières années de la carrière (art. 94) : Cons. d'Et., 19 janvier 1927, Bernard; 2 mars, Reynaud; 9 mars, Thébault; 22 juin, Hébrard; 6 juillet, de Bayne; 30 juillet, Houdeau, Leb. chr., p. 70, 275,

311, 698, 754, 880; — 16 janvier 1929, Paoli, p. 58, — hors toute modification apportée à la nature ou à la durée des services : 28 février 1930, Bonnieux, p. 238 : il y faut faire servir de base comme traitement moyen ou solde moyenne celui ou celle des émoluments : 27 juin 1928, Borios, p. 820, soumis à retenue : 21 novembre 1929, Pelatant, p. 1011, au jour de la promulgation de la loi : 22 octobre 1930, Vautey, p. 850, touchés par un agent occupant les mêmes emplois et classes dans la période du 17 avril 1921 au 16 avril 1924 (art. 54 D. 2 septembre 1924) : 20 février 1929, Bauduin; 25 juillet, Pelatant, p. 216, 864; à cette fin il importe, au cas de changements dans le nombre des classes afférentes à l'emploi ou aux emplois occupés par le fonctionnaire au cours des trois dernières années de son activité, de rechercher la classe ou les classes correspondant dans la nouvelle échelle des traitements à celles occupées par l'intéressé : 23 février 1927, Lheveder, p. 243; — 29 juin 1928, Cervoni, p. 840; — 16 octobre 1929, Antoni, p. 903; — 28 février 1930, Bonnieux, précité. Cf., à propos du 2e échelon, institué par D. 31 juillet 1927 (Rpr. Instr. 3 août) avec effet du 1er août 1926, du grade de général de division. 10 juillet 1931, Descoings, p. 763. — Ainsi la règle de la fixité du décompte initial s'affirma, et elle s'affermit au point de faire écarter régulièrement les tentatives de discussion du caractère de la pension initiale attribuée : 25 mai 1932, Rio, p. 509, ou celles de contestation du montant de la pension revisée, motif pris, soit des règles actuelles de liquidation, soit même d'une erreur commise dans le décompte initial des services : 12 juillet 1927, Durroux; 23 novembre, Matillon; 14 décembre, Laporte, p. 790, 1108, 1215; — 25 juillet 1929, Pelatant, *in pr^io*, p. 863; — 5 mai 1933, Lejeune, p. 491, alors surtout que les requérants n'avaient point, dans les cinq ans consécutifs à la promulgation de la loi du 16 avril 1920, demandé la révision à raison des annuités de campagne double acquises pendant la guerre 1914-1919 : 2 août 1927, Villemot; 14 décembre, Planel. p. 909, 1215, ou de nouveaux services accomplis susceptibles de modifier une pension militaire proportionnelle : 13 mars 1929, Aubry, p. 306; — 29 juin 1933, Auger, p. 704.

845. — Au regard des militaires, elle n'est pas substantiellement différente : Cons. d'Et., 24 décembre 1926, Ferrandi, Leb. chr., p. 1166; — 24 mai 1927, Bessenay, p. 609; — 15 février 1928, Jeannin, p. 243; — 28 juin 1929, Lefèvre, p. 653; mais elle est de conditions parfois plus compliquées et d'effets davantage définis par des textes. Ainsi la loi du 29 décembre 1923 art. 2 et 4, ordonne, vis-à-vis des officiers appelés à bénéficier de ses dispositions, d'établir et arrêter le décompte des services et des émoluments destinés à servir de base à la révision, non au jour même de la mise à la retraite, mais à la date postérieure de la limite d'âge atteinte, soit du grade dont ils étaient titulaires lors de la mise à la retraite, soit de celui qui a pu leur être ultérieurement conféré dans les conditions de la loi, sans, d'ailleurs, qu'il puisse être tenu compte d'aucune prolongation à raison des services accomplis en qualité d'officier de reserve : 21 mai 1930, Jouandon, p. 536, ou après la radiation des contrôles de l'activité et postérieurement à la démobilisation générale : 11 juin 1931, Mellottée, p. 619. D'autre part, s'agissant du calcul de la solde moyenne des trois dernières années, elle fait tenir les officiers saisis par une semblable promotion pour titulaires du grade conféré depuis la date où ils auraient atteint la limite d'âge du grade immédiatement inférieur : 7 janvier 1927, Bestagne; 11 février, Ordioni, Fortunet; 16 mars, Rentz; 23 mars, Fix, Millière; 30 mars, Albert; 9 avril, Tharaud; 18 mai, Lanternier; *a contr.* 21 décembre, Hass, Leb. chr., p. 37, 197. 198, 348, 379, 380, 413, 494, 565, 1249; — 1er février 1928, Declert, p. 155; — *a contr.* 22 janvier 1930, Lacour; 26 juin, Pruneau; 24 décembre, Suchel, p. 89, 658, 1108.

846. — Il semble donc qu'il n'y ait eu qu'une dérogation à la règle, du fait de l'art. 30 al. 6 L. 14 avril 1924 (*suprà*), spéciale et exclusive aux pensions concédées au titre de cette loi (Cons. d'Et., 9 juillet 1930. Palma le, Leb. chr., p. 706), à savoir le bénéfice maintenu du dernier grade aux officiers visés par l'art. 116 L. fin. 30 juin 1923 et ayant, durant la guerre, soit exercé un emploi du grade immédiatement supérieur pendant six mois ou, sans pareille limitation de temps, détenu l'emploi entre le 11 mai et le 11 novembre 1918, à condition d'au moins une citation à l'ordre de l'armée ou d'une blessure reçue à la tête de leur unité ou à l'occasion de leur commandement : qu'ils fussent de la catégorie (al. *a* et *b*) des promus au grade supérieur, mis à la retraite à partir du 30 juin 1923 et admis jusqu'au 30 juin 1924 (le délai fixé par l'art. 8 L. 29 décembre 1923 ayant été ainsi prorogé) par dérogation à la règle d'alors (art. 10 L. 11 avril 1831) à jouir de la pension de ce grade sans considération du traitement des trois dernières années d'activité, ou de celle (al. c) des admis à la retraite depuis le 11 novembre 1918 et avant la promulgation de la loi du 30 juin 1923, promus de cette date au 30 juin suivant au grade supérieur, sans modification corrélative du taux de leur pension, tous ces officiers ont été mis sur le même pied au point de vue de l'application de l'art. 30 L. 30 avril 1924 et de la révision de leur pension : Cons. d'Et., 29 juin 1927, Borne, Leb. chr., p. 729; *a contr.* 22 juin 1927, Hébrard; 30 juillet, Houdeau, p. 698, 880; Table, p. 1590; — 10 juin 1931, Momenteau, p. 613. De l'art. 30, au contraire, les admis à la retraite par anticipation en vertu de l'art. 118 de ladite loi n'ont aucune qualité à se réclamer : 22 mai 1931, Rouvière, p. 574. — Application et révision à la demande desquelles ne constituerait pas une cause de déchéance le manque par un officier d'avoir attaqué, dans le délai de trois mois comptés de la notification, l'arrêté portant concession ou révision d'office de pension sur un grade déterminé, qui se serait attaché et borné à la réalisation des conditions prescrites par l'art. 94 L. 14 avril 1924 : la demande tendant au bénéfice de l'art. 30, formée avant l'expiration du délai général de cinq ans, serait donc, faute d'un délai indiqué dans le texte, recevable et fondée : 10 juin 1931, Momenteau, précité.

847. — *C.* La révision des pensions concédées, telle qu'organisée ainsi dès 1924, selon l'art. 94 de la loi, pour les services strictement antérieurs à la liquidation initiale (5 novembre 1930, Beaupoil de Saint-Aulaire, p. 899), dépendait, pour la procédure, d'une déclaration-questionnaire, remise par les comptables du Trésor ou les sous-intendants aux intéressés et souscrite par ceux-ci; sur quoi, elle fut effectuée pour les fonctionnaires civils par le département ministériel dont ils relevaient et, pour les militaires, marins et assimilés (sauf ceux relevant des Colonies) par celui des pensions, sauf centralisation de ses résultats au ministère des finances, à fin de contrôle des liquidations nouvelles, de leur inscription au Grand-Livre et de leur mise en paiement. Cf. sur le mode de calcul, D. 2 septembre 1924, art. 1er (pensions d'ancienneté) et 13 (pensions proportionnelles): Instr. min. fin. 12 octobre 1924, Canal, *op. cit.*, p. 197. La liquidation opérée sur les bases fixées par le texte devait, d'évidence, de même que pour une pension nouvelle, respecter les maxima légaux, tels ceux fixés par l'art. 80, quant aux annuités supplémentaires : la généralité des termes de cette disposition et les travaux préparatoires se fussent opposés à l'attribution à d'anciens pensionnés de retraites supérieures à celles des agents retraités au jour de la promulgation de la loi; l'impossibilité en fut déclarée à l'encontre des bénéficiaires mêmes de la loi du 16 avril 1920 : Cons. d'Et., 19 janvier 1927, Dorson, Bernard, Leb. chr., p. 71; — 7 mars 1928, Chamart, p. 326. L'œuvre de l'art. 94 de la loi de 1924 demeurait, au surplus, assez réelle, soit du point de vue matériel, celui du rehaussement des pensions, soit sous l'angle juridique, par la consolidation donnée à la règle administrative du décompte initial (Cf. 25 mai 1932, Rio, p. 509) et des situations acquises (Cf. 8 juin 1932, Cruand, p. 560), par la notion posée des échelles de traitements par rapport aux emplois et par la définition préparée du traitement moyen ou de la solde moyenne propre à fournir la base des révisions.

2° *L'art. 68 L. 27 décembre 1927.*

848. — *A.* Les mêmes préoccupations d'appeler les titulaires de pensions liquidées au bénéfice des nouveaux traitements, d'éviter aux nouveaux retraités n'ayant pas joui de ces nouveaux traitements pendant trois ans le désavantage, à titres égaux, de pensions inférieures à celles des anciens retraités (Cons. d'Et., 6 novembre 1929, Papillon, Leb. chr., p. 953), inspirèrent en ce nouveau texte l'annonce d'un relèvement et d'une révision de leurs pensions « sur la base des traitements et soldes en vigueur au 1er janvier 1928 ». Cf. Instr. min. fin. 20 janvier 1928, Canal, *op. cit*, p. 201, et Ch. II de l'Instr. min. fin. 21 janvier, *J. off.*, 28 janvier. — Disposition de faveur, une fois encore, spéciale aux pensions du Trésor public, donc à l'exclusion des affiliés de quelque autre caisse, celle des retraites pour la vieillesse notamment : 24 décembre 1930, Sausseau,

p. 1108, et assortie de conditions sujettes par nature d'une interprétation stricte :

849. — *a)* Par rapport à ses sujets [Cf. Circ. n° 0291/Ad et 0296/Ad, 21 octobre et 1er décembre 1927], savoir :

Les titulaires de pensions, à l'exclusion des veuves bénéficiaires de l'allocation annuelle de l'art. 68 L. 14 avril 1924, calculée d'après tarifs forfaitaires (non relevés par la loi de 1927) et, d'ailleurs, appelée elle aussi par l'art. 36 L. 19 mars 1928 à une péréquation propre; — les mêmes que ceux ayant eu droit à la révision de 1924 et ceux ayant, au titre de ladite loi de 1924 (19 décembre 1930, Junier, p. 1091), obtenu entre le 17 avril 1924 et le 1er janvier 1928 une concession de pension. La majoration d'une pension d'ancienneté par application d'un coefficient lors de la révision effectuée en exécution de la loi de 1924 et suivant les règles de son art. 93 n'eût pu lui faire perdre son caractère de pension fondée sur la durée des services et ne la mit point hors le champ et les conditions de l'article 68 de celle de 1927 : Cons. d'Et., 12 février 1930, Cabanié, Leb. chr., p. 169; — 26 mars 1931, Picard; 28 octobre, Bry, p. 375 : la pension revisée en vertu de l'art. 94 n'était calculée que sur la base des traitements afférents aux grades et emplois des trois dernières années d'activité; la pension majorée par un coefficient en vertu de l'art. 93 n'était substituée qu'à titre exceptionnel, et au cas où elle la dépassait, à la pension revisée de l'art. 94, dont elle constituait, par suite, seulement le minimum forfaitaire; pour autant, elles manquaient, l'une et l'autre, de pouvoir être regardées comme liquidées sur le traitement du dernier grade au sens de l'art. 68;

A l'exclusion donc des ouvriers des établissements industriels placés sous le ci-devant régime des lois des 21 octobre 1919 et 14 avril 1924, des retraités militaires au titre de l'invalidité pour des droits antérieurs ou postérieurs au 2 août 1914 et relevant de la loi du 31 mars 1919, des victimes civiles de la guerre traitées par la loi du 24 juin 1919, des pensionnés n'ayant pas bénéficié des majorations de la loi et spécialement de l'art. 5 de la loi du 25 mars 1920 : Cf., à propos d'armuriers de la marine versés dans les troupes coloniales, et par interprétation de l'art. 4 L. 30 juillet 1911, 6 mai 1931, Oulin, p. 486.

Il va de soi que d'un traitement accordé « à titre personnel au titulaire actuellement en fonctions » il ne pouvait être tenu compte à celui-ci pour la révision de sa pension par application de l'art. 68 : 18 février 1931, Thirant, p. 189;

850. — *b)* Eu égard aux fondements de la liquidation nouvelle, parce que la méthode de relèvement était nouvelle : au lieu de faire état, comme la précédente, des variations de traitement ou de solde intervenus [au cours de la période avril 1921-1924] pour une même classe d'emploi ou un même grade, d'une part, et des changements de classe ou de grade du retraité durant ses trois dernières années d'activité, d'autre part, la péréquation de 1927 gardait le deuxième chef et les règles touchant les modifications à la hiérarchie et les assimilations au cas de suppression ou de fusion de grades : Cons. d'Et., 5 mars 1930, Calvelli (reclassement de « hors classe »; 27 mars, Micheli (« maréchal des logis-chef »); 26 mars, Blain, précité, et 26 mai, Lefebvre (« maîtres-ouvriers »), Leb. chr., p. 251, 359, 570; — 24 avril 1931, Guigon (suppression de la « classe exceptionnelle » et création de « hors classe »), p. 441; 24 mai, Osmond (armuriers de la marine versés dans les troupes coloniales), p. 555; — 8 mars 1933, Cabanié, et 23 juin, Toustou (remplacement de « hors classe »), p. 284, 684; mais elle n'envisageait plus, quant au premier, que les produits des emplois et classes, grades et échelons de solde à la date (abstraction faite des augmentations survenues postérieurement : 14 février 1932, Buisson, Table, p. 1371) du 1er janvier 1928 : 14 mai 1930, Pellinelli; 23 juillet, Caen, p. 504, 775; — 13 janvier 1932, Jarrit-Lacombe, p. 41; — 27 juillet 1933, Lacaze, p. 912. Rpr. sur l'effet inopérant de lois d'amnistie : 29 octobre 1930, Toanen, p. 869; — sauf, d'après la prévision du texte lui-même, le compte réservé et prescrit en cette nouvelle liquidation des modifications apportées à la loi de 1924 par les art. 63-67, et en particulier du rehaussement du minimum aux 3/5es et du maximum absolu de 30.000 francs. La pension ancienne revisée par application de l'un des art. 93, 94 ou 95 de la loi de 1924 servait ainsi normalement de terme de comparaison ; toutefois, qui n'avait pas contesté la liquidation initiale n'était pas *a priori* irrecevable à se pourvoir contre celle effectuée ultérieurement en vertu de l'art. 68 de la loi de 1927 : 6 avril 1933, Morand-Monteil, p. 430.

Cependant la règle (art. 68 al. 2) de la moyenne des traitements et soldes des trois dernières années était maintenue : 13 novembre 1929, Chassande-Baroz, p. 986 ; — 27 mars 1930, Blain ; 21 mai, Charles ; 9 juillet, Palmade ; 23 juillet, précité, p. 346, 536, 706; — sauf, au regard des retraités ayant « pension actuelle... liquidée sur le traitement ou la solde du dernier emploi ou du dernier grade » en exécution, soit des art. 19 ou 21 (victimes depuis le 14 avril 1924 d'actes de dévouement ou d'invalidité résultant de l'exercice des fonctions) ou 30 (officiers visés à l'art. 116 L. 20 juin 1923) ou 47 al. 3 ou 50 al. 2 (pensions d'invalidité extraordinaires) de la loi, soit des lois du 26 décembre 1925 et subséquentes sur le dégagement des cadres de l'armée. Exception unique à la règle, mais profitable aussi aux ayants cause du pensionné, par application du pourcentage traditionnel et simple de la réversion et, extraordinairement, parce que la règle de l'art. 68 n'y peut trouver place, au cas de l'art. 4 al. 3 D. 2 septembre 1924, par simple consolidation de l'indemnité supplémentaire et temporaire prévue par le décret du 3 août 1927. — La règle en soi n'offrait guère de difficulté, et non plus son application, même dans le cas de création d'une nouvelle classe de fin de carrière (ex. : D. 31 décembre 1922, classe exceptionnelle des receveurs d'enregistrement) postérieurement à la mise à la retraite de l'ancien fonctionnaire : le Conseil d'Etat a tracé la voie, indiqué la convenance, pour la détermination du traitement moyen servant de base à la révision de la pension, de rechercher si l'intéressé aurait pu y accéder sous le régime résultant de la nouvelle réglementation : 13 janvier 1932, Javrit-Lacombe, p. 41.

851. — Les notions d'assimilation et de traitement, sous la forme surtout du traitement par remises variables, s'y est appuyée et précisée; de la sorte, s'est faite l'application, accusé le progrès jurisprudentiel de la matière :

Celle de l'assimilation, par l'intervention nécessaire du Conseil d'Etat quant à l'établissement ou au contrôle des assimilations des traitements et des emplois : art. 42 D. 1er novembre 1928; Cons. d'Et., 28 octobre 1931, Bonnot-Kerssellaers; 4 décembre, Rouan, Leb. chr., p. 908, 1086, — ou, au cas de suppression des emplois et échelons, classes et grades, par ses initiatives : 23 juin 1933, Touston, précité, préservées, quant à leur opportunité, de la voie contentieuse : 18 mars 1927, Ofholz, et Assoc. amic. des petits retraités, Leb. chr., p. 362; — et en semblables hypothèses aussi, par son contrôle et introspection des mesures exécutives et de leur signification, pour ramener à la voie du décret en Conseil d'Etat les classements et reclassements décidés « à tort » par simple décret ou même arrêté ministériel et, par une régularisation heureuse, ramener à l'unité toutes modifications opérées et parités fondées dans l'échelle ou la dénomination, non seulement des « grades et emplois » selon la formule de l'art. 93 al. 3, mais aussi des classes et des grades : 8 novembre 1929, Beauséjour, p. 980; [Rf. en sens contr., 11 décembre, André, p. 1093]; — 9 mars 1933, Dufoulon; 8 décembre, Langlade, p. 297, 1158;

852. — Celle du traitement moyen, par la valeur compréhensive donnée à ce terme (*supra.* — Cons. d'El., 30 mars 1928, Roux, p. 492) et la façon d'y inclure (Cf. à la suite ou à l'occasion des art. 111 al. 1 et 3 L. 16 avril 1930, 13 mai 1933, Campana, p. 518) les émoluments de toute nature... susceptibles d'être retenus dans le calcul de la pension au cas où l'agent eût été encore en activité à la date indiquée par la loi;

Surtout du traitement moyennant remises variables, par l'autorité donnée, en l'absence de toute disposition spéciale, aux arrêtés ministériels pris en exécution de l'art. 6 L. 14 avril 1924 et du D. 28 avril 1925 à l'effet de déterminer pour chaque classe d'agents la moyenne de tous les éléments de rémunération variable, passibles de retenues, perçus dans la période du 1er janvier 1921 au 31 décembre 1923 par des titulaires d'emplois de la même classe que ceux occupés par les anciens agents durant les trois dernières années de leur carrière : Cons. d'Et., 15 février 1928, Martinet (P. T. T.); 7 et 21 mars, Bloume, Lonjon (percepteurs); 14 mars, Bonnet (contrôl. contribul. directes); 23 mai, Hurel (recev. enregist.), Leb. chr., p. 244, 329 et 406, 368. 670; — 16 janvier 1929, Trouillaud, p. 58; — 11 décembre 1931, Bernhardt (recev. contribut. diverses en Algérie), p. 1113, et 8 avril 1933, Mangue, p. 465 ; — 3 juin 1932, Saar, *in f.*, p. 549, — hormis toute distinction entre ceux qui

ont été ou non appelés à percevoir effectivement des remises au cours des trois dernières années de leur carrière : 2 novembre 1928, Péault (recev. douanes), p. 1126. — La difficulté de liquidation s'aggrave au cas, d'ailleurs prévu à l'art. 6, de modification apportée à la consistance territoriale d'un bureau : il était équitable et logique de ne pas exclure, en pareille occurrence, des émoluments devant servir de base à la liquidation de la pension revisée ceux afférents aux territoires ou aux services ainsi détachés; aussi un arrêté (Arr. gouv. gén. Algérie, 9 janvier 1926) ayant limité la révision des pensions de receveurs des contributions diverses aux émoluments perçus de 1921 à 1923 par leurs successeurs « dans les postes qu'ils (avaient) occupés », et les effets de la suppression ou de la modification d'un bureau à celle ayant eu lieu « antérieurement au 1er janvier 1921 », était-il à l'encontre de l'esprit et du texte des art. 94 de la loi de 1914 et 14 du règl. d'adm. publ. du 28 avril 1925, et l'annulation en était-elle nécessaire avec renvoi au ministre des finances aux fins d'une liquidation nouvelle et correcte : 12 juillet 1929, Arberel, p. 709. Rpr. Arr. min. fin. 11 mars 1929 et Cons. d'Et., 7 février 1934, Gebel de Gebhardt, Leb. chr., p. 185;

853. — c) Quant au décompte des services, attendu qu'en ce point aussi l'art. 68 de la loi de 1927 ne reproduit pas la manière de l'art. 94 de celle de 1924 : au lieu que celui-ci plaquait la révision au décompte « établi lors de la liquidation initiale » de la durée, de la nature et de la décomposition des services (23 février 1927, Lheveder, p. 244), celui-là, plus souple, — au même temps qu'il maintient en leur autorité les règles applicables au moment de la liquidation initiale : Cons. d'Et., 15 juillet 1931, Poncet, Leb. chr., p. 770, — tolère les rectifications, les rétablissements de services ou de campagne alors omis ou mal décomptés : 19 décembre 1930, Gimont, p. 1091; — 10 juin 1931, Bonnard; 23 juillet, Marmouget, p. 608, 834, — à condition bien évidemment qu'il s'agit de services valables d'après la législation en vigueur ou ses interprétations jurisprudentielles au moment de l'admission à la retraite du requérant : 10 mars 1930, Mas, p. 423; — 10 et 29 janvier 1931, Revel, Pothier; 12 février, Rampillion, p. 36, 111. 166 ; — 11 mars 1931, Carle; 23 juillet, Nicolas, p. 280, 833; — 26 juillet 1932, Chabrand, p. 783. La condition serait transgressée par les validations rétroactives prévues à l'art. 10 de la loi et réservées par son al. dern. aux titulaires « en exercice au 17 avril 1924 », de même par des rappels d'une ancienneté acquise dans un grade de l'ancienne formation et non conservée dans la classe nouvelle par le fonctionnaire en cause.

854. — B. Dans ces limites, — et à concurrence de 70 % de la différence éventuelle du montant de la pension et du produit de la nouvelle liquidation, — la révision prévue à l'art. 68 devait, aux termes des al. 4 et 5 (reproduits de l'art. 7 L. 16 juillet 1927), faire état des divers suppléments attribués aux retraités pour charges de famille, donc à partir du 1er janvier 1928 : Cons. d'Et., 19 janvier 1933, Riou, Leb. chr., p. 80, avec les modifications résultant, quant à la concession de ces avantages, des dispositions nouvelles de l'art. 63 de la loi du du 27 décembre 1927, dépassement des maxima par le jeu de la majoration pour enfants; cumul des majorations avec indemnités de charges de famille pour enfants différents (16 juin 1933, Dutrou, p. 652). De la sorte précédaient et préparaient le calcul des 70 % constitutifs de la majoration provisoire de retraite (al. 3) tous les éléments de la pension et, en particulier, le cas échéant, la majoration pour enfants (Cons. d'Et., 12 février 1930, Carmillet, Leb. chr., p. 170 ; — 10 juin 1931, Roure, p. 609...), laquelle ne fait pas partie intégrante de la pension et est susceptible, dorénavant (art. 63 al. 2) comme par le passé, de déborder les maxima de pensions, sans pouvoir dépasser le dernier traitement d'activité : soit, pour un père de 3 enfants, ayant obtenu le maximum de 18.000 francs et atteignant celui de 30.000 francs avec la liquidation des traitements au 1er janvier 1928, pour une différence de 12 000 francs au principal + la majoration instituée pour enfants de 3.000 francs = 15.000 francs, l'établissement de la nouvelle liquidation, sur la base des 70 % de la différence entre la pension ancienne

$$\left(\frac{12.000 + 3.000}{70\ \%} = 8.400 + 2.100\right) \text{ à } (18.000 + 8.400)\ 26.400$$

en principal + 2.100 de majoration = 28.500 francs.

855. — C'est par cette majoration de retraite que fut remplacée, à partir du 1er janvier 1928 (art. 68 al. 6 calqué sur l'art. 95 L. 1924), l'indemnité supplémentaire et temporaire des lois des 3 août 1926 et 16 juillet 1927, dès la mise des bénéficiaires en possession de leur nouvelle pension : si la pension grossie d'elle n'atteignait pas le montant de l'ancienne augmentée de l'indemnité supplémentaire, son titulaire avait droit à un complément de pension suffisant à le préserver d'une modification de sa situation actuelle : Cons. d'Et., 8 juin 1932, Cruand, Leb. chr., p. 560. Seule, l'infériorité de la pension liquidée d'après le « traitement » réel à la liquidation fictive opérée en raison des traitements en vigueur le 1er janvier 1928 lui donnait raison. En tout cas elle ne devait et n'a pu retentir sur les règles de calcul de la pension principale, en ce sens qu'eût et a été irrecevable la réclamation des tarifs applicables à partir du 1er janvier 1928 ou des modifications apportées ultérieurement par la loi aux textes fixant les soldes et les traitements pour des services entrecoupés par cette date : 4 mai 1932, Chourreau, p. 455.

856. — Pratiquement, quelle que fût la pension d'ancienneté en cause, — liquidée après le 17 avril 1924, ou coefficientée au titre de l'art. 93, ou maintenue au taux ancien en application de l'art. 95 de la loi du 14 avril, — une nouvelle concession fut nécessaire, précédée d'une demande de révision conforme à la déclaration-questionnaire (modèle annexé à la Circ. 0291/Ad, 21 octobre 1927 mod. Circ. n° 209 C. D. P., 7 novembre), émise selon l'ordre de priorité établi par l'Instr. min. pensions 21 janvier 1928 in f. :

1re catégorie : Pensionnés nés avant le 1er janvier 1848 ou invalidés à 100 % au moins.

2e — Pensionnés nés entre le 1er janvier 1848 et le 31 décembre 1857 ou invalides de 85 à 100 %.

3e — Pensionnés nés entre le 1er janvier 1858 et le 31 décembre 1867 ou invalides de 60 à 80 %.

4e — Pensionnés nés entre le 1er janvier 1868 et le 31 décembre 1877 ou invalidés à moins de 60 %.

5e — Pensionnés nés entre le 1er janvier 1878 et le 31 décembre 1887.

6e — Pensionnés nés après le 31 décembre 1887.

Les invalides appartenant déjà par leur âge à la catégorie afférente à leur degré d'invalidité sont classés dans celle d'âge immédiatement supérieur.

857. — C. Le rythme des révisions est, depuis le principe, à double prévision, l'une, pour les pensions non encore concédées, suivant l'autre, celle des pensions concédées lors de la nouvelle liquidation concédée. Dans la loi de 1927 il s'affirme à l'art. 69, pour les pensions non concédées au 1er janvier 1928 et comportant prise en compte de services antérieurs au 1er août 1929, sous forme d'une majoration fixée pour l'exercice 1928 à 70 % de la différence du produit des liquidations, des sommes réellement touchées, ensemble les majorations à compter de la date où était réalisée la condition d'ancienneté indiquée quant à elles en tel ou tel texte (par ex. D. 6 août 1927, pour la magistrature : Cons. d'Et., 19 mars 1931, Bouisson, Leb. chr., p. 316) et des traitements ou soldes en vigueur au 1er janvier 1928 : 11 janvier 1933, Sautereau, p. 36. L'éventualité était par là parée d'une moins-value de ces pensions nouvelles par comparaison aux anciennes, jusqu'à la date, généralement antérieure au 1er août 1929, où, calculées sur les traitements réellement touchés, elles cesseraient d'être pour partie basées sur les traitements ci-devant en vigueur. Construit à cette fin, l'art. 69 a dû se combiner pour le calcul des pensions d'ancienneté ou proportionnelles avec les règles normales ou extraordinaires de liquidation résultant, soit de la loi commune de 1924, soit de textes comme l'art. 22 L. 9 décembre 1927 (pensions des fonctionnaires en surnombre en suite de la loi du 3 août 1926).

3° L'art. 100 L. 31 mars 1932.

858. — En 1924 et 1927 le système des révisions avait pris racine et trouvé un mécanisme dans la législation; en 1930 ses modalités définitives avaient été liées à l'instauration définitive aussi d'un régime de traitements; la loi de fin. de 1932 fut la réalisation de cette annonce, pour prendre « effet du 1er octobre 1931 » (al. 1), à cela près que, pour des raisons de trésorerie, sa mise en œuvre en fut (al. 5) échelonnée sur un laps de trois années au maximum, moyennant un pourcentage fixé pour l'exercice auquel se référait la loi au 1/3 de la différence entre la ci-devant pension et le produit de la nouvelle liquidation et porté aux 2/3 en l'art. 119 de la loi de finances suivante (31 mai 1933) : procédure utile et souveraine quant au paiement, mais sans effet sur le principe du droit acquis aux pensionnés et ne comportant pour l'administration aucune prérogative ou facilité (autre que celle de procéder lors de la révision à la rectification de la prétendue erreur : 26 juillet 1933, Arnier, Schaal,

p. 898) de modifier les décomptes, sous couleur ou à l'occasion de l'attribution fractionnée du bénéfice légal : Cons. d'Et., 6 février 1935, Gérardin. Dans ces conditions l'art. 100 L. fin. 31 mars 1932 est devenu la charte, à compter du 1er octobre 1930, de la révision des pensions civiles et militaires concédées avant cette date. Aux titulaires de pensions non concédées au 1er octobre 1931 et devant comporter prise en compte de services antérieurs au 1er octobre 1930 au profit de retraités remplissant les conditions de l'art. 100, l'art. 111, suivant un procédé accoutumé aux lois de révision, accordait une majoration analogue. — Cf. Instr. min. fin. 4 mai 1932, Canal, Modific. au Manuel, p. 10.

859. — A. L'originalité la plus apparente de l'art. 110 par rapport aux révisions précédentes est de prendre effet d'une date (1er octobre 1931) antérieure à sa promulgation. En réalité, par le domaine, les modalités et la procédure, il rejoint beaucoup la loi du 27 décembre 1927 :

Comme champ d'application : les pensions inscrites au Trésor, déjà revisées en exécution des lois de 1924 et 1927; celles concédées depuis le 1er janvier 1928 et avant le 1er octobre 1931 au titre de la loi du 14 avril 1924;

Au titre des conditions : l'âge de 65 ans pour les titulaires de toutes pensions de retraite (y comprises celles accordées, avec dispense de la condition d'âge, selon les art. 5 L. 9 juin 1853 et 8 L. 14 avril 1924), — autres que les pensions d'invalidité (art. 19, 21, 22, 47 al. 3 L. 1924) ou les pensions mixtes pour la part correspondant aux services (art. 59, 60 L. 31 mars 1919 et 44 L. 10 mars 1925) ou les pensions d'invalidité de la loi du 9 juin 1853 (art. 11) et des lois des 11 et 18 avril 1831 transformées en pensions mixtes et revisées par application des lois de 1924 et 1927, emportant suppression de la condition d'âge;

Par le mode d'établissement de la nouvelle liquidation : à partir du 1er octobre 1931, en règle générale et, au fur et à mesure, pour ceux ne réalisant pas à cette date la condition des 65 ans d'âge; — eu égard aux traitements ou soldes des emplois, classes, grades et échelons au 1er octobre 1930 et, en règle, d'après la moyenne des émoluments afférents aux trois dernières années, tout de même que pour la révision de l'art. 68 L. 1927 (V., au sujet d'agents techniques militaires des poudres, 20 décembre 1933, Jussaume, Leb. chr., p. 1210); — moyennant, au besoin, des assimilations par décret en Conseil d'État (art. 94 L. 1924) des emplois supprimés à des emplois existants. Ses termes mêmes écartaient, en l'espèce, la faculté et le délai donnés par l'art. 104 de la même loi (31 mars 1932) aux fonctionnaires « en exercice » pour la validation (art. 10 L. 14 avril 1924) des services auxiliaires ou temporaires;

Du point de vue de la procédure : demandes à souscrire par les pensionnés et à adresser au ministre compétent, distinctes, au besoin, pour les différentes pensions principales à fin de groupement et de révision simultanée; — jeu, et paiement à titre d'avances, des allocations d'attente et de la majoration du coefficient 5 (art. 111 L. 16 avril 1930) jusqu'à l'attribution des arrérages de la pension revisée par application de l'art. 100; — concession du relèvement par décret pour les pensions civiles, et arrêté interministériel pour les militaires.

860. — B. Par symétrie à l'art. 69 L. fin. 1927, l'art. 101 de celle de 1932 décide, pour les pensions non concédées au 1er octobre 1931, une *majoration* analogue à celle prévue par l'art. 100 quant aux autres pensions : grâce à elle était évitée une rupture d'équilibre dans la situation respective des retraités anciens et des nouveaux durant la période transitoire (normalement jusqu'au 1er octobre 1933) de non-détermination des traitements ou soldes de base exclusivement d'après les tarifs en vigueur depuis le 1er octobre 1930; en raison de cet objet même, la même condition d'âge ou de nature de pension est requise pour le bénéfice de l'un ou l'autre texte. Aux deux liquidations, la réelle, sur la base des traitements ou soldes effectivement prévues, et la fictive, d'après ceux et celles en vigueur au 1er octobre 1930, étaient à appliquer les règles nouvelles de maximum et minimum. — à moins que la pension ne comportât une date de jouissance antérieure au 1er octobre 1931 et, pour autant, ne gardât leur vertu pour la période précédant cette date aux règles anciennes, y compris l'attribution extraordinaire de l'allocation d'attente ou de la majoration spéciale de l'art. 111 L. 16 avril 1930.

4° Les décrets-lois de 1934.

861. — Celui du 28 octobre a réalisé les aménagements préparés par la 3ᵉ partie de celui du 4 avril, modifié le 10 mai, sur le « régime transitoire » applicable aux retraités dont les services valables pour la retraite avaient pris ou prendraient fin au cours de l'année 1934 et des trois années suivantes; il achève la série et l'œuvre des péréquations des pensions fondées sur la durée des services, par la définition du régime applicable à l'avenir avec effet du 7 avril 1934 et l'établissement des modalités de révision de toutes les pensions et allocations « déjà concédées » : Cf. Instr. min. fin. 14 novembre 1934, Canal, *loc. cit.*, p. 49. Cette deuxième partie du décret, — la seule qui ait place en cet endroit, — englobant tout ensemble les pensions principales et mixtes revisées au titre des dispositions ci-dessus rappelées et les allocations complémentaires des art. 76 L. 30 décembre 1928 et 42 L. 20 mars 1929, consolide la plupart des règles établies; cependant, tandis que le maximum de la pension était dorénavant et définitivement fixé à 60 % du traitement moyen, avec un jeu de maxima progressifs, elle y ajoute quelque nouveauté, quant aux conditions et limites de la révision et de la réduction susceptible logiquement et mathématiquement de résulter de la règle d'égalité de tous les retraités au regard des nouvelles échelles de traitements mise à la base de la dernière révision, et du fait de la péréquation jusqu'alors réalisée seulement en partie et pour une minorité de pensionnés.

862. — *A.* La consolidation s'est avérée quant à la base et à la procédure de la révision d'après « le décompte actuel », tel que la liquidation initiale l'arrêta au bordereau de la pension, nul redressement d'erreurs ou rétablissement de services et nulle révolution de jurisprudence n'y devant trouver place, hormis l'application expressément réservée (al. 2) de l'art. 125 al. 1 et 2 L. 30 mai 1933 (*suprà*), concernant décompte des campagnes 1914-1919 pour la période comprise entre le 11 novembre 1918 et le 23 octobre 1919, — et aussi, selon les règles fixées au tit. I pour les pensions non concédées, l'application réservée (al. 3) d'un maximum spécial (3/4 de la solde moyenne : art. 4 du décret) pour les gendarmes retraités ou en service au 7 avril 1934.

La nouveauté s'est fait place au sujet de la condition d'âge, et de la date à considérer des échelles de traitements et soldes, d'une part, et, d'autre part, du pourcentage au-dessous duquel ne pourra, par rapport à la pension actuelle, descendre la pension revisée. Elle a consisté ainsi à décider l'immédiate révision sans condition d'âge, pour prendre effet du 7 avril 1924, de celles des pensions qui n'avaient pas été revisées sur la base des traitements en vigueur au 1ᵉʳ octobre 1930, parce que leurs titulaires n'avaient pas atteint l'âge de 65 ans, et à poser en règle l'impossibilité pour la pension ainsi obtenue d'être inférieure de plus de 15 % au chiffre de celle actuellement perçue ou que, compte tenu des révisions antérieures et notamment de celle du 31 mars 1932, auraient dû percevoir ceux des intéressés qui, sans avoir obtenu le bénéfice effectif de ces dispositions, en remplissaient néanmoins, avant le 7 avril 1934, la condition d'invalidité ou d'âge (65 ans). Pour éviter une trop inégale importance des réductions et des amputations trop considérables, il fut, en effet, décidé que l'abattement serait de 15 % au maximum du montant de la réduction à provenir de la révision et ne pourrait être inférieur à 5 %, chiffre correspondant à la réduction par ailleurs opérée sur les plus basses échelles de traitements.

863. — *B.* Des computations et des règlements sont les moyens et les suites de la révision à effectuer d'office par les administrations. — Des computations dans le « montant actuellement perçu », l'une des plus délicates était celle des compléments pour maintien de situation dans les conditions prévues par la Circ. Direct. dette inscrite, n° 2914, 11 juillet 1932, § 11 ou la Lett. Direct. comptab. publ. 8 août 1933, attribués par les soins des trésoriers-payeurs généraux et, partant, inconnus en principe des administrations liquidatrices : instruction a été donnée aux comptables de les mentionner avec précision dans les déclarations. — Les suppléments pour enfants autres que ceux (majoration ou pension temporaire) dont la réduction ou la suppression résulterait de la révision ont pu être, le cas échéant, réclamés par leurs bénéficiaires dans les conditions fixées aux textes en vigueur. — Le remboursement prévu pour les sommes perçues en trop par le Trésor est total et immédiat; des retenues partielles et échelonnées ont été prévues, au contraire, pour les sommes complémentaires dues par les retraités, de telle manière (al. 6) qu'elles ne fussent, en aucun cas, supérieures au 1/10ᵉ des sommes à remettre au pensionné à chaque échéance. Cette opération importante et commune résultera, en fait, du prélèvement ordonné, à compter du 6 avril 1934, sous la qualification de « provisoire », à l'art. 9 al. 5, de 10 % lors de la mise en paiement de la nouvelle pension. Ce prélèvement n'est strictement établi et ordonné que sur les pensions d'ancienneté ou proportionnelles réversibles; celles attribuées en vertu des art. 22 al. 2 et 23 de la loi du 14 avril 1924, parce que déterminées en fonction de rentes viagères, y devraient échapper comme à la révision; nul signe distinctif des unes et des autres n'existant aux livrets, la distinction ne peut, quant à la dispense du prélèvement, sortir effet qu'avec le concours des administrations, par des avertissements aux comptables assignataires.

864. — Les dispositions ainsi instituées pour être applicables aux pensions concédées à la date du 6 avril 1934 ont servi, selon disposition de l'art. 9 bis du décret, pour fixer le « Régime transitoire » des fonctionnaires ou militaires dont la cessation des services valables pour la retraite était antérieure au 1ᵉʳ janvier 1934, sans que pension eût été encore concédée, ou se produirait au cours de l'année civile 1934 ou aurait lieu entre le 1ᵉʳ janvier 1934 et le 31 décembre 1937. Les services finissant après cette dernière date relèvent du titre 1ᵉʳ du décret destiné, par suite, à n'entrer en vigueur pour son intégralité que le 1ᵉʳ janvier 1938.

Les éléments et procédures en peuvent être ainsi schématisés : Deux liquidations, l'une, normale, conformément aux règles du décret; l'autre, comparative, d'après les règles antérieures, pour fixer le montant de la pension au produit de la première, sauf son infériorité de plus de 15 % à celui de la seconde et élévation à la somme de celle-ci diminuée de 15 %. — Montant accru, en l'une et l'autre liquidation, le cas échéant, des majorations proportionnelles au montant de la pension, à raison de 3 ou plus de 3 enfants élevés jusqu'à l'âge de 16 ans, au lieu que les indemnités pour charges de famille, semblables ici et là, sont exclues de la comparaison. — Dans la dernière hypothèse spécialement, application au résultat de la liquidation faite selon l'art. 9 du taux maximum de réduction de 15 % avec une augmentation progressive de 1, 2 ou 3 % selon l'année 1935, 1936 ou 1937 de la cessation desdits services.

CHAPITRE VI

LA RÉVERSION ET LES DROITS PROPRES AUX AYANTS CAUSE.

865. — La convenance d'allouer une pension au fonctionnaire réduit à l'inactivité par l'âge, les infirmités ou les accidents va de pair avec celle d'assurer à sa famille une pension pour la mettre à l'abri du besoin. Le temps est loin où, pour y satisfaire, au cas de mort résultant des fonctions, l'art. 7 L. 3-22 août 1790 réservait aux veuves le droit à une pension alimentaire et aux enfants celui d'être élevés aux frais de la nation. La loi du 9 juin 1853 accorda des pensions, normales et exceptionnelles, aux veuves et aux orphelins des fonctionnaires civils (Cf. Cons. d'Et., 20 novembre 1929, Duroutgé, Leb. chr., p. 1005), mais ne dit rien des agents disparus. Celle, toute spéciale d'objet, du 14 mars 1915 ouvrit aux ayants cause des seuls fonctionnaires civils tués dans l'accomplissement d'un service militaire en temps de guerre un droit d'option pour la pension exceptionnelle qu'elle créait : *suprà*, n° 268; 7 novembre 1929, Conté, p. 967; celle, générale, du 14 avril 1924 a appelé les ayants cause, femme et descendants, des militaires et des fonctionnaires civils à une pension ou rente viagère basée sur celle que le mari ou le père avait obtenue ou aurait pu obtenir. Des ascendants et des collatéraux, il n'est question en l'une ni en l'autre; les projets de réforme de 1879, art. 31 § 2, et 1891 qui avaient songé (*Rép.*, n°ˢ 695, 696) à une dévolution du fonds de réserve, du capital-retenues à tout le moins, n'y ont trouvé aucun écho. Tout l'effort a porté sur le droit des veuves, dont la législation antérieure (LL. 9 juin 1853, art. 13; — 28 avril 1893, art. 50; — 13 avril 1898, art. 44) avait, tour à tour, repris les conditions et modifié la quotité et des orphelins, auxquels elle n'avait, non plus que le projet ultérieur de 1879, accordé de pensions indépendantes de celle de la veuve.

I. — Les droits des veuves.

A. Les allocations annuelles.

866. — Il était traditionnel d'allouer aux veuves une pension, à titre de réversion, et dans les usages aussi, du moins par l'effet d'une combinaison (Cf. Cons. d'Et., 26 mars 1897, Barthélemy, Leb. chr., p. 262, S. 1899.3.42, D. 1898.3.62) ou plutôt de la succession des lois du 9 juin 1853, art. 13 al. 1, 28 avril 1893, art. 50 al. 2, et 13 avril 1898, art. 44 al. 1, à la veuve du fonctionnaire décédé après avoir accompli la durée requise de services, mais avant d'avoir obtenu pension; cependant, en 1924, le cas demeurait ouvert des veuves d'agents décédés en activité avant la loi en projet sans droit à pension fondée sur la durée des services : 4 janvier 1928, Henry; 8 février, 14 novembre, Labour, p. 21, 195, 1173. A la suite d'un amendement accepté par la commission et le gouvernement (amend. Pasquet, Sén., 14 décembre 1923, J. off., Déb. parl., p. 1895), le principe d'une allocation annuelle fut admis, comme « un acte de justice... pour celles qui sont le plus intéressantes parce que... le plus déshéritées » (Cf. Rapp. Lugol, Ch. dép., 1er avril 1922). L'idée est celle même qui, dans l'ordre des pensions militaires et mixtes, devait donner naissance à l'allocation complémentaire de l'art. 76 L. fin. 30 décembre 1928. Cf. suprà, n° 372 b; Cons. d'Et., 6 juin 1930, Doré, p. 612, S. 1931.3.95, D. hebd., p. 449; — 16 janvier 1931, Colin, p. 74; — 21 janvier 1932, Conil, p. 87. L'art. 68 l'institua donc, pour la période du 14 avril 1924 au 6 mars 1926 : Cf. 10 novembre 1926, Leplanquais, p. 950; — 9 novembre 1927, Blanchet, p. 1039. L'art. 26 L. 6 mars 1926, ensuite, par modification à l'art. 68 et sans rétroactivité : 1er avril 1927, Berthélemy-Clavreuil, p. 433; — 14 janvier 1928, Léon; 8 février, Delporto, p. 63, 194, l'étendit, précisa et conditionna au profit des veuves « non remariées » de fonctionnaires ou de militaires décédés en activité de service ou dans les deux ans de la cessation de ces services : 8 février 1928, Alimundi, p. 193, pourvu que celle-ci n'eût pas été motivée par des convenances personnelles ou des mesures disciplinaires : 29 juin 1927, Bernard; 20 juillet, Adam, p. 729, 816; — 14 janvier 1928, Iziquel; 23 juin, Le Pezennec, p. 64, 797; — 23 juillet 1931, Charles, p. 832; — 9 mars 1932, Béliot, p. 286. Enfin l'art. 36 L. 19 mars 1928 l'admit pareillement pour les veuves non remariées d'un mari décédé dans la position de retraite : 12 juillet 1932, Pitras, p. 716; et l'art. 76 L. 30 décembre 1928 concéda aux veuves ou orphelins des militaires et marins de carrière titulaires de pensions basées sur le grade du mari ou du père une allocation complémentaire de cette pension, au double cas d'ouverture de leurs droits avant le 17 avril 1924 et de manque de toute rémunération du chef des services : 8 juin 1932, Bellion; 26 juillet, Laporte, p. 564, 785.

867. — Les perspectives ainsi ouvertes étaient fort définies : Ecartant, par l'a contrario le plus logique, toute veuve titulaire d'une pension quelconque du chef de son mari : Cons. d'Et., 23 mai 1928, Thomas; 26 octobre, Schmilz, Leb. chr., p. 667, 1093; 1er février 1929, Collin, p. 140; 18 février 1931, Durzelet, Table, p. 1420; 11 mars 1932, Lajudie, p. 306, ou d'un mari mort en position de retraite et jouissance d'une pension d'infirmité : 24 novembre 1926, Golfier, p. 1013. Rpr., à propos des gratifications de réforme non transformées selon l'art. 1 al. 2 L. 22 juin 1927 en pension définitive : 16 juillet, Tézenas; 24 avril 1929, Verdier, p. 449, 738; et a fortiori d'un mari non soumis de son vivant au régime général des pensions, tributaire de la Caisse nationale des retraites pour la vieillesse (sur laquelle, d'ailleurs, la femme était, de par les textes organiques (art. 15 L. 30 avril 1920; 31 L. 29 avril 1921; 95 L. 31 décembre 1921), titulaire d'une rente en raison des versements effectués par le mari et par l'Etat : 24 mars 1928, Darroux; p. 442, ou sujet du statut (D. 10 juin 1925, art. 10 al. 7) des ouvriers des établissements industriels de l'Etat : 21 novembre 1928, Le Ouay, p. 1207; 16 janvier 1929, Galand, p. 61;

Respectant les veuves remariées l'allocation, au moins jusqu'à la promulgation de la loi du 26 mars 1926, rien d'après ou dans l'art. 26 de cette loi n'autorisant à lui prêter un effet rétroactif : 4 février 1927, Torchut; 23 mars, Galan, p. 160, 381;

— 14 janvier 1928, Léon; 8 février, Delporto; 7 mars, Oulin; 14 mars, Salaün; 21 mars, Follie; 25 juillet, Kersaudy; 2 août, Castellani, p. 63, 194, 325, 367, 946, 1028, Table, p. 1607;

Subordonnant, à coup sûr, ce bénéfice : d'une part, au principe général, tel que consacré par la législation antérieure, d'une demande formée dans le délai de cinq ans à partir du jour du décès ou de l'ouverture du droit du fonctionnaire [Cf. au cas de l'option ouverte par l'art. 42 al. 2 L. 30 mars 1929 aux ayants cause des fonctionnaires civils tués en 1914-1918 à l'ennemi : 8 juin 1932, Wideauw; 19 octobre, Giraudon, p. 562, 849; — 8 mars 1933, Prigent, p. 284], à moins d'une faute de l'administration de nature à faire relever la veuve de la déchéance encourue : 10 novembre 1926, Leplanquais; 8 décembre, Pierre, p. 951, 1076; — 28 décembre 1927, Romanelli, p. 1287; — 26 novembre 1930, Valière, p. 980; — 3 juin 1931, Menestrel; 4 juin, Le Garnac, p. 586, 1420, ou d'une prorogation de délai extraordinaire, du genre de celle ouverte par la loi du 10 mars 1922 en faveur des titulaires ou ayants droit domiciliés dans les régions envahies : 1er avril 1925, Broyon, p. 373; — et, d'autre part, à l'ensemble des conditions, comme celle de l'antériorité du mariage (art. 23) ou de l'accident de service ayant causé la mort du mari (art. 21), établies par la législation des pensions et n'ayant rien d'incompatible avec le but et les caractères propres de l'allocation en cause : 16 janvier 1931, Quéron, p. 73; — 9 mars 1932, Béliot; 17 juin, Monbeig. p. 286, 607; — 25 octobre 1933, Brisbard, p. 949.

868. — Pour chaque année de service effectif, la dernière solde ou le dernier traitement effectivement touché par le mari d'après la législation en vigueur (art. 68. Cf. art. 11 Règl. adm. publ. 2 septembre) lors de son décès en fournit la base : Cons. d'Et., 13 mars 1929, Saousole, Leb. chr., p. 306, — à l'exclusion, pour autant, de toutes bonifications : 19 mars 1932, Lecompte, p. 374. Liquidation et concession, paiement, jouissance et révision étaient appelées à ressortir des mêmes règles que la pension. La quotité, d'abord fixée à 30, 40 ou 50 francs par année, suivant que le mari avait traitement, solde ou salaire inférieur, égal ou supérieur à 3.000 ou 6.000 francs (Cf. 21 décembre 1927, Fèvre, p. 1267; — 14 janvier 1928, Léon, p. 63), a été tour à tour élevée, à 55, 70 et 80 francs par l'art. 36 L. 19 mars 1928 et, à compter du 1er août 1929, par l'art. 44 L. 30 mars 1929, à 75, 100 et 125 francs. Rpr. art. 6 D. 28 octobre 1934. Ce relèvement s'est, dans la pratique, traduit par la révision des allocations annuelles déjà concédées, sur la production par les intéressées ou les sous-intendances pour les ayants cause de militaires d'une déclaration-questionnaire, et, quant aux allocations non encore concédées, par une liquidation selon le cas à deux ou trois taux, ceux de l'art. 68 L. 1924 pour la période antérieure à 1928, de l'art. 36 L. 1928 pour l'intervalle du 1er janvier 1928 au 31 juillet 1929 et de l'art. 44 L. 30 mars 1929 depuis le 1er août 1929 : Instr. min. fin. 23 mai 1929, Canal, op. cit., p. 227. — Cf. Cons. d'Et., 6 janvier 1933, Patrelle, p. 10. — L'al. 2 de l'art. 68 en fait dépendre la conservation et la jouissance pour les veuves pourvues d'un emploi public ou d'un bureau de tabac de 1re classe d'une option, d'une renonciation à l'emploi, faute de laquelle l'intéressée n'est pas fondée à prétendre à l'attribution de l'allocation litigieuse : 14 mars 1930, Dabat, p. 308.

B. Les pensions.

869. — Ayant créé l'allocation annuelle, la loi de 1924 innova quant aux pensions mêmes des ayants cause des fonctionnaires et militaires, — soit en n'exigeant plus aucune condition de durée de leurs services, — soit en n'y fixant plus de minimum, — soit en leur donnant pour base, qu'il s'agisse de la veuve ou d'orphelins, la pension principale que le mari ou le père avait ou eût acquise selon l'art. 2 al. 2 et 3 de la loi... — Innovations de plein effet et, bien entendu, cantonné suivant les règles communes sur l'application ventilée des droits et des taux (Cons. d'Et., 10 mai 1929, Appfel, Leb. chr., p. 501), à raison de leur objet et le temps, ainsi qu'il a été nécessaire et aisé au Conseil d'Etat de le faire entendre par rapport aux ayants cause des militaires et marins, à fin d'application et de combinaison de tels articles, 49, 48, 23. de la loi du 14 avril 1924. C'est le de eo quod plerumque : sans doute quelques cas extraordinaires, de transition, se sont présentés; leur difficulté était, en réalité, fort inégale : inexistante au cas d'une veuve d'avant le 2 août 1914, donc incapable vraiment de réclamer, sous le couvert de l'art. 50 de la loi de 1924, la réversion à son profit de la pension d'invalidité du mari selon les règles fixées par la loi du 31 mars 1919 (Cpr. 6 août 1925, Manent, p. 819), alors que, mariée postérieurement à la cessation d'activité de son mari, elle relevait uniquement de l'art. 19-4° L. 11 avril 1831 : 18 novembre 1925, Piétri, p. 914 ; — 5 mai 1928, Oumier ; 6 juin, Brisson, p. 574, 765 ; plus réelle, en tant qu'il s'agit de refuser à des veuves n'ayant obtenu pension proportionnelle que postérieurement au 1er août 1914 et à raison des nouveaux services faits durant la guerre le bénéfice de l'art. 7 L. 16 avril 1920, relatif au droit à pension des ayants cause de titulaires de pensions proportionnelles rappelés ou réadmis au service, mais résoluble par la raison tirée du caractère exceptionnel de ce texte dérogatoire au principe, édicté par les lois des 18 août 1879 et 18 mars 1889, de la non-recevabilité des pensions proportionnelles : 24 juillet 1925, Andrieu, Table, p. 1300 ; — 18 mai 1927, Avril, p. 566. Rpr. 28 mars 1924, Canet-Digué, p. 358 ; — 14 novembre 1928, Bonichot, p. 1173 ; — 22 janvier 1930, Brocard, p. 89.

870. — *A.* Qu'il fût dans les intentions de la loi de n'exiger plus aucune condition de durée de services, et donc de traiter le décès comme l'invalidité totale, c'est une donnée incontestable de la matière. Elle domine, de la sorte, le jeu de la réversion au sujet des veuves de fonctionnaires civils privées de ce droit propre, hormis le temps de services et l'antériorité du mariage à quoi s'étaient appliqués l'art. 14 L. 9 juin 1853 et les avis ou arrêts du Conseil d'Etat (Rf. Av. sect. fin. 24 mai 1881, Giacometti, D. 83.3.61 ; — 2 décembre 1892, Sisco, S. 94. 3.95, D. 94.3.21 ; — et arrêts 7 mai 1857, Gillon, S. 58.2.382, D. 58.3.49 ;... — 22 janvier 1897, Aubry, Leb. chr., p. 46, D. 98.5.307). — Au regard des veuves de militaires, son application rencontrait le champ des pensions d'invalidité, telles que les ouvre éventuellement la loi de 1919 ; d'où des questions de droit à pension, de réversion de pension, de non-rétroactivité des droits. Là où, soit par l'effet de la loi de 1853 ou de celle de 1919, touchant les pensions d'invalidité, soit pour la période antérieure à la reconnaissance aux veuves par telle disposition, comme l'art. 7 al. 1er L. 16 avril 1920 (maris ayant accompli de nouveaux services au cours de la guerre 1914-1918) du droit à une pension de réversion sous certaines conditions générales, il n'y avait point pension proportionnelle acquise (16 mai 1928, Enaux ; 6 juillet, Coursaget, p. 636, 868 ; — 20 novembre 1931, Lutz, p. 1017, D. hebd., 32, p. 9) ; l'absence d'un droit à la réversion ne faisait aucun doute : la combinaison des art. 48 et 23 de la loi de 1924 ne put qu'aboutir à en faire dénier le bénéfice aux ayants cause de militaires et marins décédés antérieurement à la promulgation de la loi dans les conditions n'ouvrant aucun droit à la réversion de la pension proportionnelle dont ceux-ci étaient titulaires ou à laquelle ils pouvaient prétendre : 6 janvier 1926, Babin ; 24 février, Soulé ; 2 juin, Ben-Ali-Ahmed-Ould-Salem ; 9 juin, Pradier-Alberge ; 24 novembre, Dambrun ; 8 décembre, Renoux et autres arrêts, p. 16, 216, 555, 577, 1018, 1081, Table, p. 1477 ; — 19 janvier 1927, Henry ; 12 février, Racle ; 2 mars, Ben-Aissa-Embarek ; 24 mai, Olivier ; 27 mai, Carbonneau ; 29 juin, Bernard ; 20 juillet, Adam ; 4 août, Morange, p. 70, 217, 275, 607, 626, 729, 816, 957 ; — 8 février 1928, Alimondi et Sabatier ; 7 mars, Verdier ; 31 mars, Sadoulci ; 2 août, Colas, *in f.*, p. 193, 329, 515, 1013 ; *a contr.* 7 novembre, Ropars, p. 1145 ; au surplus, qui prétendrait, du chef du mari comme pour soi-même, à l'encontre de ce principe, sous couleur de rappel à l'activité, faire valoir des droits à une pension ou réversion de retraite devrait justifier de la nature des nouveaux services, par le caractère de la réintégration du fonctionnaire depuis son admission à la retraite, en tant que réintégration régulière aux fins de pourvoir aux besoins du service, et non de remise en activité purement fictive en vue d'une appropriation de la législation nouvelle des pensions : 2 juillet 1929, Boillon, p. 671. — De même il en fut quant à l'art. 49 al. 2, pour la raison que cette disposition législative s'appliquait exclusivement aux pensions concédées après le 17 avril 1924 : 19 novembre 1927, Bertrand, p. 1087 ; — 16 juillet 1930, Bican, Table, p. 1355.

871. — *B.* L'application dans le temps ainsi déterminée, il n'est plus que de spécifier sa matière et différencier ses conditions, suivant que la pension de la veuve est d'ancienneté et réversible ou a pour cause l'invalidité ou le décès, la règle de l'antériorité du mariage et de l'existence d'enfants issus de l'union jouant ici et là de façon dissemblable ; par où la loi de 1924 a reproduit, tout en l'abrégeant, la vieille condition (Cf. concl. Cornudet, s. Cons. d'Et., 13 avril 1850, Lagarde, Leb. chr., p. 354 ; 16 juillet 1929, Tezenas, p. 738) de plusieurs années de mariage antérieurement à la mise à la retraite ou à la cessation des services, mais sans prêter plus que ci-devant attention à l'âge de la veuve, et a mis en œuvre, là où elle n'existait pas, la considération de l'existence et du nombre des enfants communs. — En une certaine mesure d'ailleurs, ses dispositions sur le premier point ont subi le choc en retour du décret-loi du 30 juin 1934 (*Duv.*, p. 258), lequel, tout en maintenant le principe de la condition, en fait atténuer l'application aux « veuves des fonctionnaires ou des militaires retraités en vertu des décrets des 4 avril, 10 mai et 12 juin 1934 », *i. e.* de ceux des agents en surnombre mis en retraite anticipée, en réputant leur mariage « contracté deux ans avant la cessation de l'activité, dès lors que cette condition d'antériorité se serait trouvée remplie à la date à laquelle le fonctionnaire aurait atteint la limite d'âge afférente à l'emploi ou au grade qu'il occupait lors de sa mise à la retraite ».

872. — *a)* Au cas de pension d'ancienneté par réversion : antériorité du mariage, en règle, de deux [six, sous l'empire de l'art. 13 L. 9 juin 1853] années au moins à l'admission à la retraite : Cons. d'Et., 29 juillet 1925, Istria, Leb. chr., p. 753 ; — 24 novembre 1926, Golfier, p. 1013 ; — 5 janvier 1929, Guérin, Table, p. 1442 ; — 13 février 1930, Ahmed Benyahia, p. 175 ; — 9 mars 1932, Beliot, p. 286 ; — 6 décembre 1933, Roumane Beloufa Ould Ahmed, p. 1144, [et non, après cette date, à la remise du livret de pension : 28 juin 1929, Ferrier, p. 652] ; — et au cas d'enfant ou d'enfants issus de l'union, simple antériorité, hormis toute condition de durée. Les raisons de la réglementation sont patentes ; la ligne en est tenue au plus net, non moins que pour l'allocation de l'art. 68 (27 juillet 1933, Guillerm, p. 913) : à défaut d'un enfant issu du mariage, la veuve n'a droit à pension que si, depuis son mariage, le fonctionnaire est resté en activité de service durant au moins deux ans : 24 mars 1928, Ratomski ; 31 mars, Hervieu ; 9 mai, Guichard, p. 443, 516, 596 ; — 27 octobre 1932, Dugas, p. 877. Rpr. pour l'application des art. 19 al. 4 L. 11 avril 1831 et L. 16 avril 1920 : 19 mars 1932, Pipot, p. 376. Il s'agit de période biennale pleine : 16 mars 1928, Ansiaux, p. 386, en ce sens que les nouveaux services d'une durée inférieure à deux ans d'un rappelé à l'activité après mise en sursis d'appel ne pouvaient permettre à sa veuve de prétendre remplies les conditions de l'art. 23 de la loi pour obtenir droit à pension : 27 novembre 1930, Buecher, p. 990. Rpr. 31 mars 1928, Hervieu ; 9 mai, Guichard, p. 516, 596 ; *a fortiori* le maintien à la disposition de la Guerre jusqu'à la cessation des hostilités, en exécution de la loi du 24 octobre 1915, ne put placer, durant ce temps, l'intéressé en une position susceptible d'ouvrir à lui-même ou à ses ayants cause droit à pension : 24 novembre 1928, Deubel, p. 1206. — L'existence des enfants est à considérer au moment du décès du mari : en l'absence de texte assimilant pour l'application de l'art. 23 aux enfants vivants ceux tués à l'ennemi, leur mère n'a pas droit à pension non plus qu'à l'allocation de l'art. 68 : 30 juin 1933, Goischel, p. 721.

873. — *b)* Au cas de pension d'invalidité : antériorité du mariage à l'événement d'où est résulté la mise à la retraite ou la mort du fonctionnaire : Cons. d'Et., 14 janvier 1928, Thomas ; 31 mars, Loualoup ; *a contr.* 2 août, Rigaud, Leb. chr., p. 63, 516, 1015. Elle suffit pour que, mise à part l'hypothèse de l'acte de dévouement ou des accidents de service prévue par l'art. 19, — la pension de la veuve, — selon que le mari, sans avoir droit à pension, comptait ou non au moins les 15 annuités bonifiées, le cas échéant, comme il est prévu à l'art. 22 al. 1er, — soit basée ou sur la pension de cet al. 1er ou sur la pension ou la rente viagère qui eût été acquise au mari le jour de son décès par application des al. 2 et 3 du même texte. Cf. 8 février 1930, Lejay, p. 172 ; — 13 décembre 1933, Constantini, p. 1174. La rente viagère ainsi visée, résultant du versement à la Caisse nationale des retraites du total des sommes, retenues et contribution de l'État, auxquelles le mari aurait eu droit, est calculée toujours à capital aliéné, même dans l'hypothèse où le mari, ayant bénéficié de la rente de son vivant, n'aurait perçu qu'une rente constituée au titre des retenues subies par lui avec réserve du capital : Instr. min. fin. 12 octobre 1924, Canal, *op. cit.*, p. 167.

874. — Sur ce droit influent les questions d'état des personnes et de la famille :

État de la femme : l'art. 26 de la loi, par confirmation de la législation antérieure (Cf. 14 août 1865, Abrial, Leb. chr., p. 817; S. 66.2.36, D. 65.5.349) prive de ce droit la femme séparée de corps à ses torts; par innovation, il le lui maintient si le divorce a été à son profit prononcé postérieurement à la loi (Quest. Goude, Ch. dép., 5 avril 1924, *J. off.*, Déb. parl., p. 1835) par jugement dûment transcrit : C. civ., ar.. 252 dern. al., mod. L. 26 juin 1919. — Cons. d'Et., 25 février 1928, Clouet, Leb. chr., p. 276; la séparation comme le divorce « aux torts respectifs » est réputée l'être contre la femme; et un remariage avec l'ancien conjoint, contracté moins de deux ans avant la cessation de l'activité de celui-ci, ne le ferait point, à défaut d'enfant, renaître pour la femme : Cons. d'Et., 12 juillet 1932, Cribier, p. 746. Il allait de soi dans ces conditions, nonobstant le défaut de précision de la loi, par argument des al. 2 et 3 de l'art. 26, que la femme divorcée se remariant ou redevenue veuve à la suite de cette nouvelle union, ne pût réclamer pension ni rente du chef de son nouveau conjoint, et, si elle en était titulaire, y perdît titre du jour de ce nouveau mariage; néanmoins, par l'art. 27, reproduction de l'art. 18 al. 1 L. 31 mars 1919, *suprà*, n° 355, elle est admise (à moins que le nouveau mari ne soit un étranger) à demander, à l'expiration de l'année suivant le convol, le versement immédiat d'un capital représentant trois annuités de la pension (art. 6 D. 2 septembre 1924). — De l'inhabilité par divorce il y a lieu de rapprocher celle résultant de perte de la nationalité, de déchéance de la puissance paternelle (4 janvier 1928, Manca , p. 20), de condamnation à une peine afflictive ou infamante:

État des enfants : des termes « enfants auxquels sont dus des aliments » de l'art. 2 D. mars 1921, et de ce fait que seule la « veuve », la mère légitime, a droit à pension (Rapp. H. Bérenger, Sén., 29 novembre 1923), il résulte qu'un enfant naturel non reconnu ne sauvegarderait pas le droit de réversion de sa mère : 10 janvier 1931, Perrier. p. 35; et non plus, par analogie de solutions reçues au sujet de la loi du 30 mars 1929, un enfant né postérieurement à l'admission du mari à la retraite : 18 février 1931, Périn, p. 188.

875. — *C.* La quotité de la pension de réversion est très simplement, sur une demande de la veuve (5 juin 1929, Aguillon, p. 550), fixée à la 1/2 de celle d'ancienneté ou d'invalidité obtenue par le mari ou susceptible de lui être allouée au jour de son décès. La réalité de celle-ci est condition substantielle, tout droit à obtenir réversion ou établissement à son profit d'une proposition de pension manquant à la veuve, là où le mari avait perdu les siens éventuels ou ne les avait pas retrouvés, nonobstant l'application d'une loi d'amnistie, par une remise en activité : Cons. d'Et., 25 juin 1924, Barthe de Sandfort, Leb. chr., p. 598. — Il est à cet égard incontestable que, du point de vue de l'application des art. 23 et 48 de la loi de 1924, faute d'une référence nécessaire et expresse à l'art. 94, la règle de quotité, la proportion de 50 % entre la pension de la veuve et celle du fonctionnaire ou du militaire selon les al. 2 et 3 de l'art. 2, ne s'applique point à la veuve dont les droits se sont ouverts postérieurement au 17 avril 1924, mais dont le mari était titulaire de pension concédée antérieurement et revisée en vertu des art. 92 sv. de ladite loi : 23 novembre 1928, Renard, p. 1222.

Dans ces limites le parallélisme est demeuré entier jusqu'au 4e D.-L. 16 juillet 1935 : celui-ci, au cas d'une femme retraitée elle-même, veuve d'un fonctionnaire décédé en activité de service ou à la retraite, a ajouté à celui du 30 juin sur le cumul des pensions, interdit en l'espèce cumul des pensions d'ancienneté et de réversion, et ordonné, pour la mise en œuvre de cette prohibition le service de la « seule... pension du montant le plus élevé »; il a été complété à son tour, atténué, dans celui du 8 août (*Duv.*, p. 490), par le minimum de 8.000 francs assuré de façon générale aux intéressés et l'admission « transitoire et nonobstant la limitation ci-dessus » des veuves titulaires, le 17 juillet, d'une pension personnelle fondée sur la durée des services et de droits à une pension de réversion antérieurs à cette date, à recevoir, en sus de la pension principale, le 1/3 du montant de la pension la plus élevée.

876. — La liquidation des droits est, le cas échéant, pour les veuves recherchant l'application des art. 21 et 22 de la loi, sujette de toutes ses garanties, telle la convocation d'une commission de réforme : 18 novembre 1932, Benedittini, p. 975, — et des règles, telle la demande dans les délais à l'autorité compétente : 15 février 1928, Estine ; 2 août, Colas, p. 244, 1013; tel le versement rétroactif des retenues selon l'art. 10 de la loi et dans le délai réglementaire (art. 2 D. 2 septembre 1924) : 28 mars 1928, Massoni, p. 471; — tels et telles aussi les chiffres établis comme maximum d'annuités et minimum : 16 mai 1928, Le Gros. p. 636, et les modalités reçues pour la plus favorable computation des services et le calcul du traitement moyen : 13 mars 1929, Saonsole; 25 juillet, Schons, p. 306, 866; 4 décembre 1930, Dupuis, p. 1025. De pareille quotité et de la liquidation d'après ces bases l'effet apparaît au cas de révision de la pension : Cons. d'Et., 12 novembre 1927, Dubujadoux, Leb. chr., p. 1059. Bénéfice limité, parce que révision restreinte aux pensions d'ancienneté : 7 janvier 1927, Rapilly; 2 mars. Marteau; 11 mars, Bouvard; 27 mai, Roustau; 4 juin, Barticcioni, p. 36, 275, 324, 625, 670; 12 mars 1930, Le Rozec. p. 281; 29 avril 1931, Amen, p. 453. Des termes mêmes du titre VI de la loi de 1924, relatifs aux retraites déjà concédées, ressort, en effet, ce trait pour la révision prévue aux art. 92 et sv. des appliquer uniquement aux pensions analogues à celles dont la concession est pour l'avenir réglée par les titres précédents, et de ceux de l'art. 50 la dépendance des droits à pension des ayants cause des militaires et marins titulaires d'une pension d'invalidité ou décédés en activité des suites de blessures ou de maladies aggravées ou contractées en service de la législation spéciale sur les pensions d'invalidité.

877. — *D.* La loi, dont les dispositions et surtout l'interprétation fondent ces solutions, a formulé elle-même l'hypothèse, souvent vérifiée, de veuves se remariant avec fonctionnaires ou militaires ayant eux-mêmes droit à pension. « En aucun cas et sous aucune forme, fut-il déclaré dans les travaux préparatoires (Mauger, Sén., 12 décembre 1923; d'accord avec le gouvernement [Maginot], *J. off.*, Déb. parl., p. 1846), le droit au maintien de la pension provenant d'un blessé de guerre, prévu en faveur de la femme qui se remarie avec un titulaire d'une pension ne peut, à aucun titre, être considéré comme un cumul ». L'art. 62 al. 3 de la loi y répondit par l'interdiction « en aucun cas, et pour quelque cause que ce soit » du cumul de deux pensions de réversion « au titre de la présente loi »; l'expression était embarrassée : sa portée ne faisait point difficulté, quant au temps, s'agissant de la reconnaître également applicable aux pensions de reversion au titre de l'art. 94 et aux pensions nouvelles concédées après le 17 avril 1924; ni en soi, aux fins de la déclarer inapplicable au cas d'un double droit à pension né du décès du même mari, ancien militaire de carrière à pension proportionnelle ou d'ancienneté, devenu fonctionnaire civil et ayant acquis droit à pension civile par application de l'art. 13 al. 2 ; mais, au sujet de deux pensions de réversion, des services militaires et des services civils du chef de deux maris (Cf. 29 novembre 1933, Conan, p. 1108), la question surgit de l'autorité à assigner respectivement aux al. 3 et 4 de l'article : l'al. 4, lequel réédite la disposition antérieure de l'art. 40 L. 30 décembre 1913, n'eut pour but et n'a de sens que celui de faire réserve des dispositions spéciales et expresses, autorisant et réglant le cumul au-delà du maximum fixé avec une autre pension, comme paraît être (Cf. Circ. min. pensions, n° 0493/Ad, 16 novembre 1931, Flutel, *loc. cit*, 1er Additif, n° 137 *bis*, p. 4) l'art. 33 L. 7 août 1913 autorisant à prétendre pension sur l'ensemble des services du *de cujus* les ayants cause d'un militaire devenu fonctionnaire d'une administration à emplois réservés aux anciens militaires titulaires d'une pension proportionnelle; ce point acquis, il devenait plus aisé, et il apparaissait légitime, de cantonner l'al. 3 comme une règle nouvelle, prohibitive du cumul particulier de deux pensions de réversion, et, pour autant, de le cantonner et mettre à l'abri des dispositions du suivant : Cons. d'Et., 25 février 1927, Lambert-Rochel, p. 263, S. 1927.3 39, D. hebd., p. 228.

C. *Les majorations pour enfants.*

878. — *A.* De l'ensemble des dispositions, et spécialement de l'art. 2 de la loi de 1924, les titulaires de pensions d'ancienneté et leurs ayants cause tenaient un droit à la majoration pour enfants élevés jusqu'à l'âge de 16 ans : Cons. d'Et., 5 novembre 1930, Bourmalatz, Leb. chr., p. 898. Droit exclusif pour cette seule catégorie de pensions : 7 décembre 1927, Delabrousse, p. 1174; — *a contr.* 4 août 1928, de Bordenave d'Abère, p. 1003; — 19 juin 1931, Duveau, p. 672; dispositions non rétroactives, en ce sens que le bénéfice n'en pouvait être étendu aux retraites d'avant leur date, ni aux pensions dont la révision se devait effectuer d'après les traitements et soldes d'avant la promulgation de la loi : 23 février 1927, Dumortier; 2 août, Colin, p. 245, 309. Ainsi en fut-il jusqu'à celle du 16 juillet 1927, dont l'art. 7 étendit, avec effet du 1er août 1926, l'avantage de cette majoration aux veuves dont le droit à pension s'était ouvert avant le 17 avril 1924 et auxquelles avaient été appliquées les règles de liquidation fixées par la loi de 1924 : 7 mai 1931, Mendec; 13 mai, Pasteur; 18 décembre, Quintin, p. 499, 527, 1133; or, la chronologie était en la matière si strictement entendue que, se fût-il agi d'une pension non concédée le 17 avril 1924, l'application à sa liquidation des règles de la loi du 14 avril n'eût pas été une circonstance propre à ouvrir à une requérante dont le droit s'était antérieurement ouvert le bénéfice de la majoration pour enfants : 18 décembre 1931, Quintin, précité; — 17 mars 1932, Kerjean, p. 334; par contre, la loi de 1927 promulguée, les pensions de réversion revisées par application de l'art 94 L. 1924 furent réputées donner aux veuves titulaires les mêmes droits aux majorations « de 10 et 5 % des pensions temporaires d'orphelins ou des indemnités pour charges de famille » que celles concédées en vertu de l'art. 23 L. 14 avril 1924 mod. art. 40 L. 30 mars 1929 : 18 décembre 1931, Le Goff, p. 1134, ou plus tard de l'art 68 L. 27 décembre 1927 : 18 décembre 1931, Bizien, p. 1135; — 27 janvier 1932, Guillemot; 10 février, Le Baill, Bozec et Bourhis; 12 juillet, Laouenan et Masson; 13 juillet, Mac Auliffe; 14 décembre, Le Thomas, p. 107, 159, 717, 727, 1079 et Table, p. 1368; — 26 janvier 1933. Nedelleci. Gahagnon, Jégou; 7 avril, Salaun; 31 mai, Laé, p. 120, 443, 594. Le point de départ des majorations variait, quant aux pensions revisées, — 1er août 1926, 1er janvier 1928, — selon que l'article de loi ou la loi venait en cause : 17 mars 1932, Le Meur, p. 334; pour toutes le principe était établi.

879. — *B.* L'art. 40 L. 30 mars 1929 n'a modifié que la base de liquidation : la pension de veuve, au lieu d'être, comme sous l'empire initial de l'art. 23 L. 14 avril, complété par l'art. 4 D. 2 septembre 1924, calculée simplement d'après la pension principale — d'ancienneté — du mari. l'est sur cette pension telle que le mari l'a ou l'eût obtenue à son décès, selon les règles générales des trois premiers et dans la limite fixée au dernier des alinéas de l'art. 2 de la loi : Cons. d'Et., 19 décembre 1929, Broni, Leb. chr., p. 1137; — 9 décembre 1931, Leaulier, p. 1095 : — 1er juin 1932, Nemausal, p. 534. — Rpr. 27 juin 1931, Bochet; 15 juillet, Lajus, p. 668, 769; — 17 février 1932, Lehrer, p. 195, compte tenu de la majoration pour trois ou plus de trois enfants élevés jusqu'à l'âge de seize ans (elle-même réservée, art. 2 al. 3 L. 1924, aux titulaires des pensions d'ancienneté). Envisagée en soi, la majoration pour enfants apparaît et reste élément de la pension, proportionnel au montant de la pension principale, inséparable dans la liquidation de ce principal, donc soumis aux réductions et pourcentages telles et tels qu'à 70 % du relèvement des pensions concédées l'art. 68 L. 27 décembre 1927 en décide : 4 février 1931, Raffray, p. 131. — Le lendemain du décès du mari, dès lors qu'il est postérieur au 2 avril 1929, marque, en règle, pour la veuve l'ouverture du droit à réversion et le point de départ des majorations: Cons. d'Et., 17 mars 1932, Malcoste; 29 juin, Jacq, Jegou, Leb. chr., p. 333, Table. p. 1368; celui-ci est, par contre, si la condition des trois enfants ou plus n'est réalisée que postérieurement à ce jour, reportée à celui où elle est remplie : 7 avril 1933, Salaun; 31 mai, Laé, p. 443, 594. — Cf. sur la procédure, les demandes et justifications à produire, Instr. min. fin. 23 mai 1929, Canal, *op. cit.*, p. 218. En tout cas, dans la ligne générale de la loi, le bénéfice des majorations prévues par l'al. 4 de l'art. 2 ne saurait en aucune éventualité ni manière (V. les arrêts rappelés *in* m⁴⁰), porter la pension au-delà de son maximum légal (autrefois 3/4; dorénavant 60 % du traitement ou solde moyen); il s'ensuit (arrêt Broni) qu'au cas d'égalité de la pension du mari à l'un des maxima légaux sans qu'il ait été fait état des majorations de l'al. 4. la veuve, parce que l'art. 23 la réduit à ne pouvoir prétendre au-delà de la 1/2 de cette pension, est sans intérêt pour demander la prise en compte des majorations dans sa liquidation : Cf. les arrêts Salaun et Laé, précités.

880. — La condition, du côté des veuves, est qu'elles soient mères des enfants donnant droit à ces majorations : Cons. d'Et., 11 mai 1932, Penot; 12 juillet, Le Gallou, Leb. chr., p. 478. 718. C'est dire qu'il ne peut être fait état pour ou par elles d'enfants issus d'un autre lit du mari ou d'elles-mêmes : très logiquement ou équitablement, les majorations pour enfants ne souffrent point d'être mises sur le pied des indemnités pour charges de famille, que la législation a autorisé un fonctionnaire à obtenir pendant le temps de son activité et à conserver lors de sa mise à la retraite pour trois enfants à sa charge, qu'ils soient ou non les siens : 4 février 1927, Aufan; 3 juin, Marqnié, p. 159. 649, alors même que l'enfant du premier lit encore à sa charge percevrait une majoration de la pension militaire du 31 mars 1919 : 27 novembre 1931, Orlac, p. 1035. Et c'est fournir raison à la règle consistant à considérer isolément pour l'attribution éventuelle de la majoration chaque groupe d'orphelins; or, cette règle combinée à cette autre, implicite et certaine, que chaque « groupe » doit comprendre ou avoir compris au moins trois enfants âgés de plus de seize ans, engendre dans les cas mettant en présence, soit une veuve et des enfants d'une autre union, soit des orphelins de lits différents, le calcul de la majoration : par chaque groupe $\frac{10\ \%}{2}$ de la pension principale du mari (ou du père), et pour chaque femme à compter du quatrième, majoration supplémentaire de $\frac{5\ \%}{2}$. Reste l'impossibilité pour cette majoration ou ces majorations, en s'ajoutant à la pension ou aux pensions, de les porter au-delà de la 1/2 du dernier traitement d'activité (art 63 L. 27 décembre 1927), et aussi la mise en application opportune, le cas échéant, de l'art. 68 ou 69 de la même loi.

881. — *C.* La nature et le régime des majorations expliquent sans qu'il soit besoin d'y insister leur sujétion au précepte des avantages *non bis in idem*, du chef d'un même enfant de plus de 16 et de moins de 21 ans, le non-cumul de la majoration pour enfants et de la pension temporaire d'orphelins de 10 %, la nécessité d'une option entre l'une ou l'autre. Cependant il est utile de faire réserve et explication de quelques situations fréquentes, sinon banales à celle de conjoints, père et mère, l'un et l'autre pensionnés [Cf. au surplus, au sujet des femmes fonctionnaires, de leur droit à une bonification d'âge et d'ancienneté pour chacun de leurs enfants, et de l'application de l'art. 18 L. 1924, même au cas de pensions proportionnelles : 16 octobre 1929, Surreau. p. 901; — 24 janvier 1930, Candeley. p. 109; — 19 février 1932, Grésillon. p. 519]. La suspension de la majoration concédée à la mère, motif pris de la jouissance appartenant déjà au père à raison de leurs enfants communs, irait à l'encontre de l'art. 2 al. 4 de la loi de 1924, lequel n'a formulé aucune dérogation ni restriction à la règle : Cons. d'Et., 24 octobre 1930, Chanticlaire, Leb. chr., p. 863, S. 30.3.121 avec note P. L., D. hebd., 31, p. 25.

II. — *Les pensions temporaires d'orphelins.*

882. — *A.* La loi de 1853 ne leur reconnaissait qu'au cas de décès, de déchéance des droits ou d'inhabileté de la mère à recueillir la pension, le bénéfice d'un secours annuel : Cf. art. 13; D. 9-14 novembre 1853, art. 34; — Cons. d'Et., 21 juin 1855, Maussion de Candé, Leb. chr., p. 451, S. 56.2.63, D. 56 3.11), lequel fut transformé en pension temporaire par l'art. 50 al. 2 L. 28 avril 1893. Cette législation réalisait sur le droit antérieur, tel qu'il avait été fixé par l'art. 21 Ord. 1825, ce progrès de leur attribuer et répartir la pension par parts, disparaissant chacune lorsque, tour à tour, ils avaient seize ans accomplis; et ce fut grande œuvre du Conseil d'Etat, sur le thème juste du secours accordé aux orphelins comme forme de pension et de la pension pour continuation de traitement, que d'en imposer (contra : Avis sect. fin. 4 janvier 1881) le caractère général et le bénéfice au profit de tous orphelins, même de ceux laissés par une femme fonctionnaire : Concl. Gomel, 3 mars 1882, Rigaud, Leb. chr., p. 224, S. 84.3.13, D. 83.3.65. L'idée de pension, de droit à pension pour les orphelins mineurs d'un fonctionnaire prit, de la sorte, peu à peu racine : Cf. art. 44 L. 13 avril 1896 mod. art. 5 L. 30 décembre 1913; — Cons. d'Et., 12 mars 1924, Chavanier, p. 292. L'art. 23 al. 3-6 y a donné figure par l'attribution à chaque orphelin jusqu'à sa majorité (sans réversion) d'une pension temporaire, le maintien de celle-ci à partir du deuxième (comme en l'art. 19 L. 31 mars 1919) au cas de décès ou d'inhabileté de la mère à obtenir pension, son infériorité impossible aux indemnités pour charges de famille du père et sa réduction temporaire si elle venait, ensemble celle de la mère, à dépasser celle du père (éventualité se réalisant seulement si le nombre des orphelins dépasse cinq), la parité enfin des enfants légitimes et naturels (à cela près que la condition est l'antériorité, pour les uns, du mariage des parents et, pour les autres, de leur conception à l'admission à la retraite et à la cessation d'activité du père : 29 novembre 1929, Admiral, p. 1059).

883. — B. Le système et ses proportions dépendent, de la sorte, de la condition de la mère; les schémas donnés par l'Instr. min. fin. 12 octobre 1924, Flutet, p. 71 ; Canal, p. 167, demandent à être rectifiés à propos des indemnités de charges de famille.

Mère vivante et capable : pension temporaire, pour les orphelins, de 10 % de celle obtenue par le père ; pour six orphelins ou davantage, réduction de cette quotité de 10 %, étant admis que la majorité advenant successivement des aînés grossira proportionnellement, jusqu'au maximum de 10 %, la part des autres;

Mère prédécédée ou inhabile ou déchue : transfert, ou dès le principe, ou à partir du dernier terme qui lui fut payé, des droits de la veuve, et attribution de 10 % aux enfants mineurs jusqu'à leur majorité, mais seulement « à partir du deuxième » : ainsi la formule de la loi qu'éclaire la proportion suivante : 50 % étant la 1/2 de la pension principale du père, abstraction faite de la majoration pour enfants :

$$\text{Pour 2 orphelins } \frac{50\ \% + 10\ \%}{2} = 30\ \%.$$

$$\text{Pour 3 orphelins } \frac{50\ \% + 10\ \% \times 2}{3} = 23{,}33\ \%.$$

La prise en considération par la loi des indemnités pour charges de famille que le père eût touchées s'il était vivant, à l'effet d'en faire le minimum des pensions attribuées aux enfants, implique la comparaison des unes et des autres, sur la base du D. 16 juillet 1935 pour les indemnités et des al. 3 ou 4 de l'art. 23 pour les pensions ; ce rapprochement, d'ailleurs, s'arrête à un certain étiage, à raison de cette discordance dans le régime d'attribution des indemnités cessant, en règle, à 16 ans (art. 4 L. 28 décembre 1923) et du bénéfice de la pension continué jusqu'à la majorité, qui rend nécessaire l'application de deux taux (jusqu'à 16 ans et de 16 à 21 ans) pour la pension temporaire, des mentions sur les livrets et, au moment des paiements, des souscriptions de certificats par les tuteurs.

884. — Il est affecté aussi par la pluralité de mariages antérieurs : le concours d'une veuve et d'orphelins issus d'un autre lit donne lieu, par application de l'art. 24 al. 1, à l'attribution régulière à la veuve de 50 % et à chacun des orphelins, légitimes et naturels étant assimilés, de 10 %, avec maximum pour eux tous de la pension qui a ou aurait été attribuée au père ; — celui d'orphelins mineurs de deux ou trois lits, à défaut de veuve, d'après l'al. 2 du même article, au partage par parties égales entre chaque groupe de la pension principale qui eût été dévolue à la mère et à la concession de la pension temporaire de 10 %, seulement à partir du deuxième orphelin de chacun des lits ; soit pour 3 mineurs du premier et 2 du second lit : 1er groupe 25 % + 10 % × 2 = 45 % ; 2e groupe 25 % + 10 % = 35 % de la pension principale du père.

885. — Les transformations de l'état social en changent parfois les données; l'art. 25 de la loi de 1924 en porte la trace par ses prévisions sur le décès de la femme fonctionnaire ou employée : s'il est dans la ligne des conceptions traditionnelles qu'il n'ouvre pas un droit à pension au mari, il était de justice, et par une sorte de réciprocité ou de développement de certaines dispositions comme celle de l'art. 18 sur les bonifications (*supra*), qu'il fît un autre sort aux enfants. La jurisprudence du Conseil d'Etat avait montré la voie : de deux cas l'un, ou bien le père est aussi décédé, et c'est application de l'art. 23, mutation aux enfants de la pension que la mère aurait obtenue ou pu obtenir, et allocation à chacun à partir du deuxième de la pension temporaire de 10 % ; ou bien il est encore vivant, et c'est disposition de l'art. 25 al. 2, réduction des mineurs, parce que le père doit les entretenir, à la pension temporaire de 10 % du montant de celle attribuée ou susceptible de l'être à la mère, sauf, en cas de décès ultérieur du père, le rétablissement des orphelins dans les droits des art. 23 al. 4 et 25 al. 1.

En tout cas deux limites sortent effet : l'égalité de la pension des orphelins au montant des indemnités dans les conditions fixées à l'art. 5 du règl. adm. publ. 2 septembre 1914; le non-cumul, conformément à l'art. 62 al. 3 de la loi, pour les orphelins, si le père et la mère étaient tous deux fonctionnaires, de la réversion des droits de l'un et de l'autre, entre lesquels, par suite, le représentant légal des mineurs devra faire option.

TITRE IV

LES PENSIONS SOUMISES
A UN RÉGIME LÉGISLATIF SPÉCIAL

886. — A. La rubrique est imprécise par la fatalité même pesant sur elle de correspondre, non certes à une nomenclature qui les épuiserait, mais à une énonciation quelque peu arbitraire de toute une série de pensions n'ayant guère donné lieu à jurisprudence, nées de caprices législatifs ou persistantes des régimes politiques successifs, plusieurs disparues déjà et la plupart en voie de s'éteindre.

887. — a) Certaines furent soumises à un régime législatif propre, celles notamment :

Des agents des anciennes listes civiles : LL. 28 juin 1833; 8 juillet 1852; DD. 13 et 15 juin 1853;

Des anciens employés du gouvernement sarde : D. 21 novembre-10 décembre 1860, — réduit, d'ailleurs, en sa portée par la façon juridiquement très sûre de traiter comme ayant été toujours au service de la France les fonctionnaires dont les services n'étaient point rémunérables par la loi sarde ou le furent plus tard en France : Rpr. Cons. d'Et., 26 janvier 1877, Rosnoblet, Leb. chr., p. 108; Av. Cons. d'Et., sect. fin. 12 juillet 1880 et 29 mars 1882 ;

Des fonctionnaires révoqués pour raisons politiques en 1851, réintégrés sur leur demande dans leurs titres et droits, et sans obligation de versement de retenues (24 janvier 1879, Michelet, D. 79.3.44), par D. 12-14 septembre 1870 : Cf. Cons. d'Et., 17 février 1888, Singuerlet, p. 164, S. 90.3.9, D. 89.3.51;

Des magistrats non maintenus en fonctions à la suite de la réforme judiciaire du 30 août 1883, art. 12, — le terme de magistrats étant pris au sens générique et convenable aussi pour les commis greffiers : Cons. d'Et., 3 juillet 1885, Dieupart, p. 646, S. 87.3.17, D. 87.3.23;

Des titulaires de fonctions incompatibles avec le mandat législatif élus au Parlement. L'idée de leur maintenir les droits acquis à pension semble n'avoir point fait difficulté; la discussion porta plutôt, après le vote et sous l'empire de l'art. 10 L. 30 novembre 1875, sur l'éventuelle vocation des tributaires (ministres, préfets et sous-préfets, membres du Conseil d'Etat) de la loi des 3-22 août 1790 et du décret du 13 septembre 1806 au bénéfice de cette disposition (Rapp. Krantz, Ch. dép., J. off., Doc. parl., 1896, p. 957) : l'application de la loi du 30 novembre 1875 aurait abouti à faire allouer à un fonctionnaire élu député après vingt ans de services une pension supérieure à celle qu'il eût obtenue en continuant sa carrière pendant dix années; de là, un procédé de rémunération des services proportionnelle à leur durée, un système de pension exceptionnelle enchâssé dans l'art. 10 de la loi organique, formulé d'abord par l'art. 29 L. 29 mars 1897, fixé en dernier lieu par l'art. 41 L. 30 décembre 1913 : « Tout fonctionnaire qui réunit vingt ans de services à l'époque de l'acceptation du mandat de sénateur ou de député pourra, dès qu'il aura atteint sa 50e année, obtenir une pension exceptionnelle... : 1° si l'intéressé était soumis aux dispositions de la loi du 9 juin 1853, conformément à l'art. 12 § 3 de cette loi; 2° s'il était régi par la loi du 22 août 1790 (Delpech, *Code admin.*, p. 875, note 2), à raison pour chaque année de service de 1/30 de la pension qui lui aurait été acquise après 30 ans de services; 3° s'il était placé sous le régime des lois des 11 et 18 avril 1831, à raison pour chaque année de service effectif et de campagne de 1/30 ou 1/25 du minimum de la pension d'ancienneté afférente au grade dont il était titulaire au jour de l'acceptation de son mandat. Toutefois, si la durée totale des services, campagnes comprises, dépasse trente ou vingt-cinq ans, l'excédent sera liquidé sur le pied de 1/20 par an de la différence entre le maximum et le minimum. — L'art. 19 des lois des 11 et 18 avril 1831 n'est pas applicable à la pension concédée en vertu de l'alinéa précédent, sauf le droit pour la veuve de se prévaloir des dispositions de l'art. 44 L. 13 avril 1898 ». Cf. art. 223 L. fin. 13 juillet 1925, *ib.*, p. 813.

888. — *b*) Plusieurs se ressemblent, parce que sur fonds généraux et hors le régime des retenues, et pour la plupart non réversibles ; mais elles sont de causes diverses, entre autres celles :

De rémunération d'anciens services, pour les grands fonctionnaires de l'Etat, L. 11 septembre 1807, abrog. 31 janvier 1832 ; L. 17 juillet 1856, abrog. 16 septembre 1871, — ou de soutien de dignités, pour les anciens pairs de France dont la fortune n'était pas en rapport avec la situation politique, L. 28 mai 1829, ou les membres du Sénat impérial, Ord. 4 juin 1814 ; L. fin. 28 mai 1820 ; Règl. Assemblée, 24 juin 1856 ;

D'indemnité ou de récompense nationale, — ou bien collective, de taux variable, ordinairement indemne des prohibitions du cumul, et réversible au-delà de la mesure commune, — ou bien individuelle, par lois ou décrets ayant, tantôt conditionné spécialement, tantôt refusé de manière expresse ou tacite, tantôt ramené aux règles de la loi de 1853, le droit de réversion. — Les pensions aux victimes du coup d'Etat du 2 décembre 1851 et de la loi de sûreté générale du 27 février 1858 en furent apparemment la plus récente et caractéristique espèce : Cf. L. 30 juillet 1881, et l'interprétation très harmonique, dans le silence du texte, moins complet de ce chef que ne l'avaient été les lois de 1831 et 1853 ou celle du 13 juin 1850 (blessés des journées de mai et juin 1848) touchant le convol des veuves ou le concours de la veuve et des enfants d'un précédent mariage du pensionné, par le Conseil d'Etat, 5 février 1897, Thomas, Leb. chr., p. 93, S. 99.3.19, D. 98.3.55 ; — 24 janvier 1890, Beauvoir, p. 65, S. 92.3.52, D. 91.3.67.

889. — *B.* Elle prend, à tous égards, plus de sens et de substance, dès lors qu'elle sert à masser, à défaut de l'ensemble, les plus importantes des pensions servies sur les fonds de caisses des retraites spéciales. Dans ces limites plusieurs aussi n'offrent guère plus qu'un intérêt rétrospectif : caisse générale des retraites ecclésiastiques, instituée par le D. 28 juin 1853 ; fonds des pensions ecclésiastiques sardes, dues en vertu de la L. 20 mai 1855 et de la convention internationale du 23 août 1860...

Certaines sont, strictement parlant, hors le domaine des pensions d'Etat ou des personnes administratives publiques :

Caisse des employés et ouvriers de l'Imprimerie nationale, originellement réglementée par Ord. 20 août 1824, tour à tour mod. DD. 24 janvier 1860, 21 mars 1873, 7 décembre 1878, 18 juin 1895, et en dernier lieu L. 29 juin 1927 (*Duv.*, p. 302), mod. art. 39 L. fin. 30 mars 1929, *ib.*, p. 205 ; L. 3 avril 1931, *ib.*, p. 141 ; D. 10 octobre 1930, *J. off.* 11 octobre, p. 11587.

Caisses des retraites des employés du Sénat et de la Chambre des députés : l'une, instituée sous le second Empire par règlement du Sénat 24 juin 1856, supprimée par L. 15 juin 1872 qui en fit passer l'actif à l'Etat, et depuis lors régie par Règl. Sén. 19 novembre 1876 ; l'autre, fondée par un arrêté, 7 décembre 1807, du conseil général d'administration du Corps législatif, réglementée dans la suite par des arrêtés du président dans les attributions duquel de 1852 à 1870 on passa l'administration, et ne devant plus présentement être modifiée que par résolutions émanant de la Chambre elle-même.

Quelques-unes sont d'établissements artistiques, financiers ou commerciaux, subventionnés ou surveillés par l'Etat : Caisse de l'Opéra (D. 17 février 1900, Arr. minist. 2 août 1901. — Cf. sur la combinaison de textes antérieurs les observ. min. fin. s. Cons. d'Et., 30 mai 1884, Boivin, Leb. chr., p. 471), — de l'Opéra-Comique (D. 24 décembre 1900, mod. 3 février 1902) ou du Théâtre français (DD. 15 octobre 1812 (« décret de Moscou »)..., 6 juillet 1877, 5 novembre 1901...; Bavelier, *Tr. des pens. civ. et milit.*, 1886, t. 1, n° 252, p. 372) ; dont la réglementation ne saurait, à peine de nullité (Cons. d'Et., 25 novembre 1852, Ligier, p. 951, S. 53.2.364), être complétée ou changée par des conventions insérées dans les engagements ;

Caisse des retraites des employés du Crédit foncier de France (Délib. cons. d'admin., 26 décembre 1860, 19 novembre 1873, 28 février 1873, 27 décembre 1883) ;

Ou des employés et ouvriers de la Banque de France (L. 22 avril 1806, art. 24 ; — Régl. intér. 12 octobre 1882), étant ici rappelée la compétence du Conseil d'Etat pour décider « sur le rapport du ministre des finances » les contestations en matière de pensions, Laferrière, t. II, p. 238 : compétence juridictionnelle, Aucoc, *Confér. sur le dr. admin.*, t. I, n° 365 *m f.*, p. 661 ; quelque peu singulière sans doute au regard d'un établissement qui ne constitue pas un service public, mais explicable par les desseins ou les tendances du législateur de 1806, impliquée par les expressions mêmes de l'art. 21 (contestations, condamnations), ne s'accordant guère qu'avec le recours contentieux, dont, au surplus, le ministre des finances ne pourrait prendre l'initiative que si des intérêts publics étaient en cause. Cf. sur l'exemple, apparemment unique, de pareilles contestations, Cons. d'Et., 9 décembre 1883, Doisy de Villargennes, Leb. chr., p. 152, S. 85.3 4, D. 84.3.100, — et sur les recours des agents contre les mesures prises par l'administration de la Banque, note H. Capitant s. Cons. d'Et., 17 juillet 1925, Assoc. amic. du pers. de la B. de Fr., D. 1926.3.9.

CHAPITRE I

LES PENSIONS COLONIALES.

890. — L'art. 71 L. 14 avril 1924 entendit y pourvoir par un régime plus satisfaisant aux personnels intéressés que celui essayé par la masse des dispositions antérieures, à la seule exception sans doute du statut des pensions à forme militaire selon les lois des 11 et 18 avril 1831 : aux combinaisons financières mises en vigueur dans les diverses colonies, les unes prospères parce qu'anciennes (Indochine), les autres de moindre fortune et parfois déficitaires (Afrique équatoriale française), le but était de substituer une organisation unique, basée sur une solidarité du monde colonial et garantissant les fonctionnaires passant d'une colonie dans une autre contre la perte du bénéfice des années de service jusqu'alors faits. Cf. Amend. Georges Barthélemy et G. Boussenot, Ch. dép., 14 juin 1923, *J. off.*, Déb. parl., p. 2497. Aussi bien le domaine d'application du texte est-il ouvert et circonscrit aux fonctionnaires coloniaux des services locaux, hormis les fonctionnaires coloniaux des services d'Etat.

891. — Le plan des choses fut lent à équilibrer, même à édifier. — Au commencement est l'art. 24 L. 18 avril 1831, par lequel les fonctionnaires coloniaux relevant directement de la marine et des colonies furent mis au régime des pensions militaires, et les autres de pensions civiles majorées dans les conditions ultérieurement fixées par l'art. 10 al. 1-3 L. 9 juin 1853. L'assimilation aux membres de l'armée de mer des ayants droit aux pensions à forme militaire, calculées uniquement d'après l'emploi au moment de la retraite et sur le pied de tarifs fixés par grades d'assimilation et échelons, devenue très compliquée par la création d'emplois et les modifications de tarifs, fut aidée par le tableau annexé à une loi du 26 juin 1861, plus tard opérée par les décrets organiques, finalement affirmée en l'art. 14 L. 5 août 1879 et spécifiée par D. 27 février 1889, toute modification des conditions et des taux de retraite demeurant interdite, après l'art. 55 L. fin. 25 février 1901, autrement que par voie législative. La multiplication des pensions civiles par la même cause, le développement des services coloniaux, amena le même effet, la nécessité d'assimilations, lesquelles se firent d'abord isolément, puis par groupes, selon D. 13 juillet 1880, d'après la solde, non réelle, mais « de parité d'office » au traitement alloué en France pour des fonctions équivalentes. — Les inégalités et les injustices saillirent en nombre, d'imprécisions, de dénominations différentes dans des services analogues, d'erreurs ou de maladresses par les administrations non susceptibles de recours, de divergences d'interprétation entre les colonies, les finances et le Conseil d'Etat... Entre temps, la loi de fin. 21-22 mars 1885 avait retiré à la Caisse des invalides, qui en avait été chargée (Arr. 11 ventôse an XII), la gestion des pensions militaires de la marine et des colonies ; de son art. 10, admettant dans la liquidation des pensions sur le Trésor public, au même titre que tous autres rendus à l'Etat, les services accomplis dans les administrations civiles des colonies, l'application aux fonctionnaires y rétribués sur le budget des communes fut discutée (Dép. min. mar. au gouvern.

Guyane, 9 mars 1882) et déniée, Rpr. Arr. Cons. d'Et., sect. fin., 1er juillet 1885, l'arrêt 17 janvier 1890, Germain, Leb. chr., p. 28, S. 92.3.46, D. 91.3.61, et, quoi qu'il en paraisse à première lecture, et eu égard aux circonstances de l'espèce, 25 juillet 1890, Simon Simonel, p. 716, S. 92.3.132, D. 92.3.35 : il n'y a de « fonctionnaires rétribués sur les deniers publics » et admis au droit à pension (art. 24 L. 18 avril 1831) que ceux (art. 53 L. 12 nivôse an VI) dont le traitement figure au budget de l'Etat. En conséquence, le droit à pension de l'Etat, dès lors retiré en fait aux fonctionnaires coloniaux ne tenant point de lui leur investiture (Cpr. Arr. des Consuls, 30 vendém. an XI), le fut également — les droits acquis respectés — par l'art. 42 L. fin. 28 décembre 1895 : les retraites considérées comme un prolongement de la solde incombent comme celle-ci aux budgets locaux sur leurs ressources propres. Ce fut la cause institutionnelle de multiples organismes et régimes de pensions : Cf. leurs nomenclature et description dans la 1re pie de la thèse de doct., Paris, 1933, de M. François Albert; les dates, le domaine et les traits essentiels de leur statut valent ici quelques notations.

I. — *Les caisses de prévoyance et de retraites.*

892. — Elles ont été, à des fins de stabilité et de garanties d'existence, pour le personnel des travaux publics, dans les colonies autres que l'Indochine, la Martinique, la Guadeloupe et la Réunion, les premières institutions, sous deux formes successives :

Celle, prévue par D. 2 juin 1899, des primes personnelles, résultant d'une retenue sur les soldes coloniales et d'une subvention égale des budgets locaux, versées à la Caisse des dépôts et consignations à des comptes individuels d'agents. Cf. sur les réclamations suscitées, le rapport d'une commission aux Colonies 13 janvier 1920 et Circ. min. col. aux gouverneurs, 17 août;

Celle, réclamée par les associations des personnels, d'affiliation, soit aux caisses locales de retraites, laquelle allait sans difficulté (Cpr. pour les services de l'agriculture et des trésoreries générales, DD. 1er et 6 août 1921) pour les agents remplissant les conditions d'âge et autres requises par les règlements de ces caisses; — soit pour ceux entrant au service après l'âge d'affiliation ou ne pouvant acquérir le droit réglementaire à pension, celui de la Caisse nationale des retraites : D. 28 février 1923; — les agents soumis au régime des primes ayant été, à titre transitoire, admis, dans les six mois de la promulgation de ce décret, à opter irrévocablement pour le régime, soit de la Caisse nationale avec versement ou réserve de la prime à eux acquise lors de leur affiliation, soit des caisses locales. Les agents des cadres auxiliaires étaient (et sont demeurés, après l'art. 71 L. 14 avril 1924) au régime de la Caisse nationale des retraites, avec réserve de la prime acquise, i. e. tradition à leur compte de la totalité de celle-ci à un établissement financier désigné par eux et agréé par le gouverneur de la colonie.

II. — *Les caisses de pensions locales.*

893. — L'idée remonte assez haut (Cf. Arr. 28 mars 1829 et Ord. 16 avril 1837 pour la Réunion) qu'aux colonies, comme aux départements de la métropole lotis, d'ailleurs, d'une autonomie moins grande, incombe normalement la charge d'assurer les retraites de leurs fonctionnaires, et qu'aux agents coloniaux organisés par arrêtés locaux il appartient de s'adresser aux autorités des colonies qu'au demeurant le sénatus-consulte du 4 juillet 1866 investit d'un plein pouvoir pour organiser les caisses de retraites. En fait, ce régime a toujours existé dans l'Inde, où l'organisa un arrêté du 5 février 1857, approuvé par une dépêche ministérielle du 24 avril suivant; l'art. 43 L. fin. 13 avril 1898 l'introduisit, à la demande de M. Le Myre de Villers en Indochine spécialement, l'élaboration d'un texte commun à toutes les colonies se heurtant à des difficultés diverses, et la préparation ayant paru préférable, pour une seule d'entre elles, d'une caisse dont le décret organique serait susceptible d'être un règlement-type; toujours est-il que le rapporteur (Morel) appuyait sur « les conséquences (qui) ne peuvent être qu'avantageuses pour le budget de la métropole... déchargé des pensions à servir aux fonctionnaires et employés civils coloniaux placés actuellement sous le régime de la loi de 1853 » (S., L. ann. 1898, p. 634, note 68). Cf. sur les caisses locales, Carrière, *Les pensions coloniales*, 1902, p. 159-162. Elles

avaient déjà, et elles ont pris à des dates diverses, leur rôle dans les petites colonies :

894. — A la *Guyane*. — C'est la plus ancienne de toutes les caisses, substituée à celle créée spécialement en 1881 pour la police municipale de Cayenne; instituée et réglée par décis. cons. munici p. 21 novembre 1890; approuvée par D. 20 juin 1893.

A la *Guadeloupe*. — La mise en œuvre du règlement élaboré en 1896 s'étant heurté à des embarras financiers, un nouveau règlement a été approuvé en conseil privé, 29 juillet, et par décret, 29 novembre 1921, celui-ci nécessaire à raison de la gestion des fonds et du service des retraites de la caisse locale par la Caisse des dépôts et consignations (art. 17-23 du règl.), et pour la fixation (C. pr. civ. et Code du trav., art. 61) de la portion saisissable des pensions.

A *Saint-Pierre et Miquelon*. — Le régime des primes, selon les données ailleurs admises pour plusieurs catégories, travaux publics, services civils... du personnel colonial, y a été instauré, D. 5 août 1906 pour le personnel de l'enseignement primaire laïque, et étendu, D. 25 août 1906, aux agents des autres cadres.

A la *Réunion*. — Une combinaison, analogue à celle (Arr. 15 octobre 1904) des *Etablissements français de l'Océanie*, d'affiliation à la Caisse nationale des retraites pour la vieillesse, par constitution de rente et à concurrence d'un maximum de 1.200 francs, par retenue sur la solde coloniale et de congé de chaque employé et contingent du budget local annuellement fixé par le gouverneur, y fut adoptée par le conseil général le 8 septembre 1908.

Aux *Etablissements français de l'Inde*. — L'inscription existait, depuis 1904, au budget local d'un crédit spécial, au titre obligatoire des dettes exigibles, pour les besoins d'une caisse locale de retraites, dont un règlement fut adopté par le conseil général, 16 novembre 1930, et, pour telles dispositions nécessitant concours du pouvoir central (acceptation des dons et legs; cessibilité et saisissabilité des pensions...), approuvé par D. 18 septembre 1911.

A la *Nouvelle-Calédonie*. — La création et le règlement de la caisse, bien après celle et celui d'autres colonies, datent d'une délibération du 15 juin 1918, approuvée par D. 22 juillet 1920, lui-même promulgué par arrêté local du 14 avril 1921. Les agents des cadres permanents, soit des communes soumises au régime des commissions municipales, soit des services municipaux, en peuvent avoir le bénéfice moyennant arrêté du gouverneur rendu, pour les uns sur la proposition de la commission, pour les autres sur délibération du conseil de Nouméa approuvée par le gouverneur.

A la *Côte française des Somalis*. — Un décret du 6 mars 1923 (Dareste, *Rec. de jurisp. et législ. colon.*, 1923, p. 346) a mis une caisse locale des retraites, sur le type des institutions analogues de l'Afrique occidentale ou équatoriale et du Cameroun, à la place de caisses locales d'assistance créées pour le personnel européen (D. 8 janvier 1914) et indigène (D 26 septembre 1914) de cette possession, gérées par la Caisse des dépôts et consignations sans les finalités et les caractères des institutions de retraites.

III. — *Les caisses des gouvernements généraux de colonies.*

895. — A. L'*Indochine* a fourni le prototype. Des avantages supérieurs à ceux du droit antérieur devaient, pour les fonctionnaires et agents qui ne pouvaient prétendre à une retraite de l'Etat ou avaient par option pour le nouveau régime perdu celui de la loi du 9 juin 1853, résulter du D. 5 mai 1898 ; des réclamations suscitées ou soutenues par la représentation parlementaire et l'administration locale amenèrent, avec le D. 6 décembre 1905, l'élévation de l'annuité de liquidation et du taux des pensions proportionnelles ou d'invalidité. L'institution s'ensuivit : de nouvelles ressources; la fixation aussi par D. 7 mai 1919 et le relèvement du % annuel à retenir des traitements pour l'équilibre de la situation financière; enfin dans cet ordre d'idées, à l'occasion de la solde et des accessoires de solde, en vue de l'assujettissement à la retenue, la définition du nouveau supplément colonial qui, dans la réforme des traitements coloniaux, a remplacé la solde coloniale (D. 11 septembre 1920) : une circulaire du département, à raison de sa nature spéciale et de sa quotité variable, d'augment du traitement au cas de service outre-mer, le donna comme devant demeurer hors le calcul des retenues et de la pension; « simple mesure d'ordre intérieur », a dit pour la justifier le D. 23 mars 1923. A la suite de la guerre, et à raison des modifications générales de l'économie, le D. 20 décembre 1931 a élevé les pensions et leurs maxima. Après ou nonobstant de nombreuses modifications de détail, l'organisation tout entière.a été renouvelée par le D. 1er mars 1923 (*ib.*, 1923, p. 358).

De régime analogue est une caisse de pensions civiles indigènes, créée et réorganisée par arrêtés locaux, 15 septembre 1898, 29 décembre 1913. — Une caisse du type primitif, de prévoyance, alimentée uniquement par le budget local, en faveur du personnel des services locaux, non asiatiques et non détachés des administrations métropolitaines (DD. 10 février 1873, 2 juin et 4 juillet 1876) fonctionna de longues années jusqu'à ce que le D. 29 septembre 1887 la supprima. Pareillement des comptes d'assistance fonctionnèrent pour le personnel des services locaux de la Cochinchine (D. 24 juin 1893), de l'Annam, du Tonkin et du Cambodge (D. 4 avril 1894), jusqu'à l'institution (D. 26 février 1898) d'un compte unique, sur la base des réglementations anciennes pour l'ensemble du personnel de l'Indochine, y compris le Laos.

896. — *B. A Madagascar* le D. 22 novembre 1904, dans l'organisation selon les principes de la loi de 1853 de retraites pour les fonctionnaires, employés et agents civils, citoyens français, des divers services locaux et dépendances des cadres réguliers et permanents sans vocation à pension de l'État, a marqué plus de souci que celui du 5 mai 1897 pour l'Indochine de l'équilibre budgétaire : quant à l'annuité de la pension d'ancienneté, la proportion des pensions de veuve ou d'orphelin, non à la solde, mais aux droits acquis du mari ou du père, le rejet des pensions proportionnelles lourdes à la caisse locale, l'application à la caisse, au lieu de l'autonomie financière du régime métropolitain, des institutions de prévoyance..., et plus tard (D. 25 juillet 1919) la subordination à des conditions d'âge de toute nomination devant conduire à pension sur la caisse locale des retraites. — Pour les indigènes existe une caisse locale : D. 1er avril 1921, mod. 2 septembre 1926 (*ib.*, 1926, p. 757) et 5 février 1930; pour les agents engagés par contrat, un fonds de prévoyance : D. 8 mai 1908.

897. — *C. En Afrique occidentale française.* — Les réalisations s'y sont succédé :

a) D'une caisse de prévoyance pour le personnel des services locaux du Soudan français : D. 27 juin 1897, hormis toute perception de retenues, par la continuité et la fructification de versements budgétaires sur une base invariable pour chaque année de service des fonctionnaires ou agents;

b) D'une caisse de prévoyance à base de primes personnelles formées de prélèvements sur la solde et de contributions locales, et de capitalisation forcée à la Caisse des dépôts et consignations pour le personnel des affaires indigènes : Arrêté local 16 mai 1903; D. 6 février 1904, jusqu'à celui du 12 juillet 1912;

c) D'une caisse locale de retraites. La question venue en juin 1911 à l'ordre du jour des travaux de la session du conseil de gouvernement de l'A. O. F. y opposa très fortement les tendances critiques et oppositions (Noufflard-Demaret; Angoulvant-You-Antonetti) : les vues adoptées pour les organisations similaires d'Indochine (base d'évaluation à 1/80e des pensions d'ancienneté; retraite proportionnelle à 15 ans de services; accès de la caisse aux fonctionnaires pouvant prétendre à une pension de l'État et y ayant renoncé...) ou de Madagascar (égalité des versements des participants et de la colonie, des retenues et de l'abondement) s'y trouvèrent combinées à des innovations (accession des indigènes comme des Européens; minima; droits des veuves; ressources propres de la caisse...); le département, à l'approbation duquel elles furent soumises, en écarta plusieurs, principe de la retraite proportionnelle, variation des pensions de veuves selon le nombre des enfants, restitution sous forme de secours gracieux des versements durant les cinq dernières années du mari aux veuves demeurant sans droit à pension... Le projet, remanié par les Colonies, d'accord avec les Finances, soumis en exécution de l'art. 1 Ord. 24 novembre 1839 à la commission de surveillance de la Caisse des dépôts et consignations, y aboutit à la création d'une caisse locale des retraites en A. O. F., par D. 12 juillet 1912, qui a servi de modèle au gouvernement de l'A. E. F.

898. — *D. En Afrique équatoriale française.* — D'apparence, l'œuvre n'y aurait consisté d'abord qu'en des adaptations :

DD. 23 novembre 1904 et 2 mai 1906, pour celles des dispositions prises en A. O. F. touchant une caisse de prévoyance pour le personnel des travaux publics ou des affaires indigènes; D. 23 octobre 1906, après que plusieurs de celles-ci eurent été substituées aux articles du D. 18 janvier 1905; enfin D. 3 décembre 1909 quant aux agents des P. T. T. du cadre local ; — Etant mentionnées, en tant que de besoin, l'existence passagère de caisses de prévoyance, tour à tour organisées pour Libreville (Arr. 5 novembre 1886 et 5 juin 1898) et Brazzaville (1er février 1905 et 15 juin 1911); Bangui (20 janvier 1905) et Fort-Lamy (30 juin 1911), et supprimées par arrêtés, les deux premières, 14 février 1912, et les deux autres, 30 juillet 1913. — Celles instituées par décret ne pouvaient que disparaître, faute d'assujettis, surtout après l'avènement de la caisse locale des retraites de l'A. E. F. : les caisses de prévoyance ne pouvaient plus, dès lors, avoir d'autres tributaires que les fonctionnaires, agents et employés du cadre auxiliaire des travaux publics; néanmoins elles continuèrent jusqu'au 1er novembre 1928 de fonctionner pour les agents n'ayant pas opté pour le régime de cette caisse.

899. — Vint le D. 28 juin 1913, portant création d'une caisse locale en A. E. F. Reproduction apparente (sauf quelques chiffres) de celui du 12 juillet 1912 relatif à l'A. O. F., moins banale dans la réalité des choses : dès décembre 1909, le gouverneur général, invité, comme les autres, à étudier les moyens de retraites en fin de carrière aux fonctionnaires des services locaux et à leurs ayants cause, transmit au département statistiques et suggestions, d'où ressortaient la minimité numérique de l'élément indigène, faute d'aptitude assez accusée encore à la fonction publique, et l'insuffisance, en l'état du climat, de la perspective de pensions seulement après 25 ans de services ou, en raison des moyens financiers, de la réduction des conditions d'âge ou du temps de service...; par quoi était étayée la proposition, en place d'un service de pension directement administré par la colonie, de l'entente avec un établissement français ayant ressources sûres suffisantes à l'exécution des engagements de la colonie. L'idée, qui revenait à la création d'un régime d'assurances contre les risques professionnels, n'était point strictement neuve; agréée en principe par le pouvoir métropolitain (5 juin 1911), elle a fait long feu, primée par celle d'une réglementation analogue pour l'A. E. et l'A. O.; en fait, le projet de l'A. E. F., renvoyé par le ministre à une nouvelle commission nommée le 7 novembre 1912, ne présentait guère que des différences extérieures ou minimes avec le D. 12 juillet 1912 (A. O. F.) touchant le taux du contingent obligatoire annuel de la colonie, la durée des congés, missions et voyages, le pourcentage par catégories (selon la limite d'âge maximum pour l'admission d'office à la retraite des indigènes) du traitement moyen des dernières années...; et il n'y avait guère, d'autre part, que des dispositions d'ordre et de comptabilité, à mettre en harmonie avec la jurisprudence. Le D. 28 juin 1913 fut promulgué en A. E. F. par arrêté du 20 décembre. Un arrêté de la même date (Rpr. Circ. min. 20 décembre) est relatif à l'ouverture dans les écritures des trésoriers-payeurs de l'A. E. F. et au fonctionnement d'un compte des retenues à effectuer au profit de la caisse des retraites des services locaux.

900. — Plusieurs situations saillirent aussitôt ou par la suite :

Celle d'agents ayant accompli en A. E. F. sous le régime du décret un temps de services avant de passer en une autre colonie ou en France. La rémunération de ces services eût pu être trouvée, soit dans le concours, lors de la mise à la retraite, de chacun des fonds de retraites, à concurrence du temps durant lequel l'agent en avait été tributaire, soit dans le versement, au moment du changement de régime et de compte, du capital des retenues subies et des majorations correspondantes du budget local; — et, partant, celle de la compensation de la charge susceptible d'advenir de cette rémunération d'agents ne réunissant pas, sous le régime du décret, le minimum de services alors requis. Aux instructions ou aux demandes de rapports émanant à cet égard du ministère, nulle suite n'avait été fournie, au moment où fut promulgué l'art. 32 de la loi du 30 décembre 1913 sur les pensions civiles, admettant entre autres dispositions « les services rendus après l'âge dans le cadre local des administrations ou colonies... pour l'établissement du droit à pension, pourvu que la durée des services rendus à l'État soit au moins de douze ans dans la partie sédentaire et de dix ans dans la partie active ou dans les services coloniaux » ...et, pour les pensions à forme militaire, ordonnant le calcul

« d'abord... comme si tous les services avaient été rendus à l'Etat », puis le réduisant en raison de la durée des services locaux, en commençant par défalquer les annuités les plus fortes. C'était sans doute un progrès sur le droit antérieur ; cependant une autre situation venait ainsi au jour :

Celle d'un agent passant au service de l'Etat après avoir accompli sous le régime de la caisse locale un temps d'activité insuffisant à le rendre attributaire d'une pension de cette caisse : les années au service des corps locaux régulièrement organisés ne donnaient pas droit à bonification et entraient en compte seulement pour l'établissement du droit à pension, et la perte était réelle pour l'agent des versements effectués au titre des services locaux. Un projet ministériel qui eût quant à ce modifié l'ensemble des actes ayant organisé dans toutes les colonies des caisses de retraites autonomes et recommandait, lors de l'admission à la retraite au compte de l'Etat, la concession, pour la portion des services admissibles accomplis sous le régime de ces caisses, une pension proportionnelle à la durée de ces services et cumulable jusqu'à un certain chiffre (6.000 francs) avec celle perçue du Trésor public, n'aboutit pas ; la lacune ainsi existante a déterminé l'art. 71 L. 14 avril 1924.

901. — La ligne des textes est nette : pour le personnel des cadres locaux européens, remplacement de la caisse locale par l'intercoloniale ; pour l'indigène, art. 88 du Règl., « réglementation des caisses de retraites du personnel... fixée dans les mê nes conditions que celle des caisses locales auxquelles elles se trouvent substituées » ; c'était dire : maintien du D. 28 juin 1913. Leur mise en pratique engendre hésitations et doutes, soit parce que depuis le décret de 1913 il y a eu changement des conditions d'existence et augmentation des soldes ; soit parce que certaines des expressions « allocations permanentes... traitement colonial » (art. 53) ne correspondent à aucune réalité ; soit surtout parce que l'application de tel autre texte (art. 20), visant « veuves ou enfants mineurs des agents mariés sous le régime de la loi française [ou] veuves jouissant de droits équivalents à ceux résultant du mariage contracté conformément à la loi française », se heurte au fait toléré par les mœurs congolaises de la polygamie ou à l'inorganisation de l'état civil des indigènes ; soit aussi parce que viennent à la traverse des règles générales des textes organiques de plusieurs des corps locaux indigènes : Infirmiers, Arr. 17 décembre 1910 ; — Police, Arr. 30 juin 1912 ; — Ecrivains-interprètes, Arr. 29 avril 1914 ; — Employés P. T. T. indigènes, Arr. 28 février 1917, art. 4. 25 ; — Expéditionnaires-comptables, Arr. 6 juillet 1926, art. 2 ; — Moniteurs indigènes, Arr. 30 novembre 1926. Cf. François-Albert, *op. cit.*, p. 119 sv. En outre, il y a des nécessités de fait à pratiquer encore, selon les art. 15 L. 30 avril 1920 et 31 L. 20 août 1921, l'affiliation des agents ayant dépassé 25 ans d'âge à la Caisse nationale des retraites pour la vieillesse abrogés en principe par l'art. 29 L. 14 avril 1924, ces articles gardent leur vertu par rapport aux agents ayant demandé leur maintien sous le régime de cette caisse, entrés dans les administrations de l'Etat et ne pouvant prétendre à 60 ans à la pension normale d'ancienneté ; le cas est différent, sans doute, du personnel indigène de l'A. E. F. ; pourtant il n'est ni inconcevable ni impossible ni inopportun de l'étendre.

902. — En raison de la prévision et de l'interdiction écrite en l'art. 105 D 1er novembre 1928, — affiliation à la Caisse des personnels organisés par arrêtés locaux et ayant cessé antérieurement au 17 avril 1924 de bénéficier des pensions de l Etat et modification défendue du statut des agents locaux relevant de ces pensions, — le cas des personnels des imprimeries coloniales devait prêter à difficulté : non en Afrique occidentale française où leur cadre était devenu, antérieurement à la loi de 1924, formation locale, par l'effet du D. 22 août 1922 ; mais, parce que pareille circonstance manquait, en Afrique équatoriale : le 17 avril 1924, les personnels organisés par D. 18 novembre 1872, mod. successivement par DD. 25 janvier 1911, 31 mai 1912, 1er novembre 1916, 10 septembre 1920, étaient tributaires de la loi du 18 avril 1831, en tant qu'assimilés et donc jouissant d'une parité d'office, compris dans le tableau annexé au D. 21 mai 1880 ; dès lors, une modification de statut ne pouvait venir d'arrêtés locaux, faute à une autorité coloniale de pouvoir mo difier un décret, ni non plus celle d'un décret, en tant du moins que celui-ci, dépassant sa compétence et le terrain du cadre et de la transformation en organisme local, eût tendu ou abouti à changer au 17 avril 1924 le statut des pensions et les droits de

leurs bénéficiaires. Deux décrets du 10 avril 1925 rendus applicables en A. E. F. par arrêté du 25 mai n'y ont point contredit de front, attendu qu'ils maintiennent expressément sous le régime des lois des 18 avril 1831, 5 août 1879, 8 août 1883 et 14 avril 1924 ceux des chefs et ouvriers européens qui, à cette date, y étaient soumis ; cependant leur légalité est tout à fait suspecte, en tant qu'ils ouvraient (art. 2), dans les six mois de leur promulgation, aux agents réunissant les conditions d'âge et de services requises pour pension d'ancienneté à 55 ans sur la caisse locale le droit de faire, à l'égard de celle-ci, une option définitive pour eux-mêmes et leurs ayants cause.

IV. — *La Caisse intercoloniale des retraites.*

903. — Votée la loi du 14 avril 1924, et publié, le 1er novembre 1928, le règlement rendu en exécution de son art. 71, le régime apparut de la Caisse internationale, ouvert et applicable au seul personnel dont des décrets ou des arrêtés des gouverneurs généraux, chefs de colonies (donc à l'exclusion de contrats passés avec la colonie : Cons. d'Et., 9 juillet 1930, Chot, Leb. chr., p. 705) avaient fixé le statut ; de fait, 23 février 1933, Leprivey, p. 230, tous les agents, à l'exception d'un (adjoint principal hors classe des services civils), optèrent pour la Caisse intercoloniale nouvelle : de par l'effet des art. 104 et 105 du règlement, ils eussent perdu les avantages du nouveau régime, les bonifications coloniale et d'âge et de service, l'accroissement au 1/50e ou 1/60e en sus des 25 ans exigés tout en ne restant pas liés par la condition d'âge, le minimum de la 1/2 du traitement moyen des trois dernières années, le maximum des 3/4, la majoration pour enfants... Les caisses locales cessèrent toutes opérations le 1er juillet 1929 : à cette date l'intercoloniale aurait strictement dû prendre en charge toutes les pensions alors liquidées et servies par les caisses locales ; à cause du manque immédiat de ressources et de la lenteur de substitution des opérations, les écritures de ces caisses demeurèrent ouvertes pour la liquidation des opérations du régime antérieur jusqu'au 30 juin 1930. Par mesure transitoire, d'autre part, les pensions non revisées continuèrent à être payées sur les anciennes bases tant par les budgets coloniaux que par les caisses locales auxquelles fut laissée partie des disponibilités accusées à cette date par leurs écritures. — Le montant à recevoir par la Caisse intercoloniale des caisses locales était estimé à environ 18 millions. Un transfert de 20 % des soldes fut prescrit par arrêté du 24 août 1929 ; un deuxième, le 7 juillet. A la date du 31 décembre 1930, les recettes de la Caisse étaient (Rapp. Tannery, Caisse des dép. et consignat., 9 juillet 1931) de 74.446.353 fr. 38, en excédent de 25.132.826 sur les dépenses. Cf. sur la Caisse, Rolland et Lampué, *Précis de législ. colon.*, 1931, p. 337.

904. — A. L'art. 71 de la loi du 14 avril 1924 a eu comme objectif de ramener à l'unité la variété des régimes, organismes d'assistance ou de prévoyance et caisses locales, en sus de celui des lois des 18 avril 1831 et 5 août 1879 et des pensions sur le Trésor public, et de suppléer, au besoin, à leur absence outre-mer ; la Caisse internationale des retraites en devait être le moyen : organe d'éventuelle fusion entre cadres et statuts locaux, sans entraîner pour les agents changement ou perte des perspectives de retraite ; mécanisme aussi d'allègement pour le budget métropolitain. — Les fonctionnaires détachés des administrations métropolitaines gardent le régime de leur administration, corps ou service d'origine. Ceux entrés dans l'administration après le 17 avril 1924 et encore en fonctions le 1er juillet 1929 furent affiliés d'office au nouveau régime. Tous ceux en activité de service le 17 avril 1924 y furent inscrits à titre provisoire, mais eurent faculté, dans un délai de dix huit mois à compter de la publication du D. 1er novembre 1928 (reprod. dans le Recueil précité Dareste, 1929, p. 128', d'opter pour l'ancien et de demeurer sujets à celui-ci, tandis qu'ils passaient et étaient inscrits à une section spéciale de la Caisse intercoloniale. Cf. art. 104, 105 du Décret ; Circ. min. col. n° 14, 24 août 1929. A titre transitoire, l'art. 115 du décret autorisait les chefs des colonies, par arrêté, sous réserve d'approbation ministérielle, après avis de la Caisse, dans le délai susdit de 18 mois, à faire entrer sous le régime nouveau, motif pris de leur besoin permanent, les emplois coloniaux ne se rattachant pas à un cadre organisé, mais occupés le 17 avril 1924 par des fonctionnaires ou agents français : Cf. Cons. d'Et., 23 février 1933, Leprivey, Leb. chr., p. 230. L'arrêté, 16 juin 1929, pris à cette fin pour le personnel en service à l'Agence économique de l'A. E. F. nommé par arrêté avant le 1er juillet 1924, fut rapporté, Arr. 7 décembre, sur ordre ministériel n° 352 câblé le 17 juillet, en raison de l'impossibilité de tenir pour services coloniaux et de valider pour pension sur un organisme institué spécialement pour le personnel colonial les services d'agents occupant emploi permanent à Paris.

905. — En vérité, tous les fonctionnaires coloniaux devraient être affiliés et ramenés à la Caisse intercoloniale, créée pour l'ensemble du personnel colonial, entretenue surtout aux frais des budgets des possessions d'outre-mer. Toutefois (la remarque en a justement été faite : François-Albert, *op. cit.*, p. 251) des emplois de quelques cadres généraux demeurent encore au régime, ceux-ci (gouverneurs et administrateurs des colonies, cadre supérieur des cadres généraux... nommés avant le 14 avril 1924) de la loi de 1831 — ils tiendront fatalement pour le régime des pensions à forme militaire plus avantageux, — ceux-là ci-devant tributaires de la loi [de 1853] de 1924 — plusieurs ont, par les associations professionnelles, déjà réclamé l'assujettissement à la Caisse. De fait, l'extension du régime intercolonial à tous les agents, quelque budget qui les rétribue, se légitime non moins par des raisons d'équité et de finances : la différenciation des retraites sous couleur de diversité des cadres va mal avec la parité des risques climatiques, l'accomplissement et la rémunération des mêmes services pour les mêmes collectivités et sur les mêmes budgets; si le maximum absolu va aux grades élevés, c'est, en contre-partie, des retenues subies que vient pour partie la compensation des retraites touchées; au demeurant, ce sont, non celles pour ancienneté de services, mais les retraites proportionnelles et d'invalidité qui créent les graves charges et risques des caisses de pension.

906. — *B.* Les ressources et éléments de capitalisation collective de la Caisse sont d'origines diverses :

a) Des assujettis, le 6 % des retenues sur les traitements ou émoluments [Cf. sur le régime des retenues, Cons. d'Et., 10 novembre 1933, Dupin, Leb. chr., p. 1035];

b) Des divers budgets, une contribution complémentaire, actuellement fixée à 14 % de ces traitements ou émoluments, les subventions et contingents des caisses locales; la part de ces caisses dans le produit des amendes, saisies et confiscations, de douanes et contributions indirectes;

c) De l'Etat, les reversements des arrérages de la part de pension à sa charge, et la subvention pour dépenses administratives correspondante aux contributions obligatoires des budgets généraux, locaux ou spéciaux;

d) Les capitaux et revenus des biens immobiliers et du portefeuille; les dons et legs; les contributions extraordinaires.

907. — Le chef des « retenues » est, du double point de vue comptable et juridique, le seul dont l'énoncé ne se suffit pas à lui-même. — Qu'il n'ait pas fait difficulté, et qu'à la retenue générale de 6 % (art. 5 al. 1 Règl. 1er novembre 1928; 116 al. 2 D. 2 mars 1910) s'ajoutent, suivant les cas, les sommes prélevées pour cause de congé, d'absence ou de discipline (art. 32-34, 46, 47, 66, 111-114 D. 1910), et que non plus le supplément colonial des tributaires du régime des pensions d'Etat ne fût pas soumis à retenue, parce que simple indemnité, indépendante du traitement et n'entrant pas en compte pour la liquidation de la pension (*supra*, n° 628), les règles et les solutions communes l'expliquent. — Il était réservé au supplément du personnel des cadres locaux de prêter à discussion, du moins quant à l'Afrique équatoriale française, pour laquelle la question ne fut pas réglée, comme elle le fut en Indochine ou Afrique occidentale (et plus tard à Madagascar) par décrets (23 mars et 29 novembre 1921) assujettissant à retenue le nouveau supplément institué par D. 11 septembre 1920 : de ce que, d'une part, le décret n'a pas été pris, tout au contraire, pour le personnel des cadres et services locaux, et de ce que, d'autre part, la loi du 28 juin 1913, sur la nature des éléments soumis à retenue, ne fut abrogée qu'au regard des cadres locaux européens par le règlement du 1er novembre 1928, et, enfin, de ce que la loi du 2 mars 1910, art. 116 al. 7, n'avait exempté de retenues et mis hors le calcul des pensions aucun des émoluments des agents soumis au régime des caisses locales ou institutions de prévoyance analogues, il semble bien (Cf. François-Albert, *op. cit.*, p. 159) que, dès la promulgation en A. E. F. du décret de 1920, nul texte ne régit la solde et les accessoires de la solde du personnel des cadres locaux jusqu'à l'arrêté du 31 décembre 1925 y déclarant applicables à l'ensemble du personnel des cadres européens les

dispositions du D. 2 mars 1910 et toutes celles les ayant modifiées dans le passé ou devant les modifier dans l'avenir; et il y a même tout lieu de penser qu'avant la décision contraire et l'exemption écrite au règlement du 1er novembre 1928 l'autorité demeurait pleine du décret de 1913, l'autorité locale n'ayant pouvoir d'y rien modifier, quant au régime des pensions du personnel local.

908. — Etablie dans ces conditions, la généralisation des retenues appelle en contre-partie la possibilité de leur versement rétroactif, une validation de services antérieurs, de telle sorte que les agents soient, quant à leur droit à pension, en même situation que si, dès l'origine de leurs services, ce droit avait commencé à se former. A cet égard certaines règles de la loi de 1924 et plusieurs articles du décret du 1er novembre 1928 prêtent à d'importantes combinaisons :

Validation du temps du stage ou de surnumérariat : facultative, sur demande, dans le délai d'une année, pour les agents en service au 8 novembre 1928; obligatoire par la suite : D. 1918, art. 8 al. 3. Rf. Instr. 12 octobre 1924, art. 10;

Validation des services auxiliaires : D. 1928, art. 8 al. 2, 112. — Bénéfice certain pour l'agent de l'Etat titularisé dans un cadre local, encore en activité, lors de la publication du décret de 1928, dans un emploi conduisant à pension sur la Caisse intercoloniale, son droit ne s'étant effectivement ouvert qu'à la date de cette publication et devant être réclamé dans le délai d'un an imparti par l'art. 17 D. 2 septembre 1924 : Cons. d'Et., 24 février 1933, Costa, Leb. chr., p. 247;

Validation des services locaux, à condition de demande dans les 18 mois comptés du 8 novembre 1928, et sauf ventilation ultérieure, lors de la retraite, des parts contributives proportionnelles à la durée des services rendus ici et là, s'agissant de l'agent des cadres locaux passé au service de l'Etat : Cf. Instr. 26 novembre 1928, — quelle que soit la date du passage de l'intéressé à un emploi conduisant à pension de l'Etat, s'il était encore, comme tel, en activité lors de la publication du décret : 23 décembre 1932, Malet, p. 1136;

Validation du temps de congé hors cadres ou de disponibilité pour cause de santé : D. 1928, art. 11 al. 1, 4, — sous réserve du paiement des retenues réglementaires. Seule est ainsi traitée l'indisponibilité faisant suite à congé à solde entière pour maladie endémique ou affections imputables aux fatigues ou dangers du service; la mise en position de disponibilité sans traitement après radiation des cadres vaudrait rejet de l'éventuelle demande de pension sur la Caisse intercoloniale : il n'y a de droit à pension pour les fonctionnaires ou agents ayant quitté les administrations coloniales entre le 17 avril 1924 et le 1er novembre 1928 qu'à la condition d'avoir été encore à la première date en activité de service : D. 1918, art. 104; Cons. d'Et., 9 novembre 1931, Fages, p. 971.

909. — Les choses étaient, d'apparence et en réalité, plus compliquées, du fait des changements d'institutions et de caisses, au travers des art. 109-111 D. 1er novembre 1928; une méthode d'exégèse et d'histoire des textes y apporte la simplification. — A l'époque où fut rédigé le règlement, les personnels des travaux publics des colonies depuis l'art. 14 al. 8 et 17 D. 2 juin 1899, et des affaires indigènes de l'A. O. F. depuis D. 6 février 1904 et du Congo français depuis D. 23 octobre 1904, étaient, jusqu'au D. 28 juin 1913, sur le même pied quant à la constitution des primes personnelles à la Caisse des dépôts et consignations; d'où, l'identité logique d'obligation, face à l'art. 109 D. 1928, d' « abandonner à la Caisse internationale la totalité de leur prime (capital et intérêts) acquise à la date de leur affiliation à la Caisse »; néanmoins, et malgré que par D. 28 février 1923 le personnel des travaux publics eût été affilié d'office à la Caisse nationale des retraites pour la vieillesse, une Circ. n° 27 B, 12 juin 1929, et la Rép. à quest. écrite (Rouquier) n° 9013, 3 juin 1930, déclarèrent l'art. 109 en son entier applicable seulement aux travaux publics, et l'obligation des personnels des affaires indigènes réduite pour la validation de leurs services locaux au reversement des retenues rétroactives sur les grades et emplois occupés durant la carrière, tandis que le compte de prévoyance constitué à leur nom à la Caisse des dépôts et consignations demeurait leur propriété, hors l'appréhension de la Caisse intercoloniale. Fâcheuse lecture : l'art. 109 est général à tous les employés et fonctionnaires sujets de comptes de prévoyance et d'assistance, bien loin d'être fait seulement pour le personnel des travaux publics, dont aucun agent, à la date du 1er juillet

1929, n'était plus tributaire d'une caisse de prévoyance. — C'est, par contre, de ce personnel, en tant que devenu par option, selon D. 28 février 1923, tributaire de la Caisse nationale des retraites pour la vieillesse, que les art. 110 et 111 de 1928 règlent la situation, ou bien par abandon de leur prime personnelle acquise sous le régime des caisses de prévoyance, s'ils l'ont réservée au moment de leur affiliation, ou bien, au cas contraire, par décompte des versements rétroactifs à effectuer pour la validation des services, déduction de la rente viagère correspondante à ces versements et de la bonification servie par les budgets locaux, mode de libération de la pension de l'agent au cas de cumul des arrérages de la rente avec le traitement d'activité.

910. — *C.* Les conditions des pensions coloniales sont devenues, mis à part le régime de 1831 des pensions militaires (Cf. 13 mai 1931, Subra, p. 527), les plus avantageuses qui aient été jusqu'à 1928. En principe, les modalités de concession et de calcul sont celles de la loi du 14 avril 1924, et tous les litiges concernant les arrêtés de concession, de rejet ou de révision de la compétence, non des conseils du contentieux administratif coloniaux, mais du Conseil d'Etat : Cons. d'Et., 20 novembre 1931, Aymard, Leb. chr., Table, p. 1433 ; — 23 février 1933, Leprivez, p. 230. — Droit à pension acquis en règle à 60 ans d'âge et 30 ans de services et, par faveur, à 55 et 25 ans, respectivement, pour les fonctionnaires et agents ayant effectivement passé quinze années dans les colonies B où le séjour exigé pour un congé administratif est de trois ans. — Services comptés à partir de 18 ans. — Bonification de 1/3 pour ceux rendus hors d'Europe, avec notion étroite, au demeurant, de l'envoi hors d'Europe : 21 mai 1931, Viallettes, Leb. chr., p. 559, ou 1/2 en sus et aussi d'une colonie en une autre : le droit à un décompte particulier de leur temps de services accordé par les lois du 11 avril 1831, a. 7, 16 avril 1920, a. 9, 14 avril 1924, a. 36, aux militaires envoyés d'une colonie dans une autre n'existe que pour des colonies appartenant à des régions géographiques distinctes, comme ne sont pas Madagascar et la Réunion : 24 mars 1933, Ferrère, p. 362. — Pension basée sur la moyenne des traitements et émoluments de toute nature sujets à retenue, effectivement perçus par l'ayant droit durant les trois dernières années de l'activité : Cf. 1er février 1933, Auffrand ; 24 février, Jean, p. 142, 245. — Majoration (réservée aux pensions d'ancienneté : 11 mars 1931, Ducroix, p. 280 ; — 1er décembre 1932, Charton, p. 1021) de 10 % pour 3 enfants et de 5 % au-delà du 3e des enfants élevés jusqu'à l'âge de seize ans, sans tenir compte des limites maxima de pension. — Par contre, défaut de toute disposition ou prévision autorisant, au profit des titulaires de pensions sur la Caisse intercoloniale des retraites, la majoration admise par l'art. 13 al. 2 L. 14 avril 1924 de la différence entre les liquidations civile et militaire des services des retraités militaires terminant leur carrière dans un emploi civil : 2 novembre 1932, Paoli, p. 898. — Minimum fixé à la 1/2 du traitement moyen, accru de 1/50 ou 1/60 pour chaque période de service accompli dans les colonies, selon que la durée de séjour obligatoire pour l'obtention d'un congé administratif est égale ou inférieure ou supérieure à trois ans, le temps passé en mer étant assimilé au séjour accompli à la colonie : art. 2 D. 1928.

911. — *D.* La révision n'en est qu'exceptionnelle (art. 57 D. 1er novembre 1928), prévue ou possible :

Au cas d'erreur matérielle de liquidation ou de concession, d'inexistence reconnue des infirmités ou de réapparition de l'agent tenu pour décédé, par arrêté du ministre des colonies après avis du conseil d'administration de la Caisse intercoloniale ;

Par application des art. 29 à 32 du décret, pour la computation aux anciens combattants de la Grande Guerre, en sus du minimum, dans la liquidation, des bénéfices de campagne. — Révision sur requête et production de l'état des services militaires des fonctionnaires et employés ayant demandé leur maintien sous le régime des caisses locales de retraites : d'office, par les soins de la Caisse intercoloniale, pour les tributaires du régime nouveau ;

En exécution des art. 41-47 du décret relatif aux pensions déjà concédées. D'où peut advenir (art. 42) le remplacement par la pension revisée, si elle est supérieure, de la pension initiale complétée par les majorations et indemnités de droit antérieurement à la publication du décret, et aussi défaillir (art. 47) pour les sujets des anciennes caisses locales des retraites tout intérêt à y être maintenus, étant donné que la révision prévue

des pensions déjà concédées ne saurait être effectuée que pour permettre aux intéressés de bénéficier d'un taux de pension supérieur à l'actuelle : Cons. d'Et., 13 mai 1931, Subra, Leb. chr., p. 527, et qu'en conséquence les pensions sur la Caisse intercoloniale ne peuvent être inférieures à celles du régime précédent : au total, véritable péréquation des droits, et non pas seulement des tarifs comme il en est pour les pensions de l'Etat d'après l'art. 94 L. 14 avril 1924. Les dispositions de la loi du 31 mars 1932 relatives au relèvement du maximum absolu des pensions et au bénéfice éventuel de la péréquation ne semblent pas avoir été déclarées applicables aux tributaires de la Caisse internationale.

912. — La révision doit, spécialement dans le dernier cas, selon les règles communes et l'art. 42 du décret, être effectuée sur la base des traitements afférents, au jour de la publication de celui-ci, aux emplois occupés pendant les trois dernières années d'activité, *i. e.* à ceux que l'intéressé aurait effectivement perçus, compte tenu des emplois, classés et, au cas de suppressions, des assimilations d'emplois par lui occupés, si les traitements et échelles de traitements en vigueur à ladite date avaient été applicables au cours desdites années : Cons. d'Et., 25 juillet 1930, Blanc ; 3 décembre. Latrasse, Leb. chr., p. 838, 1015 ; — 19 juin 1931, Charvot ; 23 juillet, Arrighi ; 16 octobre, Géraud ; 28 octobre, Bonnot-Kersselaers ; 4 décembre, Rouan ; 16 décembre, Bourguet, p. 673, 836, 878, 908, 1086, Table p. 1432. Par contre, elle n'implique ni ne détermine en sa faveur révision du décompte des services servant de base à la liquidation de sa pension : 26 juillet 1930 ; 16 octobre 1931, précités ; 21 février 1933, Jean, p. 246. Une lettre ministérielle faisant connaître à l'intéressé le traitement devant servir de base à la révision de la pension n'a point nature de décision et donc ne fait pas obstacle à la concession d'une pension sur une base différente : 19 juin 1931, précité.

913. — *E.* Leur réversion aux ayants cause est fixée, non par l'art. 82 L. 14 avril 1924, que les travaux préparatoires font apparaître étranger aux fonctionnaires et agents des cadres locaux européens des colonies, investis d'emplois n'ouvrant pas droit à pension sur le Trésor, mais d'après les règles spéciales du règlement d'administration publique prévu à l'art. 71. L'art. 26 de la loi ne saurait donc servir à une demande de pension sur la Caisse intercoloniale ; la femme divorcée aux torts d'un fonctionnaire affilié à cette Caisse ne tire de droit, ainsi que les enfants mineurs, de l'art. 27 al. 2 du règlement qu'à la condition que le divorce ait été prononcé à son profit postérieurement au 7 novembre 1928, date de la publication du décret ; or, le fait que celui-ci est intervenu après l'expiration du délai fixé par la loi à son émission ne saurait, à aucun titre, être retenu pour en faire avoir une application rétroactive : Cons. d'Et., 16 octobre 1931, Dufresne, Leb. chr., p. 879. — C'est, du reste, la même portée, la même spécialité du D. 1er novembre 1928 qui, s'agissant de cumul, de l'interprétation de son art. 35 al. 3 prohibant le cumul pour une veuve de « deux pensions de réversion au titre du présent règlement », doit ramener l'interdiction à celle de deux ou plusieurs pensions sur la Caisse intercoloniale : motif pris de l'indépendance des art. 62 L. 1924 et 35 D. 1925, la veuve titulaire d'une pension de réversion sur une caisse locale des retraites (Indochine) absorbée par l'intercoloniale a pu ou pourrait la cumuler avec une autre pension de réversion sur le Trésor lui appartenant en qualité de veuve en premières noces d'un autre retraité : 16 octobre 1931, Brayer, p. 880.

CHAPITRE II

LES PENSIONS DÉPARTEMENTALES ET MUNICIPALES.

I. — *La création et l'organisation des caisses.*

914. — *A.* Elles existent dans tous les départements, dans presque toutes les grandes communes de France, en grand nombre dans chacune des administrations fonctionnant à Paris et dans la Seine. Leur institution est dérivée des mêmes causes que celles d'Etat : souci du rajeunissement utile des cadres, stimulant au zèle des agents... — L'art. 46-21°

L. 10 août 1871 la remit à la décision des conseils généraux : Cpr. Av. Cons. d'Et., 12 novembre 1811 et Circ. min. intér., 1er mai 1823. L'assimilation aux employés de préfecture pour les droits à la retraite, et l'application des règlements fixant dans le département le régime des caisses de retraite de plusieurs personnels n'est pas sans exemple ; elle a sorti régulièrement effet : V., à propos des secrétaires des conseils de prud'hommes, Cons. d'Et., 27 mai 1925, Dufour, Leb. chr., p. 525. — Aucune des lois municipales n'en dit rien ; l'analogie établie par Circ. min. intér. 5 mai 1852 entre les caisses départementales et municipales pour les assujettir à la sanction gouvernementale, la nature d'établissements publics prêtée aux caisses communales, et la règle de création des établissements publics par la loi ont établi une tradition, appuyée ou confirmée par le Règl. intér. du Cons. d'Et. 15 juin 1850, les art. 19 D. 30 janvier 1853 et 5 al. 13 D. 21 août 1872, qui, tour à tour, chargèrent l'assemblée générale de délibérer sur les projets et d'approuver la création des caisses conformément au règlement annexé : Av. Cons. d'Et., sect. fin., 10 juin 1874.

915. — Aussi bien l'approbation est-elle donnée au décret et à la création de la caisse, et non à la délibération ou à l'arrêté de la municipalité ordonnant le fonctionnement de la caisse. Les raisons doctrinales et l'intérêt pratique de la solution sont péremptoires : tenir que le décret autorisant la création et approuvant les statuts d'une caisse municipale n'a pas pour effet de rendre *ipso facto* ces statuts exécutoires revient à affirmer, selon le droit, la faculté du conseil municipal qui a demandé l'autorisation de suspendre la création proposée ou même admise, lorsque la date de la mise en vigueur n'en est pas formellement spécifiée, et, en fait, à ne point déclarer lesdits statuts applicables automatiquement aux employés en fonctions au jour de sa promulgation. S'il ne se rapportait qu'à des modifications peut-être serait-il convenable d'attacher au décret un effet immédiat, eu égard au caractère exécutoire advenant, du seul fait de son approbation, à la délibération du conseil municipal. En tout cas, et en raison du fonctionnement retardé souvent en pratique des établissements autorisés, il est juste de se placer, pour interpréter les statuts, non à la date du décret d'autorisation, mais à l'époque du fonctionnement de la caisse : Cons. d'Et., 7 juillet 1899, Muller, Leb. chr., p. 515, S. 01.3.140, D. 01.3.8.

Les modifications des règlements municipaux, au surplus, comme la création des caisses, sont soumises au Conseil d'Etat. Leur possibilité demeure aussi certaine que naturelle. L'art. 70 L. 14 avril 1924, par la prévision qui y est écrite de la nomination d'une commission extraparlementaire pour « préparer une réforme du régime des retraites des fonctionnaires, employés et ouvriers départementaux et communaux », ne contient rien qui puisse, la réforme ainsi envisagée étant admise, faire obstacle à la modification des règlements existants : Cons. d'Et., 1er avril 1925, Noë, Leb. chr., p. 374. — Leur substance n'a pas été moins nettement définie que leur régime tant administratif que contentieux : il n'y a pour en mériter la dénomination que le changement plus ou moins complet des statuts, par mesure générale et introduction de règles recevables : Cons. d'Et., 1er décembre 1882, Jeanrenaud, Leb. chr., p. 975, D. 84.3.2 ; 26 octobre 1932, Jeanneney, p. 870 ; ce qui est à dire qu'un changement accidentel, par mesure individuelle, lors de la liquidation d'une pension donnée, ne saurait se donner pour une « modification » : Rpr. 22 avril 1932, Audriot, p. 415 ; et que l'intervention des autorités supérieures n'a point de raison pour de simples codifications formelles n'opérant point remaniement : Circ. min. intér. 15 mai 1884, *Bull. min. intér.*, XLVII, 1884, p. 297 ; et que ne serait pas recevable, non plus que contre une décision, une requête n'invoquant contre une modification aucun moyen tiré de l'excès de pouvoir ou de la violation de la loi : 25 novembre 1925, Derippe, p. 938.

916. — Dans ces conditions les modalités diffèrent nettement quant à la constitution et au fonctionnement des caisses de retraites départementales et communales, à ce point que la pratique administrative n'a pas hésité à déclarer applicables et obligatoires, à peine de fraude à la loi, les formes requises pour la création des caisses municipales dans le cas où un département déciderait l'établissement d'une caisse commune à ses employés et à ceux des municipalités le composant : Lett. min. intér. au préfet des Bouches-du-Rhône, 24 avril 1872,

citée par H. Combarieu, *Des caisses de retraite des fonctionn. communaux*, 1899, p. 21. De fait, la perspective est surtout schématique. — Les caisses départementales autonomes sont nombreuses : Cf. la statistique publiée en suite d'une Circ. min. intér., 27 octobre 1892. *Bull. min. intér.*, LV, 1892, p. 249. Selon des déclarations officielles (Ch. dép., 12 juin 1923, *J. off.*, p. 2479), 94, non compris les départements d'Alsace et de Lorraine, groupaient 11.247 affiliés. Les caisses municipales sont d'importance moindre : les ressources, sinon le nombre de services, leur rendent plus malaisée l'organisation d'un service de retraites ; au demeurant, les chiffres indiqués sont disparates : ici 196 caisses municipales autonomes (Alsace et Lorraine non comprises), comptant 83.187 bénéficiaires dont 53.000 pour la Seine (Cf. s.-secrét. d'Et. aux fin., Ch. dép., 12 juin 1923, *loc. cit.*) ; là 180 caisses groupant 150.000 adhérents sur 235.000 employés communaux (Projet n° 3209, tendant à instituer un régime de retraite des fonctionnaires, employés et ouvriers départementaux et communaux, 1926, *J. off.*, Doc. parl., p. 1034). A coup sûr, elles sont de date plus récente : leurs initiatives remontent à peine à la période écoulée entre 1850 et 1864 ; enfin, la variété des services eux-mêmes qui pourrait les diversifier n'a guère joué qu'à Paris, la tendance étant plutôt, partout ailleurs, à une fusion presque totale. Toujours est-il que, là où se rencontrent les unes et les autres, la progression ascensionnelle et générale des tributaires depuis la création de chaque établissement dérive des mêmes motifs : développement des services ; système financier, tontinier, incitant par ses conditions mêmes les administrations à admettre au bénéfice de la caisse le plus grand nombre possible d'agents, étant donné la corrélation existante entre la prospérité de la caisse et le contingent des participants.

917. — *B.* La qualité et les catégories de ces bénéficiaires prêtèrent dans le passé — mise à part la condition, qui est de soi, d'un lien de droit certain et régulier entre le futur pensionné et l'administration : Cf. lett. min. intér. au préf. Seine-Inférieure, 4 mai 1860 ; — Cons. d'Et., 11 février 1927, Guillemin, Leb. chr., p. 200. Cpr. 16 octobre 1929, Labrosse, p. 904 — à quelques hésitations ; plusieurs circulaires ministérielles et surtout les avis de la section des finances ou les décisions au contentieux du Conseil d'Etat les ont dissipées ou fixées.

a) Des caisses de retraites *départementales* les tributaires prédestinés sont représentés par les employés des préfectures et sous-préfectures et du greffe ; les chefs de cabinet, secrétaires particuliers et gens de service du préfet, selon Av. Cons. d'Et., sect. fin., 3 septembre 1928 ; les archivistes et employés des archives admis, de même que les agents voyers, dans beaucoup de départements au bénéfice de la caisse par Circ. min. intér., 30 juillet 1839 ; les architectes départementaux ; le personnel de l'inspection d'Académie, des asiles d'aliénés et dépôts de mendicité ; les gens de service des cours d'assises et tribunaux, si du moins ils touchent leurs salaires du département, et à condition d'avoir, le cas échéant, subi rétroactivement les retenues du chef des services antérieurs qu'ils entendraient faire entrer dans la liquidation de leur pension : D. 28 janvier 1883, et Circ. min. intér., 10 août 1885, *Bull. min. int.*, XLVIII, 1885, p. 181... et généralement de tous les établissements et services départementaux. Cf. Combarieu, p. 61. — Certain trait de leur statut, l'assujettissement de leur traitement aux retenues prescrites par le règlement local, malgré qu'ils continuassent à faire partie du cadre d'Etat et à subir les retenues au Trésor, n'a point empêché les fonctionnaires et agents des ponts et chaussées d'être, pour la plupart de ces tributaires, au même titre que les agents voyers : Circ. min. trav. publ., 6 avril 1882, *Rec. min. trav. publ.*, 1881-82, p. 439. Rpr. Cons. d'Et., 2 août 1928, Boncorps, Leb. chr., p. 1015. Pareillement, l'effet a été discuté des modifications légales ou administratives, telle la fusion des services de la voirie, susceptible de déterminer, par voie de permutation, la nomination d'un cantonnier-chef des routes nationales sur un chemin de grande communication et, partant, sa rémunération sur les fonds du budget départemental : en réalité, décision sans retentissement sur l'appartenance au cadre et le droit de faire prendre en compte dans la liquidation de la pension la période de rémunération sur les fonds départementaux : 20 juillet 1934, Chocard, D. hebd., p. 560.

918. — *b)* Des caisses de retraites *municipales* l'affiliation fut discutée des receveurs municipaux : elle semble influencée par le fait que l'art. 6 D. 27 juin 1876 met à la charge de la commune une quote-part de leur rétribution; — des employés d'octroi, à raison de l'indétermination ou de la lenteur de villes, qui, par usage des art. 147 à 148 D. 17 mai 1809, avaient annoncé la création de caisses de retraite, à en fixer les avantages pour ces agents : une Ord. 4 septembre 1840, rappelée et commentée par une Circ. min. intér. 14 octobre (*Bull. min. intér.*, 1840, p. 357, 386), a prévu l'application de l'Ord. 12 janvier 1825, tit. 2-4, qui régit jusqu'en 1854 les retraites des employés du ministère des finances; — des commissaires de police : l'obligation de maintenir dans un poste où ils avaient l'expectative d'un droit à pension des agents indiqués par les besoins du service pour un déplacement eût entravé l'administration supérieure; l'art. 19 L. 16 avril 1895 leur fit déclarer applicable la loi générale des pensions (Rpr. art. 24 L. fin. 30 juin 1930, sur les commissaires et inspecteurs de la sûreté générale); selon un Avis Cons. d'Et., sect. fin., 30 juillet, les conseils municipaux n'eurent pas à modifier les règlements des caisses pour que le bénéfice de ceux-ci fût définitivement refusé aux commissaires de police.

919. — *C.* Les combinaisons financières sont diverses. Le trait commun est que dans les unes et les autres se rencontre le double élément : d'une part, de retenues calculées, ici aussi, non d'après le montant probable de la pension à servir, mais eu égard à ce qui peut être versé par l'employé sans que son traitement cesse d'être suffisant, et dont le prélèvement, en tant qu'il a figure ou fonction d'un impôt spécial destiné à rendre le service des pensions moins onéreux (Laferrière, t. 2, p. 195), est obligatoire pour la collectivité, laquelle ne saurait ni en exempter sous couleur de maximum de pension atteint, ni s'en dispenser elle-même, ni se prévaloir de ses omissions : Cons. d'Et., 22 février 1889, Larquier et Thomas (2 arrêts), Leb. chr., p. 261, D. 90. 5.378 ; — et, d'autre part, des subventions de l'administration intéressée, tantôt directes et tantôt indirectes, en tout cas moins indéterminées ou susceptibles de l'être moins que celles de l'Etat pour ses propres pensions; prévues et déterminées dans le règlement organique de la caisse, avec une autonomie assez réelle pour qu'au cas de convention intervenue et contestée entre le département et un établissement public quant au versement d'une subvention à la caisse départementale des retraites le préfet ne saurait inscrire d'office la subvention au budget de l'établissement pour l'exécution de la convention : 11 juillet 1890, Asile d'aliénés de Bassens, p. 661, S. 92.3.130, D. 92.3.21, et que, pour l'interprétation, à défaut de semblable convention, d'actes administratifs aux mêmes fins, la compétence appartient au Conseil d'Etat : 3 août 1894, Départ. de la Savoie, p. 531, S. 96.3.122, D. 95.3.83.

920. — La diversification se produit quant à l'affectation et à l'emploi de cette double catégorie de ressources : étant écartée, parce qu'elle n'eût abouti qu'à une complication de la comptabilité, une combinaison qui eût fait des retenues une simple mesure budgétaire locale et de la pension une simple dépense inscrite aussi au budget local, existaient, pour faire distinctes les ressources et les dépenses locales, deux procédés de fourniture des fonds destinés au paiement des pensions : l'un, par des caisses organisées sous forme de tontine servant sous des conditions déterminées des pensions viagères dont le taux est *a priori* connu des fonctionnaires; l'autre, par des caisses d'épargne et de prévoyance instituées sur le modèle de la Caisse nationale des retraites pour la vieillesse, servant indistinctement des rentes viagères ou perpétuelles, de chiffre variable avec l'accumulation de versements annuellement effectués au profit des employés et inscrits à un compte annuel spécial à chacun d'eux. Du premier la critique a été répétée : du point de vue des employés, parce que fixant la quotité de leur pension *a priori* en dehors de toute proportion avec les retenues subies, et parce que les conduisant fatalement à une rente viagère au lieu que la disposition des retenues eût pu leur permettre la constitution d'un patrimoine transmissible; et, par rapport à la personne publique fondatrice de la caisse, parce que tenue à constituer un capital dont le revenu doit être égal au 1/8 ou au 1/6 de la somme des traitements payés aux titulaires de la caisse et responsable, en vertu de la loi, de la situation financière du fonds des retraites. Du second l'apparent mérite de constituer un avantage sans maximum déterminé, suivant la progression annuellement constatée sur les livrets, n'eût été pratiquement réel que du fait de la clause, insérée en beaucoup de règlements, fixant un minimum à la rente perpétuelle lors de sa remise à l'employé; le grief lui est souvent fait de n'être pas favo-

rable à la stabilité du personnel, d'être donc illusoire pour les fonctionnaires, et préjudiciable aussi aux finances des collectivités; souvent la modicité des pensions apparut et détermina les caisses, soit à bonifier les comptes individuels, soit à établir des minima à la quotité des retraites : mesures plutôt contraires aux principes de l'organisation à livrets individuels.

II. — *Les conditions d'âge et de services.*

921. — *A.* Le mot vaut d'être pris en son sens strict, et le droit à pension d'être affirmé comme pratiquement indépendant de l'état des fonds de la caisse : Cons. d'Et., 23 décembre 1898, Duchêne, Leb. chr., p. 847, S. 01.3.56, D. 00.3.40, et des caprices ou des appréciations de l'administration, alors même que figure aux règlements quelque formule d'apparence potestative comme « la pension pourra être accordée » : dès lors que l'employé tributaire de la caisse réunit les conditions d'âge et de services requises par le règlement, il possède un véritable droit et en peut poursuivre la réalisation : 6 mai 1865, Ville de Nancy, p. 517; — 9 décembre 1892, Bories, p. 884, S. 94.3.101, D. 94. 3.19; — 23 décembre 1898, précité.

922. — Ces conditions sont, dans le principe, reproduites du droit commun :

Quant à l'*âge*, encore que souvent elle ne soit pas spécifiée dans les règlements : en pareille hypothèse, il est de coutume administrative de recourir au D. 4 juillet 1806, qui régissait avant 1854 les pensions du ministère de l'intérieur, et auquel le Conseil d'Etat s'est efforcé de ramener les statuts des caisses;

Quant aux *services*, malgré que la plupart aient exigé moins d'années que la loi de 1853 ou de 1924 : ce détail mis à part, la règle de l'effectivité, de la seule computation des services effectivement rémunérés et rendus, dans les conditions fixées par le règlement (Cons. d'Et., 2 août 1927, Abougit, Leb. chr., p. 909; — 22 janvier 1930, Paris, p. 90), donc à l'exclusion du temps de congé sans traitement (19 décembre 1884, Veyssière, p. 923; — 28 juin 1895, Brée, p. 545, S. 97.3.116, D. 96.3.60; — 18 juillet 1923, Gilbaud, p. 585), ou de mise en disponibilité (1er décembre 1882, Jeanrenaud, p. 975, D. 84.3 2), n'est que consécration de la jurisprudence du Conseil d'Etat. C'est le *de eo quod plerumque*, l'équité retrouvant la place qui lui convient dans l'attribution de pensions exceptionnelles sur la base d'une liquidation proportionnelle, aux employés rendus par des accidents ou des infirmités incapables de continuer le service ou privés de leur emploi par quelque accident ou arbitraire de la volonté administrative; en ce cas aussi, les solutions communes ont fait autorité : appréciation de la gravité des accidents ou infirmités de service au moment de la mise à la retraite, abstraction alors faite d'améliorations ou aggravations ultérieures : 17 décembre 1897, Aubinel, p. 804, D. 99.3. 91 ; — 23 juillet 1930, Dubois, p. 777; ouverture des droits aux ayants cause, 29 juin 1932, Froye, p. 645, même après un arrêté préfectoral ayant liquidé la pension de l'employé décédé en activité des suites d'un accident ou d'une infirmité résultant notoirement de l'exercice des fonctions : Cf. 8 août 1892, Ville de Marseille, p. 712, S. 94.3 77, D. 99.3.112; — 18 janvier 1933, Toban; 1er mars, Collombat; 21 juin, Roudepierre, p. 72, 257, 666. — Par contre, deux situations s'y rapportent, sinon inédites et inabordées dans les règlements des caisses, du moins complexes, l'une débordant le cadre des pensions d'ancienneté, l'autre ayant engagé un mouvement réglementaire et jurisprudentiel :

923. — *a)* Celle de la *suppression d'emploi* ayant accompagné ou précédé la réforme du fonctionnaire, d'une part. La prévision d'une retraite exceptionnelle après semblable mesure dictée par des considérations politiques ou administratives semble avoir été une innovation du règlement de la caisse de la ville de Saint-Etienne : disposition de faveur, qui offre de l'utilité pour le bon recrutement des services municipaux, mais qui eût été dangereuse si, pour éviter des abus évidents, elle n'avait été et n'est conditionnée par l'exigence d'un certain nombre d'années de services, d'une période correspondant au moins à la durée de deux municipalités : Cf. Dalloz, *Suppl.*, XII, v° *Pensions*, n° 360, p. 779 ; faute de quoi, il n'y aurait pour les intéressés ni pension : Cons. d'Et., 21 mai 1880, Bègue, Leb. chr., p. 472, D. 81.3.52; ni rétroactivement, au cas de suppression d'emplois antérieure à la promulgation de la loi du 12 juin 1929, droit au bénéfice de l'art. 2 de cette loi : 6 janvier 1932, Rochemulet, p. 10; ni même remboursement des ci-devant retenues, lesquelles, attribuées à la caisse des retraites, né souffrent aucun détournement de destination : 13 mai 1892, Richard, p. 437, S. 94.3. 38, D. 93.3.76. Rpr. Cons. d'Et., 13 décembre 1889, Cadot, p. 1148, S. 92.3.17 av. note Hauriou, D. 91.3.41.

Tout, au surplus, en la matière est de droit étroit : la notion même de suppression d'emploi, en tant que celle-ci est et désigne plus qu'une mesure de réorganisation ou transformation interne de bureaux ou de services : 8 août 1888, Fages, p. 747 ; — la nature du droit à pension pour cause de suppression d'emploi : droit réel, en ce sens qu'il est, non inhérent à la personne, mais dépendant d'une situation, naît avec l'absence d'emploi, cesse et donne lieu à un droit d'ailleurs nouveau dans l'hypothèse inverse : 28 novembre 1861, Liskcune, p. 847, S. 62.2. 495, D. 66.5.347. Rpr. 12 décembre 1928, Clause, p. 1296 ; — les modalités de sa mise en œuvre : tandis que des assemblées (Cons. gén. Var, 10 décembre 1929 ; Cons. mun. Toulouse, 9 décembre 1927) décidaient de faire application aux agents retraités de la révision et des règles de péréquation prévues pour le personnel de l'Etat par les lois du 14 avril 1924 et du 27 décembre 1927, surgit la question des éventuelles assimilations des emplois supprimés : il était dans l'esprit des auteurs, tout au moins dans la ligne des décisions, de ne point exclure du bénéfice de la révision les anciens employés dont la place fut supprimée postérieurement à leur admission à la retraite ; l'interprétation, plus exactement l'adaptation de l'art. 94 al. 3 appelait des assimilations de ces emplois avec les existants, la compétence des assemblées pour les régler sans que, de principe, l'opportunité en puisse être discutée devant le Conseil d'Etat statuant au contentieux : 24 juin 1931, Maure, p. 681 ; — 17 mars 1932, Marly, p. 337 ; — 15 novembre 1933, Cauazzi, p. 1048 ;

924. — *b)* Celle de la *pluralité des services* et de leur éventuelle combinaison, d'autre part :

α) Dans le département ou la commune même à qui appartient la caisse de retraites. Hypothèse simple, pour laquelle devaient aisément trouver leur application :

L'usage, consacré en fait par la plupart des règlements ou suppléé par simple référence à l'art. 8 D. 4 juillet 1806 : Cons. d'Et., 23 juin 1838, Bouteille, Leb. chr., p. 157 ; — 21 mars 1844, Paulin, p. 159, d'admettre pour la liquidation de la pension d'ancienneté, soit les services militaires : Av. Cons. d'Et., sect. fin., 12 novembre 1879. — même accompli avant l'âge de 21 ans : 30 mars 1927, Eusèbe, p. 414 ; — 8 décembre 1926, Vallée, p. 1075; — 12 novembre 1930, Marc'hadour, p. 928, s'il n'est dans le règlement quelque restriction expresse à cet égard ; — soit les services rendus (à dater de la titularisation de l'agent : 24 juin 1931, Guldenfels, p. 681) dans d'autres administrations tributaires de la caisse, à la condition d'une durée plus ou moins longue de services dans le département ou la commune qui doit éventuellement servir la pension : 27 mai 1898, Baudassé, p. 433, S. 1900.3 63. L'art. 3 L. 20 avril 1920 (S., *L. ann.* 1923, p. 1171, note 9) l'a institué en règle, attachant à toute mutation d'un département en un autre, quels que fussent à cet égard les statuts de leurs caisses de retraite, cet effet d'affilier le fonctionnaire en cause à la caisse de ce dernier et d'entraîner le transfert des retenues ci-devant subies, les services rendus dans les diverses préfectures et sous-préfectures devant être totalisés en fin de carrière pour l'ouverture du droit et la liquidation de pension. Enfin des lois se succédant l'ont généralisé en l'appliquant, à la façon de celle du 9 juillet 1935, la plus récente (*J. off.*, 11 juillet ; *Lois nouvelles*, 1935, III, p. 575), relative à la pension et à la liquidation de la pension des cantonniers départementaux et communaux, ramenée au régime de la loi du 21 mars 1928, pour liquider selon cette loi les années passées au service de l'Etat et celles des services locaux d'après le statut particulier des caisses du département ou de la commune dont relevait l'agent, et par là-même les répartir entre l'Etat et la collectivité locale d'après leur système de retraites respectif ;

Et l'idée première que, les règlements locaux des caisses de retraites communales n'étant point, aux termes du décret de 1852, à la pleine discrétion de l'autorité municipale, celle-ci, impuissante à les modifier non moins qu'à les établir, ne saurait faire souscrire validement et de soi seule à ses employés des renonciations plus ou moins amples à l'usage susdit : 25 mai 1894, Colin, S. 96.3.82, D. 95.3.55.

925. — Une proposition du groupe des maires à la Chambre des députés, adoptée le 12 juin 1923, *J. off.*, Déb. parl., p. 2477, lors de la discussion de la loi du 14 avril 1924, tendant à l'organisation d'une « caisse centrale des retraites des employés des départements et des communes destinée à leur permettre de passer d'un service départemental dans un autre service communal ou départemental sans perdre le bénéfice de la retraite », reprenait ainsi la formule de la Caisse intercoloniale, — à cela près, en vérité, qu'abandonnant le principe (art. 72 L. 1924) de l'obligation, elle n'imposait l'affiliation qu'aux collectivités n'ayant pas déjà organisé des caisses pour leur personnel et ouvrait aux autres un droit d'option, sous réserve, si elles préféraient garder leur caisse, d'en modifier les statuts de manière à assurer aux bénéficiaires des avantages au moins égaux à ceux prévus par les dispositions en perspective. Ce système de « communication intégrale », maintenu dans le projet modificatif déposé au Sénat (20 mars 1929, annexe nº 290, Déb. parl., p. 273), semble y avoir été écarté dans la discussion du budget de 1932, motif pris de la charge, proche de 500 millions, devant résulter pour l'Etat de l'ensemble de la réforme (Déclar. Schrameck, rapporteur du budg. min. intér., 26 mars 1932, *ib.*, p. 614), et la suggestion a été offerte aux « collectivités intéressées et syndicats de fonctionnaires » d'examiner les modalités à employer pour la fin en cause « avec le jeu de la loi sur les assurances sociales ». Cf. O. Dupond, *L'interpénétration des services publ. généraux et locaux au point de vue des droits à pens. de retr. des fonctionn. et agents*, dans *Rev. de sc. et législ. fin.*, XXX, 1932, p. 436 sv.

926. — *β)* Dans des administrations non tributaires de la caisse : éventualité où les intérêts s'affrontent, en outre de cette circonstance de fait, conséquence presque nécessaire de l'avancement, que mettre à la charge de la dernière administration l'ayant employé la pension intégrale, sans aucun reversement de retenues, de tout agent venu de l'extérieur finirait par faire supporter aux mêmes départements la charge à peu près entière des retraites. Pour y obvier, une clause fréquente des règlements fut de ne compter les services extérieurs qu'après un nombre déterminé d'années dans les cadres de la personne publique éventuellement débitrice de la pension : clause grave, affectant non seulement le calcul du taux, mais aussi l'ouverture du droit à pension. et donc exigeant du fonctionnaire reconnu inapte à reprendre son service l'accomplissement de la condition des années de service : Cons. d'Et., 1er juin 1933, Ernst, Leb. chr., p. 602. La ventilation entre les services de ceux susceptibles de pouvoir ainsi être pris en considération fournit un premier champ à la controverse. Il était simple d'exclure ceux des employés rétribués, non sur les fonds d'une caisse publique, mais du fonctionnaire (receveur ou trésorier général) les occupant à son office et les rémunérant de ses deniers ou d'un abonnement sans contrôle : Circ. min. intér. 8 avril 1846, D. 46.3.183. — Cpr. Cons. d'Et., 28 novembre 1867, Guibert, Leb. chr., p. 883 ; — 2 février 1933, Lamberth, p. 151 ; les complications et difficultés pour déclarer la clause certainement applicable, augmentaient — du cas des directeurs d'école ou instituteurs publics : 18 novembre 1858, Ville de Reims, p. 653, S. 59.2.459, D. 59.3.57…; — 4 juillet 1884, Bussereau, p. 568, S. 86.3.1…; — 15 juillet 1898, Mantoz, p. 552, S. 01.3.9, D. 99. 3.109; — à celui des employés des bureaux de mairie : 24 janvier 1867, Lostende, p. 100, alors que ceux-ci ne constituent point, en vérité (Cf. observ. min. intér. dans l'aff. Fabre, Leb. chr., 1846, p. 209), des administrations publiques au sens des dispositions constitutives des caisses de retraites ; — ou encore, en continuant la série des exemples sans prétendre du tout l'épuiser, celui des directeurs ou médecins des asiles d'aliénés, pour lesquels, sur la demande du ministère de l'intérieur, à titre de réciprocité entre les départements, a été insérée dans la plupart des règlements une clause conditionnant la conservation de leurs droits à pension, au travers de leurs changements d'emplois et de résidence, à la translation des retenues, perçues par les caisses des départements où ils sont successivement appelés : Av. Cons. d'Et., sect. fin., 23 mai 1877 et 5 août 1878; — 2 juillet 1880, Départ. de l'Orne, p. 635, D. 81.3.52.

927. — En tout cas, qu'il s'agisse de services militaires ou de services rendus dans une administration publique quelconque, il semble qu'existe une impossibilité infrangible, découlant de la logique et de l'équité, tenant de la nature des choses et se réduisant à une question, non de cumul, mais de double emploi : celle de la rémunération de pareils services par deux pensions distinctes sur des caisses de retraites différentes : Cf. Concl. L'Hôpital s. Cons. d'Et., 17 janvier 1861, Cluzel, Leb. chr., p. 36. — Les arrêts demandent, quant à ce, c'être rapprochés avec grande circonspection. Les premiers son. d'une netteté tranchante, pour faire saillir la règle que les services rendus dans d'autres administrations publiques ne sauraient valoir pour pension sur une caisse départementale ou municipale que s'ils ne sont pas déjà récompensés, et en ce cas que, s'ils peuvent compter pour constituer le droit à pension, ils ne doivent pas entrer en sa liquidation : 16 janvier 1874, Ville de Lyon, p. 53, D. 74.3.401; — 31 mai 1889, Moreau, p. 682, S. 91.3.70, D. 90. 3.98. Tout bref qu'il fût, celui du 1er avril 1881, Dagier, p. 386, D. 82.5.314, par là-même qu'il refusait à un employé investi d'une pension du département, où il avait d'abord servi la faculté d'y renoncer pour faire liquider sur la totalité de ses services la pension à la charge du département où il fut en dernier lieu, paraissait bien encore contester et repousser la possibilité d'une demande de liquidation dans chacun des deux départements, sauf à choisir ensuite la plus favorable. La contradiction n'est qu'apparente de celui du 26 juin 1891, Dutey, p. 491, D. 92.3.116 : la théorie de la double pension n'y est que forcée par un article de règlement (Départ. de l'Allier, 25 août 1888) l'admettant, par mesure transitoire, à l'égard d'employés tributaires de la caisse départementale depuis un nombre d'années fixé au minimum. Par contre, « le droit de cumuler intégralement ses deux pensions » est affirmé par l'arrêt du 27 janvier 1926, Duhamel, p. 89, pour le titulaire d'une pension inscrite au Trésor public et d'une pension municipale, par un motif, qui paraît avoir déterminé aussi celui du 21 décembre 1931, Pasquier, p. 1148, tiré de la spécialité des clauses des règlements municipaux de retraite, d'une part, et, d'autre part, de l'application réservée aux pensions « inscrites au Trésor public » de tels ou tels textes, art. 10 L. 25 mars 1920 (calcul de la majoration) ou 62 al. 2 L. 14 avril 1924 (interdiction du cumul des pensions acquises dans le même emploi); peut-être n'y étaient traitées que la question du cumul, autre que celle engagée dans la discussion, et celle de l'impénétrabilité des législations, et la conciliation se ferait-elle utilement grâce à l'arrêt du 8 mars 1926, Elissalde, p. 236, qui, admettant une prétention conjointe à garder une pension sur le Trésor et faire liquider une pension sur une caisse de retraites de la Ville de Paris, réservait le droit de celle-ci « à exercer contre l'Etat tel recours que de droit pour être indemnisée » de la charge résultant pour elle d'une disposition législative (L. 7 août 1913) expresse.

928. — *B.* Les conditions d'âge et de services remplies, le droit à pension est ouvert, et il n'est pour le mettre en échec que condamnation, démission ou révocation, destitution ou remplacement du fonctionnaire : causes de perte du droit spécifiées en général par les règlements des caisses, irrémédiables dès lors qu'elles sont définitives : Cf. Concl. Gomel s. Cons. d'Et., 27 novembre 1885, Lacombe, Leb. chr., p. 891, S. 87.3.32, D. 87.3.33; — Cons. d'Et., 29 juillet 1887, Walteville, p. 614, D. 83.3.413. C'est sur ce caractère définitif qu'ont appuyé à juste titre les décisions du Conseil d'Etat : en cas de démission (Cf. Avis 17 novembre 1841), pour l'induire d'une cessation volontaire des fonctions, après ou nonobstant l'envoi par l'employé et le rejet par la municipalité de demandes de congé renouvelable non suivies d'invitation à remettre les commissions : 29 juin 1927, Nivoit, p. 732; — de condamnation ou de révocation, pour étendre la prévision toute simple du règlement et les suites de la sentence judiciaire ou de la décision administrative même aux agents qui, au moment où une faute, de la nature d'un détournement de matières ou de deniers ou d'inconduite, était relevée contre eux, avaient l'âge et l'ancienneté de règle pour la concession d'une pension : 11 juin 1926. Cavailler, p. 596; — 23 mai 1928, Molinier, p. 673. — Le cas de la révocation, en vérité, est délicat, par le risque qu'il ouvre de privation par une mesure arbitraire des avantages acquis à la suite de services parfois longs : la seule garantie est celle du contentieux de l'excès ou du détournement de pouvoir; la disposition de certains règlements, maintenant le droit à pension à l'employé contre lequel aucune faute n'est relevée, victime de mesures de nature ou de fin politique, est, à tous égards, exceptionnelle, inextensible : 23 novembre 1877, Crochez, p. 920, D. 79.5.314; — 21 mai 1889, Bègue, p. 472, D. 84.3.52.

929. — *A. L'admission à la retraite* en constitue le premier stade. Elle est, en règle, de la compétence de l'autorité investie du droit de nommer à l'emploi ou d'en désinvestir : le préfet, à l'égard des employés départementaux, là même où, antérieurement au D. 7 décembre 1896, elle devait être prononcée par décret; le maire ou le préfet, pour les employés communaux, dans le silence du règlement, selon que la nomination ou la révocation dépend de l'un ou de l'autre. Cette manière de traiter les choses, discutée à l'égard des receveurs municipaux, ou plutôt traitée sans aucune différenciation des cas, sous le couvert de l'art 156 de la loi municipale du 5 avril 1884, a été mise au point dans une Circ. min. intér., 19 décembre 1891; *Bull. min. inter.*, 1891, p. 248 : la compétence demeure aux préfets dans les communes ayant un revenu supérieur à 500.000 francs, mais au-delà passe au président de la République statuant par décret sur la proposition du ministre des finances; rien n'est plus indiqué : de ce que le D. 25 mars 1852 appelait les préfets à régler les pensions des receveurs municipaux sur les caisses de retraites communales ne résulte point un lien, une corrélation avec le droit d'admettre un employé à la retraite; il y a entre les deux offices toute la distance d'une simple mise en œuvre des dispositions statutaires touchant les rapports d'ordre entre l'administration et ses agents et d'une appréciation de la convenance de maintenir ou licencier un de ces agents eu égard à ses facultés physiques ou intellectuelles et à sa manière de servir; or ce deuxième relève essentiellement et uniquement de l'autorité investie du droit de nommer ou révoquer. C'est donc à elle, et à elle seule, et non point directement au Conseil d'Etat au contentieux, que doit être adressée la demande en concession de pension : Cons. d'Et., 31 décembre 1878, Duval, Leb. chr., p. 1127; — 4 août 1926, Loubière, p. 852. — Au préfet donc il appartient de statuer et d'émettre en la matière la décision formelle, susceptible — à la différence d'une lettre ministérielle informant un employé communal de l'invitation donnée au préfet de l'admettre à faire valoir ses droits à la retraite : 7 février 1890, Lauze, p. 135, S. 92.3.62, D. 94.3.78 — de faire grief et, pour ce, d'être déférée au Conseil d'Etat.

930. — *B.* La *liquidation* est la seconde. Opération mal qualifiée, qu'il s'agit des décisions intervenant ou de l'instruction les préparant, de « mesures et actes de pure administration » : Cass. civ., 5 août 1874, Caron; S. 75.1.261, D. 75.1.58, alors qu'elle est par son objet ou sa nature la mise en œuvre de règlements administratifs, en relation étroite avec des actes de puissance publique et d'autorité hiérarchique, et source du contentieux administratif, de même qu'il en est pour les pensions de l'Etat (Laferrière, t. 2, p. 234). Sur un point seulement l'identification avec celles-ci est en défaut : une condamnation aux dépens est, pour les contestations de la matière, possible contre les administrations départementale et communale : Cons. d'Et., 1er août 1867, Barrabé, Leb. chr., p. 729; — 24 janvier 1879, Départ. de la Seine-Inférieure, p. 76 : l'art. 2 D. 2 novembre 1864, relatif à celles de l'Etat, ne les englobe pas. Au demeurant, il n'y a de condamnation aux dépens que si des conclusions l'ont demandée, les droits de timbre et d'enregistrement étant les seuls auxquels elle puisse s'appliquer, parce que les seuls susceptibles d'être taxés en matière de pension.

931. — 1.° La compétence pour y procéder n'a que pour les pensions départementales donné lieu à quelques fluctuations utiles à résumer :

a) Originellement un avis du Conseil d'Etat, approuvé par l'empereur, et ayant ainsi obtenu force de loi, avait étendu l'autorité du D. 4 juillet 1806, sur les retraites du ministère de l'intérieur; au regard de tous les employés qui, sans être directement rattachés à celui-ci, relevaient d'une administration départementale ou municipale; or, l'art. 6 du décret remettait le règlement des pensions à un décret rendu sur la proposition du ministre et l'avis du Conseil d'Etat. L'art. 4-14° L. 10 mai 1838, qui appela les conseils généraux « à délibérer sur l'établissement et l'organisation des caisses de retraites », ne changea rien à la liquidation, en sorte que les statuts de presque toutes les caisses départementales le firent dépendre, à peine d'annulation : Cons. d'Et., 11 janvier 1866, Départ. de la Haute-Marne, Leb. chr., p. 19, S. 66.2.370, D. 66.3.71. Cf. 29 août 1865, Départ.

de la Meurthe, p. 884, d'une décision de l'exécutif, le Conseil d'Etat entendu, après proposition des préfets, avis du conseil général et rapport du ministre de l'intérieur. L'art. 46 L. 10 août 1871 ayant apporté aux conseils généraux le droit de statuer définitivement sur « l'organisation » des caisses et, pour autant, d'en fixer dorénavant les règlements, la question fut agitée, en doctrine, de savoir si son texte et son esprit permettaient aux conseils de s'attribuer à eux-mêmes le droit de concession jusqu'alors réservé au chef de l'Etat : Note s Cons. d'Et., 28 juillet 1882, Arnozan, Leb. chr., p. 731; Concl. Chante-Grellet s. 4 juillet 1884, Bussereau, p. 568, S. 86.3.24, D. 86.3.1; Brémond, *Examen doctrinal*, dans *Rev. crit. de législ. et jurispr.*, XXX, 1901, p. 7; en fait, à en juger selon renseignements fournis en 1882 par le ministère de l'intérieur à l'occasion de l'affaire portée devant le Conseil d'Etat, 21 assemblées départementales seulement étaient, au 30 septembre 1881, entrées dans cette voie et usaient de la faculté que leur reconnaissait plutôt la Circ. min. 8 octobre 1871 et la jurisprudence du Conseil d'Etat. Un D. 7 décembre 1896, rendu sur proposition de la commission de décentralisation instituée l'an d'avant (Circ. min. intér., 12 décembre 1886, *Bull. min. intér.*, 1896, p. 473), étendu à l'Algérie par D. 22 mars 1897, ayant transmis aux préfets le pouvoir de liquider les pensions payables sur les caisses départementales ou les budgets départementaux, la question surgit de son application aux cas mêmes où des délibérations spéciales des conseils généraux avaient désigné expressément le chef de l'Etat comme liquidateur : son texte paraissait n'avoir visé que la ci-devant compétence du président de la République d'après la loi générale; néanmoins il n'était point assez formel pour fonder une distinction, qui n'avait, d'ailleurs, point de raison d'être : 3 février 1899 (sol. implic.), Chiroux, p. 96, S. 01.3.86, D. 00.3.40.

932. — Depuis cette date donc, les conseils généraux n'interviennent plus que dans l'hypothèse, rare, où le règlement de la caisse départementale leur a réservé le pouvoir de liquider ou concéder les pensions (eux-mêmes ou par délégation, art. 77 L. 1871, spéciale en chaque affaire : Av. Cons. d'Et., sect. fin., 2 février 1876), — et dans celle, plus commune, où, faute de leur conférer un droit de décision, il les appelle à donner un avis. Du point de vue contentieux, les choses sont en l'un et l'autre cas sur un plan bien différent, mais non moins simple, pour les cas du moins où les textes ont ainsi caractérisé le rôle du conseil général dans l'œuvre de liquidation. — Le premier cas fut le plus long à fixer : reconnaître ou prêter à la délibération de l'assemblée départementale nature des délibérations définitives de l'art. 46 L. 10 août 1871 aboutissait à n'ouvrir contre elle que la voie du recours pour excès de pouvoir et, au cas d'annulation de la délibération portant liquidation, si le conseil général maintenait sa délibération ou refusait la liquidation, à laisser l'administration supérieure sans pouvoir de contrainte. Le Conseil d'Etat, revenant sur ce qui fut ou paraissait sa jurisprudence : 28 juillet 1882 (sol. implic.), Arnozan, et revendiquant pleinement compétence sur les contestations relatives à l'application des statuts de la caisse des retraites des employés entre un département et l'un de ses agents : 4 juillet 1884, Bussereau, p. 568; — 26 juin 1891, Dutey, p. 491, a, en une série heureuse, assigné aux délibérations de l'espèce caractère de véritables décisions et ouvert contre elles le recours contentieux, alors même qu'elles auraient dû être, avant ou après le décret de 1896, suivies d'un décret ou d'un arrêté préfectoral : Brémond, *loc. cit.*, p. 8; — 19 mai 1893, Marijon, p. 432; — 23 décembre 1898, Duchêne, p. 847, S. 00.3.56, D. 00.3.39. Rpr. 3 février 1899, Chiroux, précité. — Le deuxième cas ne comportait guère controverse ni doute : l'avis émis par le conseil général ne lie pas l'agent liquidateur : en tant qu'il a nature, non de décision, mais de mesure d'instruction, il ne comporte pas la voie contentieuse au Conseil d'Etat et, par contre, ne fait pas obstacle à ce que l'intéressé, s'il s'y croit fondé, forme recours au ministre de l'intérieur à fin de liquidation de la pension à laquelle il prétend avoir droit : 26 novembre 1875, Mogis; 3 décembre, Glaligny, p. 945, 976; — 27 décembre 1889, Giroud, p. 1222, S. 92.3.36, D. 91.5.392; — 2 mai 1890, Hérard, p. 446; — 11 mars 1892, Favrot; 9 décembre, Bories, p. 884, S. 94.3.20, 101, D. 94.3.19; — 22 juin 1894, Bréa, p. 422...; — 6 mai 1931, Mounier, p. 487. — De façon générale donc, la liquidation est l'œuvre des préfets, et la voie contentieuse accordée contre elle aux intéressés, tout comme elle l'était au

temps antérieur à 1896 où, aux termes des statuts de la caisse départementale, cette liquidation procédait par décret du chef de l'Etat : Cons. d'Et., 24 juin 1881, Bougard, p. 650, D. 82.3.51; — 16 décembre 1887, Rebière, p. 883, D. 89.3.14; — 24 février 1888, Ville de Lyon, p. 200, D. 89.3.44; — 23 décembre 1898, Duchêne, précité... Rpr. 23 juillet 1929, Falcon, p. 799; — 19 mars 1930, Lentourne, p. 319.

933. — *b*) Le régime pour les pensions communales, la compétence du préfet, la recevabilité de la voie contentieuse, n'a guère, au contraire, fait l'objet d'utile contestation : le tableau A nº 28 annexé au D. 25 mars 1852 faisait de la concession des pensions de retraite sur les caisses communales une prérogative du préfet et lui constituait non moins une obligation, de telle manière qu'il en ramenait la décision aux règles communes et à l'assimilation établie, quant aux recours de droit, de la méconnaissance par une autorité de ses pouvoirs au véritable excès de pouvoir : Cons. d'Et., 15 janvier 1875, Larralde, p. 50, S. 76.2.277, D. 75.3.94. La contestation la plus grave en fut faite après la modification en 1872 du droit municipal de Lyon, pour revendiquer au profit du maire de cette ville l'attribution de liquidation de la pension des employés communaux conférée par l'art. 13 du règlement de la caisse des retraites (D. 19 octobre 1868) au préfet du Rhône chargé en ce temps de l'administration de la ville. Le décret de 1852 ayant force de loi ne pouvait souffrir une prétendue dérogation de celui de 1868 : Cf. Cons. d'Et., 16 janvier 1874, Ville de Lyon, p. 53, D. 74.3.102. — La règle est ainsi restée et demeure indemne, lors même qu'une proposition du maire et l'avis préalable du conseil municipal sont réservés ainsi qu'il en est en maints règlements : cet avis ne lie aucunement les préfets; la délibération du conseil municipal, non plus qu'une réponse du maire à la réclamation de l'employé, ne constitue pas une décision en matière de pension susceptible d'être déférée au Conseil d'Etat : Circ. min. intér., 5 mai 1852 et 15 mai 1884, *Bull. min. intér.*, 84, p. 297; Av. Cons. d'Et., sect. fin., 3 août 1888, 17 juillet 1860, 3 août 1878, D. 89. 3. 44; Observ. min. intér. s. Cons. d'Et., 1er décembre 1882, Jeanrenaud, p. 975; — Cons. d'Et., 7 février 1890, Lauze, p. 135, S. 92.3.62, D. 91.3.78; — 2 mai 1890, Hérard, p. 446; — 11 mars 1892, Favrot, p. 269, S. 94.3. 20; — 18 avril 1923, Duval, p. 327; — 7 janvier 1925, Wante; 4 mars, Marsan, p. 14, 235; — 28 avril 1926, Nivoit; 7 juillet, Delpierre, p. 416, 695; — 29 février 1928, Canteau, p. 291; 4 juin, Caussade, Cherrier, p. 591, 1149; — 17 mars 1932, Marly; 23 décembre, Ricard et Josse, p. 337, 1137. — Une réclamation contre les bases de la liquidation ne saurait donc être adressée au maire, parce qu'incompétent; faute de qualité pour y statuer, celui-ci la devrait transmettre au préfet, qui a seul pouvoir de décider : 24 avril 1931, Lamarque, p. 441; — 23 décembre 1932, Ricard et Josse, précité.

934. — A la vérité, les pourvois au Conseil d'où est née cette jurisprudence furent presque toujours dirigés contre des décisions ministérielles confirmatives d'arrêtés préfectoraux de liquidation. Pourtant, antérieurement même à l'arrêt de principe, 24 juin 1881, Bougard, av. concl. Gomel. Leb. chr., p. 650, S. 82 3.48, D. 82.3.51, le Conseil d'Etat avait été convié à statuer directement sur les recours formés contre des arrêtés préfectoraux non déférés préalablement au ministre de l'intérieur, et ayant, par exemple, alloué à des employés communaux des pensions jugées trop élevées par les conseils municipaux : 12 août 1868, Pestiaux, p. 913; — 7 avril 1869, Ville de Nîmes, p. 326; — 16 janvier 1874, Ville de Lyon, précité. Cpr. 20 mars 1862, Ville de Châlons-sur-Marne, p. 234, S. 63.2.92, D. 65.3.65. La voie directe est de toutes façons indiquée, par l'esprit de la loi du 28 pluviôse an VIII touchant la séparation de principe de l'action et de la juridiction administrative, par la nature des choses et le caractère d'actes d'administration inhérent aux décisions préfectorales et ministérielles en la matière : Concl. Le Vavasseur de Précourt s. 30 avril 1880, Harouel, p. 419 : l'attribution conférée aux préfets par le nº 38 du tableau A annexé au décret de 1852 n'a rien qui la différencie des autres purement administratives, dévolues par les décrets de décentralisation; au reste, il n'y a de litige que si le préfet, en effectuant la liquidation, le refusant ou la minimisant, porte atteinte à un droit privé, à ce que la partie requérante considère comme son droit : Cf. les concl. Gomel, précitées; E. Artur, *Séparat. des pouvoirs et des fonctions*, dans *Rev. du dr. publ.*, XIV, 1900, p. 477-482.

935. — 2° Considérée en ses bases et sa procédure, la liquidation reste déterminée ou influencée par les clauses statutaires des caisses, telles que la réglementation en est en vigueur au moment de l'ouverture du droit à pension : Cons. d'Et., 12 avril 1930, Laurensan, Leb. chr., p. 478, et, à leur défaut ou pour leur complément, par les solutions générales en la matière. L'observation s'impose quant à la procédure; d'où, le défaut de décisions pour la confirmer; au contraire, celles-ci furent utiles, s'agissant des bases mêmes, de la détermination du traitement moyen et des allocations de nature à entrer dans sa composition. La perspective est large et nette :

936. — Sur la ligne du traitement : les traitements réglementaires, seuls, mais pour le tout, doivent être pris en considération : Cf. 16 janvier 1874, Ville de Lyon, p. 53 ; c'est logiquement poser que tout supplément de traitement touché sur des fonds d'abonnement, en dehors des conditions ordinaires, ne saurait être utilisé à élever le chiffre du traitement moyen assigné pour base à la pension : 24 janvier 1879, Glatigny, Leb. chr., p. 76, D. 79.3.59; mais c'est pratiquement engager aussi la question des allocations à faire entrer en compte : traitement éventuel…, préciput…, remises proportionnelles…, avantages en nature…, indemnités fixes, sujettes à retenues et payables à des termes déterminés…, indemnités de fonctions créées à titre provisoire en vue d'assurer aux cadres supérieurs une compensation à la faiblesse de la majoration des traitements antérieurs; or, une solution uniforme répugne à cette variété de dénominations et d'objectifs.

Sur le plan luxuriant des allocations : la jurisprudence n'a pas sans cesse donné une interprétation rigide, écarté à tous coups la vue et le caractère d'un traitement éventuel, évité les différenciations. L'exclusion des gratifications et des remises proportionnelles ne fut peut-être, à bien considérer l'arrêt Cons. d'Et, 9 avril 1897, Valade, Leb. chr., p. 320, D. 98.5.467, qu'un moyen de préciser l'expression traitement fixe, au sens de traitement invariable; semblable interprétation, moins ménagère sans doute des charges communales qu'une autre plus stricte, détournerait d'une affirmation hasardeuse de revirement de la jurisprudence, en même temps que ou parce qu'elle laisse entière la question de l'inclusion possible dans le calcul du traitement moyen sur lequel doit se liquider la pension. De vieille date n'étaient point considérées comme simples gratifications privées du caractère de traitement éventuel les remises proportionnelles, du genre de celles assurées par nombre de municipalités au contrôleur ou préposé en chef de leur octroi : 28 juillet 1882, Ducourthial, p. 734, S. 84.3.51, D. 84.3.1 ; — 19 février 1869, Chomet, p. 734, S. 37.3.50; ou les avantages en nature, du genre de ceux fournis (Circ. min. intér., 5 janvier 1861) aux directeurs ou employés d'asiles d'aliénés : 6 juillet 1889, Pinot, p. 630, D. 89.3.110; 26 juillet 1895, Reverchon, p. 620, S. 97.3.130, D. 96.5.427 ; celle tradition est continuée : soit par formules générales, pour l'ensemble des avantages et assimilations au profit des employés de monts-de-piété, d'hospices ou bureaux de bienfaisance : 26 décembre 1928, Rousseaud, p. 1357, et le régime des allocations temporaires ou de compléments de pension : 21 décembre 1931, Charrier, p. 1149, — soit par décisions particulières, avantages en nature et quant aux frais de bureau des receveurs des communes, hospices et bureaux de bienfaisance, les frais laissés à la charge des receveurs seraient-ils limités à une certaine quotité de leur traitement : pareille clause a simplement pour objectif de réserver leur recours contre la commune ou l'établissement public, et point du tout l'effet d'attribuer à cette quotité le caractère d'une indemnité à ne point envisager pour le montant de la pension : 20 décembre 1929, Lacaze, p. 1139; et aussi aux indemnités de fonctions : 22 mars 1933, Chrétien, p. 341, de résidence ou de cherté de vie : 10 avril 1930, Lemboulas, p. 420; 24 avril 1931, Lamarque, p. 441, soumises ou du moins non exemptées manifestement de retenues. — à l'exclusion, parce qu'elle n'a pas le caractère d'un traitement ou émolument personnel, d'une indemnité de résidence qui ne serait pas sous réserve du versement des retenues réglementaires, ou de l'indemnité (L. 30 mars 1929) aux fonctionnaires des régions dévastées, et des relèvements de traitements, parce qu'ils ne peuvent être traités que comme complément de pension : 25 février 1925, Fournereaux, p. 187.

937. — Quant à la notion du traitement et des éléments du traitement, il n'est ainsi rien de singulier. Les applications en sont menées dans le même esprit que celles du droit général des pensions, quelque aspect qui en soit mis en cause : la considération et la moyenne des trois dernières années sont gardées avec rigueur, maintenues à l'encontre de l'employé se prévalant d'infirmités souffertes durant la guerre pour écarter la règle sous couleur que ces années ne furent pas les trois les mieux rémunérées : Cons. d'Et., 30 juin 1926, Thibaudeau, Leb. chr., p. 1180, et aussi celle des échelles de traitements adoptées par un conseil comme applicables même aux emplois n'y figurant point : 23 décembre 1932, Ricard et Josse, p. 1137; les énumérations et assimilations prévues au statut pour la solde sont, pour leur part, prises de manière limitative et détournées d'une extension à tous agents quelconques pourvu qu'ils bénéficiassent du même traitement : 23 décembre 1926, Timoteï, p. 1175. Rpr. 10 avril 1930, Martin, p. 433; — 22 juin 1932, Cammas, p. 618…

De même en est-il quant à celle des services entrant en compte, qu'il s'agisse de la titularisation à l'expiration du stage et du report de sa date à la date de l'entrée en fonctions aux fins de versements à la caisse des retraites : 8 novembre 1933, Ben Tata, p. 1021; — de la prise en compte des services militaires pour la seule liquidation de la pension : 25 février 1925, Gras, p. 189 ; et, à concurrence strictement de leur durée, de ceux accomplis en sus de la durée légale : 8 décembre 1926, Vallée, p. 1075 ; — de la lettre même du règlement départemental, et de lui seul, hormis tous recueils publiés à titre de renseignement et dépourvus de valeur réglementaire : 27 juin 1923, Masson, p. 523, quant à l'admissibilité et à la validation pour l'établissement du droit à pension, et non dans la liquidation, de services à titre d'intérimaire dans une administration (enseignement primaire) de l'Etat : 16 juillet 1933, Foucault, p. 775.

938. — C. Opérée sur ces bases, la *liquidation* le doit être en pleine application des règlements départementaux ou municipaux régulièrement approuvés de retraites : Cf. Cons. d'Et., 9 décembre 1925, Dimitroff, Leb. chr., p. 993, hormis donc des règles législatives — à la façon de celle du maximum dans l'art. 33 L. fin. 27 décembre 1927 : 2 juillet 1930, Pierreville, p. 638, ou de la masse à faire, pour le calcul de la majoration, selon l'art. 10 L. 25 mars 1920, de deux pensions fixées sur la même tête : 27 janvier 1926, Duhamel, p. 89, ou de l'institution des charges de famille, ou de la réforme du régime des retraites annoncée à l'art. 70 L. 14 avril 1924 : 16 juillet 1929, Bétemps, p. 728; — 8 décembre 1926, Blazy, p. 1076, — spécialement établies pour les pensions sur les fonds du Trésor et leur devant demeurer propres — sauf entente nécessaire et expresse des conseils généraux et municipaux avec l'autorité centrale : V., à propos des majorations prévues à l'art. 100 L. fin. 31 mars 1932, Circ. min. intér., 31 décembre 1931 et 29 avril 1932, Jur. mun. et rur., 1932, II, p. 31, 131, ou des bonifications pour services de guerre, lesquelles ne sauraient, là où des règlements locaux en ont admis l'octroi, faire aux agents des collectivités, même au cas de relèvement de pension par voie de révision, une situation supérieure à celle des fonctionnaires de l'Etat : Circ. min. intér., 9 février 1934, ib., 1934, II, p. 73. Aussi bien n'est-ce qu'à compter de sa promulgation et pour les seuls employés municipaux ou départementaux encore en service à cette date que vaut et qu'appartient le bénéfice de la loi du 12 juin 1929 leur accordant des compensations en cas de suppression d'emploi : 24 juillet 1931, Snevel; 21 décembre, Videling, p. 860, Table, p. 1442. Au total, le champ ouvert en la matière d'institution et de réglementation des retraites ne manque point d'ampleur. Cf. 18 mai 1927, Chattenol, in pr°, p. 567 : la mesure en serait prise, au besoin, en considérant celle de prescriptions ou défenses législatives, comme celle portée en l'art. 5 L. 21 octobre 1919, d'interdiction aux départements et aux communes d'accorder à leurs personnels en activité ou retraités des indemnités de cherté de vie ou pour charges de famille, d'un taux supérieur à celui des allocations de même nature consenties par l'Etat à ses propres agents; l'interdiction, l'emprise sur les facultés des collectivités, était strictement limitée aux deux types d'indemnités énoncées : 27 janvier 1926; pour l'étendre à celle de résidence, d'ailleurs sans rétroactivité, il a fallu l'ordre spécial du 3° décret-loi 16 juillet 1935.

D. Le *paiement* n'a donné lieu à quelques difficultés et instructions que pour les majorations de pensions : maintes fois, pour l'assurer, les administrations communales employèrent l'imputation des sommes nécessaires sur crédits budgétaires; c'était méthode comptable tout à fait fâcheuse, dès lors que la mesure n'affectait et ne gardait point un caractère essentiellement temporaire et tendait à se substituer au prélèvement, seul régulier, sur le compte hors budget affecté au service des retraites du montant total des dépenses en question. La Circ. min. intér., 31 décembre 1931, *ib.*, II, p. 31, *in fine*, pour régulariser les pratiques, a précisé le rôle à exercer à la Caisse des dépôts et consignations à laquelle les administrations locales doivent verser les sommes par elles allouées aux fins de majoration des pensions de leurs personnels.

939. — 3° La *révision* en est un accident, prévu par quelques règlements, aux fins de faire obtenir à un retraité rentré en service le compte de ces nouveaux services : Cons. d'Ét., 24 février 1888, Ville de Lyon. p. 200. Un avis sect. fin. Cons. d'Ét., 25 août 1877, en admit la possibilité sur demande. sans limitation de délai, par la voie gracieuse; la recevabilité d'une action au contentieux, pour cause d'erreur sur les éléments et dans la liquidation de la pension, ne pouvait faire difficulté : Cf. Cons. d'Ét., 4 juillet 1884, Bussereau. p. 565. S. 86.3.24 ; — 10 avril 1930, Lemboulas, p. 420. D. 86.3.1 ; et il n'est vraiment que de songer aux raisons et exigences de la règle de la décision préalable pour fixer leur portée aux arrêts qui ont repoussé des demandes en révision dans l'hypothèse susdite des services rendus postérieurement à la mise à la retraite, portées devant le Conseil directement, hors une décision ministérielle antérieure de rejet : 21 avril 1893, Zickel; p. 324; S. 95.3.16, D. 94.3.41 ; — 4 mai 1894, Baudassé; p. 314. S. 96.3.72.

940. — Elle est devenue procédure courante nécessaire en plusieurs cas, et du fait des circonstances, telles que majorations décidées. supprimées ou diminuées à toute époque : Cons. d'Ét., 23 décembre 1932. Ricard et Josse, Leb. chr., p. 1137; — 17 novembre 1933, Falcou. p. 1052, et péréquations instituées par voie de disposition générale : 22 avril 1932. Andriol, p. 415. Cf. au titre d'application ou d'exemple. l'arrêté, 7 juin 1924; Direct. Assist. publ. à Paris, approuvé par arr. préfect. 15 juillet 1924, à suite de fusion du service vicinal et de celui des ponts et chaussées, par exemple, amenant liquidation définitive des pensions des agents voyers alors admis à retraite sur la base des traitements afférents à cette même date aux emplois qu'ils eussent éventuellement occupés si leur mise à la retraite n'était intervenue : 4 juin 1926; Chaix. p. 565; — 2 juillet 1929, Delanghe. p. 665 ; — modifications de la hiérarchie ou de l'avancement, du nombre des classes afférentes à l'emploi ou aux emplois occupés par des agents au cours de leurs trois dernières années d'activité, entraînant aussi pour la détermination du traitement moyen servant de base à la révision celle du ou des classes correspondant dans la nouvelle échelle des traitements à celles des intéressés durant la période triennale susdite : 27 novembre 1929, Brandstetter, p. 1036; — 18 mars 1931, Le Fresser; 5 juin: Caussade. p. 303, 591. Elle implique détermination d'après les règles en vigueur lors de la liquidation initiale. en sorte que, de nouveaux règlements intervenus ou de nouvelles créations de classes dans le grade faites postérieurement à sa mise à la retraite. l'un des agents dont s'agit ne fut ou ne serait pas fondé à demander le bénéfice de certaines règles plus favorables (p. ex. une majoration de services dépassant trente ans) dont l'application lui avait été faite dans la liquidation initiale et qui lui ménageraient une pension supérieure à celle d'un agent retraité sous le nouveau régime avec la même ancienneté : 21 mai 1930, Macé, p. 537; — 6 mai 1931. Mounier. p. 487. Rpr. 18 mai 1927, Chattenot, p. 567; — 23 juillet 1931; Ducret. p. 836.

941. — Les dispositions combinées du règlement des retraites et du régime des personnels font loi. en particulier quant aux assimilations suivant lesquelles les décomptes seront établis : Cons. d'Ét., 20 juillet 1929. Delanghe. Leb. chr., p. 665 ; — aux bénéficiaires des relèvements décidés et aux bases de liquidation et de chiffre de la pension nouvelle : 6 mai 1931. Mounier, p. 487; — 26 juillet 1932; Bonnafoux; 26 octobre. Jeanneney. p. 785; 870 ; — à la date au-delà de laquelle doivent être revisées les pensions concédées et, partant; ne peuvent être accordés des rappels d'arrérages : 16 juillet 1929. Bétemps; p. 728. Il appartient aux conseils de déterminer; à leur gré: le point de départ des révisions. Aussi bien le bénéfice de celles-ci à une date antérieure à celle ainsi librement choisie est-il inaccessible; sous prétexte de la conservation d'emploi au-delà de la limite d'âge fixée par les règlements : 14 décembre 1932, Decaulne, p. 1082. Et lorsque, notamment quant aux pensions du personnel de la préfecture de police, des révisions successives ont eu lieu, leur indépendance fut réelle, à défaut de disposition spéciale contraire et affirmée : 7 novembre 1929, Rault, p. 968; d'où a pu suivre le manque de tout rappel d'arrérages, faute de droit à rehaussement de la pension. parce que la révision première annoncée eût abouti à la fixation d'un taux inférieur à celui de la pension dont l'intéressé bénéficiait déjà à cette époque.

IV. — La réversion des retraites.

942. — La perception des arrérages restant dus au décès des pensionnés des caisses par leurs héritiers et ayants cause ne pouvait prêter qu'à une réglementation des formalités à remplir près la Caisse des dépôts et consignations. Cf. Circ. min. intér., 31 décembre 1892, *Bull. min. intér.*, 1892, p. 361. — Le remboursement des retenues prélevées sur le traitement était à tout le moins incertain : la destination et l'affectation des retenues à l'alimentation du fonds de la caisse des retraites le rendaient inconcevable au profit des employés quittant le service sans droit à pension : Cf. D. 4 août 1862, mod. 26 janvier 1870; d'où, une clause de certains règlements, tout exceptionnelle, et ne valant qu'au regard de ceux et des ayants cause de ceux ayant cessé leur fonction à une date postérieure à son vote et approbation : clause de remise, pour les périodes durant lesquelles le traitement fut inférieur aux maxima successifs de l'assurance obligatoire aux retraites ouvrières et paysannes. d'une réserve mathématique égale à celle que l'agent, s'il avait été ou placé sous le régime de cette loi des retraites ou affilié à la caisse des retraites, eût acquise jusqu'à la cessation de ses fonctions; elle fonde ou empêche, selon l'espèce, le remboursement à la veuve de tout ou partie des prélèvements : Cons. d'Ét., 4 août 1926; Loubière. Leb. chr., p. 852. — La réversion du droit à pension a fait l'objet de dispositions dans la plupart des règlements pour les orphelins et la veuve, dès lors que leur auteur avait formé et justifié une demande de mise à la retraite du chef d'ancienneté ou pour infirmité grave : 8 août 1892, Ville de Marseille, p. 713 : — pour les orphelins, selon la tradition de l'art. 15 D. 4 juillet 1806; sauf la cessation (Cf. Lett. min. intér. au préfet du Nord, 25 janvier 1888) en règle, et hormis les cas extraordinaires d'impossibilité à se subvenir, tout au moins à leur majorité; — pour la veuve, aux conditions ordinaires.

943. — Les conditions en sont celles des pensions d'ancienneté ou exceptionnelles (accident de service, acte de dévouement, suppression d'emploi...) : Cons. d'Ét., 9 mai 1879, Legros, Leb. chr., D. 377, D. 79.3.59 ; — 15 février 1889, Ferrand, p. 219, D. 90.3.47; — 5 août 1892, Rousseau, p. 682; — *a contr.* 26 mars 1923, Girard, p. 319 ; — 4 août 1926, Chenard ; 10 novembre, Meiffredy. p. 851, 951 ; — 23 février 1927, Didelot, p. 249; — 29 juin 1932, Froye, p. 645, — sur les bases de la liquidation du fonctionnaire : 16 novembre 1888, Blondel, p. 845, D. 90. 3.3; — uniquement d'après le règlement en vigueur lors de la mise à la retraite ou du décès, fût-il moins favorable que celui sous l'empire duquel fut accompli le temps de service exigé pour l'acquisition du droit à pension : 28 juillet 1882, Arnozan, p. 732, S. 84.3.50. D. 84.3.25, ou plus favorable aux veuves moyennant, par ex., le relèvement du taux normal de la pension par un pourcentage pour chaque enfant mineur non émancipé par le mariage : 2 mai 1890, Mourgue, p. 415. S. 92. 3.96, D. 91.3 301. — Pourtant leur effet demeure incertain sur un point, celui du convol de la veuve : tous les règlements ne sont pas explicites; ne contiennent pas la clause stricte, de retrait ou de suspension de la veuve se remariant, inspirée de l'art. 12 D. 4 juillet 1906; le Conseil d'État consulté sur l'application du texte en la matière des pensions départementales s'y était montré opposé, par une sorte d'argument différentiel, induit de l'al. 3, l'exigence du non-convol étant posée pour le moment de la demande et passée sous silence pour celui postérieur à la liquidation de la pension, et à raison d'une prétendue impossibilité; quelque analogie qui paraisse existe quant au fait lui-même, d'étendre une restriction établie en termes formels pour un seul cas : Av. Comité de l'intér., 11 août 1817 et lett. min. au préfet du Loiret, 18 août 1887. Combarieu, *op. cit.*, p. 95; la haute juridiction s'est prononcée, au contraire, et mieux; semble-t-il, pour la solution du décret, dans les cas rares où elle n'est pas reprise par les règlements des caisses : 19 mai 1893, Marijon, p. 432.

CHAPITRE III

LES PENSIONS LOCALES D'ALSACE ET DE LORRAINE.

I. — *La tradition et les bases du régime.*

944. — A deux reprises, dans la succession et l'aménagement des souverainetés politiques et du statut interne des administrations, elles ont donné lieu à question. Un aspect, celui de la situation des fonctionnaires français restés au service de l'Empire allemand, ne doit trouver ici qu'une mention, celle des textes qui l'assurèrent : les Ord. 30 août et 12 septembre 1870 (Cf. le recueil des *Verordnungen u. Amtlichen Nachrichten* de l'Oberprœsidial-Bureau de 1870, n°s 9, p. 6 et 15, p. 17, et 1872, n° 236, p. 269) du commissaire civil de l'Alsace, l'art. 2 al. 1-3 de la Convention additionnelle de Francfort du 11 décembre 1871, les art. 46 n° 2 et 71 de la *Reichsbeamtengesetz* de 1873, l'art. 18 al. 2 de la Constitution (16 avril 1871) de l'Empire allemand qui confirma ces dispositions ou fut leur source : le 8 juillet 1871, le Bundesrat, à une déclaration sur l'impossibilité, pour l'heure, de la réglementation définitive des droits à pension [des fonctionnaires à nommer en Als.-Lorr.], étant donné qu'elle supposerait « des textes législatifs... à promulguer dans le plus bref délai », avait ajouté la promesse d'un « droit à pension calculé conformément aux règles en vigueur dans leur Etat d'origine » (*Protok. über die Verhandl. des Bundesr. des d. R.* [Els. Loth.], 1871, p. 7). — En fait, sauf des résistances opposées en 1891 et 1892 par la Cour des comptes de Postdam à l'interprétation du ministère d'Alsace et de Lorraine, les droits retirés par les fonctionnaires de l'art. 2 de la Convention coexistèrent avec ceux de la *Reichsbeamteng.*, lesquels, le cas échéant, les complétaient; le service de guerre accompli dans l'armée française par le fonctionnaire devenu allemand fut compté, majoré même comme campagne, dans les conditions fixées aux art. 7 et 8 L. 11 avril 1831 et 3 L. 25 juin 1861; seul, le temps de captivité en Allemagne du ci-devant fonctionnaire français fut rejeté du compte de la pension civile par le Reichsjustizamt, motif pris de ce que l'application de l'art. 2 de la convention additionnelle au traité de Francfort ne se concevait et ne fut admise qu'au regard de civils, militaires ou marins confirmés en leurs emplois par le gouvernement allemand; donc en service lors du traité : Cf. Kenngiesser, *Das Recht des deutschen Reichsbeamten*, 1874, p. 138; à quoi une Note min. fin. 29 juin 1926 a porté remède par l'octroi, en pareil cas, aux fonctionnaires du cadre local soldats français en 1870-71 d'une bonification de deux ans. — C'est l'aspect, inverse, celui des charges reçues ou assumées par la France qui y doit, au contraire, avoir sa place.

945. — *A.* L'art. 3 du protocole susdit, 11 décembre 1871, de clôture de la convention additionnelle de Francfort, avait prévu la liquidation des caisses de retraite, de prévoyance ou de secours, tontines et autres associations du même genre, établies dans les départements cédés au profit des agents départementaux ou communaux de toutes classes. Une partie des employés des préfectures, sous-préfectures et administrations départementales de la Moselle, du Bas- et du Haut-Rhin, ainsi que des employés municipaux des villes de Colmar, Mulhouse et Metz et des sapeurs-pompiers de cette dernière ville, ayant exprimé la volonté de conserver leur ci-devant nationalité, la liquidation des caisses dont ils étaient tributaires devint nécessaire; la loi du 15 juillet 1879 servit d'acte d'exécution au protocole. Entre les gouvernements le partage de l'actif des caisses fut fait, selon la base transactionnelle arrêtée par la commission mixte de liquidation; d'après la division supposée des droits : de l'avoir des trois caisses départementales et des sept municipales fut attribuée à la France une somme de 886.431 fr. 04, sauf réduction du montant des arrérages des pensions payées depuis le 1er juillet 1878 par la Caisse des dépôts et consignations et prélèvement (art. 8 *in fine*) de 64.000 francs au profit du fonds de retraite des employés du territoire de Belfort, en représentation de leurs droits sur l'actif de la caisse du Haut-Rhin dont ils étaient les sociétaires. — Cette remise de capital à l'Etat eut pour suite l'inscription au Trésor des pensions liquidées avant ou après le 2 mars 1871 et de celles, non encore concédées, mais acquises pour ancienneté de services, infirmités ou suppression d'emplois et à liquider sur les caisses de retraites désignées; le total de ces pensions montait en 1879, lors du vote de la loi, à 93.544 fr. 42, soit bien au-delà de

l'intérêt du capital mis en possession de la France. Cf. Rapp. Scheurer-Kestner, Sén., 26 mai, *J. off.*, 4 juin, p. 4616. — La date de jouissance en fut fixée à la promulgation de la loi, sans préjudice pour les intéressés, attendu que des pensions liquidées la Caisse des dépôts et consignations, détentrice des fonds de retraite départis aux ayants droit, continuait le service jusqu'à nouvel ordre et qu'aux titulaires des non-liquidées des indemnités étaient promises et fournies jusqu'à l'entrée en jouissance de la pension légale pour en remplacer les arrérages. Celle du 2 mars 1871 fut retenue pour la cessation des services à computer, sauf (art. 4) pour les employés et agents ayant, pour des motifs d'ordre public, continué quelque peu leurs fonctions après la signature des préliminaires de paix.

946. — Le droit à pension sur le Trésor par bénéfice de l'art. 5 de la loi fut refusé, en règle, aux employés replacés dans les cadres administratifs des départements et autorisés par les conseils généraux à y compter pour la retraite leurs anciens services, sauf la possibilité, pour ceux qu les ayants droit de ceux venant à quitter les nouvelles fonctions ou à décéder avant d'avoir acquis un droit sur ces caisses, de réclamer une pension proportionnelle aux services rendus en Alsace et Lorraine. L'expression « services départementaux » de l'art. 5 fut entendue au sens le plus limitatif : Cons. d'Et., 1er avril 1887, Aigle, Leb. chr., p. 298, S. 89.3.10, D. 88.3.75. L'art. 6 de la loi, aux fins d'éviter une inégalité, admit ceux replacés dans les administrations de l'Etat, quelle que dût, en fait, être la durée de leurs nouveaux services, à compter pour la retraite ceux soumis à retenue au compte des caisses de retraites supprimées. D'où, au sujet de services entrant, de la sorte, dans la constitution et non dans la liquidation du droit, la faculté reconnue à l'intéressé, nonobstant l'avis contraire Cons. d'Et., sect. fin., 8 mai 1889, de demander une liquidation de sa pension basée sur la généralité de ses services : 14 février 1890, Louis, p. 170, S. 92.3.68, D. 91.3.79. — Le cumul des pensions ainsi inscrites pour l'exécution de la loi de 1879 avec un traitement d'activité ou une autre pension fut admis, en principe, sauf la réserve du droit pour l'administration d'assurer, le cas échéant, l'effet des dispositions prohibitives de la rémunération par deux pensions simultanées des mêmes années de services : 30 mai 1884, Harand, p. 474, D. 85 5.357.

947. — *B.* En 1918, au lendemain de l'armistice et de sa victoire, la France a repris de l'Allemagne la charge d'environ 3.700 pensions civiles selon le droit local payables par trimestre et d'avance. — Une Instr. sect. fin. « ministère d'Als. et Lorr. », 12 décembre, *Z. u. B. A.*, 1918, p. 579, annonça le paiement « au profit des pensionnaires », qualifiés par leur résidence en Alsace et Lorraine avant le 1er août 1914; sur le pied fixé par l'arrêté monétaire du 26 novembre 1918 (*Bull. off. d'Als. et de Lorr.*, 1919, p. 8) de 1 fr. 25 pour 1 mark; une Circ. s.-secrét. d'Et. à la présid. du Conseil; 30 décembre 1918 (*Bull. off. Basse-Alsace*, février 1919, p. 79), la cessation de tous paiements aux agents non demeurés en fonctions et résidant hors l'ancien Reichsland; un arrêté du Commissaire général de la République, en date du 30 juin 1919 (*Bull. off. Als. et Lorr.*, p. 1024), la reprise de toutes les pensions civiles sur le pied de 1 franc par mk. au profit des veuves et des orphelins alsaciens-lorrains, au sens des dispositions prises lors de l'échange des monnaies; conformément à un Avis du 27 janvier 1919, ou au cours du mark pour tous autres titulaires ne rentrant pas dans cette catégorie. Une question de nationalité, de réclamation et d'attribution de la nationalité française, était, de la sorte, appelée à prédominer sur les mesures de faveur et de droit interne représentées par arrêtés du Commissaire général, 27 février et 7 septembre 1920; *ib.*, p. 231, 915, 961 : avec une autorité juridique et internationale s'imposa la convention franco-allemande de Baden-Baden, du 3 mars 1920, selon laquelle passaient à la charge de la France les pensions acquises en Alsace et Lorraine par titre antérieur au 11 novembre 1918; et celles des anciens fonctionnaires, instituteurs et ministres des cultes, ou de leurs ayants cause, qui obtiendraient la nationalité française, résideraient en France ou seraient autorisés par le gouvernement français à résider à l'étranger; le paiement des pensions des titulaires allemands n'ayant point encore la date du 30 septembre 1921 la nationalité française est demeuré à l'Allemagne. — Temporairement la situation des huissiers fut hors cadre : une caisse spéciale de retraites, moyennant leur cotisation au moment de leur nomination et une subvention annuelle sur les fonds du pays d'Empire, avait été instituée pour eux par la loi d'Als.-Lorr., 21 juin 1897 (*Gesetzbl.*, p. 72); sa mise en liquidation, prescrite par Arr. Commiss. gén., 5 juin 1919 (*Bull. off.*, p. 750), demeurée impuissante à en couvrir les charges, donna prétexte à la loi du 1er mars 1924 (*J. off.*, 4 mars, p. 2210), à l'abrogation de la loi de 1897 et, selon les cas, au paiement en francs sur le budget général des pensions acquises antérieurement à la liquidation de la caisse ou à l'attribution à ceux n'ayant pas acquis le droit à pension d'une indemnité égale aux cotisations versées.

948. — *C.* Aux fonctionnaires du Pays d'Empire qu'était l'Alsace-Lorraine (Cf. sur la nature du Reichsland, en sens inverse, Kammerer, *La fonction publ. en Allem.*, 1899, p. 118; Fischbach, *Das öffentl. Recht des Reichslandes Els. Loth.*, 1914, p. 85), un décret impérial du 19 octobre 1907 (*Gesetzbl.*, p. 113) avait déclaré applicable la loi d'Empire du 17 mai 1907 (*Reichsgesetzbl.*, p. 201; trad. Delpech, dans l'*Ann. de législ. étrang.*, 1908, p. 156) modificatrice de celle du 31 mars 1873 (*Reichsbeamtengesetz, ib.*, p. 61, trad. Kammerer, *op. cit.*, p. 394), inspirée de l'ancienne législation prussienne étendue par la loi du 23 décembre 1873 (*Gesetzbl.*, p. 479) aux fonctionnaires du Reichsland. Pour les veuves et orphelins, une loi d'Alsace-Lorraine du 15 novembre 1909, *Beamtenhinterbliebenen-Gesetz*, modelée sur la loi française de 1853, avait (*Gesetzbl.*, p. 121) remplacé celle du 24 décembre 1873 (*ib.*, p. 515), et son exposé des motifs, pour écarter l'institution à nouveau d'une caisse des veuves, rappelé la règle du maintien des statuts anciens, qui est celle de la politique des traitements et des retraites : *Protok. über die Verhandlungen des Bundesrats* (*Els. Loth.*), 1873, n° 37, p. 11. Cf. le livre d'E. Clauss, *Les pensions locales d'Als. et de Lorr.*, Paris, 1929, av. préface J. Delpech, auquel est fait ici, ainsi qu'il convient, pour l'appui des n°s ci-après, une référence générale comme à l'ouvrage unique et capital.

949. — C'est cette tradition et l'ensemble de ce régime que garantit à ces mêmes fonctionnaires la loi française du 22 juillet 1923 (*J. off*, 28 juillet, p. 7362. Rpr. Circ. 8 mars 1924, *ib.*, 13 mars, p. 2443) que sa pénible élaboration ne suffit point à préserver, aussitôt mise en œuvre, de graves difficultés : Cf. J. Delpech, *Le statut des fonctionnaires*, dans *L'Alsace depuis son retour à la France*, 1932, t. I, p. 125 sv., touchant, dans leur ensemble, à la réalisation ordonnée d'un cadre unique pour les catégories de fonctionnaires « juxtaposés » dans les trois départements et, dans le détail, relatives à des questions comme l'intégration dans les catégories générales métropolitaines du cadre alsacien-lorrain d'avant le 11 novembre 1918 et des agents recrutés depuis l'armistice : Cf. note J. Delpech, s. Cons. d'Et., 13 novembre 1911, Fennebresque, S. 32.3.129. Du moins une pensée l'avait dominée : le maintien, tel qu'il avait été, à compter et par la vertu de la loi du 17 octobre 1919, *J. off.*, 18 octobre, p. 11522, — encore que les fonctionnaires n'y aient point été mentionnés, ni dans les travaux préparatoires ni dans le texte, — des ci-devant lois et règlements les concernant jusqu'à une nouvelle réglementation; aussi bien celle du 22 juillet 1923 s'y est-elle référée en bloc au lieu de les énumérer et désigner particulièrement : Cf. J. Delpech, v° *Statut des fonction.*, dans *Rép. du dr. et jurispr. d'Als. et de Lorr.*, Suppl. 1925, p. 119 sv. : son art. 2 al. 2 réserva aux agents qui, liés à différents titres à l'ancienne administration, étaient devenus citoyens ou fonctionnaires français le bénéfice de la situation acquise ou susceptible d'être acquise par eux sous le régime en vigueur jusqu'au 11 novembre 1918. — Disposition aussi nettement exceptionnelle que favorable, au double point de vue des éléments réservés et de leurs bénéficiaires : le régime de la retraite est comme celui des congés ou des indemnités accessoires l'un de ces éléments; les bénéficiaires en étaient, outre les titulaires et stagiaires ayant appartenu antérieurement au 11 novembre 1918 aux cadres permanents de l'administration du Pays d'Empire, les inscrits sur les listes d'aptitude au stage et reçus dans les cadres, les agents nommés après cette date pour l'administration française au titre et selon les règlements du statut local, enfin les auxiliaires permanents ayant droit ou expectative à la retraite d'après les mêmes dispositions locales. — Deux situations étaient hors son empire : celle des fonctionnaires déjà retraités lors de l'armistice, vis-à-vis desquels la France était en place de l'Allemagne, et dont les droits furent proclamés à l'art. 2 de la convention franco-allemande du 3 mars 1920 : Cf. D. 19 février

1921, *J. off.*, 24 février, p. 2435; — celle des agents du cadre local faisant renonciation au statut local pour celui du droit commun, dont les services étaient, à l'art. 3 al. 5 de la loi même du 22 juillet 1923, déclarés valables, sans versement de retenues rétroactives, pour la constitution du droit et la liquidation de la pension.

II. — Le droit à pension.

950. — Les conditions administratives des pensions pour les fonctionnaires maintenus par leur option sous le régime du statut local présentent certaines singularités, même en ces points qui, comme la retraite provisoire (*infrà*, n° 960), ne sont pas particuliers au droit local. C'est à propos des pensions d'ancienneté et d'invalidité avec cause étrangère à l'exercice des fonctions, et touchant la discrimination des services admissibles en compte, qu'elles se rencontrent La situation des femmes fonctionnaires, qui y eût ajouté dans le passé, s'est simplifiée, du fait de l'administration française : des réserves à leur nomination, accoutumées depuis 1880 au cas de mariage (*Verheiratung*) tenu pour condition résolutoire de cette nomination et validées en 1896 par la Cour suprême de Leipzig (*Reichsgerichtsentscheidungen*, t. XXXVII, p. 303), une note du Commiss. génér. Républ. du 6 avril 1925, s'appuyant sur l'art. 3 al. 2 L. 22 juillet 1923, a fait l'abandon le plus net, parce qu'inconnues au système français, si tant est que, du point de vue allemand et de l'art. 128 de la Constitution de Weimar Delpech-Laferrière, *Les constitut. modernes*, t. I, 1928, p. 86), elles peuvent encore passer pour entières; le droit à pension des femmes fonctionnaires s'est ainsi trouvé ramené aux conditions de la R. B. G. du 31 mars 1873.

951. — *A.* Le temps de services requis, pour une pension à vie, est de dix années au moins, avec l'âge de 65 ans révolus : âge nécessaire, art. 34 a R. B. G., à peine, pour la mise à la retraite plus tôt prononcée, de passer pour une révocation : Cons. d'Et., 30 mars 1928, Trinh Van-Binh, Leb. chr., p. 476; — à compter, en règle, de la première prestation de serment, en tout état de cause (Arndt, *Das Reichsbeamtengesetz*, 1922, p. 23) de l'entrée effective en fonctions, et à partir de l'âge de 18 ans en des services permanents et emplois figurant aux budgets des traitements. — La règle comporte :

D'une part, des élargissements, que l'administration française, à maintes reprises, et pour ne s'arrêter qu'aux plus usuels, a eu depuis l'armistice et aura durant des années encore l'occasion de considérer :

A raison surtout de stages prévus ou imposés par les règlements comme moyen d'acquérir l'instruction pratique et comme condition d'accès à une fonction publique de l'Empire ou du Pays d'Empire. — La computation en a été admise comme un droit, de même que les services probatoires ou les périodes de stage des fonctionnaires du cadre local ayant opté pour le régime général de la loi de 1924;

Touchant aussi les années passées par un fonctionnaire en congé au service de collectivités publiques autres que l'Etat ou même d'entreprises privées : Arndt, *op. cit.*, p. 77 : la théorie allemande voyait dans le « rapport de service » une promesse générale d'agir pour le compte de l'Etat, sans obligation pour celui-ci de l'utiliser effectivement : Cf. Kammerer, *op. cit.*, p. 45; la pratique, au surplus, avait coutume d'exiger du fonctionnaire mis en long congé une renonciation au calcul de ce temps pour la pension;

Eu égard enfin au service payé sur fonds communaux des membres de l'enseignement public. L'hypothèse était courante sous l'empire de la loi Als.-Lorr. 23 décembre 1879, art. 6 al. 2; elle ne l'est plus avec la législation française, dont c'est le propre d'avoir classé et incorporé le personnel de l'enseignement primaire et placé celui des écoles maternelles dans le cadre général et sous l'autorité administrative de l'instruction publique; elle ne trouverait plus d'application que pour des individus restés instituteurs ou institutrices après avoir quitté le service communal;

952. — D'autre part, des resserrements, auxquels le pouvoir discrétionnaire de l'ancien ministre d'Alsace-Lorraine (art. 8 L. 4 juillet 1879, *Reichsgesetzbl.*, p. 166) avait donné la forme et l'effet de la prise en compte facultative de certaines périodes accomplies en particulier :

Au service de communes ou d'établissements publics. — Formule très compréhensive sous le régime du R. B. G., et demeurant réelle pour les forestiers et gardes-forestiers alsaciens ou lorrains, assimilés aux brigadiers et gardes des forêts domaniales et domanialisés par la L. 30 octobre 1919 et le D. 21 décembre (*J. off.*, 1er nov. et 25 déc., p. 12214, 15066);

Au cas de stage pratique, traditionnel sans être réglementaire, d'habitude de cinq ans au maximum, en vue de la nomination à un emploi étatique, — et surtout d'occupation principale, continue, rémunérée sur fonds publics dans l'attente d'un emploi définitif. C'était celui des agents auxiliaires, inscrits sur des registres spéciaux, admis au stage réglementaire au fur et à mesure des vacances : Cf. Circ. du Reichsschatzamt, 12 mars 1908 et Décis. du Conseil fédéral, 11 avril 1910, P. V. n° 329, Clauss, *op. cit.*, p.36, déclarées applicables aux fonctionnaires du Pays d'Empire : Instr. 17 juin 1909, et Lett. sect. fin. ministre d'Als.-Lorr., 3 février 1914. Le ministère des finances, qui, depuis la suppression (L. 24 juillet 1925) du Commissariat général, prend les arrêtés de concession, s'en tient strictement à la pratique ancienne: il ne décide qu'à la retraite du fonctionnaire, selon ses services et son impécuniosité, de la prise en considération de ce genre et de ce temps d'activité, sous déduction d'une tranche convenable, de trois ans au minimum.

953. — La réintégration, après une interruption des services, à quoi ne s'opposait pas le R. B. G. (Arndt, *op. cit.*, p. 76), dépendait d'une autorisation du ministère d'Alsace-Lorraine : elle n'était possible que pour les fonctionnaires, à l'exclusion des auxiliaires, des stagiaires et des inscrits. Elle a posé la question du droit d'un agent du cadre local démissionnaire avant le 11 novembre 1918 à se prévaloir de son ancienne qualité, lors de sa mise à la retraite en régime français. Dans la réalité des choses, la loi du 22 juillet 1923, sur l'incorporation dans les cadres des administrations générales, a ouvert à l'exécutif des facilités, déclenché la « faveur de la loi » pour maintes catégories, commis des contributions directes et du cadastre (D. 31 juillet 1926), auxiliaires permanents des travaux publics (D. 26 mai 1928), etc... : Cf. Delpech, note s. Cons. d'Et., 29 juillet 1928, Simula, *Rev. jurid. et de Lorr.*, 1928, p. 226. Hormis des cas de destitution ou de détention ayant fait perdre son poste à l'agent (*Juristische Wochenschrift*, 1898, p. 391. — Cpr. Cons. d'Et., 2 décembre 1931, Gassert, Leb. chr, p. 1055), l'appréciation des garanties offertes par les candidats à un nouvel emploi demeure du domaine de l'opportunité et appartient souverainement à l'administration : Cpr. 8 juin 1928, Dissès, p. 712. — Elle ne donnait, d'ailleurs, naissance à droit de pension selon l'art. 58 R. B. G. et à une deuxième pension selon les règles introduites dans le régime local par D. 13 avril 1923 (*J. off.*, 18 avril, p. 3850) que sous condition d'une durée d'au moins une année du nouveau service. Tandis que ce régime est maintenu par l'art. 3 L. 22 juillet 1923, l'application de l'art. 37 L. 30 décembre 1913, sur le cumul d'un traitement et d'une pension (Cons. d'Et., 23 décembre 1927, Savary, p. 1268; S. 1928.3.38), eût fait obstacle à l'acquisition de nouveaux droits à pension, si l'art. 1er al. 2 D. 17 juillet 1926 n'avait fait prévaloir la règle locale. la faculté du cumul et l'ouverture d'un nouveau droit à pension pour la catégorie de fonctionnaires en cause.

954. — L'inaptitude au service est dans le R. B. G. cause, — soit de pension d'invalidité, à la seule condition d'une relation directe ou indirecte de cause à effet (hors la faute du fonctionnaire) entre la maladie ou l'infirmité permanente (Arndt. *op. cit.*, p. 93. — Cpr. Cons. d'Et., 3 juillet 1930, Engel, Leb. chr., p. 691) et le service (*a contr.* Circ. 29 juillet 1884, *Ministerialblatt... in den preuss. Staaten*, p. 195); — soit de pension pour incapacité non imputable au service (en réalité, pension d'ancienneté, où l'incapacité est substituée à l'âge), sans nulle exigence de preuve déterminée, d'après la seule appréciation des circonstances par le service duquel dépend l'agent et par l'autorité qui décide sa mise à la retraite.

955. — B. Du temps de service et des *bonifications*, attachées au service colonial et surtout militaire, dans la même mesure que celui-ci, est constitué le droit à pension selon le statut local. Le changement des souverainetés n'a, pour l'un, modifié du tout l'art. 51 R. B. G. ni les décrets impériaux (Clauss, *op. cit.*, p. 63, note 1) qui en fixèrent les conditions et étendirent la portée; pour l'autre, touchant les bonifications de campagne et le temps de captivité, du moins pour les premières, les choses présentaient plus de complexité. — Par dérogation au principe de l'art. 50 R. B. G., déterminé lui-même par les art. 18 de l'*Offiziers-pensionsges.* et 8 du *Mannschaftsversorgungsges.* de 1906 (*Reich-*

gesetzbl., p. 565, 593), et l'excluant de la computation des services, le temps de captivité fut déclaré admissible à titre de service militaire actif, sauf preuve d'une faute de l'éventuel bénéficiaire, par le Reichsregierung, le 30 novembre 1918 (*Armee-verordnungsbl.*, 1898, p. 761 ; Fehlkötter, *Reichs-Pensions und Hinterbliebenen-Bestimmungen*, 1928, p. 237); mais, à cette date, l'Alsace et la Lorraine étaient revenues à la souveraineté française; il s'ensuit qu'aucune disposition, eu égard aux « circonstances spéciales » réservées par l'art. 50 R. B. G. et retenues par le décret allemand de 1918, n'est susceptible de profiter aux fonctionnaires du Pays d'Empire, prisonniers de guerre en tant que soldats allemands, à moins que de les appeler avec grande faveur (Clauss, *op. cit.*, p. 62) au droit des art. 14 al. 1 et 36 B 3° de la loi française du 14 avril 1924.

956. — Une série de décrets impériaux, d'instructions explicatives et la Circ. minist. guerre 5 juin 1918 (Clauss, *op. cit.*, p. 53) s'attachèrent à définir les notions de guerre et de participation à la guerre et de zones de guerre, pour le calcul de la majoration des services; or, la pratique allemande fut constante, depuis 1842, à accorder celle-ci à ceux mêmes ayant passé au service ou dans la zone de guerre sans posséder à ce moment la qualité de fonctionnaire. Après avoir accepté d'abord la vue contraire, l'administration française, en 1924, s'est ralliée à cet errement et à ces précédents (Cf. leur rappel dans la note min. fin. du Reich, 29 août 1924, *in* Fehlkötter, *op. cit.*, p. 235). Encore est-il nécessaire de déterminer la date extrême de ce bénéfice : au lendemain de l'abandon de la zone de guerre, en vertu du décret impérial du 21 janvier 1918 (*Reichsgesetzbl.*, p. 73) non abrogé ni modifié depuis lors? à celle de l'armistice (11 novembre 1918) stipulant, art. 3, le rapatriement dans la quinzaine des Alsaciens-Lorrains? ou de l'entrée en vigueur (10 janvier 1920) du traité de Versailles attributif de la nationalité française avec rétroactivité? ou bien de la libération par ordre (14 novembre 1918) du ministre de la guerre allemand, pour ceux demeurés volontairement sous les drapeaux allemands au-delà du 20 novembre 1918? Quoi qu'en aient pensé certains (Clauss, *op. cit.*, p. 58), il semble juste, il est même forcé, de prêter au traité l'effet le plus général sur le service militaire même des Alsaciens-Lorrains et de tenir la continuation du service dans l'armée allemande au-delà de l'armistice pour une cause de déchéance de la nationalité française (art. 9 n° 4 L. 10 août 1927; Pillet et Niboyet, *Man. de dr. intern. pr.*, 1928, n° 179, p. 227; Trib. Saverne, 2 octobre 1923, *Rev. jurid. d'Als. et de Lorr.*, 1924, p. 73) et de mise à néant, par retrait, du décret d'incorporation, le droit résultant à l'ordinaire et dans l'état régulier des choses de l'art. 3 al. 2 L. 22 juillet 1923 perdant en l'espèce toute base juridique.

957. — A s'en tenir aux situations communes donc, selon l'observation notée *supra*, n° 955, par application de la loi du 27 juin 1929, selon les données des travaux préparatoires de cette loi, et eu égard à l'objet poursuivi par la législation concernant les Alsaciens-Lorrains anciens combattants, ceux-ci ont droit à faire état dans la liquidation de leur pension, d'ancienneté ou proportionnelle, et de la durée effective des services accomplis dans l'armée allemande, et des bénéfices de campagne y acquis. Une Instr. min. pensions, *J. off.*, 27 avril 1935, prise en exécution des arrêts Cons. d'Et., 14 octobre 1932, Freyburger, Leb. chr., p. 840 et 15 décembre 1933, Kuntz, p. 1195, s'est appliquée à définir les bénéficiaires de ces décisions et à préciser les modalités techniques de l'attribution du bénéfice de campagnes conformément à la loi française : pour être admis à l'avantage des nouvelles dispositions, les militaires dont la pension a été liquidée, compte tenu de la loi du 27 juin, ont été appelés à présenter une demande de révision de leur pension dans un délai de six mois, à compter de la date d'instruction, soit avant le 27 octobre 1935.

958. — C. Le droit à pension ainsi conditionné quant à son ouverture et à sa substance est, d'après le R. G. B. et la pratique allemande, sujet à certaines causes de restriction et d'immunité : restriction, art. 75, au cas de destitution (au regard de l'agent remplissant par ailleurs les conditions générales requises par le R. G. B. et bénéficiant de circonstances atténuantes : Arndt, *op. cit.*, p. 107), à « une part de la pension légale... soit à vie, soit pour un certain nombre d'années », et en tout cas sans réversibilité (art. 1er al. 2) à la veuve et aux enfants; — immunité, dans le silence des textes et selon la doctrine (Arndt, *op. cit.*, p. 64), au cas de condamnation pénale postérieure à la concession de la retraite. Strictement la restriction peut cadrer encore avec la conservation moyennant option du statut local ; l'immunité se heurte à l'effet de l'introduction générale et de l'application automatique du droit pénal français et, en la circonstance, de l'art. 58 de la loi commune sur les pensions de 1924. — Le défaut dans le régime allemand de toute clause de forclusion n'empêcherait pas non plus le jeu du délai de cinq ans fixé aux demandes de retraite par l'art. 67 de cette même loi, à tout le moins et indiscutablement celui du principe de la déchéance quinquennale expressément mis en vigueur dans les départements recouvrés par l'art. 1er j L. 1er juin 1924.

III. — La liquidation de la pension.

959. — A. La *mise à la retraite* en est le prélude (art. 34 *in f.* R. B. G.), cause de la cessation du « rapport de service », encore qu'en règle le droit allemand ne connût pas de droit de mise à la retraite, de quelque pension, d'ancienneté ou d'invalidité (*a contr.* art. 35), qu'il s'agît, et qu'en Pays d'Empire, toute nomination faite sans réserve de renvoi avec ou sans préavis fût considérée comme à vie (art. 2) ; des garanties l'y assortissaient (Rehm, *Die rechtl. Natur der Staatsdienst...*, dans *Annalen d. deutschen Reichs*, 1885, p. 208) : qu'elle fût prononcée d'office dans l'intérêt du service ou sur la demande de l'agent, son entrée en vigueur, sauf requête contraire ou consentement de cet agent à une autre fixation, seulement à l'expiration des trois mois suivant celui où il a reçu notification de la décision de mise à la retraite et du montant de sa pension (art. 55) ; — le préliminaire à toute mesure d'office de l'audition de l'intéressé ; — l'emploi de la procédure disciplinaire contre tout agent n'ayant pas droit à pension par manque de dix années de services civils et militaires ou à raison d'une inaptitude au service non imputable aux fonctions ou dérivant d'une faute ; la due constatation de l'incapacité permanente de service au regard de celui ayant droit à pension. Sur ce dernier cas, le plus commun, la pratique allemande fut fort tolérante : une Circ. minist. Als.-Lorr. 1904 elle-même, demandant à chaque service la présentation annuelle de la liste des agents de 65 ans révolus, réservait « toutes les circonstances », de telle sorte qu'en avril 1918 il restait encore en service 102 agents ayant dépassé cette limite d'âge, dont 23 avaient plus de 70 ans. Elle l'était aussi dans celui (art. 61) de l'infirmité permanente, pour lequel le R. B. G. institua une communication officielle spéciale a un *Kurator*, personnage juridique curieux, dont la nomination fut réclamée par une Circ. minist. Als. et Lorr. 6 novembre 1888 (*Zentral- und Bezirks-Amtsblatt*, 1888, p. 273) pour les services administratifs contre les tribunaux judiciaires, comme toute la matière de la procédure de mise à la retraite (Cf. Colmar, 8 septembre 1916, *Deutsche Juristenzeitung*, 1917, p. 443), mais que certains (Clauss, *op. cit.*, p. 84) ramènent et assimilent au *Pfleger* de l'art. 1910 C. civ. all. désigné par le tribunal des tutelles et, depuis le 1er janvier 1925, au conseil judiciaire français. Cf. Circ. min. 29 novembre 1924, *Bull. off. Als. et Lorr.*, p. 1016 sv. Elle n'acceptait, du reste, pas qu'au cas de défaut de discernement du fonctionnaire le Kurator ou Pfleger consentît implicitement, en se dispensant d'objections, à la mise à la retraite.

960. — Une forme en paraît assez proche selon la terminologie, mais en demeure bien différente d'après la technique : la *mise à la retraite provisoire*, avec traitement d'attente, pour le fonctionnaire dont l'emploi est supprimé à suite d'une transformation organique, par voie légale ou réglementaire dans le service : art. 24 B. G. B. Cpr. art. 22 L. franç. 9 décembre 1927. — Mesure administrative toute normale, exempte de caractère disciplinaire : d'une part, l'administration a fort insisté en 1896 sur ce double aspect de la situation que l'agent mis à la retraite provisoire reste fonctionnaire, obligé à accepter tout nouvel emploi correspondant à sa formation, non inférieur de rang et d'émoluments à l'ancien, tandis que l'administration n'est jamais tenue à le lui offrir, même au cas où serait vacant un poste qu'il ne pourrait refuser ; d'autre part, la Cour des comptes de Postdam s'étant avisée en 1889 d'en demander l'application pour « rendement insuffisant » ou « inconduite incorrecte en dehors du service », le ministère d'Alsace et de Lorraine s'y était opposé, sur la foi des motifs de la loi du 23 décembre 1873 introductive du R. G. B. dans le Pays d'Empire (*Drucksachen des Bundesratsf. Els. Loth.*, 1873, n° 37, p. 9 ; Kanngieser, *op. cit.*, p. 330). Suspension de la fonction, diminution du traitement,

non participation à l'avancement, exercice toléré d'une occupation rémunérée ou d'une profession, en sont la suite (Cf. Clauss, *op. cit.*, p. 212-218), de même que l'attribution d'office d'un traitement d'attente : tous effets qui éloignent de la notion de pension.

961. — L'administration française en a beaucoup usé depuis l'armistice et lors de la réorganisation des services nécessitée par la suppression du Commissariat général ; la question de son maintien, de son inclusion dans le statut offert par l'art. 3 al. 2 de la loi de 1923 à l'option du cadre local, reste des plus douteuses ; la défense qui en serait la meilleure est de tenir plutôt l'institution pour l'un des éléments de la « stabilité » assurée à ces fonctionnaires par l'al. 2 du même article. Dans ces conditions il suffit, mais il importe aussi, de rappeler les limites assignées à ce traitement d'attente : 3/4 du traitement d'activité brut (Décis. min. fin., Direct. dette inscrite, 6 décembre 1926) retenu pour le calcul de la pension, sauf augmentation suffisante à produire un nombre entier pour quotient de la division de son chiffre par 3 ; maximum (12.000 mks. d'après le R. B. G) de 45.000 francs, selon le D. 19 juin 1928 (*J. off.*, 29 juin, p. 6750), que le Parlement ne semble pas avoir ratifié, mais que l'exécutif était habilité à prendre pour l'accomplissement de sa mission et de son droit de faire la combinaison de certains articles de la loi du 27 décembre 1927 avec les règles du statut local. — Le point de départ en est celui de la cessation effective de la ci-devant fonction : Cf. l'Exp. des mot. du R. B. G , *Drucksachen des Reichstages*, 1907, IV, n° 333, p. 11. — Le cumul en est, par l'art. 30 R. B. G., déclaré impossible, au-delà des émoluments de service touchés avant la mise à la retraite provisoire, avec le traitement proprement dit d'une fonction publique, *i. e.* d'un traitement au sens du R. B. G. (*als Beamter oder in der Eigenschaft eines Beamten*), à la différence ou à l'exclusion, soit d'une nouvelle fonction n'impliquant cet élément ni cette qualification ou comportant un traitement inférieur au dernier perçu, soit d'un poste dans une autre administration. — La réversibilité à la veuve et aux enfants semble n'offrir en règle aucun contraste avec le droit commun ; il y a lieu toutefois de relever un indice, une anomalie ou plutôt une contradiction, de la volonté de l'ancienne loi de considérer l'agent en retraite provisoire comme « resté fonctionnaire » (Exp. des mot., *loc. cit.*, p. 47) : le refus par l'art. 2 al. 2 du droit à pension à la veuve et aux enfants du fonctionnaire en retraite provisoire lors de son mariage et n'ayant point, depuis lors, repris du service actif.

962. — De cette situation, à bien des égards anormale, deux autres existaient dans le droit local, types extraordinaires aussi, figurés :

L'un, par les « pensions bénévoles », temporaires ou viagères, ainsi dénommées par la pratique pour correspondre à l'art. 39 du R. B. G., alors que, dans la vérité des choses, il ne s'y agit, en dehors de toute hypothèse de pension d'invalidité, que d'un secours, d'allocation discrétionnaire et de détermination par le ministère d'Als.-Lorr. au cas de besoin (*Bedürfnis*), à l'agent mis à la retraite pour incapacité de service avant dix années accomplies de fonction. — Pour les fonctionnaires nommés sous réserve de la faculté de renvoi avec ou sans préavis et occupant un emploi inscrit aux budgets des traitements, l'art. 37 admettait, de même, l'allocation, lors de la mise à la retraite, d'une pension à concurrence du montant légal. La mise à exécution de la loi du 22 juillet 1923 a tari tous les cas visés à l'art. 37. — Par dérogation à la loi d'Empire de 1907 qui la réservait au cas de l'art. 39 et aux pensions viagères de ce texte, la réversibilité en avait été admise pour celles de l'un et l'autre article, les temporaires comme les viagères accordées après dix années de services ou déterminées seulement par des raisons d'équité : l'usage administratif s'était établi en concordance avec la volonté législative ;

963. — L'autre, par l'émérilat des professeurs de l'Université de Strasbourg (art. 45 L. allem. 21 octobre 1908 ; Hoseus, *Die Kaisers-Wilhelms-Universität zu Strassburg...*, 1897, p. 183), consistant essentiellement, du point de vue de la retraite, dans le maintien du traitement d'activité — lequel était faible face aux droits d'examen et de cours (*Collegiengelder*), de nature spéciale, assimilé quant aux règles de cumul à une pension ; — bénéfice limité aux ci-devant professeurs « ordinaires » ou « extraordinaires » investis avant le 11 novembre 1918 d'une nomination à vie et incorporés par D. 8 septembre 1925 (*J. off.*,

16 septembre, p. 9122) dans les cadres généraux. La loi d'Alsace-Lorraine, du 18 juin 1890 (*Gesetzbl.*, p. 37), avait exempté ces professeurs des « dispositions du R. B. G. concernant... la mise à la retraite provisoire et la mise à la retraite d'office ou la mise à la retraite sur demande » et leur avait étendu, par exception, celles relatives notamment à la jouissance de la pension en cas de perte de la nationalité et au cumul entre pensions, traitement et pension (art. 5); — celle, sur le statut de l'Université, du 21 octobre 1908 (*ib.*, p. 91), les avait mis hors le régime de la mise à la retraite au sens ordinaire de l'expression (art. 44) et admis à obtenir ou demander l'émérilat à 65 ans accomplis et au cas de retrait par le gouvernement à leur préjudice de la direction d'un établissement scientifique ou d'une clinique de l'Université (art. 82); — celle du 22 novembre 1909 (*ib.*, p. 135) a enfin conditionné les droits à pension des veuves et orphelins. Dans ce dernier ordre d'idées, en une assimilation pleine de l'émérilat et des retraites, le décret du 7 décembre 1928 fixa la pension de la veuve du professeur ayant accompli 21 ans de services à 50 % de celle qu'il eût obtenue s'il avait été admis à la retraite en conformité du R. B. G., et celui du 19 juin, art. 3 b, son minimum à 15.000 francs à compter du 1er janvier 1928; les pensions d'orphelins furent, en principe, laissées au taux de celles du B. H. G., sauf leur minimum, jadis de 320 mks, et présentement équivalent, jusqu'à l'âge de 16 ans ordinairement, à l'indemnité pour charges de famille ou, s'il y a plusieurs enfants, à la totalité de ces indemnités (D. 7 décembre 1928, art. 1er).

964. — *B.* Le principe dominant cette liquidation s'énonce avec simplicité : pour dix années entières de services au moins, 20/60es des émoluments de services déterminés aux art. 42-44 du R. B. G.; pour chaque année accomplie en sus de la 10e à la 30e, augmentation de 1/60e de ces émoluments, et de 1/120e pour chacune au-delà de la 30e, avec arrêt lorsque la pension atteint les 45/60es de ces émoluments : bref, une progression à rebours sur trois tranches, — les années comptant pour 2/60es l'une de 1 à 10 ans, 1/60e de 11 à 30, 1/120e de 31 a 40, — et une régularité dont l'effet s'est maintenu jusqu'à la mise en œuvre de la loi du 14 avril 1924 et du 1er mai 1921 au 31 décembre 1927, puis fut rompu par la dépréciation monétaire et la hausse du prix de la vie, sauf l'atténuation imparfaite et en tout cas délicate des indemnités, majorations et suppléments, jusqu'à l'application générale de l'art. 68 L. fin. 27 décembre 1927 et l'œuvre de relèvement de toutes les pensions d'ancienneté sur la base des traitements en vigueur au 1er janvier 1928. Le jeu du minimum et des annuités d'accroissements ainsi déterminés impliquait, pour autant, l'existence d'un maximum, simplement relatif, point du tout absolu : l'augmentation de la pension était arrêtée aux 45/60es du dernier traitement : 10 an-

$$\text{nées} \times \frac{20}{60} = \frac{20}{60} + 20 \text{ à } \frac{1}{60} = \frac{20}{60} + 10 \text{ à } \frac{1}{120} = \frac{5}{60}.$$

965. — Initialement, en vertu du R. B. G. non modifié quant à ce par la loi du 22 juillet 1923, la base de calcul est le chiffre du *traitement net*, le système des retenues étant étranger au droit local, même pour le temps du congé de maladie compté intégralement pour la pension (celui pour convenances personnelles ne l'étant que pour 1 mois 1/2, et que pour 1/2 durant les 4 mois 1/2 ultérieurs) et pour celui de détachement au service d'un établissement privé. Pour éviter les disparités à traitement égal entre fonctionnaires des deux cadres général et local, l'art. 189 L. fin. 13 juillet 1925 a prescrit comme base de calcul le traitement brut afférent aux grade et classe des fonctionnaires; l'administration a prêté à ce texte une vertu interprétative et en a fait remonter la date d'application à celle de la loi de 1923 elle-même. — Ce traitement, ensemble les indemnités l'accroissant, est, normalement, celui touché en dernier lieu, déterminé selon l'art. 55 R. B. G. par les textes applicables au moment de la mise à la retraite : la doctrine et la jurisprudence allemandes n'adoptèrent jamais à cet égard l'errement de l'administration reculant la date de ce calcul, de la cessation effective des fonctions à la notification de la décision de mise à la retraite et de la quotité de la pension : Clauss, *op. cit.*, p. 107. Etait, d'ailleurs, acceptée communément pour exception l'éventualité d'un emploi d'au moins une année, rémunéré par un traitement de base inférieur à celui normal du dernier emploi, mais majoré par un supplément non admissible pour la pension, à condition que l'investiture de cet emploi n'eût pas été déterminée par l'intérêt et la demande

de l'agent ou une cause disciplinaire : l'art. 43 et l'incorporation du cadre local, la régie et la nécessité d'un « emploi prévu au budget », l'ont rendue très rare, si même elles ne l'ont supprimée.

966. — Les *indemnités* locales, émoluments accessoires et incorporés du traitement, — indemnités de logement, émoluments en nature ou variables, suppléments de fonctions ou de poste, émoluments résultant de dispositions spéciales ou figurant aux divers chapitres des traitements, — ont été, dans leur ensemble, remplacés par les suppléments de traitement admis pour la retraite suivant le régime général (par ex. art. 4 et 6 L. 14 avril 1923) et, en conséquence, servis pour le net aux fonctionnaires du cadre local, — ayant été, d'ailleurs, bien compris et réservé : Cf. Instr. interminist. 19 décembre 1925; *J. off.*, 23 décembre, p. 12242, que, là où elles étaient maintenues (Cpr., à propos des indemnités de logement des P. T. T., Avis Cons. d'Ét., sect. trav. publ. et postes, 3 août 1926), elles ne pourraient se cumuler avec les suppléments de l'art. 4 susdit, mais tout au plus compter pour le taux supérieur et le plus favorable. — Celles des instituteurs et institutrices étaient les plus importantes : la loi du 11 décembre 1909, mod. 21 juin 1913 (*Gesetzbl.*, 1909, p. 159; 1913, p. 73), les réglait; le D. 12 février 1924 (*J. off.*, 13 février, p. 1523), qui l'abrogea, en a maintenu seulement les art. 4 a, 9, 11 et 12 relatifs aux pensions du cadre local et a stipulé dans l'art. 5 une faculté pour les communes d'accorder sur leurs fonds des indemnités de résidence, sauf approbation [ci-devant du Commiss. gén. de la République, présentement] du recteur de l'Académie (Cf. art. 6 D. 12 février 1924, introductif en A. et L. des règles sur les dépenses ordinaires et les traitements de l'instruction primaire); le droit, résultant de l'art. 10 de la loi allemande, de faire inclure dans le calcul de la pension l'indemnité de résidence, en cas de versement anticipé, par trimestre, au Trésor, par la commune de la part de pension correspondante à cette indemnité, n'a été maintenu par l'art. 8 que pour le passé, avec cette limitation, d'ailleurs, ajoutée par l'administration, que le montant de l'indemnité ne saurait être augmenté par délibération du conseil municipal postérieure au 12 février 1924. L'indemnité de résidence a gardé ainsi de l'intérêt pratique; il en va différemment de celle de logement communal, de 500 ou 625 francs, non supprimée, mais effectivement remplacée par les suppléments de traitement de l'art. 4 L. 14 avril 1924, avec lesquels elle ne peut être cumulée et qui sont, du reste, plus élevés : Instr. interm. 19 décembre 1925; *Rev. scol. d'Als. et de Lorr.*, n° 10 avril 1926, p. 189.

967. — Les indemnités et majorations générales de *charges de famille* (LL. 18 octobre 1919, art. 11; 14 avril 1924, art. 2 al. 5) et pour enfants (*ib.*, art. 2 al. 5; 16 juillet 1927, art. 7; et 27 décembre, art. 63 al. 2), — ne faisant partie intégrante de la pension ni du traitement, et donc échappant aux limites tant du maximum relatif du R. B. G. que du traitement d'attente en cas de retraite provisoire, — ont trouvé leur correspondance dans le régime local, avec effet du 1er août 1926, par DD. 28 juillet 1926 (*J. off.*, 30 juillet, p. 8322) et 19 juin 1928; aussi bien n'y a-t-il lieu de formuler ici que deux remarques : l'une, sur l'innovation, reproduite de la loi du 16 juillet 1927 par l'art. 1er § b D. 19 juin 1928, art. 1er § b, quant au paiement des indemnités pour charges de famille aux taux en vigueur au jour de leur échéance; — l'autre, au sujet de la suppression par l'art. 2 D. 1928 des deux impossibilités déclarées par l'art. 1er D. 1926 de dépassement, du fait des majorations, du maximum légal de la pension et de leur cumul avec l'indemnité pour charges de famille. A compter du 1er mai 1934 a été interdit, au titre d'un même enfant, le cumul des avantages pécuniaires présentant le caractère d'allocations pour charges de famille et alloués en sus des traitements, soldes, salaires ou pensions, y compris les majorations de l'art. 1er D. 1er juillet 1930, les pensions temporaires de 10 % aux orphelins de l'art. 4 du même décret, les majorations instituées par les art. 13 et 19 L. 31 mars 1919 au bénéfice d'agents ou anciens agents civils ou militaires susceptibles de demeurer à la charge de l'Etat, des collectivités publiques ou des entreprises subventionnées ou concessionnaires d'un service public. — En cet état l'intéressé à plusieurs avantages est admis à faire option pour celui qui lui apparaîtra le plus favorable.

968. — *C.* Une série de *majorations* et d'*allocations temporaires* précéda celle des révisions, les unes et les autres destinées à parer aux conséquences de la dépréciation monétaire et du surhaussement du coût de la vie. — Les premières pensions concédées par l'administration française à d'anciens fonctionnaires du Pays d'Empire furent calculées eu égard à l'effondrement du mark et prirent, plus que de retraites, la forme des secours de guerre, tels que les avaient organisés en dernier lieu sur des bases assez larges des arrêtés du 15 septembre 1917 (*Kriegsunterstützung*) et du 18 septembre 1918 (*Kriegsbeihilfe*). Une « allocation exceptionnelle de cherté de vie » fut accordée par arrêté du Commiss. gén. Républ. du 30 juillet 1919 (*Bull. off. d'Als. et de L.*, 1919, p. 2343) aux pensionnés civils, moyennant certaines conditions d'âge, de famille et de fortune, dans les limites d'un minimum de 720 jusqu'à 2.125 francs, selon le nombre des enfants, et d'un maximum de revenu de 6.000 fr. pour les fonctionnaires et de 4.000 pour les veuves et orphelins. Le système des majorations et allocations temporaires de la loi du 25 mars 1920 s'y substitua, dès avant la disparition, au 31 décembre 1921, de l'autonomie financière de l'Alsace et Lorraine : D. 18 octobre 1920 (*J. off.*, 22 octobre, p. 16218), — étant expressément déclaré que les bénéficiaires n'en seraient pas plus avantagés que les fonctionnaires du cadre général ou ceux du cadre local dont la pension serait ultérieurement liquidée sur la base des traitements fixés entre temps. La nouvelle indemnité temporaire de cherté de vie, instituée pour le cadre général par la loi du 12 avril 1922, de 720 francs pour toute pension moindre de 4.000 francs, fut étendue au cadre local par D. 6 janvier 1923. La loi du 22 juillet 1923 y mit fin par l'instauration de la révision générale des pensions accordées depuis le 1ᵉʳ juillet 1919, sur la base des nouveaux traitements résultant de l'incorporation et arrêtés par les services de Strasbourg avec le concours des divers départements ministériels au cas des services locaux rattachés aux administrations centrales.

Tant pour les pensions concédées que pour celles à concéder, a été fixé à nouveau le plafond : des majorations de 10 et 5 %, visées à l'art. 1ᵉʳ D. 1ᵉʳ juillet 1930, au 1/10ᵉ des émoluments de base de la pension; — du maximum prévu aux lois locales, art. 2 L. 17 mai 1907 et 8 L. 15 novembre 1909, modifiés en dernier lieu par l'art. 1ᵉʳ D. 9 mars 1933, à 20 000 francs; — des maxima de 11.250 et 6.250 francs prévus à l'art. 2 des lois locales des 18 juin 1901 et 20 mai 1902, mod. de même en dernier lieu par l'art. 2 D. 9 mars 1933, à 10.500 et 5.800 francs respectivement.

969. — *D.* Inaugurée ainsi, en règle « pour les fonctionnaires mis à la retraite depuis le 1ᵉʳ juillet 1919 ayant bénéficié d'avances sur les nouveaux traitements », la politique des *revisions* fut étendue et conditionnée par D. 21 août 1925 (*J. off.*, 28 août 1925, p. 8455) et Instr. intermin. 19 décembre (*ib.*, 23 déc., p. 12242) pour les pensions d'ayants cause, par mise à la retraite ou mort du fonctionnaire, antérieure audit 1ᵉʳ juillet; ce pourquoi — l'effet de la loi de 1923, quant à l'incorporation du cadre local, ne remontant pas au-delà du 1ᵉʳ juillet 1919, alors que celui de la révision présupposait, selon le principe de l'art. 92 L. 14 avril 1924, compte des traitements que le fonctionnaire eût touchés s'il avait été au 1ᵉʳ janvier 1924 incorporé effectivement — il y eut lieu à des incorporations fictives par décisions spéciales du ministre chargé des affaires d'Alsace et Lorraine : les pensions revisées remplacèrent celles liquidées antérieurement, sauf attribution d'un complément si celles-ci étaient supérieures au chiffre nouveau. La lecture et comparaison du rapport précédant le décret et de l'instruction intermin. a prêté (Cf. Clauss, *op. cit.*, p. 119) à une juste critique et interprétation, l'une niant, l'autre affirmant le principe de l'application des règles générales de la loi de 1924 aux pensions du cadre local, c'est, du moins, un fait que le décret prévu à l'art. 83 al. 2 de la loi n'est point intervenu, sans doute parce que les conditions spéciales n'ont pas été jugées nécessaires; c'est, d'autre part, un accident ou un indice que, par décision min. fin. 12 mai 1926, compte a été ordonné des remises et salaires variables visés à l'art. 6 de la loi, motif pris de l'opportunité ou du principe de l'assimilation des fonctionnaires des deux cadres. — Toujours est-il que, du double temps que l'opération devait comporter, selon les art. 92 sv. L. 1924, de l'application à toutes pensions d'un coefficient variable de majoration préalablement à la révision proprement dite, l'art. 1ᵉʳ D. 2 août 1925 crut la simplification possible; la réalité fit surgir des difficultés, quant à la reconstitution de la carrière administrative et des états de service de certains retraités et à la détermination des nouveaux traitements de base; d'où, par D. 22 décembre

(*J. off.*, 26-27 déc., p. 12446), la prévision d'avances trimestrielles de 50 francs, payées dès le 31 décembre 1925 et continuées en 1926, à titre de précompte, et sous réserve d'un remboursement, lequel fut suspendu dans la suite et n'a repris effet qu'à la suite de la révision de 1928 et en vertu du D. 19 juin 1928 : Cf. Circ. min. fin., Direct. comptab. publ., 1ᵉʳ août 1928. Au demeurant, la révision, en nombre de cas, eût entraîné une diminution des pensions primitives; dès lors, et pour maintenir les situations antérieures, des compléments de pension furent accordés, conformément à l'art. 3 al. 2 D. 21 août (Cf. art. 94 al. 2 L. 14 avril 1924) selon lequel la pension revisée ne remplace que si elle est supérieure celle affectée du coefficient.

970. — Le retour au système des indemnités, de l'extension des mesures prises pour le cadre général aux « anciens fonctionnaires du cadre local d'Alsace et de Lorraine civils et militaires et agents de l'Etat » réapparut : indemnité « supplémentaire et temporaire » par tranches dégressives, D. 23 décembre 1926 (*J. off.*, 7 janvier 1927, p. 307), complété ou précisé dans celui du 13 novembre 1927 (*ib.*, 15 nov., p. 11654) par la clause usuelle de versement aux pensionnés d'après les traitements du 1ᵉʳ août 1926 au cas où leur nouvelle situation eût été inférieure à celle résultant du bénéfice des nouveaux relèvements; — doublement de cette indemnité, 2ᵉ D. 13 novembre 1927 (*loc. cit.*), réservé, comme cette indemnité, aux retraités d'avant le 1ᵉʳ août 1926, et ces relèvements comportant éventuellement le complément, et les majorations pour enfants élevés jusqu'à 16 ans, et au moins égal au 1/4 de la pension principale servant à la déterminer.

971. — C'est la nouvelle révision prescrite, eu égard à la stabilité monétaire retrouvée, par l'art. 68 L. fin. 27 décembre 1927 qui y mit fin une deuxième fois : Cf. les Instr. des min. fin., 20 janvier, et pensions, 27 janvier 1928, *J. off.*, p. 1019, 1227. Un décret, dont la prévision peut paraître quelque peu anormale, en devait, art. 69 al. 2 (*ib.*, 28 décembre, p. 13072), pour les départements recouvrés, déterminer les conditions, non plus l'introduction ou l'extension, mais la combinaison avec les dispositions particulières de la loi du 22 juillet 1923; publié le 19 juin 1928 (*ib.*, 20 juin, p. 6750. Rpr. Instr. interm. 10 août), reproduction de la loi en ses parties essentielles, d'effet borné immédiatement à 70 %, il ordonnait l'application, à dater du 1ᵉʳ janvier 1928, aux pensions déjà concédées à la date du 17 avril 1924 des coefficients de l'art. 93 déjà appliqués aux pensions basées sur les traitements antérieurs au 1ᵉʳ juillet 1919; pratiquement, la différence entre la liquidation sur la base du traitement au 1ᵉʳ janvier 1928 et celle résultant de l'application des coefficients, dans la proportion de 70 %, d'après le traitement au 1ᵉʳ janvier 1928, constituerait, de la sorte, le montant de la pension payable en 1928, dès lors qu'il serait supérieur à la révision pure et simple selon l'art. 4 al. 1-3 du décret. — La majoration de 100 % attribuée, à partir du 1ᵉʳ septembre 1929, à toutes les pensions visées aux art. 68 et 69 de ladite loi de finances, l'an suivant, par l'art. 153 L. fin. 30 décembre 1928, et avancée d'un mois par l'art. 1ᵉʳ L. 30 mars 1929 (*J. off.*, 31 mars, p. 3800), a été tenue par l'administration pour applicable automatiquement à celles du régime local : Note min. fin., Direct. dette inscrite, 6 février 1929.

972. — *E.* Enfin s'est posée la question de l'application du décret-loi du 5 mai 1934 (*Duv.*, p. 177) par lequel fut institué un *prélèvement* : de 5 % sur les pensions et allocations primitivement liquidées sur la base des traitements et soldes en vigueur antérieurement au 1ᵉʳ octobre 1930, et sur celles revisables dans les conditions prévues aux art. 3 D. 9 mars 1933 et 119 L. 31 mai 1933; — de 8 %, à compter de la même date, sur celles liquidées sur la base des traitements et soldes en vigueur depuis le 1ᵉʳ octobre 1930. Cette application était expressément (art. 1ᵉʳ, al. 3) limitée, dans les cas et quant aux maxima fixés à la mesure où les nouvelles limites fixées entraîneraient une réduction de la pension inférieure à celle résultant dudit prélèvement (art. 2). Des réclamations et un « aménagement » favorable s'ensuivirent, moyennant autorisation donnée par un décret du 30 juin 1934 et par l'œuvre d'une commission où fut admis le président de la fédération des fonctionnaires d'Etat d'Alsace et de Lorraine : la proposition faite de ramener respectivement les taux du prélèvement à 4 % et 7 % est traduite dans le D. 28 octobre 1934 (*J. off.*, 31 octobre, p. 10894). — Sur les traitements de disponibilité accordés au cadre local selon les art. 24-26 de la loi locale du 31 mars 1873, les prélèvements sont, à dater du 1er mai 1934 (art. 4), les mêmes que ceux établis sur les traitements d'activité par le D. 4 avril 1934 (*Duv.*, p. 125) portant abrogation de l'art. 10 L. 23 décembre 1933 et augmentation du prélèvement sur les traitements, soldes et émoluments des agents de l'Etat.

IV. — *La jouissance des pensions.*

973. — *A.* La mise à la retraite en est la condition première, et la décision de mise à la retraite, avec la notification de la pension au fonctionnaire, le point de départ des trois mois [toujours comptés du 1er du mois : Instr. min. d'A.-L. 13 novembre 1896, *Z. u. B. A.*, p. 255] à l'expiration desquels cette décision, selon l'art. 55 R. B. G., a effet : solution courante depuis la fixation d'une ci-devant controverse par décision de la Cour suprême de Leipzig, 11 février 1887, *Z. G. Z.*, t. XVII, p. 241. Le service de Strasbourg du ministère des finances est chargé de recevoir des services d'Etat employant dans les trois départements des fonctionnaires du cadre local les dossiers de proposition de retraite : Cf. Clauss, *op. cit.*, p. 89, et, à une fin voisine, s'agissant d'assurer les retenues, en cas de cumul, sur les pensions locales payées par l'Etat, la communication par les divers services de toute nomination faite d'un pensionné du cadre local à un emploi d'Etat ou d'une collectivité publique. Cf. Circ. Commiss. gén. Républ. 21 juin 1923.

974. — *B.* La mise en paiement reste, en principe, telle que l'avait réglée l'Instr. min. A.-L. 28 novembre 1903, *Z. u. B. A.*, p. 191, à cela près qu'étant à effectuer par trimestre et d'avance selon l'art. 59 R. B. G., elle fut mensuelle après une Circ. inspect. gén. serv. fin. A.-L. 23 décembre 1918 (*Bull. off. Basse-Als.*, 1919, p. 40), dont il paraît bien qu'elle ait eu valeur d'instauration ou d'adaptation d'une situation de fait, à compter de l'armistice et au sens de l'art. 3 al. 2 L. 22 juillet 1923, lequel l'a confirmée. — Le montant mensuel, payable *prænumerando* (art. 69 R. B. G., et Instr. min. A.-L. 28 novembre 1903 § 2, *Z. u. B. A.*, p. 194), est augmenté de telle manière que, divisé par 3, il donne comme quotient des francs entiers. Le supplément « communal » est payé aux pensionnés ayant appartenu au cadre de l'enseignement primaire, sur les crédits des pensions, pour le compte des municipalités débitrices, au vu de titres de perception délivrés d'office par les soins du service des finances de Strasbourg. Cf. sur les questions d'écritures et de comptabilité, de justifications et de quittances, Clauss, *op. cit.*, p. 141-144. — Les arriérés de pension sont remis aux héritiers avec le minimum de frais et de procédure, selon une coutume (Instr. min. A.-L. 1900) qu'ont maintenue, en la complétant, les décisions min. fin. 27 décembre 1925 et 13 août 1926, et au conjoint survivant non séparé, en vertu de l'art. 18 de la loi du 12 avril 1922 mise en vigueur en Alsace et Lorraine par l'art. 1er *h* L. 1er juin 1924.

975. — Deux cas avaient échappé à l'ancienne réglementation. Celui du reversement de l'indû, dans les hypothèses traitées à l'art. 65 L. 14 avril 1924 (Cf. *suprà*) : l'application du droit commun ne peut souffrir de difficulté en l'espèce, étant donné l'application déclarée par D. 22 septembre 1922 (*J. off.*, 29 septembre, p. 9762) dans les départements recouvrés des dispositions législatives et réglementaires relatives au recouvrement des créances de l'Etat. Il y a là, au surplus, une question de méthode ou d'interprétation générale, qui retentit sur d'autres aspects du régime financier et juridique des pensions, tel celui de leur cessibilité et insaisissabilité, et qu'il convient notamment de traiter, non seulement d'après l'art. 26 L. 9 juin 1853, introduit en A. et L. par l'art. 1er al. 2 *j* L. 1er juin 1924 « en tant qu'il n'était pas déjà applicable », mais aussi selon l'art. 54 L. 14 avril 1924, qui a reproduit tous les textes antérieurs de la matière et régit toutes autres parties de la France. Controverse moins spéculative que pratique, en vérité, ne fût-ce que pour donner champ à l'al. 3 dudit art. 1er, à la possibilité d'exercice cumulatif de la retenue du 1/5e et de celle du 1/3 ?

976. — Celui de la prescription des arrérages non réclamés des pensions. L'abrogation, avec effet du 1er janvier 1925, des art. 197 et 101 du B. G. B., qui la fixaient à quatre ans, par la loi du 1er juin 1924 a fait naître la question du droit désormais applicable : art. 2277, règle des rapports de droit privé, prescription quinquennale du Code civil français? ou plutôt, parce que l'art. 197 du B. G. B. n'était que disposition exceptionnelle, « contraire », selon l'expression de l'art. 80 al. 1er de la loi d'introduction du 18 août 1896, et parce qu'en règle la situation des

agents au service public demeurait « fixée... par les lois sur les fonctionnaires en vigueur au lieu de leur résidence », art. 30 L. 9 juin 1853 mod. art. 40 *in f.* L. fin. 16 avril 1895, disposition applicable aux pensions de toute nature sur fonds d'Etat (Cf. Cons. d'Et., 5 août 1911, Campmartin, Leb. chr., p. 949), prescription triennale? En vérité, la loi de 1924 a abrogé virtuellement celle de 1853 pour la grande majorité de ses articles; mais l'art. 30 de celle-ci est de ceux qui semblent, après examen difficile, être encore en vigueur (Delpech, *Code admin.*, p. 177, note 2). En tout cas une décis. min. fin. 28 juin 1864 (Blanchon, *Le paiement des pensions de l'Etat*, 1914, n° 335, p. 133), dès ce temps, avait ordonné la radiation de la pension trois ans après la date d'exigibilité du plus ancien trimestre.

977. — La suspension de la pension était cause simple, *mutatis mutandis*, de la perte au recouvrement de la nationalité : art. 57 R. G. B.; art. 9 et 10 L. franç. 10 août 1927, sur la nationalité; au cas aussi de manque de loyalisme des naturalisés (hormis donc les réintégrés de plein droit) par application du traité de Versailles, part. III, sect. V, Annexe, § 2 al. 1-6 ; elle allait encore davantage de soi à raison (art. 56-2° L. 14 avril 1924) d'une condamnation à une peine afflictive et infamante, durant le temps de cette peine. — Seul, le cumul de pensions ou de pension et traitement a suscité des difficultés et une succession de mesures. L'application du R. G. B., provisoirement faite encore après le 11 novembre 1918, fut arrêtée par le D. 13 avril 1923 (*J. off.*, 18 avril, p. 3850) mettant en vigueur en A. et L. la réglementation générale, celle de l'art. 4 L. 28 fructidor an VII, l'art. 76 L. 31 juillet 1920, et les interdictions de cumul à concurrence de 30.000 francs ou, au plus (Cf. art. 1er D. 17 juillet 1926, *ib.*, 23 juillet, p. 8076), du dernier traitement d'activité. Il restait — l'administration ne tenant pas la loi du 14 avril 1924 (en l'espèce, son art. 59 al. 3) pour applicable fatalement aux pensions locales — la disposition du système local faisant, au cas de dépassement du maximum, retenue sur la pension servie par l'Etat (Cf. L. 1er décembre 1931, *Duv.*, p. 464). Cependant le décret ne fut en rien entamé par l'art. 3 al. 2 L. 22 juillet 1923, où les règles relatives au cumul ne sont pas englobées parmi les dispositions sauvegardées du statut local; il lui était, du reste, réservé d'obtenir la ratification législative par L. 15 août 1924 (*J. off.*, 19 août, p. 7722). Les circulaires, instructions et notes administratives n'y ont adjoint que des adaptations formelles, — non plus, d'ailleurs, que la loi précitée du 1er décembre 1931 ordonnant l'opération des retenues « sur le traitement ou sur l'allocation en vertu d'une liquidation faite par l'ordonnateur » et leur versement au Trésor « toutes les fois que le traitement ou l'allocation sont mandatés sur un budget autre que celui de l'Etat ».

978. — *C.* Les perspectives de *cumul* s'ouvraient et ont réussi en plusieurs directions (Cf. Clauss, *op. cit.*, p. 148-162). — Les plus simples étaient relatives aux pensions civiles. D'un titre de pension civile et du droit à une pension civile acquis, soit en Alsace Lorraine par un ancien fonctionnaire civil ou militaire d'Empire, soit (art. 3 Convent. 3 mars 1920) en une administration ne fonctionnant pas en Alsace-Lorraine par d'anciens fonctionnaires devenus Français en exécution du traité de Versailles, le cumul est possible. Malgré que ces pensions ne soient, ni mises à l'art. 62 du traité à la charge de la France, ni remboursées par l'Allemagne, la France en continue le paiement bénévole. — D'un pareil titre de pension civile avec une pension militaire, proportionnelle ou d'invalidité, le règlement est bien davantage complexe, dès qu'il s'agit, soit de définir la portée de l'art. 62, soit de faire sortir effet les principes des décisions françaises : selon l'art. 62, la charge des pensions, demeurant à l'Allemagne, est acquittée par le Trésor français, sauf récupération par voie de prélèvement sur les annuités du plan Dawes : Cf. la sentence interprétative du Trib. arbitral de La Haye, 24 mars 1926; selon la teneur et le principe de la loi du 23 mars 1928, les anciens militaires ayant acquis pension d'invalidité dans l'armée allemande entre 1871 et le 31 juillet 1914 ne peuvent avoir plus d'avantages que les invalides de guerre de l'armée allemande admis également au bénéfice de la loi de 1919, ni les invalides allemands d'avant-guerre être admis même indirectement à la pension mixte refusée aux invalides de guerre allemands (art. 59 L. 31 mars 1919; 3 al. 6 L. 17 avril 1923 : Cf. la note min. fin. 16 novembre 1928). Cette complexité apparaît surtout en des cas où le titulaire d'une pension civile à titre aussi :

979. — α) En application de la législation allemande de 1871 et de 1906, à une pension militaire proportionnelle d'avant-guerre, au titre de rengagé, après 18 ans de services militaires et sans condition d'âge. Le cas est celui de la coexistence d'une pension française et d'une pension allemande, assimilée quant aux tarifs à une française, remboursable par l'Allemagne sur les seules annuités du plan Dawes. Les textes s'y rapportant sont de source et de portée différentes : les art. 23 et 36 de la loi allemande, du 31 mai 1906, sur les pensions militaires (*Reichsge-setzbl.*, p. 593), relatifs à la seule liquidation et fixant à la pension proportionnelle l'alternative d'un maximum absolu (3/4 du traitement maximum de la catégorie occupée en dernier lieu par le fonctionnaire) ou relatif, si le résultat en apparaissait plus avantageux (à concurrence de 3.000 reichsmarks, addition de la pension civile réellement due et une tranche de la pension militaire d'invalidité de 100 % afférente au grade militaire du fonctionnaire), d'une part; la prohibition française (art. 40 L. 30 décembre 1913; 62 L. 14 avril 1924), spécialement introduite dans le droit local, de cumul, de rémunération deux fois du même temps de service, d'autre part; enfin, la parité établie depuis l'armistice, des marks à des francs et l'assimilation des tarifs allemands aux français (D. 30 août 1925, *J. off.*, 5 septembre, p. 8750, et Instr. intermin. 14 avril 1926, *ib.*, 16 avril, p. 4546, revisés D. 19 juin et Instr. 10 août 1928, *Bull. off. d'Als. et Lorr.*, p. 730 sv.). Nul donc ne fournit et n'imposait la solution du cas; celle-ci, dès lors, est à tirer d'une analyse et d'une systématique générale : ou bien les règles du cumul français, toutes les circonstances, y compris la déficience allemande aux versements spécialisés, autorisant la France à traiter comme les siens propres les Alsaciens et Lorrains ayant servi dans l'armée allemande; ou bien (mais, en vérité, cette solution semble bien moins sûre), les règles allemandes de computation des services, soit la totalité du service militaire admise dans le calcul de la pension civile et le cumul des deux pensions à concurrence du maximum absolu de sa catégorie, soit l'addition des services civils et militaires et la perception de la pension civile majorée de la tranche de la pension militaire du grade;

980. — β) A une pension militaire d'invalidité d'avant-guerre, attribuée par la même législation allemande de 1871 et 1906, soit aux rengagés ayant accompli 8 à 17 ans de services actifs et souffert une réduction d'au moins 10 %, au moment du renvoi du service militaire, de leur capacité de travail, soit à des non-rengagés ou des rengagés n'ayant pas 8 ans au moins de services, atteints d'une infirmité d'au moins 10 %, dûment démontrée imputable au service militaire. Une loi du 23 mars 1928 (*J. off.*, 24 mars, p. 3375. — Rpr. Instr. minist. 6 juillet, *ib.*, 12 juillet, p. 7827) a assimilé l'une et l'autre espèce, avec effet du 1er juin 1919, aux pensions militaires françaises d'avant-guerre, quant au droit à pension et aux tarifs; le cumul avec un traitement possible, permis au moins (art. 40 L. 30 décembre 1913; 58 al. 3 L. 31 mars 1919) pour les invalides d'au moins 65 %, et par là-même générateur d'anomalies, a été affranchi de toute condition et admis indépendamment d'un taux d'invalidité par l'art. 27 L. 9 décembre 1927 (*ib.*, 10 décembre, p. 12412). Au demeurant, dans cet ordre de situations, une impression de confusion se dégage des documents : à l'occasion des révisions de pensions à opérer selon le D. 30 août 1925, l'Instr. intermin. précitée du 14 avril 1926 basait sur le système français une différenciation des titulaires selon qu'ils avaient ou non au moins 15 années de services militaires effectifs et, en conséquence, réglait, pour les uns, le droit à pension par la législation allemande et le montant de la pension proportionnelle d'après la loi française (art. 44 L. 14 avril 1924) et réduisait, pour les autres, au nombre d'annuités la pension proportionnelle à la française; — celle, précitée aussi, du 6 juillet 1928 instituait, sous couleur de ménager les situations acquises, une faculté d'option entre la pension de la loi de 1919 hormis tout autre avantage local et celle réglée par l'Instr. de 1926; et une Note min. fin. 16 novembre 1928 interdisait, au cas de la deuxième option, le cumul même partiel des avantages inhérents aux pensions d'invalidité et d'ancienneté : singulier amalgame en des espèces où il ne s'agit que de pensions d'invalidité, et alors que l'Instr. intermin. 6 juillet 1928 n'avait pour objet que les tarifs et aucune qualité pour toucher au droit proprement dit et au type des pensions en cause;

981. — γ) A une pension d'ancienneté d'officier ou assimilé de l'armée active allemande, — ou à une pension d'invalidité de guerre, guerre de 1870 ou Grande Guerre. — A la première l'administration française s'est trouvée gênée à appliquer l'assimilation des tarifs décidée par le décret du 30 août 1925 et les tarifs de la loi du 14 avril 1924, pour cette raison que l'art. 83 *in f.* de la loi est matériellement inapplicable au cas d'Alsaciens-Lorrains, Allemands ayant eu l'indigénat alsacien-lorrain, ayant été officiers de l'armée active allemande et n'ayant ni su ni pu avant le 11 novembre 1918 demander à la France une autorisation de servir dans cette armée. Le cumul paraît, pour autant, possible. — De la deuxième le sort est mieux marqué dans les textes. Aux invalides français de la guerre de 1870 ayant perdu leur nationalité d'origine l'Allemagne avait accoutumé d'allouer des secours exceptionnels en cas de nécessité et, à partir de la loi d'Empire, du 31 mai 1901, sur les pensions militaires, des secours permanents discrétionnaires, tenus en général par l'administration fort au-dessous des tarifs et maxima légaux; le relèvement après l'armistice en ayant paru réellement insuffisant, les art. 23-25 L. fin. 31 mars 1924 ont prescrit l'attribution, soit de pensions, soit de gratifications permanentes de réforme, à la mesure des degrés d'invalidité constatés, originairement constatés par l'autorité allemande. Au regard des invalides alsaciens-lorrains de la Grande Guerre, la loi du 17 avril 1923 (*J. off.*, 19 avril, p. 3874. — Rpr. D. 11 juillet, *ib.*, 16 juillet, p. 6787) a ménagé l'assimilation, droits et tarifs, et donc règles de cumul, avec les combattants de l'armée française : Cf. Clauss, *Die französischen Kriegspensionen in Els. u. Lothr.*, 1923. Le pensionné du cadre local, depuis la loi du 9 décembre 1927 à tout le moins, a touché intégralement pension civile et pension militaire de guerre, quel que fût le degré de son invalidité.

982. — D. Le contentieux ne manquait pas de moyens ni d'originalité dans le droit local, qu'il s'agît :

a) De la voie administrative, à l'encontre des décisions de mise à la retraite d'office ou pour inaptitude aux fonctions, après ou hors les dix années au moins de services constitutifs de droits à pension : — Au premier cas, une véritable instruction formelle et obligatoire (Cf. art. 64 sv. R. B. G.; Arndt, *op. cit.*, p. 93) était le préliminaire de la décision de l'autorité centrale, contre laquelle, dans le délai de quatre mois compté de sa notification, pourvoi non suspensif était ouvert devant le Conseil fédéral en qualité (art. 7 al. 3 Const^on 16 avril 1871) de juridiction administrative, la compétence (plus normale, s'agissant d'une loi d'Empire devenue loi locale) du Conseil impérial du Pays d'Empire écartée sans doute comme offrant moins de garanties. Le Tribunal administratif d'Alsace et de Lorraine, dans la mesure où il a, dès l'abord (D. 26 novembre 1919), recueilli les recours ci-devant portés directement au Bundesrat, en doit décider. — Au deuxième cas, le refus d'un pouvoir discrétionnaire à l'administration était dans la ligne du statut et de la stabilité recherchée pour les fonctionnaires : la même voie semi-administrative que ci-dessus y trouvait ses raisons, de même que l'obligation pour le ministère d'Alsace et Lorraine, s'il décidait de ne point allouer à vie une pension bénévole à l'agent, de procéder à la mise à la retraite dans les formes (et avec les garanties de principe. Cf. sur l'application de l'art. 65 L. 22 avril 1905, Cons. d'Et., 30 juillet 1926, Geissel, Leb. chr., p. 814; *Rev. jurid. d'Als. et de Lorr.*, 1927, p. 7);

983. — *b*) De la voie de droit (*Rechtsweg*), à l'encontre de toutes mesures intéressant la situation de service du fonctionnaire. — En droit allemand, selon le précédent de la loi prussienne du 24 mai 1861 et l'errement des rapports de droit privé (Fleiner, p. 61), elle était refusée en principe et ouverte seulement, dans les six mois comptés de la notification de la décision du ministère d'Alsace-Lorraine, par-devant les tribunaux judiciaires, au sujet des droits pécuniaires, du traitement d'attente et des allocations aux veuves et orphelins : art. 149-155 R. B. G.; Arndt, *op. cit.*, p. 161. — L'art. 3 L. 22 juillet 1923 a remis en question toute la matière. Le fait qu'il n'a pas expressément mentionné dans les dispositions maintenues du statut local l'attribution du contentieux de la matière aux tribunaux judiciaires donne lieu à conclure qu'il l'a abrogée : Cf. Julien Laferrière, *De la juridict. compét. pour connaître des actions des fonctionn. en paiement de traitement ou de pension*, dans *Rev. jurid. d'Als. et de Lorr.*, 1926, p. 248; la règle d'interprétation à la française du principe de la séparation des autorités maintenu en Alsace-Lorraine après 1870 devait, à défaut d'un texte formel exprès (Cpr. Cons. d'Et., 26 décembre 1924, Keil, Leb. chr., p. 1062,

S. 26.3.28, D. 26.3.49 ; — Trib. sup. Colmar, 11 mai 1921, *Rev. jurid. d'Als. et de Lorr.*, p. 263 ; Colmar, 27 novembre 1923, *ib.*, 1924, p. 488 ; Cass., 11 juin et 20 juillet 1925, *ib.*, p. 54...), ramener au Conseil d'État, juge administratif de droit commun, les litiges pécuniaires touchant le traitement d'attente. S'agissant de l'ensemble du « régime des pensions », l'argument de fait défaille, en sorte que l'administration a incliné (Cf. Clauss, *op. cit.*, p. 259) à donner un sens très large à la clause de maintien du régime local et, en conséquence, à écarter les règles françaises de 1924 ; la raison de droit, au contraire, demeure, et c'est le cas, à propos de ce contentieux de pleine juridiction, de tenir très ferme qu'il existe d'après les principes de la compétence administrative, parce que fondé par une atteinte à un droit (Cf. Delpech, préface à la thèse R. Benner, *Le Trib admin. d'Als. et de Lorr.*, 1933) : il suffit donc à faire écarter le recours et la compétence du R. B. G., et admettre même, malgré qu'elle soit postérieure à l'art. 3 L. 1923 et allonge d'un mois le délai normal de recevabilité, la vertu présente et définitive de l'art. 66 L. 14 avril 1924 portant à trois mois le délai de forclusion des recours des fonctionnaires.

V. — *La réversibilité des droits.*

984. — *A.* L'un des quelques traits réclamant une mention est le bénéfice du traditionnel (Cf. Ord. 27 avril 1816, *Preuss. Gesetzes-Sammlung*, p. 134) *Gnadenquartal* (art. 7, 69 R. B. G.) ou trimestre de grâce, correspondant à tous les émoluments « d'ordre personnel », à l'exclusion de ceux « d'ordre matériel » *i. e.* de remboursement de dépenses de service, afférents au mois du décès et triplés, — payable, indépendamment de tout état de nécessité (Kanngiesser, *op. cit.*, p. 385), d'avance et en une fois, à la femme, non divorcée ni séparée de corps (art. 1586 B. G. B.) et aux orphelins du fonctionnaire occupant ou ayant occupé, au moment du son décès, un emploi « inscrit aux budgets des traitements », selon l'expression de l'art. 38 du *Beamten-hinterblieb. Ges.* (15 novembre 1909) à traduire dorénavant : emploi permanent, incorporé dans les cadres généraux par application de l'art. 1er de la loi de 1923. La répartition aux parties prenantes échappe, comme question de droit privé et familial, à l'administration qui, du reste, mettant en paiement le trimestre de grâce, a et garde le pouvoir discrétionnaire de décider le nom auquel sera ordonnancé le mandat : le texte du R. B. G. et la pratique allemande en admettaient l'allocation, moyennant autorisation du ministre compétent ou sur sa délégation, aux *Pflegekinder*, ascendants, collatéraux, enfants adoptifs, naturels ou d'un autre mariage de la veuve, dont l'entretien était en tout ou pour la plus grande partie à la charge du fonctionnaire ou du pensionné.

985. — *B.* Touchant le droit à pension lui-même de la veuve et des orphelins, il n'est guère de détails qui fussent spécifiquement propres au droit local, à en juger d'après les points les plus conditionnés ou les termes les moins précisés, p. ex. :

La condition d'antériorité du mariage à la retraite : règle commune, sauf la réserve d'une éventuelle reprise d'activité de nature à constituer de nouveaux droits à pension (Exp. des motifs du B. H. G., *Landesausschuss*, 1re session, 1909, no 9) après prolongation de service d'au moins une année (art. 58 al. 1 R. B. G.) ;

La terminologie *Waise*, employée — sans doute parce que le droit des enfants ne découle pas de celui de la mère — aussi bien pour les orphelins de père et de mère que pour ceux dont l'un des auteurs vit encore. — Pratiquement, la mère, remariée ou non, représente les enfants, le prédécès du père ne donnant pas en principe, et sauf remariage de la mère, ouverture à tutelle : Circ. minist. 29 novembre 1924, tit. 2, ch. 1, II, B, *Bull. off. Als. et Lorr.*, p. 1012. La mort de la mère détermine, non la substitution des enfants à ses droits, selon le régime français de la loi de 1924, mais, dès la nomination du tuteur, leur accession à une pension de taux supérieure. C'est, au surplus, de ce tout dernier point que saillit la question, peut-être la plus intéressante, touchant les orphelins de femmes fonctionnaires : leur mise sur même pied que les enfants de fonctionnaires mâles résultait, avant novembre 1918, de l'art. 18 B. H. G. ; à soi seule la lettre de l'art. 9 laissait incertaine la fixation de leur pension au taux supérieur en tous cas, en celui même de survie du père à la mère fonctionnaire : il est plus conforme peut-être à son esprit et certainement au système

français de la loi de 1924 de fixer le droit et la pension des enfants, le père vivant, au taux ordinaire et de l'élever, le père décédé, au taux supérieur.

986. — *C.* La pension de *veuve* — que le droit allemand avait tard inaugurée aussi : Loi d'Empire, 20 avril 1881, *Reichsgesetzbl.*, p. 85, moyennant un fonds de retenue qui y fut abrogé par celle du 5 mars 1888, *ib.*, p. 65, et remplacé à partir du 1er avril 1888 par le régime financier applicable en Alsace-Lorraine depuis L. 24 décembre 1873 — fut arrêtée par le régime local (art. 8 B. H. G.) à 40 % de la pension qui avait ou eût été comptée au mari, au jour de sa retraite ou de son décès, et relevée, à dater du 1er janvier, à 50 % par D. 7 décembre 1928 (*J. off.*, 13 décembre, p. 12950) : modification réglementaire d'une légalité douteuse, le décret local ne fût-il que complétif de celui, général, du 19 juin, autorisant par l'art. 69 L. 27 décembre 1927 ou bien, pour la défendre, d'en trouver la base, soit dans l'art. 83 L. 14 avril 1924 remettant à un décret la détermination des particularités de son application en Alsace et Lorraine, soit dans le plan de la loi du 22 juillet 1923 borné à la fixation des maxima et liant en règle l'évolution du droit local à celle de la législation générale : Cf. Clauss, *op. cit.*, p. 191-193 ; toujours est-il que, la ratification du décret tardant, l'administration a évité en ce texte comme en une série d'autres toute référence à cette loi générale. — Il reste qu'à ce taux la pension de la veuve est fonction des services et du dernier traitement du mari : premier maximum ; et que le deuxième, de 5.000 marks, a été modifié par l'art. 3 D. 19 juin 1928 et porté à 15.000 francs moyennant une adaptation fort approximative à la nouvelle monnaie ou plus vraisemblablement à la limitation générale à 50 % du maximum absolu susceptible de bénéficier, au titre de pension, aux retraités. — Cependant deux dispositions du droit local demeurent, dont la disparition est réclamée comme celles des maxima ou des cumuls, et dont l'existence a été accusée (Clauss, *op. cit.*, p. 196 note 1) d'être « complications... recherchées à dessein par quelques spécialistes qui, de cette manière, créent à leur profit un véritable monopole d'interprétation » : l'une, portant limitation des pensions de veuve et d'orphelins à la somme qu'eût touchée le mari et père (art. 10 B. H. G.) ; ce qui est le cas d'une veuve et de six orphelins $\left(50\% + 6 \times \dfrac{1/5^e}{50\%} = \dfrac{11}{10} \right)$ ou de sept orphelins $\left(\dfrac{7 \times 1/3}{50\%} = \dfrac{7}{6} \right)$ ayant droit à réversibilité de la pension réelle ou éventuelle de leur auteur ; — l'autre (*ib.*, art. 11), relative aux nominations et unions postérieures au 30 novembre 1909 (*ib.*, art. 19 no 4), réduisant la pension, au cas de différence d'âge au-delà de 15 et jusqu'à 25 ans, de $1/20^e$ par année de différence, sauf, si le mariage a duré plus de cinq années, une reprise, pour chaque année commencée au-delà de la 5e, de $1/10^e$ de la pension ordinaire jusqu'à recouvrement de son chiffre plein.

987. — Le service, de même que celui des pensions d'orphelins, en commence (art. 7 B. H. G.) au 1er jour du mois qui suit l'expiration du trimestre de grâce : la règle de la continuation automatique des émoluments jusqu'à la concession de la pension n'existe que pour le cas de mise à la retraite du fonctionnaire lui-même ; elle ne joue pas, faute d'utilité apparente, à raison de la simplicité ordinaire des liquidations, quant aux pensions de veuves et d'orphelins. Le système des avances sur pension est ignoré du statut local. — Les causes ordinaires en entraînent la cessation ou la suspension ; seule d'entre elles, celle qui met en cause la nationalité de la femme a été comme renouvelée après 1927 : au lieu qu'auparavant les femmes des ci-devant fonctionnaires du cadre local devenus français étaient au régime de l'art. 12 C. civ. et donc suivirent la condition de leur mari, après que l'art. 8 alin. 1er et 2 de la loi du 10 août 1927 se prit à accorder aux femmes la faculté de conserver en principe, moyennant certaines manifestations de volonté, leur nationalité d'origine (Cf. Pillet et Niboyet, *Tr. de dr. intern. pr.*, no 145-II, p. 192 sv. ; Pierre Louis-Lucas, *La nationalité française*, 1929, p. 188 sv.), la question surgit du droit à pension depuis cette loi de la femme étrangère épousant, sans acquérir sur sa demande ou par l'effet de son statut personnel la nationalité du mari, un fonctionnaire possédant antérieurement l'indigénat alsacien-lorrain et devenu Français en vertu du traité de Versailles : dans ces conditions ce droit semble devoir lui faire défaut absolu.

988. — Les pensions d'*orphelins*, existantes à côté et indépendamment de celle de la veuve, sont de $1/5^e$ de celle de la mère, si celle-ci existe, et sinon de 1/3 de celle qu'elle aurait obtenue. L'inhabilité de la mère, à la différence de son convol ou de la déchéance de ses droits, ne modifie pas le taux : ainsi en fit sur une espèce décider le ministère d'Alsace-Lorraine, en 1880, sous l'empire de l'art. 9 de la loi du 24 décembre 1873, sous couleur que la pension de la mère était en pareil cas, non perdue. mais seulement suspendue. Depuis le 1er janvier 1928, le rapport est, plus logiquement, vu l'indépendance de la pension des orphelins, établi entre elle et le dernier traitement de leur auteur : 1/10e ou 1/6e de celui-ci, selon que la mère a, ou non, elle-même droit à pension. Son chiffre doit, selon la règle ordinaire, être augmenté de telle manière que, divisé par 3, il donne pour quotient un nombre entier (art. 9 B. H. G.).

989. — Une addition opérée à ce régime des pensions d'orphelins du cadre local par la voie autonome du décret, D. 7 décembre 1928, art. 1er, leur a étendu la disposition de l'art. 23 in f. L. 14 avril 1924 (Rpr. Instr. 12 octobre 1924, art. 23 b) sur l'égalité minima nécessaire de ces pensions aux indemnités pour charges de famille dont le père vivant bénéficierait d'après la loi générale jusqu'à la 16e et, extraordinairement, 18e ou 21e année de ces enfants; l'administration a, pour sa part, tenu ces prolongations pour applicables au régime local, — sauf, au cas où le service de ces indemnités cesse à 16 ans, leur reprise, selon les prévisions et au taux du B. H. G. (1/5e ou 1/3 de la pension de la mère) du commencement de la 17e à l'achèvement de la 18e année.

990. — Au total, de cet exposé très succinct du régime des pensions d'Alsace et de Lorraine au regard et à la suite de l'art. 3 al. 2 L. 22 juillet 1923, résulte l'impression d'une nationalisation opérée de parties du *Reichsbeamten-* et du *Beamten hinterbliebenen-Gesetz*, — mais celle aussi d'une imprécision dogmatique ou substantielle du terme « régime des pensions » touchant ce maintien du statut local, — et non moins d'une hésitation pragmatique et usuelle de l'administration à se prononcer dans le mélange des textes et des espèces quant à la substitution automatique des règles du droit commun français aux dispositions locales pour la solution de la variété des conflits interprovinciaux surgissants (Cf. la théorie de ces conflits, J.-P. Niboyet, *Conflits entre les lois franç. et les lois locales d'Als. et de Lorr. en dr. privé*, 1922, n° 192, p. 101 sv.) : révélatrice d'une mentalité ou d'une méthode, la formule du rapport publié en tête du D. 21 août 1925, sur les conditions d'option pour le cadre général (*J. off.*, 28 août, p. 8454), affirme, plus qu'elle ne justifie par des raisons circonstanciées et non banales, que « c'eût été créer la plus grande confusion que de décider [des deux régimes l']interpénétration partielle ou totale au profit ou au détriment des intéressés »; il semble « sage », au contraire, de poser en thèse (Cf. Clauss, *op. cit.*, p. 265) l'autorité nécessaire, *de plano* et prééminente, non seulement des principes d'ordre public même faisant obstacle à certains avantages formels ou implicites du cadre local, mais aussi des règles générales de la loi de 1924 inconnues au régime local ou susceptibles d'en compléter quelque disposition.

991. — Les modifications apportées au régime général des pensions par les art. 96-102 L. fin. 31 mars 1932 ont, selon la prévision expresse de l'art. 133, retenti sur la législation locale maintenue en vigueur par la loi du 22 juillet 1923; ce fut l'objet du D. 9 mars 1933 (*Bull. off. Als. et Lorr.*, p. 163; *Lois nouvelles*, 1933, III, p. 284. — V. Daniel Hamm, *op. cit.*, p. 237) d'adapter les principes de cette législation avec les dispositions nouvelles, là où ne saillit pas une contradiction entre les uns et les autres : antinomie manifeste et irréductible sur certains points, telle, à défaut de pension d'ancienneté et de minima de pension, la détermination dans la législation locale du montant de la pension, exclusivement d'après les règles des art. 44 sv. LL. 31 mars 1873-17 mai 1907, tout à fait inconciliable avec les dispositions de l'art. 96 L. 31 mars 1932; tel aussi, le mode de calcul des pensions locales. Encore est-il (V. *supra*) que le retentissement, parfois, s'est produit là où de prime face il semblait ne pouvoir être : ainsi, à la suite du D. 1er juillet 1930, sur l'extension de différents textes de la loi commune au régime local, la pension des veuves ayant été élevée pour l'avenir, ici comme là, à 50 % de celle du mari, et la limite supérieure de ces pensions égalisée en l'un et l'autre régime, il est logique de faire bénéficier du nouvel avantage prévu par l'art. 97 de la loi de 1932 les veuves du cadre local et de leur fixer un nouveau maximum de pension de 22.500 francs.

992. — En tout état de cause le cadre en est large et reflète toutes les particularités organiques des départements recouvrés. Y rentrent :

Les pensions des *P. T. T. du cadre local* : une disposition expresse y est relative, l'art. 7 L. 22 juillet 1923. — Cf. Lucien Scheer, *Le régime des P. T. T. en Alsace et Lorraine avant et depuis le traité de Versailles*, av. préface J. Delpech, 1932;

Les *pensions cultuelles* : le maintien du Concordat en Alsace et Lorraine (Cf. Delpech, *Le régime des cultes*, dans *L'Alsace depuis son retour à la France*, 1932, t. 1, p. 43 sv.), où la qualité de fonctionnaire d'État était demeurée incertaine, fort discutée durant l'occupation allemande (Cf. Kanngiesser, *op. cit.*, p. 332; O. Fischbach, *Das Staatskirchenrecht in Els. Loth.*, 1917, t. 1, p. 187) aux ministres des cultes, leur a laissé le bénéfice des dispositions et des pensions constituées par la loi d'Als.-Lorr. 15 novembre 1909 (*Betr. die Gehalts- u. Pensionsverhältnisse der staatlich besoldeten Religionsdiener und ihrer Hinterbliebenen*) et, en exécution de la loi, par l'Ordonn. du Staathalter, 16 mars 1910, relative au calcul de l'ancienneté et du temps de service entrant en compte (*Gesetzbl.*, 1909, p. 126, et 1910, p. 11) et l'Instr. minist. Als.-Lorr. 19 mars 1910 (*Z. u. B. A.*, p. 94). — Une somme de 500 francs par an est ajoutée au traitement pris comme base, en représentation du logement gratuit ou de l'indemnité en tenant lieu dont, à l'exclusion des employés ecclésiastiques ou laïques, jouissent les ministres des cultes. Les mises à la retraite sont prononcées directement par l'autorité cultuelle et adressées en ampliation à la direction des cultes qui fait dresser les états, les transmet à la trésorerie générale et prévient l'autorité ecclésiastique de l'ordonnancement : procédure assez anormale par la mise de l'administration des finances hors la concession des pensions et son dernier acte même, l'inscription au Grand-Livre, qui est bien, par essence, un acte d'administration réservé au ministre, maintenue néanmoins après 1918, par la force de l'usage ou l'habitude de ne pas qualifier fonctionnaires de l'État les « agents » des cultes.

993. — Y échappaient, par contre, certainement les *pensions* « *bénévoles* » accordées, — soit par l'art. 37 R. B. G. aux fonctionnaires nommés sous réserve de la faculté de renvoi avec ou sans préavis, ayant ou non occupé lors de leur mise à la retraite un emploi figurant aux budgets des traitements : hypothèse disparue, depuis la mise à exécution de la loi de 1923; — soit par l'art. 39, temporairement ou à vie, aux fonctionnaires mis à la retraite pour incapacité de service avant dix années d'emploi accomplies : véritable secours ressortissant du pouvoir discrétionnaire de l'administration. — V. *supra*, n° 962.

994. — S'en rapprochent et y tendent les *pensions d'accident professionnel*. Un décret impérial du 20 mai 1902 (*Gesetzbl.*, p. 47) étendit aux fonctionnaires d'Alsace-Lorraine et à leurs ayants cause la loi d'Empire (*Unfallfürsorgegesetz für Beamte*), du 18 juin 1901 (*ib.*, p. 211), sur l'indemnisation, par pensions exceptionnelles, assimilables à des rentes d'accident, des agents occupés par destination habituelle ou par occasion dans des exploitations assujetties au Code des assurances sociales : système de parité en cas d'accident pour tous employés publics comme privés; institution de pensions complétée par celle des « suppléments aux rentes des assurances sociales » servis sur fonds d'Alsace-Lorraine aux non-fonctionnaires occupés dans des services publics, aux fins de leur procurer, dans le cas d'infériorité de la rente à une pension selon les règles communes, l'équivalence complète d'émoluments à ceux qu'ils auraient obtenue s'ils avaient été fonctionnaires. L'administration française a maintenu la pratique des suppléments payés mensuellement et d'avance, et les a relevés sur le même pied que les pensions ordinaires : Cf. Note min. fin., 25 août 1927, p. 239, note 5. Dans la même ligne et une nouvelle fois, l'art. 2 D. 9 mars 1932, modifiant, avec effet du 1er octobre 1931, l'art. 4 al. c du D. 1er juillet 1930, a prévu un relèvement, dans la même proportion (25 %) que celui des pensions en général, des suppléments aux rentes de survivants, élevant celles des veuves de 9.000 à 11.250 francs et celles des autres ayants droit de 5.000 à 6.250 francs. — Les dispositions de la loi de 1901 demeurent. pour leur ensemble (Cf. son analyse, Clauss, *op. cit.*, p. 240-242), en vigueur, d'autant mieux que, par une omission ou imprécision malencontreuse, les décrets du 19 juin et du 7 décembre 1928 n'ont introduit, ni un changement aux maxima et minima fixés dès longtemps par la loi allemande de 1901, ni une indication sur la prise en compte dans les minima des indemnités pour charges de famille. Un point reste certain : le non-cumul de la pension d'invalidité du R. B. G. avec la pension d'accident, le droit demeurant à la victime de réclamer la plus élevée : si, au moment de l'accident, il avait droit à une pension d'ancienneté du R. B. G. supérieure à la pension de la loi de 1901, — le fait générateur de la première étant fourni par l'inaptitude permanente survenant après dix années de services au minimum, — le fonctionnaire pourrait en réclamer le bénéfice. La raison s'en trouve dans le caractère forfaitaire du règlement, exclusif de toute autre indemnisation à la charge du service public, dans le cas même de non-couverture par la pension de l'intégralité du dommage subi; il ne semble donc pas (Cf. notes Hauriou s. Cons. d'Ét., 28 mars 1919, Regnault-Desrouziers, S. 1919.3.25. — Cpr. Duez, *Tr. de la responsab. de la puiss. publ.*, 1922, p. 25 sv.) qu'ayant obtenu de l'État la pension d'ancienneté du R. B. G., le fonctionnaire victime d'accident puisse réclamer, en outre, une indemnité, la responsabilité pour risque n'ayant pas cours en dehors d'un texte formel entre l'administration et les individus à son service.

995. — S'en détache celui des *chemins de fer d'Alsace et de Lorraine*. Cf. Biedermann, *Le réseau des ch. de f. d'Als. et de Lorr.*, dans *Rev. jurid. d'Als. et de Lorr.*, 1921, p. 401 sv. L'art. 7 al. 6 de la convention d'armistice, qui obligea le Reich à remettre, dans le délai d'un mois, le réseau avec tout le personnel et matériel, — non plus que l'art. 67 du traité de paix, — ne fit, du point de vue des droits ou des garanties, une situation extraordinaire à ce personnel ; du point de vue juridique, la subrogation de l'État français aux « droits de l'Empire allemand » ne débordait pas du tout sur le terrain des charges de l'ancienne administration : Cass, 30 mars 1927, Ducreux, *Rev. jurid. d'Als. et de Lorr.*, 1927, p. 249; nul avantage, nulle promesse ne figurait en l'un ou l'autre des instruments pour l'ensemble ou même une catégorie des agents; et il n'y avait qu'équité ou bonne politique à offrir à ceux-ci, qui n'entendaient aucunement y renoncer, la compensation des avantages matériels anciens : Cf. Altorffer, *J. off.*, Doc. parl., 1923, annexe n° 6202, p. 1288. — Les arrêtés du président du Conseil, min. guerre, 30 novembre 1918 et 1er juin 1919 (*Bull. off. Als. et Lorr.*, 1918, p. 22; 1919, p. 750), rattachant, l'un, les fonctionnaires, agents et ouvriers, comme auxiliaires, à la section des chemins de fer de campagne et, l'autre, le réseau à l'administration générale de l'Alsace et de la Lorraine, n'y changèrent rien. C'est de l'arrêté du Commiss. génér. Républ., 19 juin 1919 (*ib.*, p. 990), dont les attributions ont été passées au ministre des travaux publics par D. 30 novembre 1920 (*J. off.*, 3 déc., p. 19712), que date l'organisation du réseau, en tant qu'établissement public national, avec toutes les conséquences attachées à cette qualification juridique : *Rép. prat. de dr. et de jurispr. d'Als.-Lorr.* (Niboyet), v° *Chemins de fer d'Als. et de Lorr.*, n° 21, p. 121; rien n'y ayant été spécifié au sujet des agents de l'administration allemande retraités après l'armistice, les ci-devant lois et règlements, le *Reichsbeamtengesetz* et les lois d'Empire des 17 mai 1907, concernant les veuves et orphelins, et 18 juin 1901, sur les pensions d'accident professionnel, servirent à régler leur situation. — En exécution de la promesse annoncée à l'art. 8 L. 22 juillet 1923, la loi du 30 décembre 1923 (*J. off.*, 1er janvier 1924, p. 12; Rpr. l'Exposé des motifs, *ib.*, Doc. parl., 1922, annexe n° 5055, p. 170), mod. 27 avril 1926 (*ib.*, 30 avril, p. 5009), a étendu le droit organique (loi Tissier) des retraites des grands réseaux au personnel des chemins de fer d'Alsace et de Lorraine; le décret général du 19 avril 1934 lui est applicable, et aussi, pour partie, ceux du 1er juillet 1930 et du 5 mai 1934. De la sorte, l'autorité du droit antérieur allemand a été mise à néant, et l'affiliation au régime des retraites subordonnée aux conditions fixées par l'art. 6 L. 21 juillet 1909 (Cf. *J. off.*, 23 juillet, p. 7926; Trappenard, dans les *Lois nouvelles*, 1911.1.105) et à l'accomplissement préalable d'une année d'emploi continu. Cf. une comparaison de la loi de 1901 avec le régime local, Exp. mot. L. 30 décembre 1923, *loc. cit.*, p. 271.

996. — Toutefois une option pour le régime antérieurement applicable aux fonctionnaires d'Empire et aux agents qui leur étaient assimilables ou furent assimilés avant le 31 décembre 1923 a été ouverte (Cf. l'Exp. mot. L. 27 avril 1926, *J. off.*, Doc. parl., 1926, annexe n° 2577, p. 168) aux trois catégories d'agents investis à la date du 11 novembre 1918 de la qualité de fonction-naire, jouissant à celle du 31 décembre 1923 des prérogatives du régime local et privés de l'expectative d'en bénéficier encore par le changement alors décidé de régime. L'effet en aura été, en règle, de leur conserver tous les avantages du R. B. G. et le bénéfice des pensions d'accident professionnel, sauf (art. 5. — Cf. Clauss, *op. cit.*, p. 282) une adaptation et une innovation par rapport au système local : adaptation, en ce que, les règles du R. B. G. demeurant applicables à la computation du temps de service, la notion des émoluments devant servir de base à la liquidation est renouvelée ou précisée par addition (art. 8 al. 2) au traitement servi en dernier lieu aux agents de l'ancien réseau d'Empire de toutes primes et tous avantages accessoires assimilés à une augmentation de salaire et ne correspondant ni à un remboursement de frais, ni à une gratification, ni à quelque secours; — innovation, pour autant qu'est introduite dans le droit local, qui l'ignorait, en vue de la constitution de la pension, à partir du 1er janvier 1932, la perception, lors de la première augmentation de traitement, d'une retenue de 3 % sur ceux des émoluments que la loi du 21 juillet 1909 rendait passibles d'une retenue de 5 % (Cf. rapp. Charlot, *J. off.*, Doc. parl., Ch. dép., 1923, annexe n° 6012, p. 850, 853. — Rpr. Altorffer, *ib.*, n° 6202, p. 1288).

997. — L'application de ce régime aux titulaires de pensions, pensions normales, après 25 ans de services et à 55 ans d'âge ou 50 pour les mécaniciens et chauffeurs, ou pensions de réforme, après 15 ans de services au moins, liquidées ainsi par application de la législation locale, — et aux retraités jouissant simultanément d'une pension de cette nature et d'une rente de l'ancienne Caisse des pensions — et, par décision d'espèce, aux agents quittant le service, sans pension normale ni de réforme, pour motifs n'entachant pas leur honorabilité, a donné lieu à des dispositions (*Bestimmungen*), destinées à remplacer l'Ordre n° 385 du 21 octobre 1929, prises en conformité du statut des retraités homologué par décisions ministérielles des 31 mai, 30 juillet et 29 octobre 1934 et 1er février 1935, et applicables avec effet du 1er ou du 21 avril 1934 selon la date de cette liquidation antérieure ou postérieure au 21 avril 1934. Elle se rapporte :

998. — D'une part, aux majorations et allocations. — *Majoration* de la pension du chef de trois enfants élevés jusqu'à l'âge de 18 ans (10 % pour 3; 5 % au-delà du 3e), laquelle ne saurait porter sur la part de rente afférente aux cotisations, volontaires ou antérieures à l'affiliation telle que prévue par l'art. 2 du règlement de 1925, mais est pratiquement susceptible de faire dépasser les maxima légaux de pensions, sans pouvoir, d'ailleurs, porter la pension de l'agent ou de la veuve au-delà, pour l'une, du traitement et, pour l'autre, de la moitié du traitement lui servant de base; — Allocations pour *charges de famille* pour les mineurs de 18 ans, à concurrence de 625 fr. pour le premier, 1.250 pour deux, 2.500 pour trois, 3.900 pour quatre et augmentation de 1.400 pour chacun au-delà du quatrième. — Un même enfant n'ouvre de droit qu'à un seul avantage pécuniaire, majoration ou allocation, quel que soit l'employeur ou la collectivité qui l'attribue;

999. — D'autre part, au *calcul de la pension*, selon la date consécutive ou antérieure au 21 avril 1934 de la cessation de service. Calcul, au moins en apparence, assez compliqué. Au premier cas, l'opération est double : d'une part, de péréquations de pension (*a*) d'abord, sur la base des traitements en vigueur au 20 avril 1934, y compris les rentes constituées aux sections A et B de la Caisse des pensions par le versement des cotisations obligatoires aux dates des services et le supplément accordé par l'art. 8 L. 30 décembre 1923; de révision ensuite, eu égard à la pension (*b*) qu'eût procuré le bénéfice de 1/50e pour chaque année de service à compter de l'affiliation au règlement de 1925, ladite pension étant répartie en autant de tranches que de périodes accomplies par l'agent sous des régimes de retraites différents, et chacune de ces tranches affectée d'un coefficient égal au rapport

$$\frac{15 + R \text{ (retenues)}}{20,5 \text{ (représentation forfaitaire des retenues supportées et de la dotation patronale)}};$$

enfin d'abattement, de 6 % sur l'une et l'autre des pensions résultant de la péréquation (*a*) et de la révision (*b*); — d'autre part, de calcul, selon les mêmes principes, d'une pension (*a'*) sur la base des traitements soumis à retenue par le régime de 1925, et d'une pension revisée (*b'*), sauf majoration à 15 % pour les pensions *a'* et *b'* de l'abattement de 6 % ordonné sur les éléments de la pension *a* ou *b*; ici et là, la pension la plus élevée est celle à retenir, assurée à l'intéressé, avec minimum fixé, en règle (sauf au regard de quelques employées femmes), pour la pension normale à 5.000 francs (2.500, pour la réversibilité) et pour la pension de réforme à la somme de 5.000 francs réduite dans le rapport à 25 ans de la durée d'affiliation, ladite fraction ne pouvant dépasser l'unité ni descendre au-dessous de 1/5e. — Au second cas, du reste, les choses sont pareilles, quant aux opérations de calcul; il n'y a de différence que touchant la réduction fixée à 15 % de la pension en cours de jouissance au 20 avril 1934, et de limitation assignée à l'effet de la nouvelle liquidation que de ne pouvoir augmenter celle antérieurement concédée.

Depuis l'impression du n° 565 ci-dessus, la législation s'est augmentée de telle manière que ce numéro particulièrement doit être ainsi complété et lu :

565 (*suite*). — A peine de laisser les leçons de l'expérience inscrites sur le sable et les nécessités de finances sans issue devaient être prises sans retard les mesures de salut indispensables :

I. — *Le statut des grands mutilés.*
[L. 22 mars 1935.]

1. — *A.* Le retentissement de certaines lésions ou amputations sur l'activité ou l'équilibre de l'organisme étant avéré (Cf. les conclusions, janvier 1931, des professeurs Balthazard et Proust, à une commission d'étude, cité dans le Rapp. Thoumyre, Sén., 12 mars 1935, *J. off.*, Déb. parl., p. 269), parut équitable une adjonction à la pension correspondante à la réduction, immédiatement appréciable, de la faculté de travail des blessés atteints, soit d'une invalidité d'au moins 85 %, soit d'infirmités multiples entraînant, non sans doute l'invalidité absolue, mais, par la succession de la deuxième à la blessure de guerre, à soi seule, une diminution de validité de 60 %. En vérité, la loi du 31 mars 1919 avait pour les hypothèses de ce genre porté trois dispositions de faveur ou extraordinaires dans ses art. 10-12; et des lois subséquentes les avaient développées et améliorées, outre les relèvements généraux des pensions (L. 30 décembre 1928), par des avantages spéciaux, indemnités et allocations, dont le bénéfice et le régime ont été expliqués *supra*, n°ˢ 206-208 et (pour les tuberculeux 100 %) n°ˢ 203 sv. : plusieurs d'entre elles avaient été, les unes (n°ˢ 4 *bis* et 7) créées, une autre (n° 5 *bis*) relevée sous l'action du rapport Balthazard-Proust; leur insuffisance prétendue détermina la nomination (Arrêté min. pens., 4 juillet 1934) d'une commission constituée de délégués des mutilés, de médecins et de représentants de l'administration, aux fins d'établissement d'un projet de statut des grands mutilés : Cf. Rapp. Besse, Ch. dép., 22 mars 1935, *J. off.*, Déb. parl., p. 1211). La dépense annuelle résultant de l'avant-projet de la commission, touchant les catégories de mutilés appelées à en profiter, fut réduite de 370 à 180 millions par le projet (Flandin) déposé le 14 décembre, le souci de ne pas dépasser ce chiffre ayant amené le ministre des finances à faire rejeter, d'accord avec la commission des finances du Sénat, les additions faites par la Chambre à la liste des bénéficiaires d'après le projet. L'autorité de la règle, posée en l'art. 70 L. 28 février 1934, mod. art. 18 L. 30 juin 1934 (S., *L. ann.* 1934, p. 1249, 1264), de couverture nécessaire de toute dépense nouvelle par une plus-value budgétaire, une économie ou une recette d'autre source que l'emprunt, avait poussé à rechercher le montant des crédits ainsi prévus dans l'excédent des extinctions sur les concessions, et à n'admettre d'abord, jusqu'au 1ᵉʳ janvier 1936, qu'à concurrence du 1/3 le service des allocations ou majorations, tout en faisant, d'ailleurs, remonter au 1ᵉʳ janvier 1934 le versement de cette fraction. La Chambre accepta cet aménagement des dépenses et des ressources, mais l'assortit d'additions à l'énumération des grands mutilés, d'un élargissement de l'effet de la loi en perspective aux « victimes civiles » bénéficiaires de la loi du 24 juin 1919, d'une suspension des allocations pendant la durée des services rétribués par les collectivités publiques ou leurs concessionnaires, etc... : Cf. Ch. dép., 21 décembre 1934, *J. off.*, Déb. parl., p. 3397 sv. Le

ministre des finances (Germain-Martin) résista « dans les limites financières tracées »; les commissions sénatoriales des finances (Avis Babaud-Lacroze, *ib.*, Doc. parl., juin 1935, p. 132) et de l'hygiène (Rapp. Thoumyre, *ib.*, mai 1935, p. 3) opposèrent leurs conclusions (S., *L. ann.* 1935, p. 1490, note *in f.*). La loi du 22 mars 1935 (*J. off.*, 23 mars, p. 3322) est issue des tractations et transactions poursuivies. — Cf., en exécution de son art. 7, le règl. adm. publ. 24 août, et l'Instr. intermin., n° 6633, Ad. 229 E. M. P., 27 août, *ib.*, 29 août, p. 9550.

2. — *B.* Les conditions formelles du bénéfice de la loi — outre celle allant de soi, la qualité de *pensionné*, par quoi elle est ouverte et limitée aussi aux invalides d'avant-guerre dont les retraites au titre des lois des 11 et 18 avril 1831 furent, ou transformées en pensions de la loi du 31 mars 1919, par application de celles des 26 juillet 1923 et 22 juin 1927, ou simplement élevées au taux de la loi de 1919, par application de celle du 18 juillet 1922 — sont :

a) La détention de la *carte du combattant*, naturelle depuis que la législation s'est prise à introduire dans le droit des pensions l'allocation du combattant, art. 197 L. 16 avril 1930, et à dénommer retraite cette allocation instituée « en témoignage de la reconnaissance nationale » et comme une indemnisation toute particulière du dommage résultant de « l'usure prématurée due à la guerre » : Rapp. Gardey s. L. 31 mars 1931, S., *Lois ann.* 1932, p. 522, note 179, et à établir les conditions d'attribution de la carte comme « critérium de la pérennité des droits acquis à une pension d'invalidité » : D.-L. 14 avril 1934, *Bull. off. P. P.*, p. 1160; P. Boche, *Révision des pensions d'invalidité et de la carte du combattant*, 1934, n° 62, p. 44. Sans aucun doute elle fut comme une aggravation de la loi de 1919, étant donné la création postérieure à celle-ci de la carte; elle écarte, presque uniquement, mais réellement (Cf. Amend. Planche et Peissel, Ch. dép., 21 décembre 1934, *J. off.*, Déb. parl., p. 3397) des blessés employés dans la zone des armées et souvent près des lignes de combat, ou de l'intérieur, notamment les victimes d'accidents dans les poudreries et les fabriques de gaz asphyxiants; elle a été insérée et rétablie au texte (Déclar. min. fin. Germain-Martin, Sén., 12 mars 1935, *ib.*, p. 265) comme « un moyen de limiter les extensions à l'avenir »; en fait, presque tous les blessés en sont titulaires (Rapp. Thoumyre, *loc. cit.*, p. 259). — Du point de vue de la loi de 1935, la condition requise est d'être titulaire d'une carte du combattant délivrée depuis moins de cinq ans par application du D. 1ᵉʳ juillet 1930 et non retirée selon avis de retrait de l'autorité signataire du « bon pour certificat provisoire » : Instr. interm. 27 août 1935, *loc. cit.*, p. 9551;

3. — *b)* L'exigence d'une *blessure de guerre* [d'au moins 85 %], pour sa part, se rattache à cette donnée constante et à ce dessein ferme de limiter, soit le délai de mise en instance des pensions, soit le bénéfice même des pensions (Cpr. L. 26 décembre 1934, *supra*) non plus à tous « les militaires des armées de terre ou de mer atteints d'infirmités résultant de la guerre », comme disait la loi de 1919, mais aux « mobilisés de la guerre de 1914 titulaires de la carte du combattant [atteints d']invalidités régulièrement constatées résultant uniquement des blessures de guerre », selon l'expression de la loi de 1934. La difficulté est transportée et concentrée, de la sorte, sur la notion de « blessure de guerre ». A celle définie de ce chef par la jurisprudence et reçue par le ministère de la guerre (*supra*), plusieurs notes administratives (Circ. min. pens., n° 217, du 7 janvier 1935) assortirent, assimilèrent la gelure des pieds avec mortification et élimination des tissus sphacélés contractée dans les tranchées et par suite de la présence de l'ennemi, et les lésions graves dues aux jets de liquides enflammés, aux gaz lacrymogènes ou asphyxiants lancés sur le champ de bataille par ou contre l'ennemi, sous cette condition, au demeurant, qu'elles eussent, l'une ou les autres, entraîné évacuation dûment établie par documents médicaux (certificat d'origine, billet d'hôpital) ou militaires (inscription sur un état des services) hors du corps de troupe, sur une formation sanitaire; et ce fut la manière gouvernementale (Germain-Martin, contre les art. addit. Rogé et Taurines, Sén., 12 mars 1933, *J. off.*, Déb. parl., p. 271) de s'opposer à quelque texte dont l'interprétation eût pu ajouter à l'énumération des bénéficiaires et, au-dessous d'une invalidité de 85 % produite par une seule blessure ou de l'ensemble des infirmités résultant de plusieurs blessures, constituer une extension de l'art. 1ᵉʳ de la loi.

4. — C'est, de la sorte, au plus strict qu'il y aura lieu, pour l'application de la loi, d'entendre :

Les termes et réalités « blessures en service commandé », — *i.e.* celles-là et celles-là seules reçues au cours, soit de la Grande Guerre, soit d'opérations déclarées campagnes de guerre antérieures au 2 août 1914 ou postérieures au 23 octobre 1919; ou « campagnes » autres que la guerre 1914-1918, toutes celles donnant, selon l'art. 72 L. 31 mars 1931, droit au bénéfice, soit de la campagne double pendant toutes périodes autres que du 2 août 1914 au 23 octobre 1919 ou du 22 juin 1922 au 16 avril 1924, soit de la demi-campagne supplémentaire attribuée, en sus de la demi-campagne ou de la campagne simple, par les art. 9 L. 16 avril 1920 et D. 22 juin 1922;

La qualification « grands mutilés de guerre », — *i. e.* à l'exclusion des victimes civiles de la guerre, expressément écartées dans la discussion de la loi, et des pensionnés pour tuberculose imputable à une blessure, attendu qu'au titre de leur mal ils bénéficient d'un régime spécial;

Leur nomenclature même, — d'où a été écartée la mention demandée (Rapp. Besse, Ch. dép., 22 décembre 1934, *J. off.*, Déb. parl., p. 3397) des « atteints, par suite de blessures de guerre, d'impotence fonctionnelle totale d'un membre », — selon toute apparence supérieure ou égale communément à 85 %; et donc rentrant dans le cadre de la loi, — et où a été enchâssée celle des « paraplégiques, blessés crâniens avec épilepsie, équivalents épileptiques ou aliénation mentale ». La commission instituée au ministère des pensions avait, non sans réserve, inscrit en son projet les blessés crâniens avec épilepsie; la commission des finances de la Chambre, au contraire, introduit l'élément nouveau et vague des « troubles subjectifs »; celle du Sénat, adjoint au texte du gouvernement finalement accepté par elle la formule retenue par le vote l'expression « équivalents épileptiques » (Sén., 12 mars 1935, *J. off.*, Déb. parl., p. 270) familière aux techniciens.

5. — *C*. La qualité de grand mutilé, au sens de la loi de 1935, entraîne pour celui auquel la reconnaît la décision du ministre des pensions :

a) Une modification du décompte de droit commun des infirmités multiples. Le texte de l'art. 2 « est quelque peu sibyllin et n'a pas été expliqué clairement »; S., *L. ann.* 1935, p. 1491, note 8 *in pr*io. Au lieu, d'une part, que l'art. 11 de la loi de 1919 empêche, en règle générale, et sauf disposition spéciale à quelques grands amputés, les invalides atteints de blessures multiples dont aucune n'entraîna l'invalidité absolue d'obtenir, quels que fussent le nombre et la gravité de ces infirmités, une pension d'un taux supérieur à 100 %, faute à l'invalidité causée par chacune d'être retenue intégralement et de pouvoir aboutir à plus qu'un pourcentage de l'invalidité restante après imputation de celle précédemment retenue (*suprà*), dorénavant, l'art. 2 de la loi de 1935, au cas où la première de ces blessures multiples sera l'une de celles énumérées à l'art. 1er (par ex. une amputation ou infirmité de 85 % au moins) et la deuxième une invalidité blessure d'au moins 60 %, considère le pensionné comme atteint d'invalidité absolue (100 %). — D'autre part, par imitation ou application de l'art. 12 de la loi de 1919, majorant, au cas de mutilés présentant, en sus d'une première de 100 %, deux ou plusieurs autres invalidités, d'abord (al. 1er) la pension, pour tenir compte des infirmités supplémentaires classées, suivant une échelle de 1 à 10, puis (al. 2) le pourcentage, avec progression de 5, 10, 15..., pour l'invalidité déterminée par chacune de ces infirmités supplémentaires d'après la règle posée à l'art. 11, la loi de 1935 a décidé, en premier lieu, la majoration d'un degré pour l'invalidité et, en deuxième lieu, celle des décomptes d'invalidité. — Le texte nouveau paraît donc « pouvoir se comprendre » (Cf. S., *L. ann.* 1935, *loc. cit.*, note 8-3, p. 1491) et devoir être appliqué (Instr. intermin., *loc. cit.*, tit. III, art. 6. p. 9552, col. 1) ainsi :

Au moins deux infirmités, évaluées au moins la plus grave à 85 % et la deuxième à 60 % : Au titre de ces deux infirmités, pension de 100 %, avec surpension du premier degré (5) = 105:

Invalidités « surajoutées », c'est-à-dire à partir de la 3e, addition à 105 du pourcentage propre à chacune, majoré, s'il y a lieu, par application des art. 11-12, de deux ou de trois catégories (5, 10, 15 %...).

Dans la perspective du cumul de l'infirmité (85 %) ouvrant droit au bénéfice de la loi avec une seconde de 60 %, un amendement accueilli à la Chambre (Maconin, Lachal, 24 décembre 1933, *J. off.*, Déb. parl., p. 3399) avait proposé de faire mention brève « de 145 %... pour plus de souplesse dans l'application de la loi »; le Sénat, sur la demande du ministre des finances, a justement repris et préféré le texte, plus rigide, du gouvernement;

6. — *b)* L'attribution, à concurrence de 50 % pour l'année 1935, et pour la totalité à partir du 1er janvier 1936, de nouvelles allocations :

α) L'art. 3 al. 4 de la loi en donne ce tableau :

DIAGNOSTIC DU POURCENTAGE	MONTANT de l'allocation nouvelle
	Francs.
Désarticulation tibio-tarsienne	800
Amputation de la jambe	1.500
Désarticulation du genou	3.200
Amputation de la cuisse	4.500
— sous-trochantérienne	6.400
Désarticulation de la hanche	8.000
— du poignet	1.600
Amputation de l'avant-bras	2.300
Désarticulation du coude	3.200
Amputation du bras	4.500
— sous-tubérositaire	6.400
Désarticulation de l'épaule	8.000
Blessés crâniens avec crises, suivant la nature et la fréquence des crises	2.000 à 8.000
85 %	2.000
90 %	3.000
95 %	4.000
100 %	5.000
— + article 12, 1°	2.100
— + — 12, 2°	2.320
— + — 12, 3°	2.540
— + — 12, 4°	2.760
— + — 12, 5°	2.980
— + — 12, 6°	3.200
— + — 12, 7°	3.420
— + — 12, 8°	3.640
— + — 12, 9°	3.860
— + — 12, 10°	4.080
— + — 10	3.500
Aveugles	9.800
100 % + article 10 + article 12, 1°	3.800
— — 10 + — 12, 2°	3.900
— + — 10 + — 12, 3°	4.000
— + — 10 + — 12, 4°	4.100
— + — 10 +, — 12, 5°	4.200
— + — 10 + — 12, 6°	4.300
— + — 10 + — 12, 7°	4.400
— + — 10 + — 12, 8°	4.500
— + — 10 + — 12, 9°	4.600
— + — 10 + — 12, 10°	4.700
— + double article 10 + article 12, 9°	6.000
— + — 10 + — 12, 10°	6.000

Ce qui, d'autre manière (Instr. intermin., art. 7, *loc. cit.*, p. 9552), apparaît sous cette figure : Double catégorie, la première, à raison de la nature de l'infirmité, pour les amputés (l'allocation correspondant au niveau de l'amputation) et les blessés crâniens (avec quatre taux différents) et les aveugles, au sens donné à cette expression par la Circ. n° 0519/Ad. min. pens. 1er octobre 1932 (pensionné à 100 % et bénéficiaire de l'art. 10 L. 31 mars 1919); — la seconde, pour tous les autres bénéficiaires, eu égard au degré de l'invalidité, entendu de celui sur lequel est basée la pension du titulaire. — Par là-même le nombre des combinaisons et le jeu des textes se sont rétrécis : l'art. 145 L. 31 mars 1932 reste spécial aux grands invalides ne bénéficiant point de l'art. 10 ou 12 de la loi de 1919, mais jouissant d'une pension de 95 ou 100 % du chef de plusieurs infirmités dont la plus grave est de 85 %, mutilés à 100 % par suite d'une seule blessure (donc hors le champ de l'art. 12), mais capables de se suffire eux-mêmes (donc sans titre à l'art. 10), ou porteurs de blessures multiples n'entraînant pas l'invalidité totale, mais amenés à l'invalidité de 100 % par l'arrondissement à l'unité supérieure du résultat des imputations de leurs pourcentages successifs; — ni de l'art. 147, attributif d'une allocation spéciale à certains amputés, lesquels, s'ils présentent une deuxième invalidité de 60 %, sont appelés dorénavant à bénéficier de l'art. 2 de la loi de 1935.

7. — β) Deux traits en caractérisent le régime :

L'un, par le choix fait par les intéressés ou l'attribution opérée à leur profit du système le plus avantageux : ce qui n'est point le cas des aveugles qui auront toujours avantage à l'allocation de 9.800 francs, mais peut l'être de certains blessés crâniens ou amputés, par ex. amputés de la jambe titulaires d'une pension de 95 % (90 pour amputation $+$ 10 à un autre titre) en mesure d'opter pour l'allocation de 1.500 francs correspondante à l'amputation et celle de 4.000 francs correspondante au taux de 95 % ;

L'autre, quant au cumul des allocations nouvelles : admis, soit avec la pension et les majorations pour enfants y rattachées, soit avec les allocations anciennes n⁰ˢ 1, 2, 3, 4, 5, 5 *bis* et 6; — non autorisé, soit de ces allocations entre elles, soit avec les allocations 4 *bis* et 7, ou l'indemnité de soins, réserve faite du cas d'un pensionné atteint, en sus de la tuberculose, d'infirmités ouvrant droit au bénéfice de la loi du 22 mars 1935, à l'allocation de grand mutilé eu égard à ces seules infirmités.

8. — *D.* La mise en application de la loi a lieu :

a) Pour la première instance de pension, art. 4 du décret et 8 de l'Instr. interm. : sans demande nécessaire du postulant à l'allocation de grand mutilé, au centre et par la commission de réforme, dans les conditions habituelles, — sauf, pour les blessés crâniens, la mise en observation, autant que de besoin, dans un service hospitalier et l'examen d'un médecin surexpert spécialiste aux fins de proposition de classement dans l'une des quatre catégories établies à l'art. 3 D. 24 août 1935 :

Blessés crâniens atteints de crises épileptiques espacées ou d'équivalents épileptiques avérés..................................... 2.000 fr.
Blessés crâniens présentant au moins 2 fois par mois, soit des crises, soit des équivalents......................... .... 4.000 fr.
Blessés crâniens présentant des crises épileptiques plus fréquentes, avec troubles très marqués du caractère entraînant l'insociabilité... 6.000 fr
Blessés crâniens avec crises épileptiques très fréquentes ou avec état démentiel post-épileptique; blessés crâniens atteints d'aliénation mentale............... .... 8.000 fr.

Cf. le modèle de « papillon rouge » destiné à résumer ou indiquer éventuellement l'origine et la qualité des blessures ou lésions, le pourcentage global en vue du calcul de l'allocation, Instr. intermin., art. 8, p. 9552, 9555. — Les dossiers, constitués et vérifiés à l'intendance départementale des pensions (spécialement quant au retrait de la carte de combattant : hypothèse concevable, en règle, pour les seuls blessés en service commandé), sont adressés dans les conditions fixées à la Circ. n° 0386/Ad, 136/E. M. P. du 22 novembre 1929, à la commission consultative médicale. Celle-ci, autorisée, comme en matière de pension, à ordonner toutes enquêtes complémentaires, doit accompagner son avis sur l'imputabilité au service des infirmités constatées par la commission de réforme d'indications distinctes sur l'ordre et la curabilité des infirmités ouvrant droit à pension, le droit de l'intéressé au bénéfice de l'un ou l'autre des art. 1ᵉʳ et 2 de la loi du 22 mars 1935, du pourcentage d'invalidité afférent à chacune des blessures ou lésions et, s'il s'agit d'un blessé crânien, du taux de l'allocation. — Sur quoi le bureau liquidateur qualifié prépare la décision du ministre sur le droit à l'allocation de grand mutilé de guerre ; et l'intendant des pensions fait notifier la concession, après avoir dûment procédé, selon les règles de la Circ. n°0119/Ad, du 25 mai 1924, à la régularisation de la situation, *i. e.* spécialement au précompte des sommes payées en trop, à titre d'avances sur l'allocation, si l'intéressé conserve droit à celle-ci.

9. — *b)* S'agissant d'invalides déjà pensionnés, art. 5 du décret et 9 de l'Instr. interm. : sur demande conforme au modèle annexé à la Circ. n° 0524/Ad, du 27 mai 1935, adressée à l'intendant des pensions, à produire avant le 25 mars 1940; dûment complétée et transmise par les intendants aux médecins-chefs des centres spéciaux de réforme, dans cet ordre : aveugles, amputés de la cuisse ou du bras ou plus gravement, autres grands invalides. — Des avances sur l'allocation sont, par principe, inconcevables, faute, en l'hypothèse, d'une proposition régulière de commission de réforme; toutefois, si le droit à l'allocation paraît certain, sous réserve d'engagement écrit au remboursement intégral des sommes indues, et compte tenu de l'art. 4 du décret, il en peut être mandaté, à partir de la dernière échéance réglementaire payée sur les titres de pension et d'allocation aux grands invalides, sur ordre donné (Cf. Circ. n° 0348/Ad, 116/E. M. P., 21 novembre 1928) par le bureau liquidateur à l'intendant des pensions, et sauf retrait et annulation des livrets d'allocation n⁰ˢ 4 *bis* et 7. — La demande est soumise, s'il y a lieu, au tri administratif et médical, pour application de l'art. 8 D. 4 juillet mod. 8 août 1935,

relatif à la révision des pensions abusives. — La décision ministérielle prise, et la concession de la nouvelle pension notifiée, le paiement de l'allocation, selon les règles de la Circ. n° 0456/Ad, 6 mars 1931, compl. Instr. n° 0539/Ad, 16 août 1933, aura lieu, à partir du 1ᵉʳ janvier 1935 ou de l'année antérieure à la date de la demande, suivant que celle-ci aura ou non été présentée avant le 25 mars 1936. De son montant, et dès son point de départ, il y aura lieu à déduction, si l'intéressé en a bénéficié, de l'allocation n° 4 *bis* ou 7, étant entendu (art. 7-1° du décret, 9 *c* 1° *in f.* Instr. interm.) que, si la prescription annale de l'art. 85 L. 28 février 1933 est opposable, le précompte du perçu à ce titre n'aura lieu que depuis la date marquant le point de départ effectif du rappel. Au cas d'avances perçues et de droit non reconnu à l'allocation de grand mutilé, un ordre de reversement intégral est établi et exécuté par des retenues de 1/5ᵉ sur les arrérages des divers émoluments, ou bien, si l'intéressé a droit à l'une ou l'autre des allocations 4 *bis* ou 7, une compensation opérée entre le dû perçu au titre de ces allocations et l'irrégulièrement perçu sur celle de grand mutilé.

10. — Un effet prévisible, réel, de l'institution de l'allocation nouvelle est de l'ouverture d'options à certains pensionnés, — fonctionnaires, blessés de guerre, bénéficiaires de pensions civiles exceptionnelles par application de la loi du 14 mars 1915 ; militaires de carrière à la pension portée au taux minimum prévu par l'art. 47 al. 3 L. 14 avril 1924, — en mesure de trouver plus avantageuse, soit la pension au taux du grade, soit la pension mixte des art. 59 ou 60 de la loi de 1919 en tant qu'elle leur apporterait le profit, impossible avec leur actuelle pension, des allocations nouvelles : Cf. Instr. interm., art. 10, *loc. cit.*, p. 9554. Une demande d'option est, de leur part recevable, dans le délai d'un an compté de la promulgation de la loi du 22 mars 1935, à adresser à l'intendant des pensions dont ils relèvent, pour la nouvelle pension valoir à la date du 25 mars 1935 ou au point de départ de l'actuelle pension, selon que celui-ci est ou non antérieur à cette date.

II. — *La commission spéciale de cassation au Conseil d'Etat.*
[D. 8 août 1935.]

1. — En tant que ou parce qu'il est l'organe le plus propre et accoutumé par sa discipline d'esprit et sa tradition, ses raisons démonstratives et ses vues d'ensemble, à saisir la variété des controverses et fixer les vues d'ensemble pour l'application de lois touffues et incessamment modifiées ou complétées comme celles des 31 mars et 24 juin 1919, le Conseil d'Etat était destiné à voir refluer vers sa juridiction, dès l'abord, les nombreux pourvois en cassation formés au titre de ces lois et, dans l'avenir, les recours contre les décisions de la commission supérieure d'appel instituée par le décret-loi du 4 juillet 1935 pour la révision des pensions abusives. Cependant, à une heure de tentatives ou de mise en œuvre de compressions dans les services, l'augmentation de son personnel pour pallier au retard ou le prévenir « a paru impossible » (Exp. mot. D. 8 août 1935, *J. off.*, 21 août, p. 9282), et la combinaison a prévalu de « déléguer temporairement la compétence du Conseil d'Etat comme juridiction de cassation » à une commission, rappelant, par son principe, la commission supérieure de cassation adjointe par la loi du 14 décembre 1920 à la Cour de cassation pour le jugement des pourvois contre les décisions des commissions arbitrales de loyers et, par sa composition, celle des dommages de guerre.

2. — Présidée de droit par le président de la section du contentieux, elle sera composée, en outre de conseillers d'Etat en service ordinaire, dont l'un désigné pour les fonctions de vice-président, du nombre de membres désigné par décret réglementaire, choisis parmi les maîtres des requêtes, les magistrats de la Cour des comptes, des cours d'appel ou des tribunaux de première instance, les fonctions de ministère public y étant tenues par des commissaires du gouvernement pris parmi les maîtres des requêtes ou auditeurs au Conseil d'Etat ou les conseillers référendaires ou auditeurs à la Cour des comptes, et des membres du Conseil d'Etat, de la Cour des comptes, des cours d'appel et des tribunaux adjoints en qualité de rapporteurs avec voix délibérative dans les affaires par eux rapportées, le personnel nécessaire du secrétariat général du Conseil d'Etat y étant attaché pour le service du secrétariat et, en cas de besoin, appelés, dans les conditions déterminées par le règle-

ment d'administration publique, des fonctionnaires ou magistrats honoraires des catégories susdites, ainsi que des avocats
honoraires au Conseil (art. 2-6). — Pour l'instruction et le jugement des recours, des sections y pourront être établies, mais le
renvoi, pour jugement, de telle affaire attribuée à une section
avoir lieu, soit à la commission, d'office, sur demande du président de la commission ou de la section ou du commissaire
du gouvernement, soit, par le président de la commission, au
Conseil d'Etat statuant au contentieux. En principe, seront
appliquées à la matière les règles reçues devant la section du
contentieux pour l'introduction, l'instruction et le jugement des
recours pour excès de pouvoir, notamment celle de l'art. 4
L. 17 avril 1906 (art. 8) et, sous réserve de ces dispositions, la
dispense des formalités de timbre et d'enregistrement pour
toutes les décisions et tous les actes de procédure en exécution
du décret (art. 9).

III. — *La carte et retraite du combattant.*
[L. 19 décembre 1926; D.-L. 14 avril 1934. — L. 28 février 1934.]

1. — *A*. La *carte* du combattant fut une création de l'art. 101
L. fin. 19 décembre 1926 (S., *L. ann.* 1927, p. 1075) au
profit des militaires ayant, durant trois mois consécutifs ou
non, appartenu aux unités énumérées en annexe par le décret
du 28 juin suivant, — hormis les Alsaciens et Lorrains,
engagés volontaires dans l'armée française ou devenus Français en exécution du traité de Versailles, mobilisés en 1914-
1918 et rattachés à un groupe national ou régional de combattants ou de mutilés, desquels n'a été exigée aucune condition
de formation ni de séjour. Les statistiques de pertes, établies
pour 2.754.724 individualités par le service de santé, accusent
des coefficients fort inégaux de pertes par blessures : 90,64 %
pour l'infanterie à soi seule, 5,6 pour l'artillerie, 1,8 pour le
génie, 1,6 pour la cavalerie, 0,4 pour le train, 0,2 pour l'aviation
et le service de santé ; il eût ainsi été difficile, quelque peu injuste
peut-être, d'établir, sinon pour l'infanterie, un critérium du
combattant sur la base d'un séjour minimum parmi les troupes
d'opérations. La formule légale a évité le risque : Cf. P. Boche,
op. cit., n° 61, p. 40, d'autant mieux que deux décrets-lois, du
14 avril 1934 (*ib*, p. 72, 73), ont réservé et conditionné les
modifications, par décrets contresignés des pensions et des
finances, arrêtés interministériels et avis de l'Office national
des mutilés, combattants et victimes de la guerre, aux règles
d'attribution de la carte et de la retraite du combattant, à la
double fin, d'une part, de pallier la lenteur des révisions ordonnées aux art. 126-135 de la loi du 31 mai 1933 et des
abus résultant de la mauvaise application de celle du 31 mars
1919 et, d'autre part, de restreindre par un contrôle sévère
les bénéficiaires de la retraite du combattant.

2. — *B*. La *retraite* du combattant a pris en l'art. 144
L. 31 mars 1934, nonobstant les demandes de disjonction de la
commission sénatoriale des finances, la place de l'allocation
instituée par l'art. 197 L. fin. 16 avril 1930 : le texte imposé
par la volonté persistante de la Chambre (31 mars 1931, *J. off*,
Déb. parl., p. 827; S., *L. ann.* 1932, p. 522, note 179) a réalisé
le dessein, sous couleur d'une simple modification termino-
logique, de transformer en retraite la ci-devant allocation. Cette
figure lui a été nettement et davantage imprimée par l'art. 38
L. fin. 28 février 1934, en tant qu'il a étendu les causes de
déchéance (al. 5 et 6) et surtout (al. 1-4) la limitation édictée
au regard de tous les arrérages de pensions par l'art. 85
L. 28 février 1933 : jusqu'à ce texte, en l'absence de stipulation
contraire, de l'avis très fondé du Conseil d'Etat, la prescription quinquennale lui eût été seule applicable; une dérogation
s'imposait, pour éviter aux anciens combattants le préjudice
du retard apporté à statuer sur leur demande de carte (Cf. Rapp.
Marcel Régnier, Sén., 23 février 1934, *J. off.*, Doc. parl., mai,
p. 83 sv.). Toute demande de retraite du combattant présentée
plus d'un an après l'accomplissement de l'âge légal ne pourra,
dorénavant, donner lieu à un rappel pour plus d'une année
d'arrérages au-delà du dépôt de cette demande, réserve faite
du cas de faute et de retard de l'administration à y avoir
statué; auquel cas le susdit délai d'un an pour la présentation
courra seulement, pour les anciens combattants ayant formulé
leur demande dans les six mois de la promulgation de la loi,
s'ils avaient auparavant droit à la carte, ou, sinon, dans les
douze mois suivant la cessation des services y ouvrant droit,

du jour de la signification faite à eux-mêmes ou à leurs héritiers de la décision définitive d'attribution de la carte.

3. — Il n'en reste pas moins — il suffit de l'indiquer dans le
cadre d'un ouvrage où elle n'a pas sa place — que la prétendue
retraite sera impuissante, soit, dans le champ du droit des pensions, à ouvrir des avantages nouveaux à ses titulaires, et notamment la réversibilité au profit de leurs ayants cause soit, dans
celui des lois d'assistance (Cf. l'addit. de l'art. 121 L. fin.
31 mars 1932 à l'art. 199 L. fin. 16 avril 1930 : S., *L. ann.* 1932,
p. 518, note 164), à compter pour la détermination des droits à
l'assistance de l'ancien combattant vieillard, infirme ou incurable : rien ne la rapproche de la notion de retraite; le fait de
n'être pas inscrite au Grand-Livre de la dette viagère, celui
d'être payable sur des crédits spéciaux ouverts au budget du
département des pensions et gérés sous l'autorité du ministre par
l'Office national du combattant, l'en différencie nettement; son
effet ne consiste guère qu'en une vacation à quelques-uns des
avantages attachés normalement aux retraites, relèvent de
tarifs, attribution de supplément proportionnel à la durée des
services ou de suppléments pour enfants...; son cumul enfin
n'est expressément accordé qu'avec les divers avantages consentis
aux anciens combattants, et donc paraît justement exclu avec
les ressources, d'origine non budgétaire, provenant des lois
d'assistance.

IV. — *La révision des pensions abusives.*
[D.-L. 4 juillet 1935.]

1. — La multiplicité et la gravité patentes des abus et la
promptitude nécessaire de leur répression ayant déterminé les
prescriptions des art. 126-135 L. fin. 31 mai 1933 (*supra*), des
mesures furent ordonnées par le décret-loi du 4 juillet 1935
(*J. off.*, 5 juillet, p. 7163), avec le triple objectif d'étendre
les opérations de révision à de nouvelles catégories de fonctions, de les accélérer considérablement et aussi de les renforcer. En réalité, les sections départementales des pensions
manquèrent d'établir les fiches (Cf. Circ. 0553/Ad, 26 janvier,
et SE/1, 29 janvier 1934) correspondantes aux diverses classes
de pensionnés; il advint que les décisions de maintien de
pension (veuves et invalides) adressées à ces mêmes sections
par application de la loi de 1933 ne furent pas conformes aux
dispositions du décret-loi; et ce fut, de même, le résultat de son-
dages que de faire apparaître le manque de signalisation de
nombreux titulaires de pensions d'invalidité et, pour autant,
de concordance entre les éléments de renseignements détenus
par les sections départementales des pensions (déclarations
modèle 1 des titulaires de la carte du combattant; fiches
modèle 3, blanches et rouges) et le fichier des pensions d'invalidité du trésorier-payeur général. Des instructions, émises d'urgence, de collationnement, de classement et de redressement,
furent données par Circ. min. pens., n° 0488/S. E. 1, 11 juillet
1935. Cependant une modification plus profonde des mesures
apparaissait nécessaire, dans le même cadre, aux fins de faciliter
la constitution des organismes chargés de la révision et de
fournir aux intéressés des supplémentaires garanties; d'où, le
nouveau décret-loi du 8 août prétendant à faire « procéder
plus rapidement à l'examen en séance des dossiers, tout en
donnant l'assurance qu'aucun détail utile n'aura pu échapper »
(Exp. mot., *ib.*, 11 août, p. 8807). Cf. Instr. min. pens.,
n° 0632/Ad, 16 août 1935.

2. — *A*. La *révision* est entendue au plus compréhensif.
Sur la loi de finances de 1933 limitant (art. 126-135) la révision
aux invalides non titulaires de la carte du combattant et aux
veuves remariées et non devenues veuves à nouveau, les décrets-
lois de 1935 gagnèrent d'instituer une révision d'ensemble de
toutes les pensions concédées au titre de la loi du 31 mars 1919
et des lois subséquentes; d'où, cette énumération administrative :

a) Pensions d'*invalidité* : Celles (de guerre ou hors guerre)
concédées par application de la loi du 31 mars 1919, y compris
les pensions mixtes des art. 59 et 60 pour la part d'invalidité,
et celles accordées en conformité et sous la mention de l'art. 47
L. 14 avril 1924;

Et celles allouées aux victimes civiles de la guerre : L. 24 juin
1919; — aux militaires en activité de service : L. 30 avril 1920,
a. 2; — aux Alsaciens et Lorrains ayant contracté leurs infirmités
dans l'armée allemande, soit de 1914 à 1918 : L. 17 avril 1923,

soit au cours de la guerre 1870 dans l'armée française : 31 mars 1924, soit entre l'année 1871 et le 1er août 1914 dans l'armée allemande : L. 23 mars 1928; — aux fonctionnaires civils coloniaux au régime pensions militaires : L. 10 mars 1925;

b) Pensions de *veuves* : concédées au titre, soit de la loi de 1919, y compris les pensions mixtes et les pensions bonifiées en exécution et sous la rubrique de l'art. 50 L. 14 avril 1924; — soit des lois des 24 juin 1919, 17 avril 1923, 31 mars 1924, 10 mars 1925 (art. 44), 22 juin 1927 et 23 mars 1928;

c) Ou *d'ascendants* : concédées au titre des lois des 31 mars et 24 juin 1919, 18 juillet 1922, 22 juin 1927 et 23 mars 1928.

3. — Cependant, au travers des art. 2 et 3 du décret-loi, transparaît une distinction des pensions susceptibles d'être ainsi revisées, sur la base, non de la qualité du pensionné, mais des conditions de leur concession, quelle qu'ait pu être la décision prise au titre des art. 126-135 L. 31 mai 1933 (5. 6 et 8 du décret); et c'en est le résultat de constituer face à la règle générale de la révision la longue liste des *pensions non sujettes à révision :*

a) Des *invalides*, anciens militaires et assimilés au regard de la loi du 31 mars 1919 :

Pensions concédées sous le régime des lois des 11 et 18 avril 1831 (blessures ou maladies), que lesdites pensions aient été, soit transformées en pensions de la loi du 31 mars 1919 par application de l'art. 2 de cette loi, de la loi du 26 juillet 1923, de la loi du 22 juin 1927 (art. 1er), soit portées simplement aux taux prévus par la loi du 31 mars 1919 en exécution de celle du 18 juillet 1922 (non bénéficiaires de l'art. 1er L. 22 juin 1927 ou bénéficiaires dudit article ayant encouru la forclusion);

Pensions provenant de la transformation de gratifications de réforme en pensions par application de l'art. 2 de la loi du 31 mars 1919, de celle du 26 juillet 1923 et de l'art. 1er de celle du 22 juin 1927;

Pensions concédées à des Alsaciens ou à des Lorrains par application des lois des 31 mars 1924 et 23 mars 1928 ;

Pensions concédées directement, au titre de la loi du 31 mars 1919 ou des lois subséquentes (30 avril 1920, art. 2; 17 avril 1923), *uniquement* pour blessures de guerre (au sens de la Circ. n° 217 E. M. P., 7 janvier 1935); — ou à des blessés de guerre dont la pension comporte la rémunération, d'une part, de blessures de guerre et, d'autre part, d'infirmités ou de maladies reconnues médicalement être la conséquence directe ou indirecte des blessures de guerre au titre desquelles ils sont pensionnés ; — ou pour des infirmités contractées ou aggravées dans une unité combattante et ayant nécessité une évacuation sur une formation sanitaire *i. e.* extérieure à l'unité du pensionnaire, à moins que celui-ci n'y appartint déjà lui-même ;

Ou de leurs *ayants cause* :

Pensions concédées au titre des lois des 11 et 18 avril 1831, transformées en pensions de la loi du 31 mars 1919 (L. 31 mars 1919, art. 2; 26 juillet 1923; 22 juin 1927, art. 1er) ou portées seulement aux taux prévus par la loi du 31 mars 1919 en exécution de celle du 18 juillet 1922;

Pensions concédées à des ayants cause d'Alsaciens et de Lorrains au titre des lois des 31 mars 1924 et 23 mars 1928 :

Pensions concédées directement au titre des lois des 31 mars 1919 et 17 avril 1923 pour décès résultant de blessures de guerre, — ou pour décès consécutif à des maladies ou à des infirmités, soit reconnues médicalement être la conséquence directe ou indirecte d'une blessure de guerre ayant ouvert droit à pension au décédé, soit contractées ou aggravées dans une unité combattante et ayant donné lieu à évacuation sur une formation sanitaire.

b) Des *victimes civiles de la guerre* (L. 24 juin 1919) :

Pensions attribuées, soit pour blessures résultant d'un fait de guerre (au sens de l'art. 2 L. 24 juin 1919 mod. 28 juillet 1921), soit pour maladies ou infirmités reconnues médicalement être la conséquence directe ou indirecte d'un fait de guerre ayant occasionné des blessures au titre desquelles les intéressés sont pensionnés;

Ou de leurs *ayants cause* :

Pensions pour décès résultant des blessures ou des infirmités visées aux rubriques ci-dessus.

4. — B. Le procédé prévu de séparation des unes et des autres, des exemptes et des sujettes de la révision, est, en exécution de l'art. 8 du décret, un tri, à la diligence du département des pensions amené et tenu, pour ce faire, à une *recherche* de tous ceux dont la pension fut concédée, soit antérieurement au 5 juillet 1935 (qu'il y ait eu, ou non, pour quelque cause, perception des arrérages), soit postérieurement au 4 juillet, sans que leur droit ait été fixé au regard du nouveau décret, *i. e.* la pension concédée en fait avant le 1er octobre 1935 : les pensions concédées ultérieurement à cette date sont, en règle, exemptes de la révision, et celles des pensionnés décédés revisables seulement au regard et par rapport aux droits de leurs ayants cause. — La remise des dossiers doit être faite, de même « sans délai » aux *comités administratifs de révision*, siégeant auprès du ministre qui les nomme, placés sous l'autorité du procureur général près la Cour des comptes, composés d'un représentant des anciens combattants titulaire de la carte du combattant, d'un médecin rapporteur et d'un contre-rapporteur, — leur président et le contre-rapporteur étant des magistrats de la Cour des comptes, de la cour d'appel de Paris ou du tribunal de la Seine, ou, s'il est nécessaire, de fonctionnaires à la retraite qualifiés. — L'*ordre des révisions*, à l'induire de l'art. 4 du décret-loi non moins que des dispositions de la loi de 1933, est de débuter par les pensions des non-titulaires de la carte du combattant et celles des veuves remariées non redevenues veuves (à signaler, les uns et les autres, dans les conditions de l'Instr. n° 0553/Ad. 26 janvier 1934), puis de s'appliquer, comme suit, aux nouvelles catégories revisables : pensions d'invalidité des titulaires de la carte du combattant (déclarat. mod. n° 1 et fiche blanche mod. n° 3 annexés à ladite Instr.); — pensions de veuves non remariées, remariées et redevenues veuves, et d'orphelins bénéficiaires de pensions entières ou divisées ou simplement de majorations au titre des art. 13 ou 19 de la loi du 31 mars 1919 (fiche mod. n° 5); — pensions d'ascendants (fiche mod. n° 5 *bis*) pour lesquelles la révision est mesure absolument nouvelle.

5. — Il n'y a de *décision du ministre* qu'à l'occasion des pensions sujettes à révision, sur les avis émis par les comités administratifs : les dossiers reconnus, à la suite du tri administratif ou, le cas échéant, médical effectué à l'administration centrale du ministère, être hors le champ de la révision ne donnent lieu qu'à renvoi, après annotation de la fiche modèle n° 3, 5 ou 5 *bis*, à l'intendant des pensions. Ce sont *décisions de maintien*, de réduction ou de suppression de la pension (art. 11). Elles sont suivies aussitôt de communication de fiche à l'intendant et, en outre, au premier cas, d'avis à l'intéressé; au deuxième et au troisième (art. 12), de notification, soit de la nouvelle pension payable dès le lendemain d'échéance du dernier trimestre antérieurement payé, soit de l'arrêté interministériel de suppression, — les sommes perçues antérieurement à l'une ou l'autre de ces notifications restant acquises aux intéressés (art. 12 al. 4). Cf. sur le classement des fiches nouvelles, art. 14 Instr. 26 janvier 1934, et sur les opérations des intendants aux deux cas de réduction ou de suppression, art. 11 Instr. 16 août 1935.

6. — C. Les *droits* demeurant aux intéressés à la suite de ces décisions, *i. e.* de celles de suppression de pension, étaient d'une détermination délicate, mais certaine : le chap. VIII de l'Instr. n° 0553/Ad. du 26 janvier 1934, et les art. 13 et 14 du décret-loi du 8 août 1935 y ont touché, au regard ·

D'une part, des titulaires d'une pension mixte de la loi de 1919 : la suppression de la pension d'invalidité leur laisse droit à faire valoir dans le délai d'un an compté de cette suppression, et à conserver, soit celle reconnue aux rayés des cadres pour infirmités non imputables au service, soit celle fondée sur la durée des services, que celle-ci ait été ou non revisée par application du décret du 4 avril aménagé par celui du 28 octobre 1931;

D'autre part, des orphelins et des veuves non remariées des militaires de carrière et des fonctionnaires décédés antérieurement au 17 avril 1924, privés de droit à une pension de réversion des services : le bénéfice peut, le cas échéant, advenir aux uns de l'art. 36 L. 19 mars 1928, aux autres de l'allocation prévue par l'art. 68 L. 14 avril 1924.

7. — Les *voies de recours* ouvertes contre ces décisions, de suppression ou de réduction de pension, sont à double degré : *a)* Par-devant la commission supérieure de révision des pensions. Un conseiller d'État, président, désigné par le ministre de la justice; un conseiller-maître à la Cour des comptes, vice-président, désigné par le ministre des finances; un représentant de chacun de ces ministres respectivement; un médecin des

hôpitaux (exceptionnellement suppléé par un médecin) désigné par le ministre de la santé publique; cinq représentants des anciens combattants désignés par le ministre des pensions et choisis parmi les membres élus de l'Office national des mutilés, combattants, victimes de la guerre et pupilles de la Nation et, au besoin, parmi les titulaires de la carte du combattant; enfin, le cas échéant, des suppléants pour chacune desdites catégories de membres, la constituent; — les fonctions de rapporteur y peuvent être remises à des auditeurs au Conseil d'Etat, à la Cour des comptes et à des médecins, agréés par le ministre des pensions et ayant voix délibérative dans les affaires par eux traitées; celles de secrétaire et de secrétaire-adjoint sont remplies, l'une par un agent supérieur, l'autre par des agents du ministère des pensions désignés à ces fins (art. 18, 20). Que la commission supérieure statue elle-même ou par la voie de sections (composées de membres suppléants de la commission supérieure et comprenant un membre du Conseil d'Etat ou de la Cour des comptes, un délégué du ministre des finances, deux représentants des anciens combattants et un médecin), les causes sont introduites sans frais, dans les deux mois de la notification de la décision ministérielle; la procédure, non publique, écrite, sur mémoires, et les décisions motivées, définitives et en dernier ressort (art. 21, 24). Cf. sur leur exécution, Instr. n° 0395/Ad, min. pens., 8 janvier 1930;

b) Puis, au Conseil d'Etat ou, plus exactement, à la commission spéciale de cassation des pensions instituée (*suprá*, n° 11) au Conseil par le décret-loi du 8 août 1935. Tous les dossiers et toutes les affaires en instance, au jour de celui-ci, devant un tribunal des pensions ou une cour régionale des pensions ont dû y être, sans délai, transmis par les greffiers de ces juridictions aux fins d'instruction et jugement dans les formes prévues par l'art. 4 L. 17 avril 1906 pour la matière des pensions (art. 26).

8. — En exécution de l'art. 15 du décret-loi, ordonnant l'établissement et l'insertion au *Journal officiel* d'un compte-rendu mensuel, à compter du 1er août, des travaux des comités administratifs, le rapport du procureur général de la Cour des comptes pour les deux premiers mois du fonctionnement du nouvel organisme (*J. off.*, 6 octobre 1935, p. 10762) indique, comme nombre de dossiers examinés : août, p. 1100; septembre, p. 4900, et pour la répartition des décisions rendues :

Pensions reconnues non revisables.......................... 666
—   à maintenir.. 3,125
—   à supprimer,.. 1.718
—   à réduire. 89
Décisions ajournées (insuffisance de renseignements. Pensions d'anciens combattants).................................... 402

et, par là-même, le pourcentage des pensions supprimées à celles examinées : 28 %. Constatations non exemptes de mélancolie, mais où confusion et espoir se rejoignent, d'effacement entamé d'erreurs, de régularisation nécessaire de la trésorerie publique comme du devoir national, de justice et d'accord du passé dans le présent par application du précepte éternel *Redimentes tempus*.

PÉREMPTION D'INSTANCE.

Législation.

Déc. 10 août 1914 (*sur la suspension des prescriptions, péremptions et délais en matière civile, commerciale et administrative*): — Décr. 15 déc. 1914 (même sujet); — Décr. 11 mai 1915 (même sujet); — Décr. 25 sept. 1926 (art. 5) (*concernant la procédure devant la juridiction supprimée*).

Index alphabétique.

DIVISION.

CHAPITRE I

NOTIONS GÉNÉRALES.

7. — Jugé que la disposition du décret du 10 août 1914, en suspendant les délais de péremption, pendant la durée de la guerre, suspend certainement en principe le délai de quatre mois à compter des jugements interlocutoires donné, par l'art. 15 du Code de procédure civile, pour juger au fond, à peine de péremption, en justice de paix, mais que cette suspension, étant d'ordre purement privé, l'intéressé peut y renoncer même tacitement (Cass. civ., 7 avr. 1925, [S. et P. 1926.1.56]). Il y renonce implicitement en concluant à l'homologation du rapport d'expert et à la condamnation de son adversaire, plus de quatre mois après l'interlocutoire ordonnant un transport sur les lieux avec assistance d'expert. — Même arrêt.

CHAPITRE II

NATURE ET EFFETS DE LA PÉREMPTION D'INSTANCE.

SECTION I.

Nature juridique de la péremption d'instance.

§ 1. *La péremption a un caractère d'intérêt général mais non d'ordre public.*

15. — De ce que la péremption revêt un caractère d'intérêt général, mais non d'ordre public, il résulte : 1° qu'elle n'a pas

lieu de plein droit, c'est-à-dire que, pour éteindre l'instance, le laps de trois ans donné par l'art. 397 du Code de procédure ne suffit pas; encore faut-il que la péremption soit formellement demandée. — Paris, 15 nov. 1927, [S. et P. 1928.2.157]. — En ce sens, elle diffère essentiellement de la prescription. Cette différence est particulièrement notable quant aux actions prescrites par trois ans, les actions nées d'un délit criminel par exemple (art. 638 C. instr. crim.), spécialement l'action en contrefaçon. — Même arrêt.

15 bis. — La péremption ne se produisant pas de plein droit sera donc couverte par les actes valables de l'une ou l'autre partie. — Pau, 7 juill. 1902, [D. P. 1903.2.10] — Trib. Seine, 7 mai 1907, [D. P. 1912.5.11]

15 ter. — Bien que la péremption prévue par l'art. 15 du Code de procédure civile, à la différence de celle de l'art. 397, ne soit ni suspendue, ni couverte par des actes de procédure (V. *infrà*, n. 187), elle n'est cependant pas d'ordre public. Elle ne peut donc être prononcée qu'à la demande du plaideur ayant intérêt à s'en prévaloir et se trouve couverte quand celui-ci a conclu au fond. — Cass. civ. 20 oct. 1908, [S. et P. 1908.1. 528, D. P. 1909.1.375]. — Garsonnet et Cézar-Bru, *Traité théor. et prat. de procédure*, 3ᵉ éd., t. 3, n. 898, p. 762, texte et note 26. — Il en est ainsi lorsque cette partie, à l'audience pour plaider sur l'interlocutoire, soulève une question dilatoire et conclut au fond. — Même arrêt.

23 bis. — 2° La péremption, n'étant pas d'ordre public, ne peut être demandée la première fois sur appel, à la différence de la prescription (art. 2224 C. civ.). — Cass. civ., 14 avr. 1919. [D. P. 1923.1.222]. — Il en est ainsi même de la péremption instituée par l'art. 15 du Code de procédure civile (Même arrêt), sauf une réserve faite un peu plus loin (n. 380).

SECTION II.

Effets de la péremption d'instance.

2° La péremption emporte extinction de la procédure.

76. — Quand, sur appel, la péremption est obtenue par l'intéressé, celle-ci a pour effet de rendre le jugement définitif. L'appelant perd donc le droit d'invoquer la prescription antérieurement acquise. Car la péremption ayant pour effet d'éteindre l'instance, l'appel est réputé non avenu; et dans le conflit des deux exceptions, l'une de prescription qu'invoque l'appelant, l'autre de péremption qu'invoque l'intéressé, la priorité doit être donnée à celle de péremption éteignant l'appel. — Cass. civ., 26 déc. 1911, [S. et P. 1913.1.427; D. P. 1913.1.58]

CHAPITRE III

CONDITIONS DE LA PÉREMPTION.

SECTION I.

Délai de la péremption.

§ 1. Du délai normal de la péremption.

91. — La péremption ne peut pas être demandée avant l'expiration du délai légal, et toute demande prématurée demeure non avenue, même si le délai s'achève avant que la demande ne vienne à l'audience. Il en est ainsi du délai normal de trois ans. — Pau, 18 mars 1913, [S. et P. 1913.2.136]. — Garsonnet et Cézar-Bru, *op. cit.*, 3ᵉ éd., t. 3, n. 869, p. 713, note 2. — Il en est encore de même quand la demande est formée avant l'expiration du semestre supplémentaire accordé par l'art. 397, § 2, du Code de procédure civile. — Cass. civ., 3 avr. 1917, [S. et P. 1918-1919.1.18; D. P. 1917.1.97]. — Garsonnet et Cézar-Bru, *op. cit.*, t. 3, n. 872, p. 717, texte et note 4. — Toutefois, auparavant on avait jugé que la demande formée après l'achèvement des trois ans depuis le dernier acte de procédure, mais avant celui des six mois depuis le décès d'un plaideur, produisait tout son effet si les héritiers ne reprenaient les poursuites qu'après ce délai de six mois. — Trib. Seine, 15 févr. 1910, [S. et P. 1911. 2.189]

93. — Le délai de péremption est franc comme celui de prescription et le dernier jour des trois ans doit être complètement achevé pour que la péremption puisse être invoquée. — Pau, 15 mars 1913, [S. et P. 1913.2.136]. — Garsonnet et Cézar-Bru, *op. cit.*, t. 3, n. 869, p. 713, texte et note 5.

96. — La faillite d'un plaideur, n'obligeant pas à l'assigner en reprise d'instance, ne lui donne pas droit au délai supplémentaire de six mois. — Riom, 7 juill. 1906, [D. P. 1907.2.98]

111. — Le délai additionnel de six mois ne court que du jour de l'événement y donnant lieu. Il en est ainsi même quand s'est écoulé plus de trois ans sans poursuite au moment où cet événement s'accomplit. — Cass. civ., 3 avr. 1917, [S. 1918-1919. 1.18; D. P. 1917.1.97]. — Garsonnet et Cézar-Bru, *op. cit.*, t. 3, n. 872, p. 717, texte et note 4.

§ 2. De la suspension et de l'interruption de péremption.

1° Suspension de la péremption.

132. — A. *Obstacles juridiques.* — Dans le cas prévu par l'art. 15 du Code de procédure, s'il y a péremption après quatre mois écoulés sans décision définitive depuis l'interlocutoire, c'est uniquement lorsque les mesures d'instruction prescrites peuvent être entièrement prises dans ce délai. Dans le cas contraire, le jugement au fond peut être rendu passé les quatre mois. — Trib. paix Magny-en-Vexin, 15 avr. 1905, [D. P. 1905.5. 37] — Cass. req., 9 janv. 1906, [D. P. 1906.1.186]; — 7 févr. 1928 (deux arrêts), [S. et P. 1928.1.151; D. hebd., 1928, p. 967]. — Il en est ainsi, dans une instance en dommages aux récoltes, si l'interlocutoire ordonne, non seulement une constatation par expert immédiate, mais une seconde visite au temps où la récolte devait être ramassée, temps éloigné de plus de quatre mois (Mêmes arrêts). — De même en serait-il s'il prescrivait une expertise exigeant la connaissance des cours de certaines récoltes, qui ne seraient pas établis avant la fin des quatre mois. — Cass. req., 31 mai 1907, [D. P. 1907.1.352]. — Dans tous les cas de ce genre, le délai de péremption ne court que du dépôt du rapport d'expert. — Trib. paix Magny-en-Vexin, 15 avr. 1905, précité.

132 bis. — En cas d'appel de l'interlocutoire, le délai de péremption est suspendu; mais il recommence à courir en cas d'acquiescement au jugement qui déclare cet appel irrecevable. La péremption est acquise s'il n'est pas statué au fond dans les quatre mois de l'acquiescement, même quand un nouveau jugement du juge de paix fixe à une date nouvelle l'enquête d'abord prescrite et quand le jugement au fond est rendu dans les quatre mois depuis cette dernière décision. — Cass., 29 mai 1918, [D. P. 1922.1.22]

157. — Les délais de péremption sont suspendus pendant les tentatives réciproques d'arrangement et de transaction. — Pau, 7 juill. 1902, [D. P. 1903.2.10]

169. — L'auteur d'une demande en péremption prématurée peut en former une seconde, les délais achevés. Mais une simple assignation en constitution de nouvel avoué, pour statuer sur la péremption, ne vaut pas demande en péremption, ni ne répare le vice de la première demande. — Pau, 18 mars 1913, [S. et P. 1913.2.136]. — Garsonnet, *op. cit.*, t. 3, n. 869, p. 713, note 2. — Toutefois elle ne couvre pas la péremption. — Garsonnet et Cézar-Bru, *op. cit.*, t. 3, n. 881, p. 734, notes 10 *in fine* et 14.

2° Interruption de la péremption.

187. — A la différence de la péremption devant les tribunaux civils, prévue par l'art. 397 du Code de procédure, le délai de péremption en justice de paix, de quatre mois depuis l'interlocutoire, visé par l'art. 15, n'est ni suspendu, ni couvert par un simple acte de procédure, et cette péremption n'est empêchée que par la renonciation prouvée du plaideur ayant intérêt à l'invoquer. — Cass. req., 9 mai 1904, [D. P. 1904.1.464]

244. — La sommation en règlement de qualités est un acte de poursuite faisant partie de l'instance et couvrant la péremption. — Pau, 16 mars 1913, [S. et P. 1913.1.136]

260. — La réinscription de l'affaire au rôle interrompt la péremption. — Riom, 12 nov. 1899, [D. P. 99.2.448]

286. — En matière d'expropriation pour cause d'utilité publique, la péremption est interrompue par l'acte saisissant le juge. — Cass. civ., 10 nov. 1909, [D. P. 1910.1.318]

295. — La péremption régie par l'art. 397 du Code de procédure étant celle de l'instance et le jugement au fond terminant celle-ci, même quand il est rendu par défaut, les effets d'un tel jugement ne sont pas sujets à péremption mais atteints seulement par prescription. — Cass. civ., 12 juill. 1899, [D. P. 1905.1.166]

297. — Les décisions interlocutoires, ordonnant de simples mesures d'instruction, n'empêchent pas la péremption. Le demandeur en première instance, ayant obtenu condamnation au paiement d'une somme, peut, sur appel de son adversaire, se prévaloir de la négligence de celui ci pendant trois ans à faire exécuter un arrêt ordonnant une expertise pour exacte vérification de compte. - Cass., 28 juill. 1902, [S. et P. 1907.1.387; D. P. 1902.1.398]. — Garsonnet et Cézar-Bru, *op. cit.*, t. 3, n. 877, p. 722.

SECTION II.

Actes susceptibles de péremption.

§ 2. *La péremption s'applique à toutes les instances.*

370. — Les actions civiles nées de délits, exercées devant les juges civils, étant soumises à la procédure de droit commun, sont soumises à la péremption. — Cass. civ., 26 déc. 1911, [S. et P. 1913.1.427; D. P. 1913.1.58] — Paris, 15 nov. 1927, [S. et P. 1928.2.157]. — Il en est ainsi notamment de l'action en indemnité pour diffamation. — Cass. civ., 26 déc. 1911, précité; ...ou pour contrefaçon. — Paris, 15 nov. 1927, précité.

373. — De même en est-il des intances en matière de contributions indirectes, sous une réserve fa te plus loin (n. 417). — Cass. civ., 24 avr. 1917, [D. P. 1917.1.116]

379. — En revanche, la péremption de l'art. 15 du Code de procédure ne s'étend pas aux instances en matière de loyer soumises à la loi du 9 mars 1918 et à celle du 31 mars 1922 (tit. I). — Comm. supér. de Cass., 3 févr. 1927, [D. hebd., 1927, p. 211]

380. — La péremption en justice de paix, outre la brièveté du délai (supra, n. 96), présente plusieurs particularités. La décision au fond doit être rendue, à peine de péremption de l'instance, dans les quatre mois à dater de l'interlocutoire ordonnant une mesure d'instruction (art. 15 C. proc. civ.). Ce délai ne courrait pas d'un autre jugement d'avant dire droit. Il ne s'étend pas notamment à la décision ordonnant, sur une action en bornage, une descente sur les lieux dont la nécessité serait reconnue des parties. — Cass. req., 24 oct. 1904, [S. et P. 1906.1. 135; D. P. 1904.1.528]. — Garsonnet et Cézar-Bru, op. cit., t. 3, n. 899, p. 702. — De même en serait-il d'un jugement décidant le bornage de terres contiguës, après examen par expert des lieux et des titres. Car, en proclamant le droit au bornage, ce jugement est définitif; et il est préparatoire dans la mesure où consécutivement il désigne un expert, uniquement pour en préparer l'exécution, sans préjuger du mérite des prétentions respectives des parties sur l'emplacement des limites. — Cass. civ., 27 mars 1929, [S. et P. 1929.1.310]

380 bis. — Si le juge de paix rend plusieurs interlocutoires successifs, le délai de péremption ne court que du dernier. — Cass. req., 31 mai 1907, [D. P. 1907.1.352] — Civ., 24 janv. 1928, [S. et P. 1928.1.150] — Civ., 24 janv. 1928, [S. et P. 1928.1.150]. — Encore doivent-ils ordonner des mesures d'instruction distinctes, et il ne suffirait pas d'une remise de la date d'une enquête. — Civ., 29 mai 1918, [D.P. 1922.1.22]. — Quand le jugement définitif est rendu plus de quatre mois après l'interlocutoire, il est sujet à l'appel, quel qu'en soit le chiffre, et le juge d'appel doit l'annuler à la demande de la partie intéressée (art. 15 Code proc.). Encore faut-il qu'elle n'ait ni renoncé à la péremption, ni consenti à remise du jugement définitif à plus de quatre mois. — Cass. civ., 19 févr. 1923, [S. et P. 1923.1.271; D. P. 1926.1.38]. — Mais le jugement d'appel rejetant la nullité doit être cassé s'il ne constate pas qu'en concluant au fond la partie ayant soulevé l'exception ait accepté le renvoi du jugement définitif à plus de quatre mois (Même arrêt). En concluant à l'homologation du rapport d'expert et à la condamnation de son adversaire, plus de quatre mois après l'interlocutoire ordonnant un transport sur les lieux avec assistance d'expert, un plaideur couvre la péremption de l'art. 15. — Civ., 7 avr. 1925, [S. 1926.1.56]

388. — Quand la partie gagnante rembourse, contrainte et forcée, après cassation, les frais de son adversaire, moyennant quittance déclarant « sans préjudice de l'instance à engager devant la cour de renvoi », elle ne peut demander la péremp-

tion devant cette cour, s'étant ainsi obligée à provoquer elle-même la nouvelle décision. — Cass., 9 mai 1906, [S. et P. 1906. 1.311; D. P. 1907.1.152]

390. — Nul arrêt de cassation n'étant exécutoire contre une partie que s'il est signifié à l'avocat ayant occupé pour elle (Règl. 29 juin 1738, art. 9, tit. XIII), la signification au défendeur est indispensable pour procéder devant la cour de renvoi et le délai de péremption ne court que de cette signification. — Grenoble, 10 mai 1899, [D. P. 99.2.427]

CHAPITRE IV

RÈGLES DE LA DEMANDE EN PÉREMPTION.

SECTION I.

Par qui la demande en péremption doit être formée?

394. — Le subrogé aux droits de l'un des plaideurs a qualité pour intervenir, même en appel, pour faire valoir ses moyens de défense et notamment réclamer la péremption. — Cass. civ., 25 févr. 1913, [D. P. 1913.1.473, note de M. Donnedieu de Vabres]

417. — Contrairement à la solution antérieurement donnée, on a jugé que, dans l'instance en opposition à contrainte émanant de l'Administration des contributions directes, le contribuable, jouant le rôle de demandeur, ne peut invoquer la péremption. — Cass. civ., 24 avr. 1917, [D. P. 1917.1.116]

418. — L'intimé en appel, étant défendeur, peut réclamer la péremption, même s'il était demandeur en première instance. — Cass., 28 juill. 1902, [S. et P. 1907.1.387; D.P. 1902.1.398]; — 26 déc. 1911, [S. et P. 1913.1.427] — Paris, 19 juin 1928, [Gaz. Pal., 1928.2.731], — Garsonnet et Cézar-Bru, op. cit., t. 3, n. 903, p. 767, notes 4 et s.

PÉROU.

1. — La Constitution du 13 nov. 1860, dont le *Répertoire* donnait l'analyse, a régi le Pérou pendant soixante années, au cours desquelles elle fut, il est vrai, suspendue deux fois : une première, par la dictature du colonel Prado (1865-1867), après laquelle le Congrès vota, le 29 août 1867, une Constitution démocratique qui ne dura qu'un mois, celle de 1860 ayant été remise en vigueur en 1868; une deuxième, par la dictature de Perola, pendant la guerre avec le Chili, de décembre 1879 à janvier 1881. Un certain nombre de modifications tâchèrent à lui imprimer un caractère plus démocratique : l'établissement des sessions annuelles du Congrès en 1879; l'annualité du budget en 1889; la suppression du cens électoral en 1895; la liberté de l'exercice public des différents cultes en 1915. — Cf. Ricardo Aranda, *La Contitucion del Peru de 1860 con sus reformas hasta 1893*, Lima, 1893; H. Cornejo Mariano, *La reforma constitucional*, 1913.

2. — Certaines irrégularités dans son fonctionnement, notamment à propos des élections présidentielles, donnèrent lieu à un mouvement révisionniste; le Pérou du Sud réclamait le développement de la décentralisation (Cf. Loredo et Benavides, *Bosquejo sobre la evolución politica y juridica de la epoca republicana del Peru*, Lima, 1918). Le 22 juill. 1919, le gouvernement soumit au referendum populaire un projet de réforme constitutionnelle (*Asamblea Nacional : Proyecto de reforma de la Constit. del Peru...*) qui comportait en particulier le rétablissement du Conseil d'Etat (supprimé en 1874), le renouvellement intégral du Congrès, l'interdiction de la suspension des libertés individuelles même par une loi, l'établissement de trois législatures régionales, la progressivité de l'impôt sur le revenu, l'arbitrage obligatoire dans les conflits du travail... Ce programme ayant été approuvé lors des élections d'août 1919, une Assemblée nationale se réunit le 14 sept. 1919 et décida d'élaborer une nouvelle Constitution, les dix-neuf points du programme gouvernemental approuvés par le peuple étant acquis irrévocablement. La Constitution, votée le 27 déc. 1919 (Delpech-Laferrière, *Les Constitutions modernes*, t. 4, 1932, p. 287

et s.), se caractérise par une tendance plus démocratique, un contrôle plus efficace des assemblées sur l'exécutif, une plus grande décentralisation, une protection plus énergique des droits individuels et l'addition de certaines garanties de caractère économique et social (Cpr. Manuel Vincente Villarán, *Las Constituciones de 1860 y 1920 concordadas*, Lima, 1920; G.-V. Oleacha, *La Constitucion del Peru dada... 1919, comentada*, Lima, 1922; Graham H. Stuart, *Governemental system of Peru*, 1923...). Une révision de 1923 a admis la rééligibilité pour une fois du président de la République; une autre de 1928 (Cf. art. 113) a autorisé sa réélection indéfinie et réalisé plusieurs modifications partielles (aux art. 35, 36, 52...). — Cf. José Basadre, *La inicion de la Republica*, Lima, 1929.

3. — En août 1930, un mouvement populaire se produisit à Arequipa et, avec l'appui des éléments populaires, obligea à démissionner le président Augusto B. Leguia, qui avait assumé le pouvoir par un coup de force en 1919, avait été réélu en 1924 et 1929, et dont la dictature infligea au Pérou la suppression des libertés individuelles. Le gouvernement provisoire, formé sous la présidence du lieutenant-colonel Luis M. Sánchez Cerro, chef du mouvement révolutionnaire, suspendit les articles de la Constitution relatifs aux droits publics, en vue d'agir contre les fonctionnaires ayant participé au précédent gouvernement, en créant à cet effet un *Tribunal de Sanción national*, composé de membres de la Cour suprême et d'officiers supérieurs, et, par un décret du 9 novembre, convoqua des élections populaires pour la nomination du président de la République et la formation d'un Congrès constituant. Ces élections, fixées au 1er mars 1931, ne purent avoir lieu, un mouvement révolutionnaire ayant renversé le gouvernement provisoire en février. Un second gouvernement provisoire, présidé par M. Samanez Ocampo, a édicté, le 26 mai 1931, une nouvelle loi électorale (*Ann. de l'Instit. internat. de dr. publ.*, II, 1932, p. 581) établissant le vote obligatoire et secret et la représentation proportionnelle, et décidé la convocation d'un Congrès constituant pour le mois d'octobre 1932.

PERSE.

TEXTES DIPLOMATIQUES ET LÉGISLATIFS.

Traité du 26 févr. 1921 avec l'U. R. S. S.; — du 22 avr. 1926 avec la Turquie; — du 1er oct. 1927 avec l'U. R. S. S.; — du 10 mai 1928 avec la Grande-Bretagne; — du 11 mai 1928 avec la France (*convention provisoire*); — du 14 mai 1928 avec les Etats-Unis d'Amérique; — du 15 mai 1928 avec l'Allemagne; — du 16 mai 1928 avec la Belgique; — du 16 août 1928 avec l'Afghanistan; — du 10 mai 1929 avec la France (*traité d'amitié perpétuelle et d'arbitrage*), etc.; — Accord du 23 janv. 1932 avec la Turquie (*frontières*); — L. fondamentale du 30 déc. 1906 et L. complémentaire du 7 oct. 1907 modifiée par la loi du 12 déc. 1925 (*Oriente Moderno*, 1931, VII); — LL. électorales du 1er juill. 1909 (Brown, *The Persian Revolution*) et 22 oct. 1911 (*Revue du monde musulman*, 1911, XVIII); — L. sur la nationalité du 2 sept. 1929 (*Oriente Moderno*, 1930, X); — L. monétaire du 17 mars 1930, modifiée le 12 mars 1932 (*Oriente Moderno*, 1932, VI); — L. portant institution du monopole du commerce extérieur du 25 févr. 1931, avec *supplément* du 11 mars 1931 (*Messager de Téhéran* du 13 mars 1931); — L. sur le mariage et le divorce du 15 août 1931 (*Oriente Moderno*, 1931, X); — L. des poids et mesures du 8 janv. 1933 (*Oriente Moderno*, 1933, II); — Convention avec l'Anglo-Persian Oil Company, juin 1933 (résumée dans *Commerce du Levant*, Beyrouth, 27 mai 1933), etc.

Les textes des principales lois sont publiés en français dans le *Messager de Téhéran*.

BIBLIOGRAPHIE.

Back de Surany, *Essai sur la Constitution persane*, Paris, 1914. — Bérard (V.), *Les révolutions de la Perse*, Paris, 1910. — Brown, *The Persian Revolution*, Cambridge, 1910. — Giannini (A.), *La Costituzione persiana*, Oriente Moderno, 1931, VII. — Greenfield (J.), *Die Verfassung des persischen Staates*, Berlin, 1909. — Hesse (F.), *Persien, Entwickeung und Gegenwart*, Berlin, 1932. — Massignon, *Annuaire du monde musulman*, 3e éd., Paris, 1929. — Ahmed Khan Matine-Pakravan, *La suppression des capitulations en Perse*, Paris, 1930. — Pernot (M.), *En Asie musulmane*, Paris, 1927. — Mirza Ali Akbar Khan Siassi, *La Perse au contact de l'Occident*, Paris, 1931. — Sir Percy M. Sykes, *A history of Persia*, London, 1931. — Wilson (A. T.), *A bibliography of Persia*, Oxford, 1930. — X., *La nouvelle convention monétaire avec l'Imperial Bank of Persia*, Bulletin de la S. E. I. E., 21 juin 1930. — X., *Le pétrole en Perse*, ibid., Supplément, février 1929, etc.

Asie Française; Bulletin de la Société d'Etudes et Informations économiques; Correspondance d'Orient; Messager de Téhéran; Mitteilungen der Deutschen Persischen Gesellschaft; Near East and India; Oriente Moderno; Revue du monde musulman, etc...

Bibliographies développées dans Giannini, Matine-Pakravan, Wilson, etc...

INDEX ALPHABÉTIQUE.

DIVISION.

CHAPITRE I

NOTIONS PRÉLIMINAIRES ET HISTORIQUES.

17 *bis.* — En 1906 et 1907, sous la pression d'un sérieux mouvement révolutionnaire, les shahs Mouzaffar ed Din et Mohamed Ali, de la dynastie Kagiar, octroyent une Constitution à la Perse (rescrit du 5 août 1906 portant formation d'une Assemblée nationale; loi fondamentale du 30 déc. 1906 définissant les droits du Parlement; loi du 7 oct. 1907 portant complément de la Constitution). De violents conflits entre le Shah et le Parlement mettent dès juin 1908 obstacle au fonctionnement régulier du régime.

17 *ter.* — Durant la guerre, la Perse subit les invasions turque, russe et anglaise; en 1919, elle est sur le point de tomber sous le protectorat britannique, puis sert de champ clos à la rivalité anglo-soviétique. Son indépendance est cependant sauvegardée grâce à l'intervention d'un chef énergique, Sardar Sepah, successivement ministre de la Guerre, président du Conseil, dictateur, puis, après la déposition du shah Ahmed et la chute de la dynastie Kagiar (31 oct. 1925), shah sous le nom de Riza Khan, dynastie Pehlewi (15 déc. 1925).

17 *quater.* — Le nouveau gouvernement persan poursuit, à l'extérieur, une politique d'indépendance nationale (suppression des Capitulations, 10 mai 1928; conclusion, avec les diverses puissances, de traités basés sur le principe de la réciprocité; libération progressive de l'emprise anglaise par l'abolition du privilège d'émission de l'Imperial Bank, la fermeture du télégraphe anglo-indien, la contestation de la souveraineté britannique sur Bahrein, l'annulation et le renouvellement de la concession de l'Anglo Persian Oil C°, etc.; précaulions contre l'influence prépondérante d'une puissance étrangère quelconque, grâce au choix de conseillers et spécialistes étrangers nombreux mais appartenant aux nationalités les plus diverses) et d'équilibre oriental (traités avec l'U. R. S. S., 1er oct. 1927, avec la Turquie, 22 avr. 1926, avec l'Afghanistan, 16 août 1928; rétablissement de relations normales avec l'Irak, 1929; négociations avec la Turquie pour le règlement de questions de frontière et la lutte contre le mouvement kurde, 1931; etc.). La Perse est membre de la Société des Nations; elle a été désignée en 1929 pour faire partie du Conseil; toutefois il paraît douteux que les obligations qui lui incombent de ce fait soient compatibles avec certaines dispositions du traité de garantie et neutralité qui la lie à l'U. R. S. S. (art. 1er, interdisant « de prendre part aux boycottages et blocus organisés par de tierces puissances contre un des contractants »).

17 *quinquiès*. — A l'intérieur, le gouvernement persan, tout en respectant dans une certaine mesure les apparences constitutionnelles, exerce en fait un pouvoir quasi-dictatorial et poursuit une politique de réformes inspirée de celle de Mustapha Kémal en Turquie, mais plus modérée (introduction d'une législation inspirée des principes juridiques occidentaux; lutte contre l'influence politique des chefs religieux; centralisation; occidentalisation du vêtement; adoption du système métrique; encouragement du progrès matériel sous ses formes les plus modernes, etc.), et qui suscite parfois, surtout dans les provinces excentriques, de vives résistances (révolte du Fars, 1929, etc.; mouvement permanent pour l'autonomie du Kurdistan, etc.).

17 *sexiès*. — L'énergique action du gouvernement de Riza Khan a provoqué un réel redressement national et permis d'utiles réformes; néanmoins, l'état social du pays reste encore largement déterminé par les anciennes mœurs et coutumes, et les institutions nouvelles gardent, au moins durant un certain temps, un caractère plutôt théorique; cette considération permettra une appréciation plus nuancée des indications qui vont suivre, particulièrement en ce qui concerne l'organisation constitutionnelle et politique.

CHAPITRE II

ORGANISATION DES POUVOIRS PUBLICS.

18. — L'organisation des pouvoirs publics en Perse a été complètement renouvelée par les réformes de 1906-1907. — V. n. 19 à 30 nouveaux, ci-après.

SECTION I.

La Constitution persane.

19. — La Perse est une monarchie constitutionnelle représentative avec régime parlementaire et gouvernement de cabinet.

20. — La Constitution persane est contenue dans la loi fondamentale du 30 déc. 1906 (droits du Parlement), modifiée par les lois électorales des 1er juill. 1909 et 22 oct. 1911 (perte pour les députés de Téhéran de la faculté d'inaugurer les travaux parlementaires avant l'arrivée de leurs collègues de province; nombre des députés, etc.), et dans la loi complémentaire du 7 oct. 1907 (ensemble du système constitutionnel), modifiée par la loi du 12 déc. 1925 (art. 36, 37, 38, déchéance de la dynastie Kadjar, avènement de la dynastie Pehlewi). La pratique s'écarte d'ailleurs fréquemment des dispositions des lois constitutionnelles (non-réunion du Sénat, etc...).

SECTION II.

Le pouvoir exécutif.

21. — Le pouvoir exécutif, réservé au Shah, est exercé en son nom par les ministres (L. compl., art. 27, 30).

22. — La couronne est confiée par la nation, au moyen de l'Assemblée, à Riza Khan Pehlewi et à sa dynastie (L. compl., modifiée 1925, art. 36); elle se transmet au fils aîné du Shah né de mère persane; à défaut d'héritier naturel, le Shah désignera son successeur, sous réserve de l'approbation de l'Assemblée (L. compl., modifiée 1925, art. 37). Une régence est organisée en cas de minorité du Shah (L. compl., modifiée 1925, art. 38).

23. — Le souverain, irresponsable (L. compl., art. 44), assure au moyen de décrets l'exécution des lois (L. compl., art. 49); nomme et destitue les ministres (L. compl., art. 40), les hauts fonctionnaires et les représentants diplomatiques (L. compl., art. 48); confère les grades militaires (L. compl., art. 47), exerce le commandement suprême de l'armée (L. compl., art. 50), déclare la guerre et conclut la paix (L. compl., art. 51).

24. — Les ministres, qui doivent être Persans d'origine (L. compl., art. 58), sont responsables au point de vue politique, individuellement et collectivement, devant l'une et l'autre Chambres (L. compl., art. 60-61) qui peuvent provoquer leur démission par un vote de méfiance (L. compl., art. 67) ou leur mise en accusation (L. compl., art. 65), auquel cas ils sont déférés à la Cour de cassation (L. compl., art. 69). Ils assistent aux séances de l'Assemblée consultative et y prennent la parole (L. fond., art. 31).

SECTION III.

Le pouvoir législatif.

25. — Le pouvoir législatif est partagé entre le Shah, l'Assemblée consultative nationale et le Sénat; tous trois ont l'initiative des lois, qui doivent être approuvées par les deux Chambres et promulguées par le Shah (L. compl., art. 27, 70). Un comité de jurisconsultes musulmans assure la conformité des lois à la loi religieuse islamique (L. compl., art. 2), d'une façon d'ailleurs toute théorique. — V. n. 163-165.

26. — L'Assemblée consultative nationale comprend 136 membres, dont deux Arméniens, un juif et un zoroastrien (L. électorale, 22 oct. 1911), élus pour deux ans et rééligibles (L. fond., art. 5), jouissant d'une garantie parlementaire très développée (L. fond., art. 12), et dont le mandat est incompatible avec les fonctions administratives (L. compl., art. 32). Les séances sont publiques (L. fond., art. 13); le quorum est des 2/3 pour les délibérations, des 3/4 pour le vote (L. fond., art. 7), exécuté de façon à ce que son sens soit apparent pour les spectateurs (L. fond., art. 38).

27. — L'Assemblée possède la compétence exclusive pour l'élaboration et l'approbation des lois portant recettes ou dépenses et pour l'interprétation des lois (L. compl., art. 27-1°; L. fond., art. 18); elle approuve le budget (L. fond., art. 20), les ventes des propriétés de l'Etat, les modifications de frontières (L. fond., art. 22), les concessions (L. fond., art. 23), les emprunts (L. fond., art. 25), etc.

28. — Le Sénat est composé de 60 membres, dont 30 élus et 30 nommés par le Shah (L. fond., art. 43-45). Il n'a pas encore été constitué.

SECTION IV.

Le pouvoir judiciaire.

29. — Le pouvoir judiciaire est exercé par deux ordres de tribunaux :

1° Tribunaux religieux, pour les matières relatives à la loi coranique (L. compl., art. 27-3° et 71);

2° Tribunaux ordinaires, organisés selon un système analogue au système français, avec juges nommés (L. compl., art. 80), inamovibles (L. compl., art. 82), audiences en principe publiques (L. compl., art. 76), jugements motivés visant les textes législatifs (L. compl., art. 78), compétence étendue aux litiges regardant les droits politiques (L. compl., art. 72), intervention du jury pour les infractions politiques et de presse (L. compl., art. 79). La Cour de cassation, unique, connaît par ailleurs en première instance des procès concernant les ministres (L. compl., art. 75) et fait office de tribunal administratif (L. compl., art. 88). Il existe des tribunaux militaires (L. compl., art. 87).

30. — La Constitution définit certaines garanties judiciaires (pas d'arrestations arbitraires, L. compl., art. 10; légalité des peines, L. compl., art. 12, etc.).

CHAPITRE III

ORGANISATION ADMINISTRATIVE.

SECTION I.

Administration générale et divisions territoriales.

31 *bis*. — L'administration centrale comprend neuf départements ministériels : Affaires étrangères, Intérieur, Guerre, Instruction publique, Finances, Justice, Communications, Economie nationale, Postes et télégraphes. Il existe également un « Service d'inspection générale », composé de hauts fonctionnaires détachés pour un an.

31-38. — Le territoire est divisé en « eyalets » (provinces; gouverneur général, conseil d'eyalet ou provincial); « vilayets » (départements; gouverneur, conseil de vilayet ou général); « boulouks »; « kharis ». Les grands chefs de tribu conservent une certaine autorité locale que le gouvernement s'efforce de réduire. L'unitarisme persan combat particulièrement les mouvements d'indépendance des éléments kurdes, auxquels tout caractère national propre est dénié, « Il n'existe pas de question kurde; tous les enfants des tribus habitant la Perse sont les enfants au même degré de la grande famille persane » (Discours du ministre des Affaires étrangères devant le Parlement, 5 janv. 1932).

SECTION II.

Relations extérieures.

39-40. — Voir n. 17 *quater*.

SECTION III.

Régime militaire.

41-47. — L'armée est recrutée selon le principe du service militaire obligatoire (de vingt et un à quarante-cinq ans; deux ans dans l'active, quatre ans dans la réserve de l'armée active, treize ans dans la réserve, six ans dans la territoriale). Une marine de guerre est en voie de formation sur le Golfe Persique (techniciens italiens).

SECTION IV.

Régime des cultes.

§ 1. *Culte officiel.*

48 *bis*. — La religion officielle est l'islamisme, selon la doctrine chiite des douze imams; le chef de l'Etat doit la professer (L. compl., art. 1) et les lois s'y conforment (L. compl., art. 2, V. n. 25). L'influence traditionnelle des autorités religieuses décroît sous la pression du gouvernement. La présence en Irak des principaux Lieux-Saints chiites (Nedjef, Kerbela) est la source de difficultés entre les deux pays.

§ 2. *Autres cultes.*

59 *bis*. — Les minorités religieuses, peu importantes numériquement (Cf. *Osservatore Romano*, 31 janv. 1933), sont représentées au Parlement (V. n. 26), sauf en ce qui concerne les chrétiens chaldéens, auxquels ce même droit est cependant reconnu en principe. L'exercice des cultes est libre. La Perse aurait offert un refuge aux Assyro-Chaldéens d'Iraq (*Daily Telegraph*, 21 mars 1933) et s'efforcerait d'attirer les Parsis des Indes (*Iran*, 17 nov. 1932).

SECTION V.

Instruction publique.

60-62. — Le gouvernement apporte une attention particulière à l'instruction publique, dont il entend sauvegarder le caractère national (programme officiel rendu obligatoire pour les écoles étrangères, avec enseignement de la langue persane et de la loi coranique et interdiction d'accepter des élèves persans dans les classes primaires). L'influence française est considérable dans ce département (Faculté de droit, Institut Pasteur, professeurs français dans divers établissements officiels, écoles françaises); en 1932, sur 80 étudiants persans envoyés en Europe, 65 viennent en France; 5.598 élèves dans les écoles françaises en Perse. — Cf. *Akbar Siassi*, p. 184-186.

SECTION VIII.

Régime financier.

77. — Le budget est établi par l'Assemblée nationale (V. n. 27).

78-86. — Il est alimenté par les impôts (en particulier, impôt sur le revenu; principe de l'égalité fiscale, loi complémentaire, art. 97; de la légalité, loi compl., art. 94 et 99), les douanes (conseiller technique belge), les monopoles (sucre, thé, opium, tabac), la redevance de l'Anglo Persian Oil Company. Il existe une Cour des comptes (L. compl., art. 101-103). Le directeur général du département des finances est un conseiller allemand à pouvoirs étendus.

87. — Une loi du 17 mars 1930, modifiée le 12 mars 1932, a créé l'étalon or, nommé pehlewi et correspondant à un poids d'or de 7,322.362 grammes; une monnaie d'argent subsiste concurremment. Le gouvernement exerce une surveillance attentive sur la devise par l'intermédiaire de la Commission du cours des changes et la soutient en particulier au moyen de son monopole de commerce extérieur; un décret du 30 juill. 1932 interdit l'exportation des billets de banque. — V. n. 89 *bis*.

88. — L'Imperial Bank of Persia, à direction britannique, a confirmé en mai 1930 sa renonciation à son privilège d'emission et elle a perdu en fait son influence prépondérante dans le domaine monétaire au profit de la Banque nationale de Perse, à direction allemande.

89. — La dette publique de la Perse envers la Grande-Bretagne s'élevait en 1921 à un chiffre global de 4.500.000 livres sterling; depuis lors, le gouvernement persan a négocié pour obtenir sa réduction et des facilités de paiement (Accord de mars 1926 : 2.000.000 de livres sterling payables en 25 annuités).

SECTION IX.

Economie nationale [1]

89 *bis*. — L'économie nationale persane est dominée par la loi sur le monopole du commerce extérieur du 25 févr. 1931, précisée par un important « supplément » du 11 mars 1931, aux termes de laquelle le gouvernement possède le droit d'importer et d'exporter tous les produits naturels et industriels et de fixer les quantités de ces produits qui peuvent être importées et exportées, de façon à ce que les importations ne puissent être réalisées que dans la mesure où elles sont équilibrées par des exportations correspondantes, les exportations de pétrole étant toutefois considérées comme n'ouvrant aucun droit à l'importation. Parmi les divers Etats en relations avec la Perse, seule l'U. R. S. S. a jusqu'à présent reconnu formellement ce monopole par le traité d'établissement, commerce et navigation conclu à Téhéran le 27 oct. 1931.

89 *ter*. — L'Anglo Persian Oil Company exploite les importants gisements pétrolifères d'Abadan et paie une redevance au gouvernement persan, qui tire de cette concession une part notable de ses ressources budgétaires (V. n. 78-86), mais s'efforce de contrecarrer les ambitions politiques de cette compagnie étroitement liée à l'action de l'impérialisme anglais en Perse; un conflit, surgi en 1932 entre le gouvernement persan et la compagnie, a amené l'annulation de la concession; l'affaire a été portée devant la S. D. N. et un accord amiable a abouti en mai 1933 à l'octroi d'une nouvelle concession de superficie et de durée limitées (100.000 km²; 60 ans), précisant les droits financiers et de contrôle du gouvernement persan et prévoyant l'intervention de la Cour de La Haye pour la désignation d'un surarbitre en cas de conflit.

CHAPITRE IV

DROIT PRIVÉ INTERNE.

SECTION I.

Droit civil.

117. — Le Code civil, dont la réforme a été entreprise en 1927, a été publié par fragments successifs et n'est d'ailleurs pas entièrement achevé.

§ 1. *L'état et la condition des personnes.*

1° *Personnes libres.*

118-128. — Le mariage et le divorce se constatent par actes authentiques soumis à la formalité de l'enregistrement. Lors du mariage, le futur époux doit déclarer s'il est déjà marié ou non, la polygamie étant permise. Le mariage est interdit aux personnes qui ne possèdent pas, en raison de leur âge, l'aptitude physique nécessaire. Lors de la conclusion du mariage la femme peut se réserver dans certains cas (si le mari ne subvient pas à ses besoins, s'il a une mauvaise conduite, etc...) la faculté de faire prononcer sa répudiation par le tribunal. La femme dont le mari n'assure pas l'entretien peut obtenir la séparation en s'adressant au tribunal religieux. En cas de dissolution du mariage la femme conserve la garde de ses fils jusqu'à deux ans, de ses filles jusqu'à sept ans.

2° *Esclaves.*

129-135. — L'esclavage est aboli en Perse.

§ 2. *Les biens et les conditions d'acquisition de la propriété.*

136-157. — Les dispositions relatives aux biens et aux modes d'acquisition de la propriété sont généralement inspirées du code français, qu'elles reproduisent souvent textuellement. Le souvenir de la législation islamique domine encore quelques institutions (acquisition de la propriété par la mise en valeur des terres mortes et par droit de préemption, théorie des obligations conditionnelles, institutions correspondant à nos quasi-contrats, délits, quasi-délits). La femme dispose de ses biens sans autorisation de son mari.

SECTION II.

Procédure civile.

157 bis. — La réforme du Code de procédure, combinée avec une réforme judiciaire, a eu pour principal objet l'accélération de la procédure; elle a comporté en particulier l'introduction de la mise en demeure avec dommages-intérêts au taux légal de 18 0/0.

SECTION III.

Droit commercial.

158-162. — Le Code de commerce, promulgué en trois fragments de février à mai 1925, introduit dans la législation persane de nombreuses dispositions inspirées des législations europénnes : réglementation des sociétés commerciales, auxquelles est accordée la jouissance de la personnalité juridique; obligation de la tenue des livres pour les commerçants, etc...

SECTION IV.

Droit pénal et procédure pénale.

163-165. — Le Code pénal, promulgué en août 1926, s'inspire particulièrement de la législation et de la doctrine françaises; il rénove entièrement la législation antérieure, basée sur la loi coranique, par l'introduction des dispositions relatives à la tentative, à la complicité, au cumul des peines, à la non-rétroactivité des lois, au droit de grâce et d'amnistie, à la réhabilitation. Ses dispositions paraissent donc difficilement compatibles avec le principe de conformité à la loi islamique énoncé par l'art. 2 de la loi complémentaire (V. n. 25); à cet égard l'art. 1er du Code prévoit, pour les infractions appartenant au domaine de la loi religieuse, l'application des peines prévues par celle-ci, disposition toute théorique que l'introduction d'une vaste législation nouvelle prive de tout contenu utile; par ailleurs, par un souvenir du principe coranique du talion, le désistement des parents de la victime d'un homicide peut mettre obstacle à l'application de la peine de mort (art. 192).

CHAPITRE V

DROIT INTERNATIONAL PRIVÉ.

SECTION I.

Nationalité.

173. — La matière est renouvelée par la loi du 7 sept. 1929 (V. n. 174 à 180 nouveaux, ci-après, remplaçant les n. 106 à 111 anciens).

§ 1. *Nationalité d'origine.*

174. — Possède la nationalité persane tout individu :
1° né de parents persans (art. 1-2°);
2° né en Perse de parents inconnus (art. 1-3°);
3° né en Perse de parents étrangers, si l'un de ces parents est lui-même né en Perse (art. 1-4°), ou si l'intéressé est domicilié en Perse à l'âge de dix-huit ans révolus (art. 1-5°) : dispositions non applicables aux enfants des agents diplomatiques et consulaires (art. 1) et aux individus visés ci-dessus optant par écrit dans le cours de leur dix-neuvième année pour la nationalité de leur père avec accord du gouvernement intéressé (art. 2).

§ 2. *Naturalisation.*

175. — Peut être naturalisé persan l'individu âgé de dix-huit ans révolus (art. 4-1°) ayant résidé cinq ans en Perse ou passé cinq ans au service de cet Etat (art. 4-2°), ou rendu des services importants pour les travaux d'utilité publique en Perse (art. 5), n'ayant pas déserté le service militaire (art. 4-3°) et n'ayant été condamné dans aucun pays pour délit grave ou crime de droit commun (art. 4-4°). La preuve apportée dans certains délais du non-accomplissement des conditions énoncées par l'art. 4-3° et 4° peut emporter déchéance (art. 6).

176. — La femme et les enfants mineurs du naturalisé deviennent persans, sauf déclaration déposée, par la femme dans l'année suivant la naturalisation, par les enfants dans leur dix-neuvième année, à l'effet de reprendre leur nationalité antérieure, avec l'accord du gouvernement intéressé (art. 9).

177. — Le naturalisé ne peut être nommé ministre ou agent diplomatique, et ne peut devenir membre du Parlement et des conseils généraux et provinciaux et fonctionnaire des affaires étrangères, qu'après un délai de dix ans (art. 7).

§ 3. *Effet du mariage sur la nationalité.*

178. — La femme étrangère épousant un persan devient persane (art. 1-5°), mais peut être réintégrée après divorce ou décès du mari dans sa nationalité d'origine, sur déclaration écrite, et si elle n'a pas d'enfants âgés de moins de dix-huit ans (art. 11).

179. — La femme persane épousant un étranger conserve

sa nationalité, sauf si la loi nationale du mari lui impose la nationalité de celui-ci, auquel cas elle peut être réintégrée sur sa demande, après divorce ou décès du mari, dans la nationalité persane (art. 12). Le mariage d'une persane avec un étranger doit d'ailleurs être autorisé administrativement; il est en tout cas interdit avec un non-musulman.

§ 4. Renonciation à la nationalité persane.

180. — Ne peut renoncer à la nationalité persane que l'individu âgé de plus de dix-huit ans, autorisé par le Conseil des ministres et s'engageant à liquider ses immeubles, sis en Perse, qu'il ne pourrait conserver à titre d'étranger (art. 13). — V. n. 185.

SECTION II.
Condition des étrangers et conflit de lois (ressortissants français).

181. — La matière a été renouvelée par l'abolition du régime capitulaire (V. n. 182 à 192 nouveaux, remplaçant les n. 101 à 103 anciens).

§ 1. Généralités.

182. — Les étrangers ont cessé, le 10 mai 1928, de jouir en Perse des privilèges capitulaires, et leur condition est depuis lors définie par les conventions passées avec la Perse par leurs gouvernements respectifs.

183. — La France a conclu, le 10 mai 1928, un accord provisoire complété par un échange de lettres, dont l'une reproduit le texte d'une note persane du 10 mai 1928 sur la condition des étrangers, et, le 11 mai 1929, un traité d'amitié et d'arbitrage; une convention d'établissement et un traité de commerce sont en préparation. Aux termes de ces documents, les ressortissants français sont admis et traités sur le territoire persan « conformément aux règles et pratiques du droit commun international » (A. P. du 10 mai 1928, art. 2; Lettre du 10 mai 1928 du ministre persan des A. E.), jouissent du « même traitement général que les nationaux sans pouvoir prétendre au traitement réservé aux seuls nationaux à l'exclusion de tout autre étranger » (A. P., 1928, art. 2) et bénéficient de la clause de la nation la plus favorisée (Lettre du 11 mai 1928).

§ 2. Application des lois françaises.

184. — En matière de statut personnel, les ressortissants français restent soumis aux prescriptions de leur loi nationale (A. P. 1928, art. 2; Lettre du 10 mai 1928, art. 12).

§ 3. Droit civil et commercial.

185. — Les étrangers ne peuvent, en fait de biens ou droits immobiliers, « acquérir, occuper ou posséder que ceux nécessaires à leur habitation ou à l'exercice de leur profession ou industrie » (A. P. 1928, art. 2; dispositions analogues, Lettre du 10 mai 1928, art. 18).

186. — Les ressortissants français bénéficient expressément des dispositions de la loi persane autorisant tout compromis ou clause compromissoire en matière civile et commerciale (Lettre 10 mai 1928, art. 16).

187. — Ils ne sont soumis qu'à l'empire des lois laïques (art. 4).

§ 4. Procédure civile et commerciale.

188. — Seuls les tribunaux relevant du ministère de la Justice sont compétents à l'égard des ressortissants français (Lettre du 10 mai 1928, art. 3). Ceux-ci ne sont en tout cas justiciables que des tribunaux laïques (art. 4). En tout procès civil ou commercial où ils sont partie, la preuve écrite est seule admise; les jugements sont écrits et motivés (art. 2). Les ressortissants français ne peuvent, sauf cas exceptionnels, être privés de leur liberté, même partiellement, en vue de la sauvegarde provisoire de créances civiles (art. 17).

189. — *Actes dressés à l'étranger.* — La loi persane ne les tient pour valides que : 1° si la teneur n'en est pas contraire à la loi persane; 2° s'ils sont visés et certifiés conformes au droit local par le consul de Perse ou le représentant consulaire en Perse du pays où l'acte est dressé; 3° si les lois de ce pays reconnaissent même validité aux actes passés en Perse. Les pouvoirs des représentants des sociétés étrangères sont soumis à ces dispositions.

§ 5. Procédure pénale.

190. — Seuls les tribunaux criminels relevant du ministère de la Justice peuvent prononcer des peines d'emprisonnement à l'encontre des ressortissants français, réserve faite de la compétence des tribunaux spéciaux organisés sous le régime de l'état de siège (Lettre du 10 mai 1928, art. 3); les tribunaux de simple police ne peuvent leur infliger de peines de prison, sauf, sur leur demande, en remplacement d'amende, ni de peines corporelles (art. 5); les jugements sont écrits et motivés, mais le témoignage oral est admis (art. 2). Les ressortissants français arrêtés pour crime ou délit doivent être amenés dans les vingt-quatre heures devant l'autorité judiciaire; ils ne peuvent être arrêtés ou incarcérés — sauf en cas de flagrant délit — ni subir une perquisition sans ordre des autorités judiciaires (art. 6); en prison, ils ont droit de communiquer avec leur consul (art. 7); leur mise en liberté sous caution est de rigueur, sauf en cas de crimes au sens de la loi persane (art. 8); ils choisissent librement leur défenseur, qui peut être Français (art. 10).

§ 6. Droit administratif, législation fiscale.

191. — En matière fiscale ou de conflit avec l'administration, les ressortissants français sont soumis à la compétence des tribunaux administratifs (Lettre du 10 mai 1928, art. 3); ils ne sont tenus d'acquitter aucun impôt, taxe, redevance dont le paiement n'est pas exigé des ressortissants (art. 13); ils sont exempts de toute imposition spéciale pour les besoins militaires (dons nationaux, emprunts forcés, contributions exceptionnelles) (A. P. 1928, art. 2).

§ 7. Questions en suspens.

192. — Feront l'objet d'accords ultérieurs (convention d'établissement, etc...) les questions relatives aux objets ci-après : *cautio judicatum solvi*, exécution des jugements, communication des actes judiciaires et extra-judiciaires, commissions rogatoires, condamnations, frais et dépens, assistance judiciaire gratuite, contrainte par corps (Lettre du 10 mai 1928, art. 15).

PERSONNE MORALE.

BIBLIOGRAPHIE.

Adler (E.), *Théorie de la personnalité civile en droit autrichien*, dans *Festschrift zum bürgerlichen Gesetzbuche*, t. 2, p. 163. — Affolter, *Zur Lehre der Persönlichkeit des Staates*, dans *Archiv für öffentliches Recht*, t. 20 (1906), p. 400 et s. — Amiaud, voir Lyon-Caen et Renault. — Ambrosini (G.), *Transformazione delle persone giuridiche*, Turin, 1910 et 1914. — Arminjon (Pierre), *Les sociétés, les associations et les fondations en droit international privé*, reproduit dans *Précis de droit international privé*, Paris, Dalloz, t. 2, 1929. — Bachmann, *Die Sonderrechte des Aktionnœrs*, 1902. — Barcia Lopez (A.), *La teoria general de las personas juridicas y el problema di su responsabilidad civil por actos ilicitos*, Buenos-Ayres, 1918. — Barrault (H.-E.), *Le droit d'association en Angleterre*, thèse Paris, 1908. — Basdevant (Suzanne), article *Étranger (Théorie générale de la condition de l')*, dans le *Répertoire de droit international*, t. 8 (1930). — Baudry-Lacantinerie et Houques-Fourcade, *Traité de droit civil, Des personnes*, t. 1, 3e éd., Paris, Sirey, 1905. — Bekker, *Zur Lehre vom Rechtssubjekt*, dans *Jahrbücher für die Dogmatik*, t. 12, 1873, p. 1 et s. — Benoist, Cellier, Vavasseur, Taudière et Guyot, *Sociétés et associations*, 11e éd., Paris, 1926. — Bèque, *Théorie générale de la spécialité des personnes morales*, thèse Grenoble, 1908. — Bernatzik, *Kritische Studien über den Begriff der Juristischen Personen*, dans *Archiv des öffentlichen Rechts*, t. 5, 1890, p. 169 et s. — Berthélémy (H.), *Droit administratif*,

11e éd. — *Conditions imposées aux personnes morales étrangères pour recueillir en France*, au *Clunet*, 1915, p. 503 et s. — Berlin (R.) et Charpentier (D.), *Manuel des associations déclarées*, Paris, 1907. — Beurdeley, *Personnalité juridique des associations sans but lucratif*, thèse Paris, 1900. — Biesbuyck (Alb.), *Le régime légal de la personnification civile en Hollande, Les associations sans but lucratif et les fondations*, Paris, 1905. — Bierling, *Zur Kritik der juristischen Grundbegriffe*, t. 2, 1883. — Bigne de Villeneuve, *Traité général de l'Etat*, Paris, Sirey, 1929, préface de M. Le Fur. — Binder, *Das Problem der juristischen Persönlichkeit*, Leipzig, 1907. — Böhlau, *Rechtssubject und Personenrolle*. — Boistel, *Conception des personnes morales*. Rapport présenté au Congrès international de philosophie tenu à Genève du 4 au 8 sept. 1904, p. 5, Genève, Kündig. — *Cours de philosophie du droit*, t. 2. — Boncour (Paul), *Le fédéralisme économique*. — Bonelli, *La teoria delle persone giuridiche*, 1910. — Bonnard (Roger), *La conception juridique de l'Etat*, dans *Revue de droit public*, 1922. — Bonnecase (J.), *Supplément au Traité théorique et pratique de Baudry-Lacantinerie*, t. 4, Paris, Sirey, 1928. — Bordes, *La responsabilité des syndicats professionnels*, thèse Toulouse, 1922. — Bovay (N.), *Etude sur la responsabilité civile des personnes morales à raison des faits illicites de leurs organes d'après l'art. 55 du Code civil suisse*, thèse Lausanne, 1911. — Brinz, *Pandekten*, 3e éd., t. 1 et t. 3. — Canef (Venelin), *Le stato come realtà colletiva*, dans *Rivista intern. di filisofia del diritto*, 1922, p. 207. — Capitant (Henri), *Introduction à l'étude du droit civil*, 5e éd., 1929 (V. aussi Colin). — Capizzi-Gianereco (G.), *Degli enti di diritto publico in genere e degli enti autonomi pertuali in ispecie*, dans *Riv. di diritto publico*, 1923, t. 1, p. 24. — Cardahi (Choucri), *Aperçu sur la propriété collective dans les pays de l'Islam*, dans *Bulletin de la Société de législation comparée*, 1930, p. 507-518. — *Condition des sociétés étrangères dans les pays sous mandat*, Paris, Sirey. — Carré de Malberg, *Contribution à la théorie générale de l'Etat*, 1920-21. — Carter Y. (James Treat), *The nature of the corporation as a legal entity*, Baltimore, 1919. — Chironi, *Personalità giuridica delle associazioni*. — Cicu (Ant.), *Concezione organisca dello Stato*, Roma, 1919. — Cellier, Le Vavasseur, Taudière et Guyot, *Sociétés et associations*, 11e éd., 1926. — Clunet, *Les associations au point de vue historique et juridique*, 1 vol., Paris, 1909. — Colin (Ambroise) et Capitant (Henri), *Cours de droit civil*, t. 1, 7e éd., 1931. — *Congrès des 25-26 janv. 1927 sur la liberté d'association*, Paris, Juris-classeurs, Godde, 1927. — Conte (R.), *Du contrôle administratif des etablissements d'utilité publique et des associations*, thèse Paris, 1917. — Coquet (E.), *Les fondations privées d'après la jurisprudence française*. — Crémieu (Louis), article *Fondations*, dans le *Répertoire de droit international* de MM. de Lapradelle et Niboyet. — Crouzil (Lucien), *La liberté d'association*, Paris, 1907. — Cuq (M.), *La nationalité des sociétés*, thèse Paris, 1921. — *Condition des personnes morales en Suisse*, dans *Rev. de dr. intern. priv.*, 1921, p. 558 et s. — Davost (Ch.), *Essai juridique sur les associations dénuées de personnalité*, thèse Paris, 1911. — Declareuil (J.), Article dans *Mélanges Hauriou*, Paris, Sirey, 1929. — *Rome et l'organisation du droit*, 1924. — Delos (J.), *La Société internationale et les principes du droit public*, thèse Paris, 1929. — *La théorie de l'institution*, dans *Archives de philosophie du droit*, n. 1-2, Paris, Sirey, 1931. — Delpech (J.), *La Natura Giuridica delle casse di Risparmio*, dans *Studi di diritto pubblico in onore di O Rannelletti*. — Sur la caisse des écoles : *Documentation catholique*, 1931, t. 25, p. 143. — Demogue (R.), *Capacité d'acquérir des associations déclarées*, dans *Revue trimestrielle de droit civil*, 1931, p. 1 et s. — Denis, *Régime des associations en Bavière*, thèse Paris, 1902. — Deschamps (A.), *Les caractères juridiques fondamentaux de la Mutualité*, dans *Revue critique de législation et de jurisprudence*, 1911. — Despagnet et de Boeck, *Précis de droit international privé*, 5e éd., Paris, Sirey, 1909. — Diena, *Trattato di diritto commerciale internazionale*, t. 1. — Dilg (H.), *L'existence et la personnalité juridique des congrégations religieuses en Alsace-Lorraine*, Nancy, 1930. — Dios Trias (D.), *Les personnes juridiques sans but lucratif en droit international*, mémoire à la 28e réunion de l'*International Law Association* (Madrid, 1913), dans *Revue de droit international privé*, Sirey, 1914, p. 218 et s. — Donatti (D.), Article sur la *Persona reale dello Stato*, dans *Rivista di diritto pubblico*. — Drouets (G.), *Sur la Compagnie privée en droit anglais*, dans les *Annales de droit commercial*, 1921, p. 183. — Dubois-

Richard, *Organisation technique de l'Etat*, 1930. — Duguit (Léon), *Traité de droit constitutionnel*, 3e éd., t. 1, Paris, de Boccard, 1927 et 2e éd., t. 5, 1925. — Erich (R.), *La naissance et la reconnaissance des Etats*, dans *Recueil des cours de l'Académie de Droit international de La Haye*, 1926, t. 13, p. 431. — Errera, *Notions modernes de l'Etat*, Bruxelles, 1908. — Escarra (J.), *Les fondations en Angleterre*, thèse Paris, 1907. — Eyquem (R.), *Essai sur la capacité des associations avant et après la loi du 18 juill. 1901*, thèse Bordeaux, 1903. — Fagella (G.), *Riconoscimento dei corpi morali*, 1913. — Fedozzi, *Gli enti collettivi nel diritto internazionale privato*, Padova, 1897. — Fénelon, *Les fondations et les établissements ecclésiastiques*, thèse, 1902. — Ferneck (Hold von), *Die Rechtswidrigkeit* (Iena, 1903), p. 244, § 20; *Der staat als Ubermensch* (Iéna, 1925), *Ein kampf ums Recht Eutgegung auf kelsens Schrift « Der Staat als Ubermensch »*, Iéna, 1927. — Ferrara (F.), *Le persone giuridiche*, dans *Le Droit civil italien*, publié sous la direction de Pasquale Fiore, VII et VIII, Naples-Turin, 1915. — Forti, *Acquisti dei corpi morali*, dans *Rivista di diritto civile*, 1913. — Fournier (E.), *Des associations à but charitable*, thèse Montpellier, 1919. — Francis (J.-F.), *Criminal responsability of the Corporation*, dans *Illinois law Review*, janvier 1924. — Franco (di L.), *Cause e effetti dell' associazionismo*, dans la *Riv. giur. Trani*, 1913. — Frankenstein (Ernst), *Internationales Privatrecht* (Grenzrecht), Berlin, 1926, t. 1. — Gabba, *Successione di Stato a Stato*, dans *Questioni di diritto civile*, p. 375 et s. — Galgano, *Organisation corporative nationale espagnole*, décret du 26 nov. 1926, dans *Annuario di diritto comparato*, vol. 2, III, 1929, p. 491. — Garçon, *Code pénal annoté*, p. 47, n. 93 et s. — Gasca (L.), *Le Associazioni civili e commerciali*, Turin, 1913. — Gény (Fr.), *Science et technique en droit privé positif*, t. 3, 1921 et t. 4, 1924, Paris, Sirey. — *Les apports en immeubles aux associations déclarées*, dans *Revue trimestrielle de droit civil*, 1930, p. 653 et s. — Gidel (G.), *Sur les personnes du droit international qui ne sont pas des Etats*, dans *Revue du droit international public*, t. 18. — Gierke (Otto), *Genonenschaftsrecht et Deutsches Privatrecht*, dans la collection de Binding : *Systematisches Handbuch der deutschen Recht Wissenschaft*, Leipzig, Duncker et Humblot, 1895, 1905. — Gillet (P.), *La personnalité juridique en droit ecclésiastique*, XX, p. 282, Malines-Godenne, 1927. — Giorgi, *La doctrina delle persone giuridiche* (3e éd.), 1913. — Giovenne (A.), *Le associazioni di fatto nel diritto privato*, Milan, 1914; *Personnalità giuridica e societa civile*, dans *Riv. di dir. comm.*, 1914. — Glotin, *Syndicats professionnels*. — Gorovtseff, Article dans *Revue trimestrielle de droit civil*, 1926-1927. — Grassofl (Rich.), *Die verselbstandigten Vermögensmassen (Die dritte Rechtsperson), Abhandlungen... Festschrift... E. Heinitz*, 1926, p. 124-145. — Groedseels (M.-J.), *La personnalité juridique des associations sans but lucratif et des établissements d'utilité publique*, Bruxelles, 1921. — Grumbach, *Les associations et les cercles depuis 1901*, Paris, 1904. — Guillois, *En marge du livre du professeur Pillet sur les personnes morales*, dans *Annales de la Faculté de droit d'Aix* (Nouvelle série, n. 4). — Guyot (P.), voir Cellier. — Hacker (M.-E.), *The penal ability and responsability of the corporate bodies*, dans *Journ of the American Institute of Criminal Law and Criminology*, mai 1923. — Hafler, *Zur Lehre von den juristischen Personen*, à propos du projet de Code civil suisse. — Hauriou (Maurice), *L'institution et le droit statutaire*, dans *Recueil de législation de Toulouse*, 1906, et *Précis de droit administratif*, 6e éd., Paris, Sirey, 1907; *Principes de droit public*, Paris, Sirey, 1910 et 2e éd., 1916; *Préface* à la thèse de M. Louis Rigaud, *La théorie des droits réels administratifs*, Paris, Sirey, 1914, I-XI; *La théorie de l'institution et de la fondation* (essai de vitalisme social), dans *Cahiers de la Nouvelle Journée*, 1925, t. 4 (on trouvera les principaux passages de cette dissertation analysée dans le *Supplément* au grand traité de Droit civil de M. Baudry-Lacantinerie, écrit par M. Bonnecase, Paris, Sirey, t. 4, 1928, n. 120 à 128). — *Précis de droit administratif*, 11e éd., 1927. — *Précis de droit constitutionnel*, 1re éd., 1925 et 2e éd., 1929, Paris, Sirey. — Hayem (H.), *Etude historique et critique de la législation et de la jurisprudence concernant les sociétés civiles*, Paris, Dalloz, 1914. — Hémard, *Théorie et pratique des nullités de sociétés et des sociétés de fait*, Paris, 1912, et 2e éd., 1926. — *Précis élémentaire de droit civil en 3 volumes*, Paris, Sirey, 1929, 1932. — Henderson (Gérard-Carl), *The position of foreign corporation in American constitutional law. A contribution to the history and theory of juristic persons in Anglo-American law, Cambridge, 1918. — Hölder, Natürliche und juristiche Personen, Leipzig, 1905. — Das Problem der juristichen Personen, dans Ihering's Jahrbücher, 1908, p. 78 et s. — Houpin et Bosvieux, Traité des Sociétés, en trois volumes, 6° éd., Paris, 1928. — Houques-Fourcade, voir Baudry-Lacantinerie. — Hubert-Valleroux, Du droit pour les associations étrangères d'ester en justice en France, Clunet, 1906, p. 628 et s. — Huguet (J.), Du droit pour les associations d'exclure un de leurs membres (essai sur la valeur juridique des usages mondains), Paris, 1929. — Jellinek, Allgemeine Staatslehre System der subjektiven öffentlichen Rechte. — Jemolo (A.-C.), Il cambiamento di nazionalità delle persone giuridiche in relazione a mutamenti territoriali, dans la Rivista di diritto internazionale, 1921-22, p. 81. — Jenks (E.), Digeste de Droit civil anglais, 2° éd., 2 vol., Paris, 1923. — Jèze, Principes généraux du droit administratif, 3° éd., 1930. — Jhering, L'esprit du droit romain, Trad. Meulenaere, t. 4. — Josserand (L.), Essai sur la propriété collective (Livre du centenaire), t. 1, p. 357, et Droit civil, t. 1, 1930. — Kayser (P.), Société ou Association? avec préface de Fr. Gény, thèse Nancy, 1928. — Kelsen, Der soziologische und der juristische Staats begriff, 1922; Allgemeine Staatslehre, t. 23 de Enzyklonädie der Rechts und Staats wissenschaft, Berlin, 1922. — Der Staat als Ubermensch, Iéna, 1923. — Aperçu d'une théorie générale de l'Etat, dans Revue du droit public (n. 4), 1926. — Krabbe (H.), Die modern Staats-Idee, 2° éd., La Haye, 1919. — L'idée moderne de l'Etat, dans Recueil des cours de l'Académie de droit international de La Haye, 1926 (III), t. 13. — Lacour et Bouteron, Précis de droit commercial, 3° éd., Paris, Dalloz, 1925, t. 1. — Lapradelle (A. de) et Niboyet (J.-P.), Répertoire du droit international, 10 vol., Sirey, 1930, Paris. — Lecourt (A.), Etude sur la situation légale des sociétés étrangères en Autriche et en Hongrie, 1909-1910. — Le Courtois du Manoir, Du droit d'association et des associations ni déclarées ni reconnues d'utilité publique, thèse Caen, 1897. — Le Fur (L.), L'Etat, la Souveraineté et le Droit, dans Zeitschrift für Völker u. Bundestatesrecht, t. 1, p. 222 et 231, et préface à l'ouvrage de M. Bigne de Villeneuve. — Le Saint-Siège et le Droit des gens, Paris, Sirey, 1930. — Précis de droit international public, Dalloz, 1932. — Lemarchand, thèse Paris, 1923 (sur les rapports de la personne morale et de ses membres). — Lepaulle (P.), De la condition des sociétés étrangères aux Etats-Unis d'Amérique, thèse Paris, 1923. — Le trust en droit anglo-americain, Paris, Rousseau, 1932. — Lerebours-Pigeonnière, Précis de droit international privé, Dalloz, 1928. — Lescot (V.-P.), Essai sur la période constitutive des personnes morales, thèse Dijon, 1913. — Des succursales des sociétés, dans Recueil juridique des sociétés, 1924. — Leven, De la nationalité des sociétés et du régime des sociétés étrangères en France, 1926. — Lévy-Ullmann et Grunebaum-Ballin, Essai sur les fondations par testament, dans Revue trimestrielle de droit civil, 1904. — Lyon-Caen et Renault, Traité de droit commercial, t. 2, 5° éd., revue par Amiaud. — Madray (G.), De la représentation en droit privé, th. Bordeaux, 1931, Paris, Sirey. — Maitland, Trust und Korporation, dans Grünhut's Zeitschrift, t. 31, 1904. — Majoraua (Dante), La notion du droit public subjectif, dans Recueil de législation de Toulouse, 1906, trad. Chardon; La teoria dei diritti pubblici reali, Catania, Giannotta, 1910. — Mamelok, Die juristischen Personen in internationalen Privatrecht, Zurich, 1900. — Manara, A propos des sociétés de commerce irrégulières et de leur prétendue personnalité juridique, trad. Escarra, Annales de droit commercial, 1912, p. 339. — Margat (R.), Capacité des associations déclarées; Condition juridique des associations non déclarées; De la dévolution d'une association, dans Rev. trim. de dr. civ., 1905, 1906, 1908. — Mayer (Otto), Deutsches Verwaltungsrecht, traduit en français : Le droit administratif allemand; Die juristische Person und ihre Vewertbarkeit im öffentlichen Rechts, dans les Staatsrechtlichen Abhandlungen. Festgabe für Paul Laband. — Mazeaud (L.), De la nationalité des sociétés, au Clunet, 1928. — Michoud (Léon), La théorie de la personnalité morale et son application au droit français (3° éd., revue et mise au courant par Louis Trotabas, Paris, Pichon et Auzias, 1932). — Miskoles, Les corporations et le problème de leur responsabilité pénale, dans Rev. intern. de dr. pén. — Naet, Le problème de la personnalité juridique (Compte rendu de l'ouvrage de Saleilles), dans Revue critique de législation et de jurisprudence. — Neumeyer, Internationales Verwaltungsrecht. — Niboyet, voir Lapradelle, Répertoire de droit international,

Manuel de droit international privé, Paris, Sirey, 1908. — Existe-t-il vraiment une nationalité des sociétés? Revue de droit international privé, 1927, p. 402-417. — Notes au Sirey, 1925.1.82, à propos du statut personnel des personnes morales, et Sirey, 1929. 1.121, à propos de la nationalité des sociétés. — Niemeyer (Th.), Les sociétés de commerce (leur régime international), dans le Recueil des cours de l'Académie de Droit international de La Haye, 1929, III, t. 4. — Noëll, L'Administration centrale. Les ministères, thèse, 1911. — Nourrisson (Paul), Histoire de la liberté d'association en France depuis 1789, 2 vol., 1920; — Histoire légale des congrégations en France depuis 1789, 2 vol., Sirey, Paris, 1928; — Où en est la question des congrégations? in-8°, 36 p., Paris, Sirey, 1930. — Pépy (A.), De la nationalité des sociétés de commerce, Paris, 1920. — Percerou, Sur la nationalité des sociétés, Annales de droit commercial, 1926, p. 5 et s. Voir Thaller. — Petit (A.), De l'admission des membres dans les associations de droit commun et leurs démission et exclusion, thèse Lille, 1911. — Pic (P.), Traité des sociétés, en 2 volumes, Rousseau; — Des fondations charitables en droit international, Clunet, p. 289. — Pichat (G.), Le contrat d'association, 1908. — Pillet (A.), Des personnes morales en droit international privé (Sociétés étrangères civiles et commerciales, Etat, Etablissements publics, Associations, Fondations), Paris, Sirey, 1914. — Traité pratique de droit international privé, en 2 volumes, Paris, 1923-1924. — Mélanges Pillet, Paris, 1929. — Piret (René), Les personnes morales étrangères et la législation des principaux Etats, dans Bull. trim. de l'Institut belge du droit comparé, 1923, p. 182 et s. — Planiol (M.), Traité élémentaire de droit civil, 11° éd. revue par Ripert, 1928. — Planiol et Ripert, Traité pratique de droit civil français, t. 1, Les personnes, avec le concours de R. Savatier, Paris Pichon-Auzias, 1925. — Poullet (Vicomte), La condition des personnes morales étrangères d'après la jurisprudence belge (Clunet, 1904, p. 820 et s.). — Manuel de droit international privé belge, 2° éd., 1928, Louvain, Ed. Universitas et Paris, Sirey. — Puget (Henry), Le droit des associations, la reconnaissance comme établissement d'utilité publique, dans la Revue Le Musée social, 1926. — Réglade (M.), Perspectives qu'ouvrent les doctrines objectivistes du doyen Duguit..., dans Rev. gén. du dr. int. publ., 1930, p. 381-419. — Renard (Georges), La théorie de l'institution; Essai d'ontologie juridique, Paris, Sirey, 1930, t. 1. — Ricol (J.), La copropriété en main commune, thèse Toulouse, 1907. — Rigaud (Louis), article Personnes morales, dans le Répertoire de droit international de MM. de Lapradelle et Niboyet, t. 10, Paris, Sirey, 1931. — Ripert (Henri), Le principe de la spécialité chez les personnes morales, thèse, 1904. — Ripert (Georges), voir Planiol. — Rivet (Aug.), Immeubles et ressources des œuvres catholiques, 1913; Le patrimoine légal du culte et des œuvres catholiques, 2° éd., 1930; Les associations autres que les congrégations (fasc. 4 du Rép. prat. de dr. civ. et eccl., dans Document. cathol., t. 27, 1932, p. 771 et s.). — Romero del Prado, Personas jurídicas en el derecho internacional privado, dans Revista de la Universitad Nacional de Cordoba, 1926, n. 4-6. — Roguin (E.), La science juridique pure, Lausanne, Paris, 1923, t. 16, p. 285 et s., notamment n. 760. — Ruiz del Castillo (C.), Etudes dans Mélanges Hauriou. — Saleilles (Raymond), La personnalité juridique; histoire et théories, Paris, Rousseau, 1922. — Salmon (J.), La fondation et la personnalité juridique, thèse Paris, 1911. — Sauvagnac, Droit d'association en Alsace-Lorraine, dans l'Annuaire étranger de la Société de législation comparée, 1906. — Savatier, voir Planiol. — Schlossman, Organ und Stell vertreter, dans Ihering's Jahrbücher, 1902, t. 44, p. 300-301. — Schwabe (Max), Die juristische Person und das Mitgliedschaftsrecht, Bâle, 1900; Die Körperschaft mit und ohne Persönlichkeit, Bâle, 1904. — Serbesco (Sébastien), La dévolution des biens des personnes morales disparues, précédée d'une étude sur La personnalité morale, Paris, 1920, in-8°. — Taudière (H.), voir Cellier. — Thaller et Percerou, Traité élémentaire de dr. comm. — Toussaint (H.), Pour un nouveau statut juridique des congrégations, aperçu juridique, Paris, Sirey, 1925. V. aussi Congrès des 25-26 janv. 1927. — Travers (M.), La nationalité des sociétés commerciales, dans Rec. des cours Académ. de Dr. intern. de La Haye, 1930, III, t. 23. — Trias y Giro (D. Juan), Las personas jurídicas de fin no utilitario en derecho internacional, Barcelona, 1914, Publications del Colegio de Abogados, de Barcelona. — Tronquoy, De la notion juridique internationale de fondation, Paris, 1908. — Trouillot et Chapsal, Du

contrat d'association, Comment. de la loi du 1er juill. 1901,
Paris, 1902. — Trotabas (L.), voir Michoud. — Valéry (Jules),
Manuel de dr. intern. priv., Paris, Fontemoing, 1914. — Valeur
(Robert), *La responsabilité pénale des personnes morales dans
les droits français et anglo-américain. avec les principaux arrêts
faisant jurisprudence en la matière*, Paris, Giard, 1931. — Vales
(A. de), *La condizione giuridica e processuale degli enti di fatto*,
dans la *Rev. di dir. civile*, 1918. — Vareilles-Sommières (de),
Les personnes morales, 1902. — Vavasseur (l.e), voir Cellier.
— Vighi, *La personalita giuridica delle societa commerciali*,
1900. — Vitta (Cino), *Les personnes morales de droit public en
France et en Italie*, dans les *Mélanges Hauriou*. — Vivante, *La
personalita giuridica delle societa commerciali* (Extrait de la
Rivista di diritto commerciale, 1re année); *Traité de dr. com-
mercial*; trad. Escarra, Paris, 1911, t. 2. — Wahl (Albert),
note au Sirey, 1900.4.25 et s. — Weiss, *Traité théorique et pra-
tique de droit international prive*, 2e éd., t. 2 et 4. — Westlake,
Droit international privé, traduction Goulé sur la 5e éd., Paris,
Sirey, 1912. — Wrighmton, *The law of unincorporated associations and similar relations*, Boston, 1916. — Young (E. Hilton),
Forcign Companies and other corporations, Cambridge, 1912.
— Zitelmann, *Internationales Privatrecht*, 1897 à 1903, 2 vol.

DIVISION.

V. au *Répertoire.*

CHAPITRE I

NOTIONS GÉNÉRALES ET HISTORIQUES.
DE LA NATURE DE LA PERSONNALITÉ MORALE.

1. — Les discussions sur la nature de la personnalité morale
signalées au *Répertoire* se sont poursuivies en France entre
jurisconsultes et ont donné lieu à des travaux considérables,
parmi lesquels les plus connus sont ceux de Michoud, de
Saleilles, d'Hauriou et de Duguit (V. *Bibliographie*). Ces travaux ont été résumés et appréciés dans le *Supplément* au *Traité
théorique et pratique de droit civil* de Baudry-Lacantinerie, t. 4,
par M. Julien Bonnecase. — Pour les nouveaux systèmes éclos
en Allemagne (de Hölder, Hold von Ferneck, Binder, Otto Mayer,
etc..., voir Michoud, 3e éd., revue par M. Trotabas, t. 1, n. 74 C,
D, E, p. 193 et s., et l'ouvrage de Saleilles, 2e éd., 20e leçon. —
Pour la science italienne représentée surtout par l'œuvre de
M. Ferrara, voir Michoud, *op. cit.*, n. 74 A, p. 181 et s. — Sur
le rapport doctrinal en Suisse, notamment les ouvrages de
M. Max Schwabe, cf. Michoud, *op. cit.*, n. 27 et 74 C. — *Adde*
la théorie des collectivités de M. E. Roguin, *La science juridique
pure.* Lausanne-Paris, 1923, t. 2, p. 285 et s., notamment
n. 760.

2. — L'opinion traditionnelle qui voit dans les personnes
morales une fiction légale, création arbitraire et bénévole du
législateur, déjà battue en brèche à l'époque de la rédaction du
Répertoire, est de plus en plus abandonnée. On en trouve parfois l'écho persistant dans certaines formules législatives ou
administratives selon lesquelles la personnalité civile est « accordée », « conférée » ou « reçue » (V. par exemple L. 5 août 1920
relative à la création et transformation des écoles d'agriculture; Décr. 25 sept. 1920 fixant les conditions dans lesquelles
la personnalité civile pourra être accordée aux écoles d'agriculture; Décr. 30 déc. 1921 conférant à une école d'agriculture la
personnalité civile à dater du 1er janv. 1922). Mais cette terminologie n'est évidemment pas un argument sérieux qui permette
de trancher, au profit du maintien par le législateur de l'opinion traditionnelle, le problème de la nature de la personnalité
morale; il suffit d'observer que la définition de la personnalité
civile comme étant « la *fiction légale* en vertu de laquelle une
association est considérée comme constituant une personne
morale, distincte de la personne de ses membres, qui leur
survit, et en qui réside la propriété des biens de l'association »,

définition donnée dans un art. 9 du projet d'où est issu la loi
du 1er juill. 1901 sur le contrat d'association, a disparu au cours
de l'élaboration de la loi (Cf. Bonnecase, *op. cit.*, n. 141). Le
système de la fiction légale paraît bien être d'autre part inconciliable tant avec la jurisprudence qui s'était formée avant la
loi du 1er juill. 1901, et qui reconnaissait à certaines associations une individualité (V. le *Répertoire*, v° *Personne morale*,
n. 44 et s.; Cass. crim., 31 juill. 1908, [S. 1909.1.409 et note
Roux] et Bonnecase, *op. cit.*, p. 265, n. 137 et s.), qu'avec la
jurisprudence qui avait reconnu, dès 1891, la qualité de personne morale aux sociétés civiles. — V. le *Répertoire*, *eod.
verb.*, n. 37, et Bonnecase, *op. cit.*, p. 259, n. 131-136.

3. — Aussi bien, l'idée selon laquelle la loi écrite a seule le
pouvoir de créer des fictions de droit est-elle aujourd'hui
écartée comme un pur préjugé (V. Fr. Gény, *Science et technique en droit positif français*, t. 3, n. 248 et s.). Cette conception nouvelle de la fiction fait disparaître les principaux inconvénients de l'opinion traditionnelle; elle lave la jurisprudence
du reproche qui lui avait été fait d'excéder ses pouvoirs en
reconnaissant la personnalité morale à certains groupements
auxquels le législateur ne l'avait pas concédée (Cf. note Lyon-
Caen, sous Cass., 25 mai 1887, [S. 88.1.161, P. 88.1.380] et note
Meynial sous Cass. req., 2 mars 1892, [S. 92.1.497], renouvelant les critiques déjà faites à l'arrêt fondamental du 23 févr.
1891, [S. 92.1.73]). Si cette jurisprudence a pu être invoquée en
faveur de la thèse de la réalité de la personne morale (V. Bonnecase, *op. cit.*, p. 263, note). elle peut aussi bien se justifier
dès lors que l'on admet, avec M. Gény, la possibilité et la légitimité des fictions doctrinales et jurisprudentielles, comme
procédé d'élaboration du droit, à côté des fictions légales,
réserve faite de leur opportunité.

4. — Les idées nouvelles qui se sont fait jour dans la doctrine moderne sur le rôle et la légitimité des fictions, idées
d'ailleurs contestées (V. notamment Bonnecase, *op. cit.*, n. 90-
97), ont permis de jeter un pont sur l'abîme doctrinal qui paraissait d'abord séparer les jurisconsultes qui persévèrent à voir
dans les personnes morales des personnes fictives et ceux qui,
par contre, considèrent la personnalité morale comme une réalité. La fiction, admise largement et considérée comme un
procédé d'élaboration du droit parfois nécessaire, très souvent
commode et utile, devient en effet un élément ordinaire de la
technique juridique; elle constitue donc parfois une « réalité
technique ». Or, les travaux des jurisconsultes modernes
(d'Ihering à Gény) ont contribué à rattacher à la technique la
plupart des règles et des notions du droit positif, y compris la
notion de sujet de droit ou de personne, considérée comme ne
coïncidant nullement avec la personne au sens philosophique
(Cf. Michoud, *op. cit.*, t. 1, n. 2 et 3; Gény, *op. cit.*, t. 3, p. 221
et s.). Par suite, entre les auteurs qui considèrent la personnalité morale comme une fiction (tel encore M. Gény, *op. cit.*,
t. 3, n. 243, p. 381, note 1 et t. 4, préface, XXIII, note 2) et
ceux qui ne considèrent la notion générale de personnalité ou
de sujet de droit, qu'elle soit appliquée aux individus ou aux
groupes, que comme une réalité purement juridique ou technique (tels Saleilles, *De la personnalité juridique*, 2e éd.,
23e leçon, p. 572 et s. et Michoud, *op. cit.*, n. 3 à 6 et 50, p. 112,
note 1), il n'y a pas de divergence sérieuse, dès lors que la fiction est elle-même cataloguée parmi les procédés techniques
courants de l'élaboration du droit.

5. — Ces idées nouvelles sur la légitimité et l'importance du
rôle des fictions dans le droit ont aussi contribué à rapprocher
les points de vue, en apparence si opposés, de ceux qui admettent que la personnalité morale est un pur procédé technique
et de ceux qui, répudiant ce concept, ne veulent voir dans les
personnes morales que des ensembles de biens, des patrimoines
possédés collectivement et soumis à un régime de gestion unitaire (V. notamment les conceptions de Berthélémy, Planiol,
Thaller, résumées par Bonnecase, *op. cit.*, n. 39 et s., sous le
titre *La théorie de la personnalité morale propriété collective*,
théorie adoptée par M. Tancrède Rothe qui parait avoir été le
premier à l'exposer avec M. de Vareilles-Sommières [V. Tancrède Rothe, *De l'existence de la propriété*, Paris, Sirey, 1930,
n. 119 et 121] et par M. Hémard, *Précis élém. de dr. civ.*, Paris,
Sirey, 1928. t. 1, n. 179-180). Ainsi que l'observent MM. Planiol
et Ripert, *Traité pratique de droit civil français*, t. 1, *Les personnes*, 1925, p. 73, note 1, en complétant cette théorie, trop
exclusivement patrimoniale, par cette observation que « les

droits extrapatrimoniaux peuvent, comme les droits patrimoniaux, être supportés collectivement..., la question de la personnalité devient une simple question de terminologie, et les théories de la propriété collective ne diffèrent de celle de la réalité technique que par les mots employés ».

6. — A s'en tenir à ces résultats, assez décevants pour ceux qui croient à l'importance des théories, mais consolants pour la pratique. préoccupée plutôt de constater l'uniformité des solutions qu'inquiétée par la divergence des constructions qui les expliquent, on serait tenté de conclure avec M. Em. Lévy (*Rev. trim. de dr. civ.*, 1930, p. 67) : « Il n'y a donc pas à prendre parti entre les doctrines sur la personne morale : elle est fiction, car le droit (M. Lévy entend par là, nous le supposons, la technique juridique) est une fabrication de l'esprit ; elle est réalité, car il est cette réalité spirituelle ; elle est patrimoine, car les droits sont immatériels... ». MM. Planiol, Ripert et Savatier constatent de leur côté dans leur *Traité pratique* (*op. cit.*, n. 66) : « Au surplus, et sauf peut-être sur le principe même de la création des personnes morales, les différences de conception n'influent guère sur les solutions positives : des dispositions impératives de la loi règlent complètement les intérêts en jeu ».

7. — Il reste cependant des auteurs qui se refusent à accepter cette conclusion négative du débat doctrinal qui a mis aux prises les plus éminents jurisconsultes en matière de personnalité juridique, débat que l'on a pu comparer à la querelle scolastique des Universaux (V. Clunet, *Les associations*, t. I, n. 460 et s. — Cf. Michoud. *La théorie de la personnalité morale*, 3ᵉ éd., 1932, t. 1, p. 192. note 1). Ils répugnent à rattacher purement et simplement la notion de sujet de droit à la technique, point de vue qui, d'après ce que nous venons de constater, a l'avantage. signalé par M. Gény (*op. cit.*, t. 3, p. 227-228), de « faire évanouir certaines discussions, aussi vides qu'insolubles, sur la prééminence respective du droit objectif ou du droit subjectif, ou sur l'essence de la personnalité juridique ». M. Hauriou, contrairement à ce point de vue, s'est attaché à démontrer que « la personnification des groupements est un phénomène naturel et spontané » (V. *Cahiers de la Nouvelle journée*, 1925, t. 4 : *La théorie de l'institution et de la fondation, Essai de vitalisme social*, p. 28 et s.), une réalité d'ordre non seulement technique, mais scientifique, en tant qu'il est possible de distinguer « la technique » de « la science », de le « construit » du « donné ». selon la terminologie de M. Gény (Cf. aussi Hauriou, *Principes de droit public*, 2ᵉ éd., 1916, chap. 2, p. 41 à 303 et note en réponse à des observations de M. Gény, p. 25 à 27, spécialement p. 27, note 1). Le regretté doyen de la Faculté de droit de Toulouse est le fondateur d'une nouvelle théorie réaliste de la personnalité morale, « la théorie institutionnelle ». Cette théorie, qui avait obtenu l'adhésion de Saleilles (*op. cit.*, p. 563 à 567, p. 656, note 1), alors qu'elle n'était qu'à l'état d'ébauche, a recruté de nombreux adeptes parmi ceux qui jugent impossible « de maintenir, dans le cadre strict de la technique (comme le propose M. Gény, *loc. cit.*), les concepts de sujet de droit, de droit subjectif, de personne morale ». — Voir le résumé de la doctrine de M. Hauriou par M. Bonnecase (*op. cit.*, n. 120 et s.); contrairement à la classification des théories présentée par MM. Planiol, Ripert et Savatier dans leur *Traité pratique de droit civil*, t. 1, n. 66 et s., qui suivent d'ailleurs sur ce point l'opinion de M. Gény (*op. cit.*, p. 228, texte et note 1). M. Bonnecase croit pouvoir rapprocher la conception de M. Michoud, déclarée cependant par M. Michoud lui-même d'ordre purement technique, de la conception de M. Hauriou, qu'il présente comme un complément de celle de M. Michoud. — Cf., adoptant la conception de la réalité institionnelle de la personne morale dégagée par M. Hauriou, Georges Renard. *La théorie de l'institution, Essai d'ontologie juridique*, Paris, Sirey, 1930, t. 1. p. 233 et s.; *Le Droit, la Justice et la Volonté*. Paris, Sirey, 1924, p. 167 à 180; J. Delos, *La théorie de l'institution*, dans *Archives de philosophie du droit*, n. 1-2, Paris, Sirey, 1931. p. 97 et s., notamment n. 9, et sur la personnalité naturelle de l'Etat, *La société internationale et les principes du droit public*, p. 125 et s.

8. — A l'opposé des conceptions qui voient dans la personnalité morale une réalité, soit d'ordre technique ou juridique (Michoud, Saleilles), soit encore d'ordre objectif ou scientifique (Hauriou), se situe la doctrine de M. Duguit. Le propre de cette doctrine étant de nier l'existence même des droits subjectifs dont des personnes, qu'elles soient physiques ou morales, seraient les supports, à titre même purement technique, la doctrine de M. Duguit ne peut être classée ni parmi les doctrines dites de la fiction, ni parmi celles de la réalité, ni parmi celles dites de la propriété collective (*supra*, n. 5), puisque M. Duguit nie également la propriété comme droit subjectif. Elle aboutit à remplacer la personnalité morale par une conception analogue à la conception des patrimoines sans sujets, dès patrimoines-buts (*Zweckvermögen*) de Brinz (V. Saleilles, *op. cit.*, p. 483, 560, 561 ; Michoud, *op. cit.*, n. 20 à 24), avec cette précision que la conception de M. Duguit esquive l'objection faite à Brinz de créer des droits sans sujet, le caractère de sa doctrine étant de nier « qu'il y ait des droits » et des sujets de droits : « Il n'y a pas de droit au sens subjectif du mot. Il y en a moins que jamais lorsqu'il s'agit de collectivités » (V. notamment *Traité de droit constitutionnel*, 2ᵉ éd., t. 1, p. 368 et s.; 3ᵉ éd., t. 1, p. 451. et s.). A cette doctrine originale du regretté Doyen de la Faculté de droit de Bordeaux, qui se heurte déjà à des objections d'ordre philosophique non négligeables (Cf. J.-Lucien Brun, *Une conception moderne du droit*, vol. 4, cahier 304, *Archives de philosophie*, 1927. V. cependant Renard, *op. cit.*, p. 85, 86), MM. Planiol, Ripert et Savatier (*op. cit.*, n. 67) se bornent à objecter « qu'elle est complètement étrangère aux conceptions des auteurs du Code civil et à l'organisation des rapports du droit d'après ce Code ». Ainsi que le note fort bien M. Gény (*op. cit.*, t. 4, études complémentaires : *Les bases fondamentales du droit civil en face des théories de L. Duguit*, n. 15, p. 191 et 192) : « Dans le système de L. Duguit, on n'aperçoit pas la base d'une véritable organisation juridique des associations ou des fondations... Sans la notion de sujet de droit, ou une notion équivalente, les associations ou fondations sont vouées au régime de l'anarchie, qui est bien un peu le résultat nécessaire d'un système de droit purement objectif, comme le présente L. Duguit ». — Cf. aussi Bonnecase, *op. cit.*, n. 60.

9. — En résumé, bien que les études approfondies auxquelles s'est livrée la doctrine française depuis la rédaction du *Répertoire* afin d'élucider le problème des personnes morales n'ait pas complètement fait cesser la diversité des conceptions, ces études, ainsi que le constatait déjà Saleilles en 1910 (*op. cit.*, p. 670, 671), ont contribué à discréditer l'ancienne conception d'après laquelle l'Etat, en vertu de la logique même de l'idée de fiction légale, pouvait arbitrairement concéder ou refuser la capacité juridique aux groupements ou aux œuvres. Même pour les jurisconsultes qui restent fidèles à la notion de fiction, « la théorie de la fiction elle-même cesse, à son tour, de prendre les allures rigides que lui avaient données les premiers disciples de Savigny. La fiction devient peu à peu une explication derrière laquelle se cachent des réalités profondes ». Au pouvoir arbitraire et inconditionné, que l'ancienne notion de fiction légale attribuait à l'Etat en matière de personnalité morale, tous les auteurs dont nous venons de résumer les travaux se trouvent d'accord pour substituer un simple pouvoir d'intervention et de contrôle, destiné à parer aux dangers que peuvent offrir parfois les organisations collectives pour les particuliers et pour l'Etat lui-même. Ce point de vue, incontestablement nouveau, admis de plus en plus par ceux qui maintiennent le concept de personne fictive (Cf. Gény, à propos de Duguit, *op. cit.*, t. 4, p. 194-195), a amené la doctrine moderne à rechercher les conditions auxquelles la personnalité morale peut et doit être reconnue aux groupements ou aux œuvres (V. Michoud, *op. cit.*, n. 53 à 59; Saleilles, *op. cit.*, 23ᵉ leçon, p. 581 et s.; Hauriou, *loc cit.* — Cf. enfin un essai de synthèse des conditions proposées par ces auteurs confrontées avec le développement de la jurisprudence, par M. Bonnecase, *op. cit.*, n. 152-160, p. 202 à 307). — *Adde* pour le contrôle juridictionnel du pouvoir de l'Etat, Georges Renard, *op. cit.*, p. 418-419, et cf. l'art. 27, § 2, de la loi du 5 avr. 1928 sur les assurances sociales, modifiée par la loi du 30 avr. 1930. qui organise pour les caisses primaires d'assurances soumises, avant tout fonctionnement, à l'agrément du ministre du Travail, un recours devant le Conseil d'Etat en cas de refus; l'auteur propose de généraliser un système analogue en cas de refus de reconnaître la personnalité morale aux groupements qui en réuniraient les conditions.

CHAPITRE II

CLASSIFICATION DES DIVERSES PERSONNES MORALES.

17 et s. — A. *Personnes morales publiques.* — 1. — En ce qui concerne les intérêts pratiques de la classification des personnes morales en publiques et privées, V. Michoud, *op. cit.,* t. 1, n. 82 et s., et le résumé présenté par MM. Planiol, Ripert et Savatier, *op. cit.,* n. 74. — Pour un autre intérêt pratique au point de vue du droit international privé, V. *infrà,* n. 96 et s.- 2 et 3.

2. — En ce qui concerne les critériums permettant de discerner si l'on se trouve en présence d'une personne morale publique, V. Hauriou, *Précis de droit administratif,* 11ᵉ éd., p. 241 et s., et dissertation sous Cons. d'Et., 20 nov. 1908, [S. 1910.3.17]; surtout Michoud, *op. cit.,* n. 86 et s. — Il n'est nullement nécessaire, selon ce dernier auteur, qu'un établissement soit pourvu directement par l'administration de ses moyens d'action pour qu'on puisse le classer comme service public; il faut chercher le critérium dans la situation d'*ensemble* de la personne morale, et non dans un ou deux caractères précis, tel l'existence d'une dotation provenant de l'Etat qui n'est nullement incompatible avec le caractère privé d'un établissement. C'est en se fondant sur un tel critérium d'un *ensemble* de considérations que le Conseil d'Etat, le Tribunal des conflits et la Cour des comptes ont refusé de voir dans un asile de vieillards, l'asile de la Providence, un établissement public, alors que le contraire avait été jugé par la Cour de cassation (Req., 17 févr. 1909, [D. P. 1909.1.357]). De l'arrêt du Conseil d'Etat du 21 juin 1912 (D. P. 1915.3.9), rendu à propos de cet asile, il résulte que la reconnaissance légale d'un établissement par une ordonnance, l'obligation pour cet établissement d'observer certaines conditions imposées dans l'intérêt public, son assujettissement aux règles de la comptabilité publique, et même la subordination à la Cour des comptes, peuvent ne pas constituer un ensemble suffisant pour qu'il soit permis de considérer qu'il y a établissement public, alors surtout que l'établissement a une origine privée (Cf. conclusions de M. Blum, au *Lebon,* 1912, p. 711, d'après lesquelles « la condition essentielle pour qu'il y ait établissement public, c'est que la création en appartienne à l'initiative de l'Etat »). Dans le même sens, Trib. des conflits, 31 mars 1913, [*Leb.,* 1913, p. 605], et arrêt de la Cour des comptes du 6 nov. 1913, [*Leb.,* p. 1357], se déclarant par suite incompétente pour connaître des comptes rendus par l'agent comptable de cet asile. — Cf. aussi, reconnaissant aux « monts-de-piété » (aujourd'hui « caisses de crédit municipal »), par application de ce critérium composite, la qualité d'établissement public, Cons. d'Et., 20 juin 1919, Brincat, [D. P. 1922.3.13 et note de M. H. Puget]. — V. encore, à propos du régime des « cercles militaires » : Cour supérieure de cassation, 25 mai 1927 et 29 mars 1928, [S. 1930.2.45 et note de M. Achille Mestre]. — Il est d'ailleurs des espèces où le Conseil d'Etat juge inutile de recourir à cet ensemble de considérations; c'est lorsque l'établissement peut être tenu comme l'annexe d'un service public (ainsi pour les caisses des écoles, Cons. d'Et., 22 mai 1903, 3 arrêts, [S. 1905.3.33 et note Hauriou]), ou comme en ayant la charge (V. à propos de la prud'homie des patrons pêcheurs de Sète, Cons. d'Et., 5 févr. 1909 [D. P. 1910.3.92]. — M. L. Rolland, *Pr. de dr. admin.,* 3ᵉ éd., 1930, n. 42, considère l'élément de service public comme fondamental.

3. — Pour la liste des établissements publics et leur classification en établissements d'Etat, départementaux et communaux, V. Hauriou, *Précis de droit administratif,* 10ᵉ éd., p. 308 et s.; 11ᵉ éd., p. 237 et s.; Planiol, Ripert et Savatier, *op. cit.,* t. 1, n. 76, et notre *Répertoire.* — Sur les difficultés que peut soulever encore l'inscription dans cette liste de certains établissements : associations syndicales autorisées, caisses de secours des ouvriers mineurs, comités d'habitations à bon marché, ordres d'avocats, et corporations d'officiers ministériels telles que les chambres d'avoués, de notaires, d'agents de change, V. Michoud, *op. cit.,* n. 89 à 96, et le *Répertoire* aux mots correspondants. — Le caractère d'établissement public paraît devoir être définitivement reconnu aux associations syndicales autorisées depuis l'arrêt du Tribunal des conflits du 9 déc. 1899, Canal de Gignac, bien que le Conseil d'Etat, dans son arrêt du

5 août 1910, Canal de Carpentras, [*Leb.,* p. 696], ait déclaré que les membres du syndicat n'ont pas la qualité de fonctionnaire public (V. Cons. d'Et., 24 mars 1920, [*Leb.,* p. 518, avec les conclusions de M. Corneille]). M. L. Rolland, *Précis de dr. admin.,* 3ᵉ éd., 1930, n. 686, fait des réserves par suite de l'absence d'éléments de service public. M. Hauriou (*Précis,* 11ᵉ éd., p. 280, note 1) paraît assimiler complètement les caisses de secours des ouvriers mineurs aux sociétés de secours mutuels, alors que pour M. Michoud (*op. cit.,* n. 90) elles constituent des personnes de droit public. Les comités d'habitations à bon marché de la loi du 5 déc. 1922, qui a remplacé la loi du 30 nov. 1894, doivent être classés, selon M. Michoud (*op. cit.,* n. 91), parmi les établissements publics, alors que M. Hauriou l'estime douteux, se bornant à mentionner les offices d'habitations à bon marché auxquels la qualité de personne publique appartient incontestablement (art. 9 de la loi de codification du 5 déc. 1922). Il semble bien que les barreaux d'avocats, dont la personnalité morale ne peut être mise en doute depuis le décret du 20 juin 1920 (art. 1ᵉʳ, 16 et 18), constituent des établissements publics (en ce sens, récemment, Appleton, *Traité de la profession d'avocat,* Paris, 1923, n. 70; Planiol, Ripert et Savatier, *op. cit.,* n. 76). Mais ce sont des établissements publics faisant partie, non de l'administration, mais des services judiciaires (en ce sens, Michoud, *op. cit.,* n. 95, et Appleton. *op. cit.*). La même thèse tend à prévaloir pour les compagnies d'officiers ministériels (Planiol, Ripert et Savatier, n. 77; Michoud, *op. cit.,* p. 268, texte et note 1. — Cons. d'Etat, 17 févr.. 1911, [*Leb.,* p. 190], qui admet à intervenir une chambre syndicale d'agents de change, mais juge que ces établissements ne font pas partie des autorités administratives dont les actes sont susceptibles de lui être déférés par la voie du recours pour excès de pouvoir). Un arrêt de la cour de Bordeaux du 22 mai 1911, [S. 1916.2.65], a refusé cependant de reconnaître la personnalité morale à une compagnie d'agents de change (V. *contra, ibid.,* la dissertation de M. Bonnecase sous l'arrêt précité du Conseil d'Etat). — Sur la question de savoir si les groupements régionaux de chambres de commerce organisés par divers arrêtés ministériels constituent des établissements publics ou des personnes morales du droit privé, les opinions divergent : V. dans le premier sens, Berthélémy, *Droit administratif,* 12ᵉ éd., p. 851 : dans le second, Hauriou, *Précis,* 11ᵉ éd., p. 63, en note ; et M. Trotabas, note sous Michoud, *op. cit.,* p. 382, qui tire argument d'un projet de loi déposé au Sénat le 28 nov. 1922, dont le but est de constituer ces groupements régionaux en établissements publics.

4. — En ce qui concerne la création des personnes morales publiques et les pouvoirs de l'Etat à ce sujet, V. pour les circonscriptions territoriales dotées de la personnalité, Michoud, *op. cit.,* t. 1, n. 126 et s., et pour les établissements publics, le même auteur, n. 125 et s. — Les établissements publics ne peuvent être créés que par une loi ou tout au moins en vertu d'une loi (Michoud, *op. cit.,* n. 125, 126); l'établissement peut d'ailleurs exister par le fait même de la loi dans laquelle il puise son origine, sans qu'il soit toujours nécessaire qu'il ait un patrimoine, ni même qu'il soit immédiatement pourvu d'une organisation matérielle (V. le même, *op. cit.,* n. 127); il est par suite capable immédiatement de recevoir des dons et legs.

5. — Si la question de l'existence de la personnalité morale n'est pas douteuse lorsque la loi ou le décret la confèrent expressément à l'établissement, il peut en être autrement lorsqu'il s'agit d'induire cette personnalité des droits spéciaux qui ont été reconnus à l'établissement, car il ne peut y avoir une personnalité distincte de celle de l'Etat, du département ou de la commune dont dépend l'établissement que s'il peut exercer ces droits *en son propre nom.* — Cf. Michoud, *op. cit.,* t. 1, n. 128 et 129, pour les différences juridiques entre les services personnalisés et les services non personnalisés; Hauriou, *Précis,* 11ᵉ éd., p. 236 et s.

6. — Il faut ici, comme pour savoir si l'on se trouve en présence d'un établissement public, personne morale publique, ou d'un établissement d'utilité publique, personne morale privée (*suprà,* n. 2), avoir recours à un critérium d'ensemble (Cf. Michoud, *op. cit.,* t. 1, n. 132). La personnalité morale ne découle pas nécessairement de l'autonomie financière dont jouit un service public. Ainsi, si l'Ecole française de Rome a actuellement la personnalité morale, en même temps que l'autonomie

financière qui lui a été conférée par le décret du 1er juill. 1926 (Cf. aussi décret portant règlement d'administration publique du 28 juill. 1927), l'Ecole française d'Athènes, investie, en même temps que l'Ecole française de Rome, de la personnalité morale par l'art. 71 de la loi de finances du 31 mars 1903, ne jouit pas de l'individualité financière, ses crédits étant gérés par le ministère de l'Instruction publique (V. Michoud, p. 383, note 1). Au surplus, l'art. 205 de la loi du 13 juill. 1925 déclare expressément : « Les établissements publics nationaux ne peuvent être créés que par la loi qui détermine leur objet, les principes de leur fonctionnement, leur confère la personnalité civile et, *s'il y a lieu*, l'autonomie financière ». En sens inverse. ainsi que le montre bien M. Michoud (*op. cit.*, t. 1, n. 130), à la suite de MM. Marquès di Braza et Lyon, il existe des services publics possédant un budget, un ordonnateur, un payeur, des comptes, c'est-à-dire une individualité financière, et qui n'ont pas la personnalité morale, ainsi les asiles départementaux d'aliénés, auxquels la jurisprudence refuse la qualité d'établissement public (Planiol, Ripert et Savatier, *op. cit.*, n. 76, p. 81, note 1; Michoud, p. 406, note 2). Contrairement à l'opinion de M. Tissier (*Dons et legs*, n. 153), on ne doit même pas admettre que la personnalité financière fait présumer la personnalité morale. « Tout ce qu'on peut dire, observe M. Michoud, c'est que la réunion de ces deux qualités constitue le fait normal et qu'une individualité financière bien caractérisée peut, *lorsqu'elle est jointe à d'autres circonstances*, être considérée comme l'un des éléments qui peuvent permettre d'interpréter, dans le sens de la personnalité, la pensée du législateur ».

7. — M. Michoud estime que certaines branches de l'administration ne peuvent. à cause de leur nature même, sauf texte exprès la leur conférant, être considérées comme douées de la personnalité morale. Ce sont toutes celles qui représentent « des services d'intérêt général ne correspondant à aucun groupement distinct du groupement national ou territorial », armées de terre et de mer, cours et tribunaux, Sénat, Chambre des députés, ministères, Caisse des dépôts et consignations, administration des ponts et chaussées, etc. — Voir toutefois, admettant la possibilité de reconnaître aux Chambres la personnalité, Hauriou, *Précis*, 6e éd., p. 31 et 109 (dans sa 11e éd., p. 911, M. Hauriou ne parle plus que d'une individualité administrative très forte), et pour les ministères la thèse de M. Noell, *L'administration centrale, les ministères*, 1911; Hauriou, *Principes de droit public*, 1910, ch. XIV. — La personnalité qui, dans la conceptionde M. Michoud, devait être refusée à l'administration des chemins de fer de l'Etat, lui a été reconnue par un arrêt du Conseil d'Etat du 20 janv. 1905, et elle est actuellement certaine, car elle résulte de la loi de finances du 13 juill. 1911, art. 41.

B. *Personnes morales privées* (n. 25 et s.). — 8. — En ce qui concerne les divers types de personnes morales privées et la distinction entre la corporation et la fondation, qui s'efface presque en droit public, V. Michoud, *op. cit.*, t. 1, n. 75, 76 à 84. — Sur l'origine de la théorie des établissements d'utilité publique et la reconnaissance progressivement admise par notre législation de la personnalité morale des groupements privés, V. de même, *op. cit.*, t. 1, n. 139 et 140.

9. — *Création des personnes morales privées.* — Il n'est pas contestable que le système, de plus en plus préconisé par la doctrine (V. *suprà*, n. 9), qui consiste à prévoir d'avance les conditions légales à réaliser par les groupements et les œuvres, candidats à la personnalité morale (système normatif ou, comme disent les auteurs allemands, système de la *réglementation légale, Normativ-Bestimmungen*), tende à se substituer dans la législation au système ancien de la personnalité spécialement concédée (système de la concession ou de la reconnaissance individuelle d'utilité publique : *Concessionsystem*) (Cf. Hémard, *Précis élém. de dr. civ.*, t. 1, n. 173 et 873). Le système de la concession ou de l'autorisation préalable, qui a été longtemps la règle pour les sociétés anonymes, a été aboli par celles-ci comme système général par la loi du 24 juill. 1867. Cette abolition s'est poursuivie pour les nombreux groupements à but économique, intermédiaires entre les sociétés proprement dites et les associations sans but lucratif (ainsi les associations syndicales de propriétaires régies par les lois des 21 juin 1865, 22 déc. 1888, 5 août 1911 et le décret-loi du 21 déc. 1926; les syndicats professionnels, loi du 21 mars 1884 modifiée par celle

du 12 mars 1920, codifiées par la loi du 25 févr. 1927, Code trav., livre III, art. 4; les sociétés de secours mutuels, loi du 1er avr. 1898 modifiée par celle du 15 août 1923; les sociétés ou caisses d'assurances mutuelles agricoles, loi du 4 juill. 1900). Le système de la concession a été plus long à céder en ce qui concerne les associations ordinaires, à but non lucratif (L. 1er juill. 1901, art. 5 et 6). Encore n'a-t-il pas complètement disparu dans le domaine de l'association, puisque le titre II de la loi du 1er juill. 1901 subordonne la concession de la « grande personnalité », opposée à la « petite personnalité » des art. 5 et 6, qui forme le droit commun des associations déclarées et ne confère pas l'aptitude à recevoir des dons et legs, à un décret de reconnaissance d'utilité publique. Par ailleurs, le système de la personnalité concédée a été maintenu et aggravé pour les congrégations par la même loi du 1er juill. 1901 (titre III) qui exige toujours l'autorisation législative préalable (art. 13). Et il subsiste pour les fondations qui ne peuvent être érigées directement en personnes morales que par le recours au procédé traditionnel du décret de reconnaissance au titre d'établissement d'utilité publique.

9 *bis*. — Certains auteurs, assimilant la création d'une personne morale à la naissance d'une personne physique, sont conduits également à assimiler la période de formation des personnes morales à la période de gestation des enfants; ils proposent par suite de les faire bénéficier de la maxime : *Infans conceptus pro nato habetur quoties de commodis ejus agitur* (art. 906 Code civil); c'est la théorie dite de la « conception civile ». Elle a surtout été invoquée pour faciliter les fondations, lorsqu'une libéralité est faite à un établissement à créer comme établissement d'utilité publique (Cf. l'*Essai sur les fondations* de MM. Lévy-Ullmann et Grunebaum-Ballin, dans *Rev. trim. de dr. civ.*, 1904, p. 278, 279). La pratique du Conseil d'Etat, qui autorise l'acceptation de la libéralité en même temps qu'il déclare y avoir lieu de reconnaître l'établissement comme d'utilité publique, s'inspire de cette théorie, dont le résultat peut être accepté quelle que soit la conception de la personnalité morale à laquelle on se rallie (V. Planiol, Ripert et Savatier, *op. cit.*, n. 92). Mais cette pratique du Conseil d'Etat n'enlève pas aux intéressés le droit de faire prononcer la nullité de la libéralité autorisée, la jurisprudence civile n'admettant pas l'idée de conception civile, ni la rétroactivité de la déclaration d'utilité publique. — V. notamment Cass., 7 févr. 1913, cité *infrà*, n. 96 et s.-5; — Michoud, *op. cit.*, t. 1, n. 149. — Cf. discussion à la *Société d'études législatives*. séances des 13 déc. 1929 et 9 mai 1930, *Bulletin*, 1929, p. 33 et s.; 1930, p. 159 et s.

9 *ter*. — En ce qui concerne les fondations, les idées nouvelles qui se sont fait jour à leur sujet et se sont traduites en projets de loi, V. Michoud, *op. cit.*, t. 1, p. 131, note 1 et p. 501, n. 160 *bis* et s., t. 2, n. 306 *bis*. — *Adde*, proposition de loi présentée à la Chambre des députés le 7 nov. 1924 par MM. l'abbé Lemire, Daniel-Vincent, Loucheur, Delesalle, Macarez, session extraordinaire, Chambre. annexe n. 631 au procès-verbal de la 2e séance du 7 nov. 1924. — Cette proposition, qui a été renvoyée à la Commission de législation civile et criminelle, établit en principe la liberté des fondations et leur reconnaît, sans nécessité d'une concession spéciale de l'autorité, la personnalité et partant la capacité de posséder à partir de l'acte entre vifs qui les constitue ou, en cas de fondation testamentaire, à partir de l'ouverture de la succession. Toutefois la personnalité morale n'est irrévocablement acquise qu'à la condition pour la fondation d'être publiée et enregistrée par le Conseil d'Etat. L'enregistrement ne peut être refusé que pour défaut d'utilité, insuffisance de ressources, ou parce que la fondation est contraire à l'ordre public ou aux bonnes mœurs. Le refus d'enregistrement peut être attaqué au contentieux. En cas de refus légitime, le patrimoine vacant est affecté à un but similaire ou à une œuvre de solidarité sociale.

9 *quater*. — En ce qui concerne les congrégations, V. Michoud, *op. cit.*, t. 1, n. 152 à 155. Cet auteur observe très justement qu'au point de vue de la théorie de la personnalité morale les textes relatifs aux congrégations et à leurs établissements, qui maintiennent et aggravent l'ancien système de la concession, n'ont qu'une faible importance. « Ils constituent, dit-il, une législation d'exception dictée par une idée de méfiance appartenant entièrement à l'ordre politique, et ils sont en dehors du courant général qui paraît aujourd'hui prévaloir, pour le régime

des associations, dans la plupart des pays ». — En ce qui concerne les modifications à apporter à cette législation et sur le point de savoir si le statut des associations religieuses dites congrégations doit se distinguer de celui des associations ordinaires, V. H. Toussaint, *Pour un nouveau statut des congrégations, aperçu juridique*, Paris, Sirey, 1925, et les rapports de MM. Mestre, Cuche, Blondel, Toussaint, Rivet, Duguit au Congrès des 25-26 janv. 1927, tenu à Paris au Musée social : *La liberté d'association*. Librairie des Juris-Classeurs, Paris, 1927; proposition de loi relative à la liberté d'association déposée à la Chambre des députés par M. Groussan et divers, annexe au procès-verbal de la séance du 12 juill. 1927, n. 4326, reprise à la séance du 28 mai 1931 (annexe n. 5044). — L'application du titre III de la loi du 1er juill. 1901 et de la loi du 7 juill. 1904 relative à la suppression de l'enseignement congréganiste s'étant révélée comme particulièrement funeste au point de vue de l'expansion de la langue et de la civilisation françaises à l'étranger, favorisée par les congrégations missionnaires, cinq projets de loi tendant à l'autorisation de cinq congrégations (Institut missionnaire des Frères des Ecoles chrétiennes, Société des missionnaires du Levant, Société des missions africaines de Lyon, Franciscains pour les missions étrangères, Société des missionnaires d'Afrique ou Pères blancs) ont été déposés sur le bureau de la Chambre, 2e séance du 20 et du 27 déc. 1922 (annexes n. 5289, 5290, 5291, 5292 et 5361, reproduits dans *La Documentation catholique*, t. IX (1923), p. 346, 539, 620 et 699). Ces cinq projets furent l'objet de cinq rapports rédigés par Maurice Barrès; le premier, relatif aux Frères des Ecoles chrétiennes, déposé le 27 mars 1923 (n. 5885); le second, relatif aux missionnaires d'Afrique, le 7 juin 1923 (n. 6110); le troisième, relatif aux missions africaines de Lyon, le 22 juin 1922 (n. 6208); les deux autres, après la mort de Maurice Barrès, Franciscains pour les missions étrangères (n. 7083) et missionnaires du Levant (n. 7084), le 4 févr. 1925. Les cinq rapports ont été recueillis dans l'œuvre posthume de Maurice Barrès : *Faut-il autoriser les congrégations*, publiée à la librairie Plon. La question de l'autorisation des congrégations missionnaires fut reprise au cours de la 14e législature : d'abord sous la forme d'un texte permettant au gouvernement de donner à ces congrégations un statut provisoire par décret (art. 71 du projet de budget pour l'exercice 1929, passé ensuite dans les art. 33 à 42 du collectif. V. exposé des motifs, annexe au procès-verbal de la séance du 28 juin 1928, n. 313, et *Docum. cath.*, t. XX (1928). p. 539 et s.); ensuite sous la forme de cinq propositions de loi déposées par M. Ed. Soulier à la Chambre, 1re séance du 6 nov. 1928 (n. 640 à 644); enfin sous la forme de neuf projets de loi déposés par le gouvernement (ministère Poincaré), n. 1413 à 1420, annexes au procès-verbal de la 2e séance du 7 mars 1929, et Doc. parl., Chambre, sess. ord. 1929, p. 437, rapportés par M. Marcel Héraud, annexe n. 1422, procès-verbal de la 2e séance du 7 mars 1929 et Doc. parl., *ibid.*, p. 453. — Cf. Paul Nourrisson, *Où en est la question des congrégations?* in-8°, 36 p., 1930, Paris, Sirey (Exposé de l'autorisation demandée pour 9 congrégations); du même, *Histoire légale des congrégations religieuses en France depuis 1789*, 2 vol. in-8°, 1928.

CHAPITRE III

DE LA CONDITION DES PERSONNES MORALES.

57 et s. — 1. — Bien que la théorie traditionnelle, qui assimile en principe, au point de vue de leur condition juridique, les personnes morales aux personnes physiques, soit encore vivement combattue (Cf. Ch. Beudant, *Cours de droit civil, L'état et la capacité des personnes*, t. 1, p. 1 et s., reproduit en note par M. Bonnecase, *op. cit.*, n. 70, p. 125; Planiol, Ripert et Savatier, *op. cit.*, n. 85, 86; Hémard, *Précis élém. de dr. civ.*, t. 1, n. 180), la plupart des auteurs, même ceux qui sont hostiles à l'idée ancienne de fiction légale, admettent que les personnes morales ont, en matière patrimoniale, une capacité générale (V. en ce sens, Michoud, *op. cit.*, t. 2, n. 231 et 123, note 3; Aubry et Rau, *Cours de dr. civ. français*, 5e éd., t. 1, § 54, p. 281; Baudry-Lacantinerie et Houques-Fourcade, *Traité de droit civil, Des personnes*, 3e éd., t. 1, n. 303 *bis*, p. 368; Lyon-

Caen et Renault, *Traité de droit commercial*, t. 2, § 119; Piébourg, *Quelques questions sur les personnes morales*, p. 170 et s.; Capitant, *Introduction à l'étude du droit civil*, 5e éd., 1929, §§ 186 et s.; Colin et Capitant, *Cours élém. de dr. civ.*, 4e éd., 1921, t. 1, p. 671 et t. 2, 2e éd., 1921, p. 691, 692; t. 1, 7e éd., 1931, n. 651; Planiol et Ripert, *Traité élémentaire de droit civil*, 10e éd., 1927, t. 3, n. 2923, 3336; Planiol, note au Dalloz, 1895.1.217; Thaller, note D. 1896.1.445; Ch. Dupuis, note au D. 1895.2.460; Louis Rigand, *Répertoire de droit international* de MM. de Lapradelle et Niboyet, t. 10, 1931, v° *Personnes morales*, n. 101 *in fine*; Rivet, *Les associations autres que les congrégations*, dans *Documentation catholique* (1932), t. 27, p. 771 et s., n. 36. — Ainsi que l'observe M. Michoud (note précitée), « l'avis du Conseil d'Etat du 12 janv. 1854 [D. 56.3.15] se place très nettement à ce point de vue en traitant la question de la capacité de recevoir pour les personnes civiles étrangères; il déclare que la loi du 14 juill. 1819, en abrogeant les art. 726 et 912 du Code civil, *n'a fait aucune exception en ce qui concerne les personnes civiles*, et il en déduit la capacité de recevoir des personnes civiles étrangères. Il reconnaît donc qu'il n'est pas besoin que la loi accorde un droit aux personnes morales, et qu'elles profitent implicitement des droits reconnus aux personnes physiques » (V. en application de cet avis, dit *avis de Bussière*, de nombreux décrets autorisant, en vertu de l'art. 910 du Code civil, l'exécution de libéralités faites à des personnes morales étrangères, rapportés dans les *Notes de jurisprudence du Conseil d'Etat*, 1899, p. 305 et s.; Rivet, *op. cit.*, n. 79). La jurisprudence civile qui admet, dans le silence des textes, les sociétés à recevoir des libéralités (V. *Répertoire*, v° *Sociétés, Dons et legs*, et Michoud, n. 234) se place au même point de vue.

2. — La règle de la spécialité, à laquelle il est fait allusion au n. 58, ne doit pas être par suite confondue avec les exceptions que des textes nombreux, particulièrement depuis que la législation renonce de plus en plus au système de la personnalité individuellement concédée, ont apporté au principe général de capacité (V. Michoud, *op. cit.*, t. 2, n. 233, 235). Ainsi la disposition de l'art. 6 de la loi du 1er juill. 1901, qui limite la personnalité des associations simplement déclarées, constitue une exception au principe selon lequel la personne morale a une capacité générale et non, contrairement à ce qui est dit au n. 58, une consécration législative de la règle de la spécialité (Michoud, *ibid.*, n. 236).

3. — La doctrine la plus répandue considère la règle de la spécialité en matière de dons et legs aux personnes morales comme un simple principe de bon ordre administratif et non comme une règle de droit (V. en ce sens, notamment Marquès di Braza et Lyon, *Comptabilité de fait*, n. 187; Planiol, note au D. 95.1.217; Capitant, *Introduction à l'étude du droit civil*, 5 éd., 1929, § 193, p. 247, note 2; Rivet, *Revue catholique des institutions et du droit*, 1893, 1. 1, p. 507; Ripert, *Le principe de spécialité chez les personnes morales*, thèse, 1906, p. 12 et s.; et surtout Planiol et Ripert, *Traité élémentaire de droit civil*, 10e éd., 1927, n. 2923 *in fine* et 3337, p. 953, note 2; Hauriou, *Précis de droit administratif*, 11e éd., p. 931; Michoud, *op. cit.*, t. 2, n. 257, p. 193 et autres auteurs cités par lui en note; Bartin, sous Aubry et Rau, 5e éd., t. 10, § 649, p. 499, note 59 *ter*, et t. 6, § 385 *bis*, p. 61, note 23. — *Contrà*, admettant que la règle de la spécialité est une règle de capacité : Béquet, *Revue générale d'administration*, 1881, t. 3, p. 27; Tissier, *Dons et legs*, n. 264 et s.; Ducrocq et Barilleau, *Droit administratif*, 7e éd., t. 6, n. 2226 et s.; Ducrocq, *De la personnalité civile en France du Saint-Siège*, p. 24 et s.; de Lapradelle, *Théorie et pratique des fondations*, p. 164 et s.; Derouin, Gory et Worms, *Assistance publique*, t. 2, p. 556 et s.). Les arrêts de la jurisprudence semblent bien consacrer la première opinion, mais M. Michoud (*loc. cit.*) estime que cette jurisprudence peut être considérée comme encore incertaine. — V. au surplus le *Répertoire*, v° *Dons et legs aux établissements publics*, n. 1050 et s.

4. — Sur le point de savoir si la règle de la spécialité s'étend ou non à toutes les personnes morales, M. Michoud (*op. cit.*, t. 2, n. 247) exprime une opinion qui paraît s'écarter de celle présentée au *Répertoire*, n. 59. Mais la différence est surtout théorique, car cet auteur, qui assujettit l'Etat au principe de spécialité, reconnaît que « l'Etat *souverain* diffère des autres êtres juridiques en ce qu'il n'a au-dessus de lui aucune autorité qui puisse lui commander et l'obliger à respecter ce principe... En outre, le fait que la communauté politique a pour

objet, non un intérêt particulier de chacun des individus qui la composent, mais un ensemble d'intérêts (sécurité, justice, culture), rend difficile à déterminer, même en théorie pure, la limitation du rôle de l'Etat ». L'auteur fait une observation analogue pour les communautés territoriales personnifiées (Etats non souverains, communes, départements, provinces, colonies, etc.; *ibid.*, n. 248). Le principe de spécialité ne concerne donc pratiquement que les établissements publics et d'utilité publique. Pour les autres personnes morales privées, il est pratiquement atténué, puisqu'elles peuvent s'assigner dans leurs statuts des objets multiples et qu'il faut tenir compte du droit qui appartient à leurs membres, à certaines conditions, d'élargir le but primitif en modifiant les statuts. — V. à ce point de vue, Michoud, *op. cit.*, t. 2, n. 251, 176.

5. — En ce qui concerne l'autorisation gouvernementale à laquelle se trouve subordonnée l'acceptation des dons et legs dans le but de parer aux dangers de l'accroissement des biens de mainmorte (V. *Répertoire*, n. 60 et Michoud, *op. cit.*, t. 2, n. 311-314), il y a lieu actuellement de distinguer les personnes morales privées. L'Etat éprouve une méfiance moindre pour la mainmorte officielle que pour la mainmorte libre (Cf. Michoud, *op. cit.*, t. 1, p. 236-237). D'après la loi du 4 févr. 1901 sur la tutelle administrative en matière de dons et legs et le décret-loi du 5 nov. 1926, textes qui ont considérablement modifié le régime institué par l'art. 910 du Code civil, la nécessité de l'autorisation a disparu d'une façon à peu près complète pour les libéralités faites aux départements et aux communes, et pour celles faites aux établissements publics lorsqu'elles ne sont pas accompagnées de charges, conditions ou affectation immobilière et qu'il n'y a pas de réclamation des familles. En ce qui concerne les personnes morales privées, le régime de l'art. 910 a été atténué pour les établissements reconnus d'utilité publique qui peuvent être autorisés à recevoir des dons et legs par simple arrêté préfectoral, un décret en Conseil d'Etat n'étant nécessaire que lorsqu'il s'agit de libéralités immobilières d'une valeur supérieure à 3.000 francs (art. 5, L. 1901). Enfin le régime de l'art. 910 a été également atténué pour les sociétés de secours mutuels (L. 1er avr. 1898, modifié par la loi du 15 août 1923) et il a été complètement supprimé pour les syndicats professionnels par l'art. 5, § 1, de la loi du 12 mars 1920 (Cf. Michoud, *op. cit.*, t. 2, p. 143, note 2); les syndicats paraissaient d'ailleurs échapper auparavant au régime de l'art. 910 (V. le même, n. 314). Quant aux sociétés douées de personnalité, comme elles n'ont jamais été soumises à la tutelle administrative, si l'on admet, avec certains arrêts, leur capacité de recevoir des libéralités (*supra*, n. 1 *in fine*), elles n'ont besoin pour les accepter d'aucune autorisation de l'administration. — Michoud, *loc. cit.*, n. 314.

6. — L'accroissement de la mainmorte congréganiste reste entravé pour les congrégations autorisées, non seulement par la nécessité de l'autorisation administrative pour l'acceptation des dons et legs, mais par des incapacités spéciales de recevoir. — V. Michoud, *op. cit.*, t. 2, n. 235 et le *Répertoire*, hoc v°.

7. — Les restrictions à la capacité générale des personnes morales, signalées au *Répertoire*, n. 65, n'ont apparu vraiment dans notre législation que lorsqu'elle a commencé à admettre l'existence de personnes morales de droit privé, échappant presque complètement à la tutelle administrative : sociétés de secours mutuels, syndicats professionnels, associations simplement déclarées de la loi de 1901, associations cultuelles. Ces restrictions, ainsi que l'observe M. Michoud (*loc. cit.*, n. 236, p. 132), « sont restées étrangères aux personnes morales de droit public, pour lesquelles le maintien de la tutelle administrative rend inutile le régime des incapacités ». Mais même pour les personnes morales privées dont la capacité a été étroitement limitée, telles les associations simplement déclarées, réduites à la petite personnalité, ou les associations cultuelles, il est inexact de soutenir, comme l'ont fait MM. Trouillot et Chapsal (*Commentaire de la loi sur le contrat d'association*, 1902, p. 111), qu'à leur égard l'incapacité est la règle et la capacité l'exception, par opposition au régime des associations reconnues d'utilité publique qui jouiraient au contraire en principe de tous les droits relatifs aux biens qui appartiennent aux personnes physiques (Cf. Michoud, *loc. cit.*, n. 238). Le principe de l'interprète doit être tout autre et ce serait une erreur de croire que l'association soit incapable d'acquérir les droits non expressément mentionnés dans l'énumération

(V. Hauriou, *Droit constitutionnel*, 2e éd., 1929, p. 682. — Cf. aussi *Précis de droit administratif*, 2e éd., 1927, p. 263). Le principe d'interprétation « même dans ce cas où les auteurs de la loi ont eu la pensée avouée de conférer une personnalité limitée » est celui-ci : « La personnalité une fois reconnue est en principe indéfinie dans le domaine patrimonial », et par suite « les seules incapacités qui frappent la personne sont celles qui sont écrites sous une forme ou sous une autre dans la loi « (Michoud, *op. cit.*, t. 2, n. 236, p. 136). Il y a là un point très important, qu'il ne faut pas perdre de vue, lorsqu'il s'agit de prendre parti sur certaines questions délicates et controversées que pose la capacité des associations déclarées (V. René Demogue, *Capacité d'acquérir des associations déclarées*, dans *Revue trimestrielle de droit civil*, 1931, p. 1 et s.; Chavegrin, *Comment les associations déclarées peuvent-elles acquérir les immeubles dont il leur est permis d'être propriétaires?* dans *Journal des sociétés*, 1911, p. 289 et s.; Hauriou, *Droit constitutionnel*, 2e éd., 1929, p. 681 et s.; Houpin et Bosvieux, *Traité général des sociétés*, 6e éd., 1927, t. 1, p. 34; et pour le problème spécial de l'acquisition des immeubles par voie d'apport, Bartin, dans le même sens que M. Chavegrin, note sous Aubry et Rau, 5e éd., t. 6, § 385 *bis*, note 21, p. 60; Benoist, Levasseur, Célier, Taudière et Guyot, *Sociétés et associations*, 11e éd., 1927, p. 60 et s.; Rivet, *op. cit.*, n. 36 et 46, et *Le patrimoine légal du culte et des œuvres catholiques*, Paris, 1929, n. 151; Pichat, *Le contrat d'association*, n. 11; Berthélémy, *Droit administratif*, 11e éd., p. 336, note 1; Michoud, *op. cit.*, t. 2, n. 238, p. 142, note 1, qui n'examine pas à fond la question, observant simplement que l'opinion qui admet la licéité des apports semble difficilement conciliable avec le texte de la loi; enfin, en dernier lieu, Pierre Guyot, *Les apports aux associations et le droit d'enregistrement*, dans *Journal des notaires et des avocats*, 1930, n. 36-170, p. 321, et Fr. Gény, note sous Cass., 20 janv. 1930, [S. 1930.1.281], et article dans *Rev. trim. de dr. civ.*, 1930, p. 653 et s., *Les apports en immeubles aux associations déclarées*.

8. — En ce qui concerne la représentation de la personne morale (*Répertoire*, n. 66), la doctrine moderne tend à distinguer le représentant de l'organe, selon une terminologie mise à la mode par les auteurs allemands (V. sur ce point, Michoud, *op. cit.*, t. 1, p. 133 et s., 316 et s., 396 et s.; t. 2, p. 41 et s.; et pour la distinction de l'organe et du préposé. V. *ibid.*, n. 189, 276, et Bouvier, note D. 1905.1.409. — Cf. Planiol, Ripert et Savatier, *op. cit.*, n. 93, p. 95 et 96). La théorie dite de l'organe, chère à l'école qui voit dans la personnalité morale une réalité, n'a guère eu jusqu'ici d'écho en jurisprudence. Les arrêts continuent de qualifier les administrateurs des personnes morales de « représentants légaux » (V. cette jurisprudence relevée dans la thèse de M. Gilbert Madray, *De la représentation en droit privé*, Sirey, 1931, p. 50 à 58 et p. 190 à 194, où l'auteur estime à tort que l'idée de représentation juridique ne peut cadrer avec le système de la fiction). — En ce qui concerne la possibilité de l'aveu (art. 836 Code proc. civ.) ou du serment au nom de la personne morale par son représentant légal, admise en pratique. V. Michoud, *op. cit.*, t. 2, n. 260-261. — Cass. req., 8 avr. 1874, [S. 74.1.258, D. 76.1.225]

9. — En ce qui concerne l'impossibilité pour les personnes morales d'être titulaires de droits de famille, signalée au n. 70 du *Répertoire*, M. Michoud (*op. cit.*, t. 2, n. 214, p. 86-87) observe que la personne morale « n'est nullement incapable d'exercer certains droits assimilés aux droits de famille ou en dérivant, mais ne supposant pas les liens du sang, tels que le droit d'adopter, le droit de tutelle, le droit de succession *ab intestat*. Toutefois ces droits ne doivent lui être reconnus qu'en vertu d'une disposition spéciale de la loi; ils ont toujours, en effet, en ce qui la concerne, quelque chose d'artificiel; ils ne sont qu'une imitation des droits qui dérivent des liens du sang, et à ce titre ne peuvent être érigés en règle ». — V. au surplus, Michoud, *loc. cit.*, n. 217 à 221, et ce *Supplément*, v° *Pupilles de la nation*, *Adoption*, *Enfants assistés*; Baudry-Lacantinerie et Wahl, *Successions*, t. 1, n. 908 et 920.

10. — Rien n'empêche d'ailleurs de reconnaître aux personnes morales des droits non patrimoniaux. A ce point de vue on a justement reproché, aux diverses théories qui ne voient dans les personnes morales que des patrimoines collectifs ou un état particulier de la propriété, leur insuffisance, d'ailleurs non irrémédiable (V. *supra*, n. 5 *in fine*, l'observation de M. Savatier dans le *Traité pratique de droit civil* de MM. Planiol et Ripert). —

Pour une étude des différents droits non patrimoniaux des personnes morales, V. F. Ferrara, *Teoria delle persone giuridiche*, 1915, ch. VI. Parmi les droits non patrimoniaux il convient de mettre à part les droits de puissance publique qui ne peuvent appartenir qu'à l'État et aux autres personnes morales publiques (Sur ces droits, V. Michoud, *op. cit.*, t. 2, n. 191 à 213). Ces droits sont évidemment niés comme droits subjectifs par les auteurs qui voient dans la puissance publique une simple fonction (V. Duguit, *Droit constitutionnel*, 3ᵉ éd., notamment t. 2, § 5).

11. — Parmi les droits non patrimoniaux susceptibles d'appartenir à toutes les personnes morales publiques ou privées (V. Michoud, *loc. cit.*, n. 214 à 230), il faut distinguer les droits publics et politiques (droits de l'homme et du citoyen, selon la terminologie révolutionnaire) et les droits de la personnalité (Sur cette classification moderne, V. E.-H. Perreau, *Des droits de la personnalité*, dans *Rev. trim. de dr. civ.*, 1909, p. 501-536, et Gény, *op. cit.*, t. 3, n. 225, p. 230 et s.). Pour les droits qui rentrent dans la première catégorie, tels que les droits de vote, d'association, d'enseignement, de liberté de la presse, etc., leur reconnaissance à une personne morale suppose en principe un texte qui les leur concède (V. Michoud, *loc. cit.*, p. 87-5° et n. 221 à 230). Ainsi, en vertu du décret qui a organisé le conseil supérieur du travail, des syndicats ouvriers ont, avec d'autres organismes corporatifs, reçu le droit de vote professionnel (V. aussi un autre exemple de droit électoral collectif dans la législation sur les pupilles de la nation et la jurisprudence du Conseil d'État y relative, Cons. d'Et., 21 mars 1919, [*Lebon*, p. 297]). Ainsi, il est admis que les sociétés peuvent, réserve faite de l'illicéité de l'accaparement, s'associer entre elles (V. A. Henry, *Sociétés de sociétés, Journal des sociétés*, 1919); que des associations poursuivant un même but licite peuvent s'associer dans une union (art. 7 du règlement d'administration publique du 16 août 1901); et ce droit, d'abord restreint par les syndicats dont l'union n'obtenait pas, selon la loi du 21 mars 1884, la personnalité morale, leur est aujourd'hui pleinement reconnu depuis la loi du 12 mars 1920 (V. ce *Supplément*, vᵒ *Syndicat*). — Sur le point de savoir si le droit de rentrer dans un syndicat professionnel doit être limité aux individus ou s'il peut être reconnu aux personnes morales, V. les controverses rapportées dans Pic, *Législation industrielle*, 6ᵉ éd., 1931, n. 382.

12. — Pour les droits dits de la personnalité, tels que le droit au nom, le droit à l'honneur... et avant tout le droit d'ester en justice pour la défense de la personnalité elle-même et de ces droits qui en découlent, il n'est nullement nécessaire qu'un texte les concède expressément à la personne morale, puisqu'ils sont la manifestation même de la personnalité juridique. — Ainsi, sans parler du nom commercial qui rentre dans les droits patrimoniaux reconnus par tous aux personnes morales, celles-ci, alors même qu'elles ne sont pas des sociétés, se sont vues reconnaître le droit de défendre leur nom, comme les individus, même dans un intérêt simplement moral (V. Trib. de la Seine, 17 mars 1905, [D. 1905.2.368], Ecole libre des sciences politiques; cf. pour les syndicats, Pic, *Législation industrielle*, 6ᵉ éd., n. 405). — Ainsi, sans parler des actions en diffamation que peuvent exercer les sociétés commerciales et qui paraissent plutôt revêtir un caractère patrimonial, leur but étant surtout de protéger le commerce poursuivi en commun (V. les exemples cités au *Repertoire*, vᵒ *Diffamation*, n. 1034 et s.), il est reconnu par les tribunaux que les personnes morales peuvent avoir un honneur social qui ne se confond pas nécessairement avec l'honneur individuel des membres du groupe, et pour la protection duquel elles peuvent en leur nom propre intenter une action en diffamation. Cette distinction entre l'honneur social de la personne morale et celui de ses membres a été particulièrement bien faite, à propos d'une congrégation reconnue, la congrégation des Sœurs de la Sainte Famille de Nevers, par un arrêt de la cour de Bourges du 24 nov. 1881, [S. 82.2.84] : action en diffamation de cette congrégation contre le gérant d'un journal qui avait raconté une prétendue scène d'accouchement en wagon qu'il imputait à une sœur bleue, nom sous lequel sont connues les Sœurs de la Sainte Famille de Nevers... Condamnation, « attendu que la lecture attentive des cinq articles poursuivis démontre que la pensée de leur auteur a été de diffamer, non pas une individualité, une personnalité *qui n'existait pas*, puisque le fait raconté par le journaliste était faux dans les

moindres détails, mais bien la congrégation, la communauté représentée par la partie civile » (V. aussi Caen, 8 mai 1924, *Recueil des arrêts de la cour de Caen*, cité par Henri Lalou, *La responsabilité civile*, 2ᵉ éd., Dalloz, 1932, n. 173, au sujet de l'atteinte au bon renom d'un collège municipal pouvant justifier une action de la commune). Plusieurs décisions ont été rendues, à propos de l'atteinte à l'honneur sacerdotal, au profit des syndicats de prêtres qui se sont constitués depuis que la loi du 12 mars 1920 a autorisé à se syndiquer les membres des professions libérales. Pour qu'un groupement puisse ainsi invoquer un droit à l'honneur distinct de l'honneur individuel de chacun de ses membres, il faut qu'il soit reconnu comme personne morale. En l'absence de cette personnalité, il ne peut exister que des actions individuelles que les intéressés pourront exercer conjointement, tels les membres d'une congrégation non autorisée, les prêtres non syndiqués d'un diocèse (Cf. Trib. corr. de La Rochelle, 31 déc. 1925, [*D. hebd.*, 1926, p. 159]). — Pour une exception au moins apparente au profit des corps constitués qui ne sont pas d'ordinaire considérés comme dotés de la personnalité (art. 30 de la loi sur la presse), V. Michoud, *loc. cit.*, n. 216. — L'exercice du droit de réponse pour atteinte à l'honneur des groupements ou des corps constitués ne supposerait pas, d'après certains auteurs, la reconnaissance nécessaire de la personnalité juridique (V. Dalloz, *Suppl. au Répert.*, vᵒ *Presse*, n. 283, et *Rép. prat.*, *eod.* vᵒ, n. 131. *Contra*, Le Poittevin, t. 1, n. 188, et De Grattier, t. 2, n. 102). — La conception de l'honneur de la personne morale se heurte d'ailleurs à certaines limites. Un jugement du tribunal de Bordeaux, confirmé par la cour, puis par la chambre criminelle de la Cour de cassation (Arrêt du 18 oct. 1913, [S. 1920.1.321, note de M. Hugueney ; *Bull. crim.*, n. 449, p. 859 ; V. *Revue pénitentiaire*, 1913, p. 1200]), s'est refusé à admettre l'action dirigée par un comité de vigilance pour la protection morale contre des tenanciers de « musées anatomiques », attendu « qu'il est assez difficile de concevoir qu'une personne morale, qui n'est qu'une abstraction, ait une pudeur susceptible de souffrir d'exhibitions ou de spectacles qu'elle ne peut pas voir » (Cf. *infrá*, n. 13 *bis in fine*).

13. — A cette reconnaissance aux personnes morales de certains droits extrapatrimoniaux, se trouve étroitement liée la jurisprudence si importante qui a à la fois élargi et précisé la capacité d'ester en justice des syndicats et autres groupements personnifiés. L'essor de cette jurisprudence a été longtemps entravé par la conception individualiste de la personnalité morale envisagée comme étant le simple support juridique d'un patrimoine collectif, conception qui conduisait à limiter la capacité d'agir en justice de la personne morale aux seuls droits qui composaient son patrimoine (Cf. Michoud, *op. cit.*, t. 2, n. 262 et s.). Cet essor a été aussi retardé par la façon également trop individualiste, dont on a longtemps considéré l'intérêt corporatif, envisagé seulement comme l'addition des intérêts individuels des membres de la personne morale, ce qui a fait considérer d'abord les syndicats et associations agissant en justice comme simples mandataires ou représentants de leurs membres (Cf. Planiol et Ripert, *Traité élém. de dr. civ.*, 10ᵉ éd., t. 2; *Le mandat*, § 3. *Exercice collectif des actions en justice*, n. 2272 *bis*, 2272 *ter*). « Mais, ainsi que l'observent ces auteurs, la question a changé d'aspect à la fois pour les syndicats et les associations. Il ne s'agit plus en effet pour eux d'agir comme mandataires de leurs membres, mais bien à titre personnel », comme représentant un intérêt collectif, social ou corporatif, essentiellement distinct des intérêts individuels de leurs membres. Cette distinction de l'intérêt *collectif* et de l'intérêt *individuel*, de l'action syndicale et des actions individuelles, a été d'abord admise pour les syndicats professionnels par l'arrêt des Chambres réunies de la Cour de cassation du 5 avr. 1913, Perreau, [S. 1920.1.49; D. 1914.1.65]. — V. aussi l'arrêt de la Cour de cassation, Chambre civile, du 28 nov. 1916, Sézol, [S. 1920.1.58] et l'arrêt de la même Chambre du 5 nov. 1918, de Juvigny, [S. 1920.1.59]. M. Mestre, annotateur de ces trois arrêts au Sirey, et, après lui, M. Bonnecase voient dans ces arrêts l'affirmation par la jurisprudence de la thèse de la réalité de la personnalité collective (V. Bonnecase, *op. cit.*, n. 145 à 151, et cf. les conclusions moins absolues du procureur général Sarrut et du conseiller rapporteur Falcimaigne). Ainsi que l'observent MM. Planiol et Ripert (*loc. cit.*, n. 892 *ter*), l'action en réparation du préjudice causé aux intérêts collectifs

prend « un caractère particulier : elle vise moins la réparation du préjudice que la punition du coupable. Mais comme le droit civil ne connaît pas la peine privée, la personne morale est obligée d'établir le préjudice subi par la collectivité » (Cf. Henri Lalou, *La responsabilité civile*, 2ᵉ éd., n. 174). Cette jurisprudence a été consacrée par la loi du 12 mars 1920 (art. 5, § 2) qui admet l'action du syndicat pour les faits « portant un préjudice direct ou indirect à l'intérêt collectif de la profession qu'ils représentent ». « A la différence des syndicats professionnels, les associations ne représentent pas, de plein droit, la profession de ceux qui en font partie » (Cass., Ch. réunies, 15 juin 1923, et sur renvoi, Poitiers, 11 févr. 1925.—Cf. Nîmes, 13 févr. 1930, Syndicat des locataires de Nîmes, [*Rec. jur. des sociétés*, 1931, p. 218]). L'intérêt collectif de la profession n'étant pas toujours susceptible de subir un préjudice facile à chiffrer comme le préjudice apporté aux intérêts individuels, le plus souvent patrimoniaux, l'action intentée par les groupements professionnels personnifiés, sous la forme d'une action en dommages-intérêts ordinaire, subissait, du fait de cette difficulté d'évaluer le préjudice professionnel ou corporatif envisagé comme distinct des préjudices individuels, des échecs fréquents avant la loi du 12 mars 1920. De là certains textes spéciaux, tel celui qui se trouve dans la loi du 10 juill. 1915 sur le minimum de salaire des ouvrières à domicile, victimes dans l'industrie du vêtement du *sweating system*, art. 33 *k* du Code du travail, reconnaissant à certaines associations autorisées et à certains syndicats professionnels le droit d'exercer une action civile basée sur l'inobservation de la loi, *sans avoir à justifier d'un intérêt quelconque* (Cf. Cass., 23 mai, 26 juin 1917, 28 juill. 1919, [D. 1920.1.17]); ces textes montrent bien que les dommages-intérêts prononcés arrivent à perdre le caractère patrimonial et constituent en réalité une peine privée (V. les observations de M. Magnol, dans Vidal et Magnol, *Cours de droit criminel*, 5ᵉ éd., n. 624 et s., 627-1 et s.). C'est ce qui se manifeste également dans les actions syndicales tendant au respect des contrats collectifs de travail (Planiol et Ripert, *loc. cit.*, n. 2272 *ter*), le syndicat pouvant d'ailleurs ici exercer parallèlement au nom de ses membres les actions individuelles (L. 25 mars 1919 sur la convention collective de travail, art. 31 *t* et 31 *v* Code du travail), par dérogation à la règle « nul ne plaide par procureur ».

13 *bis*. — Cette fonction de peine privée, punissant une atteinte à un intérêt collectif qui s'éloigne souvent pour les personnes morales d'une façon singulière de l'intérêt privé et s'exalte parfois jusqu'à la sphère de l'intérêt public, explique que la jurisprudence reconnaisse aux associations une capacité d'ester en justice moins large que celle qui a été reconnue aux syndicats (V. notamment Cass., Ch. réunies, 15 juill. 1924, [S. et P. 1924.2.49, note de M. Chavegrin; D. 1924.1.153, note de M. Rolland], à propos de l'action des Associations d'instituteurs contre le Cardinal Luçon, et Cass. crim., 18 oct. 1913, précité, n. 12 *in fine*. — Adde, H. Lalou, *La responsab. civile*, 2ᵉ éd., n. 175). Cela explique également que la même jurisprudence se montre plus libérale pour les associations qui représentent un intérêt collectif d'ordre plus économique que moral, telles les ligues de consommateurs auxquelles elle reconnaît un droit d'intervention très étendu, analogue à celui des syndicats, comme action propre tendant au respect de l'intérêt collectif de leurs adhérents (V. Poitiers, 28 déc. 1925, [S. 1926.2.65, note Esmein (Paul)] et sur pourvoi, Cass. req., 25 nov. 1929, Compagnie générale du gaz et Ligue des consommateurs, dans *Journ. des soc.*, 1930, p. 384 et *Sem. jurid.*, 1931, p. 769). — Cependant un intérêt public et général, tel celui qui s'attache au respect de la règle de la mutualité scolaire dans l'enseignement public, peut constituer très licitement le but d'une association privée, dès lors qu'il constitue aussi un intérêt d'ordre privé et familial commun à divers pères de famille, bien que d'ordre purement moral. La même jurisprudence, qui se montre peu encline à faciliter leur action aux ligues contre la licence des rues (V. *supra*, n. 12 *in fine*), ou aux associations de fonctionnaires qui se donnent pour but la protection de la fonction publique contre les attaques des tiers, reconnaît licite les associations de pères de famille formées dans le but « d'assurer dans les écoles primaires publiques le respect de la foi catholique et de la morale chrétienne » (V. Cass. civ., 23 juill. 1918, [S. 1921.1.289 et note Chavegrin]. — Cf. Michoud, *loc. cit.*, p. 222 à 224, texte et notes, et Rivet, *op. cit.*, n. 50). — Une

proposition de loi Justin Godard tend à donner aux associations *reconnues d'utilité publique* le droit de citation directe ou d'intervention devant les tribunaux de répression (Ch. des députés, annexe n. 78 au procès-verbal de la séance du 5 juin 1924). Il faut aussi signaler la proposition Ricolfi tendant à étendre la capacité des associations d'anciens combattants, mutilés, réformés, veuves et ascendants de soldats morts pour la France, tant en ce qui concerne le droit de recevoir des dons et legs que la capacité d'agir en justice (Ch. des députés, annexe n. 3876 à la séance du 21 janv. 1927). On peut citer comme précédent la loi du 9 nov. 1916 admettant l'intervention d'associations dans les poursuites pour contravention à la police des débits de boissons. — V. ayant refusé à l'Union fédérale des mutilés action contre un médecin coupable d'escroquerie envers l'État, Crim., 1ᵉʳ mai 1925, [S. 1926.1.137]. — Cf. *Faut-il donner le droit de citation directe ou d'intervention comme parties civiles devant les tribunaux de répression à certaines associations?* article de M. R. Kiefé, dans *Bull. de la Soc. de lég. comparée*, 1930, p. 450-466.

13 *ter*. — En ce qui concerne la jurisprudence administrative et la recevabilité des recours intentés par les personnes morales, principalement les associations, V. Michoud, *op. cit.*, t. 2, n. 263-3°, p. 214 et s., avec les additions en note de M. Trotabas. — Cf. R. Alibert, *Le contrôle juridictionnel de l'administration*, 1926, p. 131.

14. — En ce qui concerne le *domicile* reconnu aux personnes morales au point de vue de la compétence des tribunaux, des significations et assignations qui leur sont adressées, de l'ouverture de la faillite (n. 71 du *Répertoire*), V. Planiol, Ripert et Savatier, *op. cit.*, n. 82, p. 86, et n. 144, 145, à propos de la jurisprudence dite des succursales ou des gares principales, et ce *Supplément*, vᵒ *Domicile*. — *Adde*, note Esmein, sous Cass., 28 juill. 1919, [S. 1921.1.313]. — Selon M. Weiss, *Traité théorique et pratique de droit intern. privé*, 2ᵉ éd., p. 231, les personnes morales ne pourraient avoir de *résidence* distincte de leur domicile, mais cette doctrine, admise par la cour d'Aix à propos de la Banque impériale ottomane assignée en vertu de l'art. 59, § 1, du Code de procédure, a été condamnée par la Cour de cassation dans son arrêt du 4 mars 1885, [S. 85.1.169 et note Lyon-Caen; D. 85.1.353], ainsi que par la cour de renvoi : Nîmes, 21 juill. 1885, [*Gaz. Pal.*, 85.2.257]; *id.*, Paris, 16 juin 1902, [D. 1904.2. 156]. — Admettant que tout établissement d'une société étrangère en France vaut résidence, ne constituerait-il qu'un comptoir de vente ou d'achat, V. Pierre Lescot, *Des succursales des sociétés*, extrait du *Recueil juridique des sociétés*, 1924, p. 15; interprétant la notion de résidence de la personne morale avec plus de réserve, V. Madeleine Pinard, *Des conséquences de l'origine du capital social quant à l'organisation administrative de certaines sociétés anonymes*, thèse Poitiers, 1930, p. 107 à 112; cf. Georges Levasseur, *Le domicile et sa détermination en dr. intern. privé*, thèse Paris, 1931, p. 206. — Une personne morale peut-elle avoir une *habitation* au sens des lois sur la prorogation des baux relatives aux locaux d'habitation? La prorogation a été d'abord refusée aux personnes morales de droit public (Cass. civ., 21 mars et 11 mai 1920, [S. 1920.1.265 et note Hugueney]). Elle a été exceptionnellement étendue à ces personnes morales et aux « œuvres de bienfaisance » reconnues d'utilité publique par la loi du 1ᵉʳ avr. 1926, art. 9; les œuvres scientifiques reconnues d'utilité publique sont assimilées aux précédentes. — V. Comm. sup. cass., 14 nov. 1929, au profit de la Société de législation comparée, *Bulletin de la société*, 1930, p. 3 et s.

15. — Sur le point de savoir si l'on doit reconnaître aux personnes morales une *nationalité*, la controverse déjà signalée au n. 96 *bis* du *Répertoire*, loin de cesser, s'est accentuée et a été alimentée par les nouveaux problèmes posés par la guerre de 1914-1918 (V. *infra*, n. 96 et s.-6). Le nombre des auteurs qui se refusent à reconnaître aux personnes morales une nationalité propre, à l'exemple de M. de Vareilles-Sommières, s'est considérablement accru (V. contre cette attribution d'une nationalité : Pillet, *Des personnes morales en dr. intern. priv.*, Paris, Sirey, 1914, n. 82; Niboyet, *Existe-t-il vraiment une nationalité des sociétés?* dans *Revue de dr. intern. priv.*, 1927, p. 402-417, et son *Manuel de dr. intern. priv.*, 2ᵉ éd., 1928, n. 49, 299 et s.; Arminjon, *Précis de dr. intern. priv.*, 1929, t. 2, n. 177, p. 380, 381; Lerebours-Pigeonnière, *Précis de dr. intern. priv.*, 1928, n. 178; Rigaud, dans le *Répertoire de droit international* de MM. de Lapradelle et Niboyet, vᵒ *Personne morale*, n. 73 à 82,

94 et 101 et *infrà*, n. 96 et s., 6, 7 et 13 ; [Levasseur, *Thèse sur le domicile en dr. intern. priv.*, citée au paragraphe précédent, p. 203, 204, et autres thèses citées par lui, notamment celle de M. Pépy, *De la nationalité des sociétés de commerce*, Paris, 1919. — Cf. Lyon-Caen et Renault, *Traité de droit commercial*, 5ᵉ éd., t. 2, revu par M. Amiaud, n. 1167). — Pour les auteurs partisans de l'attribution d'une nationalité, V. le *Supplément* au *Répertoire*, vᵒ *Société*, et Michoud, *op. cit.*, t. 2, n. 315-321 ; *adde*, avec la restriction fondamentale que cette nationalité ne peut conférer aux personnes morales qui ont leur siège social en France, les privilèges que la loi française accorde à ses nationaux, Planiol, Ripert et Savatier, *op. cit.*, n. 83, et Maurice Travers, *La nationalité des sociétés commerciales*, dans *Recueil des cours de l'Académie de droit international de La Haye*, 1930, III, t. 33, p. 1 et s.). — La loi française du 22 nov. 1913, remplacée par celle du 1ᵉʳ mai 1930 (art. 1ᵉʳ), paraît avoir consacré pour les sociétés par actions le système qui attribue aux personnes morales une nationalité, puisqu'elle mentionne parmi les modifications aux statuts le changement de nationalité, d'ailleurs rendu difficile par l'exigence du vote unanime des associés. Mais cette loi n'a trait qu'aux conditions auxquelles l'assemblée générale extraordinaire peut modifier les statuts, ce qui suppose une société fondée selon la loi française et ayant son siège social en France (Cf. *infrà*, n. 96 et s.-7). L'acquisition de la nouvelle nationalité supposant le transfert du siège social à l'étranger et la soumission à la loi du pays du nouveau siège, le prétendu changement de nationalité est irréalisable, car il y aura création d'une société nouvelle (V. sur ce point Travers, *op. cit.*, n. 150 et s.). Une société ou autre personne morale ne peut être considérée comme changeant de nationalité qu'en cas d'annexion du territoire où se trouve établi son siège social, car alors il y a permanence de l'être moral (Cf. loi du 1ᵉʳ juin 1924, art. 18 et 39, relatifs aux sociétés alsaciennes-lorraines qui veulent devenir françaises, et la jurisprudence romaine citée par M. Travers-Jassy, 28 mars 1921, [*Clunet*, 1921, p. 1004]); cette permanence résulte du respect des droits acquis (parmi lesquels le droit à la personnalité) qui domine les effets de l'annexion. Dans cette impossibilité de changer de nationalité (mise à part l'exception de l'annexion) que reconnaissent les auteurs qui continuent, comme M. Travers, d'attribuer aux personnes morales une nationalité, ceux, de plus en plus nombreux, qui répudient ce concept de nationalité, voient la confirmation de leur thèse. La nationalité reconnue aux sociétés n'est pour eux qu'une métaphore, et, si l'on dissipe le mirage des mots, les personnes morales sont bien régies par une loi à laquelle elles empruntent l'existence, mais elles n'ont pas pour cela de nationalité. Elles peuvent tout au plus, au point de vue de la protection diplomatique, être considérées comme ayant un pavillon, à la ressemblance de certaines choses, des navires, pour lesquels il ne peut être évidemment question de nationalité. — Cf. Niboyet, *Manuel*, précité, p. 352, 353.

16. — Sur les résultats étranges auxquels peut aboutir la reconnaissance à une personne morale, ayant en fait un caractère de perpétuité, des droits de propriété littéraire et artistique, V. Gény, *op. cit.*, t. 4, préface, p. 19, texte et note 5, renvoyant au traité de Pouillet, 3ᵉ éd., par Maillard et Claro, Paris, 1908, n. 150-151, p. 181-186 ; n. 152-155, p. 186-190, et à G. Bry, *La propriété industrielle, littéraire et artistique*, 3ᵉ éd., Paris, Sirey, 1914, p. 693. — Dans la conception soutenue par M. Bartin, qui voit dans la propriété littéraire et artistique, non une forme de propriété, mais un droit d'usufruit *sui generis* portant sur une *res communis* (V. *Cours de droit international privé*, 1930-1931, p. 219-223), il y aurait peut-être une facilité particulière d'éviter ici les conséquences de la perpétuité de la personne morale, l'art. 619 du Code civil restreignant à une durée de trente ans l'usufruit accordé aux personnes morales. Mais cette conception du droit d'auteur ramené à un usufruit ne cadre guère, ainsi que le signale M. Bartin, avec la jurisprudence de la Cour de cassation admettant qu'à la différence d'un usufruit ordinaire qui s'éteint par le non-usage trentenaire (art. 617 Code civ.), le monopole d'exploitation de l'œuvre artistique ou littéraire au profit de l'auteur survit au non-usage pendant trente ans.

17. — Sur la personnalité interne, autrement dit sur les rapports de la personne morale avec ses membres, V. Michoud, *op. cit.*, t. 2, n. 167-189. — Les membres ont des droits individuels (*Sonderrechte*) qui peuvent s'opposer, dans une mesure qui varie selon chaque type de personne morale, à la modification des statuts, soumise elle-même à des conditions différentes selon qu'il s'agit de sociétés ou d'associations (V. au *Répertoire* et au *Supplément* les mots correspondants aux diverses personnes morales). En sens inverse, les membres peuvent être soumis à l'action disciplinaire du groupe, réglementée dans les statuts, sauf le droit de contrôle des tribunaux. — V. Trib. civ. Seine-Inférieure, 4 avr. 1927, [D. 1927.2.164, note de M. R. Beudant] — Caen, 11 avr. 1927, [D. 1928.2.65, note de M. Lepargneur] (société en nom collectif), et au sujet du droit d'admission, Cass. civ., 14 mars 1927, [D. 1928.1.9 et note de M. R. Beudant]. — Cf. A. Petit, *De l'admission des membres dans les associations de droit commun et leur démission et exclusion*, thèse Lille, 1911 ; Huguet (J.), *Du droit pour les associations d'exclure un de leurs membres ; Essai sur la valeur juridique des usages mondains*, Paris, 1929.

18. — Sur la responsabilité civile et pénale des personnes morales (n. 73 du *Répertoire*), V. les développements de Michoud, *op. cit.*, t. 2, chap. X, n. 266 à 302 ; Planiol, Ripert et Savatier, *op. cit.*, p. 96, notes 2 et 3 ; Demogue, *Traité des obligations en général*, I, *Sources des obligations*, t. 3, Paris, Rousseau, 1923, n. 341-364, p. 541-570 ; Henri Lalou, *La responsabilité civile*, Paris, Dalloz, 2ᵉ éd., 1932 ; H. et L. Mazeaud, *Traité théorique et pratique de la responsabilité civile, délictuelle et contractuelle*, 2 vol., 1932. — Cf. Hémard, *Précis élémentaire de droit civil*, t. 2, 2ᵉ éd., Paris, Sirey, 1932, n. 1402 ; Pic, *Législation industrielle*, 6ᵉ éd., n. 306 et 398 à propos des syndicats.

19. — Sur les pouvoirs de contrôle ou de tutelle administrative dont l'Etat est investi en ce qui concerne l'activité des personnes morales, V. Michoud, *op. cit.*, t. 2, chap. X, n. 303 à 314.

20. — En ce qui concerne la condition juridique des associations non déclarées (n. 80 du *Répertoire*), V. sur la possibilité de leur reconnaître une demi personnalité, Margat, *De la capacité des associations non déclarées*, dans *Rev. trim. de dr. civ.*, 1905, p. 235 ; Michoud, *op. cit.*, t. 1, n. 150 ; Rivet, *Le patrimoine légal du culte et des œuvres catholiques*, Paris, 1929, n. 129-134. — Bien que ne jouissant pas de la « capacité juridique » aux termes de l'art. 2 de la loi du 1ᵉʳ juill. 1901, qui doit être compris par référence à l'art. 6 (V. art. 5) de la même loi, elles ont certainement l'aptitude à recueillir des cotisations et elles peuvent se faire ouvrir par l'administration des postes un compte de chèques postaux. « Il est bien évident aujourd'hui, dit M. Trotabas (note sous Michoud, *loc. cit.*, p. 464), que les associations non déclarées jouissent d'une certaine capacité juridique. Ainsi, la loi du 30 mars 1916 a déterminé les conditions dans lesquelles ces associations peuvent faire appel à la générosité publique pour des œuvres de guerre (*Adde*, décret du 18 sept. 1916. — V. sur ce point, E. Fournier, *Des associations à but charitable*, thèse Montpellier, 1919). De même, le règlement d'administration publique du 15 nov. 1917, pris en application de la loi du 27 juill. 1917, reconnaît aux établissements de bienfaisance privés, créés sous forme d'associations non déclarées, le droit de participer aux élections des offices départementaux des pupilles de la nation ; et ces associations peuvent ester en justice au moins pour demander l'annulation d'un acte administratif. — V. Cons. d'Et., 21 mars 1919, [D. P. 1919.3.1, avec les conclusions de M. Riboulet]

CHAPITRE IV

DE L'EXTINCTION DES PERSONNES MORALES.

81 et s. — 1. — En ce qui concerne l'extinction et la dissolution des personnes morales, V. Michoud, *op. cit.*, t. 2, chap. XIII, n. 333 et s.; Margat, *De la dévolution des biens d'une association*, dans *Revue trimestrielle de droit civil*, 1908, p. 458 et s.; Serbesco, *La dévolution des biens des personnes morales disparues*, Paris, 1920, in-8ᵒ. — Contrairement à la doctrine de certains auteurs modernes, approuvée par M. Michoud, la jurisprudence civile et administrative suivie pour les congrégations (V. Michoud, *loc. cit.*, p. 385, note 1) admet l'opinion traditionnelle selon laquelle la personne morale peut subsister alors

même qu'elle est réduite à un seul membre (L. 7, § 2, D., liv. III, tit. IV). Pour les associations cultuelles prévues par la loi de séparation des Eglises et de l'Etat du 9 déc. 1905, loi applicable aux associations diocésaines qui se sont constituées pour le culte catholique après l'encyclique *Maximam gravissimamque* de S. S. Pie XI, en 1924, la continuation de la personnalité morale est exceptionnellement subordonnée à l'existence d'un nombre minimum de membres, faute de quoi il peut y avoir lieu à dissolution judiciaire (art. 19 et 23 de la loi à rapprocher de l'art. 32 du décret du 16 mars 1906). Cette hypothèse n'est guère à envisager pour les associations diocésaines. — Cf. Rigaud, *Les associations diocésaines*, Paris, 1924, p. 18-19; François Hébrard, *Associations diocésaines et syndicats ecclésiastiques*, Paris, 1925, n. 47.

2. — Sur le point de savoir si l'extinction de la personne morale peut être assimilée à l'ouverture d'une succession, les controverses signalées au n. 83 n'ont pas cessé (V. rejetant l'idée d'après laquelle les règles de succession des personnes physiques sont applicables aux personnes morales et déclarant en conséquence que l'art. 896 Code civ., prohibant les substitutions, est étranger à la dévolution des biens des personnes morales, Michoud, *op. cit.*, t. 2, n. 376). Dans le système qui ramène la personnalité morale à une simple forme collective de la propriété et ne voit en elle qu'un patrimoine collectif (de Vareilles-Sommières, Planiol, Berthélémy), il ne peut évidemment y avoir succession, puisque ce système nie précisément la personne morale comme sujet de droit distinct de ses membres. Il en est autrement si l'on admet le concept de personne morale soit à titre de fiction, soit à titre de réalité (V. Michoud, *loc. cit.*, n. 359 et p. 431, note 3). Le droit international connaît une théorie de la succession d'Etat à Etat. — V. Bonfils-Fauchille, *Traité de droit international public*, 8ᵉ éd., t. 1, 1922, § 234² et s.; F. Ferrara, *Persone giuridiche*, § 138, p. 963, note 1, à propos de Cavaglieri, *La dottrina delle successione di Stato a Stato*, dans *Archivio giuridico*, 1910.

3. — Bien que la doctrine moderne s'éloigne de plus en plus de l'ancienne conception régalienne de la personnalité morale, création purement légale et arbitraire résultant d'une concession de l'Etat, concession fort analogue à un privilège ou à une faveur révocable *ad nutum*, elle reconnaît au législateur le pouvoir *formel* de supprimer les personnes morales qui lui paraissent dangereuses (V. Michoud, *loc. cit.*, n. 346). Ce pouvoir, que le législateur peut exercer en fait contrairement aux exigences du juste ou du droit objectif, n'a d'autre contrôle dans les pays comme le nôtre, où aucune garantie n'existe contre les abus du pouvoir législatif, que les réactions et les protestations de l'opinion publique (Sur le point de savoir si la responsabilité de l'Etat peut être engagée sur le terrain du droit des gens, V. Basdevant Suzanne, *Répertoire de droit international*, de MM. Lapradelle et Niboyet, vᵒ *Etranger* [*Théorie générale de la condition de l'*), n. 85 et 325]. Par contre, lorsque l'extinction de la personne morale ne résulte pas d'un acte du pouvoir législatif, un recours est possible; un arrêt du Conseil d'Etat du 20 mars 1908, Société de Marie, [*Lebon*, p. 282-283; D. 1903.3.97], a admis la recevabilité du recours pour excès de pouvoir formé contre un décret retirant à un établissement le bénéfice de la reconnaissance d'utilité publique (en l'espèce une congrégation reconnue au titre d'association vouée à l'enseignement). — V. Michoud, *loc. cit.*, p. 410, note 1. — Cf. aussi n. 353, p. 416-417.

4. — En ce qui concerne le sort des biens de la personne morale à son extinction, les dérogations et les objections de l'opinion ancienne selon laquelle les biens des établissements d'utilité publique supprimés devaient être considérés comme des biens sans maître dont l'Etat serait maître de disposer à sa guise (V. n. 85 du *Répertoire*) se sont multipliées. La doctrine moderne fait justement ressortir la fragilité de l'idée développée par MM. Ducrocq et Barilleau (*Droit administratif*, t. 5, 1, n. 2213, p. 89), qui faisait de l'attribution des biens à l'Etat à la dissolution la conséquence de la reconnaissance d'utilité publique. La controverse existant en ce qui concerne le sort des biens des syndicats professionnels dissous, qu'on admette ou non l'idée selon laquelle les syndicats sont des établissements d'utilité publique (V. dans le sens de l'affirmative, Pic, *Législation industrielle*, 6ᵉ éd., 1931, n. 406; Glolin, *Syndicats professionnels*, p. 302 et s.; Dalloz, *Jur. gén.*, *Supplément*, vᵒ *Travail*, n. 913 et s. — *Contrà*, les auteurs cités dans le *Répertoire*,

vᵒ *Syndicat professionnel*, n. 177, Michoud, *loc. cit.*), n'a plus d'objet depuis que la loi du 12 mars 1920 est venue modifier l'art. 7 de la loi du 21 mars 1884, qu'il convient de rapprocher de l'art. 9 de la loi du 1ᵉʳ juill. 1901. Aux termes de cet art. 7 nouveau (codifié depuis, V. Code du travail, liv. III) : « En cas de dissolution statutaire ou prononcée par justice, les biens de l'association sont dévolus conformément aux statuts ou, à défaut de dispositions statutaires, suivant les règles déterminées par l'assemblée générale. En aucun cas, ils ne peuvent être répartis entre les membres adhérents ». — Pour l'interprétation de la formule équivoque dont se sert l'art. 18-13ᵉ de la loi du 1ᵉʳ juill. 1901 en ce qui concerne le reliquat de la liquidation des congrégations non autorisées, V. Michoud, *op. cit.*, t. 2, n. 372, p. 457, note 1, et le *Supplément au Répertoire, hoc vᵒ*.

5. — Le droit spécial de dissolution appartient au gouvernement en vertu de l'art. 12 de la loi du 1ᵉʳ juill. 1901 pour les associations composées en majorité d'étrangers, ayant des administrateurs étrangers ou leur siège à l'étranger (n. 90 du *Répertoire*. — *Adde*, Michoud, *loc. cit.*, n. 351). Cet auteur admet la possibilité du recours contentieux pour excès de pouvoir devant le Conseil d'Etat, bien qu'il ait été soutenu que cette mesure constituait un acte de gouvernement. — Pour le caractère purement territorial d'une pareille mesure de dévolution, V. Rigaud, *op. cit.*, n. 156.

6. — En ce qui concerne la controverse sur le caractère illégal de la disposition contenue dans l'art. 15 du décret réglementaire du 16 août 1901 en matière d'associations, les avis sont partagés. Dans le sens de l'illégalité de cette disposition, il convient d'ajouter à l'opinion de M. de Vareilles-Sommières, signalée au n. 94 du *Répertoire*, celles de M. Michoud, article dans l'*Année administrative*, 1903, p. 18-19 et *op. cit.*, t. 2, n. 371, p. 456, note 2; de M. Lucien Crouzil, *La liberté d'association*, p. 195 et s.; de M. Margat, article précité dans *Rev. trim. de dr. civ.*, 1908, p. 451; de M. Capitant, *Introduction à l'étude du droit civil*, 5ᵉ éd., 1929, § 182, p. 221, note 1; de M. Serbesco, *op. cit.*, n. 116. — V. en sens contraire, l'avis de M. Hauriou, *Droit constitutionnel*, 2ᵉ éd., 1929, p. 685, qui approuve la disposition de cet art. 15 comme seule susceptible d'assurer le maintien du patrimoine corporatif. Cet avis paraît être confirmé par le texte nouveau de l'art. 7 de la loi sur les syndicats, rapporté au numéro précédent, qui déclare pour les associations professionnelles, comme le déclare l'art. 15 du décret du 16 août 1901 pour toutes les associations, qu'en aucun cas les biens de l'association ne peuvent être répartis entre les membres adhérents.

7. — En ce qui concerne la carence d'une réglementation relative à la liquidation et au sort des biens des congrégations autres que celles dont la liquidation est réglée par les lois du 1ᵉʳ juill. 1901 et du 7 juill. 1904 relative aux congrégations enseignantes qui avaient été autorisées, V. Michoud, *op. cit.*, t. 2, n. 383, p. 482, note 1, et le *Supplément*, vᵒ *Communauté religieuse*. — Pour la jurisprudence relative à la reprise des dots moniales, V. Michoud, *op. cit.*, t. 2, n. 373.

CHAPITRE V

DROIT INTERNATIONAL ET COMPARÉ.

SECTION I.

Droit international.

96 et s. — 1. — *Existence en France des personnes morales étrangères.* — Le système de l'existence internationale de plein droit des personnes morales étrangères n'a pas cessé, dans la doctrine française, de recruter de nouveaux partisans, principalement depuis la loi du 1ᵉʳ juill. 1901 relative au contrat d'association. Aux auteurs cités dans le *Répertoire* qui se prononcent en ce sens, il convient d'ajouter : Lainé, *Des personnes morales en dr. intern. pr.*, *Journ. du dr. intern. pr.*, 1893, p. 273 et s.; de Vareilles-Sommières, *Synthèse du dr. intern. pr.*, t. 2, n. 715; Despagnet et de Boeck, *Précis de dr. intern. pr.*, 5ᵉ éd., n. 47 et 48; Audinet, *Principes élém. de dr. intern. pr.*, 2ᵉ éd., n. 235; Surville, *Cours élém. de dr. intern. pr.*,

7ᵉ éd., p. 1137 et s. et 452; Arminjon, *Précis de dr. intern. pr.*, t. 2, 1929, n. 177 et s., surtout n. 179 *in fine*, 181 et 198; Valéry, *Manuel de dr. int. pr.*, n. 345; A. Wahl, note très documentée sous Cass. Turin, 21 déc. 1897, [S. 1900.4.25 et s.]; Lerebours-Pigeonnière, *Précis de dr. intern. pr.*, n. 174 et s.; Baudry-Lacantinerie et Houcques-Fourcade, *Des personnes*, 5ᵉ éd., t. 1, n. 308; Capitant, *Introduction à l'étude du droit civil*, n. 184; Savatier, *Les personnes*, dans le *Traité pratique de droit civil français* de MM. Planiol et Ripert, t. 1, n. 89; et principalement Pillet, *Les personnes morales en droit international privé*, 1914, n. 34 et s.; *Principes de dr. intern. pr.*, 1903, n. 73 et s.; Michoud, *op. cit.*, t. 2, n. 322 et s.; L. Rigaud, dans le *Répertoire de droit international* de MM. de Lapradelle et Niboyet, t. 10, vᵒ *Personne morale*, n. 13. — *Adde, Supplément*, vᵒ *Dons et legs*, n. 2561 et s. — Pour l'opinion contraire exigeant une reconnaissance, soutenue par Laurent, Weiss et résumée très succinctement par M. Niboyet, *Manuel de dr. intern. pr.*, 2ᵉ éd., n. 317-319, V. les auteurs cités par Suz. Basdevant, *op. cit.*, n. 187. Ce système, qui ne subordonne en principe a aucun acte préalable de reconnaissance (traité, loi ou décret) l'existence juridique de la personne morale étrangère, cadre naturellement avec les théories assez diverses (*supra*, n. 1 et s., 4 et 7) qui font de la personnalité morale une réalité, au même titre que la personnalité juridique des individus; il cadre a plus forte raison avec la théorie qui ramène la personnalité morale à un mode particulier de la propriété reposant sur une collectivité de personnes physiques (*supra*, n. 5). Mais la notion selon laquelle la personnalité morale serait une réalité, tout au moins technique, n'est nullement nécessaire à la justification du système qui peut être adopté en dehors de toute théorie préconçue sur la nature des personnes morales. — Cf. Rigaud, *op. cit.*, n. 9 et 11; Poullet, *Manuel de dr. intern. priv. belge*, 2ᵉ éd., 1928, p. 232, 233; Niboyet, *Manuel de dr. intern. pr.*, 2ᵉ éd., 1928, n. 265, p. 299, 300 et n. 308, p. 370; Pillet, *op. cit.*, n. 336 et Savatier, *op. cit.*, n. 89 : ces auteurs notent que la théorie selon laquelle la personnalité morale est une fiction légale, concession bénévole faite par un Etat à certains groupements, n'empêche nullement d'assimiler, sous le rapport de l'existence internationale, les personnes morales reconnues par un Etat étranger aux personnes physiques qui dépendent de cet Etat. Qu'il s'agisse d'une réalité ou d'une fiction, fiction d'ailleurs qui se retrouve dans toutes les législations et qui forme une des conceptions juridiques communes des peuples civilisés, la personne morale régulièrement constituée à l'étranger a un droit acquis à l'existence. Le respect de ce droit acquis s'impose à tous pays, à moins que ce droit acquis soit incompatible avec les exigences de l'ordre public international du pays intéressé, ou que dans le pays où la personne morale étrangère invoque son existence, cette existence ne soit subordonnée a une reconnaissance législative ou administrative préalable (Cf. Rigaud, *op. cit.*, n. 11 et s. et les auteurs cités par lui). Cette reconnaissance internationale, à la différence de la reconnaissance interne, ne joue aucun rôle créateur; elle n'est qu'une sorte d'*exequatur* préalable auquel peut se trouver exceptionnellement subordonnée, par mesure préventive, l'admission dans le pays des personnes morales créées à l'étranger; c'est le système en vigueur en France pour les sociétés anonymes étrangères depuis la loi du 30 mai 1857 (Cf. Rigaud, *op. cit.*, n. 10, 48 et s.). Cette exigence d'une reconnaissance préalable, en vertu d'une loi, d'un décret ou d'un traité, s'explique, pour les sociétés anonymes, par des raisons d'ordre public et comme moyen de protection de l'économie nationale.

2. — En ce qui concerne les personnes morales étrangères de droit public (Etats étrangers; circonscriptions territoriales étrangères personnifiées, telles que provinces, départements, communes; établissements publics, tels que hôpitaux, bureaux de bienfaisance, universités, établissements du culte personnifiés dans les pays où les églises ne sont pas complètement séparées de l'Etat), leur existence juridique est admise en France en pratique sans difficulté. Les auteurs, cités au numéro précédent, qui admettent l'existence juridique de plein droit des personnes morales étrangères, voient dans cette pratique une consécration de leur système. Ceux, de plus en plus rares, qui restent fidèles à l'ancienne conception de la fiction purement légale, et estiment que la personnalité-fiction territoriale ne peut avoir aucun effet en dehors du territoire soumis à l'empire de la loi qui l'a créée, expliquent cette pratique par la reconnaissance internationale dont l'Etat étranger auquel se rattachent ces personnes morales publiques a été l'objet sur le terrain du droit des gens. — Cf. la jurisprudence et la doctrine analysées par Rigaud, *op. cit.*, n. 24 à 34, et Trib. civ. Seine, 28 juill. 1892, [*Clunet*, 1895, p. 788 et s.; 1898, p. 729], à propos d'un legs fait à la commune italienne de Sostegno par l'un de ses originaires, établi en France.

3. — En ce qui concerne les personnes morales étrangères de droit privé, un arrêt, d'ailleurs ancien, de la Cour de cassation (Cass. req., Caisse franco-suisse c. Ramillon, [S. 60.1.865, D. 60.1.444]), rendu à propos d'une société anonyme suisse non reconnue en France au sens de la loi du 30 mai 1857, consacre le système de la fiction légale territoriale et refuse à cette société le droit d'ester en justice comme demanderesse. Mais cette jurisprudence est tempérée par les arrêts qui admettent en sens inverse la possibilité pour les personnes morales étrangères non reconnues de figurer dans une instance comme défenderesses et d'exercer à ce titre une action reconventionnelle (Cf. Rigaud, *op. cit.*, n. 161 et 162). D'autre part, en ce qui concerne les personnes morales étrangères à but non lucratif (notamment les associations et congrégations), non soumises aux exigences de la loi du 30 mai 1857, des décisions de jurisprudence, qui ne sont explicables que par l'adoption implicite du système de l'existence internationale de plein droit de la personne morale étrangère, ont reconnu à ces personnes morales la capacité active d'ester en justice. — Voir notamment, à propos du comité des assureurs maritimes de Hambourg, Paris, 26 mars 1891, [*Clunet*, 1892, p. 529] — Cass. civ., 12 juill. 1893, [*Clunet*, 1893, p. 1204]; — à propos du bénéfice-cure de Thonex en Suisse, Tribunal de Saint-Julien-en-Genevois, jugement du 21 nov. 1911, [*Revue de droit international privé*, 1913, p. 87 et 681, et *Revue du culte catholique*, de MM. Grousseau et Biré, 1912, p. 56-60; — à propos de la congrégation des Bénédictins de Silos Burgos c. la Société de la bénédictine de l'Abbaye de Fécamp, Rouen, 4 déc. 1901, [*Clunet*, 1902, p. 802-809]— et sur toutes ces décisions, Rigaud, *op. cit.*, n. 54-58, 65-67. — Cf. aussi, déjà en ce sens, pour une société d'assurances mutuelles étrangère considérée comme une association, Paris, 25 mars 1873 et Trib. de Versailles, 25 mai 1870, [D.75.2.17 et Rigaud, *loc. cit.*, n. 60]). — La jurisprudence italienne la plus récente consacre plus nettement ce système de l'existence internationale de plein droit des associations étrangères sous le rapport de la capacité d'ester en justice. — V. Milan, 17 janv. 1929, Eglise méthodiste épiscopale, [*Clunet*, 1928, p. 1287] — Cass. Italie, 11 mars 1930, Société russe de Palestine, [*Clunet*, 1931, p. 224, note de M. Valéry]

4. — *Droits dont jouissent en France les personnes morales étrangères reconnues existantes.* — La question des droits dont les personnes morales régies par la loi étrangère peuvent se prévaloir en France n'est qu'un chapitre spécial de la condition des étrangers en France. La pratique assimile en principe ces personnes morales aux personnes physiques étrangères, sans tenir compte de la nationalité, peut être très diverse, des membres qui composent le groupe personnifié, la personnalité morale étant distincte de la personnalité individuelle de chacun de ces membres et ne résultant pas de leur simple addition. Cette pratique cadre avec le système qui attribue aux personnes morales une nationalité distincte de celle de leurs membres. Elle est très libérale, puisqu'elle permet, d'une part, à des étrangers de se ménager collectivement les mêmes droits que ceux qui sont reconnus aux Français en groupant leurs intérêts dans une société régie par la loi française, et qu'elle étend, d'autre part, aux personnes morales étrangères le bénéfice des traités qui visent simplement la condition des étrangers individus (Cf. Rigaud, *op. cit.*, n. 102 et 105). Cette capacité de jouissance ainsi reconnue aux personnes morales étrangères comprend la capacité d'être propriétaire d'immeubles situés en France (V. pour les controverses à ce sujet, Rigaud, *op. cit.*, n. 106 et 108) et même celle de recueillir, comme les individus, par succession, donation ou legs. — Rigaud, *loc. cit.*, n. 108.

5. — Toutefois, cette capacité est en elle-même subordonnée à deux conditions : 1ᵒ que la loi étrangère à laquelle se rattache la personne morale lui reconnaisse la jouissance du droit qu'elle invoque en France; 2ᵒ que ce droit, dès lors tout au moins qu'il s'agit de l'acquérir en France, soit reconnu et organisé également en France au profit des personnes morales françaises

de même espèce (Cf. Pillet, *Traité pratique de droit intern. privé*, t. 1, n. 253, p. 640; Lerebours-Pigeonnière, *Précis de droit intern. privé*, n. 384; Planiol, Ripert et Savatier, *op. cit.*, n. 90-2°; Rigaud, *op. cit.*, n. 124). L'absence de la seconde condition rend souvent inefficaces les dispositions à titre gratuit au profit des personnes morales étrangères de droit privé (V. l'affaire du legs Narcisse Thibault à l'*International and Arbitration Peace Association*, Cass., 7 févr. 1912, [S. et P. 1914.1.305 et note de M. Hugueney, D. 1912.1.433] et au sujet de la même affaire consultation Renault et note de M. Donnedieu de Vabres dans *Revue de droit intern. privé*, 1909, p. 846 et 1913, p. 454; *Supplément au Répertoire*, v° *Dons et legs aux établissements publics*, n. 175, 2561 et s.-3. — *Adde* l'affaire du legs Romaguera au profit de trois congrégations, dont deux étrangères, Trib. Seine, 5 juin 1929, [*Gaz. Pal.*, 1929.2.267 et *Clunet*, 1930, p. 119], rapporté aussi dans le *Répertoire de droit international* de MM. de Lapradelle et Niboyet, v° *Congrégation*, n. 31, et résumant toute cette jurisprudence, Rigaud, *op. cit.*, n. 58, 115, 125, 69 et 70). Il faut de plus tenir compte des limitations qui peuvent provenir soit de l'ordre public du international, soit de la divergence des qualifications (Cf. notamment, à propos du droit de succéder des Etats étrangers, Rigaud, *op. cit.*, n. 130; Niboyet, *Manuel de dr. intern. priv.*, n. 427 et 730-3°; Valéry, *Manuel*, n. 851). Les dons et legs adressés aux personnes morales étrangères reconnues capables par l'avis du Conseil d'Etat du 12 janv. 1854 (*supra*, n. 57 et s.-1) restent soumis, au point de vue de l'exécution de la libéralité, sauf discussion pour les libéralités à des Etats étrangers, à l'autorisation du gouvernement (Cf. Rigaud, *op. cit.*, n. 131 à 137), en vertu de l'art. 910 du Code civil. Mais le principe dit de spécialité, sur lequel le gouvernement se fonde parfois pour refuser aux personnes morales françaises l'autorisation d'accepter, doit être considéré comme ne pouvant concerner les personnes morales étrangères (Rigaud, *op. cit.*, n. 150). Cela est conforme au caractère purement administratif de la règle de la spécialité (V. *supra*, n. 57 et 3 et 4). En ce qui concerne les dons et legs au Saint-Siège (Cf. l'affaire du testament de la marquise du Plessis-Bellière, *Répertoire*, v° *Dons et legs*, n. 2621 et s., et v° *Saint-Siège*); les arrêts rendus dans cette affaire ont beaucoup perdu de leur portée depuis les accords du Latran conclus en 1929 entre l'Italie et le Saint-Siège, dont l'assiette territoriale a été reconstituée par la création de l'Etat de la Cité du Vatican. — V. Rigaud, *op. cit.*, n. 37 à 42 et 110.

6. — La discrimination, sous le rapport de la jouissance des droits en France, des personnes morales de droit privé en personnes morales françaises et étrangères, devrait, d'après certains, dépendre, non de l'attribution, très contestable en elle-même, à l'être moral d'une nationalité propre distincte de celle de ses membres, mais de la nationalité de ces derniers ou du caractère national ou étranger des intérêts que représente la personne morale. D'après ces auteurs, il ne suffirait pas qu'une société par actions ait son siège social en France et ait été fondée selon les prescriptions de la loi française pour pouvoir se prévaloir en France, au titre de personne morale fictivement dotée de la nationalité française, et sans autre condition, comme un citoyen français, de certains droits civils à la jouissance desquels les étrangers ne sont admis qu'à des conditions particulières, alors qu'une pareille société est en réalité en mains étrangères. Ainsi a pu être critiquée une décision reconnaissant, sans autre condition, à la Société des chaussures Mansfield, déclarée de nationalité française, parce qu'ayant son siège administratif à Paris et fondée selon la loi française, le bénéfice dit de la « propriété commerciale » (L. 30 juin 1926, modifiée par L. 22 avr. 1927, art. 19), alors que cette société ne groupe et ne représente que des intérêts anglais (V. Paris, 13 mai 1929, [*Gaz. Pal.*, 1929.2.271]). On peut en effet reprocher au système traditionnel qui attribue aux personnes morales une nationalité distincte de celle de leurs membres de mêler deux questions très différentes : celle de la législation à laquelle doit obéir en principe la personne morale (question de conflit de lois) et celle des droits dont elle est admise à se prévaloir d'une façon générale dans un pays déterminé (question de jouissance des droits faisant partie de la condition juridique locale de l'étranger par rapport au national). Le critérium suivi pour déterminer la loi applicable à une personne morale, qui s'exprime d'une façon contestable dans l'attribution à cet être de raison d'une nationalité fictive d'après telle ou telle circons-

tance, dont la plus déterminante est celle du siège social, est en lui-même admissible (V. *infrà*, n. 7). Mais la détermination des droits dont la personne morale invoque le bénéfice ne dépend pas nécessairement de ce critérium, auquel on propose d'en substituer un autre, dit du « contrôle », lequel refuse de tenir compte de la loi à laquelle obéit la personne morale, autrement dit de sa pseudo-nationalité, pour s'attacher exclusivement ou principalement à sa composition. — Sur ce système du contrôle, adopté au cours de la guerre européenne de 1914-1918 et dans les traités de paix pour déterminer si les personnes morales devaient ou non être soumises à la législation propre aux sujets ennemis, V. Rigaud, *op. cit.*, n. 96 à 100; Michoud, *op. cit.*, t. 2, p. 317, note de M. Trotabas.

7. — *Conflit de lois*. — En ce qui concerne la loi à laquelle est soumise en principe la personne morale dont l'existence est reconnue dans les rapports internationaux, le problème de la loi applicable (question du conflit de lois) est aisément résolu pour l'Etat et les autres personnes morales publiques, qui sont évidemment régies en principe par les lois de l'Etat dont elles dépendent (V. Rigaud, *op. cit.*, n. 74 et 75). Le problème se pose surtout pour les personnes morales privées (sociétés, associations, fondations), créées par l'initiative privée, qu'elles soient d'ailleurs ou non (V. *supra*, n. 17 et s.-9) soumises à l'autorisation de l'Etat. Ce problème a été surtout agité pour les sociétés au sujet desquelles de nombreux systèmes ont été proposés : rattachement à la loi qui les autorise, ce qui est insuffisant depuis que l'autorité publique a renoncé dans la plupart des pays au système de la concession (*supra*, *ibid.*); rattachement à la loi nationale des membres ou de la majorité des membres, au pays de souscription du capital social, à la loi du centre d'exploitation, à celle du siège social ou administratif... C'est le système du rattachement obligatoire à la loi du siège social, pourvu qu'il ne soit pas fictivement créé à l'étranger par fraude à la loi française, qui l'emporte en France, comme d'ailleurs dans la plupart des pays, pour les sociétés (V. Rigaud, *op. cit.*, n. 78 à 80 et le *Répertoire*, v° *Société*). On dit par métaphore que la société prend la nationalité de l'Etat où elle a son siège social et à la loi duquel les fondateurs doivent se conformer. Mais, outre que la prétendue nationalité de la personne morale paraît se confondre avec le domicile, qui dépend également du siège social, le concept de nationalité semble être inutile et dangereux à raison des conséquences que la jurisprudence lui attribue au point de vue de la question de jouissance des droits (V. le n° précédent), conséquences qu'il est impossible d'admettre en temps de guerre, où l'idée réaliste de contrôle l'emporte sur le concept artificiel de nationalité. Pour résoudre la question de la loi applicable (question du conflit de lois) on pourrait très bien se passer de ce concept, car du fait que la société doit suivre la loi de l'Etat sur le territoire duquel elle a son siège, il ne résulte nullement qu'il faille lui attribuer la nationalité de cet Etat. Toutefois la métaphore est si commode qu'elle est constamment employée en pratique et que la loi applicable, ainsi déterminée, est considérée comme le statut personnel de la personne morale-société (Sur cette autre métaphore et les critiques qui lui ont été adressées, V. Rigaud et les auteurs cités, *op. cit.*, n. 126, 127). Bien que cela ait été contesté. le même rattachement à la loi de l'Etat où se trouve établi le siège social paraît devoir être suivi pour les associations (Rigaud, *op. cit.*, n. 81 à 84) et pour les fondations (V. Crémieu, dans le *Répertoire de droit international*, v° *Fondations*, n. 44, et Michoud, *op. cit.*, t. 2, n. 32). C'est également le système suivi pour les congrégations (Rigaud, *op. cit.*, n. 86). — Sur la façon de résoudre les difficultés auxquelles peut donner lieu la détermination de la loi applicable au cas où le siège social paraît pouvoir être fixé en plusieurs Etats différents, V. Rigaud, *op. cit.*, n. 87 à 89. *Adde*, en ce qui concerne les sociétés dites « à Comité », Madeleine Pinard, *Des conséquences de l'origine du capital social quant à l'organisation administrative de certaines sociétés anonymes*, thèse Poitiers, 1930, p. 84 à 88). — Sur les difficultés accessoires au cas où le siège social est établi dans un Etat où coexistent plusieurs législations différentes selon le territoire, ou la race, ou la religion, V. Rigaud, *op. cit.*, n. 91.

8. — C'est donc la loi de l'Etat où se trouve établi le siège social, à laquelle les statuts doivent nécessairement se conformer, qui régit les conditions de création, de validité et de fonctionnement des personnes morales privées, réserve faite du cas

du siège social fictif ou frauduleux. C'est cette loi qui régit notamment la capacité patrimoniale de la personne morale. — Mais d'autres lois peuvent intervenir en vertu des principes généraux du droit international privé. Il en est ainsi pour la capacité délictuelle de la personne morale, c'est-à-dire pour la détermination de la mesure dans laquelle la personne morale peut-être assimilée aux individus en ce qui concerne la responsabilité civile des dommages causés par ses représentants légaux ou ses préposés; la loi du lieu de perpétration des faits délictueux ou dommageables (*lex loci delicti commissi*) doit être consultée, à l'exclusion de la loi du siège social si celui-ci se trouve dans un Etat différent (V. Rigaud et la jurisprudence citée par lui, n. 128). — D'autre part, la loi du siège social pourra être écartée parfois comme contraire à l'ordre public international et sera remplacée alors par la loi du juge (*lex fori*. V. Rigaud, *op. cit.*, n. 145). Enfin, sous le rapport de son activité (« capacité fonctionnelle » opposée à la simple capacité patrimoniale), la personne morale est soumise dans une mesure très large à la loi du lieu où s'exerce cette activité; il en est ainsi notamment pour les sociétés qui ont des centres d'exploitation dans des Etats différents de celui où elles ont leur siège social. Déjà, par assimilation à l'activité des individus, l'activité de la personne morale est soumise, conformément à l'art. 3, alin. 1, du Code civil, aux lois de police et de sûreté : telles les prescriptions relatives à l'ouverture des établissements dangereux, insalubres ou incommodes (L. 19 déc. 1917 et décr. 24 déc. 1919). Mais il faut mentionner en outre, pour les sociétés qui ont leur siège social à l'étranger, les très nombreuses prescriptions qui ont été promulguées en ce qui concerne leur activité en France (immatriculation au registre du commerce, art. 9 de la loi du 18 mars 1919) : dépôt, avant tout établissement en France, d'un exemplaire des statuts au bureau de l'enregistrement, art. 12, § 5, de la loi de finances du 13 avr. 1898; prescriptions particulières en ce qui concerne l'émission et la négociation en France des titres des sociétés étrangères, loi du 30 janv. 1907; leur admission à la cote de la Bourse, décrets des 16 févr. 1880 et 1er déc. 1893; régime fiscal particulier, etc... (V. Rigaud, *op. cit.*, n. 143; Michoud, *op. cit.*, t. 2, n. 330, 332); voir aussi les lois des 17 mars 1905, 19 déc. 1907, 3 juill. 1913, 20 févr. 1922 sur les sociétés d'assurances, d'épargne et de capitalisation. — Pour les associations étrangères, si leur capacité patrimoniale est, conformément au principe déjà exposé, régie par la loi étrangère de leur siège considérée comme leur statut personnel, elle est pratiquement restreinte à la mesure de la petite personnalité des associations françaises déclarées, dès lors qu'il s'agit pour elles, non simplement de faire valoir des droits acquis, mais d'acquérir des droits en France (V. *suprà*, t. 5, et Rigaud, *op. cit.*, n. 62 et 146; *contrà*, Rivet, *op. cit.*, n. 82). Quant à l'établissement en France des associations étrangères, il est exclusivement du ressort de la loi française qui régit, comme nous venons de le voir, l'activité de la personne morale (Voir toutefois, inclinant à admettre, la loi de 1901, les associations et fondations étrangères à établir leurs services en France, mais avec des réserves qui les obligent en fait à se soumettre aux formalités de la loi française, Michoud, *op. cit.*, t. 2, p. 363-364); cela conduit à dénier aux associations étrangères le droit de posséder des immeubles en France, même dans la mesure limitée où ce droit est reconnu aux associations françaises déclarées; elles ne peuvent acquérir en France des immeubles dans la mesure prévue à l'art. 6-2° de la loi du 1er juill. 1901 qu'à la condition de s'établir en France, ce qui les oblige à se transformer, par la voie de la déclaration exigée par la loi de 1901 et par l'art. 3-4° du décret du 16 avr. 1901, en associations régies par la loi française (Cf. Rigaud, *op. cit.*, n. 147). — L'activité fonctionnelle des congrégations étrangères est également soumise à la loi française, exclusivement compétente au titre de loi locale de police et de sûreté. Mais cette compétence de la loi locale cesse, quoique le contraire ait été soutenu, en ce qui concerne leur capacité patrimoniale, dans la mesure où celle-ci se manifeste comme distincte de leur activité fonctionnelle, principalement lorsqu'il s'agit simplement pour ces congrégations de demander en France la reconnaissance et la protection des droits régulièrement acquis par elles à l'étranger (Cf. Rigaud, *op. cit.*, n. 148). — La même distinction doit être faite pour les fondations étrangères, qui ne peuvent fonctionner en France qu'à la condition d'obtenir une reconnaissance d'utilité publique par un décret, comme les fondations directement créées en France (V. *suprà*, n. 17 et s.-9° *in fine* et Crémieu, *op. cit.*, n. 51); s'il s'agit au contraire d'invoquer simplement leur capacité patrimoniale en se prévalant en France de droits régulièrement acquis en vertu de leur loi d'origine, elles n'ont pas besoin de cette reconnaissance. — Cf. Crémieu, *op. cit.*, n. 52 et s.

9. — En ce qui concerne l'effet international de l'extinction ou de la dissolution des personnes morales et le droit pour le gouvernement de dissoudre une personne morale étrangère (art. 12 de la loi du 1er juill. 1901), V. Rigaud, *op. cit.*, dans le *Répertoire de droit international*, n. 152 à 160, et Suz. Basdevant, dans le même *Répertoire*, v° *Etranger* (*Théorie générale de la condition de l'*), n. 323 et 326. — Pour les difficultés en cas d'annexion, principalement pour les personnes morales publiques, V. Michoud, *op. cit.*, t. 2, n. 396 et la bibliographie citée en note par M. Trotabas, avec la thèse de celui-ci, *Le droit public dans l'annexion et le respect des droits acquis*, Paris, 1921. — La loi qui régit l'extinction ou la dissolution des personnes morales privées est normalement la loi compétente pour leur création et leur validité (*suprà*, n. 7 et 8), c'est-à-dire la loi de leur siège social, qui constitue leur loi nationale dans la terminologie courante attribuant aux personnes morales une nationalité. — Pour la mise en œuvre de ce principe, en ce qui concerne les sociétés, soit que leur dissolution intervienne à la suite d'une annulation, soit qu'elle soit la conséquence d'une mise en faillite, V. Pillet, *Les personnes morales en droit international privé*, n. 171 *bis*, 172, 178. — Au point de vue de la dissolution ou de la mise en faillite d'une personne morale privée et des effets internationaux qu'elles sont susceptibles de produire, des conflits de qualifications peuvent surgir, tenant notamment à ce que dans les divers Etats où se posent ces difficultés la personne morale est considérée ou non comme une association ou une société, comme une société civile ou une société commerciale. Il semble que la qualification doit être donnée conformément à la loi du juge (*lex fori*). — En ce sens, Arminjon, Bartin, Houpin et Bosvieux; *contrà*, Pillet, Frankenstein; voir les opinions résumées par Rigaud, *op. cit.*, n. 21 et 22; cf. n. 32 pour certaines personnes morales publiques soviétiques qui ne sont pas conformes à notre conception du droit public.

10. — En ce qui concerne les conflits juridictionnels de compétence et les problèmes d'*exequatur* qui intéressent les personnes morales, V. Rigaud, *op. cit.*, n. 160 et s. avec les références. — On est d'accord pour assimiler les personnes morales aux personnes physiques au point de vue des dispositions de compétence et de procédure des art. 14 et 15 du Code civil; de même, en ce qui concerne l'exigence de la caution *judicatum solvi* stipulée à l'art. 16 du même Code. — La question délicate de savoir si les tribunaux d'un pays, notamment un tribunal français saisi en vertu de l'art. 14 du Code civil, sont compétents pour prononcer la nullité d'une société constituée et ayant son siège social dans un autre pays (société étrangère) doit être résolue, semble-t-il, dans le sens de l'affirmative, la compétence judiciaire (question du conflit de juridictions) étant en principe distincte de la compétence législative (question du conflit de lois ou de la loi applicable) (V. en ce sens Pillet, *op. cit.*, n. 172; *contrà*, Arminjon, *Pr. de dr. intern.*, t. 2, n. 182). — Pour la déclaration de faillite, V. Pillet, *op. cit.*, n. 178 et s., et *Rép. de dr. intern.*, v° *Faillite*. — *Adde*, pour la mise en liquidation judiciaire des sociétés russes dont l'existence de fait s'est poursuivie en France, Trib. de commerce de la Seine, Banque russo-asiatique, 1er oct. 1926, cité par Petchorine, *Condition des Russes en France et celle des étrangers — spécialement des Français — en U. R. S. S.*, Paris, Sirey, 1929, p. 145-147; plus généralement, en ce qui concerne la condition en France et à l'étranger des anciennes sociétés russes, voir, résumant l'importante jurisprudence et l'abondante doctrine qui se sont manifestées à ce sujet, Scheftel (J.), *Des effets des décrets de nationalisation sur les sociétés russes ayant conservé des biens à l'étranger*, dans *Clunet*, 1931, p. 565, 953 et s. — L'action en justice dirigée contre certaines personnes morales publiques étrangères, en premier lieu les Etats étrangers, peut se heurter à une immunité internationale de juridiction qui oblige la juridiction saisie à se déclarer incompétente (V. le *Rép. de dr. intern.*, v° *Compétence*, n. 266 et s.. et Rigaud, *op. cit.*, n. 167). Il est admis d'ailleurs que l'Etat étranger peut renoncer à invoquer l'immunité, et que celle-ci ne s'étend pas à cet Etat en tant que commerçant, ainsi à

l'Etat russe représenté dans les divers pays par les représentations commerciales soviétiques. — Rigaud, *op. cit.*, n. 32, 34, 168. — Trib. de la Seine, 5 mars 1930, Hertzfeld c. Etat russe et société La Dobroflott, et Paris, 19 févr.1931,[*Revue de dr. intern. pr.*, 1930, p. 284 et *Clunet*, 1931,p. 393]—Seine, 10 févr. 1931 (référé), [*Clunet*,1931,p.412`.— Cf. Tager, note au *Clunet*, 1931, p. 424, 425. — *Adde*, écartant l'immunité soulevée par l'agence du gouvernement du Pérou pour la vente du guano, en faisant appel à l'idée d'une renonciation implicite de l'Etat commerçant, Gand, 14 mars 1879, [*Clunet*, 1881, p. 82]

11. — *Personnes morales superétatiques ou interétatiques (Saint-Siège, Société des Nations, commissions internationales, associations internationales).* — Il existe des personnes morales de droit public, admises par le Droit des gens, qui ne constituent pas des Etats, tout au moins des Etats ordinaires, et cependant jouissent d'une condition juridique et de prérogatives analogues. La plus connue est le Saint-Siège, organe central de l'Eglise catholique, qui n'avait pas cessé d'être une personne morale du Droit des gens, investie des droits de légation actif et passif et de conclure des concordats en la forme de traités internationaux, bien qu'il eût cessé d'être un Etat après l'absorption des Etats pontificaux dans le royaume d'Italie. Des pactes du Latran, du 11 févr. 1929, négociés entre M. Mussolini et le Cardinal Gasparri, Secrétaire d'Etat de Sa Sainteté le Pape Pie XI, il résulte désormais que le Saint-Siège est reconnu par l'Italie au titre d'Etat, correspondant à la puissance souveraine qui s'exerce en toute indépendance sur le territoire de la Cité du Vatican (art. 27 et 29, § *a*, du Concordat du 11 févr. 1929, à rapprocher de l'art. 11 du traité du même jour). Mais il s'agit d'un Etat qui présente des caractères tout à fait exceptionnels, d'un Etat *sui generis*, comme il n'en existe aucun autre, simple signe sensible et symbole extérieur d'une souveraineté internationale d'ordre religieux et spirituel, la souveraineté pontificale; cette souveraineté se trouve exprimée d'une façon permanente, en vertu d'une longue tradition historique et juridique, par la personnalité de Droit des gens reconnue par les Etats au Saint-Siège, personnalité qui n'est pas liée nécessairement, à la différence de celle des Etats, a une assiette territoriale, étant en réalité d'ordre superétatique et supranational. Cette personnalité, qui existait avant la création de l'Etat de la Cité du Vatican, est indépendante du sort de celui-ci ; elle subsisterait, même s'il venait à disparaître, comme elle avait subsisté après l'incorporation des anciens Etats pontificaux au royaume d'Italie (V. notamment Louis Le Fur, *Le Saint-Siège et le Droit des gens*, Paris, Sirey, 1930; Yves de La Brière, *La condition juridique de la Cité du Vatican*, dans le *Recueil des cours de l'Académie de Droit international* de La Haye, 1930, III, t. 33, et la bibliographie qui termine ce cours; Rigaud, *op. cit.*, n. 35 à 42; Georges Renard, *L'Eglise et la souveraineté*, reproduit dans *Doc. cathol.*, 1932, t. 27, p. 712-717). — Peut-on reconnaître que l'Eglise catholique a, en tant qu'universalité supranationale, une personnalité au même titre que le Saint-Siège?... La question est controversée (V. les opinions et la jurisprudence citées par Rigaud, *op. cit.*, n. 36); cette personnalité a été niée sous l'empire du Concordat de 1801 par la cour d'appel d'Amiens, dans la fameuse affaire du testament de la Marquise Du Plessis-Bellière. — La reconnaissance du Saint-Siège comme personne morale du Droit des gens ne s'étend pas en principe aux organismes de l'Eglise personnifiés par le Droit canonique, tels que les ordres religieux et congrégations; la question de l'existence internationale de ces organismes n'est guère susceptible de se poser en France qu'à propos de leurs établissements régulièrement fondés dans un Etat, et jouissant au regard de la législation de cet Etat de la personnalité morale. — V. *supra*, n. 2, 3 et 5; cf. Rigaud, *op. cit.*, n. 42.

12. — Il n'est pas douteux que la Société des Nations, créée par le traité de Versailles, constitue une personne morale du Droit des gens, dont on a pu comparer dans une certaine mesure la personnalité à celle qui est reconnue au Saint-Siège (Cf. Louis Testain, *Le traité politique du Latran et la personnalité en droit international public*, thèse Paris, 1930; Rigaud, *op. cit.*, n. 43). Elle offre en effet cette double particularité de n'être pas liée, à la différence de la personnalité étatique, à un territoire, et d'être supranationale, bien qu'elle ne constitue pas, dans sa situation actuelle, un super-Etat. Elle jouit, comme les Etats ordinaires et le Saint-Siège, de l'immunité de juridiction. — V. Marcel Oudinot, *Des recours ouverts aux particuliers contre la S. D. N.*, Clunet, 1928, p. 584 et s., et Rigaud, *op. cit.*, n. 167 et 124; Schücking et Wehberg, *Die Satzung des Völkerbundes.*

13. — D'autres organisations interétatiques ont précédé la S. D. N., en vertu d'ententes ou de traités qui avaient posé les premiers jalons d'un droit administratif international traduisant les besoins, qui se font de plus en plus sentir, de coopération internationale. La plupart de ces organisations n'ont pas été dotées de la personnalité; il en est ainsi, par exemple, ordinairement, des Unions d'Etats : Union postale et télégraphique universelle, Union ferroviaire (convention de Berne), Unions pour la protection de la propriété littéraire et artistique (conventions de Paris, Berlin et Rome) ou industrielle (conventions de Paris et Washington), etc. (V. Pillet, *Des personnes morales en droit international privé*, n. 40 *bis*, p. 53; Kaufmann, *Les Unions internationales...*, dans le *Recueil des cours de l'Académie de Droit international de La Haye*, 1924, t. 2, p. 179; Neumeyer, *Les Unions internationales*, Cours de l'Académie de La Haye, dans *Revue de droit international* de Genève, 1924, p. 16 et s., 138 et s., 343 et s.). — Mais parfois ces organismes ont été dotés, par les traités, de la personnalité juridique. Il en est ainsi de la Commission internationale du Danube, instituée par la conférence de 1866, et dont les pouvoirs ont été confirmés par le traité de paix de Versailles; la Commission internationale du Danube jouit de l'immunité de juridiction au même titre que les Etats (*supra*, n. 10, et Rigaud, *op. cit.*, n. 44, 167). Il en a été de même de la Commission des réparations (V. Trotabas, sous Michoud, *op. cit.*, t. 2, p. 305, 306 et note et t. 2, p. 345, note 1). La Banque des règlements internationaux, constituée pour la réalisation du plan Young, s'est vue également reconnaître cette personnalité (art. 6 de l'accord avec l'Allemagne en vue d'établir un règlement complet et définitif des réparations, promulgué par le décret du 19 mars 1930, *Journ. off.* des 19-20 mars 1930, p. 5531; Trotabas, *Rev. de dr. intern. et de lég. comparée*, 1931). Il ne peut être évidemment question à propos de ces personnes morales internationales d'une nationalité, même au sens métaphorique où il est employé pour les personnes morales comme synonyme de loi applicable (V. *supra*, n. 6 et 7), puisque le statut juridique de ces organismes ne dérive pas d'une loi nationale; on peut simplement dire (Trotabas, sous Michoud, t. 2, p. 345, note 1) que, « dans tous pays, ces organismes ont un statut étranger : leur situation peut être assimilée à celle des agents diplomatiques accrédités (Cpr. la convention du 23 juill. 1921, promulguée par décret du 25 sept. 1922, établissant le statut définitif du Danube, art. 37) ». Ces organismes ne peuvent donc être soumis, sinon volontairement, aux juridictions et aux lois privées territoriales (le même, *loc. cit.*). Enfin, parmi ces organisations interétatiques, certaines ont reçu simplement la personnalité morale conformément aux lois d'un Etat-membre, au titre d'établissement de cet Etat, bien que leur création résulte d'une entente internationale. Il en est ainsi du Bureau international des poids et mesures, établi à Paris par décret du 28 oct. 1876, en exécution de l'art. 3 du règlement annexé à la convention internationale du 20 mai 1875; il a été fondé conformément à la loi française, ayant reçu la personnalité au titre d'établissement d'utilité publique; aussi les partisans de la conception si critiquable qui attribue aux personnes morales une nationalité (*supra*, n. 6 et 7) déclarent que ce bureau international a la nationalité française (Michoud, *op. cit.*, t. 2, p. 345, note 1). Il en est encore ainsi d'un très important organisme en voie de constitution : l'Office international de chimie (V. la loi du 4 août 1931 approuvant la convention internationale du 29 oct. 1927, dont l'entrée en vigueur suppose, d'après l'art. 12, la ratification de sept des pays signataires). Aux termes de l'art. 7 du règlement annexe (ayant d'après l'art. 12 la même valeur que la convention), « le gouvernement français doit prendre les dispositions nécessaires pour faire reconnaître l'établissement comme d'utilité publique ». Pourra-t-on continuer sans incohérence à attribuer à cet office international, ainsi reconnu au titre d'établissement d'utilité publique, une nationalité française, alors que l'art. 3 de la convention précitée déclare que « l'Office est indépendant des autorités du pays dans lequel il est établi »? — La question ne se pose pas pour les auteurs qui se refusent à étendre aux personnes morales le concept de nationalité (V. *supra*, n. 6 et 7). — Pour l'Institut international de coopération intellec-

tuelle, dont le siège est à Paris, et auquel la personnalité morale a été conférée par l'art. 2 de la loi française du 6 août 1925, approuvant un accord du gouvernement français avec la S. D. N., V. le *Répertoire de droit international*, v° *Coopération intellectuelle*. — Pour l'Institut international d'agriculture, *ibid.*, n. 21, et consultation de M. Fusinato, *Rivista di Diritto internazionale*, de M. Anzilotti, p. 149, et l'opinion de M. Frankenstein rapportée par Rigaud, *op. cit.*, n. 124.

14. — Il est, à côté de ces organisations administratives interétatiques de droit public, des associations internationales privées, fondées par des particuliers, dont l'ambition est, conformément à la qualification qu'elles se donnent (internationales), de ne dépendre d'aucun État déterminé ou d'un pouvoir spirituel quelconque. Ce sont principalement des associations scientifiques, parmi lesquelles on peut mentionner l'Institut de Droit international, fondé en 1873, lequel réunit des jurisconsultes de tous pays, sans distinction de philosophie, de religion ou de race. Ces associations sont d'ordinaire dépourvues de toute personnalité juridique, faute de se rattacher à un pays déterminé, et en l'absence d'un statut international adéquat à leur but qu'il est question de créer à leur usage et dont l'élaboration se heurte à de sérieuses difficultés. — V. Politis, *La condition juridique des associations internationales, Clunet*, 1923, et le *Répertoire de droit international*, v° *Associations internationales*; Rigaud, dans le même *Répertoire, op. cit.*, n. 72 et 124). En l'absence de ce statut international, leur personnalité ne peut dériver que de la loi nationale d'un pays où elles ont établi leur siège social et à laquelle elles se sont conformées. — V. *infrà*, Belgique.

Section II.

Droit comparé.

§ 1. *Allemagne.*

97 et s. — 1. — La Constitution allemande, dite de Weimar, du 15 août 1919, dans sa deuxième partie relative aux « droits et devoirs fondamentaux des Allemands », pose le principe de la liberté d'association et de la libre acquisition de la capacité juridique, conformément aux prescriptions du droit civil (V. art. 124 de la Constitution, et pour les congrégations, art. 137). Plusieurs Constitutions allemandes avaient déjà édicté des garanties contre la suppression arbitraire des personnes morales de droit privé (V. les Constitutions de Bavière, de Saxe, de Bade et de Brunswick, citées par Michoud, *op. cit.*, t. 2, p. 1 et 9, note 1. V. au surplus, pour l'Allemagne, Michoud, *op. cit.*, t. 1, n. 142 et la bibliographie citée, p. 434, note 1. — V. aussi, à propos des congrégations, les indications données par M. Henri Toussaint dans la brochure et le rapport au Congrès de la liberté d'association, cités à la bibliographie, et surtout pour la capacité des congrégations non autorisées, Dilg, *L'existence et la personnalité juridique des congrégations religieuses en Alsace et en Lorraine*, 2ᵉ part., chap. IV, p. 95-101, et les auteurs cités). La Compagnie de Jésus et les congrégations apparentées à cet ordre religieux avaient été exclues du territoire allemand, lors du Kulturkampf, par la loi d'Empire du 4 juill. 1872 qui ordonnait la suppression des établissements et la dispersion des membres, soumis, s'ils restaient en Allemagne, à un sévère régime de police. Cette loi a été abrogée par la loi d'Empire du 19 avr. 1917.

2. — Pour la condition des personnes morales étrangères en Allemagne et le système de droit international privé allemand en la matière, V. le *Répertoire de droit international* de MM. de Lapradelle et Niboyet, v° *Droit international privé comparé*; *Droit international privé de l'Allemagne, conditions des étrangers*, par M. Strupp, t. 6, p. 16 et s., et surtout *Conflits de lois*, par M. Hans Lewald, t. 7, p. 293 et s., n. 76 à 89. — Cf. Pillet, *Personnes morales en dr. intern. pr.*, p. 73-75, 210 et s.; Piret, p. 191-193.

§ 1 *bis. Alsace et Lorraine.*

3. — La loi du 1ᵉʳ juin 1924, « mettant en vigueur la législation civile française dans les départements du Bas-Rhin, du Haut-Rhin et de la Moselle » (territoire d'Alsace et de Lorraine réintégrés dans le territoire français par le traité de Versailles),

écarte expressément dans son art. 2, 9°, l'application de la législation française sur les associations, c'est-à-dire la loi du 1ᵉʳ juill. 1901, et par son art. 7, 9°, 13° et 14°, maintient dans ces trois départements français les dispositions du droit local relatives aux associations et aux congrégations. — Pour le droit local, V., dans le *Répertoire pratique de droit et de jurisprudence d'Alsace et de Lorraine* de M. Niboyet, les deux articles de M. Duquesne, v° *Associations*, p. 11-44 et v° *Congrégations*, p. 146-152; et Dilg, ouvrage précité.

4. — En ce qui concerne les conflits de la législation générale française avec le droit local, V. le *Répertoire* précité de M. Niboyet, v° *Lois*, par M. Degand, et *Conflit de lois*, par M. Niboyet. Cf. *Répertoire de droit international*, v° *Alsace et Lorraine*, et v° *Personne morale*, n. 71, à propos des congrégations. — Le tribunal supérieur de Colmar, avant la loi du 24 juill. 1921 sur la solution des conflits entre lois françaises et législation locale, avait refusé à la Société française des auteurs et compositeurs dramatiques le droit d'ester en justice, comme société non reconnue en Alsace-Lorraine, par application de l'art. 10 de la loi d'introduction du Code civil allemand, alors en vigueur au titre de législation locale (Ce texte, V. *Répertoire*, n. 104, exige des associations étrangères à but économique qui prétendent à la capacité juridique d'après la loi du pays où elles ont leur siège, une reconnaissance préalable du Conseil fédéral, *Bundesrath*). Au lieu de considérer cet art. 10 comme tacitement abrogé, vu l'impossibilité juridique de réaliser ces conditions après la réintégration de l'Alsace et la Lorraine, la Cour de cassation s'est bornée à casser l'arrêt de Colmar pour fausse interprétation de la législation locale, cet art. 10 ne devant s'appliquer qu'aux *associations* étrangères et non aux sociétés dont la capacité dépend uniquement de leur loi nationale (V. Cass. civ., 4 juin 1923, [*Clunet*, 1924, p. 715 et les observations de M. Nast]). L'art. 10 de la loi d'introduction du Code civil allemand n'est plus en vigueur au titre de législation locale en Alsace et Lorraine, ayant été abrogé par l'art. 16 de la loi du 24 juill. 1921. — Pour les sociétés, V. Niboyet, *Conflit entre les lois françaises et les lois d'Alsace et Lorraine*, 1922, n. 173-175; *Régime des sociétés en Alsace et Lorraine au point de vue du droit international privé*, dans *Rev. des sociétés*, 1923; Wahl, *La soumission des sociétés alsaciennes ou lorraines à la législation française*, dans *Journ. des sociétés*, 1921; Ralouant, *La condition des sociétés de commerce en Alsace et Lorraine*, dans *Annales de droit commercial*, 1922, p. 16 et s.; surtout Houpin et Bosvieux, *Traité général des sociétés*, 6ᵉ éd., t. 3, 1928, n. 2134 à 2176.

§ 2. *Angleterre.*

157 et s. — 1. — En ce qui concerne le droit applicable aux personnes morales à but non lucratif, V. Michoud, *op. cit.*, t. 1, p. 434, 435 et note 1, où l'on trouvera une bibliographie, dans laquelle les ouvrages de Barrault, Escarra cités dans notre bibliographie générale, sur les associations et fondations. *Adde*, pour le *trust*, l'ouvrage de Lepaulle paru tout récemment. — En ce qui concerne les sociétés, V. les nouveaux *Companies Acts* rapportés et commentés dans le *Clunet*.

2. — Pour la condition des personnes morales étrangères en Angleterre et le système de droit international anglais, V. le résumé de Piret, *op. cit.*, p. 189, 190; Pillet, *op. cit.*, p. 225-247, et le *Répertoire de droit international privé* de MM. de Lapradelle et Niboyet, t. 6, v° *Droit international privé d'Angleterre*, par M. Goulé. — Consulter aussi Pillet, *op. cit.*, p. 225-247; E. Hilton Young, *Foreign Companies and other Corporations*, Cambridge, 1912, et les ouvrages d'Henderson et de Lepaulle cités à la bibliographie (droit anglais et américain).

§ 3. *Autriche.*

184 et s. — 1. — V. Michoud, *op. cit.*, t. 1, p. 436, et l'article d'Adler, cité dans la bibliographie.

2. — Pour la condition des personnes morales étrangères et le système de droit international privé autrichien, V. le *Répertoire de droit international privé* de MM. de Lapradelle et Niboyet, t. 6, v° *Droit international privé de l'Autriche*, par J.-L. Kunz. — Cf. aussi pour les sociétés, Arthur Lecourt, ouvrage cité à la bibliographie.

§ 4. BELGIQUE.

195 et s. — 1. — En ce qui concerne les dispositions belges de droit interne, V. *La vie juridique des peuples*, Bibliothèque de droit contemporain, sous la direction de MM. Lévy-Ullmann et Mirkine-Guetzevich, t. 1, *Belgique*, Paris, Delagrave, 1931, par divers jurisconsultes belges. — M. Vauthier constate dans ce volume (*La Constitution et le régime politique*), p. 20 : « Les congrégations religieuses se sont créées et multipliées sous l'égide de la liberté d'association. Le clergé catholique a provoqué la fondation et assure le maintien, aux trois degrés de l'enseignement, d'un très grand nombre d'écoles libres, qui non seulement ignorent la tutelle de l'État, mais ont fini par recevoir de lui d'abondantes subventions, moyennant la garantie d'inspections ». — Pour le commentaire de l'importante loi du 27 juin 1921, qui donne une capacité très large aux associations, V. notamment l'ouvrage de Groedseels, cité à la bibliographie, et Aug. Rivet, *La loi belge du 27 juin 1921*, dans *Docum. catholique*, t. 8, p. 477 et s.

2. — Pour la condition des personnes morales étrangères et le système belge de droit international privé, V. le *Répertoire de droit international* de MM. de Lapradelle et Niboyet, t. 6, v° *Dr. intern. privé de la Belgique*, par M. Xavier Janne, et surtout les articles et l'ouvrage de M. le vicomte Poullet, professeur de droit international privé à l'Université de Louvain et membre de la Cour permanente d'arbitrage de La Haye, *Manuel de droit international privé belge*, 2ᵉ éd., Louvain et Paris, Sirey, 1928. — Les tribunaux belges tendent très nettement à abandonner, depuis la loi du 27 juin 1921, l'ancien système de la personnalité morale-fiction strictement territoriale, qui avait eu tant de succès en Belgique sous l'influence de Laurent. M. Poullet relève les attendus suivants d'un arrêt de la cour de Bruxelles du 9 juin 1925, relatif à une association néerlandaise de crédit : « Attendu que, si, avant la loi du 27 juin 1921, l'ordre public belge s'opposait à ce que les associations étrangères sans but lucratif fussent admises à ester en justice en Belgique, ce principe ne doit plus être suivi depuis que ladite loi a accordé le bénéfice de la personnification civile aux associations belges sans but lucratif » (*Pasicrisie*, 1925, t. 2, p. 157, et Poullet. *Manuel*, p. 215, note 1 ; cf., au contraire, avant la loi du 27 juin 1921, refusant le droit d'ester en justice aux missions congolaises de la Compagnie de Jésus, dotées de la personnalité morale par un décret du roi-souverain du Congo, Tribunal de Charleroi, 21 juin 1912, dans la *Revue de droit international privé* de M. de Lapradelle, 1913, p. 546, et Trib. corr. de Bruxelles, 18 avr. 1912, [*Belgique judiciaire*, 1912, col. 596 ; Poullet, *Manuel*, p. 235, note 1 et Rigaud, *op. cit.*, n. 71 *ter*]). « Après de longues controverses, dit M. Poullet, il semble de plus en plus admis, en doctrine comme en jurisprudence, que les personnes morales étrangères sont de plein droit reconnues en Belgique lorsque les associations, groupes ou institutions similaires jouissent en Belgique de la personnification civile » (V. son résumé du *Droit international privé de Belgique* dans le t. 1 précité de *La vie juridique des peuples, Belgique*, p. 403-404, n. 16). — V. aussi, en ce sens, l'article de M. Piret cité à la bibliographie et, du même, *Les personnes morales étrangères en Belgique*, dans le même *Bulletin*, 1922, p. 246-280. — Pour les problèmes relatifs à la reconnaissance en Belgique d'une fondation constituée dans le duché de Saxe-Cobourg par Léopold II. la fondation de Niederfüllbach, V. ce *Supplément*, v° *Dons et legs*, n. 2561 et s.-7 et s., et le *Répertoire de droit international privé* de MM. de Lapradelle et Niboyet, v° *Fondation*, par M. Crémieu, n. 56.

§ 5. ESPAGNE.

200 et s. — 1. — Pour le droit espagnol des personnes morales, *adde*, Benito, *Manual de derecho mercantil*, en ce qui concerne les sociétés commerciales, et Galgano, article à l'*Annuaire italien de droit comparé*, cité à la bibliographie. — En ce qui concerne les personnes morales à but non lucratif, il faut tenir compte des changements annoncés en matière de congrégations par la nouvelle Constitution du 9 déc. 1931, en vertu de laquelle la Compagnie de Jésus a été dissoute en Espagne. Avant la récente révolution, dont on ne peut encore connaître les conséquences sous le rapport du droit associationnel, les associations étaient soumises à une loi du 30 juin 1887 et à un décret du 10 mars 1923. — *Adde*, loi du 2 juin 1933 sur « les confes-

sions et congrégations religieuses », condamnée par l'Encyclique *Dilectissima nobis* de S. S. Pie XI (V. *La Documentation catholique* du 24 juin 1933, n. 664).

2. — Pour la condition en Espagne des personnes morales étrangères et le système de droit international privé espagnol, V. *Répert. de dr. intern.*, t. 6, v° *Dr. intern. privé de l'Espagne*, par M. Trias de Bes, et *Rec. des cours de l'Académie de La Haye*, 1930 (III), t. 63.

§ 6. ITALIE.

209 et s. — 1. — Pour la législation interne des personnes morales, il faut tenir compte des modifications apportées par les doctrines fascistes (V. Silvio Trentin, *Les transformations récentes du droit public italien*, t. 25 de la Bibliothèque de l'Institut de Droit comparé de Lyon, Paris, Giard, 1929. — Cf. aussi, en ce qui concerne le régime corporatif fasciste, Pic, *Lég. indust.*, 1931, 6ᵉ éd., n. 517). — Pour le droit antérieur au régime fasciste, V. Michoud, *op. cit.*, t. 1, p. 437, 438 et les ouvrages, cités à la bibliographie, de Giorgi, Ferrara, Gasca, Fagella, Vivante.

2. — Pour la condition en Italie des personnes morales étrangères et le système italien de droit international privé en la matière, V. le résumé de Piret. *op. cit.*, p. 193, 194, et pour des renseignements plus complets : Pillet, *Personnes morales en droit international privé*, p. 229, 234, 381 et s., et *Répertoire de droit international* de MM. de Lapradelle et Niboyet, t. 6, v° *Droit international privé de l'Italie*, par M. Manlio Udina. — D'après M. Piret (*loc. cit.*), « les cours italiennes adoptent intégralement la théorie de la fiction : une personne morale ne peut exercer aucun droit, ni même ester en justice, en Italie sans que l'autorité publique ait, au préalable, reconnu son existence ». M. Manlio Udina (*op. cit.*, n. 18) constate au contraire que dans son pays la doctrine et la jurisprudence dominantes sont en faveur de l'existence de plein droit en Italie des personnes morales étrangères. On peut en effet citer en ce sens deux décisions très importantes de la cour de Milan et de la Cour de cassation italienne, rapportées, *supra*, n. 96 et s.-3, *in fine*).

§ 7. MONTÉNÉGRO.

220 et s. — 1. — Les dispositions du Code monténégrin analysées au *Répertoire* sont encore en vigueur, car la Yougoslavie, royaume nouveau issu de la guerre mondiale, qui a incorporé le territoire monténégrin, n'a pas abrogé ce code.

2. — Sur les conflits des lois en Yougoslavie à propos des personnes morales, V. le cours fait à l'Académie de Droit international de La Haye en 1929 par M. Péritch, au *Rec.*, 1929 (III), t. 28.

§ 8. PAYS-BAS.

253 et s. — 1. — Pour le droit international des personnes morales en Hollande, V. Michoud, *op. cit.*, t. 1, p. 436, 437, et l'étude de M. Biebuyck citée dans la bibliographie. — Le droit hollandais offre cette particularité qu'il offre aux fondations toute facilité pour acquérir la personnalité morale, alors qu'il subordonne pour les associations cette personnalité à une concession législative ou administrative (selon que l'association est ou non faite pour plus de trente ans), d'ailleurs très libéralement octroyée.

2. — Pour la condition des personnes morales étrangères et le système hollandais de droit international privé, V. le *Répertoire de droit international* de MM. de Lapradelle et Niboyet, t. 6, v° *Droit international privé des Pays-Bas*, par M. Van Hassell, n. 21, 29.

§ 9. PORTUGAL.

273 et s. — Pour le droit interne, V. Observations de Michoud, *op. cit.*, t. 1, p. 439, et en ce qui concerne les sociétés, Azaredo e Silva, *L'individualité juridique des sociétés commerciales dans le Code civil portugais*, dans *Annales de droit commercial*, 1907.

§ 10. ROUMANIE.

288 et s. — En ce qui concerne la solution donnée en Roumanie aux conflits de lois relatifs aux personnes morales, V. le *Répertoire de droit international* de MM. de Lapradelle et Niboyet, t. 7, v° *Droit international privé de la Roumanie*, par Georges Plastara. — Pour le droit interne, V. Trajan Ionasco,

Les associations et les fondations en droit civil roumain, dans *Revue générale de droit*, 1931, p. 266 et s.

§ 11. RUSSIE.

303 et s. — 1. — En ce qui concerne la plus grande partie de l'ancien Empire russe constituant actuellement le territoire de la République socialiste fédérale des Soviets de Russie (R. S. F. S. R.), les renseignements contenus au *Répertoire* ne traduisent plus l'état actuel de la législation, le gouvernement des Soviets ayant supprimé à peu près complètement les anciennes personnes morales et décrété la nationalisation de leurs biens. — Pour ces décrets de nationalisation et leur répercussion internationale, voir Goeldlin de Tiefenau, *L'existence à l'étranger des sociétés russes constituées sous l'ancien régime et nationalisées par le gouvernement des Soviets*, Paris, Pichon-Auzias, 1928, et la bibliographie; *adde*, depuis, l'étude précitée *supra*, n. 96 et s.-10, de M. Scheftel. — Pour la nationalisation des biens d'église, Cf. les textes recueillis par Mgr d'Herbigny dans le t. 5 d'*Orientalia christiana*, Rome, et *Doc. cathol.*, t. 12, p. 815-832, t. 19, p. 553-554). — La nouvelle législation soviétique des personnes morales a subi des vicissitudes qu'il suffit de signaler, principalement après l'avènement de la N. E. P. et les tentatives de collaboration économique avec les pays restés fidèles à l'économie capitaliste. — Pour l'évolution qui s'est produite dans la législation draconienne du début, voir les *Codes de la Russie soviétique* publiés par M. Patouillet, dans la Bibliothèque de l'Institut de Droit comparé de Lyon, sous la direction de M. le professeur Lambert, Paris, Giard et Brière, 3 tomes, et le t. 4 (nouveau statut des sociétés par actions, ancienne et nouvelle législation sur les trusts). — Pour le commentaire de la législation soviétique, voir le *Traité de droit civil et commercial des Soviets*, par B. Eliachevitch, le baron Noldé et P. Tager, Paris, 1930, l'ichon et Auzias.

2. — En ce qui concerne la condition des personnes morales étrangères en Russie soviétique et le système de droit international privé spécial à ce pays, voir *Répertoire de droit international* de MM. de Lapradelle et Niboyet, t. 7, v° *Droit intern. privé soviétique*, par Arsène Stoupnitsky, n. 62 à 65, 82 et 83, 144-146, et les ouvrages qu'il cite dans sa bibliographie. — Cf. pour la situation inverse des personnes morales soviétiques en France, Rigaud, *op. cit.*, n. 32, 159 et 159 *bis*.

§ 11 bis. POLOGNE.

3. — Il convient de signaler les dispositions tout à fait nouvelles du Code civil de la République de Pologne qui ont été arrêtées à propos des personnes morales privées et leur classification en trois groupes différents sous le rapport de leur facilité de constitution : 1° les collectivités de personnes (art. 111 et s.); 2° les fondations; 3° les instituts (collectivités de personnes et de biens). — V. G. Renard, *La théorie de l'institution*, Paris, Sirey, 1930, t. 1, p. 106, note 1.

§ 12. ÉTATS SCANDINAVES.

323 et s. — Voir, en ce qui concerne la condition des personnes morales étrangères en Suède, le *Répertoire de droit international* de MM. de Lapradelle et Niboyet, t. 7, v° *Droit intern. privé de la Suède*, par MM. Reuterskiöld, Sundberg et Folke Mamar, n. 8, 149.

§ 13. SUISSE.

333 et s. — 1. — Il faut tenir compte des dispositions du nouveau Code civil entré en vigueur en 1912 (Cf. Michoud, *op. cit.*, t. 1, p. 277, note 1 et p. 435, 436). L'art. 52 dispose : « Les sociétés organisées corporativement, de même que les établissements ayant un but spécial et une existence propre, acquièrent la personnalité en se faisant inscrire au registre du commerce. Sont dispensés de cette formalité les corporations et les établissements du droit public, les associations qui n'ont pas un but économique, les fondations ecclésiastiques et les fondations de famille ». Les associations qui n'ont pas un but économique (politiques, religieuses, scientifiques, artistiques, de bienfaisance, de récréation ou autres semblables) acquièrent la personnalité dès qu'elles expriment dans leurs statuls la volonté d'être organisées corporativement (V. art. 60 et s.). — Pour les fondations, voir art. 80 à 89. — Cf. le commentaire du Code civil suisse par MM. Rosell et Mentha, et l'ouvrage d'Hafter et de Schwabe, cités à la bibliographie.

2. — En ce qui concerne la condition en Suisse des personnes morales étrangères et le système suisse de droit international privé. V. M. Cuq, *Condition des personnes morales en Suisse*, dans *Revue de droit international privé et de droit pénal international*, 1921, p. 558 et s.; cf. Piret, *op. cit.*, p. 197, 198; Sauser Hall, *La situation juridique des personnes morales étrangères en Suisse*, dans *Bulletin de la Soc. de législ. comparée*, vol. 50 (1926), p. 228 et s., et *Rép. de droit international* de MM. de Lapradelle et Niboyet, t. 7, v° *Dr. internat. privé de la Suisse*, par M. Max Petitpierre, n. 50 à 58.

PERTE DE LA CHOSE.

SECTION II.
Conditions requises. — Perte de la chose.

11. — En cas de vente de pierres à extraire d'une carrière, il n'y a pas perte de la chose vendue, pouvant dégager l'acheteur de l'obligation de payer le prix convenu, par cela seul que l'exploitation de la carrière ne peut plus fournir un rendement rémunérateur, du moment que, d'une part, les pierres à extraire ont été vendues à raison de leur valeur commerciale, et que, d'autre part, les matériaux extraits peuvent être employés et ont une valeur marchande. si minime soit-elle. — Cass., 12 juin 1901, [S. et P. 1902.1.232]

12. — Il appartient aux juges du fond d'apprécier, d'après les circonstances de la cause, si les détériorations de la chose louée la rendent inapte à remplir sa destination, et présentent ainsi le caractère d'une perte totale ou simplement partielle (Cass., 4 déc. 1912, Pillet, [S. et P. 1913.1.311, Pand. *ibid.*]). Il leur appartient, par suite, par une appréciation souveraine, de décider, après un incendie qui a détruit le premier et le deuxième étage, ainsi que la toiture d'une maison, qu'il y avait lieu de prononcer la résiliation du bail (Même arrêt). Ce motif implique suffisamment que la destruction de la chose, quoique partielle, était, eu égard à sa destination, assez grave pour équivaloir à la perte totale. — Même arrêt.

PÉTITION.

40. — 1. — Il n'y a guère lieu d'ajouter au *Répertoire*, sinon au sujet des interdictions classiques imposées aux fonctionnaires, dès lors qu'ils seraient amenés, en pétitionnant, à se mêler à une agitation contre le gouvernement (Cf. Pierre, n° 573, p. 586), le rappel de deux cas liés au régime concordataire et ayant donné lieu à des déclarations d'abus. En 1863, en vue de fournir des « consultations relatives aux élections prochaines », sept archevêques et évêques discutèrent les termes du projet de « Réponse », envoyèrent chacun leurs objections et retouches à Mgr Dupanloup, l'auteur final de la rédaction commune issue de ces observations et de cette délibération par correspondance; le procédé fut condamné : Cons. d'Et.(décret), 16 août 1863, Archevêque de Cambrai, [S. 63.2.181; P. chr.; D. 63.1.150]; — 7 mai 1892, Min. de la Justice et des Cultes [S. et P. 94.3. 41]. — En 1902, au lieu d'une réponse concertée, il y eut « dispersion signante » d'un document. portant les noms de 74 archevêques et évêques et le titre de « Pétition à MM. les sénateurs et MM. les députés en faveur de la demande d'autorisation faite pour les congrégations », inséré à la « Semaine religieuse » dans la plupart des diocèses, publié et répandu dans tous les départements par la voie des journaux quotidiens, et transmis aux membres du Parlement sous les formes prescrites pour les pétitions aux Chambres. L'abus fut, une fois encore, déclaré : 1er déc. 1902, Min. de l'Intér. et des Cultes, [Leb. chr., p. 814; S. et P. 1905.3.87; D. 1904.3.45]

2. — Par lettre du 26 oct. 1902 au président du Conseil, Mgr Fulbert, archevêque de Besançon, appelé à présenter ses observations et moyens de défense, les fit tenir surtout dans

cette déclaration qu'il eût cru « amoindrir et abaisser les prérogatives » des élus du pays s'il avait regardé comme « non ouverte à tous, sans exclusion d'aucune catégorie de citoyens », la faculté de pétitionner, s'adresser directement aux sénateurs et députés, et solliciter leur libéralisme à l'occasion des projets législatifs soumis à leurs délibérations (Cf. *Questions actuelles*, t. LXVI, 1902, p. 98 sv.). Par mémoire au Conseil d'Etat, Mgr Touchet, évêque d'Orléans, contesta la prétendue violation, relevée contre les 74, des art. 4, 6 et 9 de la loi de germinal an X, par ces motifs qu'il n'y avait point eu, en fait, d'assemblée d'évêques exposant et discutant et concluant au sens de l'art. 4; que ce n'était pas, en droit, contrevenir aux lois et règlements selon l'art. 6 que d'indiquer une manière d'appliquer la loi; enfin, qu'il n'y avait rien de commun entre leur acte de pétition qui demandait et l'acte de juridiction non collectif qui commande contrairement aux défenses de l'art. 9; et, rapprochant, du point de vue des articles surannés de la loi de germinal, l'affaire des 74 de la condamnation des Treize, le 5 août 1864, sur la plaidoirie de Jules Favre, qui servit à l'abrogation de l'art. 291 C. pén., il discuta la jurisprudence du Conseil accoutumé à prohiber le concert des ministres du culte par correspondance autant que par assemblée, l'accusant même d'ajouter à la loi en dépit de la règle *Pœnalia restringenda* et sur la seule foi d'une affirmation vague de Fautrier, ministre du roi Charles X, ou précise et hardie de Martin du Nord, ministre du roi Louis-Philippe.

3. — Le Conseil d'Etat y répondit, par la déclaration que le document avait le caractère, non d'une pétition, mais d'un manifeste de l'épiscopat, motif pris de cette circonstance que les signataires, se prévalant de leurs fonctions, avaient agi « comme les défenseurs des congrégations même en dehors de leur diocèse », pour aboutir à la conclusion « que l'écrit déféré, dans les conditions où il est intervenu, [fut] le résultat d'un concert et d'une résolution commune, et que, de plus, chacun des signataires, en prétendant parler et agir au nom de l'épiscopat et de l'Eglise de France, [était] sorti des limites de la compétence qu'il tient de l'art. 9 précité, et que, par suite, cet écrit constituait à la fois une contravention aux lois et règlements de la République et un excès de pouvoir rentrant dans les cas d'abus prévus par l'art. 6 de la loi du 18 germ. an X ». — La procédure de la déclaration d'abus a disparu avec le régime concordaire et l'avènement de la loi de séparation du 9 déc. 1905; et c'est, au plus, de l'application de l'art. 35 de cette loi qu'il a pu s'agir contre les mandements épiscopaux et les Lettres comme fut celle, 14 sept. 1909, des cardinaux, archevêques et évêques de France « sur les droits et les devoirs des parents relativement à l'école : Cf. *suprà*, t. IX, p. 694, 697 sv., v° *Ministres des cultes*, n°⁵ 73, 89 sv., étant acquis que, dorénavant, peu importent les termes sévères ou violents de la protestation, de l'exposé dogmatique ou de la critique de la législation civile, et qu'y est seule interdite, par rapport aux fidèles, l'excitation formelle à se mettre en opposition directe avec une loi ou un acte de l'autorité publique : Cf. *Le Temps*, n° 7 avril 1909; Crouzil, p. 133; Consult. Hannotin s. Trib. corr. Seine, 13 avr. 1907. Jouin, [*Rev. des instit. cult.*, t. 2, 1907, p. 239]

47. — A propos du droit pour la commission de la Chambre de faire renvoi d'une pétition au ministre, voy. la mention de l'arrêt du Conseil d'Etat, 13 juin 1902, Parquet [Leb. chr., p. 454; S. et P. 1905.3.48]. — Rpr., 12 mai 1911, Pierre [Leb. chr., p. 465; S. et P. 1913.3.165], aux termes duquel la réponse faite par le ministre au président de la Chambre des députés n'est pas un acte susceptible de lui être déféré par la voie contentieuse : il n'appartient pas, en effet, au Conseil d'Etat de s'immiscer dans les rapports entre Parlement et gouvernement qui ne constituent pas l'exercice de pouvoirs administratifs.

PÉTITION D'HÉRÉDITÉ.

CHAPITRE II

NATURE JURIDIQUE DE LA PÉTITION D'HÉRÉDITÉ.

18. — L'action en pétition d'hérédité est-elle indivisible? M. Naquet, dans une note sous Cass., 15 nov. 1904, [S. 1906.1.

265], critique la doctrine la plus généralement admise, notamment par Aubry et Rau, 4° éd., t. 6, § 609, texte et note 23, p. 367; Baudry-Lacantinerie et Wahl, 2° éd., t. 1, n. 885.

CHAPITRE III

Section I.

A qui appartient la pétition d'hérédité?

35 et s. — Le demandeur en pétition d'hérédité n'a à établir que sa qualité de parent du défunt au degré successible; et dès qu'il a fait cette preuve, le défendeur ne peut être admis à repousser l'action dirigée contre lui en prouvant qu'il existe des parents plus proches; cette preuve serait inopérante, puisque le droit d'action du demandeur est subordonné, non à l'inexistence, mais à l'inaction des parents plus proches en degré (Cass., 15 déc. 1913, Consorts Legrand, [S. 1918-19.1.195, Pand. *ibid.*]. — Aubry et Rau, 5° éd., t. 9, p. 538 et s., § 609, texte et notes 26 et 27; Colin et Capitant, *Cours élém. de dr. civ. fr.*, t. 3, p. 450 et s. — *Contrà*, Trib. civ. Tournai, 26 mars 1906, [S. et P. 1907. 4.15]). En conséquence, lorsque les héritiers de la ligne maternelle ayant appréhendé la totalité de la succession du *de cujus*, à défaut de parents connus dans la ligne paternelle, des personnes se disant héritiers de cette ligne les ont assignés en liquidation et partage de la succession, la recevabilité de l'action en pétition d'hérédité ainsi formée est subordonnée, non à la preuve qu'il n'existe pas, dans la ligne paternelle, de parents plus proches qui priment les demandeurs, mais seulement à la preuve que ceux-ci sont parents du *de cujus* au degré successible dans la ligne paternelle. — Même arrêt.

Section III.

Preuves à fournir.

63. — 1. — Lorsqu'un demandeur en pétition d'hérédité, pour établir sa parenté avec le *de cujus*, a pris des conclusions tendant à faire attribuer à la mère de celui-ci une autre filiation que celle qu'elle tenait de son acte de naissance, c'est-à-dire à faire entrer dans une famille à laquelle elle était toujours restée étrangère une personne qui, par son acte de naissance, comme par les différents actes de sa vie, par son acte de décès et par l'état civil de ses ascendants, appartenait à une autre famille, ces conclusions ont pour effet de saisir les juges, non d'une simple question de généalogie, mais d'une question d'état, qui a un caractère préjudiciel, et qui devient la véritable et même l'unique question du procès dont l'issue est subordonnée à la solution (Cass., 24 févr. 1908, Tessier, [S. 1914.1.234, Pand. *ibid.*]). — Par suite, l'action constitue, en réalité, une réclamation d'état à laquelle peut être opposée la fin de non-recevoir édictée par l'art. 329 C. civ. — Même arrêt.

2. — L'action en pétition d'hérédité n'est pas assujettie aux principes rigoureux qui, suivant les art. 319 et s. C. civ., régissent la preuve de la filiation des enfants légitimes; et pour combler les lacunes d'une généalogie remontant à plusieurs générations, il est permis, à défaut des actes de l'état civil afférents à chaque degré, d'y suppléer soit par d'autres documents, soit par des présomptions. — Poitiers, 26 nov. 1906, Consorts Brossard, [S. et P. 1908.2.307]

3. — Lorsqu'une enfant naturelle est décédée sans avoir exercé contre sa prétendue mère une action en recherche de la maternité et sans qu'il ait été allégué qu'elle eût été volontairement reconnue dans son acte de naissance ou dans un autre acte authentique, il ne saurait être soutenu que les juges [qui ont admis à tort une autre enfant naturelle, se disant fille de la même mère, à recueillir la succession de la défunte, sur le fondement de l'acte de naissance de celle-ci, qui, sur les indications du médecin accoucheur, la désigne comme née de la prétendue mère] étaient saisis non d'une question d'état proprement dite, mais seulement d'une *action en pétition d'hérédité*, ce qui leur aurait permis d'accueillir d'autres moyens de preuve que ceux dont la loi exige la production, lorsqu'une personne revendique un état qui lui est contesté (Cass. civ., 9 mars

1926, note M. Vialleton, [S. 1926.1.337]). Cette dérogation aux principes qui régissent la démonstration de la filiation n'est admissible que dans les questions de « généalogie », c'est-à-dire dans le cas où, d'une part, s'il s'agit de relations de parenté remontant à des temps éloignés et dont les preuves régulières sont, par suite, impossibles à réunir, et où, d'autre part, l'état du successible n'étant pas en jeu, il y a lieu seulement de déterminer son degré de parenté avec le *de cujus*. -- Même arrêt.

PHARES.

4 bis. — La technique moderne a inventé les radiophares. — André Blondel, *Les radiophares*, éd. Dumas, Paris.

I. *Généralités sur les radiophares.* — Les radiophares peuvent être classés en deux catégories : les radiophares fixes, simples postes émetteurs automatiques envoyant des signaux indicatifs, et les radiophares tournants, émetteurs d'ondes dirigées, concentrées dans un angle aussi étroit que possible, et animés d'un mouvement de rotation à vitesse constante. Le service des phares français a préféré porter tout son effort sur la réalisation des installations fixes. « D'ailleurs, suivant M. Blondel, l'avis actuel de tous les navires qui fréquentent les côtes américaines ou européennes est tout à fait favorable au principe des radiophares fixes et à l'emploi du radiogoniomètre de bord qui met entre les mains du capitaine l'entière responsabilité de ses relèvements ».

II. *Historique des radiophares français.* — Dès 1897, le directeur du service des phares, M. Bourdelles, avait chargé M. Blondel d'étudier les applications possibles des ondes hertziennes à la signalisation maritime; cela fut une occasion pour ce dernier d'apporter une importante contribution au développement de cette application de la radioélectricité; dès 1900, M. Blondel dépose des brevets en Europe et en Amérique relatifs aux radiophares automatiques et à la radiogoniométrie. Il importe de mentionner aussi la collaboration de la télégraphie militaire aux travaux du Service des phares. M. le général Ferrié et M. Mesny ont, par les intéressants perfectionnements proposés par eux, pour la radiogoniométrie, participé aux progrès réalisés dans ce domaine de la signalisation sur mer par les ondes électromagnétiques. Les premiers radiophares à étincelles ont été installés en 1912 sur les côtes de France par le Service des phares d'Ouessant, à Sein et au bateau-feu du Havre, avec le matériel construit par la Société française radio-électrique. Ils ont assuré un très bon service jusqu'au moment où la guerre de 1914 a forcé d'en arrêter le fonctionnement; l'un d'eux est d'ailleurs encore en service, après quelques modifications de détail, à l'île de Sein. Aussitôt après la guerre, les essais ont été faits pour l'utilisation des lampes triodes comme générateurs. De sérieuses difficultés ont été rencontrées pour éviter les brouillages avec les services de l'aviation, utilisant des longueurs d'ondes voisines, et ont conduit M. Blondel à présenter en 1925, à l'Académie des sciences, le principe des émissions contrôlées par horloge, appliqué depuis lors dans presque tous les radiophares français. Suivant le programme du Service des phares en cours d'exécution, on distingue trois types de radiophares, d'après leurs portée : les radiophares de grand atterrissage, ayant une portée minimum de 200 milles, utilisés pour les navires longs-courriers à grande distance des côtes ; les radiophares de brume, d'une portée de 50 à 60 milles, n'émettant qu'en temps de brume, avec des silences relativement courts, et les radiophares d'entrée de ports, ayant une portée de 20 à 30 milles et émettant dans les mêmes conditions que les radiophares de brume.

6. — ...relèvent de la direction des voies navigables et des ports maritimes. premier bureau.

8. — ...R. Bonnard, *Précis de dr. adm.*, p. 285; Hauriou, *Précis de dr. adm.*, 11e éd., p. 666; Picard, *op. cit.*, t. 5, p. 5 et 442.

16. — Le statut du personnel des phares est établi jusqu'à présent par les décrets des 28 et 29 juin 1909 et l'arrêté du 1er juill. 1909. Les indemnités ont été fixées par la circulaire du ministre des Travaux publics en date du 24 mars 1899 et par le décret du 1er sept. 1928. Ces textes ont été analysés dans le *Répertoire*. Le personnel auxiliaire a été l'objet d'un arrêté interministériel du 12 janv. 1919. Les traitements ont été modifiés à plusieurs reprises, notamment par décrets des 5 févr. 1926, 15 nov. 1926 et 28 mai 1930.

17. — Tous ces textes sont sur le point d'être refondus dans un décret dont nous résumons ci-dessous les principales dispositions. Le personnel soumis aux dispositions de ce décret comprend tous les agents placés sous les ordres des ingénieurs des ponts et chaussées, des ingénieurs des travaux publics de l'État (ponts et chaussées), ainsi que des adjoints techniques des ponts et chaussées et affectés au service des phares et balises. Ce personnel comprend essentiellement : les maîtres de phare; les gardiens de phare classés; le personnel navigant des bateaux-feux, bateaux-baliseurs et annexes; les chauffeurs-mécaniciens des usines à gaz et les gardes-magasins; les gardiens de phare auxiliaires.

18. — Le ministre des Travaux publics fixe le nombre et la catégorie des agents attachés à chacun des établissements des phares et balises, ainsi que la consistance essentielle de leur service.

19. — Les maîtres de phare sont préposés à la direction du service dans les phares comportant des installations très complexes, comme ceux qui sont alimentés par des arcs électriques, produisant leur courant sur place, ou émettent plusieurs signaux de brume.

20. — Les gardiens de phare classés sont chargés, soit seuls, soit concurremment avec des agents auxiliaires, de l'entretien et du fonctionnement des établissements présentant quelque importance. Lorsque plusieurs gardiens classés sont attachés au service d'un même phare ne comportant pas de maître, l'un d'eux a le commandement sur les autres, avec le titre de gardien chef; cette fonction n'est pas considérée comme un grade, ni comme une attribution nécessaire de l'âge ou de l'ancienneté.

21. — Le personnel auxiliaire comprend les agents, hommes ou femmes, desservant les feux dont la faible importance ne justifie pas l'emploi du personnel classé. Il comprend aussi les femmes attachées, en même temps que leur mari, père ou frère, à des phares dont le service, tout en exigeant l'emploi de plus d'une personne, ne comporte pas néanmoins plusieurs gardiens classés. En aucun cas le personnel auxiliaire ne peut avoir autorité sur le personnel classé.

22. — Les agents des diverses catégories qui ne concourent pas, comme fonctionnaires, à l'obtention d'une pension civile ou, comme inscrits maritimes, d'une pension d'ancienneté sur la caisse des invalides de la marine, seront obligatoirement assujettis aux dispositions légales qui étendent le régime des pensions civiles aux employés appartenant au cadre permanent de l'administration ou des établissements de l'Etat.

23. — Il est interdit aux agents du personnel classé, au personnel navigant, aux chauffeurs mécaniciens d'usines à gaz et aux gardes-magasins, soit de livrer ou de participer à aucune opération ayant un caractère commercial, soit de laisser les personnes habitant avec eux tenir une auberge ou un débit de denrées ou de boissons dans le voisinage du lieu où ils exercent leurs fonctions.

24. — Il est également interdit à tous agents, à moins d'autorisation ministérielle, d'exercer des fonctions autres que celles qui sont prévues au décret, ou de recevoir, pour les opérations qu'ils ont à exécuter en raison de leurs fonctions, aucune rémunération des départements, des communes, des établissements publics et des particuliers.

25. — Les gardiens de phare auxiliaires peuvent se livrer, en dehors du temps nécessaire au service dont ils sont chargés, à toutes autres occupations qui ne sont pas jugées par l'administration incompatibles avec ce service. Mais ils sont tenus d'informer l'ingénieur en chef de qui ils relèvent lorsqu'ils assument une fonction ou une occupation nouvelle étrangère au service qui leur est confié par l'administration; celle ci n'est pas tenue d'autoriser les personnes habitant avec eux à installer une auberge, une boutique ou un débit de denrées ou de boissons dans leur domicile ou dans le voisinage du lieu où ils exercent leurs fonctions.

26. — Il leur est également interdit de recevoir quoi que ce soit à l'occasion du service qui leur est confié, des départements, communes, établissements publics et des particuliers, à moins d'une autorisation ministérielle.

27. — Les locaux mis par l'Etat à leur disposition ne peuvent être utilisés que pour le service proprement dit ou pour les occupations autorisées par l'ingénieur en chef.

28. — Les maîtres et gardiens de phare classés sont nommés par le ministre des Travaux publics.

29. — Les emplois de début sont réservés en totalité et concurremment, d'une part, aux anciens militaires pensionnés pour infirmités de guerre et classés, d'autre part, aux anciens militaires présentés en vertu des lois et décrets régissant les candidats de cette double origine et dans les conditions définies notamment par le décret du 1er sept. 1927 spécial aux gardiens de phare. A défaut de candidats de ces catégories, le personnel classé est nommé sur la proposition de l'ingénieur en chef, après avis du directeur du Service des phares et balises et du préfet, dans les conditions ci-après :

30. — Les candidats doivent être Français et âgés de vingt-trois ans au moins.

31. — Les maîtres de phare sont choisis de préférence parmi les contremaîtres ou ouvriers de métier aptes au commandement, et experts en travaux de mécanique, appareillages électriques ou radioélectriques; ils peuvent être également choisis parmi les gardiens de phare, de préférence parmi ceux ayant servi dans un établissement comportant les appareillages susvisés. Les candidats à l'emploi de maître de phare ne provenant pas du cadre des gardiens doivent être âgés de quarante-huit ans au plus.

32. — Les gardiens de phare sont choisis de préférence parmi les ouvriers de métier ayant la pratique de la mer et possédant les aptitudes ou connaissances voulues, constatées, après examen de leurs capacités, par le certificat d'un fonctionnaire compétent. Les candidats doivent être âgés de trente-cinq ans au plus; toutefois, pour ceux qui justifient de services civils ou militaires admissibles pour la retraite, cette dernière limite d'âge peut être reculée d'un nombre d'années égal à celui des services antérieurs. En aucun cas, les candidats à un emploi de gardien de phare ne doivent avoir dépassé l'âge de quarante ans.

33. — Les nominations à titre civil aux emplois de maître ou gardien de phare sont d'abord prononcées à titre provisoire et ne peuvent devenir définitives qu'à l'expiration du délai d'un an (art. 5 de la loi du 21 juill. 1928).

34. — Les demandes présentées par les candidats à un emploi de maître ou gardien de phare ne rentrant pas dans les catégories définies ci-dessus doivent être accompagnées des pièces suivantes;

1° Acte de naissance ;

2° Certificat délivré par un médecin assermenté et constatant que le candidat n'est atteint d'aucune maladie transmissible ni d'aucune infirmité apparente ou cachée qui s'oppose à un service actif, notamment dans un poste isolé, et qu'aucune défectuosité n'altère pour lui les conditions normales de la vision ;

3° Extrait du casier judiciaire n'ayant pas plus de six mois de date au moment de la demande ;

4° Certificat d'un ingénieur des travaux publics de l'Etat (ponts et chaussées) constatant que le candidat peut écrire, calculer, rédiger un procès-verbal, tenir un registre d'observations, qu'il sait nager et conduire une embarcation à la mer, qu'il est apte à acquérir des notions suffisantes en mécanique et électricité et notamment à assurer le fonctionnement des moteurs à combustion interne, qu'il n'est pas sujet au vertige.

35. — Les avancements de classe sont conférés par le ministre des Travaux publics, dans la proportion d'un tiers au choix et de deux tiers à l'ancienneté. Nul ne peut être promu à une classe supérieure s'il ne compte au moins trois ans de services dans la classe qu'il occupe.

36. — Les mesures de discipline sont :

1° La réprimande ;

2° La radiation de la liste d'avancement à l'ancienneté ou du tableau d'avancement au choix, pour ceux qui y sont inscrits;

3° L'abaissement de classe ;

4° Le retrait d'emploi avec retenue de la totalité ou d'une partie du traitement;

5° La révocation.

A la suite d'un abaissement de classe, la réintégration dans la classe primitive peut être prononcée au bout d'un an. La réprimande est adressée par l'ingénieur en chef. Les autres peines sont infligées par le ministre des Travaux publics, sur le rapport des ingénieurs, l'avis du préfet et l'avis d'un conseil d'enquête, l'intéressé ayant été entendu dans ses moyens de défense, ou dûment appelé, après avoir reçu les communications prévues par l'art. 65 de la loi du 22 avr. 1905. Le conseil d'enquête fonctionne dans les conditions prévues à l'arrêté ministériel du 31 déc. 1911.

37. — Dans l'étendue d'un même service, le changement de résidence, c'est-à-dire d'établissement desservi ou de siège des congés périodiques, est prononcé par l'ingénieur en chef, avec l'assentiment du directeur du Service des phares et balises, qui en avertit immédiatement le ministre des Travaux publics. En dehors du cas prévu à l'alinéa précédent, le changement de résidence est prononcé par le ministre, sur la proposition des ingénieurs en chef et l'avis du préfet du département où se trouve la nouvelle résidence assignée à l'agent. Le changement de résidence ne peut être prononcé d'office que par le ministre, après que l'intéressé a été appelé à présenter ses observations dans les conditions prévues par l'art. 65 de la loi susvisée du 22 avr. 1905.

38. — Les agents classés sont soumis, pour les congés annuels, aux mêmes règles que les autres fonctionnaires. Les congés d'une durée inférieure à un mois par an sont accordés par l'ingénieur en chef; les congés plus prolongés sont accordés par le ministre. Les permissions d'absence de moins d'une journée peuvent être accordées par le subdivisionnaire, s'il a reçu une délégation permanente de l'ingénieur en chef à cet égard. D'autre part, des congés dits « périodiques » sont accordés aux gardiens de phare en mer, ou des phares placés dans des conditions particulières d'isolement ou d'insalubrité. Le ministre fixe la liste des établissements qui donnent lieu aux congés périodiques et les conditions dans lesquelles ceux-ci sont accordés. Les congés annuels coïncident, autant que possible, en totalité ou en partie, avec les congés périodiques. En dehors des congés, aucun agent du Service des phares et balises ne peut s'absenter, même lorsqu'il n'est pas de service, sans une autorisation écrite de l'ingénieur.

39. — Le ministre fixe les conditions dans lesquelles les indemnités allouées au personnel, en dehors des traitements et suppléments de traitement soumis à retenue, sont attribuées, réduites ou supprimées pendant les congés.

40. — Les agents peuvent être mis en disponibilité pour cause de maladie ou d'infirmités temporaires ; dans ce cas, ils reçoivent une allocation égale au plus à la moitié du traitement de leur grade, sans supplément de traitement ni accessoires. Les droits à l'avancement et à la retraite sont suspendus pendant la durée de la disponibilité.

41. — Les maîtres de phare sont répartis en deux classes dont les traitements annuels sont fixés comme suit : 1re classe, 13.500 francs; 2e classe, 12.500 francs.

42. — Les gardiens de phare sont répartis en 5 classes, dont les traitements annuels sont fixés comme il suit : 1re classe, 11.000 francs; 2e classe, 10.500 francs; 3e classe, 10.000 francs; 4e classe, 9.500 francs; 5e classe, 9 000 francs.

43. — Les maîtres et gardiens de phare affectés à un phare isolé en mer reçoivent un supplément de traitement dont le maximum ne peut dépasser 3.000 francs par an, et dont le taux est fixé par le ministre des Travaux publics pour chaque établissement, sans dépasser une moyenne de 2.000 francs.

44. — En outre, les maîtres et gardiens de phare reçoivent, s'il y a lieu, un supplément de traitement fixé par le ministre, d'après la nature et l'importance du poste, sur les propositions de l'ingénieur en chef et après avis du directeur du Service des phares et balises, dans les conditions suivantes :

45. — Les postes complexes ou pénibles, comportant soit plusieurs établissements indépendants, soit l'obligation d'une veille continue, soit des signaux de brume ou de marée, soit d'autres dispositifs techniques délicats, soit des observations périodiques, ou bien les postes situés dans des parages déserts ou insalubres, donnent lieu à l'allocation d'un supplément pouvant comprendre une partie fixe et une partie variable avec la durée du fonctionnement de certains signaux, dans la limite de deux maxima : le supplément fixe ne peut excéder le tiers du traitement de l'agent dans la classe la plus élevée; le supplément horaire ne peut excéder quatre dix millièmes (ou la deux mille cinq centième partie) du même traitement. Le supplément fixe peut tenir compte de l'obligation, pour les gardiens, de fournir et utiliser dans leur service une embarcation ou une bicyclette. Aucun supplément de cette nature ne peut être accordé, en tout cas, au gardien d'un feu unique, sans veille continue, ni autre service accessoire associé, ou non situé dans des parages déserts ou insalubres. Les suppléments de traitements ont soumis, comme les traitements, aux retenues pour les pensions civiles.

45 bis. — *Indemnités fixes.* — Les maîtres et gardiens de phare reçoivent, en sus, des indemnités dans les cas énumérés ci-après :

a) Les gardiens chefs, à l'exclusion des maîtres de phare, reçoivent une indemnité annuelle dont le taux normal, fixé pour chaque emploi, n'excède pas 900 francs ; cette indemnité peut être augmentée à titre personnel et en deux fois, à deux ans au moins d'intervalle, jusqu'à concurrence de 300 francs au plus, pour ceux d'entre eux qui ont au moins six ans de service en qualité de chef ; ces augmentations sont accordées par le ministre, sur la proposition de l'ingénieur en chef, après avis du directeur du Service des phares et balises. Quand le gardien-chef d'un phare isolé en mer, soumis au régime des congés périodiques, est de repos à terre, celui des gardiens présents au phare à qui est déléguée la fonction de chef reçoit une indemnité n'excédant pas 2 francs par jour pendant la durée de la délégation.

b) Il est alloué une indemnité de logement n'excédant pas 800 francs par an à ceux à qui l'Etat ne fournit aucun logement ou ne fournit pas un logement suffisant.

c) Les agents bénéficient de l'indemnité de résidence accordée aux fonctionnaires en vertu des textes en vigueur.

d) Les agents ont le droit de recevoir gratuitement l'éclairage en nature dans des conditions fixées par l'ingénieur en chef. L'Etat assure à ses frais, sous les mêmes conditions, le chauffage des locaux de service et une part du chauffage des logements lui appartenant, dans la mesure où l'importance de ces derniers excède les dimensions normales d'un logement familial de 4 pièces et en vue d'assurer la bonne conservation de ses propres bâtiments.

46. — *Indemnités non permanentes.* — *a*) Des indemnités pour vivres de mer sont attribuées aux maîtres et gardiens des phares dont les tours isolées en mer et donnent lieu aux congés périodiques ; elles sont calculées par journée de présence effective au phare, à raison de 2 fr. 75, 3 fr. 50 ou 5 fr. 25, suivant la répartition fixée par le ministre.

b) Une indemnité de scolarité est accordée, dans les phares figurant sur une liste arrêtée par le ministre, à ceux des maîtres et gardiens qui font élever effectivement leurs enfants loin d'eux. Elle est attribuée par l'ingénieur en chef, sur le vu de certificats délivrés par les directeurs des écoles où les enfants reçoivent l'instruction, et calculée par enfant âgé de six ans au moins et de treize ans au plus, et par mois de scolarité. Cette indemnité est fixée à 80 francs par mois pour le premier enfant, et à 50 francs par mois pour chaque enfant en sus du premier.

c) En cas de changement définitif de résidence nécessité par les besoins du service, les agents reçoivent les indemnités fixées pour les fonctionnaires de leur catégorie par les dispositions réglementaires en vigueur concernant les déplacements de cette nature. Ces indemnités ne peuvent être attribuées pour le même changement de résidence à plusieurs membres de la même famille habitant ensemble et faisant partie du personnel classé ou hors classe.

d) En cas de changement temporaire de résidence, notamment pour remplacement d'agents absents ou malades, les maîtres et gardiens de phare reçoivent les indemnités fixées, pour les fonctionnaires de leur catégorie, par les dispositions réglementaires en vigueur sur les frais de déplacement. Cette allocation est exclusive des indemnités pour vivres de mer.

e) Les travaux qui peuvent être demandés aux maîtres et gardiens de phare, en dehors de leur service normal et obligatoire, en vue de concourir notamment à la remise en état des bâtiments et de leurs annexes, à la réfection ou au remplacement des appareils, à l'établissement de nouveaux dispositifs, à des chantiers en mer, sont rémunérés selon un taux horaire n'excédant pas 4/10.000es du traitement dans la classe la plus élevée pour les travaux ordinaires et pouvant atteindre le triple pour les travaux difficiles ou dangereux.

47. — Le fait de remplacer un maître ou gardien de phare n'est considéré comme travail en dehors du service habituel et obligatoire pour un autre maître ou gardien de phare que si les opérations ou travaux effectués ne rentrent pas dans le service habituel et obligatoire de l'agent remplacé.

48. — Le montant de chacun des suppléments de traitement et indemnités fixes à attribuer conformément aux paragraphes ci-dessus est arrêté par le ministre des Travaux publics, après avis du directeur du Service des phares et balises, sur la présentation d'un état adressé en quadruple expédition par l'intermédiaire de cette direction. Ces rémunérations accessoires sont réglées chaque mois, par douzième de leur montant annuel, comme le traitement.

49. — Les suppléments de traitement variables avec la durée du fonctionnement de certains signaux et les indemnités non permanentes sont arrêtés chaque trimestre par l'ingénieur en chef et sont mandatés au cours du trimestre suivant.

50. — Les réductions auxquelles les traitements sont soumis pendant les congés portent sur tous les suppléments de traitement, ainsi que sur les indemnités permanentes visées aux §§ *a* et *d*, n. 45 *bis* (indemnités fixes). Pendant les retraits d'emploi, elles portent sur tous les suppléments de traitement et indemnités.

51. — Aucune retenue n'est exercée par contre sur les traitements et suppléments de traitement, ni sur les indemnités pendant les congés périodiques auxquels donnent lieu certains établissements isolés.

PHARMACIE.

Législation.

Code pénal. — Art. 463, *modifié par la loi du 29 déc. 1928, qui étend l'application de l'art. 463 (alin. 9) du Code pénal sur les circonstances atténuantes.*

Code du travail. — Art. 43ᵃ du livre II *(relatif à la fermeture du dimanche).*

L. fin. 30 mars 1902 *(saccharine et autres substances édulcorantes ; réglementation de la fabrication et de l'emploi)* ; — Circ. min. de l'Intérieur 4 avr. 1902 *(relative aux dangers de la vente, sous forme de pastilles, de substances toxiques destinées à d'autres usages que les usages médicaux)* ; — Décr. 12 avr. 1902 *(relatif aux obligations auxquelles sont assujettis les fabricants de saccharine ou de toutes autres substances édulcorantes artificielles)* ; — Décr. 16 mai 1903 *(fabrication et emploi de la saccharine)* ; — Arr. min. de l'Intérieur 28 mars 1904 *(relatif aux obligations des praticiens chargés des services publics de vaccine)* ; — Arr. min. de l'Intérieur 30 mars 1904 *(relatif à la tenue et au contrôle des établissements vaccinogènes)* ; — L. 14 juill. 1905 *(relative à l'assistance obligatoire aux vieillards, infirmes et incurables privés de ressources)* ; — L. 1ᵉʳ août 1905 *(sur les fraudes et falsifications)* ; — L. 30 juin 1906 *(abrogeant les prescriptions de l'art. 16 de la loi du 21 germ. an XI concernant la prestation de serment des pharmaciens)* ; — Décr. 31 juill. 1906 *(portant règlement d'administration publique pour l'application de la loi du 1ᵉʳ août 1905)* ; — Décr. 17 oct. 1906 *(relatif au service de l'inspection des pharmacies)* ; — L. 25 juin 1908 *(portant modification des art. 29, 30 et 34 de la loi du 21 germ. an XI)* ; — Décr. 17 juill. 1908 *(relatif à la nouvelle édition du Codex)* ; — Décr. 5 août 1908 *(portant règlement d'administration publique pour l'exécution de la loi du 21 germ. an XI, modifiée par la loi du 25 juin 1908, et désignant les autorités qualifiées pour assurer l'application des lois et règlements sur l'exercice de la pharmacie et sur la répression des fraudes en matière médicamenteuse)* ; — Décr. 6 août 1908 *(portant règlement d'administration publique pour la détermination des règles de procédure applicables aux substances médicamenteuses et hygiéniques en ce qui concerne les prélèvements d'échantillons, les analyses, expertises et saisies nécessaires à l'exécution de la loi du 1ᵉʳ août 1905 sur la répression des fraudes)* ; — Arr. 24 août 1908 *(déterminant les circonscriptions d'inspection des pharmacies)* ; — Circ. min. de l'Agriculture 26 août 1908 *(relative à la réorganisation de l'inspection des pharmacies)* ; — Circ. min. de l'Agriculture 6 oct. 1908 aux inspecteurs adjoints *(relative à l'inspection des pharmacies et établissements de vente des substances médicamenteuses et hygiéniques)* ; — Circ. min. de l'Agriculture 28 oct. 1908 aux préfets (relative à la réorganisation de l'inspection des pharmacies); — Circ. min. de l'Agriculture 21 déc. 1908 aux préfets (relative à la désignation des pharmaciens inspecteurs); — L. fin. 26 déc. 1908 (taxe sur les alcools employés aux préparations pharmaceutiques) : — Circ. min. de l'Agriculture 5 févr. 1909 aux préfets (relative à l'inspection); — Décr. 15 avr.-2 mai 1909 (sur la prescription de l'azotate d'argent par les sages-femmes); — Circ. min. de l'Agriculture 24 mai 1909 aux préfets (relative aux prélèvements et à l'analyse des échantillons); — Décr. 26 juill. 1909 (relatif à la réorganisation des études pharmaceutiques); — L. 6 avr. 1910 (relative à l'interdiction de la vente et de l'importation des biberons à tubes); — L. fin. 8 avr. 1910 (relative à l'exonération de la patente des officines des unions de mutualité); — Avis Cons. d'Et. 30 juin 1910 (sur la fourniture des médicaments par les médecins aux mutualistes); — Décr. 26 oct. 1910 (rendant obligatoire dans toutes les colonies le Codex pharmaceutique, éd. 1928); — Décr. 21 déc. 1911 (étendant à l'Algérie la loi du 25 juin 1908 sur l'inspection des pharmacies); — Décr. 21 déc. 1911 (portant règlement d'administration publique pour déterminer la procédure applicable en Algérie aux substances médicamenteuses et hygiéniques en cas de prélèvements, analyses, expertises et saisies nécessaires à l'exécution de la loi du 1er août 1905 sur la répression des fraudes); — Décr. 24-28 déc. 1911 (fixant au 1er nov. 1917 la date après laquelle ne pourra plus être délivré le diplôme de pharmacien de 2e classe); — Décr. beylical 31 mars 1913 (modifié par décr. 14 mars 1914 sur l'exercice de la pharmacie); — L. fin. 30 juill. 1913 (relative à la taxe de visite des épiceries et drogueries); — Arr. min. 16 mars 1914 (déterminant les substances vénéneuses soumises au décret du 14 mars 1914); — Décr. 9 juin 1915 (étendant à toutes les colonies et les pays de protectorat la loi du 14 avr. 1910 modifiant celle du 30 nov. 1892 [enregistrement et visa des diplômes]); — L. 9 févr. 1916 (sur les droits des veuves et des héritiers des pharmaciens); — Dahir marocain 12 avr. 1916 (modifié 27 sept. 1916, réglementant les professions de médecin, pharmacien, dentiste et sage-femme au Maroc); — Dahir 12 avr. 1916 (sur la vente des substances vénéneuses); — Arr. Grand Vizir 13 avr. 1916 (sur la vente des substances vénéneuses); — L. 12 juill. 1916 (concernant l'importation, le commerce, la détention et l'usage des substances vénéneuses, notamment l'opium, la morphine et la cocaïne); — Décr. 14 sept. 1916 (concernant l'importation, le commerce, la détention et l'usage des substances vénéneuses, notamment l'opium, la morphine et la cocaïne); — L. fin. 30 déc. 1916 (relative à la taxe des eaux minérales et à la création d'une taxe sur les spécialités pharmaceutiques); — Décr. 9 févr. 1917 (étendant à l'Algérie le décret du 14 sept. 1916 sur les substances vénéneuses); — L. 7 avr. 1917 (portant imposition de la saccharine et des autres substances édulcorantes artificielles); — Arr. min. 14 mai 1917 (relatif à la circulation des spécialités expédiées à l'étranger, en Algérie et aux colonies); — Arr. Grand Vizir 26 juill. 1917 (sur la vente des substances vénéneuses); — L. 14 août 1918 (rendant obligatoire la vérification des thermomètres médicaux); — Décr. 3 mars 1919 (sur la vérification des thermomètres médicaux); — L. 31 mars 1919 (sur les pensions des armées de terre et de mer); — Décr. 26 sept. 1919 (pour application de l'art. 64 de la loi du 31 mars 1919) [soins aux blessés de guerre]); — Décr. 8 janv. 1920 (fixant la date à partir de laquelle devient obligatoire le supplément au Codex pharmaceutique); — Décr. 14 mai 1920 (substituant à la dénomination d'écoles supérieures de pharmacie celle de facultés de pharmacie); — L. fin. 25 juin 1920 (art. 22, 23, 86, 109, modifiant le droit de visite des pharmacies); — Décr. 11 août 1920 (sur les réparations aux victimes civiles de la guerre); — Arr. 28 mai 1921 (relatif aux tarifs des produits pharmaceutiques à livrer aux bénéficiaires de l'art. 64 de la loi du 31 mars 1919); — Décr. 4 juill. 1921 (sur la répression des fraudes en ce qui concerne les substances médicamenteuses et hygiéniques); — Décr. 17 août 1921 (portant règlement d'administration publique pour l'exécution de la loi du 21 germ. an XI, modifiée par la loi du 25 juin 1908, et désignant les autorités qualifiées pour assurer l'application des lois et règlements sur l'exercice de la pharmacie et sur la répression des fraudes en matière médicamenteuse); — Décr. 17 août 1921 (portant règlement d'administration publique pour l'application de la loi du 23 avr. 1919 sur la journée de huit heures dans les pharmacies vendant au détail); — Décr. 26 déc. 1921 (portant règlement sur la police des eaux minérales aux colonies et pays de protectorat); — L. fin. 31 déc. 1921 (fixant l'annualité de la taxe de visite des pharmacies); — Décr. 19 janv. 1922 (sur la répression des fraudes en ce qui concerne les eaux minérales, naturelles ou artificielles et les eaux de boisson); — Décr. 25 oct. 1922 (déterminant les tarifs applicables au titre de l'art. 64 de la loi du 31 mars 1919 sur les pensions); — Arr. min. des Pensions 12 janv. 1923 (autorisant les pharmaciens alsaciens-lorrains diplômés à pratiquer leur art en France); — Décr. 30 mai 1923 (étendant à l'Algérie les lois du 6 avr. 1910 et 26 févr. 1917 interdisant la vente des biberons à tubes); — Arr. min. du Travail 21 juill. 1923 (organisant la commission chargée d'élaborer les tarifs des frais médico-pharmaceutiques en matière d'accidents du travail); — L. 22 mars 1924, art. 21 (exemptant du double décime l'impôt sur les spécialités pharmaceutiques); — Arr. min. du Travail 22 mars 1924 (fixant le tarif des fournitures pharmaceutiques en cas d'accident du travail); — L. 26 mars 1924 (réprimant l'usurpation des titres professionnels); — L. 31 mars 1924, art. 19 et 20 (relatifs à la taxe sur l'acide carbonique); — L. 10 août 1924 (fixant la valeur des titres locaux pour exercer la médecine, la pharmacie et l'art dentaire en Alsace-Lorraine); — Décr. 2 avr. 1925 (abrogeant le décret du 30 mai 1924 sur les justifications des soins aux blessés de guerre); — Arr. min. du Travail 31 mars 1926 (tarifs des frais pharmaceutiques d'accidents du travail); — L. 29 avr. 1926, art. 20 (modifiant l'art. 13, alin. 2, de la loi du 26 déc. 1908, exonérant certains produits); — Décr. 13 juill. 1926 (relatif aux médicaments préparés à l'avance en vue de la délivrance au public); — L. 5 avr. 1928 (sur les assurances sociales); — Décr. 18 juill. 1929 (portant règlement d'administration publique, modifiant le décret du 17 août 1921 modifié par le décret du 5 mars 1926, appliquant la loi du 23 avr. 1919 sur la journée de huit heures dans les pharmacies vendant au détail); — Décr. 27 déc. 1929 (réglementant l'exercice de la pharmacie à la Martinique); — L. 28 déc. 1929 (portant dégrèvement d'impôts, art. 26, modifiant le tarif de l'impôt sur les spécialités pharmaceutiques); — L. 30 avr. 1930 (modifiant la loi du 5 avr. 1928 sur les assurances sociales); — L. 30 juill. 1930 (projets types de conventions prévus par l'art. 4, alin. 4, de la loi du 5 avr. 1928 sur les assurances sociales, modifiée par la loi du 30 avr. 1930), Journ. off. du 8 août et rectificatifs Journ. off., 10 et 30 août. — Décr. 15 févr. 1931 (modifiant le décret du 17 août 1921 portant règlement d'administration publique pour l'application de la loi sur la journée de huit heures dans les pharmacies vendant au détail); — Arr. min. de la Santé publique 7 juill. 1931 (relatif aux substances vénéneuses); — Arr. min. de l'Instruction publique 14 oct. 1931 (insérant au Codex l'arrêté du 7 juill. 1931); — L. 14 juin 1934 (serums thérapeutiques).

BIBLIOGRAPHIE.

Roux et Guignard, Guide de l'inspecteur des pharmacies, 1909, Maloine. — Bogelot et Torande, Législation des substances vénéneuses, 1917, Bulletin des sciences pharmacologiques. — Perreau, Législation et jurisprudence pharmaceutiques, 1920, Baillière et fils. — Besançon, De la notion juridique du remède secret, 1922, Gazette des pharmacies. — Renard, Le droit de la profession pharmaceutique, 1924, Sirey. — Mouillesaux de Bernières, Le régime juridique des remèdes spécialisés, 1924, Dalloz, éd. — Perreau, Code de la médecine et de la pharmacie, 1926, Sirey.

INDEX ALPHABÉTIQUE.

DIVISION.

CHAPITRE I

NOTIONS GÉNÉRALES ET HISTORIQUES.

5. — La loi du 25 germ. an XI est restée en vigueur. Elle continue à réglementer l'exercice de la profession pharmaceutique. Ce n'est pas qu'il n'y ait pas eu plusieurs tentatives de modification de cette loi. Il faut citer notamment la proposition de loi déposée par M. Emile Vincent le 23 janv. 1920. Cette proposition de loi, rapportée le 15 avr. 1920 et le 28 avr. 1921, a été mise à l'ordre du jour de la Chambre des députés en juin 1922 et à nouveau le 8 mai 1923, mais elle n'est jamais venue en discussion. Si la loi de germinal et les textes qui la complètent directement n'ont pas été revisés, des réformes fragmentaires ont tout de même exercé une influence sur la profession pharmaceutique : les lois des 12 juill. 1916 et 13 juill. 1922 et le décret du 14 sept. 1916, sur les poisons; la répression des fraudes dans les fournitures alimentaires et médicamenteuses, instituée par la loi du 1er août 1905, elle-même amendée à diverses reprises et mise en œuvre par divers règlements dont le plus intéressant pour la pharmacie porte la date du 4 juill. 1921; la question du droit des veuves et des héritiers, mise au point par la loi du 9 févr. 1916, dite loi Astier, modifiée par

celle du 16 juin 1922; la réforme de l'inspection des pharmacies opérée par la loi du 25 juin 1908; la définition du remède secret telle qu'elle a été donnée par le décret du 13 juill. 1926.

13. — *Usurpation du titre de pharmacien.* — L'usage du titre de pharmacien, attaché à une profession légalement réglementée, notamment dans la correspondance, constitue le délit prévu et réprimé par l'art. 259 du Code pénal, modifié par la loi du 26 mars 1924.

CHAPITRE II

CONDITIONS D'EXERCICE DE LA PHARMACIE.

30. — *Serment.* — L'art. 16 de la loi organique du 21 germ. an XI soumettait l'aspirant pharmacien à prêter devant le préfet le serment d'exercer son art avec probité et fidélité. L'art. 25 faisait, d'autre part, de l'accomplissement de cette formalité une condition préalable de l'exercice de la profession pharmaceutique. Mais, en fait, depuis de longues années, l'administration préfectorale chargée de recevoir le serment s'était systématiquement abstenue de l'exiger, se bornant à voir le diplôme qu'on lui présentait. La majeure partie du corps pharmaceutique se trouvait ainsi exercer son art d'une façon irrégulière. La question s'était posée de savoir si le serment que prescrivait l'art. 16 était encore obligatoire ou si, au contraire, il n'avait pas été abrogé par le non-usage et la pratique administrative qui se contentait du visa du diplôme. Cette dernière opinion avait été soutenue. Elle avait été affirmée par un jugement du tribunal correctionnel de Grenoble du 19 janv. 1903, [*Gaz. Pal.*, 1903.1.390]. Mais cette opinion avait été vivement combattue. En effet, la loi du 21 germ. an XI, loi organique de la pharmacie, établissant les écoles de pharmacie, déterminant la durée des études, le mode et les frais de réception des pharmaciens, a incontestablement le caractère de loi d'ordre public. Or, il est de principe que les lois d'ordre public ne peuvent être modifiées ni par le non-usage, ni par l'établissement d'usage contraire. Il avait été jugé en ce dernier sens que les prescriptions de l'art. 16 étaient encore en vigueur, entraînant avec elles les sanctions attachées à leur inaccomplissement (V. Trib. corr. Seine, 10e Ch , 28 nov. 1902, [Journ. *La Loi*, 7-8 déc. 1902]). ...Qu'au point de vue de la loi pénale, la situation du pharmacien non assermenté ne différait pas de celle de l'individu qui exerce illégalement la pharmacie (V. Paris, 3 août 1850; Trib. corr. Etampes, 16 juin 1880, [Journ. *Le Droit*, 5 sept. 1880]. — Weil, *De l'exercice illégal de la médecine et de la pharmacie*, n. 82, p. 122; Dubrac. *Tr. de jurisprudence médicale et pharmaceutique*, n. 366, p. 384; Dupuy, *Tr. de pharmacie*, t. 1, p. 76). Il avait été jugé en sens contraire que l'inscription des pharmaciens diplômés sur la liste générale et officielle des pharmaciens constate officiellement et publiquement qu'ils ont satisfait aux obligations imposées par l'autorité compétente, et les relève *ipso facto* de la seule sanction que fasse courir l'inobservation des formalités prescrites par l'art. 16 de la loi de germinal an XI, à savoir le refus de patente ou autorisation (Paris, 1er mai 1903 [S. et P. 1904.2.257]). Pour faire cesser toute incertitude sur ce point, la loi du 30 juin 1906 a formellement abrogé les prescriptions édictées par l'art. 16 de la loi du 21 germ. an XI, en ce qui concerne la prestation de serment des pharmaciens diplômés.

33. — Il a été jugé que l'inscription des pharmaciens diplômés sur la liste générale et officielle des pharmaciens constate officiellement et publiquement qu'ils ont satisfait aux obligations imposées par l'autorité compétente, et les relève *ipso facto* de la seule sanction que fasse encourir l'inobservation des formalités prescrites par l'art. 16 de la loi de germinal an XI, à savoir le refus de patente ou autorisation. — Paris, 1er mai 1913. [S. et P. 1914.2.257]

37. — *Élèves en pharmacie.* — 1° Les pharmaciens, agréés par la Faculté pour recevoir des étudiants qui accomplissent un stage dans le but d'apprendre à préparer des remèdes et de se perfectionner dans les études pratiques, ont pour mission et pour devoir, soit directement, soit conjointement avec le préparateur de la pharmacie, de surveiller les étudiants, de leur enseigner la manière de faire les manipulations, en un mot tout ce qui regarde la profession du pharmacien. Il en résulte que doit être déclaré coupable du délit de blessures par imprudence le pharmacien chez lequel une étudiante stagiaire, en préparant, sous la direction du préparateur en pharmacie et avec l'assentiment du pharmacien, du baume « Opodeldock », a été grièvement brûlée par l'explosion du récipient contenant les produits servant à cette préparation, alors qu'il résulte des circonstances de la cause que l'accident a eu pour cause la non-observation des précautions habituelles à prendre pour la fabrication de ce baume, et alors qu'il paraît certain qu'il y a eu de la part du pharmacien et du préparateur un défaut de surveillance, une inattention, une imprudence, qui engagent leur responsabilité pénale. — 2° L'étudiante qui accomplit un stage chez un pharmacien ne peut être considérée ni comme une apprentie, alors qu'aucun contrat d'apprentissage n'intervient entre les parties, ni comme une employée, alors que loin de recevoir un salaire, elle verse au pharmacien une redevance. En conséquence, l'accident qui lui est survenu au cours de la préparation d'un produit pharmaceutique ne donne pas lieu à l'application de la loi de 1898 sur les accidents du travail, et la victime peut invoquer, pour justifier sa demande d'indemnité, les fautes et imprudences commises par le préparateur et le pharmacien. — Trib. corr. Seine, 10° Ch., 28 avr. 1927, [*Journ. des assur.*, 1929, p. 60]

CHAPITRE III

EXERCICE ILLÉGAL DE LA PHARMACIE.

SECTION I.

Généralités.

48. — 1. — La loi du 21 germ. an XI sur l'exercice de la pharmacie a remis exclusivement aux pharmaciens, non seulement la préparation, mais aussi la vente et le débit des drogues et des préparations médicamenteuses au poids médicinal, réserve faite toutefois du droit des épiciers et des droguistes de débiter des drogues simples et de la faculté laissée aux personnes qui se vouent à la charité de distribuer gratuitement des remèdes magistraux. Il importe peu, dès lors, que le médicament soit préparé par un pharmacien, s'il est débité et vendu par un autre que par lui : l'infraction aux prescriptions sur l'exercice de la pharmacie subsistera. Et l'on comprend qu'il en soit ainsi. La sécurité publique, qui a fait établir le privilège des pharmaciens, serait incomplète, s'il en était autrement. La préparation d'un médicament par un pharmacien ne suffit pas à l'assurer, car on serait incertain sur le bon état de conservation du remède au moment de sa vente, ainsi que sur son débit en quantité non nocive, s'il appartenait à un individu, n'ayant fait aucune étude pharmaceutique ou médicale, de le délivrer à des malades. — V. en ce sens, Cass., 24 oct. 1889, [*Pand. pér.*, 90. 1.164; *Bull crim.*, n. 321]

2. — La Cour de cassation a, dans un arrêté du 24 oct. 1889, posé comme règle que « le seul fait de vendre des médicaments officinaux en gros et en détail, sans avoir obtenu le diplôme nécessaire, constitue le délit d'exercice illégal de la pharmacie, alors même que les médicaments auraient été préparés par un pharmacien » (*Bull. crim.*, n. 321). La jurisprudence ne s'attache même pas au fait que les médicaments mis en dépôt sont destinés à la vente. Elle considère comme également illicite le dépôt de drogues destinées à être distribuées gratuitement, dans un but charitable. Ainsi, le pharmacien des hôpitaux d'une ville, dans laquelle les dispensaires ont été créés à la suite d'une entente entre le service hospitalier et le bureau de bienfaisance pour la distribution gratuite aux indigents de secours médicaux ou autres, ne peut établir dans chacun de ces dispensaires un dépôt de médicaments destinés à être délivrés aux malades pauvres assistés à domicile, sur l'ordonnance du médecin, par le personnel du dispensaire, où ne se rencontre aucun individu pourvu du diplôme de pharmacien. — V. Cass., 7 nov. 1889.

3. — Il a été jugé que la défense faite par l'art. 36 de la loi du 21 germ. an XI à tous autres que les pharmaciens de vendre des drogues au poids médicinal et des préparations médicamenteuses est générale et absolue, et elle s'applique même au cas où les médicaments, vendus ou mis en vente par une personne non munie du diplôme nécessaire, auraient été préparés par un pharmacien (Cass., 16 juin 1910, [S. et P. 1911. 1.351]). Spécialement, lorsqu'il est constaté en fait qu'un individu non pourvu du diplôme de pharmacien a composé certaines formules de remèdes qu'il communiquait ensuite à un pharmacien pour les préparer, et qu'il a vendu ces remèdes à des personnes auxquelles il donnait des consultations médicales, c'est à tort que le juge, après avoir condamné cet individu pour exercice illégal de la médecine, l'a relaxé du chef de la poursuite dirigée contre lui pour infraction aux lois sur la pharmacie, par le motif que le paiement des médicaments par lui vendus pouvait être considéré comme la rétribution des soins ou des conseils qu'il donnait à ses malades; une telle excuse, non prévue par la loi, ne peut, en effet, être admise. — Même arrêt.

50. — 1. — La loi du 21 germ. an XI, art. 25, réserve aux pharmaciens la vente et le débit des médicaments. Il n'est apporté de dérogation à ce monopole qu'en faveur des épiciers et droguistes autorisés par l'art. 33 à faire le commerce en gros des drogues simples. De la combinaison de ces deux textes il résulte que la vente, soit en gros, soit en détail, de médicaments qui n'ont pas le caractère de drogues simples, est interdite à tous autres qu'aux pharmaciens. Jugé en ce sens qu'il est indifférent de savoir, en vue de caractériser le délit d'exercice illégal de la pharmacie, si la vente d'une préparation pharmaceutique a lieu en gros à des pharmaciens ou en détail à des particuliers, puisque, dans tous les cas, cette vente constitue une infraction aux art. 25 et 33 de la loi du 21 germ. an XI. — Cass., 6 janv. 1912, Syndicat des pharmaciens de l'Allier, [S. et P. 1913.1.607]

2. — Commet le délit prévu et réprimé par l'art. 6 de la déclaration du 25 avr. 1777 et l'art. 25 de la loi du 21 germ. an XI toute personne qui, non munie du diplôme de pharmacien, procède en France à des achats fermes de produits pharmaceutiques, même en vue de les revendre en les exportant à l'étranger. La loi ne fait, à cet égard, aucune distinction entre les ventes en gros et les ventes en détail, ni entre les diverses catégories de remèdes; elle s'applique donc aux spécialités pharmaceutiques qui constituent des remèdes au sens légal du mot. Se rend coupable de complicité du même délit, le pharmacien qui se procure des spécialités pharmaceutiques pour les revendre à un non-pharmacien, en connaissance du trafic illicite effectué par ce dernier. — Trib. corr. Seine, 10° Ch., 2 mars 1928, [*Gaz. Pal.*, 3 avr.]

51. — 1. — Les dispositions de l'art. 2 de la déclaration du 25 avr. 1777, relatives à la possession et à l'exercice par la même personne, ayant titre à cet effet, de la charge de pharmacien, bien qu'elles n'aient pas été explicitement reproduites par la loi du 21 germ. an XI, n'en sont pas moins comprises dans les art. 25, 26 et 80 de cette dernière loi (Cass., 22 mai 1913, Maire c. Liquid. jud.). De la combinaison de ces textes, il résulte, d'une part, qu'une pharmacie ne peut être tenue par un gérant même muni de diplôme, et, d'autre part, que les pharmaciens doivent posséder et exercer personnellement leur charge et profession. — Même arrêt.

2. — L'art. 33 de la loi du 21 germ. an XI interdit aux épiciers et droguistes de vendre aucune composition ou préparation pharmaceutique, sans distinguer entre les ventes faites en gros à des pharmaciens et les ventes au détail à des particuliers. D'autre part, la propriété et la gérance des officines de pharmacie doivent reposer sur la même tête et résider dans les mêmes mains. Un droguiste ne peut donc vendre en gros des produits pharmaceutiques, quand bien même il l'exercerait son commerce avec le concours d'un pharmacien diplômé. Ce droguiste commet une infraction à l'art. 1er de la loi du 19 juill. 1845, modifié par la loi du 12 juill. 1916, sur la vente des substances vénéneuses visées aux tableaux A et B annexés au règlement du 14 sept. 1916, en vendant des substances vénéneuses sans faire la déclaration et sans tenir le registre exigés par le règlement. En vain soutiendrait-il qu'il ne tombait pas sous l'application de la loi et du règlement, parce qu'il s'était assuré le concours d'un pharmacien qui tenait le registre prévu par le règlement et qui, en sa qualité de pharmacien, était dispensé de souscrire une déclaration pour être habilité à vendre des substances vénéneuses. En effet, la

déclaration et la tenue du registre incombent, non au pharmacien chargé de gérer l'officine, mais au propriétaire de l'officine. Le seul fait, par un droguiste, d'avoir exercé illégalement la pharmacie a eu nécessairement pour résultat de porter atteinte aux prérogatives de la profession de pharmacien, considérée a un point de vue général, et de causer ainsi un préjudice direct et actuel aux intérêts collectifs de la profession de pharmacien, à laquelle la loi accorde un monopole. Un syndicat de pharmaciens peut donc se porter partie civile pour demander la réparation du préjudice qui lui a été causé. L'art. 33 de la loi du 21 germ. an XI sur l'exercice illégal de la pharmacie n'interdit à de simples négociants que la vente de compositions pharmaceutiques ou celles de drogues simples vendues au poids médicinal, c'est-à-dire par doses d'après lesquelles la drogue doit être employée. Est donc licite la vente par un épicier d'huile de foie de morue par bouteilles, un tel produit ne rentrant dans aucune des catégories de la loi de germinal an XI. — Alger, 7 déc. 1900, [*J. Trib. Alg.*, 10 févr. 1901]

3. — L'art. 2 de la déclaration du roi du 25 avr. 1777, aux termes duquel les pharmaciens ne peuvent avoir laboratoire et officine que tant qu'ils possèdent et exercent personnellement leur charge, a été virtuellement maintenu par la loi du 21 germ. an XI. Il a été jugé qu'il suit de là que la propriété et la gérance des officines de pharmacie doivent être réunies en la même personne [S. et P. 1920.1.333]. Se rend coupable d'exercice simultané de la médecine et de la pharmacie, le médecin qui, dirigeant une clinique médicale, s'associe avec un pharmacien pour l'exploitation en commun d'une pharmacie attenante à la clinique. Il n'y a pas lieu de statuer sur un moyen concernant l'exploitation d'une pharmacie alors que l'on a des intérêts dans une autre officine, lorsque la peine prononcée de ce chef et du chef d'exploitation simultanée de la médecine et de la pharmacie est suffisamment justifiée par le second chef de prévention. — Cass., 3 août 1925, [*Gaz. Trib. Maroc*, 1928, p. 274]

66 et s. — 1. — Nul ne pouvant gérer une officine de pharmacien s'il n'est tout à la fois propriétaire du fonds et muni du diplôme de pharmacien, la vente d'une pharmacie, consentie à une personne non munie du diplôme de pharmacien (vente dissimulée sous les apparences d'une vente de matériel), est nulle comme contraire à l'ordre public (Delamarre, [S. et P. 1904.2. 237]). Par suite, un élève en pharmacie (ou le syndic de sa faillite) est fondé à demander la nullité de la vente d'une pharmacie qui lui a été consentie avant qu'il ne fût pourvu du diplôme de pharmacien (Même arrêt). ...Et à réclamer, comme conséquence de la nullité de la vente, le prix qu'il a payé au vendeur. — Même arrêt.

2. — Vainement celui-ci opposerait à la demande de restitution du prix les maximes romaines : *Nemo creditur suam turpitudinem allegans* et *In pari causa turpitudinis cessat repetitio*, ces maximes n'ont été créées par aucun texte de loi, et elles sont, au contraire, formellement contredites par l'art. 1131 du Code civil, l'ordre public et les bonnes mœurs étant intéressées à ce que l'obligation soit déclarée nulle et dépourvue de toute efficacité (Même arrêt). Vainement encore, pour se refuser à la restitution du prix par lui reçu, le vendeur se prévaudrait-il de ce que le fonds de commerce de pharmacie ayant été revendu par le syndic de la faillite de l'acheteur, l'art. 1183 du Code civil, portant qu'en cas de résolution les parties sont replacées dans l'état où elles étaient avant la convention, ne peut recevoir son application ; l'impossibilité de la restitution en nature, à laquelle il peut être suppléé par une indemnité à déduire du prix reçu par le vendeur, ne saurait être un obstacle à ce que la nullité de la vente qui s'impose à raison de la non-existence du contrat soit prononcée (Même arrêt). En tout cas, si le syndic, qui a procédé à la vente du fonds de commerce et des objets en dépendant avec l'autorisation du juge-commissaire et dans les conditions prescrites par la loi, pour en éviter la dépréciation offre au vendeur d'opter entre la restitution du prix par lui reçu, diminué du prix de la revente, et la restitution intégrale du prix contre restitution du fonds de commerce lui-même, il y a lieu de déclarer ces offres suffisantes et satisfactoires. — Même arrêt.

68. — 1. — L'ouverture et la tenue d'une officine supposent, non seulement un local, mais encore un dépôt permanent de substances médicamenteuses, destiné à pourvoir immédiatement aux demandes du public, et en outre un administrateur de ce dépôt, auquel le public fait confiance et qui prépare et vend, comme il lui convient, les substances ou médicaments demandés. — Caen, 11 avr. 1900.

2. — De la combinaison des art. 25, 32 et 33 de la loi du 21 germ. an XI, la jurisprudence a tiré l'interdiction pour les pharmaciens de déposer des médicaments tout préparés chez des tiers qui les vendraient directement au public. L'art. 32 peut même fournir un argument particulier en faveur de cette solution, car il dispose expressément que les pharmaciens doivent *tenir* les préparations *dans leurs officines*. Si les dépositaires pouvaient débiter eux-mêmes des préparations pharmaceutiques qui leur seraient livrées par un homme de l'art, il serait possible par ce moyen, et contrairement à la volonté du législateur, de délivrer des médicaments aux malades sans l'intermédiaire du pharmacien.

3. — On ne saurait voir une infraction à l'art. 25 de la loi du 21 germ. de l'an XI dans le fait par un pharmacien d'installer en dehors de son officine un bureau de correspondance où ses clients peuvent remettre les ordonnances médicales à exécuter et recevoir ensuite les préparations prescrites par ces ordonnances, préparations exécutées par le pharmacien dans son officine. — Cass. crim., 5 juill. 1900, [*Gaz. Trib.*, 7 nov. 1900]

4. — Ne peut être considéré comme une officine de pharmacie un « bureau de correspondance » tenu, soit par des employés du pharmacien (Cass., 5 juill. 1900), soit par un tiers (Cass., 5 juill. 1900, Vrard et Brassard, [S. et P. 1903.1.549]), où les clients remettent les ordonnances à exécuter et reçoivent ensuite les médicaments, alors que le pharmacien n'a dans ce bureau aucun dépôt permanent de substances médicamenteuses et n'y fait faire aucune préparation, toutes les ordonnances s'exécutant dans la pharmacie d'où les médicaments sont envoyés au bureau de correspondance sous une enveloppe scellée à l'adresse de chaque client. — Cass., 5 juill. 1900, (2 arrêts), précités.

5. — Pour établir qu'il y avait eu exercice illégal de la pharmacie on faisait valoir que la livraison des médicaments avait lieu hors de l'officine. Ce fait n'est pas prévu par la loi ; l'art. 25 de la loi du 21 germ. an XI n'en est pas occupé, et, s'il a prescrit que la préparation, la vente et le débit soient faits par un pharmacien, il n'a pas ajouté qu'il en était de même pour la livraison ; celle-ci ne doit donc pas nécessairement avoir lieu dans l'officine. Une telle exigence ne se comprendrait pas, car, si l'intérêt de la santé publique nécessite une surveillance effective du pharmacien dans l'exécution des ordonnances, la moindre négligence dans la manipulation des substances vénéneuses dangereuses pouvant avoir les conséquences les plus graves sur la santé du malade, la livraison des médicaments, au contraire, constitue un fait matériel absolument distinct, pour lequel l'intervention d'un homme de l'art n'est pas nécessaire. La réglementation apportée à l'exercice d'une profession doit cesser quand la loi a atteint son but, et c'est précisément le cas ; le pharmacien, en effectuant par lui-même, ou par un élève sous sa direction, les préparations médicamenteuses, a accompli les actes de sa compétence ; il a même épuisé sa propre compétence, si l'on peut dire. Les malades auxquels sont destinés les médicaments sont la plupart du temps dans l'impossibilité d'aller chercher eux-mêmes à la pharmacie les préparations qu'ils ont commandées. Qu'importe alors que la livraison soit effectuée dans l'officine entre les mains d'un domestique, ou au domicile du client par les soins d'un employé de la pharmacie? La livraison des médicaments hors de l'officine ne peut donc constituer un exercice illégal de la pharmacie. — Cass., 5 juill. 1900.

6. — Mais pour qu'on puisse reprocher à un non-pharmacien de tenir un dépôt de médicaments, il faut que celui-ci possède des drogues dans son magasin (exception faite pour les épiciers ou droguistes, que la loi autorise à vendre des drogues simples) et qu'il en ait un approvisionnement pour les débiter personnellement aux clients. Lorsqu'un individu reçoit des préparations pharmaceutiques qui lui sont expédiées par un pharmacien groupées en colis, que ce colis contient les médicaments renfermés dans des paquets séparés, scellés et cachetés et portant sur chacun d'eux le nom de son destinataire particulier, la seule fonction du correspondant du pharmacien consistant à remettre chaque paquet à la personne dont le nom est indiqué dans la suscription, on ne saurait prétendre que ce

non-pharmacien tient un dépôt de médicaments. Comment accuser d'exercice illégal de la pharmacie celui qui n'est qu'un intermédiaire entre le pharmacien et son acheteur, de telle sorte qu'il ignore la nature et la quantité des drogues renfermées dans chaque paquet? Comment voir un dépôt permanent de médicaments là où les drogues ne séjournent que le temps nécessaire à leur distribution, et où l'absence de toute substance médicamenteuse autre que celles destinées à être livrées empêcherait le dépositaire de débiter ces drogues simples d'usage courant que tous les épiciers ont en magasin? Lorsque les drogues trouvées chez un non-pharmacien n'y sont parvenues que dans ces circonstances, il n'est donc pas possible de décider que celui-ci tient un dépôt de médicaments. — V. en ce sens, Cass., 6 juill. 1900.

7. — On ne saurait voir dans les faits ainsi constatés une infraction à l'art. 25 de la loi du 21 germ. an XI, aux termes duquel nul ne peut obtenir de patente pour exercer la profession de pharmacien, ouvrir une officine de pharmacie, préparer, vendre et débiter aucun médicament, s'il n'a été reçu suivant les formes voulues par la loi, dès lors que (le préparateur étant muni d'un diplôme de pharmacien) les employés n'ont agi que comme des commissionnaires qui portent à domicile des remèdes régulièrement préparés. — Cass., 5 juill. 1900.

8. — En résumé, il existe une ligne de démarcation bien nette entre les faits licites et les faits illicites. La préparation, la vente et le débit des médicaments doivent être faits à l'officine et par un pharmacien; et, d'autre part, personne ne doit détenir de drogues dans le but de les livrer à la consommation, à l'exception des épiciers et droguistes, autorisés par l'art. 33 de la loi de germinal an XI à faire la vente en gros des drogues simples. Les dépôts de médicaments sont donc absolument interdits. Quant aux dépôts d'ordonnances, ils sont autorisés, dès l'instant que la préparation, la vente et le débit des médicaments ont lieu à l'officine. Peu importent les circonstances dans lesquelles la commande ou la livraison a lieu, dès l'instant que ces trois conditions strictes sont cumulativement réunies, la recherche de clientèle poussée au delà de certaines limites peut être blâmable au point de vue des rapports de bonne confraternité qui doivent exister entre les pharmaciens; elle n'est pas répréhensible au point de vue légal, si elle ne franchit pas les bornes que le législateur lui a imposées.

72. — 1. — Si aux termes de la loi du 21 germ. an XI toute association entre un pharmacien et un non-pharmacien est nulle, alors même que la gérance est réservée au pharmacien, on doit néanmoins, dans la liquidation d'une société de cette nature, appliquer les stipulations de l'acte de société. Il en est surtout ainsi de celles qui n'ont rien d'illicite et, par exemple, attribuent au non-pharmacien un tant pour cent sur le prix de revente de la pharmacie. — Trib. civ. Seine, 14 mars 1901, [*Le Droit*, 11 août 1901]

2. — Lorsque plusieurs personnes, dont une seule est pourvue du diplôme de pharmacien, ont formé entre elles une société en participation, non pour l'exploitation de l'officine du pharmacien dont l'associé diplômé est propriétaire exclusif, mais uniquement pour la mise en vente d'un remède dont la fabrication doit être faite par l'associé diplômé, d'après une formule proposée par un autre des associés, mais qui a été acceptée par l'associé diplômé, lequel l'a faite sienne, cette société n'est pas constituée en contravention des lois sur la pharmacie (Lyon, 10 févr. 1910). Par suite, les participants non diplômés, qui ne sont que des bailleurs de fonds en vue de faire face aux frais de réclame et d'organiser la vente du remède dont s'agit, et qui n'ont aucun droit d'immixtion, ni dans la gérance, ni dans l'exploitation de l'officine du pharmacien, et ont simplement le droit de surveiller leurs intérêts en vue d'obtenir la part de bénéfices qui leur est attribuée par le traité, ne peuvent, pas plus que le pharmacien lui-même, être poursuivis pour exercice illégal de la pharmacie. — Même arrêt.

3. — Jugé en ce sens que, s'il y a délit d'exercice illégal de la pharmacie de la part de l'individu qui, n'étant pas muni du diplôme de pharmacien, partage, même en société avec un pharmacien diplômé, la propriété et la gérance d'une officine de pharmacie, aucun texte de loi ne prohibe l'association de deux pharmaciens pour la tenue d'une officine. Et en conséquence il n'y a pas délit d'exercice illégal de la pharmacie dans le fait, par deux pharmaciens diplômés copropriétaires de deux pharmacies, de s'associer pour la gérance de ces pharmacies,

dès lors que le pacte social spécifie que chacun d'eux conserve la direction personnelle et exclusive de l'une des deux pharmacies (Riom, 16 juin 1909, [Sirey, 1909.2.132]). Dans l'espèce, la cour de Riom, en déclarant valable la société formée entre pharmaciens pour l'exploitation de deux officines dont chacune était tenue par l'un d'eux, a rendu le premier arrêt de cour d'appel qui soit intervenu sur l'hypothèse d'une société exclusivement constituée entre pharmaciens.

4. — Les tribunaux ont toujours le droit et même le devoir de restituer à un acte sa véritable qualification, qui dépend des stipulations contenues à l'acte, et non pas du nom donné à cet acte. Spécialement, lorsque deux pharmaciens ont constitué une société en nom collectif pour l'exploitation de deux pharmacies, situées à distance l'une de l'autre, et que le pacte social stipule que l'un d'eux aura exclusivement le droit de procéder aux achats, de choisir les fournisseurs, de fixer le prix de vente, et, en un mot, d'administrer pour ainsi dire en maître absolu, alors que l'autre pharmacien devra se cantonner dans les opérations secondaires de simple administration, des stipulations pareilles démontrent que le second pharmacien n'est pas un véritable associé, mais qu'il est dans un état de dépendance absolue. Cet état de subordination du second pharmacien découle encore du fait que, si chacun des prétendus associés a droit mensuellement à un prélèvement de cinq cents francs à valoir sur bénéfices de fin d'année, ce prélèvement demeure acquis en tout état de cause au second pharmacien, même si le bénéfice annuel ne justifie pas ce prélèvement sans répétition. Il en est surtout ainsi lorsque le pacte social prévoit que les bénéfices, s'il y en a, seront partagés à concurrence des 4/5ᵉˢ à l'un et de 1/5ᵉ au second pharmacien qui n'aurait même droit à une part de bénéfices que s'ils excèdent trente mille francs par an. — Trib. corr. Bourges, 22 déc. 1921, [*La Loi*, 19 juill. 1922]

5. — L'association formée entre un pharmacien et un non-diplômé pour la préparation et la vente d'un médicament est nulle comme contraire à l'ordre public et toute action doit être refusée pour son exécution. — Bordeaux, 24 mars 1927, Lesfargues c. Pesqui, [*Revue des sociétés*, 1928, p. 82]

6. — L'association formée pour l'exploitation d'une marque qui est un remède secret est nulle comme ayant une cause illicite, mais si elle a fonctionné il en résulte entre les parties une communauté d'intérêts qui doit être liquidée; en effet, la nullité de la société n'empêche pas que, jusqu'au moment où cette nullité est invoquée, il a pu y avoir entre les associés des rapports de fait qui doivent se régler par le partage équitable de l'actif résultant des opérations en commun. Mais, on ne peut comprendre dans la masse active provenant de la communauté d'intérêts créée par un simple fonctionnement de fait les apports qui résultent de stipulations dont la nullité est absolue; par suite, le juge ne peut autoriser le liquidateur à vendre aux enchères publiques, comme faisant partie de l'actif de la communauté d'intérêts, la marque qui était la propriété de l'un des associés. — Cass. civ., 13 juill. 1927, [*Gaz. Pal.*, 14 octobre]

7. — Aux termes de la déclaration du 25 avr. 1777 et de la loi du 21 germ. an XI, nul ne peut tenir une officine de pharmacie s'il n'est en même temps propriétaire de la pharmacie et muni du diplôme de pharmacien. En conséquence, si la mise en société d'une pharmacie entre diplômés peut être jugée licite lorsque les droits de propriété et leur exercice se trouvent en fait appartenir à des personnes légalement aptes à la profession, l'association est contraire à la loi si, inversement, elle a lieu entre pharmaciens et non-pharmaciens. Est donc nulle, et doit être comme telle déclarée dissoute et liquidée, la société en commandite simple ayant pour objet le lancement et la vente de spécialités pharmaceutiques, lorsqu'elle est formée entre deux pharmaciens, seuls associés gérants responsables, et diverses personnes non diplômées, commanditaires. Et l'on ne saurait utilement arguer, en faveur de la validité d'une telle société, que la gérance appartient uniquement aux diplômés, les commanditaires non diplômés ayant, en leur qualité d'associés, un droit de contrôle, de surveillance et de conseil, qui, même exercé indirectement, est propre à leur assurer sur les décisions du gérant une influence d'autant plus puissante que leur part de commandite est plus élevée (Cour Paris, 3ᵉ Ch., 23 juill. 1930, [*Gaz. Pal.*, 1ᵉʳ octobre]). Si l'art. 25 de la loi du 21 germ. an XI impose à quiconque dirige une officine de pharmacie d'exercer une surveillance personnelle et sérieuse sur la préparation, la vente et le débit des médicaments, on ne saurait sou-

tenir que ce texte ait été violé par l'arrêt qui déclare que « la gérance du directeur se produit d'une manière assez effective pour être considérée comme réelle », alors que, d'autre part, les faits allégués tendant à établir le contraire n'ont été invoqués qu'à titre d'arguments sans faire l'objet d'aucun chef précis de conclusions. Il ne résulte d'aucun texte de loi que la gratuité absolue soit une condition essentielle de la délivrance des médicaments dans les pharmacies créées par les sociétés de secours mutuels. Et si ces pharmacies ne peuvent fournir leurs médicaments qu'aux membres desdites sociétés et à leurs familles, il appartient aux sociétés elles-mêmes de déterminer le mode et les conditions de cette fourniture. Si les principes qui régissent les sociétés de secours mutuels s'opposent d'autre part à ce qu'elles fassent des actes de commerce, on ne saurait qualifier ainsi les distributions de médicaments faites à titre onéreux, dans leurs pharmacies, alors que les prix sont établis dans des conditions telles que l'opération ne perd pas son caractère d'assistance et ne constitue qu'un simple supplément de cotisation destiné à couvrir les frais de la pharmacie. — Cass. crim., 17 déc. 1900, [*France jud.*, 1901.2.54]

80. — 1. — Si l'art. 25 de la loi du 21 germ. an XI impose à quiconque dirige une officine de pharmacie d'exercer une surveillance personnelle et sérieuse sur la préparation, la vente et le débit des médicaments, il est satisfait à cette obligation par le gérant d'une pharmacie de société de secours mutuels, lorsque sa gérance se produit d'une manière assez effective pour être considérée comme réelle, et que le gérant a des aides capables et sûrs, exécutant strictement ses instructions, préparant tous les médicaments sous sa surveillance, et dont, en réalité, le rôle peut être considéré comme limité à la livraison des préparations effectuées sous sa direction. — Cass., 22 déc. 1900.

2. — L'ouverture par une société de secours mutuels d'une pharmacie, qui délivre des remèdes aux adhérents à des prix calculés, suivant les statuts, sur la base du prix de revient et des frais généraux diminués du montant disponible des cotisations, après dotation du service médical, ne constitue pas le délit d'exercice illégal de la pharmacie. — Cass., 10 juill. 1908.

81. — Si nul ne peut ouvrir une officine de pharmacie qu'à la condition d'être à la fois propriétaire du fonds et muni d'un diplôme de pharmacien, cette restriction à la liberté de l'industrie ne saurait concerner une officine créée par une caisse de secours d'ouvriers mineurs, qui ne livre des médicaments qu'aux seuls sociétaires, et qui, par suite, n'est pas une officine ouverte, dans le sens de l'art. 25 de la loi du 21 germ. an XI, puisqu'on n'y débite au public aucune substance médicamenteuse (Cass. crim., 25 oct. 1912). Il importe peu que les médicaments préparés dans cette officine pour être remis gratuitement aux blessés du travail soient facturés à la Compagnie des mines d'après un tarif dépassant leur prix réel, ce recours, exercé en vertu de l'art. 4 de la loi du 9 avr. 1898, ne saurait être assimilé à une vente faite à un tiers (Même arrêt). En conséquence, le président de la caisse de secours d'ouvriers mineurs à laquelle appartient l'officine et le pharmacien diplômé qui en est le gérant ne sauraient être poursuivis sous l'inculpation d'exercice illégal de la pharmacie. — Même arrêt (Syndicat régional des pharmaciens du Nord de la France).

L'art. 25 de la loi du 21 germ. an XI, par une disposition qui est reproduite dans son principe à l'art. 41 de l'arrêté du 25 therm. an XI et qui a pour but de subordonner à de nouvelles conditions le droit de la veuve de tenir ouverte, pendant un an après le décès de son mari, l'officine de celui-ci, en dehors des modifications de détail qu'il apportait à l'art. 41 de l'arrêté de thermidor an XI, en vue de le mettre en harmonie avec l'organisation actuelle de l'enseignement, le texte adopté différait du texte de l'arrêté de l'an XI en ce qu'il visait à côté de la veuve les enfants et héritiers. « Si la situation de la veuve mérite d'être prise en considération, lit-on dans le rapport de M. Astier au Sénat du 16 sept. 1915, il convient également, élargissant la portée du texte de thermidor, d'envisager aussi celle des enfants et des héritiers, qui paraît, au même titre, digne d'intérêt ». Aux termes de la loi du 9 févr. 1916, l'art. 25 de la loi du 21 germ. an XI est complété ainsi qu'il suit : « Au décès d'un pharmacien, la veuve, les enfants ou héritiers pourront continuer de tenir son officine ouverte pendant un délai qui en aucune façon ne pourra dépasser une année à compter du décès, aux conditions de présenter à l'agrément de l'école ou faculté dont dépend l'inspection de l'officine un étudiant

majeur et pourvu d'au moins huit inscriptions de scolarité, en même temps qu'un pharmacien diplômé, établi ou non, sous la responsabilité duquel seront dirigées et surveillées toutes les opérations de l'officine. L'autorisation de gestion sera délivrée, après avis conforme de l'école ou faculté, par le préfet du département dans lequel est située l'officine ».

82. — Lorsqu'une veuve a renoncé à la communauté et à la succession de son mari, l'attribution qui lui a été faite du fonds de pharmacie tenu par celui-ci, en vertu d'un article de son contrat de mariage stipulant que le survivant des époux pourrait, si bon lui semblait, conserver pour son compte personnel tout établissement industriel ou commercial faisant partie de la communauté ou même propre à l'époux prédécédé, constitue une vente qui est contraire à l'ordre public et entachée d'une nullité absolue comme faite à une personne non diplômée (Décl. 25 avr. 1777, art. 1, 2, 6; L. 21 germ. an XI; C. civ., art. 6, 1131) (Rés. par le jugement rapporté en sous-note). Cette prohibition n'est pas levée par l'art. 41 de l'arrêté du 25 therm. an XI, complété par la loi du 9 févr. 1916, qui, en autorisant la veuve du pharmacien à tenir ouverte l'officine de son mari pendant un certain temps après le décès, pour permettre de trouver un successeur, n'a pas conféré à cette veuve non diplômée le droit de devenir propriétaire de l'officine (Trib. Seine, 20 mars 1922; — Cass., 8 nov. 1922, [S. et P. 1924.1.313 et note de M. Perreau]). La clause de conservation, par l'époux survivant, d'un fonds de commerce apporté par l'autre époux, insérée dans un contrat de mariage stipulant le régime de la communauté réduite aux acquêts, est valable si en fait ce fonds, en vertu d'une autre clause, a été vendu à la communauté pour le montant de son estimation. Le fait que le fonds de commerce a été revendu par l'époux survivant à un prix de beaucoup supérieur à celui auquel il a exercé son option ne saurait exercer d'influence sur la validité de l'attribution, alors que pour l'estimation il a été procédé conformément aux stipulations du contrat du mariage, qu'il n'est relevé ni irrégularité, ni fraude ou collusion à l'encontre des experts, et qu'au surplus la plus-value acquise dans l'intervalle par le fonds est l'œuvre personnelle de l'attributaire. S'il n'est pas loisible à une personne non diplômée de faire l'acquisition d'une officine de pharmacie, la propriété d'un tel fonds peut cependant dans certains cas échoir à des femmes ou à des enfants mineurs non pourvus du diplôme; en particulier, l'arrêté du 25 therm. an XI et la loi du 9 févr. 1916 ont autorisé les veuves à tenir ouvertes, dans certaines conditions, et pendant un temps restreint, les officines de leurs maris, afin de leur permettre de trouver un successeur. Est valable dès lors l'attribution, faite à la veuve survivante renonçant à la communauté, en vertu de la clause de conservation, d'un fonds de pharmacie dépendant de cette communauté et exploité par le mari, lorsqu'elle a déclaré vouloir le conserver pour son compte personnel. Et aussi la revente qu'elle a consentie de ce fonds. — Paris, 11 déc. 1924, [*Gaz. Pal.*, 14 février]

SECTION III.

Médecins et officiers de santé.

100. — 1. — Si, en vertu de la loi du 21 germ. an XI, les pharmaciens ont le monopole de la vente des médicaments, l'art. 27 de ladite loi, aux termes duquel les officiers de santé établis dans les bourgs, villages ou communes où il n'y aurait pas de pharmaciens ayant officine ouverte pourront fournir des médicaments simples ou composés aux personnes auprès desquelles ils sont appelés, mais sans avoir le droit de tenir officine ouverte, contient une exception à ce principe. Et la même faculté appartient *a fortiori* aux médecins, l'expression officier de santé étant employée dans un sens général pour désigner toute personne qui exerce l'art de guérir. Aussi, le médecin domicilié dans une commune où il n'existe pas de pharmacien a-t-il le droit de fournir des médicaments à ceux de ses malades domiciliés dans ladite commune. Et c'est en vain que l'on objecte le peu de distance existant entre cette commune et une autre où se trouve un pharmacien. Peu importe que les deux communes forment une seule agglomération, alors que, n'ayant pas la même circonscription territoriale et n'étant pas soumises pour les affaires locales à la même administration municipale, elles forment deux communes distinctes au sens du droit moderne.

2. — Aux pharmaciens seuls appartient le droit de vendre des drogues au poids médicinal, des compositions ou préparations pharmaceutiques et médicamenteuses (Cass. crim., 24 mars 1906). Et la défense faite à tous autres par l'art. 36 de la loi du 21 germ. an XI de vendre des drogues au poids médicinal, qui est générale et absolue, s'applique notamment aux officiers de santé et médecins. Si l'art. 27 de la loi du 21 germ. an XI autorise ceux-ci à fournir des médicaments simples ou composés aux personnes près desquelles ils seraient appelés, cette faculté, qui constitue une exception de droit étroit, ne pouvant recevoir aucune extension, n'est accordée aux médecins et officiers de santé qu'autant qu'il n'y aurait pas, dans les bourgs, villages ou communes où ils sont établis, de pharmacien ayant officine ouverte (Même arrêt). Mais, dans le cas où il y a un pharmacien ayant officine ouverte, la prohibition subsiste à leur égard... sans qu'il y ait lieu de distinguer entre le bourg ou le faubourg d'une localité... ni de faire exception pour le cas où les médicaments ont été fournis à des habitants de localités où il n'existe pas d'officine. Ainsi le droit, que l'art. 27 de la loi du 21 germ. an XI reconnaît aux médecins établis dans les communes où il n'y aurait pas de pharmacien ayant officine ouverte, de fournir des médicaments aux personnes près desquelles ils seront appelés, n'appartient aux médecins qu'autant qu'ils ont une installation réelle et effective dans la commune où il n'existe pas d'officine de pharmacie (Trib. Roche-sur-Yon, 18 déc. 1906, [S. et P. 1907.2.148]). En conséquence, l'art. 27 de la loi de germinal an XI ne saurait être invoqué par un médecin qui, pour éluder les prohibitions de la loi, a ouvert un cabinet de consultations dans une commune dépourvue d'officine de pharmacie, alors qu'en fait il a conservé son principal établissement dans une commune où était établi un pharmacien. — Même arrêt.

3. — En tout cas, si ce médecin a vendu des médicaments pendant la partie de l'année où l'officine est ouverte, la condamnation prononcée contre lui est légalement justifiée. — Cass., 24 mars 1906.

4. — Un médecin a le droit d'avoir à sa disposition les drogues et médicaments nécessaires pour procéder aux pansements urgents, et s'il se borne à user de ces médicaments pour ses clients à l'occasion de ces pansements, il ne saurait être déclaré coupable d'exercice illégal de la pharmacie (Toulouse, 25 mai 1900, [Gaz. Midi, 8 juill. 1900]). Mais le fait par un médecin de vendre à ses clients des drogues destinées à être prises par eux à titre curatif constitue la contravention d'exercice illégal de la pharmacie et ces faits sont prévus et punis par l'art. 6 de la déclaration du Roi du 25 avr. 1777, qui n'a été abrogée par la loi du 21 germ. an XI que dans les points sur lesquels celle-ci a statué à nouveau (ibid.). L'art. 27 de la loi du 21 germ. an XI autorise les médecins établis dans les communes où il n'y aurait pas de pharmacie à fournir des médicaments à leurs malades; mais cette exception doit être strictement limitée, et un médecin résidant dans une commune où il existe un pharmacien, ne peut débiter des remèdes à ses malades qui seraient habitants d'une commune où il n'y aurait pas de pharmacien. — Ibid.

5. — Le médecin, établi dans une commune où il n'y a pas de pharmacien, ne peut fournir de médicaments qu'aux personnes près desquelles il est appelé; en effet, la disposition de l'art. 27 de la loi de germinal an XI ne peut recevoir aucune extension, et, notamment, elle n'autorise pas le médecin à exécuter les ordonnances de ses confrères, sous le prétexte qu'il s'en serait approprié la teneur. — Cass., 25 nov. 1909.

6. — Une question assez délicate peut se présenter, dans les localités qui ont leur territoire réparti au point de vue administratif entre plusieurs communes différentes : Le médecin qui a sa résidence dans un faubourg, administrativement rattaché à une commune où il n'y a pas de pharmacien, mais qui fait partie, en fait, d'une agglomération où est ouverte, sur le territoire d'une commune voisine, une officine de pharmacien, peut-il vendre des remèdes en vertu de l'art. 27 de la loi du 21 germ. an XI? L'affirmative a été soutenue (V. Perreau, Code des pharmaciens, n. 181). Le tribunal de Montmédy vient de statuer en ce sens. Le tribunal de Rennes se prononce, au contraire, pour la négative.

7. — L'art. 27 de la loi du 21 germ. an XI, aux termes duquel « les officiers de santé et les médecins établis dans les bourgs, villages ou communes où il n'y aurait pas de pharmacien ayant officine ouverte, auront à fournir des médicaments simples ou composés aux personnes près desquelles ils seront appelés », a entendu désigner, par l'expression « bourgs », les agglomérations de maisons groupées sur un point où convergent les intérêts économiques d'une certaine région, et où se tiennent des marchés (Trib. Rennes, 21 févr. 1910). Il importe peu que ces agglomérations de maisons soient rattachées par des limites administratives à des communes différentes. Dès lors, un médecin, qui est établi dans une commune dépourvue de pharmacien, mais dont la maison d'habitation fait partie de l'agglomération d'une commune limitrophe où existe une officine de pharmacien, n'a pas le droit de vendre des médicaments.

8. — Si, en vertu de la loi du 21 germ. an XI, les pharmaciens ont le monopole de la vente des médicaments, l'art. 27 de ladite loi, aux termes duquel « les officiers de santé établis dans les bourgs, villages ou communes où il n'y aurait pas de pharmacien ayant officine ouverte, pourront fournir les médicaments simples ou composés aux personnes auprès desquelles ils seront appelés, mais sans avoir le droit de tenir officine ouverte », contient une exception à ce principe. Et la même faculté appartient a fortiori aux médecins, l'expression « officier de santé » étant employée dans un sens général pour désigner toute personne qui exerce l'art de guérir. Aussi, le médecin domicilié dans une commune où il n'existe pas de pharmacien a-t-il le droit de fournir des médicaments à ceux de ses malades domiciliés dans ladite commune. Et c'est en vain que l'on objecte le peu de distance existant entre cette commune et une autre où se trouve un pharmacien. Peu importe, en effet, que les deux communes forment une simple agglomération, alors que, n'ayant pas la même circonscription territoriale et n'étant pas soumises pour les affaires locales à la même administration municipale, elles forment deux communes distinctes au sens du droit moderne. C'est aussi vainement que l'on objecte que les causes qui ont pu motiver la disposition exceptionnelle de l'art. 27 de la loi du 21 germ. an XI n'existent plus aujourd'hui en raison de la facilité des communications : si, en effet, le texte de l'an XI ne correspond plus aux nécessités actuelles et à l'intérêt des malades, c'est au législateur seul qu'il appartient de le modifier. — Trib. civ. Montmédy, 1er août 1930, [Gaz. Pal., 7 décembre]

9. — Cette dernière solution peut se défendre par de sérieuses considérations. L'exception apportée par l'art. 27 de la loi du 21 germ. an XI au principe posé par l'art. 36 de la même loi, que le droit de vendre des préparations pharmaceutiques ou médicamenteuses appartient aux seuls pharmaciens (V. Cass., 24 mars 1906), se justifie par l'intérêt des malades, qui exige que les ressources pharmaceutiques soient toujours à leur portée (V. en ce sens la note sous Cass., 24 mars 1906, précité. — Adde, Perreau, n. 178). Or, ce but est atteint lorsque le faubourg d'une localité se trouve à proximité d'une officine pharmaceutique, située dans l'agglomération principale. Il n'y a pas, dès lors, à s'occuper du point de savoir si ce faubourg fait partie du territoire d'une commune dans laquelle ne se trouve pas de pharmacien. Les termes mêmes dans lesquels est conçu l'art. 27 de la loi du 21 germ. an XI fournissent un argument en ce sens. Si ce texte s'était borné à interdire aux médecins de vendre des remèdes quand un pharmacien a son officine dans la commune, il est bien évident que, pour déterminer l'étendue du droit du médecin en matière de vente de médicaments, il suffirait de rechercher si, oui ou non, il existe un pharmacien ayant officine ouverte dans les limites de la commune. S'il n'y en avait pas, le médecin aurait toute latitude de vendre des médicaments, encore bien qu'un pharmacien fût installé dans l'agglomération même où il réside, mais sur le territoire d'une autre commune. Le fait que la loi a spécifié, en outre, que le médecin ne peut vendre de médicaments lorsqu'il existe un pharmacien dans le bourg ou le village, semble bien prouver que les auteurs de la loi n'ont pas voulu qu'il en en fût ainsi, et que si un médecin et un pharmacien résident dans une même agglomération dépendant de communes distinctes, le médecin ne peut soutenir que le fait qu'il a sa résidence sur le territoire d'une commune autre que celle où le pharmacien a son officine lui confère le droit de vendre des médicaments.

Section IV.

Substances présentant ou non le caractère de médicaments.

116. — 1. — Il n'appartient d'ailleurs pas aux juges du fait, saisis d'une poursuite pour exercice illégal de la pharmacie, d'affirmer les qualités curatives d'un produit, et il leur suffit de constater, ce qu'ils font souverainement, que ce produit a été mis en vente en vue d'un emploi curatif.

2. — Peut être considéré comme médicamenteux un produit dans la composition duquel l'acide salicylique figure pour un centième. L'attribution dans des prospectus de qualités curatives peut dans une certaine mesure constituer par elle-même l'annonce d'un remède, sans qu'il ait lieu de rechercher la nature du produit. Le texte applicable est le décret de pluviôse an XIII. — Trib. corr. Seine, 11 mai 1901, [*La Loi*, 3 juin 1901]

3. — ...Jugé que les « comprimés de Vichy », composés de bicarbonate de soude du commerce et de chlorure de sodium, constituent une composition pharmaceutique, dont la préparation et la vente en gros, comme la vente au détail, sont réservées aux seuls pharmaciens. — Cass., 6 janv. 1912, Syndicat des pharmaciens de l'Allier, [S. et P. 1913.1.60]

4. — Un coricide à base d'acide salicylique ne constitue pas une préparation pharmaceutique. Le cor n'est pas une affection qui altère la santé et le coricide ne suffit point à prouver la destruction ou la disparition du cor. En conséquence, le coricide étant reconnu inoffensif et n'intéressant pas la santé publique, sa composition et sa vente ne sauraient le faire ranger sans réserve ni distinction dans la catégorie des médicaments dont le monopole est réservé aux pharmaciens (Trib. corr. Lille, 3ᵉ Ch., 20 janv. 1930, [*Sem. jur.*, n. 19, p. 463]). Il appartient au juge du fait, statuant après expertise, d'examiner si, dans les circonstances de la cause, une substance fabriquée et mise en vente sous le nom de « lotion » constitue une préparation pharmaceutique, en tenant compte à la fois de sa composition, des conditions dans lesquelles elle est débitée et de sa préparation (Cass., 10 mai 1924, [S. et P. 1924. 1.189]). Les juges — qui ont constaté que ce produit était une infusion de pied de griffon, plante indigène; que si l'on y trouve de la vératrine, de la verveine et de l'elléborine, en quantité minime, ces substances ont pu se produire par suite de réactions indépendantes de la volonté du fabricant; que par sa composition, cette substance n'est pas un remède, mais une lotion pour cheveux, un produit de propreté et d'hygiène; que le fabricant présente au public sa lotion comme étant propre à la destruction des poux et lentes, mais qu'il ne lui attribue aucune vertu curative ou préventive d'un état morbide quelconque; que, d'ailleurs, la présence des parasites dont il s'agit, sur le cuir chevelu, ne constituant pas une maladie, — ont pu légitimement décider, en l'état de ces constatations, que ladite lotion, qui ne possède aucune propriété médicamenteuse, n'était pas une composition ou préparation pharmaceutique, dont la fabrication et la vente sont réservées aux seules personnes munies du diplôme de pharmacien. — Même arrêt.

Section V.

Compétence et droit de poursuite.

La loi du 21 germ. an XI n'a pas imposé de formes spéciales et s'en remet aux voies ordinaires du droit commun pour la recherche et la constatation des délits ou contraventions qui peuvent être commis en infraction aux dispositions de son art. 25. L'identité des médicaments examinés n'étant pas contestée, c'est à bon droit qu'un arrêt s'est appuyé sur les résultats de l'expertise à laquelle il avait été procédé pour décider que les substances, dont il s'agissait au procès, constituaient des compositions pharmaceutiques dont la préparation, la vente et le débit étaient interdits au prévenu, qui n'était pas pourvu d'un diplôme de pharmacien. — Cass., 9 mars 1923, Hugon, [S. et P. 1924.1.45, note de M. Perreau]

126. — La juridiction correctionnelle, saisie d'une poursuite dirigée contre un médecin pour infraction à la prohibition édictée par l'art. 30 de la loi du 21 germ. an XI, est compétente pour constater dans quel lieu le prévenu est établi

(Cass., 24 mars 1906, [S. et P. 1910.1.598]). Et cette constatation est souveraine (Même arrêt). Ainsi que celle qui a trait à l'existence au même lieu d'une officine de pharmacien. — Même arrêt.

132. — 1. — Le diplôme de pharmacien conférant pour le moins à ceux qui en sont bénéficiaires la qualité professionnelle nécessaire pour leur permettre de faire partie d'un syndicat ayant pour objet l'étude de la défense des intérêts industriels ou commerciaux de leur corporation, il n'échet d'examiner, pour apprécier la recevabilité de l'action en dommages-intérêts intentée par une association syndicale de pharmaciens pour réparation d'un fait d'exercice illégal de la pharmacie, si les pharmaciens diplômés peuvent ou non ouvrir une officine, fabriquer et vendre des médicaments avant d'avoir prêté le serment prescrit par la loi du 21 germ. an XI. A supposer même qu'ils ne soient pas en mesure de pratiquer légalement leur art, ils pourraient encore faire partie d'un syndicat de pharmaciens, comme exerçant un métier similaire, ou une profession similaire, ou une profession connexe, notamment celle de chimiste ou de droguiste (Rouen, 11 déc. 1902, Chaflé, [S. et P. 1904.2.257]). Au surplus, la fin de non-recevoir tirée du défaut de prestation de serment d'un pharmacien, président d'un syndicat professionnel de pharmaciens, ne saurait être opposée à ce syndicat, lorsqu'il est régulièrement constitué (Paris. 1ᵉʳ mai 1903, [S. et P. 1904.2.257]). La loi du 21 mars 1884 sur les syndicats professionnels, autorisant le groupement des professions similaires ou connexes, il en résulte que l'omission d'une formalité, telle que le serment, imposée exclusivement pour l'exercice de la profession de pharmacien, ne saurait, par elle-même, entraîner l'incapacité de faire partie d'un syndicat professionnel de pharmaciens (Cass., 9 févr. 1905, [S. et P. 1905 1.200]). Le fait, allégué contre le président et d'autres membres d'un syndicat de pharmaciens, de n'avoir pas prêté le serment prescrit par l'art. 16 de la loi du 21 germ. an XI, est donc inopérant en ce qui concerne la constitution de ce syndicat et son droit d'ester en justice dans les conditions prévues par la loi, alors d'ailleurs que le syndicat comprend des pharmaciens exerçant régulièrement leur profession. — Même arrêt.

2. — La loi du 21 germ. an XI ne renferme aucune dérogation au principe général posé par l'art. 1382 du Code civil, et, en conséquence, des pharmaciens régulièrement établis sont fondés à poursuivre la réparation du préjudice à eux causé par l'exploitation illicite d'une pharmacie illégalement ouverte. — Cass. crim., 30 mars 1928, [*Gaz. Pal.*, 15 mai]

162. — La jurisprudence des tribunaux considérait que l'amende de 500 francs prononcée par l'art. 6 de la déclaration royale de 1777 n'était pas susceptible de diminution par suite d'admission de circonstances atténuantes, celles-ci ne devant être appliquées que dans les cas où la loi les a spécialement prévues. Depuis la loi du 29 déc. 1928, qui a modifié l'art. 463 du Code pénal, l'admission des circonstances atténuantes est formellement étendue aux infractions prévues par les lois spéciales, et par conséquent aux infractions aux lois sur la pharmacie.

Section VI.

Fermeture de la pharmacie.

167. — Pour ouvrir une officine de pharmacie, il faut être à la fois pourvu d'un diplôme régulier et propriétaire de l'officine. Celui qui ouvre une pharmacie sans remplir l'une et l'autre conditions commet le délit d'exercice illégal de la pharmacie (art. 6 de la déclaration du 25 avr. 1777 et 25 de la loi du 21 germ. an XI). Les tribunaux correctionnels ont le droit d'ordonner la fermeture d'une pharmacie illégalement ouverte, aussi bien sur les conclusions de la partie civile que sur les réquisitions du ministère public. — Trib. corr. Agen, 15 nov. 1900, [*La Loi*, 19 déc. 1900]

172. — Jugé que la peine de la fermeture d'une pharmacie doit être maintenue alors même que cette pharmacie, dont l'ouverture par un pharmacien déjà copropriétaire et cogérant d'une autre officine, avait créé le délit d'exercice illégal de la pharmacie, avait été vendue à un tiers après la décision du tribunal correctionnel qui l'ordonnait et avant que la cour d'appel ait statué. — 9° Ch. de la cour d'appel de Paris, 7 févr. 1930; information particulière.

CHAPITRE IV

Section I.

Prescriptions médicales.

176. — 1. — Un pharmacien reçoit une ordonnance à exécuter. Il a ou n'a pas le produit demandé, peu importe. Il modifie l'ordonnance, et substitue au remède prescrit un autre remède similaire à ce remède. A-t-il contrevenu à l'art. 32 de la loi du 21 germ. an XI? La Cour de cassation a vu là le délit de l'art. 32. — Jugé, en ce sens, que commet l'infraction prévue par l'art. 32 de la loi de germinal, le pharmacien qui délivre un remède non conforme à l'ordonnance qui lui est présentée (Cass., 29 nov. 1907, [S. et P. 1910.1.465, note de M. Roux]). Et il importerait peu qu'il ait délivré des remèdes officinaux analogues ou similaires, puisque l'infraction consiste dans la non-conformité des remèdes livrés avec les remèdes prescrits. La Cour de cassation a de nouveau jugé, conformément à la jurisprudence antérieure, que la disposition de l'art. 32 de la loi du 21 germ. an XI, qui prescrit aux pharmaciens de ne délivrer des préparations médicinales ou drogues composées que sur ordonnance de médecin, est sanctionnée par l'arrêt de règlement du Parlement de Paris du 23 juill. 1748 (Cass., 29 nov. 1907, [S. et P. 1910.1.465, note de M. Roux]). Quoi qu'il en soit, la Cour de cassation décide que la contravention à la prescription de l'art. 32 de la loi du 21 germ. an XI peut, comme toutes les infractions pour lesquelles la loi n'en a pas disposé autrement, être prouvée par toutes les voies de droit (Cass., 29 nov. 1907). Notamment par témoins et un constat d'huissier suivi d'une expertise (Cass., 29 nov. 1907). Dès lors, en effet, qu'il ne s'agit pas de la visite annuelle et ordinaire des pharmacies, prescrite par les art. 29 et 30 de la loi de germinal, il n'est pas nécessaire de se conformer, pour la recherche et la constatation de l'infraction, aux règles édictées par ces articles en vue de ce cas spécial (Même arrêt). Et la loi du 1er août 1905 étant inapplicable en l'espèce, l'expertise ordonnée par le juge d'instruction a pu être effectuée par un expert choisi conformément aux règles ordinaires (Même arrêt). L'iodure de potassium étant une préparation médicinale et un produit qui ne peut être employé comme remède que d'après une prescription de l'homme de l'art, le pharmacien qui livre et débite de l'iodure de potassium sans l'ordonnance et la signature d'un médecin commet l'infraction prévue par l'art. 32 de la loi du 21 germinal. — Cass., 19 mars 1903, [S. et P. 1905.1.367]

2. — Le pharmacien a-t-il le droit de renouveler l'exécution d'une ordonnance prescrivant des substances vénéneuses sans une nouvelle ordonnance du médecin? La question a été décidée par la négative. — Cour cass., 19 nov. 1902 et 19 mars 1903.

187. — Un pharmacien a le droit de refuser de délivrer des remèdes lorsque les doses prescrites par l'ordonnance du médecin lui paraissent excessives et dangereuses (Trib. Seine, 7 nov. 1913, [S. 1915.2.75]). Mais si, en opposant ce refus, et en critiquant l'utilité des médicaments prescrits par l'ordonnance, le pharmacien se livre à des commentaires désobligeants sur la valeur professionnelle du médecin, qu'il représente comme dépourvu de bon sens, comme un médecin dans lequel il ne faut pas avoir confiance, comme un médecin de l'ancien régime, ces propos, qui portent atteinte à la réputation de celui qui en est l'objet, constituent une faute, et sont susceptibles de servir de base à une action en dommages-intérêts. Dans l'appréciation de cette faute, il y a lieu pour les juges de considérer que le pharmacien ne paraît avoir obéi à aucun sentiment d'animosité personnelle à l'égard du médecin, et que sa conduite semble lui avoir été dictée par la préoccupation d'éviter à ses clients les dangers d'une médication trop énergique.

193. — Les sérums, virus atténués et vaccins ne sont pas des médicaments au sens de la déclaration du Roi du 25 avr. 1777 et de la loi du 21 germ. an XI, et ces textes ne leur sont pas applicables. Mais le débit de ces produits est réglé par la loi du 25 avr. 1895, dont l'art. 1er prévoit qu'ils doivent avoir été préa-lablement autorisés par le gouvernement au point de vue soit de la fabrication, soit de la provenance. Le « Vaccin Friedman » n'étant pas autorisé en France, il importe peu qu'il n'ait pas été livré au public mais exclusivement à des médecins, la prohibition de l'art. 1er de la loi du 25 avr. 1895 étant générale et absolue; un vaccin non autorisé ne peut être débité, en effet, par qui que ce soit, celui-ci fût-il un pharmacien. — Trib. corr. Reims, 9 nov. 1931, [Gaz. Pal., 10 nov. 1931]

Section II.

Remèdes secrets.

201. — La loi de finances du 30 déc. 1916, qui a frappé d'un droit fiscal la vente des spécialités pharmaceutiques dont la formule n'est pas publiée, a eu simplement pour but, devant les besoins urgents de ressources nouvelles, d'atteindre une matière imposable et non encore frappée qui, par sa généralisation, était susceptible de donner de féconds résultats. Elle n'a pas tenté d'apporter une modification quelconque à la loi sur l'exercice de la pharmacie, et notamment elle n'a pas abrogé la disposition de cette loi qui prohibe les remèdes secrets. Pour qu'un produit soit considéré comme un remède secret, il faut et il suffit qu'il ne figure pas au Codex, qu'il n'ait pas été acheté et rendu public par le gouvernement, enfin qu'il n'ait pas été autorisé dans les termes du décret du 3 mai 1850. Un produit pharmaceutique dénommé « l'arseno-benzol B... », vendu comme remède, et qui n'a satisfait à aucune des exigences ci-dessus rappelées, apparaît donc comme un véritable remède secret, et ce, sans qu'on ait à examiner s'il est un produit spécial ayant une combinaison propre. En conséquance, toute société constituée pour l'exploitation de ce remède doit être déclarée comme ayant un objet illicite.

202. — Bien que la loi de finances du 30 déc. 1916 ait frappé d'un droit fiscal la vente des spécialités pharmaceutiques dont la formule n'est pas publiée, il ne s'ensuit pas que se trouve là abrogée implicitement la loi du 21 germ. an XI et licite désormais la vente de tous les produits pharmaceutiques, qu'ils rentrent ou non dans la catégorie des remèdes secrets. En conséquence, continue à être considéré comme remède secret celui qui, ne figurant pas au Codex, n'a ni été acheté et rendu public par le gouvernement, suivant le décret du 18 août 1810, ni autorisé dans les termes du décret du 3 mai 1850, et la vente d'un remède de cette nature est nulle. Dès lors, toute société constituée pour l'exploitation d'un semblable remède doit être déclarée nulle comme ayant un objet illicite, et sa liquidation doit être ordonnée sur les bases envisagées par la commune intention des parties, c'est-à-dire d'après leurs stipulations dans le pacte social, l'application du droit commun ne pouvant intervenir, en pareil cas, qu'à défaut de semblables stipulations. — Trib. comm. Seine, 6° Ch., 17 nov. 1921, [Gaz. Pal., 28 mars 1922]

203. — 1. — Depuis le décret du 13 juill. 1926, ne sont plus considérés comme remèdes secrets les médicaments simples ou composés, préparés à l'avance en vue de la délivrance au public, lorsqu'ils portent inscrits sur les flacons, boîtes, paquets et emballages qui contiennent et enveloppent les produits le nom et la dose de chacune des substances actives entrant dans leur composition, ainsi que le nom et l'adresse du pharmacien qui prépare le médicament.

2. — L'exercice illégal de la pharmacie et la vente des remèdes secrets ne peuvent être reprochés qu'à ceux qui fabriquent et mettent en vente, dans les conditions prévues par les lois et règlements, des médicaments ou remèdes destinés à agir sur les parties vives du corps humain. Ne constitue pas un médicament proprement dit, ni un remède secret, un produit destiné à faire disparaître les cors aux pieds et qui ne contient aucune des substances vénéneuses dont la vente est interdite à tous ceux qui ne sont pas pharmaciens. — Trib. corr. Etampes, 9 mars 1901, [Le Droit, 12 juin 1901]

247. — 1. — Il a été jugé que les conventions relatives à l'exploitation d'un remède secret ne peuvent faire l'objet d'une action en justice. La vente des remèdes secrets étant interdite expressément aux pharmaciens par l'art. 32 de la loi du 21 germ. an XI et à plus forte raison à toute autre personne par l'art. 30 de la même loi qui, en prohibant l'annonce des remèdes secrets, en interdit par cela même la distribution et la vente, il suit de là que le contrat, formé pour l'exploitation d'un remède secret, est nul comme reposant sur une cause illicite (V. Cass., 23 mai 1905, [S. et P. 1906.1.275]), et on en a conclu qu'aucune des parties ne peut agir en justice pour en réclamer l'exécution. — V. Paris, 3 mai 1888, [*Pand. pér.*, 1888.2.254]. — V. aussi Cass., 23 mai 1905; — Paris, 4 août 1909, [S. et P. 1910.2.71]. — L'art. 32 de la loi du 21 germ. an XI trouve sa sanction dans l'arrêt de règlement du Parlement de Paris du 23 juill. 1748, qui punissait d'amende ladite infraction, et qui a été maintenu par la loi du 21 germ. an XI, laquelle, en lui imprimant le caractère de loi, l'a étendu du ressort de Paris à la France entière. — Cass., 19 mars 1903, [S. et P. 1905.1.367]

2. — Les juges du fait, qui déclarent que les spécialités pharmaceutiques dont le dépôt exclusif est consenti à une société (la Société Kneipp) sont des remèdes secrets, dont la vente est interdite, et que cette société, non constituée entre pharmaciens, ne peut mettre en vente aucun médicament, prononcent à bon droit la nullité pour cause illicite de la convention par laquelle cette société concède à un tiers le droit de dépôt, de préparation et de vente desdits médicaments. — Cass., 23 mai 1905, [S. et P. 1906.1.275]

3. — Lorsqu'un produit constitue, en raison de sa nature, de son objet et de son mode d'emploi, un remède secret, non inscrit au *Codex* ni au *Bulletin officiel* de l'Académie de médecine, et dont la vente, par suite, est interdite par les lois qui régissent l'exercice de la pharmacie, les conventions, relatives à la mise en vente et à l'exploitation commerciale de ce produit sont nulles et dépourvues de toute sanction en justice (Cass., 5 nov. 1906, [S. et P. 1910.1.295]). Il en est ainsi du moins, alors que l'action tend à l'exécution d'une convention illicite portant sur des remèdes secrets et faite en fraude de la loi, et n'a pas le caractère d'une action en répétition de l'indû, exercée par l'une des parties contre l'autre. — Même arrêt.

SECTION IV.

Obligations des pharmaciens en tant que commerçants et interdiction du cumul de commerces.

276. — Si, lorsqu'il se borne à la stricte exécution de sa profession, qui est de préparer des médicaments composés, le pharmacien a pu parfois n'être pas assimilé à un commerçant, il ne saurait en être et n'en est point de même lorsqu'il achète pour les revendre en détail des produits ou des spécialités pharmaceutiques. Dans ce cas, le pharmacien, dont le commerce ne diffère en rien de celui du droguiste en gros, chez lequel il achète pour revendre, est de toute certitude et sans contestation possible un commerçant soumis, à ce titre, aux obligations que la loi commerciale impose aux commerçants. — Alger, 10 mars 1900, [*J. Trib. Alg.*, 28 oct. 1900; *La Loi*, 3 nov. 1900]

282. — 1. — La Cour de cassation a jugé que (6 déc. 1908) le fait par un pharmacien de vendre des bandages, ceintures et autres articles d'orthopédie ne peut donner lieu à l'application d'aucune peine. — Chambre syndicale des appareils et instruments de l'art médical et chirurgical, [S. et P. 1910.1.217, note de M. J.-A. Roux]

2. — L'art. 32 de la loi du 21 germ. an XI, qui, dans son dernier paragraphe, interdit aux pharmaciens de faire, dans les mêmes lieux ou officines, aucun autre commerce ou débit que celui des drogues et préparations médicinales, n'attache aucune sanction à la prohibition qu'il édicte. D'autre part, l'ordonnance de police du 9 flor. an XI, qui n'a eu d'autre objet que d'assurer l'exécution de la loi du 21 germ. an XI, n'a pu suppléer, notamment en ce qui concerne la sanction pénale, au silence du législateur (L. 21 germ. an XI).

3. — Enfin, à supposer que l'art. 4 de la déclaration du 25 avr. 1777, qui interdit le cumul de la profession de pharmacien avec le commerce d'épicerie, soit encore en vigueur, la pénalité qu'il édicte est exclusivement applicable au cumul de la pharmacie avec le commerce de l'épicerie ; et cette pénalité ne peut être étendue aux cas non prévus par la déclaration de 1777, et spécialement à la vente par un pharmacien de bandages, ceintures et autres articles d'orthopédie.

285. — Aux termes de la déclaration royale du 25 avr. 1777,

maintenue sur ce point par la loi du 21 germ. an XI, la propriété et l'exploitation des officines de pharmacie doivent reposer sur la même tête et résider dans les mêmes mains; il s'ensuit qu'un pharmacien, propriétaire d'une officine, ne peut, sans encourir les peines édictées par la loi, ouvrir une seconde pharmacie. — C. cass., 28 nov. 1931, [*Gaz. Pal.*, 23 déc. 1931]

Responsabilité. — L'action en dommages-intérêts contre un pharmacien, à raison du décès d'un enfant attribué par le demandeur à l'absorption d'une mixture destinée à l'usage externe, par suite de l'erreur de son aide qui a collé sur la bouteille une étiquette indiquant que ladite mixture était destinée à l'usage interne, doit être déclarée mal fondée si le demandeur n'établit pas qu'il existe un rapport direct de cause à effet entre l'absorption de la mixture et la mort de l'enfant. — Paris, 5e Ch., 12 janv. 1922, [*Gaz. Pal.*, 26 janv. 1922]

Repos hebdomadaire. — L'art. 38 du livre II du Code du travail admettant « de droit » à donner le repos hebdomadaire au personnel par roulement dans divers établissements, parmi lesquels les pharmacies, ce droit ne peut être supprimé ou restreint que par une disposition législative contraire absolument formelle.

L'art. 43 du même Code, complété par la loi du 29 déc. 1923, vise seulement les modalités du repos hebdomadaire soumises à autorisation, et non les modalités de droit.

Il est inapplicable aux établissements spécifiés par l'art. 38, établissements admis « de droit » à donner le repos hebdomadaire par roulement.

En conséquence, l'arrêté préfectoral du 5 sept. 1924, qui ordonne la fermeture des pharmacies le dimanche, n'a pu légalement se fonder sur cet art. 43, et étant contraire aux dispositions de l'art. 38 il est dépourvu de sanction légale. — Trib. simple police Charenton (Seine), 19 déc. 1924, [*Gaz. Trib.*, 7 janv. 1925]

Le nouvel art. 43 du Code du travail ne vise pas seulement les modalités du repos hebdomadaire soumises à une autorisation, il vise aussi les modalités qui ne sont soumises à aucune autorisation, en vertu de l'art. 38. En effet, la loi du 29 déc. 1923 a été insérée dans l'art. 43 et non dans l'art. 37. Elle est venue remédier aux critiques du contrôle relatif au repos hebdomadaire dans tous les établissements, y compris ceux énumérés dans l'art. 38. Elle n'a donc pu mettre en dehors de son champ d'application les établissements de l'art. 38, alors que l'art. 43, tel qu'il résulte de la nouvelle loi, permet aux accords intersyndicaux de fixer les conditions dans lesquelles sera désormais donné le repos fonctionnant antérieurement suivant un des modes fixés par les articles précédents, tels que l'art. 38.

L'accord intersyndical devant désormais déterminer le mode de repos hebdomadaire, est régulier tout arrêté basé sur un tel accord. L'arrêté du préfet de la Seine du 5 sept. 1924 est donc régulier parce qu'il repose sur l'accord entre la Chambre syndicale des pharmaciens et la Chambre des préparateurs. Il ne peut être soutenu que ces syndicats ne représentent pas la majorité corporative si l'on considère que le nombre des pharmacies, fermées avant l'arrêté, démontre que les accords intersyndicaux n'ont été que le résultat d'habitudes consacrées antérieurement et constatées par ces accords, la pratique de la fermeture étant observée, d'après les chiffres versés aux débats, par la majorité corporative, dès avant septembre 1924.

La poursuite est régulière parce que l'arrêté a été l'objet de la publicité exigée par la loi.

Il ne doit pas être sursis à statuer sur la poursuite, à cause du pourvoi fait au Conseil d'Etat, contre l'arrêté préfectoral pris en vertu de l'art. 43 du Code du travail, ce texte n'ayant apporté aucune dérogation au principe de l'art. 3 du décret du 22 juill. 1806, d'après lequel le recours au Conseil d'Etat n'est pas suspensif.

Le principe de la liberté du travail admet des restrictions dans l'intérêt public. Les lois de 1906 et de 1923 sont intervenues pour restreindre la liberté du travail sans observer le repos hebdomadaire.

L'arrêté ne comporte aucune distinction entre les pharmaciens sans auxiliaires ou avec auxiliaires. Il est, en cela, conforme à la loi, qui a voulu faciliter les accords intersyndicaux et encourager les patrons disposés à pratiquer la fermeture réclamée par le personnel, en dissipant, par la fermeture générale, la crainte pour les patrons d'accord avec leur personnel d'être exposés à perdre leur clientèle au cas d'ouverture de maisons concurrentes ayant ou n'ayant pas de personnel. — Trib. simple police Vanves (Seine), 3 févr. 1925; Président M. Léon Milhaüd; information particulière).

L'art. 38 du livre II du Code du travail a donné expressément aux pharmaciens, et de plein droit, la faculté d'accorder à leurs employés le repos hebdomadaire par roulement, et cette faculté implique nécessairement le droit de maintenir leur officine ouverte, tous les jours, y compris le dimanche. Cette disposition légale ne peut être modifiée que par une loi et, par suite, l'arrêté pris par le préfet de police de Paris le 5 sept. 1924, concernant la fermeture collective des pharmacies le dimanche, par application des art. 158, 159 et 160 du livre II du Code du travail, est inopérant, alors qu'il est constant, d'une part, que l'art. 43 A, ajouté au livre II du Code du travail par la loi du 29 déc. 1923, ne contient, ni explicitement ni implicitement, aucune disposition abrogeant l'art. 38 du même Code, et que, d'autre part, aucune disposition de notre droit public ne permet au préfet de porter atteinte par voie d'arrêté aux dispositions de la loi.

En conséquence, n'encourt aucune sanction pénale le pharmacien qui, nonobstant les termes de cet arrêt, a laissé son officine ouverte le dimanche.

L'art. 43 A du livre II du Code du travail exige, pour que le préfet soit autorisé à prendre un arrêté de fermeture, l'accord des syndicats patronaux et des syndicats ouvriers d'une même profession, ce qui implique la nécessité d'une convention faite par tous les syndicats patronaux avec tous les syndicats ouvriers, et en admettant qu'il existe un doute sur le sens et la portée des expressions « accords intervenus entre les syndicats patronaux et ouvriers d'une profession », ce doute doit s'interpréter dans le sens le moins restrictif à la liberté, c'est-à-dire le plus favorable au prévenu, d'autant plus que la thèse contraire aboutirait à créer, au profit d'un seul syndicat, une prérogative particulière au détriment des autres, contrairement au principe de liberté et d'égalité dont s'inspire la loi fondamentale du 21 mars 1884.

Par suite, doivent être déclarés mal fondés en leurs interventions comme parties civiles, à l'occasion d'une poursuite intentée à un pharmacien poursuivi pour infraction à l'arrêté préfectoral du 5 sept. 1924, une chambre syndicale de pharmaciens et un syndicat général de préparateurs en pharmacie, alors qu'il est constant que ces syndicats ne sont pas les seuls existants dans la profession, et que, à l'accord intervenu entre eux, n'ont pas été parties toutes les autres organisations syndicales de la profession dont s'agit. — Trib. corr., 11ᵉ Ch., 26 févr. 1925, [*Gaz. Trib.*, 15 mars]

L'article unique de la loi du 29 déc. 1923, codifié sous l'art. 43 A du livre II du Code du travail, ne règle les conditions ni de forme ni de fond auxquelles doit être subordonné l'accord intervenu entre les syndicats patronaux et ouvriers d'une profession et d'une région déterminées, sur les conditions dans lesquelles le repos hebdomadaire sera donné au personnel suivant un des modes visés aux articles précédents, et il appartient au préfet, dans chaque espèce, sous le contrôle du juge, d'examiner si l'accord intervenu est conforme à la volonté du législateur et si les mesures prévues par cet accord rentrent bien dans les pouvoirs généraux de police de l'autorité publique et ne créent aucune inégalité entre les commerçants soumis à l'application de cette loi.

Les dispositions de l'art. 43 A du Code du travail sont applicables à tous les modes de repos hebdomadaire, et ne comportent aucune distinction suivant que la profession visée bénéficie d'une dérogation accordée soit par l'autorité préfectorale, soit de plein droit, en vertu de l'art. 38 du même Code.

Dès lors, les pharmaciens ne peuvent plus invoquer le bénéfice de la dérogation légale dudit art. 38, lorsque la procédure prévue par la loi du 29 déc. 1923 a été appliquée à leur profession dans la région dont s'agit; si leur diplôme leur confère le droit de préparer et de vendre des médicaments, il ne les soustrait nullement à l'observation des lois et règlements de police qui régissent l'exercice de leur commerce.

Si la loi du 29 déc. 1923 prévoit la nécessité d'un accord entre, d'une part, les syndicats patronaux et, d'autre part, les syndicats ouvriers d'une profession et d'une région déterminées, elle ne précise pas dans quelles conditions cet accord doit intervenir dans chaque catégorie, notamment quand il existe plusieurs syndicats patronaux et ouvriers.

C'est au préfet d'apprécier, sous le contrôle du juge, si les syndicats signataires de l'accord représentent en fait, dans chaque catégorie, la volonté du plus grand nombre des intéressés.

Le préfet de police use donc régulièrement des pouvoirs qui lui sont conférés, en édictant, sur les bases de l'accord intervenu, la fermeture des pharmacies le dimanche, dans le département de la Seine, dès lors que cet accord est intervenu, d'une part, entre le syndicat ouvrier qualifié pour représenter les préparateurs en pharmacie et la chambre syndicale des pharmaciens de la Seine, agissant au nom de la majorité des syndicats patronaux et représentant l'opinion explicitement formulée du plus grand nombre des intéressés.

Au surplus, la loi du 29 déc. 1923, qui a entendu déroger aux dispositions antérieures du Code du travail qui seraient incompatibles avec son application, n'exclut ni dans son texte ni dans son esprit le droit pour le préfet d'autoriser, dans les limites de l'accord intervenu et si un intérêt public l'exige, l'organisation d'un service de garde, alors que s'il charge la chambre syndicale des pharmaciens de la Seine de préparer l'établissement du tableau de roulement, celui-ci s'est réservé, dans son arrêté, un droit de contrôle et d'approbation. — Cons. d'Et., 27 mars 1925, [*Gaz. Pal.*, 30 avril]

La fermeture des établissements d'une profession ordonnée par le préfet dans les conditions prévues à l'art. 44 A du livre II du Code du travail s'applique indistinctement à tous les établissements de la profession, quels qu'il soient.

Doit, en conséquence, être annulé le jugement qui, pour déclarer un tel arrêté non applicable à un commerçant qui a maintenu son établissement ouvert au public le jour fixé par la fermeture, se fonde sur ce que le prévenu n'occupait aucun personnel. — Cass. crim., 17 juill. 1925, [*Gaz. Trib.*, 25 septembre]

Lorsqu'un arrêté préfectoral pris en application de la loi du 29 déc. 1923 du Code du travail, art. 43 A, et à la suite d'un accord entre les syndicats intéressés sur les conditions dans lesquelles le repos hebdomadaire serait à l'avenir donné aux employés de la profession, a eu pour objet d'ordonner la fermeture obligatoire de tous les établissements de cette profession, la mise en vigueur de ce nouveau régime met nécessairement fin aux autorisations de dérogation précédemment accordées en vertu de l'art. 35 livre II du Code du travail et nécessairement incompatibles avec son fonctionnement, sans qu'il en résulte pour le préfet l'obligation de recourir à la procédure dudit art. 35, c'est-à-dire de provoquer l'avis du conseil municipal, de la chambre de commerce et des syndicats patronaux et ouvriers intéressés de la région (1ᵉʳ arrêt).

De même, la disposition de la loi du 29 déc. 1923 est expressément applicable à tous les modes de repos hebdomadaire et ne comporte aucune distinction suivant que la profession visée bénéficie d'une dérogation accordée soit par l'autorité préfectorale, soit de plein droit par l'art. 38 du Code du travail (2ᵉ arrêt).

Dès lors, les pharmaciens ne peuvent plus invoquer le bénéfice de la dérogation légale prévue en leur faveur par ledit art. 38, quand un arrêté a été pris en application de l'art. 43 A pour leur profession (*id.*).

L'art. 43 A du Code du travail prévoit que l'arrêté préfectoral ordonne « la fermeture au public des établissements de la profession et de la région pendant toute la durée du repos hebdomadaire », sans faire aucune distinction entre les établissements où le patron travaille seul et ceux où il emploie du personnel (1ᵉʳ et 2ᵉ arrêts).

En ordonnant, en application de l'art. 43 A, la fermeture au public des établissements d'une certaine profession de la région, le préfet peut donc, sans excéder ses pouvoirs, viser les établissements où le patron travaille sans personnel (*id.*).

La loi du 29 déc. 1923, qui a entendu déroger, dans les cas qu'elle détermine, aux dispositions antérieures du Code du travail qui seraient incompatibles avec son application, n'exclut, ni par son texte, ni dans son esprit, le droit pour le préfet d'autoriser, dans les limites de l'accord intervenu, et si un intérêt public l'exige, l'organisation d'un service de garde; une telle expression s'impose particulièrement dans l'intérêt de la santé publique à l'égard des pharmaciens (2ᵉ arrêt).

En prévoyant l'ouverture à tour de rôle, le dimanche, d'un certain nombre de pharmacies, ainsi d'ailleurs que l'apposition, sur la devanture des officines fermées, d'un tableau indiquant les noms et adresses des collègues assurant ce service de garde, le préfet, dans un arrêté rendu en application de l'art. 43 A du Code du travail, n'a fait qu'user de ses pouvoirs de police pour prendre, comme c'était son devoir, les mesures indispensables dans l'intérêt de la santé publique (*id.*).

Et si, à cet effet, il s'est borné à prendre acte d'engagements qui constituaient les conditions fondamentales de l'accord intervenu et d'après lequel le syndicat patronal assurerait l'exécution de ces clauses avec le concours de tous les pharmaciens qui y donneraient volontairement leur adhésion, les dispositions de son arrêté ne sauraient être regardées comme portant atteinte à la liberté du commerce et de l'industrie ou comme créant une inégalité entre les divers intéressés. — Cons. d'Et., 2 arrêts. 17 juill. 1925, [*Gaz. Pal.*, 1er septembre; *Gaz. Trib.*, 25 septembre]

La disposition de l'art. 43 A du Code du travail s'applique à tous les établissements, quel que soit le mode d'organisation du repos hebdomadaire qui y soit pratiqué.

Il suffit que les syndicats ayant conclu l'accord prévu par l'art. 43 A représentent la majorité des intéressés. — Cass. crim., 7 août 1925 [*Gaz. Trib.*, 16 septembre]

SECTION V.

Visite et inspection des pharmacies.

291. — 1. — Si, d'après l'art. 30 de la loi du 21 germ. an XI, les professeurs en médecine et membres des écoles de pharmacie peuvent, avec l'autorisation des préfets, sous-préfets ou maires, visiter ou inspecter les pharmacies des villes placées dans un rayon de dix lieues de celles où sont établies ces écoles, cette faculté, laissée à la libre appréciation de l'administration, ne peut lui enlever le droit de faire procéder dans ces villes à la visite des pharmacies par les membres du conseil d'hygiène publique et de salubrité désignés par le préfet, conformément à l'art. 1er du décret du 23 mars 1859. — Cons. d'Et., 15 févr. 1902.

2. — D'après le décret du 17 oct. 1906, le service d'inspection des pharmacies, drogueries, épiceries, fabriques et dépôts d'eaux minérales naturelles ou artificielles, institué en vertu de la loi du 21 germ. an XI, de l'arrêté du 25 therm. an XI et de l'ordonnance royale du 18 juin 1823, est assuré sous l'autorité du ministre de l'Agriculture.

3. — L'inspection des pharmacies a été réorganisée par la loi du 25 juin 1908, qui a voulu la mettre en harmonie avec les dispositions de la loi du 1er août 1905 relative à la répression des fraudes en matière de denrées alimentaires. La loi du 21 germ. an XI disposait qu'à Paris et dans les villes où seraient établies des écoles de pharmacie, deux docteurs et professeurs des écoles de médecine, accompagnés de membres des écoles de pharmacie, et assistés d'un commissaire de police, visiteraient au moins une fois l'an les officines et magasins des pharmaciens et droguistes, pour vérifier la bonne qualité des drogues et médicaments simples ou composés. Les mêmes personnes devaient procéder à l'inspection, dans un rayon de dix lieues, des villes où seraient établies les écoles de pharmacie (art. 30 de la loi). Dans les autres villes et communes, les visites des pharmacies et drogueries devaient être faites par les membres des jurys de médecine, réunis à quatre pharmaciens (art. 31 de la loi). Il s'agissait là, bien évidemment, de missions toutes temporaires. L'art. 42 de l'arrêté du 25 therm. an XI, portant règlement sur les écoles de pharmacie, dispose qu'il sera fait, une fois l'an, une visite chez les pharmaciens, droguistes et épiciers. L'idée d'une tournée annuelle s'affirme dans le décret du 23 mars 1859, qui, après avoir attribué aux conseils d'hygiène le soin de procéder à l'inspection, dispose que « la visite sera faite, au moins chaque année, par trois membres du conseil d'hygiène, désignés spécialement par arrêté du préfet »; il s'agissait ainsi d'une mission toute temporaire, confiée pour une tournée, au cours d'une année, à des spécialistes, non compris dans les cadres de l'administration, à des particuliers investis momentanément d'une attribution officielle. D'autre part, les personnes chargées de l'inspection ne sont point rémunérées par un traitement, mais bien par des honoraires : d'après l'arrêté du 25 therm. an XI, il leur est dû une certaine somme fixe par pharmacie, droguerie ou épicerie visitée. En 1905, est intervenue, le 1er août, la loi relative à la répression des fraudes en matière de denrées alimentaires; on a alors organisé un service pour la répression des fraudes, et il a été centralisé entre les mains du ministre de l'Agriculture. L'inspection des pharmacies a été placée sous son autorité par un décret du 17 oct. 1906. La loi du 1er août 1905, sur la répression des fraudes, visant les matières médicamenteuses, un projet de loi a été déposé à la Chambre des députés pour faire bénéficier les pharmaciens contrôlés de la garantie de l'expertise contradictoire, prévue à l'art. 12 de la loi de 1905. On en a profité pour modifier le texte de quelques articles de la loi du 21 germ. an XI, mais sans toucher à l'esprit de cette loi. C'est dans ces conditions qu'a été votée la loi du 25 juin 1908, qui a exigé le diplôme de pharmacien pour les inspecteurs des pharmacies, et qui a renvoyé à un règlement d'administration publique en ce qui concerne la désignation des autorités qualifiées pour effectuer l'inspection des pharmacies et les pouvoirs qui leur appartiendraient. Le règlement d'administration publique du 5 août 1908, pris en exécution de cette loi, n'a pas institué un corps de fonctionnaires. Il a simplement disposé que le préfet désignerait, non plus obligatoirement parmi les membres du conseil d'hygiène, mais obligatoirement parmi les pharmaciens, sur la proposition des directeurs des écoles supérieures de pharmacie, des doyens des facultés mixtes, etc..., des pharmaciens faisant des visites individuelles. Pour les établissements autres que les pharmacies, la visite en a été confiée à des inspecteurs adjoints, qui sont pris parmi les agents chargés du service de la répression des fraudes. A la suite de ce décret sont intervenues trois instructions adressées aux préfets par le ministre de l'Agriculture, aux dates du 25 août 1908, 28 oct. 1908 et 5 févr. 1909. Dans toutes ces instructions on a pris soin d'indiquer que les inspecteurs des pharmacies n'étaient pas des fonctionnaires, mais des auxiliaires chargés d'une mission temporaire, d'une tournée annuelle, en principe, puisque chaque pharmacie doit être visitée chaque année, et on a rappelé que la loi du 21 germ. an XI était toujours en vigueur. Il résulte de tous ces textes que les pharmaciens chargés de l'inspection reçoivent une délégation toute temporaire d'attributions. Il n'y a point là un corps de fonctionnaires. Par suite, lorsque la délégation, donnée pour une année, n'est pas renouvelée, le pharmacien qui en avait été investi n'a aucun droit acquis à la voir renouveler, pas plus qu'il ne peut être question de révocation si la délégation n'est pas renouvelée.

4. — *Décret rendu le 5 août 1908.* — Art. 1er. Le service chargé de l'inspection prescrite par l'art. 19 de la loi du 21 germ. an XI, modifié par la loi du 25 juin 1908, et de la recherche et de la constatation des infractions à la loi du 1er août 1905 (art. 10), en ce qui concerne les substances médicamenteuses, est organisé par région, sous l'autorité du ministre de l'Agriculture et du ministre de l'Instruction publique, sur les propositions des directeurs des écoles supérieures de pharmacie, des doyens des facultés mixtes de médecine et de pharmacie, des directeurs des écoles de plein exercice de médecine et de pharmacie, des directeurs des écoles préparatoires de médecine et de pharmacie; un arrêté pris de concert par le ministre de l'Agriculture et le ministre de l'Instruction publique détermine la région dans laquelle chacune de ces écoles ou facultés doit procéder à cette organisation. Le fonctionnement du service d'inspection est assuré, sous l'autorité du ministre de l'Agriculture, par le préfet pour chacun des départements constituant la région; à Paris et dans le ressort de la préfecture de police, par le préfet de police.

Art. 2. L'inspection prescrite par la loi du 21 germ. an XI et la recherche des infractions à la loi de 1905 ne peuvent être confiées, pour les officines de pharmaciens et les dépôts de médicaments tenus par les médecins et vétérinaires, qu'à des inspecteurs munis du diplôme de pharmacien. Ces inspecteurs ont seuls qualité, réserve faite des pouvoirs appartenant aux officiers de police judiciaire, pour opérer les prélèvements dans lesdites officines et dépôts de médicaments. Les prélèvements portent tant sur les préparations officinales et produits pharmaceutiques que sur les préparations faites en vertu d'ordonnances médicales.

Art. 3. Les inspecteurs sont nommés et commissionnés par les préfets sur la proposition des directeurs des écoles supérieures de pharmacie, des doyens de facultés mixtes de médecine et de pharmacie, des directeurs des écoles de plein exercice de médecine et de pharmacie, des directeurs des écoles préparatoires de médecine et de pharmacie de la région. Leurs rapports d'inspection sont adressés aux directeurs ou doyens de la région. Ceux-ci les transmettent aux préfets avec les observations et propositions qu'ils jugent nécessaires.

Art. 4. Les inspecteurs peuvent se faire assister dans leurs visites par les commissaires de police, ou, à leur défaut, par les maires ou adjoints. Ils peuvent, en outre, requérir ces mêmes officiers de police judiciaire d'effectuer certains prélèvements dans les officines de pharmaciens et dans les dépôts de médicaments tenus par les médecins et les vétérinaires.

Art. 5. Pour tous les établissements autres que les officines de pharmaciens et dépôts de médicaments tenus par les médecins et les vétérinaires, la visite prescrite par l'art. 29 de la loi du 21 germ. an XI et la recherche et la constatation des fraudes et falsifications en matière médicamenteuse peuvent être confiées à des inspecteurs adjoints choisis et commissionnés par les préfets. L'arrêté de nomination détermine, pour chacun de ces agents, la circonscription dans laquelle il a qualité pour exercer cette double fonction. Les inspecteurs adjoints adressent leurs rapports au préfet. Ils sont tenus de lui signaler les établissements qui leur auront paru nécessiter une visite spéciale par un inspecteur. Le préfet transmet sans délai cet avis à l'un des inspecteurs, ainsi qu'au doyen ou directeur de la région. Même en dehors du cas prévu au paragraphe précédent, les inspecteurs ont le droit d'opérer eux-mêmes, lorsqu'ils le jugent nécessaire, la visite des établissements visés au présent article.

5. — Les inspecteurs des pharmacies, dont les services sont rémunérés par une taxe calculée à la visite, et qui reçoivent chaque année des missions temporaires, dont la durée dépend des besoins du service, n'exercent pas de fonctions permanentes. En conséquence, le préfet n'excède pas ses pouvoirs en ne renouvelant point, pour une année, la mission d'inspection des pharmacies confiée à un pharmacien, et en chargeant un autre pharmacien des tournées d'inspection. — Cons. d'Et., 26 mai 1911.

316. — 1. — Un pharmacien n'est pas fondé à demander décharge de la taxe d'inspection des pharmacies, par le motif que la visite de son officine n'a pas eu lieu, alors que les inspecteurs se sont présentés à la pharmacie pour y procéder à l'inspection réglementaire, et que, s'ils n'ont pu accomplir intégralement leur mission, ce n'est que par le fait du pharmacien, qui s'est refusé à les laisser pénétrer dans son établissement. — Cons. d'Et., 15 févr. 1902.

2. — Un épicier qui a, dans son magasin, des substances considérées comme drogues, et dénommées au tableau annexé à l'ordonnance du 20 sept. 1880 (borax et carbonate de soude, en l'espèce), doit être assujetti au paiement de la taxe de visite chez les pharmaciens. — Cons. d'Et., 27 janv. 1904.

CHAPITRE V

HERBORISTES.

319. — 1. — Les herboristes ont le droit de vendre des plantes ou parties de plantes médicinales indigènes non vénéneuses, même au poids médicinal et pour un usage thérapeutique (Trib. Toulouse, 29 juin 1912). Ils tiennent également de leur diplôme le droit de vendre les mélanges de plantes médicinales indigènes, non vénéneuses, qui ne peuvent être mis au nombre des préparations ou compositions médicamenteuses réservées aux pharmaciens par les lois sur la police de la pharmacie (L. 22 germ. an XI, art. 33 et 36).

2. — On ne saurait, pour refuser ce dernier droit aux herboristes, invoquer les dispositions de l'art. 6 de la déclaration royale du 25 avr. 1777; il est de principe, en effet, que la loi du 21 germ. an XI a abrogé la déclaration de 1777 dans les points sur lesquels elle a statué à nouveau, et ainsi la déclaration de 1777 s'est trouvée abrogée en tant qu'elle s'appliquait aux herboristes dont la profession a été réglementée par la loi du 21 germ. an XI.

3. — Les herboristes doivent se borner à vendre les plantes médicinales indigènes non vénéneuses, et en débitant des plantes exotiques médicinales ils commettent le délit d'exercice illégal de la pharmacie (Cass. crim., 16 nov. 1923, [*Gaz. Pal.*, 23 janv. 1924]). La mise en vente par un herboriste de compositions ou préparations pharmaceutiques constitue la contravention à la loi du 21 germ. an XI comme la vente elle-même; est assimilée à la vente, l'exposition ou la détention de ces remèdes dans les magasins ou officines. — Même arrêt.

4. — Si la loi sur la pharmacie interdit à toute personne non munie du diplôme d'herboriste d'exercer cette profession, elle n'a prévu aucune sanction pour l'inobservation de cette prescription. — Trib. corr. Seine, 10e Ch., 3 août 1930, [*Gaz. Trib.*, 7 septembre]

PHOSPHORE.

3. — I. *Réglementation spéciale du phosphore.* — 2. — Il avait d'abord été jugé que les contraventions au décret du 19 juill. 1895 formaient une catégorie unique de contraventions, toutes punies de la même peine, une amende de 100 à 1.000 francs (Trib. Dijon, 18 mars 1895). Mais il a été jugé ultérieurement que le colportage de phosphore sans l'accomplissement des formalités prescrites pour la circulation de ce produit est soumis aux pénalités édictées contre le colportage des allumettes (Trib. corr. Dijon, 21 janv. 1903). Donc, on assimile la fabrication du phosphore sans déclaration à celle des allumettes dans les mêmes conditions.

3. — Indépendamment de ces formalités, les contraventions aux lois et règlements sur le phosphore sont punies par le paiement d'une somme égale au double de la valeur des allumettes susceptibles d'être produites, calculées à raison de 1.000 francs par kilogramme de phosphore fabriqué, détenu ou vendu, ou ayant circulé illicitement (L. 26 déc. 1908, art. 20).

19. — IV. *Douane.* — Actuellement, le droit de douane est perçu d'après le tarif suivant :

	Tarif général.	Tarif minimum.
Phosphore blanc, les 100 kil. B.	170 fr.	42,50
Phosphore rouge, les 100 kil. B.	510 fr.	127,50

PIGEONS.

LÉGISLATION.

L. 18 févr. 1927 (*portant réglementation de la colombophilie et utilisation des pigeons voyageurs*); — Décr. 28 juill. 1927 (*relatif à la réglementation de la colombophilie*).

DIVISION.

§ 1. — *Généralités.*

§ 2. — *Pigeons des colombiers.*

§ 3. — *Pigeons voyageurs.*

---

§ 1. *Généralités.*

1. — La législation a été profondément modifiée depuis la guerre, du moins en ce qui concerne les pigeons voyageurs. Il est préférable, dans ces conditions, de refondre complètement les dispositions précédemment énoncées.

2. — On résumera d'abord les dispositions réglementaires concernant les *pigeons des colombiers*, à l'exclusion des pigeons voyageurs. On exposera ensuite celles qui intéressent d'une façon spéciale les *pigeons voyageurs* et qui constituent des exceptions formelles aux précédentes sur certains points.

§ 2. *Pigeons des colombiers.*

3. — Ces pigeons sont immeubles par destination en vertu de l'art. 524 du Code civil.

4. — Lorsque ces volatiles se trouvent en dehors de leur colombier et en dehors également du fonds appartenant à leur propriétaire, une distinction doit être faite.

5. — L'art. 6 de la loi du 4 avr. 1889 reconnaît aux préfets seuls le droit de déterminer, chaque année, pour tout le département, ou séparément pour chaque commune s'il y a lieu, l'époque de l'ouverture et de la clôture des colombiers. Les arrêtés du préfet en cette matière sont sanctionnés par l'art. 471-15° du Code pénal (art. 7 L. 4 avr. 1889).

6. — Il y a lieu d'observer, par ailleurs, que le droit concédé au préfet seul par l'art. 6 de la loi du 4 avr. 1889 ne fait pas obstacle à l'exercice du droit de l'autorité municipale de prendre, à l'égard des colombiers, les mesures que commande la santé publique, notamment pour éviter la contamination des citernes.

7. — Pendant le temps de la clôture des colombiers, les propriétaires et les fermiers peuvent tuer et s'approprier les pigeons qui seraient trouvés sur leur fonds (L. 4 avr. 1889, art. 7-1°). Il n'est pas nécessaire, du reste, pour cela, que les pigeons causent un dommage actuel, ni même qu'ils se soient abattus sur une pièce de terre ensemencée; l'art. 7, en effet, ne prévoit aucune condition de ce genre.

8. — Par contre, en dehors du temps pendant lequel la clôture des colombiers est prescrite par arrêté préfectoral, les pigeons des colombiers sont considérés comme des oiseaux de basse-cour. Les propriétaires ou fermiers peuvent alors les tuer, mais seulement sur le lieu et au moment où ils causent des dégâts, et sans pouvoir se les approprier (art. 15 L. 21 juin 1898).

9. — Enfin, qu'il y ait un arrêté prescrivant la fermeture des colombiers ou qu'il n'y en ait pas, et alors même que les propriétaires ou fermiers usent de la faculté qu'ils ont de tuer les pigeons, ils peuvent demander des dommages-intérêts si ces animaux ont causé des dégâts sur leur propriété (art. 47 L. 4 avr. 1889).

10. — Le fait de s'approprier un pigeon de ville tombe sous le coup de l'art. 401 du Code pénal, que le propriétaire du pigeon soit connu ou non. En effet, la chasse ne pouvant avoir pour objet que la recherche ou la capture d'animaux sauvages considérés comme *res nullius* et susceptibles d'appropriation par occupation, le fait de s'approprier un pigeon de ville ne peut constituer un acte de chasse, un tel pigeon étant, sans aucun doute, la propriété de la municipalité ou du particulier dans les bâtiments duquel il niche. — Dijon, 12 oct. 1927 [S. 1928.2.7]

§ 3. *Règles spéciales aux pigeons voyageurs.*

11. — La guerre de 1914-1918 a prouvé, d'une part, les très grands services que peuvent rendre les pigeons voyageurs comme agents de transmission entre les formations mobilisées et montré, d'autre part, les effets redoutables de l'emploi, pour le compte de l'ennemi, de pigeons nés sur notre sol ou y habitant depuis quelque temps.

12. — Profitant de ces enseignements, le législateur s'est proposé d'atteindre un double but : 1° favoriser le développement de la colombophilie et provoquer la collaboration des colombophiles avec l'armée ; 2° édicter des mesures de contrôle et des sanctions pénales, la sécurité du pays étant en cause et l'emploi des pigeons voyageurs étant d'une surveillance difficile : la détention de pigeons voyageurs par un particulier ne doit pas pouvoir, à un moment donné, menacer les intérêts de la défense nationale.

13. — C'est dans cet esprit qu'ont été élaborés les textes réglementaires actuellement en vigueur : 1° Loi du 18 févr. 1927 ; 2° Décret du 28 juill. 1927.

14. — La loi du 18 févr. 1927 a eu principalement pour objet de développer la colombophilie, d'augmenter la surveillance de l'emploi des pigeons voyageurs en imposant : 1° le port d'une bague d'identité ; 2° la tenue d'un carnet de mutations ; 3° l'obligation d'une autorisation pour les personnes tenant commerce de pigeons, comme pour les personnes tenant un colombier ; 4° l'interdiction des colombiers mixtes pour éviter la dissimulation des pigeons voyageurs parmi les pigeons ordinaires.

15. — Une autorisation préalable du préfet est nécessaire à toute personne de nationalité française qui désire : 1° créer un colombier de pigeons voyageurs; 2° recevoir à titre permanent ou transitoire des pigeons voyageurs; 3° colporter ou vendre des pigeons voyageurs (art. 1er L. 18 févr. 1927).

16. — La demande d'autorisation doit être remise au maire de la commune dans laquelle se trouvera le colombier ou dans laquelle réside le commerçant. Dans le cas où plusieurs personnes sont associées pour ouvrir le colombier ou tenir le commerce, la demande doit désigner explicitement tous les participants. La demande, revêtue de l'avis du maire, est transmise par celui-ci au préfet, qui statue ou la transmet au ministre de l'Intérieur si l'un des pétitionnaires est étranger (art. 1er Décr. 28 juill. 1927). — V. *infrà*, n. 17.

17. — Il est interdit aux étrangers de toutes nationalités de créer et d'entretenir en France des colombiers de pigeons voyageurs, ainsi que de se faire adresser et de recevoir des volatiles de cette espèce sans y être spécialement autorisés par le ministre de l'Intérieur (art. 2, L. 18 févr. 1927).

18. — L'autorisation du ministre est nécessaire également quand il s'agit de sociétés si, parmi les associés, il se trouve un ou plusieurs étrangers. Dans un but de défense nationale, l'autorité responsable se croit, en effet, obligée à une grande circonspection dans l'attribution des autorisations d'ouverture de colombiers sollicitées par des ressortissants étrangers : elle se propose de n'accorder, sous certaines réserves, l'exercice du sport colombophile à ces ressortissants, que si une enquête préalable leur a été favorable.

19. — S'il s'agit d'étrangers ou de sociétés comprenant un ou plusieurs étrangers en même temps que des associés français, c'est le ministre de l'Intérieur qui statue sur la demande d'autorisation en accord avec les ministres de la Guerre, de la Marine et des Affaires étrangères. L'autorisation ne peut d'ailleurs être accordée que si les étrangers intéressés font partie d'une société affiliée à la fédération colombophile reconnue par l'État. — V. *infrà*, n. 54.

20. — La nécessité d'obtenir une autorisation pour ouvrir un colombier ou faire le commerce des pigeons voyageurs eût constitué une mesure insuffisante de contrôle. La loi a donc assuré également la surveillance ultérieure des pigeons voyageurs vivant sur le territoire national.

21. — Toute personne qui reçoit à titre permanent ou transitoire des pigeons voyageurs est tenue d'en faire la déclaration à la mairie dans un délai de deux jours. Elle doit indiquer en même temps la provenance de ces volatiles (art. 3 L. 18 févr. 1927).

22. — D'autre part, toute transmission de pigeons voyageurs, soit par vente ou par achat, soit par don, soit par héritage, ainsi que toute entrée dans un colombier ou sortie de celui-ci par naissance, mort, destruction ou perte, doit être enregistrée par le colombophile ou commerçant autorisé sur un carnet tenu, à tout instant, à la disposition de l'autorité administrative (art. 4 L. 18 févr. 1927).

23. — La disposition qui précède est applicable aux colombophiles ou commerçants. Mais il est prescrit, en outre, que toute personne ayant recueilli un pigeon voyageur et ne pouvant pas le rapatrier par envoi ou lâcher est tenue d'en faire la déclaration à la gendarmerie ou à la mairie et de tenir l'animal à la disposition de l'autorité prévenue (art. 2 Décr. 28 juill. 1927).

24. — Pour assurer davantage le contrôle indispensable et diminuer les fraudes, le législateur a interdit les colombiers mixtes, contenant des pigeons voyageurs mélangés à des pigeons non voyageurs. Les éleveurs détenant des volatiles des deux espèces devront les abriter dans des colombiers distincts ne communiquant pas entre eux (art. 7 L. 18 févr. 1927).

25. — Dans le même but, il est prescrit que, chaque année, à la date fixée par le ministre de l'Intérieur, un recensement des pigeons voyageurs doit être fait, dans toutes les communes de France, par les soins des municipalités (art. 5 L. 18 févr. 1927).

26. — Par ailleurs, tout pigeon voyageur vivant ou circulant sur le territoire français doit être muni d'une bague matricule française ou étrangère fermée et sans soudure, permettant de rechercher son origine (art. 6 L. 18 févr. 1927).

27. — Une mesure transitoire a été prévue pour les pigeons voyageurs vivant en France au moment de la promulgation de la loi du 18 févr. 1927 et non porteurs de la bague officielle. Dans un délai de huit mois après cette promulgation ces volatiles ont dû être munis d'une bague à verrou numérotée (art. 10 Décr. 28 juill. 1927).

28. — La répartition et la vente des bagues est confiée à la Fédération nationale des sociétés colombophiles de France. Chacune des bagues rendues obligatoires par la loi du 18 févr. 1927 doit être accompagnée d'un certificat d'immatriculation portant le même numéro. Chacune des bagues à verrou (V. *suprà*, n. 26) doit être accompagnée d'un procès-verbal d'apposition contenant la description physique du pigeon. Le certificat d'immatriculation et le procès-verbal d'apposition doivent suivre le pigeon correspondant dans toutes ses transmissions (art. 11 Décr. 28 juill. 1927).

29. — Les prescriptions énoncées ci-dessus (V. *suprà*, n. 26, 27 et 28) ne sont pas applicables aux pigeons voyageurs des services de l'Etat, qui sont porteurs de bagues d'un modèle spécial et non fournies par la Fédération nationale (Même article).

30. — Après avoir organisé la surveillance des pigeons voyageurs, le législateur a dû se préoccuper d'assurer leur protection et leur dressage.

31. — Tout d'abord, pour sauvegarder l'espèce des pigeons voyageurs et dans un but d'intérêt public, il est interdit d'utiliser ces volatiles pour les tirs aux pigeons (art. 10 L. 18 févr. 1927). Cette disposition protectrice est sanctionnée par une disposition pénale : toute personne qui, sciemment, achète ou vend, tente d'acheter ou de vendre des pigeons voyageurs pour être utilisés dans les tirs aux pigeons est passible d'une amende de 50 à 500 francs (Même article).

32. — D'autre part, les peines de l'art. 401 du Code pénal sont applicables à toute personne qui, par n'importe quel moyen et à n'importe quelle époque, capture ou détruit, tente de capturer ou de détruire des pigeons voyageurs ne lui appartenant pas (art. 12 L. 18 févr. 1927).

33. — Pour faciliter le dressage et l'entraînement des pigeons voyageurs, il est dérogé expressément, en ce qui les concerne, aux dispositions de la loi du 4 avr. 1889 (art. 6) ; les colombiers de pigeons voyageurs peuvent rester ouverts pendant la période de clôture annuelle des colombiers (art. 9 L. 18 févr. 1927).

34. — Mais dans le but de parer aux inconvénients qui peuvent résulter de l'application de cette disposition pour les cultivateurs, propriétaires ou fermiers, il est édicté qu'aucune poursuite ne peut être exercée, en vertu de l'art. 12 de la loi du 18 févr. 1927 (V. *suprà*, n. 31), contre toute personne qui tue un pigeon voyageur commettant des dégâts sur son fonds, à la condition cependant qu'il soit établi qu'elle n'a pas pu reconnaître l'espèce du pigeon tué.

35. — Tout mouvement de pigeons voyageurs français à l'intérieur en vue de lâchers est soumis à l'autorisation préalable du préfet du département dans lequel se trouve le colombier. Toutefois, cette autorisation n'est pas nécessaire pour les lâchers d'entraînement effectués à moins de 20 kilomètres du colombier et à l'intérieur du même département (art. 3 Décr. 28 juill. 1927).

36. — Sauf dans le cas exceptionnel qui vient d'être indiqué (V. *suprà*, n. 35), les lâchers de pigeons voyageurs français ne peuvent avoir lieu, dans chaque département, que dans les localités et gares désignées à cet effet par l'autorité préfectorale et sous le contrôle d'un officier de police judiciaire délégué par cette même autorité (art. 3 Décr. 28 juill. 1927).

37. — L'autorité a dû se préoccuper du danger résultant pour la sécurité nationale de l'introduction ou du dressage des pigeons voyageurs étrangers en France. Un certain nombre de dispositions protectrices ont été établies à ce sujet et vont être résumées ci-après.

38. — L'introduction de pigeons voyageurs étrangers, à quelque emploi qu'ils soient destinés, ou le lâcher de ces pigeons, n'est autorisée que pour les espèces originaires des pays qui usent à cet égard de réciprocité réelle et de fait avec le nôtre et dans lesquels le port d'une bague officielle est réglementaire (art. 4 Décr. 28 juill. 1927). L'art. 5 du même décret énumère les points par lesquels doit se faire obligatoirement l'entrée des pigeons voyageurs étrangers.

39. — Les lâchers de pigeons voyageurs d'origine ou de provenance étrangère sont interdits dans les départements frontières de terre, dans toute l'étendue des places fortes militaires ou maritimes et de leurs dépendances et dans les périmètres de protection des établissements militaires ou maritimes (art. 6 Décr. 28 juill. 1927).

40. — Il est fait toutefois une exception à ce principe en faveur des pigeons voyageurs belges, qui peuvent être lâchés dans les départements limitrophes de la Belgique (Même article).

41. — Les lâchers de pigeons voyageurs étrangers sont soumis à un contrôle opéré au point même du lâcher et avant le déplombage des paniers. Ils doivent être annoncés au ministre de l'Intérieur avant le 1er avril pour les lâchers de sociétés et quinze jours avant la date du lâcher pour les lâchers individuels (art. 3 Décr. 28 juill. 1927).

42. — L'autorité administrative peut toujours interdire les lâchers dont l'avis préalable ne lui est pas parvenu dans les délais prévus, comme aussi tout lâcher de pigeons voyageurs dont la composition lui paraîtrait suspecte ou contraire aux dispositions de l'art. 4 Décr. 28 juill. 1927. — V. *suprà*, n. 38.

43. — Pour assurer l'exécution de toutes ces prescriptions, l'autorité administrative peut, chaque fois qu'elle le juge utile, faire procéder à l'examen des volatiles de toute origine et de toute provenance compris dans les lots destinés à être lâchés ou vendus ou dans les colombiers particuliers (art. 8 Décr. 28 juill. 1927).

44. — Elle peut également, dans tous les cas, faire contremarquer les volatiles au moyen d'une estampille spéciale et user du droit de saisie, sans qu'il y ait lieu à recours de la part du propriétaire ou du détenteur (Même article).

45. — La loi du 18 févr. 1927 prévoit un certain nombre de sanctions pénales pour les infractions à ses dispositions. Tout d'abord elle punit d'une amende de 50 à 500 francs les contraventions aux prescriptions concernant l'ouverture des colombiers, la vente ou le colportage, la détention des pigeons, leur transmission ou leurs mutations, le port de la bague d'identité, l'interdiction des colombiers mixtes (art. 8 L. 18 févr. 1927). — V. *suprà*, n. 15, 17, 21, 22, 23, 24, 26, 27.

46. — Une amende de 200 à 2.000 francs est prévue pour toute personne ayant frauduleusement dissimulé ou tenté de dissimuler l'existence, la détention ou l'origine de propriété de pigeons voyageurs, soit par déclaration ou inscription fausse ou incomplète, soit par suppression, substitution ou contrefaçon de bague, soit par tout autre moyen (art. 11 L. 18 févr. 1927).

47. — La même peine est infligée à toute personne qui, chargée de la répartition des bagues officielles, délivre sciemment une ou plusieurs bagues à une personne non autorisée à en recevoir (Même article).

48. — Est passible d'une amende de 500 à 5.000 francs et d'un emprisonnement de trois mois à cinq ans toute personne qui emploie des pigeons voyageurs à des relations nuisibles à la sûreté de l'Etat, sous réserve, d'ailleurs, des peines plus graves, qui peuvent être prévues, en temps de guerre ou en temps de paix, en matière d'infractions aux lois sur la sûreté extérieure de l'Etat (Même article).

49. — En outre, toute condamnation aux dispositions de la loi peut entraîner le retrait de l'autorisation visée aux art. 1 et 2 (V. *suprà*, n. 15, 17 et 18). Ce retrait est obligatoire s'il s'agit de condamnation pour les faits qui viennent d'être énumérés. — V. *suprà*, n. 46, 47, 48.

50. — L'art. 12 de la loi du 18 févr. 1927 prévoit expressément l'application éventuelle des circonstances atténuantes aux infractions qu'elle prévoit.

51. — En plus des peines prévues par la loi du 18 févr. 1927 et qui viennent d'être énumérées, les infractions au décret du 28 juill. 1927 (V. *suprà*, n. 23, 35, 36, 38, 39, 41) peuvent être sanctionnées par mesure administrative, soit par la fermeture des colombiers, soit par l'interdiction d'effectuer aucun lâcher sur le territoire français (art. 12 Décr. 28 juill. 1927).

52. — Tout pigeon voyageur non porteur de la bague réglementaire est immédiatement tué par les soins de l'autorité (art. 11 L. 18 févr. 1927).

53. — Pour le conseiller au point de vue technique, le gouvernement dispose d'un *comité consultatif de colombophilie* dont les membres sont nommés par arrêté du ministre de la Guerre. Ce comité, présidé par un officier général du département de la guerre, comprend, en outre, deux représentants de ce département, un de chacun des départements de la marine et de l'intérieur et du service de l'aéronautique et des transports aériens, et six membres du comité directeur de la Fédération nationale des sociétés colombophiles de France désignés sur la proposition du bureau directeur de cette fédération de façon à représenter les diverses régions du territoire national (art. 15 Décr. 28 juill. 1927).

54. — D'autre part, les colombophiles affiliés d'une même région militaire forment la Fédération régionale correspondante. L'ensemble des fédérations régionales constitue la Fédération nationale. Les présidents et vice-présidents des Fédérations nationale ou régionales ne peuvent exercer leur mandat que s'ils reçoivent l'agrément du ministre de l'Intérieur, agissant d'accord avec les ministres de la Guerre et de la Marine. En outre, l'autorité régionale militaire ou maritime doit être représentée au sein du bureau directeur de la Fédération régionale par un officier.

PILLAGE. — V. *suprà*, *Suppl.*, v° *Belligérants*, n. 45 et 58.

PILLAGE, DÉGAT ET DÉTÉRIORATION DE DENRÉES OU MARCHANDISES, EFFETS OU OBJETS MOBILIERS.

CHAPITRE I

PILLAGE ET DÉGAT DE DENRÉES OU MARCHANDISES, EFFETS OU OBJETS MOBILIERS.

4. — V. *infrà*, n. 17.

7. — L'arrêt du 17 août 1850, rapporté au *Rép.*, v° *Bandes armées*, n. 30, qui refuse le caractère politique au pillage d'armes dans un temps de révolution, est justement critiqué par M. Garçon (*Code pén. ann.*, sous art. 440, n. 3). Si le pillage est objectivement un crime de droit commun, il devient un crime politique par connexité quand, commis au cours d'une guerre civile, il n'est que la conséquence de cette lutte ouverte, alors du moins qu'il se renferme dans les limites des lois de la guerre.

16. — M. Garçon incline de même à penser que les juges ont un pouvoir discrétionnaire pour décider si le pillage a été commis en réunion ou en bande, quel que soit le nombre des coupables. D'après cet auteur (*Code pén. ann.*, eod. loc., n. 15) « huit ou dix brigands organisés qui pilleront un village de propos délibéré formeront une bande; douze ou quinze paysans qui auront détruit une automobile dont la vitesse paraissait dangereuse, ne seront point une réunion dans le sens de l'art. 440. Les juges doivent s'inspirer ici de l'esprit de la loi ».

17. — Les éléments de réunion et de force ouverte, constitutifs du crime prévu par l'art. 440 du Code pénal, sont suffisamment établis par l'arrêt qui constate souverainement qu'un certain nombre de grévistes, sortis brusquement de derrière une haie, sont arrivés en courant devant une voiture, se sont placés à la tête du cheval, ont contraint le voiturier à s'arrêter, ont calé les roues, ont jeté à terre et lacéré les marchandises (Cass., 18 mars 1905, [S. et P. 1907.1.246]). — Sur ce point que le pillage ne constitue le crime prévu par l'art. 440 du Code pénal qu'autant qu'il a été commis à force ouverte, V. aussi *suprà*, n. 4 et s.

26. — L'accusé, reconnu coupable de pillage, doit, même au cas d'admission des circonstances atténuantes, être condamné à l'amende édictée par l'art. 440 du Code pénal. — Cass. crim., 22 mai 1928, [S. 1929.1.275].

32. — V. *suprà*, *Suppl.*, n. 26. — M. Garçon (*Code pén. ann.*, loc. cit., n. 34) incline à penser que l'amende reste obligatoire lorsque l'accusé ayant prouvé qu'il a été entraîné par des provocations, le juge prononce la réclusion.

38. — Dans l'hypothèse où un instigateur échapperait aux prévisions de l'art. 442 et, d'autre part, ne pourrait être déclaré complice du crime de l'art. 440 dans les termes de l'art. 60 du Code pénal, il y aurait lieu d'envisager l'application à la cause, soit de l'art. 23 de la loi du 29 juill. 1881 qui punit comme complices ceux qui, par les moyens de publicité énumérés dans cette loi, auront provoqué au pillage, si la provocation a été suivie d'effet, soit de l'art. 24 de ladite loi, modifié par la loi du 12 déc. 1893, qui punit de peines d'emprisonnement et d'amende ceux qui par les mêmes moyens auront provoqué au pillage, si la provocation n'a pas été suivie d'effet.

CHAPITRE II

DÉTÉRIORATION DE MARCHANDISES, MATIÈRES OU INSTRUMENTS SERVANT A LA FABRICATION.

41 *bis.* — 1. — Le délit de l'art. 443 est pratiquement connu aujourd'hui sous le nom de « sabotage ». Le compte général de la justice criminelle pour 1928 fait apparaître dans cette année-là (la dernière dont le compte ait été publié) un chiffre de 11 prévenus, dont 2 acquittés, 5 condamnés à l'emprisonnement et 4 condamnés à l'amende. Trois des condamnés ont bénéficié du sursis.

2. — Le terme de « sabotage » est aussi employé pour désigner le crime de pillage, dont les éléments se trouvent étudiés *suprà*. Aussi, dans certaines circonstances, un arrêt a-t-il pu dire que le prévenu, en provoquant ses auditeurs à des actes de *sabotage* et de violence, avait préconisé des actes de destruction violente et de pillage (au sens de l'art. 440) (Cass., 19 avr. 1913, [*Bull. crim.*, n. 210]). On poursuivait alors sous la qualification de provocation au pillage non suivie d'effet (la provocation à la destruction de marchandises n'étant pas elle-même incriminée).

42. — Un ensemble de faits non susceptibles de servir de base à des poursuites correctionnelles sur le fondement de l'art. 443 du Code pénal (par exemple, la simple tentative de sabotage, laquelle n'est pas incriminée) peut être tenu, à cause des menaces qui y sont incluses, comme constitutif du délit d'entraves à la liberté du travail réprimé par les art. 414 et 415 du Code pénal. — Trib. corr. Marseille, 16 mars 1910, [D. 1911. 2.81]

44. — Le délit prévu par l'art. 443 du Code pénal et relatif à la détérioration volontaire de marchandises destinées à la vente, ou des matières et instruments servant à la fabrication, est réalisé quand la détérioration porte sur du vin en fermentation dans une cuve, marchandise à vendre. — Toulouse, 8 juin 1912, [*Mon. jud. Lyon*, 20 déc. 1912]

50. — Soucieux de ne pas confondre l'intention criminelle et le mobile, M. Garçon enseigne (*Code pén. ann.*, sous art. 443, n. 11) que le délit est constitué dès l'instant que l'auteur de la détérioration a agi volontairement. La méchanceté et l'intention de nuire sont de simples mobiles qui ne doivent exercer aucune influence sur la constitution légale du délit. L'ouvrier qui saboterait les machines uniquement pour amener son patron à de nouvelles conditions de travail tomberait donc sous le coup de la loi.

52. — 1. — L'art. 443 n'atteint pas le propriétaire, mais il atteindrait le copropriétaire qui détruirait volontairement la chose commune. Etait donc sans portée le moyen de défense proposé par un prévenu qui soutenait que la pierre détériorée étant tirée d'une carrière appartenant à la commune, il en était copropriétaire. — V. Cass., 27 sept. 1850.

2. — La discussion portant sur la propriété de la chose détériorée ne soulève pas une question préjudicielle à faire trancher par la juridiction civile. Le juge de l'action serait juge de cette exception. — V. Cass., 27 sept. 1850, précité.

55 *bis.* — *Tentative* — 1. — La tentative du délit de l'art. 443 du Code pénal n'est pas punie par la loi.

2. — Jugé que la tentative d'un délit n'est punissable que si la loi l'a déclarée telle et que la tentative de détérioration d'instruments de travail n'est pas prévue par l'art. 443 du Code pénal. — Paris, 5 avr. 1911, [S. 1911.2.319].

3. — Mais il y a lieu de considérer les tentatives de détérioration de matériel comme éléments constitutifs du délit d'entraves à la liberté du travail. — Même arrêt. — Rappr. Trib. corr. Marseille, 16 mars 1910 (cité *suprà*, n. 42).

PILOTAGE.

LÉGISLATION.

Décr. 21 févr. 1897 (*règlement ayant pour objet de prévenir les abordages en mer*); — L. 17 déc. 1926 (*portant Code disciplinaire et pénal de la marine marchande*); — L. 28 mars 1928

(sur le régime du pilotage dans les eaux maritimes); — Décr.
14 déc. 1929 *(portant règlement général du pilotage)*; — L. 3 mars
1934 *(ajoutant un alinéa à l'art. 11 L. 28 mars 1928, précitée)*;
— L. 14 mars 1935 *(sur la responsabilité civile des pilotes)*.
V. en outre les textes cités dans le cours du mot, n. 9 et s.

BIBLIOGRAPHIE.

Ouvrage spécial. — Laurent-Toutain, *Du pilotage maritime,*
thèse Paris, 1918.
Ouvrages généraux français. — Bonnecase, *Traité de droit
commercial maritime,* 1923, 1 vol. in-8°, n. 433. — *Précis élémentaire de droit maritime,* 1932, 1 vol. in-8°, n. 12, 417 et s.
— Danjon, *Traité de droit maritime,* t. 2, 1926, in-8°, 2° éd.,
publiée avec le concours de J. Lepargneur. — Lyon-Caen et
Renault, *Traité de droit commercial,* 5° éd., publiée avec la collaboration de M. Amiaud, t. 5, 1931. — Ripert, *Droit maritime,*
3° éd., t. 1, 1930, n. 850 à 873. — Vermond, *Manuel de droit maritime,* 5° éd., 1920, 1 vol. in-8°. — Wahl, *Précis théorique et
pratique de droit maritime,* 1924, 1 vol. in-8°, n. 298 à 304.

INDEX ALPHABÉTIQUE.

DIVISION.

NOTA. — 1. — Dans tous les développements qui suivent,
il convient de ne pas perdre de vue l'abrogation de textes
signalée *infrà*, n° 6.
2. — L'abréviation B. O. M. M. désigne le *Bulletin officiel
de la marine marchande,* créé en 1920.
3. — Pour les décisions judiciaires antérieures à la loi de
1928, en tant qu'elles peuvent encore présenter de l'intérêt,
voy. v° *Pilote,* S. et P. 1901 à 1930 et s.; Table 1901-1910 et
Tables quinquennales.

CHAPITRE I

NOTIONS GÉNÉRALES.

1. — 1. — Le pilotage consiste dans l'assistance donnée aux
capitaines par un personnel commissionné par l'Etat (ce sont
les pilotes) pour la conduite des navires à l'entrée et à la sortie
des ports, dans les ports, rades et eaux maritimes des fleuves
et canaux (L. 28 mars 1928, art. 1er).
2. — La définition ainsi donnée par l'art. 1er de la loi du
28 mars 1928 indique quel doit être le rôle du pilote à bord. Il
a une grande importance au point de vue juridique, puisqu'il
fixe les rapports entre le capitaine d'un navire et le pilote qui
se trouve à bord; les tribunaux ont ainsi une base légale pour

régler les responsabilités d'ordre civil qui peuvent incomber à l'un ou l'autre en cas d'accident de navigation.

3. — Il découle de cet article que le pilote n'est que le conseiller du capitaine et ne doit pas intervenir directement dans la conduite du navire, en particulier se substituer à l'homme de barre. — Cf. Danjon, n. 556.

4. — Au sujet des pilotes pratiques ou plutôt « lamaneurs pratiques », voy. G. Ripert, t. 1, n. 854 et *infrà*, n. 64. La loi ne s'occupe pas de ces pilotes.

5. — 2° Les pilotes de la flotte ; ce sont des marins de l'État affectés au pilotage des bâtiments de la marine militaire. Ils se recrutent parmi les marins au service qui justifient des conditions exigées ; ils reçoivent à bord d'un bâtiment armé dit « École de pilotage » une instruction théorique et pratique pendant trois ans et doivent ensuite retourner périodiquement à l'école pour y renouveler et y perfectionner leur instruction. Les pilotes de la flotte sont chargés seulement de la conduite des navires de l'État en pleine mer ; à l'entrée et à la sortie des ports leur présence n'empêche pas les bâtiments de guerre d'être astreints aux règles du pilotage ordinaire.

6. — L'organisation du pilotage est actuellement fixée par la loi du 28 mars 1928 (S. 1928.5.1718 ; *B. O. M. M.*, p. 148) sur le régime du pilotage dans les eaux maritimes, complétée par le décret du 14 déc. 1929 (*B. O. M. M.*, p. 448) portant règlement général du pilotage. Cette loi (art. 27) a abrogé toutes dispositions contraires, et en particulier le décret-loi du 12 déc. 1806 et l'art. 8 de la loi du 30 janv. 1893.

7. — En exécution de l'art. 19 de la loi du 28 mars 1928, des règlements locaux sont promulgués par décret pour fixer l'organisation administrative et les tarifs de chaque station. Les questions de principe et d'ordre commun aux diverses stations sont réglées par le décret du 14 déc. 1929 (*J. off.* 22 déc. 1929, p. 13654), qui primitivement ne régissait qu'un nombre restreint de stations, mais dont l'application a fait l'objet d'extensions successives.

8. — Les règlements locaux de pilotage sont promulgués par décret après exécution des formalités prévues par l'art. 19 de la loi du 28 mars 1928. Ils ne peuvent donc être attaqués comme inconstitutionnels, ainsi qu'ils l'ont été sous le régime du décret de 1806, attaqué lui-même. Les tribunaux avaient d'ailleurs repoussé cette prétention (Cass., 11 août 1862, 2 arrêts ; Desjardins, t. 1, n. 112). Les règlements et tarifs de pilotage applicables aux bâtiments de guerre sont soumis pour avis au Conseil des directeurs du port militaire chef-lieu de la région maritime (art. 19 de la loi du 28 mars 1928).

9 à 14. — Conformément aux dispositions de l'art. 19 susvisé, des décrets ont déterminé l'organisation administrative et les tarifs des stations suivantes : Bastia, 17 avr. 1928 (*B. O. M. M.*, p. 175). — Quillebœuf et Vilquier, 18 sept. 1929 modifié le 11 juill. 1930 (*B. O. M. M.*, p. 360). — Cancale, 4 sept. 1928 (*B. O. M. M.*, p. 505). — Bayonne, 12 oct. 1928 (*B. O. M. M.*, p. 532). — Bordeaux et embouchure de la Gironde, 27 oct. 1928 modifié le 14 déc. 1929 (*B. O. M. M.*, p. 466). — Les Sables-d'Olonne et Rochefort, 21 avr. 1929 (*B. O. M. M.*, p. 179). — Les Pertuis, 6 juin 1929 (*B. O. M. M.*, p. 236). — Arcachon, 9 nov. 1929 (*B. O. M. M.*, p 415). — Gravelines, Calais, Boulogne, Le Tréport, Dieppe, 14 déc. 1929 (*B. O. M. M.*, p 447). — Le Havre, 25 déc. 1929 modifié le 2 mai 1930 (*B. O. M. M.*, p. 486-277). — Fécamp, Cherbourg, 4 janv. 1930 (*B. O. M. M.*, p. 26-28). — Lorient, 12 janv. 1930 (*B. O. M. M.*, p. 39). — Baie de Somme, 8 avr. 1930 (*B. O. M. M.*, p. 144). — Marseille, 8 avr. 1930 (*B. O. M. M.*, p. 262). — Saint-Malo, Saint-Servan, 11 juill. 1930 (*B. O. M. M.*, p. 361). — Brest, 24 oct. 1930 (*B. O. M. M.*, p. 458). — Honfleur, 7 janv. 1931 (*B. O. M. M.*, p. 3). — Sète, 20 avr. 1931 (*B. O. M. M.*, p. 111). — Le Tréport, 30 avr. 1931 (*B. O. M. M.*, p. 131). — Dunkerque, 4 juin 1931 (*B. O. M. M.*, p. 149). — Croix, Lorient, 8 août 1931 (*B. O. M. M.*, p. 199). — Ouistreham, 8 août 1931 (*B. O. M. M.*, p. 248). — Basse-Seine, 8 août 1931 (*B. O. M. M.*, p. 251). — La Loire, 29 déc. 1931 (*B. O. M. M.*, p. 413). — La Gironde, 3 juin 1932 (*B. O. M. M.*, p. 203). — La Charente, 7 nov. 1932 (*B. O. M. M.*, p. 352). — La Pallice, 18 mars 1933 (*B. O. M. M.*, p. 65). — Voy. aussi les décrets des 3 juin, 1er et 23 août et 29 nov. 1932, modifiant les règlements de la Gironde, de la Loire, du Tréport et de la Basse-Seine ; les décrets des 14 juillet et 1er août 1933, modifiant les règlements de Marseille et de Sète. — Voy. encore

Décr. 26 avril (Adour) et 27 déc. 1934 (Port-Saint-Louis-du-Rhône), *B. O. M. M.*, p. 219 et 708 (*J. off.*, p. 4383 et 13097).

15. — La loi du 28 mars 1928 est applicable à l'Algérie (art. 28 de la loi du 28 mars 1928). Le décret du 7 août 1929 a établi le règlement général du service du pilotage sur les côtes de l'Algérie et le règlement local des stations d'Alger, Oran-Mers-El-Kébir, Philippeville, Bône, Arzew, Mostaganem et Bougie (*B. O. M. M.*, p. 333).

16-17. — Les règles posées par la loi de 1928 sont en vigueur dans une partie des colonies (sauf modifications) ; on a dû renoncer à donner ici plus de précisions sur le régime colonial du pilotage.

CHAPITRE II

ADMISSION DES PILOTES LAMANEURS ET DES ASPIRANTS PILOTES ; MARQUES DISTINCTIVES.

SECTION I.

Généralités.

18. — Le ministre de la Marine marchande fixe le nombre des pilotes dans chaque port où il en existe et dans ceux où il est jugé nécessaire d'en établir, sur la proposition du directeur de l'Inscription maritime, après avis de la Chambre de commerce intéressée et consultation de l'Assemblée commerciale (art. 19 de la loi du 28 mars 1928). L'Assemblée commerciale est présidée par le Président du tribunal de commerce. La Chambre de commerce qui doit être consultée est celle qui est directement intéressée au fonctionnement de la station et au trafic des ports qu'elle dessert ; elle peut ne pas être la Chambre de commerce du lieu. C'est ainsi que, pour la station de Royan, qui assure une partie du service du pilotage de la Gironde, la Chambre de commerce intéressée se trouve être désormais celle de Bordeaux (Instr. 19 juill. 1928 pour l'application de la loi du 28 mars 1928).

19. — 1. — Le personnel du pilotage, en dehors des pilotes et des aspirants pilotes, comprend des chefs et sous-chefs de pilotage. On peut y ajouter les trésoriers, matelots, mécaniciens et autres employés jugés nécessaires.

2. — Les chefs et sous-chefs de pilotage sont nommés par arrêté du ministre de la Marine marchande, sur la proposition du directeur de l'Inscription maritime. Ils sont recrutés parmi les pilotes, en retraite ou en activité, ayant au moins dix ans d'exercice dans leurs fonctions, ou parmi les capitaines au long cours ou capitaines de la marine marchande réunissant au minimum quatre ans de commandement, ou parmi les officiers de marine en retraite ou démissionnaires depuis moins de cinq ans. Ils doivent être âgés de quarante ans au moins et de cinquante cinq ans au plus. A défaut, les capitaines au cabotage pourront être appelés à remplir les emplois de chefs et de sous-chefs de pilotage (L. 28 mars 1928, art. 20).

3. — Dans les stations où il n'y a pas de chef de pilotage, le service est dirigé par les officiers ou maîtres de port ; dans les stations de pilotage des ports militaires, la direction du service est exercée par le directeur des mouvements du port (L. 28 mars 1928, art. 21).

20-21. — 1. — Aux termes de l'art. 11 de la loi du 28 mars 1928, les candidats aux fonctions de pilote ou d'aspirant pilote doivent être âgés de vingt-quatre ans au moins et de trente-cinq ans au plus et réunir six ans de navigation dans le personnel du pont, dans la marine de l'État ou la marine marchande, dont trois ans au moins sur des navires de commerce armés au long cours, au cabotage, à la grande pêche, à la pêche au large ou au pilotage. Ils doivent satisfaire à une visite médicale destinée à constater leur aptitude à exercer ces fonctions.

2. — Dans les stations où la nécessité en est reconnue, des conditions supplémentaires de brevet et de stage de navigation sur des navires de certaines catégories peuvent être imposées aux candidats par le règlement de la station (art. 11. al. 3).

3. — Ces dispositions ont été complétées par l'art. 9 du décret du 14 déc. 1929, qui exige une année au moins de navigation soit sur des navires à vapeur ou à propulsion mécanique de plus de 500 tonneaux de jauge brute, soit sur des navires à

voiles de plus de 100 tonneaux de jauge brute armés au long cours, aux grandes pêches ou au cabotage. Le même texte précise en outre les conditions d'aptitude physique auxquelles doivent satisfaire les candidats. L'art. 12 du décret du 14 déc. 1929 a fixé une limite d'âge maximum pour les pilotes et les chefs du service de pilotage, ils ne peuvent être maintenus en service au delà de soixante-cinq ans. Mais, par arrêt du 18 nov. 1932 (*D. hebd.*, 1933, p. 24; *B. O. M. M.*, 1933, p. 43), le Conseil d'Etat a déclaré que la disposition de l'art. 12 du « Règlement général » etait « entachée d'excès de pouvoir en tant qu'elle a édicté pour les pilotes une limite d'âge fixée à soixante-cinq ans ». En conséquence, l'art. 1er du décret du 8 août 1931 a été « annulé en tant qu'il a rendu applicable aux stations de pilotage de Rouen-aval et de Rouen-amont l'alin. 1er de l'art. 12 du règlement général édicté par l'art. 1er du décret du 14 déc. 1929 ». En revanche, la limite d'âge de soixante-cinq ans a été reconnue valable pour les chefs de service du pilotage.

4. — V. au surplus, pour l'âge et le temps de navigation, la faculté reconnue aux règlements locaux par l'alin. 5 de l'art. 11 de la loi de 1928 et l'alin. 6 ajouté par une loi du 3 mars 1934, S. 1934.5.1155.

22. — 1. — Les concours de pilotage ont lieu sous le contrôle de l'administrateur de l'Inscription maritime devant une commission (art. 11, L. 28 mars 1928). — V. au surplus art. 10.

2. — L'art. 5 de l'arrêté du 30 juin 1928, complété par arrêté du 17 févr. 1934 (*B. O. M. M.*, p. 99), a fixé la composition de la commission ainsi que les modalités du concours.

3. — L'administrateur de l'Inscription maritime peut assister aux épreuves. Le président de la commission est un officier de marine ayant au moins le grade de lieutenant de vaisseau; il est assisté de deux capitaines au long cours et de deux pilotes.

23. — Le ministre de Marine marchande fait adresser à chacun des pilotes admis une lettre d'admission. Cette nomination est enregistrée au bureau de l'Inscription maritime, qui tient une matricule spéciale où sont inscrits les pilotes et sur laquelle sont apostillés tous renseignements les concernant : date de nomination, récompenses, fautes, sanctions, etc...

SECTION II.

Aspirants pilotes.

24. — 1. — Les aspirants pilotes sont chargés de seconder et de remplacer les pilotes (art. 10, L. 28 mars 1928). Le texte (qui ne semble pas toujours appliqué en fait) dit que le nombre des aspirants pilotes ne doit pas dépasser dans chaque station le quart de l'effectif des pilotes.

2. — Les conditions et l'examen à subir sont les mêmes pour les pilotes et les aspirants pilotes (art. 11, L. 28 mars 1928).

25. — 1. — Les pilotes qui, en raison de leur âge ou de leurs infirmités, ne peuvent continuer à remplir leurs fonctions sont, soit sur leur demande, soit à la requête de l'administrateur de l'Inscription maritime, mis à la retraite dans les conditions de l'art. 24 de la loi du 28 mars 1928 (art. 13, L. 1928).

2. — Cette mise à la retraite est prononcée par le ministre de la Marine marchande, après avis d'une commission locale dont la composition est fixée par l'arrêté du 28 août 1924.

3. — Lorsqu'il s'agit d'une mise à la retraite pour ancienneté de services dans les conditions déterminées par les règlements locaux en vertu de l'art. 24 de la loi du 28 mars 1928, il n'est pas nécessaire de présenter l'intéressé devant la commission.

4. — Le pilote mis à la retraite est rayé des cadres et de la matricule des pilotes, et remplacé dans le cadre des pilotes soit par concours si l'effectif ne comporte pas d'aspirants, soit par l'aspirant le plus ancien s'il en existe dans la station (art. 13, L. 28 mars 1928; Instr. 19 juill. 1928, *B. O. M. M.*, p. 262).

5. — Sur le calcul du tiers des bénéfices dû par le pilote adjoint, sous le régime du décret de 1806, art. 9, voy. Cass. (req.), 22 juin 1931, [S. 1932.1.42; *Le Dr. marit. franç.*, t. 9, 1931, p. 388 et 390].

26. — En cas de vacances d'emplois de pilote dans les stations où il existe des aspirants pilotes, les nominations à l'emploi de pilote sont faites en suivant la liste par ordre d'ancienneté des aspirants (art. 10, L. 28 mars 1928).

SECTION III.

Marques distinctives.

27. — 1. — Lors de leur nomination et pour leur permettre de se faire reconnaître en leur qualité, il est remis aux pilotes et aspirants pilotes une carte d'identité avec photographie, portant le visa de l'administrateur de l'Inscription maritime (art. 10, Décr. 14 déc. 1929).

2. — Sous réserve des dispositions spéciales à chaque station, les bateaux-pilotes portent les marques distinctives suivantes : 1° peinture noire extérieure, avec ceinture blanche de 0m,15 de largeur; 2° de chaque côté de la voile principale au dessus de la bande du dernier ris, une ancre d'au moins un mètre de hauteur, avec les lettres initiales de la station; la cheminée des bateaux-pilotes, lorsqu'ils sont à vapeur, porte de chaque bord une ancre distinctive. Les lettres initiales de la station sont reproduites en peinture blanche à l'avant et à l'arrière des pavois (art. 34, Décr. 14 déc. 1929). La nuit, les bateaux-pilotes portent les feux prévus par l'art. 8 du décret du 21 févr. 1897 modifié par le décret du 9 nov. 1905.

CHAPITRE III

INSPECTION ET POLICE DES PILOTES.
OBLIGATIONS IMPOSÉES A CES AGENTS.

SECTION I.

Règles générales.

28. — 1. — L'inspection du service des pilotes est effectuée par les chefs de pilotage (art. 20, L. 28 mars 1928). Aux termes de l'art. 16 du décret du 14 déc. 1929, le chef du pilotage exerce son autorité sur tous les détails du service; il rend compte à l'administrateur de l'Inscription maritime, chef du quartier, de tous les incidents relatifs au service.

2. — Dans les stations de pilotage des ports militaires, la direction du service est exercée par le directeur des mouvements du port (art. 21, L. 28 mars 1928). La circulaire interministérielle du 12 juin 1930 a fixé les attributions de l'officier de marine, chef de section « Exploitation de la direction du port », en tant que chef du service du pilotage, en matière de surveillance, de police du pilotage et de juridiction.

3. — Les pilotes sont soumis au pouvoir disciplinaire du ministre. Les peines disciplinaires, prononcées tantôt par le chef du service de pilotage, tantôt par le ministre, sont la réprimande, le blâme, la suspension et la révocation. — Voy. à leur sujet l'art. 14 L. 1928.

29-30. — 1. — Les pilotes et aspirants pilotes ne peuvent s'absenter de leur station ni interrompre momentanément leurs fonctions sans autorisation. Ceux qui, sans autorisation, quitteraient le service pour naviguer au commerce ou à la pêche sont considérés comme démissionnaires (art. 11, Décr. 14 déc. 1929).

2. — Les pilotes ne peuvent exercer la pêche à titre professionnel. Toutefois, le ministre de la Marine marchande pourra autoriser les pilotes de certaines stations à pratiquer la pêche, sur la proposition du directeur de l'Inscription maritime (art. 13, L. 28 mars 1928). Cette autorisation est surtout prévue pour les stations où les gains de pilotage sont insuffisants. A partir de l'âge de cinquante ans, les pilotes et aspirants pilotes subissent, tous les cinq ans jusqu'à soixante ans et tous les deux ans à partir de soixante ans, une visite médicale destinée à constater qu'ils ont conservé une aptitude suffisante à l'exercice de leur profession. Ils peuvent, en outre, quel que soit leur âge, être soumis à toute visite médicale ordonnée par le ministre de la Marine marchande (art. 12, L. 1928).

3. — Les pilotes et aspirants pilotes ont toujours le droit de demander une contre-visite (art. 12, L. 28 mars 1928).

4. — Ces visites sont passées devant la commission spéciale, dont la composition est fixée par l'arrêté du 28 août 1924 (Instr. 19 juill. 1928).

31. — Au point de vue militaire, les pilotes et les aspirants pilotes sont classés comme non disponibles s'ils appartiennent au service auxiliaire ou à une classe de mobilisation comprise dans la deuxième réserve (Décr. 13 janv. 1926, modifié par décr. 29 déc. 1927 ; Instr. 6 janv. 1927). Les pilotes appartenant à la première réserve suivent le sort de leur classe de mobilisation, sauf à bénéficier d'une affectation spéciale lors de la mobilisation.

32. — Les bateaux faisant un service régulier entre deux ports de France ou entre un port de France et un port étranger peu éloigné peuvent avoir un pilote spécial au mois. Cette disposition, qui figurait dans le décret du 29 août 1854, n'a pas été reprise par la loi du 28 mars 1928 ni par le décret du 14 déc. 1929. Il semble que l'on puisse la considérer toujours comme valable, aucune interdiction n'étant formulée par la nouvelle législation, le texte légal applicable étant l'art. 5 de la loi de 1928 (pilote de choix), auquel peut s'ajouter en fait une disposition spéciale du règlement local.

33. — Est punie d'une amende de 50 à 1.000 francs et de huit à quinze jours de prison, ou de l'une de ces deux peines seulement, toute personne qui, sans une commission régulière de pilote de la station aura entrepris ou tenté d'entreprendre la conduite d'un navire en qualité de pilote commissionné. La peine est double en cas de récidive (art. 16, L. 28 mars 1928).

34. — Aux termes de l'art. 18 de la loi du 28 mars 1928, l'art. 463 du Code pénal et la loi du 26 mars 1891 sur le sursis à l'exécution de la peine sont applicables à toutes les infractions à la loi sur le régime du pilotage dans les eaux maritimes. Le montant des amendes prononcées par application de la loi du 28 mars 1928 est versé à la Caisse des invalides de la marine et non au Trésor public (art. 18, L. 28 mars 1928).

35. — Il est bien évident que l'art. 16 de la loi du 28 mars 1928 n'est pas applicable au cas où, en l'absence de pilote, un capitaine confie la direction du navire à un pêcheur ou à un pratique qui d'ailleurs ne se prévalent nullement de la qualité de « pilote commissionné ». Plusieurs dispositions du décret de 1806 prévoyaient expressément cette situation, et, si la loi de 1928 ne les a pas reproduites, cela ne paraît pas changer la solution.

36. — Il est naturel de penser que si, dans le cas prévu au n. 35 *in fine* du *Répertoire*, le pratique peut entreprendre le pilotage, il doit céder la place au pilote dès qu'il se présente. On peut même se demander si ne risquerait pas d'être considéré comme passible des peines prévues par l'art. 16 de la loi du 28 mars 1928 le pratique qui, étant monté sur un navire en l'absence de pilote, ne maintiendrait pas battant le signal d'appel du pilote. L'adjectif « commissionné », qui termine l'art. 16 de la loi de 1928 (S. 1928.5.1722), risque, il est vrai, de restreindre singulièrement l'application de cet article.

SECTION II.

Prescriptions diverses du service de pilotage.

37. — 1. — Sauf exception prévue par les règlements locaux, le service se fait au tour de liste.

2. — Néanmoins, tout capitaine a le droit de se faire assister par un pilote de son choix, appartenant à la station intéressée, mais dans ce cas il n'en doit pas moins payer suivant le tarif le salaire du pilote à qui, d'après le règlement de service établi, revenait la conduite du navire (art. 5, L. 28 mars 1928).

3. — Le capitaine doit prendre le premier pilote qui se présente ou celui qui est désigné par le tour de liste qui est établi dans chaque station. La faculté laissée au capitaine par l'art. 5 de la loi du 28 mars 1928 de prendre un pilote de son choix reste toujours subordonnée à l'autorisation du chef de pilotage, qui peut la refuser pour des nécessités de service ou si cette faculté n'est pas justifiée par l'intérêt du navire (art. 5, Décr. 14 déc. 1929).

4. — Le pilote de choix est rémunéré d'après les conventions particulières passées entre lui et le capitaine, sans qu'il y ait lieu de tenir compte du tarif (Instr. 19 juill. 1928).

38. — 1. — Quel que soit le tonnage des navires qui se présentent, le pilote est tenu d'assister le navire qui paraît le premier ou pour lequel il est désigné par son tour de service (art. 4, L. 28 mars 1928). La sanction de cette obligation ne consiste plus que dans les peines disciplinaires prévues à l'art. 14 de la loi du 28 mars 1928.

2. — La loi nouvelle n'a pas maintenu l'obligation de donner la préférence aux bâtiments de l'Etat. Cette obligation peut être contenue dans les règlements locaux prévus à l'art. 19 de la loi du 28 mars 1928 ; pratiquement, et malgré les demandes faites en ce sens par la marine militaire, le département n'a approuvé l'insertion de cette disposition dans aucun règlement local.

3. — Hors le cas de force majeure, tout pilote doit, nonobstant toute autre obligation de service, prêter d'abord son assistance au navire en danger, même s'il n'en a pas été requis, du moment où il a pu constater le péril dans lequel se trouve ce navire (art. 6, L. 28 mars 1928).

39. — Les règlements locaux prévus à l'art. 19 de la loi du 28 mars 1928 prévoient les conditions dans lesquelles se fait la relève entre les pilotes des stations limitrophes, lorsqu'un navire a recours successivement aux services de plusieurs stations de pilotage.

41. — L'appel du pilote est fait au moyen des signaux suivants (art. 4, Décr. 14 déc. 1929) : de jour, pavillon carré à couleur concentrique, bleu au centre, blanc et rouge et signaux d'appel du code international ; de nuit, les feux prévus à l'art. 1er du décret du 30 juin 1874 (Décr. 8 août 1931). A défaut, le navire peut arborer son pavillon national en tête du mât de misaine. En outre, les bateaux pourront montrer les signaux d'appel de chaque station. Sauf le cas de réel danger, il est interdit d'employer les signaux de détresse pour appeler le pilote.

42. — Dès que le capitaine entre dans la zone où le pilotage est obligatoire, il doit faire le signal d'appel du pilote et le maintenir jusqu'à l'arrivée du pilote (art. 1, Décr. 14 déc. 1929).

La réglementation nouvelle a donc, en ce qui concerne l'obligation prévue par le décret de 1806, substitué le capitaine au pilote. La sanction consiste dans l'application du tarif maximum. — Voy. art. 4 L. 1928.

43. — 1. — Tout pilote est tenu de déférer aux réquisitions du service sanitaire maritime, dans les conditions fixées par les art. 79 et 80 du décret du 8 oct. 1927 portant règlement de police sanitaire maritime (art. 14, Décr. 14 déc. 1929).

2. — Ces réquisitions ne peuvent d'ailleurs enlever à leurs fonctions habituelles les individus chargés d'un service public, à moins que le danger ne soit assez pressant au point de vue sanitaire pour exiger momentanément le sacrifice de tout autre intérêt (art. 79, Décr. 8 oct. 1927).

3. — Lorsqu'un navire français ou étranger, naviguant ou stationnant dans les eaux françaises sous la conduite d'un agent du service du pilotage, se trouve ou doit se trouver sous pavillon de quarantaine, ledit agent du pilotage est constitué garde sanitaire du navire, sans qu'il soit besoin pour cela d'une réquisition spéciale, jusqu'à ce que le navire ait obtenu la libre pratique ou que des dispositions aient été prises par l'autorité sanitaire pour les mesures sanitaires à appliquer (art. 80, Décr. 8 oct. 1927).

44. — Le pilote qui a abordé un navire destiné à entrer dans un port, ou celui qui monte à bord d'un navire pour le sortir d'un port, lui fait arborer le pavillon de sa nation. L'art. 2 du décret du 19 août 1929 sur la police du pavillon dispose en effet que, à la mer, les capitaines des navires sont tenus d'arborer le pavillon national à l'entrée ou à la sortie d'un port.

45. — Les pilotes sont tenus d'être toujours prêts à servir les navires qui se présentent. Cette obligation, inscrite dans l'art. 24 du décret de 1806, n'a pas été reproduite formellement dans la nouvelle législation, mais elle découle tant du texte que des travaux préparatoires de la loi du 28 mars 1928. La sanction consisterait, le cas échéant, dans les peines disciplinaires prévues à l'art. 14 de la loi de 1928.

46. — 1. — Tout pilote qui, en état d'ivresse, aurait entrepris de conduire un bâtiment est, sans préjudice des sanctions disciplinaires, puni d'une amende de 25 à 300 francs et d'un emprisonnement de huit jours à trois mois ou de l'une de ces deux peines seulement (art. 15, L. 28 mars 1928).

2. — Cette infraction est de la compétence du tribunal correctionnel (art. 17, L. 28 mars 1928) ; l'art. 463 du Code pénal et la loi du 26 mars 1891 sur le sursis à l'exécution de la peine sont applicables (art. 18, L. 28 mars 1928).

3. — Le pilote, lorsqu'il se trouve à bord d'un navire, est soumis aux dispositions de la loi du 17 déc. 1926 portant code disciplinaire et pénal de la marine marchande, notamment en ce qui concerne le respect dû au capitaine (art. 1er, § 2, L. 17 déc. 1926).

47. — 1. — Le pilotage commence à partir du moment où le pilote se présente ou monte à bord dans les limites de la station et se termine lorsque le navire est arrivé à destination, au mouillage à quai ou à la limite de la station (art. 18, Décr. 14 déc. 1929).

2. — Le pilote qui, par cas de force majeure, ne peut débarquer une fois le pilotage accompli, et est enlevé hors de la station, a droit à une indemnité journalière fixée par le règlement local et à une indemnité de route de 8 francs par myriamètre depuis le point de débarquement jusqu'à sa station. Si le pilote est débarqué à l'étranger, il est rapatrié aux frais du navire (art. 26, Décr. 14 déc. 1929).

3. — L'indemnité journalière et la nourriture sont dues à tout pilote retenu pour cause de quarantaine ou pour toute autre cause en dehors du service normal. Toute journée commencée est due en entier (art. 27, Décr. 14 déc. 1929).

48. — Le pilote doit veiller à ce que le capitaine se conforme aux règlements édictés pour la police et la sécurité des ports, rades et bassins. Cette obligation n'est pas inscrite dans la loi, mais elle découle des dispositions de l'ordonnance de 1681, livre IV, titre IV, art. 6, qui ne sont pas abrogées. Le pilote est en effet, aux termes de l'art. 1ᵉʳ de la loi du 28 mars 1928, l'assistant du capitaine, et, comme tel, doit mettre cet officier au courant de règlements locaux qu'il est excusable d'ignorer, mais qui font partie des connaissances primordiales du pilote.

49. — 1. — Les pilotes rendent compte au chef de pilotage des changements qu'ils auront constaté, à l'occasion de leur service, dans l'état des fonds et du balisage, ainsi que des accidents intéressant la sécurité de la navigation qui seraient survenus dans les limites de leur station. Le chef du pilotage porte les renseignements recueillis à la connaissance des divers services intéressés (art. 15, Décr. 14 déc. 1929).

2. — Les obligations imposées aux pilotes par le décret de 1806 ont donc été modifiées. Le projet du gouvernement comportait à l'art. 1ᵉʳ de la loi du 28 mars 1928 une disposition qui chargeait les pilotes de la surveillance continue des fonds dans les limites des stations de pilotage. Cette disposition a été supprimée par la Chambre des députés, et cette suppression a été maintenue par le Sénat. La raison de cette suppression a été que, si les pilotes doivent se tenir au courant des profondeurs d'eau, dans les limites de leurs stations respectives, ils ne sauraient être chargés de cette surveillance qui appartient à l'administration des ponts et chaussées (Instr. 19 juill. 1928).

50. — Le pilote qui fait quelque manœuvre tendant à léser les intérêts des autres pilotes, ou néglige celles dont l'omission produit le même effet, peut être frappé d'une des peines disciplinaires prévues à l'art. 14 de la loi du 28 mars 1928.

51. — Le capitaine est tenu de déclarer au pilote qui monte à bord le tirant d'eau, la vitesse et les conditions d'évolution de son navire (art. 3, Décr. 14 déc. 1929). En cas de contradiction entre les dires du capitaine et ceux du pilote sur la véritable déclaration faite par le capitaine, c'est le tribunal de commerce qui est compétent (art. 9, L. 28 mars 1928).

52. — Le Conseil d'État a décidé le 13 déc. 1929 que les pilotes n'étaient pas des fonctionnaires, mais qu'ils collaboraient à l'exécution d'un service public sous le contrôle du ministre chargé de la marine marchande; qu'en conséquence, celui-ci avait qualité pour prendre une décision relative au montant de la solde entière due aux pilotes délégués à un congrès purement corporatif (*Le droit maritime français*, t. 8, 1930, p. 36).

53. — Les pilotes sont astreints à avoir un rôle d'équipage; ce rôle est armé au pilotage. Les pilotes paient des taxes fixes à la Caisse des retraites des inscrits maritimes. Quel que soit le nombre de bateaux en service dans la station, il est ouvert un rôle d'équipage unique sur lequel sont portés tous les pilotes, mécaniciens, matelots et mousses de la station (art. 35, Décr. 14 déc. 1929).

53 bis. — Quant à la nature du droit des pilotes sur les bateaux pilotes constituant le matériel naval de la station, voy. l'art. 22 de la loi du 28 mars 1928, et, pour l'application, Trib. comm. Havre, 2 déc. 1930, [S. 1931.2.133].

CHAPITRE IV

CARACTÈRES ET ÉTENDUE DE L'OBLIGATION DU PILOTAGE.
FRANCHISE DE PILOTAGE ET RESPONSABILITÉS.

SECTION I.

Caractères et étendue de l'obligation du pilotage.

54. — 1. — Le pilotage est obligatoire pour tous bâtiments français ou étrangers (sauf les franchises prévues à l'art. 3 de la loi), dans les limites déterminées pour chaque port par le règlement local de la station de pilotage de ce port.

2. — Le capitaine d'un bâtiment soumis à l'obligation du pilotage est tenu de payer le pilote, même s'il n'utilise pas ses services, quand celui-ci justifie qu'il a fait la manœuvre pour se rendre au-devant du navire (art. 2, L. 28 mars 1928). — Cf. Cass., 18 nov. 1929, [*Dr. marit. fr.*, t. 8, 1930, p. 103].

3. — L'obligation du pilotage est une obligation générale : la loi ne fait pas de distinction entre les navires français et étrangers, les navires de commerce et les navires de guerre. A cet égard il n'y a pas lieu de tenir compte de la distinction faite dans certains règlements de pilotage très anciens entre les navires étrangers assimilés ou non assimilés; cette distinction n'a plus de raison d'être depuis la loi du 19 mai 1866 (Instr. 19 juill. 1928).

55-57. — Le pilotage n'est pas dû si le pilote ne s'est pas présenté (art. 4, L. 28 mars 1928).

58. — Le capitaine doit faciliter l'embarquement du pilote qui se présente et lui donner tous les moyens nécessaires pour accoster et monter à bord dans les meilleures conditions de sécurité (art. 2, Décr. 14 déc. 1929). Il s'ensuit que, contrairement à une certaine jurisprudence, le capitaine doit, si besoin est, se déranger de sa route, diminuer de vitesse et même stopper pour attendre le pilote, si ces manœuvres sont nécessaires pour le prendre à bord dans les meilleures conditions de sécurité.

60. — Aucune disposition de la loi de 1928 n'interdit aux pilotes de se porter au large, au delà des limites de leur station, à la rencontre des navires. Mais le capitaine peut refuser le pilote en dehors de la zone obligatoire de pilotage (art. 2, L. 28 mars 1928).

61-62. — La station de Honfleur s'étend dans un rayon de 12 milles au large des jetées du port. Le pilotage est obligatoire à l'intérieur de cette zone pour les navires à destination ou en provenance du port de Honfleur (art. 1ᵉʳ, Décr. 7 janv. 1931).

64. — En dehors des zones fixées par les règlements locaux de chaque station, le pilotage est libre et peut être pratiqué par de simples marins non brevetés; mais du moment où un pilote de la station sur laquelle le navire se dirige apparaît, le pratique doit lui céder la place. La même règle s'applique d'ailleurs dans les limites mêmes de la station si aucun pilote n'a répondu d'abord aux signaux par lesquels le navire faisait appel à ses services. Bien que la loi de 1928 et le décret de 1929 ne le précisent pas, il semble bien que le salaire du pratique puisse être déduit sur celui du pilote. En cas de contestation à cet égard entre le capitaine et le pilote, le tribunal de commerce est compétent pour trancher la question (art. 9, L. 28 mars 1928).

SECTION II.

Franchise de pilotage.

65. — 1. — Aux termes de l'art. 3 de la loi du 28 mars 1928, « Sauf les cas exceptionnels déterminés par les règlements locaux, sont affranchis de l'obligation de prendre un pilote les navires à voiles d'une jauge nette inférieure à 100 tonneaux et les navires à propulsion mécanique d'une jauge nette inférieure à 150 tonneaux ».

2. — « Sont également affranchis de cette obligation, quel que soit leur tonnage, les bâtiments à propulsion mécanique remorqueurs, ainsi que les porteurs, dragues, chalands, bateaux

annexes, etc..., affectés exclusivement à l'amélioration, à l'entretien et à la surveillance des ports et de leurs accès, ainsi que les bateaux du service des phares et balises ».

3. — Ainsi se trouvent confirmées les règles antérieures qui avaient été fixées par l'art. 8 de la loi du 30 janv. 1893, modifiée par celle du 12 mai 1905. Ces limites de tonnage peuvent toutefois être modifiées dans certains cas exceptionnels : dans quelques stations il convient, pour des raisons de sécurité de la navigation, d'imposer la présence d'un pilote sur des unités de plus faible tonnage. Ce sont les règlements locaux qui détermineront ces exceptions.

4. — La franchise de pilotage prévue par l'art. 3 de la loi du 28 mars 1928 est applicable à tous les navires, français ou étrangers (Instr. 19 juill. 1928).

66. — La franchise de pilotage est accordée en tenant compte uniquement du tonnage net des bâtiments ; il n'est plus exigé, comme sous le régime du décret de 1806, que le navire fasse habituellement la navigation de port à port.

67. — La loi du 28 mars 1928 étant applicable à l'Algérie (art. 28 de la loi), la franchise de pilotage en Algérie, sauf exception prévue par les règlements locaux, est concédée dans les conditions prévues à l'art. 3 de la loi du 28 mars 1928.

68. — Bien que cette disposition n'ait pas été reproduite dans la loi de 1928, les armateurs ou chargeurs peuvent, même lorsque le pilotage est facultatif, obliger les capitaines à prendre des pilotes. Au cas où, enfreignant leurs ordres et ne prenant pas de pilote, le capitaine occasionnerait des avaries ou le naufrage du navire, ils ont le droit de le poursuivre devant les tribunaux. C'est en effet le droit strict d'un armateur d'exiger de son capitaine qu'il prenne un pilote en toutes circonstances, même si le règlement ne l'y oblige pas.

69. — 1. — A Marseille, tout navire commandé par un capitaine muni d'une licence de capitaine-pilote de Marseille, est entièrement exempt des droits de pilotage, s'il n'a pas réclamé l'assistance d'un pilote.

2. — Le brevet de capitaine-pilote de Marseille est délivré et maintenu dans les conditions fixées par le règlement local de la station.

3. — L'art. 3 de la loi du 28 mars 1928, dans son dernier paragraphe, dispose que : « Dans les ports d'accès particulièrement facile où des licences de capitaine-pilote ont été instituées en faveur des capitaines de navires, en vertu d'actes réglementaires, ces licences pourront continuer d'être délivrées aux capitaines de navires possesseurs du brevet de capitaine au long cours, au cabotage ou de la marine marchande ».

4. — Cette question a soulevé de vives discussions, car l'extension de la licence de capitaine-pilote à tous les ports de France avait été demandée. Le Parlement a écarté tous les amendements proposés en ce sens, il a estimé que l'attribution de la franchise de pilotage aux navires dont le capitaine possède la licence de capitaine-pilote n'est pas sans présenter de très sérieux inconvénients prouvés par l'expérience. Un capitaine, même s'il fréquente régulièrement un port, reste dans l'ignorance des obstacles à la navigation qui se sont produits pendant son absence, dans l'intervalle de ses voyages.

5. — Au surplus, l'extension de la licence de capitaine-pilote n'était demandée par l'armement que pour des raisons d'ordre financier qui ne sauraient primer la question de sécurité de la navigation que pose cette extension (Instr. 19 juill. 1928).

70. — Voy. art. 16 L. 28 mars 1928.

SECTION III.

Responsabilités.

73. — I. *Généralités ; responsabilité civile.* — 1. — Pour l'étendue respective des responsabilités civile et pénale du capitaine et du pilote, voy. « Observations » sur arrêt de la Chambre fédérale des appels de la cité de Buenos-Ayres (*Rev. de dr. mar. comp.*, t. 26, 2ᵉ sem., 1932, p. 146 à 155).

2. — La responsabilité de l'armateur à la suite de la faute du pilote est admise par Trib. Rabat, 4 janv. 1932, résumé dans *Le droit maritime français*, t. 10, 1932, p. 180.

74. — 1. — Il demeure entendu qu'à la suite d'une faute professionnelle caractérisée, la responsabilité civile du pilote peut être mise en cause et le pilote condamné à réparer le préjudice causé. En ce sens, jugement du tribunal de commerce de Bordeaux du 8 nov. 1928, confirmé par arrêt de la cour d'appel de Bordeaux du 2 févr. 1931, condamnant à des dommages-intérêts envers l'armateur un pilote de la Gironde qui, par une manœuvre déplacée, était sorti du chenal et avait échoué le navire [S. 1931.2.63. D. 1931.2.56]. — V. *infra*, n. 109-112-3.

2. — En ce sens que, à la suite d'un abordage, la responsabilité civile du pilote n'est engagée que vis-à-vis de l'armateur du navire piloté, son préposant, et non vis-à-vis de l'armateur du navire abordé, voy. Trib. corr. Le Havre, 2 avr. 1930, [*Le dr. mar. fr.*, t. 8, 1930, p. 253-254]. Mais ce jugement a été infirmé par un arrêt de la cour de Rouen du 24 juill. 1930, où il est dit « que le pilote est personnellement responsable de ses propres fautes vis-à-vis des tiers comme de l'armateur » (*Le dr. mar. fr.*, t. 8, 1930, p. 444).

3. — Dans les cas d'avaries graves, d'échouement ou de perte d'un navire important, la mise en jeu de la responsabilité des pilotes est susceptible d'entraîner des responsabilités manifestement supérieures aux ressources de ceux-ci. La considération de ce risque excessif a motivé en 1933 le dépôt d'une proposition qui a abouti à la loi du 14 mars 1935 (S. 1935.5.1468), qui permet à tout pilote de s'affranchir, par l'abandon de son cautionnement, « de la responsabilité civile résultant de fautes par lui commises dans l'exercice de ses fonctions » (art. 1ᵉʳ), cette faculté étant toutefois refusée au pilote (art. 2) quand la faute commise par lui constitue une infraction à l'art. 79 C. disc. et pén. mar. march. (cas d'échouement ou de pertes volontaires).

4. — Pour l'application du système qu'elle institue, la loi de 1935 oblige tout pilote à fournir un cautionnement qui « peut être constitué sous la forme d'une garantie offerte par une caisse agréée par l'État » et qui « est affecté par premier privilège à la garantie des condamnations qui pourraient être prononcées contre le pilote pour fautes commises dans l'exercice de ses fonctions » (art. 3, 4 et 5, al. 1ᵉʳ, L. 14 mars 1935). « Le cautionnement est affecté par second privilège au remboursement des fonds qui auraient été prêtés pour la constitution totale ou partielle de ce cautionnement » (art. 5, al. 2). « Les fonds constitués en cautionnement ne peuvent, pendant la durée des fonctions du pilote, être saisis pour d'autres créances que celles en faveur desquelles » un privilège est institué par l'art. 5 (art. 6). Il a d'ailleurs été dit dans la loi de 1935 (art. 7) que les modalités d'application de cette loi seraient fixées par voie de décret (non encore paru au 25 oct. 1935).

5. — Quant aux avaries survenues au bateau-pilote lui-même, voy. *infra*, n. 87-89.

75 à 77. — II. *Responsabilité pénale du pilote.* — 1. — Toute personne qui, en dehors des cas prévus par le Code de justice militaire pour l'armée de mer, échoue, perd ou détruit, volontairement et dans une intention criminelle, un navire quelconque par quelque manière que ce soit, est punie des peines établies par les art. 434 et 435 du Code pénal.

2. — Le maximum de la peine est appliqué au délinquant qui dirige le navire comme pilote (art. 79, L. 17 déc. 1926).

2 *bis.* — Tout pilote qui se rend coupable d'une infraction aux règles sur la route à suivre est puni de six jours à trois mois de prison et d'une amende de 16 à 100 francs ou de l'une de ces deux peines seulement (art. 80, L. 17 déc. 1926).

3. — Si l'infraction aux règles sur la route à suivre ou tout autre fait de négligence imputable au pilote a occasionné, pour le navire ou pour un autre navire, soit un abordage, soit un échouement ou un choc contre un obstacle visible ou connu, soit une avarie grave du navire ou de sa cargaison, le pilote est puni de six jours à trois mois d'emprisonnement et d'une amende de 16 à 500 francs, ou de l'une de ces deux peines seulement.

4. — Si l'infraction a eu pour conséquence la perte ou l'innavigabilité absolue d'un navire ou la perte d'une cargaison, ou si elle a entraîné soit des blessures graves, soit la mort pour une ou plusieurs personnes, le pilote est puni de trois mois à deux ans d'emprisonnement et d'une amende de 50 à 600 francs, ou de l'une de ces deux peines seulement (art. 81, L. 17 déc. 1926).

5. — Pour les peines disciplinaires applicables aux pilotes, voy. *supra*, n. 28-3.

CHAPITRE V

SALAIRES DES PILOTES, INDEMNITÉS ET PENSIONS.

SECTION I.

Salaires et indemnités.

78-79. — 1. — Les tarifs pour la détermination des salaires des pilotes sont fixés, pour chaque station, par un décret rendu sur la proposition du ministre de la Marine marchande, après consultation d'une assemblée commerciale et avis de la Chambre de commerce intéressée (art. 19, L. 28 mars 1928). La même procédure est suivie lorsqu'il y a lieu de modifier les tarifs en vigueur. Les tarifs de pilotage sont établis d'après la jauge nette des navires (art. 3, L. 28 mars 1928).

2. — Dans certaines stations, il est tenu compte également du tirant d'eau des navires dans l'établissement des tarifs. La nouvelle législation ne fait pas obstacle à ce que l'on continue sur ce point les errements anciens, bien qu'il y ait intérêt à adopter autant que possible les mêmes règles dans l'ensemble des stations (Instr., 19 juill. 1928).

3. — Les pilotes ne peuvent exiger une somme inférieure ou supérieure à celle qui est fixée par le tarif établi par le règlement local (art. 25, Décr. 14 déc. 1929).

4. — Le pilote qui, par cas de force majeure, ne peut débarquer une fois le pilotage accompli, et est enlevé hors de la station, a droit à une indemnité journalière fixée par le règlement local et à une indemnité de route de 8 francs par myriamètre depuis le point de débarquement jusqu'à sa station (art. 26, Décr. 14 déc. 1929).

5. — L'indemnité journalière et la nourriture sont dues à tout pilote retenu pour cause de quarantaine ou pour toute autre cause en dehors du service normal. Toute journée commencée est due en entier (art. 27, Décr. 14 déc. 1929). Les pilotes reçoivent, à bord des navires de commerce, la nourriture et le logement des officiers (art. 22, Décr. 14 déc. 1929).

6. — Après douze heures de présence à bord, le pilote qui, par suite de l'état du temps ou tout autre cas de force majeure, ne peut conduire le navire à destination, a droit à une indemnité spéciale fixée par le règlement local. Le capitaine peut, toutefois, renvoyer le pilote en lui payant, en plus du pilotage, des frais de route fixés par le règlement local. Les pilotes peuvent être autorisés par le règlement local à percevoir personnellement certaines indemnités (art. 28, Décr. 14 déc. 1929).

7. — Pour le régime du matériel de pilotage, pour l'application éventuelle de la loi sur les syndicats ou de l'art. 42 du décret-loi de 1806 (qui continue à pouvoir être invoqué), voy. les art. 21 et 22 L. 1928 et les art. 29 à 31 Décr. 1929.

80. — 1. — Sauf les exceptions prévues par les règlements locaux, les salaires sont mis en commun dans les stations où le service se fait au tour de liste. Un règlement intérieur, arrêté d'accord avec les intéressés, fixe les conditions dans lesquelles sont réparties aux ayants droit les recettes du pilotage (art. 24, Décr. 14 déc. 1929).

2. — Lorsqu'il n'y a pas de bourse commune, les pilotes travaillent chacun pour son compte, sauf à partager certains frais lorsque, ne possédant pas individuellement un bateau, plusieurs d'entre eux se réunissent pour en armer un.

81. — 1. — Les navires affranchis du pilotage en raison de leur tonnage et qui font néanmoins appel aux services d'un pilote payent, tant à l'entrée qu'à la sortie, sauf les exceptions prévues dans les règlements locaux, la taxe correspondant à 150 tonneaux prévue pour les navires à vapeur et à 100 tonneaux pour les navires à voiles (art. 23, Décr. 14 déc. 1929).

2. — Une indemnité journalière supplémentaire, dont le montant est fixé par le règlement local, est due, en sus du prix du pilotage, au pilote des navires soumis à des expériences (art. 21, Décr. 14 déc. 1929).

82. — Hors le cas de force majeure, tout pilote doit, nonobstant toute autre obligation de service, prêter d'abord son assistance au navire en danger, même s'il n'en a pas été requis, du moment où il a pu constater le péril dans lequel se trouve ce navire. Le pilote a droit, dans ce cas, à une rémunération

spéciale, qui, s'il y a contestation, sera fixée par le tribunal de commerce (art. 6, L. 28 mars 1928). — Pour la sanction, voy. art. 15.

84. — 1. — Toutes promesses faites aux pilotes dans les dangers de naufrage sont-elles nulles? La disposition en ce sens, qui faisait l'objet de l'art. 44 du décret de 1806, n'a pas été reprise dans la loi de 1928. Le tribunal peut en tout cas admettre la nullité par application de l'art. 7 de la loi de 1926.

2. — Les pilotes ne peuvent exiger une somme supérieure à celle du tarif (art. 25, Décr. 14 déc. 1929). La loi de 1928 n'édictant aucune sanction spéciale à ce sujet, il y a lieu d'en conclure que le pilote coupable de cette infraction est passible de l'une des peines disciplinaires portées à l'art. 14 de la loi du 28 mars 1928. En outre, il va de soi qu'il doit rembourser ce qu'il a perçu en trop.

86. — En cas de sauvetage d'épaves en mer, les pilotes ont droit, comme tous autres, au tiers ou au quart de la valeur des objets sauvés (art. 1, Décr. 28 févr. 1918). Aucune disposition restrictive n'existant dans la loi de 1928, ce droit existe même pour les ancres que le pilote ou le capitaine ont dû précédemment couper par suite de tempête ou de tout autre accident. Les dispositions de l'art. 39 du décret de 1806 n'ont plus aucune valeur.

87-88. — 1. — Sauf le cas de faute lourde du pilote, les avaries survenues au bateau-pilote, au cours des opérations de pilotage, au cours des manœuvres d'embarquement et de débarquement du pilote, sont à la charge du navire (art. 7, L. 28 mars 1928). — V. Douai, 23 nov. 1933, [S. 1934.2.164].

2. — Le décret de 1806 faisait participer aux avaries du bateau-pilote le navire et la cargaison (art. 46 de ce texte); le nouveau texte ne parle plus de la cargaison. Il faut en conclure qu'il n'y a plus là aujourd'hui un cas d'avarie commune. C'est simplement une charge particulière de l'armement. Il n'est pas sûr que la loi nouvelle ait voulu modifier le droit commun, mais il paraît difficile de maintenir sans texte ce cas d'avarie commune (Ripert, *Droit maritime*, t. 1, chap. II, n. 864).

89. — 1. — L'art. 7 vise le règlement des avaries survenues au bateau-pilote pendant les opérations de pilotage. Ce texte demande à être précisé, car une addition faite au projet du Gouvernement par la Commission de la Marine marchande de la Chambre des députés paraît avoir plutôt obscurci le sens de l'article, et avait d'ailleurs amené l'armement à protester contre l'interprétation qui pouvait en résulter.

2. — Il est bien entendu — et c'est ce qui résulte des observations échangées au cours de l'examen de cet article devant le Parlement — que seules doivent être envisagées les avaries survenues au cours de manœuvres d'embarquement et de débarquement du pilote à bord du navire piloté. Les dispositions dudit article ne doivent raisonnablement s'appliquer qu'aux faits précédant immédiatement cet embarquement ou ce débarquement, c'est-à-dire les manœuvres qui s'effectuent à faible distance dans la zone très restreinte où soit la position du navire, soit ses mouvements peuvent exercer une influence directe sur le bateau-pilote (Instr. 19 juill. 1928).

3. — Cet article pose le principe de la réparation des avaries par le navire piloté, sans qu'il soit nécessaire de prouver la faute de ce dernier. La seule exception prévue est celle de la faute lourde du pilote; il appartiendra à l'armateur du navire piloté de l'établir pour s'exonérer du remboursement des avaries (Instr. 19 juill. 1928). — Comme exemple de faute lourde du pilote, voy. Trib. comm. Le Havre, 20 juin 1933 (*Le dr. mar. fr.*, t. 11, 1933, p. 371). Rappr. Douai, 3 déc. 1931 (résumé, *Le dr. mar. fr.*, t. 10, 1932, p. 180) et Trib. comm. Dunkerque, 20 juin 1932, [*Gaz. Pal.*, 7 oct. 1932].

91. — Aux termes de l'art. 7 de la loi du 28 mars 1928, c'est l'armateur qui est responsable des avaries survenues au bateau-pilote; le pilote ne peut donc plus s'adresser aux chargeurs pour demander la réparation des avaries. — V. n. 87-2.

92-93. — Contrairement aux dispositions du décret de 1806, le pilote n'a plus à réclamer du capitaine un certificat constatant les avaries; il peut faire effectuer une expertise et les avaries sont présumées imputables au navire. Il appartient au capitaine ou à l'armateur de prouver la faute lourde du pilote pour être déchargé des conséquences des avaries.

94. — C'est le règlement local prévu par l'art. 19 de la loi du 28 mars 1928 qui doit, s'il y a lieu, fixer le tarif des bateaux d'aide et des autres employés pour le service du navire.

95. — 1. — Le pilote qui se présente à un navire ayant un pêcheur à bord, dans la zone du pilotage, doit être reçu. Le pêcheur a logiquement droit à une rémunération proportionnelle à la distance de pilotage qu'il a effectuée. En cas de désaccord entre le capitaine et le pilote pour la rémunération de ce dernier, l'affaire est de la compétence du tribunal de commerce (art. 9, L. 28 mars 1928).

2. — Toutefois, il est à remarquer que le pêcheur n'étant pas tenu d'aider le navire et n'étant pas soumis au tarif de pilotage, bien qu'à défaut de convention il puisse profiter de ce tarif, peut refuser de monter à bord, à moins de convention pour lui assurer un certain profit (Beaussant, t. 1, n. 339).

98. — 1. — Les courtiers et les consignataires de navires sont personnellement responsables du paiement des droits de pilotage à l'entrée et à la sortie. Ils répondent également des indemnités supplémentaires dues au pilote, à la condition d'en avoir été prévenus dans le délai de soixante-douze heures après la sortie du navire.

2. — Les courtiers et les consignataires des navires ne sont cependant tenus au règlement des droits de pilotage et autres frais que sur présentation par le service du pilotage d'un certificat dûment signé par le capitaine et constatant le service effectué (art. 8, L. 28 mars 1928).

3. — Le capitaine remet au pilote un certificat constatant, conformément au § 2 de l'art. 8 de la loi du 28 mars 1928, le service accompli par ce pilote et qui donne toutes indications nécessaires pour permettre d'appliquer à ce service le tarif inséré au règlement de la station, faute de quoi le pilote sera cru dans ses déclarations. Ce certificat est remis ensuite au courtier ou consignataire du navire, après visa du chef du pilotage, s'il y a lieu (art. 6, Décr. 14 déc. 1929).

4. — Passé le délai de soixante-douze heures prévu par l'art. 8 de la loi de 1928, qui est un délai de forclusion pour la réclamation des indemnités auprès des courtiers et consignataires, c'est seulement auprès de l'armateur lui-même que le montant des indemnités pourrait être utilement réclamé. Le certificat prévu par le § 2 de l'art. 8 de la loi de 1928 ne doit mentionner que les services réellement effectués et qui peuvent donner lieu à l'application d'une taxe portée au tarif (Instr. 19 juill. 1928).

99. — Pour les navires qui n'ont ni courtier ni consignataire, le montant du salaire acquis par le pilote est remis immédiatement au pilote. Il peut, à la demande du pilote, être consigné d'avance entre les mains d'une personne agréée par ce pilote (art. 7, Décr. 14 déc. 1929).

102. — Pour l'insaisissabilité, l'art. 66 C. trav. marit. est inapplicable aux pilotes, ainsi que, semble-t-il, la loi du 24 août 1930 spéciale aux fonctionnaires, mais il paraît bien qu'il y a éventuellement lieu de leur appliquer les art. 61 et s. Liv. Ier C. trav. (terrestre), modifiés par la loi du 4 août 1930 (Voy. G. Ripert, t. 2, n. 869).

SECTION II.

Pensions.

104-105. — 1. — Le régime des pensions des pilotes a été profondément modifié par la loi de 1928. La loi nouvelle a supprimé le système dit « du tiers », sanctionné par le décret de 1806, et qui, sous une apparence simple, aboutissait à des injustices flagrantes et à de déplorables inégalités. — Rappr. *supra*, n° 25-5.

2. — La loi de 1928 a prescrit la création, dans chaque station, d'une caisse destinée à servir des retraites et des secours aux pilotes et aspirants pilotes, ainsi qu'à leurs veuves et orphelins, caisse alimentée par des retenues sur les recettes de la station, retenues fixées par le règlement (art. 24). Les pensions sont acquises soit par ancienneté de services, soit pour incapacité résultant de blessures ou de maladies contractées dans l'exercice des fonctions. Les secours seront attribués en cas de mort ou d'incapacité n'ouvrant pas de droit à pension (Même texte).

3. — Sous réserve des droits acquis et des obligations contractées par les pilotes et aspirants pilotes sous le régime de l'art. 9 du décret de 1806, lesquels droits et obligations seront intégralement maintenus, le règlement de la station détermine les conditions d'allocation des pensions et le régime financier de la caisse, ainsi que les mesures destinées à substituer le régime du § 1 de l'art. 24 de la loi de 1928 au régime prévu à l'art. 9 du décret de 1806 (Même texte).

4. — Aux lieu et place des Caisses de retraites et secours, peuvent être établies des Caisses spéciales de secours immédiat et de retraites constituées entre leurs membres par les syndicats de pilotes formés en vertu des lois des 21 mars 1884 et 12 mars 1920. Dans ce cas, les retenues opérées sur les recettes du pilotage sont versées à ces Caisses spéciales (art. 25, L. 28 mars 1928).

5. — Bien que la loi nouvelle prévoie la constitution de caisse dans toutes les stations, il n'est pas possible d'appliquer cette disposition d'une manière uniforme en raison des différences qui existent entre les effectifs des stations et dans l'importance des recettes. Dans certaines petites stations où il n'y a qu'un ou deux pilotes, il est même difficile, sinon impossible, de procéder à la création d'une caisse. Des dérogations ont donc été prévues, elles sont fixées par les règlements locaux (art. 32, Décr. 14 déc. 1929).

6. — Le montant de la retenue sur les recettes des stations au profit de la Caisse des retraites, les conditions ouvrant droit à pensions et secours ainsi que leur taux sont déterminés, pour chaque station, par un arrêté du ministre de la Marine marchande (art. 32, Décr. 14 déc. 1929).

7. — Le prélèvement des sommes nécessaires pour assurer le paiement des pensions et secours est opéré sur toutes les recettes brutes de la station (recettes normales, pilotage de choix et toutes autres indemnités, à l'exception des indemnités de déplacement et de nourriture). Les retenues peuvent constituer soit des sommes variables, soit un pourcentage fixé dans le règlement local ou dans le règlement intérieur de la station (art. 33, Décr. 14 déc. 1929).

8. — Quant aux droits du pilote qui prend sa retraite, par rapport au matériel naval de la station, voy. Trib. comm. Le Havre, 2 déc. 1920, [S. 1931.2.133].

9. — Les pilotes ont droit, comme tous marins du commerce, à une pension sur la Caisse de retraites des inscrits maritimes après vingt-cinq ans de navigation et cinquante ans d'âge. — Voy. LL. 14 juill. 1908 et 1er janv. 1930, plusieurs fois modifiées.

CHAPITRE VI

COMPÉTENCE.

SECTION I.

Compétence civile.

106. — 1. — Toutes contestations entre le pilote et le capitaine au sujet des salaires dus au pilote en conformité des tarifs de pilotage ou des dommages-intérêts qui peuvent être dus, de même que toutes contestations entre le pilote et le courtier ou le consignataire, sont de la compétence du tribunal de commerce (art. 9, L. 28 mars 1928). — Cf. Cass., 9 févr. 1921, [S. 1921.1.350].

2. — Le tribunal de commerce est également compétent pour fixer la rémunération spéciale due au pilote en cas d'assistance à un navire en danger (art. 6, L. 28 mars 1928).

3. — Ces règles se rattachent bien au principe général posé par les art. 631 et 633 du Code de commerce, aux termes desquels, d'une part, les tribunaux de commerce connaissent des contestations relatives aux actes de commerce entre toutes personnes, et, d'autre part, toutes expéditions maritimes sont actes de commerce.

4. — Pour les contestations entre pilotes, voy. toutefois G. Ripert, n. 868.

109 à **112.** — 1. — L'art. 9 de la loi du 28 mars 1928 attribue compétence au tribunal de commerce pour toutes contestations entre le pilote et le capitaine au sujet des dommages-intérêts qui peuvent être dus. La loi ne faisant à ce sujet aucune distinction entre les dommages-intérêts qui peuvent être dus au pilote et ceux auxquels le pilote peut être tenu envers le capitaine ou naturellement l'armateur, il faut en conclure que l'ancienne controverse sur la compétence

trouvé ainsi complètement modifié ; ce n'est plus, comme sous l'empire des lois antérieures, une taxe de vérification ; elle est devenue une taxe annuelle, due en raison de la simple possession du matériel, même si celui-ci n'a pas été préalablement vérifié (V. Circ. min. 9 févr. 1922). Les marchands ambulants, déballeurs, colporteurs et généralement toute personne qui, accidentellement ou non, vend au poids ou à la mesure dans les halles, foires, marchés ou places publiques, doivent acquitter la taxe préalablement à la vérification de leur matériel (L. 31 déc. 1921, art. 4 *in fine*).

16. — L'art. 7 de la loi de finances du 29 juin 1918, modifié par l'art. 115 de la loi de finances du 30 déc. 1928, dispose que les poids et mesures et instruments de pesage et de mesurage neufs ou rajustés, soumis au contrôle du service des poids et mesures, acquitteront une taxe de vérification première (aujourd'hui primitive) dont le taux sera établi par décret rendu après avis de la commission de métrologie usuelle. Ce décret pourra prévoir des réductions de taxe en faveur des instruments destinés à être exportés à l'étranger, dans les colonies françaises ou dans les pays de protectorat, ainsi que pour ceux qui auraient été refusés au contrôle. En application de ces dispositions, un décret du 20 août 1930 a fixé le taux de la taxe de vérification primitive pour les diverses catégories de poids, mesures et appareils de mesure. La taxe est remboursée pour les instruments qui après poinçonnage viendraient à être exportés et réduite au cinquième pour les instruments refusés (Décr. 5 avr. 1919). L'arrêté du 24 févr. 1920 a fixé les conditions du remboursement de la taxe pour les instruments exportés.

17 bis. — La loi du 14 avr. 1918 a rendu obligatoire la vérification et le contrôle des thermomètres médicaux. Aux termes de l'art. 1er de cette loi, aucun thermomètre médical ne pourra être livré, mis en vente ou vendu sans avoir été soumis à une vérification préalable. Chaque instrument devra porter le nom du constructeur et sera, après vérification, muni d'un signe constatant l'accomplissement de cette formalité et la date à laquelle elle a été accomplie. Le règlement d'administration publique du 3 mars 1919 a déterminé les conditions requises desdits thermomètres, le mode de vérification et le contrôle auxquels ils sont soumis, les droits à percevoir, et d'une manière générale toutes les mesures nécessaires à l'application de la loi. En outre, un arrêté du 10 mai 1919 a fixé le mode de recouvrement des taxes de vérification des thermomètres médicaux et leur mode de remboursement pour les instruments exportés. La vérification dont il s'agit a lieu par les soins du Conservatoire national des Arts et Métiers, soit dans son laboratoire d'essais de Paris, soit dans tous autres laboratoires désignés ou agréés par arrêté ministériel, après avis du conseil d'administration du Conservatoire national des Arts et Métiers (Décr. 3 mars 1919, art. 7). L'arrêté du 10 mai 1919 a été modifié par celui du 21 avr. 1927, en ce qui concerne spécialement les vérifications opérées dans le département de la Seine. En fait, c'est cet arrêté qui est seul appliqué, la vérification des thermomètres médicaux étant actuellement effectuée exclusivement au laboratoire d'essais de Paris du Conservatoire national des Arts et Métiers.

38. — Ne commet pas d'infraction à l'art. 38 de l'ordonnance du 17 avr. 1839 le commerçant qui, le jour indiqué pour la vérification, a tenu son magasin fermé en exécution d'un arrêté préfectoral sur le repos hebdomadaire dans les boucheries, si du moins il se trouvait, au moment de la visite du vérificateur, dans un appartement immédiatement à l'arrière de son magasin et se tenait à la disposition de ce fonctionnaire afin de lui permettre d'effectuer les opérations dont il était chargé. — Trib. de simple police de Lyon, 25 oct. 1925.

SECTION III.

Professions assujetties à la vérification.

§ 1. *Exercice d'une profession commerciale ou industrielle.*

1° *Généralités.*

41. — La disposition de l'art. 4 de la loi du 4 juill. 1837, punissant ceux qui auront des poids et mesures autres que les poids et mesures reconnus dans leurs magasins, boutiques, ateliers ou maisons de commerce, implique pour tous ceux qui ont des poids et mesures dans leurs magasins, bou-

tiques, ateliers ou maisons de commerce, l'obligation de les soumettre à la vérification. — Cass., 21 déc. 1900, Nouvel et autres, [S. et P. 1901.1.205]

41 bis. — L'art. 7 du décret du 26 févr. 1873 dispose que les assujettis doivent être pourvus des séries complètes de poids et mesures d'après la nature de leurs opérations ; les poids et mesures isolés autres que les poids ou mesures hors séries ne sont point tolérés. La désignation et composition des séries de poids, mesures, instruments de pesage et de mesurage est actuellement fixée par le décret du 5 avr. 1919 (annexe n° 3).

41 ter. — De la combinaison de la loi du 4 juill. 1837 et de l'ordonnance du 17 avr. 1839 il résulte que l'assortiment des poids et mesures n'est obligatoire que pour ceux qui exercent une profession commerciale. — Cass., 9 janv. 1904, Chapelain, [S. et P. 1906.1.304]

Jugé que celui qui n'est ni un marchand, ni un fabricant de ferronnerie, bouclerie et quincaillerie, mais seulement l'ouvrier à façon d'un fabricant de ces articles, ne rentre pas, par sa profession, dans la catégorie de celles qui sont assujetties légalement à un assortiment déterminé de poids et d'instruments de pesage. — Cass., 17 nov. 1900, Tabourier, [S. et P. 1903.1. 447, D. 1901.1.283]. — V. en ce sens, S. 1re T. D., n. 14; P. 1re T. C., n. 6. — *Adde*, Cons. d'Et., 28 févr. 1870, Chemin, [*Rec. des arrêts du Cons. d'Et.*, p. 217]

41 quater. — Jugé que si en principe l'assujetti a la liberté de choisir l'assortiment qui lui convient entre des séries plus ou moins étendues, il doit du moins la prendre nécessairement dans le genre de poids et mesures que comporte la nature de ses opérations. C'est ainsi que la chaux, se vendant partout au poids et à la mesure et devenant en partie pulvérulente, ne saurait être mesurée avec un mètre. Contrevient donc à l'obligation d'avoir un assortiment de poids et de mesures le marchand de chaux qui n'a pour toute mesure qu'un mètre. — Cass., 26 oct. 1900, Descas, [S. et P. 1903.1.204]

53. — Les syndicats agricoles, lorsqu'ils ont des magasins de dépôt dans lesquels ils livrent à leurs adhérents des quantités variables de marchandises, sont obligés de soumettre à la vérification les poids et mesures qui se trouvent dans ces magasins. — Cass., 20 mai 1898, Marrou, [S. et P. 99.1.431 ; D. 98.1.468]; — 23 juin 1899, Heuvart de Fontgalland, [S. et P. 1901.1.254]; — 21 déc. 1900, Nouvel et autres, [S. et P. 1901.1.205]

54. — Les arrêts précités du 20 mai 1898 et du 23 juin 1899 ont considéré comme indifférent que les syndicats agricoles ne fussent pas compris alors parmi les professions figurant au tableau A, annexé au décret du 26 févr. 1873, ni qu'ils n'aient été assujettis à la vérification par aucun arrêté préfectoral ni aucun tableau additionnel, du moment que ce décret n'a pu ni voulu déroger à la loi du 4 juill. 1837 et que l'art. 4 de cette loi implique, pour tous ceux qui ont des poids et des mesures dans leurs magasins, boutiques, ateliers ou maisons de commerce, l'obligation de les soumettre à la vérification. Dans les instructions qu'il avait adressées au procureur général près la Cour de cassation, au sujet de cette affaire, le garde des Sceaux s'exprimait ainsi : « Il est à remarquer que le décret de 1873 n'a d'autre objet que de réglementer l'application du droit de vérification ; quant à la base juridique de ce droit, il convient de le rechercher dans l'art. 4 de la loi du 4 juill. 1837. Cet article porte que ceux qui auront des poids autres que les poids et mesures réglementaires dans leurs maisons, ateliers, boutiques et maisons de commerce ou dans les halles, foires ou marchés seront punis, etc., etc. Ce texte se suffit à lui-même. Dans sa généralité, il a prévu tous les cas où le service de la vérification aurait le droit d'intervenir. Ce sont ceux où il importe de veiller à la fidélité du débit. Le gouvernement a cru bon de dresser une liste des assujettis, d'abord très limitée en 1839, et qui a été considérablement augmentée en 1873. Mais ce n'est là qu'une nomenclature. En l'établissant, le gouvernement n'a eu qu'un but, c'était de guider le service dans l'accomplissement de sa mission ; il ne pouvait entrer dans sa pensée, ni dans son droit, de restreindre la portée de la loi qui soumet au contrôle des vérificateurs ceux qui ont des magasins, les syndicats et sociétés agricoles aussi bien que les autres ». La raison de douter, pour les sociétés coopératives comme pour les syndicats agricoles, c'était que, les opérations commerciales intervenant entre l'association et ses membres, la fidélité du débit des marchandises nécessite l'intervention des pouvoirs publics à un moindre degré que lorsque vendeur et acheteur sont des inconnus vis-à-vis l'un de l'autre et ont des intérêts absolument différents. Mais la jurisprudence a passé outre en interprétant strictement la loi du 4 juill. 1837. Il convient de noter que cette jurisprudence est particulièrement intéressante en tant qu'elle dépouille de tout caractère limitatif l'énumération annexée au décret de 1873 et en ne lui reconnaissant qu'une valeur énonciative. En ce qui concerne les sociétés et syndicats visés ci-dessus, il n'y a plus aucune raison de douter, le décret du 4 déc. 1899 ayant assujetti à la vérification des poids et mesures, en addition au tableau A joint au décret du 26 févr. 1873 : les sociétés coopératives de production (lait, fromage, pain, etc.) ; les sociétés coopératives de consommation (ayant magasins ouverts aux sociétaires et livrant articles d'épicerie, de mercerie, des tissus, vins et autres marchandises) ; les syndicats agricoles (ayant magasins et livrant à leurs adhérents, par quantités variables, des semences, des engrais, des produits chimiques ou autres denrées).

63 bis. — Les dispositions de l'art. 4 de la loi du 4 juill. 1837, d'où résulte pour tous ceux qui détiennent des poids et mesures dans leurs magasins, boutiques, ateliers ou maisons de commerce, l'obligation de les soumettre à la vérification, s'appliquent aux fabricants. En conséquence, commet une contravention aux prescriptions de la loi du 4 juill. 1837 et de l'ordonnance du 17 avr. 1839, prise pour son exécution, le fabricant de caoutchouc qui ne présente pas à la vérification les poids et mesures qu'il détient dans son atelier. — Trib. corr. Lille, 8 févr. 1905, Colmaire, [S. et P. 1905.2.251]

63 ter. — De même, un fabricant et marchand de tuiles et chaux est assujetti à la vérification des poids et mesures. — Cass., 26 oct. 1900, Descas, [S. et P. 1903.1.204]

63 quater. — Un épicier, tenu à la possession de diverses séries de poids et mesures, qui a cessé l'exercice de sa profession pour entreprendre uniquement celle de charron, est imposable à la taxe des poids et mesures seulement pour la série de poids et mesures que comporte la profession de charron, et non à raison des séries de poids et de mesures qu'il employait pour sa profession d'épicier et qu'il a conservées. — Cons. d'Et., 15 déc. 1911, Courtial, [S. et P. 1914.3.93, Pand. *ibid.*]

3° *Patente.*

67 bis. — Une société qui fournit aux indigents, moyennant une modique rétribution, des rations de bouillon, de viande et de légumes, exerce la profession de marchand de bœuf cuit, qui est comprise parmi les professions soumises à la vérification des poids et mesures, et elle ne saurait se prévaloir, pour demander décharge de la taxe des poids et mesures, ni de ce qu'elle est exempte de la patente (Cons. d'Et., 24 févr. 1902, Œuvre des fourneaux économiques, [S. et P.1905. 3. 5]). — Sur ce principe que les œuvres de cette nature sont exemptes de la patente, V. S. 4° T. D., v° *Patentes*, n. 10; P. 3° T. C., *eod. verb.*, n. 10.

67 ter. — ...Ni de ce que les poids et mesures qu'elle possède ne servent qu'à vérifier le poids des marchandises livrées par ses fournisseurs (Même arrêt). — Sur ce point que la taxe est due alors même que l'on ne fait point usage des poids et mesures que l'on possède, V. not. Cons. d'Et., 18 mai 1899, Duthy, [Rec. des arrêts du Cons. d'Et., p. 390]

67 quater. — Mais, étant donné que de la combinaison de la loi du 4 juill. 1837 et de l'ordonnance du 17 avr. 1839, il résulte que l'assortiment des poids et mesures n'est obligatoire que pour ceux qui exercent une profession industrielle ou commerciale, il a été jugé que telle n'est pas la situation d'une société de bienfaisance qui délivre des denrées alimentaires en échange de bons distribués pour la plupart par le maire et la charité publique, alors surtout que ces portions sont délivrées dans la consistance matérielle où elles sont offertes et non au poids et à la mesure, et qu'eu égard à la très minime valeur de l'indemnité perçue elles ont pour la société une conséquence certaine et prévue de perte. Et l'on ne saurait appliquer à une telle société reconnue d'utilité publique les prescriptions de l'art. 24 de l'ordonnance du 17 avr. 1839 concernant la vérification périodique des poids et mesures, imposée aux établissements publics. — Cass., 9 janv. 1904, Chapelain, [S. et P. 1906.1.304]

§ 2. *Autorité des règlements administratifs.*

68. — Aux termes de l'art. 6 du décret du 26 févr. 1873, sont

assujettis à la vérification les commerces, industries et professions compris dans le tableau A annexé à ce décret quand leurs opérations se font au poids ou à la mesure. Et le même article ajoute : « Les commerces, industries ou professions analogues à ceux qui sont énumérés dans ce tableau et qui n'y ont pas été compris peuvent être soumis à la vérification par arrêtés spéciaux des préfets, sauf l'approbation du ministre de l'Agriculture et du Commerce (aujourd'hui du Commerce et de l'Industrie). Tous les trois ans des tableaux additionnels contenant les commerces, industries et professions assujettis en vertu de ces arrêtés doivent être l'objet de règlements d'administration publique ».

69. — Conformément à cette dernière disposition, divers décrets, notamment ceux des 1er mai 1891, 4 déc. 1899, 13 avr. 1904, 9 nov. 1907, 31 juill. 1910, ont assujetti à la vérification des poids et mesures en addition au tableau A un certain nombre de commerces, industries et professions qui n'y figuraient pas auparavant.

100 bis. — La profession d'hôtelier, n'étant pas désignée au tableau A annexé au décret du 26 févr. 1873, ne doit pas, en l'absence d'un arrêté préfectoral d'assimilation, être imposée à la taxe de vérification des poids et mesures (Cons. d'Et., 2 déc. 1921, Marie; 1er avr. 1927, Bonnard). Il résulte implicitement de cette jurisprudence du Conseil d'Etat que la condition de l'assujettissement à la vérification et par suite l'inscription au tableau A soient prévues au décret du 26 févr. 1873 et que l'énumération contenue à ce tableau a un caractère limitatif. — Sur la jurisprudence contraire de la Cour de cassation, V. n°s 53 et 54.

100 ter. — D'après l'art. 1er du décret du 4 juin 1925, modifiant le tableau B annexé au décret du 2 mai 1923, la taxe de ne vérification primitive et les taxes annuelles de vérification périodique des poids et mesures s'appliquent aux appareils mesureurs de liquides organisés pour distribuer directement aux acheteurs les carburants liquides. Ne sont dès lors pas passibles desdites taxes des appareils qui ne sont pas destinés à la vente directe au public, mais qui servent seulement à des manipulations effectuées à l'intérieur d'entrepôts, et qui ne sont pas inscrits à la liste des appareils mesureurs tolérés prévue par le dernier paragraphe de l'art. 1er du décret du 23 juin 1925. — Cons. d'Et., 26 juin 1931, Compagnie industrielle des pétroles.

SECTION IV.

Taxe des poids et mesures.

101. — 1. — Aux termes de l'art. 46 de l'ordonnance du 17 avr. 1839, la vérification première (ou primitive) des poids, mesures et instruments de pesage était faite gratuitement; il en était de même de la vérification à laquelle sont soumis ceux qui ont été rajustés. Cette disposition a été abrogée par l'art. 10 du décret du 26 févr. 1873, d'après lequel la vérification première des poids, mesures et instruments de mesure neufs ou rajustés est soumise aux mêmes droits que la vérification périodique. Cette disposition a été abrogée à son tour par l'art. 5 de la loi du 21 juill. 1894 qui rétablissait la gratuité de la vérification première. En exécution de ladite loi, un décret du 17 déc. 1894 fixa le tarif des droits à percevoir pour la vérification périodique. Mais la loi du 29 juin 1918 (art. 7) a rétabli la taxe de vérification première. Actuellement cette vérification, ainsi que la vérification périodique, donnent lieu toutes deux à des taxes dont les taux sont fixés par les tableaux annexés aux décrets du 3 avr. 1919.(V. plus haut, n. 18-3, la modification introduite par l'art. 4 de la loi du 31 déc. 1921 qui a transformé la taxe de vérification périodique en une taxe annuelle de possession). Seuls les bureaux d'octroi, bureaux de poids publics, hospices et hôpitaux, prisons et établissements de bienfaisance et tous les autres établissements publics que l'art. 24 de l'ordonnance du 17 avr. 1839 soumet à la vérification périodique bénéficient, pour cette vérification, de la gratuité (art. 48 de l'ordonnance).

2. — Cette gratuité n'a été établie en ce qui concerne les établissements de bienfaisance qu'à l'égard de ceux qui sont compris au nombre des établissements publics, et par suite elle ne peut être réclamée par une œuvre de charité qui est une institution privée. — Cons. d'Et., 24 févr. 1902, Œuvre des fourneaux économiques, [S. et P. 1905.3.5]

101 *bis.* — 1. — Si la taxe de vérification des poids et mesures est recouvrée suivant les formes prescrites pour les contributions directes, aucune disposition de loi n'autorise le recouvrement, comme complément de la taxe et dans les mêmes formes, des frais de visites extraordinaires faites par les vérifiteurs. — Cons. d'Et., 29 juill. 1908, Dupas, [S, et P. 1910. 3.160]

2. — En conséquence, lorsque le préfet a approuvé pour le recouvrement de ces frais un rôle rendu exécutoire comme en matière de contributions directes, le conseil de préfecture doit déclarer la nullité de ce rôle et accorder au commerçant porté au rôle décharge de la somme pour laquelle il y avait été porté. — Même arrêt.

SECTION V.

Procès-verbaux.

103. — 1. — Aux termes de l'art. 7 de la loi du 4 juill. 1837 et de l'art. 34 de l'ordonnance du 17 avr. 1839, les vérificateurs des poids et mesures constatent les contraventions concernant le système métrique des poids et mesures dans l'étendue de la circonscription pour laquelle ils sont commissionnés et assermentés. D'autre part, le décret du 22 janv. 1919 (art. 4 et 35) a qualifié les vérificateurs agissant à l'occasion de l'exercice de leurs fonctions pour constater et poursuivre les faits constituant une infraction aux dispositions de la loi du 1er août 1905, visant les fraudes sur la quantité des marchandises vendues, l'emploi et la détention de poids, mesures et autres instruments faux ou inexacts. — V. Circ. du ministre du Commerce et de l'Industrie, 13 nov. 1923.

2. — L'art. 35, § 3, du décret du 22 janv. 1919 dispose « qu'il n'est rien innové en ce qui concerne la procédure suivie par les vérificateurs des poids et mesures pour la constatation et la poursuite des faits constituant une infraction aux art. 2, §§ 2, 3, 4, et 4, § 3, de la loi du 1er août 1905. Toutefois, dès qu'elles saisissent le procureur de la République d'un fait rentrant dans la catégorie de ceux visés au présent article, les administrations compétentes doivent en [informer aussitôt le préfet ». Par suite, les vérificateurs doivent aviser immédiatement le préfet, chargé d'assurer le fonctionnement du service de la répression des fraudes dans le département, de tous les procès-verbaux dressés pour usage ou détention de poids, mesures ou autres instruments faux ou inexacts, pour manœuvres tendant à fausser l'opération du pesage ou du mesurage, pour indications frauduleuses tendant à faire croire à un pesage ou à un mesurage antérieur et exact. Mais, dans ce cas, l'agent n'en transmet pas moins directement son procès-verbal au procureur de la République. Le préfet n'est avisé que pour information. *A contrario*, il résulte dudit article que lorsque le vérificateur vise l'art. 1er, mais dans ce cas seulement, le procès-verbal doit être transmis au préfet (à Paris, au préfet de police) (art. 16 et 23, Décr. 22 janv. 1919). — V. Circ. précitée du 10 nov. 1923.

104. — Aux termes des art. 41, 42 et 43 de l'ordonnance du 17 avr. 1839, les vérificateurs devaient dresser leurs procès-verbaux dans les vingt-quatre heures de la contravention par eux constatée ; ils les affirmaient au plus tard le lendemain devant le maire ou l'adjoint de la commune soit de leur résidence, soit du lieu où l'infraction avait été commise. Ces procès-verbaux devaient être enregistrés dans les quinze jours et dans le même délai remis au juge de paix.

105. — Les décrets des 3 mai 1923 et 24 sept. 1924 ont modifié ce système. Les vérificateurs ont désormais un délai maximum de vingt jours pour établir leurs procès-verbaux. Mais lorsqu'ils constatent une infraction, ils doivent remettre, séance tenante, aux intéressés, un avis indiquant leur intention de dresser procès-verbal (Décr. 3 mai 1923, art. 1er, mod. l'art. 41 de l'ord. du 17 avr. 1839. — Sur la forme de cet avis, voir la circulaire ministérielle du 4 févr. 1924). Dans les quatre jours qui suivent l'établissement de leurs procès-verbaux, les vérificateurs les font enregistrer.

106. — 1. — Le décret du 3 mai 1923 avait fixé à cinq jours le délai dans lequel les procès-verbaux devaient être établis. Celui du 24 sept. 1924 a porté ce délai à vingt jours. Cette réforme est destinée à rendre possible une mesure dont l'expérience a démontré la nécessité : la communication des procès-verbaux au vérificateur en chef, surtout quand ils on été dressés par des vérificateurs adjoints ou des vérificateurs ne comptant encore que peu d'années de service. Mais cette communication, prescrite seulement par la circulaire ministérielle du 6 oct. 1924, est une mesure d'ordre strictement intérieur, et son omission ne peut avoir aucune influence sur la validité du procès-verbal.

2. — L'art. 43 de l'ordonnance du 17 avr. 1839 spécifiait que les vérificateurs transmettraient leurs procès-verbaux au juge de paix. Modifié par le décret du 3 mai 1923, cet article ne prévoit plus que la transmission à l'autorité judiciaire compétente pour y donner suite. Cette autorité sera le juge de paix s'il s'agit d'une contravention aux règles de la vérification ou du système métrique décimal, ou le procureur de la République s'il s'agit d'un délit relevé en vertu de la loi du 1er août 1905. Cette transmission doit avoir lieu après l'établissement du procès-verbal, dans le même délai de quatre jours fixé par le décret du 3 mai 1923, qui s'applique à la fois à l'enregistrement du procès-verbal et à sa transmission à l'autorité judiciaire. En cumulant les deux délais dont il est question ci-dessus, il peut donc s'écouler vingt-quatre jours entre la date de l'avis remis à l'intéressé par le vérificateur qui se propose de verbaliser et la transmission du procès-verbal à l'autorité judiciaire.

108. — 1. — L'art. 41 de l'ordonnance du 17 avr. 1839 exigeait que les procès-verbaux des vérificateurs des poids et mesures fussent affirmés au plus tard le lendemain de leur clôture par-devant le maire ou l'adjoint soit de la commune de leur résidence, soit de celle où l'infraction a été commise; l'affirmation était signée tant par les maires et adjoints que par les vérificateurs.

2. — A défaut de cette affirmation, lesdits procès-verbaux étaient dépourvus de toute force probante, et il y avait lieu à acquittement si le ministère public ne produisait aucune preuve à l'appui de la contravention. — Cass., 26 janv. 1860, Memuvet, [D. 61.5.388]

3. — Mais le refus par le maire d'apposer sa signature au bas de l'acte d'affirmation d'un procès-verbal de contravention qui lui était présenté par un vérificateur des poids et mesures constituait un cas de force majeure. Lorsque ce refus était constaté, le procès-verbal ne pouvait pas être annulé par ce motif que l'acte d'affirmation n'était point signé par le maire. — Cass., 16 déc. 1911, [S. et P. 1914.2.502, Pand. *ibid.*]

4. — Cette jurisprudence est aujourd'hui sans objet, l'affirmation devant le maire des procès-verbaux des vérificateurs ayant été supprimée par le décret susvisé du 3 mai 1923; le nouvel art. 41 de l'ordonnance du 17 avr. 1839 n'en fait plus mention.

CHAPITRE III

PESAGE ET MESURAGE PUBLICS.

SECTION II.

Lieux formant l'enceinte des halles, marchés et ports.

149 *bis.* — Tout citoyen, à la condition de se servir de poids et mesures étalonnés et légaux, a le droit de faire peser et mesurer, dans les maisons particulières, les denrées exposées et mises en vente sur les foires et marchés, et, dans les communes où l'autorité locale a établi des bureaux de pesage ou de mesurage publics, les particuliers ne sont tenus de recourir aux préposés que dans le cas de contestation entre le vendeur et l'acquéreur ou lorsque le pesage et le mesurage se font dans l'enceinte des halles, marchés et ports. En conséquence, lorsqu'un cahier des charges dressé par l'autorité municipale interdit d'exercer les fonctions de peseur au préjudice du préposé au poids public, cette défense ne peut s'appliquer au cas où le pesage a lieu dans une maison particulière, en dehors de toute contestation, uniquement pour fixer la somme due au vendeur à la suite d'un marché conclu au poids. — C. de Cass., 24 mars 1882, [D. 83.1.142]

149 *ter.* — Le droit qui appartient à l'autorité municipale, en vue d'assurer la fidélité du débit des marchandises, de déterminer l'enceinte des halles et des marchés dans lesquels le pesage ou le mesurage ne peuvent être effectués que par les peseurs ou mesureurs publics, n'autorise pas le maire à comprendre dans l'enceinte des halles et marchés des locaux particuliers qui ne sont pas une dépendance du marché public, ne servent pas à l'usage de ce marché, mais en sont au contraire distincts. En conséquence, l'arrêté du maire qui interdit aux particuliers de peser dans des locaux distincts du marché public n'est ni légal ni obligatoire et n'a pas pour sanction les peines portées à l'art. 471, § 15, du Code pénal. — Cass., 8 déc. 1893. [D. 94.1.309]

149 *quater*. — Il y a contravention punissable à un arrêté du maire sur le pesage dans les marchés publics, lorsque le pesage est effectué par des particuliers sur un emplacement qui, bien que situé en dehors du marché et dépendant d'une propriété privée, sert à l'usage du marché public par la volonté, l'adhésion ou la tolérance du propriétaire ou des habitudes du public, et devenu en réalité annexe du marché public se confond avec lui. — Cass., 8 déc. 1893, [D. 94.1.309]

150 *bis*. — L'arrêté consulaire du 2e jour complémentaire de l'an XI, en réservant aux préposés du poids public le privilège exclusif du pesage pour autrui dans l'étendue de la ville de Marseille, a pour effet d'interdire aux vendeurs et acheteurs de s'adresser à des personnes autres que lesdits préposés pour le pesage des marchandises vendues, mais reste sans application quand ils font procéder à cette opération par leurs ouvriers ou employés, lesquels ne sauraient, dans ce cas, être considérés comme des tiers. Mais dans les villes où des bureaux de pesage public sont légalement établis, le ministère des préposés au poids public a été rendu obligatoire « dans l'enceinte des marchés, halles et ports » par l'arrêté du 7 brum. an IX, lequel a fait défense à toute personne étrangère au poids public, même aux vendeurs et aux acheteurs, et par suite également à leurs ouvriers et employés, lorsqu'il s'agit d'une vérification contradictoire, d'y peser ce qui est vendu ou acheté. L'art. 3 de l'arrêté du 2e jour complémentaire de l'an II, en prescrivant à ceux qui achètent ou qui vendent dans l'un des marchés ou sur les ports de recourir au peseur public, n'a fait qu'appliquer à la ville de Marseille, sans y apporter aucune restriction, les dispositions légales précédentes. La circonstance que les navires constituent une propriété privée non ouverte au public ne saurait les soustraire, pour les pesages faits à leur bord, à une réglementation qui s'étend sans distinction à toutes les opérations effectuées dans l'enceinte du port. — Cass., 21 déc. 1901, Savon, [S. et P. 1905.1.343]

150 *ter*. — Une criée de poissons, établie dans un magasin privé, séparé de la voie publique par une clôture vitrée avec portes, et ouverte à l'ensemble du public acheteur, qui y est appelé à son de cloche, et qui y a un libre accès, de même que les préposés du poids public, a pu à bon droit être considérée comme ne constituant pas un marché soumis à la règle du poids public, institué par l'arrêté du 7 brum. an IX et par l'arrêté du 2e jour complémentaire de l'an XI. par le jugement qui constate qu'elle n'est pas librement ouverte aux vendeurs et que seuls ceux qui l'ont organisée y vendent, dans un local leur appartenant, des poissons qui leur sont envoyés par leurs correspondants. — Cass., 1er avr. 1911, Ville de Marseille et syndicat des peseurs publics de Marseille, [S. et P. 1914.1.52, Pand. *ibid*.]. — *Contrà*, Cass., 16 déc. 1893, [Pand. pér., 1895.1. 306; *Bull. crim.*, n. 359]

CHAPITRE IV

DÉLITS ET CONTRAVENTIONS.

156. — Les infractions en matière de poids et mesures sont prévues et punies : 1° par les art. 424, 479-6°, 480 et 481-1° du Code pénal ; 2° par les dispositions de la loi du 1er août 1905 sur la répression des fraudes dans la vente des marchandises et des falsifications des denrées alimentaires et des produits agricoles, qui a abrogé l'art. 423 du Code pénal et la loi du 27 mars 1851 ; 3° par la loi organique du 4 juill. 1837 (art. 4). Elles constituent tantôt des délits, tantôt de simples contraventions.

Vente à faux poids ou fausses mesures.

157. — Cette infraction constitue un délit, car elle présuppose essentiellement la mauvaise foi et la fraude. Elle est prévue par l'art. 2 de la loi du 1er août 1905 qui punit d'emprisonnement et d'amende celui qui aura trompé ou tenté de tromper le contractant sur la quantité des choses livrées à l'aide de poids, mesures et autres instruments faux ou inexacts. Antérieurement, cette infraction était réprimée par l'art. 423 du Code pénal et la loi du 27 mars 1851 qui ont été abrogés par celle du 1er août 1905.

Détention et usage de poids et mesures faux ou irréguliers.

§ 1. *Détention de faux poids et mesures.*

159. — Constitue une infraction la simple détention, sans motifs légitimes, de poids et mesures faux, ou autres instruments inexacts servant au pesage et au mesurage des marchandises. C'est ce qui résulte de l'art. 4 de la loi du 1er août 1905, qui punit d'une amende de 50 à 3.000 francs et d'un emprisonnement de six jours au moins et de trois mois au plus, ou de l'une de ces deux peines seulement, ceux qui, sans motifs légitimes, seront trouvés détenteurs, dans leurs magasins, boutiques, ateliers, maisons ou voitures servant à leur commerce, ainsi que dans les entrepôts, abattoirs et leurs dépendances, dans les halles, foires et marchés, de poids ou mesures faux ou autres appareils inexacts servant au pesage ou au mesurage des marchandises. L'art. 6 de ladite loi prévoit, en outre, que, les poids et autres instruments de pesage, mesurage ou dosage, faux ou inexacts, devront être confisqués et, de plus, seront brisés. — V. aussi l'art. 481-1° Code pén., qui prescrit la saisie et la confiscation des faux poids et fausses mesures.

161. — Sous l'empire de l'art. 479-5° du Code pénal, la détention de faux poids ou de fausses mesures ne constituait qu'une contravention. Cet article a été abrogé par la loi du 27 mars 1851, qui a élevé l'amende à 25 francs et a prononcé une peine d'emprisonnement. La loi du 27 mars 1851 a été à son tour abrogée par celle du 1er août 1905, qui a aggravé les pénalités prévues mais sans rien changer quant à la nature de l'infraction. Ainsi, le simple fait de détention est devenu un délit par cela seul que le possesseur ne peut arguer d'un motif légitime, car la loi présume ici la fraude et c'est au délinquant à faire la preuve contraire. Mais il ne s'agit ici que des poids et mesures faux et inexacts, c'est-à-dire disent, Chauveau, F. Hélie et Villey (t. 5, n. 2440 et 2441), de ceux seuls qui n'ont pas la pesanteur ou les dimensions légales et dont l'usage aurait pour effet de tromper les acheteurs ou vendeurs. — V. en ce sens, Cass., 11 déc. 1851, Dry, [S. 52.1.275, P. 52.1.606, D. 51.5.397]; — 23 janv. 1852, Barjolle, [S. 52.1.276, P. 58.1.606, D. 52.1.64]; — 29 mai 1852, Maury, [S. 53.1.64, P. 53.1.156, D. 52 5.422]. — V. Blanche, t. 6, p. 513, 526 et s.; Monnier, Chesney et Roux, t. 1, n. 69. — Ces arrêts, rendus sous l'empire de la loi du 27 mars 1851, gardent toute leur valeur sous celle du 1er août 1905 qui n'a fait que reproduire, en le précisant, le texte de la loi de 1851.

§ 2. *Détention et usage de poids et mesures irréguliers.*

176 *bis*. — L'art. 423 du Code pénal et la loi du 27 mars 1851 ont été abrogés par celle du 1er août 1905, comme on l'a vu plus haut. Mais, même sous l'empire de cette loi, la distinction établie aux n. 175 et 176 entre la détention et l'usage, d'une part, de poids et mesures faux et, d'autre part, de poids et mesures irréguliers reste entièrement valable.

190. — Cette jurisprudence n'est plus possible, depuis le décret du 26 avr. 1923, au moins pour les instruments servant à mesurer directement les grandeurs géométriques et les masses, qui ne peuvent être exposés, mis en vente et livrés au public qu'après avoir subi la vérification primitive.

208. — La loi du 27 mars 1851 a été abrogée par la loi du 1er août 1905 sur la répression des fraudes dans la vente des marchandises. — V. *infrà*, n. 209-210 *bis*.

SECTION III.

Compétence et pénalités.

§ 1. *Généralités.*

209 *bis*-210 *bis*. — L'art. 423 du Code pénal et la loi du 27 mars 1851 ont été abrogés par la loi du 1er août 1905 sur la répression des fraudes dans la vente des marchandises et des falsifications des denrées alimentaires et des produits agricoles (art. 14). Cette loi punit de l'emprisonnement pendant trois mois au moins, un an au plus, et d'une amende de 100 francs au moins, de 5.000 francs au plus, ou de l'une de ces deux peines seulement, quiconque aura trompé ou tenté de tromper le contractant sur la quantité des choses livrées (art. 1er). L'emprisonnement pourra être porté à deux ans si le délit ou la tentative de délit ont été commis soit à l'aide de poids, mesures et autres instruments faux ou inexacts, soit à l'aide de manœuvres ou de procédés tendant à fausser les opérations du pesage ou du mesurage ou à modifier frauduleusement le poids ou le volume des marchandises, même avant ces opérations (art. 2). Enfin, seront punis d'une amende de 50 francs à 3.000 francs et d'un emprisonnement de six jours au moins et de trois mois au plus, ou de l'une de ces deux peines seulement, ceux qui sans motifs légitimes seront trouvés détenteurs, dans leurs magasins, boutiques, ateliers, maisons ou voitures servant à leur commerce, ainsi que dans les entrepôts, abattoirs ou leurs dépendances et dans les gares ou dans les halles, foires et marchés, de poids ou mesures faux ou autres appareils inexacts servant au pesage ou au mesurage des marchandises.

228 *bis*. — La détention de mesures, non pas fausses, mais illégales et non conformes au système décimal, est un fait qui rentre dans le domaine de la loi du 4 juill. 1837, laquelle renvoie aux peines de simple police édictées par l'art. 479, § 6, du Code pénal. — Cass., 16 janv. 1920, Dugné, [S. et P. 1920.1.287, Pand. *ibid*.]. — *Sic*, S. 1re T. D., n. 24; 6e T. D., n. 33-34; P. 5e T. C., n. 33-34. — *Adde*, Chauveau, F. Hélie et Villey, t. 5, n. 2441; Monier, Chesney et Roux, *Traité des fraudes et falsifications*, t. 1, n. 255 et 256. — V. sur cette difficulté, Chauveau et F. Hélie, *Théor. du Code pénal*, 6e éd. par Villey, t. 5, n. 2440.

228 *ter*. — Doit donc être cassé l'arrêt qui a appliqué au prévenu une peine correctionnelle. — Même arrêt.

249 *bis*. — L'art. 479, n. 6, du Code pénal n'est applicable qu'à la détention de faux poids et de fausses mesures dans les magasins, boutiques, ateliers et maisons de commerce. — Cass., 9 janv. 1904, Chapelain, [S. et P. 1906.1.304]

249 *ter*. — Fait nécessairement partie de la maison de commerce une pièce où le public n'est pas admis, mais qui communique avec le magasin par un guichet, au travers duquel il est procédé aux commandes et aux échanges d'argent, de factures et de quittances entre la clientèle et le comptable de la maison. — Cass., 16 déc. 1911, [S. et P. 1914.1.502, Pand. *ibid*.]. — *Sic*, S. 6e T. D., n. 34; P. 5e T. C., n. 34.

§ 2. *Confiscation.*

258 *bis*. — La disposition de l'art. 481-1° du Code pénal, ordonnant la confiscation des faux poids et fausses mesures, est impérative et absolue, et constitue, indépendamment de son caractère pénal, une mesure d'ordre public destinée à retirer du commerce des instruments de pesage et de mesurage qui ont été réputés différents de ceux que la loi a établis, et, comme tels, reconnus ne pas en offrir les garanties. — Cass., 10 déc. 1904 (intérêt de la loi), aff. Chanay, [S. et P. 1907.1.151]. — V. en ce sens, Cass., 14 nov. 1850, [*Bull. crim*, n. 382]; — 8 janv. 1857, [*Bull. crim.*, n. 9]; — 12 juill. 1866, [*Bull. crim.*, n. 176]; — 15 juill. 1882, [*Bull. crim.*, n. 172]. — V. aussi S. 2e T. D., n. 9; P. 1re T. C., n. 28.

258 *ter*. — Doit donc être cassé le jugement qui, prononçant une condamnation pour détention d'un instrument de pesage et de poids non vérifiés, saisis dans les magasins du prévenu, omet d'en prononcer la confiscation. — Même arrêt.

§ 3. *Excuses.*

259 *bis*. — Comme on l'a vu plus haut, l'art. 423 du Code pénal et la loi du 27 mars 1851 ont été abrogés par la loi du 1er août 1905. Mais la distinction établie, au point de vue des excuses, entre l'art. 423 du Code pénal et l'art. 3 de la loi du 27 mars 1851 subsiste entre les art. 1er, § 4, et 2, § 2, de la loi du 1er août 1905 et l'art. 4, § 3, de ladite loi. L'art. 1er § 4 vise la tromperie sur la quantité des marchandises vendues et l'art. 4 § 3 aggrave la pénalité quand la tromperie a été commise à l'aide de poids, mesures et autres instruments faux ou inexacts; l'art. 4 § 3 réprime la détention *sans motifs légitimes* de poids ou mesures faux ou autres appareils inexacts; c'est la formule même dont se servait la loi de 1851; par suite, dans le premier cas, on se trouve en présence d'une disposition générale et absolue, aucune excuse ne saurait être admise, sauf celle de la force majeure; dans le second cas, des excuses sont possibles, mais basées seulement sur un motif légitime.

284 *bis*. — La disposition de l'art. 4 de la loi du 4 juill. 1837, portant que ceux qui auront dans leurs magasins, boutiques, ateliers ou maisons de commerce des poids ou mesures autres que ceux reconnus, seront punis des peines de l'art. 479, n. 6, du Code pénal, est générale est absolue. — Cass., 2 juin 1905, Germain Merle, [S. et P. 1908.1.151]; Raynal, [S. et P. *ibid*.]; Galibert, [S. et P. *ib d*.]; Labrousse, [S. et P. *ibid*.]. — *Adde*, Cass., 17 oct. 1895, [*Bull. crim.*, n. 250]; — 16 déc. 1911 (intérêt de la loi), aff. Chayrigues, [S. et P. 1914.1.502, Pand. *ibid*.]. — *Sic*, S. 6e T. D., n. 34; P. 5e T. C., n. 34. — Cass., 19 févr. 1910, (intérêt de la loi), aff. Barbier, [S. et P. 1912.1.488, Pand. *ibid*.]. — V. en ce sens, S. T. G., n. 74. — *Adde*, Blanche, *Et. prat. sur le Code pénal*, 2e éd., t. 7, n. 444; notre *Rép. gén. du dr. fr.*, v° *Poids et mesures*, n. 208; Pand. *Rép. eod. verb.*, n. 297, 302.

284 *ter*. — Violent donc cette disposition légale : le jugement de simple police qui relaxe un commerçant prévenu de détention de mesures autres que celles établies par les lois constitutives du système métrique (en l'espèce, des mesures d'un sixième de litre), par le motif que ces mesures étaient destinées à des personnes non commerçantes et comme telles non astreintes à des vérifications périodiques, et qui devaient s'en servir pour mesurer le lait de leurs bestiaux (Mêmes arrêts. — *Sic*, S. 1re T. D., n° 28; 2e T. D., n° 2; P. 1re T. C., n° 9, 37. — *Contrà*, S. 1re T. D., n° 20); ...le jugement de simple police qui justifie la relaxe par le motif que les poids et mesures détenus ne pouvaient servir pour l'exercice de sa profession à celui qui les détenaient dans ses magasins ou ateliers (Cass., arrêt du 16 déc. 1911, précité, [S. et P. 1914.1.502]), ...ou par ce motif que sur lesdites mesures figuraient également les dimensions constitutives du système métrique (Cass., arrêt du 19 févr. 1910, précité, [S. et P. 1912.1.488]). Spécialement, cette disposition doit être appliquée à la détention par un bourrelier d'un fragment de mètre portant d'un côté les divisions métriques et de l'autre les divisions en pouces, bien que le prévenu ne s'en soit servi que comme élément de comparaison des anciennes mesures avec le mètre. — Même arrêt.

284 *quater*. — La détention ou l'emploi de tous poids et mesures, même établis d'après le système décimal, constitue une contravention punissable si les poids et mesures ne sont pas poinçonnés. La même règle est applicable à la détention ou l'emploi d'instruments de pesage non poinçonnés (en l'espèce, des dynamomètres agricoles), sans qu'il y ait lieu de distinguer entre ceux qui détiennent ces objets pour l'usage de leur profession et ceux qui en font le commerce, même lorsque lesdits objets portent l'inscription « défendu pour le commerce ». — Cass., 1er juin 1899, Testut et Berlin (motifs), [S. et P. 1901.1. 109]. — V. S. 1re T. D., n° 24.

284 *quinquiès*. — Mais l'uniformité des poids et mesures ne s'étendant légalement qu'au territoire français et la détention des poids et mesures non vérifiés n'étant déclarée punissable qu'à raison de l'éventualité de leur emploi sur ce territoire, l'infraction disparaît quand il est justifié que les poids et mesures sont exclusivement destinés à l'étranger. Doit dès lors être annulé le jugement qui s'est refusé à vérifier si les poids et mesures fabriqués et détenus n'étaient pas destinés au commerce d'exportation. — Même arrêt.

284 *sexiès*. — La bonne foi du contrevenant ne saurait être invoquée comme excuse. — Cass., 19 févr. 1910, précité, [S. et P. 1912.1.488]

POLICE.

LÉGISLATION.

Décr. 29 oct. 1930 (*modifiant le décret du 10 oct. 1859 relatif aux attributions du préfet de la Seine et du préfet de police*); — Décr. 25 juin 1934 (*portant unification des services de la police municipale de Paris et de la police des communes suburbaines de la Seine*).

BIBLIOGRAPHIE.

Raiga et Félix, *Le régime administratif et financier du département de la Seine et de la ville de Paris*, 2 vol., 1928. — Delplace, *Nouveau guide de police*, 1 vol., 3° éd., 1929.

CHAPITRE I

POLICE DE PARIS.

13. — Les services extérieurs, en ce qui concerne spécialement la police, comprennent la direction de la police municipale, la direction de la police judiciaire, la direction des renseignements généraux et des jeux, les commissariats de police, la direction du service de la répression des fraudes, le service des halles, marchés et abattoirs, la direction des services vétérinaires, l'institut médico-légal, le service de santé et d'hygiène, etc.

15. — 1° Le nombre des commissariats pour Paris est fixé à 68 (12 quartiers étant groupés par deux). Il existe en outre 26 commissariats de police pour la banlieue de Paris, divisée en 26 circonscriptions ; 20 compagnies de gardiens de la paix de Paris à raison d'une compagnie pour chacun des 20 arrondissements; 26 compagnies de gardiens de la paix pour la banlieue, 1 compagnie par circonscription sous les ordres du commissaire de police; 5 compagnies spéciales de circulation; 1 brigade pour le service des halles centrales; 1 compagnie fluviale; 1 compagnie école; 1 section automobile; 1 section nord-africaine (Arr. 31 mars 1925). Les compagnies sont commandées par les commissaires divisionnaires, les commissaires d'arrondissement, les commissaires de police spéciaux, les commissaires de police pour la banlieue. Les officiers de paix ont été supprimés en 1914 et remplacés par des commissaires de police officiers de paix. Par un arrêté du 12 mars 1921, le commissaire d'arrondissement a été substitué au commissaire de police officier de paix et placé dans la hiérarchie entre le commissaire de police de quartier et le commissaire divisionnaire.

19. — La police municipale comprenait au 31 déc. 1934 : 1 directeur général de la police municipale et des services de protection et de sécurité de la région parisienne, 1 directeur des services de la police municipale; 2 directeurs-adjoints, 1 sous-directeur administratif, 10 commissaires divisionnaires, 2 secrétaires, 3 sous-chefs de bureau, 20 commissaires de police d'arrondissement, 5 commissaires de police de services spéciaux, 82 inspecteurs principaux, 170 brigadiers-chefs, 1.372 brigadiers, 10.778 gardiens de la paix, soit au total 11.947 personnes. Les effectifs affectés à la banlieue se composent de 52 brigadiers-chefs, 208 brigadiers, 2.201 gardiens. Enfin, il y a lieu d'ajouter à ce personnel les gardes du bois de Boulogne et de Vincennes, qui sont au nombre de 103. Le service médical comprend : 1 médecin en chef, 1 médecin en chef adjoint, 11 médecins divisionnaires, 11 médecins auxiliaires, 5 médecins suppléants. La police municipale est dotée d'importants moyens de transports, dont le nombre tend d'ailleurs à augmenter, pour lui permettre de faire face aux nécessités toujours plus grandes d'un service sans cesse en voie d'accroissement. Le nombre des voitures, qui s'élève à 200, se décompose comme suit : 51 voitures de tourisme; 65 voiturettes et motocyclettes; 60 autocars, omnibus, camions et plateaux; 9 voitures cellulaires comportant chacune de 10 à 14 cellules; 1 camion-grue; 3 voitures pour l'enlèvement des chevaux et animaux blessés; 5 voitures spéciales pour l'enlèvement des chiens;

2 voitures spéciales pour le service des fraudes (comprenant un plateau, une bascule et des poids) et pour l'enlèvement des explosifs; 4 voitures munies des accessoires de T. S. F. Le personnel nécessaire à la conduite de ces véhicules se compose de : 1 brigadier-chef, 6 brigadiers, 210 conducteurs et mécaniciens, sous la direction d'un commissaire divisionnaire et un inspecteur principal (janvier 1929).

20. — Le directeur général de la police municipale est assisté de deux directeurs-adjoints et d'un sous-directeur, chef des bureaux administratifs, plus spécialement chargé de la partie administrative du service, notamment de la comptabilité, du personnel, du matériel et des archives.

21. — Les commissaires divisionnaires, actuellement au nombre de dix, sont choisis parmi les commissaires d'arrondissement. Les 20 arrondissements de Paris et les 26 circonscriptions de banlieue forment 8 districts de police (Arr. 24 avr. 1924), chacun sous les ordres d'un commissaire divisionnaire. Un commissaire divisionnaire est chargé du service technique de la circulation et un autre est placé à la tête du service automobile.

22. — *Commissaires d'arrondissement.* — Choisis parmi les commissaires de police, ils ont le commandement, la répartition et la responsabilité des forces de police de tout leur arrondissement, sous le contrôle du commissaire divisionnaire qui a la responsabilité du district.

24. — Les commissaires d'arrondissement, bien qu'officiers de police judiciaire, ne s'occupent pas de cette partie du service qui est confiée aux commissaires de police de quartier.

25. — Ils sont secondés par deux ou trois inspecteurs principaux, des brigadiers-chefs et des brigadiers, qui s'occupent de la compagnie des gardiens de la paix. Des brigadiers-secrétaires et des secrétaires s'occupent de la partie administrative. Ces derniers, recrutés par concours, appartiennent à la section B.

26. — Chaque commissaire d'arrondissement a sous ses ordres tous les gardiens de l'arrondissement, répartis en brigades et dont le service est organisé comme il est indiqué ci-dessous (V. n. 38). La compagnie d'arrondissement se divise en plusieurs brigades : A, B, C, qui sont en lettres d'arrondissement ; D, qui se divise en trois sections : D.MI.A².D³; lettre mobile, et lettre N (de nuit), D³. Un certain nombre de gardiens de la paix choisis, au nombre de vingt environ, forment également une section « en bourgeois », ainsi que les gardiens en bourgeois détachés permanents.

30. — Les commissaires d'arrondissement touchent un traitement annuel de 60.000 à 72.000 francs. Ils perçoivent en outre diverses indemnités.

34. — Les gardiens de la paix et les employés ou agents de la police municipale sont nommés à leur emploi, classe et grade, par arrêtés du préfet de police (Règl. 30 avr. 1887, art. 42 ; Arr. 11 mai 1923). Les conditions pour être admis dans les services de la police municipale sont les suivantes. Il faut : 1° être âgé de plus de vingt et un ans et de moins de trente ans révolus, la limite d'âge pouvant être portée à trente-cinq ans pour les candidats ayant fait la guerre de 1914-1918; 2° avoir satisfait à la loi sur le recrutement, sans exemption, réforme, ni classement dans les services auxiliaires, être de bonne constitution, avoir passé avec succès les épreuves d'un concours ou d'un examen et avoir été reconnu apte à faire un bon service; 3° n'avoir subi aucune condamnation, même la plus légère amende; 4° avoir obtenu un certificat de bonne conduite au corps. Peuvent être éliminés les candidats qui ont subi plus de quinze jours de punition, ou de prison ou de cellule, pendant les deux dernières années passées sous les drapeaux, ou qui ont encouru une cassation de grade. Un droit de préférence est acquis aux anciens sous-officiers et aux candidats décorés de la Médaille militaire ou de la Croix de guerre, pour l'admission dans le corps des gardiens de la paix.

Stage : Arr. 17 oct. 1927, 18 mars 1929. — Les gardiens de la paix de la ville de Paris et les gardiens de la paix des communes suburbaines sont titularisés après avoir accompli un stage d'un an au moins et si leur manière de servir a été jugée satisfaisante.

36. — Les gardiens de la paix et gradés ne peuvent être promus à un grade supérieur s'ils ne sont inscrits sur la liste d'aptitude à ce grade. Les listes d'aptitude pour le grade de brigadier comprennent, pour les quatre cinquièmes, des gardiens ayant passé avec succès le concours institué par l'arrêté du 12 nov. 1928 et pour l'autre cinquième des gardiens désignés au choix par le préfet. Il est procédé de la même façon pour l'établissement des listes d'aptitude au grade de brigadier-chef; au contraire, pour le grade d'inspecteur principal les promotions ont lieu uniquement au choix (Arr. du préf. de pol., 12 nov. 1928). Les traitements sont les suivants (Délib. du conseil municipal en date du 12 nov. 1928); gardien de 9e classe : 11.000 francs; de 8e classe, 12.300 francs; de 7e classe, 13.600 francs; de 6e classe, 14.900 francs; de 5e classe, 16.200 francs; de 4e classe, 17.500 francs; de 3e classe, 18.800 francs; de 2e classe, 20.100 francs; de 1re classe, 21.500 francs; brigadier, 24.600 francs; brigadier-chef, 27.500 francs; inspecteur principal, 30.500 francs. Comme tout le personnel des administrations publiques de la ville de Paris, les fonctionnaires de la police municipale reçoivent une indemnité de 2.240 francs et des allocations pour charges de famille fixées à 604 fr. 80 par an pour le premier enfant, 806 fr. 40 pour le deuxième, 1.209 fr. 60 pour le troisième et 1.411 francs à partir du quatrième. Ils reçoivent, en outre, le cas échéant, les indemnités suivantes : indemnité d'habillement (540 fr.), indemnité cycliste (360 fr.), indemnité de police (500 fr.), services indemnisés (V. Arrêté mars 1929, 6 1/2 0/0 du traitement). Le montant de ces diverses indemnités est fixé par des arrêtés pris après délibération du conseil municipal et l'approbation de l'Etat qui supporte une partie de la dépense. Enfin, des primes réglementaires (dites de capture, de sauvetage ou de repêchage, etc.) sont allouées à titre personnel, et indépendamment de toutes gratifications ou récompenses administratives, pour certaines opérations limitativement déterminées. Il existe, de plus, des dons, legs et fondations dont peuvent profiter les agents de la police municipale.

37. — *Service des brigades d'arrondissement.* — Le service de police dans chaque arrondissement est partagé entre les brigades, suivant un roulement établi de telle sorte que chacune d'elle fasse les mêmes tournées à son tour et que les agents fournissent chacun huit heures de service par jour, la moyenne étant calculée sur soixante-douze heures. Les brigades se succèdent de manière que la brigade entière soit de service en même temps dans l'arrondissement, tous les gardiens assurant à tour de rôle et suivant un contrôle les différents points de surveillance de l'arrondissement; il y a quatre brigades, désignées par les lettres A, B, C, D, cette dernière constituant une brigade mobile. Les brigadiers-chefs, brigadiers et gardiens de la paix portent d'une manière ostensible sur le collet de la tunique et de la capote, ainsi que sur le devant du képi, le numéro de l'arrondissement auxquels ils appartiennent. Ils portent également un numéro d'ordre qui leur est attribué au moment de leur nomination dans la police municipale; les numéros d'ordre constituent une série unique.

38. — *Service des gardiens de la paix.* — Le service des brigades est réglé de la manière suivante :

HEURES DE SERVICE	1er JOUR	2e JOUR	3e JOUR
de minuit à 6 heures	A	B	C
de 6 heures à midi	B	C	A
de midi à 18 heures	C	A	B
de 18 heures à minuit	A	B	C

La brigade D est divisée en deux sections, dont l'une dite D N. (matin) assure le service de 8 h. 30 à 12 h. 15 et de 19 h. 15 à minuit, et l'autre dite D A. (après-midi), de 13 h. 15 à 19 h. 15. Elle assure également, soit seule, soit renforcée par des effectifs disponibles des autres brigades, les services spéciaux et inopinés. Chaque lettre est subdivisée en trois : D^1 et D^2 comprennent les agents assurant un service de voie publique en uniforme; D^3 comprend les gardiens du service en bourgeois et les autres gardiens en bourgeois détachés permanents. De plus, depuis le 1er avr. 1928, et à titre d'essai, il existe une brigade de nuit, dite lettre N, assurant le service de minuit à 6 heures et destinée à renforcer la surveillance là où le besoin s'en fait plus particulièrement sentir. Les services normaux d'arrondissement sont les suivants : planton, îlot, va-et-vient, vigie; de jour (c'est-à-dire de 6 heures du matin à 6 heures du soir) ces services sont généralement assurés par un gardien; de nuit, de 18 heures à 6 heures, toujours par deux gardiens. Les gradés sont toujours accompagnés d'un gardien. Dans chaque poste il doit toujours être conservé des hommes de réserve.

45. — Un service médical de nuit fonctionne à la préfecture de police (Arr. 30 oct. 1920). Les 30 médecins titulaires assurant le service forment six équipes de cinq médecins chacune qui sont de permanence de 10 heures du soir à 7 heures du matin, du 1er octobre au 31 mars; de 10 heures du soir à 6 heures du matin, du 1er avril au 30 septembre. La police municipale, qui reçoit les avis d'appel, met une automobile à la disposition du médecin dont le tour de sortie est arrivé. Une boîte pharmaceutique de secours permet au médecin de donner des soins urgents. — Le service des accouchements est assuré par les sages-femmes inscrites au service médical de nuit.

56. — Ce service a été supprimé au mois d'août 1914.

60. — *Service des brigadiers.* — Le grade de sous-brigadier n'existant plus, les fonctions confiées autrefois aux sous-brigadiers sont actuellement exercées par les brigadiers.

61. — *Service des brigadiers chefs.* — Les brigadiers chefs remplissent les fonctions autrefois exercées par les brigadiers.

62. — La compagnie de circulation a remplacé les anciennes compagnies de réserve. Elle assure les mêmes services.

63. — *La compagnie de circulation* est chargée spécialement de la police du roulage; elle assure le service sur les points où la circulation est la plus intense et participe à tous les services de voie publique où sa présence est jugée nécessaire (hippodrome, par exemple). Elle est divisée en sections, qui ont à leur tête quatre commissaires de police spéciaux dépendant du commissaire divisionnaire chargé plus spécialement, sous l'autorité du Directeur de la police municipale, de l'application du règlement sur la circulation à Paris. Elle comprend aussi une section des voitures et une section montée. Ses effectifs sont les suivants : 1 commissaire spécial, 8 inspecteurs principaux, 12 brigadiers chefs, 105 brigadiers, 1.100 gardiens de la paix.

64. — La compagnie des Halles, placée sous la direction du commissaire spécial des Halles, se compose de : 1 inspecteur principal, 1 brigadier chef, 10 brigadiers, 72 gardiens de la paix. Elle veille au maintien de l'ordre et à l'application des nombreux règlements concernant l'approvisionnement de la capitale, les arrivages des denrées, les ventes, les stationnements de voitures de transport, etc. La surveillance ne s'exerce que dans un espace limité, désigné sous le nom de périmètre des Halles.

65. — X. *Agents cyclistes.* — En 1899 ont été créés les agents cyclistes. Leur nombre est, au total, de 850; ils sont répartis proportionnellement à l'étendue et à la population de chaque arrondissement. L'effectif varie pour chacun entre 24 et 48, plus 3 brigadiers. Ils s'occupent de la police du roulage, veillent à l'application des règlements concernant les automobiles, se portent sur les lieux des sinistres et exercent une surveillance constante, de jour et de nuit, dans toute l'étendue de l'arrondissement. Depuis le mois de janvier 1907, ils sont renforcés la nuit par des gardes républicains cyclistes au nombre de 200, qui coopèrent avec eux à la surveillance de la capitale. Il leur est alloué à tous une indemnité cycliste de 500 francs, destinée à couvrir les frais d'entretien et de réparation et pourvoir au remplacement de la machine après usure. Depuis quelque temps la préfecture de police fournit elle-même des bicyclettes à ses agents.

66. — XI. *Service de la permanence.* — Il comprend : 1 brigadier chef; 1 brigadier; 39 gardiens de la paix.

67. — *Compagnie fluviale.* — La compagnie fluviale a été créée à l'occasion de l'Exposition universelle de 1900 pour seconder le service de l'inspection générale de la navigation et des ports. Elle est chargée d'assurer le bon ordre, le sauvetage des personnes et la police en général sur la Seine et les canaux, ainsi que dans les ports du ressort de la préfecture de police. Elle est composée de 3 brigadiers et de 24 gardiens de la paix, recrutés parmi ceux qui possèdent des aptitudes professionnelles et sachant tous très bien nager (on les appelle communément les « agents plongeurs »). L'inspection générale dispose, dans un dock flottant, installé sur la Seine, d'un matériel spécial de sauvetage et de secours, composé de deux canots automobiles, d'un appareil complet de scaphandrier, de phares, de grappins, etc. Un service permanent fonctionne au dock flottant.

69. — La police municipale possède en outre un atelier d'armurerie. Une section spéciale, comprenant 1 chef armurier et 5 armuriers, est chargée de l'entretien et de la réparation des armes et de la surveillance des séances de tir qui font partie de l'enseignement donné à l'Ecole pratique. Enfin, il a été organisé un groupe d'harmonie, portant le nom de musique des gardiens de la paix, qui groupe un total de 108 unités. Les musiciens participent au service général et forment une compagnie spéciale placée, pour tout ce qui concerne le service, sous les ordres du commissaire divisionnaire chargé de l'Ecole pratique.

Ecole pratique (Compagnie école depuis mars 1934). — Les jeunes gardiens de la paix, dès leur nomination, sont affectés à la Compagnie école. Ils y font un stage de trois mois au minimum, et sont ensuite répartis dans les arrondissements. Ses cadres se composent d'un inspecteur principal, chargé de la direction des cours d'enseignement professionnel et d'exercices de culture physique, de brigadiers chefs et de brigadiers moniteurs.

Depuis 1931, il a été organisé sur la voie publique un système d'avertisseurs de police sur le modèle des avertisseurs d'incendie.

POLICE D'ÉTAT EN PROVINCE.

CHAPITRE II

POLICE D'ÉTAT EN PROVINCE.

La police d'Etat a été étendue, en dehors de Paris et Lyon, à Marseille (L. 8 avr. 1908), par la loi du 14 nov. 1918 aux communes de Toulon et La Seyne, et par la loi du 26 juin 1920 à la ville de Nice.

Aux termes de la loi du 14 nov. 1918 (art. 1er), par extension de l'art. 104, et sous réserve de l'application de l'art. 105 de la loi du 5 avr. 1884, le préfet du Var exerce, dans les communes de Toulon et de La Seyne, les mêmes attributions que celles qu'exerce le préfet de police dans les communes suburbaines de la Seine en vertu de l'arrêté du 3 brum. an IX et de la loi du 10 juin 1853 (art. 2). Les frais de la police de la commune de Toulon sont inscrits en totalité au budget de l'Etat. Sur le montant de la dépense globale, la commune de Toulon doit rembourser à l'Etat : en premier lieu, une somme égale au montant des dépenses ordinaires de police effectuées par elle au cours de l'exercice 1913; en second lieu, la moitié du surplus (art. 3). Les frais de la police de la commune de La Seyne sont inscrits en totalité au budget de l'Etat. Sur le montant de la dépense globale, la commune de La Seyne doit rembourser à l'Etat : en premier lieu, une somme égale au montant des dépenses ordinaires de police effectuées par elle au cours de l'exercice 1913, et, en second lieu, la moitié du surplus.

Loi du 26 juin 1920, relative à la ville de Nice (art. 1er); par extension de l'art. 104, et sous réserve de l'application de de l'art. 105 de la loi du 5 avr. 1884, le préfet des Alpes-Maritimes exerce, dans la commune de Nice, les mêmes attributions que celles qu'exerce le préfet de police dans les communes suburbaines de La Seyne en vertu de l'arrêté du 3 brum. an IX et de la loi du 10 juin 1853 (art. 2). Les frais de police de la commune de Nice sont inscrits en totalité au budget de l'Etat. Sur le montant de la dépense globale, la commune de Nice doit rembourser à l'Etat : en premier lieu, une somme égale au montant des dépenses ordinaires de police effectuées par elle au cours de l'exercice 1918; en second lieu, la moitié du surplus (art. 3). Par dérogation à la loi du 9 juin 1853, tous les agents en fonctions à Nice lors de la promulgation de la présente loi restent placés sous le régime de retraite auquel ils sont actuellement soumis. Il est dérogé également à la loi du 9 juin 1853 en ce qui concerne les employés chargés de l'administration de la police à la préfecture des Alpes-Mari-

times, qui restent soumis au même régime de retraites que les autres employés de la préfecture (art. 4). Les cadres du personnel et les dépenses de service sont fixés annuellement par décret rendu sur le rapport du ministre de l'Intérieur et du ministre des Finances.

POLICE JUDICIAIRE.

LÉGISLATION.

Décr. 30 déc. 1907 (*organisation des brigades régionales de police mobile*); — Décr. 31 août 1911 (*police mobile; organisation*); — Décr. 29 déc. 1919 et 8 oct. 1920 (*organisation de la police mobile*); — L. 5 juill. 1929 (*modifiant les art. 9, § 3, et 50 Code instr. crim. et donnant la qualité d'officier de police judiciaire à certains inspecteurs de police mobile*); — Décr. 21 mai 1931 (*réglementant l'exercice de la police judiciaire en Afrique occidentale française*); — Décr. 20 juill. 1931 (*conférant la qualité d'officier de police judiciaire aux inspecteurs de la sûreté générale et de la sûreté départementale en Algérie*).

BIBLIOGRAPHIE.

Arcxy (G.), *Traité de police à l'usage des commissaires de police, des maires, du personnel de la gendarmerie et des candidats au commissariat*, 2 vol., in-8°, 1925, Dalloz. — Brayer (F.), *Dictionnaire général de police administrative et judiciaire*, 3e éd., 4 vol. in-8°, 1910, et un *Supplément*, 1910-1911, Larose et Tenin. — Caullet (L.), *Des fonctions de procureur de la République et de ses auxiliaires au point de vue de la police judiciaire*, thèse Paris, in-8°, 1909. — Clément (M.), *Manuel Clément; Dictionnaire de police judiciaire, administrative, municipale et rurale*, in-8°, 1902, Alençon, Herpin. — Coeuille (E.), *Dictionnaire de police administrative et judiciaire*, in-8°, 1904, Dupont; *Instructions aux officiers de police judiciaire*, in-12, 1905. — Jolinon (L.), *Vade-mecum des officiers de police judiciaire, des commissaires de police, etc.*, in-16, 1910, Charles Lavauzelle. — Jouanneau (A.), *Le juge de paix et la police judiciaire. Nouveau manuel formulaire*, in-8°, 1910-1911, Annales des justices de paix. — Lebrun (H.), *Manuel de police judiciaire*, in-12, 1907, Rousseau. — Marey (C.), *Code de police judiciaire du juge de paix agissant comme auxiliaire du procureur de la République et délégué du juge d'instruction*, in-12, 1907, Pédone. — Olive (E.), *Memento des aspirants aux fonctions de commissaire de police et vade-mecum des commissaires, des inspecteurs de police et des divers officiers de police judiciaire*, 2e éd., in-8°, 1923, chez l'auteur, 4, boulevard de l'Hôpital. — Pascal (F.), *Le rôle judiciaire du commissaire de police et des officiers auxiliaires*, thèse Lyon, 1922, 2e éd., in-8°, 1923, Dalloz. — Poirier (A.), *Memento de police à l'usage des officiers de police judiciaire*, in-18, 1910. — Giard et Brière, *Guide-formulaire à l'usage de : 1° différents officiers de police judiciaire (juges de paix, officiers de gendarmerie, maires, commissaires de police), des secrétaires de police et gardes de police et de gendarmerie; 2° des candidats au concours pour les fonctions de commissaire de police*, in-16, 1925, Colmar, Société alsacienne d'édition « Alsatia ». — Verstraëte, *Des fonctions de police judiciaire de la gendarmerie nationale*, thèse Paris, in-8°, 1910.

INDEX ALPHABÉTIQUE.

Officiers de gendarmerie, 4.
Officiers de police judiciaire (attributions des), 57 et s.
Pêche fluviale, 20.
Pharmacie, 48 *bis*.
Postes et télégraphes, 20.

Préfet, 5, 10.
Prise à partie, 93.
Privilège de juridiction, 73 et s.
Serment, 67.
Télégraphes, 20.

DIVISION.

(Voir au *Répertoire*.)

Section II.

Fonctionnaires appelés à exercer la police judiciaire en vertu du Code d'instruction criminelle.

4. — 1. — Par l'expression commissaires de police, il faut entendre tous les commissaires de police, quel que soit leur affectation, et notamment les commissaires de police mobile, créés par le décret du 30 déc. 1907 (Circ. du garde des Sceaux, 4 avr. 1908).

2. — Il y a lieu d'ajouter à la liste de l'art. 9 du Code d'instruction criminelle, depuis la loi du 5 juill. 1929 : ...les inspecteurs de la police mobile et spéciale ayant cinq ans d'exercice et nominativement désignés par arrêté des ministres de l'Intérieur et de la Justice (Décr. 14 mai 1930).

3. — ...et pour l'Algérie, les inspecteurs de la sûreté générale et de la sûreté départementale en Algérie (Décr. 20 juill. 1931).

4. — Les inspecteurs ainsi désignés sont officiers de police judiciaire auxiliaires du procureur de la République (art. 50 Code d'instr. crim., modifié par L. 5 juill. 1929).

5. — En ce qui concerne l'attribution des fonctions d'officier de police judiciaire aux officiers de gendarmerie, V. le décret du 20 mai 1903, art. 110.

5. — 1. — La Cour de cassation a énormément étendu les dispositions de l'art. 10 en reconnaissant aux préfets les pouvoirs des procureurs de la République et des juges d'instruction. — Cass., 21 nov. 1853, [S. 53.1.774, D. 53.1.279]; — 16 août 1862, [S. 63.1.221, D. 65.5.230]; — 19 janv. 1866, [S. 66.1.87, D. 67.1.505]; — 12 mai 1887, [*Bull. crim.*, 1887, 280]

2. — Toutefois, dès que l'autorité judiciaire est saisie de l'affaire, le préfet ne peut continuer ses opérations (Circ. Chanc., 26 mars 1854).

10. — L'art. 10 du Code d'instruction criminelle subsiste toujours, mais le ministre de l'Intérieur a prescrit à ses préfets de n'en user qu'avec la plus expresse réserve. La circulaire du 4 août 1906 s'exprime sur ce point dans les termes suivants : « Résolu à empêcher les abus que ne peut manquer d'entraîner l'application de cet article, j'estime que la plus grande réserve s'impose dans l'exercice des pouvoirs qu'il vous confère. Vous voudrez bien, en conséquence, ne jamais user de ces pouvoirs sans m'en référer au préalable, soit par un rapport circonstancié, soit, en cas d'extrême urgence, par une communication détaillée, ou télégraphique ou téléphonique. Il m'appartient, en effet, de connaître toutes les circonstances que pourraient provoquer vos propositions et d'arrêter, sous ma responsabilité, la décision qu'elles me paraîtront comporter. Si, d'ailleurs, vous étiez amené à faire usage, avec mon autorisation, des pouvoirs que vous confère l'art. 10, avant que le Parlement se fût prononcé à ce sujet, vous auriez à en aviser le procureur de la République du ressort intéressé, sans aucun délai, au moment même où se produirait votre action, pour permettre à ce magistrat de désigner le juge d'instruction dont l'intervention vous dessaisirait ».

10 *bis*. — L'art. 10 du Code d'instruction criminelle a été abrogé par la loi du 7 févr. 1933.

Section III.

Fonctionnaires appelés à concourir à la police judiciaire et qui ne sont pas compris dans l'énumération du Code d'instruction criminelle.

13. — II. *Haute Cour de justice*. — V. Supplément, v° *Haute Cour de justice*, n. 52.

14. — III. *Justice militaire*. — La justice militaire est exercée, depuis la mise en vigueur du code du 9 mars 1928, par :
1° les officiers, sous-officiers, commandants de brigade de gendarmerie ;
2° par les chefs de poste ;
3° par les officiers d'administration assermentés des divers services de l'armée;
4° par les commissaires du gouvernement et les juges d'instruction militaires, en cas de flagrant délit (art. 25 L. 9 mars 1928). — V. *suprà*, au *Supplément* au *Répertoire*, v° *Justice militaire*, n. 77.

15. — IV. *Justice maritime*. — V. au *Supplément* au *Répertoire*, v° *Justice maritime*, n. 195.

17. — V. au *Supplément* au *Répertoire*, v° *Agent de police*, n. 11.

20. — 1. — Il faut ajouter aux lois permettant aux gendarmes de constater certaines infractions par procès-verbal, celles en matières de : mauvais traitement aux animaux domestiques (Décr. 20 mai 1903, art. 201), contraventions aux lois sur les automobiles, voitures, cycles (Décr. 20 mai 1903, art. 196), entraves à la circulation des chemins de fer, etc... (Décr. 20 mai 1903, art. 195), défaut d'échenillage (Décr. 20 mai 1903, art. 209), contravention à la police des fleuves ou rivières navigables (L. 29 flor. an X, art. 2; Décr. 16 déc. 1811, art. 112; 20 mai 1903, art. 194), dégradation aux lignes télégraphiques ou téléphoniques (Décr. 20 mai 1903, art. 193, 195), délits de pêche (Décr. 20 mai 1903, art. 194 et 210), fabrication, vente et colportage de poudres à feu (L. 25 juin 1841, art. 25).

2. — Par exception, certains sous-officiers de gendarmerie et gendarmes sont officiers de police judiciaire. Tels sont :
1° Les chefs de brigade, en Algérie (Décr. 22 juill. 1900 ; 20 mai 1903, art. 110);
2° Les chefs de brigade, en Tunisie (Décr. 15 févr. 1898; 20 mai 1903, art. 110);
3° Les brigadiers et gendarmes chefs de poste ou commandants de brigade, à la Réunion (Décr. 17 nov. 1907, modifiant l'art. 9 de l'ordonnance du 19 déc. 1827), à Madagascar (Décr. 27 mars 1902);
4° Les sous-officiers de gendarmerie, à la Guyane, la Martinique et la Nouvelle-Calédonie (Décr. 20 mars 1903, art. 110).

23. — 1. — Les commissaires de surveillance administrative portent le titre de « commissaires du contrôle de l'Etat sur les chemins de fer » depuis le décret du 25 févr. 1913 et d' « inspecteurs du contrôle de l'Etat sur les chemins de fer » depuis celui du 12 mai 1921.

2. — La Cour de cassation a jugé que les gardes-barrières assermentés des chemins de fer n'étaient pas officiers de police judiciaire. — Cass., 11 août 1905, [*Bull. crim.*, 1905.405]

24. — Les employés des contributions indirectes peuvent encore instrumenter en cas d'infractions à la législation sur la saccharine (Décr. 16 mai 1903, art. 9); sur les fraudes (L. 1er août 1905; Décr. 31 juill. 1906 et 22 janv. 1919); sur l'opium (Décr. 1er oct. 1908, art. 9); sur les distributeurs de jetons, marchandises et tickets (L. 8 avr. 1910, art. 39).

25 — Les agents des douanes peuvent procéder à des prélèvements en exécution de la loi sur la répression des fraudes (L. 1er août 1905 et décrets susvisés). Ils constatent en outre : les infractions relatives à la conservation du rivage de la mer et à la police des extractions d'amendements et de sables coquilliers (L. 16 août 1913); les délits et contraventions en matière de navigation aérienne (L. 31 mai 1924, art. 77 et 78).

29 *bis*. — *Fraudes*. — Les décrets des 31 juill. 1906 et 22 janv. 1919 ont énuméré les fonctionnaires et agents qui ont qualité pour faire des prélèvements en application de la loi du 1er août 1905 sur la répression des fraudes. — V. *suprà*, *Fraudes*.

32. — La loi du 18 avr. 1900, art. 4, a complété celle du 21 juin 1856 en ce qui concerne les appareils et bateaux à vapeur.

33. — Les inspecteurs du travail constatent, en outre, les infractions : à la loi du 9 avr. 1898 sur les accidents du travail; à celle du 29 déc. 1900 sur le travail dans les magasins et boutiques, et à celle du 12 juill. 1906 sur le repos hebdomadaire.

34. — V. au *Supplément au Répertoire*, v^{is} *Contributions indirectes*, n. 75; *Matières d'or, d'argent et de platine*, n. 232 et 238.

38. — V. au *Supplément au Répertoire*, v° *Gens de mer*, n. 42 et s.

39. — V. au *Supplément au Répertoire*, v° *Machines à vapeur*, n. 27 et s.

41. — V. au *Supplément au Répertoire*, v° *Justice maritime*, n. 1706 et s.

46. — V. au *Supplément au Répertoire*, v° *Marine de l'Etat*, n. 192 et s.

48 *bis*. — *Pharmacie*. — Un décret du 5 août 1908, pris en exécution de la loi du 21 germ. an XI, modifiée par celle du 25 juin 1908, a chargé les pharmaciens inspecteurs ou inspecteurs-adjoints de procéder aux prélèvements en matière d'exercice illégal de la pharmacie.

54. — 1. — *Câbles sous-marins*. — Les officiers de police judiciaire, les inspecteurs du contrôle des chemins de fer, les inspecteurs de lignes télégraphiques et téléphoniques, les agents assermentés de surveillance, les commissaires de l'inspection maritime, les inspecteurs et gardes-jurés des pêches, les prud'hommes pêcheurs, les officiers mariniers commandant les bâtiments de l'Etat, les gardes-pêche, gardes-mariniers et gendarmes de la marine sont compétents pour dresser des procès-verbaux en cette matière dans les eaux territoriales (Décr. 27 déc. 1851, art. 10 et 16; 9 janv. 1852, art. 16; L. 20 déc. 1884, art. 14).

2. — Les infractions commises hors des eaux territoriales sont constatées par les officiers de la marine de guerre ou les commandants de bâtiments spécialement commissionnés à cet effet par les Etats ayant adhéré à la convention internationale du 14 mars 1884 (L. 20 déc. 1884, art. 3).

SECTION IV.

Attributions des divers officiers de police judiciaire.

57. — En ce qui concerne les attributions des officiers de police judiciaire, voir au *Supplément, suprà verbis : Contributions indirectes*, n. 608 et s.; *Maires et adjoints*, n. 1 à 19, § 17; *Ministère public*, n. 823 et s.

SECTION V.

Conditions de validité des actes.

66. — V. au *Supplément au Répertoire*, en ce qui concerne la compétence de certains agents, v° *Contributions indirectes*, n. 600 et s.

67. — V. au *Supplément au Répertoire*, en ce qui concerne le serment, v° *Garde champêtre*, n. 32 et 34.

68. — V. au *Supplément au Répertoire*, en ce qui concerne l'âge où l'on peut être garde, v° *Garde particulier*, n. 5.

70. — Lorsqu'au lieu de constater un fait l'officier de police judiciaire veut contraindre la volonté des citoyens, il doit être revêtu de ses insignes; ainsi, en matière d'attroupement, les sommations doivent être faites par le magistrat porteur de son écharpe tricolore. — Cass., 4 déc. 1903, [S. 1905.1.375, *Bull. crim.*, 1905.1.407]

SECTION VII.

Privilège de juridiction.

73. — V., en ce qui concerne le privilège de juridiction, au *Supplément au Répertoire*, v^{is} *Compétence criminelle*, n. 109 et s., 117 et s.; *Magistrat*, n. 24 et s.

78. — 1. — Bénéficie du privilège de juridiction, le maire poursuivi pour avoir procédé, hors les cas prévus par la loi, à une perquisition au domicile d'un citoyen. — Cass., 25 juin 1909, [*Bull. crim.*, 1909.324]

2. — Par contre, le garde champêtre poursuivi pour un délit commis hors de l'exercice de ses fonctions d'officier de police judiciaire est justiciable des juridictions de droit commun. — Cass., 27 nov. 1924, [*Bull. crim.*, n. 392]

78 *bis*. — 1. — La loi du 24 févr. 1934, modifiant les art. 479 et 480 du Code d'instruction criminelle, a abrogé le privilège de juridiction.

2. — Dorénavant les personnes visées à l'art. 479 seront jugées par un tribunal du ressort de la Cour, désigné par le premier président sur réquisitions du procureur général, et autre que celui dans le ressort duquel le prévenu exerce ses fonctions.

3. — En cas de renvoi devant la Cour d'assises, une Cour autre que celle dans le ressort de laquelle le prévenu exerce ses fonctions est désignée par la chambre des mises en accusation.

4. — Avec l'ancien texte, les sous-préfets ne jouissaient d'aucun privilège. Il a paru nécessaire de les assimiler aux préfets, car le législateur ne s'est inspiré dans le nouveau texte que du souci d'obtenir une indépendance complète de la répression.

SECTION VIII.

Discipline. Responsabilité.

§ 2. *Prise à partie.*

93. — 1. — La procédure de prise à partie doit être suivie contre tous ceux qui sont chargés du ministère public, soit qu'ils agissent comme officiers de police judiciaire ou comme auxiliaires du procureur de la République. — Poitiers, 4 déc. 1911, [D. 1912.2.223] — Cass. crim., 9 mars et 26 mai 1914, [D. 1919.1.19]; — 9 déc. 1919, [D. 1920.1.8]; — 21 avr. 1923, [D. 1924.1.75]

2. — Agissent en cette qualité : le commissaire de police qui procède à une arrestation (Cass., 9 mars 1914, précité); le maire qui, à la demande du procureur de la République, adresse des renseignements sur un inculpé (Poitiers, 4 déc. 1911, précité); le garde particulier qui, sans avoir dressé procès-verbal, dénonce un délit au ministère public. — Cass. crim., 6 mai 1912, [D. 1914.1.141]

POLICE SANITAIRE.

BIBLIOGRAPHIE.

Berthélémy, *Traité élémentaire de droit administratif*, 12° éd., 1930, 1 vol. in-8°, p. 395-417. — Hauriou, *Précis de droit administratif*, 1928, 1 vol. in-8°, p. 558 et s. — Niboyet, *Répertoire pratique de droit et de jurisprudence d'Alsace-Lorraine*, 1925, 2 vol. in-4°, Sirey, vol. 1, v° *Lois*, n. 209-8° et 231. — Abatucci, *Le service d'hygiène publique dans les colonies françaises*, Genève, 1926. — Amar, *Les organisations d'hygiène et d'hygiène sociale. Essai et service public d'hominiculture*, Dunod, 1927; cf. *Police sanitaire.* — Antignal, *Conférences d'hygiène générale*, Guillon, 1925, 5 vol. in-8°. — Bernard, *Pour protéger la santé publique*, Giard, 1909, in-12. — Bernard, *L'hygiène publique obligatoire en France*, Giard, 1910, in-12. — Boez, *Hygiène rurale*, Spes, 1929. — Dascolte, *Hygiène*, 1927, 2 vol. in-8°. — Hazemann, *Le service social municipal et ses relations avec les œuvres privées*, 1928. — Joltrain, *Les services sanitaires de la Ville de Paris et du département de la Seine*, Berger-Levrault, 1913, in-12. — Langlois, *Précis d'hygiène publique et privée*, Doin, 4° éd., 1909, in-18. — Lenoir de Tourteauville, *De la protection de la santé publique; La loi du 15 févr. 1902*, Reims, Michaud, 1903, in-8°. — Lacaisse, *L'hygiène internationale et la S. D. N.*, 1926, in-8°; *La S. D. N. et la police sanitaire internationale*, thèse Paris, 1925. — Martin et Bluzet, *Commentaires administratifs et techniques de la loi du 15 févr. 1902 relative à la protection de la santé publique*, Masson, 1903, in-8°. — Monod, *La santé publique; Législation sanitaire en France*, Hachette, 1904, in-8°. — Mosny, *La protection de la santé publique; Lois et commentaires*, Baillère, 1904, in-16. — Norman White, *L'incidence des maladies épidémiques, ainsi que l'organisation et le fonctionnement des services sanitaires des ports en Extrême-Orient*, Rapports soumis au Comité d'hygiène de la S. D. N., 1924. — Rey, *Le ministère de la Santé publique*, 1924, in-8°. — Rochard, *Traité d'hygiène publique et privé*, Doin, 1897, in-8°. — Rochaux et Cauel, *La lutte contre les maladies contagieuses et la déclaration obligatoire suivie des institutions prophylactiques du Conseil supérieur d'hygiène publique de France*, 1927, in-8°. — Sicard de Plauzolles, *Les principes d'hygiène sociale*, 1927.

Annales des services techniques d'hygiène de la Ville de Paris, publiées sous la direction du préfet de la Seine. — *Annuaire sanitaire international*, Rapport sur les progrès réalisés dans le domaine de l'hygiène publique des divers pays. — *Bulletin mensuel de l'Office international d'hygiène publique*, fondé en 1909, in-8°, 195, boulevard Saint-Germain. — *L'application des lois d'hygiène à la reconstitution de la santé publique*, in-8°, Berger-Levrault, publication du ministère des Régions libérées. — *L'hygiène sociale*, Revue bimensuelle, in-folio, depuis 1928.

Législation.

Décr. 16 déc. 1902 (*sur l'assainissement de la ville de Toulon*); — Décr. 18 déc. 1902 (*portant règlement d'administration publique pour le fonctionnement du comité consultatif d'hygiène publique de France*); — Décr. 10 févr. 1903 (*fixant la liste des maladies épidémiques auxquelles sont applicables les dispositions de la loi du 15 févr. 1902*); — Arr. 10 févr. 1903 (*relatif au mode de déclaration des maladies déterminées par la loi du 15 févr. 1902*); — Décr. 7 mars 1903 (*portant règlement d'administration publique applicable aux conditions que doivent remplir les appareils destinés à la désinfection*); — L. 7 avr. 1903 (*relative à l'application à la Ville de Paris et au département de la Seine de la loi du 15 févr. 1903*); — Décr. 27 juill. 1903 (*relatif au service de la vaccine*); — Décr. 21 sept. 1903 (*relatif à la destruction des rats à bord des navires*); — Arr. 27 juin 1904 (*portant règlement sanitaire de la Ville de Paris*); — Décr. 29 nov. 1904 (*relatif a l'hygiène et à la sécurité du travail des ouvriers et employes*); — Décr. 2 mars 1905 (*relatif à l'application dans les établissements de l'Etat des lois du 12 juin 1893 et du 11 juill. 1903 concernant l'hygiène et la sécurité des travailleurs*); — Décr. 3 juill. 1905 (*portant règlement d'administration publique en ce qui concerne l'organisation et le fonctionnement des bureaux d'hygiène*); — Décr. 8 déc. 1905 (*modifiant le décret du 4 janv. 1896 relatif aux taxes de la police sanitaire maritime*); — L. 29 janv. 1906 (*modifiant les art. 20 et 25 de la loi du 15 févr. 1902 sur la protection de la santé publique*); — Décr. 30 mars 1906 (*interdisant l'introduction en France de rongeurs vivants*); — L. 10 avr. 1906 (*interdisant la vente et l'importation des biberons à tube*); — Décr. 4 mai 1906 (*concernant la destruction des rats à bord des navires provenant de pays contaminés par la peste*); — Décr. 19 juin 1906 (*abrogeant et remplaçant les art. 6 et 7 du décret du 18 déc. 1902 sur le comité consultatif d'hygiène publique de France*); — L. 22 juin 1906 (*modifiant l'art. 26 de la loi du 15 févr. 1902 sur la protection de la santé publique*); — Décr. 10 juill. 1906 (*portant règlement d'administration publique sur les conditions d'organisation et de fonctionnement du service de désinfection*); — Décr. 6 août 1906 (*modifiant le décret du 4 mai 1906 concernant la destruction des rats à bord des navires provenant de pays contaminés par la peste*); — Décr. 5 avr. 1907 (*relatif à la prophylaxie des maladies épidémiques ou transmissibles dans les ports de France et d'Algérie*); — Décr. 7 mai 1907 (*portant règlement d'administration publique pour l'application en Algérie de l'art. 6 de la loi du 15 févr. 1902, relatif à la vaccination et revaccination*); — Décr. 26 août 1907 (*portant promulgation de la convention sanitaire internationale, signée à Paris le 3 déc. 1903, sur les mesures préventives à prendre contre la peste et le choléra*); — L. 21 mars 1908 (*portant approbation de la convention internationale signée à Rome le 9 déc. 1907 pour la création de l'Office international d'hygiène publique*); — Décr. 5 août 1908 (*portant règlement d'administration publique et déterminant les conditions d'application en Algérie de la loi du 15 févr. 1902, relative à la protection de la santé publique*); — Décr. 18 sept. 1908 (*relatif à la surveillance à exercer au point de vue sanitaire sur les voyageurs, colis ou objets provenant des régions contaminées par le choléra*); — L. 25 nov. 1908 (*modifiant l'art. 25 de la loi du 15 nov. 1902 et la loi du 29 janv. 1906 en ce qui concerne la composition du conseil supérieur d'hygiène publique de France*); — Décr. 10 déc. 1908 (*portant promulgation de l'arrangement international signé à Rome le 9 déc. 1907 concernant la création à Paris d'un office international d'hygiène publique*); — Arr. 10 nov. 1909 (*règlement sanitaire de la Ville de Paris*); — Décr. 15 déc. 1909 (*portant règlement d'administration publique sur la police sanitaire des colonies*); — Décr. 20 mai 1910 (*portant règlement d'administration publique et déterminant les conditions d'application dans les établissements français de l'Océanie de la loi du 15 févr. 1902 relative à la protection de la santé publique*); — Circ. 16 juin 1910 (*relative aux mesures à prendre contre le choléra*); — L. fin. 13 juill. 1911 (*portant fixation du budget général des dépenses et recettes pour l'exercice de 1911, art. 100, attribution aux communes de crédits pour effectuer des travaux d'adduction d'eau potable*); — Décr. 20 sept. 1912 (*portant règlement d'administration publique et déterminant les conditions d'application en Nouvelle-Calédonie de la loi du 15 févr. 1902 relative à la protection de la santé publique*); — L. 15 déc. 1911 (*relative à l'assainissement de la côte orientale de la Corse*); — Décr. 16 mars 1902 (*portant règlement d'administration publique relatif à l'organisation et au fonctionnement des services de désinfection en Algérie*); — L. 16 juill. 1912 (*sur l'exercice des professions ambulantes et la réglementation de la circulation des nomades*); — L. 22 juill. 1912 (*relative à l'assainissement des voies privées*); — Décr. 3 mai 1913 (*portant règlement d'administration publique en exécution de l'art. 11 de la loi du 16 juill. 1912 sur les mesures prophylactiques applicables aux ambulants, forains et nomades*); — Décr. 7 mai 1913 (*portant promulgation de la convention signée à Rome entre la France et l'Italie en vue de la réglementation de la circulation du bétail à la frontière franco-italienne*); — L. 16 juill. 1913 (*complétant l'art. 7 de la loi du 15 févr. 1902 relative à la protection de la santé publique en vue d'autoriser exceptionnellement les villes de moins de 20.000 habitants à posséder un service autonome de désinfection*); — L. 27 mars 1914 (*rendant obligatoire dans l'armée la vaccination antityphoïdique*); — Décr. 14 août 1914 (*édictant des mesures exceptionnelles pour prévenir et combattre la propagation des maladies contagieuses*); — Décr. 2 sept. 1914 (*appliquant le décret du 14 août 1914 aux colonies*); — Décr. 2 sept. 1914 (*portant règlement d'administration publique et fixant les conditions d'application dans les colonies françaises de la loi du 15 févr. 1902 relative à la protection de la santé publique*); — Décr. 13 oct. 1914 (*édictant des mesures exceptionnelles pour prévenir et combattre la propagation des maladies contagieuses et épidémiques en Algérie*); — L. 17 juin 1915 (*modifiant la loi du 15 févr. 1902 relative à la protection de la santé publique en ce qui concerne l'expropriation pour cause d'insalubrité*); — L. 7 sept. 1915 (*déterminant dans quels cas à tous les âges la vaccination et la revaccination antivariolique peuvent être obligatoires*); — L. 30 nov. 1915 (*prorogeant les délais fixés pour la liquidation et l'imputation des dépenses relatives à la santé publique fixées par la loi du 22 juin 1906*); — Décr. 18 déc. 1915 (*rendant applicable en Algérie la loi du 7 sept. 1915 déterminant dans quels cas la vaccination et la revaccination antivariolique peuvent être obligatoires*); — L. 15 avr. 1916 (*instituant des dispensaires d'hygiène sociale et de préservation antituberculeuse*); — Décr. 28 sept. 1916 (*fixant la liste des maladies épidémiques et contagieuses auxquelles sont applicables les dispositions de la loi du 15 févr. 1902*); — L. 26 févr. 1917 (*modifiant la loi du 6 avr. 1910, interdisant la vente des biberons à tube*); — Décr. 17 juin 1918 (*rendant obligatoire la vaccination et la revaccination antivariolique pour les fonctionnaires et agents de l'Etat*); — L. 14 août 1918 (*rendant obligatoire la vérification et le contrôle des thermomètres médicaux*); — Décr. 3 mars 1919 (*portant règlement d'administration publique pour l'exécution de la loi du 14 août 1918, rendant obligatoire la vérification des thermomètres médicaux*); — Décr. 15 mars 1919 (*relatif aux mesures à prendre dans l'intérêt de la salubrité publique et du maintien de la décence, en ce qui concerne les inhumations, exhumations, translations, embaumements, incinérations et les moulages des corps*); — L. 7 juin 1919 (*déterminant les conditions de recrutement et de nomination des directeurs et des médecins de santé, ainsi que des agents principaux ou ordinaires, docteurs en médecine*); — L. 7 sept. 1919 (*instituant des sanatoria spécialement destinés au traitement de la tuberculose et fixant les conditions d'entretien des malades dans ces établissements*); — Décr. 6 déc. 1919 (*prorogeant les dispositions de la loi du 14 août 1914 relative aux mesures exceptionnelles de* prophylaxie); — Décr. 27 janv. 1920 (*fixant les attributions du ministre de l'Hygiène, de la Prévoyance et de l'Assistance sociales*); — Décr. 7 mars 1920 (*rendant applicables en Algérie les lois des 14 août 1918 et 3 mars 1919 relatives à la vérification et au contrôle des thermomètres médicaux*); — Arr. 2 avr. 1920 (*instituant au ministère une commission permanente en vue de déterminer, suivant les circonstances et en application de la loi du 15 févr. 1902 et du décret du 6 nov. 1919, les conditions techniques d'installation indispensables au fonctionnement des postes sanitaires à annexer aux bureaux d'immigration*); — Arr. 17 avr. 1920 (*instituant une commission chargée d'étudier les modifications qu'il conviendrait d'apporter à la loi du 15 févr. 1902 relative à la protection de la santé publique*); — Décr. 2 juin 1920 (*portant organisation du service sanitaire maritime*); — Décr. 12 juin 1920 (*portant application dans les départements du Haut-Rhin, du Bas-Rhin et de la Moselle les dispositions de la loi du 7 sept. 1919 relatives aux subventions accordées par l'Etat aux sanatoria publics*); — Décr. 8 juill. 1920 (*réglementant l'entrée en France des voyageurs provenant des régions contaminées par le typhus exanthématique*); — Décr. 31 juill. 1920 (*introduisant en Alsace-Lorraine la loi du 15 avr. 1916, art. 9, instituant des dispensaires d'hygiène sociale et de préservation antituberculeuse*); — Décr. 5 août 1920 (*portant création d'équipes mobiles en période d'épidémies*); — Décr. 6 août 1920 (*prescrivant une visite obligatoire au point de vue de la trypanosomiase de toutes personnes quittant l'Afrique équatoriale française*); — Décr. 10 août 1920 (*relatif à l'établissement et à la surveillance des sanatoria*); — Décr. 14 oct. 1920 (*portant promulgation de la convention internationale signée à Paris, le 17 janv. 1912, sur la police sanitaire maritime*); — L. fin. 30 avr. 1921 (*portant fixation du budget général des dépenses et recettes pour l'exercice 1921, art. 96, prélèvements de 3 millions sur les fonds du pari mutuel pour l'aménagement et la réfection des sanatoria visés par la loi du 7 sept. 1919*); — L. 17 juin 1921 (*portant ratification du décret du 31 juill. 1920 portant introduction dans les departements du Haut-Rhin, du Bas-Rhin et de la Moselle des dispositions de l'art. 9 de la loi du 15 avr. 1916*); — Décr. 26 nov. 1921 (*relatif à la police sanitaire maritime*); — L. 19 déc. 1921 (*modifiant l'art. l'art. 25 de la loi du 15 févr. 1902 sur la composition du conseil supérieur d'hygiène publique en France*); — L. fin. 31 déc. 1921 (*portant fixation du budget général des dépenses et recettes de l'exercice 1922, art. 139 et 140, modifiant l'art. 5 de la loi du 7 avr. 1919 relatif à l'organisation des sanatoria, et l'art. 96 de la loi de finances du 30 avr. 1921 accordant des crédits pour l'aménagement des sanatoria*); — Décr. 17 mars 1922 (*renforçant les pouvoirs du gouverneur général de l'Algérie en ce qui concerne la lutte contre les maladies infectieuses et épidémiques*); — L. 12 avr. 1922 (*ratifiant le décret du 12 juin 1920 introduisant en Alsace-Lorraine la loi du 9 sept. 1919 instituant des sanatoria antituberculeux*); — Décr. 7 juin 1922 (*portant règlement d'administration publique sur la police sanitaire maritime dans les colonies*); — L. 12 août 1922 (*portant ratification du décret du 12 juin 1920 portant application dans les départements du Haut-Rhin, du Bas-Rhin et de la Moselle des dispositions de la loi du 7 oct. 1919 relatives aux subventions accordées par l'Etat aux sanatoria*); — Décr. 2 déc. 1922 (*relatif à l'entrée du vaccin antivariolique étranger en France*); — Décr. 1er mars 1923 (*modifiant le décret du 17 juin 1922 sur la police sanitaire maritime aux colonies*); — Décr. 21 juill. 1922 (*relatif à la consommation des huîtres et coquillages*); — Décr. 2 août 1923 (*modifiant le décret du 10 août 1920 relatif à l'établissement, au fonctionnement et à la surveillance des sanatoria*); — Décr. 23 sept. 1923 (*fixant la liste des maladies épidémiques auxquelles sont applicables les dispositions de la loi du 15 févr. 1902*); — L. 8 janv. 1924 (*modifiant l'art. 24 du décret du 7 mars 1903 relatif à l'application à Paris et au département de la Seine de la loi du 15 févr. 1902 sur la protection de la santé publique*); — Décr. 7 mai 1924 (*réorganisant l'administration centrale du ministère du Travail, de l'Hygiène, de l'Assistance et de la Prévoyance sociales*); — Décr. 10 juill. 1924 (*modifiant le décret du 7 juin 1919 sur la police sanitaire maritime*); — Décr. 24 juill. 1924 (*abrogeant le décret du 20 déc. 1923 modifiant le décret du 10 août 1920 relatif à l'établissement de sanatoria*); — Décr. 11 oct. 1924 (*modifiant le décret du 10 août 1920 relatif à l'établissement, au fonctionnement et à la surveillance de sanatoria*); — Décr. 4 déc. 1924 (*créant à Paris un office national d'hygiène sociale*); — Décr. 1er janv. 1925 (*modifiant le décret du 13 sept. 1923 en ce qui concerne la nomenclature des maladies pour lesquelles la déclaration et la désinfection sont obligatoires*); — Arr. 19 janv. 1925 (*réglant la composition et le fonctionnement du conseil de perfectionnement et du conseil d'administration de l'office national d'hygiène sociale*); — L. fin. 13 juill. 1925 (*portant fixation du budget général de l'exercice 1925, art. 250, accordant des crédits pour l'aménagement, l'agrandissement et la réfection des sanatoria visés par la loi du 9 sept. 1919*); — Décr. 26 juill. 1925 (*modifiant l'art. 35 du décret du 10 août 1920 relatif à l'établissement et à la surveillance des sanatoria*); — Décr. 1er sept. 1925 (*modifiant le décret du 21 sept. 1908 sur l'hygiène à bord des navires*); — L. 4 avr. 1926 (*modifiant l'art. 24 de la loi du 7 juill. 1903 relative à l'application à la Ville de Paris et au département de la Seine de la loi du 15 févr. 1902 sur la protection de la santé publique*); — Décr. 15 avr. 1926 (*portant introduction dans les départements du Bas-Rhin, du Haut-Rhin et de la Moselle de la loi du 15 févr. 1902 relative à la protection de la santé publique*); — L. 13 août 1926 (*complétant la loi du 10 juill. 1894 relative à l'assainissement de la Ville de Paris et du département de la Seine par le tout-à-l'égout*); — Décr. 5 mai 1927 (*modifiant l'art. 35 du décret du 10 août 1920 relatif au recrutement des médecins et des directeurs des sanatoria publics*); — L. 16 juill. 1927 (*relative à l'installation du tout-à-l'égout dans la ville du Havre*); — Décr. 8 oct. 1927 (*portant règlement d'administration publique sur l'organisation de la police sanitaire maritime*); — Décr. 14 déc. 1927 (*modifiant le décret du 10 août 1920 relatif à l'établissement et à la surveillance des sanatoria, art. 8, 28, 29, 37*); — Décr. 8 mars 1928 (*portant règlement d'administration publique pour déterminer les conditions propres à assurer l'emploi des fonds provenant des prêts de la Ville de Paris, prévus par la loi du 13 août 1926, et les formes de surveillance de l'administration sur l'exécution des travaux à effectuer pour l'installation du tout-à-l'égout*); — L. 15 mars 1928 (*relative aux mesures d'hygiène à prendre dans les opérations d'inhumation, de transport de corps, d'exhumation et de réinhumation*); — Décr. 28 mars 1928 (*portant promulgation du projet de convention concernant l'examen médical obligatoire des enfants et jeunes gens employés à bord des bateaux, adopté par la conférence internationale du travail, 3e session, Genève, 25 octobre, 13 déc. 1921*); — Décr. 19 mai 1928 (*modifiant le décret du 5 août 1908 relatif à la protection de la santé publique*); — Décr. 25 juin 1928 (*portant promulgation de la convention internationale signée à Paris le 21 juin 1926, modifiant le décret du 17 janv. 1912*); — Décr. 27 déc. 1928 (*portant règlement de police sanitaire maritime aux colonies*); — L. fin. 30 déc. 1928 (*portant fixation du budget général pour l'exercice 1929, art. 44, qui érige en dépenses obligatoires les dépenses relatives aux bureaux locaux dans les colonies*); — Décr. 26 janv. 1929 (*modifiant l'art. 101 du décret du 8 oct. 1927 concernant les droits de reconnaissance à l'arrivée*); — Décr. 30 mars 1929 (*relatif à l'administration centrale du ministère du Travail, de l'Hygiène, de l'Assistance et de la Prévoyance sociales*); — Décr. 19 juin 1929 (*instituant un budget annexe de l'hygiène publique et de l'assistance médicale au Sénégal*); — Décr. 28 juin 1929 (*relatif au recrutement et à la nomination des directeurs de santé et médecins*); — Décr. 21 juill. 1929 (*fixant la liste des maladies épidémiques auxquelles sont applicables les dispositions de la loi du 1er févr. 1902*); — Arr. 5 août 1929 (*fixant l'organisation de l'inspection générale du service de santé dans les colonies*); — Décr. 2 mars 1930 (*nommant un ministre de la Santé publique*); — L. 28 mars 1930 (*portant ouverture de crédits sur l'exercice 1929-1930 en conséquence des modifications apportées à la composition du gouvernement, l'art. 4 autorisant la création d'un ministère de la Santé publique*); — Décr. 8 avr. 1930 (*relatif à la protection de la santé publique dans les établissements français en Océanie*); — Décr. 2 mai 1930 (*portant règlement de l'administration centrale [ministère de la Santé publique] en ce qui concerne les emplois de directeurs*); — Décr. 30 avr. 1930 (*relatif à la police des eaux minérales*) (3 décrets); — L. 15 mai 1930 (*relative à l'assainissement d'office et au classement d'office des voies privées à Paris*); — Décr. 24 mai 1930 (*fixant les conditions de nomination des directeurs et agents principaux des circonscriptions sanitaires maritimes*); — Décr. 5 sept. 1930 (*portant organisation de l'administration centrale du ministère de la Santé publique*); — Décr. 10 sept. 1930 (*portant organisation de l'administration centrale en ce qui concerne le recrutement, l'avancement et la discipline*); — Décr. 16 janv. 1931 (*modifiant le décret du 10 août 1920, art. 3, relatif à l'édification des sanatoria*); — Décr. 11 févr. 1931 (*abrogeant le décret du 16 janv. 1931 et modifiant le décret du 10 août 1920, relatif à l'édification des sanatoria*).

INDEX ALPHABÉTIQUE.

CHAPITRE II

ADMINISTRATION CENTRALE DE L'HYGIÈNE ET DE LA SALUBRITÉ PUBLIQUE.

8. — 1. — Pour exercer ces attributions, le chef de l'Etat est assisté par le ministre de la Santé publique et, sous les ordres de celui-ci, par la Direction de l'hygiène et de l'assistance. Des corps consultatifs sont également placés auprès de lui : le Comité de direction des services de l'hygiène, le Conseil supérieur d'hygiène publique de France, et l'Office national d'hygiène sociale.

2. — La Direction de l'hygiène et de l'assistance, organisée par le décret du 8 janv. 1889 sous le nom de Direction de l'assistance et de l'hygiène publiques, a été rattachée par ce texte au ministère de l'Intérieur. Un décret du 20 janv. 1920 a créé le ministère de l'Hygiène, de la Prévoyance et de l'Assistance sociales, et un décret du 27 janv. 1920 y a rattaché les services du ministère de l'Intérieur alors ressortissant à la Direction de l'assistance et de l'hygiène publiques.

3. — Le décret du 19 mars 1924 a nommé, en remplacement du ministre du Travail et du ministre de l'Hygiène, de la Prévoyance et de l'Assistance sociales, un seul ministre. Le décret du 7 mai 1924 a réorganisé en conséquence l'administration centrale du ministère du Travail, de l'Hygiène, de l'Assistance et de la Prévoyance sociales.

4. — Les services d'hygiène ont été de nouveau séparés par le décret du 2 mars 1930 nommant un ministre de la Santé publique. La loi du 28 mars 1930 a autorisé la création de ce nouveau ministère et déterminé sa compétence : les services d'hygiène et d'assistance publiques, le pari mutuel et les habitations à bon marché (auparavant au ministère du Travail) et l'inspection sanitaire scolaire (auparavant au ministère de l'Instruction publique).

9. — Indépendamment du ministre de la Santé publique, d'autres ministres ont à se préoccuper de questions d'hygiène à des points de vue spéciaux. Ainsi, le ministre de l'Agriculture a dans ses attributions le service des épizooties, la réglementation des abattoirs et l'établissement des foires et marchés; celui du Travail et de la Prévoyance sociale, les établissements insalubres, la fabrication et le dépôt des matières explosives, ainsi que l'inspection du travail dans l'industrie. Celui des Travaux publics s'occupe de la surveillance des appareils à vapeur.

10. — Mais en général, tout ce qui a trait à l'hygiène et à la salubrité publique relève aujourd'hui du ministère de la Santé publique; c'est de lui que dépendent toutes les autorités sanitaires générales ou locales.

11. — 1. — Le ministère de la Santé publique a été organisé par les décrets des 2 et 28 mai 1930, des 5 et 10 sept. 1930, et 9 déc. 1930. Le décret du 9 déc. 1930 porte organisation des services de l'administration centrale. Elle comprend deux directions : Direction du personnel, de la comptabilité et des habitations à bon marché; Direction de l'hygiène et de l'assistance. Cette dernière comprend sept bureaux.

2. — Ce sont les quatrième, cinquième et sixième bureaux qui s'occupent plus spécialement de la police sanitaire et de l'hygiène publique. Ils ont respectivement pour titre : le quatrième : Bureau de l'hygiène sociale; le cinquième : Bureau de la salubrité publique et de l'hygiène générale, des stations hydrominérales et climatiques; le sixième : Bureau de la défense sanitaire, de la prophylaxie, des épidémies et de l'hygiène scolaire.

12. — En outre du personnel des bureaux, le directeur de l'hygiène et de l'assistance a sous ses ordres, comme agents principaux de l'administration centrale, deux conseillers techniques sanitaires chargés du contrôle. Ils remplacent l'inspecteur général et l'inspecteur adjoint des services sanitaires.

13 bis. — 1. — En vertu de l'art. 25, § 8, de la loi du 15 févr. 1902, le Comité consultatif d'hygiène publique de France a été réglementé par le décret du 18 déc. 1902 dont les art. 6 et 7 ont été modifiés par le décret du 19 juin 1906. L'art. 25 de la loi du 15 févr. 1902 a été modifié par les lois du 29 janv. 1906, du 25 déc. 1908 et du 19 déc. 1921.

2. — En vertu de la loi du 29 janv. 1906, le Comité consultatif d'hygiène publique de France a pris le nom de Conseil supérieur d'hygiène publique de France.

14. — 1. — Les membres sont énumérés par l'art. 25 de la loi du 15 févr. 1902, modifié par les lois du 29 nov. 1908 et du 19 déc. 1921.

2. — Les présidents honoraires du Conseil supérieur d'hygiène publique de France, les conseillers techniques sanitaires honoraires, les présidents des commissions d'hygiène de la Chambre et du Sénat, ainsi que 42 autres personnalités, sont membres de droit à raison de leurs fonctions.

3. — 9 autres membres sont nommés par le ministre, dont 5 sur une liste triple de présentation dressée par l'Académie des sciences, l'Académie de médecine, le Conseil d'Etat, la Cour de cassation; le Conseil supérieur de l'assistance publique de France; deux membres, un ouvrier et un patron, sur deux listes triples présentées par le Conseil supérieur du travail; un représentant de l'Union des syndicats médicaux de France, nommé par le ministre sur une triple liste présentée par l'Union; un représentant de l'Association générale des médecins de France, nommé par le ministre sur une triple liste dressée par l'Association.

4. — Les 25 autres membres sont nommés par le ministre parmi les médecins hygiénistes, ingénieurs chimistes, légistes, etc. Une nomination sur deux reviendra de droit à un auditeur présenté sur une liste double établie par le Conseil supérieur.

5. — Un décret rendu en forme de règlement d'administration publique peut modifier la composition, en ce qui concerne les membres de droit, lorsque des changements sont rendus

nécessaires par les modifications apportées à l'organisation administrative dans les divers départements ministériels (art. 25 nouveau, § 10, modifiant la loi du 29 nov. 1908).

15 à 19. — 1. — Le président et le vice-président sont nommés par le ministre de la Santé publique, qui attache également au Conseil supérieur un secrétaire et un secrétaire-adjoint avec voix consultative (Décr. 18 déc. 1902, art. 1er).

2. — Les délibérations du Conseil supérieur sont prises soit en assemblée générale, soit en section. La présence du tiers des membres composant l'assemblée générale ou la section est nécessaire pour la validité des délibérations.

3. — L'assemblée générale, délibère sur les affaires présentant un caractère général ou réglementaire et celles renvoyées devant elle sur la demande d'un tiers des membres de la section compétente (Décr. 18 déc. 1902, art. 12).

4. — Les sections sont au nombre de trois et leurs attributions sont réparties de la façon suivante : 1re section : salubrité générale; évacuation des matières usées; habitations; services d'hygiène départementale; conseils d'hygiène et commissions sanitaires; 2e section : épidémies, médecins des épidémies; services départementaux de désinfection; bureaux d'hygiène, vaccine; service sanitaire de la marine; 3e section : hygiène alimentaire; hygiène industrielle et professionnelle; exercice de la médecine et de la pharmacie; substances vénéneuses; sérums; eaux minérales.

5. — La réunion de deux sections pour l'examen d'affaires présentant un caractère connexe peut être ordonnée par le président du Conseil supérieur (Décr. 18 déc. 1902, art. 2).

6. — La répartition entre les diverses sections est faite annuellement par le ministre sur la proposition du président. Un membre peut appartenir à plusieurs sections. Les sections sont présidées par le président ou à son défaut par le vice-président (Décr. 18 déc. 1902, art. 3).

7. — C'est sur l'ordre du président que sont faites les convocations à l'assemblée générale et aux sections (art. 2). Le président désigne les rapporteurs. Il peut charger une commission spéciale, dont il fixe la composition, de présenter un rapport, sur les affaires qui leur sont renvoyées, soit devant l'assemblée générale, soit devant une section (art. 4).

8. — Une section permanente a pour mission de donner son avis sur toutes les questions sanitaires présentant un caractère urgent ou confidentiel, chaque fois qu'elle est saisie par le ministre. Elle est composée du président du Conseil supérieur, du président de la section permanente, des anciens présidents du Conseil supérieur et des anciens inspecteurs généraux des services sanitaires, des conseillers techniques sanitaires honoraires et en activité, du directeur de l'hygiène et de l'assistance, du directeur des consulats et des affaires commerciales au ministère des Affaires étrangères, du directeur du travail, du président de la Chambre de commerce de Paris, de trois membres du Conseil supérieur désignés chaque année par le ministre. Un sous-chef de bureau de la direction de l'hygiène et de l'assistance est attaché à la section permanente en qualité de secrétaire (art. 6, modifié par le décr. 19 juin 1906).

9. — Des auditeurs sont chargés de présenter des rapports et de remplir les missions jugées nécessaires. Ils ont voix consultative. Leur nombre est fixé par le ministre, sur la proposition du Conseil supérieur. Ils sont nommés par le ministre sur une liste double de présentation préparée par une commission spéciale nommée chaque année, et dressée en assemblée générale. Le mandat des auditeurs a une durée de trois ans; il est renouvelable une fois. La répartition des auditeurs entre les diverses sections est arrêtée annuellement par le président (art. 5).

10. — Le chef du Bureau de la salubrité publique assiste avec voix consultative aux séances de l'assemblée générale des sections, de la section permanente et du comité (art. 7).

11. — Le président du Conseil supérieur peut, à l'occasion d'une affaire déterminée, appeler à prendre part, avec voix consultative, aux séances de l'assemblée générale, des sections, de la section permanente et du comité, des personnes que leurs connaissances spéciales mettraient en mesure d'éclairer la discussion (art. 8).

12. — Le titre de membre honoraire du Conseil supérieur d'hygiène publique de France peut être accordé aux personnes qui en ont fait partie, en qualité de membre ou d'auditeur, pendant quinze années, avec ou sans interruption (art. 9).

26 *bis.* — 1. — Enfin, le décret du 4 déc. 1924 a créé, et l'arrêté du 19 janv. 1925 a organisé, à Paris, un Office national d'hygiène sociale doté de la personnalité juridique et de l'autonomie financière.

2. — L'Office national d'hygiène sociale a pour objet : 1° de recueillir et de tenir à jour une documentation sur la situation sanitaire de la France ; 2° de centraliser et de mettre à la disposition des intéressés tous les documents français et étrangers et tous les renseignements relatifs à l'hygiène des maladies et à leur prophylaxie ; 3° d'effectuer en France et dans les colonies une propagande méthodique et continue auprès du public en vue de lui faire connaître les mesures d'hygiène et de prophylaxie nécessaires à la conservation de la santé, à la lutte contre les maladies sociales et à la préservation de la race ; 4° d'assurer la liaison entre les pouvoirs publics et les œuvres privées (Décr. 4 déc. 1924, art. 2).

3. — Il est rattaché au ministère chargé de l'hygiène publique ; il est géré, sous l'autorité du ministre, par son conseil d'administration et son directeur, nommé par décret sur la proposition du conseil d'administration (Décr. 4 déc. 1924, art. 3).

4. — Le conseil d'administration se compose de onze membres, dont le directeur de l'hygiène et de l'assistance et les deux conseillers techniques sanitaires du ministre de la Santé publique. Les huit autres membres sont nommés pour quatre ans par diverses collectivités. Parmi ces derniers, le ministre choisit un président nommé pour un an (Décr. 4 déc. 1924, art. 5). Le conseil d'administration se réunit au moins une fois par trimestre (Arrêté du 19 janv. 1925, art. 11).

5. — Un conseil de perfectionnement est appelé à donner son avis sur le fonctionnement de l'Office national d'hygiène sociale et sur les améliorations qui pourraient y être apportées (Décr. 4 déc. 1924, art. 4). Il se compose de membres de droit, qui peuvent se faire représenter aux séances du conseil de perfectionnement en cas d'empêchement par des délégués qualifiés, et de 40 membres nommés pour quatre ans et renouvelables (Décr. 19 janv. 1925, art. 2). Le président du conseil d'administration de l'Office national d'hygiène sociale est de droit premier vice-président du conseil de perfectionnement ; le conseil élit trois autres vice-présidents. Les fonctions de secrétaire du conseil de perfectionnement sont remplies par le secrétaire général du conseil d'administration (Décr. 19 janv. 1925, art. 3). Le conseil de perfectionnement se réunit au moins une fois par an (art. 4).

6. — Le directeur est plus spécialement chargé de la direction technique de l'Office. Il prépare le budget, administre les biens et revenus, représente l'Office national en justice (Décr. 19 janv. 1925, art. 13).

7. — Les recettes de l'Office national proviennent de subventions, de dons et legs, des revenus de ses biens, du produit de la vente de ses publications et des expositions organisées par ses soins (Décr. 14 déc. 1924, art. 6). Le budget et les comptes sont délibérés par le conseil d'administration et approuvés par le ministre. Les fonctions d'ordonnateur sont remplies par le directeur (*Id.*, art. 7). Les dons et legs sont acceptés par le conseil d'administration (*Id.*, art. 8).

CHAPITRE III

HYGIÈNE INTERNATIONALE OU POLICE SANITAIRE.

SECTION I.

Notions historiques.

49. — 1. — Une conférence internationale s'est tenue à Vienne en 1897 et a eu pour but exclusif de provoquer les moyens de combattre l'importation de la peste. Dans le règlement sanitaire adopté par elle le 19 mai 1897, la désinfection joue un rôle très important.

2. — Une conférence s'est tenue en 1903 à Paris entre les représentants de 20 États : la France, l'Allemagne, l'Autriche, la Belgique, le Brésil, l'Espagne, les États-Unis, la Grande-Bretagne, la Grèce, l'Italie, le Luxembourg, le Monténégro, les Pays-Bas, la Perse, le Portugal, la Roumanie, la Russie, la Serbie, la Suisse et l'Egypte. Elle a abouti à la convention sanitaire du 3 déc. 1903, adoptant diverses mesures préventives contre la peste et le choléra, notamment pour les pèlerinages, et promulguée en France par le décret du 16 juill. 1907.

3. — Un décret du 14 oct. 1920 a promulgué en France la convention signée à Paris le 17 janv. 1912 par 41 Etats. Cet acte modifie la convention du 3 déc. 1903.

4. — La convention internationale signée à Paris le 21 juin 1926 et promulguée en France par le décret du 25 juin 1928 abroge et remplace les deux actes précédents. Elle réglemente en détail la défense contre la peste, le choléra, la fièvre jaune, le typhus exanthématique et la variole, particulièrement dans les pays d'Orient et d'Extrême-Orient. Les Etats signataires sont au nombre de 55 : France, Afghanistan, Albanie, Allemagne, Argentine, Autriche, Belgique, Brésil, Bulgarie, Chili, Chine, Colombie, Cuba, Danemark, République Dominicaine, Egypte, Etats-Unis, Equateur, Espagne, Ethiopie, Finlande, Grande-Bretagne, Grèce, Guatémala, Haïti, Hedjaz, Honduras, Hongrie, Italie, Japon, Libéria, Lithuanie, Luxembourg, Maroc, Mexique, Monaco, Norvège, Paraguay, Pays-Bas, Pérou, Perse, Pologne, Portugal, Roumanie, Saint-Marin, Serbie, Salvador, Soudan, Suisse, Tchécoslovaquie, Tunisie, Turquie, U. R. S. S., Uruguay, Vénézuéla.

5. — Par ailleurs, une convention internationale signée à Rome le 9 déc. 1907 par 12 Etats a créé à Paris un Office international d'hygiène publique. Elle a été ratifiée en France par la loi du 21 mars 1908 et promulguée par le décret du 10 déc. 1908. — V. *infrà*, n. 339 et s.

51. — Un décret du 26 nov. 1921 a remplacé les décrets des 4 janv. 1896, 15 juin et 23 nov. 1899. La police sanitaire maritime en France et en Algérie est actuellement réglementée par le décret du 8 oct. 1927, qui abroge et remplace les précédents. Un décret du 26 janv. 1929 a modifié son art. 101.

54. — Les décrets des 15 déc. 1909, 17 juin 1922 et 1er mars 1923 ont successivement remplacé le décret du 15 juin 1899. La police sanitaire maritime aux colonies, dans les pays de protectorat et dans les territoires sous mandat rattachés au ministère des Colonies est actuellement réglementée par le décret du 27 déc. 1928 qui a abrogé les précédents.

SECTION II.

Objet de la police internationale sanitaire et mesures sanitaires.

55 à 59. — 1. — Cinq maladies pestilentielles exotiques motivent seules l'application en France, en Algérie et aux colonies des mesures sanitaires permanentes : ce sont le choléra, la fièvre jaune, la peste, le typhus exanthématique et la variole. D'autres maladies, toutefois transmissibles et importables, peuvent être l'objet de précautions exceptionnelles et temporaires, aussi bien d'ailleurs sur les frontières de terre que sur les côtes (Décr. 8 oct. 1927, art. 1er et 27 ; décr. 1928, art. 2). — V. aussi pour diverses autres maladies, *infrà*, n. 89.

2. — Enfin, des mesures d'assainissement spéciales peuvent être prises, quand l'autorité sanitaire le juge nécessaire, à l'égard de tout navire se présentant dans des conditions d'hygiène dangereuses, notamment à l'égard de navires encombrés comme les transports d'émigrants.

3. — Tous les détails relatifs aux mesures sanitaires à prendre sont fixés par des règlements d'administration publique. C'est qu'en effet le chef de l'Etat a reçu du législateur (L. 3 mars 1822, art. 1er) une délégation générale (V. *suprà*, n. 7). Il peut même, si cela lui paraît nécessaire, suspendre absolument, temporairement du moins, l'importation en France de certains objets.

4. — En particulier, la réglementation des mesures à prendre pour empêcher la contagion de la peste par l'introduction en France d'animaux contaminés rentre dans les pouvoirs concédés au gouvernement par la loi du 3 mars 1822. Donc, il n'y a pas d'excès de pouvoir dans le décret du 21 sept. 1903 prescrivant que la destruction des rats à bord des navires devra avoir lieu exclusivement au moyen des procédés et appareils approuvés par le comité consultatif d'hygiène publique. — Cons. d'Et., 22 déc. 1905, [S. 1907.1.154]. — V. *infrà*, n. 89-18 et s.

1 *Frontières de terre.*

5. — Le service sanitaire international s'étend théoriquement sur toutes les frontières de terre ou de mer de France. Mais il n'est organisé sur les frontières terrestres qu'à titre exceptionnel et temporaire, quand la nécessité s'en fait sentir. Plus récemment, des textes ont établi une certaine surveillance aux frontières de terre.

6. — *a)* De façon générale, les mesures à prendre sont alors prescrites et surveillées par les conseillers techniques sanitaires du ministère de la Santé publique et le Conseil supérieur d'hygiène publique de France. Dans les épidémies survenues en ces dernières années, ces mesures ont consisté d'abord dans la prohibition d'importer certaines marchandises ou certains objets et dans l'obligation pour les voyageurs de se soumettre à une inspection médicale, d'indiquer la localité où ils se rendent et d'y être soumis pendant plus ou moins de temps aux visites d'un médecin désigné par le maire (Décr. 7 juill. 1885, 18 et 28 juin, 2 juill. 1890, pour les provenances d'Espagne; 29 août 1892, pour les voyageurs venant par les frontières de l'Est). Mais on ne fait plus usage des cordons sanitaires.

7. — *b)* En France, en vertu des décrets du 18 sept. 1908 et du 8 juill. 1920, une surveillance spéciale est exercée au point de vue sanitaire sur tout voyageur, colis ou objet provenant des régions contaminées par le choléra (Décr. 18 sept. 1908, art. 1er).

8. — Le voyageur reconnu à la gare frontière comme *atteint* de choléra est retenu et soigné dans un local hospitalier ou dans un local spécialement aménagé à cet effet (Décr. 18 sept. 1908, art. 2).

9. — Le voyageur considéré à la gare frontière comme *suspect* de choléra est retenu et isolé dans un local spécial pendant une période de temps qui ne peut excéder cinq jours (Décr. 18 sept. 1908, art. 31).

10. — Tout voyageur, non retenu à la gare frontière, et à destination d'une commune de France autre que Paris, reçoit à la frontière un passeport sanitaire qu'il doit présenter ou faire présenter à la mairie de ladite commune dans les vingt-quatre heures de son arrivée.

11. — Tout voyageur arrivant à Paris doit, à la gare terminus, indiquer l'adresse exacte à laquelle il se rend (*Id.*, art. 4).

12. — Ces voyageurs sont, par les soins du maire et, à Paris, du préfet de police, l'objet d'une surveillance sanitaire dont la durée ne peut excéder cinq jours (*Id.*, art. 5).

13. — Tout voyageur qui, au cours de cette surveillance, est reconnu comme atteint ou suspect de choléra, est rigoureusement isolé, et toutes mesures prophylactiques sont prises sur-le-champ à son égard et à l'égard des personnes de son entourage (*Id.*, art. 6).

14. — Tout voyageur qui, au cours de cette période de cinq jours, se rend dans une nouvelle commune, doit faire au maire de celle-ci sa déclaration immédiatement après son arrivée. A Paris, et dans la même période, tout changement d'adresse doit être immédiatement déclaré à la préfecture de police ou à la mairie de l'arrondissement du nouveau domicile (*Id.*, art. 7).

15. — Toute personne logeant un ou plusieurs voyageurs venant des régions contaminées est tenue d'en faire la déclaration dans les vingt-quatre heures à la mairie de la commune et, à Paris, à la préfecture de police ou à la mairie de l'arrondissement (*Id.*, art. 8 et 10). Et les objets faisant partie des colis à main ou bagages en petite ou grande vitesse, et que l'autorité sanitaire considère contaminés, sont désinfectés d'office (*Id.*, art. 9).

16. — Est prohibée l'entrée en France, par les frontières de terre, en provenance de régions contaminées : 1° du linge sale, des hardes, vêtements ou literie souillée, en dehors des cas où ils sont transportés comme bagages; 2° des chiffons et drilles, à l'exception des chiffons comprimés qui sont transportés comme marchandises en gros par ballots; 3° des fruits et légumes poussant dans le sol ou à niveau du sol (*Id.*, art. 10).

17. — Les voitures qui auraient été occupées par un malade atteint de choléra ou considéré comme suspect de choléra sont évacuées et désinfectées dans le moindre délai (*Id.*, art. 11).

18. — En vertu du décret du 8 juill. 1920, les personnes atteintes du typhus exanthématique sont retenues et hospitalisées par les soins d'un commissaire spécial, avant l'admission dans les salles d'hôpital (Décr. 8 juill. 1920, art. 2).

19. — De même, tous porteurs de poux et tous voyageurs dont la propreté paraît douteuse sont soigneusement épouillés et leurs vêtements désinfectés (*Id.*, art. 3). Les émigrants voyageant en convoi provenant ou non de régions contaminées par le typhus exanthématique sont soumis aux mesures ci-dessus (*Id.*, art. 5).

20. — Ils reçoivent, avant de continuer leur voyage, un passeport sanitaire qu'ils remettent, dès l'arrivée à destination, au maire de la commune. Ils doivent se soumettre à une visite médicale, à laquelle le maire doit faire procéder dans les quinze jours qui suivent leur arrivée. En cas de maladie, au cours de cette période, ils doivent demander aussitôt au maire de les faire visiter par le médecin (*Id.*, art. 4).

21. — Les infractions à ces règles sont punies conformément aux prescriptions de la loi du 3 mars 1822, art. 13 et 14 (Décr. 1er sept. 1908, art. 13, et 8 juill. 1920, art. 6).

22. — L'art. 13 punit de quinze jours à trois mois de prison et de 50 à 500 francs d'amende tout individu qui aurait refusé d'obéir aux réquisitions d'urgence du service sanitaire ou qui, ayant eu connaissance d'un symptôme de choléra, aurait négligé d'en avertir les autorités sanitaires.

23. — L'art. 14 punit de trois à quinze jours de prison et de 5 à 50 francs d'amende quiconque, sans avoir commis aucun des délits nommément spécifiés dans les articles précédents de la loi (Cf. *infrà*, n. 190 et s.), aurait contrevenu, en matière sanitaire, soit aux règlements généraux et locaux, soit aux ordres de l'autorité compétente.

24. — Aux colonies, le décret du 28 déc. 1927, dans ses art. 60 à 82, a organisé des mesures de défense contre les territoires contaminés.

25. — La détermination de la circonscription contaminée est faite par arrêté du gouverneur (*Id.*, art. 65 et 66).

26. — Une publicité est alors faite en vue d'informer le ministère des Colonies, les colonies voisines et les pays étrangers limitrophes (*Id.*, art. 60 à 64). — V. *infrà*, n. 62-2 à 5.

27. — Lorsque le chef de la colonie décide de prendre des mesures au sujet des provenances d'un pays ou d'une circonscription territoriale contaminés, il accomplit les mêmes publications et en fait immédiatement part à l'agent consulaire du pays contaminé (*Id.*, art. 69).

28. — Non seulement les personnes présentant les symptômes du choléra, de la fièvre jaune, de la peste, du typhus exanthématique et de la variole ou autres affections graves et transmissibles peuvent être retenues aux frontières, mais les colonies peuvent fermer au besoin une partie de leur frontière (*Id.*, art. 76).

29. — Les voyageurs venant d'un pays contaminé et arrivés à destination peuvent être soumis à une surveillance ne dépassant pas cinq jours en cas de choléra, six jours en cas de peste et de fièvre jaune, douze jours en cas de typhus exanthématique et quatorze jours en cas de variole.

30. — Les marchandises et bagages arrivant par terre ou par mer ne peuvent être prohibés à l'entrée ou pour le transit, ni retenus à la frontière ou dans les ports.

31. — Il peut néanmoins y avoir lieu à désinfection ou désinsectisation des linges de corps, literie, hardes et chiffons, en cas de choléra, peste, typhus exanthématique et variole (*Id.*, art. 71).

32. — Les lettres et correspondances, les imprimés, journaux, livres, papiers d'affaires ne sont soumis à aucune mesure sanitaire (*Id.*, art. 73).

33. — Une circonscription n'est plus considérée comme contaminée lorsqu'on constate officiellement : 1° qu'il n'y a pas eu de décès ni de cas nouveau, depuis cinq jours en cas de choléra, six jours en cas de peste, dix-huit jours en cas de fièvre jaune, douze jours en cas de typhus exanthématique, quatorze jours en cas de variole, après l'isolement, la mort ou la guérison du dernier malade; 2° que toutes mesures de désinfection ont été prises; 3° que toutes les mesures contre les rats, en cas de peste, les moustiques, en cas de fièvre jaune, et contre les poux, en cas de typhus exanthématique, ont été exécutées (*Id.*, art. 67).

34. — La même publicité est alors donnée qu'aux renseignements relatifs à la naissance ou au début de l'épidémie. — V. *infrà*, n. 62 et s. et 110.

35. — *2° Frontières de mer.* — La police sanitaire sur le littoral est organisée d'une manière permanente, et c'est d'elle que nous allons avoir à nous occuper surtout. C'est par les ports,

en effet, que l'invasion des épidémies les plus graves est surtout à craindre.

36. — Les dispositions du décret du 8 oct. 1927, concernant les mesures à prendre au départ et à l'arrivée des navires ne sont pas applicables aux bâtiments de la marine de guerre française.

37. — Toutefois, si des cas de maladies transmissibles visées par ce texte ont été observés pendant la traversée, ou existent lors de l'arrivée du navire dans un port de France ou d'Algérie, la déclaration en est faite à l'autorité sanitaire de ce port, qui est invitée à collaborer dans l'intérêt de la santé publique avec les services compétents de la marine.

§ 1. Mesures générales.

1° Renseignements préventifs

60. — Il est de la plus haute importance, pour éviter l'introduction en France des maladies contagieuses, d'être tenu toujours, et exactement, au courant de l'état sanitaire dans les contrées où ces maladies prennent naissance. Les agents de la France au dehors doivent donc se tenir exactement informés de l'état sanitaire du pays où ils résident et adresser au département dont ils relèvent, pour être transmis au ministre de la Santé publique, les renseignements qui importent à la police sanitaire et à la santé publique de France. S'il y a péril, ils doivent, en même temps, avertir l'autorité française la plus voisine ou la plus à portée des lieux qu'ils jugeraient menacés (Décr. 8 oct. 1927, art. 109; 27 déc. 1928, art. 60).

61. — De plus, des médecins sanitaires français sont établis en Orient : leur nombre, leur résidence et leurs émoluments sont fixés par le ministre de la Santé publique. Il sont placés notamment à Constantinople, à Alexandrie, à Beyrouth, à Suez et à Smyrne. Ils sont chargés de renseigner les agents du service consulaire français, l'administration supérieure et, en cas d'urgence, les directeurs de circonscriptions sanitaires sur l'état sanitaire du pays où ils résident (Id., art. 108; Décr. 8 oct. 1927, art. 108; 27 déc. 1928, art. 61).

62. — **1.** — Enfin, les chambres de commerce, les capitaines ou patrons de navires arrivant de l'étranger, les dépositaires de l'autorité publique soit au dehors, soit au dedans, et généralement toutes les personnes ayant des renseignements de nature à intéresser la santé publique, sont invités à les communiquer aux autorités sanitaires (Id., art. 110).

2. — Chaque colonie, pays de protectorat ou pays sous mandat doit notifier directement par voie télégraphique, au ministère des Colonies, le premier cas avéré de peste, de choléra, de fièvre jaune constaté sur son territoire, ou survenant ultérieurement en dehors de la circonscription déjà atteinte, et l'existence d'une épidémie de typhus exanthématique ou de variole (Décr. 27 déc. 1928, art. 60).

3. — Les conditions qui permettent de déterminer qu'une circonscription territoriale est contaminée ou a cessé de l'être sont fixées par ce texte (art. 65 à 67).

4. — Ces notifications sont accompagnées ou très promptement suivies des renseignements circonstanciés énumérés par le décret du 27 déc. 1928, art. 61.

5. — Ces notifications et renseignements sont adressés aux autorités consulaires accréditées auprès du chef de la colonie et transmis par télégraphe aux colonies françaises et aux pays étrangers voisins (Id., art. 62), et suivis de communications ultérieures de manière à tenir le ministère des Colonies, les colonies voisines et les pays étrangers limitrophes au courant de la marche de l'épidémie.

6. — Ces communications indiquent plus particulièrement les précautions prises en vue de combattre l'extension de la maladie et précisent les mesures exécutées au départ du navire pour empêcher l'exportation de la maladie (Id., art. 63).

2° Stations sanitaires et lazarets.

63 bis. — Les règles concernant les stations sanitaires et les lazarets n'ont pas été modifiées (Décr. 8 oct. 1927, art. 66-67; 27 déc. 1928, art. 103 à 107).

3° Patente de santé.

71 bis. — **1.** — Les règles relatives à la patente de santé sont actuellement contenues dans le décret du 8 oct. 1927, art. 3 à 13, et, pour les colonies, dans le décret du 27 déc. 1928,

art. 4 à 14. Elles n'ont pas été modifiées par ces deux textes.

2. — Il ne faut pas oublier néanmoins que la patente de santé concerne l'existence ou la non-existence de cinq maladies : choléra, fièvre jaune, peste, typhus exanthématique et la variole (Décr. 8 oct. 1927, art. 3).

3. — L'autorité supérieure n'est plus le ministre de l'Intérieur, mais le ministre de la Santé publique.

74. — **1.** — Les règles sont sensiblement les mêmes dans les colonies (Décr. 24 déc. 1928, art. 4 à 14).

2. — En outre, sont dispensés de la patente dans les colonies, pays de protectorat et territoires africains sous mandat, en vertu du décret du 27 déc. 1928, art. 11, les navires commandés par des patrons commissionnés, faisant le cabotage de port à port de la colonie, les bateaux-pilotes, les embarcations des directions des ports, des douanes et des résidences, les bateaux qui font de la petite pêche sur la côte, à condition de s'écarter peu du rivage et de ne pas faire escale dans les ports étrangers.

3. — Peuvent également être dispensées de la patente, les embarcations étrangères qui ne font que le cabotage de port à port de la colonie, lorsqu'elles sont munies, en échange de leurs papiers et rôles de provenance, d'un permis de navigation limité à la côte ou même à certaines zones de la côte de la colonie.

4. — Enfin, les navires qui font le service régulier entre colonies françaises voisines peuvent être dispensés par l'autorité sanitaire de l'obligation du visa de la patente à chaque escale.

4° Médecins sanitaires maritimes.

82. — **1.** — Les médecins sanitaires maritimes devront être Français et du sexe masculin. Ils sont choisis sur un tableau dressé par le ministre de la Santé publique, après examen passé devant un jury qui est désigné par le ministre. L'examen porte sur la pathologie, la bactériologie, l'épidémiologie, le traitement et la prophylaxie des maladies transmissibles, ainsi que sur la réglementation sanitaire et ses applications pratiques. Les conditions et les époques de l'examen sont arrêtées par le ministre de la Santé publique (Décr. 8 oct. 1927, art. 84).

2. — Sont dispensés de l'examen pour être inscrits au tableau des médecins aptes à remplir les fonctions de médecin militaire maritime :

1° Les docteurs en médecine français qui ont obtenu le diplôme des instituts universitaires d'hygiène ou de médecine coloniale, sous condition de justifier qu'ils ont subi d'une manière satisfaisante une interrogation complémentaire portant spécialement sur les lois et règlements applicables à la police sanitaire maritime. Le ministre de la Santé publique désigne les personnes chargées de procéder à cette interrogation, en qualité soit de membres du jury, soit d'adjoints délégués (Id., art. 85);

2° Les médecins de la marine et les médecins des colonies ayant exercé leur profession pendant cinq années au moins. Ces médecins peuvent être inscrits au tableau sur présentation des directeurs de santé, sous condition d'avoir subi d'une manière satisfaisante une interrogation complémentaire portant spécialement sur les lois et règlements applicables à la police sanitaire maritime (Id., art. 86).

3. — Il est délivré aux candidats, s'ils sont agréés par le ministre de la Santé publique, un certificat d'aptitude aux fonctions de médecin sanitaire maritime (Id., art. 87).

4. — Il est procédé chaque année dans le courant du mois de janvier à la révision du tableau institué par l'art. 24 du décret du 8 oct. 1927 (Id., art. 88).

5. — En vue de l'établissement du tableau annuel, il est tenu, au siège de chacune des circonscriptions sanitaires maritimes, un registre spécial indiquant les noms et prénoms des médecins, la date exacte de leur embarquement, les noms des navires et la nature des voyages effectués. Les médecins sanitaires maritimes doivent se présenter, tant au départ qu'à l'arrivée, aux directeurs des circonscriptions sanitaires maritimes et apposer leur signature sur le registre ci-dessus prescrit, en regard des renseignements concernant leur voyage (Id., art. 89).

6. — Un extrait récapitulatif de ce registre est adressé au ministre dans les premiers jours du mois de janvier, faisant connaître pour chaque médecin la date de la décision ministérielle qui a autorisé son inscription au tableau et le nombre total des mois de navigation accompli depuis lors; cet envoi est accompagné, s'il y a lieu, des observations ou propositions des directeurs des circonscriptions sanitaires maritimes (*Id.*, art. 90).

7. — En vertu de l'art. 131 du décret du 17 déc. 1928, les mêmes règles sont applicables aux colonies.

8. — Les obligations et les fonctions des médecins sanitaires maritimes n'ont pas été modifiées par le décret du 8 oct. 1927 ni par celui du 27 déc. 1928, art. 132 à 141.

84 bis. — 1. — Aux colonies, en vertu du décret du 27 déc. 1928 (art. 17 et 18), tout navire astreint à l'obligation d'embarquer un médecin sanitaire maritime doit avoir à bord un approvisionnement de vaccins et sérums anticholérique, antipesteux, antityphoïdique, antivariolique, antidiphtérique, antiméningococcique, antitétanique et de vaccin T. A. B. datant de moins de six mois.

2. — L'approvisionnement doit être proportionné à la capacité d'embarquement du navire en passagers et hommes d'équipage. Il est renouvelé selon la durée d'activité déterminée par le laboratoire fournisseur pour chaque vaccin ou sérum, et conservé au frigorifique sous la surveillance du médecin dans un compartiment réservé spécialement à cet effet.

3. — A bord des mêmes navires un matériel de bactériologie, permettant d'effectuer les recherches essentielles en vue de diagnostiquer les maladies transmissibles, doit être mis autant que possible à la disposition du médecin sanitaire maritime, et un local approprié doit être aménagé à cet effet.

§ 2. *Mesure d'assainissement et de désinfection au départ et pendant la traversée.*

89. — 1. — Le capitaine d'un navire français ou étranger, se trouvant dans un port de France ou d'Algérie et se disposant à quitter ce port, est tenu d'en faire la déclaration à l'autorité sanitaire avant d'opérer son chargement ou d'embarquer ses passagers (Décr. 8 oct. 1928, art. 13; 27 déc. 1928, art. 15).

2. — Les permis nécessaires, soit pour opérer les chargements, soit pour prendre la mer, ne sont délivrés par la douane que sur le vu d'une licence remise par l'autorité sanitaire (Décr. 8 oct. 1927, art. 14; 27 déc. 1928, art. 19).

3. — Les bateaux de pêche, et en général les navires qui s'écartent peu du port de départ, sont dispensés, à moins de prescriptions exceptionnelles, de la déclaration prévue au numéro 1.

4. — L'autorité sanitaire prendra toutes les mesures nécessaires pour empêcher l'embarquement de personnes ou d'objets susceptibles de propager des maladies transmissibles (Décr. 8 oct. 1927, art. 16, § 1; 27 déc. 1928, art. 21 et 68).

5. — Notamment, quand le port est contaminé de choléra, de fièvre jaune, de peste, de typhus exanthématique ou de variole, l'autorité sanitaire prend toutes mesures efficaces : 1° pour empêcher l'embarquement ou l'introduction des personnes présentant des symptômes de ces maladies; 2° en cas de choléra, pour veiller à ce que l'eau potable et les vivres embarqués soient sains et que l'eau embarquée comme lest soit désinfectée, s'il y a lieu; 3° en cas de fièvre jaune, pour empêcher l'introduction des moustiques à bord; 4° en cas de peste, pour empêcher l'introduction des rats à bord; 5° en cas de typhus exanthématique, pour assurer, avant l'embarquement, l'épouillage de toute personne suspecte; 6° en cas de variole, pour soumettre à la désinfection les vieux vêtements et les chiffons avant qu'ils soient emballés pour l'exportation (*Id.*, art. 16).

6. — Par ailleurs, le décret du 27 déc. 1928, portant règlement de police sanitaire aux colonies, a prévu certaines mesures de prophylaxie relatives à la fièvre récurrente, la lèpre, le trachome et la trypanosomiase.

7. — a) *Fièvre récurrente.* — Les passagers provenant d'un port contaminé par le typhus récurrent pourront être soumis aux formalités suivantes :

1° Au départ, visite médicale, entraînant l'éviction dans les cas suspects ou confirmés. Epouillage effectué avant l'embarquement et attesté par un certificat délivré par l'autorité sanitaire.

8. — 2° Pendant la traversée, isolement des suspects et des malades; désinfection des locaux, de la literie et des objets contaminés.

9. — 3° A l'arrivée (V. *infra*, n. 110-124, 24), les malades

sont hospitalisés et les suspects soumis à une surveillance ne dépassant pas dix jours, à compter du jour du départ du bateau du port contaminé s'il n'y a pas eu de nouveaux cas à bord, ou à compter du jour du débarquement dans le cas contraire. Le navire est alors désinfecté dans toutes ses parties ou dans celles jugées nécessaires par l'autorité sanitaire et admis à la libre pratique (Décr. 27 déc. 1928, art. 56).

10. — b) *Lèpre.* — Dans les ports, on doit éviter soigneusement d'embarquer parmi les hommes de l'équipage des individus suspects ou atteints de lèpre. Au départ, une surveillance médicale est établie pour éliminer les cas suspects ou confirmés chez les passagers. La tolérance peut être admise à l'égard de passagers présentant des garanties suffisantes. Le médecin du bord prend, d'accord avec le capitaine, les mesures d'isolement et de désinfection nécessaires, notamment en ce qui concerne la literie et le linge sale (*Id.*, art. 57).

11. — c) *Trachome.* — L'embarquement est refusé aux hommes de l'équipage et aux passagers indigènes atteints de conjonctivite granuleuse (trachome) (*Id.*, art. 58).

12. — d) *Trypanosomiase.* — Un décret du 8 juin 1920 prescrit la visite obligatoire, au point de vue de la trypanosomiase (maladie du sommeil), de toutes les personnes quittant les colonies du groupe de l'Afrique équatoriale française. L'examen se passe à l'Institut Pasteur de Brazzaville pour les personnes embarquant à Matadiou; autrement, à Libreville (Gabon) ou à Douala (Congo) (art. 1). Aux personnes suspectes, on fait des injections stérilisantes (art. 2). Lorsque toute crainte de contamination est écartée, le service délivre un certificat (art. 3).

13. — Les personnes en provenance du Congo belge doivent produire un certificat ou se soumettre à une visite analogue (art. 4).

14. — En raison des risques de contamination dans les cabines par l'intermédiaire des insectes piqueurs, il est interdit à tout capitaine de navire d'embarquer des passagers provenant de l'Afrique équatoriale, du Congo belge, du Cameroun, sans certificat médical constatant qu'ils sont exempts de trypanosomiase, et, dans le cas où ils seraient atteints de cette maladie, qu'ils ont reçu les injections stérilisantes, ainsi que le prescrit le décret du 6 août 1920 (Décr. 27 déc. 1928, art. 59).

15. — L'obligation du certificat médical peut d'ailleurs être étendue par décision des autorités locales aux passagers provenant de certaines régions des colonies ou territoires sous mandat de la Côte africaine autres que l'Afrique équatoriale, le Congo belge ou le Cameroun dans lesquelles l'existence de la trypanosomiase est constatée à l'état endémique ou épidémique (*Id.*, art. 59).

16. — Les passagers de provenance de ces divers pays qui débarquent dans un des ports des colonies françaises ou des territoires sous mandat de la Côte d'Afrique sont signalés par le capitaine aux autorités sanitaires du port de débarquement. Celles-ci prennent toutes les mesures de surveillance et de stérilisation jugées nécessaires.

17. — Enfin, le décret du 8 oct. 1927 (art. 59 à 65) et celui du 27 déc. 1928 (art. 96 à 102) réglementent la dératisation et la désinfection.

18. — Tous les navires, sauf ceux du cabotage national, doivent être dératisés périodiquement ou être maintenus de façon permanente dans des conditions telles que la population murine y soit réduite au minimum (Décr. 8 oct. 1927, art. 59).

19. — Ils reçoivent, dans le premier cas, des certificats de dératisation et, dans le second, des certificats d'exemption de dératisation. La durée de validité de ces certificats est de six mois. Toutefois, une tolérance supplémentaire d'un mois est autorisée pour les navires rejoignant leur port d'attache. La forme du certificat est fixée par l'autorité sanitaire.

20. — La dératisation est exclusivement pratiquée au moyen d'appareils dont l'efficacité a été reconnue par le Conseil supérieur d'hygiène publique de France (*Id.*, art. 59).

21. — L'opération porte sur les cales, les soutes, les cambuses, les postes d'équipage, les postes d'émigrants ou des passagers de 3° ou 4° classe et, en général, sur tous les compartiments intérieurs du navire. Les cabines des officiers et des passagers de 1° et de 2° classe, ainsi que les salles à manger et les salons qui leur sont affectés, ne sont soumis à la dératisation que dans la mesure où l'autorité sanitaire le juge utile,

notamment lorsque le navire est suspect ou infecté de peste et que l'on a constaté chez les rats du bord l'existence de cette maladie ou une mortalité insolite (*Id.*, art. 60).

22. — Les ports munis d'appareils à dératisation sont seuls ouverts aux provenances des pays considérés comme contaminés de peste (*Id.*, art. 63).

23. — La dératisation périodique est faite le navire étant vide.

24. — Cette dératisation périodique ne peut, en aucun cas, dispenser le navire de la dératisation exceptionnelle prescrite lorsque le navire est infecté (*Id.*, art. 64).

25. — Les frais résultant de la dératisation sont à la charge de l'armement (*Id.*, art. 62).

26. — Dans les cas où le navire doit être désinsectisé, cette opération ne différant de la dératisation que par la quantité de substance employée, il appartiendra à l'autorité sanitaire de déterminer les conditions dans lesquelles elle est pratiquée (*Id.*, art. 65).

§ 3. *Mesures sanitaires à l'arrivée.*

95 *bis.* — Les mesures sanitaires à l'arrivée sont réglées par le décret du 8 oct. 1927 (art. 17 à 33) et celui du 27 déc. 1928 (art. 22 à 41).

96 *bis.* — **1.** — La reconnaissance consiste en France dans un interrogatoire dont la formule est arrêtée par le ministre de la Santé publique et dans la présentation, s'il y a lieu, de la patente de santé. Réduite à un examen sommaire pour les navires notoirement exempts de suspicion, elle constitue la reconnaissance proprement dite ; dans les cas qui exigent un examen plus approfondi, elle prend le nom d'arraisonnement. L'arraisonnement peut avoir pour conséquence, lorsque l'autorité sanitaire le juge nécessaire, l'inspection sanitaire, comprenant, s'il y a lieu, la visite médicale des passagers et de l'équipage (Décr. 8 oct. 1927, art. 17).

2. — Dans les colonies, les pays de protectorat et les territoires africains sous mandat, les questions à poser sont énumérées par l'art. 22 du décret du 27 déc. 1928.

1° *Patente nette.*

109 *bis.* — **1.** — Des règles spéciales sont posées par les décrets du 8 oct. 1927 (art. 28 à 33) et du 27 déc. 1928 (art. 36 à 41) en ce qui concerne les cercueils contenant des restes humains.

2. — Ils sont placés à bord dans un endroit facilement accessible et accompagnés d'un procès-verbal dûment établi et certifié par l'autorité coloniale, militaire ou consulaire, relatant l'accomplissement des prescriptions des art. 1ᵉʳ, 2, 3, 4, 5 et 6 de l'instruction ministérielle du 10 juill. 1916. Ce procès-verbal est communiqué à l'autorité sanitaire dès l'arrivée du navire.

3. — Le directeur ou l'agent délégué du service sanitaire se rend à bord ; il s'assure en personne, d'abord sur place et, s'il y a lieu, par un nouvel examen débarquement, que les prescriptions édictées par l'art. 5 de l'instruction ministérielle du 10 juill. 1916 ont été régulièrement remplies et que l'état du cercueil présente toutes les garanties de construction, de bonne conservation et d'étanchéité ; dans l'affirmative, il appose le sceau du service sur le cercueil et délivre, au point de vue sanitaire, le certificat d'admission conforme au modèle ci-annexé. La remise de ce certificat est d'ailleurs subordonnée, le cas échéant, aux mesures réglementaires qui seraient applicables au navire en raison de sa provenance ou des conditions sanitaires du bord.

4. — Si le cercueil ne satisfait pas aux conditions indiquées par l'instruction ministérielle du 10 juill. 1916, toutes mesures doivent être immédiatement prises, sous la responsabilité du capitaine du navire et aux frais des intéressés, soit pour le réparer ou le remplacer conformément à ces conditions, soit pour le mettre en dépôt provisoire jusqu'à ce que la remise et le transport puissent en être effectués sans danger.

5. — Le certificat d'admission est remis au commissaire spécial ou au commissaire de police de qui relèvent ensuite exclusivement les constatations résultant des pièces d'identité, la vérification de l'autorisation accordée par le ministre de la Santé publique et le soin de prévenir, le cas échéant, la famille ou son représentant.

6. — Un registre spécial est tenu dans chaque port, reproduisant toutes les indications de dates et de circonstances utiles pour justifier, sous un cadre uniformément fixé par le ministre de l'Intérieur, les diverses opérations ainsi pratiquées.

7. — Le sceau apposé par l'autorité sanitaire ne peut être rompu, même après l'arrivée du cercueil dans la localité où l'inhumation doit avoir lieu, sauf le cas de force majeure. Il ne pourra être procédé, sous aucun prétexte, à l'ouverture du cercueil sans autorisation du ministre de la Santé publique.

2° *Patente brute.*

110-124. — **1.** — Le régime est plus sévère pour tout navire arrivant avec patente brute. Il varie d'ailleurs selon que le navire est indemne, suspect ou infecté et suivant la maladie dont il s'agit.

2. — a) *Choléra.* — Un navire est considéré comme infecté s'il y a un cas de choléra à bord ou s'il y a eu un cas de choléra pendant les cinq jours précédant l'arrivée du navire au port.

3. — Un navire est considéré comme suspect s'il y a eu un cas de choléra au moment du départ ou pendant le voyage, mais aucun cas nouveau depuis cinq jours avant l'arrivée.

4. — Un navire est considéré comme indemne si, bien que provenant d'un port atteint, il n'y a pas eu de cas de choléra au moment du départ, pendant le voyage ou à l'arrivée (Décr. 8 oct. 1927, art. 34 ; décr. 27 déc. 1928, art 42).

5. — Un navire déclaré infecté ou suspect en raison seulement de l'existence à bord de cas présentant les symptômes cliniques du choléra, est classé indemne si deux examens bactériologiques, pratiqués à vingt-quatre heures au moins d'intervalle, n'ont révélé la présence ni du vibrion cholérique, ni du vibrion suspect (Décr. 8 oct. 1927, art. 37 ; décr. 27 déc. 1928, art. 45).

6. — Les navires infectés de choléra sont soumis au régime suivant :

1° Visite médicale ;

2° Les malades sont immédiatement débarqués et isolés ;

3° L'équipage et les passagers peuvent être débarqués et être, soit gardés en observation, soit soumis à la surveillance, pour un laps de temps n'excédant pas cinq jours à dater de l'arrivée du navire ;

4° Les literies ayant servi, le linge sale, les effets à usage, et les autres objets sont désinfectés ;

5° Les parties du navire qui ont été habitées par les malades atteints de choléra ou qui sont considérées par l'autorité sanitaire comme contaminées sont désinfectées ;

6° Le déchargement s'effectue sous le contrôle de l'autorité sanitaire, qui prend toutes les mesures nécessaires afin d'éviter que le personnel employé au déchargement ne soit infecté ; le personnel sera soumis à une observation ou à une surveillance qui ne pourront pas dépasser cinq jours à partir du moment où il aura cessé de travailler au déchargement ;

7° Lorsque l'eau potable emmagasinée à bord est considérée comme suspecte, elle est déversée après désinfection et remplacée, après désinfection des réservoirs, par une eau de bonne qualité ;

8° L'autorité sanitaire peut interdire le déversement, sauf désinfection préalable, de l'eau de lest (water-ballast) si elle a été puisée dans un port contaminé ;

9° Il peut être interdit de laisser s'écouler ou de jeter dans les eaux du port des déjections humaines, ainsi que les eaux résiduaires du navire, à moins de désinfection préalable (Décr. 8 oct. 1927, art. 35 ; décr. 27 déc. 1928, art. 43).

7. — Les navires suspects de choléra sont soumis aux mesures prescrites sous les §§ 1°, 2°, 4°, 5°, 7°, 8° et 9° ci-dessus. L'équipage et les passagers sont soumis à une surveillance qui ne doit pas dépasser cinq jours, à compter de la date de l'arrivée du navire ; pendant le même temps, le débarquement de l'équipage peut être interdit, sauf pour les raisons de service portées à la connaissance de l'autorité du port (Décr. 8 oct. 1927, art. 36 ; décr. 27 déc. 1928, art. 44).

8. — Les navires indemnes de choléra sont admis à la libre pratique immédiate. L'autorité sanitaire du port d'arrivée peut prescrire à leur sujet les mesures prévues aux §§ 1°, 7°, 8° et 9° ci-dessus. L'équipage et les passagers peuvent être soumis à une surveillance qui ne peut pas dépasser cinq jours, à compter de l'arrivée du navire. On peut empêcher, pendant le même temps, le débarquement de l'équipage, sauf pour des raisons de service portées à la connaissance de l'autorité sanitaire du port (Décr. 8 oct. 1927, art. 38 ; décr. 27 déc. 1928, art. 45).

9. — b) *Fièvre jaune.* — Un navire est considéré comme infecté s'il a un cas de fièvre jaune à bord, ou s'il en a eu au moment du départ ou pendant la traversée.

10. — Un navire est considéré comme suspect s'il n'a pas eu de fièvre jaune, mais s'il arrive, après une traversée de moins de six jours, d'un port atteint ou d'un port non atteint en relations étroites avec des centres endémiques de fièvre jaune, ou si, arrivant après une traversée de plus de six jours, il y a lieu de croire qu'il peut transporter des Stégomyia (Aedes Egypti) ailés en provenance dudit port.

11. — Un navire est considéré comme indemne, bien que provenant d'un port atteint de fièvre jaune, si, n'ayant pas eu de cas de fièvre jaune à bord et arrivant après une traversée de plus de six jours, il n'y a pas lieu de croire qu'il transporte des Stégomyia ailés, ou quand il prouve, à la satisfaction de l'autorité du port d'arrivée :

a) que, pendant son séjour dans le port de départ, il s'est tenu à une distance d'au moins 200 mètres de la terre habitée, et à une distance des pontons telle qu'elle ait rendu peu probable l'accès des Stégomyia;

b) ou qu'au moment du départ il a subi, en vue de la destruction des moustiques, une fumigation efficace (Décr. 8 oct. 1927, art. 39; décr. 27 déc. 1928, art. 46).

12. — Les navires infectés de fièvre jaune sont soumis au régime suivant :

1° Visite médicale;

2° Les malades sont débarqués et ceux qui se trouvent dans les cinq premiers jours de la maladie sont isolés de manière à éviter la contamination des moustiques;

3° Les autres personnes qui débarquent sont soumises à une observation ou à une surveillance qui ne dépassera pas six jours à compter du moment du débarquement;

4° Le navire sera tenu à 200 mètres au moins de la terre habitée et à une distance des pontons telle qu'elle rende peu probable l'accès des Stégomyia;

5° Il est procédé à bord à la destruction des moustiques dans toutes les phases de leur évolution, autant que possible avant le déchargement des marchandises. Si le déchargement est fait avant la destruction des moustiques, le personnel chargé de cette besogne sera soumis à une observation ou à une surveillance qui ne dépassera pas six jours, à partir du moment où il aura cessé de travailler au déchargement (Décr. 8 oct. 1927, art. 40; décr. 27 déc. 1928, art. 47).

13. — Les navires suspects de fièvre jaune peuvent être soumis aux mesures prévues aux §§ 1°, 3°, 4° et 5° ci-dessus. Toutefois, si, la traversée ayant duré moins de six jours, le navire remplit les conditions spécifiées aux lettres a) et b) du n. 11 relatif aux navires indemnes, il n'est soumis qu'aux mesures prévues aux §§ 1° et 3° du n. 12 ci-dessus et à la fumigation. Si trente jours se sont écoulés depuis le départ du navire du port atteint et si aucun cas ne s'est produit à bord pendant le voyage, le navire peut être admis à la libre pratique, sauf fumigation préalable si l'autorité sanitaire le juge nécessaire (Décr. 8 oct. 1927, art. 41; décr. 27 déc. 1928, art. 48).

14. — Les mesures prévues aux n. 12 et 13 ne concernent que les régions où existent des Stégomyia, et elles doivent être appliquées en tenant compte des conditions climatiques actuelles de ces contrées, ainsi que de l'index stégomyien. Dans les autres régions, elles sont appliquées dans la mesure jugée nécessaire par l'autorité sanitaire (Décr. 8 oct. 1927, art. 43; décr. 27 déc. 1928, art. 50).

15. — Les navires indemnes de fièvre jaune sont admis à la libre pratique après la visite médicale (Décr. 8 oct. 1927, art. 42; décr. 27 déc. 1928, art. 49).

16. — c) *Peste.* — Est considéré comme infecté le navire :

1° qui a un cas de peste humaine à bord;

2° ou sur lequel un cas de peste humaine s'est déclaré plus de six jours après l'embarquement;

3° ou à bord duquel on a constaté la présence de rats pesteux.

17. — Est considéré comme suspect le navire :

1° sur lequel un cas de peste humaine s'est déclaré dans les six jours après l'embarquement;

2° ou pour lequel les recherches concernant les rats ont mis en évidence l'existence d'une mortalité insolite dont la cause n'est pas déterminée.

18. — Est considéré comme indemne, bien que venant d'un port atteint, le navire qui n'a pas eu à bord de peste humaine ou murine, soit au moment du départ, soit pendant la traversée, soit au moment de l'arrivée, et à bord duquel les recherches concernant les rats n'ont pas fait constater l'existence d'une mortalité insolite (Décr. 8 oct. 1927, art. 44; décr. 27 déc. 1928, art. 51).

19. — Les navires infectés de peste sont soumis au régime suivant :

1° Visite médicale;

2° Les malades sont immédiatement débarqués et isolés;

3° Toutes les personnes qui ont été en contact avec les malades et celles que l'autorité sanitaire du port a des raisons de considérer comme suspectes sont débarquées, si possible. Elles sont soumises soit à l'observation, soit à la surveillance, soit à une observation suivie de surveillance, sans que la durée totale de ces mesures puisse dépasser six jours, à dater de l'arrivée du navire. Il appartient à l'autorité sanitaire du port d'appliquer celle de ces mesures qui lui paraît préférable selon la date du dernier cas, l'état du navire et les possibilités locales. On peut, pendant le même laps de temps, empêcher le débarquement de l'équipage, sauf pour les raisons de service portées à la connaissance de l'autorité sanitaire;

4° Les literies ayant servi, le linge sale, les effets à usage et les autres objets qui, de l'avis de l'autorité sanitaire, sont considérés comme contaminés, sont désinsectisés et, s'il y a lieu, désinfectés;

5° Les parties du navire qui ont été habitées par les pesteux ou qui, de l'avis de l'autorité sanitaire, sont considérées comme contaminées, sont désinsectisées et, s'il y a lieu, désinfectées;

6° L'autorité sanitaire peut prescrire une dératisation avant le déchargement si elle estime que, d'après la nature de la cargaison et sa disposition, il est possible d'effectuer la destruction totale des rats sans déchargement. Dans ce cas, le navire ne pourra être soumis à une nouvelle dératisation après déchargement. Dans les autres cas, la destruction complète des rongeurs devra être effectuée sur le navire en cale vide; pour les navires sur lest, cette opération sera faite aussitôt après le déchargement (Décr. 8 oct. 1927, art. 45; décr. 27 déc. 1928, art. 52).

20. — Les navires suspects de peste sont soumis aux mesures prévues sous les §§ 1°, 4°, 5° et 6° du n. 19. En outre, l'équipage et les passagers peuvent être soumis à une surveillance qui ne dépassera pas six jours à dater de l'arrivée du navire. On peut, pendant le même laps de temps, empêcher le débarquement de l'équipage, sauf pour des raisons de service portées à la connaissance de l'autorité sanitaire.

21. — Les navires indemnes de peste sont admis à la libre pratique immédiate, sous la réserve que l'autorité sanitaire du port d'arrivée peut prescrire à leur égard les mesures suivantes :

1° Visite médicale pour constater si le navire se trouve dans les conditions prévues par la définition du navire indemne;

2° Dératisation si le navire ne l'a pas été depuis six mois; et, dans les cas exceptionnels, pour des motifs fondés qui seront communiqués par écrit au capitaine du navire;

3° L'équipage et les passagers peuvent être soumis à une surveillance qui ne dépassera pas six jours à compter de la date à laquelle le navire est parti du port atteint. On peut, pendant le même laps de temps, empêcher le débarquement de l'équipage, sauf pour raisons de service portées à la connaissance de l'autorité sanitaire (Décr. 8 oct. 1927, art. 46; décr. 27 déc. 1928, art. 53).

22. — d) *Typhus exanthématique.* — Les navires qui ont eu, pendant la traversée, ou qui ont au moment de l'arrivée un cas de typhus à bord, sont soumis aux mesures suivantes :

1° Visite médicale;

2° Les malades sont immédiatement débarqués, isolés, épouillés;

3° Les autres personnes qu'il y aurait lieu de croire être porteuses de poux, ou avoir été exposées à l'infection, sont aussi épouillées, et peuvent être soumises à une surveillance (dont la durée doit être spécifiée) qui ne doit pas dépasser douze jours à dater de la date de l'épouillage;

4° Les literies ayant servi, le linge, les effets à usage et les autres objets qui, de l'avis de l'autorité sanitaire, sont considérés comme contaminés, sont désinsectisés;

5° Les parties du navire qui ont été habitées par les typhiques et qui, de l'avis de l'autorité sanitaire, sont considérées comme contaminées, sont désinsectisées. Le navire est immédiatement admis à la libre pratique (Décr. 8 oct. 1927, art. 47; décr. 27 déc. 1928, art. 54).

23. — e) *Variole.* — Les navires qui, soit pendant la traversée, soit au moment de l'arrivée, ont eu un cas de variole à bord sont soumis aux mesures suivantes :

1° Visite médicale;

2° Les malades sont immédiatement débarqués et isolés;

3° Les autres personnes qu'il y aurait lieu de croire avoir été exposées à l'infection à bord et qui, de l'avis de l'autorité sanitaire, ne sont pas suffisamment protégées par une vaccination récente ou par une atteinte antérieure de variole, peuvent être soumises soit à la vaccination ou à la surveillance, soit à la vaccination suivie de surveillance, la durée de la surveillance devant être spécifiée suivant les circonstances mais ne devant jamais dépasser quatorze jours à compter de la date d'arrivée;

4° Les literies ayant récemment servi, le linge sale, les effets à usage et les autres objets qui, de l'avis de l'autorité sanitaire, sont considérés comme ayant été récemment contaminés, sont désinfectés;

5° Seules les parties du navire qui ont été habitées par des varioleux et qui, de l'avis de l'autorité sanitaire, sont considérées comme contaminées, sont désinfectées (Décr. 8 oct. 1927, art. 48; 27 déc. 1928, art. 55).

24. — f) *Maladies diverses.* — Le décret du 27 déc. 1928 (art. 56 à 59) pose des règles spéciales pour diverses autres maladies transmissibles : fièvre récurrente (art. 56. V. *suprá*, n. 89-7); trypanosomiase (art. 59. V. *suprá*, n. 89-12).

25. — Par ailleurs, lorsqu'à l'arrivée d'un navire provenant d'un port quelconque, non contaminé ou non suspect de contamination, le capitaine déclare la présence d'un cas de maladie autre que le choléra, la peste, la fièvre jaune, le typhus exanthématique et la variole, le médecin de la santé se rend à bord et, après examen du malade, donne la libre pratique immédiate. Si la maladie constatée tombe sous le coup de la loi de 1902, c'est-à-dire soit soumise à déclaration, il prévient l'autorité municipale chargée d'appliquer aux maladies transmissibles les règlements locaux sur l'hygiène et la santé publiques. Les maladies soumises à déclaration sont actuellement énumérées par le décret du 21 juill. 1929 (Décr. 8 oct. 1927, art. 49). — V. *infrá*, n. 222-4 à 6.

26. — Enfin, tout navire se trouvant dans un port de France ou d'Algérie est soumis, de la part du service sanitaire maritime, pendant tout son séjour dans le port, à une surveillance ayant pour but de connaître les premières manifestations à bord des maladies prévues au décret du 8 oct. 1927, et aussi des maladies transmissibles, et d'en empêcher la propagation.

27. — A cet effet, le capitaine du navire est tenu de déclarer à l'autorité sanitaire du port tout cas de maladie fébrile survenant à bord pendant cette période.

28. — S'il s'agit d'une maladie prévue au décret de 1927, il appartient à l'autorité sanitaire de prendre toutes les mesures nécessaires pour en arrêter la propagation, d'accord avec les services d'hygiène municipaux.

29. — S'il s'agit, au contraire, d'une maladie tombant sous le coup de la loi de 1902, il appartient à l'autorité communale de prendre les mesures prophylactiques prévues par les règlements locaux (Décr. 8 oct. 1927, art. 49; 27 déc. 1928, art. 34).

132 bis. — 1. — Lorsque les passagers sont soumis au régime de la surveillance, il leur est délivré, par les soins du service sanitaire maritime, un passeport sanitaire individuel ou familial.

2. — Celui-ci doit être présenté par eux au bureau municipal d'hygiène ou, à défaut, à la mairie du lieu de leur destination, le jour même de leur arrivée audit lieu.

3. — En même temps qu'elle délivre le passeport sanitaire aux intéressés, l'administration sanitaire maritime adresse, sous le couvert du maire, au directeur du bureau municipal d'hygiène du lieu de leur destination ou, à défaut de bureau municipal d'hygiène, au maire lui-même, un avis confidentiel en vue du contrôle médical à exercer sur les assujettis pendant la durée prévue sur le passeport sanitaire. Le même avis est également adressé aux administrations municipales intéressées (Décr. 8 oct. 1927, art. 68).

4. — L'autorité sanitaire maritime veille à ce que la délivrance des passeports sanitaires n'ait lieu que dans les cas où elle est absolument justifiée, à ce que le passeport sanitaire ne

soit remis qu'à des personnes justifiant de leur identité et donnant sur le lieu de leur destination des indications précises et sûres.

5. — Le régime des passeports sanitaires n'est pas appliqué aux émigrants, pèlerins ou autres voyageurs que l'autorité sanitaire maritime estime prudent de maintenir en observation pendant la durée de la période d'incubation de la maladie redoutée.

6. — Lorsque le navire a transporté des militaires ayant nécessité une surveillance spéciale, l'autorité sanitaire adresse, dès l'arrivée au port et avant le débarquement, tous les renseignements utiles au service de santé militaire local. L'autorité militaire locale fournit, de son côté, au service sanitaire maritime, toutes les indications utiles qu'elle possède sur ces militaires (Décr. 8 oct. 1927, art. 69; 27 déc. 1927, art. 109).

SECTION III.

Autorités et conseils sanitaires.

§ 1. *Autorités.*

144. — A la tête de chaque circonscription est placé un directeur, nécessairement docteur en médecine, nomme, dans les conditions fixées par le décret du 24 mai 1930, art. 3, en France, par le ministre de la Santé publique, en Algérie, par le gouverneur général. Il demande et reçoit directement les ordres soit du ministre de la Santé publique, soit du gouverneur général de l'Algérie, soit, dans les colonies, du chef de la colonie, pour toutes les questions qui intéressent la santé publique (Décr. 8 oct. 1927, art. 72; 24 mai 1930, art. 1er).

§ 2. *Attributions des autorités sanitaires.*

152. — Pour les attributions des divers agents du service sanitaire aux colonies, V. les art. 95, 110 et 130 du décret du 27 déc. 1928.

179-183. — 1. — C'est l'art. 101 du décret du 8 oct. 1927, dont l'alin. *a* a été modifié par le décret du 26 janv. 1929, qui fixe actuellement le taux des droits sanitaires.

2. — Les droits sanitaires sont :

a) Droit de reconnaissance à l'arrivée, savoir : navires naviguant au cabotage français (l'Algérie comprise) d'une mer à l'autre, par tonneau, 15 centimes; navires naviguant au cabotage international, par tonneau, 30 centimes; navires naviguant au long cours, par tonneau, 45 centimes; navires faisant un service régulier d'un port européen dans un port de la Manche ou de l'Océan, par tonneau, 15 centimes; navires venant d'un port étranger dans un port français de la Méditerranée, si la durée habituelle et totale de la navigation n'excède pas douze heures, par tonneau, 15 centimes; navires faisant un service régulier entre un port français et un port de la Tunisie ou du Maroc, 15 centimes; les navires appartenant à ces trois dernières catégories pourront contracter des abonnements de six mois ou d'un an. L'abonnement sera calculé à raison de 1 fr. 50 par tonneau et par an, quel que soit le nombre des voyages. Navires à vapeur faisant escale sur les côtes de France pour prendre ou laisser les voyageurs : s'ils viennent d'un port européen : par voyageur embarqué ou débarqué, 1 fr. 50; par tonneau de marchandises débarquées jusqu'à concurrence de 100 tonneaux, dont 50 à l'embarquement et 50 au débarquement, 3 francs; s'ils viennent d'un port situé hors d'Europe : par voyageur embarqué ou débarqué, 3 francs; par tonneau de marchandises jusqu'à concurrence de 100 tonneaux, dont 50 à l'embarquement et 50 au débarquement, 4 fr. 50; s'il s'agit de navires affectés à des voyages d'excursion sur les côtes de France et d'Algérie : par passager se trouvant à bord à l'arrivée du navire, 30 centimes.

2 bis. — *b)* Droit de station, payable par les navires soumis à l'isolement, par jour et par tonneau, 10 centimes.

3. — *c)* Droit de séjour dans les stations sanitaires et lazarets, par jour et par personne : 1re classe, 6 francs; 2e classe, 3 francs; 3e classe, 1 fr. 50.

4. — *d)* Droit de désinfection :

1° Désinfection du linge sale, des effets à usage, des objets de literie du bord et de tous autres objets ou bagages considérés comme contaminés : par voyageur débarqué, 1re classe, 3 francs ; 2e classe, 1 fr. 50 ; 3e classe, 75 centimes ; par homme de l'équipage (état-major compris), 75 centimes.

2° Désinfection des marchandises ; désinfection pratiquée à bord des navires, par tonneau de jauge, 15 centimes. Marchandises débarquées pour être désinfectées : marchandises emballées, par 100 kilos, 1 fr. 50 ; cuirs, les 100 pièces, 3 francs ; petites peaux non emballées, les 100 pièces, 1 fr. 50.

3° Désinfection des chiffons et drilles : par 100 kilos, 1 fr. 50.

4° Désinfection du navire ou de la partie du navire contaminée : pour le navire entier : par tonneau de jauge, 10 centimes. Si la désinfection ne porte que sur la partie du navire contaminée, le droit est réduit de moitié.

5. — Les droits de désinfection déterminés par les §§ 1°, 2° et 4° ci-dessus peuvent être réduits de moitié pour le navire qui, ayant à bord un médecin sanitaire nommé ou agréé par le gouvernement du pays auquel appartient le navire et une étuve de désinfection dont la sécurité et l'efficacité ont été constatées, justifierait que toutes les mesures d'assainissement et de désinfection ont été régulièrement appliquées au cours de la traversée, conformément aux dispositions du décret du 8 oct. 1927.

6. — Ces classifications et tarifs ainsi déterminés ne sont pas applicables en Algérie (Décr. 8 oct. 1927, art. 101 ; décr. 27 déc. 1928, art. 143).

7. — En ce qui concerne les colonies, l'art. 123 du décret du 27 déc. 1928 renvoie purement et simplement aux art. 101 à 107 du décret du 8 oct. 1927.

SECTION V.

Des infractions et des peines en matière sanitaire.

190 *bis.* — Rappelons que les peines édictées par les art. 13 et 14 du décret du 3 mars 1922 s'appliquent aux infractions aux décrets des 18 sept. 1908, relatif à la surveillance à exercer au point de vue sanitaire sur les voyageurs, colis ou objets provenant des régions contaminées par le choléra, et 8 juill. 1920, réglementant l'entrée en France des voyageurs provenant des régions contaminées par le typhus exanthématique (Décr. 18 sept. 1908, art. 13 et décr. 8 juill. 1920, art. 6). — V. *supra*, n. 55 à 59, art. 21, 22 et 23.

CHAPITRE IV

HYGIÈNE NATIONALE.

SECTION I.

Dispositions légales ou réglementaires.

202. — 1. — La loi du 15 févr. 1902 a été le point de départ de toute une législation très abondante, complétée par un grand nombre de décrets.

2. — Un certain nombre de textes visent à étendre l'application de cette loi. Loi du 7 avr. 1903, pour Paris et le département de la Seine, modifiant les art. 22 (attributions du préfet de la Seine et de la commission des logements insalubres), 23 (attributions du préfet de police), 24 (conseil d'hygiène publique et de salubrité du département de la Seine). Les lois du 8 janv. 1924 et du 4 avr. 1926 ont de nouveau modifié cet art. 24.

3. — Le décret du 5 août 1908, modifié par le décret du 19 mai 1928, porte règlement d'administration publique pour l'application en Algérie de la loi du 15 févr. 1902.

4. — Le décret du 15 avr. 1926 a introduit cette même loi dans les départements du Bas-Rhin, du Haut-Rhin et de la Moselle.

5. — La loi du 15 févr. 1902 a été étendue aux établissements français de l'Océanie (Décr. 20 mai 1910, modifié par le décret du 8 avr. 1930), à la Nouvelle-Calédonie (Décr. 20 sept. 1911), et aux autres colonies (Décr. 2 sept. 1914).

6. — La loi du 15 févr. 1902 a été modifiée par les lois du 29 janv. 1906 (modifiant l'art. 20, § 5, sur la composition de la commission sanitaire, et l'art. 25, sur le Conseil supérieur d'hygiène publique) ; du 22 juin 1906 (modifiant l'art. 26, § 2, sur la répartition des dépenses de la santé publique entre les diverses collectivités) ; du 25 nov. 1908 (modifiant l'art. 25 sur le Conseil supérieur d'hygiène publique) ; du 17 juin 1915 (modifiant l'art. 14, § 1, 17 et 18, sur l'expropriation pour cause d'insalubrité, et introduite en Algérie par le décret du 19 mai 1928) ; du 16 juill. 1913 (modifiant l'art. 7, en vue d'autoriser les villes de plus de 20.000 habitants à avoir un service autonome de désinfection) ; du 7 sept. 1915 (modifiant l'art. 6, relatif à la vaccination et à la revaccination obligatoires) ; du 30 nov. 1915 (modifiant de nouveau l'art. 26, § 2) ; du 19 déc. 1921 (modifiant l'art. 25, sur le Conseil supérieur d'hygiène publique).

7. — De nombreux textes ont réglementé des questions nouvelles. — V. *infra*, section 1 *bis.*

8. — Pendant la guerre, des mesures exceptionnelles ont été édictées par le décret du 14 août 1914, prorogé par le décret du 6 sept. 1919, et étendu aux colonies (Décr. 2 sept. 1914) et à l'Algérie (Décr. 13 oct. 1914).

9. — Enfin, un arrêté du ministre de l'Intérieur du 17 avr. 1920 a institué une commission chargée d'étudier les modifications qu'il convient d'apporter à la loi du 15 févr. 1902.

215. — Il faut le ministère d'un avocat au Conseil d'État pour recourir contre le conseil de préfecture statuant sur une réclamation contre un arrêté prescrivant des travaux ou interdisant d'habiter certains immeubles en vue de la salubrité. — Cons. d'Et., 4 août 1905, [S. 1907.3.105]

216 *bis.* — A l'expiration du délai prévu par l'art. 14, § 1, de la loi du 15 févr. 1902, la commune peut, si elle le juge préférable, réclamer l'expropriation de l'immeuble dans les conditions fixées par l'art. 18, modifié par la loi du 17 juin 1915, et, dans ce cas, la demande sera de droit prise en considération. — V. *infra* : Expropriation pour cause d'insalubrité, n. 219, 15 et s.

SECTION I *bis.*

Mesures préventives et services publics sanitaires.

219. — 1. — La législation postérieure à 1902 contient un nombre considérable de textes qui règlent de nouvelles questions de police sanitaire et d'hygiène publique. On peut les diviser en trois catégories :

A. Mesures préventives à l'égard de certaines personnes ou de certaines choses et règles particulières dans certaines circonstances.

B. Réglementation relative à certains objets.

C. Organisation de services publics ou d'utilité publique spéciaux.

§ 1. *Mesures préventives à l'égard de certaines personnes ou de certaines choses et règles particulières dans certaines circonstances.*

2. — A cet ordre d'idées se rattachent les règles relatives : aux mesures prophylactiques applicables aux ambulants et nomades (L. 16 juill. 1912 et décr. 3 juin 1913). V. *infra*, n. 3 à 6 ; — à l'assainissement des voies privées (LL. 22 juill. 1912, 15 mai 1930 pour Paris). V. *infra*, n. 7 à 14 ; — à l'expropriation pour cause d'insalubrité (L. 17 juin 1915, rendue applicable en Algérie par le décret du 19 mai 1928). V. *infra*, n. 15 à 23 ; — à la police des eaux minérales (Décr. 30 avr. 1930). V. *infra*, n. 24 à 30 ; — à l'assainissement par le tout-à-l'égout (L. 13 août 1926 et décr. 8 mars 1928 pour la ville de Paris et le département de la Seine ; L. 16 juill. 1917 pour la ville du Havre). Mentionnons aussi le décret du 16 déc. 1902, sur l'assainissement de la ville de Toulon ; les arrêtés des 21 juin 1904 et 10 nov. 1919, portant règlement sanitaire de la ville de Paris ; la loi du 15 déc. 1911, relative à l'assainissement de la côte orientale corse ; le décret du 15 mars 1919 et la loi du 15 mars 1928, relatifs aux mesures à prendre dans l'intérêt de la salubrité publique et le maintien de la décence en ce qui concerne les inhumations, exhumations, translations, embaumements, incinérations et moulages de corps ; le décret du 7 févr. 1923, relatif à la consommation des huîtres et coquillages.

1° Mesures prophylactiques applicables aux ambulants et aux nomades.

3. — La loi du 16 juill. 1912 sur l'exercice des professions ambulantes et la réglementation de la circulation des nomades a décidé (art. 11) qu'un règlement d'administration publique déterminerait les mesures prophylactiques auxquelles devront être soumis les ambulants, forains et nomades. L'inobservation des règles posées par ce décret est punie par six jours à un mois de prison et par une amende de 16 à 200 francs, ou par une de ces deux peines seulement.

4. — Le décret du 3 mai 1913 rend la vaccination et la revaccination obligatoires pour les nomades. — V. *infrà*, n. 237.

5. — Par ailleurs, le maire est en droit de faire vérifier l'état de santé et de visiter voitures et locaux dans ce but (Décr. 3 mai 1913, art. 5). En cas de maladie ou de décès, il peut faire visiter le malade ou faire constater le décès (art. 6). En cas de maladie transmissible, il avise le sous-préfet et prend toutes les mesures de désinfection ou de destruction des objets contaminés (art. 7), d'isolement et d'hospitalisation (art. 8).

6. — L'observation de ces diverses formalités est constatée sur un livret dont tout nomade doit être muni et dont la forme est réglée par la loi du 16 juill. 1912.

2° Assainissement des voies privées.

7. — En vertu de la loi du 22 juill. 1912, les lois et règlements relatifs aux voies publiques sont applicables aux voies privées, notamment en ce qui concerne l'écoulement des eaux usées, les vidanges, et l'alimentation des eaux. Toute partie d'une voie privée sur laquelle doit être établi un égout ou une canalisation d'eau est grevée d'une servitude légale à cet effet (art. 1).

8. — Pour l'exécution des travaux rendus nécessaires, un syndicat des propriétaires des fonds bordant la voie privée se constitue volontairement ou sur réquisition du préfet (L. 22 juill. 1912, art. 2). Au cas où le syndicat n'est pas constitué ou refuse d'agir, le président du tribunal civil nomme, dans un délai d'un mois, un syndic qui a qualité pour effectuer tous travaux d'entretien et d'assainissement prescrits par le maire, après observation des formalités indiquées dans les art. 12 et suivants de la loi du 15 févr. 1902 (art. 4) et pour dresser un devis soumis à l'assemblée générale des propriétaires (art. 6).

9. — En cas d'inaction du syndicat, le président du tribunal civil nomme, dans un second délai d'un mois, un nouveau syndic (L. 22 juill. 1912, art. 9).

10. — Le syndic opère la répartition des dépenses en raison de l'intérêt de chaque propriétaire à l'exécution des travaux (L. 22 juill. 1912, art. 7).

11. — Le syndic peut contracter des emprunts avec l'avis de l'assemblée générale des propriétaires et autorisation du préfet en conseil de préfecture, jusqu'à concurrence du devis (L. 22 juill. 1912, art. 10). De plus, les communes peuvent faire des avances au syndicat, dans les conditions prévues par l'art. 14.

12. — Le recouvrement des sommes dues est assuré, comme en matière de contributions directes, sur des états dressés par le syndic, arrêtés et rendus exécutoires par le préfet, après visa du maire constatant que les travaux prescrits ont été exécutés au moins jusqu'à concurrence du montant desdits états. En cas d'insolvabilité d'un ou de plusieurs propriétaires, les sommes dues par eux sont réparties entre les autres propriétaires au prorata des sommes mises à leur charge par l'état de répartition, sauf recours contre les débiteurs (L. 22 juill. 1912, art. 11). Pour le recouvrement, le syndicat a un privilège analogue à celui du Trésor en matière de contributions et qui prend rang immédiatement après. Il a, de plus, un privilège sur les immeubles riverains de la voie privée (art. 13).

13. — La faculté de délaissement de la loi du 21 juin 1865, art. 14, n'est pas accordée aux propriétaires intéressés (L. 22 juill. 1912, art. 14).

14. — Le receveur du syndicat est le receveur municipal (L. 22 juill. 1912, art. 15). Les règles établies pour les maires et les receveurs des communes, en ce qui concerne l'ordonnancement et l'acquittement des dépenses ainsi que la gestion, la présentation et l'examen des comptes, sont applicables au syndic et à l'agent comptable du syndicat (art. 16).

3° Expropriation pour cause d'insalubrité.

15. — Lorsque l'insalubrité d'un immeuble est le résultat de causes extérieures et permanentes, ou lorsque les causes d'insalubrité ne peuvent être détruites que par des travaux d'ensemble, la commune peut, en vertu de la loi du 17 juin 1915 qui a modifié la loi du 15 févr. 1902, art. 18, et ajouté les art. 18 *bis*, *ter* et *quater*, requérir, en vue de l'assainissement, l'expropriation de groupes d'immeubles ou de quartiers reconnus insalubres.

16. — L'insalubrité est dénoncée par une délibération du conseil municipal, appuyée d'un avant-projet sommaire des travaux d'assainissement, avec plan parcellaire du terrain à exproprier et l'indication des noms des propriétaires tels qu'ils figurent à la matrice des rôles. Après avis de la commission sanitaire, du conseil départemental d'hygiène et du comité de patronage des habitations à bon marché, le préfet peut, s'il prend en considération la délibération du conseil municipal, prescrire, dans les formes des art. 1er à 4 de l'ordonnance du 23 août 1835, une enquête portant à la fois sur l'utilité des travaux et les parcelles sujettes en totalité ou en partie à l'expropriation. Sur l'invitation du préfet, le président du tribunal convoque par simple lettre, à huit jours francs au moins et quinze jours au plus, les propriétaires de ces parcelles et le maire, à l'effet de leur désigner chacun un expert, auxquels le président peut en adjoindre un troisième de son choix. Faute de cette désignation, le président nomme d'office les trois experts. Ceux-ci, dispensés du serment, procèdent en présence des parties, ou elles dûment appelées, à l'estimation :

1° de la valeur vénale de chaque immeuble à acquérir, abstraction faite de ses conditions d'insalubrité;

2° de la dépense qu'exigeraient les travaux à faire à l'immeuble et jugés nécessaires par la commission sanitaire pour le rendre salubre;

3° dans le cas où l'immeuble devrait être frappé d'interdiction totale, de la valeur actuelle des terrains supposés nus et de celle des matériaux à provenir de la démolition. Les frais de cette expertise sont à la charge de la commune et sont liquidés comme en matière d'instance devant le conseil de préfecture (L. 15 févr. 1902, modifiée par L. 17 juin 1915, art. 18).

17. — Au vu de ces enquête et expertise, le préfet prend, s'il y a lieu, un arrêté par lequel, en même temps qu'il déclare l'utilité publique, il détermine les propriétés particulières auxquelles l'expropriation sera applicable. Il règle de même le mode d'utilisation des parcelles non incorporées aux ouvrages publics, ou les conditions auxquelles la revente de ces parcelles sera subordonnée. Cet arrêté peut, dans les dix jours et sans préjudice du recours pour excès de pouvoir, selon le droit commun, être, de la part de tout intéressé, l'objet d'un recours au ministre de la Santé publique, qui statue, après avis du Conseil supérieur d'hygiène publique de France (*Id.*, art. 18 *bis*).

18. — La procédure d'expropriation est alors suivie conformément aux titres III à VI de la loi du 3 mai 1841, sauf les dérogations ci-après :

1° Pour déterminer l'indemnité à allouer au propriétaire de l'immeuble, le jury fixe d'abord, par délibération spéciale, la valeur vénale de cet immeuble, abstraction faite de ses conditions d'insalubrité. Il en défalque ensuite, obligatoirement, le montant des travaux qui seraient nécessaires pour le rendre salubre. L'indemnité due est égale à la différence de ces deux éléments, sans pouvoir être inférieure à la valeur du terrain nu, et sans qu'il puisse non plus en être alloué aucune autre, notamment à raison du fait de dépossession.

19. — 2° A l'égard des locataires qui exploitent dans les locaux expropriés un commerce ou une industrie donnant lieu à patente, l'indemnité d'éviction à allouer suivant la loi du 3 mai 1841 est soumise à réduction si le commerce ou l'industrie ont comporté, du fait de l'exploitant, une cause spéciale d'insalubrité. Le taux de cette réduction égale celui des bénéfices d'exploitation obtenus au détriment de la santé publique. Le jury prononce, par délibérations distinctes, sur l'existence du commerce ou de l'industrie, le chiffre de l'indemnité qui serait normalement due, l'éventualité d'une réduction et le taux de celle-ci, puis enfin sur le chiffre de l'indemnité à allouer définitivement. A l'égard des autres locataires, l'indemnité est fixée forfaitairement à un trimestre de loyer, sans toutefois que la somme à allouer puisse être inférieure à 30 francs ou supérieure à 300 francs, et sans qu'il soit admis aucune opposition sur cette somme pour paiement de loyers arriérés.

20. — 3° La décision du jury et l'ordonnance du magistrat

directeur peuvent être attaquées par voie de recours en cassation en cas de violation des règles posées ci-dessus.

21. — 4° Les portions de propriétés, qui, après assainissement opéré, resteraient en dehors des alignements arrêtés pour les nouvelles constructions, pourront être revendues aux enchères publiques, sans que les anciens propriétaires ou leurs ayants droit puissent réclamer l'application des art. 60 et 61 de la loi du 3 mai 1841 (*Id.*, art. 18 *ter*).

22. — Lorsqu'un immeuble, ayant fait, conformément aux art. 12 et s. de la loi du 15 févr. 1902, l'objet d'un arrêté prescrivant soit des travaux, soit l'interdiction d'habitation, se trouve compris dans une expropriation pour cause d'insalubrité, et que les délais impartis au propriétaire sont expirés au moment où intervient le jugement d'expropriation, l'indemnité est déterminée suivant les règles ci-dessus.

23. — Inversement, lorsque, dans le groupe d'immeubles ou le quartier exproprié pour cause d'insalubrité, se trouve un immeuble sur la valeur vénale duquel, d'après déclaration du jury, il n'y a pas de déduction à opérer pour cause d'assainissement, l'indemnité est fixée, à l'égard de tous les locataires, conformément à la loi du 3 mai 1841 (*Id.*, art. 18 *quater*).

4° *Eaux minérales.*

24. — Trois décrets du 30 avr. 1930 ont modifié :

1° L'ordonnance du 18 juin 1823 portant règlement sur la police des eaux minérales;

2° Le décret du 8 sept. 1856 portant règlement d'administration publique pour l'application de la loi du 14 juill. 1856 relative à la déclaration d'intérêt public et au périmètre de protection des sources, ainsi qu'aux conditions générales de fonctionnement des établissements thermaux;

3° Le décret du 28 janv. 1860 portant règlement d'administration publique pour l'application des dispositions relatives à la surveillance des sources et des établissements d'eaux minérales naturelles. — V. *Répertoire*, v° *Eaux minérales.*

25. — En vertu de l'art. 1er du premier de ces décrets, l'autorisation préalable à laquelle, par application de l'art. 1er de l'ordonnance du 18 juin 1823, est soumise toute entreprise ayant pour but de livrer ou d'administrer au public des eaux minérales naturelles, est délivrée par le ministre chargé de l'hygiène.

26. — Le préfet transmet la demande à l'ingénieur des mines, qui visite les lieux, vérifie l'état des travaux et dresse un procès-verbal de ces constatations. Le captage et l'aménagement de la source sont ensuite, s'il y a lieu, effectués ou complétés sous le contrôle et la surveillance du service des mines. En cas de désaccord avec le demandeur sur le programme de ces travaux ou sur les conditions techniques d'exécution, l'ingénieur en chef des mines en réfère au ministre chargé de l'hygiène, qui statue, après avis du Conseil général des mines et du Conseil supérieur d'hygiène publique de France (Décr. 30 avr. 1930, art. 3).

27. — Dans le délai de six mois à dater de la publication du décret du 30 avr. 1930 (*J. off.* du 10 mai 1930), les propriétaires et exploitants de toute entreprise ayant pour effet de livrer ou d'administrer au public des eaux minérales et qui n'étaient pas munis de l'autorisation prescrite par l'art. 1er de l'ordonnance du 18 juin 1823 ont été tenus de solliciter ladite autorisation, conformément aux dispositions de ce texte (1er Décr. 30 avr. 1930, art. 7).

28. — Les dispositions de l'ordonnance du 18 juin 1823 sont maintenues en tout ce qui n'est pas contraire à celles du décret du 30 avr. 1930 (*Id.*, art. 8). — V. *Répertoire*, v° *Eaux minérales*, n. 17 et s.

29. — Le deuxième décret du 30 avr. 1930 modifie les art. 1er, 2, 6, 7, 8 et 15 du décret du 8 sept. 1856 sur des points de détail. — V. *Répertoire*, v° *Eaux minérales*, n. 91 et s.

30. — Le troisième décret modifie le titre 1er et les art. 15, 20 et 21 du décret du 28 janv. 1860. — V. *Répertoire*, v° *Eaux minérales*, n. 37 et s.

§ 2. *Réglementation relative à certains objets.*

31. — A cet ordre d'idées se rattachent les règles relatives à la vente et à l'importation des biberons à tube, interdites par l'art. 2 de la loi du 10 avr. 1906, sous peine d'une amende de 25 à 100 francs et, en cas de récidive, d'un emprisonnement de huit à trente jours, dispositions étendues par l'art. 2 de la loi du 26 févr. 1917 aux tétines-sucettes fabriquées avec d'autres

produits que du caoutchouc pur vulcanisé par d'autres procédés que la vulcanisation à chaud et ne portant pas, avec la marque du fabricant ou du commerçant, l'indication spéciale « caoutchouc pur ».

32. — Par ailleurs, la fabrication et la vente des thermomètres médicaux sont régies par la loi du 14 août 1918 et le décret du 3 mars 1919, et, pour l'Algérie, par le décret du 7 mars 1920.

33. — En vertu de l'art. 1er de la loi du 14 août 1918, il faut une vérification préalable à la vente. Chaque instrument doit porter le nom du constructeur et est, après vérification, muni d'un signe constatant l'accomplissement de cette formalité et donnant la date à laquelle elle a été accomplie.

34. — C'est le décret du 3 mars 1919, pris en application de la loi du 14 août 1918, art. 2, qui a fixé les conditions que doivent remplir les thermomètres médicaux et la forme de leur vérification.

35. — La définition des thermomètres médicaux est donnée par l'art. 15, § 1, ce sont : des appareils à mercure du type maximum, et dont la colonne de mercure, lorsque le réservoir du thermomètre revient à la température ambiante, ne redescend pas d'elle-même, mais doit redescendre sous l'action de secousses produites à la main.

36. — Le décret réglemente l'aspect extérieur (art. 1, §§ 2 et 3), la nature et la qualité du verre en ce qui concerne, en particulier, le retard à la dilatation (art. 2), la gradation, qui doit être en centigrades et s'étendre au moins de 36 à 42°, de dixième en dixième (art. 3), la solidité (art. 4), les conditions d'exactitude (art. 5), les indications qui peuvent seules être portées et leur place (art. 6).

37. — La vérification s'effectue par le soin du Conservatoire des arts et métiers, dans ses laboratoires de Paris ou dans les laboratoires agréés par lui en province. En vertu de l'art. 7, le vérificateur examine d'abord si les conditions exigées par les art. 1er à 4 et 6 sont remplies, puis il contrôle l'exactitude (art. 5). Les fabricants de thermomètres médicaux doivent en outre soumettre chaque nouvelle qualité de verre à une vérification spéciale qui a pour but d'en contrôler le retard à la dilatation (art. 10).

38. — Tout détenteur d'un thermomètre médical, remplissant ou non les conditions requises, peut en demander l'essai (art. 8).

39. — Que la vérification soit obligatoire ou demandée, le service n'est pas responsable de la détérioration possible de l'appareil (art. 9).

40. — Des taxes sont perçues, dont le détail est donné à l'art. 11.

41. — Les peines suivantes sont portées par les art. 3 et 4 de la loi du 14 août 1918. Les infractions au décret du 3 mars 1919 sont punies des peines de l'art. 479 du Code pénal et en cas de récidive d'une amende de 50 à 100 francs. Les conditions de la récidive sont déterminées par l'art. 183 du Code pénal (L. 14 août 1918).

42. — De plus, si on relève une inexactitude de plus d'un dixième sur un thermomètre mis en vente et vendu sans le signe de contrôle prévu par l'art. 9, on applique, en cas de mauvaise foi, les peines de la loi du 1er août 1905, art. 1er, et en cas de bonne foi les peines de la loi du 1er août 1905, art. 13. La même peine est applicable au vendeur ou au détenteur responsable, à moins qu'aucune négligence ne lui soit personnellement imputable. Dans le cas d'apposition de fausses marques, les art. 142 et 143 du Code pénal sont applicables (art. 4). Par ailleurs, les dispositions de l'art. 463 du Code pénal et de la loi du 26 mars 1901 sont applicables aux auteurs de ces infractions.

43. — De toute façon, les appareils sont saisis et confisqués.

44. — Indépendamment des officiers de police judiciaire, les vérificateurs, les commissaires et les inspecteurs des poids et mesures de la ville de Paris, et les inspecteurs et inspecteurs adjoints des pharmacies, sont chargés de procéder aux recherches pour constater les infractions à la loi du 14 août 1918 et au décret du 3 mars 1919. Ils peuvent, à cet effet, librement effectuer leurs opérations dans les ateliers, boutiques, magasins, foires et marchés où sont déposés pour la vente des thermomètres médicaux, ainsi qu'en cours de transport des mêmes appareils pour leur livraison (art. 12). Ils dressent procès-verbal, mettent sous scellés les thermomètres saisis, et les adressent avec le procès-verbal au procureur de la République, qui transmet,

s'il y a lieu, les instruments saisis au Conseil national des Arts et Métiers (art. 13).

§ 3. *Organisation de services publics ou d'utilité publique spéciaux.*

45. — Il s'agit ici des sanatoria antituberculeux (Loi du 7 sept. 1919, introduite en Alsace-Lorraine par le decret du 12 juin 1920, ratifié par la loi du 12 avr. 1922; appliquée en France par le décret du 10 août 1920, modifié par les décrets des 2 août 1923, 24 juill. 1924, 11 oct. 1924, 26 juill. 1925, 5 mai 1927, 14 déc. 1927, 16 janv. 1931, 11 févr. 1931, et loi de finances du 31 déc. 1921, art. 139), n. 46-58; — des équipes mobiles en temps d'épidémies (Décret du 5 août 1920); — des dispensaires d'hygiène sociale et de préservation anti-tuberculeuse (Loi du 15 avr. 1926, introduite en Alsace-Lorraine par le décret du 31 juill. 1920, ratifié par la loi du 17 juin 1921). — V. n. 59-70.

1° *Sanatoria.*

46. — *a*) En vertu de la loi du 7 sept. 1919, art. 1 et 7, les sanatoria sont des établissements destinés au traitement de la tuberculose. La loi distingue : *a*) les sanatoria publics, dont la gestion est assurée par le département, la commune, ou un établissement public; *b*) les sanatoria assimilés aux sanatoria publics : les sanatoria du même genre, gérés par une association reconnue d'utilité publique, par une société. ou une union de sociétés de secours mutuels, peuvent être assimilés aux sanatoria publics et bénéficier à ce titre des faveurs accordées par la loi du 7 sept. 1919 ; *c*) les sanatoria privés, créés soit par des collectivités, des sociétés ou des associations, soit par des particuliers, qui ne peuvent les créer qu'après déclaration au préfet (L. 7 sept. 1919, art. 8), sous peine de fermeture de l'établissement prononcée par les tribunaux à la requête du procureur de la République (art. 9).

47. — Les sanatoria publics et assimilés bénéficient de subventions de l'Etat jusqu'à concurrence du maximum de la moitié du montant des dépenses (L. 7 sept. 1919, art. 3 et 4).

48. — L'établissement d'un sanatorium est obligatoire dans chaque département. Ceux qui n'en possédaient pas au moment de la promulgation de la loi ont été obligés par l'art. 5, dans un délai prorogé par la loi de finances du 31 déc. 1921, art. 139, jusqu'au 31 déc. 1929, d'assurer l'hospitalisation en passant traité à cet effet avec un sanatorium public ou, à défaut, avec un sanatorium privé, faute de quoi il y était pourvu par un décret en Conseil d'Etat.

49. — D'ailleurs, les départements, communes ou autres collectivités qui sont dans l'obligation ce recourir à l'emprunt pour participer à la création d'un sanatorium public bénéficient des facilités de crédit prévues pour les constructions d'habitations à bon marché par la loi du 12 avr. 1906 et la loi du 23 déc. 1912 (L. 7 sept. 1919, art. 6).

50. — Le règlement d'administration publique pris en application de l'art. 4 est le décret du 10 août 1920, souvent modifié depuis. Il réglemente, dans le titre I**, les sanatoria publics, dans le titre II, les sanatoria privés.

51. — Lorsqu'un département, une commune, un établissement public, d'utilité publique ou assimilé décide la création, l'aménagement, l'agrandissement ou la réfection d'un sanatorium public ou assimilé, il doit tout d'abord soumettre au ministre de la Santé publique un projet comprenant la description détaillée de l'emplacement sur lequel le sanatorium sera construit ou aménagé, la contenance des terrains qui y seront affectés, le plan et le devis des constructions, l'indication du genre de malades qu'il sera destiné à recevoir, ainsi que le nombre et le sexe, la désignation du ou des dispensaires auxquels il sera rattaché, les ressources destinées au fonctionnement de l'établissement (art. 3). Le projet est communiqué au comité technique institué auprès du ministre de la Santé publique, et composé de 21 membres, énumérés à l'art. 3, modifié par le décret du 11 févr. 1931. Les modifications au projet primitif doivent être approuvées par la même procédure (Décr. 10 août 1920, art. 5).

52. — Les sanatoria doivent être situés à la campagne, et sont soumis à certaines conditions d'installation (Décr. 10 août 1920) : art. 7 à 12, pour les sanatoria destinés au traitement de la tuberculose pulmonaire, et art. 12 *bis* à *septiès*, ajoutés par le décret du 11 oct. 1924, pour les sanatoria destinés au traite-

ment des tuberculoses ostéo-articulaire et ganglionnaire. Les sanatoria publics sont, autant que possible, réservés aux malades du même sexe. Lorsqu'on les utilise comme sanatoria mixtes, on doit réserver à chaque sexe des bâtiments séparés, situés à distance l'un de l'autre et ayant chacun un lieu de promenade distinct (Décr. 10 août 1920, art. 8 à 12 *septiès*). Les sanatoria doivent comporter des chambres à un lit dans la proportion de 8 à 10 0/0 du nombre des malades. En outre, ils doivent remplir certaines conditions d'aération, d'orientation (art. 9 et 12 *ter*); les locaux doivent être disposés de manière à permettre la désinfection facile (art. 10 et 12 *ter*), et l'établissement doit être pourvu d'un laboratoire pour bactériologie, radiologie, laryngologie (art. 11 et 12 *quater*), de salles d'opérations lorsqu'il est destiné au traitement de la tuberculose ostéo-articulaire et ganglionnaire (art. 12 *quinquiès*). Dans cette dernière espèce de sanatoria, des dispositions doivent également être prises pour permettre en cas d'incendie l'évacuation rapide des malades immobilisés (art. 12 *sexiès*).

53. — Toutes ces dispositions sont applicables aux sanatoria privés (Décr. 10 août 1920, art. 37). En adressant au préfet la déclaration prescrite par la loi du 7 sept. 1919, art. 8, la collectivité ou la personne qui se propose de créer un sanatorium doit y joindre un projet comprenant la description détaillée de l'emplacement sur lequel le sanatorium sera construit ou aménagé, la contenance des terrains qui y seront affectés, les plans et devis des constructions, l'indication du genre des malades qu'il est destiné à recevoir, ainsi que leur nombre et leur sexe. Pendant un délai de deux mois le ministre de la Santé publique peut faire opposition à l'ouverture de l'établissement s'il juge que les mesures nécessaires pour rendre l'établissement propre à sa destination ne sont pas réalisées (art. 39). Le ministre et le préfet ont le droit de faire inspecter les sanatoria privés par leurs délégués, qui se font rendre compte du fonctionnement de ces établissements et s'assurent s'ils se conforment aux conditions qui leur sont imposées.

54. — Dans les sanatoria publics l'admission des malades est prononcée par le préfet, pour les sanatoria créés par l'Etat ou le département; dans les autres cas, par un représentant qualifié de la collectivité dont relève le sanatorium. Dans les conditions fixées par l'art. 13, modifié par le décret du 24 juill. 1924, les demandes sont classées et l'admission prononcée au fur et à mesure des vacances.

55. — La sortie des malades est prononcée par le médecin directeur, qui avise immédiatement le préfet ou le représentant de la collectivité intéressée qui a obtenu l'admission. Il peut y avoir recours du malade devant cette autorité si la sortie est prononcée pour des raisons disciplinaires (art. 14, modifié par le décret du 24 juill. 1924).

56. — Les sanatoria publics sont administrés, sous l'autorité du représentant de la collectivité qui en assure la gestion et sous la surveillance de commissions gratuites, par le médecin chef, directeur de l'établissement (art. 15, décr. 10 août 1920). La situation du médecin chef est réglée par les art. 16 et 18 du décret du 10 août 1920 ; l'organisation et le fonctionnement des commissions de surveillance par les art. 19 et 21.

57. — Pour le service médical, le médecin chef est assisté par un ou plusieurs médecins adjoints, des infirmières-majors et soignantes (art. 22 à 24). Les médecins chefs se recrutent parmi les médecins adjoints figurant sur une liste d'aptitude établie par une commission spéciale de dix membres présidée par le directeur de l'hygiène et de l'assistance (art. 28). Le médecin chef et les médecins adjoints sont nommés par le ministre de la Santé publique (art. 28), après classement par cette commission qui se réunit sur convocation du directeur de l'hygiène et de l'assistance toutes les fois qu'une ou plusieurs places (5 au maximum) de médecin sont vacantes (art. 29). Les emplois de médecins adjoints peuvent être remplis par des femmes (art. 27, § 3). Les candidats doivent être Français, avoir trente-cinq ans, être docteurs en médecine et justifier d'une pratique suffisante du laboratoire et des services spéciaux de tuberculeux.

58. — Quant aux sanatoria privés, ils restent libres du choix de leur médecin. Toutefois, ceux qui ont des traités en cours avec un département ne possédant pas de sanatorium public ne peuvent, sous peine de résiliation, modifier leur direction médicale qu'avec l'agrément exprès du préfet du département

contractant, à moins qu'ils ne la confient à un des médecins recrutés dans les conditions prévues pour les médecins chefs des sanatoria publics (L. 7 sept. 1919, art. 7, §§ 3 et 4).

2° Dispensaires d'hygiène sociale et de préservation antituberculeuse.

59. — En vertu de la loi du 15 avr. 1916, peuvent être institués des dispensaires publics, par les soins de l'Etat, des départements et des communes, et des établissements publics ou des dispensaires privés, par les soins de sociétés de secours mutuels, d'unions de sociétés de secours mutuels, d'associations de bienfaisance ou de particuliers.

60. — Lorsque, pendant cinq années consécutives, le nombre des décès sur le territoire d'une ou de plusieurs communes dépasse la moyenne de mortalité en France, la création d'un dispensaire d'hygiène sociale et de préservation antituberculeuse peut être déclarée obligatoire par un décret, les conseils municipaux entendus, sur avis conforme du conseil supérieur d'hygiène publique de France, après enquête et après consultation du conseil d'hygiène départemental et du conseil général. La commune ou les communes intéressées, le département et l'Etat participent aux frais de premier établissement suivant le barème de la loi du 14 juill. 1913. Dans un délai d'un mois à dater de la publication du décret, les conseillers municipaux sont mis en demeure de procéder à la création, et en cas de refus ou d'absence de délibération il y est pourvu d'office par arrêté préfectoral (L. 15 avr. 1916, art. 11).

61. — Le but des dispensaires est de faire l'éducation antituberculeuse, de donner des conseils de prophylaxie et d'hygiène, d'assurer et de faciliter aux malades atteints de maladies transmissibles l'admission dans les hospices, sanatoria, maisons de cure ou de convalescence, et, le cas échéant, de mettre à la portée du public des services de désinfection du linge, du matériel, des locaux et des habitations rendus insalubres par le malade (L. 15 avr. 1916, art. 1er).

62. — Les dispensaires publics constituent des établissements publics. Les règles générales d'administration, fixées pour les offices d'habitations à bon marché (L. 23 déc. 1912, art. 14 a 21), leur sont applicables, et ils peuvent être autorisés à emprunter, dans les conditions fixées par l'art. 16 de cette loi, jusqu'à concurrence de 50.000 francs par an.

63. — L'autorisation de fonctionner est donnée par le préfet, après inspection des locaux et vérification des aptitudes du personnel par le conseil départemental d'hygiène, qui, sous l'autorité du préfet, exerce un contrôle permanent sur l'administration de l'établissement (L. 15 avr. 1916, art. 3).

64. — Le dispensaire est géré par un conseil d'administration dont la composition est donnée par l'art. 4. Il peut n'y avoir qu'un conseil d'administration pour plusieurs dispensaires (art. 4, § 1er). C'est lui qui nomme le personnel du dispensaire, médecins, enquêteurs, moniteurs et monitrices, infirmiers et infirmières (L. 15 avr. 1916, art. 5).

65. — Le dispensaire organise, pour les malades privés de ressources, en accord avec les services locaux et régionaux d'hygiène et d'assistance, des consultations gratuites et des distributions de médicaments (L. 15 avr. 1916, art. 2).

66. — Les dépenses sont extraordinaires ou ordinaires. Les dépenses extraordinaires comprennent les dépenses de premier établissement ou d'agrandissement pour la construction ou l'aménagement des immeubles ou locaux, l'acquisition et l'installation de l'outillage. Les dépenses ordinaires comprennent toutes les dépenses ayant un caractère annuel. Les unes et les autres sont couvertes par le produit des dons et legs et par les subventions de l'Etat, du département, des communes et des établissements publics intéressés.

67. — En outre, les dépenses extraordinaires peuvent être couvertes par l'emprunt. L'Etat affecte également aux dépenses extraordinaires des dispensaires les subventions sur le revenu net prélevé sur le produit du pari mutuel et le jeu.

68. — De leur côté, les ressources nécessaires pour faire face aux dépenses ordinaires comprennent les recettes propres du dispensaire (L. 15 avr. 1916, art. 6 et 7).

69. — Par ailleurs, les dispensaires créés et administrés par des sociétés et des unions de sociétés de secours mutuels peuvent se faire agréer par le préfet et participer ainsi aux subventions de l'Etat, des départements et des communes. Ils doivent étendre leur action aux personnes non membres de la société, en leur appliquant le tarif que les dispensaires publics appliquent à leurs administrés non dénués de ressources et qui est fixé par arrêté préfectoral. Ils peuvent alors, ainsi que les dispensaires publics, bénéficier des facilités de crédit prévues par l'art. 3 de la loi du 23 déc. 1912 sur les habitations à bon marché, en vue de faire face aux dépenses de premier établissement (L. 15 avr. 1916, art. 8).

70. — Les associations de bienfaisance, et les personnes qui dans un but exclusif de bienfaisance créent des dispensaires antituberculeux. peuvent bénéficier des mêmes subventions et facilités de crédit, sous les mêmes conditions, avec l'autorisa- du préfet.

214 *bis*. — Le conseil de préfecture est compétent pour juger la validité du règlement sanitaire municipal. Cette compétence est tout à fait exceptionnelle, puisqu'il s'agit d'un litige concernant la propriété privée ; c'est à la justice civile, gardienne normale de ce droit, qu'il faudrait s'adresser. D'autre part, s'il appartient à la juridiction administrative de résoudre ces litiges, le mode de recours normal devrait être le recours pour excès de pouvoir devant le Conseil d'Etat.

SECTION II.

Mesures d'exécution directes et immédiates contre la propagation des épidémies.

220 *bis*. — 1. — En application de l'art. 8 de la loi du 15 févr. 1902, un décret du 14 août 1914, étendu à l'Algérie (Décr. 13 oct. 1914) et aux colonies (Décr. 2 sept. 1914) et prorogé jusqu'à la ratification des traités de paix par le décret du 6 déc. 1919, a édicté des mesures exceptionnelles pour prévenir et combattre la propagation des maladies contagieuses. En vertu de ce texte, tout département était divisé en circonscriptions sanitaires pouvant ne comprendre qu'une commune ou fraction de commune. Chaque circonscription était dirigée par un médecin délégué, sous l'autorité du préfet et d'un délégué départemental. Dans les communes où existait un bureau municipal d'hygiène, le délégué était le directeur de ce bureau. Le délégué recevait et contrôlait les déclarations de maladies, les visites des malades, appréciait s'il y avait lieu à l'isolement, la désinfection ou le transport à l'hôpital, veillait à l'exécution du règlement sanitaire municipal. Toutes les dépenses étaient payées par l'Etat.

2. — Les dispositions de la loi du 15 févr. 1920 ont été appliquées par le décret du 5 août 1908 et divers décrets concernant l'information officielle, la désinfection et la vaccination. Les règles posées sont sensiblement les mêmes que dans la métropole. — V. *infrà*, n. 233 et 237.

1° *Déclaration.*

222 *bis*. — 1. — Les art. 4 et 5 de la loi du 15 févr. 1902, prévoyant la déclaration obligatoire de certaines maladies, ont donné lieu à l'arrêté du 10 févr. 1903 (relatif au mode de déclaration des maladies déterminées par la loi du 15 févr. 1902) et aux décrets des 10 févr. 1903, 28 sept. 1916, 13 oct. 1923, 1er janv. 1925 et 21 juill. 1929, fixant la liste des maladies épidémiques et contagieuses auxquelles sont applicables les dispositions de la loi du 15 févr. 1902.

2. — En vertu du décret du 21 juill. 1929 qui abroge et remplace les précédents, les maladies dont la déclaration et la désinfection sont obligatoires sont les suivantes : choléra et maladies cholériformes, diphtérie, dysenterie, fièvre jaune, fièvre ondulante, fièvre typhoïde et paratyphoïde, infections puerpérales et ophtalmie des nouveau-nés (lorsque le secret de l'accouchement n'est pas réclamé), lèpre, méningite cérébrospinale épidémique, peste, polyomiélite antérieure aiguë, rougeole, scarlatine, suette miliaire, variole et varioloïde, trachome, typhus exanthématique.

3. — De plus, la déclaration est facultative pour les maladies ci-après : coqueluche, érésypèle, grippe, oreillons, pneumonie et bronchopneumonie, teigne, tuberculose pulmonaire.

4. — L'autorité publique, chargée, aux termes de l'art. 5 de la loi du 15 févr. 1902, de recevoir la déclaration des cas des maladies déterminées en vertu de l'art. 4 de la même loi, est représentée par le maire et, dans chaque arrondissement, par le préfet et le sous-préfet. Les praticiens mentionnés dans l'art. 5 précité sont tenus d'en faire simultanément déclaration à l'une et à l'autre de ces autorités, dès qu'ils ont constaté

l'existence d'une de ces maladies. A Paris, la déclaration est faite au préfet de police (Arr. 10 févr. 1903, art. 1).

5. — La déclaration se fait à l'aide de cartes-lettres détachées d'un carnet à souches. Elles portent nécessairement la date de la déclaration, l'indication du malade et de l'habitation contaminée, la nature de la maladie désignée par le numéro d'ordre suivant la nomenclature inscrite à la première page du carnet. Elles peuvent contenir en outre l'indication des mesures prophylactiques jugées utiles. Les carnets sont mis gratuitement à la disposition de tous les docteurs en médecine, officiers de santé et sages-femmes (Id., art. 2).

6. — Il est tenu dans chaque arrondissement, par le préfet ou le sous-préfet, un registre spécial où sont inscrits, par ordre chronologique, les cas de maladie, la date de déclaration, la désignation de l'endroit où ils se sont produits et le nom du déclarant. Ce registre est établi de telle sorte que chaque commune de l'arrondissement soit représentée par un ou plusieurs feuillets permettant de suivre le développement d'une épidémie et de se rendre compte à toute époque de l'état sanitaire d'une commune ou d'une ville. A la fin de chaque mois, le registre est récapitulé sur un état transmis au ministère de la Santé publique (Id., art. 3).

2° Désinfection.

232 bis. — I. *Appareils.* — 1. — Un décret du 7 mars 1903 a réglementé les conditions que doivent remplir les *appareils destinés à la désinfection.*

2. — Aucun appareil ne peut être employé à la désinfection avant d'avoir été l'objet d'un certificat de vérification délivré par le ministre de la Santé publique après avis du Conseil supérieur d'hygiène publique de France. Les appareils conformes à ce type déjà vérifié ne peuvent être mis en service qu'après délivrance au préfet, sur le rapport de la commission sanitaire de la circonscription, d'un procès-verbal de conformité. Ils doivent porter une lettre de série correspondante au type auquel ils appartiennent et le numéro d'ordre de cette série (Décr. 7 mars 1903, art. 2).

3. — La demande de vérification est accompagnée des plans de l'appareil, de la description et d'une notice détaillée faisant connaître sa destination et le mode de fonctionnement. Le ministre de la Santé publique adresse la demande et les pièces annexées au Conseil supérieur d'hygiène publique de France (Id., art. 3).

4. — La section compétente fait procéder, en présence du demandeur ou de son représentant, aux expériences reconnues nécessaires pour vérifier l'efficacité de l'appareil. Si l'appareil se trouve hors de Paris, la section compétente peut désigner, pour procéder aux expériences, un ou plusieurs délégués choisis parmi les membres du comité d'hygiène départemental ou des commissions sanitaires du département. Les procès-verbaux de l'expérience sont communiqués aux intéressés. Ceux-ci ont un délai de quinze jours pour adresser leurs observations au président du Conseil supérieur. Après expiration de ce délai, la section compétente émet son avis, qui est transmis avec le procès-verbal des expériences au ministre de la Santé publique qui statue (Id., art. 4).

5. — La décision du ministre est communiquée à l'intéressé qui, si elle est défavorable, a un délai de deux mois à partir de la notification pour réclamer une nouvelle vérification de son appareil (Id., art. 5).

6. — Il est procédé à cette nouvelle vérification en assemblée générale du Conseil supérieur; le président désigne un nouveau rapporteur et, dans le cas où l'appareil se trouve hors de Paris, un ou plusieurs nouveaux délégués. La procédure est la même, avec cette différence que la section compétente est remplacée par l'assemblée générale. La décision du ministre est notifiée à l'intéressé (Id., art. 6).

7. — En cas de décision favorable, un certificat de vérification est délivré par le ministre de la Santé publique, accompagné des plans, de la description et de la notice exigée par le décret du 7 mars 1903, art. 3 (Id., art. 8).

8. — Le détenteur d'un appareil vérifié ou dont le type a été vérifié conformément aux prescriptions du décret du 7 mars 1903, art. 2, doit adresser au préfet une déclaration accompagnée d'une copie du certificat de vérification et des pièces désignées ci-dessus, indiquant s'il y a lieu la lettre de série et le numéro d'ordre de l'appareil. Cette déclaration est enregistrée

à sa date. Il en est délivré récépissé. Elle est communiquée sans délai à la commission sanitaire de la circonscription. S'il s'agit d'un appareil ayant été lui-même l'objet d'un certificat de vérification, le préfet, sur le rapport de la commission sanitaire, délivre au détenteur un certificat d'identité. S'il s'agit d'un appareil conforme à un type déjà vérifié, un procès-verbal, prévu par l'art. 2, § 2, en constate la conformité (Id., art. 8).

9. — Les intéressés doivent fournir le mode de fonctionnement et tous les objets nécessaires aux expériences de vérification et de contrôle (Id., art. 10).

10. — Les attributions conférées aux préfets par le décret du 7 mars 1903 sont exercées à Paris par le préfet de la Seine (art. 9).

233. — II. *Services de désinfection.* — 1. — L'art. 7 de la loi du 15 févr. 1902, modifié par la loi du 16 juill. 1913 (V. *infrà,* § b), a rendu la désinfection obligatoire pour un certain nombre de maladies. — Voir leur énumération *suprà,* n. 222 *bis.*

2. — Des décrets, du 10 juill. 1906 pour la France et du 16 mars 1912 pour l'Algérie, ont porté règlement d'administration publique sur les conditions d'organisation et le fonctionnement du service de désinfection. Les maladies auxquelles sont applicables les dispositions de la loi du 15 févr. 1902 sont visées au décret du 21 juill. 1929.

2 *bis.* — A. *Organisation du service de désinfection.* — Les mesures de désinfection sont mises à exécution dans les villes de 20.000 habitants et au-dessus par les soins de l'autorité municipale, suivant des arrêtés du maire approuvés par le préfet, et, dans les communes de moins de 20.000 habitants, par les soins d'un service départemental.

3. — a) *Service municipal de désinfection.* — En France, dans les villes de plus de 20.000 habitants, le conseil municipal, après avis du directeur du bureau d'hygiène, décide la création d'un ou de plusieurs postes de désinfection, détermine la composition et la rétribution du personnel, vote les crédits nécessaires à l'acquisition et à l'entretien du matériel et au fonctionnement du service (Décr. 10 juill. 1906, art. 1). Il en est de même en Algérie dans les villes où un bureau d'hygiène a été créé par arrêté du gouverneur général (Décr. 16 mars 1912, art. 1). De plus, en France, en vertu de la loi du 16 juill. 1913 qui a modifié et complété la loi du 15 févr. 1902, art. 7, les communes de moins de 20.000 habitants qui, facultativement, auront créé un bureau d'hygiène pourront être exceptionnellement autorisées par le ministre de la Santé publique, sur avis conforme du Conseil supérieur d'hygiène publique de France, à avoir un service autonome de désinfection.

4. — Les délibérations prises par le conseil municipal sont transmises par le préfet au conseil départemental d'hygiène. Si, sur le vu d'une observation présentée par celui-ci, le préfet estime que les dispositions adoptées par le conseil municipal équivalent au défaut d'organisation tel qu'il est prévu par la loi du 15 févr. 1902, art. 26, § 5 (en Algérie, par le décret du 5 août 1908, art. 22, § 2), il invite par arrêté motivé le conseil municipal à délibérer de nouveau; puis, à l'expiration d'un délai de deux mois, il est statué par décret rendu sous forme de règlement d'administration publique. Si le préfet conteste la nécessité des dépenses qui résulteront pour le département, l'État (en Algérie, la colonie) de l'organisation et du fonctionnement du service de désinfection, il est statué, s'il y a lieu, après nouvelle délibération du conseil municipal, par décret rendu en Conseil d'État conformément à la loi du 15 févr. 1902, art. 26, § 2, et en Algérie par décret rendu en Conseil d'État pour les communes de plein exercice et par arrêté du gouverneur général en conseil de gouvernement pour les communes mixtes ou indigènes (Décr. 10 juill. 1907, art. 2, et 16 mars 1912, art. 2).

5. — Chaque semestre, le maire transmet au préfet un rapport détaillé sur les opérations du service. Le préfet en adresse copie au ministre en France, au gouverneur général en Algérie (Décr. 19 juill. 1906, art. 3; 16 mars 1912, art. 3).

6. — b) *Service départemental de désinfection.* — Dans les villes de moins de 20.000 habitants et qui n'ont pas usé de la faculté donnée par la loi du 16 juill. 1913 (V. *suprà,* n. 3), le conseil général, après avis du conseil départemental d'hygiène, décide la création d'un ou de plusieurs postes de désinfection, détermine la composition et la rétribution du personnel, vote les crédits nécessaires à l'acquisition et à l'entretien du matériel et au fonctionnement du service (Décr. 10 juill. 1906, art. 4). Il en est de même en Algérie dans les villes qui n'ont pas de bureau d'hygiène (Décr. 16 mars 1912, art. 4).

7. — Il est créé au moins un poste par circonscription sanitaire, de telle sorte qu'il n'y ait pas plus de six heures de trajet (24 heures en Algérie) du poste à chacune des communes desservies. Toute station thermale possédant un bureau d'hygiène doit avoir un poste de désinfection (Décr. 10 juill. 1906, art. 5; 16 mars 1912, art. 5).

8. — Chaque circonscription est dirigée par un délégué de la commission sanitaire agréé par le préfet. Chaque poste est dirigé par un chef de poste assisté, s'il y a lieu, par des agents et aides. Ils procèdent eux-mêmes aux opérations de désinfection et tiennent un registre où ils contresignent ces opérations (Décr. 10 juill. 1916, art. 7 et 8; 16 mars 1912, art. 7 et 8).

9. — Les décisions prises par le conseil général sont transmises par le préfet au ministre (en Algérie, au gouverneur général qui en réfère au ministre de l'Intérieur). Si, sur les observations présentées par le Conseil supérieur d'hygiène publique de France (en Algérie, par le conseil d'hygiène d'Algérie), le ministre estime que les décisions adoptées par le conseil général équivalent au défaut d'organisation tel qu'il est prévu par la loi du 15 févr. 1902, art. 26, § 5 (en Algérie, par le décret du 5 août 1908, art. 22, § 2), il invite par arrêté motivé le conseil général à délibérer à nouveau dans la plus prochaine session. Si le ministre conteste la nécessité des dépenses qui résulteront pour l'État de l'organisation et du fonctionnement des services de désinfection, il est statué, s'il y a lieu, après nouvelle délibération du conseil général, par décret rendu en Conseil d'État, conformément à la loi du 15 févr. 1902, art. 26, § 4, et, en Algérie, par décret rendu en Conseil d'État pour les communes de plein exercice et par arrêté du gouverneur général rendu en conseil de gouvernement pour les communes mixtes ou indigènes (Décr. 19 juill. 1906, art. 9; 16 mars 1912, art. 9).

10. — B. *Fonctionnement du service de désinfection.* — Dès que le maire a reçu une déclaration, il en avise le service de désinfection, qui envoie un agent muni des désinfectants appropriés. La désinfection ne peut avoir lieu que de jour seulement (Décr. 10 juill. 1906, art. 10 à 12). Elle doit être effectuée par les soins du service public (art. 13) ou, exceptionnellement, sous son contrôle et dans les conditions fixées par les art. 14 et 17, par les soins des personnes intéressées ou, en cas de décès, par les héritiers. — Pour la destruction éventuelle des objets infectés, voir les art. 19 et 20 du décret du 10 juill. 1906.

11. — Des taxes sont prélevées après la désinfection d'après un tarif établi par le décret du 10 juill. 1906, art. 22; elles sont proportionnelles à la valeur locative des locaux dont dépend la pièce occupée par le malade et décroissent quand la population croît. Le maximum est de 30 francs. La taxe est de 5 francs pour une chambre d'hôtel ou une chambre garnie (art. 26). La gratuité est accordée aux indigents (art. 27). La désinfection peut être opérée la nuit, mais elle est alors majorée de 50 0/0 (art. 25).

3° *Vaccination.*

237. — A. *Vaccination antivariolique.* — 1. — La vaccination antivariolique a été rendue obligatoire par la loi du 15 févr. 1902, art. 6, modifiée par la loi du 7 sept. 1915. En vertu de ce texte, le décret du 27 juill. 1903, pour la France, et celui du 27 mai 1907, pour l'Algérie, ont réglementé le service de la vaccine.

2. — Aux termes de la loi du 15 févr. 1902 (art. 6), la vaccination antivariolique est obligatoire au cours de la première année de la vie, ainsi que la revaccination au cours de la onzième et de la vingt et unième année (Délibération de l'Académie de médecine du 5 févr. 1901). De plus, la loi du 7 sept. 1915 a déterminé dans quels cas, à tous les âges, la vaccination et la revaccination antivarioliques peuvent être rendues obligatoires et modifié la loi du 15 févr. 1902 (art. 6) en ajoutant entre le § 2 et le § 3, un § 2 *bis* ainsi conçu : « En cas de guerre, de calamité publique, d'épidémie ou de menace d'épidémie, la vaccination et la revaccination antivarioliques peuvent être rendues obligatoires, par décret ou arrêté préfectoral, à toute personne, quel que soit son âge, qui ne peut justifier avoir été vaccinée ou revaccinée avec succès depuis moins de cinq ans. Les mêmes règles sont applicables en Algérie » (Décr. 27 mai 1907, art. 1, et décr. 28 déc. 1905, art. 1).

3. — Les parents et tuteurs sont tenus personnellement de l'exécution de ladite mesure. Les contraventions tombent sous le coup de l'art. 471 Code pénal.

4. — De plus, en vertu du décret du 3 mai 1913 sur la vacci-

nation et la revaccination des nomades, l'obligation prescrite par l'art. 6 de la loi du 15 févr. 1902 doit avoir été remplie ou être remplie dans le délai d'un mois après leur déclaration (art. 1). Au moment où ils formulent la demande du carnet d'identité, les ambulants, forains et nomades doivent prouver qu'ils ont été vaccinés ou revaccinés depuis moins de dix ans; sinon, ils ont un délai de huit jours pour s'acquitter de cette obligation (art. 2). Ils doivent se soumettre à la revaccination tous les dix ans au plus (art. 3). Les dates sont portées, par les soins du médecin vaccinant, sur des feuillets spéciaux de leur carnet d'identité.

5. — Le décret du 19 juin 1918 rend obligatoires la vaccination et la revaccination antivarioliques pour les fonctionnaires et agents de l'État.

6. — Pour permettre d'exécuter l'obligation posée par l'art. 6 de la loi du 15 févr. 1902, les décrets du 27 juill. 1903 et du 27 mai 1907 ont organisé un service public de la vaccine antivariolique. Dans chaque département, le préfet nomme les médecins, sages-femmes et autres agents du service de la vaccine organisé par le conseil général en exécution de la loi du 15 févr. 1902 (art. 20) et des décrets du 27 juill. 1903 (art. 2) et du 27 mai 1907 (art. 6). Ce service organise des séances de vaccination gratuite.

7. — Toutefois, les particuliers peuvent se faire vacciner à domicile ou dans des établissements privés. Mais nul ne peut ouvrir un établissement destiné à préparer ou à distribuer des vaccins sans avoir fait au préalable une déclaration à la préfecture ou à la sous-préfecture. Ces établissements sont soumis à la surveillance de l'autorité publique, conformément aux dispositions arrêtées par le ministre de la Santé publique (Décr. 27 juill. 1903, art. 3; décr. 27 mai 1907, art. 7).

8. — Les séances de vaccination gratuite et de révision des résultats de ces opérations sont annoncées par voie d'affiches. Les parents ou tuteurs sont tenus d'envoyer leurs enfants aux séances de vaccination, de les soumettre à l'opération et à la constatation du résultat de celle-ci au cours d'une séance de révision. Toutefois, ils sont libres de satisfaire à cette obligation en déposant à la mairie un certificat constatant la vaccination ou la revaccination de leurs enfants, avec la date et le résultat de ces opérations, et délivré par le médecin ou la sage-femme qui les aura pratiquées (Décr. 27 juill. 1903, art. 4; décr. 27 mai 1907, art. 8).

9. — La liste des personnes soumises à la vaccination est établie par les soins de la municipalité. Elle comprend, pour;

1° La première vaccination : *a*) Tous les enfants de plus de trois mois et de moins d'un an, au jour de la séance de vaccination, nés dans la commune et relevés sur le registre de l'état civil; *b*) Les enfants du même âge, nés dans d'autres localités, et résidant dans la commune; *c*) Les enfants plus âgés, qui n'auraient pu être vaccinés pour une raison quelconque; *d*) Ceux qui, antérieurement vaccinés, doivent subir une nouvelle vaccination, la première n'ayant pas été suivie de succès;

2° La première revaccination : D'après l'état civil et les renseignements fournis par les divers établissements d'instruction publics ou privés, tous les enfants inscrits dans les écoles, entrés dans leur onzième année, et ceux, quel que soit leur âge, qui n'auraient pas subi la vaccination ou la revaccination.

3° La deuxième revaccination : Toutes personnes qui se trouvent au cours de leur vingt et unième année et résident dans la commune (Décr. 27 juill. 1903, art. 6; décr. 27 mai 1907, art. 10).

10. — En cas d'insuccès, la vaccination peut être renouvelée une deuxième et, au besoin, une troisième fois, le plus tôt possible et au plus tard à la prochaine séance de vaccination (Décr. 27 juill. 1903, art. 9; décr. 27 mai 1907, art. 12).

11. — Après la dernière séance de revaccination concernant sa commune, le maire prévient, par avertissement individuel, les parents ou tuteurs qui n'ont pas satisfait à l'obligation. Ils seront tenus de présenter avant la fin de l'année un certificat de vaccination ou de revaccination. A l'expiration de ce délai, le maire ou le commissaire de police dresse contre ceux qui n'ont pas fourni cette justification un procès-verbal constatant la contravention à l'art. 6 de la loi du 15 févr. 1902 et le transmet immédiatement au magistrat chargé des fonctions de ministère public près du tribunal de simple police (Décr. 27 juill. 1903, art. 11; décr. 27 mai 1907, art. 13).

12. — Les mesures prescrites par les art. 6 à 13 du décret de

1907 sont applicables aux indigènes d'Algérie, sauf à ceux résidant dans les douars ou dans les tribus, mais les femmes indigènes sont vaccinées par des sages-femmes indigènes (Décr. 27 mai 1907, art. 14). Les art. 15 et s. du décret du 27 mai 1907 fixent les règles applicables aux indigènes résidant dans les douars et tribus, en particulier en ce qui concerne la liste des personnes soumises à la vaccination (art. 15) et le médecin vaccinateur.

13. — En vertu du décret du 12 déc. 1922, toute expédition ou entrée de vaccin antivariolique étranger en France doit faire l'objet, à l'Institut supérieur de vaccine de l'Académie de médecine de Paris, d'une déclaration concernant l'origine, la nature et la quantité de vaccin introduit, ainsi que l'adresse, en France, du dépositaire de ce vaccin (art. 1er). Chacun de ces tubes importés doit mentionner, outre l'adresse de l'expéditeur et du destinataire, la date extrême d'utilisation du vaccin (30 jours à dater de sa fabrication) (art. 2). Les dépôts de vaccin étranger en France sont soumis à l'autorisation et à la surveillance de l'autorité publique, conformément aux dispositions arrêtées par le ministre de la Santé publique (art. 3).

14. — B. *Vaccination antityphoïdique.* — En vertu de la loi du 27 mars 1914, la vaccination antityphoïdique a été rendue obligatoire dans l'armée active ; le même texte décide que cette obligation peut s'étendre, par simple décision ministérielle, aux réserves.

CHAPITRE IV

HYGIÈNE NATIONALE.

.Section III.

Autorités et conseils locaux.

§ 1. *Province.*

239 bis. — 1. — Pour permettre aux maires d'établir plus facilement le règlement sanitaire ordonné par la loi du 15 févr. 1902, art. 1er, des modèles de règlement sont mis à la disposition des municipalités par le ministère de la Santé publique. Il y a deux modèles-types : l'un (modèle A) applicable aux villes, bourgs et agglomérations ; l'autre (modèle B) applicable aux communes ou parties de commune ; la rédaction actuelle constitue une réédition, notablement remaniée, des textes élaborés en 1903 et soumis à révision en 1905 et 1927.

2. — Le modèle A traite, en 77 articles, des règles générales de salubrité des habitations, des pièces destinées à l'habitation, caves, sous-sols, rez-de-chaussée et étages, hauteur des maisons, voies privées, cours, escaliers, chauffage, alimentation d'eau, circulation des eaux pluviales, des matières et des eaux usées, logement des animaux, fumier et fosses à purin, permis de construire, entretien des habitations, prophylaxie des maladies transmissibles, isolement, transport des malades, désinfection, sortie des malades, refuges et asiles, cadavres, surveillance de l'eau potable, lavoirs, pénalités, etc...

3. — Le modèle B traite, en 25 articles, des habitations, cuisines, chambres à coucher, eaux d'alimentation, écuries et étables, fosses à fumier et à purin, celliers, pressoirs et cuvage, mares, vidanges, gadoues, etc..., cabinets et fosses d'aisances, animaux morts, déclaration des maladies transmissibles, isolement, désinfection.

4. — L'arrêté du maire est approuvé par le préfet après avis du comité départemental de l'hygiène (L. 15 févr. 1902, art. 2 et 3). A défaut par le maire d'avoir pris cet arrêté, il lui est imposé d'office par le préfet.

240 bis. — 1. — La question des pouvoirs accordés aux maires et, à Paris, au préfet de police par la loi du 15 févr. 1902 a fait l'objet d'une abondante jurisprudence (V. not. Cons. d'Et., 5 juin 1908 et la note de M. Hauriou, [S. 1919.1. 113] ; — 13 mars 1914 et la note de M. Hauriou, [S. 1917.1. 17]). On distingue une tendance à accroître les pouvoirs de l'autorité publique. Le principe fondamental est le suivant : il faut concilier les intérêts primordiaux de la santé publique et le respect dû à la propriété privée. Les premiers arrêts semblaient donner le pas à la deuxième de ces préoccupations. Actuellement, le Conseil d'Etat se montre surtout désireux d'assurer une protection efficace de la santé publique.

2. — Pour connaître l'étendue des pouvoirs de l'autorité municipale, il faut distinguer les règles qui ont pour but d'assurer l'hygiène : 1° des localités ; 2° des habitations.

3. — Incombent au maire les mesures concernant l'épandage des vidanges (L. 15 févr. 1902, art. 1er) qu'il peut limiter dans l'intérêt de la santé publique, le transport, le dépôt et l'épandage des gadoues, le déversement des eaux ménagères, fumiers, etc..., l'enlèvement des ordures ménagères.

4. — L'assainissement des rues, ruelles et voies privées relève aussi des pouvoirs du maire, notamment en ce qui concerne l'écoulement des eaux usées, des vidanges et de l'alimentation en eau (L. 22 juill. 1912).

5. — Dans le cas où l'insalubrité d'un ruisseau provient d'un vice propre à ce ruisseau, le maire doit prendre des mesures en vertu de la loi du 15 févr. 1902. Si l'insalubrité provient de l'usage que fait une ville de ce ruisseau, le maire pourra agir en vertu de l'art. 21 de la loi du 21 juin 1898 réglementant la police des eaux.

6. — Pour les prescriptions relatives aux immeubles, il convient de distinguer entre les immeubles déjà construits et les immeubles à construire, ces derniers plus étroitement réglementés, et de ne pas perdre de vue que l'objet essentiel des règlements sanitaires est, aux yeux de la jurisprudence, d'assurer l'alimentation en eau potable et l'évacuation des matières usées. Les pouvoirs accordés aux autorités municipales en ces matières sont donc plus étendus.

241 bis. — 1. — Les règlements généraux pris en application de la loi du 15 févr. 1902 sont sanctionnés : 1° par l'art. 471-15° du Code pénal ; 2° aussi par l'exécution d'office des travaux nécessaires. Le juge doit l'ordonner en vertu de l'art. 161 du Code d'instruction criminelle. — Cass., 11 nov. 1915, [S. 1918-1919.1.223]

2. — Tout règlement non revêtu des formes prévues par la loi du 15 févr. 1902, art. 1er et 2, est sans sanction pénale, même s'il est antérieur à 1902, parce qu'il est abrogé par l'art. 31. — Simple police Reims, 9 janv. 1905, [S. 1907.2.249]

253. — Le conseil général divise le département en circonscriptions sanitaires qui sont pourvues chacune d'une commission sanitaire. La commission de circonscription est composée de cinq membres au moins et de neuf au plus, comprenant nécessairement un conseiller général élu par ses collègues, un médecin, un pharmacien, un architecte ou un technicien compétent analogue, et un vétérinaire. Le sous-préfet préside la commission (L. 15 févr. 1902, art. 20).

254. — Le conseil général a tout pouvoir pour adjoindre des personnes à voix consultative aux commissions sanitaires (L. 15 févr. 1902, art. 29. — Cons. d'Et., 13 déc. 1912, [S. 1918-1919.3.15]). L'adjonction aux conseils et commissions sanitaires (L. 15 févr. 1902, art. 20) de personnes à voix consultative a trait à la composition et au mode général du fonctionnement de ces assemblées, donc ressortit du conseil général non du préfet. — Cons. d'Et., 25 févr. 1905, [S. 1905.3.16]

258 bis. — 1. — En vertu du décret du 3 juill. 1905 portant règlement d'administration publique pour l'organisation et le fonctionnement des bureaux d'hygiène, le conseil municipal fixe l'importance du personnel et les allocations à lui attribuer ; il statue éventuellement sur la création d'un laboratoire d'hygiène (art. 1). Le maire nomme le chef de service parmi les personnes reconnues aptes par le Conseil supérieur d'hygiène publique de France (art. 2). Si la commission ne s'acquitte pas de ses obligations, le fait est apprécié par le conseil départemental d'hygiène et le préfet invite par arrêté motivé le conseil municipal à délibérer de nouveau. Au bout de deux mois, en cas de nouvelle inaction, il est statué par décret en forme de règlement d'administration publique (art. 3). Les dépenses sont réparties entre les villes et l'Etat ; mais les départements supportent aussi leur part des dépenses résultant des attributions autres que celles conférées aux bureaux d'hygiène par la loi du 15 févr. 1902 (art. 4).

2. — Un bureau d'hygiène unique peut être constitué pour plusieurs communes, autorisées à se syndiquer conformément aux lois des 22 mars 1890 et 15 févr. 1902 (art. 2, § 3).

§ 2. *Paris et département de la Seine.*

261. — 1. — A Paris et dans le département de la Seine les attributions relatives à la salubrité publique sont réparties entre le préfet de police, le préfet de la Seine et les maires des communes suburbaines.

2. — Aux termes de la loi du 7 avr. 1903, art. 22, le préfet de la Seine a dans ses attributions à Paris :

1° Tout ce qui concerne la salubrité des habitations et de leurs dépendances, sauf celle des logements loués en garni;

2° La salubrité des voies privées closes ou non à leurs extrémités;

3° Le captage et la distribution des eaux;

4° La désinfection, la vaccination et le transport des malades. Pour la désinfection et le transport des malades, il donnera suite aux demandes qui lui seraient adressées par le préfet de police. Il nomme une commission de logements insalubres, composée de 30 membres, dont 15 sur la désignation du conseil municipal de Paris. La durée de leur mandat est de six ans, avec renouvellement du 1/3 tous les deux ans. A chacun de ces renouvellements, le préfet nomme dix membres, dont cinq sur désignation du conseil municipal. Cette commission exerce, pour toute l'étendue de la Ville de Paris et dans la limite des attributions conférées au préfet de la Seine, les pouvoirs donnés aux commissions sanitaires de circonscription par la présente loi; elle est présidée par le préfet de la Seine ou son délégué.

3. — Le préfet de police a dans ses attributions, à Paris :

1° La surveillance au point de vue sanitaire des logements loués en garni;

2° Les précautions à prendre pour prévenir ou faire cesser les maladies transmissibles visées par l'art. 4 de la loi, spécialement la réception des déclarations de maladies;

3° Les contraventions relatives à l'obligation de la vaccination et de la revaccination. Il continuera à assurer la protection des enfants en bas âge, la police sanitaire des animaux, la police de la médecine et de la pharmacie, l'application des lois et règlements concernant la vente et la mise en vente des denrées alimentaires falsifiées ou corrompues, le fonctionnement du laboratoire municipal de chimie, la réglementation des établissements classés comme dangereux, insalubres ou incommodes, tant à Paris que dans les communes du département de la Seine.

4. — Les maires des communes autres que Paris exercent des attributions sanitaires sous l'autorité soit du préfet de la Seine, soit du préfet de police, suivant les distinctions faites aux §§ 2 et 3 précédents.

271. — Le préfet de police et le préfet de la Seine sont assistés par le conseil d'hygiène et de salubrité de la Seine. dont la composition est la suivante (L. 4 avr. 1926, modifiant L. 15 févr. 1902, art. 24) : le préfet de police et le préfet de la Seine, présidents; deux vice-présidents, pris en dehors des membres de droit et nommés annuellement sur désignation du conseil d'hygiène, et deux secrétaires administratifs; vingt membres le sont de droit à raison de leurs fonctions; vingt-quatre membres titulaires nommés par le ministre chargé de l'hygiène publique sur présentation du conseil d'hygiène; trois membres du conseil général de la Seine et trois membres du conseil municipal de Paris élus par deux collèges; six membres choisis par le ministre, soit parmi les représentants du département de la Seine dans diverses assemblées électives, soit parmi les personnes qualifiées pour leur compétence.

272. — Les commissions d'hygiène instituées à Paris et dans le ressort de la préfecture de police continuent également à exercer leurs fonctions sous l'autorité des préfets de police et de la Seine, et elles ont les attributions données aux commissions sanitaires de circonscriptions (art. 23). De même, le conseil d'hygiène et de salubrité de la Seine joue le rôle attribué dans les autres départements au conseil départemental d'hygiène. — V. *suprà*, n. 209 et s. — V. Strauss et Fillasier, p. 261 et 262.

273 *bis.* — 1. — Les dispositions du décret du 3 juill. 1905 portant règlement d'administration publique pour l'organisation et le fonctionnement des bureaux d'hygiène sont applicables à la Ville de Paris et aux autres communes du département de la Seine, sous réserve des règles de la loi du 7 avr. 1903 sur la répartition des attributions relatives à la santé publique entre le préfet de la Seine, le préfet de police et les maires des communes. — V. *suprà*, n. 258 *bis*.

2. — L'arrêté sanitaire prescrit par la loi du 15 févr. 1902, art. 1er, a été pris le 22 juin 1904. Il a donné lieu à deux importants arrêts (Cons. d'Ét., 5 juin 1908, [S. 1909.3.113 et la

note de M. Hauriou]. — V. *suprà*, n. 240 *bis*). Plusieurs dispositions de ce texte ayant été annulées par ces décisions, un deuxième arrêté portant règlement sanitaire de la Ville de Paris a été pris le 10 nov. 1909.

§ 3. *Colonies.*

274-275-276. — 1. — La loi du 15 févr. 1902 a été rendue applicable en Algérie par le décret du 5 août 1908, et aux colonies par les décrets du 20 mai 1910, du 20 sept. 1912 et du 2 sept. 1914. Tous ces textes reproduisent presque textuellement les termes de la loi.

2. — *En Algérie*, les attributions sont partagées entre le gouverneur général, les préfets ou les généraux commandant les divisions militaires, d'une part, et les conseils généraux et les municipalités, d'autre part, suivant des règles à peu près analogues à celles établies en France (Décr. 5 août 1908, art. 1 et 2). — V. *suprà*, n. 238. 243.

3. — Le décret du 5 août 1908 supprime les anciens conseils sanitaires et leur substitue une organisation calquée sur l'organisation française.

4. — Il est créé des conseils départementaux d'hygiène se composant de quinze membres au moins et de vingt membres au plus: ils comprennent nécessairement trois conseillers généraux, dont un assesseur musulman, élus par leurs collègues, trois médecins, dont un de l'armée de terre ou de mer, deux notables indigènes, un pharmacien, l'ingénieur en chef, un architecte et un vétérinaire. Le préfet préside le conseil (Décr. 5 août 1908, art. 19).

5. — Le conseil général divise le département en circonscriptions sanitaires, qui sont pourvues chacune d'une commission sanitaire. La commission sanitaire de circonscription est composée de six membres au moins et de neuf au plus, comprenant nécessairement un conseiller général élu par ses collègues, un notable indigène, un médecin, un pharmacien, un architecte ou un technicien compétent analogue et un vétérinaire. Le sous-préfet préside la commission (Décr. 5 août 1918, art. 19).

6. — Pour les autres règles relatives aux conseils d'hygiène départementaux et communaux ou aux conseils sanitaires, V. Décr. 5 août 1908, art 20. — V. aussi *suprà*, n. 253, 254.

7. — Par arrêté, le gouverneur général peut constituer sous le nom de bureau d'hygiène un service municipal (art. 18).

8. — Le gouverneur général peut demander l'avis de l'Académie de médecine et du Conseil supérieur d'hygiène publique de France toutes les fois qu'il le juge utile, ou constituer à Alger, à titre temporaire ou permanent, toutes commissions consultatives qu'il juge utiles (art. 2).

9. — Les dépenses sont réparties entre les communes et le budget général par l'art. 22, suivant des règles analogues à celles en usage en France. — Cf. *suprà*, n. 258 *bis*, art. 1er.

10. — *Aux colonies*, l'autorité en matière sanitaire est exercée par le gouverneur, représentant l'Etat. C'est au gouverneur d'une colonie de prendre toutes mesures pour éviter la propagation des maladies contagieuses (Cons. d'Et., 3 avr. 1908, [S. 1910.3.86]). — C'est, par exemple, au gouverneur du Sénégal d'ordonner la destruction de locaux et d'objets mobiliers. — Cons. d'Et., 7 avr. 1911, [S. 1913.3.146].

11. — Les divers décrets qui ont étendu aux colonies la loi du 15 févr. 1902 sont calqués sur ce texte fondamental.

12. — Enfin, la loi de finances du 30 déc. 1928, art. 44, décide que : « Constituent des dépenses obligatoires pour les bureaux locaux des colonies : 1° l'entretien et les frais de voyage du personnel des services de santé, hors cadres, mis à la disposition des services locaux pour les besoins de ces services; 2° l'entretien en France du personnel de relève correspondant; etc... ».

CHAPITRE V

LÉGISLATION COMPARÉE ET DROIT INTERNATIONAL.

Section I.

Législation comparée.

§ 1. *Allemagne.*

277. — Un décret du 30 nov. 1910 a transféré l'administration médicale du ministère de l'Instruction publique au ministère de l'Intérieur.

279. — La loi d'Empire du 30 juin 1900 donne aux Pays le droit d'exécuter toutes mesures nécessaires pour prévenir les maladies contagieuses, dont elle dresse la liste et en rend la déclaration obligatoire (*Ann. lég. étr.*, 1905, p. 221). Devenue applicable en Prusse par la loi du 28 août 1905, en Bavière par l'ordonnance du 9 mai 1911 (*Ann. lég. étr.*, 1911, p. 165) et dans le duché de Bade par l'ordonnance du 9 mai 1907, cette loi a été modifiée et complétée à plusieurs reprises, notamment par les lois des 26 juin 1904, 29 mars 1912 et l'ordonnance du 30 août 1913 (*Ann. lég. étr.*, 1913, p. 178). Le droit de surveillance du gouvernement s'étend de plus en plus. Une loi du 2 août 1913 réglemente la vaccination. L'hygiène des hôtels est soumise à la surveillance des autorités centrales par la loi du 27 avr. 1923, de même que la vente et la fabrication des denrées alimentaires (L. 5 juill. 1927, *Ann. lég. étr.*, 1927, p. 51).

§ 3. *Belgique.*

286. — Un arrangement a été conclu entre la Belgique et la France le 15 mars 1906 pour prévenir la propagation des maladies contagieuses, et, en vertu de la loi du 13 févr. 1915 (*Ann. lég. étr.*, 1914-1915, p. 407), le pouvoir central fixe les mesures prophylactiques à prendre contre les maladies transmissibles.

§ 4. *Bulgarie.*

289. — La composition et les attributions du Conseil supérieur de santé sont modifiées par la loi du 30 janv. 1909 (*Ann. lég. étr.*, 1900, p. 473), de même que les attributions des agents sanitaires, médecins, rétribués par les communes et chargés de la surveillance hygiénique de ces dernières.

289 bis. — Une convention sanitaire a été signée le 7 févr. 1923, à Belgrade, entre les Bulgares, les Serbes, Croates et Slovènes.

§ 5. *Espagne.*

290. — Le règlement intérieur du Conseil royal d'hygiène a été approuvé par l'ordonnance royale du 10 déc. 1904 (*Ann. lég. étr.*, 1904, p. 150). A côté de ce conseil, les inspecteurs généraux d'hygiène (Décr. 5 juill. 1904, *Ann. lég. étr.*, 1904, p 151) sont chargés de la surveillance sanitaire. En application de la convention internationale signée à Paris le 12 janv. 1912 (*Ann. lég. étr.*, 1920, p. 90), une commission sanitaire centrale est chargée par le décret du 11 mai 1920 de dresser un registre sanitaire urbain dans les agglomérations de plus de 10.000 habitants, et des commissions sanitaires provinciales ont été créées par ordre royal du 18 mai 1920 (*Ann. lég. étr.*, 1920, p. 90). Dans les ports, le décret du 12 janv. 1909 a créé des commissions sanitaires et fixé les conditions que doivent remplir les inspecteurs du service de santé.

§ 6. *Etats-Unis.*

292. — La loi du 20 avr. 1908 (*Ann. lég. étr.*, 1908, p. 702), applicable à tout le territoire des Etats-Unis, règle la fondation et l'entretien des hôpitaux privés. Quand elle est réclamée par un certain nombre d'électeurs, dans une ville, la création d'un sanatorium antituberculeux est soumise au referendum (L. 12 mars 1909). Une loi du 15 avr. 1912 (*Ann. lég. étr.*, 1912, p. 507) édicte les mesures d'hygiène à prendre dans toutes les usines. Le service fédéral de santé a été réorganisé par la loi du 16 mai 1913. Au point de vue des égouts, taxes, etc... les Etats sont divisés en districts sanitaires (L. 29 mai 1903, *Ann. lég. étr.*, 1913, p. 562); enfin, la loi du 27 déc. 1917 interdit sur tout le territoire l'usage des boissons alcooliques.

293. — Dans l'Etat de New-York, des mesures sont prises contre la tuberculose et une surveillance est exercée par le bureau d'hygiène (L. 19 mai 1908).

295. — Dans presque tous les Etats de nombreuses lois ont réglementé la lutte contre la tuberculose : la loi du 7 mars 1908 en Illinois, remettant au conseil de la Cité le soin d'établir des sanatoria; la loi du 26 juin 1911 rendant obligatoire pour le médecin la déclaration des cas de tuberculose; la loi du 13 mai 1908 en Colombie; etc...

§ 7. *Grande-Bretagne.*

301. — La loi du 15 août 1904 permet de prendre les mesures nécessaires pour empêcher la propagation des maladies infectieuses du fait des navires. Celle du 3 déc. 1909 organise l'hygiène et la salubrité des habitations. Dans chaque conseil de comté, un comité permanent d'hygiène publique et des logements est chargé des questions intéressant la salubrité.

§ 8. *Italie.*

306. — L'obligation pour chaque commune d'avoir un médecin et des services sanitaires particuliers est supprimée par la loi du 26 févr. 1904 (*Ann. lég. étr.*, 1904, p. 19). Plusieurs communes peuvent former un consortium qui aura son médecin officiel, son laboratoire, ses services de désinfection, etc... Le règlement des laboratoires provinciaux et communaux est fixé par le décret du 16 janv. 1927.

308. — Le décret du 9 août 1912 (*Ann. lég. étr.*, 1912, p. 130) modifie le régime du personnel de l'administration centrale et provinciale de la santé publique.

§ 9. *Pays-Bas.*

311. — Plusieurs décrets de 1904, 1905 et 1906 édictent des mesures contre les maladies contagieuses, peste, choléra, méningite, etc... La loi du 14 juill. 1910 (*Ann. lég. étr.*, 1910, p. 118) complète la loi du 14 déc. 1872 sur les maladies contagieuses en faisant participer les intéressés aux frais de désinfection. Un conseil central d'hygiène a été organisé par le décret du 28 févr. 1913 (*Ann. lég. étr.*, 1913, p. 272), et la surveillance de l'Etat sur les services sanitaires, substituée à celle des autorités municipales, définitivement organisée par la loi du 4 oct. 1919 (*Ann. lég. étr.*, 1919, p. 114) et le décret du 19 févr. 1920 qui organise le conseil de la santé publique.

§ 10. *Roumanie.*

313. — La loi du 2 janv. 1911 (*Ann. lég. étr.*, 1911, p. 712) réorganise complètement le service sanitaire en Roumanie. Il dépend du ministre de l'Intérieur. Le médecin directeur, nommé par décret royal, a des pouvoirs très étendus. A côté de lui, le conseil sanitaire supérieur se prononce sur les questions d'hygiène publique soumises aux différents ministères. Dans chaque département existe un conseil d'hygiène et de salubrité publiques. Un conseil permanent se prononce sur la nomination des inspecteurs généraux. Un service d'assistance sanitaire est organisé sous la surveillance de l'inspecteur régional. Enfin, la loi du 26 févr. 1927 organise l'Institut d'hygiène et de la santé publique.

§ 13. *Suède. Norvège.*

322. — La loi du 26 juill. 1912 (*Ann. lég. étr.*, 1912, p. 385) réorganise en Norvège les services médicaux publics.

323. — La loi du 17 juin 1909 édicte en Norvège des mesures contre les maladies contagieuses. Celle du 4 sept. 1914 (*Ann. lég. étr.*, 1914, p. 549) édicte en Suède des mesures semblables, et la loi du 2 juin 1916 y réglemente la vaccination antivariolique.

SECTION II.

Droit international.

339. — Une loi du 31 mars 1908 a approuvé et un décret du 10 déc. 1908 a promulgué l'arrangement international signé à Rome le 9 déc. 1907, concernant la création à Paris d'un Office international d'hygiène publique. Les Etats signataires étaient : la Belgique, le Brésil, l'Espagne, la France, la Grande-Bretagne et l'Irlande, l'Italie, les Pays-Bas, le Portugal, la Russie, la Suisse et l'Egypte. A l'accord sont annexés les statuts organiques du nouvel office international.

340. — Etabli à Paris (art. 1er), il fonctionne sous l'autorité et le contrôle d'un comité des délégués des gouvernements contractants (Convention, art. 2), à raison d'un représentant par Etat, pourvu d'un nombre de voix inversement proportionnel au numéro de la catégorie dans laquelle il se range pour sa participation aux dépenses. — V. *infrà*, n. 344.

341. — L'Office présente un caractère international et non politique (Statuts, art. 2). Il constitue un établissement d'utilité publique en France (St., art. 3). Son objet est de recueillir les faits et les documents sur les questions sanitaires, notamment au sujet du choléra, de la peste, de la fièvre jaune. Les gouvernements font part des mesures internationales qu'ils ont prises et l'Office émet des suggestions (St.. art. 5).

342. — Le comité se réunit au moins une fois par an, sous la présidence d'un de ses membres, élu pour trois ans (St., art. 7).

343. — Un personnel permanent et rétribué assure la continuité de l'institution ; il comprend au moins un directeur, un secrétaire général et les agents nécessaires (St., art. 8). Son activité se manifeste par des rapports adressés aux gouvernements contractants (art. 10) et par la publication d'un bulletin (art. 9). Le directeur prépare le budget de l'Office international et rédige le compte de gestion. Il les soumet l'un et l'autre à l'approbation et au contrôle du comité (St., art. 15 et 16).

344. — Les frais de l'Office sont payés par les gouvernements contractants (Conv., art. 3). Les sommes nécessaires sont confiées par eux à la Caisse des dépôts et consignations, qui les gère (art. 4). Les dépenses sont réparties entre les Etats proportionnellement à six catégories. qui paient respectivement 25, 20, 15, 10. 5 et 3. Les Etats-membres se rangent dans la catégorie qu'ils préfèrent et déterminent ainsi le nombre de voix dont dispose leur représentant au comité (V. *suprà*, n. 340). Un fonds de réserve et un fonds de retraites pour les employés sont créés par les art. 12 et 14 des statuts.

345. — L'art. 7 de la convention prévoit l'adhésion future d'autres Etats.

346. — La durée de l'Office international d'hygiène publique est fixée à sept ans, avec tacite reconduction par période de sept ans. La dénonciation doit être faite un an avant l'échéance de chaque période (Conv., art. 8).

POLOGNE.

Bibliographie.

Publications documentaires.

Exposé sommaire des travaux législatifs de la Diète et du Sénat polonais depuis 1918, par fascicules périodiques, formant 5 volumes, Paris, Lib. Sirey; — *Annuaire et Bulletin de la Société de législation comparée*; — *Journal des lois polonaises*; — *Jurisprudence des tribunaux polonais*; — *Revue pénitentiaire de Pologne*; — *Revue polonaise de législation civile et criminelle.*

Ouvrages, articles et monographies.

Book (Fr.), *Questions relatives aux territoires polonais sous la domination prussienne; Mémoire sur la Galicie; Mémoire contenant la délimitation des frontières entre les Etats polonais et tchécoslovaque*, Paris, 1919. — Bienaimé (G.), *Ce qu'il faut savoir de la question polonaise*, Paris, 1919. — Barthélemy (Joseph), *L'alerte polonaise*, dans la *Revue politique et parlementaire*, 10 nov 1920. — Bujet, *La Pologne et les Polonais*, Paris, 1920. — Boulonys, *La question de Haute-Silésie*, thèse doct. Montpellier. — Bubinski (Léon), *L'état actuel de la codification en Pologne*, *Bull de la Soc. de législ. comp.*, 1918 et 1925. — Bukowiecki. *L'office du contentieux général de l'Etat, Themis polonaise*, édition française, 3e série, 2e vol., Paris, Lib. Sirey. — Costa de Beauregard. *L'évolution économique de la Pologne et les réformes monétaires depuis 1920*, th. Paris, 1928. — Bouniols, *La situation économique et financière de la Pologne dans le monde slave.* — Blociszewski, *La restauration de la Pologne et la diplomatie européenne*, Paris, Pedone, 1927. — Crozat, *Les Constitutions de Pologne et de Dantzig*, th. doct. Toulouse, 1923. — Ciechanow, *La présidence de la République d'après les lois de la Pologne contemporaine*, Paris, 1926. — Capitant, *La législation de la Pologne depuis sa libération jusqu'à 1928*, dans *Bull. Soc. de*

législ. comp., t. 57, p. 411. — Fierich, *Le président de la Commission de codification*, *Bull. Soc. de législ. comp.*, 1926, p. 147. — Grappin, *Histoire de la Pologne*, Paris, 1923. — Grappin (Jos.), Barthélemy, Polyticki, *Présentation de la Constitution polonaise*, Paris, Sirey, 1926. — Garraud, *Les avant-projets polonais de 1922 sur la partie générale d'un Code pénal*, Paris, Giard, 1924. — Tadensz-Holowsko, *La réforme de la Constitution*, Varsovie, 1926. — Komarnicki, *Le droit politique de la Pologne de 1869 à 1919, Livre du cinquantenaire de la Soc. de législ. comp.*, t. 2, et *Commentaire de la Constitution polonaise, Ann. Soc. de législ. comp.*, 1921, p. 172 et numéros suivants. — Kuratowski, *Commentaires des lois*, dans l'*Annuaire de la Société de législation comparée*, notamment les *problèmes de la baisse du mark et la réforme du régime matrimonial.* — Konic (H.), *Bull. Soc. de législ. comp.*, 1925, p. 466. — Maillard (Georges), *Commentaire de la loi du 29 mars 1926 sur les droits d'auteur*, Paris, Sirey. — Peretiatkowicz (Antoine), *Chronique sur la Constitution polonaise*, dans *Revue du droit public*, t. 39, p. 607; *La révision de la Constitution de Pologne, ibid.*, t. 44, p. 124. — Pilch, *Des conflits d'attribution et du tribunal de compétence de Pologne*, th. Paris, 1927. — Privat, *L'Europe et l'odyssée de la Pologne au* xixe *siècle*, Paris, 1919. — Posner (Stanislas), Journal *Le Temps*, 2 août 1928. — Smogorzewski (Casimir), *La Pologne restaurée*, Paris, 1927, préface de M. A. Gauvin. — Roux, *Remarque sur la partie générale du Code pénal polonais, Gazette de l'administration et de la police d'Etat*, Varsovie, 1924-1925. — Witemberg, *Les lois polonaises sur la lettre de change. le billet à ordre et le chèque*, Paris, Sirey, 1928. — Weinfeld, *La Pologne statistique*, 1925; *Les éléments essentiels de l'économie polonaise*, Varsovie, 1929. — Makowski, *La situation juridique du territoire de la ville libre de Dantzig*, Paris, Bossard, 1925; *La question polonaise pendant la guerre mondiale*, publication du *Comité national polonais de Paris*, Paris, 1920. — Verax, *Le maréchal Pilsudski, Revue des Deux-Mondes*, 1er août 1928, p. 503. — Daszinska-Golinska, *La réforme agraire en Pologne*, Varsovie, 1921.

Index alphabétique.

DIVISION.

CHAPITRE I

NOTIONS HISTORIQUES ET STATISTIQUES.

SECTION I.

Historique.

1. — L'existence de l'État polonais ne se révèle d'une
manière précise qu'au viii° siècle. La Pologne était alors gou-
vernée par la dynastie ducale des Piast. Elle ne devint un
royaume indépendant qu'avec Boleslas Ier en 992. Dans les
temps modernes, le territoire polonais fut morcelé et finalement
partagé entre la Russie, la Prusse et l'Autriche par les trois
partages successifs de 1772, 1793 et 1795. En 1807, après les victoires d'Eylau et de Friedland et en vertu du traité de Tilsitt,
Napoléon créa, avec des territoires de l'ancienne Pologne qui
avaient formé le lot de la Russie et de la Prusse, le grand-duché
de Varsovie et le confia à Frédéric-Auguste, roi de Saxe, tandis
que la Galicie restait sous la domination de l'Autriche, conformément au partage de 1795. En 1815, par application du traité
de Vienne, le grand-duché de Varsovie fut abandonné à la Russie
et resta sous la domination des Tzars jusqu'à la guerre de 1914-
1918. Malgré les insurrections de 1830 et de 1863, la Galicie resta
sous le sceptre de l'empereur d'Autriche, et la Posnanie sous
celui du roi de Prusse.

2. — C'est dans cet état de morcellement en trois tronçons
que se trouvait la Pologne quand éclata la guerre de 1914. Dans
la situation stratégique et politique qui était la sienne, il était
impossible que l'évolution des événements n'eût pas une répercussion sur son statut, et, dès le début des hostilités, les actes
des puissances belligérantes, d'une part, l'attitude des Polonais,
d'autre part, marquèrent que le régime de la Pologne était destiné à subir de profondes modifications. sans qu'il fût possible
de prévoir dans quel sens. Sans entreprendre un exposé complet de cette évolution extrêmement complexe (Voy. Blociszewski,
La restauration de la Pologne et la diplomatie européenne, Paris,
Pedone, 1927), il y a lieu cependant d'enregistrer ici les différents actes qui ont modifié au cours des hostilités les statuts
constitutionnels des trois fractions de la Pologne.

3. — Dès le début de la guerre, le 8 août, les représentants
polonais à la Douma et au Conseil d'Empire font une déclaration solennelle de loyalisme envers le Tzar, affirmant leur
volonté de repousser les Prussiens et leur espoir que le résultat
de la guerre conduira à l'unification de la nation polonaise. Le
14 août une proclamation du grand-duc Nicolas annonçait la
restauration de l'unité des trois tronçons et l'autonomie de la
Pologne sous le sceptre de l'empereur de Russie. D'autre part
et en sens inverse, les Empires centraux adressent aussi des pro-
clamations aux Polonais pour les entraîner à la lutte contre la
Russie (Proclamation austro-hongroise du 9 août).

4. — Aussitôt se forment deux organismes nationaux : à
Cracovie, à la suite d'une assemblée des députés à la Diète de
Galicie et des membres polonais du Reichsrat et de la Chambre
des seigneurs (16 août 1914), se constitue un « Comité national
suprême » destiné à régler les questions touchant à l'organisation financière et politique des forces armées polonaises. composées de deux légions, l'une en Galicie occidentale, l'autre en
Galicie orientale, dont le rôle devait être de combattre la Russie
en territoire polonais et d'accord avec le gouvernement austro-
hongrois.

5. — A Varsovie, le gouvernement russe consentait à la formation d'un Comité national polonais composé des représentants de la Pologne à la Douma et au Conseil d'Empire et de
personnalités politiques, et ayant pour but de prendre la direction du mouvement national en Pologne et de mettre un terme
à l'action du comité de Cracovie.

6. — Après les succès éphémères des armées russes et à la
fin d'août 1915 les austro-allemands occupent toute la Pologne
et la divisent en deux gouvernements généraux, l'un allemand
à Varsovie, l'autre autrichien à Lublin, et le comité de Cracovie
se livra à une propagande en vue de la réunion de la Pologne
à l'Autriche. Quand, par suite de la durée de la guerre, les
ressources de recrutement de l'armée allemande commencèrent à baisser, le gouvernement allemand imagina la création d'une armée polonaise qui serait à la disposition des
Empires centraux, en donnant comme contre-partie à la Pologne
le bénéfice de l'indépendance des territoires polonais enlevés à
la Russie et des promesses d'extension vers l'Est quand viendrait la paix. De son côté, l'empereur d'Autriche augmentait
l'autonomie de la Galicie. Le souverain de la Pologne restait à
désigner, et l'armée polonaise serait provisoirement placée sous
un commandement allemand.

7. — Tel fut l'objet du manifeste du 5 nov. 1916, qui tendait
à la création d'un nouvel État dans un territoire occupé par la
fortune des armes. Il fut l'objet de protestations. tant de la
part du gouvernement russe. que de la part de la France, de
l'Angleterre et de l'Italie. Du côté polonais. il y eut un concert
de protestations dont les plus importantes furent : celles du Conseil national, qui représentait le parti le plus modéré dans la
lutte contre l'Allemagne, et celles du comité d'émigrés de Lausanne avec M. Dmowski et du comité polonais de secours aux
États-Unis avec M. Paderwski. La protestation de Varsovie
observait surtout que la formation d'une armée polonaise ne
pouvait être l'œuvre que d'un gouvernement polonais. La protestation de Lausanne insistait surtout sur le principe de l'unité
polonaise contredit par le manifeste.

8. — *Conseil d'État provisoire.* — Par application des principes du manifeste du 5 nov. 1916, le général de Bœseler, gouverneur général de Varsovie, au nom des souverains alliés,
publia, dès le 12 nov. 1916, en même temps qu'un règlement
pour les engagements volontaires dans l'armée polonaise, un
arrêté relatif à la création dans le *Royaume* de Pologne d'un

Conseil d'Etat et d'une Diète siégeant à Varsovie. La Diète
devait se composer (sans préjuger la représentation du gouvernement général de Lublin) de 70 députés élus par les « diétines » de district du gouvernement général de Varsovie, et
dans les villes de Varsovie et de Lodz par les corporations
locales. La compétence de la Diète devait être limitée à l'emploi : 1° des fonds destinés à subventionner les districts disposant de faibles ressources financières ; 2° des fonds d'amélioration du pays ; 3° des fonds pour la reconstruction des localités
dévastées par la guerre. En outre, la Diète pourrait voter les
impôts additionnels aux contributions directes, contracter des
emprunts et examiner toutes les questions dont le gouverneur
général jugerait bon de la saisir. Aucune décision de la Diète
ne serait valable sans l'approbation du gouverneur général, qui
la convoquerait, la prorogerait et la clôturerait et qui confir-
merait l'élection du président. Le Conseil d'Etat se compose-
rait des douze représentants du gouvernement général de Varsovie, dont huit élus par la Diète et quatre nommés par le
gouverneur général. Il discuterait les lois qui lui seraient soumises par le gouverneur général et émettrait un avis à leur
sujet. Il pourrait faire des propositions relatives aux affaires du
pays. Il y aurait un commissaire du gouvernement général
auprès des deux assemblées.

9. — Pour gagner du temps, le Conseil national demanda
l'institution d'un Conseil d'Etat provisoire organisé d'accord
avec les partis représentés au Conseil national, qui aurait un
droit d'initiative en matière de législation et comprendrait un
département pour les affaires militaires. Le pouvoir exécutif
serait provisoirement confié à un régent appartenant à une
dynastie catholique. Le 6 déc. 1916 parut un arrêté, signé des
deux gouverneurs généraux de Varsovie et de Lublin, instituant
le Conseil d'Etat provisoire composé de vingt-cinq membres
(quinze dans la zone allemande et dix dans la zone austro-hongroise) désignés par un rescrit commun des deux gouverneurs
généraux. Le président du Conseil d'Etat porte le titre de
Maréchal de la Couronne. La première séance eut lieu le
15 janv. 1917 et un règlement intérieur du 30 janv. 1917 prévoyait la création de huit départements : finances, affaires
politiques, intérieur, économie sociale, travail, justice, instruction publique et cultes, guerre. Les chefs de ces départements
devaient former un comité exécutif délibérant sous la présidence du Maréchal de la Couronne. Une commission préparatoire particulière fut chargée d'élaborer un projet de constitution et de statut électoral de la Diète.

10. — A ce moment intervient le message du Président
Wilson du 22 janv. 1917, qui réclamait la constitution d'une
Pologne unifiée, indépendante et autonome. Le tzar Nicolas II
agit dans le même sens et institua une commission spéciale en
vue d'élaborer les principes fondamentaux de la future constitution de l'Etat polonais et de fixer les rapports de celui-ci avec
l'Empire russe. Ici se posa une question d'ordre juridique dont
la solution posa le principe sur lequel repose aujourd'hui le
traité de Versailles en ce qui concerne la restauration de la
Pologne. On se demanda si la question polonaise pouvait être
résolue par le gouvernement russe d'accord avec la Couronne
ou si les résultats des délibérations de la commission spéciale
ne devaient pas être au préalable soumis au vote des Chambres
législatives. Les Polonais de la Douma et du Conseil d'Empire
se prononcèrent pour la première de ces alternatives en invoquant à l'appui de leur thèse que l'octroi d'une constitution à
un royaume de Pologne comprenant les territoires polonais de
la Prusse et de l'Autriche équivaudrait à un acte d'une portée
internationale, échappant de ce chef à la compétence des
Chambres russes.

11. — Le gouvernement provisoire russe, institué après la
révolution du 8 mars 1917, par une proclamation du 29 mars
1917 à la Nation polonaise confirma en les accentuant les promesses de Nicolas II sur l'indépendance et l'unité de la Pologne,
prévoyant seulement que l'Etat polonais serait « attaché à la
Russie par une union militaire libre », et cet acte provoqua
l'adhésion formelle des puissances de l'entente, plaçant désormais la question russe dans le cadre des affaires internationales. Le Conseil d'Etat provisoire, dans un message adressé
au nouveau gouvernement russe, prit acte de la reconnaissance
du nouvel Etat polonais, mais avec des réserves sur son indépendance et sur la fixation de ses frontières orientales, dans
lesquelles il entendrait faire rentrer « les vastes pays situés
entre la Pologne ethnographique et la Russie, pays qui, depuis
des siècles, ont suivi les destins de la Pologne ».

12. — Pendant que les cabinets de Vienne et de Berlin mul-
tipliaient sans succès leurs efforts pour obtenir du Conseil
d'Etat de Pologne la création d'une armée polonaise destinée à
servir d'auxiliaire aux troupes austro-allemandes, deux armées
polonaises se formaient, mais avec un but diamétralement
opposé à celui des Empires centraux. L'une se composa des
éléments polonais qui étaient encore en grand nombre dans
les armées russes (600.000 hommes et 119 généraux). Sa formation fut l'œuvre d'un congrès général militaire qui se réunit
spontanément à Saint-Pétersbourg du 8 au 21 juin 1917 et,
après quelques difficultés, fut approuvée par le commandement
supérieur russe. L'autre fut formée en France, par application
d'un décret du Président de la République du 4 janv. 1917, et
fut composée de Polonais qui se trouvaient en France, en Angleterre et en Italie et surtout aux Etats-Unis où la campagne de
recrutement de M. Paderewski donna de brillants résultats.
Cette armée polonaise autonome fut placée sous les ordres du
haut commandement français et devait combattre sous le drapeau polonais.

13. — *Comité national polonais de Paris.* — En même temps,
le *Comité national polonais de Paris* (15 août 1917), avec l'assentiment de formations politiques spontanées de Russie, de Pologne,
du Galicie et de Posnanie, sollicitait et obtenait des gouvernements alliés sa reconnaissance comme organisation officielle
polonaise (septembre-octobre 1917), et un peu plus tard (septembre 1918) le gouvernement français plaça l'armée polonaise
de France sous l'autorité politique suprême du Comité national.

14. — En Pologne, le Conseil d'Etat était toujours en conflit avec les Empires centraux au sujet de la formation de
l'armée polonaise. Après une suspension de ses travaux le
17 mai 1917, il essaya de nommer un régent du royaume. Les
gouvernements centraux acceptèrent en principe cette combinaison (8 juin 1917), mais en ajournant cette désignation et
en affirmant à nouveau qu'ils considéraient toujours le Conseil
d'Etat provisoire comme le représentant de l'Etat polonais en
formation et en l'invitant à procéder à l'organisation des services qu'ils consentaient à remettre aux autorités polonaises.
Le Conseil d'Etat provisoire confia alors à une commission
« d'organisation provisoire des autorités suprêmes de l'Etat
polonais » le soin d'élaborer le projet que demandaient les
autorités allemandes. Enfin, le 25 août 1917, après des mesures
de rigueur prises contre les soldats des Légions polonaises qui
venaient de refuser le serment proposé par le commandement
allemand, le Conseil d'Etat provisoire résigna ses fonctions en
nommant une commission provisoire chargée de gérer par
intérim les parties de l'administration qui lui étaient remises.

15. — *Conseil de régence.* — Le 12 sept. 1917 les deux empe-
reurs donnèrent mandat aux gouverneurs généraux de Varsovie et de Lublin de publier une « patente » qui confiait le
pouvoir suprême dans le royaume de Pologne à un *Conseil de
régence* composé de trois membres, qui gouvernerait par des
ministres responsables et avec la collaboration d'un Conseil
d'Etat qui serait constitué en vertu d'une loi spéciale. Ce Conseil de régence était un régent collectif et, dans les limites de
la souveraineté reconnue par les Empires centraux à la Pologne,
ses pouvoirs étaient ceux d'un monarque constitutionnel. Son
œuvre consiste dans la désignation d'un ministère, dans l'organisation des départements ministériels qui ne comprenaient
ni la guerre, ni les affaires étrangères (Décr. 3 janv. 1918), et
dans une loi créant un nouveau Conseil d'Etat (4 févr. 1918).

16. — Mais cette nouvelle organisation avait coïncidé avec
l'ouverture des négociations de paix entre la République des
Soviets et les Empires centraux (26 nov. 1917), qui créait une
situation nouvelle pour la Pologne. En vain les régents deman-
dèrent à être admis aux négociations de Brest-Litewski ; et
le gouvernement polonais protesta par un acte du 30 janvier
contre tous arrangements territoriaux conclus sans la participation des représentants de la Pologne. Un traité de paix
entre les Empires centraux et la République populaire d'Ukraine
n'en fut pas moins conclu le 9 févr. 1918, et ce traité attribuait
à l'Ukraine un territoire revendiqué par la Pologne : le pays
de Chelm. Le Conseil de régence publia alors, le 14 févr. 1918,
un manifeste de protestation qui impliquait un changement
juridique considérable dans sa situation vis-à-vis des Empires
centraux. Après avoir constaté que du fait du traité conclu

avec l'Ukraine au détriment de la Pologne et sans sa participation, les actes du 5 nov. 1916 et du 12 sept. 1917, par lesquels l'Allemagne et l'Autriche avaient dans une certaine mesure reconnu l'existence d'un Etat polonais, étaient devenus caducs. les régents terminaient par la déclaration suivante : « Nous prendrons la volonté nationale pour base de notre mission et de nos efforts ».

17. — Malgré celte déclaration, le Conseil de régence ne put, dans la dernière période de la guerre, modifier la situation juridique de la Pologne jusqu'au moment où les deux empires centraux s'effondrèrent devant les victoires de la France et de ses alliés. Le 7 oct. 1918 il proclamait l'indépendance de la Pologne, et annonçait la dissolution du Conseil d'Etat et la convocation d'une Diète nationale. Puis le 14 novembre, par un nouveau message, il annonçait sa propre dissolution et remettait tous ses pouvoirs au général Pilsudski, à la charge de les transmettre au gouvernement national. De ce jour, l'Etat polonais était né. Il disposait d'un territoire mal délimité il est vrai, mais lui appartenant en propre, d'une population nombreuse consciente de sa nationalité et d'une organisation politique à la tête de laquelle se trouvait un gouvernement indépendant reconnu par la nation. — Bloriszewski, *La restauration de la Pologne*, p. 140.

18. — Dès le 16 novembre le général Pilsudski notifiait à toutes les puissances belligérantes ou neutres l'indépendance de la Pologne; mais à la France et à ses alliés il avait en outre demandé leur appui. D'autre part, en France, le Comité national de Paris représentait seul la Pologne, et le Gouvernement français ne voulut pas reconnaître le Gouvernement de Varsovie avant que l'accord se fût établi entre ce gouvernement, dont l'origine historique était dans la nomination du Conseil de régence par les Empires centraux, et le comité de Paris, qui était reconnu par les puissances alliées et exerçait son pouvoir sur l'armée polonaise constituée en France. Cet accord fut réalisé dès le mois de janvier, grâce à M. Paderewski qui, revenu de sa mission en Amérique, était devenu le ministre des Affaires étrangères du gouvernement Pilsudski.

19. — *La République polonaise.* — Le 15 janv. 1919, M. Pichon, ministre des Affaires étrangères de France, invitait M. Piltz, délégué du Comité national de Paris auprès du Gouvernement français, à lui faire connaître les noms des délégués de la Pologne à la conférence des préliminaires de paix, et le 23 M. Dmowski, président du Comité de Paris, informait les gouvernements alliés et associés et le Gouvernement suisse que le Comité national avait reconnu le gouvernement constitué en Pologne par M. Paderewski, tandis que celui-ci avait reconnu le Comité national polonais de Paris comme représentant des intérêts polonais auprès de ces gouvernements.

20. — La Diète nationale, élue le 26 janvier, se réunit à Varsovie le 10 février. Conformément à ses engagements, le général Pilsudski lui remit le 20 févr. 1919 les pouvoirs qu'il tenait du Conseil de régence, mais par un vote du même jour l'assemblée le maintint dans ses fonctions de chef de l'Etat jusqu'à l'organisation des pouvoirs publics par une loi. Cette décision, dont l'effet dura pendant près de trois ans, est appelée « Petite Constitution ». A partir de cet événement, la reconnaissance expresse *de jure* de l'Etat polonais intervint successivement de la part des gouvernements alliés. La déclaration française est du 23 févr. 1919.

21. — *Les frontières polonaises.* — Mais si la guerre était terminée sur le front français et au sud des Balkans, elle ne l'était pas en ce qui concerne la Pologne, dont il restait à délimiter les frontières et qui, avant de voir cette délimitation inscrite dans les traités, eut encore à défendre ses droits par les armes en Galicie, en Silésie et surtout sur son front oriental. Il nous est impossssible d'entreprendre ici un exposé, même sommaire, des questions très complexes que posa ce règlement difficile. En renvoyant sur ce point aux ouvrages spéciaux, nous nous bornerons à l'énumération des différents actes et traités qui rétablirent la paix sur les diverses frontières polonaises et en fixèrent le tracé.

22. — 1° *Frontière de Posnanie et de la Prusse occidentale.* — Elles ont été fixées par l'art. 87 du traité de Versailles, dont l'application fut faite en vertu d'une convention germanopolonaise signée à Berlin le 25 nov. 1919.

23. — 2° *Frontières de la Prusse occidentale.* — Ces frontières ont été fixées aussi par le traité de Versailles. Mais les art. 94

et s. dudit traité prévoyaient un plébiscite pour l'attribution à l'Allemagne ou à la Pologne de territoires dépendant des cercles prussiens d'Allenstein et de Marienwerdes situés au delà de la frontière allemande fixée par le traité. Ce plébiscite eut lieu le 11 juill. 1920 et fut défavorable à la Pologne. En conséquence, les décisions de la Conférence des Ambassadeurs des 12 et 15 août 1920 ne donnèrent à la Pologne qu'une très minime partie de ces territoires. D'autre part, l'art. 97 du traité de Versailles stipule au profit de la Pologne le plein et entier contrôle de la Vistule, en y comprenant sa rive est sur la distance nécessaire pour le bon fonctionnement des règlements et des améliorations fluviales. Faute d'accord entre la Pologne et l'Allemagne, le règlement définitif a été établi par la Conférence des Ambassadeurs le 21 nov. 1924 et est entré en vigueur le 1er févr. 1925.

24. — 3° *Frontières de Haute-Silésie.* — L'attribution de la Haute-Silésie, revendiquée par la Pologne et considérée comme polonaise par les conditions de paix des alliés du 7 mai 1919, a fait l'objet d'un plébiscite dont le résultat, qui aboutissait à un partage, donna lieu, malgré la présence des troupes alliées (françaises et italiennes), à une véritable guerre civile. Finalement, le Conseil de la Société des Nations formula une *recommandation* datée du 12 oct. 1921, aux termes de laquelle la Pologne obtenait les districts agricoles de Pless et de Rybnick, ainsi que la majeure partie du bassin houiller avec la ville de Katowice, l'Allemagne conservant le reste du bassin houiller avec la ville de Benthen et les districts occidentaux avec la ville d'Oppeln. La Conférence des Ambassadeurs rendit une décision conforme le 20 oct. 1921. Une convention d'application entre la Pologne et l'Allemagne fut conclue à Genève le 15 mai 1922 et ratifiée à Oppeln le 3 juin 1922. Le régime instauré par cette convention a été qualifié par le Conseil de la Société des Nations de régime transitoire de réadaption. Ce régime doit durer quinze ans, mais comporte au moins une disposition définitive : la division de la Haute Silésie en deux parties, l'une attribuée à la Pologne, l'autre à l'Allemagne. Il fonctionne sous la surveillance d'une commission mixte présidée par M. Calonder, ancien président de la Confédération helvétique.

25. — 4° *Silésie orientale. Territoires de Zips et Orawa.* — Ici, c'est avec le nouvel Etat de Tchécoslovaquie que le conflit éclata. Il s'agit de territoires venant de la Hongrie, dont la souveraineté était passée aux puissances alliées par les traités de Saint-Germain-en-Laye et de Trianon et qu'il appartenait aux puissances alliées d'attribuer. Avant toute attribution, les Tchèques cherchèrent à s'emparer par les armes de la Silésie orientale bien qu'un accord fut intervenu sur l'occupation provisoire de ces territoires dès le 5 nov. 1918. Les puissances alliées obtinrent la cessation des hostilités et voulurent recourir au plébiscite pour l'attribution des territoires contestés, puis renoncèrent à ce projet. En dernière analyse, la délimitation des frontières fut réglée par une décision de la Conférence des Ambassadeurs du 28 févr. 1920. Il restait à régler des points de détail. Cette mission fut confiée à une commission de délimitation et donna lieu à l'intervention de la Cour permanente de justice internationale de La Haye et du Conseil de la Société des Nations. Finalement, le Conseil prit une résolution recommandant un tracé de la frontière basé sur les propositions de la commission de délimitation, mais déclarant qu'il serait désirable d'élaborer, pour régler le trafic frontalier, des protocoles qui devraient être considérés comme partie intégrante du règlement territorial. Et, enfin, le 16 sept. 1924 la Conférence des Ambassadeurs sanctionna l'arrangement intervenu, qui réglait notamment la question de l'attribution du territoire de Jaworzyna, qui était resté le dernier en suspens.

26. — 5° *Galicie.* — La difficulté résultait ici des prétentions de la nouvelle République ukrainienne à faire de la Galicie orientale le noyau d'une république indépendante affiliée à la Russie bolcheviste. Pendant longtemps l'action de la Pologne fut paralysée par les entraves que mettait l'Angleterre à ce que l'armée polonaise fût employée sur cette partie du front. Quand cette résistance de l'Angleterre cessa, les troupes polonaises eurent facilement raison des forces ukrainiennes. Mais la question juridique donna lieu à d'interminables débats au Conseil supérieur et ne fut définitivement résolue que par le traité de Riga du 18 mars 1921, intervenu entre la Pologne victorieuse, d'une part, et la Russie et l'Ukraine, d'autre part, en fixant la frontière polono-ukrainienne à la ligne de Zbrucz. La Conférence des Ambassadeurs rendit encore le 15 mars 1923 une décision dans laquelle elle recommandait un régime d'autonomie pour la Galicie orientale, régime que le gouvernement de Varsovie avait institué dès septembre 1922 en créant la voïévodie de Silésie. — V. *infrà*, n. 104.

27. — 6° *Les frontières de l'Est avec la Russie.* — Le 29 mars 1917 le gouvernement provisoire russe institué après l'abdication de l'empereur Nicolas II avait, par une proclamation adressée aux Polonais, admis la création d'un État polonais indépendant « formé de tous les territoires où la majorité de la population est de nationalité polonaise ». Puis une armée polonaise avait été formée par la réunion des éléments polonais qui jusqu'alors avaient fait partie de l'armée russe (juillet-août 1917). D'autre part, les armées austro-allemandes occupaient, non seulement la Pologne, mais encore un vaste territoire au delà de la frontière polonaise, et une grande partie de ce territoire était revendiqué par les Polonais comme devant faire partie du nouvel État polonais. Les traités de paix conclus à Brest-Litewski le 9 févr. 1918 entre l'Ukraine et l'Autriche et le 3 mars entre les Empires centraux et la République fédérale russe des Soviets ne réglaient pas d'une manière précise la question de la frontière orientale de la Pologne. Celle-ci devait faire l'objet de négociations ultérieures. Il était seulement stipulé que les territoires situés à l'Ouest de la frontière provisoire, c'est-à-dire les territoires alors occupés par les armées austro-allemandes, ne seraient plus soumis à la souveraineté russe. A ce moment les deux corps d'armée polonais créés en 1917 se trouvaient aux prises en Ukraine et en Russie blanche, d'une part avec les troupes bolchevistes qui cherchaient à détruire une force militaire réfractaire à leurs doctrines et d'autre part avec les troupes allemandes dont le commandement considérait les Polonais qui refusaient leur concours aux Empires centraux comme des révoltés. Le 2ᵉ corps polonais (Général Osinsky) capitulait le 15 mai 1918 après avoir livré bataille aux Allemands à Kaniow, sur le Dnieper. Le 1ᵉʳ corps (Général Dowbor-Musnicki), après avoir tenu tête aux bolchevistes, se heurta sur la Bérézina à l'armée allemande; et le 21 mai 1918 une convention de désarmement était signée à Minsk.

28. — Mais la question des frontières de la Pologne se posa nécessairement aussitôt après l'armistice du 11 nov. 1918. Tout d'abord, l'occupation par les troupes allemandes des territoires qui faisaient partie de la Russie avant la guerre ne devait cesser que quand les alliés jugeraient le moment venu, compte tenu de la situation intérieure de ces territoires. Malgré cette clause de l'armistice, les Polonais désarmèrent partout les Allemands et ceux-ci, y compris les armées qui se trouvaient en Lithuanie, en Russie blanche et en Ukraine, évacuèrent tous les territoires polonais (V. *suprà*, n. 22, la fixation de la frontière occidentale de la Pologne en Posnanie). Mais à mesure que les forces allemandes avaient évacué les territoires situés à l est de la Pologne, les armées bolcheviques, débarrassées des forces polonaises depuis le mois de mai 1918, s'étaient avancées à leur suite en direction de l'Ouest. Elles avaient occupé la Lithuanie septentrionale et centrale avec Wilna et étaient parvenues jusqu'à Grodno. La Pologne n'avait plus qu'à se défendre par les armes. Dès avant l'arrivée de l'armée polonaise formée en France (avril 1919), le général Pilsudski, avec les débris des anciennes armées dissoutes, avait commencé à refouler les Russes et en déc. 1919 les forces polonaises occupaient toute la ligne que la délégation polonaise avait revendiquée à la Conférence de la paix, c'est-à-dire tous les territoires de l'ancienne domination russe jusqu'à la Duna et la Bérézina. Le 8 mai 1920, le général Pilsudski entrait à Kiew; mais, par un brusque changement de fortune, les armées bolcheviques refoulèrent l'offensive polonaise jusqu'à Leopol, en Galicie orientale, et jusqu'aux murs de Varsovie. Après l'échec de négociations inspirées par l'Angleterre (juillet 1920), l'armée polonaise, aidée des conseils d'un nombreux état-major français, à la tête duquel était le général Weygand, et ayant reçu de la France un important matériel de guerre, reprit l'offensive et obtint une victoire complète sur les Russes (août 1920), à la suite de laquelle intervint entre la Pologne et la République soviétique le traité de Riga du 18 mars 1921, qui fixa la frontière à une ligne qui part du point où les frontières de la Letonie et de la Russie viennent se rejoindre sur la Duna, suit en amont le cours de cette

rivière jusqu'à Dzisnà, prend ensuite la direction générale du Sud, gagne enfin le Zbrucz qu'elle descend jusqu'à son confluent avec le Dniester.

29. — Il restait aux puissances alliées à intervenir pour entériner le traité, conformément à l'art. 87 du traité de Versailles. Ce fut l'objet de la décision de la Conférence des Ambassadeurs du 15 mars 1923. Mais il y a lieu d'observer que la décision mentionne expressément que la ligne frontière qu'elle reconnaît a été « tracée et abornée d'accord entre les deux États et sous leur responsabilité ». On s'est demandé si cette formule doit être entendue dans ce sens que les puissances n'entendent pas garantir cette frontière. Mais une réserve de cette nature ne semble pas conciliable avec les obligations que l'art. 10 du Pacte impose aux membres de la Société des Nations. On s'explique néanmoins que les puissances alliées n'aient pas voulu adopter une formule qui eût impliqué la reconnaissance de la République soviétique.

30. — 7° *Lithuanie centrale.* — Le territoire revendiqué ici par la Pologne est la partie centrale de l'ancienne Lithuanie habitée par une population polonaise, avec Wilna pour centre. Occupée par les Allemands après la retraite russe, la Lithuanie proclama son indépendance aussitôt après l'armistice du 11 nov. 1918 et son gouvernement s'installa à Kowno qui fut sa capitale. Les Polonais, poursuivant les forces bolcheviques, occupèrent Wilna le 19 avr. 1919, puis l'abandonnèrent en 1920, sous la pression des Russes qui s'avançaient vers Varsovie. Le 12 juill. 1920 et avant que les Polonais eussent dégagé Varsovie et repris l'offensive, le traité de Moscou intervint entre la Lithuanie et la République soviétique, par lequel la Russie reconnaissait l'indépendance de la Lithuanie et lui reconnaissait la possession de Wilna, Grodno et Lida. La Lithuanie occupa ce territoire; puis, après la nouvelle et victorieuse offensive polonaise, un conflit armé se produisit entre les troupes lithuaniennes et les troupes polonaises, et le Conseil de la Société des Nations fut sollicité d'intervenir par le Gouvernement polonais (5 sept. 1920). Un arrangement, dit de Suwalki, intervint (7 oct. 1920) sous les auspices d'une commission de contrôle chargée par le Conseil de la Société des Nations de veiller à la neutralité de la Lithuanie pendant la guerre polono-soviétique. Cet arrangement laissait aux Lithuaniens Wilno que les troupes rouges lui avaient livrée le 25 août, alors qu'elles étaient en retraite après la victoire polonaise de Varsovie. Le 9 oct. 1920, le général polonais Zeligowski, sans tenir compte de l'arrangement de Survalki, s'emparait de Wilno. Cet événement donna lieu à d'interminables discussions et à une intervention inutile de la Société des Nations. Enfin, une Diète fut élue le 8 janv. 1922 par les soins du Gouvernement polonais et décida presque à l'unanimité l'incorporation du territoire de Wilno à la République polonaise. La Conférence des Ambassadeurs entérina cette solution le 15 mars 1923.

31. — 8° *Dantzig.* — Le libre accès de l'État polonais à la mer, ce qui impliquait la cession de Dantzig à la Pologne, avait été promis par les alliés et notamment par le Président Wilson dès avant les négociations de paix. Mais cette solution ne fut pas admise par le Conseil suprême, qui fit de Dantzig une ville libre avec des institutions particulières destinées à sauvegarder les intérêts polonais (V. *infrà*, n. 191). En vertu du traité de Versailles (art. 100 à 108), l'Allemagne renonçait en faveur des principales puissances alliées et associées au territoire de Dantzig qui passa sous la souveraineté collective des alliés. L'acte constitutif de Dantzig en ville libre, sous la protection de la Société des Nations, entra en vigueur le 15 nov. 1920. Le territoire de Dantzig est limitrophe de la Pologne à l'Ouest et au Sud et de la Prusse orientale à l'Est.

SECTION II.

Notions statistiques.

32. — La Pologne restaurée occupe dans ses limites actuelles une superficie de 388.390 kilomètres carrés et comptait 30 200.000 habitants au 1ᵉʳ janv. 1928. La densité moyenne de la population par kilomètre carré s'élève à 75 habitants, mais elle varie beaucoup suivant les régions. Les plus peuplées sont les régions industrielles, telles que la Haute-Silésie (277 habitants par kilomètre carré), la Silésie de Teschen (143), la voïévodie de

Lodz (118). La population est moins dense dans les provinces de l'Est : 15 à 16 habitants par kilomètre carré. Le taux d'accroissement de la population en Pologne est plus élevé que celui de la majorité des pays européens : il est évalué à 1,6 0/0 par an, ce qui correspond à un accroissement de 500.000. La population des villes forme 25 0/0, celle des campagnes 75 0/0 du total. Sur la superficie globale de la Pologne, 18 millions d'hectares, soit 48,6 0/0, sont en terres de labour; 9 millions, soit 24,1 0/0, sont occupés par les forêts; 6 millions, soit 16,9 0/0, sont en prés et pâturages. Le reste, soit 39 millions d'hectares, est utilisé de diverses manières. Au point de vue de la répartition professionnelle, 65 0/0 de la population se consacre aux travaux agricoles, 22 0/0 à l'industrie et au commerce, 13 0/0 aux autres professions. La fortune nationale de la Pologne est évaluée à 88 milliards de francs-or. Au point de vue de l'importance de son patrimoine national, la Pologne occupe la septième place dans le classement mondial et la sixième dans le classement européen.

CHAPITRE II

L'ÉTAT POLONAIS. NATIONALITÉ ET NATURALISATION.
LE RÉGIME DES ÉTRANGERS.

33. — La Constitution polonaise du 17 mars 1921 débute par ces mots : « Au Nom du Dieu tout-puissant, Nous, nation polonaise..., avons adopté et décrétons à la Diète constituante de la République de Pologne la loi constitutionnelle dont la teneur suit... ». L'édifice constitutionnel de la Pologne nouvelle est donc créé par la nation polonaise, c'est-à-dire par l'ensemble des individus qui composent cette nation. Quelle est la composition de cette nation? Comment sont déterminés les individus qui la composent? C'est l'objet de la loi du 20 janv. 1920 sur la nationalité polonaise, qui traite : 1° des personnes qui ont de plein droit la nationalité polonaise; 2° de la manière dont s'acquiert cette nationalité; 3° de la manière dont elle se perd.

34. — Sur le premier point la difficulté résidait dans l'existence sur le territoire national de nombreux individus sujets des Etats copartageants. Le traité de Versailles du 28 juin 1919, conclu entre les principales puissances alliées et associées et la Pologne, reconnaît comme ressortissants polonais de plein droit et sans aucune formalité les ressortissants allemands, autrichiens, hongrois ou russes domiciliés à la date de sa mise en vigueur sur le territoire qui est ou sera reconnu comme faisant partie de la Pologne, sous réserve de toute disposition des traités de paix avec l'Allemagne ou l'Autriche relativement aux personnes domiciliées sur ce territoire postérieurement à une date déterminée.

35. — En conformité avec ces stipulations, la loi polonaise du 20 janv. 1920 (*Exp. somm.*, t. 1, p. 86) reconnaît la qualité de Polonais, sans distinction de sexe, d'âge, de confession ou de nationalité, à tout individu établi ou né sur le territoire de l'Etat polonais, à condition de n'être pas ressortissant d'un autre Etat. Ce bénéfice n'est cependant accordé, en ce qui concerne les Allemands, qu'à ceux qui avaient, avant le 1er janv. 1908, à titre de ressortissants allemands, un domicile fixe dans le territoire aujourd'hui recouvré par la Pologne; cette date marquait en effet la mise à exécution brutale du plan de colonisation et d'expropriation des terres polonaises au profit de colons allemands.

36. — D'autre part, les anciens Polonais émigrés et leurs descendants seront, en vertu de l'art. 3 de la loi du 20 janv. 1920, reconnus citoyens de l'Etat polonais dès que, à leur retour en Pologne, ils auront remis à l'administration de leur domicile les preuves de leur origine polonaise en déclarant vouloir être citoyens polonais et répudier la qualité de ressortissants de l'autre Etat.

37. — Le régime de l'acquisition de la nationalité polonaise est basé exclusivement sur le *jus sanguinis*, à l'*exclusion du jus soli* qui tient une grande place dans le système français. La nationalité polonaise s'acquiert (art. 4) :

1° par la naissance (les enfants légitimes suivent la nationalité du père, les enfants illégitimes celle de la mère; les enfants de parents inconnus nés ou trouvés sur le territoire de l'Etat

polonais seront considérés comme citoyens polonais s'il n'est pas démontré qu'ils appartiennent à une autre nationalité) (art. 5);

2° par la légitimation, la reconnaissance ou l'adoption;

3° par le mariage (l'étrangère épousant un citoyen polonais devient Polonaise);

4° par la naturalisation, accordée par le gouvernement sous certaines conditions (conduite irréprochable, dix ans de séjour, moyens d'existence, connaissance de la langue polonaise);

5° par l'acceptation d'une fonction publique ou l'entrée au service militaire en Pologne, sauf réserve au sens contraire.

38. — La perte de la nationalité polonaise résulte (art. 11) :

1° de l'acquisition d'une autre nationalité; notamment par le mariage d'une femme polonaise avec un citoyen étranger;

2° de l'acceptation d'une fonction publique ou l'entrée au service militaire d'un autre Etat sans l'assentiment du Gouvernement polonais. — *Adde*, *Exp. somm.*, t. 1, p. 88 et 89, les lois et traités intervenus sur la matière de la nationalité et de la naturalisation.

39. — *Régime juridique des étrangers*. — La Constitution (art. 95) garantit à tous sur le territoire polonais la pleine protection de leur vie, de leur liberté et de leurs biens, sans distinction d'origine, de nationalité, de race ou de religion. Les étrangers bénéficient, sous condition de réciprocité, de droits égaux à ceux des citoyens polonais, et ils ont aussi les mêmes obligations, sauf dans les cas où la loi exige expressément la nationalité polonaise. Mais ils ne jouissent pas des droits politiques (art. 12) et ne peuvent être employés de l'Etat (L. 17 févr. 1922 relative au service civil de l'Etat, art. 6, *Exp. somm.*, t. 1, p. 196) non plus qu'officiers ou soldats. La loi du 24 mars 1920 (*Exp. somm.*, t. 1, p. 90) refuse aux étrangers le droit d'acquérir librement des immeubles si ce n'est par succession. Une ordonnance du 13 août 1926 (*Exp. somm.*, t. 3, p. 53) précise le régime applicable aux étrangers, notamment en ce qui concerne le droit du gouvernement de les expulser.

CHAPITRE III

ORGANISATION CONSTITUTIONNELLE. CARACTÈRES GÉNÉRAUX
DE LA CONSTITUTION.

§ 1. *Constitution provisoire du 20 février 1919.*

40. — La première organisation du nouvel Etat polonais fut l'objet d'une déclaration du 20 févr. 1919 de la Diète constituante, qui venait d'être élue par les soins du général Pilsudski, auquel le Conseil de régence avait remis ses pouvoirs le 21 nov. 1918. Cette organisation provisoire conférait à nouveau les fonctions de chef de l'Etat au général Pilsudski et porte historiquement le nom de « Petite Constitution ». La Diète était l'autorité souveraine et législative de l'Etat. Le chef de l'Etat était l'exécuteur suprême des décisions de la Diète dans les affaires civiles et militaires. Il nommait les ministres et était, comme eux, responsable devant la Diète. — Dareste, Delpech et Laferrière, *Les Constitutions modernes*, t. 2, p. 272.

41. — Mais il importe de mentionner ici que la Cour de cassation de Varsovie a affirmé l'existence juridique et l'indépendance du royaume de Pologne à une époque très antérieure, encore que le royaume fût réduit à l'impuissance sous la sujétion russe, et jugé en conséquence qu'il était susceptible d'être l'objet du crime de haute trahison. — Cf. Bubinski, dans *Ann. de législ. étrang.*, t. 66, 1918-19, p. 301; Dareste, Delpech et Laferrière, *Les Constitutions modernes*, t. 2, p. 271.

§ 2. *Constitution du 17 mai 1921.*

42. — Le régime de la Petite Constitution dura jusqu'à la mise en vigueur de la Constitution du 17 mai 1921. Cette constitution est inspirée par les principes des lois constitutionnelles françaises de 1875; elle organise une république parlementaire démocratique, mais elle s'écarte sur beaucoup de points de la conception française : elle contient, sous le titre de « devoirs et droits généraux des citoyens », une sorte de déclaration de droits absente de la Constitution française. Beaucoup plus étendue que celle-ci, la Constitution polonaise règle des questions que les constituants français ont abandonnées au domaine de la législation ordinaire, telles que le droit électoral. Enfin, la Constitution polonaise tire du régime parlementaire des conséquences extrêmes. Elle affaiblit considérablement le rôle que le Sénat est appelé à jouer dans tout système législatif à deux Chambres.

§ 3. *Réforme du 2 août 1926.*

43. — La Constitution de 1921 a été modifiée par une loi constitutionnelle du 2 août 1926 votée par la Diète à la suite d'une crise provoquée par l'émiettement des partis, par la chute successive de plusieurs ministères, par la démission du Président de la République M. Wojcieckowski et par l'intervention militaire du Maréchal Pilsudski (mai 1926). La loi de 1926 a été incorporée à la Constitution de 1921 et n'en a pas modifié le plan, mais elle réalise une série de modifications destinées à renforcer sensiblement la position du Président de la République et du gouvernement vis-à-vis de la Diète. Ces modifications ont été développées par la suite.

§ 4. *Principes généraux de la Constitution du 17 mars 1921* (1). *Régime parlementaire.*

44. — La Constitution se compose de 126 articles répartis en cinq chapitres : I. La République; II. Le pouvoir législatif; III. Le pouvoir exécutif; IV. La justice; V. Droits et devoirs généraux des citoyens.

45. — Le chapitre Ier ne donne sur la structure de l'État que des notions extrêmement générales et se borne en réalité à poser le principe de la séparation des pouvoirs. L'État polonais est une république (Const., art. 1er). Le pouvoir suprême appartient à la nation et a pour organes : dans le domaine législatif, la Diète et le Sénat; dans le domaine exécutif, le Président de la République conjointement avec des ministres responsables; dans le domaine judiciaire, des tribunaux indépendants (Const., art. 2). Il ne contient aucune indication d'ensemble sur le gouvernement. Il analyse sommairement la souveraineté mais n'en fait pas la synthèse et se borne à la proclamation schématique du principe de la séparation des pouvoirs. C'est de textes épars dans les chapitres consacrés aux trois pouvoirs, surtout dans le chapitre consacré au pouvoir exécutif, qu'il faut dégager les caractères essentiels de l'activité gouvernementale.

46. — L'idée qui domine ces textes, c'est l'institution d'un régime parlementaire du type français: un Président de la République, élu pour sept ans par la Diète et le Sénat réunis en Assemblée nationale (Const., art. 39), irresponsable, sauf en cas de haute trahison, de violation de la Constitution ou infraction de droit commun, exerçant ses pouvoirs par des ministres responsables (art. 44); des ministres formant un conseil homogène, à la tête duquel est le président du Conseil, et soumis à la responsabilité politique collective ou individuelle devant la Diète (art. 55 et s. de la Constitution).

47. — Par le fonctionnement de la responsabilité ministérielle, qui peut toujours être mise en jeu par voie d'interpellation (art. 33), la Diète a une influence très grande sur le gouvernement. Mais cette influence est limitée par des dispositions diverses : La motion demandant la retraite du Conseil des ministres ou de ministres pris individuellement ne peut faire l'objet d'un vote au cours de la séance même où elle a été déposée (art. 58). Le Président de la République peut dissoudre la Diète et le Sénat avant l'expiration légale de leur mandat, sur la proposition du Conseil des ministres, par un message motivé (art. 26 Const., modifié par la loi du 2 août 1926, art. 4, *Exp. somm.*, t. 3, p. 48), sans pouvoir user de ce droit plus d'une fois pour le même motif. Le Président de la République a aussi, en l'absence de la Diète et du Sénat dissous, un large pouvoir de faire des ordonnances ayant force de loi et relevant du domaine de la législation d'État (art. 44 et loi du 2 août 1926, *Exp. somm.*, t. 3, p. 49).

§ 5. *Les pleins pouvoirs du Président de la République.*

48. — Les pouvoirs du Président de la République ont été conçus d'abord comme étant limités à un certain nombre

d'objets. Puis, par l'effet de modifications successives, ils ont été peu à peu étendus et s'appliquent aujourd'hui à toutes matières, excepté aux changements qui pourraient être apportés à la Constitution; mais, comme en réalité le régime parlementaire et la responsabilité ministérielle ne fonctionnent plus, on n'aperçoit pas quel intérêt il pourrait y avoir à modifier la Constitution. Le régime institué par l'extension des pouvoirs du chef de l'État porte à juste titre le nom de régime des pleins pouvoirs. En toute matière le Président de la République peut statuer par des ordonnances qui ont force de loi. Ces ordonnances sont intervenues en grand nombre depuis la loi du 2 août 1926, l'activité législative de la Diète se trouvant en fait réduite à néant. Il y a lieu cependant d'observer que jusqu'à présent ces pleins pouvoirs n'ont été donnés au Président de la République que pour un temps limité jusqu'à la prochaine convocation de la Diète en séance ordinaire.

§ 6. *L'établissement du budget.*

49. — Il y a lieu de rapprocher du droit de dissolution et des pleins pouvoirs du chef de l'État les dispositions de la loi du 2 août 1926 (art. 25) qui ont pour effet d'empêcher le Parlement d'arrêter le fonctionnement de l'État en se dérobant au devoir de voter le budget en temps utile et d'organiser le régime du haut commandement militaire. Le gouvernement dépose à la Chambre le projet de budget au plus tard six mois avant le commencement de l'année budgétaire suivante. A partir du moment où le projet de budget est déposé à la Diète, la session de celle-ci ne peut être clôturée tant que le budget n'est pas voté ou tant que les délais stipulés au présent article ne sont pas venus à expiration. Si dans un délai de trente jours le Sénat n'a pas renvoyé à la Diète sa décision, y compris les modifications adoptées, le projet de budget sera considéré comme ayant été adopté par le Sénat et n'ayant pas provoqué d'objection de sa part. Si, dans un délai de quinze jours après la réception du budget transmis par le Sénat après les modifications adoptées, la Diète n'adopte pas une résolution nouvelle, les modifications introduites par le Sénat sont considérées comme adoptées. Le Président de la République ordonne la publication du budget, en tant que loi promulguée : *a)* conformément à la rédaction adoptée par la Diète, si la Diète et le Sénat ont examiné le budget dans le délai prévu et si la Diète a approuvé ou rejeté les modifications du Sénat; *b)* conformément à la rédaction adoptée par la Diète ou par le Sénat, au cas où la Diète seule, ou le Sénat seul, a voté le budget dans le délai prévu; *c)* conformément au texte du projet gouvernemental si ni la Diète, ni le Sénat n'ont voté dans les délais prévus sur l'ensemble du budget. La disposition contenue dans l'alinéa précédent du présent article n'est pas applicable au cas où la Diète rejetterait en son entier le projet de budget présenté par le gouvernement. Si la Diète est dissoute et si le budget pour l'année budgétaire en cours, ou tout au moins les douzièmes provisoires applicables à la période qui précède la réunion de la nouvelle Diète n'ont pas été votés, le gouvernement peut effectuer les dépenses et percevoir les recettes, dans les limites du budget de l'année précédente, jusqu'au vote par la Diète et le Sénat des douzièmes provisoires que le gouvernement est tenu de présenter à la Diète à la première séance qui suit les élections. Si la Diète est dissoute sans que la loi du contingent militaire ait été votée, le gouvernement a le droit de lever le contingent, dans les limites de la loi de l'année précédente votée par la Diète (Constit., art. 25, modifié par la loi du 2 août 1926, art. 3, *Exp. somm.*, t. 1, p. 137 et t. 3, p. 47).

§ 7. *Le haut commandement militaire et le comité de défense de l'État.*

50. — La situation stratégique de la Pologne, constamment menacée sur toutes ses frontières, et son passé historique donnent une importance sans égale à l'aménagement et au commandement de ses forces militaires. C'est pourquoi la réforme constitutionnelle de 1926 a singulièrement renforcé la situation du haut commandement militaire en le plaçant en dehors et au-dessus des partis politiques. Une ordonnance du Président de la République du 6 août 1926, prise en vertu de l'art. 44 de la Constitution, modifié par la loi du 2 août 1926, décide que les actes du Président de la République réglant de façon générale les questions relatives au commandement en chef des armées de l'Etat non réservées par la Constitution au pouvoir législatif seront rendus sous la forme d'ordonnances du Président. C'est l'objet d'un décret du même jour, qui organise le commandement de l'armée en temps de paix et institue l'Inspecteur général des forces armées. En voici le mécanisme.

51. — Le Président de la République est le chef suprême des forces armées de l'Etat, mais il n'en exerce le commandement que par l'intermédiaire du ministre des Affaires militaires, responsable devant le Parlement. D'autre part, l'officier général élevé au poste d'Inspecteur général des forces armées est le « suppléant permanent » du ministre des Affaires militaires pour toutes les questions concernant la préparation des forces armées et la défense de l'Etat au cas d'un conflit armé. L'Inspecteur général doit encore intervenir dans les nominations importantes et fait obligatoirement partie du Comité de défense de l'Etat (Décr. 6 août 1926, *Exp. somm. des trav. législ.*, t. 3, p. 50). Si, du point de vue juridique, il ne fait pas partie du gouvernement, il est permis de penser qu'en fait il en est peut-être le personnage le plus important. Sans doute, il est nommé et révoqué par le Président de la République, « en vertu d'une décision du Conseil des ministres prise sur la proposition du ministre des Affaires militaires » (Décr. 6 août 1926, art. 1er, *Exp. somm.*, t. 3, p. 51), et ainsi sa nomination met en jeu la responsabilité ministérielle devant le Parlement. Mais une fois nommé, il semble que ses actes échappent au contrôle parlementaire, car si l'art. 2 du décret affirme la responsabilité parlementaire du ministre « en ce qui touche ses fonctions », les art. 3 et 4, qui confèrent des pouvoirs spéciaux à l'Inspecteur général, semblent affranchir celui-ci de toute subordination et de tout contrôle.

52. — Les mêmes considérations ont motivé une ordonnance du 25 oct. 1926 (*Exp. somm.*, t. 3, p. 92) qui a créé un comité de défense de l'Etat, pour y être élaborées, sous la présidence du Président de la République, les directives de l'organisation et de la mobilisation de la force armée.

§ 8. *Les droits et devoirs généraux des citoyens.*

53. — La Constitution énonce notamment dans son chapitre V un certain nombre de principes généraux qui dominent la législation dans ses différentes branches : « Le premier devoir du citoyen est la fidélité à la République de Pologne» (art. 89). « Tout citoyen a le devoir de respecter et d'observer la Constitution de l'Etat, ensemble les autres lois et ordonnances en vigueur des autorités gouvernementales et autonomes » (art. 90). « Tous les citoyens sont tenus de supporter toutes charges et prestations publiques établies en vertu des lois » (art. 92). « Tous les citoyens ont le devoir de respecter l'autorité légitime et de lui faciliter sa tâche, ainsi que de remplir consciencieusement les obligations publiques dont ils seront chargés par la nation ou les autorités compétentes » (art. 93); liberté de conscience et de confession (art. 111, 112, 113).

§ 9. *L'état d'exception et l'état de guerre.*

54. — Dans des circonstances graves telles que la guerre étrangère ou des troubles intérieurs, il peut y avoir lieu à la suspension des droits individuels et des libertés publiques. Cette situation est prévue par deux textes. L'un (Ordonnance du Président de la République du 16 janv. 1928, *Exp. somm.*, t. 4, p. 9) est relatif à l'état de guerre et prévoit notamment l'institution de cours martiales affranchies des délais de procédure et l'élévation des peines. L'autre (Ordonnance du 16 mars 1928, *ibid.*, p. 96) est relatif à l'état d'exception. La différence essentielle avec la précédente ordonnance consiste en ce que les attributions conférées dans l'état de guerre au commandant en chef sont ici attribuées au ministre de l'Intérieur. L'ordonnance déclarant l'état d'exception doit être soumise à la Diète. Ces deux ordonnances emportent abrogation de la législation antérieure relative à la sûreté de l'Etat et au maintien de l'ordre public en temps de guerre, législation qui avait été abondante depuis 1919. — V. note dans *Exp. somm.*, t. 4, p. 97.

§ 10. *L'Assemblée nationale et la révision.*

55. — L'institution de l'Assemblée nationale (réunion de la Diète et du Sénat) comme pouvoir constituant ou pour l'élection du Président de la République n'apparaît qu'avec l'art. 125 de la Constitution du 17 mars 1921 relatif à la révision et avec la loi du 27 juill. 1922 portant règlement de l'Assemblée nationale pour l'élection du Président de la République. La Constitution de 1921 a été faite par la Diète seule et il en a été de même de la loi du 2 août 1926 qui la modifie. Tous les vingt-cinq ans, à partir du vote de la Constitution de 1921, la loi constitutionnelle doit être soumise à une révision par l'Assemblée nationale statuant à la majorité ordinaire.

CHAPITRE IV

LE POUVOIR LÉGISLATIF ET L'ORGANISATION DES CHAMBRES.

SECTION I.

Notions générales.

§ 1. *Rôle du Président de la République.*

56. — Le pouvoir législatif est exercé par la Diète et par le Sénat (Const., art. 2). Mais le Président de la République et le gouvernement ont néanmoins un rôle important dans l'œuvre législative. Ils ont en effet, concurremment avec les Chambres, le droit d'initiative (Const., art. 10), ce qui implique le travail de préparation des projets de loi.

57. — Une ordonnance du 12 août 1926, rendue en vertu de la loi de réforme constitutionnelle du 2 août 1926, a institué un conseil juridique chargé de donner, sur la demande du gouvernement, son opinion au sujet des projets de loi et des ordonnances. Ce conseil correspond à notre Conseil d'Etat dans ses formations administratives. Le président en est le ministre de la Justice. Les conseillers ordinaires sont nommés par le Président de la République, sur la proposition du Conseil des ministres. Des conseillers extraordinaires et des rapporteurs sont désignés par le ministre de la Justice (*Exp. somm.*, t. 3, p. 61). Mais une ordonnance du 23 mars 1927 (*Exp. somm.*, t. 3, p. 129) a rendu facultative la consultation du conseil juridique.

58. — D'autre part, le Président de la République « signe les lois avec les ministres respectifs et ordonne leur publication dans le Journal des lois de la République » (Const., art. 44). Mais aucun texte ne précise la portée de la promulgation de la loi par le chef de l'Etat. L'art. 3 de la Constitution affirme la prééminence de la Diète en matière législative : « Il n'y a pas de loi sans le consentement de la Diète exprimé dans les conditions prévues par les règlements. Toute loi entre en vigueur dans le délai fixé par cette même loi ».

59. — Malgré ce texte, le Président de la République peut, en vertu de l'art. 44 de la Constitution complété par la loi du 2 août 1926, promulguer dans certains cas « des ordonnances ayant force de loi et relevant du domaine de la législation de l'Etat ». — *Adde* la deuxième loi (provisoire) du 2 août 1926, Dareste, Delpech, Laferrière, *Les Constitutions modernes*, 4e éd., t. 2, p. 285. — V. *suprà*, n. 48.

§ 2. *Législations locales.*

60. — D'autre part, la législation n'est pas complètement centralisée. L'art. 3 de la Constitution déclare que « la République de Pologne, fondée sur le principe d'une large autonomie territoriale, déléguera aux représentants de ces unités autonomes des pouvoirs législatifs propres, en particulier dans les domaines administratif, culturel et économique, dont l'étendue sera plus strictement établie par les lois de l'Etat ». C'est ainsi que le statut organique de la voïévodie de Silésie (L. 15 juill. 1926) donne à cette province de véritables organes législatifs. — *Adde, infrà*, n. 103.

§ 3. *La constitutionnalité des lois.*

61. — Les textes constitutionnels dominent la législation, qui doit leur être conforme (Const., art. 38), et les décisions émanant des pouvoirs publics et faisant naître pour les citoyens des droits ou des obligations n'ont force obligatoire qu'autant qu'elles sont prises en se basant sur des lois et en s'y référant (art. 3). Aucune loi ne peut être contraire à la Constitution, ni porter atteinte à ses dispositions (art. 38). Mais, comme en France, il n'y a pas en Pologne de juge de la constitutionnalité des lois, et l'art. 81 de la Constitution dispose expressément que « les tribunaux n'ont pas qualité pour discuter la validité des lois dûment promulguées ».

Section II.

La Diète.

§ 1. *Electorat.*

62. — A. *Principes généraux.* — Les principes de l'électorat sont posés dans les art. 11 et 12 de la Constitution : « La Diète se compose de députés élus pour cinq ans, à compter du jour de l'ouverture de la Diète, au suffrage universel, secret, direct, égal et proportionnel » (art. 11). « Le droit de vote appartient à tout citoyen polonais, sans distinction de sexe, âgé de vingt et un ans accomplis le jour de l'annonce des élections. jouissant de la plénitude des droits civiques, et domicilié dans la circonscription électorale au moins depuis la veille de l'annonce publiée des élections dans le Journal des lois. Le droit de vote ne peut être exercé que personnellement. Les militaires en activité de service ne peuvent prendre part au scrutin » (art. 12). — *Adde,* l'art. 14, sur la privation du droit électoral en conséquence de condamnations.

63. — La loi électorale pour l'application de ces principes porte la date du 28 juill. 1922. Elle traite du droit de vote, de l'éligibilité, du nombre des députés, des circonscriptions électorales et sections de vote, de la convocation des électeurs, des commissions électorales, des listes électorales, des listes des candidats, du scrutin, de son dépouillement, de l'établissement et de la proclamation du résultat du scrutin, des frais des élections, de la vérification et de la validité des élections, de l'expiration du mandat des députés, des dispositions transitoires et de l'exécution.

64. — La Diète se compose de 444 députés, dont 372 élus sur les listes dressées dans les circonscriptions et 72 sur les listes d'Etat. La liste des circonscriptions est fixée par la loi après chaque recensement général, ainsi que le nombre de députés à élire dans chacune. Les circonscriptions sont divisées en section de vote par l'autorité administrative (L. 28 juill. 1922, art. 9 à 12). Les électeurs sont convoqués par un décret du Président de la République, qui ouvre la période électorale, fixe le jour du scrutin et indique les jours d'expiration des différents délais prévus à la loi électorale (L. 28 juill. 1922, art. 13 et 14).

65. — B. *Les commissions électorales.* — Les opérations électorales sont effectuées par les soins de commissions électorales (une commission d'Etat et des commissions de circonscription et de section). Un commissaire général électoral, nommé par le Président de la République sur une liste de trois candidats présentés par l'assemblée des présidents de la Cour suprême, contrôle les opérations de ces commissions et préside la commission électorale d'Etat. La commission électorale d'Etat se compose de huit membres, présentés au Commissaire général par les huit clubs les plus nombreux de la Diète sortante (L. 18 juill. 1922, art. 16, 17, 18). Les commissions électorales de circonscription se composent d'un président, qui est un magistrat, et de cinq membres, dont un est nommé par le voïévode, deux autres par le conseil municipal et deux par la diétine du district où la commission a son siège.

66. — Les protestations contre les élections relatives à la constitution de ces commissions sont adressées au président de la commission électorale de circonscription, et jugées par le sénat du tribunal de la circonscription, composé de trois juges désignés par le président du tribunal (L. 28 juill. 1922, art. 20). Le commissaire général électoral peut déférer les décisions de la commission de circonscription à la Cour suprême, mais seulement pour inobservation des prescriptions de la loi (*Ibid.*, art. 21).

67. — La commission électorale de section se compose d'un président, nommé par la commission de circonscription, et de quatre membres, dont un nommé par l'autorité administrative

de première instance et les trois autres par le conseil municipal de la commune où est situé le local électoral (L. 18 juill. 1922, art. 22).

68. — La dignité de membre des commissions électorales est honorifique ; nul ne peut refuser de l'accepter sans causes légitimes. Les membres des commissions électorales qui refusent de remplir leurs devoirs sans causes légitimes sont passibles d'une amende jusqu'à 200.000 marks... Une condamnation encourue pour la troisième fois entraîne la radiation de la liste des membres de la commission. Les amendes sont infligées par le président de la commission électorale de circonscription ; celles qui frappent les membres de la commission électorale d'Etat sont infligées par le commissaire général électoral. Les sentences pénales, de même que les radiations de la liste des membres d'une commission, peuvent faire l'objet, de la part de l'intéressé, dans les deux jours qui suivent la remise de la sentence, d'un recours à la commission plénière, qui statue en dernier ressort (*Ibid.*, art. 26). Les personnes faisant partie des commissions électorales, pendant la durée de leurs fonctions, sont placées sous la protection que la loi accorde aux fonctionnaires de l'Etat (art. 27).

69. — Le contrôle des partis sur les opérations électorales est assuré par les « hommes de confiance » délégués auprès des commissions électorales. Les hommes de confiance délégués par les fondés de pouvoir de listes électorales d'Etat, à raison d'un pour chaque liste, ont droit d'assister à toute réunion de la commission électorale d'Etat avec voix consultative dans toute question concernant leur liste (L. 28 juill. 1922, art. 17). Il en est de même auprès des commissions électorales de circonscription (*Ibid.*, art. 47, 53, 54) et de section (*Ibid*, art. 63, 80, 86), où les hommes de confiance assistent au dépouillement du scrutin et signent le procès-verbal.

70. — *Listes électorales.* — Elles sont établies, pour chaque élection dans les vingt jours de la publication de l'élection, par les premiers magistrats des communes (président, bourgmestre, maire, administrateur des domaines) et communiquées à la commission électorale de section. Les réclamations sont jugées par la commission de section et en appel par la commission de circonscription. Un pourvoi peut être formé devant la Cour suprême par les personnes dont le droit de vote est contesté ou par les commissaires électoraux de circonscription (L. 28 juill. 1922, art. 32 à 43).

§ 2. *Éligibilité et opérations du vote.*

71. — Sont éligibles tous les électeurs, y compris les militaires en activité de service âgés de vingt cinq ans le jour de l'ouverture de la période électorale. Les fonctionnaires sont inéligibles dans les circonscriptions où ils exercent leurs fonctions, à l'exception de ceux des administrations centrales. Ceux qui sont élus en dehors des circonscriptions où ils exercent leurs fonctions sont mis en congé pendant l'exercice de leur mandat législatif. Les contestations relatives à l'éligibilité ressortissent au tribunal suprême (L. 28 juill. 1922, art. 5 à 8). La Diète valide les élections non contestées (Const., art. 19).

72. — Dans les dix jours après la date de la publication des élections, les autorités administratives de première instance procèdent à l'établissement des sections de vote ; dans le même délai, le commissaire général électoral fixe le délai de la déclaration des listes d'Etat des candidats. — Dans les quatorze jours, les commissions électorales de circonscription font afficher le nombre des députés à élire et les conditions et délais des actes de candidature. Dans les vingt jours, le président de la commission électorale de circonscription fait afficher la composition des commissions électorales de section.

73. — Les listes doivent être établies et certifiées auprès de chaque commission électorale de circonscription trente jours au plus tard avant la date des élections, et portent l'indication ou le numéro du parti que les candidats se proposent de représenter. Nul ne peut, dans la même circonscription électorale, être porté sur deux ou plusieurs listes. Les inéligibilités et les incompatibilités sont réglementées d'une manière analogue à la loi française. — Const., art. 15, 16, 17.

74. — Le système électoral est la représentation proportionnelle, très voisine du système belge de Hondt, mais complété par l'établissement des listes d'Etat (*supra*, n. 72). 72 députés sont pris sur ces listes, que les partis déposent entre les mains du commissaire général quarante jours au moins avant le scrutin. Les listes de circonscription se rattachent à une liste d'Etat et les 72 sièges que comportent les listes d'Etat fournissent le moyen d'utiliser les restes laissés par les quotients électoraux dans les diverses circonscriptions (L. 18 juill. 1922, art. 44 à 61 et 87 à 99). Mais un parti ne peut obtenir de siège au moyen des listes d'Etat s'il n'a pas obtenu au moins un siège dans six circonscriptions différentes.

74 bis. — Les opérations du scrutin ont lieu sous la direction de la commission électorale de section. Le résultat en est transmis à la commission électorale de circonscription et par les soins de celle-ci à la commission électorale d'Etat, qui, après le recensement des votes dans toutes les circonscriptions, constate si des mandats restent non pourvus et les ajoute au chiffre fixe des 72 mandats des listes d'Etat (L. 28 juill. 1922, art. 94). Si, dans une circonscription, le nombre des candidats ne dépasse pas celui des sièges à pourvoir, les candidats sont déclarés élus sans qu'il y ait lieu de procéder au scrutin (L. 28 juill. 1922, art. 55).

75. — La Diète vérifie la validité des élections non contestées. La Cour suprême statue sur la validité des élections contestées (Const., art. 19). — *Adde*, Ordonnance du 12 sept. 1930 sur les peines destinées à protéger la liberté des élections, *Exp. somm.*, t. 5, p. 131.

76. — L'opération électorale comporte l'élection d'un nombre de candidats plus grand que celui des sièges à pourvoir. Les élus en surnombre sont suppléants dans chaque liste des députés déclarés élus. En cas d'invalidation ou d'extinction du mandat d'un député, la commission électorale d'Etat proclame député à sa place le suppléant dont c'est le tour (L. 28 juill. 1922, art. 99 et 115).

SECTION III.

Le Sénat.

77. — L'organisation, la compétence et le fonctionnement du Sénat sont l'objet des art. 35 à 37 de la Constitution et de la loi du 28 juill. 1922 sur le mode d'élection au Sénat (*Exp. somm.*, t. 1, p. 249 ; *J. des lois*, 1922, texte 591). — Il se compose de 111 membres, dont 93 élus sur des listes de circonscription et 18 sur des listes d'Etat, le mécanisme de l'opération électorale étant calqué sur celui des élections à la Diète, mais tout se passe à l'échelon circonscription sans qu'il n'y ait de sanctions. Les élections au Sénat ont lieu huit jours après celles de la Diète. Les circonscriptions électorales correspondent aux voïévodies (provinces), et la loi précitée fixe le nombre de sénateurs pour chacune d'elles. Les conditions de l'électorat et de l'éligibilité sont les mêmes que pour la Diète, sauf pour l'âge qui est de trente ans pour les électeurs et de quarante ans pour les candidats. Le Sénat n'a pas l'initiative des lois ni le droit d'enquête, et bien que les sénateurs aient le droit d'interpellation (Const., art. 33 et 37) la responsabilité politique des ministres ne joue pas devant le Sénat. Le rôle législatif du Sénat se borne à un droit de contrôle sur les textes votés par la Diète ; mais il doit statuer dans les trente jours, à défaut de quoi le Président de la République promulgue le texte voté par la Diète. Si le Sénat décide d'amender ou de rejeter un projet de loi voté par la Diète, celle-ci peut adopter à la simple majorité les amendements proposés ou les rejeter à la majorité des 11/20ᵉˢ des votants, et le Président de la République promulgue le texte tel qu'il résulte du deuxième vote de la Diète. D'après la Constitution de 1921, une décision du Sénat était nécessaire pour autoriser le Président de la République à dissoudre la Diète. Cette disposition a été supprimée par la loi du 2 août 1926 (art. 26 nouveau de la Constitution). Désormais, le Président de la République peut dissoudre la Diète et le Sénat, sur la proposition du Conseil des ministres. La législature du Sénat commence et finit en même temps que celle de la Diète.

SECTION IV.

Statut des membres du Parlement.

78. — Les députés sont les représentants de toute la nation et ne peuvent être liés par aucun mandat impératif. Ils prêtent serment entre les mains du maréchal de la Diète (Const.,

art. 20). Ils exercent personnellement leurs droits et obligations parlementaires (art. 27). Ils élisent le maréchal et les autres membres du bureau, ainsi que les commissions. Ils font le règlement de l'Assemblée (art. 28 et 29). Toutes ces dispositions sont applicables au Sénat (art. 37).

79. — Les députés jouissent d'une immunité complète pour tous leurs actes au sein ou en dehors de la Diète rentrant dans l'exercice de leur mandat et n'en sont responsables que devant la Diète (*Ibid.*, art. 21). En cas d'atteinte aux droits d'une tierce personne, ils peuvent être poursuivis devant les tribunaux, à condition que la Diète en accorde l'autorisation. Toute procédure pénale, administrative ou disciplinaire, entérinée contre un député avant son élection, est suspendue à la demande de la Diète jusqu'à l'extinction du mandat. Le cours de la prescription pénale est interrompu à l'égard des députés pendant la durée du mandat. Pendant toute la durée du mandat, les députés ne peuvent être ni poursuivis ni privés de leur liberté sans l'autorisation de la Diète. Au cas de flagrant délit de droit commun commis par un député, l'autorisation de l'écrouer et de donner suite à la procédure pénale doit être donnée par le maréchal de la Diète, qui peut exiger que le député arrêté soit relaxé (Const., art. 21).

80. — Il est interdit aux députés, soit en leur nom personnel, soit en celui d'un tiers, d'acheter ou de prendre à ferme des biens de l'Etat, de soumissionner pour des fournitures ou des travaux publics, et d'obtenir du gouvernement des concessions ou d'autres avantages personnels, ni des distinctions officielles, sauf des distinctions militaires. En cas de violation de ces dispositions, « la Cour suprême, à la demande écrite du maréchal de la Diète ou de la Haute Cour des comptes, ouvre une procédure » (Ord. du 22 avr. 1927, art. 1, *Exp. somm.*, t. 3, p. 141), qui est réglée par le texte précité et aboutit, si l'accusation est reconnue fondée, à la perte du mandat, de même que des avantages personnels confiés par le gouvernement à l'intéressé (Const., art. 22, modifié par l'art. 2 de la loi du 2 août 1926). Les députés ne peuvent être rédacteurs responsables de journaux (art. 23). L'indemnité législative est fixée par le règlement (art. 24). Toutes ces dispositions sont applicables aux sénateurs (Const., art. 37).

SECTION V.

Fonctionnement des Chambres.

81. — Le Président de la République convoque, ouvre, ajourne et clôture la Diète et le Sénat. Cette convocation est obligatoire pour la session ordinaire, chaque année au mois d'octobre au plus tard. La convocation en session extraordinaire est à la discrétion du Président de la République et n'est obligatoire que sur la demande d'un tiers des députés. L'ajournement d'une session ne peut avoir lieu qu'avec l'approbation de la Diète, si les séances doivent être reprises au cours de la même session ordinaire ou si l'interruption doit durer plus de trente jours (Const., art. 25, modifié par L. 2 août 1926). En cas de dissolution de la Diète et du Sénat (Voy. *supra*, n. 77), les élections doivent avoir lieu dans les quatre-vingt-dix jours qui suivent (Const., art. 26, modifié par L. 2 août 1926).

82. — Les séances sont publiques, sauf le cas de huis-clos (art. 30). Nul ne peut être poursuivi pour avoir publié un compte rendu véridique d'une séance publique de la Diète ou d'une de ses commissions (art. 31). Les décisions de la Diète sont valables à la simple majorité des voix, le *quorum* étant au moins du tiers du nombre légal des membres, sauf dispositions contraires de la Constitution (art. 32). Ces dispositions sont applicables au Sénat (art. 37).

SECTION VI.

Attributions des Chambres.

§ 1. *Attributions législatives.*

83. — La Diète fait les lois et en a l'initiative concurremment avec le gouvernement (Const., art. 10). Le Sénat ne peut que les amender. Il en résulte que le domaine de la loi et par conséquent la sphère d'activité de la Diète sont illimités. Toute question peut être réglée par la loi. Mais pour certaines matières, l'emploi de la procédure législative est obligatoire. C'est ainsi qu'en vertu des art. 4, 5 et 6 de la Constitution, le budget, le chiffre du contingent militaire et l'appel de ce contingent sous les drapeaux sont votés chaque année par une loi, qu'une loi est nécessaire pour émettre un emprunt, aliéner, échanger ou grever d'une charge quelconque la fortune immobilière de l'État, imposer des contributions et des taxes publiques, établir des droits de douane (L. 31 juill. 1924), créer des monopoles, introduire un système monétaire, ou accorder la garantie financière de l'État.

§ 2. *Droit d'interpellation.*

84. — Il s'exerce à la Diète et au Sénat par voie d'interpellation et de questions auxquelles il doit être répondu dans les six semaines. Si la réponse est écrite, les interpellateurs peuvent en demander la communication à la Diète, qui peut en faire l'objet d'une discussion et d'un vote (art. 33 et 37). — *Adde, supra,* n. 47.

§ 3. *Commissions d'enquête.*

85. — La Diète (et non le Sénat) peut choisir dans son sein des commissions d'enquête. Ces commissions ont qualité pour interroger les parties intéressées, citer des témoins et convoquer des experts. Les attributions et prérogatives de ces commissions sont fixées par un vote de la Diète.

§ 4. *Attributions financières. Contrôle parlementaire et contrôle d'État. La Haute Cour des comptes.*

86. — Les Chambres participent aussi à l'administration, notamment en matière financière, dans laquelle leur rôle ne se borne pas à voter le budget et comporte un contrôle minutieux.
Contrôle parlementaire. — Chaque année le gouvernement soumet à l'approbation du Parlement les comptes de clôture de la gestion financière de l'État.(Const., art. 7). La dette publique est l'objet d'un contrôle parlementaire (Const. art. 8), qui s'exerce par une commission composée, pour la Diète de quatre membres et de deux suppléants, pour le Sénat de deux membres et un suppléant, responsables comme tels devant l'assemblée qui les a élus. Cette commission surveille : 1° les engagements de l'État à l'étranger; 2° l'émission des titres (obligations d'emprunt, bons du Trésor) productifs d'intérêts et sujets à amortissements; 3° les conclusions ou la conversion des dettes en numéraire ; 4° les garanties financières et l'émission des billets de la banque d'émission. Elle doit publier chaque trimestre dans le *Moniteur polonais* le tableau des dettes et garanties de l'État, mais peut présenter à la Diète, à tout moment et une fois par an, un compte rendu de son activité et les propositions correspondantes (L. 25 sept. 1922, *Exp. somm.,* t. 1, p. 262).
87. — *Contrôle d'État. Haute Cour des comptes.* — Concurremment avec le contrôle parlementaire fonctionne, sous le nom de « Contrôle d'État », une autorité établie sur la base du système collégial, placée sur le même rang que les ministères, indépendante du gouvernement et subordonnée directement au Président de la République. Font partie du contrôle d'État : 1° le président de la Haute Cour des comptes, ainsi que deux vice-présidents ; 2° la Haute Cour des comptes, 3° les Chambres de contrôle d'arrondissement et, s'il y a lieu, des Chambres de contrôle d'État spéciales. Les délégués du contrôle d'État ont le droit d'inspection le plus étendu sur tous les services, et la Haute Cour des comptes soumet au Président de la République, à la Diète et au Sénat ses observations concernant l'exécution du budget (Const., art. 9 et L. 3 juin 1921, *Exp. somm.,* t. 1, p. 158). Le président de la Haute Cour des comptes a rang de ministre, sans toutefois faire partie du Conseil des ministres; il est directement responsable devant la Diète de l'exercice de ses fonctions, ensemble des actes des fonctionnaires qui lui sont subordonnés (Const., art. 9).

§ 5. *Pouvoirs spéciaux du ministre des Finances.*

88. — Enfin, il y a lieu de rapprocher de ces diverses institutions de sauvegarde financière : 1° les pouvoirs spéciaux conférés au ministre des Finances pour licencier, après avis de la Haute Cour des comptes, tous les personnels inutiles (L. 17 déc. 1921 relative à l'amélioration de l'administration financière de l'État, *Exp. somm.,* t. 1, p. 187); 2° l'institution d'un conseil financier consultatif de quinze membres auprès de ce ministre (*Ibid.*). — *Adde,* L. 14 déc. 1923, *Exp. somm.,* t. 2, p. 53; Ord. 28 janv. 1924 relative à la désignation d'un commissaire extraordinaire aux économies et loi du 31 juill. 1924 relative à l'assainissement du Trésor et à l'aménagement de l'économie sociale, *Exp. somm.,* t. 2, p. 119. — Voy. *supra,* n. 49, les dispositions spéciales relatives au pouvoir du gouvernement sur la fixation du budget en cas de conflit avec le Parlement.

CHAPITRE V

LE POUVOIR EXÉCUTIF ET L'ORGANISATION ADMINISTRATIVE.

SECTION I.

Le Président de la République.

89. — Il est élu pour sept ans par la Diète et le Sénat réunis en Assemblée nationale (Const., art. 39. *Adde,* L. 27 juill. 1922 portant règlement de l'Assemblée nationale pour l'élection du Président de la République). En cas de décès, démission ou toute autre cause de vacance, il est suppléé de plein droit par le maréchal de la Diète, et l'élection du nouveau président est réglée d'une manière analogue au système français (*Ibid.*, art. 40, 41, 42). Sur les rapports du Président de la République avec les Chambres, son rôle en matière législative et son pouvoir de prendre des décrets-lois, Voy. *supra,* n. 59. Pour l'exécution des lois, le Président de la République possède le pouvoir réglementaire, comme d'ailleurs les ministres et les autorités qui leur sont subordonnées dans les limites de leur compétence (*Ibid.*, art. 44). Le Président de la République exerce ses pouvoirs par l'intermédiaire des ministres responsables nommés par lui et chargés du contreseing (*Ibid.*, art. 43, 44, 45). Le Président de la République nomme aux emplois civils et militaires (*Ibid.*, art. 45). En matière militaire, Voy. *supra,* n. 50 et s., et *ibid.*, art. 46. L'exercice du droit de grâce et le rôle du Président de la République en matière de relations extérieures sont réglementés selon le système français (*Ibid.*, art. 47, 48, 49, 50). « Les traités commerciaux et douaniers, ainsi que ceux comportant pour l'État des charges financières permanentes ou contenant des dispositions juridiques génératrices d'obligations pour les citoyens, ou opérant une modification des frontières de l'État, enfin les traités d'alliance ne peuvent être conclus qu'avec l'assentiment de la Diète » (Const., art. 49).
90. — Le Président de la République n'encourt, pour les actes de sa fonction, aucune responsabilité, ni civile, ni parlementaire. Mais il peut être mis en accusation par la Diète pour haute trahison, violation de la Constitution ou infraction de droit commun même si l'infraction n'est pas en rapport avec l'exercice de ses fonctions. La cause est portée devant un « tribunal d'État » (Voy. Const., art. 51; L. 27 avr. 1923, art. 27, 28, 29, *Exp. somm.,* t. 2, p. 16. *Adde, infra,* n. 96). Il est doté d'une liste civile et reçoit, en sortant de charge, une dotation viagère réversible équivalente au traitement complet du premier rang de service (Const., art. 52; L. 6 juill. 1923, *Exp. somm.,* t. 2, p. 24).

SECTION II.

Les ministres. Responsabilités parlementaire, constitutionnelle, pénale et civile. Le tribunal d'État.

91. — Les ministres forment un Conseil. Ils exercent leurs fonctions et engagent leur responsabilité suivant les règles du régime parlementaire (Const., art. 55 à 65. — Voy. sur les pouvoirs spéciaux du ministre des Finances, *supra,* n. 88, et sur les modalités spéciales du rôle du ministre des Affaires militaires, *supra,* n. 51). Si la gestion d'un ministère est assurée provisoirement par un directeur, toutes les dispositions concernant les fonctions du ministre lui sont applicables (Const., art. 62).

92. — Il existe actuellement treize ministères : Intérieur, Affaires étrangères, Finances, Affaires militaires, Justice, Cultes et Instruction publique, Agriculture et Domaines, Industrie et Commerce, Travail et Assistance sociale, Travaux publics, Réformes agraires, Communications, Postes et Télégraphes.

93. — La responsabilité parlementaire, constitutionnelle ou pénale des ministres est réglementée par les dispositions suivantes. La responsabilité parlementaire des ministres est engagée par un vote de la Diète. Le Conseil des ministres en entier ou chaque ministre séparément démissionne dès que la Diète l'exige. Mais la motion demandant la retraite du Conseil des ministres ou de ministres particuliers ne peut faire l'objet d'un vote au cours de la séance même où elle a été déposée (Const., art. 58, modifié L. 2 août 1926).

94. — La responsabilité constitutionnelle s'entend des actes et omissions volontaires ou involontaires par lesquels, dans le cadre de leurs fonctions ou dans le cadre de la direction générale de l'activité et de la politique du gouvernement, le ministre incriminé a porté atteinte à la Constitution ou à toute autre loi, a mis l'État en danger ou a porté un préjudice manifeste et sensible aux intérêts de l'État. Elle s'entend encore de la responsabilité des actes et omissions du Président de la République ou du maréchal de la Diète qui le remplace, ou, dans le cadre de leurs fonctions, des actes et omissions des organes à lui subordonnés, et dans le cadre de la direction générale de l'activité et de la politique du gouvernement, des actes et omissions du président du Conseil ainsi que des autres ministres, s'ils sont coupables directement de ces actes ou omissions ou s'ils les ont laissés commettre par une faute volontaire ou involontaire (L. 27 avr. 1924, art. 1er).

95. — La responsabilité pénale pour infractions aux lois pénales comporte une distinction suivant que l'infraction est ou non en rapport avec l'exercice des fonctions ministérielles (*Ibid.*, art. 2). Enfin, la responsabilité des ministres pour les dommages causés par des actes officiels contraires à la loi ou aux devoirs du service, ainsi que la responsabilité solidaire de l'État du chef de ces dommages sont définies par des dispositions spéciales (*Ibid.*, art. 3).

96. — Les actes entraînant la responsabilité constitutionnelle des ministres ressortissent obligatoirement au « Tribunal d'État ». Ceux qui entraînent une responsabilité pénale peuvent être déférés au tribunal d'État s'ils ont été commis dans l'exercice des fonctions (*Ibid.*, art. 1 et 2). En ce qui concerne le Président de la République, la compétence du tribunal d'État s'étend même aux actes commis en dehors de l'exercice des fonctions (V. *supra*, n. 90). Le tribunal d'État a son siège à Varsovie. Il se compose du premier président de la Cour suprême, en qualité de président, ainsi que de douze membres, dont huit sont choisis au sein de la Diète et quatre au sein du Sénat. Peuvent être élus membres du tribunal d'État des citoyens polonais n'occupant aucun poste officiel, jouissant de la plénitude des droits civiques, à condition d'avoir quarante ans révolus au jour de l'élection ; la moitié au moins des membres du tribunal élus par la Diète et le Sénat doivent avoir fait des études supérieures de droit (L. 27 avr. 1923, art. 11). Le tribunal d'État est élu au début de chaque législature (*Ibid.*). La mise en accusation est prononcée par la Diète. L'enquête préalable est faite par un magistrat de la Cour suprême. La procédure est celle des cours pénales ordinaires. Les peines applicables aux infractions de droit commun sont celles qui sont prévues par les lois pénales. Les peines applicables aux actes qui entraînent la responsabilité constitutionnelle sont : 1° la privation temporaire ou définitive du droit d'être électeur ou élu et la perte des mandats exercés ; 2° la privation temporaire ou définitive du droit d'exercer des fonctions publiques ; 3° le renvoi du service de l'État avec perte des droits attachés à ce service (L. 27 avr. 1923, art. 20). Le tribunal peut se borner à reconnaître l'accusé coupable sans lui appliquer une peine (*Ibid.*, art. 21).

SECTION III.

Office général du contentieux de l'État.

97. — L'Office général du contentieux de l'État, chargé d'exercer la défense légale et la représentation légale des intérêts de droit public et de droit privé de l'État, relève du ministre des Finances. Ces droits et intérêts de l'État comprennent : 1° tous les biens meubles et immeubles et en particulier tous les droits et prétentions de l'État fondés sur des titres de droit public et de droit privé, les institutions et les entreprises de l'État ; 2° les droits territoriaux de l'État, ainsi que les droits et prétentions de droit public et de droit privé, vis-à-vis des États étrangers, découlant des conventions et des traités internationaux, de même que ses engagements contractés vis-à-vis des États étrangers ; 3° tous les biens meubles et immeubles, fonds et établissements gérés par les autorités de l'État, pendant la durée de cette gestion. L'office exerce aussi la représentation légale des institutions publiques indépendantes du Trésor de l'État, sous réserve de décision contraire du Conseil des ministres. L'office est aussi chargé d'exprimer, à la requête des autorités de l'État, des opinions juridiques sur les questions ayant trait aux intérêts matériels et publics de l'État, ainsi que de donner des consultations juridiques et de collaborer à la rédaction des actes juridiques concernant les droits et intérêts de l'État. Il se divise en sections ayant leur siège près les cours d'appel, et la fonction de représentation est exercée en principe par des fonctionnaires référendaires exclusivement spécialisés dans leurs fonctions (L. 31 juill. 1919 modifiée par Ord. du Président de la République, 9 déc. 1924, *Exp. somm.*, t. 2, p. 170).

SECTION IV.

Organisation administrative des voïévodies et des districts. Voïévodes et starostes.

98. — L'organisation administrative est basée, en vertu des art. 65, 66 et 67 de la Constitution, sur le principe d'une large décentralisation, caractérisée par l'autonomie des unités de l'autonomie territoriale. Ces unités sont les voïévodies qui correspondent à notre conception de la province, les districts qui correspondent à celle de nos arrondissements, et dans lesquels se trouvent des communes urbaines et rurales dont l'administration est distincte. Mais à tous les échelons et à côté des organes autonomes et électifs sont institués des fonctionnaires d'État qui administrent avec le concours de ces organismes autonomes, mais en même temps représentent l'autorité centrale et politique. La Pologne se divise en 17 voïévodies et 283 districts.

99. — L'organisation des autorités locales d'administration générale est réglée actuellement par les dispositions de l'ordonnance législative du Président de la République du 19 janv. 1928 (*Exp. somm.*, t. 4, p. 30), ayant pour objet l'organisation et le ressort des autorités d'administration générale. A la tête de l'administration générale de la voïévodie ou palatinat se trouve le voïévode ou palatin, représentant du gouvernement et chef des offices d'administration générale. Il possède un pouvoir propre de décision dans les affaires auxquelles s'étend la compétence qui lui est attribuée par les lois. Mais il est assisté par des corps électifs : le conseil de voïévodie et la section de voïévodie. Le conseil est composé des délégués des représentants des districts et des communes. Il est consultatif. La section se compose de représentants des fonctionnaires de l'administration ou office de la voïévodie et de délégués au conseil de la voïévodie. Elle exerce le pouvoir de tutelle du voïévode sur les autorités autonomes tant en ce qui concerne les questions de personnel qu'en ce qui concerne la direction générale de la politique administrative. Dans les voïévodies de Posnanie et de Poméranie, l'organisation précitée est quelque peu modifiée eu égard à l'existence dans ces provinces d'organes autonomes de voïévodie.

100. — L'organisation de la voïévodie de Silésie est tout à fait particulière. L'office de voïévodie relève directement du voïévode, qui règle non seulement les questions de la compétence du ministère de l'Intérieur (politique générale, sûreté, surveillance des corps autonomes, santé publique), mais aussi celles qui sont du ressort des autres ministères ne possédant pas d'organes locaux : industrie, commerce, agriculture, assistance sociale, travail, travaux publics, cultes, art et culture. En ce qui concerne ces services, le voïévode relève de chacun des ministres, tandis que dans sa personne il relève, comme partout, du ministre de l'Intérieur. Le conseil de voïévodie se compose du voïévode ou de son suppléant et de cinq membres élus par la Diète. Le voïévode peut en suspendre les décisions contraires aux lois ou excédant ses pouvoirs.

101. — Dans chaque district, le chef de l'administration générale est le staroste. Les villes comptant plus de 75.000 habitants forment des districts urbains gérés par des starostes urbains. Les fonctions de starostes urbains peuvent être con·fiées aux présidents électifs de ces villes. Les organes électifs de district ont, à l'égard du staroste, le rôle des conseils et sections de voïévodie à l'égard du voïévode.

102. — La ville de Varsovie forme une voïévodie urbaine dont le voïévode porte le titre de commissaire du gouvernement. Les dispositions concernant les conseils de voïévodie et de district ne s'appliquent pas à la ville de Varsovie, dont la municipalité est chargée de nombreuses fonctions administratives. Il en est d'ailleurs fréquemment ainsi des organes autonomes des communes urbaines et rurales.

Section V.

Organisation autonome des voïévodies.

103. — La loi du 26 sept. 1922 (*Exp. somm.*, t. 1, p. 265) fixe les principes de l'autonomie générale de voïévodie, qui est prévue par les art. 65 et s. de la Constitution. Mais la Constitution ne pose que des principes en annonçant que les applications en seront faites par des lois spéciales, et il en est de même de la loi du 26 sept. 1922 : « Les lois de l'Etat détermineront quelles affaires entrent dans les attributions de l'autonomie de voïévodie, particulièrement en ce qui concerne la culture, les questions économiques, les communications, l'hygiène, l'assistance aux indigents, l'administration autonome et la gestion des finances publiques » (art. 2). En tout cas il y a lieu d'observer : 1° que la loi de 1922 institue comme organes autonomes des voïévodies les diétines, dont le statut électoral sera fixé par la Diète et dont les élections seront sous le contrôle de la Cour suprême: 2° que les diétines voteront *des lois* « obligatoires sur le territoire de la voïévodie par la sanction du Président de la République contresignée par le président du Conseil des ministres ainsi que par le ministre compétent et dès leur publication dans le *Journal officiel* de la voïévodie » (art. 3). Les diétines ont aussi le pouvoir réglementaire : elles peuvent, « sur la base des lois de voïévodie, voter des dispositions d'ordre administratif » (art. 3). Le statut des membres des diétines comporte l'inviolabilité et est analogue à celui des membres de la Diète nationale. Le voïévode préside la diétine et peut suspendre ses décisions. Il doit alors soumettre la décision litigieuse au ministre compétent qui, s'il partage l'avis du voïévode, la soumet à la Haute Cour administrative. L'ordonnance du 19 janv. 1928 (*J. des Lois*, n. 11, texte 86) a fait application générale sur tout le territoire des principes posés dans la loi précitée de 1922. — Delpech et Laferrière, *Les Constitutions modernes*, t. 2, v° *Pologne*, p. 290, *ad notam*.

104. — La voïévodie de Silésie est placée sous un régime spécial (V. *suprà*, n. 100 et L. 15 juill. 1920) de large autonomie marqué par l'organisation et la compétence très étendue de la Diète. La Diète est élue au suffrage universel direct, égal et proportionnel, à raison d'un député par 25.000 habitants. Sa compétence s'étend à l'ensemble des questions économiques, à l'organisation des autorités administratives et autonomes, à la sûreté, aux impôts. Le voïévode et le conseil de voïévodie sont les organes administratifs — V. *suprà*, n. 24.

Section VI.

Organisation autonome des districts et des communes.
Unions communales.

105. — Il n'a pas encore été promulgué de loi uniforme pour l'organisation de l'autonomie locale, et chaque partie de la Pologne a encore conservé l'organisation qu'elle avait avant la reconstitution de l'Etat polonais. Dans l'ancienne Pologne russe subsistent les dispositions de la loi ·de 1864 sur l'autonomie communale, ainsi que les décrets des autorités polonaises

publiés immédiatement après la guerre, en 1918 et 1919, sur les conseils communaux, l'autonomie urbaine et l'autonomie de district. Dans les voïévodies de l'Est, celles de Wilno, Nowogrodek, Polésie, Wolhynie, subsistent les arrêtés de l'ancien commissaire général pour les territoires de l'Est, des 25 et 27 juin 1919, 14 août 1919, 26 sept. 1919, 25 et 29 oct. 1919, ainsi que le décret du Conseil des ministres du 10 août 1922. Dans les territoires de l'ancienne Pologne autrichienne et de l'ancienne Pologne prussienne, la législation autrichienne et la législation allemande subsistent, sous réserve de mesures d'adaptation prises depuis 1918 par les autorités polonaises.

106. — Dans toutes ces régions il existe des communes rurales autonomes, des conseils communaux électifs, et dans les voïévodies de Poméranie et de Posnanie un juge de village. Alors que dans l'ancienne Pologne prussienne et autrichienne chaque village constitue une commune dont le centre renferme une population agglomérée, au contraire, dans l'ancienne Pologne russe, la section de la commune s'étend à des groupes beaucoup plus disséminés, ce qui crée des districts beaucoup plus étendus.

107. — En ce qui concerne les villes, on trouve toujours un conseil municipal électif qui est le corps délibérant et, comme organes exécutifs, un bourgmestre dans les petites localités et une municipalité composée d'un président et d'échevins dans les grandes. Les districts comportent des organes représentatifs; ce sont, dans l'ancienne Pologne russe, des diétines et des sections de district. La diétine de district se compose de délégués des villes et des communes, élus par les conseils municipaux de concert avec la municipalité. Les membres de la section de district sont choisis par la diétine de district. Le staroste, représentant de l'administration de l'Etat dans le district, remplit en outre les fonctions d'organe exécutif et est en même temps le président de la diétine et\de la section de district. Dans l'ancienne Pologne autrichienne les autorités autonomes portent le nom de conseil et de section de district ; le conseil de district est élu dans quatre curies : communes rurales, communes d'industrie et de commerce, villes, grande propriété foncière. Le président en est électif, de sorte que l'autonomie de district n'est pas rattachée à l'administration de l'Etat comme dans l'ancienne Pologne russe. En Posnanie et en Poméranie, l'autonomie de district est représentée par les diétines et par la section de district élue par la diétine. La présidence de la section de district appartient au staroste, qui est en même temps l'organe exécutif.

108. — L'ordonnance législative du 22 mars 1928 (*Exp. somm.*, t. 5, p. 271) substitue aux dispositions régionales jusqu'ici en vigueur un régime uniforme pour tout l'Etat, à l'exception de la voïévodie de Silésie, comportant la création, pour les communes urbaines, les communes rurales et les unions communales de district, d'unions intercommunales dotées des droits de collectivités à personnalité juridique indépendante, en vue d'accomplir les différentes tâches incombant à l'autonomie territoriale. Chacune de ces unions doit posséder son propre conseil d'administration.

Section VII.

Services spéciaux.

109. — Certains services ne rentrent pas dans le cadre de l'administration générale. Tel est le cas de l'administration fiscale, qui est confiée à des chambres fiscales au nombre de 14 et des directions des douanes au nombre de 6. Les circonscriptions fiscales correspondent en général aux circonscriptions des voïévodies. Les offices de perception des impôts et des taxes fiscales dans les districts et les caisses fiscales relèvent des chambres fiscales. Aux directions fiscales est subordonné l'inspectorat des douanes sur le territoire de la Ville libre de Dantzig et 188 bureaux de douane. La garde-frontière relève du ministre des Finances sur les frontières septentrionale et occidentale et du ministre de l'Intérieur sur la frontière orientale.

110. — Au point de vue de l'administration militaire, l'Etat est divisé en 9 circonscriptions de corps d'armée.

111. — La question du lotissement, et en général toutes celles qui concernent la réforme agraire, sont réglées par des *offices fonciers* de circonscription pour le territoire de la voïévodie et par des offices de district qui fonctionnent comme organes locaux du ministère de la Réforme agraire. Les conflits auxquels l'application de la réforme peut donner lieu sont tranchés par des commissions foncières de circonscription existant auprès de chaque office de circonscription, avec recours à la commission foncière générale établie au ministère de la Réforme agraire.

112. — Au point de vue technique, la Pologne se divise en 9 directions des chemins de fer, 9 directions des postes et télégraphes, 4 directions des voies fluviales, 10 directions des forêts, 3 circonscriptions des mines, 6 circonscriptions de légalisation des poids et mesures.

113. — Les chambres d'agriculture ont été instituées par l'ordonnance législative du 22 mars 1928 (*Exp. somm.*, t. 4, p. 270). En principe, le ressort d'activité d'une chambre d'agriculture embrasse une voïévodie. La création d'une chambre, la désignation de son siège et de son ressort et sa suppression appartiennent au Conseil des ministres. La chambre d'agriculture est une unité de l'autonomie économique et une personne de droit public. — *Adde, infrà*, chap. VII, Législation de droit public.

SECTION VIII.

Statut des fonctionnaires. — Procédure administrative.

114. — La loi du 17 févr. 1922, modifiée par l'ordonnance du 22 mars 1928 (*Exp. somm.*, t. 4, p. 213), détermine les conditions du service civil de l'Etat. Le même jour a été promulguée une loi spéciale relative à l'organisation des autorités disciplinaires et à la procédure disciplinaire contre les fonctionnaires de l'Etat (*Exp. somm.*, t. 1, p. 196). Cette loi, modifiée par ordonnance du 22 mars 1928 (*Exp. somm.*, t. 4, p. 213), ne s'applique ni aux juges, procureurs et stagiaires des tribunaux, ni aux employés des chemins de fer, des postes, télégraphes et téléphones, ni aux instituteurs des écoles de l'Etat, ni à certains fonctionnaires du contrôle de l'Etat, dont le statut est réglé par des dispositions spéciales. Un fonctionnaire nommé à titre définitif ne peut être congédié ou révoqué qu'à la suite d'un arrêté exécutoire des autorités ou d'une sentence de la commission disciplinaire. A chaque poste correspond une catégorie de service et à chaque catégorie de service un traitement réglé par la loi. Il a été institué 12 catégories de service, dont le tableau a été établi en vertu de l'ordonnance du Conseil des ministres du 26 juin 1924.

115. — Parmi les devoirs du fonctionnaire, il y a lieu de signaler qu'il lui est interdit d'adhérer à des unions ou à des accords susceptibles de troubler le cours normal de l'administration de l'Etat ou celui du service. Pour manquement aux devoirs de sa situation et de sa fonction, dans son service ou hors du service, par acte, omission ou négligence, le fonctionnaire, indépendamment de la responsabilité judiciaire éventuelle pénale ou civile, encourt en outre, pour délits de service, la responsabilité disciplinaire et, pour manquement de service, la responsabilité réglementaire. Les peines réglementaires (admonition, réprimande, refus de congé) sont infligées par l'autorité directe de l'employé ou par l'autorité supérieure. Les peines disciplinaires (depuis le blâme jusqu'à la révocation) sont infligées par la commission disciplinaire compétente. Les commissions disciplinaires de l'instance fonctionnent auprès des différentes autorités administratives. Une haute commission disciplinaire est établie auprès du Conseil. — *Adde*, Ord. 22 mars 1928, *Exp. somm.*, t. 4, p. 213.

116. — La loi du 9 oct. 1923 (*Exp. somm.*, t. 2, p. 39), modifiée par l'ordonnance du 22 mars 1928 (*Exp. somm.*, t. 4, p. 214), établit 16 groupes de traitements et, dans chaque groupe, un certain nombre d'échelons.

117. — *Procédure administrative.* — Une ordonnance du Président de la République du 22 mars 1928 (*Exp. somm.*, t. 4, p. 198) fixe la procédure à suivre dans toutes les affaires appartenant au domaine du droit administratif. — V. *infrà*, n. 136 et suiv.

CHAPITRE VI

LE POUVOIR JUDICIAIRE ET L'ORGANISATION JURIDICTIONNELLE.

SECTION I.

Organisation générale des tribunaux.

§ 1. Les différents tribunaux.

118. — Cette matière est l'objet de l'ordonnance du Président de la République du 6 févr. 1928, entrée en vigueur le 1er janv. 1929 (*Exp. somm.*, vol. IV, p. 31), de la loi complémentaire du 4 mars 1929 et de l'ordonnance du 24 nov. 1930 (*Ibid.*, vol. V, p. 32).

Les tribunaux dits « de droit commun » sont : 1° les tribunaux de bailliage et justices de paix; 2° les tribunaux d'arrondissement; 3° les cours d'appel; 4° la Cour suprême.

119. — Les tribunaux de bailliage se composent d'un ou de plusieurs juges et connaissent des affaires qui leur sont déférées par les lois de procédure judiciaire et les lois spéciales. ainsi que des moyens de recours contre les jugements des juges de paix (art. 11 et 12, Ordonn. 6 févr. 1928).

120. — Les juges de paix sont nommés à l'élection ou, à défaut, par le ministre de la Justice (*Ibid.*, art. 189). Ils connaissent des affaires qui leur sont confiées par les lois de procédure judiciaire ou par les lois spéciales. Si dans une localité donnée il n'a pas été institué de juges de paix, les affaires de sa compétence sont examinées par le tribunal de bailliage (*Ibid.*, art. 15).

A dater de l'entrée en vigueur de la présente loi, les tribunaux sont soumis au régime nouveau qu'elle institue. En conséquence, les tribunaux de district et les justices de paix deviennent tribunaux de bailliage (Ordonnance précitée du 6 févr. 1928, art. 269, *Exp. somm.*, vol. IV, p. 53).

121. — Le tribunal d'arrondissement se compose d'un président, d'un ou de plusieurs vice-présidents et de juges. Il connaît en première instance des affaires qui ne sont pas de la compétence d'autres tribunaux (*Ibid.*, art. 16 et 19).

122. — Les tribunaux d'arrondissement, dont relèvent les localités à mouvement commercial important, connaissent en première instance des affaires commerciales spécifiées dans les lois, le tribunal étant composé d'un juge d'arrondissement et de deux juges consulaires. Une ordonnance du ministre de la Justice désigne les tribunaux d'arrondissement auprès desquels devront être organisées des sections de commerce (*Ibid.*, art. 21). — *Adde*, Ordonnance du 24 déc. 1928 sur l'organisation des sections de commerce près les tribunaux d'arrondissement.

123. — Le tribunal d'arrondissement, siégeant avec la participation de douze jurés, forme la cour d'assises (*Ibid.*, art. 24).

124. — La cour d'appel se compose d'un président, d'un ou de plusieurs vice-présidents et de juges. Elle statue à trois juges (*Ibid.*, art. 31 à 34).

125. — La Cour suprême se compose d'un premier président, de présidents et de juges. Elle se divise en deux chambres : civile et criminelle, et statue à trois juges (*Ibid.*, art. 35 à 39).

126. — Il y a lieu d'ajouter à cette énumération les tribunaux du travail, les tribunaux pour les mineurs, et les tribunaux militaires.

L'ordonnance du 22 mai 1928 (*Exp. somm.*, t. IV, p. 201) a créé des *tribunaux du travail*, qui sont institués par ordonnance du ministre de la Justice et du ministre du Travail; s'il n'y a pas lieu de créer un tribunal indépendant, il fonctionnera comme section de la justice de paix. Les tribunaux du travail sont composés d'un président, d'un vice-président, d'au moins dix assesseurs et vingt suppléants proposés par les organisations patronales et du même nombre d'assesseurs et de suppléants proposés par les organisations ouvrières. Ils statuent à trois juges. Ils connaissent, en matière civile, de tous les litiges concernant le travail ou l'enseignement professionnel survenus entre patrons et travailleurs si l'objet du litige ne dépasse pas 5.000 zlotys, à charge d'appel devant la cour d'appel; en dernier ressort si l'objet du litige est inférieur à 200 zlotys. — Sur leur compétence en matière pénale, V. *infrà*, sect. II, n. 135.

Les juges des *tribunaux pour mineurs* sont désignés par la réunion plénière du tribunal d'arrondissement (Ord. 6 févr. 1928, art. 55). Les affaires pénales entrant dans la compétence des tribunaux pour mineurs sont examinées par un seul juge (*Ibid.*, art. 23) et donnent lieu à une procédure indiquée dans les art. 592 à 619 de l'ordonnance du 19 mars 1928 (*Exp. somm.*, t. 4, p. 100).

Les *tribunaux militaires* ont été réorganisés par l'ordonnance du 22 mars 1928 sur le Code de justice militaire (*Exp. somm.*, t. 4, p. 187).

§ 2. *Le ministère public* (Ord. du 6 févr. 1928, art. 231 à 254, du 18 juin 1929 et du 25 juin 1929).

127. — Sous l'autorité du ministre de la Justice, procureur en chef, le ministère public forme une hiérarchie qui comprend le premier procureur, les procureurs et vice-procureurs à la Cour suprême, les procureurs et vice-procureurs de cours d'appel, les procureurs, vice-procureurs et sous-procureurs d'arrondissement. Ces derniers peuvent être affectés aux tribunaux de bailliage. « Le procureur est tenu de se conformer strictement aux instructions de ses chefs; toutefois, il peut s'en écarter en présentant à l'audience des conclusions et déclarations orales, s'il s'y est révélé des circonstances nouvelles modifiant l'état de la cause » (art. 249, Ord. 6 févr. 1928). En ce qui concerne le statut des membres du ministère public, les dispositions indiquées *infrà* au sujet du statut des magistrats s'appliquent presque intégralement. Il y a lieu cependant d'observer que, « en cas de constatation de manquements légers ne fournissant pas de base à une procédure disciplinaire, le chef direct peut rendre le procureur responsable réglementairement en appliquant certains articles de la loi du 17 févr. 1922 relative au service civil de l'Etat » (*Exp. somm.*, t. 1, p. 196).

§ 3. *Statut des magistrats. — Tribunaux disciplinaires.*

128. — Les prérogatives des magistrats sont indiquées par les art. 78 et 79 de la Constitution : « Un juge ne peut être destitué, suspendu, déplacé ou mis à la retraite d'office qu'en vertu d'une décision de justice et uniquement dans les cas prévus par la loi » (art. 78). « Les juges ne peuvent faire l'objet d'une action pénale, ni être mis en état d'arrestation sans l'assentiment préalable du tribunal légalement qualifié, à moins de flagrant délit, auquel cas d'ailleurs le tribunal peut réclamer l'élargissement immédiat du juge arrêté » (art. 79). Par application de ces textes, l'ordonnance du 6 févr. 1928 règle dans son titre II, art. 79 à 187, la situation des juges, sous les rubriques ci-après : Chap. I. Indépendance des juges; Chap. II. Entrée en fonctions; Chap. III. Changement de poste; Chap. IV. Démission; Chap. V. Droits; Chap. VI. Devoirs; Chap. VII. Responsabilité disciplinaire; Chap. VIII. Suspension.

129. — La loi du 5 déc. 1923 (*Exp. somm.*, t. 2, p. 42), modifiée par l'ordonnance du 22 mars 1928 (*Exp. somm.*, t. 4, p. 214), établit pour les magistrats quatre groupes de traitements avec des échelons et fixe les conditions de leur application, ainsi que les règles applicables à l'allocation de certaines indemnités.

Les peines disciplinaires sont les suivantes : rappel à l'ordre, blâme, suspension pour une durée n'excédant pas trois ans de l'avancement au groupe ou au degré supérieur de traitement, déplacement aux frais du juge, retrait de l'emploi de directeur du tribunal, mise à la retraite, destitution (Ordonn. 6 févr. 1928, art. 130). Les tribunaux disciplinaires sont : 1° le tribunal disciplinaire de la circonscription de la cour d'appel, comprenant trois juges de cour d'appel et jugeant en première instance les affaires contre les juges occupant des postes dans les tribunaux d'arrondissement et de bailliage de la circonscription; 2° le tribunal disciplinaire supérieur, comprenant trois juges de la Cour suprême et jugeant en première instance les affaires contre les juges occupant des postes aux cours d'appel ou à la Cour suprême, et en seconde instance les affaires examinées par le tribunal disciplinaire de la circonscription de la cour d'appel; 3° la Haute Cour disciplinaire, comprenant cinq juges de la Cour suprême et jugeant en seconde instance les affaires examinées en première instance par le tribunal disciplinaire supérieur.

§ 4. *Fonctionnement des tribunaux.*

130. — Le fonctionnement d'une juridiction comporte trois formations distinctes : la *réunion plénière* du tribunal ou de la cour, qui comprend tous les juges qui entrent dans sa composition; le collège administratif du tribunal; le chef du tribunal. La réunion plénière nomme le collège administratif et répond aux demandes d'avis du chef du tribunal; elle répartit les fonctions entre les membres du tribunal et notamment nomme les juges des tribunaux pour mineurs et leurs suppléants (Ord. 6 févr. 1928, art. 47 à 55). Le *collège administratif* se compose de deux membres nommés par la réunion plénière, deux membres nommés par le président du tribunal, et le président du tribunal lui-même. Le collège administratif supplée, s'il y a lieu, la réunion plénière (*Ibid.*, art. 50). Aux termes des art. 65 à 69 de l'ordonnance, les fonctions de l'administration judiciaire sont exercées par les *chefs des tribunaux*, qui sont les présidents des tribunaux et des cours; ceux-ci sont chargés de la surveillance et du contrôle de leurs compagnies et de constater tous manquements ou toute défectuosité dans le service. Le ministre de la Justice exerce la surveillance supérieure de tous les tribunaux et de tous les juges (*Ibid.*, art. 71).

§ 5. *Autorité de la jurisprudence de la Cour suprême.*

131. — L'autorité jurisprudentielle de la Cour suprême est sanctionnée d'une manière énergique et originale, qui est contraire à notre principe de la relativité de la chose jugée. La Cour suprême, en dehors de ses attributions ordinaires, est en effet investie d'un pouvoir consultatif et souverain, dans les conditions suivantes : 1° le collège (de la Cour suprême), ayant à statuer sur une affaire, peut soumettre un principe juridique douteux à la décision d'un collège de sept juges; 2° si une juridiction a l'intention de s'écarter du principe juridique enregistré (par la Cour suprême), il soumet le principe en cause à la décision de la chambre plénière de la Cour suprême, qui statue en présence de la moitié au moins de ses membres et de toute façon en présence d'au moins dix juges. Si le collège délibérant dans une chambre a l'intention de s'écarter du principe enregistré au recueil d'une autre chambre, la décision est prise en réunion plénière. La renonciation à un principe juridique établi par une chambre ou par la cour plénière ne peut avoir lieu qu'en vertu d'une nouvelle décision de la chambre ou de la cour plénière; 3° la Cour suprême, en réunion plénière d'une chambre, interprète, sur la proposition du ministre de la Justice, du premier président ou du président de la chambre intéressée, les dispositions juridiques qui suscitent des doutes ou dont l'application a donné lieu à divergences dans le jugement; la chambre peut soumettre le problème juridique à la discussion de la cour plénière (art. 40 et 41). Un bureau de jurisprudence assurera, sous l'autorité de la cour, la publication des décisions de principe ainsi établies. Il y a un recueil pour chaque chambre (art. 42 et 43).

§ 6. *Distinction du contentieux judiciaire et du contentieux administratif.*

132. — Mais l'organisation du pouvoir judiciaire ne comprend pas toute la fonction juridictionnelle. En effet, à l'exemple du système français, le système polonais consacre l'existence d'un contentieux administratif distinct du contentieux judiciaire, considéré comme contentieux du droit commun. — V. Const., art. 70 et s.

Section II.

Contentieux judiciaire.

§ 1. *Justice civile.*

133. — Le Code de procédure civile, qui compte 516 articles, est entré en vigueur le 1er janvier 1933 (*Exp. somm.*, t. 5, p. 47). Il est divisé en trois livres. Le premier, consacré aux tribunaux, règle la compétence des tribunaux et la récusation du juge. Le second, intitulé *Le procès*, comprend cinq titres : des parties, des frais du procès, de la procédure, de la rescision de la procédure, des procédures spéciales. Le livre III est consacré à l'arbitrage.

134. — Parmi toutes les règles de procédure prescrites par les textes précités, il y a lieu de signaler notammeut celles qui sont relatives à la procédure d'appel et à celle de cassation. Dans l'un et l'autre cas, le recours n'est pas porté directement devant la juridiction supérieure. Il est porté d'abord devant la juridiction qui a rendu la décision attaquée, et c'est seulement en cas de rejet de ce recours que l'affaire est portée devant la cour d'appel ou devant la Cour de cassation sous la forme d'un recours contre la décision de rejet (Code proc. civ., art. 400 pour l'appel, 435 pour le pourvoi en cassation).

§ 2. *Justice répressive.*

135. — Le Code de procédure criminelle, qui compte 652 articles, est entré en vigueur le 1ᵉʳ juill. 1929 et a été complété par une ordonnance du Président de la République, du 19 mars 1928, en 58 articles (*Exp. somm.*, t. 4, p. 100 et 150). Il est divisé en 11 livres, respectivement consacrés aux objets ci-après : I. Tribunaux. — II. Parties, défenseurs et fondés de pouvoir. — III. Preuves. — IV. Mesures préventives en vue d'empêcher de se soustraire à la justice. — V. Dispositions d'ordre administratif. — VI. Procédure préparatoire. — VII. Procédure devant le tribunal de première instance. — VIII. Moyens de recours. — IX. Procédure d'exécution. — X. Frais de justice. — XI. Procédure spéciale.

135 bis. — Un traité d'extradition a été conclu entre la Pologne et la France le 30 déc. 1925 et ratifié par une loi polonaise du 12 janv. 1929 (*Exp. somm.*, t. 5, p. 5).

Section III.
Contentieux administratif. — La Haute Cour administrative.

136. — Le système polonais paraît s'en tenir, au point de vue du domaine du contentieux administratif, à la notion de l'excès de pouvoir et ne pas admettre l'existence d'un contentieux de pleine juridiction, ni la notion de service public. L'art. 73 de la Constitution dispose en effet que « pour statuer sur la légalité des actes de l'administration gouvernementale et autonome, une loi spéciale instituera des tribunaux administratifs, dont l'organisation sera basée sur la coopération de l'élément civil et judiciaire, avec une Haute Cour administrative à leur tête ». Il y a lieu aussi de relever une différence importante entre le recours organisé par la loi polonaise et notre excès de pouvoir; elle consiste en ce que la loi polonaise organise un recours, non contre l'acte, mais contre l'administration qui est assignée (L. 3 août 1922, art. 15), si bien que la recevabilité du recours paraît subordonnée à l'existence d'un droit lésé chez le requérant (*Ibid.*, art. 9) et non d'un simple intérêt froissé, comme l'admet la jurisprudence française. — V. Capitant, *Bull. Soc. législ. comp.*, octobre 1928, p. 425.

137. — *Droit pénal fiscal.* — Le droit pénal fiscal permet à l'administration de frapper de peines, sans le concours de l'autorité judiciaire, un certain nombre d'infractions dont le caractère général est de porter atteinte aux droits pécuniaires de l'Etat. Il comporte une loi pénale (L. 2 août 1926, *Exp. somm.*, t. 3, p. 89, modifiée par les ordonnances des 24 juin et 7 oct. 1927, et 19 mars 1928) et une loi de procédure (Ord. 22 mars 1927, *Exp. somm.*, t. 5, p. 211).

138. — La loi pénale fiscale du 2 août 1926 unifie la législation en cette matière et remplace les prescriptions pénales fiscales des Etats copartageants, ainsi que la législation polonaise en vigueur avant sa promulgation. Elle est applicable aux infractions concernant : 1° les taxes douanières et le trafic des marchandises avec l'étranger; 2° le monopole des tabacs; 3° le monopole de l'alcool, ainsi que l'imposition de l'acide acétique et des levures pressées; 4° le monopole du sel ; 5° le monopole des allumettes et l'imposition des briquets; 6° l'exclusivité de l'Etat quant à la loterie; 7° l'impôt sur la bière (accise); 8° l'impôt sur le vin et l'hydromel; 9° l'impôt sur le sucre; 10° l'impôt sur les huiles minérales et leurs dérivés (dérivés du pétrole); 11° l'impôt sur la houille; 12° l'impôt sur les cartes à jouer; 13° la production, la vente et l'usage des substances sucrées artificielles (saccharine); 14° les patentes d'accise; 15° le trafic des marchandises avec la Ville libre de Dantzig. Il faut y ajouter les infractions commises au préjudice du Trésor polonais hors du territoire de l'Etat par des ressortissants étrangers, s'il s'agit d'infractions consistant à frustrer le fisc ou à violer la prohibition d'importation, d'exportation ou de transport des marchandises en ce qui concerne l'étranger ou la Ville libre de Dantzig. Les peines applicables sont l'amende, la confiscation ou l'emprisonnement.

139. — La Haute Cour administrative a été organisée par la loi du 3 août 1922 (*Exp. somm.*, t. 1, p. 253), qui a été complétée et modifiée par la loi du 25 mai 1926 (*Ibid.*, t. 3, p. 27) et par l'ordonnance du 7 févr. 1928 (*Ibid.*, t. 4, p. 56). Elle constitue l'unique instance administrative tant que les tribunaux administratifs inférieurs n'auront pas été institués. Elle se compose d'un premier président et du nombre nécessaire de présidents et de juges, qui jouissent de la plénitude des droits judiciaires garantis par les dispositions du titre VI de la loi constitutionnelle et sont placés sur le même pied que les membres de la Cour suprême. Ils sont nommés par le Président de la République. « Ne peuvent être premier président, présidents et juges de la Haute Cour que les personnes ayant une formation juridique. La moitié au moins des juges doivent posséder les titres voulus pour exercer la fonction de juge » (Voy. art. 6). Les décisions de la Haute Cour sont rendues à trois, cinq ou neuf juges, ou en assemblée générale qui doit comprendre les deux tiers des membres de la cour (Voy. art. 18). La Haute Cour rejette la plainte ou annule l'arrêté ou la décision qui lui est déférée. En cas d'annulation, l'autorité dont l'acte a été annulé est tenue de rendre un nouvel arrêté ou une nouvelle décision en se conformant aux considérants juridiques du jugement de la Haute Cour (*Ibid.*, art. 5. — *Adde*, L. 25 mars 1919). Le régime disciplinaire des juges de la Haute Cour administrative est le même que celui des juges de la Cour suprême (L. 7 févr. 1928, *Exp. somm.*, t. 4, p. 56). — Cf. Ord. 6 févr. 1928, art. 137. — Voy. *suprà*, n. 128 et Ordonn. du 3 déc. 1930, *Exp. somm.*, t. 5, p. 131.

Section IV.
Tribunal de compétence.

140. — La coexistence d'un contentieux judiciaire et d'un contentieux administratif implique l'existence d'une juridiction destinée à statuer sur les conflits qui peuvent s'élever entre les deux ordres de juridiction. A cette conception répond le tribunal de compétence (L. 25 nov. 1925, *Exp. somm.*, t. 2, p. 233), qui correspond à notre tribunal des conflits. Le tribunal de compétence se compose de 2 présidents et de 14 membres nommés par le Président de la République sur la proposition du Conseil des ministres (L. 25 nov. 1925, art. 2). Les présidents sont nommés, l'un parmi les juges de la Cour suprême, l'autre parmi ceux de la Haute Cour administrative. Ils remplissent leurs fonctions à tour de rôle (*Ibid.*, art. 3). Les membres du tribunal de compétence sont nommés : 4 parmi les juges de la Cour suprême, 4 parmi les juges de la Haute Cour administrative, 6 parmi les personnes qui se distinguent par une connaissance particulière du droit mais qui n'occupent pas de poste dans la magistrature ni dans l'administration. Pour l'application de cette disposition, les professeurs de l'enseignement supérieur ne sont pas considérés comme fonctionnaires administratifs (*Ibid.*, p. 4). La procédure devant le tribunal de compétence est organisée par les art. 10 à 28 de la loi. L'autorité administrative supérieure est seule qualifiée pour engager une action en conflit de compétence.

CHAPITRE VII

LÉGISLATION DE DROIT PUBLIC.

§ 1. *Armée et prestations.*

141. La loi de recrutement porte la date du 23 mai 1924 (*Exp. somm.*, t. 2, p. 92). Elle est basée sur le principe du service obligatoire et personnel. Son application comporte : deux ans de service actif ; maintien dans la réserve jusqu'à quarante ans, avec deux périodes de service de vingt-huit jours et deux de vingt et un jours; service dans la territoriale de quarante à cinquante ans. Le service actif est réduit à dix-huit mois pour les jeunes gens ayant achevé avec succès leurs études dans une école secondaire ou professionnelle. Mais ceux qui n'arrivent pas dans ce délai à acquérir les titres voulus pour être nommés sous-lieutenant de réserve perdent leurs droits et complètent leur service à deux ans. Il y a des sursis pour l'achèvement des études, et les ecclésiastiques des diverses confessions ne servent que dans la territoriale. Le statut des officiers de l'armée de terre fait l'objet de la loi du 23 mars 1922 (*Exp. somm.*, t. 1, p. 204); celui des officiers de marine fait l'objet de la loi du 20 juin 1924 (*Exp. somm.*, t. 2, p. 103) et de l'ordonnance du Président de la République du 31 déc. 1925 (*J. des Lois*, 1926, n. 3). La loi du 18 juill. 1924 (*Exp. somm.*, t. 2, p. 115) fixe les devoirs et droits fondamentaux des hommes de troupe (V. *supra*, n. 51, sur le commandement de l'armée). Une ordonnance du Président de la République du 22 mars 1928 (*Exp. somm.*, t. 4, p. 187) promulgue un nouveau Code de justice militaire.

142. — *Prestations.* — La loi du 25 juill. 1919 (*Exp. somm.*, t. 1, p. 70), sur les prestations de guerre personnelles, dispose que, dès l'ouverture des hostilités ou dès la mobilisation générale ou partielle, les autorités de l'Etat ont le droit, pendant la durée de la guerre, de contraindre contre indemnité la population des deux sexes entre dix-sept et cinquante ans aux prestations, travaux et services personnels nécessaires à l'entretien de l'armée et à la défense du pays. Ces prestations personnelles portent sur toutes les formes du travail physique et intellectuel

§ 2. *Cultes.*

143. L'art. 114 de la Constitution proclame que la confession catholique-romaine, étant la religion de la grande majorité de la nation, « occupe dans l'Etat la première place parmi les confessions égales en droit ». Les catholiques forment en effet 63 0/0 de la population; les orthodoxes 10,5 0/0, les juifs 10,5 0/0. Le texte ajoute que « l'Eglise catholique-romaine est régie par ses propres lois ». Les rapports entre l'Etat et l'Eglise seront fixés sur la base d'un accord avec le Saint-Siège, qui sera ratifié par la Diète. Ce concordat, signé à Rome le 10 févr. 1925, a été ratifié par la loi du 23 avr. 1925 (*Exp somm.*, t. 2, p. 206). En exécution dudit concordat ont été publiées les ordonnances suivantes :

1° du 23 mars 1926, relative au concours de l'Etat pour l'exécution des dispositions et décrets ecclésiastiques;

2° du 25 nov. 1926, relative à l'organisation ecclésiastique des services d'aumônerie militaire;

3° du 10 déc. 1925, relative aux titres professionnels du clergé catholique-romain pour l'enseignement du catéchisme dans les établissements secondaires d'enseignement général et dans les écoles normales d'instituteurs de l'Etat et privées, et du 9 déc. 1926, relative à l'enseignement de la religion catholique-romaine dans les écoles;

4° du 19 déc. 1925, relative aux commissions mixtes de protection des objets d'art et de culture se trouvant dans les églises catholiques et dans les locaux ecclésiastiques;

5° du 16 déc. 1925, annulant l'obligation faite à l'Office général du contentieux de l'Etat (V. *supra*, n. 97) de représenter les biens ecclésiastiques;

6° du 5 sept. 1925, relative à l'attribution des bénéfices.

Les dispositions intéressant le morcellement des domaines ecclésiastiques en vue de la réforme agraire se trouvent dans la loi du 28 déc. 1925 relative à l'exécution de la réforme agraire. — V. *infra*, n. 154.

144. — La Constitution polonaise garantit d'ailleurs à tous les citoyens la liberté de conscience et de confession (art. 111) et reconnaît à tous les habitants de l'Etat polonais le droit de pratiquer librement leur culte tant en public que dans la vie privée. Elle accorde à toute association religieuse le droit de gérer ses affaires intérieures et de posséder des biens (art. 113). Les minorités religieuses et toutes autres associations religieuses reconnues par la loi sont régies par leurs propres lois, que l'Etat ne saurait se refuser à reconnaître en tant qu'elles ne renferment pas de dispositions illégales (art. 115). L'organisation des cultes dissidents a été réglementée par une série de lois et d'ordonnances; voy. notamment : pour l'Eglise de la confession d'Augsbourg dans l'ancienne Pologne russe, L. 27 avr. 1922; pour l'Eglise de la confession évangélique, dite de l'Union, Ord. 6 mars 1928; pour l'Eglise des anciens orthodoxes russes, Ord. 22 mars 1928; pour les juifs, Ord. 14 oct. 1927, 23 déc. 1927, 6 mars 1928. En Posnanie, Poméranie et Silésie, les dispositions des lois prussiennes et autrichiennes sont restées en vigueur. — V. Capitant, *loc. cit.*, p. 431.

§ 3. *Instruction publique.*

145. — Le principe constitutionnel qui domine est celui de la liberté de l'enseignement; il est ainsi formulé dans l'art. 117 de la Constitution : « Tout citoyen a le droit d'enseigner, de fonder une école ou un établissement d'éducation et de les administrer, à condition de satisfaire aux exigences de la loi en ce qui concerne les titres universitaires, la sécurité des enfants à lui confiés et le loyalisme à l'égard de l'Etat. Toutes les écoles et établissements d'éducation, tant publics que privés, sont soumis aux contrôle des autorités de l'Etat dans les limites fixées par les lois ». L'organisation des autorités scolaires a été faite provisoirement par la loi du 4 juin 1920 (*Exp. somm.*, t. 1, p. 98) qui institue des circonscriptions scolaires. A la tête de chacune est un *curateur* nommé par le Président de la République, assisté par un conseil scolaire comprenant des représentants de l'enseignement, de la société, ainsi que des cultes reconnus par la République de Pologne et auxquels appartient une partie notable de la circonscription intéressée.

146. — L'enseignement primaire est obligatoire de sept à quatorze ans; il comporte l'enseignement religieux, dont l'obligation se continue dans l'enseignement secondaire jusqu'à l'âge de dix-huit ans. Une loi du 1er juill. 1926 (*Exp. somm.*, t. 3, p. 64) fixe le statut et le régime de la responsabilité des instituteurs. L'enseignement moyen, secondaire et professionnel est d'une durée de quatre ans. Les lois du 26 sept. 1922 et du 16 juill. 1924 (*Exp. somm.*, t. 2, p. 112) ont réglementé la question des titres exigés des professeurs. L'enseignement supérieur est accessible aux élèves des écoles secondaires publiques ou privées qui ont obtenu le certificat de *maturité*, analogue à notre baccalauréat. Les établissements d'enseignement supérieur (universités, écoles polytechniques, académies) jouissent de l'autonomie (V. L. 13 juill. 1920, *Exp. somm.*, t. 1, p. 102; L. 29 juill. 1921; L. 30 oct. 1923, *Exp. somm.*, t. 2, p. 41; LL. 16 et 18 juill. 1924, *Exp. somm.*, t. 2, p. 115 et 116). La Pologne a cinq universités d'Etat : Varsovie, Cracovie, Lwow, Poznan, Wilno; deux universités catholiques : Varsovie et Lublin; deux écoles polytechniques : Varsovie, Lwow; une école supérieure d'agriculture : Varsovie; une académie des mines : Cracovie; une académie des Beaux-Arts : Cracovie; une académie de médecine vétérinaire : Lwow; une académie de commerce : Varsovie; une école des sciences politiques : Cracovie.

§ 4. *Organisation bancaire.*

147. — La Banque de Pologne, institut national d'émission, dont l'organisation présente de nombreuses analogies avec celle de la Banque de France, est réglementée par l'ordonnance du 5 nov. 1927 (*Exp. somm.*, t. 3, p. 198), rendue en exécution du plan de stabilisation fixé par l'ordonnance du 13 oct. 1927. Elle porte sanction aux modifications apportées aux statuts de la Banque tels qu'ils résultaient de l'ordonnance du 20 janv. 1924 (*Exp. somm.*, t. 2, p. 62). Un conseiller financier américain est adjoint à la direction de la Banque de Pologne (Ord. 13 oct. 1927). Sont aussi considérées comme banques d'Etat : la Banque de l'économie nationale, la Caisse d'épargne postale, la Banque agricole nationale (*Exp. somm.*, t. 1, p. 159). Une ordonnance du 30 mai 1928, complétée par celle du 3 déc. 1930, a fondu dans une seule banque, dite Banque de l'économie nationale, les diverses institutions de crédit de l'Etat (*Exp. somm.*, t. 5, p. 134).

§ 5. *Monnaie.*

148. — Dans la période qui a suivi la guerre, l'unité monétaire était le mark polonais (LL. 7 déc. 1918 et 15 janv. 1920), substitué au mark allemand, au rouble russe et à la couronne autrichienne. Mais le mark polonais fut entraîné dans la débâcle du mark allemand et il fut nécessaire d'instituer une monnaie nouvelle gagée par un fonds intangible composé de dons des particuliers et de réserves métalliques possédées par l'Etat ou achetées par le Trésor. A cet effet, la Diète délégua au ministre des Finances les pouvoirs nécessaires pour établir par voie d'ordonnances un nouveau système monétaire basé sur le monométallisme or, fixer la relation des marks polonais avec la nouvelle unité monétaire, évaluer en nouvelle monnaie les engagements monétaires de droit public et de droit privé, et créa une banque d'émission (L. 11 janv. 1924, *Exp. somm.*, t. 2, p. 55).

149. — L'ordonnance du 20 janv. 1924 introduisit la nouvelle unité monétaire, le *zloty*, comprenant 9/31ᵉ de grammes d'or pur, ce qui correspond à 2 fr. 863308 de la nouvelle monnaie française. L'ordonnance du 14 avr. 1924 a établi la relation légale du *zloty* avec le mark polonais à 1.800.000 marks et celui-ci a cessé d'être moyen légal de paiement le 1ᵉʳ juill. 1924. L'émission des billets de banque en zlotys par la Banque de Pologne a commencé le 1ᵉʳ mai 1924. La revalorisation des créances publiques et privées qui se trouvaient abolies par la dévalorisation totale de la monnaie ancienne a donné lieu : 1° à une ordonnance du 17 mars 1924 qui donne aux porteurs de rentes une fraction représentant de 10 à 30 0/0 de leurs créances en équivalent or; 2° à une ordonnance du 14 mai 1924 sur la conversion des obligations de droit privé (*Exp. somm.*, t. 2, p. 88), basée sur cette idée éminemment équitable que la valeur de la créance doit être évaluée en tenant compte du cours du change du mark à la date de naissance de la créance.

§ 6. *Impôts.*

150. — Le régime polonais présente les plus grandes analogies avec le système français et comporte la distinction entre les impôts directs et les impôts indirects. Parmi les impôts directs, l'impôt sur le revenu a été organisé par la loi du 16 juill. 1920 et est perçu depuis le 1ᵉʳ janv. 1925 (*Exp. somm.*, t. 1, p. 114). Il s'applique, non seulement aux personnes physiques, mais encore aux personnes juridiques et aux successions vacantes. Divers textes intervenus sur la matière ont été codifiés par ordonnance du ministre des Finances du 30 avr. 1925. L'impôt industriel (LL. 14 mai 1923 et 15 juill. 1925) est comparable à notre impôt cédulaire sur les revenus des professions industrielles et commerciales. Parmi les impôts directs on trouve presque tous ceux qui ont été adoptés en France.

§ 7. *Hygiène.*

151. — Parmi les nombreuses mesures prises en vue de sauvegarder l'hygiène, il y a lieu de signaler spécialement les suivantes : L. sanitaire fondamentale, 19 juill. 1919 (*Exp. somm.*, t. 1, p. 63); L. 25 juill. 1919, concernant la lutte contre les maladies infectieuses et toutes les autres affections épidémiques (*Ibid.*, t. 1, p. 68); L. 23 avr. 1920, portant restriction de la vente des boissons alcooliques (*Ibid.*, t. 1, p. 91); L. 22 juin 1923, relative aux substances et produits stupéfiants (*Ibid.*, t. 1, p. 22); L. 2 déc. 1921, sur l'exercice de la médecine (*Ibid.*, t. 1, p. 181).

152. — Une seconde loi, portant la même date (*Ibid.*, p. 184), a organisé des Chambres médicales et une haute Chambre médicale comme représentation officielle autonome de la corporation des médecins, en vue de sauvegarder ses droits, sa dignité et sa conscience professionnelle, en même temps que de régler sa collaboration avec les services de l'Etat et des corps autonomes dans les matières intéressant la santé publique. En principe, le ressort de la compétence de chaque Chambre coïncide avec les limites de la voïévodie. Le conseil de la Chambre choisit parmi ses membres un tribunal disciplinaire pour tous les médecins de sa circonscription; ce tribunal peut prononcer des peines allant jusqu'à la privation du droit d'exercer. — Capitant, *loc. cit.*, p. 466.

153. — Un établissement national d'hygiène, chargé des recherches scientifiques et de la formation d'un personnel technique, a été créé par une ordonnance du 10 juin 1927 (*Exp. somm.*, t. 3, p. 172).

§ 8. *Réforme agraire.*

154. — En vue de multiplier le nombre des paysans propriétaires, la Diète a décidé de mettre de nouvelles terres à la disposition de la classe rurale. « Le régime agraire de la République doit, d'après la décision de la Diète du 10 juill. 1919 (*Exp. somm.*, t. 1, p. 57), être fondé avant tout sur des exploitations paysannes saines, fortes et propres à une production intensive, ayant pour base le principe de la propriété privée de types et de grandeurs variés. L'action orientée en ce sens comportera la création de nouvelles installations par voie de colonisation, l'agrandissement des exploitations saines de manière à en faire des unités économiques indépendantes, la création de petites exploitations agricoles pour la culture potagère, ainsi que la création de colonies et de jardins pour ouvriers et employés à proximité des grandes villes et des centres industriels ».

155. — Ce programme exigeait d'abord la constitution de réserves de terres propres à la colonisation. La décision précitée de la Diète envisageait comme propres à constituer cette réserve : les biens de la Banque paysanne russe et de la Commission de colonisation prussienne; les biens de mainmorte, après accord avec le Saint-Siège; les biens acquis à l'époque de la guerre à la suite de gains illicites et les biens des personnes pratiquant la spéculation sur la terre; les biens rachetés par voie d'expropriation légale à des propriétaires fonciers au prix fixé par la loi (L. 28 déc. 1925, *Exp. somm.*, t. 3, p. 3).

156. — Il fallait ensuite liquider les servitudes grevant les propriétés foncières, et ce fut l'objet des lois du 7 mai 1920 (*Exp. somm.*, t. 1, p. 92) et du 1ᵉʳ févr. 1927, et enfin procéder au remembrement des terres (L. 31 juill. 1923, *Exp. somm.*, t. 2, p. 27 et Ord. 3 sept. 1927 et 16 mars 1928) par les offices fonciers créés par la loi du 11 août 1923 (*Exp. somm.*, t. 2, p. 29). Le prix de rachat des biens fonciers rachetés par contrainte est constitué par l'estimation globale faite d'après les dispositions qui régissent l'établissement de la valeur des immeubles pour le paiement de l'impôt sur la fortune, créé par la loi du 11 août 1923 (*Exp. somm.*, t. 2, p. 31) et qui a cessé d'exister.

157. — La Banque agricole, organisée par la loi du 10 juin 1921 (*Exp. somm.*, t. 1, p. 159), a pour mission de favoriser des prêts à long terme le parcellement, la colonisation, la régularisation de la propriété et les améliorations agricoles, de contribuer au développement de l'agriculture, d'aider à reconstruire les villages et à organiser le crédit agricole pour les petites et moyennes exploitations. En outre, une ordonnance du 30 déc. 1924 (*Exp. somm.*, t. 2, p. 179) a autorisé les communes rurales à constituer des caisses de prêts et d'épargne en vue de faciliter l'obtention de crédits pour des besoins économiques et la réalisation d'économies. — *Adde* LL. 3 juill. 1921 et 31 juill. 1924 (*Exp. somm.*, t. 2, p. 123) sur la limitation du montant des petits fermages, et L. 26 oct. 1921 (*Exp. somm.*, t. 1, p. 179) sur les encouragements par voie de subventions du gouvernement aux entreprises de protection contre les inondations.

§ 9. *Lois ouvrières et sociales* (V. publications du Bureau international du Travail de Genève. — Série législative. — Pologne).

158. — Un grand nombre de lois, de décrets et d'ordonnances sont intervenus dans cet ordre d'idées, et notamment les textes suivants : sur la durée du travail : L. du 18 déc. 1919 (*Exp. somm.*, t. 1, p. 81) et Ord. 22 mars 1928 (*Ibid.*, t. 4, p. 211); sur le travail des adolescents et des femmes : LL. 2 juill. 1924 (*Ibid.*, t. 2, p. 110), 5 août 1926 (*Ibid.*, t. 3, p. 65) et 11 mars 1927 (*Ibid.*, t. 3, p. 133); sur les congés des travailleurs manuels et intellectuels : L. 18 mai 1922 (*Ibid.*, t. 1, p. 210); sur les cautions déposées à l'occasion d'un contrat du travail : Ord. 18 mai 1927 (*Ibid.*, t. 3, p. 156); Ord. 4 juin 1927, sur la protection du marché du travail (*Ibid.*, t. 3, p. 170); Ord. 17 sept. 1927, portant création d'un conseil de la protection du travail (*Ibid.*, t. 3, p. 192); Ord. 16 mars 1928, sur le contrat de travail pour les travailleurs intellectuels (*Ibid.*, t. 4, p. 178); Ord. 16 mars 1928, sur le contrat de travail pour les ouvriers (*Ibid.*, p. 181); sur la sécurité et l'hygiène du travail : Ord. 16 mars 1928 (*Ibid.*, t. 4, p. 165); sur l'inspection du travail : Décr. 8 janv. 1919 (*Ibid.*,

t. 1, p. 10) et Ord. 14 juill. 1927 (*Ibid.*, t. 3, p. 177); sur le placement : Décr. 27 janv. 1919 (*Ibid.*, t. 1, p. 13), L. 21 oct. 1921 (*Ibid.*, t. 1, p. 177), L. 10 juin 1924 (*Ibid.*, t. 2, p. 100), Ord. 5 juill. 1926 (*Ibid.*, t. 3, p. 65); sur les syndicats professionnels : Décr. 8 févr. 1919 (*Ibid.*, t. 1, p. 37), L. 3 déc. 1924 (*J. des lois*, n. 112, texte 1012) interdisant aux fonctionnaires d'être affiliés à des syndicats; sur les conflits collectifs dans l'agriculture : L. 1er août 1919 (*Exp. somm.*, t. 1, p. 74) et L. 18 juill. 1924 (*Ibid.*, t. 2, p. 115); sur l'assistance sociale : L. 16 avr. 1923 (*Ibid.*, t. 2, p. 38). L'assistance sociale embrasse : l'assistance aux enfants, adolescents et mineurs victimes d'un mauvais entourage, la protection de la maternité, l'assistance aux vieillards, incurables et généralement aux personnes inaptes au travail, l'assistance aux sans-logis du fait de la guerre, l'assistance aux libérés, aux victimes de la mendicité, du vagabondage, de l'alcoolisme, de la prostitution, l'aide aux institutions privées d'assistance. Un conseil de l'assistance sociale a été créé par la loi du 18 févr. 1925 (*Exp. somm.*, t. 2, p. 197) sur les assurances sociales. La loi du 30 juill. 1924 (*Exp. somm.*, t. 3, p. 74) étend à l'ancienne Pologne russe le régime de l'assurance obligatoire des ouvriers contre les accidents qui fonctionnait déjà dans la Pologne autrichienne. L'assurance contre la maladie est organisée par la loi du 19 mai 1920 (*Ibid.*, t. 1, p. 93) et l'assurance contre le chômage par la loi du 18 juill. 1924 (*Ibid.*, t. 2, p. 112). Pour les institutions de prévoyance, voy. L. 27 juin 1924 (*Ibid.*, t. 2, p. 105) modifiée par Ord. 21 févr. 1927 (*Ibid.*, t. 3, p. 118), et L. 15 févr. 1928 (*J. des lois*, n. 18, texte 154).

§ 10. *Forêts et chasse.*

159. — Le décret de protection du 30 déc. 1918 s'applique aux forêts privées comme aux forêts domaniales. Celui du 16 janv. 1919 a organisé le personnel de l'administration des forêts. — En ce qui concerne la chasse, voy. Ord. 3 déc. 1927 (*Exp. somm.*, t. 3, p. 211).

§ 11. *Mines.*

160. — Une ordonnance du 29 nov. 1930 promulgue la loi sur les mines (*Exp. somm.*, t. 5, p. 117).

CHAPITRE VIII

LÉGISLATION DE DROIT PRIVÉ.

161. — Le droit polonais fait l'objet d'un immense travail de codification et d'unification. Tant que ce travail n'est pas achevé, il n'est possible que d'en faire un exposé fragmentaire en énumérant, dans un ordre aussi logique que possible, les diverses lois intervenues depuis 1918, et en renvoyant pour le détail et l'interprétation des textes aux monographies et aux revues dans le cadre desquelles les développements nécessaires ont pu prendre place.

§ 1. *Droit des personnes.*

162. — A. *Etat civil.* — L. 24 oct. 1919 (*Exp. somm.*, t. 1, p. 79) sur le changement de nom. L'autorisation est accordée par le ministre de l'Intérieur. Tout intéressé peut faire opposition à la demande, qui est l'objet d'une publicité. La consonance étrangère d'un nom n'est pas un motif suffisant pour en changer.

163. — B. *Capacité de la femme mariée.* — Loi du 1er juill. 1921 (*Exp. somm.*, t. 1, p. 163) relative à la modification de certaines dispositions de droit civil en vigueur dans l'ancien royaume de Pologne (Pologne russe) et concernant les droits de la femme. — La nécessité de l'autorisation maritale ne subsiste que lorsque le mari a, en vertu de la loi ou des contrats conclus entre époux, l'administration et l'usufruit des biens de la femme.

164. — C. *Modification du régime matrimonial.* — Le droit d'administration et de jouissance du mari ne s'applique plus qu'à ce que la femme a apporté au moment de la célébration du mariage. Tout ce que la femme acquiert par la suite, à quelque titre que ce soit, y échappe désormais. Si le mari ne fournit pas à la femme et aux enfants un entretien convenable, la femme peut demander au tribunal d'enlever au mari l'administration et la jouissance des biens qu'elle a apportés. Suppression de l'incapacité des femmes d'être témoins, membres d'un conseil de famille ou tutrices.

165. — D. *Absents et disparus.* — Loi 27 janv. 1922 modifiant et complétant certaines dispositions du Code civil de 1825 en vigueur dans l'ancien royaume de Pologne (Pologne russe), ainsi que la loi sur la procédure civile concernant les absents et les disparus (*Exp. somm.*, t. 1, p. 187). L'absent peut être déclaré décédé lorsque depuis dix ans il n'a pas donné de ses nouvelles. Cette décision ne peut cependant avoir lieu avant que soit écoulée l'année pendant laquelle le disparu aurait trente et un ans révolus. Toutefois, un disparu âgé de soixante-dix ans révolus peut être reconnu décédé si depuis cinq ans on n'a pas eu de nouvelles de lui. Lorsque que la disparition a eu lieu pendant la guerre ou à la suite d'un naufrage ou d'un sinistre, le délai est ramené à deux ans à partir soit de la fin de l'année dans laquelle la guerre s'est terminée, soit du sinistre. La déclaration de décès produit les mêmes effets que la mort effective; pourtant elle n'autorise pas le conjoint à se remarier, à moins que l'autorité compétente ne l'y autorise. Si la personne reconnue décédée reparaît ou si son existence est prouvée, elle a la faculté de recouvrer ses biens dans l'état où ils se trouvent, ainsi que le prix des objets acquis en remplacement. Mais la demande en réclamation se prescrit par un an à dater du jour où l'intéressé a eu connaissance de la décision qui l'a reconnu décédé. Quant au régime de l'absence, il est considérablement simplifié. Lorsqu'une personne a disparu, le tribunal peut, à la requête du procureur ou des parties intéressées, nommer un curateur dont il déterminera les droits et les devoirs. Le tribunal a également qualité pour reconnaître une personne absente comme disparue. Mais cette décision n'est pas nécessaire pour faire reconnaître ultérieurement ladite personne comme décédée. Il n'y a donc plus de délai pour la déclaration d'absence. Cette déclaration ne modifie pas du reste la situation des biens de l'absent. Il n'y a plus d'envoi en possession des héritiers présomptifs. C'est le curateur qui continue à administrer les biens jusqu'à la reconnaissance judiciaire du décès.

§ 2. *Droit des biens.*

166. — A. *Les droits d'auteur.* — La loi du 29 mars 1926 (*Exp. somm.*, t. 3, p. 28) forme un véritable code de la protection des œuvres intellectuelles. Divisée en 7 titres et 77 articles, elle traite successivement de l'objet du droit d'auteur, des sujets de ce droit, de sa nature, de ses limitations, de sa durée et sa cession, du contrat d'édition, du contrat d'agence et de la protection légale du droit. — Voy. Capitant, *Bulletin de la Soc. de législ. comparée*, oct. 1928, p. 504, et tirage à part, avec préface et notes de M. Georges Maillard. Paris, Libr. Sirey.

167. — B. *Fondations.* — Le décret du 8 févr. 1919 permet de créer les fondations par acte entre vifs ou par testament. Mais la fondation n'acquiert la personnalité juridique que quand elle est approuvée par le gouvernement.

168. — C. *Régime des eaux.* — La loi du 19 sept. 1922 (*Exp. somm.*, t. 1, p. 256) réglemente dans son ensemble le régime de toutes les eaux, en distinguant les eaux publiques faisant partie du domaine public et les eaux privées qui appartiennent aux propriétaires des fonds, mais sans avoir égard à la distinction française basée sur la navigabilité des cours d'eau. Elle énumère les eaux privées (eaux de pluie, lacs, étangs, puits, canaux, eaux souterraines, sources, sauf les sources minérales et les eaux à ciment comprises dans les réserves minières, et les écoulements de ces eaux jusqu'au point où elles se trouvent sur un fonds étranger). Tout le reste constitue les eaux publiques dépendant du domaine. Les prescriptions de la loi portent sur les points suivants : 1° droit de propriété des eaux de toute nature; 2° l'usage des eaux par le public, par le propriétaire en vertu d'une autorisation administrative; 3° l'entretien des eaux et des rives et la protection de celles-ci contre les inondations; 4° l'expropriation au profit des entreprises hydrauliques et les servitudes d'usage des eaux; 5° les sociétés hydrauliques et les unions d'endiguement; 6° les attributions et le fonctionnement de l'administration : 7° et 8° la création des commissions hydrauliques d'inspection et des conseils hydrauliques de voïévodie; 9° les infractions; 10° l'énumération des eaux navigables.

169. — D. *L'électricité.* — La loi du 21 mars 1922 (*Exp. somm.*, t. 1, p. 200) place les entreprises destinées à la production, à la transformation, à la transmission et à la distribution de l'énergie électrique sous le régime de la concession, rachetable dans les conditions prévues par le contrat. Les risques d'accident ou de perte sont à la charge de l'exploitant. — V. Capitant, *loc. cit.*, p. 513.

§ 3. *Droit des contrats.*

170. — A. *Baux à loyer.* — La législation provisoire sur les loyers, consécutive à la crise du logement et à la révolution monétaire, présente les mêmes caractères que dans les autres pays. — V. notamment la loi du 14 avr. 1924, *Exp. somm.*, t. 2, p. 78.

171. — B. *Assurance obligatoire contre l'incendie.* — La loi du 23 juin 1921 (*Exp. somm.*, t. 1, p. 162) institue une direction polonaise des assurances mutuelles, « institution autonome, possédant toutes les attributions d'une personne de droit public et de droit privé, établie sur le principe de la mutualité » et fonctionnant sous le contrôle et la surveillance du ministre des Finances, mais sans aucune responsabilité du Trésor. La loi impose l'obligation d'assurer contre l'incendie, à cette institution, pour les deux tiers de la valeur des parties sujettes à incendie tous les bâtiments, à l'exception des bâtiments usiniers et industriels tels qu'ils sont définis par les lois industrielles et fiscales.

§ 4. *Droit commercial.*

172. — A. *Registre du commerce.* — Le décret du 7 févr. 1919 (*Exp. somm.*, t. 1, p. 29) a introduit cette institution dans l'ancienne Pologne russe, où elle n'existait pas. Mais elle est, en Pologne comme dans beaucoup d'autres pays, d'une portée beaucoup plus considérable qu'en France. Le registre du commerce, d'après le texte précité, est le centre de toutes les formalités requises en matière de commerce. Il contient les indications concernant la raison sociale, la procuration, la succession, la liquidation et l'aliénation des entreprises. Tout acte intéressant les tiers doit y être inscrit. Le registre est divisé en trois titres : au titre A sont portées les raisons sociales des commerçants individuels, les associations sociales et les sociétés en commandite; au titre B, les sociétés à responsabilité limitée et par actions; au titre C, les associations et les unions reconnues comme commerciales. La publicité se fait donc, non par noms de personnes, mais par entreprises.

173. — B. *Sociétés à responsabilité limitée.* — Le décret du 8 févr. 1919 (*Exp. somm.*, t. 1, p. 35) et la loi du 13 nov. 1923 ont introduit dans l'ancienne Pologne russe les dispositions concernant les sociétés à responsabilité limitée, qui fonctionnaient déjà dans les territoires anciennement prussiens et autrichiens.

174. — C. *Sociétés coopératives.* — La loi du 29 oct. 1920 (*Exp. somm.*, t. 2, p. 119), applicable à tout le territoire et à toutes les coopératives, définit la société coopérative comme « une association composée d'un nombre indéterminé de personnes et à capital variable, ayant pour objet d'augmenter le gain ou d'améliorer la situation matérielle de ses membres par la gestion en commun d'une entreprise. Une société coopérative peut également viser à relever le niveau de culture de ses membres ».

175. — D. *Sociétés anonymes.* — L'ordonnance du 22 mars 1928 (*Exp. somm.*, t. 4, p. 223) unifie en cette matière la législation pour l'ensemble de l'Etat polonais. Il nous est impossible d'entreprendre ici l'exposé d'un document législatif de cette importance, qui est divisé en neuf titres : 1° création d'une société anonyme; 2° actions; droits et devoirs des actionnaires; 3° les autorités de la société anonyme; 4° comptabilité des sociétés anonymes; 5° modification du statut; augmentation et réduction du capital social; 6° dissolution et liquidation de la société; 7° fusion des sociétés anonymes; 8° responsabilité civile et pénale; 9° dispositions temporaires et finales. Il faut en rapprocher une ordonnance du Conseil des ministres du 20 déc. 1928, concernant les conditions d'admission des sociétés étrangères anonymes et en commandite par actions et l'exercice de leur activité sur le territoire de la République (*Exp. somm.*,

t. 4, p. 259), et l'ordonnance du Président de la République du 17 mars 1928 sur le statut des banques (*Exp. somm.*, t. 4, p. 169), modifiée par celle du 3 déc. 1930 (*Exp. somm.*, t. 5, p. 132).

176. — E. *Lettre de change et billet à ordre.* — La loi du 14 nov. 1924 (*Exp. somm.*, t. 2, p. 137) applique les principes adoptés par les conférences et congrès internationaux, qui tendent à devenir le droit commun des Etats civilisés (V. pour la France, L. 8 févr. 1922). La loi polonaise est la reproduction presque littérale du projet adopté à La Haye en 1912, auquel ont été ajoutées certaines dispositions spéciales réservées pour la convention internationale, au sujet de la perte et du protêt par exemple. Elle comprend 111 articles, dont 98 consacrés à la lettre de change et 13 au billet à ordre. Elle contient des dispositions minutieuses sur la forme, l'échéance, le paiement, qui ne devront laisser au juge en cas de contestation que le minimum de liberté. Il y a lieu de signaler une disposition équitable et nouvelle : le tireur libéré par la prescription ou par défaut de mesures conservatoires reste soumis envers le porteur à une action d'enrichissement sans cause, pendant un délai de trois ans. — V. notamment les lois polonaises sur la lettre de change, le billet à ordre et le chèque, publiées par J.-C. Witenberg, avocat à la Cour d'appel de Varsovie, avec préface et notes de Jacques Bouterou. Paris, Lib. Sirey.

177. — F. *Le chèque.* — Une autre loi du 14 nov. 1922 (*Exp. somm.*, t. 2, p. 158), s'inspirant du projet adopté par la conférence de La Haye de 1912, mais y apportant de notables modifications, a édicté une série de mesures en 61 articles pour développer l'usage du chèque. — V. Capitant, *loc. cit.*, p. 494.

178. — G. *Protection des inventions, modèles et marques.* — *Brevets d'invention.* — Une ordonnance du 22 mars 1928 (*Exp. somm.*, t. 4, p. 261), comptant 245 articles et abrogeant la loi du 5 févr. 1924 (*Exp. somm.*, t. 2, p. 74), règle la protection des inventions, des modèles usuels et décoratifs, des marques de fabrique. Le brevet d'invention est délivré par l'Office des brevets, qui n'est pas tenu de vérifier la nouveauté de l'invention et n'a pas le droit de refuser le brevet en raison du défaut de valeur de l'invention. A l'Office des brevets fonctionne une section du contentieux, devant laquelle toute personne peut introduire une plainte tendant à établir que la production à laquelle elle se propose de se consacrer ou se consacre dans l'industrie n'est pas visée par l'exclusivité d'un brevet déterminé. De même et devant la même juridiction, toute personne peut former une demande en annulation ou en retrait d'un brevet. L'Office général du contentieux de l'Etat peut, dans l'intérêt public et sur l'initiative du ministère compétent d'après les intérêts en cause dans une affaire déterminée, intervenir comme partie jointe dans l'instance d'un particulier ou porter plainte spontanément (art. 32 et 33). Le brevet sera annulé si l'invention n'est pas considérée comme nouvelle (l'art. 3 énumère les cas de défaut de nouveauté), si l'invention est déjà brevetée (art. 4), si l'invention n'est pas susceptible d'être brevetée (art. 5). Les droits au brevet peuvent être expropriés ou limités en tout ou en partie, soit en faveur de l'Etat, soit au profit de la liberté industrielle. Dans les deux cas il est statué par le Conseil des ministres sur la proposition du ministre compétent. L'indemnité est payée par le Trésor. La procédure d'expropriation se poursuit devant l'Office des brevets. La fixation de l'indemnité ressortit au tribunal d'arrondissement de Varsovie (art. 61). L'exclusivité d'un brevet dure quinze ans.

179. — Les *modèles de fabrique* enregistrés à l'Office des brevets sont protégés pendant dix ans (art. 87).

180. — Les *marques de fabrique* sont aussi protégées par l'enregistrement à l'Office des brevets (art. 175), et cette protection dure tant que les conditions de l'existence du droit n'ont pas cessé et que cette circonstance n'a pas été constatée par une décision souveraine de l'Office des brevets (art. 184).

181. — H. *Concurrence déloyale.* — La loi du 2 août 1926, modifiée par l'ordonnance du 17 sept. 1927 (*Exp. somm.*, t. 3, p. 68), crée un système spécial de protection contre la concurrence illicite qui comporte des réparations civiles et une répression pénale qui peut aller jusqu'à six semaines d'emprisonnement. Il y a lieu de signaler notamment que des mesures de protection sont prises en faveur des régions de production et des unions d'entrepreneurs et que les dispositions de la loi s'appliquent aux exploitations agricoles et forestières et aux entreprises minières. Elles ne sont pas applicables à la répression de la concurrence déloyale dans le domaine des professions libres, qui possèdent une organisation légale punissant la concurrence déloyale par voie disciplinaire.

182. — I. *Usure.* — La loi du 29 juin 1924 (*Exp. somm.*, t. 2, p. 109), modifiée par les lois du 1er juill. 1925 et du 30 juin 1926 (*Ibid.*, t. 3, p. 43), a limité le taux de l'intérêt exigé des emprunteurs par les capitalistes et les banquiers d'abord à 24 0/0. Il a été abaissé à 20 0/0 puis à 15 0/0. Les infractions sont punies d'amende et d'emprisonnement.

183. — J. *Bourses.* — L'ordonnance du 28 déc. 1924 (*Exp. somm.*, t. 2, p. 178) a réglementé l'organisation et le fonctionnement des Bourses d'effets publics et de marchandises en les dotant de la personnalité juridique et en organisant les conditions de surveillance dont elles doivent être l'objet.

184. — K. *Entrepôts.* — L'ordonnance du 28 déc. 1924 (*Exp. somm.*, t. 2, p. 178) fixe d'une façon uniforme pour tout l'État le régime des entrepôts : principes généraux — privilèges et concessions — certificats de dépôt — pénalités en cas d'infraction.

185. — L. *Vente des soldes.* — Une ordonnance du 14 mars 1928 (*Exp. somm.*, t. 4, p. 271) prescrit que les ventes de soldes annoncées publiquement, à l'exception des ventes de fin de saison et d'inventaire, ne peuvent être effectuées qu'avec la permission de l'autorité industrielle. L'ordonnance détermine les conditions de cette autorisation, règle la surveillance de la vente et contient des sanctions pénales.

186. — M. *Faillite.* — L'ordonnance du 23 déc. 1927 (*Exp. somm.*, t. 4, p. 283) introduit dans la législation des faillites deux nouvelles dispositions juridiques : l'ajournement des paiements (art. 1er à 29) et la possibilité d'imposer aux créanciers le concordat préventif, proposé par le débiteur, admis par la majorité des créanciers et homologué par le tribunal. L'ordonnance indique à quelles conditions le commerçant intéressé peut être admis à ce régime de faveur.

187. — N. *Chambres maritimes.* — Les Chambres maritimes, réglementées par la loi du 18 mars 1925 (*Exp. somm*, t. 2, p. 201), ont pour mission de procéder aux enquêtes et de prononcer des décisions au sujet des accidents de mer des bateaux de commerce. Il y a des Chambres maritimes près le tribunal de district à Wejherowo et près l'office de la marine marchande de Dantzig. Il y a une Chambre maritime d'appel près le tribunal d'arrondissement de Starogard. Ces juridictions comportent un magistrat président et des échevins professionnels.

§ 5. *Droit international.*

188. — La loi du 2 août 1926 (*Exp. somm.*, t. 3, p. 81) contient tout le système polonais de droit international privé. Elle est divisée en neuf chapitres : 1° capacité des personnes, absence, disparition ou mort; 2° forme de l'acte juridique; 3° droits réels; 4° obligations; 5° droits matrimoniaux; 6° rapports entre parents et enfants légitimes, naturels, adoptifs; 7° tutelle; 8° droit successoral; 9° dispositions générales concernant l'application du système polonais de droit international privé.

Il nous est impossible d'entreprendre ici l'exposé même sommaire des questions nombreuses et complexes que comporte un document législatif de cette importance et de cette valeur. Il nous suffira de renvoyer sur ce point à l'article de M. Capitant dans le *Bulletin de la Société de législation comparée* d'octobre 1928, p. 480, et à la *Revue de droit international privé* de 1928, p. 190.

189. — Il y a lieu de rapprocher de la loi précitée la loi, qui porte la même date, sur le droit interprovincial en Pologne et dont la nécessité était commandée par le fait que chacun des trois tronçons de la Pologne garde sa législation particulière. — Voy. *Exp. somm.*, t. 3, p. 76 et les références données au paragraphe précédent.

190. — Par de très nombreux accords, la Pologne a adhéré aux traités relatifs à l'unification du droit international sur les matières les plus importantes et les plus diverses. Nous signalerons notamment les lois du 13 févr. 1929, portant adhésion aux conventions de La Haye du 12 juin 1902 sur les conflits de lois et de juridictions en matière de divorce, de séparation de corps et de mariage (*Exp. somm.*, t. 5, p. 6), et la loi du 15 févr. 1929, portant adhésion à la convention de La Haye du 17 juill. 1905 sur les conflits de lois relatifs aux effets du mariage

sur les droits et devoirs des époux et sur leurs biens (*Exp. somm.*, t. 5, p 7).

CHAPITRE IX

LA VILLE DE DANTZIG.

191. — Avant les partages de la Pologne, la ville de Dantzig constituait un territoire soumis à la souveraineté des rois et de la République de Pologne et assurait à l'État polonais son débouché sur la mer en même temps que le point terminus de la Vistule. L'idée initiale et directrice des puissances alliées et victorieuses, dans l'élaboration des dispositions du traité de paix, en ce qui concerne la reconstitution de la Pologne, était d'effacer les suites de l'injustice dont cette nation avait été victime et, par suite, de lui assurer un « accès libre et sûr » à la mer. Cette conception, qui inspirait le président Wilson dans sa déclaration célèbre du 8 janv. 1918, impliquait deux conséquences : assurer à la Pologne un territoire s'étendant jusqu'à la mer, c'est-à-dire le couloir, expression qui évoque injustement l'idée d'une création artificielle, alors que la population en est presque exclusivement polonaise, et l'attribution à la Pologne du port de Dantzig dont la vie commerciale implique un lien étroit avec l'Hinterland polonais. Mais la réalisation de cette conception trouvait deux obstacles graves dans le maintien de la souveraineté allemande sur la Prusse orientale désormais séparée du Reich par le couloir polonais et dans l'existence à Dantzig d'une minorité allemande aspirant à se réunir au bloc allemand. Les puissances alliées cherchèrent en vain à concilier l'intérêt trop légitime de la Pologne avec les prétentions bientôt insolentes des Allemands de Dantzig, et le résultat de leurs hésitations fut d'instituer pour Dantzig une organisation sans précédent, extraordinairement compliquée et qui ne pouvait manquer de devenir la source d'inextricables difficultés.

192. — Les textes qui établissent le statut de Dantzig sont : 1° les art. 100 à 108 du traité de Versailles; 2° l'accord du 9 janv. 1920 conclu entre les représentants de l'Allemagne et des puissances alliées et concernant le transfert des territoires de Memel et de Dantzig et la cessation de la souveraineté allemande sur ces territoires; 3° la décision de la Conférence des Ambassadeurs de la France, de la Grande-Bretagne, de l'Italie et du Japon, selon laquelle la Ville libre de Dantzig devait être constituée le 15 nov. 1920 dans les limites fixées par cette décision; 4° la convention polono-dantzikoise du 9 nov. 1920, établie conformément au texte arrêté par la Conférence des Ambassadeurs et qui constitue le statut de la Ville libre de Dantzig.

193. — Les autorités qui concourent au fonctionnement administratif de Dantzig sont : 1° un haut-commissaire de la Société des Nations; 2° le commissaire général de la Pologne à Dantzig; 3° les autorités autonomes de la Ville libre, à la tête desquelles est le Sénat; 4° le conseil du port.

194. — L'art. 1er de la convention du 9 nov. 1920 stipule que les rapports entre le Gouvernement polonais et la Ville libre de Dantzig auront lieu par l'entremise d'un représentant « diplomatique » polonais, résidant à Dantzig. S'appuyant sur l'emploi du terme « représentant diplomatique », les autorités autonomes de Dantzig ont émis la prétention d'attribuer à la Ville libre le caractère d'un État souverain et de donner un caractère international aux rapports entre la Ville libre et la Pologne. Mais cette interprétation est inconciliable avec l'art. 104 du traité de Versailles, en vertu duquel ces autorités autonomes sont privées de toute compétence en ce qui concerne les affaires extérieures de la Ville libre; aussi les nombreuses tentatives par lesquelles les Allemands de Dantzig se sont efforcés de faire reconnaître à la Ville libre la qualité d'État ont-elles toujours échoué.

195. — En conséquence, le « représentant diplomatique » mentionné par la convention de 1920 est en réalité un commissaire général nommé par le Président de la République de Pologne, sans que le Sénat de Dantzig ait à formuler son agrément à la nomination. La Pologne règle les affaires extérieures de la Ville libre en vertu de son droit propre basé sur le traité de Versailles; elle protège à l'étranger les ressortissants de Dantzig au même titre que tous les autres ressortissants de la Pologne, et leur délivre les passeports. La Pologne, d'ailleurs, n'est pas à proprement parler le représentant de la Ville libre à l'extérieur, car la représentation supposerait l'existence distincte de la personne représentée, et Dantzig n'a pas de personnalité internationale. La Ville libre de Dantzig ne peut envoyer aux congrès et conférences des représentants et des délégués, ni entretenir des relations directes avec les Etats étrangers. Elle y est représentée par la Pologne. L'art. 7 de la convention stipule que la Ville libre ne peut contracter aucun emprunt à l'étranger sans l'assentiment du Gouvernement polonais, et une décision du 22 août 1922 du haut-commissaire de la Société des Nations a observé que dans l'espèce il n'y a pas de distinction à faire entre un emprunt d'Etat et un emprunt communal, ce qui paraît confirmer la thèse d'après laquelle la Ville libre, loin d'être un Etat, est en réalité une simple corporation communale autonome. Si la Pologne entrait en guerre avec un autre Etat, Dantzig ne pourrait rester neutre et l'armée polonaise pourrait occuper le territoire de la Ville libre. D'autre part, si un conflit armé surgissait entre la Pologne et la Ville libre, les opérations militaires n'auraient pas le caractère d'une guerre internationale; il ne s'agirait que d'une rébellion d'ordre civil. Enfin, bien que dans le domaine du droit privé l'autonomie de la Ville libre lui confère en général une complète indépendance, cependant l'art. 34 de la convention stipule que les prescriptions relatives à la naturalisation des étrangers et les modalités de l'admission des sociétés étrangères seront déterminées de commun accord entre la Pologne et Dantzig. Le motif de cette restriction apportée à l'autorité intérieure de la Ville libre a été certainement d'empêcher que l'élément prusso-allemand n'y augmente au détriment de l'élément polonais.

196. — D'autre part et dans le sens de l'indépendance de Dantzig, on peut relever notamment que la Ville libre a le droit d'avoir son propre pavillon marchand, mais les précédents historiques ne permettent pas d'en inférer que Dantzig constitue un Etat. Plus caractéristique serait la décision du 24 août 1922 du haut-commissaire de la Société des Nations qui a dénié au Gouvernement polonais le droit de saluer au nom de la République des navires étrangers mouillant dans le port de Dantzig; mais cette décision, tout à fait isolée et contraire aux solutions que nous venons d'exposer, n'est pas suffisante pour ébranler l'autorité de ces solutions.

197. — Conformément à l'art. 103, alin. 2, du traité de Versailles, l'art. 39 de la convention stipule que les différends qui viendraient à s'élever entre le Gouvernement polonais et les autorités dantzikoises au sujet des accords conclus par les parties seront tranchés en première instance par le haut-commissaire de la Société des Nations, qui, de même que chacune des parties, pourra en appeler au Conseil de la Société des Nations. Par l'accord conclu à Genève le 20 juin 1921, les deux parties ont fixé la procédure à suivre : recours en appel remis au haut-commissaire dans un délai de quarante jours à partir de la remise aux parties de sa décision motivée. Mais aucun texte n'indique quelle pourrait être la sanction de la décision définitive émanant du Conseil de la Société des Nations. Il semble en résulter que la solution ainsi intervenue resterait sans sanction, et qu'en vertu du principe que la Ville libre est constituée, non dans l'intérêt de ses habitants, mais uniquement dans l'intérêt de la Pologne, le dernier mot appartiendrait à la Pologne (V. Julien Makowski, *La situation juridique du territoire de la Ville libre de Dantzig*, p. 10). Mais le haut-commissaire est investi d'un droit de veto si un accord conclu par la Pologne violait les stipulations de la convention.

198. — L'institution du Conseil du port et des voies d'eau de Dantzig résulte des art. 19 à 25 de la convention du 9 nov. 1920, imposés à la Pologne par la Conférence des Ambassadeurs au moment où les armées bolcheviques arrivaient sous les murs de Varsovie. Ce conseil, composé de représentants de la Pologne, de Dantzig et de la Société des Nations, et présidé par un Suisse désigné par le Conseil de la Société, doit son existence au souci de l'Angleterre d'empêcher que le port de Dantzig puisse servir de base militaire et navale au profit de la Pologne. Il est chargé de la direction, de l'administration et de l'exploitation du port, des voies d'eau de la zone franche et de l'ensemble des voies ferrées qui desservent spécialement le port. Ce n'est pas une institution internationale, car les traités internationaux y sont étrangers. Il constitue une personne juridique polono-dantzikoise, créée par la convention polono-dantzikoise

du 9 nov. 1920, qui, bien que dictée par la Conférence des Ambassadeurs, n'émane juridiquement que de la Pologne et de Dantzig et n'est soumise qu'aux dispositions de la convention. Il en résulte que la Pologne et Dantzig pourraient, d'un commun accord, en modifier le statut et même le supprimer. En l'état, il peut (art. 28, alin. 3) acquérir, prendre à bail des meubles et des immeubles, mais ne peut ni les aliéner, ni les grever de dettes sans le consentement commun de la Pologne et de Dantzig (*op. cit.*, p. 20 et 21).

199. — En résumé, la Ville libre de Dantzig n'est ni un Etat souverain, ni un Etat vassal de la Pologne pour n'avoir jamais joui d'une existence indépendante de la Pologne, ni un Etat protégé pour avoir reçu son statut des puissances sans avoir été consultée, ni un pays sous mandat comme ne rentrant dans aucun des cas pour lesquels le mandat, procédure de protection, a été institué. Il semble qu'on puisse la considérer comme une municipalité autonome sur laquelle la Pologne étend sa souveraineté et qui est unie à celle-ci par ce qu'on appelle improprement un protectorat administratif. Les exemples historiques qui s'en rapprochent le plus sont la Ville libre de Cracovie, placée sous le protectorat de l'Autriche, de la Russie et de la Prusse en 1815, et les Etats-Unis des Iles ioniennes, placées sous le protectorat de l'Angleterre en 1815.

200. — Le traité de Versailles dispose dans son art. 102 que Dantzig sera mise sous la protection de la Société des Nations, et l'art. 103 dispose que la Constitution de la Ville libre, élaborée d'accord avec le haut-commissaire, sera placée sous la garantie de la même Société des Nations. Mais cette protection et cette garantie ne semblent emporter l'emploi d'aucun moyen de contrainte et se résoudre dans des recommandations.

POMPES FUNÈBRES.

LÉGISLATION.

DD. 23 prairial an XII, art. 22-25 ; 18 mai 1806 ; — Circ. min. aux préfets, 8 messidor an XII ; — Décr. 10 févr. 1806 (*religion israélite*) ; — Décr. 18 août 1811 (*régime des pompes funèbres à Paris*) ; — L. 15 nov. 1887 (*liberté des funérailles*) ; — L. 28 déc. 1904 (*monopole des inhumations* ; — Circ. min. Int. 25 févr. 1905 (*sur l'application de la loi du 28 déc. 1904*) ; — L. 9 déc. 1905, art. 4 sv. (*séparation des Eglises et de l'Etat*) ; — L. 2 janv. 1907 (*meubles garnissant les édifices cultuels*) ; — L. 19 juin 1918 (*traités de gré à gré et achats sans marché des communes et établissements de bienfaisance*) ; — L. fin. 31 juillet, DD. 25 et 28 sept. 1920 (*sépultures militaires, militaires morts pour la France et victimes civiles de la guerre*).

BIBLIOGRAPHIE.

Chevresson (H.), *La loi du 28 décembre 1904*, dans *Lois nouvelles*, 1905, I, p. 105 sv. — Delpech (J.), *Brancards et corbillards*, dans *Répert. prat. de dr. civil et ecclésiast.*, p. 281-284. — Dugas (E.), *La loi du 28 décembre 1904 sur le régime des pompes funèbres*, Paris, thèse doct., 1905. — Jac (Ern.), *Un préliminaire de la séparation*, dans *Rev. cathol. des institut. et du dr.*, 1905, t. 2, p. 271 sv. — Martin (E.), *Funérailles et sépultures*, 1935, nos 140-201, p. 139-194. — Monsarrat (G.), *Contrats et concessions des communes et des établissements communaux de bienfaisance*, 1920, t. 1, p. 331 sv., 405-422. — Roland (A.), *Le régime des pompes funèbres en France d'après la loi et la jurisprudence*, Paris, th. doct., 1914. — Rubat du Mérac (H.), *Le nouveau régime des pompes funèbres*, 2e éd., 1905. — Taudière (Henry), *Le monopole des pompes funèbres et sa municipalisation*, dans *Réforme sociale*, n° sept. 1912 ; *Les pompes funèbres à Paris*, 1916.

INDEX ALPHABÉTIQUE.

DIVISION.

Historique. — Du décret du 23 prairial an XII à la loi du 28 décembre 1904.

1. — Durant le XIXᵉ siècle gardèrent leur autorité les décrets du 23 prairial an XII, art. 22-25, et du 18 mai 1806 (Sir., *L. ann.*, t. 1, p. 718) : le premier, qui établit la réglementation des cimetières, des inhumations et des pompes funèbres, avait institué, au profit des fabriques des églises et des consistoires, le monopole des fournitures généralement quelconques, nécessaires pour les enterrements et la décence ou la pompe des funérailles ; le deuxième, relatif au service des cultes dans les églises et plus particulièrement au service des morts et des convois funèbres, avait confirmé le monopole des fabriques et spécifié les formalités administratives auxquelles seraient assujettis les tarifs des fournitures et du transport des corps et aussi les marchés et entreprises concédés par les fabriques.

2. — L'idée que ce régime fut un acte de réparation et se rattacha, à son origine, comme une compensation, à la confiscation des biens possédés par les anciennes fabriques et vendus lors de la Révolution a été, au Parlement, soutenue (Disc. Lerolle, Ch. dép., 29 décembre 1903, J. off., Déb. parl., p. 3439), mais aussi contestée (Rapp. Milliès-Lacroix, Sénat, J. off., Doc. parl., octobre 1903, p. 225 et s.), sur la foi notamment d'une circulaire du 8 messidor an XII de Chaptal aux préfets aux fins d'exécution du décret de prairial : « Instruit que plusieurs hôpitaux jouissaient autrefois du droit exclusif de transporter les morts et de tendre aux funérailles, et que, dans quelques lieux même, l'exercice de ce droit n'était point interrompu..., le gouvernement a pensé qu'il était convenable d'en faire une ressource pour les fabriques des églises et des consistoires et d'en consacrer le produit à l'entretien des églises, des lieux d'inhumation et au paiement des desservants, d'après la répartition qu'il s'est réservé d'en faire ». Il est vrai, des trois charges ainsi énumérées, deux disparurent, sans que jamais les fabriques aient songé à abandonner une partie de leurs ressources ; celle résultant de l'entretien des cimetières a été fort discutée : Cf. Disc. Groussau, Ch. dép., 29 décembre 1903, J. off., Déb. parl., p. 3429, insistant sur l'arrêt d'Amiens, 29 avril 1885, maintenu par Cass., 30 mai 1888, Fabriques des églises d'Amiens, S. 89.1.57 ; P. 89.1.126.

3. — En tout cas l'interprétation des deux décrets suivit deux voies, tour à tour, et assez vite : au début de leur application, toute la pompe des services funèbres dans les églises et celle des convois parut du domaine exclusif des fabriques, les municipalités n'étant chargées que du transport et de la sépulture (Cf. le rapport préparatoire au décret du 28 août 1811, réglant pour la première fois le régime des pompes funèbres à Paris, Sir., *ib.*, p. 851); par la suite, une jurisprudence, constituée de nombreux arrêts, fit passer ce transport dans le monopole des fabriques. Néanmoins les villes furent assez rares qui exercèrent leur droit en leur entier et ne bornèrent pas leur intervention dans le service extérieur à l'assistance du prêtre ou du clergé aux convois; par ailleurs, dans la quasi-universalité des communes rurales le service extérieur des funérailles était laissé aux soins des familles : Cf. Rapp. Milliès-Lacroix, précité.

4. — Ces particularités de fait et d'application mises à part, la ligne du système était nette, sur un double plan : selon le § 1ᵉʳ de l'art. 22 du décret du 23 prairial an XII, monopole des fabriques et consistoires quant aux « voitures, tentures et ornements » et généralement à « toutes les fournitures nécessaires pour les enterrements et pour la décence ou la pompe des funérailles », d'une part; — suivant le § 2, faculté pour ces mêmes établissements d'exercer ou affirmer ce droit avec l'approbation des autorités civiles sous la surveillance desquelles ils étaient placés, d'autre part. Ce prolongement ou cet effet y fut donné par la jurisprudence qu'au cas où ils avaient affirmé la volonté de maintenir leur privilège en le concédant à une société, — quelles qu'eussent été les irrégularités de cette concession ou de sa cession par rapport aux formes légales, — nul n'était recevable à s'immiscer dans le service placé hors du commerce, et donc à l'abri d'une condamnation par les tribunaux de simple police : les atteintes par lui commises audit monopole tombaient, en dehors même de toute application d'un arrêté municipal pris en la matière, « manifestement » sous le coup des dispositions des art. 22 et 24 du décret du 23 prairial an XII, ayant nature de règlement administratif sur les sépultures et les pompes funèbres, applicable dans toute la France et trouvant sa sanction dans l'art. 471 n° 15 C. pén. : Cass., 26 avril 1902, Maza, S. 1903.1.108. La chambre criminelle avait, à cet égard, déjà, 23 novembre 1899, Berthon, Marinier et Maza, *ib.*, 107, déclaré « sans intérêt de rechercher si l'acte de tutelle administrative, *i. e.* l'approbation du traité de concession, avait été, ou non, régulièrement promulgué à la date des procès-verbaux contre le prévenu, le juge de police n'étant pas tenu (Cpr. Cass., 5 avril 1872, Charamaule, *Bull. crim.*, n° 84, p. 135) de constater l'existence de la publication d'un arrêté général, lorsque celle-ci n'est pas déniée par le contrevenant ».

5. — Au surplus, le monopole ainsi établi des fabriques et consistoires ne faisait point obstacle à ce qu'une ville, par des stipulations écrites en sa faveur dans le contrat passé entre l'établissement cultuel et l'entrepreneur, fût partie à ce contrat; mais, dès lors qu'il n'y avait pris elle-même aucun engagement envers l'un ou l'autre, le Conseil d'Etat, par arrêt du 16 février 1900, Coste, Folcher et Fabriques des églises de Montpellier, Leb. chr., p. 132, S. 1902.3.58, estima qu'elle n'avait pas, pour sa part, renoncé à demander la modification du tarif du service extérieur pendant la durée du marché, au lieu que, de son côté, d'après l'art. 20 du décret du 18 mai 1806, l'entrepreneur s'était soumis, moyennant indemnité à payer par les fabriques, à toute modification que l'administration municipale, de concert avec elles, trouverait convenable d'apporter aux conditions de l'entreprise. C'était moyen de décider, en principe, que les fabriques ne pourraient, à moins d'engagement expresse de non-modification pris par la ville, prolonger sans son intervention la durée du traité et, dans les circonstances de l'espèce, à défaut de pareil engagement communal, et alors que l'entrepreneur et les fabriques concluaient à la continuation du traité, que la ville était sans intérêt et, par suite, sans qualité pour demander au conseil de préfecture de décider que le contrat avait pris fin.

6. — Cependant, étant donné le rétablissement spontané et la manifestation publique après l'an XII, à côté des deux cultes catholique et protestant, seuls reconnus par le décret de prairial, de la religion israélite, un décret du 10 février 1806 (Sir., *ib.*, p. 710) dispensa du monopole général des fabriques et consistoires les personnes la professant en France. Par contre, à la question ultérieurement née de savoir qui fournirait le maté-

riel destiné aux funérailles des personnes ayant vécu en dehors de tout culte, un *modus vivendi* s'établit, « en vertu duquel ce droit appartiendrait aux fabriques des églises catholiques, la religion catholique étant la religion professée par le plus grand nombre » (Rapp. Milliès-Lacroix, précité). Par la suite il suffit peut être, avec quelques rigueurs ou intolérances, pour faire déclarer cet état « contraire à la liberté de conscience », accuser les fabriques de « fournir de force » le matériel nécessaire à l'inhumation des libres-penseurs et présenter « les adversaires les plus acharnés du cléricalisme (comme obligés à) payer, en mourant, un impôt à tous ces cultes qu'ils repoussaient également » (Cf. Rapp. Rabier, Ch. dép., 8 mars 1894, *J. off.*, Doc. parl., avril 1894, p. 377).

7. — Aussi bien le maintien du régime séculaire n'eut-il guère comme défenseur devant les Chambres que Mgr. Freppel, lors de la discussion de l'art. 115 de la loi municipale et à l'occasion des projets d'abrogation du monopole des inhumations, Ch. dép., 12 novembre 1883, *J. off.*, Déb. parl., p. 2292, et M. Groussau, Ch. dép., 23 décembre 1903, *ib.*, p. 3272. L'argument tiré de l'appauvrissement redoutable pour les fabriques et consistoires en suite de la suppression des droits au service extérieur (Cf. Disc. Lenoel, Sén., 28 novembre 1885, *J. off.*, Déb. parl., p. 1194; Suchetet, Ch. dép., 29 décembre 1903, *ib.*, 3429) n'a point tenu contre des propositions, dont les premières remontent au 17 mars 1879 (Belle) et 13 décembre 1881 (Lefebvre, Ch. dép., Doc. parl., janvier 1882, p. 11), qui comportaient transfert intégral du monopole aux communes, mais dérivèrent assez vite, sur la proposition des commissions du Sénat (Cf. Rapp. sur prop. Lefebvre, 30 juin 1885), à l'idée de concours des administrations religieuse et municipale au service des pompes funèbres.

8. — Sur ce plan les idées ont aussi évolué. Celle de liberté absolue (Contre-projet Giraud, Ch. dép., 12 novembre 1883, *J. off.*, Déb. parl., p. 2292) fut tout de suite écartée, eu égard aux mœurs, aux nécessités de l'ordre public et aux risques de l'industrie libre, en la matière des inhumations : Cf. Rapp. Garrisson au Sénat, 30 juin 1885, *J. off.*, Doc. parl., janvier 1886, p. 272, et Disc. Delahaye, 11 juillet 1904, *ib*, Déb. parl., p. 827; Rapp. Rabier, Ch. dép., 8 mars 1894, *loc. cit.*, et Disc. Suchetet, 29 décembre 1903, *ib.*, Déb. parl., p. 3429. — Celle de partage du privilège a pris plusieurs formes : l'une, la plus simple de lignes (Contre-projets Bozérian et Allou, Sén., 19 et 28 novembre 1885, *J. off.*, Déb. parl., p. 1187, 1194), maintenant le monopole aux fabriques et consistoires, sauf les deux correctifs du droit pour l'autorité municipale de réquisitionner le matériel des fabriques et consistoires qui se refuseraient à prêter leur concours à une inhumation, d'une part, et, d'autre part, de l'obligation, au cas de réquisition, pour les fabriques et consistoires de défalquer du prix par eux perçu le montant de leur bénéfice et de le verser dans la caisse du bureau de bienfaisance; — l'autre, transactionnelle, adoptée en 1886 par le Sénat (alors que la Chambre avait, le 12 novembre 1883, *J. off.*, Déb. parl., p. 2292, rejeté semblable amendement de Mgr. Freppel), faisant partage entre communes, fabriques et consistoires du privilège des inhumations quant au service extérieur, l'intérieur continuant à appartenir exclusivement à ces établissements. Combattu dans la discussion du Sénat (Cf. Disc. et contre-projet Georges Martin, 28 novembre 1885 et 21 janvier 1886), ce projet de la commission y avait été défendu et y fut apparemment sauvé, soit par la réserve aux communes du moyen de la réquisition du matériel, aux cas de refus d'inhumation par les fabriques et consistoires, soit par la base assignée au régime, la consultation des familles, des indigents comme des riches, appelées à dire par les soins de qui, commune ou fabrique, serait fait l'enterrement. Vivement attaqué dans la législature suivante, à la Chambre des députés (Rapp. Rabier, 8 mars 1894), et repoussé (29 décembre 1903, *J. off.*, Déb. parl., p. 3428 et s.), le système ne devait plus reparaître dans la suite de la discussion parlementaire.

9. — Finalement les choses ont été — sous l'empire du but traditionnel d'hygiène des inhumations et de décence des convois, et par souci affiché de respect des consciences et d'indépendance des volontés — ordonnées sur le plan d'une distinction entre service *extérieur*, remis dorénavant en monopole exclusif aux communes, et service *intérieur*, réservé encore aux établissements cultuels. Les conséquences, comme la valeur, de pareil système sont indiscutablement en rapport avec l'extension donnée en pratique au monopole municipal. Toujours est-il que l'institution en fut décidée, nonobstant les objections présentées au cours des débats : risques des dissensions menaçantes ou engendrées du fait de la politique municipale (Rapports Garrisson au Sénat, *loc. cit.*, et Legludic à la Ch. dép., 29 octobre 1891, *J. off.*, Doc. parl., janvier 1892, p. 2571) ou du fractionnement par l'organisation nouvelle des cérémonies funèbres (Disc. Allou, Sen., 19 novembre 1885, Déb. parl., p. 1185 ; Suchetet, Ch. dép., 29 décembre 1903, *ib.*, p. 3431) ; — augmentation vraisemblable des frais, à raison de particularités confessionnelles (Disc. Mgr. Freppel, 12 novembre 1883, *ib.*, p. 2292 ; Suchetet, 29 décembre 1903, *loc. cit.*), des charges de l'enterrement gratuit des indigents (Rapp. Garrisson au Sénat, *loc. cit.* ; Disc. Lerolle, Ch. dep., 29 décembre 1903, *loc. cit.*), et du désavantage réel créé aux fabriques en les privant de bénéfices indispensables, sous couleur d'assurer aux communes un service de nature à leur être souvent onéreux (Disc. Groussau, 23 décembre 1904, *ib.*, p. 3270 ; Lerolle, 27 décembre 1904, *ib.*, p. 3252) par les obligations d'achat et d'intérêt et d'amortissement d'un matériel considérable.

10. — Du moins le principe en était indiqué et loué d'établir une différenciation des domaines d'après les attributions, et de compléter dans un « véritable esprit de liberté » l'œuvre inaugurée par la loi du 14 novembre 1881, sur le caractère neutre des cimetières communaux, et celle du 15 novembre 1887, sur la liberté des funérailles : le rapport (Rabier, 8 mars 1894, *loc. cit.*) à la Chambre des députés dit que cette manière de distinguer entre un service public rempli par la commune pour tous et les cérémonies religieuses diverses qui peuvent, à la volonté des familles, accompagner l'accomplissement de ce service public... assure aux communes la reprise et l'exercice d'un droit qui leur appartient et garantit en même temps, à tous les cultes, la liberté absolue », au lieu que par l'énumération des diverses attributions des maires touchant toutes les opérations des inhumations apparaît « contraire au bon ordre administratif le système qui permet à une autorité étrangère à l'administration communale d'intervenir dans un service qui est d'essence municipale ». L'affirmation n'a pas manqué, du reste, d'être relevée, avec cette observation que, hormis les thèses du socialisme d'État, il n'y a pas de lien indivisible ou nécessaire entre l'obligation de réglementer un service de salubrité ou d'ordre et l'acquisition du profit résultant de ce service. Toujours est-il qu'a l'énonciation générale, pour les fabriques et consistoires, au décret du 22 prairial an XII du « droit de faire seuls généralement toutes les fournitures quelconques nécessaires pour les enterrements et pour la décence et la pompe des funérailles », la loi du 28 décembre 1904 (S., L. ann. 1905, p. 900 et s.) a substitué un système dont l'interprétation au profit des communes est convenue et doit être guidée par une nomenclature (Déclar. Milliès-Lacroix, Sénat, 21 juin et 7 juillet 1904, *J. off.*, Déb. parl., p. 588, 787 sv.).

SECTION II.

Le service intérieur des funérailles dans les édifices religieux.

11. — Le service *intérieur*, en tant qu'il consiste dans « le droit exclusif de fournir les objets destinés au service des funérailles dans les édifices religieux et à la décoration intérieure et extérieure de ces édifices » est expressément maintenu aux fabriques par l'art. 3, — à charge, d'après l'al. 2 de ce même texte, de l'assurer « gratuit pour les indigents ». Ce privilège et cette gratuité, encore que mentionnés seulement pour les « fabriques », visent aussi bien les consistoires : la disposition additionnelle à l'art. 4, demandée pour préciser ce point par l'abbé Lemire, fut abandonnée par son auteur même, acte pris des paroles du rapporteur et de l'approbation du commissaire du gouvernement que « le mot « fabrique » est général, et comprend tout établissement religieux, quel que soit son nom particulier » (Ch. dép., 27 décembre 1904, *J. off.*, Déb. parl., p. 3354). — Tel, il a été spécifié, dans les projets présentés à la Chambre en 1894, 1900 et 1902, dans la proposition Rabier et dans la discussion ouverte sur le projet de 1902 ; les précisions complémentaires, touchant la fourniture des emblèmes religieux pour les cercueils ou les convois, proposées, à plusieurs reprises, par l'abbé Gayraud, MM. Suchetet,

Lerolle, de l'Estourbeillon et de la Ferronays, furent rejetées, soit comme inutiles, soit comme relevant plutôt du domaine du règlement d'administration publique (Ch. dép., 29 décembre 1903, *ib.*, p. 3451 ; Sénat, 11 juillet 1904, *ib.*, p. 839).

12. — La préoccupation, sinon exclusive, du moins dominante, était de préserver de toute atteinte ou compromission l'établissement de la distinction des services (Rapp. Rabier, 8 mars 1894, *loc. cit.*) et d'obvier en tous cas à leur regroupement sous une direction unique ; ce fut le but et c'est le sens de l'al. 6 de l'art. 2 interdisant aux fabriques, consistoires ou autres établissements religieux de « devenir entrepreneurs du service extérieur ». La disposition légale avait été combattue par Mgr. Freppel comme éventuellement contraire à l'intérêt des communes, dans la mesure où elle aboutirait à empêcher une commune obérée, face à une fabrique possédant déjà tout le matériel des pompes funèbres, de passer avec celle-ci un marché de gré à gré ou de l'admettre aux risques de l'adjudication publique (Ch. dep., 12 novembre 1883, *J. off.*, Déb. parl., p. 2294) ; écartée par le Sénat en 1886, à raison du système alors admis de partage du service extérieur entre communes et fabriques ; attaquée à nouveau en 1903, par M. Suchetet, dans la discussion de la proposition soumise à la Chambre par sa commission ; finalement votée (29 décembre 1903, *loc. cit.*, p. 3449), et admise au Sénat sans discussion en 1904. A ce moment la perspective était ouverte de la séparation des Églises et de l'État ; l'inconciliabilité de la disposition en discussion avec le régime en projet fut marquée en cette observation de M. Lefas que les fabriques étaient menacées de « céder la place à d'autres associations religieuses, qui seront de simples établissements particuliers, et qui (ne pourront plus) être bannies d'aucune entreprise ouverte à des associations particulières ». A quoi M. Bruman, commissaire du gouvernement, répondit par une affirmation — d'une valeur toute limitée déjà à cette heure — qu'admettre les fabriques à se présenter aux communes comme adjudicataires du service extérieur, et donc à faire acte de commerce, serait « absolument étranger à leurs attributions,... la violation des règles de droit public » ; et là-dessus l'amendement fut repoussé (27 décembre 1904, *loc. cit*, p. 3349).

13. — La loi de séparation est peu après intervenue, et la question s'est alors posée de la situation à reconnaître au regard des art. 4 et sv. aux organisations appelées à succéder aux ci-devant établissements religieux : en droit, les biens des établissements du culte changeaient de catégorie pour devenir, de propriétés administratives qu'ils étaient, propriétés de corporations privées. Les consistoires des cultes réformé et israélite ayant accepté de se transformer, selon les cadres de la loi du 9 décembre 1905, en associations cultuelles, ils furent déclarés aptes à jouir de leurs droits antérieurs et maintenus dans le monopole du service intérieur : Cons. d'Et., 4 août 1913, Desvals, Leb. chr., p. 971. Pour les établissements du culte catholique les choses se présentèrent avec plus de complexité, s'agissant notamment de savoir si des principes et des analogies juridiques de première valeur ne devaient pas fair qualifier et régir ce qui était la dotation d'après la loi de 1905 des associations cultuelles défaillantes en l'espèce. Cf. *suprà*, v° *Edifices religieux*, n°s 59 sv., t. 6, p. 209 sv. De fait, la loi du 2 janvier 1907, en son art. 5 al. 1er maintint, « à défaut d'associations cultuelles..., les édifices affectés à l'exercice du culte, ainsi que les meubles les garnissant,... à la disposition des fidèles et des ministres du culte » ; la difficulté s'est, dès lors, réduite à déterminer le sens et les conditions de cette affectation cultuelle : Cf. Duguit, *Tr. de dr. constit.*, t. 5², § 48, p. 568 ; Saleilles, *Etude sur l'exposé fait par M. Hauriou des principes de la loi du 9 décembre 1905* .., dans Rev. trim. de dr. civ., t. 5, 1906, p. 847 sv. ; Concl. Chardenet, s. Cons. d'Et., 8 février 1908, Deliard, S. 1908.3.53 col. 2 ; P. Bureau, note s. Poitiers, 27 décembre 1909, D. 1911.2.105, et *Quinze années de séparation...*, p. 29 sv. — Rpr. J. Colin de Verdière, *Des droits du curé sur le matériel des pompes funèbres dans les églises*, dans *Rev. des instit. cultuelles*, t. 4, 1909, p. 325-333.

14. — La commune, quelle qu'ait été l'origine des objets mobiliers utilisés au service intérieur des funérailles dans les édifices religieux, en est dorénavant propriétaire indiscutable ; mais, qu'elle l'ait été dès l'abord ou le soit devenue par les lois de dévolution, il n'importe à cette sorte de servitude d'affectation cultuelle qui, sans restriction ni réserve, a été instituée, par la loi du 2 janvier 1907, sur les meubles garnissant les édifices : Cf. Fanton, *Les églises et leur mobilier devant la loi civile*, n°⁵ 489 sv.; Cons. d'Et., 4 août 1913, Abbé Desvals, Leb. chr., p. 971, S. 1913.3.161, av. note Hauriou. Ce mobilier doit demeurer affecté, — spécialement tous les objets portant des emblèmes religieux : Cf., par un *a contrario* évident, Circ. min. 25 février 1905, *Rev. d'org. et déf. relig.*, III, 1908, p. 335, et particulièrement le brancard qui (à la différence du corbillard, lequel est municipal : *Rev. des instit. cult.*, IX, 1914, p. 42) est d'église, parce qu'il n'existe qu'à cause de la cérémonie religieuse et, s'il est utilisé au sortir de l'église aux fins du service extérieur pour aller au cimetière, ne l'est que par une tolérance et un arrangement n'ayant rien à voir avec la rigueur du droit : Cf. Hauriou, note précitée, 1913.3.162 col. 2; Trib. Mans, 15 juillet 1913, Abbé Pottier, S. 14.2.91. Seul un arrêt de la cour d'Agen, 19 juin 1913, Abbé Desvals, S. 16.2.10, D. 15.2.94, fait tache dans la jurisprudence (Cf. Just. de paix Brienne-le-Château, 30 mai 1912, Comm. d'Espagne, *Rev. d'org. et de déf. relig.*, VII, 1912, p. 376, av. note Crouzil. — Rpr. deux jugements, Trib. Ruffec, 11 février 1925, Abbé Latouresse, S. 25.2.103, D. hebd. 1925.403); il s'explique, semble-t-il (*suprà*, v° *Edifices religieux*, n° 66), par un dessein de ne point prononcer sur l'action en dommages-intérêts intentée par le desservant contre le maire et l'adjoint qui s'étaient, dans l'église, en qualité de chefs prétendus de l'administration municipale, emparés du drap mortuaire recouvrant un catafalque.

15. — De cette situation deux aspects ont été particulièrement dégagés, qui font saillir le fait de la séparation des services et l'importance attachée à leur indépendance; l'un et l'autre au sujet d'un même tarif pour service extérieur adopté par un conseil municipal et ayant prévu une « taxe supplémentaire à ajouter au prix de la classe (service extérieur) chaque fois que la pompe des cérémonies funèbres (service intérieur) ne correspondrait pas à la classe commandée pour le service extérieur ». La légalité du tarif eût pu très certainement être discutée devant l'autorité judiciaire à l'occasion de chacune de ses applications. La Société générale des pompes funèbres l'accusa d'avoir cherché ou d'aboutir à détourner les familles de choisir, suivant leur droit, une classe plus élevée pour le service intérieur, en les exposant à une sorte de pénalité fiscale, et de s'adresser à son agence pour le règlement des obsèques, en les amenant à charger le service municipal de l'ensemble des fournitures; elle poursuivit donc directement devant le préfet, puis devant le Conseil d'Etat, conformément aux art. 65 et 67 de la loi du 5 avril 1884 (Cf. Cons. d'Et., 31 mars 1911, Argaing, Leb. chr., p. 409, S. 12. 3.129), la déclaration de nullité de la délibération du conseil municipal; la recevabilité de la requête était certaine; l'illégalité de la délibération ne pouvait guère moins manquer d'être prononcée : Cons. d'Et., 13 mai 1921, Société des Pompes funèbres générales, Leb. chr., p. 482, S. 24.3.56, D. 22.3.24.

16. — Elle l'a été : expressément pour cette raison de fait que la surtaxe en question, parce que son application eût dépendu uniquement des conditions dans lesquelles s'exécuterait le seul service religieux, n'avait pu être instituée qu'en violation de l'art. 2 de la loi du 28 décembre 1904; implicitement aussi, eu égard à ce principe de la loi de 1904 que la faculté de tarification des conseils municipaux est limitée aux fournitures du service extérieur qui, seul, leur a été attribué, et à celui de la loi de séparation que les communes ne peuvent plus faire figurer à leurs budgets aucune dépense régulière relative à l'exercice des cultes. Ce qui a été ainsi décidé pour le cas de surtaxe l'avait été, *mutatis mutandis*, à propos d'une délibération de conseil municipal ayant approuvé la clause d'un cahier des charges instituant une réduction pour les enterrements civils : Cons. d'Et., 24 novembre 1911, Stephanini, Leb. chr., p. 1093, D. 1913.3.138.

SECTION III.

Le service extérieur et le monopole des pompes funèbres.

17. — Le service *extérieur*, en tant qu'il comporte « exclusivement le transport des corps, la fourniture des corbillards, cercueils, tentures extérieures des maisons mortuaires, les voitures de deuil, ainsi que les fournitures et le personnel néces-

saire aux inhumations, exhumations et crémations, a été remis aux communes, « à titre de service public ». — L'institution et le fonctionnement d'un service d'inhumations en sont la suite et le moyen; à quoi il n'est de dérogation qu'aux cas et dans les localités où les familles pourvoient au transport ou à l'enterrement de leurs morts « directement ou par les soins de sociétés charitables laïques, en vertu d'anciennes coutumes » non interrompues et maintenues, sous la surveillance du maire avec l'autorisation du conseil municipal (art. 2 al. dern. Rpr. Circ. min. intér. 25 février 1905). Cette exception à la règle, tour à tour retenue ou rejetée dans les projets et les discussions jusqu'en 1903, y est demeurée, avec une formule plus stricte que celle de l'amendement Delahaye, conditionnant le droit des familles par « une simple déclaration à la mairie » qui eût risqué de compromettre le monopole (Sénat, 11 juillet 1904, *J. off.*, Déb. parl., p. 838), — et nonobstant la critique de l'abbé Lemire que « soumettre les usages à l'autorisation du conseil municipal (était) les frapper de caducité » (Ch. dép., 27 décembre 1904, *ib.*, p. 3330). Cf. Cons. d'Et., 8 juillet 1910, Commune de Lardy, Leb. chr., p. 568, S. 13.3.14, D. 12.3.112, *Rev. des institut. cult.*, V, 1910, p. 455; 30 décembre 1910, (2e esp.), Ville de Nîmes, Leb. chr., p. 1046.

§ 1. *Nature du monopole et caractère public du service.*

18. — Le caractère du monopole ainsi affirmé et la qualité du service ainsi établi ont été, d'ailleurs, définis au cours des discussions parlementaires et affirmés par plusieurs décisions juridictionnelles. — Monopole non fiscal et service facultatif, avec toutes les conséquences attachées par le droit administratif à ces expressions. Le verbe « appartient » de la loi l'impliquait, et c'est pourquoi fut rejeté celui « peut appartenir » proposé par M. Delahaye (Sénat, 11 juillet 1904, *J. off.*, Déb. parl., p. 834); les déclarations des rapporteurs Rabier et Milliès-Lacroix et du commissaire du gouvernement M. Bruman ont été des plus formelles (Sénat, 21 juin 1904, *loc. cit.*, p. 590; Ch. dép., 29 décembre 1903, *loc. cit.*, p. 3444, et 23 décembre 1904, *loc. cit.*, p. 3271) : « On semble croire, dit M. Milliès-Lacroix, que la loi revêt un caractère impératif; qu'il sera obligatoire pour toutes les communes de France d'organiser un service de pompes funèbres et d'exercer le monopole dans toute son étendue. C'est là une grave erreur. Non seulement cela n'est pas dit dans la loi, mais encore cela n'a jamais été dans la pensée des auteurs de la loi, encore moins de la commission qui en a délibéré... Là où le service extérieur des pompes funèbres est fait par les fabriques et où le monopole est exploité dans toute son étendue, la situation restera la même, sauf que le service passera des fabriques aux municipalités. Ailleurs, les conseils municipaux pourront organiser le service dans la limite qu'ils croiront nécessaire et exercer le monopole dans la limite où ce sera possible, soit en réduisant le service au transport des corps, soit en réclamant la fourniture des objets énumérés dans la loi ». En tout état de cause, et parce que le monopole correspond comme un mode efficace de contrôle (Disc. Augagneur, Ch. dép., 27 décembre 1904, *loc. cit.*) à l'accomplissement de la mission d'ordre public, de décence, d'hygiène et de salubrité, qui incombe aux communes, il ne doit pas être confondu avec les monopoles de pure fiscalité; il n'implique pas vis-à-vis des usagers la contrainte qui est exclue du droit public depuis la suppression de la gabelle de jadis. Il y a là un ensemble de traits qui se chevauchent et sont à mettre tour à tour en leur place.

19. — A. De ce que le monopole est facultatif, il suit que les communes, comme autrefois les fabriques, sont libres d'avoir, ou non, un service extérieur (art. 2), n'étant obligées (art. 4) d'avoir et de reprendre un matériel de pompes funèbres qu'au cas où les fabriques et consistoires, qui n'y étaient pas tenues, avaient organisé pareil service. Rpr. Rouen, 30 décembre 1908, Société des pompes funèbres générales, S. et P. 09. 2. 13. Sans doute, il y a obligation pour les communes de pourvoir à leurs frais, sans distinction de cultes ni de croyances, à l'inhumation des indigents décédés (LL. 5 avril 1884, art. 93; 28 décembre 1904, art. 2 § 5) et à l'inhumation des cadavres trouvés sur le territoire de la commune, sauf recours contre qui de droit (DD. 23 prairial an XII, art. 26; 18 juin 1811, art. 3 § 4; 27 avril 1889, art. 11; L. 5 avril 1884, art. 93). Mais cette obligation est tout à fait indépendante de l'organisation d'un service public de pompes funèbres, et les communes peuvent remplir cette obligation, comme le ferait un particulier, sans organiser un service public, étant entendu que, si elles ne la remplissent pas, le préfet se substituera au maire pour pourvoir aux funérailles (L. 5 avril 1884, art. 93), et que la dépense sera obligatoire pour la commune. En ce sens seulement, il est permis de parler de service, de service ordinaire obligatoire, l'organisation plus complète d'un service « extraordinaire » étant laissée à la libre initiative des communes (DD. 8 juin 1811, art. 3, 4; L. 5 avril 1884, art. 93; D. 27 avril 1889, art. 11). Et il s'ensuit que, si une commune ne s'est jamais dérobée à cette obligation et à ce service, l'arrêté par lequel le préfet lui enlèverait l'option aménagée par la loi du 28 décembre 1904, en inscrivant d'office au budget communal un crédit pour l'acquisition du matériel des pompes funèbres, devrait être annulé : Cons. d'Et., 8 juillet 1910, précité.

20. — *B.* De ce que la loi a attribué le service aux communes « à titre de service public », il suit qu'elle a entendu, tout ensemble, permettre aux communes d'y trouver l'occasion de percevoir des taxes compensatoires des charges pécuniaires, et spécialement de la gratuité des convois d'indigents, qui leur incombent : Paris, 22 février 1912, Schneeberg, D.21.2.131. — Rpr. Cons. d'Et., 31 juillet 1925, Bertrand, Leb., p. 771. V. *infrà*, n° 43, mais aussi leur interdire d'y rechercher simplement le moyen d'accroître leurs ressources en vue des dépenses générales et d'équilibrer ainsi le budget : Concl. Feuilloley s. Cass., 3 mai 1910, D. 11.1.207. La loi a, quant à ce, expressément employé le mot « taxes », qui en précise bien la nature, les différencie des « redevances » et les rapproche de véritables impôts indirects en tant qu'elles n'impliquent pas de corrélation nécessaire entre la fourniture effective des prestations mises à la disposition du public et les sommes à percevoir par les communes ou leurs concessionnaires. — Des divergences de vues se sont, en vérité, produites touchant l'institution et la perception de taxes de remplacement par les communes n'exploitant pas elles-mêmes leur service de pompes funèbres ou n'imposant pas les tarifs de fournitures à leurs concessionnaires et donc ayant abandonné ces fournitures à la libre concurrence : un référé du président de la Cour au ministère de l'intérieur y opposait, le 17 décembre 1908 (*Rev. des services financiers*, 1911, p. 191), cette raison que, deux partis ayant été ouverts par la loi, les communes ne peuvent à un système de droits incorporels à affectation spéciale substituer de nouveaux impôts destinés sans autre justification à grossir le budget municipal ; le Conseil d'Etat, par arrêt du 24 novembre 1911, Stephanini, Leb. chr., p. 1093, D. 13.3.138, a analysé le procédé d'un autre point de vue, émis un avis contraire.

21. — *C.* Et parce qu'il ne faut ainsi exagérer ni la notion de monopole ni le caractère public du service, s'est trouvée affirmée et justifiée une double et inverse faculté pour les communes :

a) D'une part, celle de renoncer à faire usage du monopole, partiellement ou même totalement, si elles estiment et prouvent avoir dans leur budget ressources suffisantes pour subvenir aux dépenses du service et moyen suffisant de police pour accomplir leurs obligations d'ordre public : Sénat, 21 juin 1904, *J. off.*, Déb. parl., p. 590. — Ce qui, à ce dernier point de vue, s'induit de la décision déclarant le juge de simple police sans droit de relaxer un prévenu pour le motif que des arrêtés municipaux violés seraient intervenus dans un intérêt budgétaire, alors que leurs dispositions avaient pour objet d'assurer le bon ordre, la décence et la salubrité des funérailles : Cass., 23 décembre 1899, Berthon et Maza, S. 03.1.107; 11 novembre 1911, Vidal, *Bull. crim.*, n° 518, p. 985. Rpr. Cons. d'Et., 25 janvier 1901, Maza, Leb. chr., p. 83.

22. — Ce n'est point à dire, du reste, que les tribunaux de simple police soient, en tous cas, privés de compétence par rapport aux arrêtés municipaux sur le service extérieur des pompes funèbres : les jugements ayant, dans le cas de poursuite pour contravention, et sur les conclusions du prévenu, sursis à statuer jusqu'après la décision du Conseil d'Etat sur le recours pour excès de pouvoir formé contre pareil arrêté, motif pris de ce « que ledit moyen de défense soulevait une exception préjudicielle, qui échappait à l'examen du tribunal de répression, et dont l'art. 7 de la loi du 18 germinal an X réservait la connaissance au Conseil d'Etat », ont été cassés, comme ayant méconnu la compétence vraie de l'autorité judi-

ciaire et la règle de l'effet non suspensif (D. 22 juillet 1806, a. 3; L. 24 mai 1872, a. 24) des recours introduits contre les actes des autorités administratives : « Attendu que la loi du 28 décembre 1904 ne contient aucune dérogation de cette nature en ce qui touche les recours contre les règlements municipaux qu'elle prévoit, et qu'enfin l'art. 7 de la loi du 18 germinal an X, qui aurait été, d'ailleurs, sans application dans la cause, a été abrogé avec cette loi tout entière par l'art. 44 de la loi du 9 décembre 1905 » : Cass., 3 mai 1912, Solignac, S. 14.1.420. En tout cas, par ce dernier motif l'arrêt a entendu rejeter la thèse (au-delà, d'ailleurs, de la jurisprudence du Conseil d'Etat : Cf. 19 mars 1909, Abbé Deguille, av. concl. commiss. du gouv. Saint-Paul, S. 09.3.99), suivant laquelle l'ancien recours pour abus serait, depuis la loi de séparation des Eglises et de l'Etat, devenu recours en excès de pouvoir, élevant une question préjudicielle et hors la compétence du tribunal de répression ;

23. — *b)* D'autre part, celle dans une appréciation souveraine des besoins de leur service des pompes funèbres, de créer et de sérier les classes de convois et d'inhumations ; — ce faisant, de taxer suivant une échelle croissante des articles identiques pour toutes les classes ou, au contraire, par voie de droits fixes, indépendants de toutes prestations et susceptibles de progressivité suivant les classes (taxes municipales) ; — et, en accord avec l'autorité administrative, de tarifer chacune des classes, en désignant même certaines des fournitures du monopole pour être dues à titre forfaitaire par le seul fait du choix de la classe les comprenant, fussent-elles fournitures ou prestations refusées par les familles, non imposées par une nécessité intrinsèque ou par l'harmonie de la classe elle-même : Cass., 28 janvier 1914, Société des pompes funèbres générales, D. 22.1.219, avec note (1-2) Dupré-la-Tour. — La tentative faite par plusieurs communes d'imposer, quant aux tarifs applicables et à la pompe déployée, une égalité absolue de traitement sans discrimination ni acception de personnes a été accueillie par plusieurs tribunaux : Tr. Dijon, 17 mars 1913, et Bordeaux, 18 décembre 1913, mais, par un très juste motif, condamnée par le Conseil d'Etat : en faisant supporter par l'ensemble des contribuables les conséquences financières de la gratuité instituée au profit de toutes les familles, le conseil municipal fait un emploi illégal des deniers communaux, et, en prescrivant l'uniformité des convois, il méconnaît la disposition de l'art. 2 du décret du 18 mai 1806, lequel, réservant expressément aux familles « qui voudront quelque pompe » le droit de traiter avec l'entrepreneur suivant un tarif dressé à cet effet, n'est pas contraire à la loi du 28 décembre 1904 et n'a pas été abrogé par cette loi : 8 novembre 1929, Puynaire, Leb. chr., p. 971. Rpr. 5 janvier 1907, Compagnie universelle éclairage, chauffage et force motrice, D. 08.3.78.

24. — Au surplus, deux formes ou réalisations de ce droit des communes, soit de stipuler dans le contrat de concession du service public des pompes funèbres des redevances à leur avantage, soit de préciser et publier, au sujet des fournitures, les droits et obligations du concessionnaire, ont donné lieu à la plus juridique et judicieuse définition du service extérieur et du monopole : ici, pour affirmer le caractère strictement limitatif de l'énumération de l'art. 2 de la loi de 1904, sous cet aspect que, si le contrat fait porter les remises stipulées au profit de la ville « sur le montant brut des fournitures réelles et des locations faites dans toutes les branches du service, cette expression ne peut être entendue que comme visant uniquement le service extérieur des pompes funèbres », à l'exception, par exemple, de l'installation des chapelles ardentes ou de la fourniture des lettres de faire-part : Cons. d'Et., 31 juillet 1925, Bertrand, Leb. chr., p. 771 ; — là, pour spécifier la signification des tarifs au cahier des charges et le cantonnement des avantages aux mains du concessionnaire par cette formule que, dans un avis publié par les soins de la municipalité au sujet des fournitures que le concessionnaire pouvait être le plus communément appelé à faire, se référant d'une manière générale au cahier des charges de l'entreprise, et qualifiant diverses fournitures d'articles facultatifs, « cette désignation n'a eu pour but que de rappeler que ces fournitures ne pouvaient être imposées à ceux qui n'en feraient pas la demande, et qu'elle n'a pu avoir par elle même pour effet de les distraire du monopole », de telle sorte qu'en dernière analyse cette publication n'est de nature à causer de préjudice au concessionnaire que dans la mesure où elle a explicitement limité les fournitures à lui réservées et peut, dès lors, donner matière à « une juste appréciation du préjudice causé » à ce concessionnaire : 23 décembre 1925, Bava, Leb. chr., p. 1048.

§ 2. *Modes d'utilisation.*

25. — Pour l'utilisation de ce monopole et la mise en œuvre de ce service, les communes peuvent procéder, « soit directement, soit par entreprise, en se conformant aux lois et règlements sur les marchés de gré à gré et adjudications en matière de travaux publics ». Une seule prohibition fut écrite dans la loi : l'interdiction aux fabriques, consistoires ou autres établissements religieux de « devenir entrepreneurs du service extérieur » (art. 2, al. 6); elle a perdu son sens depuis la loi de séparation; et il n'y a plus d'intérêt à discuter, si au temps où elle fut votée, n'eût pas été préférable l'adoption de l'amendement Lerolle-Groussau, rejeté à la 2ᵉ séance du 27 décembre 1904, *J. off.*, Déb. parl., p. 3351, qui proposait, au contraire, de les y admettre « à la double condition d'assurer la pleine liberté de conscience et de verser à la caisse du conseil municipal l'excédent des recettes fait chaque année sur les convois civils. — L'exploitation en régie, là où elle est pratiquée, selon les vues de la Circ. min. intér. 25 février 1905 et de certains représentants du ministère public à la Cour de cassation, comme moyen d'atténuer ou équilibrer les charges y afférentes, doit en tout cas se conformer aux règles posées par DD. 28 décembre 1926 et 17 février 1930 : Cf. l'étude de M. Félix, dans *La vie communale*, 1927, p. 330 sv. Les communes dont la régie était constituée avant ces textes réglementaires ont eu la faculté de conserver leur ci-devant organisation. — Il suffit aux délibérations du conseil municipal qui en décide et au règlement intérieur voté, s'il est conforme à l'un des règlements-types approuvés par décrets en Conseil d'État, de l'approbation préfectorale, laquelle doit être donnée ou refusée dans un délai de trois mois, passé lequel elles deviennent exécutoires de plein droit. Si le règlement intérieur n'est pas ainsi conforme, l'approbation doit, aux mêmes conditions et effets, dans un délai de six mois, procéder d'un décret rendu après avis du Conseil d'État. Cf. Em. Martin, *op. cit.*, nᵒˢ 167-169, p. 165-168.

26. — 1° *Marchés de gré à gré.* — Les traités de gré à gré sont, au point de vue de leur passation et de leur teneur, décidés par le conseil municipal, et signés par le maire en conformité de la délibération du conseil. Il s'ensuit que le recours éventuel de l'un des concurrents devrait se produire, non en forme de recours au Conseil d'État contre l'acte administratif par lequel le maire a signé le traité pour le service des pompes funèbres dans la commune, mais de réclamation au préfet contre la délibération du conseil municipal afin d'en faire déclarer la nullité de droit par un arrêté en conseil de préfecture, sauf recours au Conseil d'État conformément aux dispositions des art. 65 et 67 de la loi du 5 avril 1884 : Cons. d'Ét., 24 janvier 1919, Debail, Leb. chr., p. 67.

27. — 2° *Adjudication et traités de concession.* — L'application de la règle d'adjudication de l'entreprise des pompes funèbres prévue au texte n'a pas fourni davantage matière à d'extraordinaires difficultés : — à peine, à un arrêt sur recours pour excès de pouvoir formé contre la décision d'approbation d'une adjudication, avec motif tiré de ce que le soumissionnaire au profit duquel elle était intervenue n'avait déposé les pièces exigées qu'après l'expiration du délai fixé aussi au cahier des charges : le Conseil d'État, 18 novembre 1921, Delouillon, Leb. chr., p. 954, a déclaré l'irrégularité sans importance au double point de vue du libre concurrence qui doit exister entre les soumissionnaires et de la bonne exécution de l'entreprise et, dans ces conditions, la décision de la commission d'adjudication et celle du résident supérieur qui l'avait approuvée non entachées d'excès de pouvoir. La solution inverse était indiquée et a été donnée au cas de non dépôt par le concurrent à une adjudication de l'extrait de son casier judiciaire exigé par le cahier des charges, alors qu'il n'avait été déclaré adjudicataire que sous réserve de la production de cette pièce dans un délai à lui imparti par la commission d'adjudication : le soumissionnaire ayant fait après lui le plus fort rabais fut déclaré adjudicataire : Cons. d'Ét., 12 janvier 1912, Pillard, Leb. chr., p. 42; — hors cela, à quelques doutes, dès avant la loi du 17 juin 1918, sur l'application aux traités de concession de l'ordonnance du 24 novembre 1837 imposant en principe pour tous « travaux

et fournitures au nom des communes et des établissements publics » la concurrence et la publicité.

I. *Nature intrinsèque des traités.*

28. — Tandis que le Conseil d'État assimila complètement les concessions de pompes funèbres aux marchés de travaux publics : 5 février 1909, Barla, Cassien..., Leb. chr., p. 134, S. 1911.3. 81 ; — 13 février 1914, Compagnie générale des pompes funèbres de Lyon et Chambet, Leb. chr., p. 184, S. 1920.3.76; — 5 janvier 1923, Boutet, p. 11, les autorités de tutelle, préfets et président de la République, admettaient le marché de gré à gré, pour ce motif que la liberté donnée aux communes, pour des considérations d'ordre public, de choisir le personnel d'inhumation devait leur être reconnue *a fortiori* s'agissant du concessionnaire responsable de ce service : Cpr. Décr. 21 décembre 1910 et 25 décembre 1912 (Villes de Nantes et Reims)...; 20 novembre 1918 (Ville de Rouen), etc... La controverse semble close, dans le deuxième sens, par la loi du 17 juin 1918, qui a fait revivre, au profit des services communaux de pompes funèbres, leur ancienne assimilation aux grands services municipaux, avec usage de marchés de gré à gré dans les conditions visées à l'art. 115 de la loi municipale de 1884 que celle du 28 décembre 1904 par un renvoi trop général aux lois et règlements en matière de travaux publics, avait pu paraître implicitement abroger. Rpr. L. 15 janvier 1924. Le Conseil d'État en a ainsi décidé, 18 mars 1927, Société des pompes funèbres, Leb. chr., p. 352, S. 1927.3.53, en statuant qu'excède ses pouvoirs le préfet déclarant nulle de plein droit la délibération du conseil municipal autorisant le maire à passer de gré à gré le traité dont s'agit. C'est un revirement de jurisprudence complet (Cf. les arrêts antérieurs contraires : 5 février 1909, Barla, Cassien, Leb. chr., p. 134; — 13 février 1914, Compagnie générale des pompes funèbres, Lyon et Chaubet, p. 184; — 5 janvier 1923, Boutet, p. 11); il fut ménagé ou aidé par la dénégation de l'effet rétroactif de la loi de 1918 et l'abstention déclarée aussi dans l'arrêt Boutet précité à « rechercher si la loi du 17 juin 1918 relative aux traités de gré à gré et aux achats sans marché passés ou effectués par les communes et par les établissements publics de bienfaisance, laquelle n'a pas d'effet rétroactif, a modifié la loi du 28 décembre 1904 et fait rentrer dans les marchés pouvant être licitement passés de gré à gré tous les traités relatifs aux pompes funèbres ». Le 31 octobre 1930, par un nouvel arrêt, Boutet, p. 877, en une espèce où il s'agissait de la régularité, non d'un marché de gré à gré, mais d'une adjudication comportant de graves restrictions à la concurrence il a, en thèse, affirmé la liberté des communes, depuis 1918, quant à la concession et à l'organisation du service extérieur.

29. — Une incertitude de principe analogue, compliquée par la recherche de l'intention des parties et de l'importance respective des deux services ordinaire (transport des corps et inhumation : service public municipal) et extraordinaire (pompe des funérailles : ancien monopole des fabriques), tient un rapport, quant à la tarification, au droit de marché ou au droit de bail, des traités de concession du monopole : — Au droit de marché (louage d'industrie), soit, au taux de la loi du 25 juin 1920, de 1,25 %, et présentement 1,50 % (C. Enreg., art. 398), si les fournitures monopolisées des convois payants passent pour un simple accessoire du service public obligatoire des inhumations : l'ensemble des droits et obligations dépendant de celui-ci est assimilable à celui résultant d'un marché de travaux publics, particulièrement si le concessionnaire a entendu louer son industrie à la commune moyennant l'abandon du droit de percevoir sur le public les taxes dérivées du monopole : Cass., 23 octobre 1918, Ville du Mans, D. 1920.1.97, av. note E. Binet. Cpr., antérieurement à la loi de 1904, Solut. Enreg. 24 mars et 5 mai 1884, 13 août 1895; Cass., 25 juin 1877, Compagnie des pompes funèbres d'Angers, D. 77.1.364 et, en dernier lieu, un arrêt consacrant la même thèse que celui de 1918 : 15 juin 1926, D. hebd., p. 380; — Au droit de bail (bail de biens mobiliers, ayant pour objet la concession de la jouissance du monopole appartenant à la commune), jadis 0,60 %, présentement 0,80 (C. Enreg., art. 354), s'il apparaît que l'entreprise du service obligatoire d'inhumations constitue, ou bien une charge indépendante des droits du monopole susceptible d'en être concédés d'autre part, ou bien une obligation gagée sur des « taxes municipales » de compensation distinctes des produits des droits incorporels concédés, ou bien un passif d'importance accessoire comparé à l'actif des recettes impliquées par la concession du monopole et des avantages directs ou indirects y attachés : Cass., 28 avril 1856, Valard, D. 56.1.202 (lequel écarta, au moins pour l'espèce, l'idée de contrat mixte: contrat de marché, à raison de la clause du traité relative au transport des corps moyennant rétribution fixe par inhumation à acquitter par la caisse municipale; contrat de bail, pour les fournitures réglées par les familles aux conditions d'un tarif annexé au cahier des charges, mais donnant lieu à reversement par l'entrepreneur aux fabriques d'un pourcentage sur chaque mémoire.

30. — L'arrêt de 1918, écartant de façon absolue les solutions antérieures favorables à la nature mixte des concessions communales du service à un entrepreneur, maintient au contrat de l'espèce le caractère principal et prédominant de marché, i. e. louage d'industrie, affirmé déjà par celui de 1877. Ce n'est point, au surplus, un arrêt de principe, non plus que le contrat, lequel, passé pour le tout, transport et inhumation et fournitures funèbres, par les mêmes parties, avec des conditions corrélatives, dépendantes les unes des autres, formait un ensemble de dispositions prêtant chacune à un droit particulier; cette circonstance, en particulier, l'a vraisemblablement déterminé que, l'adjudicataire du monopole étant tenu à se conformer à tous les ordres de l'autorité municipale, ces liens de subordination et la réserve du contrôle dénotaient, de la part de la ville, volonté de ne pas donner à bail, mais de continuer l'exercice de son privilège. La note de M. Binet qui, d'un point de vue général, met en doute l'effet du droit et de la clause de surveillance sur la nature du contrat, discute l'autorité en l'espèce (D. 1920.1.98 col. 2) des textes visés par le jugement opposé (Trib. civ. Le Mans, 9 janvier 1913) : art. 69 § 3 n° 1 de la loi du 22 frimaire an VII, fait seulement pour les marchés entre particuliers, et 51 § 3 de la loi du 28 avril 1816, spécial aux marchés passés par les administrations locales, au lieu que le cas est celui de contrats entre une commune et un entrepreneur, et de versement dans la caisse municipale de redevances annuelles promis par l'entrepreneur; et elle conclut de préférence, sauf les particularités de l'espèce et de l'arrêt, et d'analogies avec la concession temporaire par une ville d'un service public de distribution d'eau ou d'éclairage (Cf. Trib. civ. Rouen, 4 mai 1893, *Rev. de l'enreg.*, art. 893), à l'application de l'art. 78 de la loi du 15 mai 1818, relatif aux actes des autorités administratives portant transmission de propriété, d'usufruit ou de puissance : adjudications et marchés. — Cpr. E. Martin, *op. cit.*, n° 201, p. 194.

II. *Approbation des tarifs et cahier des charges.*

31. — A. L'approbation des traités et des tarifs comme du projet de cahier des charges pour le service extérieur des pompes funèbres n'a en soi rien de particulier, dans la ligne où l'on voit placée le décret du 25 mars 1852 (tabl. A n° 46) et la loi du 5 avril 1884, a. 145 : elle doit être donnée par arrêté du préfet ou par décret, selon l'importance des revenus de la commune, L. 28 décembre 1904, a. 2 § 2; L. 5 avril 1884, a. 115 § 2 et 145 mod. L. 25 mars 1922. Cf. Cons. d'Et., 26 juillet 1912, Dumon et Suire, Leb. chr., p. 883, S. 17.3.22. L'initiative du tarif appartient au conseil municipal, dont la délibération ne peut être qu'approuvée ou refusée par le préfet, lequel excéderait ses pouvoirs s'il la modifiait et mettait en demeure la commune de procéder à l'adjudication du service conformément au projet ainsi modifié : il ne peut que provoquer une nouvelle délibération : Cons. d'Et., 5 août 1901, Commune de Sidi-Bel-Abbès, Leb. chr., p. 753, S. 1904.3.90.

32. — Le défaut d'approbation leur enlèverait tout effet juridique, et priverait le concessionnaire ou rétrocessionnaire du monopole du droit de demander des dommages-intérêts à raison des atteintes qui y auraient été portées, attendu qu'il ne saurait invoquer en sa faveur un monopole qui ne lui a pas été transmis et des droits auxquels il n'a pas été substitué régulièrement : Rouen, 8 avril 1886. Administration des pompes funèbres du Havre, S 87.2.91, P. 87.1.570; — Bastia, 1er juillet 1889, Colonna, S. 90.2.195, P. 90.1.1052; et surtout Cass., 18 octobre 1910, Compagnie générale des pompes funèbres de Lyon, S. 15.1.149, D. 1912.1.233, av. note (2-4) Jean Appleton. Le plus intéressant de cet arrêt de la Chambre civile est la manière dont y est interprété l'art. 1125 C. civ. et rejeté l'argument par lequel la compagnie demanderesse soutenait

que l'irrégularité de sa concession (le défaut d'approbation par le président de la République) n'était point moyen à la disposition des entrepreneurs ayant empiété sur le monopole, les « incapables » seuls ayant reçu dudit article le droit de se prévaloir de leur incapacité pour demander l'annulation des engagements par eux souscrits : « Attendu, y est-il écrit, que la disposition ne concerne que les rapports entre les parties contractantes; qu'un tiers, auquel celui qui se prétend concessionnaire d'un monopole demande des dommages-intérêts à raison des atteintes qui y auraient été portées, est fondé à exiger la justification du droit dont on se prévaut pour agir contre lui et, par suite, à contester la régularité du titre dont on le fait résulter ». L'exception tirée du défaut de qualité d'un demandeur étant, suivant l'expression de l'arrêt de Rouen, « le moyen de défense le plus naturel », il n'est pas concevable que le demandeur puisse en être privé.

33. — Cette solution n'est aucunement entravée par les arrêts de la chambre criminelle ayant décidé que l'inobservation des formalités prescrites pour la cession du monopole ne peut être invoquée par les particuliers pour s'immiscer dans le service des pompes funèbres : 23 décembre 1899 et 26 avril 1902 (rendu contre les mêmes entrepreneurs), S. et P. 1903.1.107-108 : la chambre criminelle statuait sur l'action publique, et non sur l'action civile pour laquelle importe la régularité du titre du concessionnaire ou cessionnaire; or, l'infraction pénale imputée aux prévenus était une infraction à un monopole institué par la loi, susceptible donc de donner lieu à poursuites pénales, sans qu'il y eût à se préoccuper de savoir si ledit concessionnaire ou cessionnaire du monopole en était investi régulièrement : l'irrégularité du titre de celui-ci n'empêchait pas que les prévenus eussent violé la loi et encouru une pénalité : Cf. les derniers alinéas de l'arrêt de la Chambre civile.

34. — L'annulation de l'arrêté ou du décret ayant approuvé un traité irrégulier laisse, le cas échéant, subsister le contrat de droit commun jusqu'à la date de cette annulation prononcée, à la requête des tiers qualifiés pour la demander, par le juge compétent. Le Conseil d'Etat, 4 août 1905, Martin, Leb. chr., p. 753, av. concl. du commissaire du gouvernement Romieu, S. 1906.3.49, av. note Hauriou (Rpr. 23 juillet 1909, Combret, Leb. chr., p. 728), a ainsi défini et fixé les choses au point de vue de la situation des parties contractantes que, l'annulation n'ayant et ne pouvant avoir par elle-même aucun effet direct sur le contrat auquel le juge de l'excès de pouvoir ne peut toucher, les parties restent liées jusqu'à la demande de résiliation ou d'indemnité formée par l'une d'elles devant le juge du contrat, et qu'à ce moment, mais seulement alors, il appartient à ce juge d'examiner, avec un exclusif et plein pouvoir d'appréciation, les conséquences de l'irrégularité des actes administratifs, délibération ou arrêté, sur les rapports contractuels dans les circonstances de l'affaire; c'est, d'ailleurs, le résultat expéditif de la jurisprudence désormais acquise sur la compétence du Conseil d'Etat pour décider la question de validité des actes administratifs que le juge du contrat pourra immédiatement faire état de la décision sur la validité, au lieu d'être obligé comme ci-devant de la solliciter par la voie longue et compliquée de la question préjudicielle.

35. — B. Toujours est-il que le vote, de même que l'homologation de ces tarifs, à fin d'un service public, donne à leurs articles, et partant aux sommes à payer pour prix de fournitures, le caractère de taxes indirectes : Paris, 22 février 1912, Schneeberg, D. 21.2.131 ; Cass., 28 janvier 1914, Société des pompes funèbres générales, précité, D. 22.1.219. Ce qui entraîne, pour connaître de leur légalité, la compétence des tribunaux de l'ordre judiciaire, à l'exclusion de la juridiction administrative : Cass., 30 juillet 1907, Commune de Mèze, D. 09.1.156; Cons. d'Et., 22 novembre 1907, Coste, Leb. chr., p. 849, S. 10.3.18; — 23 juin 1911. Larnaudie et Union des propriétaires de Haute-Garonne, S. 14.3.22; — Cass., 28 janvier 1914, précité. — Ce qui, au cas de perception insuffisante, par suite d'erreur même de l'agent du monopole, permet le cours de réclamations, aucun droit acquis n'étant susceptible d'être invoqué en matière de taxe indirecte hormis la prescription libératoire de deux ans. Les infractions au monopole commises de bonne foi et sans intention de nuire semblent, au contraire, ne devoir point motiver, en outre du paiement de la taxe, quelque condamnation à des dommages-intérêts : Note (1-2 *in* *f.*) Dupré-la-Tour précitée. — Ces solutions certaines n'entravent en rien, d'ailleurs, la faculté, déductible du caractère de simples maxima inhérent aux tarifs du monopole, qui appartient au concessionnaire d'y apporter des atténuations et rabais, fût-ce dans le but avéré de s'attirer une clientèle en favorisant les usagers au détriment des agents de funérailles : Angers, 9 novembre 1910, Société des pompes funèbres générales.

III. *Application des traités et tarifs : litiges et compétence.*

36. — Le mode d'exercice du service, par gestion directe ou concession, produit toute une série de conséquences, touchant la nature des opérations et l'ordre des compétences, l'application des lois du travail, etc. Elles sont, dans leur ensemble, traditionnelles. Sous l'empire du décret du 23 prairial an XII, le service des pompes funèbres ne constituait pas une entreprise commerciale, lorsqu'il était exercé directement par les fabriques et consistoires, parce qu'accompli dans le cadre des attributions légales supposées étrangères à tout esprit de spéculation (V. Paris, 3 mai 1881, Syndicat des fabriques et consistoires de Paris, S. 82.2.45, P. 82.1 313, D. 81.2.192 et concl. av. gén. Loubers); il en était autrement, si ce service était exploité par un adjudicataire ou un régisseur agissant dans son intérêt particulier (V. Daniel-Lacombe, *Le régime des sépultures*, n° 83. Rpr. Cass., 9 janvier 1810, S. et P. chr.). — Au demeurant, l'art. 632 C. comm. répute actes de commerce les entreprises de transports et de fournitures, et ces entreprises ne perdent pas ce caractère parce qu'elles exercent un monopole ou sont assujetties à des tarifs : Trib. paix Boulogne-sur-Seine, 6 juin 1907, Soc. des pompes funèbres générales, S. 08.2.164. — La loi du 28 décembre 1904, éclairée par les déclarations formelles du rapporteur et du commissaire du gouvernement à la Chambre (27 décembre 1904, *J. off.*, Déb. parl., p. 3348), n'a fait, « au point de vue de la compétence, en cas de contestations, aucun changement » : Cf. Chevresson, *La loi du 28 décembre 1904*, n° 9, texte et note 1, dans *Lois nouv.*, 1905, I, p. 102 sv. La compétence du tribunal de commerce a donc été maintenue pour statuer sur les difficultés surgies, par exemple, entre le concessionnaire des pompes funèbres et un autre commerçant, à raison de l'exploitation du monopole et d'une atteinte à ce monopole : Trib. paix Boulogne-sur-Seine, 6 juin 1907. Rpr. Trib. Le Mans 19 avril 1919; Trib. paix Amiens, 21 décembre 1911.

37. — Au demeurant, la formule des débats parlementaires que la loi de 1904 n'a apporté « aucune modification dans les compétences » demande à être expliquée eu égard aux champs divers de son application. — Les litiges les plus nombreux furent relatifs :

A. Les uns, à des contestations entre communes et concessionnaires du monopole des pompes funèbres, relativement à l'interprétation de leur traité. Vieille question, posée en 1823 devant la Cour de cassation, en une espèce où il s'agissait de savoir si les remises dues (en ce temps, sous l'empire des décrets du 23 prairial an XII et du 18 mai 1806, à la fabrique d'une église) par l'entrepreneur des pompes funèbres portaient indistinctement sur toutes les fournitures faites par ce dernier ou seulement sur celles énumérées au tarif annexé au cahier des charges L'exception d'incompétence de l'autorité judiciaire, soulevée par l'entrepreneur, fut rejetée en première instance et appel, et de même sur pourvoi, Cass., 27 août 1823 (S. et P. chr.), vu la clarté et la précision des clauses en question et l'œuvre simple d'application littérale faite par les juges. Rpr. Paris, 6 août 1869, Falcony, S. 69.2.330, P. 69.1285, D. 70.2.87 : la chambre civile avait ainsi affirmé implicitement la compétence de l'autorité judiciaire pour connaître de pareils litiges, toutes les fois du moins qu'il n'y aurait qu'à appliquer le traité, sans l'interpréter, et elle s'était bornée à faire application du principe constant de la compétence de l'autorité judiciaire pour appliquer les actes administratifs quand il n'y a pas lieu à leur interprétation (V. Cass., 8 novembre 1909, Vergnes, Verdet, S. et P. 12.1.521 ; — 18 avril 1910, Compagnie des tramways électriques de Lille, S. et P. 1911.1.33, av. notes Mestre. Rpr. Cass., 17 mars 1913, Constant, S. et P. 13.1.196). Soumise au Conseil d'État en 1844, elle y fut résolue à l'inverse, en faveur de la compétence des conseils de préfecture, motif pris et par extension aux marchés de l'art. 15 du décret du 18 mai 1806 soumettant les adjudications du service des pompes funèbres au

mode établi par les lois et règlements pour tous les travaux publics : 30 mars 1844, Dutil, S. 44.2.356, et toute la jurisprudence ultérieure, notamment 26 janvier 1877, Fabrique de Montpellier, Leb. chr., p. 89, S. 79.2.89; ...29 janvier 1899, Fabriques et consistoires de la ville de Paris, D. 1900.3.65; — Ducrocq, t. II⁷, n° 713; Aucoc, t. I², p. 308. — L'opinion (G. Jèze, *Les contrats administratifs*, 1925, p. 48) que c'est donner « une base bien fragile » à la compétence des conseils de préfecture que de l'appuyer traditionnellement sur le décret de 1806 et l'analogie avec la concession de « travaux publics » — « anomalie sans importance », d'ailleurs (*ib.*, p. 49), — au lieu de rapporter la compétence au Conseil d'État juge de droit commun en matière administrative, demeure isolée.

38. — L'art. 2 de la loi de 1904 ayant à peu près reproduit les expressions de l'art. 15 du décret de 1806, la conclusion du Conseil d'État est demeurée la même avec le texte nouveau : 10 décembre 1909, Gatouillet, Leb. chr., p. 963, S. 12.3.75, D. 11. 3.108; elle est devenue celle de la chambre civile depuis l'arrêt : Cass., 3 juillet 1913, Bertrand, S. 14.1.205, D. 14.1.207, lequel mérite d'autant plus l'attention que la cour, s'appuyant sur un texte de loi (art. 4 de la loi du 28 pluviôse an VIII) non visé dans la formule du moyen, et dépassant presque la portée que le demandeur en cassation avait voulu y attacher, s'est prononcée nettement sur le caractère de la convention litigieuse et a précisé sa nature de marché de travaux publics, au lieu que le concessionnaire avait simplement affirmé la compétence administrative du chef « de l'interprétation d'une convention administrative » passée par une personne publique, dans un intérêt public, pour la gestion d'un service public. — Toute divergence a, de la sorte, disparu entre les deux juridictions, quant à l'attribution de compétence aux conseils de préfecture pour statuer, entre la commune et l'entrepreneur des pompes funèbres, sur les difficultés relatives au sens de leurs marchés, et spécialement aussi sur les indemnités dues ou demandées en raison, soit de la résiliation irrégulièrement prononcée du marché passé pour l'exploitation durant un certain nombre d'années du service des convois funèbres : Cons. d'Et., 13 mai 1921, Ville de Bergerac, Leb. chr., p. 539, S. 24.3.56, D. 22.3.24; soit de publication intempestive émanant de la municipalité et concernant les tarifs et les clauses principales du cahier des charges : Cons. d'Et., 23 décembre 1925, Bava, Leb. chr., p. 1047.

39. — *B.* Les autres, à des difficultés surgies entre ces concessionnaires et les particuliers, au sujet de la légalité et de l'exécution des tarifs et des clauses du cahier des charges. — Question de date moins ancienne que la précédente, mais de solution plus constante : la compétence exclusive des tribunaux judiciaires est une règle d'usage, à raison du caractère de taxes indirectes reconnu aux perceptions et des questions de propriété et de liberté des transactions soulevées par le litige : Cons. d'Et., 26 juin 1874, Lacampagne, Leb. chr., p. 603, D. 75. 3.50; ...22 novembre 1907, Coste, Leb. chr., p. 850, D. 09.3.56; — Cass., 28 avril 1890, Ville de Marseille, D. 91.1.61; 14 mai 1902, Ville de Nantes, D. 02.1.284; 28 janvier 1914, Soc. des pompes fun. gén., D. 22.1.219. — Cpr. Cass., 30 juillet 1907, Commune de Mèze, D. 09.1.156; Cons. d'Et., 23 juin 1911, Larnaudie, Leb. chr., p· 712, S. 14.3.22. Au cas d'ambiguïté des clauses d'obligations, la juridiction de droit commun saisie devrait, sans conteste, surseoir à statuer (Cf. *suprá*, n° 34, et Concl. Saint-Paul, s. Cons. d'Et., 19 mars 1909, abbé Deguille, Leb. chr., p. 307, S. 09.3.99) jusqu'à ce que la juridiction administrative ait donné l'interprétation, qui ressort de sa compétence exclusive, du contrat de concession, — étant observé, au surplus, que le conseil de préfecture ne peut être saisi de cette question directement par les particuliers, mais seulement par le juge saisi du fond du litige : Cons. préf. Rhône, 30 janvier 1914, et Trib. comm. Lyon, 3 juillet 1914. — *A fortiori* relevait du domaine propre des tribunaux de droit commun le litige relatif au paiement de fournitures non monopolisées, ou l'action en répétition de l'indû intentée par qui paya ces fournitures sans contrôle sous l'impression de la douleur, attendu que ni l'un ni l'autre ne mettait en discussion la concession du monopole, ne nécessitait l'interprétation de clauses ambiguës ou imprécises, mais qu'elles appelaient seulement le juge à rechercher le caractère des fournitures ou le fait du paiement par erreur : Cass., 5 décembre 1932, Société des pompes funèbres générales, S. 33. 1.61.

40. — *C.* La compétence ainsi tracée des tribunaux judiciaires a été spécifiée et précisée, en outre, sur un point et dans une direction où elle ne pouvait guère souffrir de difficulté : eu égard à l'exclusivité de cette compétence pour statuer sur les questions de monopole, au cas de contestations touchant l'étendue du monopole, et mettant aux prises les communes exploitant elles-mêmes leur service public et les tiers : Circ. min. 25 février 1905, *Bull. off. min. intér.*, 1905, p. 92. Par exemple, au cas de contestation soulevée par un industriel qui, n'ayant pas été partie au traité intervenu pour l'adjudication du service extérieur des pompes funèbres, accusait une modification apportée à ce traité par le conseil municipal, sur la demande de l'adjudicataire, d'avoir réservé à l'adjudicataire le droit exclusif de fournitures non comprises dans le monopole conféré aux communes, le Conseil d'État a déclaré, 22 novembre 1907, Coste, Leb. chr., p. 850, S. 1910.3.20 (Rpr. Cass., 5 décembre 1932, Soc. anon. pomp. fun. gén., D. hebd., 33, p. 3), compétents les tribunaux de l'ordre judiciaire pour statuer sur ses prétentions et implicitement l'irrecevabilité de cet industriel à demander, pour ce motif, l'annulation de la délibération du conseil municipal modificative du traité intervenu. — La compétence administrative, quoi qu'en ait dit le Trib. Toulouse, 4 juillet 1914, devrait prévaloir, au contraire, dans l'hypothèse, d'ailleurs fort différente, de conflits entre une commune et des agents de funérailles à propos de faits illicites de concurrence reprochés à la commune : Rennes, 29 mars 1916; Trib. confl., 29 février 1908, Feutry, Leb. chr., p. 217, S. 08.3.97 av. note Hauriou, D. 08.3.49.

41. — Par opposition à la compétence du président du tribunal civil investi par la loi du 15 novembre 1887 du pouvoir de décider quant à l'exécution des funérailles, il a été jugé (Trib. Le Mans, 19 avril 1910) qu'ayant droit, comme juge des référés, d'arrêter les mesures provisoires en des conflits ressortissant à la compétence du tribunal, il n'a point, au contraire, qualité, non plus qu'en nulle autre matière, de connaître en référé de litiges qui, au principal, se heurteraient à l'incompétence du tribunal. Cpr. Lyon, 30 mars 1920, *Gaz. Trib.*, 23 septembre.

42. — D. L'utilisation de la même idée et distinction d'exploitation sans intermédiaire ou de profit retiré du service a retenu ou, au contraire, déclenché, soit le jeu des lois sur le travail, notamment de celle du 13 juillet 1906 sur le repos hebdomadaire à la charge de la commune et au profit de son personnel : Cpr. Cass., 7 juillet 1911, Dupré, D. 12.1.216; Rennes, 22 février 1906, *Gaz. Pal.*, 7 octobre; — soit l'imposition à la patente : Cpr. Cons. préf. Bouches-du-Rhône, 26 septembre 1861, cité par Gaubert, *Th. théor. et pratiq. du monop. des inhumat. et des pompes funèbres*, L.2, p. 59; l'exemption n'est, peut-être, pas à l'abri de controverse : Cpr. Cons. d'Et., 3 février 1911, Comm. de Mesle-sur-Sarthe, Leb. chr., p. 137 av. concl Léon Blum, S. 13.3.108, *Rev. des concessions*, 1911, p. 352.

§ 3. *Objet et étendue du monopole.*

1° *Limitations et garanties.*

43. — A. D'un point de vue extérieur, le monopole communal est restreint par trois dispositions :

a) La gratuité du service des indigents. — La règle en est très strictement défendue, à en juger, — soit par cet avis qu'elle ne saurait être refusée à raison de ce que l'inhumation se trouve accompagnée d'une cérémonie religieuse, d'ailleurs gratuite elle-même : Rép. min. intér. à quest. écrite, *J. off.*, 10 octobre 1911; — soit par cet arrêt qui déclare l'entrepreneur, sauf son recours ultérieur contre la famille en cas d'erreur ou de fraude, tenu au service gratuit pour toute personne dont l'indigence est constatée par un certificat du maire, abstraction faite de l'inscription du défunt au bureau de bienfaisance : Cons. d'Et., 26 mai 1911, Becq frères, Leb. chr., p. 625, D. 13.3.112. Les indigents qui décèdent à l'hôpital ou à l'hospice civil de la ville ne sont pas nécessairement au nombre des personnes secourues par le bureau de bienfaisance, de telle manière que leur état d'indigence peut être constaté par un certificat du maire, et le transport gratuit de leur corps, du domicile mortuaire à l'église ou au temple et au cimetière, ainsi que leur inhumation gratuite, être mis à la charge de l'entrepreneur, par une clause de l'adjudication, en compensation du monopole à lui concédé. — Les solutions sont, au

surplus, très judicieusement et équitablement balancées en la matière, à en juger encore par la dernière décision : Cass., 22 juin 1931, Lehuby, S. 1931.1.331, suivant laquelle la gratuité du service des pompes funèbres imposée aux communes, à charge, d'ailleurs, de fournir certaines justifications d'indigence, ne met pas obstacle à ce que le fournisseur d'un cercueil destiné à un indigent poursuive le recouvrement de la fourniture qu'il a faite contre celui qui l'a commandée sans faire de réserve quant à l'indigence du défunt. Aussi bien est-ce à celui qui commande une fourniture d'en payer le prix, sauf à se faire rembourser s'il justifie remplir les conditions requises pour obtenir ce remboursement;

44. — *b)* La remise aux soins et aux frais des établissements hospitaliers de l'inhumation des indigents qui y sont placés au compte des communes. — Les frais d'hospitalisation de cette catégorie d'hospitalisés sont censés comprendre, outre le coût de l'entretien journalier, une provision éventuelle pour inhumation. Il n'en irait autrement selon l'arrêt du Cons. d'Et., 26 mai 1911, précité, qu'en présence et par l'effet d'un cahier des charges qui, d'une clause très générale, imposerait au concessionnaire l'exécution de toutes les obligations de la commune concédante ou chef de l'inhumation de ses propres indigents. — La règle est telle, par ailleurs, qu'à titre de contrepartie elle comporte, pour la commune du lieu, cessation du droit au monopole quant aux fournitures payantes des enterrements des hospitalisés. Elle aboutit, de la sorte, à une autonomie du service d'inhumation des établissements hospitaliers, qui les laisse maîtres de l'exploiter eux-mêmes ou de le concéder et ne trouve sa limite que dans l'impossibilité de prendre l'entreprise d'un service communal, parce qu'étrangère à leur vocation légale : Cf. Rapport annuel de la Cour des comptes, *Ecole des communes*, 1913, p. 328;

45. — *c)* Le non-assujettissement aux monopoles locaux des inhumations militaires. — L'autonomie des hôpitaux militaires a toujours été elle aussi reconnue comme devant faire, de la part de l'intendance, l'objet de conventions spéciales, soit avec les concessionnaires communaux, soit avec les entrepreneurs libres. — Un régime particulier a été constitué par des décrets du 25 et du 28 septembre 1920, rendus en application de l'art. 106 de la loi de finances du 31 juillet précédent. pour les sépultures dans les cimetières militaires ou communaux des victimes de la Grande Guerre, et relativement au transfert des corps des militaires morts pour la France et des victimes civiles de la guerre. L'idée générale qui lui sert de base et justification a été de considérer les transports et fournitures afférents à ces opérations comme un prolongement des opérations de guerre et, partant, de les mettre en dehors des monopoles locaux; leurs tarifs, arrêtés par les préfets, n'ont rien de commun non plus avec les traités de concession, à en juger par l'art. 1er de la loi du 3 juin 1921, selon lequel « les opérations d'exhumations-transports de corps et réinhumations prévues par la loi du 31 juillet 1920 et le décret du 28 septembre 1920 ne peuvent donner lieu à rémunération au profit des communes et des administrations des pompes funèbres », celles-ci étant formellement déclarées irrecevables, soit à invoquer le bénéfice de leur monopole, soit en tout cas à demander une indemnité pour cette suspension;

46. — *d)* L'application d'une remise aux sociétés de secours mutuels approuvées des 2/3 des droits sur les convois à leur charge d'après leurs statuts (D. 28 mars 1852, art. 10, reprod. L. 1er avril 1898, art. 18) « dans les villes où il existe une taxe municipale sur les convois » ne laisse pas d'être embarrassante : la seule taxe dont il puisse s'agir semble être la « taxe fixe » prévue par l'art. 11 D. 18 mai 1806 au profit des fabriques et consistoires, devenue « municipale », en vertu de l'art. 26 D. 23 prair. an XII dans les communes où. les bénéficiaires prévus n'exerçant pas leur droit, celui-ci était passé aux municipalités : Cf. Gaubert, *op. cit.*, p. 70. 141, peu élevée en tant que correspondant au service ordinaire, *i. e.* aux fournitures ou prestations strictement indispensables pour un transport funéraire. Il semble opportun et prudent de décider que, présentement, depuis la loi de 1904, il faut faire jouer la taxe dans toutes les communes, à raison de leur droit exclusif d'organiser le service extérieur des pompes funèbres, dans la limite forfaitaire de la classe la moins élevée comme représentant le service ordinaire. et l'effet de l'une et de l'autre au regard des seules et rares sociétés engagées statutairement au paiement des frais funéraires (et non point seulement, comme le plus souvent, d'une allocation aux familles) de leurs membres. Le défaut de textes et d'instructions appelle, quant au bénéfice et à l'objet de la remise légale, des ententes amiables entre les villes ou leurs concessionnaires et les sociétés intéressées Cf. E. Martin, *op. cit.*, n° 180, p. 174.

47. — *B*. Envisagé en lui-même, quant à son objet, le monopole est limité par les termes mêmes employés pour l'énoncer et le définir. Le caractère de cette énumération systématique a été lui-même mis en cause dans plusieurs décisions : certaines, faisant état de la jurisprudence largement interprétative, sous l'empire du décret du 23 prairial an XII, du monopole des pompes funèbres, motif pris de ses motifs d'hygiène et par crainte de concurrences que l'absence de charges eût rendu écrasantes (Rouen, 22 mars 1899, Administration des pompes funèbres de Rouen, D. 99.2.390), ont admis que, le droit commun d'une institution étant, au cas de doute, conforme aux statuts de son origine, le monopole doit, pour l'application de la loi du 28 décembre 1904, être tenu pour la règle au cas du silence du contrat de concession fait par les communes : Poitiers, 7 décembre 1908, et Cass., 10 mars 1908 (par *a contr.*), Ville de Paris, D. 1908.1.469 ; — Grenoble, 8 février 1915, Compagnie des pompes funèbres de Lyon, D. 1921.2.131. La méthode plus générale semble être, par fidélité au principe de la liberté du commerce et à raison du caractère dérogatoire à ce principe de tout monopole, de tenir pour essentiellement limitative l'énumération contenue à l'art. 2 de la loi : Paris, 1er mai 1907, Ville de Paris, S. 08.1.163, D. 07 2.165 ; — Lyon, 7 juin 1910, Petot-Junet, S. 11.2.166, D. 11.2.396 et, sur pourvoi, Cass., 27 juin 1911, S. 12.1.87, D. 12.1.104 ; — 9 février 1914, Granger, S. 14.1.453, D. 22.1.219.

48. — Il reste, du moins, que, dans les limites où le monopole les comporte, les fournitures et commandes funéraires font, eu égard à leur caractère nécessaire, l'objet d'une garantie, du privilège légal de l'art. 2101 § 2 C. civ.; — étant recouvrables :

a) En cas d'insuffisance d'actif héréditaire et de renonciation des héritiers, par priorité sur tous créanciers successoraux, sur l'actif mobilier et subsidiairement sur les immeubles, à la condition toutefois d'avoir été en rapport avec la situation apparente du défunt au jour de son décès : Paris, 9 février 1887, D. 87.2.449 ; Bordeaux, 15 juillet 1903, D. 04.2.326 ; faute de quoi leur excès sur cette estimation est à réputer inexistant au regard desdits créanciers dans la liquidation au marc le franc de l'hérédité, et la dette en incombe à la personne ayant organisé les funérailles, n'eût-elle fait qu'exécuter les volontés du *de cujus* : Trib. civ. Seine, 30 janvier 1906, *Journ. des notaires*, 1906, art. 28.713 ;

b) En cas d'inexistence d'actif, au titre non plus de la vocation héréditaire, mais de la dette alimentaire, sur les parents et alliés en ligne directe, par voie de contribution qu'il appartient au juge de déterminer pour chacun au prorata de ses ressources : Trib. civ. Seine, 7 janvier 1902, Pascaud ; Trib. paix Toulouse, 21 mai 1901, J. et L. Lacombe, D. 02.2.174, 206 ; — Bordeaux, 15 juillet 1903, *Gaz. Trib.*, 15 octobre.

La prescription en varie, selon les espèces et la qualité des entrepreneurs : Prescription biennale, si ceux-ci n'ont été que représentants du service public et collecteurs de taxes indirectes ; — annale, sauf serment déféré au débiteur sur la réalité du paiement, s'ils ont été fournisseurs d'objets du commerce libre ; — trentenaire, s'ils ont été seulement intermédiaires, ayant payé pour le compte des familles aux administrations (églises et chemins de fer) intéressées.

2° Éléments et fournitures monopolisées.

49. — L'énumération faite à l'art. 2 de la loi du 28 décembre 1904 des objets constitutifs du monopole du service extérieur des pompes funèbres [« le transport des corps, la fourniture des corbillards, cercueils, tentures extérieures des maisons mortuaires, les voitures de deuil, ainsi que les fournitures et le personnel nécessaires aux inhumations, exhumations et crémations »] a eu pour but de tarir les controverses nées à l'abri des expressions « fournitures nécessaires pour les enterrements et pour la pompe et la décence des funérailles » du décret du 23 prairial an XII, et dominées par la pensée de prendre le caractère de nécessité des fournitures pour criterium du monopole : Cass., 5 juillet 1904, Jougla, S. 04.1.511, D. 04.1.579. Cf. note

s. Paris, 1er mai 1907, Ville de Paris. S. 08.2.161 ; moyennant quoi passait autrefois pour faire partie intégrante de celui-ci tout ce qui, de quelque manière, mettait la cérémonie funèbre en contact avec le public et intéressait l'ordre des funérailles et la tranquillité publique : Concl. av. gén. Feuilloley s. Cass., 3 mai 1910. Couronne, D. 11.1.207. Présentement sont réputées monopolisées, en même temps que les fournitures spécifiées par la loi, les « objets en formant des accessoires nécessaires », sans lesquels elles seraient insuffisamment propres à leur destination : V. par *a contrario* (pour les emblèmes et plaques commémoratives ou autres sur les cercueils) Cass., 27 janvier 1914, Soc. des pompes fun. génér., S. 14.1.352, D. 14.1.217 av. note P. B.

I. *Transport des corps.*

50. — *A*. En ce domaine la portée du monopole était déjà discutée avant la loi de 1904 : la cour de Rouen, 22 mars 1899, Jullienne, D. 99.2.390, *Rev. gén. d'adm.*, 1899, t. 2, p. 191, infirmant Trib. Rouen, 3 août 1898. *ib.*, 1898, t. 3, p. 454. — Cpr. Trib. Beauvais, 13 décembre 1899, Lafond, *ib.*, 1900, t. 2, p. 185, avait considéré « les transports de corps, effectués *avec ou sans cérémonie*, à la suite de décès ou d'exhumations, et en vue d'une réinhumation, comme constituant, *dans tous les cas*, des transports funèbres, dont toutes les fournitures se trouvent comprises dans la généralité du monopole. Opinion singulière, contrastant avec l'usage de Paris où déjà le décret du 4 novembre 1859 portait que, « si le transport a lieu de la maison mortuaire ou de l'église à la barrière, sans aucune cérémonie extérieure et dans une voiture fermée, il peut être effectué librement par les familles, qui ont la faculté de faire usage du véhicule qui leur convient, pourvu que la décence et l'ordre public soient respectés » (S., L. ann. 1859, p. 113). Agitée à nouveau, en face du caractère limitatif de l'art. 2 de la loi nouvelle, elle a été entendue encore comme mettant le transport par fourgon en dehors du monopole : trib. Seine. 17 juillet 1906, *Rev. gén. d'adm.*, 1906, t. 3, p. 451 ; Trib. simple police Périgueux, 10 novembre 1906, *Pand. pér.*, 1907.2.52 ; Cass., 10 mars 1908. Ville de Paris, S. 08.1.280, D. 08.1.469 av. concl. av. gén. Feuilloley ; Paris, 1er mai 1907. Ville de Paris, S. 08.2.163. Cf. Chevresson. *op. et loc. cit.*, p. 105 : Pulby, *Le nouv. rég. des pompes funèbres*, dans *Rev. gén. d'adm.*, 1905, t. 1, p. 269 sv. Aussi bien la demande rappelée (Groussau, Ch., 23 décembre 1904, *J. off.*, Déb. parl., p. 3270) de la Ville de Paris qu'il en fût autrement avait-elle été repoussée, sur les observations de M Bruman, commissaire du gouvernement ; et il eût été étrange que, pour les autres villes ou communes, la jurisprudence se montrât divisée.

51. — La solution implique, d'ailleurs, une distinction, celle formulée dans une Circulaire min. intér., 25 février 1905 : « ...En ce qui concerne les fourgons employés pour le transport des corps qui doivent être inhumés en dehors de la commune..., une distinction paraît s'imposer : si le transport se fait sans aucune cérémonie extérieure, sans pompe ni convoi, il est indépendant du service des pompes funèbres et ne semble pas, dès lors, rentrer dans le privilège attribué aux communes. Au contraire, il y aurait lieu à l'exercice du privilège, si le transport, même par fourgon, était accompagné d'une cérémonie funèbre et effectué en vue de l'inhumation dans la commune ». *Bull. off. min. intér.*, mars 1905, p. 93 ; *Rev. d'org. et de déf. relig.*, III, 1908, p. 335. — Rpr. concl. Feuilloley s. Cass., 10 mars 1908. précité. Il est à savoir que l'original de la circulaire, déposé aux archives du ministère et publié au *Bulletin municipal* du 6 mars, porte la conjonctive non la conjonctive *et* : Cf. S. 1910.2.91, note col. 2 ; D. 1905.4.35, note 7]. La jurisprudence y avait donné corps tout de suite, au cas de transport effectué sans convoi funéraire, ni appareil, ni cortège quelconque en vue d'inhumation dans une autre commune : Paris, 1er mai 1907, Ville de Paris, S. 08.2.163 ; Trib. Seine, 14 mai 1909, S. 10.2.91 av. concl. Scherdlin, *Gaz. Pal.*, 18-21 septembre et, sur pourvoi, Cass., 9 février 1914, Granger, S. 14.1.453, D. 14.1.17 av. note P. B.; Lyon, 7 juin 1910, Petot, S. 11.2.160, D. 11.2.396 et, sur pourvoi, 27 juin 1911, S. 12.1.87, D. 12.1.104; Cass., 1er mars 1921, Soc. des pompes fun. génér., S. 22.1.115, D. 22.1.224 av. note Dupré-la-Tour. Cependant, s'agissant de transport dans les limites de la commune, d'exercice direct ou par concessionnaire du monopole, il y eut, à la suite de l'arrêt Cass., 10 mars 1908, Ville de Paris, précité, une hésitation ou, pour mieux dire, une nouvelle délimitation de la jurisprudence antérieure. De fait, deux arrêts de la chambre civile, du 17 juillet 1922, Soc. des pompes fun. gén., S. 23.1. 101, D. 22.1.224, 225, ont déclaré compris dans « le monopole communal, en matière de pompes funèbres, …le transport des corps, effectué, en l'absence de toute pompe ou cérémonie, dans les limites du territoire de la commune jusqu'au lieu de l'inhumation ». Ce ne fut, en réalité, qu'une précision des arrêts rendus par la chambre des requêtes en 1908 et par la chambre civile en 1921, opérée sur des faits tout différents. Rpr. Orléans, 3 janvier 1934, Société des pompes funèbres générales, D. hebd., p. 170 :

52. — Cas, dans le premier arrêt, de double transport par fourgon, d'abord de la maison mortuaire à l'église où avait eu lieu une cérémonie religieuse, puis de l'église au cimetière, et de transport par fourgon de la maison mortuaire à l'église en vue d'une cérémonie religieuse que devait suivre une inhumation dans une autre commune; — dans le deuxième, de transfert par un entrepreneur, à l'aide de fourgons lui appartenant, des corps dans le cimetière communal, soit d'un caveau provisoire à la sépulture définitive, soit de la sépulture primitive à un caveau provisoire. Le monopole a, ou non, caractère compréhensif et absorbant, selon qu'il suffit à son existence, en un cas, que le transport soit suivi de l'inhumation, avec ses cérémonies habituelles, même sans emploi d'autre mode pour conduire le corps au cimetière, et, en l'autre, que le fourgon ait servi à des exhumations ou inhumations pour lesquelles l'art. 2 réserve aux communes le monopole des fournitures et du personnel nécessaires. C'est ce qu'ont admis, dans un prolongement et un éclaircissement des solutions antérieures, les arrêts de 1922, considérant, en particulier, ici, que la levée du corps et son entrée à l'église constituent une série d'actes préliminaires à l'inhumation et donnant lieu, lorsqu'ils sont accomplis sur le territoire de la même commune, à l'application du monopole; — et encore que le fait, de la part de la famille du défunt, de faire transporter le corps à l'église, en vue de la célébration d'un office religieux, donne aux obsèques un caractère solennel qui ne permet pas de les assimiler à un transport dépourvu de toute pompe extérieure; — là, enfin, que l'art. 2 de la loi de 1904, relatif aux transports effectués sur le territoire de la commune ne comporte aucune distinction et n'exclut nullement les véhicules utilisés à ces travaux.

53. — L'état des choses ainsi fixé dépend donc de modalités et engendre des conséquences pratiques, dont la définition a déjà été faite :

a) Du point de vue de ces modalités, un arrêt de la chambre civile, 30 avril 1929, François Moreau-Tricot, S. 29.1.254, a spécifié ce trait de sa jurisprudence que les transports même effectués sans pompe ni cérémonie extérieure, sans l'usage d'un corbillard et d'un appareil funéraire quelconque, donnent lieu à l'application du monopole, encore que l'inhumation ne les ait pas suivis immédiatement : les arrêts antérieurs, Paris, 10 mai 1907 et Cass. req., 10 mars 1908. semblaient prêter à une autre interprétation; la même idée « d'actes préparatoires à l'inhumation » que celle reçue à propos de la levée du corps et de son entrée à l'église a été le motif déterminant. — Par contre, il semble bien que le transport d'un corps par fourgon à une gare de chemin de fer, effectué sans appareil, devrait rester en dehors de ce monopole et de cette jurisprudence, « soit que l'on considère que le transport est alors interrompu, soit que l'on estime même qu'il ne s'agit pas là, à proprement parler, d'un transport effectué en vue d'une inhumation » (S. 1910.2.91, note, col. 2).

54. — *b*) De ces conséquences pratiques la décision précitée, Trib. Seine, 14 mai 1909, laissait entrevoir la ligne, l'ampleur et le retentissement. Dans la même mesure où la commune du territoire de laquelle part un fourgon, non plus que le concessionnaire qu'elle s'est substitué, ne peut, en principe, prétendre au bénéfice du monopole au cas d'inhumation faite ailleurs et de transport effectué sans pompe ni convoi, la commune ou le concessionnaire de la commune dans le cimetière de laquelle est faite l'inhumation, dès lors que le monopole y est organisé, est en droit de formuler une réclamation; sans quoi il serait trop aisé, moyennant transport autrement que par corbillard et par abstention de tout cortège, d'éviter toute taxe tant dans la commune du décès que dans celle de l'inhumation; ce pourquoi, et afin de se conformer à la jurisprudence, il faudrait, à la limite des deux communes, emprunter nécessairement le

matériel du concessionnaire de la seconde. « Par suite, — disait la note S. 1910.2.91 col. 3, — et pour éviter un pareil inconvénient, on sera conduit à s'adresser dès l'abord, non à l'industrie privée, mais à un concessionnaire, chacune des deux communes limitrophes devant évidemment tolérer, à titre de réciprocité, l'emploi sur son territoire du matériel du concessionnaire de l'autre; le transport par fourgon n'échapperait au monopole que si le transport en vue de l'inhumation, au lieu d'être effectué dans le même trait de temps, était interrompu, par exemple, si le corps, partant d'une commune, était transporté par fourgon, et sans le moindre appareil, dans une maison située sur le territoire d'une autre commune, d'où il serait ensuite conduit au cimetière sur un corbillard et avec pompe et cortège ». — Ceci ne s'applique point en tout cas aux transports effectués sans pompe ni cérémonie extérieure en vue d'inhumation d'un cimetière parisien *extra muros* à un autre lieu de sépulture *intra muros* appartenant aussi à la Ville de Paris, comportant partiellement passage sur le territoire d'une autre commune, mais opérés, sous le contrôle de la ville : quant à eux la règle jurisprudentielle fléchit, et le monopole est reconnu applicable dans cette hypothèse, parce que les divers lieux de sépulture de la Ville de Paris, qu'ils soient ou non établis dans son enceinte, relèvent de sa surveillance et de son autorité et sont également affectés à l'exécution du service public qui lui incombe : Cass., 9 juillet 1930. Bayer. S. 31.1.22.

55. — Les fourgons — dont la forme et l'uniformité ne révèlent aucune solennité et ne se prêtent à aucune distinction de classe — peuvent, par exception et dérogation à la règle, *suprà*, n° 51, être assujettis au monopole, en suite de constatations souveraines des juges du fond : convocation et rassemblement sur la voie publique d'invités à l'arrivée ou au départ du fourgon, bénédiction ou réception du corps dans le fourgon par le clergé en habits de chœur, accompagnement du fourgon par une suite d'invités allant à pied ou occupant des voitures mises à leur disposition, — façons et cérémonies qui, au regard tant du mort que de ses proches, différencient les convois funèbres de simples opérations de transit de corps... : Concl. Feuilloley, précitées, et Scherdlin, s. Trib. civ. Seine, 14 mai 1909; Cass., 9 février 1914, précité. Cpr. note (3 à 9) Dupré-la-Tour, s. Cass., 1er mars 1921, D. 22.1.219-224.

56. — *B.* Les corbillards — dont la forme ouverte fait transparaître la destination, et se prête aux ornementations constitutives et caractéristiques de la « classe » de convoi choisie par les familles et taxée dans les tarifs municipaux — sont tels qu'à leur seule présence, indépendamment de toutes circonstances extérieures, s'attache une présomption légale de solennité dans le transport, qui suffit à différencier celui-ci du seul transit et fait d'eux l'un des objets de la monopolisation du service public communal : Trib. paix Paris, 9e arr., 29 mai 1912, *Le Droit*, 28 juin; Trib. civ. Seine, 18 novembre 1913, *Gaz. Trib.*, 22 janvier 1914 :

α) Etant monopolisés, comme le corbillard, tous les « accessoires » et toutes les ornementations (lambrequins, panaches, caraçaçons... de la voiture et de l'attelage), — à l'exception, bien entendu, des couronnes mortuaires même fixées à la voiture : Paris, 3 janvier 1912;

β) Etant assimilés au corbillard toutes autres voitures d'apparat (fourgon ou char décoré. chevaux noirs et cochers en livrée de deuil...) : Trib. civ. Seine, 18 novembre 1893, précité, et, d'une façon plus générale. tout véhicule ou moyen de transport (brancard, traîneau) révélateur. par son aspect et sa décoration, d'une pompe funèbre : Concl. Feuilloley s. Cass., 10 mars 1908. précité.

57. — Une question n'a point encore été résolue en ses termes directs, celle de savoir si. pour les transports soumis au monopole, déplacements ou transferts, à fin d'inhumation ou d'incinération de corps, à l'intérieur d'un cimetière ou d'un cimetière dans un autre de la même commune ou d'une autre commune (Cf. *suprà*, n° 54), peut être imposée l'utilisation d'un corbillard. La jurisprudence ne fournit guère, comme indices fort tenus de réponse, que les arrêts, où elle a affirmé le droit et les maires, en vertu de leurs pouvoirs de police (art. 97 al. 4 L. 5 avril 1884). — Rpr. 23 et 24 D. 23 prairial an XII), de rendre obligatoires les fournitures réputées indispensables à la décence ou à la pompe des funérailles (Cons. d'Et., 25 janvier 1901, Maza, Leb., p. 83, S. 03.3.84; Cass., 23 décembre 1899, Berthon, Martinier et Maza, et 26 avril 1902,

Maza, S. 03.1.107, 108). La pratique ne connaît guère non plus de tarifs communaux très stricts à faire sortir effet tous les avantages du monopole, la plupart n'ayant assujetti à l'obligation de choix d'une classe que l'organisation principale, et non la suite de convoi, d'obsèques sur le territoire communal et le lieu d'inhumation. Cf. note précitée (1-2), Dupré-la-Tour, D. 22.1. 220.

58. — *C*. Le drap mortuaire, encore que la mention n'en figure pas à l'énumération de l'art. 2 de la loi de 1904, est réputé faire partie du monopole, à titre d'accessoire du transport et afin de décence des convois (Rpr. Cons. d'Et., 23 décembre 1925, Bava, Leb. chr., p. 1047) : la question ayant des rapports proches et évidents avec celle des emblèmes religieux que, dans l'ensemble du service extérieur, ne doit pas interdire l'opposition des municipalités ni gêner le matériel laïque des communes (Cf. Disc. Lerolle et Gayraud, Ch. dép., 29 décembre 1903, *J. off.*, Déb. parl., p. 3434; Milliès-Lacroix, Sén., 11 juillet 1904, *ib.*, p. 835), il est admis que sa décoration doit être uniforme, soustraite aux caprices, sauf l'addition d'emblèmes religieux au gré des familles : Cass., 20 décembre 1913, Maître, D. 17.1.93; Paris, 22 février 1912, Schneeberg, D. 21.1.131. — Rf. *Rev. d'organ. et de déf. relig.*, I, 1906, p. 251 et (question) VI, 1911, p. 442. — Par application de la même règle et des mêmes réserves ont été déclarés hors le monopole communal les draps recouvrant le cercueil au domicile privé, dans la chapelle ardente et les édifices cultuels, à moins qu'en ce dernier lieu ils ne soient communs et, pour autant, fassent partie du service public communal : Agen, 19 juin 1913, Abbé Desvals, D. 15.2.94; et *a fortiori* les draps, poêles d'honneur ou de sociétés, servant à d'autres usages qu'à revêtir le cercueil : Trib. paix Cette, 4 septembre 1907, Compagnie des pompes funèbres de Cette, D. 08. 5.55; *Rev. d'organ. et de déf. relig.*, III, 1908, p. 93; Aix, 20 juillet 1912, Ville d'Aix, D. 15.2.64.

59. — Par opposition au drap mortuaire recouvrant le cercueil et considéré par la circulaire du 25 février 1905 comme l'accessoire nécessaire du corbillard, les poêles funéraires, d'usage très exceptionnel dans le service des inhumations, sont en dehors du monopole et peuvent, en conséquence, être fournis par l'industrie privée : la seule des catégories visées par l'art. 2 de la loi dans laquelle ils pourraient rentrer serait celle des « fournitures nécessaires »; or, il a été expliqué dans les travaux préparatoires de la loi que ces mots devraient s'entendre, non des fournitures servant dans les convois, mais des choses employées pour l'inhumation même (Cf. Rouen, 30 décembre 1908, précité); il serait possible d'ajouter que le poêle funéraire n'est pas chose nécessaire à l'ordre des funérailles : Aix, 20 juillet 1912, Ville d'Aix, S. 15.2.53.

II. Cercueils et urnes funéraires.

60. — *A*. La fourniture des cercueils par monopole communal se présente depuis la loi de 1904 sous un autre angle qu'au temps du monopole reconnu par le décret de l'an XII aux fabriques et consistoires. En ce temps (Cf. Cass., 21 novembre 1859, Ballard, S. 60.1.364), où le monopole n'était admis que pour celles des fournitures n'ayant pas pour la décence ou la pompe des funérailles caractère de nécessité (Cf. Cass., 5 juillet 1904, précité), il y avait lieu, pour déterminer si une fourniture de cercueil, faite par l'industrie privée, — par ex. de cercueil en zinc uniquement destiné à doubler celui en bois fourni par l'adjudicataire des pompes funèbres, — constituait ou non une infraction au monopole, de rechercher, d'après les circonstances de la cause, si le cercueil livré était nécessaire au point de vue de l'hygiène ou pour la décence de l'inhumation, ou si, au contraire, il n'était qu'un objet de luxe et de convenance personnelle : Cass., 5 juillet 1904. Cette distinction n'est pas reproduite — tout au contraire — dans l'art. 1er, très général, de la loi de 1904 : il n'est pas discutable que les considérations d'hygiène, de salubrité et de décence exposées par le maire de Lyon dans une lettre lue au Sénat par M. Milliès-Lacroix (7 juillet 1904, *J. off.*, Déb. parl., p. 788, col. 3) ont contribué, dans une certaine mesure, à faire adopter le principe du monopole communal, spécialement pour la fourniture des cercueils » (Cf. Pulby, *op. cit.*, *Rev. gén. d'adm.*, 1905, t. 1, p. 274); un autre but, celui de procurer aux communes des bénéfices pour leur permettre de faire face aux dépenses mises à leur charge, a fait adopter le régime, qualifié

à la Chambre (Disc. Fleury-Ravarin, 29 décembre 1903, *J. off.*, Déb. parl., p. 3446) « du cercueil municipal, laïque et obligatoire ». Rpr. Disc. Milliès-Lacroix, Sén., 21 juin 1904, *ib.*, p. 590. Telle ayant été l'intention du législateur, il n'a pu certainement entrer dans la pensée des auteurs de la loi de 1904 de soustraire au monopole des communes la fourniture des cercueils de luxe, qui, plus encore que la fourniture des cercueils ordinaires, est de nature à leur procurer quelque profit.

61. — Les travaux préparatoires confortent ce sentiment : l'addition à l'art. 2 ayant été proposée (Cauvin, Ch. dép., 27 décembre 1904, *ib.*, p. 3448) d'admettre les familles à se procurer un cercueil autre que celui fourni par l'administration, à charge de payer à la commune le prix du cercueil réglementaire, le rapporteur, tout en s'y opposant, reconnut que la mesure en elle-même ne soulevait pas d'objection et pourrait être consacrée par les règlements municipaux; l'auteur de l'amendement et le rapporteur s'accordaient ainsi que la fourniture des cercueils, quels qu'ils fussent, rentrait en principe dans le monopole des communes. Rpr. en ce sens la Circ. précitée min. intér. 25 février 1905. Ce sont les arguments mêmes sur lesquels s'est établi le Trib. civ. Seine, 2 juillet 1909, Bengold, S. 11.2.29, D. 09.5.52, pour décider que « l'art. 2 de la loi du 28 décembre 1904,... texte formel et précis..., place, sans faire aucune distinction, les cercueils au nombre des fournitures dont les communes ont le monopole, et que tous les cercueils, qu'ils soient en bois ordinaire, en bois de luxe ou en métal, rentrent dans ce monopole » (Rpr. Cons. d'Et., 24 novembre 1911, Stephanini, Leb. chr., p. 1094; — *a contr.* Orléans, 3 janvier 1934, Société des pompes funèbres générales, D. hebd., p. 170), sans qu'il y ait à considérer dorénavant si la fourniture incriminée (cercueil de luxe, destiné à recouvrir ou remplacer un cercueil de sapin renfermant lui-même un autre cercueil en plomb) répondait à quelque nécessité d'hygiène ou de salubrité. — Cpr. Trib. comm. Reims, 5 mars 1912, Soc. des pompes funèbres gén.; Trib. comm. Seine, 25 octobre 1910 et, sur appel, Paris, 22 février 1912, Schneeberg, D. 21.2.131. Ces décisions ont tiré de leur principe cette conséquence extrême que les contrevenants au monopole avaient, non seulement à payer au service communal le prix des cercueils tarifés, correspondant pour la valeur à celui qu'ils avaient fourni, mais aussi à restituer sans indemnité celui non utilisé par eux, fourni par le service communal.

62. — Du même ordre de choses et de raisons relève la fourniture des urnes funéraires, au sujet de laquelle la Ville de Paris notamment a réclamé des taxes municipales en remplacement des cercueils. « Considérées, non comme des objets de luxe ou de convenance laissés aux soins des familles, mais comme des vases appropriés, nécessaires pour compléter l'œuvre de la crémation, en recueillant les cendres des morts et en assurant leur conservation décente jusqu'à l'inhumation définitive », elles sont, à juste titre, incluses dans le monopole municipal : Cass., 21 octobre 1929, Buisson, S. 30.1.59.

63. — *B*. Le même changement de principes a influé sur l'interprétation du monopole touchant les fournitures accessoires (garnitures intérieures, enveloppes de caoutchouc antiseptiques et mixtures...) et ornementales (croix, plaques, insignes, emblèmes...) des cercueils. La loi de 1904, transférant aux communes le monopole du service extérieur, ne paraît pas l'avoir maintenu dans sa ci-devant étendue; son énumération limitative, qui comprend les cercueils sans faire aucune distinction, semble ne plus devoir dorénavant comprendre, par ex., les emblèmes religieux ou les plaques commémoratives ou autres, qui ne font pas partie intégrante du cercueil et n'entrent point dans sa construction : Cass., 27 janvier 1914, Soc. des pompes fun. gén., S. 14.1.352, D. 14.1.217, avec note P. B. Rpr. Cass., 31 octobre 1913, Cavalery, D. 17.1.89; — et elle laisse à la concurrence libre, en toute circonstance, les matières antiseptiques et autres garnitures intérieures du cercueil : Orléans, 3 janvier 1934, Soc. des pompes fun. gén., D. hebd., p. 170. Par contre, la jurisprudence a fait rentrer dans le monopole, et donc retiré au commerce libre, le droit tant de fournir que fixer les « accessoires » qui, incorporés au cercueil, améliorent sa qualité intrinsèque et sa valeur d'usage et, selon l'arrêt Cass., 27 janvier 1914, « en forment des accessoires nécessaires » : vis tire-fond, Trib. paix Paris, 17e arr, 18 février 1908, D. 08. 5.55; — Trib. civ. Seine, 5 février 1909, Ville de Paris, cité D. 21.2.131, note 4-5; — plinthes, ferrements et frettes, pour le renforcement de la solidité ou les facilités de manipulations, et poignées, si ornementées et argentées et de quelque luxe qu'elles soient : Paris, 22 février 1912, Schneeberg ; — Dijon, 18 juin 1914, Soc. des pomp. fun. gén., et Grenoble, 8 février 1915, Comp. des pomp. fun. de Lyon, D. 21.2.131 ; — ornementations et transformations n'ayant même d'autre raison que de donner à un cercueil les apparences d'une fourniture de qualité supérieure à la sienne propre : Rennes, 17 juin 1920, Soc. des pomp. fun. gén., D. *ib*....

III. *Tentures extérieures des maisons mortuaires.*

64. — Telles qu'elles ont été définies au cours des travaux préparatoires de la loi de 1904, pour en faire un élément du service extérieur et du monopole des communes (Cf. Milliès-Lacroix, Sén., 11 juillet 1904, *J. off.*, Déb. parl., p. 832), ce sont celles apposées sur les murs, porches, grilles ou portes donnant sur la voie publique. Une idée de sauvegarde du domicile privé, un souci d'éviter par une interprétation invraisemblable l'extension souhaitée par le conseil municipal de Paris du monopole aux tentures intérieures (Cf. Disc. Groussau, Ch. dép., 23 décembre 1904, *ib.*, p. 3270) a poussé la jurisprudence à déclarer libres les tentures apposées sur les murs extérieurs d'une maison précédée d'un jardin, seraient-elles visibles de la rue : Trib. Le Havre, 5 juillet 1906, Delaunay, S. 08.2.163, D. 07.5.7 ; — Trib. paix Paris, 20 décembre 1907, Ville de Paris, D. 08.5.30. — Cf. Cass., 3 mai 1910, Couronne, S. 10.1.292, D. 11. 1.207 ; Cons. d'Et., 23 décembre 1925, Bava, Leb. chr., p. 1047. « Parce que constituent le domicile, dans le sens de la loi de 1904, — et selon la formule du premier de ces jugements, — les divers points d'un même lieu clos formant corps avec la maison d'habitation, et dont on ne peut franchir le seuil contre la volonté de l'habitant, il est manifeste que le respect de ce domicile, conforme aux principes généraux du droit, impose l'obligation d'en laisser toutes les parties à la libre disposition de l'initiative privée, sous la seule réserve que cette liberté ne devienne pas un obstacle au service public organisé pour assurer l'ordre et la décence des funérailles ». — Donc, la chapelle ardente édifiée sous le porche même de l'habitation, en communication directe avec la voie publique : Cf. Quest. Allou, Cuverville et Guillier, Sén., 19 novembre 1885, *J. off.*, Déb. parl., p. 1186 ; — 21 juin 1904 et 11 juillet, *ib.*, p. 595, 830, et Déclar. Milliès-Lacroix : « réserve faite de la draperie qui couvre le cercueil, elle [la chapelle ardente,... à l'entrée de la maison...] n'est pas comprise dans le monopole que nous voulons attribuer aux communes » : Cf. Ch. dép., 27 décembre 1904, *ib.*, p. 3350. Cons. d'Et., 31 juillet 1925, Bertrand, Leb. chr., p. 771. — Rpr. pour les tables à signature en tant qu'accessoire de la décoration de la maison mortuaire : Cons. d'Et., 23 décembre 1925, précité.

65. — La solution acquise ainsi quant à la chapelle mortuaire a été débattue entre concessionnaires et entrepreneurs de pompes funèbres dans des espèces où, aucune séparation n'existant entre la façade décorée et la voie publique, les tentures avaient été placées dans l'embrasure même de la porte s'ouvrant sur la voie publique et un peu en arrière des gonds de la rue. Les déclarations précitées Milliès Lacroix, selon lesquelles « par tentures extérieures [la loi n'a entendu] parler que des tentures pendues sur la façade des maisons », n'ont point détourné la Cour de cassation de décider, non plus le Trib. civ. Seine, 5 février 1909, Couronne, S. 09.2.188, que la ligne des gonds marque la frontière, mais que des tentures placées en-deçà des gonds de la porte de la maison mortuaire, à une distance variant de 3 à 20 centimètres,... fixées dans l'encadrement de la porte, au mur de la façade, et faisant elles-mêmes face à la rue,... entièrement exposées au regard du public, à qui s'adressait manifestement leur décoration identique à celle des habituelles tentures extérieures, et alors qu'entre l'intérieur et la voie publique il n'existait plus aucune autre séparation et que l'entrée de la maison mortuaire ne pouvait plus recevoir aucune autre ornementation extérieure, constituaient une décoration extérieure rentrant dans le monopole de la Ville de Paris, au sens de la loi de 1904 : Cass., 22 janvier 1918, Bengold, S. 18-19.1.166. Déjà le tribunal de la Seine, pour étendre le monopole de fourniture des tentures extérieures « à l'endroit qui, la porte fermée, est livré de fait à la libre circulation du public,... même en retrait des murs ou

des grilles », avait affirmé « qu'en effet, si le rapporteur avait entendu exclure du monopole les tentures placées devant la porte dans la partie en retrait des murs, le monopole eût été, pour ainsi dire, inutile à concéder, alors que ce retrait existe devant presque toutes les portes des maisons ».

66. — C'est en tout cas pour les tentures extérieures de la maison mortuaire que les communes se sont vu reconnaître (V. *suprà*, n° 23) le droit, dans un but exclusivement pécuniaire, de les rendre obligatoires, en ce sens que le prix en est dû, à titre forfaitaire, par le seul fait du choix de la classe de convoi les comportant : Cass., 28 janvier 1914, Société des pompes funèbres générales, D. 22.1.223. — La mise de semblable clause dans le cahier des charges de la concession a pour but d'éviter que le commerce libre arrive, à la faveur d'un retrait de quelques centimètres, à déposséder le service public d'un objet, la tenture, qui est une de ses principales fournitures. En vérité (Cf. note (1-2, *in f.*) Dupré-la-Tour, p. 220), sous l'empire du décret du 23 prairial an XII, celui du 18 août 1811, spécial à la Ville de Paris, permettait, moyennant un contre-ordre écrit, de refuser ceux des objets portés au tableau de la classe choisie qui paraissaient inutiles aux intéressés ; avec l'actuelle législation, il ne saurait plus être question de cette facilité. à Paris même, non plus, d'une façon générale, que de possibilité pour les familles de prendre leurs fournitures dans les diverses classes et de combiner des convois à leur fantaisie (corbillard d'une classe avec une tenture de moindre pompe ou inversement).

IV. *Préparatifs et accomplissement de l'inhumation.*

67. — Dans la série des opérations indistinctement soumises au monopole des pompes funèbres et se terminant à l'inhumation, la mise en bière est la première. La question a été écartée ou esquivée au Parlement : Cf. Sén., 21 juin 1904, *J. off.*, Déb. parl., p. 593. La fermeture de la bière est, à tout le moins, du ressort du service à qui, du chef de l'ordre public, de la salubrité et de l'hygiène, incombe la responsabilité du cercueil, de son état et de sa conservation jusqu'à la fin des obsèques. Cf. Dijon, 18 juin 1914, Soc. des pomp. fun. génér., et Rennes, 17 juin 1920, Soc. des pompes fun. génér., D. 21.2. 131. Il a été pourtant jugé, Trib. paix Reims, 26 mars 1908, Soc. des pompes fun. génér., D. 08.5.38, qu'à ces fins le concessionnaire des pompes funèbres ne peut pas imposer l'emploi de ses agents ou, à défaut, le paiement d'une redevance, alors même que cette faculté serait inscrite dans son cahier des charges.

68. — Nombre de travaux sont englobés dans le monopole : ceux notamment d'ouverture et de fermeture des caveaux, préalables aux inhumations ou exhumations, et engageant, tant par les délais que par les conditions de leur exécution, la responsabilité du service public, — à l'exclusion, par *a contrario*, de tels autres, remise en état d'une concession ou réparation des caveaux et monuments funéraires. par exemple, qui ne concourent pas directement à la sépulture. — Trib. civ. Seine, 8 mars 1909, et Lyon, 23 juin 1909, *Revue des concessions*, 1909, p. 427 ; Avignon, 25 octobre 1917, *Monit. des juges de paix*, 1919, p. 74.

V. *Voitures de deuil.*

69. — Les « voitures de deuil », sous cette qualification, ont été incluses dans le monopole : Cf. Cons. d'Et., 31 juillet 1925, Bertrand, Leb. chr., p. 771 ; mais de cette qualification même est née la question de savoir si le monopole s'applique, en plus des « voitures de deuil » proprement dites, aux voitures « de suite », louées à l'avance et par la famille aussi mises à la disposition du clergé et des assistants, qu'elles affectent ou non un aspect spécial de deuil. Il va de soi (Cf. Trib. paix Boulogne-sur-Seine, 6 juin 1907, Soc. des pompes fun. gén., S. 08.2.164, D. 07.5.38) que sont exclues du monopole celles qui appartiennent aux personnes assistant à la cérémonie ou louées par elles individuellement pour leur usage : il serait inconcevable que les communes ou leurs concessionnaires pussent, sous prétexte de faire respecter le monopole des « voitures de deuil », interdire l'usage de ces voitures : Cf. Cass., 23 novembre 1877, Bertrand, S. 78.1.48, P. 78.76. Pour les autres la controverse est ancienne. Sous l'empire des décrets de l'an XII et de 1806, nulle distinction n'était faite, et le monopole des pompes funèbres englobait toutes les voitures, spécialement les « omnibus » funéraires, commandées par la famille pour suivre le convoi : Trib. comm. Seine, 1er avril 1895 et. par adopt. motifs, Paris, 1er avril 1896, *Rev. admin. du culte cathol.*, 1896, p. 337; Daniel Lacombe, *Le régime des sépult.*, no 78; Gaubert, *Manuel pratiq. des pompes fun.*, p. 74. Postérieurement à la loi de 1904, cette opinion a été conservée et soutenue par les commentateurs (Pulby, *op. et loc. cit.*, t. 1, p. 396; Chevresson, *op. et loc. cit.*, p. 105) et la Circ. min. int., 25 février 1905 (*loc. cit.*, p. 94). A l'exception de la sentence du trib. paix Boulogne-sur-Seine, les tribunaux la repoussaient : Trib. Lyon, 14 juin 1907, Soc. pomp. fun. Lyon, S. 08.2.161; Trib. paix Paris, 12 mars 1908, Soc. des pomp. fun. gén., S. 08.2.285; Rouen, 30 décembre 1908, Soc. des pompes fun. gén., S. 09.2.13, D. 09.2.117; Trib. civ. Seine, 14 mai 1909, Granger, S. 10.2.91. La chambre civile a consacré cette jurisprudence, en précisant que seules sont soumises au monopole les « voitures de deuil », *i. e.* celles qui, soit par leur affectation ordinaire, soit par leur décoration spéciale, contribuent à la manifestation du deuil et à la pompe des funérailles, toutes les autres voitures constituant des « voitures de suite » et de commerce devenu libre depuis la loi de 1904 : Cass., 3 février 1914, Granger, S. 14.1.453, D. 14.1.217, av. note P. B.; 9 février 1914, Soc. des pompes funèbres gén., D. 22.1.223, av. note (3-4) Dupré-la-Tour, p. 220.

70. — Le choix par la loi du 28 décembre 1904 de l'expression « voitures de deuil », moins large évidemment que celle de « voitures » figurant au texte correspondant du décret du 23 prairial an XII, a été, selon toute apparence, dicté par la volonté de limiter l'étendue du monopole des pompes funèbres, qui fut affirmée également à diverses reprises, dans les propositions soumises au Parlement (Cpr. *J. off.*, Doc. parl., janvier 1892, p. 2572, et avril 1894, p. 379) et par les rédacteurs de la loi, sur divers autres points. Dans ces conditions la distinction admise par la Cour de cassation semble correspondre à l'esprit comme au texte de la réglementation nouvelle. — Il y a lieu, par ailleurs, de remarquer que l'arrêt de la chambre civile, au même temps qu'il condamna la doctrine contraire adoptée par les premiers juges, rejetait le pourvoi formé contre leur décision : des constatations souveraines des juges du fond résultait pour les voitures composant le convoi funèbre en cause un caractère véritable de voitures de deuil : les unes, comme les omnibus, que le jugement qualifiait de funéraires, devaient être considérées comme telles parce que telle est leur affectation ordinaire; les autres, comme les landaus, parce que leur décoration spéciale (chevaux noirs, cochers en livrée de deuil) contribuait à la manifestation du deuil et à la pompe des funérailles.

71. — La solution déduite, quelques années auparavant, par l'arrêt précité de Rouen, 30 décembre 1908, du caractère facultatif de l'exercice du monopole et de la liberté pour les communes de l'organiser pour la totalité ou seulement pour une partie de ce qui en peut faire l'objet n'est pas, quant au fond, sinon par les termes, discordante avec la doctrine de la Cour suprême : elle fut, en effet, que ne constituait pas une atteinte aux droits d'une société concessionnaire du monopole le fait par un entrepreneur de funérailles d'avoir loué pour un convoi mortuaire un landau employé à porter des fleurs et des couronnes, dès lors que, dans les règlements et tarifs de la commune, ne figurait, parmi les objets monopolisés, aucune voiture destinée au transport des fleurs et des couronnes et qu'il s'agissait ainsi d'un objet que la commune aurait pu monopoliser en droit, mais n'avait pas en fait monopolisé. Cependant les « voitures de deuil » étaient comprises au tarif; pour autant, la question se poserait de savoir si l'expression n'englobait point, sans qu'il fût besoin d'une mention spéciale des règlements et tarifs, les voitures en cause, parce que contribuant à la manifestation du deuil et à la pompe de la cérémonie.

72. — Les voitures affectées d'une manière permanente et exclusive au service des convois ne sont assujetties, ni à la déclaration préalable, ni à la production d'une estampille d'abonnement; pour celles dont l'affectation est occasionnelle, aucun laisser-passer n'est exigible, ni aucun droit de sortie dû à l'occasion de leur présence dans le cortège : Cass., 30 janvier 1892, Admin. des contrib. ind. et Soc. gén. des pompes fun. (2 arrêts), D. 92.1.305, av. note M. B. — La Cour suprême a rejeté justement toutes distinctions faites par le tribunal de la Seine et la cour de Paris, que le transport effectué fût gratuit ou rétribué, ... que les fonds obtenus fussent gain pour l'adjudicataire ou à affecter par les fabriques à l'entretien des églises ou cimetières ou au paiement des desservants en un cas comme en l'autre est seul recherché le meilleur parti possible du monopole, une cause de bénéfices, à quoi ne change rien la destination des ressources acquises. Au demeurant, l'exemption d'impôt pour les voitures de deuil est justifiée aussi bien par la raison d'être et d'application de la loi fiscale que par la nature même du service des pompes funèbres : d'une part, l'impôt sur les voitures publiques n'a frappé (Instr. min. fin., 3 messidor an XII) que celles comprises jadis dans la forme générale des messageries nationales (Cass., 29 mars 1890, D.91.1.44); or, le monopole ancien de celles-ci ne s'étendit jamais aux voitures ou carrosses de deuil (Gaubert, *on. cit.*, 1875, t. 1, p. 141); d'autre part, rien dans le service des morts, considéré de tout temps comme un service public de premier ordre pour raisons de religion et d'hygiène n'en fait une entreprise, une industrie de transport; or c'est cette industrie seule que frappe la loi d'impôt. Son fondement est l'affectation exclusive de la voiture à un service public; ce serait donc l'entraver que lui appliquer une perception fiscale. Il va de soi, pour autant, que si les voitures de deuil, au lieu d'assurer strictement le service auquel elles sont destinées recueillaient, au retour du cimetière, des voyageurs gratuitement ou à prix d'argent, elles commettraient une fraude à la loi et donc seraient imposables.

3° Personnel employé aux pompes funèbres.

73. — Les « fournitures et le personnel nécessaires aux inhumations, exhumations et crémations » ont fait dans la loi l'objet d'une mention spéciale, dont la discussion parlementaire a éclairé le but. Il semblait que, dans le texte destiné à régler les convois funèbres et le monopole attribué aux communes du service extérieur, la place n'était point de quelque disposition concernant les inhumations et les opérations dans les cimetières étrangères au monopole en voie d'être transféré de fabriques (Cf. Observ. Guillier, Sén., 11 juillet 1904, *J. off.* Déb. parl., p. 829). Le rapporteur Milliès-Lacroix, *ib.*, en expliquait les raisons et la portée : « C'est en vertu de la jurisprudence seule que les fournitures relatives aux inhumations ont été comprises dans celles dont les fabriques ont actuellement le monopole, et qu'aucun texte de loi ne permet aux communes de les revendiquer. Actuellement les fabriques peuvent exercer leur revendication, et elles l'exercent parfois, même pour les opérations des inhumations et des exhumations dans les cimetières qui, cependant, sont municipalisées depuis la loi de 1884. Il était par conséquent indispensable de transformer la jurisprudence en un texte de loi très précis... Il ne peut pas y avoir d'équivoque : les fournitures dont il s'agit ne sont pas les « fournitures généralement quelconques » dont parle le décret de prairial an XII et qui s'appliquent aux convois. Elles sont spéciales, uniquement spéciales aux opérations des inhumations, exhumations dans l'enceinte des cimetières ». Les choses sont ainsi mises sur un plan pratique qui ne comporte guère de difficulté, tant du point de vue du personnel que du matériel employé, soit aux convois, soit aux travaux dans les cimetières.

I. Agents du monopole.

74. — Le personnel servant à l'ordonnancement des convois est agent du monopole. Les porteurs en font partie, non seulement au cimetière (où ils sont auxiliaires du fossoyeur) mais en toutes occasions où ils interviennent, soit pour porter le cercueil à bras pendant le trajet sur la voie publique, soit pour en assurer le chargement ou l'enlèvement, accessoirement à un transport par voiture. La cour de Rennes, par arrêt du 17 juin 1920, Soc. des pompes fun. gén., S. 21.2.131 a repoussé, à cet égard, toute distinction basée sur la circonstance du chargement, selon qu'il est effectué sur la voie publique, dans un fourgon du commerce libre ou sur un corbillard. — L'ordonnateur l'est en une double qualité, comme chef de convoi et chef des porteurs : Grenoble, 8 février 1915, D., *ib.* — Et aussi le maître des cérémonies qui, dans les convois luxueux, en un costume d'apparat, dédouble l'ordonnateur et est plus spécialement préposé au cérémonial. — Par contre est réputée libre la fonction de l'employé accompagnateur parfois dénommé « employé de cérémonie », mandataire de familles pour assurer, à tout le moins et selon leurs volontés, l'organisation intérieure du cortège, toute qualité lui faisant défaut pour s'immiscer dans la police du convoi et donner des ordres au personnel du service public : Rouen, 30 décembre 1908, Soc. des pompes fun. gén., S. 09.2.13, D. 09.2.117; Grenoble, 8 février 1915, précité.

75. — De ces emplois du monopole la nature et l'attribution ont donné lieu à quelques difficultés, à la suite de la loi de 1904, pour autant qu'elle a donné lieu à Paris à la transformation et à la remise des anciennes fonctions d'ordonnateur, à un « commis principal au service des pompes funèbres ». Un ancien sous-officier étant venu à se plaindre de la nomination d'un candidat civil à l'emploi de commis principal, comme faite en violation des règlements antérieurs et des lois du 18 mars 1889 et 21 mars 1905, le Conseil d'État, 24 décembre 1909, Lochard, Leb. chr., p. 1017, S. 1912.3.81, a décidé que l'arrêté par lequel le préfet de la Seine, à la suite de délibérations régulièrement approuvées du conseil municipal de Paris, municipalisant le personnel du service extérieur des pompes funèbres, et fixant les traitements, cadres et état des agents, avait supprimé lesdites fonctions d'ordonnateur, ne pouvait être critiqué, sous prétexte de réserve de cet emploi aux sous-officiers, et motif pris du remplacement par un décret du 4 décembre 1908, modifiant le tableau E annexé à la loi du 21 mars 1905, de l'emploi d'ordonnateur, réservé aux sous-officiers, par les emplois de commis, chefs de convois, sous-piqueurs et surveillants des porteurs : il suffit, en règle, que les modifications de services, décidées selon leur droit par les administrations dont les emplois sont réservés aux sous-officiers, soient notifiées à la commission de classement (L. 21 mars 1905, art. 70); et il n'avait point été, en l'espèce, porté atteinte aux droits du requérant, ancien sous-officier, dans l'ancienne organisation ordonnateur des pompes funèbres, dès lors qu'il avait été nommé, dans le nouveau personnel, chef de convoi, avec un traitement équivalent.

76. — Les mêmes rapports d'ordre pécuniaire entre la Ville de Paris et le personnel des pompes funèbres, spécialement celui des ordonnateurs (tributaires, depuis la suppression du règlement du 14 novembre 1812, de la caisse des retraites des employés de la préfecture de la Seine, selon règlement approuvé par décret du 1er juillet 1897), avaient déjà donné lieu à l'arrêt Casanova, 17 mars 1913, Leb. chr., p. 345, selon lequel, d'une part, l'évaluation faite au budget du montant des charges consenties par l'administration des pompes funèbres pour les frais d'habillement des ordonnateurs, parce qu'elle ne constitue qu'une mesure d'ordre, n'entraîne pour la ville aucune obligation, — et, d'autre part, le tarif des fournitures pour le service extérieur, parce qu'il régit uniquement les rapports entre l'administration et les familles, n'attribue aux ordonnateurs et, d'une manière générale, aux divers agents des pompes funèbres, aucun droit propre sur le montant intégral ou la majoration des sommes perçues à l'occasion de leurs services.

II. *Agences de funérailles.*

77. — Le monopole des communes pour les inhumations n'a nullement porté atteinte à l'industrie des entrepreneurs ou agents de funérailles. A une question posée sur le droit des familles de recourir encore à leurs services, comme ci-devant de traiter avec les fabriques, une assurance formelle a été donnée par le rapporteur de la loi (Quest. Edmond Lepelletier, et Déclar. Fernand Rabier, Ch. dép., 27 décembre 1904, *J. off.*, Déb. parl., p. 3351, col. 2 et 3) : leurs services demeurent licites, sauf à eux à s'adresser aux communes ou à leurs concessionnaires pour tout ce qui rentre dans le monopole : Lyon, 7 juin 1910, Pélot, S. et P. 11.2.166, D. 11.2.396. Les difficultés ont porté sur d'autres points et mis en cause la nature et les suites des contrats passés avec la famille, la limite des droits et des initiatives demeurant aux concessionnaires du service public.

78. — *A.* Dans les relations des agents de funérailles avec les familles aux fins d'exécution du service intérieur et extérieur, pour la qualification de cette activité : elles sont ramenées par la jurisprudence au cadre du mandat salarié et du contrat d'entreprise. Ce qui fonde le droit desdits agents à un émolument, soit forfaitaire, soit proportionnel aux dépenses faites en suite des instructions reçues, et éventuellement, en cas d'abus prétendu ou de non-exécution des engagements pris,

celui d'une action en réduction des familles : Cass., 27 janvier 1908, Lévy, S. 08.1.223, D. 08.1.155; Paris, 21 janvier 1909, Lamy-Trouvain, D. 09.2.264; Gaubert, *Tr. des pompes funèbres*, t. 2, p. 85. Seule cette action serait mise en échec par une décharge du mandat, consentie librement et sans réserve après exécution : Alger, 4 décembre 1911, *Journ. des notaires*, art. 30424. — La commande même de « mettre ce qu'il y a de mieux », loin d'impliquer un ordre illimité, impose à l'agent de funérailles, touchant la fourniture des objets non monopolisés, l'obligation d'exécuter suivant les règles d'une modération équitable, dont la transgression valide pour l'excès la répétition de l'indû : Trib. comm. Lyon, 21 mai 1909, *Le Droit*, 3 octobre. Cpr. Trib. civ. Seine, 24 février 1917, *Gaz. Trib.*, 5 juillet.

79. — *B.* Dans les rapports du concessionnaire des pompes funèbres avec ces agents de funérailles : la limitation du droit du concessionnaire du service à agir, au cas de violation du monopole par l'agent de funérailles, contre celui-ci, seul responsable du quasi-délit, en tant que mandataire salarié, à l'exclusion du mandant, n'a guère ni longtemps fait de doute : Trib. civ. Seine, 26 juillet 1910. Plus d'hésitation a été marquée par la jurisprudence, avant de s'affermir, quant aux demandes recevables de justification de mandat ou de paiement direct du prix des commandes et fournitures :

a) Sur le premier point, la prétention émise par le concessionnaire des pompes funèbres d'exiger de l'entrepreneur de funérailles se présentant à lui comme mandataire des familles la production d'un mandat écrit avec signature légalisée fut repoussée par arrêt de la cour de Lyon, 7 juin 1910, Pelot, S. 11.2.66, D. 11.2.396 (Rpr. Cons. préf. Seine, 11 août 1845; Trib. Le Havre, 7 février 1907, et Amiens, 3 août 1909), comme tendant à apporter la plus grande gêne dans l'exercice d'une industrie laissée libre par la loi de 1904. La légalisation prétendue nécessaire du pouvoir pour traiter au nom d'un mandant (Cf. note Wahl, s. Trib. d'Empire allem., 2 avril 1908, X', S. 08.4.25), non plus que la restriction, affirmée par l'arrêt contrairement à l'opinion générale (Cf. Cass., 19 juillet 1894, Lapeyre, S. 94.1.439; — 4 novembre 1902, Dauthy, S. 02.1.488. — Aubry et Rau, IV⁴, § 411, p. 648), des règles ordinaires de preuve des conventions et du mandat (C. civ., 1341, 1985) aux seuls rapports des parties entre elles n'ont pas été appréciées, à la suite du pourvoi formé contre l'arrêt par la Cour de cassation : 27 juin 1911, Pelot, S. 1912.1.87, D. 12.1.104. Le motif d'ordre pratique, de gêne inadmissible, formulé par la cour de Lyon pour étayer sa solution ne pouvait, n'étant qu'un motif erroné, entraîner cassation, dès lors que (Cf. Cass., 6 juillet 1910, Marmonnier, S. 11.1.331) sa décision pouvait apparaître justifiée par d'autres raisons.

80. — La Cour de cassation a, pour sa part, trouvé ces considérations dans le droit, constaté par l'arrêt, du concessionnaire à exiger le paiement d'avance des fournitures à lui commandées; sur quoi elle a établi cette conclusion que, dans les rapports des parties entre elles, l'agent des funérailles n'était « pas un mandataire » contractant au nom d'un mandant dans les termes des art. 1984 et 1998 C. civ., mais prenait, au contraire, envers l'adjudicataire du service des pompes funèbres « un engagement personnel » l'obligeant à acquitter directement le prix des commandes et fournitures. Interprétation nouvelle apparemment, si tant est qu'elle ne fût pas déterminée par des circonstances spéciales à l'espèce, à savoir une obligation résultant du cahier des charges pour l'agent des funérailles de faire d'avance au titulaire ou concessionnaire le paiement des convois commandés.

81. — *b)* Sur le deuxième point, — réserve faite de l'arrêt de la Cour de cassation et des contingences, — la pratique tolère l'envoi direct aux familles par les titulaires du monopole des commandes faites par les agents des funérailles, cette communication lui paraissant être de la part du concessionnaire des pompes funèbres l'exécution d'une charge du monopole et pour les familles un moyen de contrôle : Circ. préf. Seine, 8 février 1894; Trib. comm. Rouen, 10 avril 1907; Dijon, 18 juin 1914, Soc. des pompes fun. gén., D. 21.2.131; — Étant entendu, Paris, 3 janvier 1920, que cette communication ne saurait être, ni antérieure à l'exécution du convoi, ni accompagnée de commentaires ou d'observations de nature à servir à l'adjucataire d'instrument de réclame ou de dénigrement des concurrents.

83. — Le principe de la liberté du commerce et de l'industrie n'en est pas entamé, non plus qu'il n'a paru l'être par l'arrêté du maire interdisant « à toutes personnes, et notamment aux agents de funérailles et à leurs employés, de stationner et de faire des offres de service à l'intérieur de tous édifices publics, hôtel de ville, Hôtel-Dieu, hospices, églises, des cimetières, ainsi que sur la voie publique et principalement aux abords de l'hôtel de ville » : Cass., 19 février 1926, Gauthier, Wurtz (2 arrêts), S. 27.1.316. Cet arrêt, de l'ordre de ceux qui prohibent les faits de racolage et de pistage, au moyen de la parole ou du geste, sur la voie publique (Cass., 24 juin 1875, Sarthou, S. 76.388, P. 76.919, D. 76.1.334; 26 février 1915, *Bull. crim.*, n° 42), constitue plutôt une réglementation qu'une violation de la liberté, et affirme l'exercice irréprochable de la fonction de police dévolue aux maires par l'art. 97 de la loi municipale. Il a, d'ailleurs, en une interprétation bénigne des arrêtés, mis hors leurs prohibitions le fait accidentel de la part d'un entrepreneur de pompes funèbres de rencontrer dans une rue une personne et de lui faire des offres de service au cours d'une conversation qui avait un autre objet : Cf. Cass., 26 février 1915, précité.

82. — Un aspect des rapports entre concessionnaires des pompes funèbres et agents des funérailles se trouve par là engagé, celui de la publicité que ceux-ci ont, face à ceux-là, droit de faire dans leur intérêt. La cour de Lyon, 7 juin 1910, précité, en a délimité le champ, en décidant, en thèse, que ces agents ou entrepreneurs ont le droit de faire dans leur intérêt toute publicité qu'ils jugent utile et, en fait, respectivement, qu'une « entreprise générale de pompes funèbres » peut annoncer qu'elle opère « transport de corps pour les environs et tous pays » et inviter « en cas de décès, à s'adresser directement » à elle : les transports de corps au dehors, sans pompe ni cérémonie, et sans inhumation en dehors de la commune, ne sont pas compris dans le monopole; — au contraire, le concessionnaire des pompes funèbres emploie une formule inexacte, propre à induire le public en erreur et à nuire à l'entreprise ou agence de funérailles, lorsqu'il insère dans ses annonces qu'il a le « monopole exclusif du transport des corps » ou des démarches et fournitures mortuaires ou d'enlèvement nocturne des corps (Cpr. Trib. comm. Grenoble, 9 juin 1914; — Cons. préfect. Alpes-Maritimes, 14 janvier 1913, *Rev. gén. d'admin.*, 1913, p. 94) : il doit s'abstenir de semblable pratique et se contenter de faire connaître qu'il a le monopole du transport des corps avec cérémonie extérieure ou inhumation dans la commune, ou encore conformément à la loi de 1904. Rpr. Cass., 27 juin 1911, précité; Orléans, 3 janvier 1934, Société des pompes funèbres générales, D. hebd., p. 170. — Toute façon de provoquer confusion avec le service concessionnaire du monopole et de faire perdre à celui-ci de la clientèle, même pour la partie du service ne relevant pas du monopole communal (Cass., 5 novembre 1934, Roblot, D. hebd., p. 586), est acte de concurrence déloyale, illicite et sujette à répression. Toute enseigne susceptible par les éléments qui la constituent d'engendrer dans l'esprit du public une équivoque avec des mots à caractère officiel « Bureau des » ou « Administration des » doit être supprimée : Trib. comm. Dijon, 9 juillet 1913, cité D. 21.2.133, note 6, et Grenoble, 8 février 1915, Compagnie des pompes funèbres de Lyon, D. 21.2.132; Orléans, 3 janvier 1934, précité.

PONTS A PÉAGE.

BIBLIOGRAPHIE.

Berthélémy, *Tr. élém. de dr. adm.*, 11ᵉ éd., p. 518. — Hauriou, *Pr. de dr. adm.*, 1927, 11ᵉ éd., in-8°, p. 796.

CHAPITRE I

NOTIONS GÉNÉRALES.

2. — Une loi du 30 juill. 1880 a interdit pour l'avenir la construction de ponts à péage sur les routes nationales et départementales (V. Berthélémy, *Tr. élém. de dr. adm.*, 11ᵉ éd., p. 518; Hauriou, *Pr. de dr. adm.*, 11ᵉ éd., p. 796). Il n'en existe plus sur les anciennes routes. Sur celles qui ont été nouvellement classées dans la voirie nationale en vertu de l'art. 146 de la loi du 16 avr. 1930, le rachat des ponts à péage est projeté. Si l'on créait en France un réseau d'auto-routes à péage, comme il en existe en Italie, de Milan aux lacs, le péage de ces routes comprendrait celui des ponts traversant les cours d'eau. Mais l'idée a peu de chances d'être accueillie chez nous, où il existe de nombreuses routes en bon état permettant une moyenne de vitesse très élevée.

3. — La loi de 1880 a ordonné le rachat des ponts préexistants sur les routes nationales, qui ont dû être rachetés avant le 1ᵉʳ janv. 1889 et l'ont été à cette date, sauf celui d'Argenteuil qui l'a été d'ailleurs depuis lors. Pour les ponts à péage sur les chemins vicinaux, il n'y a pas eu de délai fixé et, d'ailleurs, on y crée encore parfois des ponts avec ce régime, après enquête dans les communes intéressées, quand l'exécution de ces ponts entraîne de très grosses dépenses et que les ressources budgétaires des communes s'avèrent insuffisantes pour y parer. Il en existe notamment un dans la baie de Brest et quelques-uns dans le Jura.

PORTS MARITIMES.

LÉGISLATION.

L. 7 avr. 1902, art. 16 (*prévoyant l'institution de péages pour l'établissement, l'amélioration ou le renouvellement de l'outillage et le sauvetage des navires*); — Arr. 12 nov. 1908 (*créant le Comité administratif des ports maritimes*); — Décr. 12 mai 1912 (*concernant la forme des enquêtes relative aux travaux des ports maritimes*); — L. 12 avr. 1913 (*relative à l'institution des péages sur les navires en démolition à flot*); — Arr. 30 janv. 1915, modifié par D. 13 oct. 1927 (*cahier des charges-type pour les concessions d'outillages publics et pour les autorisations d'outillages privés*); — L. 12 juin 1920 (*concernant l'autonomie des ports maritimes*); — L. 31 juill. 1920 (*sur les péages dans les ports maritimes*); — Décr. 23 sept. 1921 (*portant règlement d'administration publique pour l'application de la loi du 12 juin 1920*); — Décr. 29 avr. 1921 (*application de la loi de huit heures dans les ports maritimes*); — L. 30 avr. 1921, art. 87 (*application de la loi du 12 juin 1920*); — L. 17 juill. 1921 (*sur le pilotage*); — L. 16 juill. 1921 (*taxe sur le poisson débarqué*); — Décr. 7 avr. 1924 (*portant règlement d'administration publique pour l'administration des ports non autonomes*); — Décr. 13 nov. 1924 (*relatif à l'administration des ports non autonomes*); — Décr. 13 nov. 1924 (*portant institution des ports maritimes du Havre et de Bordeaux* [mod. par D. 29 déc. 1925]); — Décr. 7 et 8 avr. 1924 (*relatif à l'exécution de travaux dans les ports maritimes*); — L. 27 mars 1927 (*sur la protection du balisage*); — L. 26 mars 1927 (*sur les péages dans les ports maritimes*); — Décr. 20 avr. 1927 (*frais de contrôle dans les ports maritimes*); — L. 14 déc. 1927 (*attribution des conseils d'administration dans les ports maritimes autonomes*); — L. 9 déc. 1927 (*avances pour l'amélioration des ports maritimes*); — L. 31 déc. 1927 (*enlèvement des épaves*); — L. 28 mars 1928 (*droits de quai*); — Décr. 28 avr. 1928 (*statut des officiers de port*); — Décr. 16 avr. 1929 (*cahier des charges-type pour les concessions de formes de radoub aux chambres de commerce ou aux particuliers*); — Décr. 22 oct. 1929 (*personnel des ports maritimes aux colonies*); — Circ. 7 août 1929 (*cahiers des charges-type pour les concessions de docks flottants aux chambres de commerce ou aux particuliers*); — Décr. 27 juin 1929 (*allocations aux surveillants de ports*); — Décr. 4 mai 1929 (*statut des cadres latéraux*); — Décr. 19 janv. 1930 (*indemnité d'intérim pour les officiers de ports*); — Décr. 27 mars 1930 (*indemnités pour service de nuit*); — Décr. 10 avr. 1930 (*manutention et transport des matières dangereuses*); — Décr. 22 juill. 1930 (*modification du statut des officiers de port*); — Décr. 28 mai 1930 (*traitement des officiers et du personnel des ports*); — Décr. 18 mai 1920 (*personnel des ports aux colonies*); — L. 8 juill. 1931 (*concernant l'ouverture et l'exploitation de magasins généraux*); — L. 26 déc. 1931 (*navigation côtière. Abrogation du décret-loi du 20 mars 1852 sur la navigation au bornage*).

BIBLIOGRAPHIE.

Hauriou, *Précis de droit administratif*, 11ᵉ éd., p. 641, 669, 691 et 810. — Berthélémy, *Traité élémentaire de droit administratif*, 10ᵉ éd. — Bonnard, *Précis élémentaire de droit administratif*, p. 284 et 285. — Courcelle, *Traité administratif des travaux publics*, éd. 1927, t. 2, p. 815-824 et Complément 1928, p. 285 et s.; — *Les ports maritimes français* (édité par le Comité central des armateurs de France, imprimerie Chaix); — *Annales des ponts et chaussées, partie administrative;* — *Annuaire Didot-Bottin*, Paris, t. 3; — *Le régime administratif des ports maritimes français*, par De Maisoncelle, in *Science et Industrie*, janvier 1933.

INDEX ALPHABÉTIQUE.

DIVISION.

CHAPITRE I

NOTIONS GÉNÉRALES.

5. — Les ports de commerce sont en France au nombre de 329, tant en France qu'en Algérie, dont 14 principaux (4 en Algérie), 35 secondaires (5 en Algérie), et 280 petits (11 en Algérie). Les ports principaux sont ceux qui sont accessibles aux transatlantiques et aux cargos-boats à grand tirant d'eau, et dont le mouvement dépasse 500.000 tonneaux de jauge. Les ports secondaires sont ceux qui sont accessibles seulement aux navires de moyen tonnage et dont le mouvement est compris entre 100.000 et 500.000 tonneaux. Les petits ports sont ceux dans lesquels on ne pratique guère que le petit cabotage ou la pêche côtière et dont le mouvement reste en dessous de 100.000 tonneaux.

CHAPITRE II

ÉTABLISSEMENT, AMÉLIORATION, ENTRETIEN ET EXPLOITATION DES PORTS MARITIMES.

SECTION I.

Généralités.

§ 1. *Organisation administrative.*

6-19. — **1.** — Le régime des ports maritimes de commerce a été rénové tant par une loi très importante du 12 juin 1920, concernant l'autonomie de ces ports et la simplification des formalités relatives à l'exécution des travaux des ports (loi modifiée sur certains points par la loi du 14 déc. 1927 et par l'art. 150 de la loi du 30 déc. 1928), que par un décret du 7 avr. 1924 ayant pour objet de doter les ports d'une certaine importance d'un régime aussi voisin que possible de celui des ports autonomes. Il y a donc à distinguer essentiellement les ports autonomes des autres.

A. Ports autonomes. — 2. — Un décret du 16 sept. 1921 a été rendu pour l'application de la loi du 12 juin 1920. Le nouveau régime est institué dans chaque port par un décret, rendu en Conseil d'Etat, après enquête, le comité régional du groupement économique auquel appartient le port préalablement entendu, sur la proposition du ministre des Travaux publics, des Transports et de la Marine marchande, du ministre du Commerce, de l'Industrie, des Postes et des Télégraphes, du ministre de l'Agriculture, du ministre de la Marine et du ministre des Finances. Ce décret détermine la circonscription du port et règle les dispositions que nécessite la substitution du nouveau régime au régime antérieur. La circonscription comprend les accès maritimes de l'établissement, dans les limites fixées par le décret; elle peut comprendre, outre le port principal, un certain nombre de ports secondaires. Le port et ses dépendances continuent à faire partie du domaine public.

3. — Les droits et obligations de l'Etat, en matière de domanialité et de travaux publics, sont conférés au port dans les mêmes conditions qu'aux administrations de chemin de fer.

4. — Un port dans lequel a été institué le régime organisé par la présente loi est un établissement public investi de la personnalité civile et soumis aux règles générales qui régissent la gestion des deniers publics. L'administration du port est assurée par un conseil et par un directeur dont les attributions respectives sont définies ci-après :

5. — *Conseil d'administration.* — Le conseil d'administration comprend :

1° Des représentants de la chambre de commerce dans la circonscription de laquelle se trouve le port, des représentants du conseil général du département et du conseil municipal de la principale ville comprise dans la circonscription du port, des représentants des réseaux de chemins de fer d'intérêt général aboutissant au port, un représentant de l'administration des finances, un représentant des ouvriers du port et, dans les ports juxtaposés à un port militaire, un officier de la marine militaire;

2° Des membres choisis parmi les principaux usagers du port, les principaux industriels, commerçants et agriculteurs des régions desservies par le port, les principaux groupements professionnels de la marine marchande, tels que les armateurs français, agents français des compagnies françaises de navigation, capitaines de navire et inscrits maritimes; en outre, parmi les entrepreneurs et agents d'entreprises de transports fluviaux, les agents des sociétés concessionnaires d'outillages publics, les constructeurs de navires, les courtiers maritimes, les consignataires, les entrepreneurs de manutention maritime, les transitaires, les exploitants d'entrepôts réels des douanes, enfin, parmi les spécialistes qualifiés en matière de construction et d'exploitation des ports. Le décret d'institution détermine dans chaque cas la composition du conseil d'administration, qui doit comprendre neuf, quinze ou vingt et un membres. Le nombre des membres du conseil peut être modifié par des décrets ultérieurs. Les membres du conseil d'administration sont nommés ou désignés pour six ans; ils sont rééligibles; le renouvellement a lieu par tiers tous les deux ans dans le cours de décembre. Les fonctions de président du conseil d'administration et de directeur sont incompatibles avec le mandat de sénateur ou de député.

6. — Ne peuvent être membres du conseil :

1° Les fonctionnaires attachés au service dont il a la gestion;

2° Les agents payés sur les fonds dont il dispose. Les membres du conseil ne peuvent être entrepreneurs des services qu'ils administrent.

7. — Les fonctions de membre du conseil sont gratuites. Les membres du conseil ont seulement droit au remboursement des frais que nécessite l'exécution de leur mandat.

8. — Le conseil d'administration statue définitivement sur tout ce qui concerne les travaux, l'outillage et l'exploitation du port, sauf sur les projets de travaux ou d'outillage qui entraînent des transformations ou des modifications essentielles dans les ouvrages ou accès du port ou qui sont effectués avec le concours financier de l'État. « Il a, dans les limites de sa circonscription le pouvoir :

» 1° D'autoriser, soit sous le régime de la concession, pour une durée ne dépassant pas cinquante ans, soit sous le régime de l'occupation temporaire du domaine public avec obligation de service public, pour une durée n'excédant pas vingt ans, l'établissement de nouveaux engins d'outillage public et de fixer les tarifs maxima et les conditions d'usage de ces engins;

» 2° De relever avec ou sans condition les tarifs maxima, fixés par décret en Conseil d'État, des engins établis antérieurement à l'autonomie, soit sous le régime de l'occupation temporaire avec obligation du service public;

» 3° De fixer les tarifs maxima et les conditions d'usage pour les outillages établis par le port autonome lui-même.

» Dans les trois cas susvisés, la délibération du conseil d'administration est précédée d'une enquête ouverte dans les formes réglementaires ».

Pour les travaux de ports maritimes, « le conseil d'administration prend les mesures nécessaires pour la création des ressources destinées à couvrir les charges qui lui incombent et qui comprennent l'administration, l'entretien, l'exploitation et les améliorations du port. Il est appelé obligatoirement à donner son avis sur toutes les questions relevant des divers services publics et intéressant le port ».

Le conseil d'administration établit chaque année un budget ordinaire et un budget extraordinaire, ainsi qu'un compte général des recettes et des dépenses.

Les délibérations relatives aux objets sur lesquels le conseil statue définitivement peuvent être frappées d'opposition par le ministre des Travaux publics, des Transports et de la Marine marchande, dans les huit jours qui suivent la transmission du procès-verbal. Ces délibérations deviennent exécutoires, soit par un avis de non-opposition du ministre, soit par l'expiration du délai de huit jours à partir de l'envoi au ministre. En cas d'opposition, le ministre doit statuer dans le délai d'un mois à partir de l'opposition. Passé ce délai, la délibération devient exécutoire. Le ministre peut, après l'avis du conseil supérieur des travaux publics, annuler la délibération par une décision motivée qui n'est susceptible de recours au Conseil d'État que pour excès de pouvoir ou violation de la loi. En cas de recours, le Conseil d'État doit statuer dans le délai de deux mois. Le recours suspend l'exécution de la délibération.

9. — Les délibérations du conseil d'administration ne deviennent exécutoires que si elles sont sanctionnées par l'autorité supérieure lorsqu'elles portent sur des projets de travaux qui entraînent des transformations ou des modifications essentielles dans les ouvrages ou accès du port, ou qui sont effectuées avec le concours financier de l'État.

10. — Toutes les opérations du conseil d'administration sont placées sous le contrôle direct du ministre des Travaux publics, des Transports et de la Marine marchande, qui fait inspecter et vérifier le fonctionnement de tous les services par des membres du conseil supérieur des travaux publics désignés à cet effet, ainsi que les fonctionnaires chargés du contrôle de l'exécution du budget des travaux publics.

11. — *Directeur.* — Le directeur, choisi sur une liste de présentation de trois candidats établie par le conseil d'administration, est nommé par décret, sur la proposition du ministre des Travaux publics, des Transports et de la Marine marchande. Il ne peut être relevé de ses fonctions que par un décret rendu sur le rapport du ministre des Travaux publics, des Transports et de la Marine marchande, après avis ou sur la proposition du conseil d'administration. Ses émoluments sont fixés par le conseil et imputés sur le budget du port. Le directeur est l'agent d'exécution du conseil d'administration dans toutes les matières qui sont de la compétence de cette assemblée. Par délégation du conseil, il nomme à tous les emplois du port en se conformant aux lois et règlements spéciaux à certaines catégories d'agents. Toutefois, l'ingénieur en chef, les ingénieurs et conducteurs chargés des travaux du port, ainsi que les officiers et maîtres de port sont pris dans le personnel du ministère des Travaux publics. La nomination et l'administration de ce personnel demeurent réservées au ministre des Travaux publics, des Transports et de la Marine marchande. L'ingénieur en chef est désigné après avis du conseil d'administration du port. Des indemnités et des gratifications spéciales peuvent être allouées par le conseil d'administration aux fonctionnaires en service dans le port. Le directeur, comme agent du pouvoir central, exerce, dans les limites de la circonscription du port, une action générale sur tous les services publics en ce qui concerne les affaires qui intéressent directement l'*exploitation*, notamment sur les services des travaux publics et des chemins de fer, de la navigation intérieure, des phares et balises, des douanes, du pilotage, de l'inscription maritime, de l'inspection de la navigation, de la police sanitaire maritime et de la police générale du port. L'action du directeur est dans tous les cas subordonnée à la nécessité pour les chefs de service d'assurer *les fonctions d'intérêt général* qui leur incombent. Toutes les fois qu'il y a désaccord entre le directeur du port et un chef de service, il en est référé aux ministres ou aux directeurs généraux intéressés.

12. — Deux décrets du 13 novembre 1924 ont institué le régime de l'autonomie aux ports du Havre et de Bordeaux. Chacun de ces décrets prévoit la remise gratuite au nouvel organisme :

1° par la chambre de commerce, du très important outillage qu'elle gère;

2° par l'État, de la jouissance ou de la propriété, suivant les cas, des ouvrages, terrains, bâtiments, matériel, approvisionnements dépendant du domaine public ou du domaine privé et servant au fonctionnement du port. Il n'en est résulté d'ailleurs aucune modification au point de vue fiscal. Des décrets du 29 déc. 1925 et du 20 avril 1928 ont modifié les conditions d'application du régime de l'autonomie aux ports ci-dessus indiqués, ainsi qu'à celui de Strasbourg, institué entre temps.

B. *Ports non autonomes.* — 13. — Le décret du 7 avr. 1924 relatif à la réorganisation des ports non autonomes consolide et précise les dispositions des arrêtés ministériels des 23 février et 14 avr. 1919 sur la décentralisation et l'industrialisation des ports maritimes.

14. — *Directeur.* — Dans les grands ports non autonomes, tous les services dépendant du ministère des Travaux publics sont placés sous l'autorité d'un *directeur* relevant directement du ministre, choisi parmi les ingénieurs en chef des ponts et chaussées et nommé par décret. Il est assisté d'une commission consultative. Il a sous ses ordres :

1° Un chef de l'exploitation du port choisi parmi les ingénieurs des ponts et chaussées, qui peut en outre être chargé d'un service de travaux;

2° Un ou plusieurs ingénieurs des ponts et chaussées chargés exclusivement de travaux. Il a sous son autorité tout le personnel affecté au service maritime dans la circonscription du port et relevant du ministère des Travaux publics. Il exerce une action générale en ce qui concerne les relations du port avec l'intérieur sur tous les services dépendant du ministère des Travaux publics : chemins de fer, voies navigables, routes, distributions d'énergie, etc. Il est chargé d'établir, en ce qui concerne toutes les affaires intéressant la bonne utilisation du port, la coordination nécessaire avec tous les services locaux. Il correspond directement avec la municipalité et avec les services départementaux pour tout ce qui concerne le port. Il se maintient en contact constant avec la chambre de commerce et se concerte avec elle sur les mesures intéressant le port. Il est délégué pour la délivrance des permissions de voirie et des alignements en exécution de la loi du 31 mars 1923. Il est également délégué pour statuer, aux lieu et place du préfet : 1° pour l'approbation des adjudications autorisées par le ministre quand les soumissions ne présentent pas de clauses extraconditionnelles et qu'il n'y a ni réclamation, ni protestation; 2° pour les secours aux ouvriers blessés ou réformés; 3° pour l'approbation et la répartition rectifiée des dépenses, des fonds d'entretien et des décomptes des entreprises quand il n'y a pas d'augmentation des dépenses autorisées. D'autres affaires lui sont déléguées par arrêtés ministériels; mais celles qui intéressent la défense nationale et celles qui concernent les phares et balises ne peuvent lui être déléguées.

15. — *Commission consultative.* — La *commission consultative* du port comprend des membres pris dans la chambre de commerce, dans le conseil municipal de la principale ville comprise dans la circonscription du port, dans le conseil général du département et parmi les principaux usagers du port ou les entrepreneurs des services intéressant soit son exploitation, soit ses communications avec l'intérieur. Ils sont choisis par le préfet chaque année. Cette commission est nécessairement consultée sur toutes les affaires relatives à l'exploitation, à l'utilisation, à l'entretien ou à l'amélioration du port ou de son outillage. Elle donne son avis sur le relevé de la situation financière. Elle délibère en outre sur toutes les questions qui lui sont soumises par le directeur du port ou dont la mise à l'ordre du jour est demandée par trois de ses membres.

16. — *Chef de l'exploitation.* — Le *chef de l'exploitation* est chargé d'assurer la bonne exploitation du port, ainsi que l'application des règlements de police généraux ou spéciaux. Il prépare ces derniers. Il instruit toutes les questions relatives aux concessions d'outillages publics et aux occupations temporaires, à la création et à l'affectation de zones industrielles. Il a le contrôle des concessions d'outillage et des différents services ou organismes créés en vue de l'exploitation. Il se tient en liaison permanente avec les armateurs, les transitaires, les représentants qualifiés des services intéressés à l'exploitation du port. Il établit ou réunit les statistiques ou documents divers. Il a sous ses ordres les officiers, les maîtres de port et tout le personnel de l'exploitation.

17. — Le directeur du port peut être chargé temporairement des fonctions de chef de l'exploitation. Des simplifications sont prévues pour les ports secondaires.

18. — En vertu d'un décret du 4 sept. 1930, modifiant les art. 10 et 11 du décret du 7 avr. 1924, dans les ports où n'est organisé ni le régime de l'autonomie, ni le régime défini par les articles précédents, l'ingénieur en chef du service maritime exerce les attributions conférées au directeur du port. Dans les mêmes ports il peut être créé, par arrêté ministériel, une commission consultative de neuf membres au plus ayant les attributions définies à l'art. 6. L'arrêté qui institue cette commission fixe sa composition. Les membres de la commission sont nommés et la commission fonctionne suivant les règles établies par les art. 4 (2° et 4° alin.) et 5, le rôle attribué par ces articles au directeur du port étant rempli par l'ingénieur en chef du service maritime ou par son délégué. D'autre part, en vertu d'un décret du 7 oct. 1930, modifiant l'art. 3 du décret du 8 avr. 1924, dans les ports non autonomes où il n'existe pas de commission consultative la commission d'enquête est composée de cinq membres au moins et de sept au plus choisis parmi les catégories de personnes susvisées.

§ 2. *Organisation financière.*

19. — Pour *les ports autonomes*, leurs ressources sont précisées par les art. 11 et 12 de la loi du 12 juin 1920. Le port dispose des ressources ordinaires ci-après : 1° produits des droits de quai, tels qu'ils sont ou seront institués par les lois sur la matière, ainsi que des centimes additionnels régulièrement autorisés; 2° produits des péages locaux, établis, par application des lois sur la marine marchande, en vue de subvenir au maintien des profondeurs des rades, passes, chenaux et bassins du port; 3° produits des péages locaux, destinés à payer les dépenses relatives aux services qu'il organise ou subventionne, en vue d'assurer le sauvetage des navires, équipages, passagers et cargaisons, ainsi que la sécurité, la propreté, la police et la surveillance des quais et dépendances du port; 4° produits des taxes et redevances de toute nature dont la perception aurait été régulièrement autorisée; 5° produits du domaine public dans les conditions déterminées à l'art. 1er; 6° produits de l'exploitation de l'outillage public directement administré ou affermé par le port, et, éventuellement, de l'exploitation des voies ferrées des quais; 7° s'il y a lieu, subside de l'Etat pour contribution à l'entretien des accès du port. Le décret institutif détermine le montant de ce subside, ainsi que les conditions dans lesquelles il peut être revisé.

20. — Le port dispose des ressources extraordinaires ci-après : 1° subsides de l'Etat, du département, des communes, des chambres de commerce, des groupements économiques et autres établissements publics et des particuliers, pour les travaux d'amélioration et d'extension du port et de ses accès; ces subsides étant donnés sous forme de subvention en capital ou d'annuités; 2° produits des péages locaux établis, par application des lois sur la marine marchande, en vue de subvenir soit à l'amélioration des accès, soit à l'amélioration des ouvrages et de l'outillage du port; 3° produits des emprunts autorisés; 4° dons et legs; 5° toutes autres recettes accidentelles.

21. — Pour *les ports non autonomes*, les ressources sont les mêmes, *mutatis mutandis.* Mais elles résultent des dispositions prises par les textes visés *infrà*, Sect. III.

22. — En vertu de l'art. 49 de la loi du 9 déc. 1927, modifiant les dispositions corrélatives des lois de finances des 30 avr. 1921 et 30 juin 1923, les dépenses engagées par l'Etat pour l'amélioration et l'extension des ports maritimes peuvent être couvertes, indépendamment des fonds de concours versés par les intéressés, au moyen d'avances des départements, des villes, des chambres de commerce ou des administrations des ports placés sous le régime de la loi du 12 juin 1920, remboursables par annuités dans un délai maximum de vingt années, avec faculté de remboursement anticipé. Le montant, le mode de versement des avances et les conditions de leur remboursement sont déterminés dans des conventions passées au nom de l'Etat par le ministre des Travaux publics et approuvées par décret délibéré en Conseil d'Etat, rendu sur la proposition du ministre des Travaux publics et du ministre des Finances. La loi de finances détermine chaque année le montant des engagements que le ministre des Travaux publics est autorisé à contracter.

§ 3. *Travaux publics.*

23. — L'art. 150 de la loi de finances du 30 déc. 1928, modifiant l'art. 20 de la loi du 12 juin 1920, dispose comme suit : « Les travaux de construction et d'amélioration des ports maritimes de commerce placés ou non sous le régime institué par le tit. Ier de la présente loi (celui de l'autonomie) peuvent être autorisés par des décrets rendus en Conseil d'Etat, après enquête, lorsque la part des dépenses à la charge de l'Etat est comprise entre 4 et 40 millions de francs ». Les décrets d'autorisation règlent, s'il y a lieu, la question des voies et moyens. Des décisions du ministre des Travaux publics, prises après enquête et avis du conseil supérieur des travaux publics, et sur avis conforme du ministre des Finances, peuvent autoriser l'exécution des travaux lorsque la part des dépenses à la charge de l'Etat est inférieure à 4 millions de francs.

24. — Une commission permanente d'enquête a été instituée par l'art. 21 de la loi du 12 juin 1920 pour procéder à l'enquête sur les travaux de construction et d'amélioration des ports. Dans les ports autonomes la commission permanente d'enquête comprend onze membres, savoir : 1° huit membres choisis

parmi les principaux usagers du port, les principaux industriels, commerçants et agriculteurs des régions desservies par le port, les principaux groupements professionnels de la marine marchande, tels que les armateurs français, agents français des compagnies françaises de navigation, capitaines de navire et inscrits maritimes, en outre parmi les entrepreneurs et agents d'entreprises de transports fluviaux, les agents des sociétés concessionnaires d'outillages publics, les constructeurs de navires, les courtiers maritimes, les consignataires, les entrepreneurs de manutention maritime, les transitaires, les exploitants d'entrepôts réels des douanes, enfin parmi les spécialistes qualifiés en matière de construction et d'exploitatation des ports ; 2° trois membres du conseil d'administration du port. Dans les ports non autonomes la commission permanente d'enquête est constituée par la commission consultative du port avec adjonction de quatre membres supplémentaires. Ces quatre membres sont choisis en dehors de la chambre de commerce, parmi les personnalités énumérées au 1° de l'article ci-dessus.

A. *Travaux neufs*. — 25. — En règle générale, les travaux des ports maritimes sont effectués par l'Etat. Les ingénieurs en chef dressent le projet et, s'il y a lieu, en soumettent les dispositions proposées à une enquête nautique effectuée par une commission, dite « Grande commission nautique », présidée par le capitaine de vaisseau, président permanent des commissions nautiques du littoral, et composée d'un ingénieur hydrographe de la marine, rapporteur, de l'administrateur de l'inscription maritime et de pilotes et de marins pratiques du port. Dans le cas de travaux simples, on se contente d'une commission restreinte (Arr. intermin. 16 avr. 1909), dite « Commission nautique locale », présidée par l'administrateur de l'inscription maritime. Les travaux des ports maritimes, étant effectués presque toujours dans les limites de la zone frontière, comportent, en outre, généralement l'instruction mixte prescrite par le décret du 16 août 1853. Indépendamment même des cas où une expropriation est nécessaire, et par application de l'art. 20 de la loi du 12 juin 1920, il est fréquemment nécessaire de soumettre le projet à une enquête d'utilité publique, à laquelle il est procédé dans les formes prescrites par le décret du 8 avr. 1924. Enfin, les travaux sont autorisés, après consultation du Conseil supérieur des travaux publics, par une loi, par un décret en Conseil d'Etat ou par une simple décision du ministre des Travaux publics, suivant que la part de la dépense à imputer sur le budget de l'Etat est supérieure à 40 millions, comprise entre 4 et 40 millions, ou inférieure à 4 millions. Cette réglementation est absolument spéciale aux travaux des ports maritimes, pour qui elle remplace la loi du 27 juill. 1870 et l'ordonnance du 18 févr. 1834.

26. — Bien que l'Etat soit le maître de l'ouvrage, il ne prend pas à sa charge la totalité de la dépense des travaux des ports. Aux crédits budgétaires s'ajoutent des fonds de concours versés par les particuliers ou les collectivités intéressées. Ces subsides sont payés ou bien au moyen des ressources propres de celui qui les verse, ou bien, ce qui est le cas le plus fréquent, au moyen de péages sur le trafic local. En règle générale, les intéressés doivent contribuer à la dépense jusqu'à concurrence de 50 % s'il s'agit des sept grands ports d'intérêt national : Dunkerque, Le Havre, Rouen, Nantes, Bordeaux, Marseille et Alger, et d'au moins les deux tiers dans les autres cas. Les travaux une fois autorisés sont exécutés dans les mêmes conditions que tous les autres travaux publics. Ils peuvent l'être par voie de concession, rien ne s'y oppose en droit. L'Etat ne contribue pas alors aux frais de construction des ouvrages ; mais les chambres de commerce y participent ordinairement en ristournant aux concessionnaires tout ou partie des péages perçus par elles. On recourt d'ailleurs peu à la concession pour les ouvrages des ports maritimes, car elle rend assez difficiles les modifications qui sont ultérieurement reconnues nécessaires et qui deviennent fréquentes par suite des transformations rapides de la navigation et de la nature des trafics. Dans les ports autonomes, les concessions sont accordées par le port autonome lorsque leur durée est inférieure à cinquante ans et qu'elles n'entraînent pas de modifications essentielles dans les ouvrages ou accès du port (art. 10 L. 12 juin 1920, mod. par L. 14 déc. 1927). Le port autonome accorde également lui-même des autorisations d'outillage privé, avec obligation de service public lorsque la durée est inférieure à vingt ans.

L'approbation des adjudications concernant des travaux des ports maritimes est de la compétence exclusive des préfets, qu'elles aient eu lieu dans la forme ordinaire ou dans la forme restreinte. Pour les adjudications restreintes, les travaux auxquels elles se rapportent ont généralement pour objet des transformations ou des modifications dans les ouvrages ou accès des ports, ou nécessitent soit l'ouverture de crédits spéciaux sur les fonds du budget de l'Etat, soit l'institution ou la prorogation des péages locaux temporaires ou des surtaxes locales temporaires ; dès lors, les projets de ces travaux doivent être soumis à l'administration supérieure. Les décisions ministérielles portant approbation des projets en question déterminent les conditions dans lesquelles il y a lieu à l'adjudication des travaux (Circ. 15 févr. 1921, *Rec. des lois, décrets, arrétés et circ. min. des Trav. publ.*, 1921, p. 31).

B. *Travaux d'entretien*. — 27. — Ces travaux sont exécutés comme les travaux neufs. Toutefois, les ingénieurs en chef ont ici délégation permanente pour approuver les projets si les crédits nécessaires ont été alloués et pour passer les marchés sur avis conforme de la commission consultative du port (Arr. 25 janv. 1926). Les dépenses d'entretien des ouvrages maritimes sont à la charge de l'Etat qui peut demander des subsides aux intéressés.

Section III.

Outillage.

32 *bis*. — Une lettre du ministre de l'Intérieur en date du 22 juill. 1921 admet que les villes peuvent obtenir des concessions d'outillage public pour la manutention des marchandises dans les ports maritimes. Elle s'appuie sur la jurisprudence du Conseil d'Etat en matière de régies communales et sur l'art. 28-9° de la loi du 16 oct. 1919. Cette opinion paraît contestable, étant donné la tendance restrictive de ladite jurisprudence et, d'autre part, le principe de la limitation de la compétence des autorités publiques (Cf. Jèze, *Les principes généraux du droit administratif*, t. 3, 1926, p. 187). Mais le fait existe.

35 *bis*. — Le contrôle des voies ferrées des ports maritimes et fluviaux a été réorganisé, par un arrêté du 29 mai 1924, dans un sens de simplification, de centralisation et d'adaptation au régime créé par la loi du 12 juin 1920 et la décision du 7 avr. 1924 : le chef de service local a la solution du plus grand nombre d'affaires et un seul service de contrôle fait l'instruction de celles pour laquelle la décision est réservée au ministre.

36. — Les concessions d'outillage sont faites suivant un cahier des charges-type. Le premier en date est du 19 janv. 1886. Il en existe actuellement plusieurs, différents suivant qu'il s'agit de concessions soit aux chambres de commerce, soit aux particuliers, ou d'autorisations avec obligation de service public. Les cahiers des charges-types pour les concessions d'outillages publics, soit aux chambres de commerce, soit aux particuliers, ainsi que le cahier des charges-type pour les autorisations d'outillages privés avec obligation de service public ont fait l'objet d'un arrêté du 30 janv. 1915 (*Recueil des lois, décrets et arrétés* concernant le ministère des Travaux publics, 1915, p. 100), modifié par la circulaire du 13 oct. 1927 (*Recueil des lois, décrets et arrétés* concernant le ministère des Travaux publics, 1928, p. 11 et s., et 461) ; ils n'ont pas valeur réglementaire. Les cahiers des charges-types pour les concessions d'exploitation de formes de radoub soit aux chambres de commerce, soit aux particuliers ont fait l'objet de décrets du 16 avr. 1929, précédés d'une circulaire (*Recueil des lois, décrets et arrétés* concernant le ministère des Travaux publics, 1929, p. 121 et 144) ; ils ont valeur réglementaire. Il n'en est pas de même pour ceux qui sont relatifs aux concessions de docks flottants aux chambres de commerce ou aux particuliers, car ils n'ont fait l'objet que d'un arrêté ministériel du 7 août 1929 (*Recueil des lois, décrets et arrétés* concernant le ministère des Travaux publics, p. 301 et 323).

39. — Les autorisations sont astreintes à une redevance domaniale, que l'outillage ne soit utilisé que pour les besoins du titulaire seul ou également par le public. Au contraire, les concessions ne sont pas assujetties à une redevance domaniale. Lorsqu'elles sont accordées à des particuliers, elles comportent au profit de l'Etat une clause de partage des bénéfices. Au point de vue technique, les concessions d'outillage sont sous le contrôle du ministère des Travaux publics. Au point de vue financier, elles sont également sous celui du ministère du Commerce quand elles sont accordées à des chambres de commerce.

42 *bis.* — Aux concessions d'outillage, on rattache les divers services que les chambres de commerce assurent dans l'intérêt du port. Les charges de ces services figurent au budget de l'exploitation. Quelques-uns procurent des recettes, d'autres se bornent à être cause de dépenses; mais, dans ce cas, les dépenses sont couvertes en général par des prélèvements sur les recettes des péages locaux, en vertu des dispositions de l'art. 16 de la loi du 7 avr. 1902. Il en est ainsi des services de sauvetage et de protection contre l'incendie, de police des quais (frais des gardes de commerce et contribution à l'entretien de la police municipale; contribution à l'éclairage des quais). En sens inverse, on citera comme susceptibles de procurer des recettes qui équilibrent les dépenses : le service de balayage des quais qui fonctionne avec les redevances demandées aux navires pour nettoiement effectué à leur place par les soins de la chambre de commerce; le service des garde-feu; les services de T. S. F. avec les navires; les services de halage et de lamanage, qui peuvent être rattachés à la chambre de commerce dans un but de bon ordre, mais qui fréquemment fonctionnent comme services autonomes.

SECTION IV.

Compétence.

§ 1. Réparation des dommages
résultant de travaux d'établissement ou d'entretien.

45. — C'est au ministre des Travaux publics, sauf recours au Conseil d'Etat, et non au conseil de préfecture, qu'il appartient de statuer sur une demande tendant à faire condamner l'Etat à payer à l'armateur d'un navire une indemnité à raison des avaries causées à ce navire à l'entrée d'un port par suite d'une faute qui serait imputable aux agents de l'administration chargés de la manœuvre d'un pont mobile; cette demande, en effet, n'a pas pour objet la réparation d'un dommage se rattachant à l'exécution d'un travail public. — Cons. d'Et., 22 janv. 1904, [S. et P. 1906.3.67]

46. — L'exécution d'une opération rentrant dans le dragage d'un port constituant un travail public, l'autorité judiciaire est incompétente, tant par application de l'art. 4 de la loi du 28 pluv. an VIII qu'en vertu du principe de la séparation des pouvoirs, pour connaître de l'action en réparation de dommages causés dans l'exécution dudit travail, alors que les faits sur lesquels est fondée la demande constituent des faits de service, et non des fautes personnelles se détachant de l'exercice de la fonction. — Trib. des conflits, 6 juill. 1912, Préfet de la Loire-Inférieure, [S. et P. 1917.3.13, Pand. *ibid.*]

§ 2. Contestations relatives à l'outillage.

52. — S'il n'y a qu'un marché de fournitures ou un contrat d'exploitation, la juridiction compétente pour les litiges entre l'administration et son cocontractant diffère suivant qu'on considère qu'il s'agit d'un contrat administratif ou d'un contrat de droit commun. L'existence de clauses exorbitantes du droit commun dans ces contrats paraît devoir les faire ranger en général dans la catégorie des contrats administratifs. D'autre part, le contentieux relève du Conseil d'Etat ou du conseil de préfecture interdépartemental, suivant que le contrat comporte collaboration avec un service public ou exécution de travaux publics, même à titre accessoire. — Cf. A. Appleton, *Traité élémentaire du contentieux administratif*, n. 111, 209; G. Jèze, *Les contrats administratifs*, Paris, Giard, t. 1, 1927 et t. 2, 1931. — V. *infrà*, v° *Travaux publics*.

53-54. — N'ont plus d'application.

SECTION V (nouvelle).

Régime fiscal.

65 *bis.* — 1. — Les portions bâties ou non bâties du domaine public national dont les produits sont amodiés ou dont la jouissance est abandonnée temporairement à titre privatif ne sont pas assujetties à l'impôt foncier des propriétés bâties ou non bâties. Cette décision du ministre des Finances, en date du 7 déc. 1925, s'applique non seulement aux formes de radoub, mais aussi aux ouvrages et outillages concédés des ports de commerce, qui font, comme elles, partie du domaine public (Circ. min. Trav. publ., 20 sept. 1927).

2. — La jurisprudence est en ce sens. Décidé qu'en présence des art. 105 et 106 de la loi du 3 pluviôse an VII, qui dispensent de l'impôt foncier les propriétés publiques ayant une destination d'utilité générale et non productrices de revenu, c'est à tort qu'un port autonome est assujetti aux impôts fonciers en raison des immeubles affectés aux services publics gérés par lui, si les redevances perçues pour l'usage de certaines installations ne peuvent être considérées dans l'espèce comme des revenus (Cons. d'Et., 31 mai 1929, [S. 1930.3.113]). Par voie de conséquence, c'est également à tort que ledit port est frappé, en raison de ces immeubles, de la taxe des biens de mainmorte, laquelle ne peut frapper, en vertu de l'art. 1er de la loi du 20 févr. 1849, que les biens passibles de la contribution foncière. — [*Ibid.*]

3. — Les ports autonomes, étant des établissements publics, ne sont pas passibles de la contribution des patentes à raison de leurs exploitations, qui présentent le caractère de services publics. — [*Ibid.*]

4. — Un décret du 14 févr. 1915 a affranchi de tous droits d'octroi, au moyen de l'entrepôt, dans les conditions prévues par le décret du 12 févr. 1870 : 1° les matériaux destinés aux travaux de construction, d'amélioration et d'entretien des routes nationales, des ports maritimes de commerce, des phares, des voies de navigation et de leurs dépendances; 2° les combustibles et matières destinées à l'entretien des voies et ouvrages ci-dessus et au fonctionnement des ponts mobiles, des portes et écluses des ports et voies de navigation, des phares et balises. D'après une circulaire du 30 juin 1921 (*Recueil des lois, décrets et arrêtés* concernant le ministère des Travaux publics, 2° série, 1926, p. 15) il y a lieu d'étendre cette exemption aux matériaux, combustibles et matières destinés aux travaux d'établissement, d'amélioration et d'entretien des outillages publics, concédés ou non, des ports maritimes, ces outillages faisant partie des dépendances des ports d'après les avis concordant du comité de contentieux du ministère des Travaux publics et du conseil général des ponts et chaussées. La jurisprudence est en ce sens. Décidé que les matériaux employés par les concessionnaires pour la construction d'un organisme de débarquement, magasinage et manutention dans un port maritime bénéficient de cette exonération. Et il importe peu que le concessionnaire perçoive certaines taxes rémunératrices, si elles ne font pas apparaître pour l'opération un caractère commercial (Cass. req., 28 janv. 1931, [D. hebd., 1931, p. 131]). Mais cette exemption ne s'applique qu'aux matériaux des ouvrages essentiels à l'exploitation des ports et répondant à un intérêt général. Ainsi, n'en bénéficient pas les matériaux employés à la construction d'habitations réservées aux éclusiers et à leur famille et situées à proximité de l'écluse d'un bassin d'un port maritime dont elles ne sont pas les dépendances. — Cass. civ., 20 janv. 1931, [D. hebd., 1931, p. 131]

CHAPITRE III

SECTION I.

Domanialité publique des ports maritimes.

66. — La domanialité publique des ports, consacrée par la loi des 23 novembre-1er déc. 1790 et par l'art. 538 du Code civil, est confirmée par l'art. 1er, alin. 3, de la loi du 12 juin 1920 sur les ports maritimes (Hauriou, *Précis*, 11° éd., p. 644, 669, 810). Ce sont donc des terrains appartenant à l'Etat. — Cons. d'Et., 17 janv. 1923, Piccioli, [S. 1927.3.17 et note Hauriou]. — V. pour les navires et rades, le même numéro au *Répertoire*. Cependant, pour les rades, il faut distinguer entre celles qui sont en prolongement du port et celles qui constituent des mouillages au large (rades foraines); ces dernières ne font pas partie du domaine public du port. Le décret du 28 mars 1919, modifié par la loi du 4 janv. 1924, a institué au ministère des Travaux publics une commission permanente chargée d'examiner les questions concernant le domaine public maritime.

79 *bis.* — 1. — Les ports autonomes, dont la création est prévue par les lois des 5 janv. 1912 et 12 juin 1920, continuent, ainsi que leurs dépendances, à faire partie du domaine public. Mais ils sont érigés en établissements publics autonomes, qui deviennent concessionnaires du port comme une compagnie de chemins de fer est concessionnaire d'un réseau (Hauriou, *Précis*, 11º éd., p. 810). Les droits et obligations de l'État, en matière de domanialité et de travaux publics, sont conférés au conseil d'administration du port et exercés par le directeur du port. Cette disposition, qui est à la fin de l'art. 1ᵉʳ de la loi du 12 juin 1920, est la reproduction de l'alin. 5 de l'art. 1ᵉʳ de la loi du 5 janv. 1912. Son interprétation est facilitée par une note que l'administration a adressée à la commission compétente de la Chambre des députés et que M. Chaumet a reproduite dans son rapport inséré au D. 1922.4.47.

2. — Une loi du 20 déc. 1927 a conféré aux directeurs des ports autonomes le droit qui appartenait au ministre des Travaux publics d'autoriser des outillages. Le seul fait qu'il a fallu une loi spéciale pour leur donner ce droit montre que ces organismes ne possèdent pas, de par la loi de 1920, tous les pouvoirs du ministre sur le domaine public. L'action générale exercée, en vertu de l'art. 15 de cette dernière loi, par le directeur du port sur les autres services est subordonnée à la nécessité pour les chefs de service d'assurer les fonctions d'intérêt général qui leur incombent, et ceux-ci continuent à relever des autorités qui leur sont supérieures dans la hiérarchie administrative normale. Ainsi, le directeur de port autonome n'a pas le droit de contrôler l'établissement et l'exploitation des voies ferrées d'intérêt local, ni d'exercer les pouvoirs de police du préfet en matière de réglementation de la circulation publique, ni de concéder des distributions d'énergie électrique, ni d'effectuer le contrôle de ces dernières dans le domaine du port (Avis du Conseil général des ponts et chaussées).

SECTION II.

Délimitation des ports maritimes.

96 *bis.* — Le recours contentieux n'est pas admis contre les arrêtés de domanialité ne constituant qu'un acte de notification de la limite des propriétés en vertu du décret de délimitation. — Cons. d'Ét., 1ᵉʳ févr. 1901 (Nollet). — Hauriou, *Précis*, 11ᵉ éd., p. 691 ; Bonnard, *Précis*, p. 439.

SECTION III.

Droits des particuliers sur les ports maritimes et paiement
des taxes et redevances.

§ 1. Usagers.

102. — Une loi du 28 mars 1928 a complété la loi du 30 janv. 1872 et abrogé celles des 23 déc. 1897 et 23 mars 1898 relatives aux *droits de quai*. Le droit de quai, institué par la loi du 30 janv. 1872, est perçu sur le navire, dans les ports de France et d'Algérie, d'après le tonnage de jauge nette et d'après la nature et l'importance des opérations effectuées dans chaque port. Les taxes qui le constituent sont assimilées aux droits de douane pour la forme des déclarations, le mode de recouvrement et le mode de répression des contraventions. Elles sont payées par les navires de tous pavillons, par le capitaine du navire, par l'armateur ou par leur représentant, dans les vingt jours de l'arrivée ou avant le départ du bâtiment. Les fausses déclarations dans le poids, l'espèce, la provenance ou la destination et toutes les autres contraventions sont passibles d'une amende égale au quintuple du droit compromis. Des réductions sont prévues pour les navires faisant le service d'une ligne régulière, mis à la disposition du public suivant un itinéraire et à des dates fixées à l'avance. Il y a également des

exemptions, notamment pour les navires faisant du cabotage, pour ceux qui entrent sur lest, pour les navires de guerre, les navires pêcheurs, les bateaux de plaisance ou d'excursion.

103. — L'art. 16 de la loi de finances du 7 avr. 1902, abrogeant le § 3 de l'art. 4 de la loi du 19 mai 1866 et l'art. 11 de la loi du 30 janv. 1893, a autorisé l'établissement de *péages locaux* temporaires pour assurer le service des emprunts contractés ou le paiement des allocations offertes par un département, une commune, une chambre de commerce ou tout autre établissement public, en vue de subvenir à l'établissement, à l'amélioration ou au renouvellement des ouvrages ou de l'outillage public d'exploitation de ce port ou de ses accès, ou au maintien et à l'amélioration des profondeurs de ses rades, passes, chenaux et bassins, pour payer des dépenses relatives à des services organisés ou subventionnés par une chambre de commerce pour le sauvetage des navires ou cargaisons, pour la sécurité de la propriété ou la police et la surveillance des quais et dépendances des ports. Ces péages sont établis en raison :

1º Du tonnage de jauge nette légale ou du tonnage de jauge brute des navires, tant français qu'étrangers;

2º Des quantités de marchandises embarquées et débarquées;

3º Du nombre des voyageurs embarqués et débarqués. Le maximum en a été modifié par l'art. 5 de la loi de finances du 31 juill. 1920, puis par l'art. 114 de la loi de finances du 26 mars 1927. Ils sont recouvrés par l'administration des douanes et assimilés aux droits de douane. Les ministres du Commerce et des Travaux publics ne peuvent autoriser un prélèvement sur les péages que pour l'exécution de travaux d'amélioration et l'établissement d'outillages rentrant dans le programme tracé par l'acte instituant les péages et pourvu que les excédents de recettes présentent, eu égard au trafic du port, un caractère de stabilité tel que ce prélèvement ne compromette pas le gage des créanciers obligataires ou établissements prêteurs.

104. — En sus des péages locaux, une *taxe sur le poisson débarqué* a été instituée par l'art. 12 de la loi du 16 juill. 1921. Ce texte est actuellement remplacé par l'art. 113 de la loi du 26 mars 1927, ainsi conçu : « Indépendamment des péages locaux temporaires qui peuvent être institués dans les ports maritimes en application de l'art. 16 de la loi du 7 avr. 1902 sur la marine marchande, modifié par l'art. 57 de la loi de finances du 31 juill. 1920, il peut être établi dans les mêmes formes, pour gager la participation financière des collectivités locales aux travaux d'amélioration, de création d'ouvrages, constructions, installations ou outillage dans l'intérêt de la pêche, ainsi qu'aux dépenses d'entretien des ouvrages ou des profondeurs, une taxe sur le produit du poisson débarqué par tout navire de mer, quels que soient la nationalité et le port d'armement de ce navire. Ce péage, qui ne pourra excéder 2,50 0/0 du produit brut du poisson, sera perçu dans les conditions déterminées par le décret rendu sous forme de règlement d'administration publique qui en autorisera l'institution et désignera, notamment, les services chargés de la perception. Les navires de pêche appartenant au port au titre duquel ce péage est établi pourront être astreints à son paiement au profit de ce port, pour le poisson qu'ils débarqueront dans un autre port, après accord, le cas échéant, avec les établissements publics au profit desquels sont perçus les péages dans cet autre port. Toutefois, au cas où, pour ce dernier port, il aurait été institué un péage analogue, la perception ne pourra être supérieure à celle du port le plus imposé; et la répartition entre le port d'armement et celui du débarquement sera faite proportionnellement aux péages institués dans chacun de ces ports. Les dispositions de l'art. 168 de la loi de finances du 29 avr. 1926, en ce qui touche les modalités d'institution et les règles de gestion et de contrôle d'un fonds de réserve, sont étendues au produit des taxes autorisées en vertu du présent article ».

104 *bis.* — Une loi du 12 avr. 1913 a permis l'institution de péages sur les navires en démolition à flot, applicables à partir du sixième mois de leur stationnement dans le port, d'après leur jauge brute à la date de la déclaration de démolition (extension de l'art. 16 de la loi susvisée du 7 avr. 1902).

104 *ter.* — En vertu de l'art. 168 de la loi de finances du 29 avr. 1926, complété par l'art. 73 de la loi du 19 mars 1928, des décrets rendus en la forme prévue par l'art. 16 de la loi du 7 avr. 1902 peuvent autoriser, pour les départements, communes, chambres de commerce ou établissements publics participant dans un port maritime aux dépenses de premier établissement ou d'entretien :

1° L'institution, en vue de couvrir ces dépenses, de taxes : a) à raison du séjour des marchandises au delà des délais réglementaires, sur les terre-pleins et quais découverts de ce port, à l'exclusion des parties du domaine public soumises au régime de l'occupation temporaire, à titre précaire et révocable, visé par la loi du 20 déc. 1872, ou à celui de la concession de travaux publics prévu par la loi du 27 juill. 1870, sauf, dans ce dernier cas, dispositions contraires du cahier des charges de concession; b) à raison du séjour, au delà d'un certain délai, des navires en stationnement prolongé dans le port, le taux de cette dernière taxe tenant compte, s'il y a lieu, des points de stationnement, ne pourra dépasser 50 centimes par tonneau de jauge brute et par semaine; elle ne sera applicable qu'aux navires de commerce, aux bateaux de pêche de cinq tonneaux et au-dessus, aux bateaux de navigation intérieure, aux bâtiments de servitude et engins flottants et aux bâtiments de plaisance. Les navires ayant leur point d'attache ou d'armement dans le port bénéficieront d'une exonération de 50 0/0 du taux de la taxe afférente à leur stationnement et auront un délai de séjour en franchise double du délai prévu par le décret institutif. Les taxes de séjour instituées conformément aux dispositions des §§ a et b sont assimilées aux péages locaux établis par application de l'art. 16 de la loi du 7 avr. 1902 et des lois subséquentes, mais n'entrent pas en compte dans le maximum imposé pour ces péages;

2° La constitution d'un fonds de réserve destiné à pourvoir ultérieurement tant à la réalisation des travaux d'extension du port qu'à l'entretien des ouvrages et au développement des outillages, et la perception, sans limitation de durée, de péages destinés à alimenter ce fonds de réserve concurremment avec les excédents du produit des autres péages et taxes perçues dans le port. Le décret institutif détermine la destination du fonds de réserve et des intérêts produits par son placement, en limite le montant et fixe le taux des péages. Le taux des péages alimentant le fonds de réserve pourra être revisé dans la même forme, à l'expiration de périodes dont la durée, qui ne sera pas inférieure à cinq ans, sera fixée dans l'acte d'institution. Il sera réduit d'office par arrêté du ministre du Commerce, après consultation des ministres des Travaux publics et des Finances, quand le fonds de réserves aura atteint son maximum. L'art. 66 de la loi du 8 avr. 1910, la loi du 12 avr. 1913 et toutes dispositions contraires au présent texte sont abrogées. Un règlement d'administration publique, rendu sur le rapport des ministres des Travaux publics, du Commerce et des Finances, déterminera les conditions d'application du présent article et, notamment, par analogie avec les dispositions réglementaires prévues en ce qui concerne les ports autonomes, les règles applicables au contrôle des caisses de péages pour lesquelles un fonds de réserve aura été constitué. Ce règlement est paru à la date du 15 nov. 1931.

§ 2. *Riverains.*

104 *quater.* — Enfin, les tarifs d'usage des outillages publics administrés dans les ports par les chambres de commerce sont en principe fixés de manière à couvrir sans bénéfice les charges de l'exploitation.

104 *quinquiès.* — Les usagers des ports sont soumis à diverses autres taxes énumérées ci-après : droits sanitaires (Décr. 26 nov. 1921, art. 156 à 162 et Décr. 14 mai 1920); droit de congé (L. 27 vend. an VII, art. 5 et 22; L. 6 mai 1841, art. 20); droit de permis (art. 81 de la loi de finances du 25 juin 1923); taxe de statistique (LL. 22 janv. 1872, 8 avr. 1910, 29 juin 1918 et 20 sept. 1919); taxe à l'importation (art. 72, L. 25 juin 1920); droit de visite de sécurité des navires (L. 17 avr. 1907, art. 52, modifié par l'art. 15 de la loi de finances du 30 avr. 1921); droit de magasinage et de garde en douane (LL. 4 germ. an II, tit. II, art. 4 et 6; 22 août 1791, tit. IX, art. 5; 9 févr. 1832, art. 5).

110 *bis.* — Des droits de voirie sont perçus au profit des communes pour les travaux exécutés le long des quais (LL. 21 avr. 1932; 5 avr. 1884, art. 133),

CHAPITRE IV

POLICE ET CONSERVATION DES PORTS MARITIMES.

SECTION I.

Mesures édictées en vue d'assurer la police.

115. — Les voies ferrées établies sur les quais des ports maritimes ou des ports de navigation intérieure sont régies par les art. 46 et 47 de la loi du 31 juill. 1931 lorsqu'elles n'ont pas le caractère d'embranchements particuliers. Elles sont soumises, au point de vue de la concession et du régime financier, aux mêmes règles que les lignes d'intérêt général ou d'intérêt local dont elles sont les annexes. L'art. 64 de la loi de finances du 17 avr. 1906 a étendu à ces voies le bénéfice du régime des surtaxes locales temporaires (L. 26 oct. 1897) pour faciliter l'amélioration des installations des grands réseaux et particulièrement des gares. La délimitation des voies ferrées des quais a lieu suivant une procédure indiquée par circulaire du 10 mai 1906 (*Rec. min. Trav. publ.*, 1906, 2e sér., p. 219). Des indemnités peuvent être dues aux compagnies concessionnaires à raison des sujétions qui leur sont imposées par les installations des tiers à la traversée des voies; c'est à l'administration de les fixer, selon une circulaire du 20 févr. 1924 (Même recueil, 1924, 2e sér., p. 103).

§ 2. *Mouvements et stationnements des navires.*

120 *bis.* — Suivant la loi du 15 mars 1927, remplaçant l'art. 3 de la loi du 27 mars 1882 et abrogeant l'art. 4 du même texte, le capitaine ou patron de tout navire, bateau ou embarcation qui, même en danger de perdition et par suite d'un amarrage, d'un abordage ou de toute autre cause accidentelle, a coulé, déplacé ou détérioré un feu flottant, une bouée ou une balise, est tenu de signaler le fait par les moyens les plus rapides dont il dispose, et doit au plus tard en faire déclaration dans les vingt-quatre heures de son arrivée au premier port où il aborde, sous peine d'un emprisonnement de dix jours à trois mois et d'une amende en principe de 25 à 100 francs, indépendamment du dommage causé à l'ouvrage.

128 *bis.* — Aux termes des art. 1 et 2 de la loi du 27 mars 1882, il est interdit aux capitaines, maîtres ou patrons, sauf dans les cas où le navire est en danger de perdition, de s'amarrer sur les feux flottants, balises ou bouées non affectés à cet usage et de jeter l'ancre dans le cercle d'évitage des feux flottants ou des bouées, à peine d'une amende de 10 à 15 francs, à laquelle peut s'ajouter un emprisonnement de cinq jours au plus. Quiconque a intentionnellement détruit, abattu ou dégradé une bouée, une balise ou un feu flottant, est puni d'un emprisonnement de six mois à trois mois et d'une amende de 100 à 500 francs, sans préjudice de la réparation du dommage causé. Suivant le quantum de la peine, la poursuite a lieu devant le tribunal de simple police ou devant le tribunal correctionnel.

§ 6. *Construction, carénage et démolition du navire.*

146. — Les épaves doivent être enlevées par les propriétaires des navires. A défaut, il y est procédé par l'Etat et il est dressé procès-verbal de contravention de grande voirie. L'administration recherche si le propriétaire était indigent ou insolvable avant de poursuivre le recouvrement des frais. D'après la jurisprudence du Conseil d'Etat, il ne peut être fait application de l'art. 13 de la loi du 29 juin 1852 et des art. 367 et 370 du décret du 31 mai 1862 concernant les remises de débet si la dette a son origine dans une condamnation prononcée par le conseil de préfecture (Circ. min. Trav. publ. en date du 31 déc. 1927, *Rec. des lois, ordonnances, décrets* concernant le ministère des Travaux publics, 1927, 2e sér., p. 657).

§ 8. *Police du pilotage.*

148. — Les règlements et tarifs de pilotage dans les eaux maritimes sont, d'après une loi du 17 juill. 1921, abrogeant la loi du 15 août 1792 et l'art. 44 du décret-loi du 12 déc. 1806, établis et revisés par décrets rendus sur la proposition du ministre chargé de la marine marchande, après avis de la chambre de commerce intéressée et d'une assemblée commerciale dont elle indique la composition. Le pilotage à l'entrée ou à la sortie des ports n'est pas un service d'outillage ; il jouit d'une organisation spéciale, sous le contrôle du ministre de la Marine marchande. Les pilotes sont nommés par le ministre de la Marine marchande ; ils ont un monopole ; leurs tarifs sont fixés par décrets et ils ne sont responsables de leurs erreurs que disciplinairement. Néanmoins le pilotage est obligatoire en raison de l'importance qu'il présente pour la sécurité de la navigation et pour la liberté des passes. — V. *supra*, v° *Pilotage*.

De même, les postes sémaphoriques échappent totalement à l'action du ministre des Travaux publics et des chambres de commerce. Ils relèvent de la marine nationale.

§ 9. *Police du transport des matières dangereuses.*

149. — Cette réglementation fait l'objet, en ce qui concerne les ports maritimes, du tit. IV du décret du 10 avr. 1930, art. 21 à 32.

a) Marques distinctes et points de stationnement. — Art. 21. — Les règlements locaux prévus à l'art. 32 indiquent, pour les navires chargés en tout ou partie de matières dangereuses dont la nomenclature est donnée par les règlements spéciaux :

1° Si ces navires doivent ou non, à leur arrivée au port, s'arrêter aux mouillages extérieurs ou aux postes désignés à cet effet ;

2° S'il y a lieu ou non de prescrire qu'ils seront munis le jour d'un pavillon rouge ou la nuit d'un feu rouge bien apparents, en tête du mât ;

3° Les points de stationnement à quai qui, éventuellement, seraient mis à leur disposition.

b) Déclaration. — Art. 22. — Les capitaines de ces navires sont tenus de déclarer immédiatement, au service des ports, la nature, la quantité et le conditionnement de leurs cargaisons.

c) Chargement et déchargement. — Art. 23. — Les opérations de chargement et de déchargement doivent se faire sans désemparer. Elles peuvent s'effectuer de nuit, après déclaration au service du port.

Les règlements locaux peuvent prescrire l'autorisation préalable de ce service avant le commencement des opérations en question. En cas de cargaison mixte, l'embarquement des matières dangereuses n'a lieu qu'à la fin du chargement, sauf autorisation du service du port.

d) Interdiction de fumer. — Art. 24. — Sauf autorisation spéciale du service du port, il est interdit de fumer et d'être porteur de briquets ou d'allumettes à bord des navires chargés de matières dangereuses, ainsi que sur les quais et terre-pleins avoisinants.

e) Distance de protection. — Art. 25. — Les règlements spéciaux indiquent les distances minima où il est interdit, dans les limites du domaine public, d'approcher un foyer incandescent, une source d'étincelles ou un échappement de gaz brûlés des navires chargés de matières dangereuses.

Le service du port peut réduire ces distances s'il s'agit de foyers bien abrités ou de cheminées d'échappement spécialement protégées.

f) Gardiennage. — Art. 26. — Le service du port peut, s'il le juge utile, ordonner le gardiennage de ces navires, ainsi que de tout dépôt sur le domaine public pendant toute la durée des opérations dangereuses, ou même, s'il y a lieu, du séjour du navire ou des marchandises dangereuses dans le port.

Les règlements locaux fixent, pour chaque port et pour chaque catégorie de marchandises, les conditions particulières de ce gardiennage.

g) Installations spéciales de protection. — Art. 27. — Les installations destinées à prévenir, limiter ou combattre les sinistres sont prescrites par les règlements locaux ; leur emploi, ainsi que les dispositions de détail nécessaires sont prescrits par l'ingénieur en chef ou le directeur du port toutes les fois qu'il l'estime nécessaire dans l'intérêt de la sécurité du port.

h) Amarrage. — Art. 28. — Le directeur du port ou l'ingénieur en chef peut prescrire l'amarrage du navire sur chaînes ou câbles métalliques.

i) Tempérance de l'équipage. — Art. 29. — Le capitaine du navire doit s'assurer que le personnel du bord, ainsi que celui employé aux manutentions, est en parfait état de tempérance.

j) Utilisation du feu à bord. — Art. 30. — Les règlements spéciaux applicables aux différentes matières ou catégories de matières spécifient les conditions d'utilisation à bord des navires transportant des matières dangereuses : 1° du feu et des lumières ; 2° des chaudières à vapeur ; 3° des moteurs à combustion interne ; 4° de l'électricité, que l'énergie provienne de terre ou qu'elle soit produite par un moteur installé sur le navire.

k) Réglementation des abords. — Art. 31. — La circulation du public sur les ouvrages et terre-pleins avoisinants au droit des emplacements affectés au chargement, au déchargement ou à la manutention des matières dangereuses peut être interdite ou réglementée par des règlements locaux, de même que la circulation des navires et véhicules à proximité. Les conditions d'utilisation des feux et lumières des moteurs à combustion interne et de l'électricité sur lesdits terre-pleins sont également fixés par des règlements locaux.

l) Règlements locaux. — Art. 32. — Des arrêtés pris par les préfets, sous l'approbation du ministre des Travaux publics, détermineront : 1° les mesures nécessaires pour l'exécution du présent décret, ainsi que des règlements à intervenir pris en exécution de la loi du 18 juin 1870 ; 2° les facilités particulières qui peuvent être accordées sans compromettre la sécurité, soit en raison des circonstances locales, de la nature particulière, de la faible quantité des matières dangereuses, soit pour tenir compte des dispositions spéciales de sécurité existantes.

161 *bis.* — Des décrets spéciaux réglementent le transport de diverses matières dangereuses. On peut citer les décrets du 31 août 1926 relatif aux hydrocarbures, du 10 avr. 1930 relatif aux explosifs et munitions, du 26 mai 1932 concernant les matières inflammables autres que les hydrocarbures, et du 29 juill. 1932 concernant la manutention des matières caustiques, vénéneuses, corrosives et des produits caustiques ou nauséabonds. Un autre texte particulièrement important pour la protection des marchandises contre le vol et pour le bon ordre des opérations est le décret du 26 févr. 1929, qui, tranchant une question de principe longtemps débattue, permet de clôturer les terre-pleins et de ne permettre l'accès des parties clôturées qu'aux personnes appelées à y pénétrer pour les besoins de l'exploitation du port. Parallèlement, le cahier des charges des concessions d'outillages a été modifié de manière que l'accès des hangars et des gares maritimes ne soit permis qu'aux usagers et aux voyageurs.

§ 10. *Police sanitaire.*

162. — Une circulaire du ministre des Travaux publics en date du 24 déc. 1925 a prescrit aux préfets l'étude des mesures à prendre dans les ports pour développer les installations propres à améliorer l'hygiène des ouvriers, telles que lavabos, cantines et débits de boissons hygiéniques, ainsi que l'interdiction de la vente de boissons alcooliques sur les lieux de travail. Un décret du 8 oct. 1927 (*J. off.* du 12, p. 10573) porte règlement de police sanitaire maritime et prévoit notamment (art. 101) la perception de droits corrélatifs. Une convention internationale parue au *Journal officiel* du 12 juill. 1928 est également applicable en la matière.

§ 10 *bis. Police de la pêche.*

162 *bis.* — La pêche à l'intérieur des ports a été réglementée à nouveau par décret du 3 mars 1927 (*J. off.* 8 mars ; *Rec. min. Trav. publ.*, 1928, p. 713).

§ 10 *ter. Police du travail.*

162 *ter.* — Un décret du 29 avr. 1920 a réglé les conditions d'application de la loi du 23 avr. 1919 sur la journée de huit heures dans les entreprises de manutention maritime des ports. Un décret du 28 juin 1930, pris par application de l'art. 2, alin. 4, de la loi du 30 avr. 1930 sur les assurances sociales, fixe les règles d'évaluation et de versement des cotisations afférentes aux dockers. Il est suivi d'un arrêté du 30 juin 1930 dont l'effet a été prorogé depuis lors.

Section II.

Répression des contraventions.

195 *bis.* — 1. — En présence d'un arrêté préfectoral, pris en exécution de l'ordonnance d'août 1681, et qui interdit, dans l'intérêt de la sécurité et de la liberté de la navigation, de circuler et de stationner, autrement que pour le service, sur les ponts tournants d'un bassin à flot pendant leur manœuvre, le fait de s'engager sur un pont tournant, alors que cet ouvrage, fermé par des chaînes transversales, avait été enlevé de ses appuis fixes et reposait uniquement sur ses pivots, est susceptible d'entraver une manœuvre commencée, et constitue une contravention de grande voirie, de la compétence du conseil de préfecture (Cons. d'Et., 6 avr. 1900, Min. des Travaux publics, [S. et P. 1902.3.79]. — V. en ce sens, sur le principe, Cons. d'Et., 13 févr. 1885, Min. des Travaux publics, [*Rec. des arrêts du Cons. d'Etat,* p. 198]; — 24 févr. 1893, Min. des Travaux publics, [*Rec. des arrêts du Cons. d'Etat,* p. 181]

2. — L'article 7 de l'ordonnance d'août 1681 (tit. 1er, liv. 4), qui interdit de laisser des marchandises plus de trois jours sur les quais des ports, n'est pas applicable à des particuliers qui ont été autorisés à occuper sur un quai un emplacement pour y établir un dépôt de charbon, et qui n'ont pas fait usage de cette portion du domaine public pour un autre objet que celui prévu par l'autorisation à eux accordée. — Cons. d'Et., 4 mai 1900, Min. des Trav. publ., [S. et P. 1902.3.86]. — V. Laferrière, *Tr. de la jurid. admin.*, 2e éd., t. 2, p. 653 et s.

3. — Dans le cas où la perte d'un bateau doit être attribuée au fait des agents de l'administration, et où l'Etat est responsable de cette perte, le propriétaire du bateau ne commet pas une contravention de grande voirie en refusant d'enlever l'épave. — Cons. d'Et., 17 janv. 1902, Saffrey, 2e esp., [S. et P. 1904. 3.135] — Rochard-Lebreton, [*Rec. des arrêts du Cons. d'Etat,* p. 828]

4. — Le fait par le capitaine et l'armateur d'un navire échoué à la sortie d'un port, sans que la responsabilité de l'Etat soit engagée, de n'avoir pas enlevé, dans le délai à eux imparti, l'épave qui fait obstacle à la navigation, constitue une contravention aux dispositions de la loi du 29 flor. an X, déclarée applicable aux ports de commerce par le décret du 10 avr. 1812, et, par suite, le capitaine et l'armateur doivent être condamnés au remboursement des dépenses faites pour le renflouement et l'enlèvement du navire et aux frais du procès-verbal. — Cons. d'Et., 26 déc. 1908, précité.

5. — Un particulier, qui s'abstient de faire enlever des marchandises dont il a fait la commande, et qui ont été débarquées et déposées pour son compte sur le quai d'un port maritime, commet une contravention de grande voirie, alors même qu'il aurait refusé de prendre livraison des marchandises. — Cons. d'Et., 7 mai 1909, Delfino, [S. et P. 1911.3.151, Pand. *ibid.*]. — Sur ce point que la répression de cette contravention doit être poursuivie, non point contre l'expéditeur ou le transporteur, mais bien contre le destinataire, V. Cons. d'Et., 11 déc. 1885. Min. des Travaux publics, [*Rec. des arrêts du Cons. d'Etat,* p. 963]; — 23 juill. 1886, Toulouzau; — 6 déc. 1895, Galinier (sol. impl.). [*Rec. des arrêts du Cons. d'Etat,* p. 806]

6. — Constitue une contravention à l'art. 7, tit. 1er, liv. 4, de l'ordonn. sur la marine d'août 1681, le fait d'avoir laissé des céréales déposées plus de trois jours sur les quais formant dépendance d'un port maritime (Cons. d'Et., 18 mars 1910, Clésio, 1er arrêt, [S. et P. 1912.3.115, Pand. *ibid.*]). En conséquence le contrevenant doit être condamné à l'amende et aux frais du procès-verbal dressé contre lui (Même arrêt). La prolongation d'un même dépôt de marchandises au delà de trois jours n'est pas constitutive de contraventions nouvelles, et ne peut faire l'objet de nouveaux procès-verbaux (Cons. d'Et., 18 mars 1910, Clésio, 2 arrêts, [S. et P. 1910.3.115, Pand. *ibid.*]). Le fait d'avoir déposé des marchandises sur la partie du quai d'un port maritime livrée à la circulation constitue une contravention au règlement général sur la police des ports maritimes du 28 févr. 1867, pris en exécution de l'ordonnance d'août 1681 sur la marine, dès lors que les dispositions de ce règlement ont été rendues applicables à ce port par arrêté préfectoral (Cons. d'Et., 18 mars 1910, Clésio, 3e arrêt, [S. et P. 1912.3.115, Pand. *ibid*]. — V. Cons. d'Et., 24 févr. 1893, Min. des Trav. publics, [*Rec. des arrêts du Cons. d'Etat,* p. 181]). Mais aucune dispositions de l'ordonnance d'août 1681, ni des lois postérieures, ne punissant d'une amende cette contravention, le contrevenant doit être condamné seulement aux frais du procès-verbal. — Même arrêt.

7. — Dans le cas où le capitaine d'un navire entrant dans un port n'a pas entendu l'ordre qui lui était donné par les agents du service du port d'aller se placer à un quai, il est en faute pour avoir poursuivi sa route sans avoir réclamé une indication précise sur l'emplacement qui lui était assigné (Cons. d'Et., 27 déc. 1911, Compagnie générale transatlantique, [S. et P. 1914. 3.94]). Il en est ainsi surtout si, au lieu de conformer la marche de son navire à celle du remorqueur qui exécutait l'ordre donné, il a fait couper l'amarre, et s'est dirigé sur un autre point, sans s'enquérir du motif de la manœuvre effectuée par le remorqueur; et la circonstance qu'un feu annonçant l'ouverture du pont, vers lequel il se dirigeait, aurait été hissé, alors qu'il approchait de ce pont, n'est pas de nature à le relever de la contravention qu'il a encourue pour avoir effectué dans le bassin du port une navigation contraire aux règlements (Même arrêt). En conséquence, c'est à bon droit qu'il est condamné, ainsi que l'armateur civilement responsable, aux frais du procès-verbal de contravention, et à la réparation des dommages qu'a causés le navire en heurtant le pont. — Même arrêt.

3e Détériorations causées aux ouvrages du port.

209. — La jurisprudence du Conseil d'Etat ne reconnaît d'ailleurs que difficilement le cas de force majeure. — Cons. d'Et., 30 juin 1926, [*Rec. des arrêts,* p. 674]; — 11 juin 1927, [*D. hebd.,* 1927, p. 371]; — 5 mars 1930, [*D. hebd.,* 1930, p. 288]. Comme événements...

215. — Le fait qu'un navire a causé des avaries à un corps mort dans le port de Bordeaux constitue une contravention de grande voirie, tant d'après l'art. 22 de l'arrêt du Conseil du 17 juill. 1782 que d'après les dispositions combinées de la loi du 29 flor. an X et les décrets des 16 déc. 1811 et 10 avr. 1812 (Cons. d'Et., 7 août 1903, Wilson, [S. et P. 1906.3.31]). En conséquence, c'est avec raison que le conseil de préfecture condamne le capitaine du navire à l'amende, aux frais du procès-verbal et au paiement des frais de réparation de l'ouvrage endommagé (Même arrêt). Il en est ainsi, alors du moins que l'accident n'est pas la conséquence d'un cas de force majeure (Même arrêt). Les avaries causées par un navire à des pieux, dits « ducs d'Albe », placés dans le lit d'un fleuve, à l'entrée d'un port, constituent une contravention de grande voirie (Cons. d'Et., 21 mai 1913, Mac-Kenna, [S. et P. 1920.3.7, Pand. *ibid.*]). Et le capitaine du navire doit être condamné à l'amende, aux frais du procès-verbal et à la réparation des dommages causés, dès lors qu'il n'est pas établi que l'accident ait été la conséquence, ni d'un cas de force majeure, la violence du courant causée par une crue du fleuve, qui a poussé le navire sur les ouvrages par lui endommagés, devant être prévue par le capitaine (Même arrêt); ...ni d'une faute de l'administration, consistant à n'avoir pas signalé par des feux les pieux placés dans le lit du fleuve, ces ouvrages émergeant suffisamment pour être facilement aperçus des navigateurs, et ayant été remarqués du pilote, qui manœuvrait en vue d'y amarrer le navire (Même arrêt). Un courtier maritime, qui n'est ni le propriétaire, ni l'armateur du navire, ne peut être déclaré responsable des condamnations prononcées contre le capitaine à raison des dommages causés aux ouvrages du port. — Même arrêt. — Sur la responsabilité de ces courtiers, V. Jules Fabre, *Des courtiers,* t. 1, n. 302 et s.

5e Refus par le capitaine de faire la déclaration légale au port d'arrivée.

218 *bis.* — L'absence de déclaration du coulage, de la détérioration d'un feu flottant, d'une bouée ou d'une balise entraîne, en vertu de la loi du 15 mars 1927, un emprisonnement de dix jours à trois mois et une amende en principal de 25 à 100 francs.

7e Pénalités.

221. — En ce qui concerne les condamnations à une amende consécutivement à la dégradation, elle n'apparaît pas en général comme possible, si l'on se reporte à l'arrêt du Conseil du Roi de 1777, qui, sanctionnant dans son art. 11 toute dégradation aux ouvrages de la navigation, ne s'applique qu'aux rivières et aux canaux, donc qu'aux ports en rivière; à l'ordonnance d'août 1681, s'appliquant bien aux ports, rades et rivages de la mer, mais ne prévoyant l'amende que dans des cas déterminés; enfin, à la loi du 29 flor. an X, en vertu de la combinaison du décret du 16 déc. 1811 portant règlement sur les routes, dont le titre 9 est relatif à la répression des délits de grande voirie, et du décret du 10 avr. 1812, qui déclare ce titre 9 applicable aux canaux, rivières navigables, ports maritimes et travaux à la mer. — Cons. d'Et., 25 juill. 1924, Min. Trav. publ., [*Rec. des arr.*, p. 726]; — 26 déc. 1908, Allanic et Thomas, [D. P. 1910 3.59]; et par *a contrario*, 6 déc. 1918, Sorlul, [*Rec.*, p. 1087 et note]; — 4 déc. 1931, [D. 1932.3.6 et note P. L. J.]. — V. cependant, 22 juill. 1898, Provins et Belchambert, [*Rec.*, p. 578]

221 bis. — Le concessionnaire, quoique tenu de faire toutes les réparations nécessaires, n'a pas qualité pour exercer l'action publique. — Cons. d'Et., 25 févr. 1928, Bogomoloff, [*D. hebd.*, 1928, p. 228]

7° bis. Réparations civiles.

222 bis. — Les seules réparations civiles qui peuvent être allouées sur une poursuite en matière de grande voirie sont celles qui ont pour but le rétablissement des lieux en l'état primitif. (Cons. d'Et., 20 mai 1927, [S. 1927.3.80]). En conséquence, lorsqu'une compagnie de navigation qui n'a pas fait enlever l'épave d'un chaland lui appartenant, coulé devant un quai d'un port maritime, a été condamnée par le conseil de préfecture à l'amende, aux frais du procès-verbal et à l'enlèvement de tous les débris, le ministre des Travaux publics ne peut conclure en outre au paiement du montant des droits de quai dont l'Etat a été privé à raison de la présence prolongée dans le port de ladite épave, qui rendait impossible l'accostage des navires au droit de l'emplacement qu'elle occupait. — [*Ibid.*]

Section III (nouvelle).

Responsabilité de l'Etat

229 bis. — 1. — La responsabilité de l'Etat peut être engagée à raison du mauvais conditionnement ou du mauvais entretien des ouvrages du port. L'Etat est responsable des dommages causés non seulement par l'exécution des travaux publics, mais aussi par leur inexécution (Cons. d'Et., 15 juill. 1927, [D. hebd., 1927, p. 527]; — 23 déc. 1929, [D. hebd., 1930, p. 89]; — 25 juill. 1930, Bonrel, [S. 1931.3.7, D. P. 1930.3.51]). Il le serait notamment à raison de l'absence de balisage. Mais les avaries causées à un chaland par la rencontre d'un obstacle situé en dehors du chenal navigable ne sont pas dues à l'inexécution par l'administration d'un ouvrage public nécessaire pour la sécurité de la navigation, mais à l'imprudence du patron qui a conduit son bateau à une distance insuffisante de la rive (Cons. d'Et., 19 mars 1932, Caisse industr. d'assur. marit. et de transp.). L'Etat est également responsable des conséquences de fautes de service de ses agents. — V. Cons. d'Et., 17 janv. 1902, [S. et P. 1904.3.135], rapporté *suprà*, n° 195 bis.

2. — L'Etat est responsable des avaries causées à un navire, alors qu'elles sont dues à une faute de ses agents, qui ont commencé trop tard la manœuvre d'ouverture d'un pont mobile qu'ils savaient présenter parfois des difficultés, et qui n'ont amené le signal annonçant la manœuvre de sortie, pour avertir que le pont ne démarrait pas, qu'à un moment où le navire s'en rapprochait sensiblement. — Cons. d'Et., 22 janv. 1904, Anquetil, [S. et P. 1906.3.67]

3. — Dans le cas où l'administration des ponts et chaussées a conduit une épave dans un avant-port sur un emplacement qui sert de mouillage ordinaire aux bateaux de petit tonnage, et où elle a négligé de signaler par un balisage l'écueil ainsi créé par elle, l'Etat est responsable de l'échouement d'un sloop sur cette épave (Cons. d'Et., 18 avr. 1902, Brugalais, [S. et P. 1905.3.25]). — V. Cons. d'Et., 26 déc. 1908, [S. et P. 1911.3.68], qui décide que l'échouement d'une goélette à la sortie d'un port de commerce, par suite d'une fausse manœuvre, ne peut être considéré comme résultant d'un fait imputable à l'administration, alors qu'il n'est pas établi que la fausse manœuvre ait été accomplie sur l'ordre du maître de port (Même arrêt). — Lorsqu'un navire, en entrant dans un port maritime, a touché des maçonneries formant enrochement sur le mur d'une estacade, dont l'existence était signalée par un appareil de balisage,

la responsabilité de l'Etat ne peut être engagée que si, malgré les indications données par ce balisage, la seule présence de l'écueil pouvait présenter un danger même pour les navires prenant toutes les précautions d'usage à l'entrée d'un port. — Cons. d'Et., 8 déc. 1911, Martin et Marquand, [S. et P. 1914. 3.91, Pand. *ibid.*]

4. — Dans le cas où des bateaux, qui se trouvaient dans le bassin d'un port, ont été conduits, par ordre des officiers du port, dans un autre bassin, où ils ont occupé l'emplacement et d'où l'on n'a pu les faire sortir avant de procéder à des chasses d'eau à raison de ce que l'envasement du bassin avait rendu impossible l'ouverture des portes de l'écluse, l'Etat est responsable des avaries causées à ces bateaux par les chasses d'eau effectuées pour le dévasement du bassin (Cons. d'Et., 17 janv. 1902, Saffrey, 1re espèce, [S. et P. 1904.3.135]). — Sur ce point que l'Etat est responsable des accidents dus à une faute des officiers de port, V. Cons. d'Et., 15 nov. 1901, Leborgne, [*Rec. des arr. du Cons. d'Et.*, p. 802]. — Et, pour dégager sa responsabilité, l'Etat ne peut se prévaloir de ce que, contrairement au règlement du port, il n'y avait aucun gardien à bord des bateaux, alors qu'il n'est pas établi que la présence d'un gardien aurait pu prévenir ou atténuer les avaries. — Même arrêt. — V. en ce sens, Cons. d'Et., 27 juin 1890, Chedru et Craquelin, [*Rec. des arr. du Cons. d'Et.*, p. 619]

5. — Mais un armateur n'est pas fondé à soutenir que l'impossibilité où il a été de renflouer un navire lui appartenant, échoué dans un port, provient d'une faute du maître de port, qui n'aurait pas prescrit en temps opportun les mesures nécessaires pour la sécurité de la manœuvre, alors que cet armateur a commis une grave imprudence en commençant les opérations de renflouement du navire avant que l'entrée du port ait été interdite par le signal réglementaire consistant dans un feu, et alors que ce feu a été allumé à l'heure prescrite par les règlements (Cons. d'Et., 22 mars 1902, Gourdin et Patfoort, [S. et P. 1905.3.23]). — V., par application du même principe, Cons. d'Et., 30 juill. 1897, Soc. du Lloyd anglais, [*Rec. des arr. du Cons. d'Et.*, p. 590]. — En conséquence, la demande d'indemnité, formée par l'armateur contre l'Etat, doit être rejetée. — Même arrêt.

229 ter. — Lorsque le fonctionnement de l'ouvrage public est en cause, le Conseil d'Etat fait prédominer la notion d'ouvrage sur celle de faute de service et attribue compétence pour connaître du dommage au conseil de préfecture. Ainsi décidé notamment à l'occasion de l'échouement d'un bateau par suite d'une fausse manœuvre, dans l'écluse d'un port. — Cons. d'Et., 24 janv. 1930, Legg, [D. hebd., 1930, p. 152]; — 14 nov. 1930, [S. 1931.3.24]; — 18 déc. 1931, Robin, et 19 mars 1932, Caisse industrielle d'assurance maritime et de transport, [D. P. 1932.3.33]

CHAPITRE V

PERSONNEL CHARGÉ DE L'ADMINISTRATION DES PORTS MARITIMES.

230. — *In fine*, substituer « Direction des voies navigables et des ports maritimes » à « Division de la navigation ».

231. — Le personnel chargé de l'administration des ports se compose :

1° Du personnel des services correspondants de l'administration centrale du ministère des Travaux publics;

2° Du personnel des ingénieurs des ponts et chaussées, sous-ingénieurs, ingénieurs des travaux publics de l'Etat et adjoints techniques attachés aux services maritimes et, en ce qui concerne les voies ferrées des ports (Arrêté du 29 mai 1924, *Recueil des lois, circulaires et décrets* concernant le ministère des Travaux publics, 1924, p. 578 et s.), du directeur du port, ou, pour les ports qui n'ont pas de directeur, de l'ingénieur en chef chargé du service du port, avec le concours des fonctionnaires et agents désignés à cet effet;

3° Des officiers et surveillants de port;

4° Des agents inférieurs (pompiers, éclusiers des ports maritimes). Nous n'avons à nous occuper ici que des officiers et des surveillants de port. Pour le reste du personnel, Cf. *suprà*, v° *Navigation*. [Le] personnel local veille à la propreté et à la sûreté matérielle des rades, des passes, des ports, bassins, quais et autres ouvrages, contrôle l'éclairage des phares, fanaux et signaux, règle l'ordre d'entrée et de sortie des navires, fixe la place que ceux-ci doivent occuper dans leur mouvement, surveille les lestages et délestages, prescrit les mesures nécessaires pour le lancement à l'eau des navires de commerce, s'assure de l'extinction des feux, de l'enlèvement des poudres, surveille les embarquements et les débarquements, pourvoit à la sûreté des navires, dirige les secours en cas de danger ou de sinistre, prévient l'autorité en cas de naufrage, etc.

235. — Le statut du personnel auxiliaire des ports maritimes de commerce a été établi par arrêté du ministre des Travaux publics du 12 janv. 1919 (*J. off.* 15 janv. 1919).

236. — Le statut des cadres latéraux des ports maritimes a été établi par décret du 4 mai 1929.

237. — Le statut du personnel des ports et rades aux colonies est actuellement fixé par un décret du 18 mai 1930 (*J. off.* 23 mai 1930) et les traitements le sont par un décret du 22 oct. 1929 (*J. off.* 31 oct. 1929).

PORTS MARITIMES (Droit international).

Législation.

Traité de paix de Versailles, du 28 juin 1919, avec l'Allemagne, art. 104, 325 à 330, 363 et 364; — *Traité de paix de Saint-Germain, du 10 sept. 1919, avec l'Autriche,* art. 288 à 290; — *Traité de paix de Neuilly, du 27 nov. 1919, avec la Bulgarie,* art. 216 à 218; — *Traité de paix de Trianon, du 1er mai 1920, avec la Hongrie,* art. 272 à 274; — *Traité entre les principales Puissances alliées et associées et la Pologne, du 28 juin 1919,* art. 16; — *Traité entre les principales Puissances alliées et associées et la Tchécoslovaquie, du 10 sept. 1919,* art. 18; — *Traité entre les principales Puissances alliées et associées et l'État serbe-croate-slovène, du 10 sept. 1919,* art. 14; — *Traité entre les principales Puissances alliées et associées et la Roumanie, du 9 déc. 1919,* art. 14; — *Traité entre les principales Puissances alliées et associées et la Grèce, du 10 août 1920,* art. 18; — *Traité entre l'Italie, la Pologne, la Roumanie, l'État serbe-croate-slovène et la Tchécoslovaquie, du 10 août 1920,* art. 3 et 4; — *Traité de paix de Lausanne, du 24 juillet 1923, avec la Turquie,* art. 103; — *Convention de Genève, du 9 déc. 1923, sur le régime international des ports maritimes.*

Bibliographie.

Documents officiels. — *Conférence de la Paix : Commission du régime international des ports, voies d'eau et voies ferrées. Procès-verbaux et rapports de la Commission et des sous-commissions,* Paris, s. d., 1 vol. in-8°. — *Société des Nations : Conférence générale des communications et du transit. — Documents préparatoires,* s. l.n. d ,1 vol. in-8°. — *Société des Nations : Conférence de Barcelone; Comptes rendus et textes relatifs aux Recommandations sur le régime international des voies ferrées et aux Recommandations sur les ports soumis au régime international,* Genève, 1921, 1 vol. in-8°. — *Société des Nations : Deuxième Conférence générale des communications et du transit. Documents préparatoires,* II, *Ports maritimes,* Genève, 1923, 1 vol. in-8°. — *Société des Nations : Deuxième Conférence générale des Communications et du transit. Comptes rendus et textes relatifs à la Convention et au statut sur le régime international des ports maritimes,* Genève, 1924, 1 vol. in-8°.

Ouvrages spéciaux. — Charles de Visscher, *Le droit international des communications,* Gand, G. Bruyens, et Paris, Arthur Rousseau, s. d., 1 vol. in-8°, p. 104 et s.

DIVISION.

1. — Avant la guerre de 1914 chaque État pouvait librement ouvrir ou fermer ses ports maritimes aux navires et aux ressortissants des autres États, et si, dans la plupart des pays civilisés les ports maritimes affectés au commerce ont été ouverts aux étrangers dans les conditions les plus larges, c'est que cette mesure se trouve à la fois conforme aux intérêts généraux du commerce international et à ceux du pays qui exerce sa souveraineté sur les ports; mais il existe encore dans le monde des États qui n'ouvrent aux étrangers qu'un nombre limité de leurs ports maritimes (Chine et Japon, par exemple).

2. — Quoi qu'il en soit, les avantages accordés aux ressortissants des autres pays dans les ports d'un État font l'objet de traités de commerce et par conséquent varient d'État à État, de même que, dans un intérêt de protection de la marine nationale, les États ont souvent frappé les navires faisant dans leurs ports des opérations commerciales de certains droits ou taxes qui étaient jusqu'ici considérés comme légitimes.

3. — La guerre de 1914 et surtout la création de la Société des Nations ont modifié les points de vue généralement admis en cette matière. La tendance à l'internationalisation des voies de communication par terre et par eau devait pousser à étendre à certains ports un régime international, et c'est en effet la tentative qui fut faite à la Conférence de la paix, mais qui n'aboutit pas faute de temps. Elle fut reprise par un organisme de la Société des Nations nouvellement créé, la Commission consultative et technique des communications et du transit, qui, à la Conférence de Barcelone de 1921, fit voter une recommandation sur la question. A la Conférence de Genève, en 1923, c'est une convention générale sur les ports maritimes que la plupart des représentants des différents États convoqués à la conférence signèrent, mais le peu d'empressement apporté par les gouvernements à donner leur ratification à la convention indique que l'heure n'était peut-être pas encore venue de signer une convention de cette nature.

4. — Quoi qu'il en soit, il convient de distinguer deux périodes dans les mesures prises depuis la guerre de 1914 pour faciliter l'accès dans les ports maritimes : la première s'étend de la signature des différents traités de paix à la dernière conférence générale des communications et du transit tenue à Genève en 1923, et elle comporte des stipulations imposées seulement aux États ex-ennemis et aux États créés ou agrandis à la suite de la guerre pour assurer dans leurs ports l'égalité de traitement aux puissances alliées et associées; la seconde commence à la mise en vigueur de la convention du 9 déc. 1923 sur les ports maritimes et elle régit exclusivement les rapports des États contractants entre eux.

§ 1. Régime imposé par les traités de paix à certains États dans leurs ports maritimes.

5. — La question des mesures prises par un État dans un port soumis à la souveraineté, à l'effet de faciliter l'accès à la mer d'un autre État enclavé, avait déjà, avant la guerre de 1914, trouvé place dans le droit conventionnel. Par un traité conclu le 10 mai 1914 entre la Grèce et la Serbie, le gouvernement hellénique affectait, pour une période de cinquante ans, dans le port de Salonique, une zone déterminée pour le transit direct des marchandises de provenance et de destination serbes. Cette zone était administrée par les autorités helléniques et soumise aux lois et règlements de la Grèce. Le gouvernement grec prenait à sa charge la construction et l'entretien des installations nécessaires, mais avait le droit de percevoir un loyer représentant l'annuité nécessaire pour le couvrir de ses frais. A l'intérieur de ces installations, les manutentions effectuées conformément à la destination des locaux devaient être faites par le personnel y attaché, sans aucune immixtion des autorités douanières. Les navires affectés au transit serbe devaient jouir dans le port de Salonique de tous les droits et privilèges accordés aux navires de la nation la plus favorisée. Mais la guerre, qui éclata au mois d'août 1914, empêcha l'entrée en vigueur de ce traité.

6. — A la Conférence de la paix réunie à Paris en 1919, la commission des ports, voies d'eau et voies ferrées fut saisie de deux projets relatifs aux ports, l'un émanant de la délégation britannique et qui proposait une réglementation des ports francs, l'autre établi par la délégation française et qui prévoyait l'organisation de ports internationaux, c'est-à-dire de ports soumis à un régime international. Le projet français appliquait aux ports à régime international les principes généraux que la commission avait adoptés, en ce qui concerne le régime international des fleuves avec administration du port par une commission internationale. D'autre part, la délégation tchécoslovaque proposait de soumettre au régime international les ports de Hambourg, de Stettin et de Dantzig, situés aux embouchures de l'Elbe, de l'Oder et de la Vistule. Mais toutes ces propositions ont disparu lors de la discussion devant la commission réunie en séance plénière, et il n'est plus resté dans les traités de paix aucune stipulation relative à des ports soumis au régime international, mais seulement certaines dispositions concernant l'égalité de traitement et les zones franches dans les ports maritimes.

7. — Les traités de paix ont imposé aux Etats ex-ennemis, dans leurs ports et sur leurs voies de navigation intérieure, l'égalité de traitement entre les ressortissants des puissances alliées et associées, leurs biens, leurs navires et bateaux et les ressortissants, les biens, les navires et bateaux de ces Etats. Il est notamment précisé que cette égalité de traitement, en ce qui concerne les navires et bateaux, s'applique aux facilités et charges de port et de quai, y compris les facilités de stationnement, de chargement et de déchargement, les droits et charges de tonnage, de quai, de pilotage, de phare, de quarantaine et tous droits et charges analogues, de quelque nature qu'ils soient, perçus au nom et au profit du gouvernement, de fonctionnaires publics, de particuliers, de corporations ou d'établissements de quelque espèce que ce soit. Au cas où l'un des Etats ex-ennemis accorderait un traitement préférentiel à une puissance quelconque, ce traitement doit être étendu sans délai et sans condition à toutes les puissances alliées et associées (Tr. de Versailles, art. 327; Tr. de Saint-Germain, art. 290; Tr. de Neuilly, art. 218; Tr. de Trianon, art. 274).

8. — Il ne doit être apporté à la circulation des personnes et des navires et bateaux d'autres entraves que celles résultant des dispositions relatives aux douanes, à la police, aux prescriptions sanitaires, à l'émigration ou à l'immigration, ainsi qu'à l'importation ou à l'exportation des marchandises prohibées. Ces dispositions, raisonnables et uniformes, ne doivent pas entraver inutilement le trafic. — Mêmes articles.

9. — Les ports maritimes des puissances alliées et associées doivent bénéficier de toutes les faveurs et de tous les tarifs réduits accordés, sur les voies ferrées ou les voies navigables des Etats ex-ennemis, au profit d'un des ports de ces Etats ou d'un port quelconque d'une autre puissance (Tr. de Versailles, art. 325; Tr. de Saint-Germain, art. 288; Tr. de Neuilly, art. 216; Tr. de Trianon, art. 272).

10. — L'Allemagne et les autres Etats ex-ennemis ne peuvent refuser de participer aux tarifs et aux combinaisons de tarifs qui auraient pour objet d'assurer aux ports d'une des puissances alliées et associées des avantages analogues à ceux que ces Etats auraient accordés à leurs propres ports ou à ceux d'une autre puissance (Tr. de Versailles, art. 326; Tr. de Saint-Germain, art. 289; Tr. de Neuilly, art. 216; Tr. de Trianon, art. 273).

11. — Le traité de Versailles, à la différence des autres traités de paix, s'occupe des zones franches dans les ports allemands, en stipulant que celles qui existaient au 1er août 1914 seront maintenues et que ces zones franches, ainsi que celles qui seraient établies par le traité, seront soumises au régime suivant : .

1° Aucun droit d'importation ou d'exportation pour les marchandises entrant dans la zone franche ou en sortant, sauf pour les marchandises en provenance de l'Allemagne ou destinées à la consommation en Allemagne.

2° Droit de percevoir sur les navires et les marchandises entrant dans la zone franche des taxes destinées à couvrir les dépenses d'administration, d'entretien et d'amélioration ou des droits pour l'usage des installations, pourvu que ces taxes et droits soient raisonnables à l'égard aux dépenses faites et respectent le principe de l'égalité de traitement.

3° Aucun autre droit ou aucune autre taxe ne peut être perçu, sinon un droit de statistique de 1/1000° *ad valorem* au maximum.

4° Facilités accordées pour l'établissement de magasins, ainsi que pour l'emballage et le déballage des marchandises répondant aux nécessités commerciales du moment. Exemption des

droits d'accise ou autre, de quelque nature que ce soit, pour les produits dont la consommation est autorisée dans la zone franche, aucune distinction ne devant être faite soit entre les personnes appartenant à des nationalités différentes, soit entre les produits d'origine ou de destination différentes.

5° Pour les droits d'entrée et de sortie autorisés sur les produits en provenance d'Allemagne ou destinés à la consommation en Allemagne, établissement de ces droits sur les mêmes bases et d'après les mêmes taux que les droits similaires appliqués aux autres frontières douanières de pays.

6° Interdiction d'établir aucun droit d'importation, d'exportation ou de transit sur les produits transportés par voie de terre ou d'eau à travers le territoire allemand à destination ou en provenance de la zone franche et en provenance ou à destination d'un autre Etat quelconque (art. 328 à 330).

12. — D'autre part, le traité de Versailles impose à l'Allemagne certaines obligations dans des ports déterminés en faveur d'un Etat enclavé : en Tchécoslovaquie. Il stipule en effet que dans les ports de Hambourg et de Stettin l'Allemagne a dû donner à bail à l'Etat tchécoslovaque, pour une période de quatre-vingt-dix-neuf ans, des espaces à placer sous le régime général des zones franches et affectés au transit direct des marchandises en provenance ou à destination de cet Etat (Tr. de Versailles, art. 363).

Une commission composée d'un délégué de l'Allemagne, d'un délégué de la Tchécoslovaquie et d'un délégué de la Grande-Bretagne est chargée de fixer la délimitation de ces espaces, de leur aménagement, de leur mode d'exploitation, et en général toutes les conditions de leur utilisation, y compris le prix de location. Ces conditions pourront être revisées tous les dix ans dans les mêmes formes (art. 364).

13. — Le même traité, dans son art. 104, prévoit qu'une zone franche sera créée dans le port de la Ville libre de Dantzig, cette ville étant placée en dedans des limites douanières de la Pologne. Ce dernier Etat doit avoir, sans aucune restriction, le libre usage et le service des voies d'eau, des docks, bassins, quais et autres ouvrages sur le territoire de la ville libre nécessaires aux importations et exportations de la Pologne, de même que le droit de développer ces ouvrages et de louer ou acheter les terrains et autres propriétés nécessaires à cet effet. La convention du 9 nov. 1920 entre la Pologne et la Ville libre de Dantzig, complétée par celle du 20 juin 1921, a chargé un organisme international spécial, « le Conseil du port et des voies d'eau de Dantzig », de l'administration de la zone franche du port.

14. — Les principales puissances alliées et associées ont, dans les traités spéciaux signés par elles en même temps que les traités de paix, avec les nouveaux Etats créés ou avec les Etats agrandis à la suite de la guerre, stipulé qu'en attendant la conclusion de la convention générale à conclure sous les auspices de la Société des Nations dans un délai de cinq ans en vue du traitement équitable du commerce, ces Etats s'engageaient à accorder aux navires de tous les Etats alliés et associés qui leur accorderaient la réciprocité le même traitement qu'aux navires nationaux ou aux navires de la nation la plus favorisée, le trafic de cabotage pouvant cependant être réservé aux navires nationaux (Traité avec la Pologne, du 28 juin 1919, art. 16; avec la Tchécoslovaquie, du 10 sept. 1919, art. 18; avec l'Etat des Serbes-Croates-Slovènes, du 10 sept. 1919, art. 14; avec la Roumanie, du 9 déc. 1919, art. 14; avec la Grèce, du 10 août 1920, art. 18).

15. — La disparition de l'Autriche-Hongrie à la suite de la guerre a donné lieu à des arrangements entre les Etats successeurs, dont certains visent les ports maritimes. Déjà dans le traité de Saint-Germain certaines dispositions relatives aux chemins de fer avaient pour objet d'assurer le libre accès à la mer Adriatique de l'Autriche (art. 311) et de la Tchécoslovaquie (art. 322), ainsi que le trafic normal des ports de la mer Adriatique et de la mer Noire (art. 312). Le traité signé à Sèvres le 10 août 1920, entre l'Italie, la Pologne, la Roumanie, l'Etat des Serbes-Croates-Slovènes et la Tchécoslovaquie, a prévu certaines dispositions transitoires destinées à résoudre les difficultés qui résultaient du partage de l'ancienne monarchie austro-hongroise. Ainsi, pour une période de cinq ans au maximum, les Etats successeurs se sont engagés à maintenir provisoirement, sur leurs propres lignes ferrées, sur leurs voies navigables, dans leurs ports ou dans leurs services maritimes se rattachant aux ports des territoires transférés, un régime de tarifs tel que les courants de trafics établis avant la guerre ne subissent pas de modifications pouvant favoriser, au détriment des ports de l'Adriatique ou de la mer Noire, les ports des puissances ex-ennemies (art. 3). De même, le cabotage était autorisé, en faveur des Etats signataires du traité, dans les ports maritimes de l'ancienne Autriche-Hongrie transférés par les traités de paix, au moyen de bâtiments immatriculés dans l'un de ces ports pour ce genre de navigation (art. 4).

16. — Le traité signé à Sèvres le 10 août 1920, entre les puissances alliées et la Turquie, pour le rétablissement de la paix, s'inspirant du projet de résolution sur les ports préparé par la commission d'études de Paris, avait créé un régime spécial, dans ses art. 335 à 345, pour certains ports d'Orient déclarés d'intérêt international, à savoir les ports de Constantinople, d'Haïdar-Pacha, de Smyrne, d'Alexandrette, de Caïffa, de Bassorah, de Trébizonde et de Batoum.

17. — Dans ces ports, les ressortissants, les biens et les pavillons de tous les Etats membres de la Société des Nations devaient jouir de l'entière liberté d'utilisation du port et être traités à tous égards sur un pied de parfaite égalité (art. 336 ; les redevances et charges en raison de l'utilisation du port devaient être appropriées aux dépenses faites pour l'administration, l'entretien et l'amélioration du port ou dans l'intérêt de la navigation (art. 337); les droits de douane, d'octroi local ou de consommation perçus sur les marchandises importées ou exportées devaient être les mêmes quel que fût le pavillon du navire et ils devaient être, en principe, établis sur les mêmes bases et d'après les mêmes taux que les droits similaires perçus aux autres frontières douanières de l'Etat intéressé (art. 338); l'Etat sous la souveraineté ou l'autorité duquel le port était placé était tenu d'enlever tous obstacles et tous dangers à la navigation et d'assurer la facilité des mouvements des navires dans le port, de même qu'il devrait s'abstenir de compromettre les facilités d'utilisation du port ou de ses accès (art. 339 et 340); des zones franches étaient organisées dans ces ports (art. 341 à 344); les différends qui pourraient s'élever relativement à l'utilisation de ces ports devaient être réglés dans les conditions fixées par la Société des Nations, et en ce qui concerne les travaux susceptibles de compromettre l'utilisation du port et de ses accès, il était prévu une procédure d'urgence permettant de prescrire la suspension ou la suppression immédiate des travaux (art. 345).

18. — D'autre part, le chap. IV de la section II de la partie XI (Ports, voies d'eau et voies ferrées) reconnaissait à certains Etats l'usage de certains ports en vue d'assurer à ces Etats l'accès à la mer. C'est ainsi que pour donner à la Turquie le libre accès à la mer Méditerranée et à la mer Egée, la liberté du transit était reconnue à cet Etat sur les territoires et dans les ports détachés de la Turquie (art. 349); que le libre accès à la mer Noire par le port de Batoum était accordé dans les mêmes conditions à la Géorgie, à l'Azerbeïdjan et à la Perse comme à l'Arménie (art. 351); le libre accès à la mer Noire par le port de Trébizonde était de même accordé à l'Arménie (art. 352). Dans les ports de Smyrne et de Trébizonde, il devait être donné à bail à la Turquie pour le premier, à l'Arménie pour le second, un espace placé sous le régime des zones franches affecté au transit direct des marchandises en provenance ou à destination de ces Etats (art. 350 et 352).

19. — Le traité de Sèvres n'ayant pas été ratifié par la Turquie, les alliés durent conclure la paix avec le gouvernement ottoman sur de nouvelles bases, et les stipulations du traité de Sèvres devinrent caduques sans avoir jamais reçu d'exécution. Le traité de paix signé à Lausanne le 24 juill. 1923 entre les puissances alliées et la Turquie règle la question des ports soumis au régime international dans son art. 103, ainsi conçu : « La Turquie déclare adhérer aux recommandations de la Conférence de Barcelone en date du 20 avr. 1921, concernant les ports soumis au régime international. La Turquie fera connaître ultérieurement les ports qui seront placés sous ce régime ». Mais les recommandations de Barcelone elles-mêmes n'ayant pas été suivies d'effet, la disposition de l'art. 103 du traité de Lausanne est restée sans application.

§ 2. *Convention de Genève du 9 déc. 1923.*

20. — En dehors des stipulations particulières résultant des traités de paix, les Etats ex-ennemis s'étaient engagés à adhérer à toute convention générale, concernant le régime général du transit, des voies navigables, *des ports* et des voies ferrées, qui pourrait être conclue entre les puissances alliées et associées avec l'approbation de la Société des Nations, dans un délai de cinq ans à dater de la mise en vigueur des traités de paix (Tr. de Versailles, art. 379; Tr. de Saint-Germain, art. 331; Tr. de Neuilly, art. 248; Tr. de Trianon, art. 314).

21. — La Conférence de Barcelone de 1921, qui était la première conférence générale des communications et du transit, n'a pas mis à son ordre du jour l'élaboration d'une convention sur le régime international des ports pour des raisons d'opportunité politique, le moment ne paraissant pas encore venu où une pareille convention aurait quelque chance d'être adoptée par les Etats. La Conférence de Barcelone, tout en reconnaissant qu'il ne pouvait être question d'élaborer au moment de ses travaux une telle convention, était d'avis qu'on pouvait espérer qu'il en serait autrement dans un avenir prochain et, à cet effet, elle a adopté un ensemble de recommandations sur les ports soumis au régime international, destinées à servir de base à cette convention.

22. — Les dispositions envisagées étaient susceptibles de s'appliquer aux ports ou parties de ports placés sous un régime international, sous cette réserve qu'elles ne pourraient l'être qu'avec le consentement de l'Etat sous la souveraineté ou l'autorité duquel le port se trouverait placé. Ces recommandations se rapporteraient à la liberté d'utilisation du port et à l'égalité de traitement (art. 1er), aux redevances ayant le caractère de rémunérations (art. 2), aux travaux d'entretien et d'amélioration du port (art. 4), à l'administration du port (art. 5), à la juridiction (art. 6), aux droits de douane et autres (art. 7), aux zones franches (art. 8 à 11), au cabotage maritime (art. 12), à l'application en temps de guerre (art. 13), aux obligations des Etats contractants (art. 14), au règlement des différends (art. 15).

23. — On peut, d'ailleurs, remarquer que, pour tout un ensemble de ports, les ports situés sur une voie navigable d'intérêt international, la Conférence de Barcelone était amenée à établir un régime conventionnel. L'art. 9 du statut sur le régime des voies navigables d'intérêt international constitue en effet une réglementation s'appliquant aux ports fluviaux et même aux ports maritimes situés sur les voies d'eau d'intérêt international (V. *suprà*, v° *Fleuves internationaux*). Mais si ces dispositions s'appliquaient aux ports maritimes comme aux ports fluviaux, la conférence déclarait dans son acte final « qu'en établissant dans l'art. 9 du statut, concernant le régime des voies navigables d'intérêt international, le régime des ports situés sur ces voies, elle n'a entendu trancher aucune question de principe relative au régime des ports maritimes nationaux ».

24. — C'est aux gouvernements qu'il devait appartenir de prendre l'initiative en cette matière. En effet, la Conférence de Gênes du 10 avr. 1922 a, par une résolution transmise aux organismes compétents de la Société des Nations, avec l'approbation du Conseil et de l'Assemblée de la Société, demandé qu'il fût conclu et mis en vigueur le plus tôt possible les conventions internationales relatives au régime des communications prévues dans les traités de paix et, par suite, une convention générale sur le régime international des ports. C'est en exécution de cette résolution que la question a été soumise à la deuxième conférence générale des communications et du transit réunie à Genève en 1923, et le projet sur le régime international des ports maritimes a été basé sur les dispositions de l'art. 9 du statut sur le régime des voies navigables d'intérêt international qui s'appliquait déjà, comme il a été dit ci-dessus, aux ports maritimes situés sur ces voies d'eau.

25. — Les actes signés à Genève le 9 déc. 1923 sur le régime international des ports maritimes comprennent une convention contenant des dispositions protocolaires, un statut est considéré comme faisant partie intégrante de la convention et un protocole de signature. Ils ont été signés par les représentants de 23 Etats, plus l'Inde et la Nouvelle-Zélande. La convention ne devait entrer en vigueur qu'après avoir été ratifiée par cinq Etats. Or, à la date du 31 déc. 1926, elle n'avait été ratifiée que par cinq Etats, plus l'Inde et la Nouvelle Zélande, et n'avait reçu l'adhésion que de la France et de la République de Panama, ce dernier Etat *ad referendum*. Elle peut être dénoncée par tout

Etat contractant, après un délai de cinq ans à partir de sa mise en vigueur pour cet Etat, sous la forme d'une notification écrite adressée au secrétaire général de la Société des Nations.

26. — Le statut s'applique aux ports maritimes, c'est-à-dire aux ports fréquentés normalement par les navires de mer et servant au commerce extérieur (Statut, art. 1er). C'est donc, non la situation du port que l'on a prise en considération, mais son utilisation, de sorte que des ports situés sur des fleuves, mais servant au trafic maritime, comme les ports d'Anvers, de Hambourg, de Rotterdam, etc., sont visés par la convention et le statut. De plus, le port doit être affecté au commerce extérieur, de sorte que sont seuls soustraits à l'application du statut les ports réservés au commerce intérieur, comme cela a lieu au Japon dont la délégation avait pris l'initiative de cette réserve.

27. — Mais au cours des discussions il a été reconnu que le terme de *ports maritimes* s'appliquait aux rades aménagées en vue du commerce extérieur et affectées à une navigation régulière. On a précisé ce point en raison de l'interprétation restrictive que les juridictions de prises ont donnée au cours de la guerre de 1914 à la notion de port maritime. — Ch. de Wisscher, *Le droit international des communications*, p. 109.

28. — Le statut s'applique également aux ports situés sur des voies d'eau intérieures, tels que, par exemple, aux ports placés sur des lacs communiquant avec la mer au moyen de canaux. La conférence a estimé qu'il en devait être ainsi puisque c'est à la notion d'utilisation normale et non à un critérium géographique quelconque que s'attache la définition.

29. — Il a été également convenu que le statut s'appliquait aux ports de refuge spécialement construits dans ce but (Protocole de signature). Les ports dont il est question dans ce texte sont des ports maritimes construits spécialement dans le but de servir de refuge, non seulement à des navires en détresse, mais également aux voiliers, qui pourraient y stationner pour attendre un vent favorable, et encore à des navires qui auraient à effectuer certaines réparations.

30. — On s'est demandé si le statut s'appliquait aux ports situés sur une voie d'eau navigable d'intérêt international, régie ou non par un acte de navigation spécial, qui sont déjà soumis, sans distinction entre la navigation maritime et la navigation fluviale, à l'art. 9 du statut des voies navigables d'intérêt international. A cette question le rapporteur a répondu par l'affirmative, et cette interprétation a été acceptée par la conférence, de sorte que les ports maritimes situés sur ces voies d'eau sont régis à la fois par l'art. 9 du statut qui les concerne et par le statut sur les ports maritimes.

31. — Le projet d'art. 2 du statut préparé par la Commission des communications et du transit avait posé deux règles : liberté d'accès et égalité de traitement dans leurs ports maritimes pour tous les Etats contractants. La conférence a modifié la formule : elle a posé comme règle l'égalité de traitement, mais n'a fait de la liberté d'accès qu'une conséquence de l'égalité de traitement. Quoi qu'il en soit, il a été reconnu au cours de la discussion que l'art. 2, qui constitue le texte fondamental du statut, consacre les grands principes de liberté d'accès, d'égalité de traitement et de réciprocité.

32. — Il résulte de cet article que, sous condition de réciprocité et avec la réserve d'en suspendre dans certains cas déterminés le bénéfice à certains Etats, les Etats contractants s'engagent à assurer à leurs navires un traitement égal à celui de leurs propres navires ou des navires de n'importe quel autre Etat, dans les ports maritimes placés sous leur souveraineté ou sous leur autorité, en ce qui concerne la liberté d'accès des ports, leur utilisation et la complète jouissance des commodités qu'ils accordent à la navigation et aux opérations commerciales pour les navires, leurs marchandises et leurs passagers. L'égalité de traitement ainsi établie s'étend aux facilités de toute sorte, telles qu'attribution de places à quai, facilités de chargement et de déchargement, ainsi qu'aux droits et taxes de toute nature perçus au nom et pour le compte du gouvernement, des autorités publiques, des concessionnaires ou établissements de toute sorte (art. 2).

33. — Certaines délégations ont demandé comment la condition de réciprocité prévue par l'art. 2 du statut pourrait s'appliquer aux Etats qui n'ont pas d'accès à la mer, mais auxquels la Conférence de Barcelone reconnaît le droit de pavillon, tels que l'Autriche, la Hongrie, la Suisse et la Tchécoslovaquie. Pour leur donner satisfaction, on décide d'insérer au protocole de signature la disposition suivante : « Il est entendu que la condition de réciprocité prévue par l'art. 2 du statut sur le régime international des ports maritimes n'aura pas pour effet de priver des avantages du statut les Etats contractants dépourvus de ports maritimes et qui ne jouiraient pas, dans une zone d'un port maritime d'un autre Etat, des droits prévus à l'art. 15 du statut ci-dessus visé » (Prot. de signature H).

34. — Les dispositions de l'art. 2 n'ont pas pour effet de restreindre la liberté des autorités compétentes d'un port maritime dans l'application des mesures qu'elles jugent convenable de prendre en vue de la bonne administration du port, pourvu que ces mesures soient conformes au principe de l'égalité de traitement (art. 3). La rédaction ci-dessus a eu pour objet de consacrer le droit pour l'Etat qui a la souveraineté sur le port de l'administrer comme il lui convient et notamment d'en accorder l'exploitation à un concessionnaire, sous la seule condition que le principe d'égalité de traitement soit respecté.

35. — Les droits et taxes pour l'utilisation des ports maritimes, de même que les règlements de police et d'exploitation, doivent être publiés avant leur mise en vigueur. L'administration du port doit tenir à la disposition des intéressés un recueil des droits et taxes, ainsi que des règlements de police et d'exploitation en vigueur (art. 4).

36. — Il ne peut être tenu compte du pavillon du navire pour déterminer et appliquer les droits de douane et assimilés, les droits d'octroi local ou de consommation, ainsi que les frais accessoires perçus à l'occasion de l'importation ou de l'exportation des marchandises par les ports maritimes placés sous la souveraineté ou sous l'autorité des Etats contractants. En conséquence, il ne doit être fait aucune distinction, au détriment du pavillon d'un Etat contractant quelconque, entre celui-ci et le pavillon de l'Etat sous la souveraineté ou l'autorité duquel le port est placé ou celui de n'importe quel autre Etat (art. 5). Par cet article, la conférence n'a pas voulu s'immiscer dans la question des droits de douane, qui échappait à sa compétence. Elle a voulu seulement empêcher que le principe d'égalité pût être mis en échec par des discriminations douanières en raison de la nationalité des navires. Ainsi que l'a déclaré le rapporteur, les Etats contractants conservent donc la plus entière liberté en ce qui concerne la fraction des droits de douane à percevoir sur les marchandises de toute provenance ou de toute destination, à la condition que ces droits soient les mêmes pour ces marchandises, sous quelque pavillon qu'elles soient transportées.

37. — Afin d'éviter des difficultés résultant de ce qu'un Etat non contractant pourrait avoir le même pavillon qu'un Etat contractant et chercher à s'en prévaloir pour bénéficier des avantages du statut sans réciprocité, il a été inséré au protocole de signature la clause interprétative suivante : « Dans le cas où un Etat ou territoire auquel la convention ne s'applique pas aurait même pavillon ou même nationalité qu'un Etat contractant, cet Etat ou territoire ne pourra se prévaloir d'aucun droit assuré par le statut sur le régime international des ports maritimes au pavillon ou aux nationaux des Etats contractants » (art. 5).

38. — Les Etats contractants ne peuvent essayer de faire échec au principe de l'égalité de traitement en employant la voie détournée des tarifs de chemin de fer. A cet effet, l'art. 6 stipule que les Etats contractants s'engagent à appliquer les articles du statut sur le régime international des voies ferrées relatifs à cet objet pour les transports en provenance ou à destination d'un port maritime.

39. — La conférence n'a pas voulu que les ports maritimes se trouvent placés dans une situation d'infériorité à l'égard des autres voies de communication. A cet effet, elle a inséré dans le statut la disposition suivante, qui en constitue l'art. 7 : « A moins de motifs exceptionnels, basés notamment sur des considérations géographiques, économiques ou techniques spéciales justifiant une dérogation, les droits de douane perçus dans un port maritime quelconque placé sous la souveraineté ou l'autorité d'un Etat contractant ne pourront être supérieurs à ceux qui sont perçus aux autres frontières douanières du même Etat, sur une marchandise de même nature, de même provenance ou de même destination. Si, pour les motifs exceptionnels ci-dessus visés, des facilités douanières particulières sont accordées par un Etat contractant sur d'autres voies d'im-

portation ou d'exportation des marchandises, il n'en fera pas
un moyen de discrimination déraisonnable au détriment de
l'importation ou de l'exportation effectuée par la voie des ports
maritimes placés sous sa souveraineté ou autorité ».

40. — L'art. 8 du statut prévoit des sanctions contre l'Etat qui
n'appliquerait pas l'égalité de traitement aux navires, marchandises et passagers d'un autre Etat contractant, dans un port
maritime placé sous sa souveraineté ou son autorité. Dans ce
cas, l'Etat lésé peut, après notification par la voie diplomatique, suspendre le bénéfice de l'égalité de traitement aux
navires, marchandises et passagers de cet Etat. La difficulté
peut être portée, par une requête adressée au greffe, devant la
Cour permanente de justice internationale, qui statue en procédure sommaire. La disposition de cet article n'est que l'application du principe de la réciprocité des obligations et n'a nullement pour objet d'autoriser des représailles de la part d'un
Etat contre un autre.

41. — La question du cabotage maritime a donné lieu à
d'importantes discussions. Lors des travaux préparatoires de
la commission de Paris, un certain nombre de délégations
avaient soutenu que le principe de la liberté des communications devait entraîner la suppression ou tout au moins la
limitation de la réserve du petit cabotage maritime, tandis que
d'autres délégations estimaient au contraire qu'une telle
réserve ne restreignait en rien la liberté des communications
internationales et pouvait être sanctionnée. En présence de
ces divergences de vues, la commission avait décidé de réserver
la question.

42. — A la Conférence de Genève, on constata l'impossibilité d'un accord sur cette question, les positions prises par les
différents Etats ne paraissant pas susceptibles d'être modifiées.
Aussi fut-il décidé d'exclure le cabotage maritime du statut
(art. 9), d'où il résulte que chaque Etat est libre d'appliquer les
règles qui lui paraissent convenables en cette matière. De
même, malgré la demande qui en fut faite par certaines délégations, la conférence n'a pas cru pouvoir donner une définition précise du cabotage maritime. Mais elle a adopté le vœu
que tous les Etats s'abstiennent de mesures économiques non
équitables, notamment d'une extension abusive de la notion de
cabotage maritime.

43. — Il a été reconnu par la conférence qu'un navire qui,
en cours de voyage, fait escale successivement dans deux ou
plusieurs ports entre lesquels la navigation est réservée ne doit
pas être considéré comme faisant des opérations de cabotage
s'il ne décharge pas dans l'un de ces ports des marchandises
ou des passagers chargés dans un autre de ces ports.

44. — Le rapporteur de la convention et du statut a d'ailleurs précisé que l'art. 9 doit être entendu en ce sens que des
navires exerçant à la fois des opérations de cabotage et d'autres opérations tombent sous l'application du statut en ce qui
concerne le traitement des navires mêmes, la réserve ne
s'appliquant qu'aux marchandises et aux passagers faisant
l'objet d'un transport réservé.

45. — Chaque Etat contractant se réserve le droit d'organiser
comme il l'entend le service du remorquage dans ses ports
maritimes, sous réserve de l'égalité de traitement pour tous et
de la publication des taxes à payer (art. 10). Il a été déclaré
par le rapporteur que cet article n'empêche pas de créer un
monopole de remorquage, du moment que les tarifs et les services rendus par les remorqueurs remplissent les conditions
qu'il fixe.

46. — Chaque Etat s'est également réservé le droit d'organiser ou de réglementer le pilotage comme il l'entend, mais,
si le pilotage est obligatoire, les tarifs et les services rendus
doivent remplir les conditions de publicité et d'égalité de traitement prévues par les art. 2 et 4 du statut (art. 11).

47. — Il a cependant été admis que chaque Etat contractant
peut exempter de l'obligation du pilotage ceux de ses nationaux qui remplissent des conditions techniques déterminées
(Id.). On a fait observer dans la discussion de l'art. 11 que
certains pays accordent l'exemption de prendre un pilote à des
officiers ayant passé un examen spécial et pour un parcours
déterminé, mais cette exemption n'est généralement accordée
qu'à des nationaux, et l'on a réservé pour ces pays le droit de
continuer cette pratique.

48. — En ce qui concerne l'interprétation de l'art. 11, le
rapporteur a déclaré qu'au cas où un des Etats contractants ne

se réserve pas l'exercice du pilotage et l'abandonne aux soins
de l'initiative privée, les [prix exigés résulteront du jeu de la
libre concurrence. Dans ces conditions, il y aura sans doute
parfois dans la pratique un traitement inégal, mais on ne saurait y voir une dérogation aux principes du statut.

49. — Chaque Etat contractant a la faculté de déclarer qu'il
se réserve le droit de limiter, suivant sa propre législation, et
en s'inspirant autant que possible des principes du statut, le
transport des émigrants aux navires auxquels il aura accordé
des patentes comme remplissant les conditions requises par sa
législation. Les navires autorisés à faire le transport des émigrants jouissent dans tous les ports maritimes de tous les
avantages prévus au statut (art. 12).

50. — L'art. 13 indique à quels navires s'applique le statut.
Il pose en principe qu'il s'agit de tous les navires, qu'ils appartiennent à des particuliers, à des collectivités publiques ou à
l'Etat; par conséquent, la qualité du propriétaire n'est pas prise
en considération. Une exception est apportée à ce principe,
résultant de certaines destinations du navire. Elle concerne
certaines catégories de navires d'Etat qui restent en dehors du
statut : les navires de guerre, les navires de police ou de contrôle et, en général, les navires exerçant à un titre quelconque
la puissance publique et tous les autres navires qui servent
exclusivement aux fins de forces navales, militaires ou aériennes
d'un Etat.

51. — Une autre exception est apportée par l'art. 14 du
statut, en vertu duquel les navires de pêche et les produits de
leur pêche ne sont pas régis par le statut. On ne pouvait, en
effet, accorder dans les ports, aux navires de pêche sous pavillon
étranger, le même traitement qu'aux navires de même catégorie portant le pavillon national. L'art. 20 du statut permet
d'ailleurs d'accorder, par convention, certains avantages aux
navires de pêche.

52. — Lorsqu'il est accordé à un Etat enclavé certains droits
dans une zone déterminée de l'un des ports maritimes d'un
Etat contractant, pour faciliter le transit des marchandises et
des passagers à destination ou en provenance de cet Etat,
aucun autre Etat contractant ne peut se prévaloir du statut
pour revendiquer des droits analogues, étant d'ailleurs entendu
que les dispositions du statut s'appliquent pour le traitement
des navires, des marchandises et des passagers dans la zone.
Le statut s'applique même aux zones qui seraient accordées
dans un de ses ports maritimes par un Etat contractant à un
Etat non contractant (art. 15).

53. — On a admis dans le statut sur les ports maritimes
une disposition qui figurait déjà dans le statut sur la liberté du
transit et qui permet aux Etats contractants d'apporter des
dérogations aux dispositions fondamentales du statut (art. 2
à 7), pour un temps aussi limité que possible et au moyen de
dispositions générales ou particulières, en cas d'événements
graves intéressant la sûreté de l'Etat ou les intérêts vitaux du
pays (art. 16).

54. — Le statut ne saurait avoir pour effet d'obliger les
Etats à permettre le transport ou le transit des voyageurs
ou des marchandises, qui serait prohibé sur leur territoire pour
des raisons de santé ou de sécurité publique ou en vertu des
lois nationales. Il n'a pas non plus pour effet d'empêcher les
Etats de prendre les mesures de police que nécessiteraient
certains transports, à la condition que ces mesures ne constituent pas des discriminations contraires aux principes du
statut. Enfin, on ne saurait considérer comme une violation du
statut l'application des dispositions des conventions internationales d'ordre général auxquelles les Etats contractants sont ou
pourront être parties (art. 17).

55. — On a voulu laisser le temps de guerre en dehors des
prévisions du statut. C'est ce qui résulte de l'art. 18, ainsi
conçu : « Le présent statut ne fixe pas les droits et devoirs des
belligérants et des neutres en temps de guerre; néanmoins, il
subsistera en temps de guerre dans la mesure compatible avec
ces droits et ces devoirs ».

56. — Enfin, pour permettre l'application du statut, les Etats
contractants se sont engagés à apporter à celles des conventions
en vigueur à la date du 9 déc. 1923 et qui contreviendraient à
ses dispositions, dès que les circonstances le rendront possible
ou tout au moins au moment de l'expiration de ces conventions,
toutes modifications destinées à les mettre en harmonie avec
elles, autant que le permettraient les conditions géographiques,

économiques ou techniques des pays ou régions qui sont l'objet de ces conventions. Les États contractants ont pris le même engagement en ce qui concerne les concessions accordées par eux avant la même date pour l'exploitation totale ou partielle des ports maritimes (art. 19).

57. — D'autre part, le statut ne comporte nullement le retrait de facilités plus grandes en vigueur accordées à l'utilisation des ports maritimes dans des conditions compatibles avec ses principes, pas plus que l'interdiction d'accorder à l'avenir de semblables facilités (art. 20).

58. — L'art. 8 avait déjà prévu un mode de règlement pour certains différends qui pourraient s'élever entre les États contractants. L'art. 21 a une portée plus générale et s'applique à tous différends qui pourraient surgir entre eux au sujet de l'interprétation ou de l'application du statut. A cet égard, à défaut de règlement direct entre les parties ou de tout autre règlement amiable, les parties peuvent soumettre le différend pour avis consultatif à la Commission consultative et technique des communications et du transit de la Société des Nations. En cas d'urgence, cette commission peut, par un avis provisoire, recommander toutes mesures provisionnelles destinées notamment à rendre au trafic international les facilités dont il jouissait avant l'acte ou le fait ayant donné lieu au différend (art. 21).

59. — Si le différend ne peut être réglé par un des moyens ci-dessus indiqués, les parties peuvent le porter devant la Cour permanente de justice internationale par un accord passé entre elles ou le soumettre à un arbitrage (Id.).

60. — Si l'affaire est soumise à la Cour permanente de justice internationale, il est statué dans les conditions déterminées par l'art. 27 du statut de la cour (V. *suprà*, v° *Cour permanente de justice internationale*). Si l'affaire est soumise à l'arbitrage et si les parties n'en ont pas autrement décidé, chaque partie désigne un arbitre et les arbitres choisissent le troisième membre du tribunal, ou, à défaut d'entente entre eux, il est choisi par le Conseil de la Société des Nations sur une liste déterminée. Le tribunal arbitral statue sur la base du compromis arrêté par les parties. Si celles-ci n'ont pu se mettre d'accord à cet effet, le tribunal arbitral établit le compromis à l'unanimité et, s'il ne peut le faire, il y est procédé par le Conseil de la Société des Nations. Si le compromis ne fixe pas la procédure, le tribunal la fixe lui-même. Au cours de la procédure d'arbitrage et à moins de dispositions contraires dans le compromis, les parties s'engagent à porter devant la Cour permanente de justice internationale toute question de droit international ou tout point d'interprétation juridique du statut dont le tribunal arbitral, sur demande d'une des parties, estimerait que le règlement du différend exige la solution préalable (art. 22).

61. — La conférence a voulu qu'il n'y eût pas de doute qu'en cas de contradiction entre le pacte de la Société des Nations et le statut relatif aux ports maritimes c'est le pacte qui doit prévaloir. C'est ce qui résulte de l'art. 24, ainsi conçu : « Rien, dans les précédents articles, ne pourra être interprété comme affectant en quoi que ce soit les droits ou obligations de tout État contractant, en tant que membre de la Société des Nations ».

PORTUGAL.

1. — Dès la fin du XIXᵉ siècle les divisions des partis politiques infligèrent de nombreuses éclipses au fonctionnement de la Constitution du 24 juillet 1885, modif. par D. 25 septembre 1895 (Dareste, *Les Constitut. mod.*, 3ᵉ éd., t. 1, p. 747) : presque tous les ministères eurent recours à la promulgation de décrets-lois ; les périodes dictatoriales se sont multipliées, au point que la Cour de cassation portugaise a pu déclarer que la plus grande partie de la législation portugaise était d'origine dictatoriale. Dans l'enthousiasme subséquent à ces dictatures, la réforme constitutionnelle fut annoncée, mais n'aboutit point, au lieu que la révision de la loi électorale, qui figurait dans le programme des ministères, réussit avec le décret du 8 août 1901. Cependant la monarchie était menacée, non par des intrigues étrangères, comme certains l'ont affirmé, mais par les mœurs politiques et les scandales dans l'intérieur du pays ; M. João Franco, auquel le roi don Carlos s'était assuré l'honnête et énergique collaboration (1906), fut accusé de procédés anticonstitutionnels et n'échappa aux colères que par la fuite (1908). Le

roi fut assassiné le 1ᵉʳ février ; la Chambre des députés ayant été renouvelée, le 5 avril, les Chambres se réunirent et siégèrent trois mois environ ; le second fils de Carlos et de la reine Marie-Amélie d'Orléans, Manuel, avait été proclamé roi, et un ministère de droite constitué sous la présidence de l'amiral Ferreira do Amaral, qui s'était empressé de renier l'œuvre dictatoriale de João Franco : il n'y avait eu ni mouvement populaire, ni *pronunciamento*, mais simplement action de quelques individualités poussées par des théories constitutionnelles. Le 5 octobre 1910, un mouvement révolutionnaire détermina la chute de la monarchie, la fuite du roi et la proclamation de la République à Lisbonne. — Cf. Ayres de Magalhães Sepulveda, *Historia organica e politica do exercito portuguez*, 5 vol., Lisboa, 1896-1910 ; Romolo Murri, *Dalla monarchia alla reppubblica*, Milan, 1910.

2. — Le gouvernement provisoire, constitué par le Dʳ Joaquin Theophilo Braga, procéda par décrets à un grand nombre de réformes : — dans le domaine religieux, dissolution des congrégations religieuses, expulsion des Jésuites et des religieux étrangers, séparation des Eglises et de l'Etat ; — dans le domaine politique, abrogation des lois d'exception et des restrictions à la liberté de la presse, proscription de la maison de Bragance, abolition des titres, distinctions et droits nobiliaires, suppression du Conseil d'Etat et de la Chambre des pairs, répression des crimes contre l'intégrité de la République... : Angel Marvaud, *Les debuts de la République portugaise*, dans *Rev. des sciences politiq.*, t. XXVI, 1911, p. 235, 407 sv. — Le 21 août 1911, le Parlement promulgua la nouvelle Constitution : Delpech-Laferrière, *Les Constitutions modernes*, 4ᵉ éd., t. II, 1929, p. 329 sv. ; L. Many, *Etude critique sur la Constitution de la Republiq. portug.*, Paris, 1915.

3. — Pendant les législatures suivantes les lois et les décrets organiques eurent principalement pour objet d'autoriser le gouvernement à mettre en disponibilité les fonctionnaires ne donnant point pleines garanties de leur adhésion à la République et à sa Constitution (par ex., lois nᵒˢ 319-321, du 16 juin 1915) et d'ordonner la dissolution de tous les corps administratifs ayant décidé ou commis un acte d'insubordination à l'encontre du pouvoir exécutif ou des mesures prises par lui (par ex., décret nᵒ 1488, du 3 avril 1915)... Et les coups d'Etat ont continué, tel celui de M. Sidonio Paes en décembre 1917... Néanmoins la Constitution demeurait en vigueur. Quelques lois y apportèrent des modifications : rétablissement des titres honorifiques (loi nᵒ 635, du 28 septembre 1916), octroi d'une indemnité aux membres du Congrès (loi nᵒ 884, du 20 août 1919), modifications aux attributions du président de la République (loi nᵒ 891, du 22 septembre 1919) ou organisation administrative des provinces d'outre-mer (loi nᵒ 1005, du 7 août 1920) ; elles furent, au fur et à mesure, incorporées à son texte. Quelques additions y ont été faites aussi par des lois constitutionnelles, touchant les fonctions du Parlement et les nominations dont peuvent bénéficier ses membres. Toutes ces mesures, suspendues en leurs effets durant la période dictatoriale, devaient, d'après les déclarations du gouvernement, reprendre leur efficacité, plus ou moins parfaite, à la fin de la dictature.

4. — Le 28 mai 1926, un mouvement militaire ayant à sa tête le commandant Mendes Cabeçadas entraîna, le 31, la démission du gouvernement constitutionnel du président Bernardino Machado et la nomination comme président du ministère du commandant Cabeçadas, lequel, en vertu de l'art. 38 §§ 2 et 3 de la Constitution, se trouva investi de la plénitude du pouvoir exécutif. La dissolution des Chambres (9 juin) rendant impossible la nomination par le Congrès d'un nouveau président de la République (art. 38 § 3), le Conseil des ministres en accorda à son président les prérogatives par décrets des 21 et 29 juin 1926, puis le titre par intérim par un autre décret du 26 novembre : Delpech-Laferrière, *op. cit.*, t. III, 1931, p. 324 ; G. Guyomard, *La dictature militaire en Portugal*, Paris, 1927. Des décrets-lois du 25 février et du 9 avril 1928 (Delpech-Laferrière, *op. cit.*, t. II, 1929, p. 348) ont établi l'élection directe par le peuple du président de la République. Ainsi, en fait, bien qu'il n'y ait pas eu de modification formelle de la Constitution, nombre de décrets du gouvernement ont pris et gardé une importance constitutionnelle : tels, en outre de celui du 25 février 1928, ceux du 21 juin 1926, réglementant la procédure de certains décrets ; du 29 juin 1926, déterminant la compétence du président du ministère ; du 29 juillet 1928, fixant, soit la répression applicable aux individus impliqués dans les soulèvements révolutionnaires, soit les amendes infligées aux émigrés politiques, etc... Ces derniers notamment prévoient des peines prononcées par le ministre lui-même; tous, en invoquant la Constitution, dérogent à ses prescriptions; d'où, au Portugal même (Cf. Chron. Jacinto Simoès, dans *Ann. de l'Institut intern. de dr. publ.*, t. II, 1930, p. 1114), l'affirmation de la nullité de tous les actes accomplis par le gouvernement dictatorial.

5. — Un complot révolutionnaire a échoué en juillet 1930. Le 30, dans une réunion à Lisbonne des chefs des divers districts, le gouvernement a annoncé un nouvel ordre constitutionnel — l'établissement d'une administration civile pour aider la dictature à passer graduellement de l'actuel régime transitoire au régime constitutionnel et mettre à exécution le programme de la révolution du 28 mai 1926, et la présentation des décrets dictatoriaux à l'approbation de Chambres législatives constituantes — En 1931, malgré les déportations des adversaires de la dictature dans les possessions lointaines, des mouvements éclatèrent, notamment en Guinée et dans l'île de Madère; le 26 août, une tentative de soulèvement à Lisbonne fut réprimée avec rapidité et vigueur. L'armée, où les officiers révolutionnaires étaient en majorité, et certains éléments conservateurs « intégralistes », moins occupés d'une restauration monarchiste qu'ennemis du parlementarisme, se partageaient le pouvoir. Cependant la dictature, et le président Carmona disait qu'elle n'avait et ne pouvait avoir un caractère permanent, cherchait une voie pour rentrer dans la « normalité constitutionnelle » en s'inspirant d'une doctrine analogue au fascisme italien. Dès août 1930, le parti de l'Union nationale avait été créé, sous la direction du gouvernement et selon les déclarations du président du Conseil de Oliveira, pour collaborer à l'œuvre de la dictature et à l'avènement du futur régime « en s'inspirant d'un nationalisme historique rationnel, réformateur et progressiste » : hostilité au parlementarisme et à la suprématie du citoyen, différenciation « d'avec le socialisme et le libéralisme systématiques », substitution aux anciens partis politiques de la nation organisée sur la base de corporations morales et économiques, tels l'état d'esprit et l'objectif; pour moyens, des décrets dictatoriaux soumis à la révision de Chambres dotées d'attributions constituantes.

6. — Le 28 avril 1931, le ministère annonça les bases d'un nouveau code électoral : droit de vote pour les *juntas de frequezia* (municipalité de canton) aux citoyens des deux sexes chefs de famille et domiciliés dans le canton depuis six mois; élection d'un tiers des *cameras municipaes* (conseils municipaux) par les citoyens mâles, résidant depuis plus de six mois dans la commune, sachant lire et écrire et payant plus de cent escudos d'impôts, et par les citoyens des deux sexes ayant des titres d'enseignement secondaire ou supérieur; constitution des deux autres tiers par des délégués des municipalités de canton, des conseils municipaux, des corporations et associations professionnelles de plus de cinquante membres légalement existantes dans la commune depuis plus d'un an; droit de vote pour les élections législatives aux électeurs de ces deux tiers des conseils municipaux, aux conseillers municipaux et aux associations professionnelles. — Pour éviter les mouvements de presse contre son programme, il réorganise les services de censure, interdit la circulation des journaux et revues à tendance révolutionnaire ou action préjudiciable à l'ordre public, ainsi que la tenue des réunions à caractère politique et social hostile à la dictature. — Par décret du 11 octobre fut décidée la création provisoire d'un conseil politique national, sous la présidence du chef de l'Etat, avec fonctions consultatives non rémunérées pour les affaires de haute importance en rapport avec le plan de la réorganisation politique et administrative commencée lors du mouvement du 28 mai 1926. — Cf. *Annuaire interparlementaire*, t. 2, 1932, p. 603-604.

7. — A la fin de 1932 un nouveau statut constitutionnel était préparé, dont il fut décidé qu'il serait soumis en mars 1933 au plébiscite : il organise une république unitaire et corporative, prévoit la révision de la Constitution, sur des points dûment précisés, par l'Assemblée nationale tous les dix ans, et même par anticipation de cinq ans sur décision des 2/3 de l'assemblée; l'entreprise en peut être ordonnée, avec l'avis du Conseil d'Etat, par décret du président de la République contresigné de tous

les ministres. V. son analyse, *ib.*, t. 4, 1934, p. 198-200, et sa traduction *Rev. du dr. publ. et de la sc. pol.* — Le 19 mars 1933, sur 1.330.258 électeurs inscrits, 1.292.864 l'adoptaient. Les pouvoirs du président, fixés d'abord à quatre ans, ont été portés à sept; réélu le 17 février 1935 après l'installation du nouveau Parlement, le général Ant. Oscar de Fragoso Carmona a été proclamé officiellement pour tel le 17 mars par la Cour suprême de justice. Le 23 octobre 1934, les ministres, après leur prestation de serment, avaient rédigé sous la rubrique « Le moment politique » une note officieuse qui fut remise à la presse; elle constituait une véritable déclaration ministérielle au pays en l'absence de l'Assemblée nationale non encore élue, et est faite d'un préambule et de six chapitres : 1° position nationale; 2° position internationale; 3° politique intérieure : présidence de la République, Conseil d'Etat, Assemblée nationale, Chambre corporative; 4° l'Etat nouveau et l'armée; 5° les valeurs morales; 6° aux Portugais. Les élections pour les 90 députés à l'Assemblée nationale eurent lieu en décembre 1934; le 10 janvier 1935, la Chambre corporative s'est réunie pour choisir son bureau; le lendemain, le général Carmona inaugurait le nouveau Parlement.

POSSESSION. — V. Action possessoire.

Bibliographie.

Auteurs français. — Alardot, *De la possession immobilière*, thèse, in-8°, 1858. — Bentkocoski, *Preuves de la possession immobilière*, th. Montpellier, in-8°, 1912. — Biraque d'Apremont, *La complainte possessoire*, th. Paris, in 8°, 1902, Girard et Brière. — Ambroise Colin et Capitant, *Traité élémentaire de droit civil*, éd. 1929, t. 1. — Léon Milhaut, *Les actions possessoires* d'après le *Traité des justices de paix* de L. Pabon, 1929, Librairie du Recueil Sirey. — Georges Mandelron, *De la preuve de la propriété immobilière*, th. Paris, 1922, Librairie générale du droit et de jurisprudence. — Marin (G.), *La sécurité des acquéreurs de bonne foi du droit de propriétaire dans les tractations immobilières*, th. Paris, in-8°, 1902, Rousseau. — *Mélanges Paul Fournier*, *Justa causa et bona fides* d'après les *Institutes de Gaius*, gr. in-8°, Recueil Sirey. — Nourissal (E.), *Traité théorique et pratique des actions possessoires en matière de cours d'eau*, th. Paris, in-8°, 1919, Marshall et Godde, Girard et Brière. — Radulesco, *La notion des éléments constitutifs de la possession*, th. Paris, in-8°, 1923. — Raviard, *Traité théorique et pratique des actions possessoires et du bornage*, 4° éd., in-8°, 1914, Marchal et Godde. — Planiol et Ripert, *Traité élémentaire de droit civil*, t. 1, éd. 1928. — Planiol et Ripert, *Traité pratique de droit civil*, t. 3, *Les biens*, par Maurice Perrot. — Saleilles, *Mélange de droit comparé*, t. 2, *De la possession des meubles. Etudes de droit allemand et de droit français*, in-8°, Pichon et Durand Auzias. — Saunier, *De l'application de l'art. 2279 C. civ. dans les rapports entre auteurs et ayant causes*, th. Paris, 1907, Rousseau. — Schuoal, *La théorie possessoire objective, Etude comparée sur la possession des choses en droit français et en droit allemand*, th. Paris, in-8°, 1907. — Tournesac, *Applications de la maxime en fait de meubles possession vaut titre*, th. Paris, in-8°, 1913. — Viel, *De l'emploi de l'action possessoire à l'occasion des dépendances du domaine public*, th. Toulouse, in-8°, 1907. — V. aussi le *Répertoire* et le *Supplément*, aux mots « Possession » et « Action possessoire ». Consultez les *Manuels élémentaires* de la collection Dalloz et de la collection Foignet en leurs dernières éditions. V. aussi *Manuels élémentaires*, « La licence en droit » : Droit civil, Hémard, t. 3; Droit romain, Perrot, t. 1; Histoire du droit, Perrot.

Allemagne. — Le *Code civil allemand promulgué et imprimé par ordre du Gouvernement français*, Imprimerie nationale, Paris, 1906 (traduit et annoté par MM. Bufnoir, Cazelles, Challamel, J. Drioux, Fr. Geny, P. Hamel, H. Lévy-Ullmann, R. Saleilles.

Angleterre. — Mackay (H.), *La revendication des meubles en droit anglais par comparaison avec le système français.*

Belgique. — Des Cressionnière, *Eléments de droit civil*, in-8°, 1908, Bruxelles, Lemberty. — Galopin, *Cours de droit civil, Les biens, la propriété et les servitudes*, Bruxelles, Catargne, in-8°, 1912. — Van Biervliet, *Cours de droit civil, Notions générales concernant l'acquisition de la propriété*, 1921, Louvain, Recueil Sirey. — Vos (A. de), *La possession, la propriété, les servitudes*, in-8°, 1909, Anvers, de Konmake.

Suisse. — Chaude (H.), *Code civil suisse dans l'œuvre de la codification moderne*, th. Paris, in-8°, Rousseau, 1909; *Code civil suisse*, 10 déc. 1907, in-8°, 1909, Berne, Wyss. — Curti-Forrer, *Commentaire du Code civil suisse*, traduit de l'allemand par M. Porret, gr. in-8°, 1912, Neuchatel, Delachaux et Nieslé, Larose et Tenin. — Gursel, *Le Code civil suisse* (Extr. *Rev. de Fribourg*), in-8°, 1908, Librairie de l'Université. — Wreland, *Les droits réels dans le Code civil suisse*, traduit et mis au courant par H. Basay, 2 vol. in-8°, 1913-1914, Lausanne, L. Regimonds, Girard et Brière.

Turquie. — Carducci Choucri, *De la possession en droit ottoman, son caractère, ses effets et les actions possessoires avec un aperçu de droit comparé* (Extr. de la *Revue critique de législation et de jurisprudence*).

INDEX ALPHABÉTIQUE.

DIVISION.

CHAPITRE I

NOTIONS GÉNÉRALES.

2. — La possession est un simple fait qui peut exister indépendamment du droit de propriété et qui ne suppose pas la bonne foi. — V. Planiol et Ripert, *Traité pratique*, t. 3, par M. Picard, *Les biens*.

4. — L'art. 2228, qui définit la possession et comprend sous ce nom à la fois la détention pour soi-même et la détention pour autrui, a fait l'objet de vives critiques auxquelles la législation moderne de l'Allemagne et de la Suisse a donné un regain d'actualité (V. *infrà*, chap. V). En droit français, en vertu des art. 2229, 2230, 2231, 2236 du Code civil et en dépit de la formule trop compréhensive de l'art. 2228, il n'y a possession véritable que dans la personne de celui qui détient pour lui-même. Mais la loi donne cependant au détenteur pour autrui certains droits qui s'apparentent à ceux du possesseur véritable. C'est ainsi qu'il a l'exercice des actions possessoires contre toute personne, le propriétaire excepté. Telle est la situation du concessionnaire sur une partie du domaine public (Cass. req., 9 déc. 1897, [S. 97.1.405]); de celui qui occupe un immeuble par simple tolérance du propriétaire (art. 2232 C. civ. et Cass., 3 mars 1855, [S. 55.1.507]); du dépositaire d'un objet mobilier et notamment d'une valeur mobilière. — Cass., 28 mars 1888, [S. 88.1.259]

6 *bis*. — La possession est protégée pour elle-même par l'effet d'une présomption de propriété qui donne au possesseur la qualité de défendeur dans un procès en revendication. — V. Cass. req., 14 avr. 1904, [S. 1905.1.266]; — 24 oct. 1911, [S. 1913.1.394] — Cass. civ., 25 déc. 1921, [S. 1923.1.297, note Esmein]. — Sur les effets de la possession, V. *infrà*, chap. IV.

CHAPITRE II

CONDITIONS D'EXERCICE DE LA POSSESSION.

SECTION I.

Choses susceptibles de possession.

14. — 1. — Quelles sont les conditions nécessaires de la possession d'une créance? On les résume dans cette formule que le possesseur de la créance est le créancier apparent et putatif (Ferron, note sous Cass., 10 déc. 1900, [S. 1903 1.33]). Mais la question se complique si la créance est intimement liée à la propriété d'un immeuble et s'il vient à être révélé que l'apparence portait aussi bien sur la qualité de créancier que sur la qualité de propriétaire de l'immeuble. Si le débiteur s'est acquitté entre les mains du créancier apparent qui n'était pas le véritable propriétaire, est-il libéré? Le tribunal de la Seine a répondu par l'affirmative par un jugement du 27 nov. 1897, mais la cour de Paris par un arrêt du 18 juill. 1899 a adopté l'opinion contraire pour le motif qu'il appartenait au débiteur (la Ville de Paris) d'exiger du créancier apparent la justification de sa qualité de propriétaire. La Cour de cassation a rejeté le pourvoi formé contre cet arrêt pour des considérations étrangères à la théorie de la possession. — V. les décisions ci-dessus, sous Cass., 10 déc. 1900, précité.

2. — De même, le tiers porteur d'un effet de commerce en vertu d'un endossement faux peut recevoir le paiement, et le débiteur est libéré s'il a payé de bonne foi à l'échéance.

15-16. — V. Poitiers, 3 nov. 1913, [S. 1914.2.135] et *suprà*, v° *Nom*, n. 9.

18 *bis*. — Une marque de fabrique peut-elle faire l'objet d'une possession pouvant conduire à la prescription acquisitive? Malgré quelques hésitations, la négative prévaut en doctrine et en jurisprudence. En effet, c'est seulement, dit M. Naquet dans sa note sous Cass., 24 janv. 1906, [S. 1910.1.73], par rapport aux choses susceptibles d'une possession proprement dite que la prescription acquisitive a été admise, et, si la loi déclare également les droits susceptibles de possession

(C. civ., art. 2228), cela doit s'entendre uniquement des droits réels d'usufruit, de servitude ou d'usage qui s'exercent directement sur les biens de nature à devenir l'objet d'une détention effective (V. Guillouard, *De la prescription*, t. 1, n. 417; Baudry-Lacantinerie et Tissier, *De la prescription*, 3e éd., n. 200 et s.; Garsonnet, *Tr. de proc.*, 2e éd. par Cézar-Bru, t. 1, § 340; notre *Rép. gén. du dr. fr.*, v° *Prescription*, n. 1060 et s. — Pau, 6 juill. 1870, [S. 72.2.270]). C'est la détention d'une chose qui forme la condition première de la prescription acquisitive et on ne peut détenir que les choses ayant une matérialité, un *corpus*. Ce n'est pas le cas d'une marque de fabrique. Et si néanmoins on voulait considérer l'usage de la marque comme impliquant des actes analogues à ceux qui marquent la possession d'une chose, cette prétendue possession serait nécessairement, en raison de la nature même de la chose qui en serait l'objet, entachée d'équivoque et de promiscuité.

25. — 1. — Les servitudes (et par conséquent la possession des servitudes) sont incompatibles avec le domaine public (V. Aubry et Rau, 5e éd., t. 3, p. 46, § 243; Berthélémy, *Tr. élém. de dr. adm.*, 8e éd., p. 422). Cette formule peut cependant paraître trop absolue si l'on admet que la domanialité publique est compatible avec un droit de propriété latent et susceptible de réapparaître dès que la domanialité publique vient à cesser par l'effet d'une désaffectation (V. Laurent, *Princ. de dr. civ.*, t. 8, p. 118, n. 92; Baudry-Lacantinerie et Chauveau, *Des biens*, 3e éd., n. 1052; Planiol, *Tr. élém. de dr. civ.*, 10e éd. par Ripert, t. 1, n. 1881). Mais, en tout cas, tant que l'affectation subsiste, les faits de possession sont dépourvus de toute efficacité juridique en raison de l'inaliénabilité et de l'imprescriptibilité du domaine public.

2. — D'autre part, il est admis que l'Etat, les départements, les communes et les établissements publics jouissent des actions possessoires à l'occasion des biens faisant partie du domaine public dont ils ont la gestion. L'administration jouit en effet sur ces biens d'une possession utile qui les autorise à recourir aux actions possessoires contre les usurpations commises par des tiers (V. Civ., 31 déc. 1855, [S. 55.1.209] — Req., 3 janv. 1872, [S. 72.1.225 et le rapport de M. Rau]). Il est aussi admis que les particuliers qui exercent sur les biens du domaine public un droit d'usage ou de jouissance peuvent intenter les actions possessoires contre toutes personnes autres que l'autorité concédante. D'ailleurs, les immeubles faisant partie du domaine privé des personnes morales de droit public, présentant les mêmes caractères et étant de même nature que ceux des particuliers, sont susceptibles de possession véritable et peuvent être l'objet des mêmes actions possessoires (V. Cass., 1er août 1855, [S. 56.1 44] — Justice de paix de Rive-de-Giers, 27 oct. 1905. [*Journ. des Juges de paix*, 1905, p. 40] — Justice de paix de Saignes, 10 avr. 1918, [*Journ. des Juges de paix*, 1918, p. 274] — Cass., 14 févr. 1928, [S. 1928.1.196] — Cass., 1905, [S. 1906.1.275]). En un mot, dans les cas précités les personnes morales de droit public ainsi que les particuliers auxquels un droit d'usage ou de jouissance a été concédé par une personne morale de droit public ont vu étendre par la jurisprudence le domaine des actions possessoires par suite de leur intérêt bien compris. La jurisprudence française, suivant en ceci le préteur romain, a substitué à une action légale non existante une action utile, dans l'intérêt de l'équité, de la paix sociale et de l'ordre public.

SECTION III.

Acquisition, conservation, transmission et perte de la possession.

42. — 1. — Les communes acquièrent et conservent la possession de leur patrimoine par le fait de leurs habitants (Cass. req., 25 juin 1914, [S. 1918-1919.1.169]). Et les actes de possession allégués sont suffisamment caractérisés lorsqu'ils sont exercés conformément à la destination du terrain sur lequel ils se produisent (*ibid.*). L'arrêt précité fait application de ces principes aux chemins qui font partie du domaine privé de la commune, c'est-à-dire aux chemins ruraux, qui, non classés, sont néanmoins à l'usage du public (L. 20 août 1881), par opposition aux chemins d'exploitation qui servent exclusivement à la communication entre divers héritages ou à leur exploitation et qui sont la propriété privée des riverains. — V. *infrà*,

v° *Voirie*, et la note de M. Mestre sous l'arrêt précité, et aussi *suprà*, n. 25.

2. — Lorsque le juge du fond constate qu'un sentier ne relie pas l'une à l'autre deux voies publiques et n'a aucune utilité pour le public, que la commune n'a exercé sur ce sentier aucun acte de surveillance ou de voirie, que les faits de passage, si anciens et si nombreux qu'ils aient été, ne sauraient constituer par eux seuls des actes de possession permettant à la commune d'invoquer la prescription, cette possession ayant été équivoque et non continue, et qu'enfin la commune s'est abstenue de remplir les formalités de la loi de 1881, c'est à bon droit qu'il décide que le sentier ne saurait être considéré comme un chemin rural. — Cass. req., 9 janv. 1907, [S. 1911. 1.316]

3. — Les actes de possession que les habitants d'une commune peuvent accomplir au profit de la commune en usant d'un passage ne peuvent avoir de valeur que s'il s'agit de chemins n'ayant pas fait l'objet d'un arrêté de reconnaissance pris en vertu de la loi du 20 août 1881.

4. — Antérieurement à la loi du 20 août 1881, l'arrêté qui avait classé un chemin rural parmi les chemins publics n'attribuait aucun droit à la commune et laissait entières les questions de propriété et de possession des riverains (Cass., 29 juin 1891, [S. 95.1.396]). Un pareil arrêté ne peut donc suffire pour établir la propriété de la commune. — V. Cass., 3 mai 1881, [S. 83.1.351]; — 5 juill. 1905, [S. 1906.1.123 et la note]; — 9 janv. 1907. [S. 1911.1.316]; — 1er avr. 1903, [S. 1908.1.325]

43. — Par extension de la théorie qui admet que les actes tendant à l'acquisition de la possession peuvent être valablement accomplis au profit des incapables et des personnes morales par leurs représentants légaux, il a été jugé que les usagers d'un chemin, même s'ils sont étrangers à la commune, contribuent à en acquérir la possession au profit de cette commune. — V. Req., 1872, [S. 72.1.225 avec le rapport de M. Rau]. — V. aussi Civ., 20 mai 1889, [S. 91.1.55] — Req., 15 janv. 1895, [S. 99.1.411]; — 25 juin 1914, [S. 1918-1919.1.169 et la note de M. Mestre]

CHAPITRE III

PREUVE DE LA POSSESSION.

59-72. — 1. — La preuve de la possession ne comporte aucune règle particulière. Mais il y a lieu de rappeler ici le principe posé par les art. 24 et 25 C. proc. civ., qui interdisent le cumul du possessoire et du pétitoire. Le litige qui a pour but d'établir le fait de la possession est essentiellement différent de celui qui a pour but d'établir le droit de propriété. Le premier ressortit à la compétence du juge de paix, le second à celle du tribunal civil (Voy. *suprà*, v° *Action possessoire* et *infrà*, v° *Preuve*). Les solutions jurisprudentielles intervenues depuis l'impression du *Répertoire* n'offrent aucune jurisprudence nouvelle à signaler.

2. — Le juge de paix a toute latitude de baser sa décision aussi bien sur l'aveu du défendeur que sur les circonstances de la cause, sans être tenu de recourir à une enquête. — Cass., 9 janv. 1929, [*Annales des juges de paix*, 1929, p. 176]

3. — Il peut examiner les titres de propriété, et il doit le faire quand il s'agit de la possession de servitudes discontinues ou non apparentes qui ne peuvent exister sans titres. Mais il ne peut tirer de cet examen que des conclusions relatives au fait de la possession, sans formuler aucune décision sur la question de propriété ou du droit à la servitude (Cass., 18 janv. 1901, [D. 1901.1.120]; — 12 mars 1913, [D. 1913.1.192]; — 1er avr. 1922, [*Gaz. Pal.*, 12 nov. 1922]; — 28 juill. 1903, [*Ann. just. de paix*, 1904.49]; — 18 déc. 1901, [D. 1902.1.165]; — 26 nov. 1922, [*Gaz. Pal.*, 30 déc. 1925]; — 21 juin 1902, [D. 1913.5.54]

4. — Si la question de possession soulève une question de domanialité ou d'interprétation d'un acte administratif, le juge du possessoire doit surseoir à statuer et renvoyer les parties devant l'autorité administrative en vertu du principe de la séparation des pouvoirs. — Cass., 22 oct. 1900, [*Mon. Just. de paix*, 1901.1.31] — Trib. confl., 9 mars 1918, [*Ann. just. de paix*, 1918. 475]

CHAPITRE IV

EFFETS DE LA POSSESSION.

SECTION I.

Effets divers attachés à la possession.

74 *bis.* — 1. — Le possesseur *pro suo* a qualité pour résister à une demande en revendication de l'immeuble possédé par lui et doit triompher dans sa défense si le demandeur en revendication ne fait pas la preuve de sa propriété. — Cass. req., 4 déc. 1901, [S. 1904.1.172]

2. — L'opinion générale reconnaît également au possesseur *pro suo* le droit d'exercer l'action en bornage, malgré la lettre de l'art. 646 C. civ. — Voy. note 3 sous l'arrêt précité.

3. — En cas de possession utile, la présomption de propriété qui en résulte ne peut céder qu'à un titre de propriété ou à la prescription, et celui qui possède est dispensé de prouver sa propriété à l'encontre du revendiquant. — Cass. req., 31 mai 1905, [S. 1905.1.524]

4. — Le défendeur à une action en revendication doit, pour repousser cette action, opposer au demandeur soit un titre plus ancien, soit une possession également antérieure et susceptible de conduire à la prescription. — Cass., 9 janv. 1901, [S. 1905. 1.509] ; — 28 juill. 1903, [S. 1904.1.163] ; — 14 juin 1904, [S. 1906. 1.391] ; — 22 oct. 1906, [S. 1908.1.329]

5. — La possession joue, d'après la jurisprudence de la Cour de cassation, un rôle important dans la solution d'une instance en revendication, même en présence de titres de propriété invoqués par les parties. — V. note de M. Wahl, S. 98.1.387.

6. — Doit être cassé l'arrêt qui, pour accueillir une action en revendication, pose d'abord en principe que le titre le plus ancien doit l'emporter sur le plus récent et affirme en outre que le défendeur, lequel excipait non seulement de sa *possession actuelle,* mais encore d'une possession légale antérieure au titre d'un demandeur, doit succomber dans l'instance parce qu'il n'a pas possédé pendant le temps voulu pour prescrire. — Cass. civ., 12 nov. 1907, [S. 1910.1.389]

7. — Il y a lieu de distinguer trois hypothèses : — 1° *Aucune des deux parties n'a de titre.*

a) Le possesseur doit conserver la chose s'il a la possession d'une manière utile pour l'usucapion (V. Req., 31 mai 1905, [S. 1905.1.524]) si son adversaire ne justifie pas lui-même que, soit par titre, soit par prescription, il est propriétaire de l'héritage litigieux. C'est l'effet de la présomption de propriété attachée au fait de possession. La solution est la même pour le demandeur lorsque c'est lui qui a la possession;

b) Si le défendeur n'a pas une possession exclusive, le demandeur peut obtenir la restitution de la chose en prouvant des faits anciens de possession. Une possession, même si elle ne réunit pas les qualités requises pour prescrire, peut être prise en considération, si elle apparaît comme la manifestation extérieure du droit de propriété (V. Th.-P. Mandelson, *De la preuve de la propriété immobilière,* thèse Paris, 1922). Ce n'est que si la possession de l'une ou de l'autre des parties n'est pas suffisante pour faire présumer la propriété que la Cour de cassation autorise d'autres preuves, telles que : les énonciations du cadastre, le paiement des impositions, l'existence d'un talus, d'une borne entre deux propriétés.

8. — 2° *Les deux parties produisent des titres de propriété.* — Si ces titres émanent de la même personne, le conflit sera réglé par la priorité de la transcription (L. 23 mars 1855). S'ils émanent de personnes différentes, l'interprétation des solutions données par la jurisprudence soulève d'assez grandes difficultés. On dit souvent que les arrêts donnent la préférence au titre le plus ancien. Plusieurs décisions formulent cette règle qui ont prétendu que tout titre de propriété régulier impliquerait au profit de l'acquéreur une translation de possession et que la possession actuelle ne pourrait l'emporter que si elle révélait les caractères voulus pour prescrire (V. Cour d'appel de l'Indochine, 18 août 1905, sous Civ., 12 nov. 1907, [S. 1910. 1.388]. — V. aussi Orléans, 29 mars 1893, sous Req., 6 janv. 1896, [S. 96.1.491]). Mais cette règle a été formellement condamnée par la Chambre civile qui, dans son arrêt du 12 nov. 1907,

[S. 1910.1.389], a décidé que la préférence ne doit pas être nécessairement accordée au titre le plus ancien, et qu'il appartient aux tribunaux de se prononcer à cet égard d'après les documents et circonstances de la cause (V. Civ., 19 nov. 1907, précité ; — Montpellier, 3 févr. 1920, [D. 1920.2.73, note de M. G. Ripert]). Pour comprendre la jurisprudence sur ce point, il faut distinguer deux cas :

a) La possession du défendeur n'est pas certaine, les juges ont alors la liberté absolue de retenir les présomptions invoquées par les parties, même l'antériorité du titre;

b) La possession du défendeur est certaine. Celui-ci doit alors être maintenu en possession, que cette possession soit antérieure ou non au titre du demandeur. La date respective des titres devient indifférente, les deux titres sont neutralisés, et il reste en faveur du défendeur sa possession actuelle qui lui crée une présomption suffisante (V. Civ., 12 nov. 1907, précité. — Montpellier, 3 févr. 1920, précité. — Aubry et Rau, § 219, p. 564). Il y a toutefois une restriction : le demandeur pourra faire la preuve que si le litige s'était engagé entre leurs deux auteurs, son auteur l'eût emporté sur celui du défendeur. S'il apporte cette preuve, il triomphera contre le possesseur (Civ., 21 déc. 1906, [D. 1906.1.175]). C'est là, dit-on, une conséquence de la règle : « Nemo plus juris in alienum transferre potest quam ipse habet ». Elle ne peut le légitimer qu'en invoquant la fiction d'une revendication qui n'a pas eu lieu entre les auteurs des parties en cause. Le demandeur fera la preuve que son auteur aurait triomphé en établissant que celui-ci avait la possession de l'immeuble ou que l'auteur du défendeur ne l'avait pas, et dans l'un et l'autre cas on lui permettra de faire abstraction de la possession actuelle du défendeur. En d'autres termes, le demandeur pourra choisir librement l'époque à laquelle il entend se placer pour obtenir du juge une décision conforme à sa revendication. N'est-ce pas contraire à la règle de procédure que le juge doit statuer sur la prétention qui lui est soumise en appréciant la situation des parties au moment où la demande est formée? Et n'est-ce pas aussi compromettre le rôle social de la possession en permettant de détruire la situation du possesseur actuel en raison de ce que si le litige avait été jugé à une époque antérieure il aurait reçu une solution différente?

9. — 3° *Une seule des parties a un titre.* — Si c'est le défendeur, il restera tout naturellement en possession. Si c'est le demandeur, il obtiendra la restitution de la chose, à la condition toutefois que son titre soit antérieur à la possession du défendeur. Depuis l'arrêt du 22 juin 1864, le premier rendu en ce sens, la jurisprudence n'a pas varié. — V. Civ., 22 juin 1864, [S. 64.1.34], et, après de nombreux arrêts, les arrêts récents : Civ., 14 juin 1904, [S. 1906.1.391] — Dijon, 21 avr. 1905, [D. 1907.2.93] — Civ., 27 oct. 1906, [S. 1908.1.329] — Req., 2 janv. 1907, [S. 1913.1.542]

84. — Si un acte translatif de propriété peut être opposé comme faisant preuve du droit de propriété à l'encontre de tiers qui n'y ont été parties ni par eux-mêmes, ni par un de leurs auteurs, un titre qui confère à une personne le droit d'extraction du gypse sous une parcelle, et sur lequel elle se fonde pour revendiquer la propriété du sous-sol de cette parcelle, est à bon droit déclaré inopposable à des tiers qui, antérieurement à cet acte, étaient propriétaires et possesseurs du sol de la parcelle litigieuse et devaient, en conséquence, être présumés propriétaires du dessous, lequel n'avait été d'ailleurs l'objet de la part de leur adversaire d'aucun acte de possession utile à leur encontre. — Cass., 2 janv. 1907, [S. 1913.1.542]

SECTION II.

De l'acquisition des fruits par le possesseur de bonne foi.

§ 2. *Acquisition des fruits.*

150. — En droit français les fruits restent acquis au possesseur de l'hérédité s'il a possédé de bonne foi et en vertu d'un titre correspondant à l'art. 550 C. civ. — V. Trib. sup. Colmar, [S. 1911.4.19]. — La bonne foi dans ce cas est toujours présumée.

150 *bis.* — Les récoltes faites sur un terrain appartenant à celui qui a mis le bien en valeur lui appartiennent, pour la raison que ces récoltes sont la rémunération de son travail. Mais il n'y a plus lieu à l'application de la règle lorsque le possesseur est de mauvaise foi. — V. Cour d'appel d'Indochine, 14 avr. 1910, sous Cass., Epoux Lam-Kiem, [S. 1916.1.44]

§ 3. *Restitution des fruits.*

240. — Le possesseur de bonne foi tel qu'un acheteur, s'il est évincé par une action en nullité de la vente, devient, par l'effet du jugement qui prononce la nullité de cette vente, un possesseur de mauvaise foi s'il est resté en possession après le jour de la demande en nullité. Il doit donc la restitution des fruits à partir de cette date. D'autre part, il n'a pas droit aux intérêts de ses impenses. — Demolombe, *Tr. de la distinction des biens*, t. 1, n. 679 ; Aubry et Rau, 5ᵉ éd., t. 2, p. 395, § 204, texte et note 14 ; Baudry-Lacantinerie et Chauveau, *Des biens*, 3ᵉ éd., n. 363. — Mais il a déjà été jugé et il est admis par la doctrine, par application du principe que nul ne peut s'enrichir aux dépens d'autrui, qu'un possesseur obligé à la restitution des fruits peut, quand ses travaux ont eu pour résultat de créer une augmentation de revenu, retenir jusqu'à concurrence de cette augmentation les intérêts des sommes qu'il a déboursées. — V. Cass. civ., 21 déc. 1903, [S. 1909.1. 324 et la note]

279. — Le mari gérant de la communauté conjugale perçoit les fruits des biens qui la composent. Mais quand cette communauté est dissoute, il s'écoule souvent un certain temps entre cette dissolution et le jour où, par l'apurement de la liquidation, les droits des époux ou de leurs héritiers seront fixés. Dans cet intervalle de temps le mari reste souvent le gérant de fait de la communauté, surtout si elle comprend un fonds de commerce. Que deviennent les fruits perçus pendant cette période transitoire? Le mari peut-il augmenter la part qui lui revient à titre d'époux d'une somme représentative de ses peines et soins? La Cour de cassation décide que les bénéfices qui proviennent d'un établissement qui a le caractère de bien commun doivent en principe être compris dans la masse à partager, même s'ils ont été produits après la dissolution de la communauté, mais avant le partage, par l'exploitation que l'un des époux a continuée. — V. Cass., 28 avr. 1884, [S. 86.1.294] ; — 23 mai 1905, [S. 1906.1.177 et la note de M. Tissier]. — Il n'en serait autrement que si l'époux gérant s'était livré pour son compte personnel à des opérations nouvelles ne rentrant pas nécessairement dans le fonctionnement de l'entreprise, mais exigeant des connaissances spéciales et un travail propre. En pareil cas, les bénéfices réalisés devraient lui être attribués dans la mesure où ils seraient considérés comme produits de son activité personnelle. — V. Cass. civ., 24 nov. 1869, [S. 70.1.72] ; — 27 janv. 1926, [S. 1926.1.110 et la note]

SECTION III.

De la maxime : En fait de meubles possession vaut titre.

280. — 1. — L'application de l'art. 2279 suppose la bonne foi chez le possesseur (Cf. C. civ., art. 1141 et 2279. — Cass. req., 23 oct. 1906, [S. 1906.1.40]). L'opinion dominante aujourd'hui considère que le motif de la règle « En fait de meubles possession vaut titre » a pour but d'assurer la sécurité du commerce en protégeant celui qui de bonne foi a acheté une chose mobilière d'un détenteur précaire qui lui-même pouvait être de mauvaise foi. — Cass. req., 24 janv. 1906, [S. 1910.1.73] ; — 16 juill. 1907, [D. 1908.1.31] ; — 30 juin 1908, [S. 1908.1.444] ; — 16 juill. 1909, [S. 1911.1.65] — Cass. civ., 12 déc. 1921, [D. 1922. 1.28]. — *Adde*, pour le cas du créancier gagiste, Cass. req., 23 oct. 1906, [S. 1906.1.40] — Cass. civ., 11 mai 1898, [S. 98. 1.481] — Cass. req., 25 mars 1901, [S. 1901.1.305] ; — 10 avr. 1922, [*Gaz. Pal.*, 16 juin 1922] — Cass. civ., 23 avril 1918, [D. 1919.1.33]. — Les mêmes raisons existent de protéger le créancier gagiste et le tiers acquéreur. Cependant, il y a lieu d'observer : 1° que le créancier gagiste ne peut repousser l'action en revendication que tant que sa créance n'est pas éteinte; 2° que son gage doit être constitué conformément à la loi, c'est-à-dire en général par l'effet d'un titre régulier. — Cass. civ., 28 mars 1888, [S. 88.1.265] — Cass. req., 3 déc. 1893,

[S. 96.1.79] ; — 10 avr. 1922, [*Gaz. Pal.*, 16 juin 1922 et *Rev. trim. de dr. civ.*, 1922, p. 686]

2. — Est de mauvaise foi l'acheteur qui n'a pas pris les précautions élémentaires sur la valeur des droits de son vendeur. — Cass. req., 11 mai 1899, [S. 1900.1.86]. — Mais cela n'implique pas le devoir pour l'acquéreur d'exiger de son vendeur la production d'un juste titre; c'est exactement le sens du texte de l'art. 2279 : « *possession vaut titre* ».

§ 1. *A quels biens s'applique la maxime.*

283. — La question de savoir si l'art. 2279 s'applique aux fonds de commerce a été résolue affirmativement par plusieurs décisions judiciaires. V. notamment Paris, 23 mai 1901 et 11 juill. 1904 avec la note de M. Wahl qui résume et explique en ces termes la jurisprudence ancienne de la Cour de cassation sur ce point : Les meubles incorporels qui ne sont pas soumis à l'art. 2279 sont ceux qui sont fictifs, qui consistent dans un objet. Et il est ainsi démontré que, suivant la jurisprudence elle-même, les fonds de commerce, qui sont bien des objets dont la possession peut être transmise à un tiers, s'acquièrent instantanément, dans les conditions de l'art. 2279, par la possession de bonne foi [S. 1905.2.121]. Mais aujourd'hui la loi du 17 mars 1909 prescrit que les ventes de fonds de commerce soient constatées par écrit et soient publiées dans un journal d'annonces légales; ainsi l'acquéreur est à même de vérifier les titres de son vendeur et n'a plus besoin par conséquent d'être protégé par l'art. 2279 contre le risque d'une acquisition *a non domino*. C'est dans ce sens qu'a statué la Cour de cassation le 26 janvier 1914 en cassant un arrêt de la cour de Paris du 13 mars 1909 conforme à la jurisprudence précitée [S. 1920. 1.27] et en décidant que « la règle « en fait de meubles possession vaut titre » ne s'applique qu'aux meubles corporels susceptibles d'une tradition manuelle et ne s'étend pas aux meubles incorporels et par suite aux fonds de commerce; que ceux-ci, comprenant non seulement des objets matériels et les marchandises qui les garnissent, mais, encore et surtout, la clientèle ou achalandage, l'enseigne et le droit au bail des immeubles où ils sont installés, constituent des universalités juridiques qui ne comportent pas de tradition manuelle ». Mais il y a lieu d'observer qu'une question subsiste : celle de savoir si la loi du 17 mars 1909 peut être appliquée aux ventes de fonds de commerce antérieures à cette date. L'arrêt de la cour de Paris, cassé par la décision précitée, remontait au 13 mars 1909, ce qui n'a pas empêché la Cour de cassation de motiver expressément son arrêt du 26 janv. 1914 par les textes de la loi du 17 mars 1909. — V. la note au S. 1920.1.27.

287. — 1. — C'est un principe certain que l'art. 2279 du Code civil est inapplicable aux navires et autres bâtiments de mer. — V. Cass. civ., 18 janv. 1870, [S. 70.1.145 et la note de M. Labbé]. — *Adde*, Baudry-Lacantinerie et Tissier, *De la prescription*, 4ᵉ éd., n. 845; Lyon-Caen et Renault, *Tr. de dr. comm.*, 4ᵉ éd., t. 5, n. 84; Danjon, *Tr. de dr. marit.*, t. 1, n. 139; Ripert, *Dr. marit.*, 2ᵉ éd., t. 1, p. 362; Bonnecase, *Tr. de dr. comm. marit.*, n. 220; Wahl, *Préc. de dr. marit.*, n. 40; Vermond, *Man. de dr. marit.*, 5ᵉ éd., n. 24, et *suprà*, v° *Navire*. — Les raisons de décider sont exactement les mêmes en ce qui concerne les bâtiments de rivière, qui ont, eux aussi, une individualité résultant de leur immatriculation et une formalité analogue à la mutation en douane pour leur transmission. Le décret du 5 avr. 1919 (S., *Lois ann.* de 1920, p. 1151), rendu en application de la loi du 5 juill. 1917, a, en effet, décidé dans son art. 7 que l'immatriculation du bateau doit être demandée à l'ingénieur en chef chargé du bureau d'immatriculation auquel le bateau est immatriculé par application du décret du 1ᵉʳ avr. 1899. Dès lors, si l'immatriculation n'a pas été au préalable opérée, toute inscription est irrégulière et, par suite inefficace, puisqu'elle ne peut être faite à l'endroit requis par la loi.

2. — Il a été jugé, en conséquence, que l'art. 2279, ne s'appliquant qu'aux meubles dont la propriété s'acquiert sans aucune formalité par le consentement des parties et la simple tradition, ne s'applique ni aux navires de mer, ni aux bateaux et péniches de la batellerie fluviale lorsque ces derniers jaugent plus de 20 tonnes (Nancy, 5 févr. 1924, [S. 1925.2.29]). Et que, par suite, c'est à bon droit que l'acquéreur *a non domino* d'un bateau de cette catégorie serait contraint de payer une seconde fois son prix au véritable propriétaire, faute de l'accomplisse-

ment des formalités d'immatriculation et d'inscription de la mutation au greffe du tribunal de commerce. — Même arrêt.

3. — Il en est de même des aéronefs, soumis à l'immatriculation et à la publicité des transports depuis la loi du 31 mai 1924 (art. 3).

4. — Le warrant agricole rendu public par la transcription au greffe de la justice de paix (L. 30 avr. 1906) est la représentation légale de la chose warrantée et confère au porteur une possession équivalente à la possession réelle (Cass., 3 déc. 1919, [S. 1921.1.38]). En conséquence, le porteur de bonne foi du warrant est, en vertu de l'art. 2279 § 1 du Code civil, fondé à opposer son titre à l'acquéreur des objets warrantés qui ne peut exciper d'une mise en possession antérieure. — Même arrêt.

288. — La propriété d'une œuvre littéraire est distincte de celle du manuscrit qui la contient et n'en forme pas l'accessoire. Et cette propriété, objet incorporel, n'étant pas susceptible de possession matérielle, ne peut faire l'objet d'un don manuel. — Cass. civ., 26 févr. 1919, [S. 1920.1.203]. — *Adde*, Trib. de la Seine, 28 juin 1909 et Paris, 8 mars 1911, [S. 1911. 2.305]

290. — L'art. 2279 du Code civil est inapplicable à la possession des effets de commerce, qui ne peuvent être transmis de la main à la main et dont la transmission ne peut être effectuée que par voie d'endossement. — Cass. req., 4 nov. 1902, [S. 1903.1.173]

298. — *Adde*, en ce qui concerne les récépissés de titres au porteur, Paris, 15 juin 1897, [D. 99.2.153 et note de M. Colin]. — Sont assimilables aux titres au porteur les titres à ordre endossés en blanc, conformément à la loi du 8 févr. 1922 (art. 132 C. comm.). — Thaller et Percerou, *Tr. élém. de dr. comm.*, 7e éd., n. 1483.

299 *bis*. — 1. — Les meubles du domaine public sont hors du commerce et non susceptibles de propriété privée. Il n'y a donc pas pour eux de possession possible et leur détenteur ne peut invoquer pour eux la maxime de l'art. 2279. L'Etat ou la personne morale administrative qui a la garde du domaine peut intenter contre tout détenteur une action qualifiée de revendication bien qu'elle ne sanctionne par un droit de propriété privée (V. Req., 17 juin 1896, [D. 97.1.257 et note Guence, S. 96.1.498] — Trib. Gap, 30 oct. 1895, [D. 97.2.54]), et cette action est imprescriptible. — V. Trib. Lyon, 1895, [D. 99. 2.290]

2. — La règle ne s'applique pas enfin aux meubles déclarés inaliénables par la loi. La possession ne pourra pas valoir pour eux titre de propriété, puisque la transmission en est interdite. La revendication sera donc permise même contre celui qui joindrait sa possession à un titre régulier d'acquisition. La loi du 31 déc. 1913 sur les monuments historiques admet la revendication des objets historiques classés qui, appartenant à l'Etat ou aux personnes morales administratives, sont inaliénables (art. 18, al. 2 et 3 et art. 20). La même loi déclare imprescriptibles les objets historiques classés qui appartiennent aux particuliers et qui sont aliénables (art. 18, al. 1er). S'ils ont été aliénés, ils rentrent dans le droit commun, mais en cas de perte ou de vol, ils demeurent protégés par l'imprescriptibilité.

§ 2. Caractères que doit avoir la possession.

300. — 1. — La règle « en fait de meuble possession vaut titre », qui dispense le possesseur de toute preuve quant à son droit de propriété, lorsque cette possession présente les caractères d'une possession *animo domini*, paisible, publique, exempte de précarité et d'équivoque (V. Cass., 18 déc. 1894, [S. 95.1.136]), ne peut au contraire être invoquée par celui dont la possession ne réunit pas ces caractères (V. note de M. Naquet, sous Cass., 31 janv. 1900, [S. 1902.1.33]). Elle ne peut être invoquée notamment par celui dont la possession est équivoque. — V. Cass., 22 mai 1906, [S. 1910.1.172]. — *Adde*, notes de M. Naquet sous Cass., 31 janv. 1900, précité, et de M. Ferron sous Aix, 3 févr. 1902, [S. 1903.2.41]

2. — L'art. 2279 du Code civil n'établit en faveur du possesseur d'objets mobiliers une présomption légale de propriété qu'autant que la possession dont celui-ci se prévaut réunit les conditions exigées par l'art. 2279 du Code civil, qu'elle est, notamment, non équivoque et à titre de propriétaire. — Cass.,

21 juin 1911, [S. 1912.1.8]. — *Adde*, Trib. Seine, 23 avr. 1909, [*Gaz. Trib.*, 1909.2.416]

305. — Le détenteur de titres au porteur, qui se prétend propriétaire de ces titres en vertu d'un don manuel qui lui aurait été fait par le propriétaire aujourd'hui décédé, ne peut invoquer l'art. 2279 du Code civil lorsque l'enquête à laquelle il a été procédé a établi le caractère équivoque de sa possession. — Aix, 3 févr. 1902, [S. 1903.2.41 et note de M. Ferron]

321. — Des sommes d'argent et valeurs au porteur qui appartenaient au défunt et que sa nièce, habitant avec lui, n'avait eues entre les mains jusqu'à son décès que pour lui, mais qu'elle prétend avoir été données à elle-même manuellement par son oncle avant sa mort, peuvent, lorsque la prétention de la nièce est combattue par diverses présomptions, être considérées comme appartenant à la succession de l'oncle (Cass., 16 janv. 1901, [S. 1902.1.85]). Et la nièce est à bon droit condamnée à les restituer à la succession par les juges du fond, se basant sur des circonstances de fait qu'il leur appartient de constater et d'apprécier souverainement, sans qu'il y ait là violation de l'art. 2279 du Code civil, inapplicable à la cause dès lors que la possession de la nièce était entachée de précarité. — Même arrêt.

333. — La règle « en fait de meubles possession vaut titre » établit au profit du détenteur une présomption légale de propriété qui, dès lors que sa possession réunit les conditions requises, le met à l'abri de toute revendication du véritable propriétaire, sauf le cas de perte ou de vol (V. Cass. req., 18 déc. 1894, [S. 95.1.136]; — 21 juin 1911, [S. 1912.1.8 et les renvois]). Ces conditions requises sont d'abord la bonne foi (Cass. req., 22 mai 1906, [S. 1910.1.172]; — 26 juin 1907, [S. 1909.1.548]), puis une possession réelle et effective des objets mobiliers dont la restitution lui est demandée. La possession dont parle l'art. 2279 implique la détention même des objets litigieux. C'est ce que précise l'art. 1141 du Code civil en disposant qu'en cas de ventes successives d'objets mobiliers à deux personnes différentes, « celle des deux qui a été mise en possession réelle est préférée et demeure propriétaire, encore que son titre soit postérieur en date, pourvu qu'elle soit de bonne foi ». La possession réelle ne peut être suppléée par aucun équivalent. — V. Lyon, 9 avr. 1851, [S. 53.2.1]. — *Adde*, Laurent, t. 32, n. 555; Planiol, *Tr. élém. de dr. civ.*, 7e éd., t. 1, n. 2479; Demolombe, *Contrats*, t. 1, n. 476; Guillouard, *Tr. de la prescription*, t. 2, n. 861; Baudry-Lacantinerie et Tissier, *De la prescription*, 3e éd., n. 849, et Cass. civ., 12 déc. 1921, [S. 1922.1.199]

343. — 1. — Si celui qui excipe d'un don manuel est présumé propriétaire des objets mobiliers qui sont en sa possession, cette présomption tombe devant la preuve contraire administrée par ceux qui contestent le don manuel, spécialement devant la preuve rapportée par les demandeurs en revendication que la possession invoquée est équivoque et clandestine. — Cass. req., 30 juin 1908, [S. 1909.1.444]

2. — En vertu de l'art. 2279 du Code civil, celui qui excipe d'un don manuel doit être présumé propriétaire des objets mobiliers qui sont en sa possession, et cette présomption ne peut tomber que devant la preuve contraire administrée dans les termes du droit commun par celui qui conteste le don manuel. — Cass., 12 mars 1918, [S. 1920.1.111]; — 24 juill. 1912, [S. 1914.1.235]

3. — Si celui qui conteste le don manuel soutient que la possession du prétendu donataire est incertaine ou équivoque ou qu'elle a été acquise par la violence ou par la fraude, il peut avoir recours à la preuve testimoniale et aux présomptions. — Même arrêt, et Pau, 12 janv. 1874, [S. 76.2.2] — Cass., 15 avr. 1890, [S. 91.1.342]; — 10 mai 1892, [S. 94.1.79 et la note] — Dijon, 11 août 1893, [S. 94.2.295]

4. — Et s'il allègue que cette possession est précaire comme procédant d'un contrat qui obligerait le détenteur à restituer, la preuve de la précarité, se confondant avec celle de ce contrat, doit être faite conformément aux règles sur la preuve des conventions. — Pau, 12 janv. 1874, précité, et Cass. civ., 5 août 1890, [S. 91.1.343 et la note]

366. — Lorsqu'un arrêt constate, d'une part, que l'auteur de Mémoires, en conférant à un tiers la mission de publier cet ouvrage s'il le jugeait convenable, n'a pas entendu déposséder ses héritiers de la propriété de l'ouvrage; d'autre part, que l'héritier et légataire universel de l'auteur, investi du droit de propriété, en communiquant le manuscrit des Mémoires à un homme de lettres « pour le lire et peut-être pour étudier la question d'une publication à faire en commun », n'a pas entendu lui transmettre la propriété du manuscrit ; et enfin que si, du vivant de l'héritier et légataire universel, l'homme de lettres a publié quelques extraits des Mémoires sans d'ailleurs en indiquer la source, ce fait a pu être ignoré de l'héritier, cet arrêt déduit à bon droit de ces constatations et appréciations souveraines que la possession du manuscrit par l'homme de lettres était purement précaire et que, ne pouvant invoquer la présomption édictée par l'art. 2279 du Code civil, il était tenu de restituer le manuscrit aux héritiers de l'auteur. — Cass. civ., 26 févr. 1919, [S. 1920.1.203]. — *Adde*, Cass. req., 18 déc. 1894, [S. 95.1.136] — Cour d'ass. des Landes, 7 avr. 1900, sous Cass. crim., 9 août 1900, [S. 1901.1.59] — Paris, 8 mars 1911, [S. 1911.2.305]

368 bis. — 1. — Jugé que doit être assimilée à la détention matérielle l'apposition d'une marque sur les arbres d'une coupe de bois vendue. — Cass., 31 déc. 1922, [S. 1924.1.99] — Amiens, 24 oct. 1922, [*Gaz. Pal.*, 14 déc. 1922]

2. — Mais les lettres de voiture et récépissés délivrés par des compagnies de chemins de fer, bien que constituant des instruments de possession indirecte, n'équivalent pas à la possession réelle de la marchandise (V. Thaller et Percerou. n. 1024; Lyon-Caen et Renault, *Tr. de dr. comm.*, t. 3, n. 278 et s.). Malgré l'art. 209 du Code fédéral suisse des obligations, aux termes duquel, lorsque les marchandises sont représentées par un récépissé ou autre pièce analogue, celui qui acquiert le titre de bonne foi est réputé propriétaire des marchandises, le possesseur de bonne foi de ces marchandises est préféré au porteur du récépissé.

3. — La possession peut résulter de la remise des clefs, lorsque par l'effet de cette remise, la chose vendue est mise à la disposition de celui à qui la chose a été vendue. — Baudry-Lacantinerie et Tissier, n. 850.

4. — Mais le détenteur d'une chose ne peut se prévaloir de sa possession matérielle de la chose si son droit est démenti par le titre même en vertu duquel la chose est venue entre ses mains. — Cass. req., 15 avr. 1890, [S. 91.1.342] — Cass. req., 1911, [S. 1912.1.8] — Cass., 24 juill. 1912, [D. 1914.1.36]; — 12 mars 1918, [D. 1921.1.148]

§ 3. *Contre qui et par qui la maxime peut être invoquée.*

373. — La maxime de l'art. 2279 du Code civil « en fait de meubles possession vaut titre » peut être invoquée par le créancier gagiste qui, de bonne foi, a reçu en gage d'un détenteur précaire un objet mobilier ou une valeur; il a le droit de repousser jusqu'au paiement de sa créance l'action en revendication dirigée contre lui par le propriétaire de cet objet ou de cette valeur. — Cass., 25 mars 1901, [S. 1901.1.305 et note de M. Lyon-Caen] — 23 oct. 1905, [S. 1906.1.40]

373 bis. — La maxime « en fait de meubles possession vaut titre » peut jouer au profit du fisc à l'effet de fonder l'administration à réclamer le droit de mutation sur des valeurs simplement possédées par le *de cujus* au jour de son décès et qui ont été comprises dans sa succession. Mais il appartient à ses successeurs de détruire cette présomption au moyen des modes de preuve admis par la loi fiscale, en démontrant par d'autres présomptions graves, précises et concordantes que le défunt possédait les titres pour un tiers dont il les tenait en dépôt. — Cass. civ., 24 oct. 1923, [S. 1924.1.121 et note de M. Esmein]

§ 4. *Effets de la maxime.*

374. — La maxime « en fait de meubles possession vaut titre » a aujourd'hui deux sens différents : *a)* que tout possesseur actuel d'un meuble peut invoquer sa possession lorsqu'il est poursuivi par celui qui s'en prétend propriétaire, comme présomption de propriété; *b)* elle signifie surtout que l'acquéreur d'un meuble *a non domino* devient propriétaire sur le fondement de la possession, qui lui permet de repousser toute revendication exercée par le propriétaire antérieur qui s'est volontairement dessaisi de sa chose. Le principe de cette distinction résulte à la fois de l'étude de l'art. 2279 et de l'analyse logique des espèces. Cette distinction est faite dans les Codes les plus récents : art. 932 et 1006 du Code civil allemand,

art. 930 et 933 du Code civil suisse. Il est accepté par la plupart des auteurs (V. note Planiol au D. 1904.2.289 ; Saleilles, *La possession des meubles*; Baudry-Lacantinerie et Tissier, n. 834 *bis*) et consacré au fond par la jurisprudence, qui cependant, pour ne l'avoir pas nettement perçu, reste parfois confuse. Dans toute action en revendication est présumé propriétaire celui qui a le meuble en sa possession (V. à ce sujet les arrêts déclarant que le propriétaire ou le locataire d'un immeuble est présumé propriétaire du mobilier qui le garnit : Civ., 30 mars 1898, [S. 98.1.489]; — 31 janv. 1900, [D. 1900.1. 201, note Poncet] — Orléans, 25 juin 1909, [D. 1909.2.243] — Req., 29 juin 1922, [*Gaz. Trib.*, 1922.1.186]). Cette présomption de propriété n'est inscrite nulle part dans nos lois, mais elle résulte à la fois de la tradition et du bon sens. La jurisprudence l'a en quelque sorte incorporée à l'art. 2279 faute de trouver un autre texte. Certains arrêts, du reste, ne font d'ailleurs qu'une allusion plus ou moins lointaine à l'art. 2279. — V. notamment Req., 16 avr. 1904, [D. 1904.1.207]; — 30 juin 1908, [D. 1908.1.440]

375. — La possession crée une présomption de propriété si elle remplit les conditions indiquées *suprà*, n. 300 et s. Il suit de là que c'est à celui qui prétend que la possession constatée en fait est vicieuse d'apporter la preuve du vice dont il la prétend entachée. Tel est le cas où un demandeur en revendication soutiendrait que la possession est précaire, c'est-à-dire que le possesseur ne détient la chose qu'en vertu d'un mandat, d'un dépôt et d'une manière plus générale d'un contrat qui l'oblige à restitution. — V. Cass. req., 16 janv. 1901, [S. 1902.1.85] — Besançon, 3 avr. 1901, [D. 1902.2.191] — Cass. req., 21 oct. 1902, [*Gaz. Trib.*, 27 oct. 1902]; — 21 juin 1911, [S. 1912.1.8] — Cass. civ., 24 oct. 1923, [S. 1924.1.121]. — Cette preuve doit être administrée selon le droit commun de la preuve (Cass. req., 12 mars 1918, [D. 1921.1.148]; — 25 mars 1907, [D. 1907.1.342]). Tel est encore le cas de l'équivoque (Paris, 10 déc. 1903, [*Gaz. Trib.*, 1904.2.474] — Trib. Seine, 22 mars 1907, [*Gaz. Trib.*, 1907.2.287] — Cass. req., 21 juin 1911, [S. 1912.1.8] — Trib. Seine, 23 avr. 1909, [*Gaz. Trib.*, 1909.2.416];…de la clandestinité (Aix, 3 févr. 1901, [D. 1901. 2.259 et note Planiol, S. 1903.2.41]); …d'une appropriation frauduleuse (Nîmes, 26 févr. 1902, [*Gaz. Trib.*, 1902, 2e sem., 2.327] — Trib. Bourges, 20 juill. 1920, [*La Loi*, 24 juill. 1920]).

§ 5. *Revendication des meubles perdus ou volés.*

376-419. — 1. — 1° *Titres au porteur* (V. *suprà*, v° *Agent de change*). — Il y a lieu de signaler ici des lois nouvelles intervenues en raison de l'état de guerre et dont les dispositions modifient certaines dispositions des lois de 1872 et de 1902 :

a) La loi du 4 avr. 1915 a eu pour objet de protéger les propriétaires de valeurs mobilières dépossédés par suite de faits de guerre dans les territoires occupés par l'ennemi. Cette loi, tout en maintenant en vigueur les lois de 1872 et 1902 étudiées au *Supplément* et au *Répertoire* au mot *Agent de change*, a cherché à organiser une procédure plus simple, plus rapide et moins coûteuse. Les délais sont plus courts : pour le paiement des coupons, trois mois au lieu de trois ans ; pour la délivrance d'un duplicata, deux ans au lieu de onze ans ; et la procédure est exempte de frais ;

b) La loi du 31 juill. 1916, qui a pour but de protéger les bénéficiaires d'assurances sur la vie à ordre ou au porteur, les bons de capitalisation et d'épargne dont les titres ont été égarés, détruits ou volés par le fait ou à l'occasion de la guerre ;

c) La loi du 16 févr. 1917 a édicté des règles particulières pour les titres au porteur de rentes sur l'État déclarés perdus ou volés à la suite de faits de guerre et que les lois antérieures ne protégeraient pas ;

d) La loi du 31 juill. 1918, enfin, édicte des mesures analogues à la loi du 16 févr. 1917 au cas de perte de bons de la Défense nationale. Ces mesures ont été étendues aux bons du Trésor de trois à cinq ans par le décret du 28 nov. 1922.

2. — 2° *Droit commun applicable à tous les meubles perdus ou volés.* — 1. *Définition de la perte et du vol.* — Pour définir la perte ou le vol, le critérium auquel il convient de s'attacher est celui du consentement qui a précédé le fait de dépossession. Selon les précédents historiques, la revendication n'est

possible que dans le cas où le propriétaire n'a pas consenti à être dépossédé.

3. — Le vol, en conséquence, doit être entendu dans le sens strict de l'art. 379 du Code pénal. On ne peut étendre la disposition de l'art. 2279, alin. 2, du Code civil à l'abus de confiance, à la violation de dépôt, parce qu'ici il y a dépossession volontaire. — V. Civ., 25 mars 1891, [S. 91.1.469] — Paris, 10 déc. 1904, [S. 1906.2.169] — Trib. Seine, 28 juin 1909 [Gaz. Trib., 1910.2.116] — Paris, 24 avr. 1913, [Gaz. Trib., 1913.2.473]

4. — Dès qu'il y a vol, au contraire, l'art. 2279, alin. 2, est applicable alors même que le vol ne serait pas punissable, son auteur étant excusé ou rentrant dans les cas admis par l'art. 380 du Code pénal. — V. Paris, 10 déc. 1904, précité; — Seine, 28 juin 1909, précité.

5. — Doit être assimilé à la soustraction frauduleuse l'enlèvement avec violence, au cours d'opérations, par des forces qui n'ont pas été reconnues diplomatiquement comme étant à la disposition de gouvernements réguliers. — V. Trib. civ. Seine, 12 déc. 1923, [D. hebd., 1924, p. 155]

6. — La perte existe toutes les fois que le meuble a été égaré, qu'il s'agisse d'une négligence, d'une expédition mal adressée ou d'un événement de force majeure. — Trib. civ. Seine, 12 déc. 1923, [D. hebd., 1924, p. 155, déjà cité]

7. — II. *Exercice de l'action en revendication et preuve à fournir.* — L'action en revendication peut être exercée non seulement par celui qui se prétend propriétaire, mais encore par le créancier gagiste et le dépositaire qui a la responsabilité de la chose. — V. Trib. civ. Hazebrouck, 15 mars 1901, [D. 1902.2.1]. — Colin et Capitant, t. 1, p. 219, note 1.

8. — L'action en revendication doit être exercée contre celui qui détient la chose perdue ou volée, soit en qualité de possesseur, soit en qualité de simple détenteur en mettant alors en cause celui pour le compte de qui il détient (V. Civ., 5 mai 1874, [S. 75.1.49, note Labbé). Il n'appartient pas au possesseur ou au détenteur de modifier postérieurement à l'assignation sa situation juridique par suite de convention avec un tiers pour bénéficier de l'art. 2280 du Code civil, alin. 1. — V. Trib. civ. Seine, 17 févr. 1911, [Gaz. Trib., 1911.2.384]

9. — L'action peut même être exercée contre celui qui par dol a cessé de posséder, c'est la solution traditionnelle qui a été consacrée par un arrêt de la Chambre civile du 7 févr. 1900, [S. 1910.1.225, note Lyon-Caen]. Il est à noter que le Code civil allemand, dans son art. 985, n'admet point cette solution.

10. — III. *Revendication contre l'auteur du vol ou de la trouvaille. Prescription de trente ans.* — La prescription de trois années, établie par l'art. 2279, alin. 2, ne s'applique qu'aux sous-acquéreurs, et c'est ici le principe généralement admis, bien que le texte ne s'exprime pas d'une façon précise. On admet généralement que l'art. 2279 § 2 est étranger aux rapports du revendiquant avec le voleur ou celui qui a trouvé la chose. Contre celui-ci, l'action du propriétaire peut être exercée pendant trente ans. L'action du propriétaire contre celui qui lui a dérobé ou a trouvé sa chose est une action en revendication, que la victime tient du droit commun. Or cette action ne se prescrit que par trente années, nonobstant l'extinction de l'action pénale. — V. Civ., 7 févr. 1910, [S. 1910.1.225, note Lyon-Caen]

11. — En ce qui concerne les choses perdues, il est contraire aux principes traditionnels les plus élémentaires et les plus certains du droit de voir dans le fait de ramasser un objet et de le garder un principe générateur d'un droit. Il n'y a là qu'un fait qui ne saurait engendrer que l'action réelle en revendication au profit de la victime. — V. Planiol et Ripert, t. 2, n. 392.

12. — IV. *Revendication contre les sous-acquéreurs de bonne foi.* — L'action en revendication exercée contre un possesseur de bonne foi est éteinte au bout de trois années (art. 2279, al. 2). Ce délai court du jour de la perte ou du vol (V. Civ., 3 déc. 1876, [S. 77.1.20]). Il ne s'agit pas d'une possession acquisitive qui suppose une possession pendant un laps de temps de trois années, mais d'un délai de trois années pendant lequel l'action peut être intentée. Aussi le possesseur actuel peut-il, même si sa possession ne dure que depuis vingt-quatre heures, repousser l'action, s'il s'est écoulé plus de trois années depuis que la chose a été perdue ou volée.

13. — Le délai pendant lequel peut être exercée l'action n'est ni une prescription acquisitive, comme nous l'avons vu *suprà*, ni une prescription extinctive. C'est un délai préfix, lequel ne dépend d'aucune considération de négligence ou de renonciation de la part de celui qui revendique (V. Aubry et Rau, t. 2, § 183, note 17 et t. 12, p. 534; mais *contrà*, Baudry-Lacantinerie et Tissier, n. 89). La conséquence est que cette déchéance peut être opposée à toutes personnes, même aux mineurs et aux interdits, contrairement à l'art. 2252 du Code civil. — V. Aubry et Rau, t. 2, § 183, p. 251.

14. — V. *Obligation d'indemniser l'acheteur dans certains cas.* — Le Code, en l'art. 2280, élargissant la règle déjà admise en l'ancien droit, prescrit le remboursement du prix de la chose au possesseur de bonne foi qui a acquis la chose perdue ou volée soit sur une foire ou un marché, soit aussi dans une vente publique ou chez un marchand vendant des choses pareilles. Cette règle est très ancienne : Beaumanoir imposait cette obligation au propriétaire quand la chose volée, ou perdue, avait été achetée par une personne de bonne foi (chap. XXV, n. 22). Un arrêt du Parlement de Paris du 7 févr. 1836 essayait d'arrêter par ce procédé les revendications mobilières admises à cette époque pour les choses aliénées par un dépositaire infidèle (*Rec. des arrêts*, Paris, 1690, Bardet). Mais cet arrêt ne fit pas jurisprudence, comme le prouve un autre arrêt du 5 mars 1637 rendu en sens contraire. — V. Domat, *Droit public*, liv. III, tit. VIII, art. 10.

15. — Cette disposition du Code civil (art. 2280) donne au commerce une sûreté presque complète, et, si la revendication des choses perdues ou volées est théoriquement possible, on peut dire qu'elle est pratiquement supprimée, par suite de la nécessité du remboursement du prix, dans la plupart des cas. On admet en effet que la boutique d'un changeur constitue un marché public, pour les tiers qui ont acquis un titre perdu ou volé, mais non pour le changeur lui-même. Par contre, on ne considère pas les banquiers comme des marchands de titres, au sens de l'art. 2280.

16. — VI. *Situation du créancier gagiste.* — La jurisprudence, par une interprétation restrictive de l'art. 2280, n'étend pas au créancier gagiste les dispositions de ce texte (V. Paris, 10 août 1894 et en sous-note au S. 98.1.481; — Civ., 11 mai 1898, [S. 98. 1.481, note Tissier]); mais il convient d'observer que dans l'espèce sur laquelle a statué la Chambre civile les conditions de l'art. 2280 n'étaient pas remplies.

17. — En ce qui concerne les objets perdus ou volés engagés aux établissements de crédit municipal, le revendiquant n'en peut exiger la restitution qu'à charge de remboursement du principal, intérêts et frais de la somme pour laquelle ils ont été remis en gage (Décr. 8 therm. an XIII, pour le mont-de-piété de Paris; décr. 30 juin 1806, pour le mont-de-piété de Bordeaux; ordonn. 6 décembre, pour le mont-de-piété de Strasbourg; et art. 2084 C. civ.). — V. la Circ. du ministre de la Justice du 30 mai 1861, et *suprà*, v° *Mont-de-piété.*

18. — VII. *Situation de l'acquéreur ou du sous acquéreur de bonne foi d'un objet du domaine public ou d'un objet classé —* a) S'il s'agit de meubles faisant partie du domaine public, aucun remboursement ne peut être exigé, ces meubles sont hors du commerce et ils échappent à la disposition de l'art. 2279. — V. Req., 17 juin 1896, [S. 96.1.408]. — V. Aubry et Rau, n. 169, p. 53; Tissier, n. 910. — V. aussi Trib. civ. Seine, 22 juin 1877, [D. 80.2.201]. — *Contrà*, Saleilles, *La loi du 30 mars 1887*, *Rev. bourg de l'enseignement supérieur*, I, p. 696-706 et 734-738, et Trib. civ. Lyon, 25 janv. 1899, [D. 99.2.230]

19. — b) S'il s'agit, au contraire, de meubles classés en vertu des lois du 30 mars 1887 et du 31 déc. 1913, qui appartiennent à l'État ou à des personnes morales administratives, mais ne font pas partie du domaine public, l'acquéreur ou le sous-acquéreur de bonne foi a droit au remboursement de son prix d'acquisition, non seulement lorsque le meuble a été perdu ou volé, mais aussi quand il a été aliéné, contrairement aux dispositions des lois précitées. Cette solution fut discutée sous l'empire de la loi du 30 mars 1887 en ce qui concerne les meubles appartenant à l'État (art. 10 de la loi. — V. Baudry-Lacantinerie et Tissier, n. 910 et 911); elle a été formellement admise par la loi du 31 déc. 1913 dont l'art. 20, al. 2, est ainsi conçu : « L'acquéreur ou sous-acquéreur de bonne foi, entre les mains duquel l'objet est revendiqué, a droit au remboursement de son prix d'acquisition, si la revendication est exercée par le ministère

des Beaux-Arts ; celui-ci aura recours contre le vendeur originaire pour le montant intégral de l'indemnité qu'il aura dû payer à l'acquéreur ou au sous-acquéreur ». Cette disposition, malgré la généralité des termes, ne concerne pas les objets classés, qui font en même temps partie du domaine public et qui demeurent soumis au principe énoncé *suprà*. La loi de 1913, pas plus que celle de 1887, n'a apporté de modification aux principes qui, d'après les art. 538 et 540 du Code civil, déterminent la domanialité. Ces lois ne sont que des lois de protection administrative, et les principes qu'elles édictent ont pour but de s'ajouter à la protection de la domanialité, non à la supprimer.

20. — VIII. *Recours du possesseur évincé et du revendiquant qui a dû indemniser.* — Aux termes de l'art. 2279, al. 2, le possesseur évincé a un recours en garantie contre celui duquel il tient l'objet, et il en est privé si, par sa propre négligence, il a rendu impossible le recours de son vendeur. — V. Civ., 5 mai 1874, [S. 75.1.49, note Labbé]

21. — Le recours en garantie prévu par l'art. 2279, al. 2, est personnel au possesseur évincé et ne peut être exercé par le revendiquant de son propre chef (V. Civ., 24 juin 1874, [S. 75. 1.168]). Ce revendiquant ne peut l'exercer en vertu de l'art. 1251, al. 3, car, ayant recouvré sa propriété, il n'a aucun droit à être subrogé (V. Trib. civ. Seine, 13 janv. 1904, [*La Loi,* 16 févr. 1904]). Le revendiquant ne peut qu'exercer l'action civile contre son vendeur ou agir en responsabilité dans les termes de l'art. 1382 contre le détenteur intermédiaire si celui-ci a commis une faute. — V. Trib. civ. Seine, 13 janv. 1904, précité.

22. — A l'égard des objets classés appartenant à l'État, aux départements, aux communes, à un établissement public ou d'utilité publique, qui auraient aliéné contrairement aux lois, l'art. 20 de la loi du 31 déc. 1913 reconnaît au ministre des Beaux-Arts qui exerce la revendication un recours contre le vendeur originaire pour le montant de l'indemnité qu'il peut être tenu de payer.

23. — IX. *Revendication contre les sous-acquéreurs de mauvaise foi.* — Les sous-acquéreurs ou détenteurs de la chose perdue ou volée qui sont de mauvaise foi ne sont pas protégés par la courte prescription de trois ans fixée par l'art. 2279, al. 2, bien que cet article soit muet à ce sujet. Les règles restrictives de la revendication du propriétaire n'ont été admises par Bourson et les auteurs du xviiie siècle qu'en faveur des détenteurs de bonne foi et pour la sécurité du commerce.

CHAPITRE V

DROIT COMPARÉ.

FINLANDE.

420-668. — 1. — La législation nouvelle se rattache aux principes du système suédois. — V. *Rép.,* n. 628 à 668.

POLOGNE.

2. — V. *suprà, hoc v°.* — La législation par laquelle doivent être remplacées celles qui régissaient les trois tronçons (russe, prussien et autrichien) qui forment aujourd'hui la République de Pologne est inspirée du Code civil français.

RUSSIE.

3. — Les pratiques des régions où règne le régime soviétique sont basées sur le principe de la négation du droit de propriété privée, et par suite ne peuvent être rapprochées des législations des pays civilisés, notamment en ce qui concerne la théorie de la possession.

SUISSE.

4. — *a)* Le Code civil applicable à tout le territoire helvétique depuis 1912 (L. féd., 10 déc. 1907) se rattache pour la possession au système allemand (Voy. *Rép.,* n. 420 à 460). La matière est traitée dans la 3e partie, tit. 24, art. 919 à 941. L'art. 919 dispose que celui qui exerce la maîtrise effective sur la chose en a la possession. En matière de servitude et de charges foncières la possession consiste dans l'exercice effectif du droit. L'art. 920 stipule que lorsque le possesseur remet la chose à un tiers pour lui conférer soit un droit de servitude ou de gage, soit un droit personnel, tous deux ont la possession. Ceux qui possèdent à titre de propriétaire ont une possession originaire, les autres ont une possession dérivée. Mais le Code suisse, comme le Code allemand, considère comme ayant le caractère de possession aussi bien la possession pour autrui que la possession *pro suo.* L'art. 921, comme le Code français, n'admet pas la perte de la possession lorsque l'exercice de ladite possession est empêché ou interrompu par des faits de nature passagère.

b) Aux termes de l'art. 922, la transmission de possession est parfaite dès que la chose se trouve en la puissance de l'acquéreur ou par la volonté du possesseur antérieur. D'après l'art. 929 l'acheteur est déchu de toute action possessoire, comme en législation française, si dans le délai d'une année après le trouble ou la dépossession violente il n'introduit pas ladite action.

c) Les art. 930, 931, 932, 933 sont conformes à l'art. 2279, al. 1er, du Code civil français.

d) L'art. 939, al. 1, correspondant à l'art. 2279 al. 2 du Code civil français, étend à cinq ans au lieu de trois la revendication possible des choses perdues ou dont le possesseur s'est défait involontairement. L'al. 2 de l'art. 934 est conforme à l'art. 2280 du Code civil français en ce qui concerne les choses perdues ou volées acquises par des enchères publiques, sur un marché, ou chez un marchand vendant des choses semblables.

e) Aux termes de l'art. 935 du Code suisse, la monnaie et les titres au porteur ne peuvent être revendiqués contre l'acquéreur de bonne foi même si le possesseur en a été dessaisi contre sa volonté ; il n'y a pas ici de lois spéciales, comme les lois françaises de 1872 et 1903 et les lois nées de la guerre exposées *suprà.*

f) Les art. 936 à 941 sont en tous points conformes aux articles du Code civil français (art. 2279, 2280). — V. le C. civ. suisse, 4e éd., Librairie Payot.

TCHÉCOSLOVAQUIE.

5. — V. *infrà, hoc v°.* — Le Code autrichien a été maintenu.

TURQUIE.

6. — Le nouveau Code civil de 1924 est inspiré de la législation suisse. — V. *infrà, hoc v°,* et Carducci Choucri, *Rev. critique de législation et de jurisprudence.*

YOUGOSLAVIE.

7. — V. *infrà, hoc v°.* — Le projet de Code civil unitaire pour les diverses parties du Royaume des Serbes, Croates et Slovènes s'inspire aussi du système du Code helvétique.

TABLE DES ARTICLES

COMPOSANT LE VOLUME DIX *bis* DU SUPPLÉMENT AU RÉPERTOIRE

Les mots non mentionnés dans la présente table ne comportent pas de développements nouveaux depuis l'édition du Répertoire.

Les mots en caractères gras sont des mots entièrement nouveaux dont l'évolution des événements a rendu l'addition indispensable.